THOMAS BABINGTON MACAULAY

STORIA D'INGHILTERRA

View of the Stocks Market, London, Joseph Nickolls 1713–1755

Lembo editore

CAPITOLO PRIMO.

I. Introduzione. - II. La Britannia sotto il dominio dei Romani. - III. Sotto il dominio dei Sassoni. - IV. Effetti della conversione degli Anglo-Sassoni al Cristianesimo. - V. Invasioni danesi. - VI. I Normanni. - VII. Effetti della conquista normanna. - VIII. Effetti della separazione dell'Inghilterra e della Normandia. - IX. Mescolamento delle razze. - X. Conquiste degl'Inglesi sul continente. - XI. Guerre delle Rose. - XII. Estinzione del villanaggio. - XIII. Effetti benefici della religione cattolica romana. - XIV. Ragione per cui l'indole dell'antico governo inglese spesso è descritta erroneamente. - XV. Indole delle monarchie limitate del medio evo. - XVI. Prerogative dei primi monarchi inglesi. - XVII. In che modo le prerogative degli antichi re inglesi venissero infrenate. - XVIII. Perchè tali limiti non fossero sempre rigorosamente osservati. - XIX. La resistenza era un freno ordinario alla tirannide nel medio evo. - XX. Carattere peculiare dell'aristocrazia inglese. - XXI. Il governo dei Tudors. - XXII. Perchè le monarchie limitate del medio evo generalmente si trasmutassero in monarchie assolute. - XXIII. Perchè la sola monarchia inglese non patisse cosiffatto trasmutamento. - XXIV. La Riforma e i suoi effetti. - XXV. Origine della chiesa d'Inghilterra. - XXVI. Suo carattere peculiare. - XXVII. Sua relazione con la Corona. - XXVIII. I Puritani. - XXIX. Loro spirito repubblicano. - XXX. Perchè il Parlamento non facesse una opposizione sistematica al governo della regina Elisabetta. - XXXI. Questione dei monopolii. - XXXII. La Scozia e la Irlanda diventano parti d'uno stesso impero insieme con l'Inghilterra. - XXXIII. La importanza della Inghilterra scema dopo lo avvenimento di Giacomo I al trono. - XXXIV. Dottrina del Diritto Divino. - XXXV. La separazione tra la Chiesa e i Puritani diventa maggiore. - XXXVI. Avvenimento al trono e carattere di Carlo I - XXXVII. Tattica dell'Opposizione nella Camera dei Comuni. - XXXVIII. Petizione dei diritti. - XXXIX. La Petizione dei diritti è violata. - XL. Carattere e disegni di Wentworth. - XLI. Carattere di Laud. - XLII. La Camera Stellata, e l'Alta Commissione - XLIII. L'imposta per la formazione della flotta. - XLIV. Resistenza alla Liturgia in Iscozia. - XLV. Un Parlamento è convocato e disciolto. - XLVI. Il Lungo Parlamento. - XLVII. Prima manifestazione dei due grandi partiti inglesi. - XLVIII. Ribellione degl'Irlandesi. - XLIX. La Rimostranza. - L. L'Accusa dei Cinque Membri. - LI. Partenza di Carlo da Londra. - -LII. Principio della Guerra Civile. - LIII. Vittorie dei realisti. - LIV. Sorgono gl'indipendenti - LV. Oliviero Cromwell - LVI. L'Ordinanza d'abnegazione. - LVII. Vittoria del Parlamento - LVIII. Dominazione e indole dell'esercito. - LIX. Le insurrezioni contro il Governo militare vengono represse. - -LX. Processo contro il Re. - LXI. Il Re è decapitato. - LXII. La Irlanda e la Scozia vengono soggiogate. - LXIII. Espulsione del Lungo Parlamento - LXIV. Il Protettorato d'Oliviero. - LXV. Gli succede Riccardo. - LXVI. Alla caduta di Riccardo risorge il Lungo Parlamento. - LXVII Monk e lo esercito di Scozia muovono verso l'Inghilterra.. - LXVIII. Monk si dichiara per un libero Parlamento. - LXIX. Elezione generale del 1660. - LXX. La Restaurazione.

I. Imprendo a scrivere la storia dell'Inghilterra dal tempo in che Giacomo II ascese al trono fino all'età nostra. Racconterò gli errori che in pochi mesi scrissero della casa degli Stuardi gentiluomini e clero ad essa fedeli. Disegnerò il procedimento di quella rivoluzione che pose fine al lungo conflitto tra i nostri sovrani e i loro parlamenti, ed avvincolò insieme i diritti del popolo e quelli della dinastia regnante. Dirò come il nuovo ordinamento venisse nel corso di tanti anni torbidi vittoriosamente difeso contro gl'inimici di dentro e di fuori; come sotto esso l'autorità della legge e la sicurezza delle sostanze si reputassero compatibili con una libertà di discussione e d'azione individuale non mai prima sperimentata; come dal bene augurato congiungimento dell'ordine e della libertà sorgesse una prosperità, di cui gli annali delle cose umane non avevano offerto esempio; come la nostra patria da uno stato d'ignominioso vassallaggio rapidamente s'innalzasse al grado d'impero fra i potentati

europei; come crescesse a un tempo in opulenza e gloria militare; come, per virtù d'una saggia e ferma buona fede, a poco a poco si stabilisse un credito pubblico, fecondo di maraviglie tali, che agli uomini di Stato delle età trascorso sarebbero sembrate incredibili; come da un commercio immenso nascesse una potenza marittima, paragonata alla quale ogni altra antica o moderna marittima potenza diventa frivola; come la Scozia, dopo anni molti d'inimicizia, si congiungesse finalmente con l'Inghilterra, non soltanto con vincoli legali, ma co' legami indissolubili d'interesse e d'affetto; come in America le colonie britanniche rapidamente si facessero più potenti e ricche dei reami di che Cortes e Pizarro avevano accresciuti i dominii di Carlo V; come in Asia alcuni avventurieri inglesi fondassero un impero non meno splendido e più durevole di quello d'Alessandro.
Sarà, nondimeno, mio debito ricordare fedelmente accanto ai trionfi i disastri, e i grandi delitti e le follie nazionali, assai più umilianti di qualsivoglia disastro. Vedremo perfino ciò che reputiamo qual nostro bene precipuo, non essere scevro di male. Vedremo il sistema che assicurò efficacemente le nostre libertà contro le usurpazioni del regio potere, aver fatto nascere una nuova generazione d'abusi, che non incontransi nelle monarchie assolute. Vedremo lo augumento della ricchezza e lo estendersi del commercio - a cagione in parte dello sconsiderato immischiarsi, in parte della sconsiderata negligenza, - avere prodotti, fra immensi beni, parecchi mali, di che le società rozze e povere rimangono libere. Vedremo come, in due dominii dipendenti dalla corona, al torto seguisse la giusta retribuzione; come la imprudenza ed ostinatezza rompessero il vincolo che congiungeva le colonie dell'America Settentrionale alla madre patria; come la Irlanda, oppressa dalla signoria di razza sopra razza e di religione sopra religione, rimanesse veramente membro dell'impero britannico, ma membro putrido e storto in guisa da non aggiungere forza al corpo politico, e da essere perpetuo argomento di rimprovero in bocca di quanti temono o invidiano la grandezza dell'Inghilterra. Nondimeno, se pure io male non mi appongo, lo effetto generale di questa narrazione siffattamente ordinata sarà quello di suscitare la speranza nei petti degli amatori della patria, e muovere le anime religiose a rendere grazie alla Provvidenza. Perocchè la storia della patria nostra, negli ultimi cento e sessanta anni, è veramente la storia del fisico, morale ed intellettuale progresso. Coloro che paragonano il tempo in cui è loro toccato di vivere con una età d'oro che esiste solo nelle loro fantasie, parlino pure di degenerazione e decadimento; ma niuno che conosca davvero le faccende de secoli andati sarà inchinevole a guardare con occhio lugubre o scoraggiato il presente.
Condurrei molto imperfettamente l'opera che ho impreso a comporre se descrivessi soltanto battaglie ed assedi, innalzamenti e cadute di ministeri, intrighi di palazzo, discussioni di parlamento. Sarà quindi mio studio riferire la storia del popolo, non che quella del governo; indicare il progresso delle arti utili e delle belle; descrivere le sètte religiose, e le vicissitudini delle lettere; ritrarre i costumi delle successive generazioni, e non trasvolare negligentemente neppure sulle mutazioni che sono seguite nelle fogge di vestire, di banchettare, e nei pubblici sollazzi. Con animo lieto sosterrò il rimprovero di avere, così facendo, attentato alla dignità della storia, qualora mi riesca di esporre agli occhi degli Inglesi del secolo decimonono una vera pittura della vita dei loro antichi.
Gli eventi che mi propongo di narrare formano un solo atto d'un grande e complicato dramma che risale ad età remote, e che sarebbe imperfettissimamente inteso ove lo intreccio degli atti precedenti rimanesse ignoto. Per la qual cosa aprirò la mia narrazione narrando a brevi tratti la storia della nostra patria da' suoi antichissimi tempi. Passerò di volo sopra molti secoli, ma mi fermerò alquanto sulle vicissitudini della lotta che l'amministrazione di re Giacomo II condusse ad una crisi decisiva.
II. Nessuna cosa nelle primitive condizioni in cui trovavasi la Britannia, indicava la grandezza che essa era destinata a conseguire. Gli abitatori, allorquando furono scoperti dai marinari di Tiro, erano di poco superiori ai naturali delle Isole Sandwich. Vennero soggiogati dalle armi romane, ma riceverono solo una debole tinta delle lettere ed arti romane. Delle provincie occidentali che obbedivano all'autorità dei Cesari, la Britannia fu l'ultima che conquistassero, e la prima che perdessero. Non vi si trovano magnifiche ruine di portici e d'aquedotti romani. Nel novero dei maestri della eloquenza e poesia latina non è un solo che sia britanno d'origine. Non è probabile che agl'isolani fosse mai, generalmente parlando, famigliare la lingua dei loro signori italiani. Dallo Atlantico fino alle rive del Reno, l'idioma latino predominò per molti secoli. Cacciò via il celtico, non fu cacciato dal germanico, ed oggimai costituisce il fondamento delle favelle francese, spagnuola e portoghese. Nell'isola nostra e' sembra che il parlare latino non giungesse mai a prevalere sul vecchio gallico, e non tenesse fronte all'anglo-sassone.
La scarsa e superficiale civiltà che i Britanni avevano derivata dai loro padroni meridionali, venne spenta dalle calamità del secolo quinto. Nei regni continentali nei quali era partito lo impero romano,

i barbari conquistatori impararono molto dalle genti conquistate. Nella Britannia la razza conquistata divenne tanto barbara, quanto erano barbari i conquistatori.

III. Tutti i condottieri che fondarono le dinastie teutoniche nelle provincie continentali dello impero romano, come Alarico, Teodorico, Clovi, Alboino, erano zelanti cristiani. I seguaci di Ida e Cerdico, all'invece, trasportarono in Britannia tutte le superstizioni dell'Elba. Mentre i principi germanici che regnavano in Parigi, Toledo, Arli e Ravenna, ascoltavano riverenti le istruzioni dei vescovi, adoravano le reliquie dei martiri, ed attendevano volentieri alle dispute dei teologi, i signori di Wessex e di Mercia seguitavano a compiere i loro barbarici riti nei tempii di Thor e di Odino.

I Regni continentali che erano sorti sopra le ruine dello impero occidentale, tenevano qualche comunicazione con quelle provincie d'oriente, dove l'antica cultura, comecchè venisse lentamente consumandosi per i malefici effetti del mal governo, poteva tuttavia maravigliare ed erudire i barbari; dove la corte tuttavia sfoggiava lo splendore di Diocleziano e di Costantino; dove i pubblici edifizi erano sempre adornati dalle sculture di Policleto e dai dipinti d'Apelle; e dove gl'infaticabili pedanti, comunque scemi di gusto, di sentimento e di spirito, potevano leggere e interpretare i capolavori di Sofocle, di Demostene e di Platone. La Britannia non isperimentava i benefici effetti di siffatta comunicazione. I suoi lidi, alle menti dei popoli culti che stanziavano lungo il Bosforo, erano obbietti d'un orrore misterioso, nel modo medesimo che agli Jonii dei tempi omerici lo erano lo stretto di Scilla e la città dei Lestrigoni cannibali. Era nella isola nostra una provincia, come avevano riferito a Procopio, nella quale il suolo era gremito di serpenti, e l'aria era così pestifera da non potersi respirare senza trovarvi la morte. A questa desolata regione una strana genia di pescatori trasportava a mezza notte dalla terra dei Franchi le ombre dei trapassati. La parola dei morti era distintamente udita dal barcaiuolo; facevano col peso loro affondare i navicelli nelle onde, ma le loro forme rimanevano invisibili ad occhio mortale. Tali erano le maraviglie che un egregio storico, coetaneo di Belisario, di Simplicio e di Triboniano, raccontava con tutta gravità nella opulenta e culta Costantinopoli, intorno al paese dove il fondatore di Costantinopoli aveva assunta la porpora imperiale. Intorno alle altre provincie dello impero occidentale abbiamo una serie continuata di notizie: all'incontro, nella sola Britannia una età favolosa divide pienamente due età di vero. Odoacre e Totila, Eurico e Trasimondo, Clovi, Fredegonda e Brunchilde, sono uomini e donne storiche; ma Engisto ed Orsa, Vortigerno e, Rovena, Arturo e Mordredo, sono personaggi mitici, la esistenza dei quali potrebbe mettersi in dubbio, mentre le gesta loro sono da porsi con quelle di Ercole e di Romolo.

IV. Finalmente la tenebra sembra squarciarsi, e il paese che sparisce all'occhio col nome di Britannia, riapparisce con quello d'Inghilterra. La conversione degli Anglo-Sassoni al Cristianesimo fu la prima d'una lunga serie di benefiche rivoluzioni. Egli è vero che la Chiesa era stata profondamente corrotta e dalla superstizione e dalla filosofia, contro le quali essa aveva lungo tempo combattuto, e sopra le quali aveva alla perfine trionfato. Era stata agevole pur troppo ad adottare dottrine derivate dalle antiche scuole, e riti dedotti dagli antichi templi. La politica romana e la ignoranza gotica, la credulità greca e l'ascetismo siriaco, avevano cooperato a depravarla. Nondimeno serbava tanto della sublime teologia e della benefica morale dei suoi primordii, da elevare gl'intelletti e purificare i cuori di molti. Parecchie cose medesimamente, le quali in età più tarda vennero con ragione considerate fra le sue più gravi mende, erano nel secolo settimo, e lungo tempo dopo, annoverate fra i suoi meriti principali. Che l'ordine sacerdotale usurpasse l'ufficio dei magistrati civili, ai dì nostri, sarebbe un gran male. Ma ciò che in un'epoca di governo bene ordinato è un male, potrebbe in un'epoca di rozzo e pessimo governo essere un bene. È meglio che l'umanità venga governata da leggi savie e bene amministrate, e da una pubblica opinione illuminata, anzi che dalle arti pretesche: ma è meglio che gli uomini vengano governati da arti siffatte, più presto che dalla violenza brutale; da un prelato come Dunstano, anzi che da un guerriero come Penda. Una società immersa nella ignoranza e retta dalla sola forza fisica, ha grande ragione a bene sperare che una classe di uomini che eserciti intellettuale e morale influenza, s'innalzi al governo della cosa pubblica. Non è dubbio che gente siffatta faccia abuso del proprio potere: ma il potere mentale, quando anche se ne abusi, è sempre migliore e più nobile di quello che consiste nella semplice forza corporea. Nelle cronache anglo-sassoni s'incontrano taluni tiranni i quali, come pervenivano a grado altissimo di grandezza, erano lacerati da' rimorsi, aborrivano dai piaceri e dalle dignità che avevano conseguite col prezzo della colpa, abdicavano le loro corone, e studiavansi di scontare i loro delitti con crude penitenze e continue preghiere. Di tali fatti hanno parlato con amare espressioni di spregio parecchi scrittori, i quali mentre facevano pompa di libero pensare, erano veramente di tanto meschino cervello quanto poteva esserlo un monaco dei tempi

barbari, ed avevano costume di misurare gli universi fatti della storia del mondo con le medesime seste con che giudicavano la società parigina del secolo decimottavo. Nulladimeno, un sistema il quale, comunque sformato dalla superstizione, introdusse un vigoroso freno morale nella società per innanzi governata dalla sola forza dei muscoli e dalla audacia dell'animo; un sistema il quale insegnava al più potente e feroce signore, ch'egli era, al pari dell'infimo dei suoi sudditi, un ente responsabile; è degno d'essere rammentato con maggiore rispetto dai filosofi e dai filantropi.
Le stesse osservazioni calzano allo spregio con che, nel secolo andato, era costume di parlare dei pellegrinaggi, dei santuari, delle crociate, e delle istituzioni monastiche del medio evo. In tempi nei quali gli uomini quasi mai inducevansi a viaggiare, spinti da una curiosità liberale o dal desio di guadagno, era meglio che il rozzo abitatore del Settentrione visitasse la Italia e l'Oriente come pellegrino, più presto che rimanesse a vegetare negli squallidi tuguri e tra le foreste dove era nato. In tempi nei quali la vita e l'onore delle donne giacevano esposti a diuturni pericoli per le sfrenate voglie dei tiranni e dei loro ladroni, era pur meglio che il ricinto di un un altare ispirasse una irragionevole paura, anzi che non vi fosse asilo nessuno inaccessibile alla crudeltà ed alla licenza. In tempi nei quali gli uomini di Stato erano inetti a formare vaste combinazioni politiche, era meglio che le nazioni cristiane sorgessero collegate per correre al riacquisto del Santo Sepolcro, anzi che, una dopo l'altra, fossero soggiogate dalla potenza maomettana. Sia qual si voglia il rimprovero che in una età più tarda venisse scagliato equamente su la indolenza e il lusso degli ordini religiosi, egli era un bene, fuor d'ogni dubbio, che in un tempo d'ignoranza e di ferocia vi fossero chiostri e giardini tranquilli, dove le arti della pace potevano quetamente coltivarsi, dove gli spiriti dolci e contemplativi potevano trovare un asilo, dove un umile fraticello poteva occuparsi a trascrivere la Eneide di Virgilio ed un altro a meditare su le opere d'Aristotele, dove colui che aveva l'anima calda della sacra favilla delle arti poteva miniare un martirologio o scolpire un crocifisso, e dove lo intelletto prono alla filosofia naturale poteva fare esperimenti intorno alle proprietà delle piante e dei minerali. Se simiglianti luoghi di ritiro non fossero stati sparsi qua e là fra le capanne del misero contadiname e i castelli della feroce aristocrazia, la società europea sarebbe stata composta di bestie da soma e di bestie da preda. La Chiesa è stata assai volte dai teologi paragonata all'arca, della quale si legge nel libro della Genesi; ma giammai tale somiglianza fu così perfetta, come nei tempi tristi nei quali ella sola procedeva fra il buio e le tempeste sopra il diluvio, sotto cui tutte le grandi opere della potenza e sapienza degli antichi giacevano prostrate, e portava seco quel lieve germe dal quale nacque poscia una nuova civiltà e più gloriosa.
Perfino la supremazia spirituale che il papa arrogavasi, produsse in quelle età buie più bene che male. Per essa le nazioni dell'Europa Occidentale si congiunsero in una grande repubblica. Ciò che i giuochi olimpici o l'oracolo di Pitia erano stati per tutte le città greche da Trebisonda fino a Marsilia, Roma e il suo vescovo furono per tutti i cristiani di comunione latina, dalla Calabria fino alle Ebridi. Così germogliarono e crebbero i sentimenti di più estesa benevolenza. Genti divise da mari e da monti riconobbero un vincolo fraterno e un codice comune di diritto pubblico. Anche in guerra, la crudeltà del vincitore era non rade volte mitigata dal pensiero che esso e i vinti suoi nemici erano membri d'una sola grande federazione. Gli Anglo-Sassoni finalmente vennero ammessi a questa federazione. Si aperse una comunicazione regolare tra le nostre spiagge e quella parte d'Europa nella quale i vestigi della potenza e civiltà antiche erano tuttavia discernibili. Molti egregi monumenti, che sono stati poscia distrutti o trasfigurati, serbavano ancora la loro primigenia magnificenza; e i viaggiatori, cui Livio e Sallustio riuscivano inintelligibili, potevano acquistare dallo spettacolo degli aquedotti e dai templi romani qualche lieve nozione di storia romana. La cupola d'Agrippa, tuttavia luccicante di bronzo; il mausoleo d'Adriano, non ancora spoglio delle sue statue e colonne; l'anfiteatro di Flavio, non ancora degradato a farne una piazza, raccontavano ai pellegrini della Mercia e del Nortumbria la storia di quella gran gente incivilita, che era scomparsa dalla faccia del mondo.
Gl'isolani ritornavano ai propri lidi con riverenza profondamente impressa nelle loro menti mezzo stenebrate, e riferivano agli stupefatti abitatori dei tuguri di Londra e di York, come presso alla tomba di San Pietro una potente generazione d'uomini, adesso spenta, aveva innalzati tali edifici che avrebbero sfidata la furia del tempo fino al dì dell'estremo giudizio. Il sapere teneva dietro ai passi del Cristianesimo. La poesia e la eloquenza del secolo d'Augusto vennero solertemente studiate nei monasteri anglo-sassoni. I nomi di Beda, di Alcuino e di Giovanni, soprannominato Erigena, diventarono giustamente celebri per tutta l'Europa. Tali erano le condizioni del nostro paese allorquando, nel nono secolo, principiò l'ultima grande calata dei Barbari del Settentrione.
V. Pel corso di parecchie generazioni, dalla Danimarca e dalla Scandinavia seguitarono a sbucare

innumerevoli pirati, famosi per forza, valore, implacabile ferocia, e odio contro il nome cristiano. Non vi fu paese che al pari dell'Inghilterra patisse le devastazioni di cotesti invasori. Le sue coste giacevano presso ai porti donde essi movevano, né parte alcuna della nostra isola poteva dirsi così discosta dal mare da potersi tenere immune dalle loro aggressioni. Le medesime atrocità che avevano tenuto dietro alla vittoria dei Sassoni sopra i Celti, toccarono poscia ai Sassoni per le mani dei Danesi. La civiltà, che già principiava a sorgere, non ne sostenne il colpo e giacque di nuovo. Grosse colonie di venturieri, movendo dal Baltico, stabilironsi sopra le nostre spiagge orientali, e a poco a poco procedendo verso Occidente, sostenuti dagli aiuti che loro venivano dal mare, ambirono il dominio di tutto il reame. Il conflitto fra le due fiere razze teutoniche durò per sei generazioni, signoreggiandosi alternativamente. Crudeli carnificine seguite da vendette crudeli, provincie devastate, conventi saccheggiati, città distrutte dalle fondamenta, compongono la più gran parte della storia di quegl'infausti giorni. Alla perfine cessò di erompere dal Settentrione quel perpetuo torrente di predoni, e da quel tempo in poi la scambievole avversione delle razze cominciò a scemare. I mutui connubi divennero frequenti. I Danesi impararono la religione dei Sassoni; e in tal guisa estirpossi una delle cagioni del loro odio mortale. Gl'idiomi danese e sassone, entrambi dialetti d'una lingua più estesa, armonizzarono in uno. Ma la distinzione tra i due popoli non era affatto scomparsa allorchè sopraggiunse un evento, che li prostrò, schiavi e degradati entrambi, ai piedi di un terzo popolo.
VI. I Normanni erano a quei tempi la gente più insigne di tutta la Cristianità. Per valore e ferocia si erano resi cospicui fra i predatori che la Scandinavia aveva già mandati a devastare l'Europa Occidentale. Le loro navi furono per lunga stagione il terrore di ambi i lidi dello Stretto. Spinsero più volte le armi loro nel cuore dell'impero dei Carlovingi, e rimasero vittoriosi sotto le mura di Maestricht e di Parigi. In fine, uno dei fiacchi eredi di Carlomagno cesse agli stranieri una fertile provincia, irrigata da un bel fiume e contigua al mare, che era il loro prediletto elemento. In quella provincia fondarono uno Stato potente, il quale a poco per volta venne estendendo la propria influenza sopra i principati vicini di Bretagna e di Maine. Senza deporre l'indomito valore che aveva tenuta in perpetua paura ogni terra dall'Elba fino ai Pirenei, i Normanni rapidamente acquistarono tutto; e, più che tutto, il sapere e la cultura che trovarono nelle contrade dove s'erano stanziati; mentre il loro coraggio tutelava il territorio dalle straniere invasioni. Ordinarono internamente lo Stato in modo affatto ignoto da lungo tempo all'impero franco. Abbracciarono il Cristianesimo, e con esso impararono gran parte di di ciò che il clero poteva insegnare. Smesso lo idioma natio, abbracciarono la favella francese, nella quale predominava lo elemento latino, ed innalzarono speditamente il loro nuovo linguaggio ad una dignità ed importanza che non aveva per lo innanzi posseduto. Lo trovarono in condizione di gergo barbarico, e gli dettero norme fisse scrivendolo, e usandolo nelle leggi, nella poesia e nel romanzo. Deposero la brutale intemperanza, cui tutte le altre razze della gran famiglia germanica erano pur troppo inchinevoli. Il lusso squisito del Normanno offre un mirabile contrasto con la rozza ghiottoneria e ubbriachezza dei Sassoni e Danesi suoi vicini. Amava di far pompa della propria magnificenza non in vaste provvisioni di cibi e di bevande, ma in grandi e stabili edifici, ricche armature, generosi cavalli, eletti falconi, bene ordinati tornei, banchetti delicati più presto che abbondanti, e vini notevoli meglio per isquisito sapore che per forza inebbriante. Quello spirito cavalleresco che ha esercitata così forte influenza sopra la politica, la morale e i costumi di tutte le nazioni europee, trovavasi grandissimo nei Nobili normanni. Questi nobili facevansi notare per la grazia del loro contegno e del loro conversare; per la destrezza nel condurre i negozi, e per la eloquenza naturale, che con estrema solerzia coltivavano. Uno dei loro storici s'inorgoglisce affermando, i Normanni essere oratori fin dalle fasce. Ma la loro precipua celebrità derivava dalle imprese militari. Ogni paese dall'Oceano Atlantico fino al Mare Morto rendeva testimonio dei prodigi della disciplina e del valor loro. Un solo cavaliere normanno, capo di una mano di guerrieri, cacciò i Celti dal Connaught. Un altro fondò la monarchia delle Due Sicilie, e vide lo imperatore d'Oriente e quello d'Occidente fuggire allo aspetto dell'armi sue. Un terzo, l'Ulisse della prima crociata, venne innalzato da' suoi fidi commilitoni alla sovranità d'Antiochia; ed un quarto, quel Tancredi che vive eterno nel grande poema del Tasso, era celebre per tutta la Cristianità come il più strenuo e generoso fra i campioni del Santo Sepolcro.
La propinquità di un popolo così notevole cominciò ben per tempo a produrre un effetto sullo spirito pubblico dell'Inghilterra. Innanzi la conquista, i principi inglesi andavano a educarsi in Normandia. Mari e terre inglesi venivano conferite ai signori normanni. L'idioma normanno-francese parlavasi familiarmente nel palazzo di Westminster. La corte di Rouen pareva che fosse verso la corte di Eduardo il Confessore ciò che la corte di Versailles, lunghi anni dopo, era verso la corte di Carlo II.

VII. La battaglia di Hastings, e le vicende che ne derivarono, non solo posero un duca di Normandia sul trono inglese, ma sottoposero tutta la popolazione dell'Inghilterra alla tirannide della razza normanna. Rade volte, e perfino in Asia, una nazione soggiogò un'altra nazione tanto pienamente, quanto la normanna fece dell'inglese. I capitani degli invasori divisero la contrada tuttaquanta, e se ne distribuirono le parti; e per mezzo di vigorose istituzioni militari, validamente connesse con la istituzione della proprietà, riuscirono ad opprimere i naturali del paese. Un codice penale crudele e crudelmente eseguito, tutelava i privilegi e perfino i diporti dei tiranni stranieri. Nonostante, la razza soggiogata, quantunque prostrata e calpesta, mandava fieramente il suo fremito. Parecchi uomini audaci, che poscia divennero eroi delle nostre vecchie ballate, rifugiaronsi fra le selve, ed ivi sfidando leggi di copri-fuoco e di foreste, conducevano una guerra predatoria contro gli oppressori. Gli assassinii erano fatti giornalieri. Molti dei Normanni sparivano improvvisamente senza che ne rimanesse vestigio. Trovavansi numerosi cadaveri aventi segni di morte violenta. Fu bandita la morte per mezzo della tortura contro gli assassini, i quali venivano ansiosamente cercati, ma quasi sempre indarno; perocchè la intera nazione cospirava a nasconderli. Finalmente, reputarono necessario imporre una grave multa sopra ogni centuria di abitanti fra' quali un individuo d'origine francese fosse trovato ucciso: legge che fu seguita da un'altra, che ordinava ogni individuo ucciso doversi reputare francese, qualvolta non potesse provarsi che fosse sassone.
Nel corso dei centocinquanta anni che seguirono la conquista, a parlare dirittamente, non esiste storia inglese. I re francesi d'Inghilterra veramente inalzaronsi tanto, da diventare la meraviglia e il terrore di tutte le nazioni vicine. Conquistarono la Irlanda: riceverono l'omaggio dalla Scozia. Per mezzo del valore, della politica, dei prosperi e splendidi connubi loro, diventarono più potenti sul continente, di quello che fossero i re di Francia, loro sovrani feudali. L'Asia al pari dell'Europa era abbarbagliata dallo splendore della potenza e gloria loro. I cronisti arabi prendevano ricordo con forzata ammirazione della caduta di Acri, della difesa di Joppe, e della vittoriosa marcia d'Ascalone; e le madri arabe per imporre silenzio ai loro figliuoli, rammentavano loro il nome del Plantageneto dal cuore di leone. Vi fu un tempo che la discendenza di Ugo Capeto parve presso ad estinguersi, nel modo stesso con che eransi estinte le dinastie dei Merovingi e dei Carlovingi; e che una sola grande monarchia dovesse estendersi dalle Orcadi fino a' Pirenei. È così forte il nesso che le menti stabiliscono tra la grandezza d'un sovrano e la grandezza della nazione da lui governata, che quasi tutti gli storici dell'Inghilterra hanno descritto con un sentimento di esultanza il potere e lo splendore dei suoi padroni stranieri, ed hanno compianta la decadenza di quello splendore e potere come una calamità della patria nostra. La quale cosa, a dir vero, è così assurda, come lo sarebbe se un negro d'Haiti dei nostri tempi considerasse con orgoglio nazionale la grandezza di Luigi XIV, e parlasse di Blenheim e Ramilies con patrio dolore e vergogna. Il conquistatore e i suoi discendenti fino alla quarta generazione non erano uomini inglesi: quasi tutti erano nati in Francia; passavano la maggior parte della vita in Francia; la loro favella era francese; pressochè tutti gli alti uffici da loro dipendenti erano affidati ad individui francesi; ogni acquisto che facevano sul continente li rendeva ognora più stranieri alla popolazione dell'isola nostra. Uno dei più egregi fra loro, a vero dire, tentò di procacciarsi lo affetto dei suoi sudditi inglesi, sposando una principessa inglese. Ma molti dei suoi baroni consideravano quel matrimonio come i cittadini della Virginia considererebbero un matrimonio tra un padrone e una fanciulla schiava. Nella storia quel principe è conosciuto sotto l'onorevole soprannome di Beauclerc; ma nei suoi tempi, i suoi concittadini gli avevano apposto un soprannome sassone a dileggio del suo sposalizio con una donna sassone.
Se ai Plantageneti fosse venuto fatto, siccome una volta parve verosimile, di porre tutta la Francia sotto il loro dominio, egli è probabile che la Inghilterra non avrebbe avuta mai una esistenza indipendente. I suoi principi, i signori, i prelati, sarebbero stati uomini diversi di sangue e di lingua dagli artigiani e dagli agricoltori. Le entrate dei suoi grandi possidenti sarebbero state spese in feste e diporti su le rive della Senna. La nobile favella di Milton e di Burke sarebbe rimasta nella condizione di rustico dialetto, priva di letteratura, di grammatica, d'ortografia fissa, abbandonata all'uso della plebaglia. Nessuno uomo di discendenza inglese si sarebbe innalzato a grado eminente, ove non fosse diventato francese per lingua e costumi.
VIII. La Inghilterra va debitrice di avere scansate coteste calamità ad uno avvenimento che gli storici hanno generalmente rappresentato come un disastro. I suoi interessi erano così direttamente opposti agli interessi dei suoi principi, che erasi ridotta a sperare soltanto negli errori e nelle traversie loro. Lo ingegno e perfino le virtù dei sei primi re francesi che la signoreggiarono, furono per lei una sciagura. La demenza e i vizi del settimo le furono di salvezza. Se Giovanni avesse ereditato gl'incliti pregi del

padre suo, d'Enrico Beauclerc, o del Conquistatore; anzi se avesse egli posseduto il coraggio marziale di Stefano o di Riccardo, e se il re di Francia a quel tempo stesso fosse stato inetto al pari di tutti i successori di Ugo Capeto; la casa dei Plantageneti avrebbe acquistata in tutta l'Europa una supremazia senza rivali. Se non che, appunto in quell'età, la Francia per la prima volta dopo la morte di Carlomagno era governata da un principe d'animo destro e vigoroso. Dall'altro canto la Inghilterra, la quale, dalla battaglia di Hastings in poi, era stata, generalmente parlando, retta da savi uomini di Stato, e sempre da strenui guerrieri, cadde sotto la dominazione d'un principe frivolo e codardo. Fino da quello istante le sue sorti cominciarono a splendere. Giovanni fu cacciato di Normandia. I nobili normanni si videro astretti ad eleggere fra l'isola e il continente. Chiusi dal mare fra un popolo che avevano fino allora oppresso e spregiato, si vennero inducendo a considerare l'Inghilterra come patria, e gli Inglesi come concittadini. Le due razze, così lungo tempo ostili, si accorsero tosto di aver comuni gl'interessi, comuni i nemici. Entrambe giacevano oppresse sotto la tirannia di un re malvagio. Entrambe ardevano di sdegno vedendo la corte prodigare i suoi favori sopra genti nate nel Poitou o nell'Aquitania. I pronipoti di coloro che avevano pugnato sotto Guglielmo, e i pronipoti di coloro che avevano pugnato sotto Aroldo, cominciarono ad appropinquarsi con vicendevole amistanza; e il primo pegno della loro riconciliazione fu la Grande Carta, che essi guadagnarono coi loro sforzi comuni, e formarono a comune benefizio.

IX. Qui principia la storia della nazione inglese. La storia delle vicissitudini precedenti è il racconto dei torti inflitti e sostenuti dalle varie tribù, le quali, comecchè abitassero sopra il suolo inglese, trattavansi con tale avversione, che non è forse mai esistita fra popoli divisi da fisici confini. Imperciocchè, perfino la scambievole animosità dei paesi in guerra fra loro, è lieve al paragone dell'animosità delle nazioni le quali, moralmente separate, stanziano commiste in un medesimo luogo. Non è paese in cui l'odio di razza trascorresse tanto oltre quanto in Inghilterra. Non è paese in cui quell'odio si fosse tanto onninamente spento. Non conosciamo con precisione gli stadi diversi del processo con che gli elementi ostili si fusero in una massa omogenea. Ma egli è certo che allorquando Giovanni ascese al trono, la distinzione tra Sassoni e Normanni esisteva evidentissima, e che avanti la fine del regno del suo nipote era quasi scomparsa. Nel tempo di Riccardo I, l'ordinaria imprecazione d'un gentiluomo normanno era: «Ch'io possa diventare un inglese!» e volendo sdegnosamente negare, diceva: «Che mi prendete voi per un inglese?» Cento anni dopo, il discendente di quel gentiluomo andava orgoglioso del nome d'inglese.

Le scaturigini dei più bei fiumi che spargono la fertilità sopra la terra, e portano i navigli gravi di ricchezze al mare, sono da cercarsi fra mezzo alle aride e selvagge montagne inesattamente segnate nelle carte geografiche, e bene di rado esplorate dai viaggiatori. Questa immagine può rendere una idea della storia del nostro paese nel secolo decimoterzo. Per quanto sterile e buio sia quel periodo dei nostri annali, è mestieri cercare in esso l'origine della libertà, prosperità e glorie nostre. E' fu allora che il gran popolo inglese formossi; che l'indole nazionale principiò a mostrarsi con quelle peculiarità che ha poi sempre serbate; e che i nostri antichi divennero enfaticamente isolani, e isolani non solo per geografica postura, ma per politica, sentimenti e costumi. Allora comparve per la prima volta distintamente quella Costituzione, che ha poi sempre, traverso a tante modificazioni, serbata la sua identità; quella Costituzione, della quale tutti i liberi statuti degli altri popoli altro non sono che copie; e la quale, malgrado talune mende, è degna di essere considerata come la migliore sotto cui una grande società sia mai esistita pel corso di molti secoli. E' fu allora che la Camera dei Comuni, archetipo di tutte le assemblee rappresentative che oggidì si ragunano nel vecchio mondo e nel nuovo, tenne le sue prime sessioni. E' fu allora che il diritto comune inalzossi alla dignità di scienza, e rapidamente divenne rivale non indegno della giurisprudenza imperiale. E' fu allora che il coraggio di quei marinari i quali conducevano le rozze barche dei Cinque Porti, rese primamente la bandiera inglese formidabile su per i mari. E' fu allora che i più antichi collegi che vivono tuttavia nelle due grandi sedi nazionali del sapere, formaronsi. Formossi allora parimente quella lingua, la quale, benchè meno armoniosa, a dir vero, degli idiomi meridionali, nondimeno, e per vigoria e per ricchezza e per essere atta a significare tutti gli alti concetti del poeta, del filosofo e dell'oratore, cede soltanto alla greca. Allora medesimamente mostrossi la prima alba di quella inclita letteratura, che costituisce la più splendida e durevole delle molte glorie di cui mena vanto l'Inghilterra.

Coll'iniziarsi del secolo decimoquarto, la perfetta congiunzione delle razze era pressochè compita; e si rese subito manifesto, a segni non dubbi, che un popolo non inferiore ad alcun altro popolo del mondo erasi formato dalla mistura delle tre razze e della grande famiglia teutonica, fra loro e cogli aborigeni bretoni. Vero è che non vi era quasi nulla di comune tra la Inghilterra alla quale re Giovanni era stato cacciato da Filippo Augusto, e la Inghilterra dalla quale le armi di Eduardo III mossero a conquistare la Francia.

X. Seguì un periodo di cento e più anni, nel quale lo scopo precipuo degl'Inglesi fu quello di stabilire con la forza delle armi un grande impero sul continente. Il diritto di Eduardo al retaggio occupato dalla Casa di Valois era tale, da sembrare che dovesse poco muovere gl'interessi dei suoi sudditi. Ma lo amore delle conquiste di subito scese dal principe al popolo. Cotesta guerra differiva grandemente dalle guerre che i Plantageneti del secolo duodecimo avevano condotte contro i discendenti di Ugo Capeto: poichè la fortuna delle armi di Enrico II e di Riccardo I avrebbe resa la Inghilterra provincia della Francia; mentre lo effetto dei prosperi successi di Eduardo III e di Enrico V era quello di far della Francia, per alcun tempo, una provincia dell'Inghilterra. Lo spregio con che, nel secolo duodecimo, i conquistatori del continente avevano guardato gl'isolani, era adesso gettato dagli isolani su' popoli del continente. Ogni popolano, da Kent fino a Northumberland, reputavasi come individuo d'una razza nata alla vittoria e all'impero, e volgeva uno sguardo di scherno alla nazione innanzi alla quale i suoi antenati avevano tremato. Anche que' cavalieri di Guascogna e Guienna, i quali avevano valorosamente combattuto sotto il Principe Nero, venivano considerati dagl'Inglesi come uomini di classe inferiore, e quindi erano sprezzevolmente esclusi dai comandi lucrosi. Fra tempo non molto i nostri progenitori persero d'occhio il motivo principale della lotta. Principiarono a considerare la corona di Francia come un semplice appannaggio della corona d'Inghilterra; e allorchè, violando la legge ordinaria di successione, concessero lo scettro del reame inglese alla casa di Lancaster, e' pare che pensassero il diritto di Riccardo II alla corona di Francia essere naturalmente passato a quella casa. Lo zelo e vigore ch'essi mostrarono offre un notevole contrasto col torpore dei Francesi, ai quali l'esito di quella lotta era di assai più grave momento. Le armi inglesi a quei tempi riportarono le più grandi vittorie di cui si faccia ricordo negli annali del medio evo, contro nemici grandemente disuguali. Di certo erano vittorie di cui può con ragione gloriarsi un popolo; perocchè esse debbono ascriversi alla superiorità morale dei vincitori: superiorità che si mostrò assai più mirabile negl'infimi gradi delle milizie. I cavalieri d'Inghilterra trovarono degni rivali nei cavalieri di Francia. Chandos ebbe un nemico degno di sé nella persona di Du Guesclin. Ma la Francia non aveva fanti che osassero stare a petto degli arcieri ed alabardieri inglesi. Un re francese venne condotto prigioniero in Londra. Un re inglese fu incoronato in Parigi. Il vessillo di San Giorgio sventolò di là da' Pirenei e dalle Alpi. Sulle sponde meridionali dell'Ebro gl'Inglesi riportarono una grande vittoria, che per un tempo decise delle sorti di Leon e di Castiglia; e le compagnie Inglesi ottennero una formidabile preeminenza fra le bande dei guerrieri i quali ponevano le loro armi agli stipendi dei principi e delle repubbliche d'Italia.

Né le arti della pace furono neglette da' nostri padri in quei torbidi tempi. Mentre la Francia pativa le devastazioni della guerra, fino a che trovò nella sua stessa desolazione una miserabile difesa contro gl'invasori, gl'Inglesi coltivavano i loro campi, ornavano le loro città, trafficavano e studiavano tranquilli e senza disturbi. Molti dei nostri monumenti architettonici appartengono a quell'epoca. Allora sorsero le splendide cappelle di New-College e di San Giorgio, la navata di Winchester e il coro di York, l'aguglia di Salisbury e le torri maestose di Lincoln. Una lingua abbondante e vigorosa, formata dalla mistura dell'idioma normanno-francese col germanico, era parlata egualmente dalla aristocrazia e dal popolo. Né passò molto tempo che il genio cominciò a servirsene per la manifestazione delle sue stupende creazioni. Mentre le milizie inglesi, lasciandosi addietro le devastate provincie della Francia, entravano trionfanti in Valladolid e spargevano il terrore fino alle porte di Firenze, i poeti inglesi dipingevano con vivi colori tutta la vasta varietà delle costumanze e delle fortune umane; e i pensatori inglesi aspiravano a indagare o ardivano dubitare, là dove i bacchettoni erano stati satisfatti ad ammirare o a credere. L'età stessa che produsse il Principe Nero e Derby, Chandos e Hawkwood, generò parimente Goffredo Chaucer e Giovanni Vicleffo.

Con modo sì splendido e imperatorio, il popolo inglese, propriamente detto, prese posto fra le nazioni del mondo. Nondimeno, mentre con diletto contempliamo gl'incliti pregi che adornavano i nostri antichi, non possiamo negare che il fine cui aspiravano era dannato e dalla onestà e dalla saggia politica, e che la sinistra fortuna che li costrinse, dopo una lunga e sanguinosa lotta, a deporre la speranza di stabilire un grande impero continentale, fu un vero bene sotto le sembianze di un disastro. Finalmente i Francesi si rifecero d'animo e di senno; e cominciarono ad opporre una vigorosa resistenza nazionale a' conquistatori stranieri. E da quel tempo, la destrezza dei capitani inglesi e il coraggio dei soldati loro, fortunatamente per l'umanità, tornarono vani. Dopo molti sforzi disperati, col cordoglio nell'animo, i nostri antenati rinunziarono alla conquista. Da quell'epoca in poi, nessun Governo inglese ha seriamente e fermamente fatto disegno di grandi conquiste sul Continente.

Il popolo, egli è vero, seguitò a carezzare con orgoglio la rimembranza di Cressy, di Poitiers e d'Agincourt. Anche molti anni appresso tornava agevole accendergli il sangue ed ottenerne sussidii con la sola promessa di riprendere la impresa di Francia. Ma, avventuratamente, le forze del nostro paese sono state dirette a fini più degni; ed ormai nella storia del genere umano occupa un posto assai più glorioso di quello che terrebbe qualora avesse acquistato, siccome un tempo era parso probabile, per mezzo della spada una supremazia simile a quella che in antico conseguì la repubblica romana.

XI. Rinchiuso di nuovo dentro i confini dell'isola, il bellicoso popolo adoperò nei civili conflitti le armi che erano già state il terrore dell'Europa. I Baroni avevano per lungo tempo derivati dalle oppresse provincie francesi i mezzi di satisfare al loro prodigo spendere. Quelle sorgenti di pecunia poi disseccaronsi; e rimanendo tuttavia le abitudini d'ostentazione e di lusso generate dalla prosperità, i grandi signori, impotenti ad appagare i loro appetiti depredando i Francesi, si misero a depredarsi vicendevolmente. Il reame, dentro il quale erano rinchiusi, secondo che afferma Comino, che è il più giudizioso osservatore di que' tempi, non era bastevole a tutti. Due fazioni aristocratiche, capitanate da due rami della famiglia reale, accesero una feroce e lunga lotta per recarsi in mano il governo dello Stato. E poichè l'astio di tali fazioni non nasceva veramente da contesa intorno alla successione, durò lungo tempo dopo che ogni pretesto intorno alla successione era svanito. La parte della Rosa Rossa sopravvisse all'ultimo dei principi che volevano il trono per diritto di Enrico IV. La parte della Rosa Bianca sopravvisse al matrimonio di Richmond e di Elisabetta. Lasciati senza capo che avesse alcuna onesta apparenza di diritto, i partigiani di Lancaster si collegarono intorno a un ramo di bastardi, e i partigiani di York misero su una successione d'impostori. Caduti sul campo di battaglia o sotto la scure del carnefice molti nobili aspiranti, scomparse per sempre dalla storia molte famiglie illustri, dome dalle sciagure le grandi casate che rimanevano, universalmente convennero a riconoscere ricongiunti nella casa dei Tudors i diritti di tutti i contendenti Plantageneti.

XII. Intanto maturavasi un avvenimento di assai maggiore importanza che non era l'acquisto o la perdita d'una provincia, lo innalzamento o la caduta d'una dinastia. La schiavitù, e i mali che l'accompagnano, andavano speditamente estinguendosi.

È cosa degna di nota, come le due più grandi e benefiche rivoluzioni sociali che seguissero in Inghilterra; la rivoluzione, cioè, che nel secolo decimoterzo pose fine alla tirannia di nazione sopra nazione; e quella che, poche generazioni dopo, rapì di mano all'uomo il diritto di possedere l'uomo; chetamente e impercettibilmente si effettuassero. Non destando maraviglia nelle menti degli osservatori contemporanei, esse sono state pochissimo avvertite dagli storici. Non vennero eseguite né da atti legislativi né dalla forza fisica. Cagioni puramente morali fecero senza rumore svanire ogni distinzione, dapprima tra Normanni e Sassoni, poscia tra schiavi e padroni. Nessuno potrebbe presumere di determinare il tempo preciso in cui siffatta distinzione cessava. Qualche debole vestigio del vecchio spirito normanno si potrebbe forse ravvisare nel secolo decimoquarto; qualche lieve vestigio dell'istituzione del villanaggio hanno scoperto gli eruditi nell'epoca degli Stuardi: che anzi, tale istituzione fino ai dì nostri non è stata abolita con legge particolare.

XIII. Sarebbe ingiusto non riconoscere che lo agente precipuo di queste due grandi emancipazioni fosse la religione; e potrebbe forse dubitarsi che una religione più pura sarebbe stata una causa meno efficiente. Lo spirito benevolo della morale cristiana repugna, fuori d'ogni dubbio, alle distinzioni di casta; ma siffatte distinzioni sono segnatamente odiose alla Chiesa di Roma, come quelle che sono incompatibili con altre distinzioni essenziali al suo sistema. Ella veste i suoi sacerdoti d'una dignità misteriosa che li fa reverendi ad ogni laico; e non considera qualsiasi uomo inetto al sacerdozio per ragioni di nazione o di famiglia. Le sue dottrine concernenti il carattere sacerdotale, per quanto si vogliano reputare fallaci, hanno più volte mitigati non pochi dei mali che affliggono la società. Non può riguardarsi come assolutamente nociva quella superstizione, la quale in paesi afflitti dalla tirannia di razza sopra razza crea una aristocrazia affatto indipendente da ogni razza, inverte le relazioni fra l'oppressore e l'oppresso, e costringe il signore ereditario a prostrarsi innanzi al tribunale spirituale dello schiavo ereditario. Ai dì nostri, in alcuni paesi dove esiste la schiavitù dei negri, il papismo contrasta vantaggiosamente con le altre forme del Cristianesimo. È noto come la repugnanza tra le razze europee e le affricane non è tanto forte a Rio Janeiro, quanto a Washington. Nella nostra patria, questa peculiarità del sistema cattolico-romano produsse nel medio evo molti benefici effetti. Vero è che, poco dopo la battaglia di Hastings, i prelati e gli abati sassoni vennero violentemente deposti, e che avventurieri ecclesiastici venuti dal Continente furono intrusi a centinaia nei più pingui beneficii. Nonostante, anche allora pii teologi di sangue normanno alzavano la voce contro siffatta violazione

degli statuti della Chiesa, ricusavano d'accettare le mitre dalle mani del Conquistatore, e gli ripetevano, minacciandogli la dannazione dell'anima, di non dimenticare che i vinti isolani erano suoi fratelli in Cristo. Il primo protettore che gl'Inglesi trovassero fra la casta dominante, fu l'arcivescovo Anselmo. In un tempo in cui il nome inglese era un rimprovero, e tutti i dignitari civili e militari del regno erano esclusivamente concittadini del Conquistatore, il popolo oppresso ricevè con ineffabile diletto la nuova che Nicola Breakspear, uomo della loro nazione, era stato innalzato al trono papale, dall'alto del quale aveva steso il suo piede al bacio degli ambasciatori uscenti dalle più nobili famiglie normanne. Egli era un sentimento nazionale, non che religioso, quello che conduceva le moltitudini all'altare di Becket, il primo inglese che, dopo la Conquista, fosse formidabile ai tiranni stranieri. Un successore di Becket era principale fra coloro che ottennero quella Carta, la quale assicurò a un tempo i privilegi dei baroni normanni e quelli della borghesia sassone. Quanto grande fosse l'opera con che gli ecclesiastici cattolici poscia parteciparono alla abolizione del villanaggio, lo raccogliamo dalla veneranda testimonianza di sir Tommaso Smith, uno dei più savi consiglieri protestanti di Elisabetta. Allorquando il possessore di schiavi dal suo letto di morte chiedeva il conforto dei sacramenti, il sacerdote esortavalo per la salute dell'anima ad emancipare i suoi fratelli redenti dalla morte di Cristo. La Chiesa aveva con tanto buon esito adoperata una macchina sì formidabile, che, innanzi lo scoppio della Riforma, aveva francati quasi tutti gli schiavi del regno, tranne i i suoi propri, i quali, a sua giusta lode, sembra che venissero benevolmente governati.
Non vi può esser dubbio che allorquando le due predette grandi rivoluzioni seguirono, i nostri antenati erano di gran lunga il popolo meglio governato in Europa. Per trecento anni il sistema sociale è sempre stato in continua via di progresso. Sotto i primi Plantageneti vi furono padroni così potenti da sfidare l'autorità del sovrano, e contadini degradati fino alla condizione degli armenti, di cui erano guardiani. La condizione del contadino si è venuta a poco a poco elevando; fra l'aristocrazia e il popolo degli operai è sorta una classe media, agricola e commerciale. È probabile che tuttavia vi fosse più ineguaglianza di quella che sia necessaria a promuovere la felicità e la virtù della specie umana; ma nessun uomo era affatto al di sopra della legge, nessun uomo reputavasi onninamente al di sotto della protezione di quella.
Che le istituzioni politiche dell'Inghilterra fossero fino da quell'epoca riguardate dagl'Inglesi con orgoglio ed affetto, e dagli uomini più culti delle vicine nazioni con ammirazione ed invidia, è cosa evidentissimamente provata. Ma nel giudicare l'indole di cosiffatte istituzioni, le numerose controversie sono state rapide e disoneste.
XIV. La letteratura storica d'Inghilterra, a dir vero, patì gli effetti di una circostanza, la quale ha contribuito non poco alla sua prosperità. Il grande mutamento che nella sua politica si è venuto operando negli ultimi sei secoli, è stato la conseguenza d'uno sviluppo progressivo; non mai del distruggere e del riedificare. La Costituzione presente del nostro paese è verso la Costituzione con la quale reggevasi cinquecento anni fa, ciò che l'albero è verso l'arbusto, ciò che l'uomo è verso il fanciullo. Le sue variazioni sono state grandi; nondimeno, non vi fu mai un momento in cui la parte principale di ciò che esisteva non fosse antica. Una politica formatasi in tal modo è forza che abbondi di anomalie. Ma per i danni che sorgono dalle semplici anomalie, abbiamo ampie compensazioni. Altri Stati possiedono Costituzioni scritte, belle di maggior simmetria; ma a nessuna altra società è finora venuto fatto di armonizzare la rivoluzione con la prescrizione, il progresso con la stabilità, l'energia della giovinezza con la maestà d'un'antichità immemorabile.
Non per tanto, cotesto gran bene ha seco parecchi inconvenienti; uno dei quali sta in questo, che le fonti delle nostre nozioni, in quanto alla nostra antica storia, sono state avvelenate dallo spirito di parte. Non essendovi paese in cui, come in Inghilterra, gli uomini di Stato si siano lasciati tanto trascinare dalla influenza del passato, così non vi è paese in cui gli storici si siano lasciati, come i nostri, condurre dall'influenza del presente. A vero dire, fra queste due cose è naturale connessione. Dove la storia viene considerata semplicemente come una pittura della vita e dei costumi, come una raccolta di esperimenti da cui si possano trarre massime generali di sapienza civile, lo scrittore non è grandemente soggetto alla tentazione di rappresentare sfigurati i fatti seguiti in un'epoca che non è la sua: ma dove la storia viene considerata come un santuario in cui si custodiscono i titoli dai quali pendono i diritti dei governi e delle nazioni, gl'incentivi a falsificare i fatti diventano pressochè irresistibili. Uno scrittore francese oggimai non è mosso da nessun potente interesse ad esagerare o a spregiare la potenza dei re della casa di Valois. I privilegii degli Stati Generali, degli Stati della Bretagna, degli Stati della Borgogna, sono oramai cose di piccola importanza pratica, come lo sarebbe la Costituzione del Sinedrio Giudaico o del Consiglio degli Anfizioni. L'abisso d'una grande rivoluzione

divide compiutamente il nuovo dal vecchio sistema. Nessuno abisso simigliante divide in due parti distinte la esistenza della nazione inglese. Le leggi e le consuetudini nostre non sono state mai trascinate dall'impeto d'una generale e irreparabile rovina. Presso noi l'autorità del medio evo è tuttavia autorità valida, e viene tuttavia citata, nelle più gravi occasioni, da' più eminenti uomini di Stato. Diffatti, allorchè il re Giorgio III cadde in quella infermità che lo rese incapace di esercitare le regie funzioni, e i più insigni giureconsulti ed uomini politici opinavano diversamente intorno al partito da prendersi in cosiffatte circostanze, il Parlamento non volle procedere alla discussione di nessun progetto di reggenza, finchè non fossero stati raccolti e posti in ordine tutti gli esempi reperibili nei nostri annali fino dai primissimi tempi della monarchia. Si elessero Commissioni per frugare negli antichi ricordi del regno. Il primo esempio trovato fu quello del 1217; furono considerati come importantissimi gli esempi del 1326, del 1377 e del 1422; ma il caso che venne giudicato come argomento atto a sciogliere la questione fu quello del 1455. In tal guisa, nella patria nostra, i più solenni interessi dei partiti si sono appoggiati su' resultamenti delle investigazioni degli antiquari; e fu conseguenza inevitabile che i nostri antiquari eseguissero le investigazioni loro mossi dallo spirito di parte.

E però non è maraviglia che coloro i quali hanno scritto intorno a' limiti della prerogativa e alla libertà della vecchia politica d'Inghilterra, si siano generalmente mostrati non giudici, ma rabbiosi e poco sinceri avvocati, come quelli che discutevano non di cose speculative, ma di cose che avevano relazione diretta e pratica con le più gravi e calde dispute dei tempi loro. Dal cominciare della lunga lotta fra il Parlamento e gli Stuardi, fino al tempo in cui le pretese degli Stuardi più non furono formidabili, poche questioni erano più praticamente importanti di quella nella quale trattavasi di stabilire se il governo, così come era stato da quelli amministrato, fosse o no conforme all'antica Costituzione del reame. La questione non potevasi sciogliere soltanto giusta gli esempi tratti da ricordi dei regni precedenti. Bracton e Fleta, lo Specchietto di giustizia, gli atti del Parlamento, vennero studiosamente frugati, onde trovare pretesti ad attenuare gli eccessi della Camera Stellata da un canto, e dell'Alta Corte di giustizia dall'altro. Per lungo ordine d'anni, ogni storico Whig affaccendossi a provare che l'antico governo inglese era poco meno che repubblicano, ed ogni storico Tory voleva stabilire che esso era poco meno che dispotico.

Animati da tali sentimenti, entrambi frugavano dentro i cronisti del medio evo; entrambi trovavano agevolmente ciò che andavano cercando; e tutti ostinavansi a non vedervi altro che le cose di cui correvano in traccia. I difensori degli Stuardi potevano di leggieri addurre esempi di re che avevano oppressi i sudditi; i difensori delle Teste-Rotonde potevano con uguale agevolezza produrre esempi di resistenza, opposta con buon esito, alla corona.

I Tories citavano da antiche scritture espressioni servili tanto, quanto quelle che si udivano pronunziare dal pulpito di Mainwaring. I Whigs scoprivano espressioni audaci e severe come quelle che Bradshaw faceva risuonare dal banco dei giudici. Gli uni adducevano numerosi esempi in cui i re avevano estorti danari da' popoli senza l'autorità del Parlamento; gli altri citavano casi nei quali il Parlamento aveva assunto il potere di punire i re. Coloro che vedevano mezza la verità della questione, avrebbero voluto concludere che i Plantageneti erano stati assoluti come i sultani di Turchia; coloro che ne vedevano l'altra metà, avrebbero voluto concludere che i Plantageneti avevano avuto tanto poco potere, quanto ne avevano i dogi di Venezia: ed ambedue coteste conclusioni aberravano egualmente discoste dal vero.

XV. Il vecchio governo inglese apparteneva alla classe delle monarchie limitate, che nel medio evo sorsero nell'Europa Occidentale; e non ostante che l'una dall'altra differissero non poco, avevano tutte una forte somiglianza di famiglia. Che vi sia stata cotal somiglianza, non è cosa strana; perocchè i paesi in cui sorsero quelle monarchie erano già provincia del medesimo impero grande e incivilito, ed erano stati invasi e conquistati da' medesimi popoli rozzi ed agguerriti. Erano vincolati dalla stessa credenza religiosa, e congiunti in una medesima grande coalizione contro l'Islamismo. Il loro ordinamento politico quindi prese naturalmente la medesima forma, dacchè le loro istituzioni in parte erano derivate da Roma imperiale, in parte da Roma papale, in parte dalla antica Germania. Tutti avevano re, e presso tutti la dignità regia divenne a poco a poco strettamente ereditaria. Tutti avevano nobili, decorati di titoli che in origine indicavano il grado militare. La dignità della cavalleria e le regole del blasone erano comuni a tutti. Tutti avevano stabilimenti ecclesiastici riccamente dotati, corporazioni municipali godenti larghe franchigie, e senati il cui consenso era necessario alla validità di certi atti pubblici.

XVI. Di tutte coteste Costituzioni affini, la inglese venne fin d'allora giudicata la migliore. Non è dubbio che le prerogative del sovrano fossero estese. Lo spirito religioso e il cavalleresco concorrevano ad esaltarne la dignità. L'olio sacro era stato sparso sul suo capo; e i cavalieri più nobili e più valorosi non si reputavano degradati inginocchiandoglisi dinanzi. La sua persona era inviolabile; egli solo aveva diritto di convocare gli Stati del Regno e di disciorli; e il suo assenso era indispensabile a tutti i loro atti legislativi. Egli era il capo del potere esecutivo, il solo organo di comunicazione co' potentati stranieri, il comandante delle milizie di terra e di mare, la sorgente d'onde emanavano la giustizia, la grazia e l'onorificenza. Aveva estesi poteri per regolare il commercio: coniava la moneta, determinava i pesi e le misure, stabiliva i porti e i mercati. Il suo patronato ecclesiastico era immenso; le sue rendite ereditarie, amministrate economicamente, bastavano a sostenere le spese ordinarie del governo. Vastissimi erano i suoi propri possedimenti: egli era anzi signore feudale di tutto il suolo del suo regno, e come tale possedeva numerosi diritti lucrativi e formidabili, per mezzo dei quali egli poteva domare coloro che gli erano avversi, arricchire e far grandi, senza suo detrimento, coloro che gli erano bene affetti.

XVII. Ma il suo potere, quantunque ingente, era limitato da tre grandi principii costituzionali; cotanto antichi, che nessuno poteva indicare il tempo in cui cominciarono ad esistere; e talmente potenti, che il loro naturale sviluppo, continuato per lungo ordine d'anni, ha prodotto le condizioni politiche nelle quali oggimai l'Inghilterra si trova.

Primamente, il re non poteva fare legge alcuna senza il consenso del Parlamento.

In secondo luogo, non poteva imporre tasse senza il consenso del Parlamento.

Da ultimo, egli era tenuto a condurre l'amministrazione esecutiva secondo le leggi del paese, della violazione delle quali dovevano rispondere al popolo i consiglieri e gli agenti del principe.

Nessun Tory, purchè fosse sincero, potrebbe negare che cotesti principii avevano, cinquecento anni fa, acquistato autorità di regole fondamentali. Dall'altro canto, nessun Whig, egualmente schietto, potrebbe affermare che essi fossero, fino ad una epoca più tarda, purificati d'ogni ambiguità, o spinti fino a tutte le loro naturali conseguenze. Una Costituzione nata nel medio evo non era, come una Costituzione del decimottavo o decimonono secolo, creata intieramente in un solo atto, e rinchiusa in un solo documento. Egli è soltanto in un'età culta ed incivilita che la politica può istituirsi sopra un sistema. Nelle società rozze il progresso del governo somiglia al progresso del linguaggio e della versificazione. Le società rozze hanno una lingua, e spesso copiosa ed energica; ma non hanno grammatica scientifica, non definizioni di nomi e di verbi, non vocaboli per le declinazioni, pei modi, pei tempi. Le rozze società hanno una versificazione, e spesso vigorosa ed armonica; ma non hanno leggi di ritmo; e il menestrello, i canti del quale, armonizzati dalla sola squisitezza dell'udito, formano il diletto dei popoli, non saprebbe spiegare di quanti dattili o trochei consti ciascuno dei suoi versi.

Come la eloquenza esiste innanzi la sintassi e il canto innanzi la prosodia, così il governo può esistere in grado d'eccellenza lungo tempo avanti che i limiti dei poteri legislativo, esecutivo e giudiciario, vengano segnati con precisione.

XVIII. E ciò appunto è seguito nel nostro paese. La linea che circoscriveva la regia prerogativa, tuttochè, generalmente parlando, fosse abbastanza chiara, non era stata in ogni parte tirata con accuratezza o precisione. E però, sull'orlo del terreno assegnatole vi era qualche spazio disputabile, dove seguitarono a succedere invasioni e rappresaglie, finchè, dopo anni ed anni di lotta, furono stabiliti segni evidenti e durabili. Sarebbe pregio dell'opera notare in che modo, e fino a qual punto, i nostri antichi sovrani avessero l'abitudine di violare i tre grandi principii che proteggevano le libertà nazionali.

Nessuno dei re d'Inghilterra ha mai preteso arrogarsi tutto il potere legislativo. Il più violento dei Plantageneti non si reputò mai competente a decretare, senza il consentimento del suo Gran Consiglio, che un giury si dovesse comporre di dieci individui invece di dodici, che la dote d'una vedova dovesse essere la quarta parte del patrimonio invece della terza, che lo spergiuro dovesse reputarsi delitto di fellonia, e che la consuetudine di dividere gli averi in parti uguali fra i maschi d'una famiglia dovesse introdursi nella contea di York. Ma il re aveva il potere di perdonare i colpevoli; e vi è un punto in cui il potere di perdonare e quello di far leggi sembrano di leggeri confondersi fra loro. Uno statuto penale viene virtualmente annullato, se le penalità che esso impone sono regolarmente rimesse ogni qualvolta vi è luogo ad applicarle. Il sovrano, senza alcun dubbio, era competente a condonare le punizioni, e in ciò il suo diritto non aveva limiti; e per tal ragione, egli poteva annullare virtualmente uno statuto penale. Sembrerebbe che non vi fossero serie obiezioni a lasciargli fare formalmente ciò che virtualmente poteva fare. In tal guisa, con l'aiuto di giureconsulti sottili e cortigiani, formossi, sul confine dubbio che separa le funzioni legislative dalle esecutive, quella grande

anomalia che chiamasi potestà di dispensare.
Che il re non potesse imporre tasse senza il consenso del Parlamento, generalmente si ammette essere stata, da tempo immemorabile, legge fondamentale della monarchia inglese. Era uno degli articoli che i Baroni costrinsero il re Giovanni a firmare. Eduardo I tentò di violare quella legge; ma, nonostante che fosse uomo destro, potente e popolare, trovò tale opposizione che gli parve utile di cedere. Promise quindi in termini espressi, a nome di sè e dei suoi eredi, che nessuno di loro avrebbe mai imposto balzelli di veruna specie senza l'assenso e la libera volontà degli Stati del regno. Il suo potente e vittorioso nipote provossi di infrangere cotesto patto solenne; ma trovò validissima resistenza. Finalmente, i Plantageneti, disperati di riuscirvi, rinunziarono a cotali pretese. Ma, comecchè fossero avvezzi ad infrangere la legge apertamente, studiaronsi, secondo le occasioni, eludendola, di estorcere temporaneamente delle somme straordinarie. Era loro inibito di imporre tasse, ma reclamarono il diritto di chiedere e di tôrre in prestito. E però talvolta chiesero con un linguaggio tale, da non distinguersi dall'espressione di un comando; e tal'altra tolsero in prestito con poco pensiero di rendere. Ma il solo fatto di stimar necessario il mascherare simiglianti esazioni sotto nome di donativi o di prestiti, prova a sufficienza che l'autorità del gran principio costituzionale era universalmente riconosciuta.
Il principio che il re d'Inghilterra era tenuto a condurre l'amministrazione secondo la legge, e che qualora egli facesse alcuna cosa contro la legge, i suoi consiglieri ed agenti erano responsabili, fu stabilito nei tempi primitivi della Costituzione; come ne sono prova bastevole i severi giudizi pronunziati ed eseguiti contro molti favoriti del principe. Non per tanto, gli è certo che i diritti degli individui vennero spesso violati dai Plantageneti, e che le parti offese spesso furono nella impossibilità di ottenere giustizia. Secondo la legge, la tortura, che è una macchia della romana giurisprudenza, non poteva, in nessun caso, essere inflitta ad un suddito inglese. Nondimeno, nelle turbolenze del secolo decimoquinto, la tortura venne introdotta nella Torre di Londra, e, secondo le occasioni, se ne faceva uso sotto pretesto di necessità politica. Ma sarebbe grave errore inferire da siffatte irregolarità, che i monarchi d'Inghilterra fossero, in teoria o in pratica, assoluti. Noi viviamo in una società altamente incivilita, in cui le nuove sono così rapidamente propagate per mezzo della stampa e degli uffici postali, che ogni qualunque atto notorio d'oppressione commesso in qualunque parte della nostra isola viene, in poche ore, discusso da milioni d'uomini. Se un sovrano inglese facesse oggimai murar vivo dentro una parete un suddito, in aperta violazione dell'Habeas corpus, o mettere un cospiratore alla tortura, tal nuova elettrizzerebbe in un attimo l'intiera nazione.
Nel medio evo le condizioni della società erano grandemente diverse. Rade volte e con molta difficoltà i torti fatti agli individui pervenivano a cognizione del pubblico. Un uomo poteva illegalmente essere confinato per molti mesi nel castello di Carlisle e di Norwich, senza che nè anche un bisbiglio della cosa arrivasse in Londra. È molto probabile che la tortura fosse stata in uso molti anni innanzi che la gran maggioranza della nazione ne concepisse il minimo sospetto. Nè i nostri antichi erano in nessun modo così gelosi, come siamo noi, dell'importanza di osservare le grandi regole generali. L'esperienza ci ha insegnato che non possiamo senza pericolo patire che passi in silenzio la minima violazione dello Statuto. E perciò ormai universalmente si pensa che un governo il quale senza necessità ecceda i suoi poteri, debba essere colpito di severa censura parlamentare; e che un governo, il quale, spinto da una grande urgenza e da intenzioni pure, ecceda i suoi poteri, debba senza indugio rivolgersi al Parlamento per un atto d'indennità. Ma non era tale il sentire degl'Inglesi dei secoli decimoquarto e decimoquinto. Essi erano poco disposti a contendere per un principio semplicemente come principio, ed a biasimare una irregolarità che non era reputata atto d'oppressione. Finchè lo spirito generale del governo mantenevasi mite e popolare, erano proni ad accordare qualche latitudine alle azioni del loro sovrano. Se per uno scopo che si reputasse sommamente lodevole, egli faceva uso di un vigore che travarcava i confini segnati dalla legge, essi non solo gli perdonavano, ma lo applaudivano; e mentre godevano sicurezza e prosperità sotto il suo imperio, erano solleciti a credere che chiunque fosse incorso nella sua collera, ne era stato meritevole. Ma siffatta indulgenza aveva anche un limite; nè era savio quel principe che affidavasi sulla tolleranza del popolo inglese. Potevano talvolta concedergli ch'ei trapassasse la linea costituzionale; ma dal canto loro reclamavano il privilegio di trapassarla anch'essi tutte le volte che le sue usurpazioni erano tali da svegliare sospetto negli animi di tutti. Se, non contento di opprimere di quando in quando qualche individuo, osava opprimere le popolazioni, i suoi sudditi subitamente appellavansi alla legge; e riuscendo infruttuoso cotale appello, ricorrevano, senza mettere tempo in mezzo, al Dio delle battaglie.

XIX. Potevano, a dir vero, tollerare in un re pochi eccessi; perocchè potevano sempre appigliarsi al partito di opporgli un ostacolo, che tosto conducesse alla ragione il più fiero e superbo dei principi, - l'ostacolo della forza fisica. Torna difficile ad un inglese del secolo decimonono immaginare la facilità e prestezza con che, quattrocento anni fa, tale specie d'ostacolo operasse. Oggigiorno i popoli sono disavvezzi dall'uso delle armi; l'arte della guerra è stata condotta ad una perfezione ignota ai nostri antenati, la conoscenza della quale è circoscritta in una classe peculiare d'individui. Centomila soldati, ben disciplinati e guidati da esperti capitani, bastano a domare parecchi milioni d'artigiani e di contadini. Pochi reggimenti di milizie cittadine servono ad impaurire ed attutire gli spiriti di una vasta metropoli. Frattanto, lo effetto del continuo progresso della ricchezza è stato quello di rendere la insurrezione più temibile di quello che sia la cattiva amministrazione. Immense somme sono state spese in opere che, nel caso di uno scoppio repentino di ribellione, potrebbero tra poche ore reprimerla. La massa della ricchezza mobile cumulata nelle botteghe e nei magazzini di Londra, da sè sola sorpassa cinquecento volte quella che tutta l'isola conteneva nei giorni dei Plantageneti; e se il governo venisse rovesciato dalla forza materiale, tutta cotesta ricchezza mobile sarebbe esposta all'imminente rischio di spoliazione e di distruzione. Sarebbe anche maggiore il pericolo del credito pubblico, da cui direttamente dipende la sussistenza di migliaia di famiglie, ed a cui inseparabilmente va connesso il credito di tutto il mondo commerciale. Non sarebbe esagerazione affermare, che una settimana di guerra civile in Inghilterra oggidì produrrebbe tali disastri, che i suoi effetti, facendosi sentire da Hoangho fino al Missouri, si riconoscerebbero per il corso d'un secolo. In simili condizioni sociali, è d'uopo considerare la resistenza come un sistema di cura più disperata di qualunque infermità potesse affliggere lo Stato.
Nel medio evo, all'incontro, la resistenza era un rimedio ordinario ai mali politici; rimedio che era sempre pronto, e comunque di certo fosse amaro in sul momento, non produceva profonde e durevoli conseguenze sinistre. Se un capopopolo alzava il proprio vessillo per la causa del popolo, in un solo giorno poteva raccogliere una armata irregolare; dacchè di regolari non ve n'era nessuna. Ciascun uomo aveva una certa conoscenza della professione del soldato, ma null'altro più che una leggiera conoscenza. La ricchezza nazionale consisteva principalmente in greggi ed armenti, nelle ricolte dell'anno, e nelle semplici abitazioni dentro le quali s'annidavano le genti. Tutte le masserizie, gli arnesi delle botteghe, le macchine reperibili nel reame, erano di minor valore di quello che sia ciò che qualche parrocchia dei giorni nostri contiene. Le manifatture erano rozze, il credito quasi nullo. La società quindi si riaveva dal colpo, subito appena cessato il conflitto. Le calamità della guerra civile limitavansi alle stragi che seguivano nel campo di battaglia, ed a poche punizioni capitali o confische. In meno d'una settimana dopo, il contadino ripigliava il suo aratro, e il gentiluomo sollazzavasi a mandare in aria il falcone nei campi di Towton, o di Bosworth, come se nessun evento straordinario fosse sopraggiunto ad interrompere il corso regolare della vita umana.
Oramai sono trascorsi centosessanta anni, dacchè il popolo inglese rovesciò con forza il governo del paese. Nei cento e sessanta anni che precessero la unione delle due Rose, regnarono in Inghilterra nove re, sei dei quali vennero cacciati dal trono, cinque vi perderono la corona e la vita. Per la quale cosa, egli è evidente che il paragonare la nostra politica antica alla moderna deve inevitabilmente condurre alle più erronee conclusioni, qualora non si conti per molto l'effetto di quelle restrizioni che la resistenza, o la paura della resistenza, imponeva sempre ai Plantageneti. E poichè i nostri antichi avevano contro la tirannide una importantissima guarentigia che a noi manca, potevano porre in non cale quelle tali guarentigie che noi stimiamo di grandissimo momento. Non potendo noi, senza il pericolo di danni da' quali rifugge la nostra immaginazione, adoperare la forza fisica come un ostacolo contro il mal governo, è per noi cosa evidentemente saggia essere gelosissimi di tutti i poteri costituzionali raffrenanti il mal governo; spiare scrupolosamente ogni principio d'usurpazione; e non patire mai che nessuna irregolarità, quand'anche fosse d'indole innocua, passi senza essere combattuta, ove non possa allegare a favor suo l'esempio di atti precedenti. Quattrocento anni indietro questa minuta vigilanza poteva non essere necessaria. Una nazione d'intrepidi arcieri e lancieri poteva, con poco periglio delle sue libertà, mostrarsi connivente a qualche atto illegale nella persona di un principe, del quale l'amministrazione fosse generalmente buona, e il trono non difeso nè anche da una compagnia di soldati regolari.
Sotto tale sistema, comunque possa sembrare rozzo in paragone di quelle elaborate Costituzioni che sono sorte negli ultimi settant'anni, gl'Inglesi godevano ampia misura di libertà e felicità. Tuttochè sotto il debole regno di Enrico VI lo Stato fosse lacerato prima dalle fazioni e poscia dalla guerra civile; tuttochè Eduardo IV fosse principe d'indole dissoluta e superba; tuttochè Riccardo III venga

generalmente rappresentato come mostro di scelleraggine; tuttochè le esazioni di Enrico VII gettassero il paese nella miseria; - egli è certo che gli avi nostri, sotto tali re, erano governati meglio dei Belgi sotto Filippo soprannominato il Buono, e dei Francesi sotto quel Luigi che veniva chiamato padre del popolo. Anche mentre le guerre delle Rose infuriavano, e' pare che il nostro paese sia stato in condizioni migliori che non erano i reami a noi vicini negli anni di pace profonda. Comino era uno dei più illuminati uomini di Stato dei tempi suoi. Aveva veduto le più ricche ed altamente civili regioni del continente; era vissuto nelle città opulente delle Fiandre, che possono chiamarsi le Manchester e le Liverpool del secolo decimoquinto; avea visitato Firenze, di fresco abbellita dalla magnificenza di Lorenzo dei Medici, e Venezia non ancora umiliata dalla Lega di Cambray. Questo uomo egregio scrisse deliberatamente, l'Inghilterra essere il paese meglio governato fra tutti quelli di cui egli avesse conoscenza; mostrò enfaticamente la Costituzione inglese come una cosa giusta e santa, la quale mentre proteggeva il popolo, rinvigoriva il braccio del principe che la rispettava. In nessun altro Stato, egli diceva, gli uomini erano tanto efficacemente guarentiti d'ogni torto. Le calamità originate dalle nostre guerre intestine gli sembravano toccare solo i nobili e i combattenti, e non lasciare vestigia simili a quelle che egli era avvezzo ad osservare altrove; non rovine di edifizi, non città spopolate.
XX. E' non fu solo per la efficacia delle predette restrizioni, imposte alla prerogativa regia, che le sorti dell'Inghilterra procedessero più prospere di quelle degli Stati vicini. Una peculiarità di pari importanza, comunque meno avvertita, consisteva nella relazione tra i nobili e il popolo. Vi era una forte aristocrazia ereditaria, ma di tutte le aristocrazie ereditarie era la meno insolente ed esclusiva. Non aveva affatto l'invido carattere d'una casta. Riceveva nel proprio seno individui dell'ordine popolare; mandava individui dell'ordine proprio in seno dei popolani. Ogni gentiluomo poteva diventar Pari; il figlio più giovane di un Pari non era se non un semplice gentiluomo. I nipoti dei Pari lasciavano la precedenza a' cavalieri novellamente creati. La dignità di cavaliere non era inaccessibile a qualunque uomo il quale potesse per la diligenza e i guadagni formarsi uno stato, o farsi ammirare pel suo valore in una battaglia o in un assedio. La figlia di un duca, anche di un duca di sangue reale, non reputavasi degradata maritandosi a un distinto popolano. Difatti, sir Giovanni Howard sposò la figliuola di Tommaso Mowbray duca di Norfolk; sir Riccardo Pole sposò la contessa di Salisbury, figlia di Giorgio, duca di Clarence. Il sangue puro in verità era tenuto in pregio; ma tra il sangue puro e i privilegii della paría non eravi, a grande ventura della patria nostra, necessaria connessione. Le antiche genealogie, non meno che i vecchi blasoni, potevano trovarsi fuori e dentro della camera dei Lord. Eranvi uomini nuovi che discendevano da cavalieri che portavano i più alti titoli; v'erano uomini senza titoli, che avevano vinte le armi sassoni alla battaglia di Hastings, e scalate le mura di Gerusalemme. Vi erano Bohuns, Mowbrays, De Veres; eranvi parenti della famiglia dei Plantageneti, senza altro titolo che quello di scudiere (esquire), e senza altri privilegii che quelli che godeva ogni colono o padrone di bottega. Non v'era, dunque, tra noi limite simile a quello che in taluni paesi divideva l'uomo patrizio dal plebeo. Il popolano non aveva ragione di mormorare d'una dignità alla quale i suoi figli potevano elevarsi. Il signore non era tentato d'insultare una classe alla quale i suoi figli dovevano discendere.
Dopo le guerre tra la casa di York e quella di Lancaster, gli anelli della catena che univa i nobili ai popolani, divennero più numerosi che mai. Fino a che punto la distruzione colpisse la vecchia aristocrazia, può dedursi da una sola circostanza. Nel 1451, Enrico VI chiamò al parlamento cinquantatré lord secolari. I lord secolari convocati da Enrico VII al parlamento del 1485, furono soltanto ventinove, dei quali ventinove parecchi erano stati di recente elevati alla paría. Nel corso del secolo susseguente, i pari vennero in gran numero scelti fra mezzo ai gentiluomini. La costituzione della Camera dei Comuni tendeva grandemente a promuovere la salutare mistura delle classi. Il cavaliere della contea era l'anello intermedio fra il barone e il trafficante. Sul medesimo banco su cui sedevano gli orefici e i droghieri, i quali erano stati mandati al Parlamento dalle città commerciali, sedevano parimente i membri che in qualunque altro paese sarebbero stati chiamati nobili, e Lord ereditarj, che avevano il diritto di tenere corti e portare arme, e potevano far risalire la loro discendenza a molte generazioni anteriori. Parecchi di loro erano figli cadetti e fratelli di grandi Lord; altri potevano perfino gloriarsi d'essere discendenti di sangue regale. Finalmente, il figlio maggiore di un conte di Bedford, insignito, per grazia, del secondo titolo del proprio genitore, si offerse come candidato nella Camera dei Comuni, e il suo esempio venne seguito da altri. Sedenti in quella Camera, gli eredi dei grandi del regno naturalmente divennero gelosi dei suoi privilegii, al pari del più umile borghese che sedeva loro accanto. In tal modo la nostra democrazia fu, sino da' primi tempi della costituzione, la più aristocratica, e la nostra aristocrazia la più democratica del mondo: peculiarità

caratteristica che si è mantenuta fino ai dì nostri, e che si è fatta cagione d'importantissime conseguenze morali e politiche.

XXI. Il governo di Enrico VII, di suo figlio e dei suoi nipoti, fu, generalmente considerandolo, più arbitrario di quello dei Plantageneti. Fino a un certo segno, la ragione di siffatta differenza si potrebbe trovare nel carattere personale di que' principi; poichè gli uomini egualmente che le donne della casa dei Tudors furono coraggiosissimi e forti. Esercitarono il potere per lo spazio di centoventi anni, sempre con vigore, spesso con violenza, talvolta con crudeltà. Imitando la dinastia che li aveva preceduti, di quando in quando invasero i diritti degli individui, riscossero tasse sotto nome di prestiti e di donativi, dispensarono le pene inflitte dalle leggi; e quantunque non presumessero mai di promulgare di propria autorità nessun decreto permanente, secondo l'occasione si arrogarono il diritto, quando il Parlamento non era in sessione, di far fronte con editti temporanei a' temporanei bisogni. Egli era, nondimeno, impossibile ai Tudors di opprimere il popolo al di là di certi limiti; poichè non avevano forza armata, ed erano circondati da un popolo armato. La reggia era guardata da pochi famigliari, che potevano essere agevolmente sconfitti dalla popolazione di una sola contea, o d'un solo quartiere della città di Londra. Cotesti principi alteri erano, dunque, soggetti ad un freno più forte d'ogni qualunque altro potesse essere loro imposto dalle semplici leggi; ad un freno che, a dir vero, non li impediva dal trattare arbitrariamente e perfino barbaramente un individuo, ma che efficacemente guarentiva il paese contro una generale e perpetua oppressione. Potevano impunemente essere tiranni dentro la propria corte, ma era loro necessario sorvegliare con perpetua ansietà il sentire della nazione. Enrico VIII, a modo d'esempio, non trovò ostacolo allorquando gli piacque di mandare Buckingham e Surrey, Anna Bolena e Lady Salisbury, al patibolo. Ma allorquando, senza l'assenso del Parlamento, chiese ai suoi sudditi una contribuzione che equivaleva a un sesto dei loro averi, gli fu forza ritirare la domanda. Il grido di migliaia e migliaia fu, che essi erano Inglesi e non Francesi, uomini liberi e non schiavi. In Kent i commissari regi fuggirono per salvare la vita; in Suffolk quattro mila uomini presero le armi e mostraronsi. In quella contea i luogotenenti del re invano si sforzarono di formare un esercito. Coloro che non parteciparono alla insurrezione, dichiararono di non volere, in quel litigio, combattere contro i loro fratelli. Enrico, superbo e caparbio com'egli era, si astenne, non senza ragione, d'impegnarsi in un conflitto con lo spirito desto della nazione. Gli stava dinanzi lo sguardo il fato dei suoi predecessori, che avevano perduta la vita in Berckeley e Pomfret. Non solo soppresse le sue illegali commissioni; non solo concesse un perdono generale a tutti i malcontenti; ma pubblicamente e solennemente fece una apologia, a giustificarsi d'avere infrante le leggi.

La sua condotta, in tal occasione, sparge piena luce su tutta la politica della sua dinastia. Il carattere dei principi di quella casa era violento, il loro spirito altiero; ma essi intendevano l'indole della nazione sulla quale regnavano, e neanche una volta, a simiglianza dei loro predecessori e di taluni dei loro successori, condussero l'ostinatezza fino a un punto fatale. La discrezione dei Tudors era tale, che il loro potere, tuttochè venisse spesse volte avversato, non fu distrutto giammai. Il regno di ciascuno di loro fu disturbato da formidabili malumori; ma il governo riuscì sempre o a calmare gli ammutinati, o a soggiogarli e punirli. Talvolta, per mezzo di concessioni fatte in tempo debito, gli riuscì di schivare le ostilità interne; ma, generalmente parlando, stette fermo, e invocò l'aiuto della nazione. La nazione ubbidì alla chiamata, si affollò attorno al sovrano, e gli prestò man forte ad infrenare la minoranza malcontenta.

In tal guisa, dall'epoca d'Enrico III fino a quella d'Elisabetta, l'Inghilterra crebbe e fiorì sotto una politica che conteneva il germe delle nostre istituzioni presenti, e la quale, benchè non fosse molto esattamente definita o molto esattamente osservata, fu nondimeno efficacemente impedita di degenerare in dispotismo, pel rispettoso timore che lo spirito e la forza dei governati incuteva ai governanti.

Ma tale politica conviene solamente ad uno stadio peculiare nel progresso della società. Le stesse cagioni che producono la divisione del lavoro nelle arti pacifiche, è mestieri che in fine facciano della guerra una scienza ed un traffico a parte. Arriva il tempo in cui l'uso delle armi comincia ad occupare intieramente l'attenzione d'una classe di uomini. Subito dopo, chiaro si mostra che, i contadini e i borghesi, tuttochè valorosi, non valgono a resistere ai vecchi soldati, i quali spendono tutta la loro vita ad apparecchiarsi pel dì della battaglia, diventano, pel lungo uso, impavidi ai perigli delle armi, e si muovono con la precisione di una macchina. S'intende allora che la difesa delle nazioni non può più essere sanamente affidata a guerrieri tratti dall'aratro per una campagna di quaranta giorni. Se uno stato forma un grande esercito regolare, gli stati limitrofi è forza che ne imitino lo esempio, o si sottomettano al giogo straniero. Ma dove esiste un grande esercito regolare, la monarchia limitata, quale era nel medio evo, non può più esistere. Il sovrano si è già emancipato dal freno che restringeva il suo potere; ed inevitabilmente diventa assoluto, qualvolta non sia soggetto a limitazioni forti, che sarebbero superflue in una società in cui tutti sieno soldati secondo l'occasione, e nessuno permanentemente.

XXII. Con siffatto pericolo vennero anche i mezzi di evitarlo. Nelle monarchie del medio evo, il potere della spada apparteneva al principe, ma il potere della borsa apparteneva alla nazione; e il progresso dell'incivilimento, come rese la spada del principe sempre più formidabile alla nazione, così rese la borsa della nazione sempre più necessaria al principe. Le sue rendite ereditarie non sarebbero più bastate né anche per le spese del governo civile. Fu all'atto impossibile che, senza un regolare e vasto sistema di tassazione, egli tenesse in continua efficienza un gran corpo di milizie disciplinate. La politica che le assemblee parlamentari di Europa avrebbero dovuto adottare, era quella di afforzarsi fermamente sul loro diritto costituzionale di concedere o rifiutare le imposte, e risolutamente negare la pecunia per mantenere le armate, finchè non si fossero stabilite ampie garanzie contro il dispotismo.

Cotesta saggia politica fu adottata solamente nel nostro paese. Negli stati vicini formaronsi dei grandi stabilimenti militari, senza creare nuove difese a pro' della pubblica libertà; e la conseguenza fu questa, che le antiche istituzioni parlamentari si spensero dappertutto. In Francia, dove sempre erano state fiacche, languirono, e finalmente perirono di semplice debolezza. In Ispagna, dove erano state forti quanto in qualunque altro stato d'Europa, combatterono fieramente per la vita e per la morte, ma combatterono troppo tardi. Gli artigiani di Toledo e di Valladolid invano difesero i privilegi delle cortes castigliane contro le legioni dei veterani di Carlo V. Invano, nella susseguente generazione, i cittadini di Saragozza resistettero a Filippo II, onde difendere la vecchia costituzione d'Aragona. Uno dopo l'altro, i consigli nazionali delle monarchie continentali, consigli che un tempo erano quasi egualmente alteri e potenti che quelli di Westminster, caddero in maggiore impotenza. Se si adunavano, adunavansi unicamente come oggidì si aduna la nostra Convocazione Ecclesiastica, voglio dire per osservanza di alcune forme venerande.

XXIII. In Inghilterra gli eventi ebbero un corso ben differente. Innanzi la fine del secolo decimoquinto, i grandi stabilimenti militari erano indispensabili alla dignità, ed anche alla salvezza delle monarchie Francese e Spagnuola. Se alcuna di queste due potenze si fosse disarmata, sarebbe stata subito dopo costretta a sottomettersi alla dittatura dell'altra. Ma l'Inghilterra, protetta dal mare contro la invasione, e rade volte implicata in imprese guerresche sul continente, non aveva peranche il bisogno di mantenere truppe regolari. I secoli decimosesto e decimosettimo la trovarono ancora priva d'un esercito stanziale. Sul principio del decimosettimo, la scienza politica aveva fatti considerevoli progressi. Le sorti delle cortes spagnuole e degli stati generali di Francia avevano dato un solenne ammonimento ai parlamenti nostri, i quali, comprendendo appieno la natura e la gravità del pericolo, adottarono in tempo opportuno un sistema di tattica, che, dopo una lotta continuata per tre generazioni, finalmente ottenne compiuto successo. Quasi ogni scrittore che ha trattato di quella lotta, si è studiato di mostrare che il suo proprio partito era quello che sforzavasi di serbare inalterata l'antica costituzione. Una legge superiore ad ogni umano sindacato, aveva dichiarato che non vi sarebbero stati mai più governi di quella classe peculiare, che nei secoli decimoquarto e decimoquinto erano stati comuni a tutta l'Europa. La questione però non era di vedere se la nostra politica subirebbe un mutamento, ma di trovare di che natura dovesse essere siffatto mutamento. L'introduzione di una forza nuova e potente aveva turbato il vecchio equilibrio, ed aveva trasmutato, l'una dopo l'altra, le monarchie limitate in assolute. Ciò che è seguito negli altri Stati sarebbe senza dubbio seguito nel nostro, se la bilancia non fosse stata rimessa in equilibrio dal gran passaggio che fece il potere dalla Corona al Parlamento. I nostri principi erano pressochè giunti ad avere a' loro comandi quei mezzi di coercizione che non ebbero mai in poter loro i Plantageneti e i Tudors. Sarebbero inevitabilmente diventati despoti, se nel tempo medesimo non fossero stati posti sotto restrizioni, alle quali nessuno dei Plantageneti o dei Tudors fu mai sottomesso.

XXIV. E' sembra certo però, che se non avesse operato alcun'altra cagione diversa dallo cagioni politiche, il secolo decimosettimo non sarebbe trascorso senza un feroce conflitto tra i nostri principi e i loro parlamenti. Ma bene altre cause assai più potenti cooperavano a produrre il medesimo effetto. Mentre il governo dei Tudors era nel suo maggior vigore, seguì un fatto che ha modificate le sorti di tutte le nazioni cristiane, ed in modo peculiare quelle della Inghilterra. Nel medio evo, due volte lo spirito dell'Europa erasi innalzato contro il dominio di Roma. La prima insurrezione eruppe

dalla Francia Meridionale. La energia d'Innocenzo III, lo zelo degli Ordini, pur allora istituiti, da Francesco e da Domenico, e la ferocia dei Crociati, che il clero aveva lanciati addosso a un popolo pacifico, distrusse le chiese Albigesi. La seconda Riforma ebbe origine in Inghilterra, e si estese alla Boemia. Il Concilio di Costanza, ponendo freno a parecchi disordini ecclesiastici, che erano di scandalo alla Cristianità, e i principi europei, adoperando senza misericordia il ferro e il fuoco contro gli eretici, poterono fermare e rinculare quel movimento. Né ciò è da reputarsi un gran male. Le simpatíe di un protestante, egli è vero, saranno naturalmente a favore degli Albigesi e dei Lollardi. Nondimeno, un protestante illuminato e temperante inclinerà forse a dubitare che la vittoria degli Albigesi o dei Lollardi avrebbe, nello insieme, promosso la felicità e la virtù del genere umano. Per quanto corrotta fosse la Chiesa di Roma, abbiamo ragione di credere, che se ella fosse stata rovesciata nel duodecimo o anche nel quattordicesimo secolo, il suo posto sarebbe stato occupato da qualche altro sistema anco più corrotto. A quei tempi, nella maggior parte d'Europa era pochissima istruzione, la quale inoltre era ristretta dentro i limiti del solo clero. Un solo in cinquecento uomini laici sapeva intendere un salmo. I libri erano pochi e costavano molto. L'arte della stampa non era per anche inventata. Esemplari della Bibbia, per beltà e chiarezza inferiori a quelli che oggi possono trovarsi in ogni capanna, vendevansi a prezzi che molti dei preti non potevano pagare. Era impossibile che i laici studiassero da sè le Scritture. È quindi probabile che appena essi avessero scosso un giogo spirituale, se ne sarebbero recato un altro sul collo, e che il potere già esercitato dal clero e dalla Chiesa di Roma sarebbe passato nelle mani d'insegnatori molto più tristi. Il secolo decimosesto, in paragone degli antecedenti, era un'età di luce. Nonostante, anche in quel secolo stesso un numero considerevole di quelli uomini i quali avevano abbandonata la vecchia religione, si traevano dietro al primo che, ispirando loro fiducia, ponevasi a guida, e li trascinava in errori molto più gravi di quelli cui essi avevano rinunciato. Così a Matthias e Kniperdoling, apostoli di lussuria, di ladroneccio e d'assassinio, venne fatto di padroneggiare per qualche tempo parecchie grandi città. In una età più buia tali falsi profeti avrebbero potuto fondare imperi; e la Cristianità avrebbe potuto essere traviata in una crudele e licenziosa superstizione, più nociva non solo del papato, ma dello stesso islamismo.
Circa cento anni dopo il Concilio di Costanza, s'iniziò quel gran fatto che, enfaticamente, chiamarono la Riforma. La pienezza dei tempi era giunta. Il clero non era più oltre il solo e precipuo custode del sapere. La invenzione della stampa aveva armato il braccio degli avversanti la Chiesa d'un'arma di cui difettavano i loro predecessori. Lo studio degli antichi scrittori, il rapido sviluppo delle lingue moderne, l'operosità insolita con che gli intelletti agitavansi in ogni ramo di letteratura, le condizioni politiche dell'Europa, i vizi della Corte Romana, l'esazioni della romana cancelleria, la gelosia con che i laici naturalmente miravano l'opulenza e i privilegi del clero, la gelosia con che gli abitatori d'oltr'Alpe naturalmente guardavano la supremazia dell'Italia; tutte queste cose dettero ai dottori della nuova teologia un vantaggio, ed essi trovarono e intesero perfettamente il modo d'usarne.
Coloro i quali sostengono che la influenza della Chiesa di Roma nei tempi barbari fosse, parlando generalmente, benefica alla specie umana, potrebbero, senza taccia della minima incoerenza, considerare la Riforma come una inestimabile ventura. Il freno che sostiene e guida il bambino, riuscirebbe d'impedimento all'uomo già fatto. In simil guisa i mezzi medesimi dai quali la mente umana, in uno stadio del suo progresso, riceve sostegno e movimento, potrebbero, in altro stadio, diventare pretti impedimenti. È un punto nella vita dell'uomo come in quella della società, nel quale la sommissione e la fede, tali che in un periodo posteriore si chiamerebbero con ragione credulità e servaggio, sono qualità benefiche. Il fanciullo che, senza avere la tenera mente turbata dal dubbio, ascolti gli ammonimenti dei suoi maggiori, verosimilmente farà celeri progressi. Ma l'uomo che ricevesse con fanciullesca docilità ogni asserzione ed ogni domma profferito da un altro uomo che non abbia maggiore sapienza, diventerebbe contennendo. Lo stesso accade della società. La fanciullezza delle nazioni europee era trascorsa sotto la tutela del clero. La preponderanza dell'ordine sacerdotale fu per lunga stagione quella stessa preponderanza che naturalmente e convenevolmente appartiene alla superiorità intellettuale. I preti, malgrado i loro difetti, erano la parte più saggia della società. Egli era, dunque, un bene che venissero rispettati ed obbediti. Le usurpazioni che il potere ecclesiastico fece nel campo del potere civile, produssero più felicità che miseria; mentre il potere ecclesiastico era nelle mani della sola classe che aveva studiata la storia, la filosofia e il diritto pubblico; e mentre il potere civile era nelle mani di capi selvaggi, i quali non sapevano leggere le concessioni e gli editti che essi facevano. Ma succedeva un mutamento. Il sapere gradualmente si venne spandendo fra' laici. In sul principio del secolo decimosesto, molti di loro in ogni studio intellettuale erano pari ai più illuminati dei loro pastori spirituali. D'allora in poi, quella dominazione

che nelle età buie era stata, in onta ai molti abusi, una tutela legittima e salutare, divenne una ingiusta e malefica tirannia.
Dal tempo in cui i barbari rovesciarono lo impero d'occidente, fino al tempo del risorgimento delle lettere, la influenza della Chiesa di Roma era stata generalmente favorevole al sapere, allo incivilimento e al buon governo. Ma negli ultimi tre secoli, suo scopo precipuo era stato quello di impedire il muoversi della mente umana. Per tutta la Cristianità, qualunque progresso nello scibile, nella libertà, nella opulenza, nelle arti della vita, era seguito repugnante la Chiesa, ed in ogni dove è stato sempre in proporzione inversa del potere di quella. Le più leggiadre e fertili provincie d'Europa, sotto il suo giogo, sono cadute nella miseria, nella servitù politica, nel torpore intellettuale; mentre i paesi protestanti, la sterilità e barbarie dei quali un tempo passavano in proverbio, sono stati trasmutati dall'arte e dalla industria in giardini, e possono gloriarsi d'una lunga schiera di eroi, d'uomini di stato, di filosofi e di poeti. Chiunque, sapendo ciò che per natura sono la Italia e la Scozia, e ciò che erano quattro secoli fa, paragonasse la contrada che circonda Roma con quella che circonda Edimburgo, potrebbe formarsi qualche idea intorno alla tendenza della dominazione papale. Il cadere della Spagna, già prima tra tutte le monarchie, nel più turpe abisso della abiezione, e lo inalzarsi della Olanda, a dispetto di molti naturali impedimenti, ad un grado cui non giunse mai una repubblica così piccola, insegnano la medesima verità. Chiunque in Germania passi da un principato cattolico ad uno protestante, in Isvizzera da un cantone cattolico ad un protestante, ed in Irlanda da una contea cattolica ad una protestante, si accorge di essere trapassato da un più basso ad un più alto grado di civiltà. La medesima legge governa i paesi posti oltre l'Atlantico. I protestanti degli Stati Uniti si sono lasciati molto addietro i cattolici romani del Messico, del Perù e del Brasile. I cattolici romani del Basso Canadà rimangono inerti, laddove in tutto il continente che li circonda ferve l'operosità protestante. I Francesi, senza verun dubbio, hanno mostrato tale energia ed intelligenza, che anche allorquando è stata male diretta, ha loro giustamente procacciato il nome di gran popolo. Ma questa eccezione apparente, qualora si consideri bene, varrà a confermare la regola; poichè in nessun paese che si chiami cattolico romano, la Chiesa cattolica ha, pel corso di non poche generazioni, posseduto autorità così poca come in Francia.
Egli è difficile il dire se l'Inghilterra debba più alla religione cattolica romana, che alla riforma. Dell'armonia delle razze e dell'abolizione del villanaggio, va principalmente debitrice alla influenza che il clero nel medio evo esercitava sui laici. Della libertà politica e intellettuale, e di tutti i beni che ne sono derivati, va debitrice alla grande insurrezione dei laici contro la potestà clericale.
La lotta tra la vecchia e la nuova teologia nella patria nostra fu lunga, e talvolta ne parve dubbioso l'esito. V'erano due estremi partiti, apparecchiati ad operare con violenza o a soffrire con indomita volontà. Framezzavasi ad essi, per un tratto considerevole di tempo, un partito medio; il quale mescolava, molto illogicamente ma naturalmente, le cose apprese dalla balia co' sermoni dei moderni evangelisti, e mentre attenevasi con affetto alle vecchie osservanze, detestava gli abusi che ad esse andavano strettamente congiunti. Uomini di tale tempra di mente volentieri obbedivano, e quasi con gratitudine, ai cenni di un esperto capo, che gli esentasse dallo incomodo di giudicare da sé, e dominando con la sua ferma e imperiosa voce il frastuono della controversia, insegnasse loro come dovessero adorare e che credere. E però non è strano che i Tudors riuscissero ad esercitare grande influenza sulle faccende ecclesiastiche; né è strano che esercitassero quasi sempre la loro influenza, coordinandola ai propri interessi.
Enrico VIII tentò di costituire una Chiesa anglicana, che differisse dalla Chiesa cattolica romana nel solo principio della supremazia. Il suo tentativo ebbe straordinaria fortuna. La vigoria della sua indole, la situazione singolarmente favorevole in cui egli trovavasi rispetto ai potentati stranieri, le immense ricchezze che la spoliazione delle abbadie avevagli poste nelle mani, e il sostegno di quella classe che tuttavia ondeggiava fra due opinioni, lo posero in condizione di sfidare i due partiti estremi, di bruciare come eretici coloro che seguivano le dottrine di Lutero e d'impiccare come traditori coloro che rimanevano fidi all'autorità del papa. Se la sua vita fosse stata più lunga, avrebbe trovato difficile il mantenere un posto assalito con pari furore da tutti coloro che erano zelanti delle nuove opinioni o delle vecchie. I ministri ai quali furono affidate, a nome del suo figlio fanciullo, le regie prerogative, non poterono provarsi di perseverare in una politica cotanto rischiosa; né Elisabetta potè arrisicarsi a ritornarvi. Era mestieri eleggere fra il risottomettersi alla Chiesa di Roma, o procacciarsi lo aiuto dei protestanti. Al governo e ai protestanti, una cosa era comune; l'odio della potenza papale. I riformisti inglesi erano ansiosi di spingersi tanto oltre, quanto i loro fratelli sul Continente. Unanimemente dannarono come anticristiani un gran numero di dommi e di cerimonie, cui Enrico erasi

ostinatamente attenuto, e che Elisabetta aveva con ripugnanza abbandonati. Molti sentivano una forte avversione anche a cose indifferenti, le quali già formavano parte della politica e del rituale della mistica Babilonia. Il vescovo Hooper, a cagione d'esempio, il quale morì animosamente a Gloucester per la sua religione, ricusò lungo tempo d'indossare le vesti episcopali. Il vescovo Ridley, martire di maggiore rinomanza, distrusse gli antichi altari della sua diocesi, ed ordinò che la Eucaristia venisse ministrata in mezzo alle chiese sopra mense, che i papisti con irreverenza chiamavano mense da ostriche. Il vescovo Jewel disse che il modo di vestirsi del clero era abito da commedia, manto da stolti, reliquia degli Amoriti, e promise di non perdonare a fatica alcuna onde estirpare assurdità così disonorevoli. L'arcivescovo Grindal esitò lungo tempo ad accettare una mitra, a cagione del disgusto con che riguardava quella ch'egli chiamava burattinata della consecrazione. Il vescovo Parkhurst pregava fervidamente perchè la Chiesa d'Inghilterra si proponesse quella di Zurigo come assoluto modello di una comunità cristiana. Il vescovo Ponet opinava che il vocabolo vescovo fosse da lasciarsi ai papisti, e che gli alti ufficiali della Chiesa purificata si dovessero chiamare soprintendenti. Quantunque volte ci facciamo a considerare che nessuno di cotesti prelati apparteneva alla estrema sezione della parte protestante, non può dubitarsi che se l'opinione generale di quella fosse stata seguita, l'opera della riforma sarebbe stata condotta innanzi senza riguardi in Inghilterra, come essa fu in Iscozia.

XXV. Ma, come al governo era mestieri il sostegno dei protestanti, così ai protestanti faceva d'uopo la protezione del governo. E però entrambi rinunziarono a molte delle loro pretese; si accordarono; e da tale concordia nacque la Chiesa d'Inghilterra.

Alle peculiarità di questa grande istituzione, ed alle forti passioni che ha suscitate negli animi degli amici e dei nemici suoi, debbono attribuirsi molti dei più solenni eventi che dopo la riforma seguirono nel nostro paese; né la storia civile dell'Inghilterra potrebbe oggimai intendersi senza studiarla congiuntamente con la storia della sua politica ecclesiastica.

L'uomo che si pose a capo onde stabilire i patti dell'alleanza che produsse la Chiesa Anglicana, fu Tommaso Cranmer. Egli rappresentava anche le parti le quali in quel tempo avevano mestieri di vicendevole soccorso. Era teologo e insieme uomo di stato. Nel suo carattere di teologo, era pronto a spingersi nella via d'innovare, al pari di ogni riformatore svizzero o scozzese. Nel suo carattere d'uomo di stato, bramava di conservare l'ordinamento che per tante generazioni aveva mirabilmente giovato gl'intenti dei vescovi di Roma, e che poteva sperarsi gioverebbe adesso egualmente i re d'Inghilterra e i loro ministri. Per indole ed intelligenza era mirabilmente temprato ad operare come mediatore. Onestissimo nelle sue professioni, senza scrupoli nei negozi, zelante anche per le cose da poco, audace nello speculare, tardo o accomodato ai tempi nell'agire, nemico placabile e tepido amico, era per ogni ragione qualificato ad ordinare i patti di coalizione fra i nemici spirituali e temporali del papismo.

XXVI. Fino ai dì nostri la costituzione, le dottrine e i riti della Chiesa serbano i segni visibili del patto d'onde essa originava. Tiene un punto medio fra la Chiesa di Roma e quella di Ginevra. Le sue confessioni e i suoi discorsi dottrinali, composti dai protestanti, contengono principii di teologia nei quali Calvino e Knox avrebbero appena trovato un solo vocabolo da disapprovare. Le sue preghiere, i suoi rendimenti di grazie, derivati dalle vecchie liturgie, sono quasi tutti tali, che il vescovo Fisher o il cardinal Polo gli avrebbe cordialmente adottati. Un controversista che attribuisse un senso arminiano agli articoli e alle omelie della Chiesa Anglicana, verrebbe dagli uomini sinceri giudicato irragionevole, come un controversista che negasse non esservi nella liturgia di quella la dottrina della rigenerazione battesimale.

La Chiesa di Roma ammetteva che lo episcopato era d'istituzione divina, e che certe grazie soprannaturali d'alto ordine erano state trasmesse, per mezzo della imposizione delle mani, pel corso di cinquanta generazioni, da que' dodici uomini che ricevettero il loro mandato sopra il monte di Galilea, fino ai vescovi che ragunaronsi in Trento. Grande numero di protestanti, per altra parte, consideravano la prelatura come positivamente illegale, ed erano persuasi trovarsi prescritta nelle pagine della Scrittura una forma differentissima di governo ecclesiastico. I fondatori della Chiesa Anglicana presero una via di mezzo. Ritennero lo episcopato, ma non lo dichiararono istituzione essenziale al bene della società cristiana, o alla efficacia dei sacramenti. Granmer, a vero dire, confessò chiaramente d'esser convinto che nei tempi primitivi non eravi distinzione tra vescovi e preti, e che la imposizione delle mani non era minimamente necessaria.

Fra i presbiteriani, lo andamento del culto pubblico è in gran parte lasciato all'arbitrio del ministro. Le loro preghiere, però, non sono esattamente identiche in due diverse assemblee di fedeli nel giorno

medesimo, o in due diversi giorni nella medesima assemblea. In una parrocchia sono fervide, eloquenti e piene di significanza; in un'altra saranno forse languide o assurde. I sacerdoti della Chiesa cattolica Romana, dall'altra parte, hanno per molte generazioni cantato le medesime confessioni e preghiere antiche, e le medesime nell'India e nella Lituania, nella Irlanda e nel Perù. Gli uffici divini, facendosi in una lingua morta, riescono intelligibili ai soli dotti; e la maggior parte dei fedeli ragunati vi assistono più presto da spettatori che da uditori. In ciò parimente la Chiesa d'Inghilterra appigliossi ad una via di mezzo. Copiò le formule di preghiera del rito cattolico romano, ma le tradusse in idioma volgare, e invitò la indotta moltitudine a congiungere la sua voce con quella del ministro.
La medesima politica potrebbe osservarsi in ciascuna parte del suo sistema. Ricusando affatto la dottrina della transustanziazione, e dannando come idolatria l'adorazione del pane e del vino sacramentale, volle, con grande disgusto dei puritani, che i suoi figli ricevessero i ricordi del divino amore, piegando mansueti le loro ginocchia. Smettendo molti ricchi ornamenti che circondavano gli altari dell'antica fede, ritenne tuttavia, con ribrezzo degli spiriti deboli, la veste di candido lino, la quale era simbolo della purità convenevole alla Chiesa, come quella che è la mistica sposa di Cristo. Smettendo mille atti di pantomima che nel culto cattolico romano fanno l'ufficio di parole intelligibili, con grave scandalo di molti rigidi protestanti, segnava del segno della croce il bambino al fonte battesimale. Il cattolico romano mandava le proprie preci ad una schiera di santi, fra' quali annoveravansi molti uomini di carattere dubbio, e parecchi di carattere odioso. Il puritano ricusava il nome di santo perfino allo apostolo delle genti, e al discepolo amato tanto da Cristo. La Chiesa d'Inghilterra, quantunque non invocasse la intercessione di nessun essere creato, nondimeno predistinse. certi giorni per la commemorazione di alcuni, che avevano fatto e sofferto molto per la fede. Ritenne la confermazione e la ordinazione quali riti edificanti, ma li cancellò dal numero dei sacramenti. La confessione non fu parte del suo sistema. Non ostante, invitò con gentilezza il moribondo penitente a confessare le proprie colpe ad un teologo, e dette facoltà al ministro di confortare l'anima al gran viaggio, per mezzo d'un'assoluzione, che sembra dettata dallo spirito della vecchia religione. In generale, potrebbe dirsi ch'essa si dirige più all'intelletto, e meno ai sensi ed alla immaginazione, di quello che faccia la Chiesa di Roma; e meno allo intelletto, e più ai sensi ed alla immaginazione, di quello che facciano le Chiese protestanti di Scozia, di Francia e di Svizzera.
XXVII. Nessuna cosa, ad ogni modo, distingueva così manifestamente la Chiesa d'Inghilterra dalle altre chiese, come la relazione che passava fra essa e la monarchia. Il re ne era capo. I confini della autorità di lui, come tale, non erano stabiliti, e veramente non sono stati finora segnati con precisione. Le leggi che dichiaravano la sua supremazia nelle cose ecclesiastiche, erano state dettate rozzamente ed in termini generali. Se, con lo scopo di indagare il vero intendimento di siffatte leggi, ci facciamo ad esaminare gli scritti e le vite di coloro che fondarono la Chiesa inglese, si accresce la nostra perplessità. Imperocchè i fondatori della Chiesa anglicana scrissero ed operarono in tempi d'impetuoso fermento intellettuale, e di azione e reazione perenne. Quindi spesso contradicevansi vicendevolmente, e talvolta contradicevano sè stessi. Che il re fosse, sotto Cristo, solo capo della Chiesa, era dottrina da essi unanimemente professata; ma le loro parole avevano vario significato sulle labbra di vari, e sulle medesime labbra in varie circostanze. Ora attribuivano al sovrano un'autorità che avrebbe satisfatto lo stesso Ildebrando; ora la riducevano a quella che s'erano arrogata molti antichi principi inglesi, che avevano sempre aderito alla Chiesa di Roma. Ciò che Enrico e i suoi fedeli consiglieri intendevano nel vocabolo supremazia, era niente meno che l'assoluta e piena potestà delle chiavi. Il re doveva essere papa del suo regno, vicario di Dio, espositore della verità cattolica, veicolo delle grazie sacramentali. Arrogavasi il diritto di decidere dommaticamente ciò che era dottrina ortodossa e ciò che era eresia, di comporre ed imporre professioni di fede, e di dispensare al popolo la istruzione religiosa. Asseriva, ogni giurisdizione spirituale e temporale derivare da lui solo, ed avere egli solo potestà di conferire il carattere episcopale e ritoglierlo. Ordinò che si apponesse il suo sigillo alle commissioni che nominavano i vescovi, le quali commissioni dovevano esercitare l'ufficio loro finchè piacesse al sovrano. Secondo tale sistema, nel modo con che lo espone Cranmer, il re era il capo spirituale e temporale della nazione, e come tale aveva i suoi luogotenenti. In quella guisa che nominava gli ufficiali civili a tenere i suoi sigilli, a raccogliere le sue entrate e a ministrare la giustizia in nome suo, nominava medesimamente teologi di vari gradi a predicare il vangelo e a conferire i sacramenti. Non era necessaria la imposizione delle mani. Il re - era questa la opinione di Cranmer, esposta con chiarissimi vocaboli - poteva, per virtù dell'autorità derivante da Dio, fare un sacerdote; e il prete così creato non aveva mestieri di nessuna altra ordinazione. Da tali opinioni Cranmer si condusse alle loro legittime conseguenze. Credeva che le sue attribuzioni

spirituali, siccome le attribuzioni secolari del cancelliere o del tesoriere, cessassero col cessare dell'autorità nel principe che gliele aveva concedute. E però, allorquando Enrico finì di vivere, lo arcivescovo e i suoi suffraganei formarono nuove commissioni, con potestà di stabilire ed esercitare altre funzioni spirituali fino a che fosse piaciuto al nuovo sovrano ordinare altrimenti. A chi obiettava che la potestà di legare e di sciogliere, affatto distinta dalla potestà temporale, era stata data da Nostro Signore a' suoi apostoli, i teologi di cotesta scuola risposero, che la potestà di legare e di sciogliere era discesa non al solo clero, ma a tutta la famiglia degli uomini cristiani, e doveva essere esercitata dal supremo magistrato, come rappresentante della società. A chi obiettava, san Paolo avere parlato di certi determinati individui che lo Spirito Santo aveva istituiti sorvegliatori e pastori dei fedeli, risposero che il re Enrico era quel sorvegliatore e quel pastore il quale era stato eletto dallo Spirito Santo, ed al quale applicavansi le parole di san Paolo.
Coteste alte pretese furono di scandalo ai protestanti ed ai cattolici; scandalo che accrebbesi grandemente allorchè la supremazia che Maria aveva resa al papa, venne nuovamente da Elisabetta annessa alla corona. Pareva cosa mostruosa che una donna fosse il vescovo supremo di una chiesa, nella quale uno degli apostoli aveva inibito che si udisse perfino la voce della donna. Per lo che, la regina reputò necessario di rinunziare espressamente al carattere sacerdotale assunto già da suo padre; il quale carattere, secondo l'opinione di Cranmer, era stato, per divino comandamento, inseparabilmente congiunto alla potestà regia. Allorquando, regnante lei, la professione della fede anglicana venne modificata, il vocabolo supremazia fu interpretato in modo alquanto diverso da quello onde intendevasi comunemente alla corte di Enrico. Cranmer aveva dichiarato, con parole enfatiche, che Dio aveva immediatamente commesso ai principi cristiani l'intera cura di tutti i loro sudditi in ciò che spettava all'amministrazione della parola divina per la cura delle anime, come in ciò che spettava all'amministrazione delle faccende politiche. L'articolo trentesimosettimo di religione, fatto nel regno di Elisabetta, dichiara con parole egualmente enfatiche, che il ministero della parola divina non appartiene ai principi. La regina, nondimeno, esercitava tuttavia sopra la Chiesa un potere visitatorio, vasto ed indefinito. Il Parlamento le aveva affidato l'ufficio di infrenare e punire l'eresia ed ogni specie di abuso ecclesiastico, e le aveva concesso di delegare la sua autorità ai suoi commissari. I vescovi erano poco più che suoi ministri. Più presto che concedere al magistrato civile l'assoluta potestà di nominare i pastori spirituali, la Chiesa di Roma, nel secolo undecimo, aveva posta tutta l'Europa in fiamme. Più presto che concedere al magistrato civile l'assoluta potestà di nomare i pastori spirituali, i ministri della Chiesa di Scozia, ai tempi nostri, rinunciarono a migliaia le loro prebende. La Chiesa d'Inghilterra non patì cosiffatti scrupoli. I suoi prelati erano nominati dalla sola autorità regia; da lei sola i concilii venivano convocati, regolati, prorogati e disciolti. Privi della regia sanzione, i suoi canoni erano nulli. Uno degli articoli della sua fede prescriveva, che senza lo assenso regio nessun concilio poteva legalmente adunarsi. Da tutte le sue sentenze eravi un ultimo appello al sovrano, anche quando la questione era di definire se una opinione dovesse giudicarsi ereticale, o se l'amministrazione di un sacramento fosse stata valida. Né la chiesa invidiava ai nostri principi questo esteso potere. Da loro aveva ricevuta la esistenza, era stata nudrita nella infanzia, difesa contro le aggressioni dei papisti e dei puritani, protetta contro i parlamenti che non la guardavano di buon occhio, e vendicata dagli assalti dei dotti, ai quali le tornava duro rispondere. Così la gratitudine, la speranza, il timore, i comuni affetti e le inimicizie comuni, la collegavano al trono. Tutte le sue tradizioni e tendenze erano monarchiche. La lealtà ovvero devozione verso il sovrano divenne un punto d'onore annesso alla professione clericale, una nota speciale che distingueva i preti anglicani dai calvinisti e dai papisti. Entrambi, calvinisti e papisti, per quanto fosse ampia la distanza che nelle altre cose li teneva disgiunti, guardavano con estrema gelosia tutte le usurpazioni che il potere temporale faceva nel campo dello spirituale. Calvinisti e papisti sostenevano che i sudditi potevano equamente sguainare la spada contro i sovrani empi. In Francia, i calvinisti si opposero a Carlo IX; i papisti ad Enrico IV; papisti e calvinisti ad Enrico III. In Iscozia, i calvinisti fecero prigioniera Maria. A settentrione del Trent i papisti presero le armi contro Elisabetta. La Chiesa d'Inghilterra frattanto condannava calvinisti e papisti, ed altamente vantavasi non esservi debito che ella inculcasse con maggiore solennità e costanza, al pari di quello di sommissione ai principi.
XXVIII. L'utile che ricavava la corona da cotesta stretta alleanza con la Chiesa stabilita, era grande; ma non era scevro di danni. Il patto ordinato da Cranmer era stato in prima considerato da un gran numero di protestanti come un disegno inteso a servire due padroni, come un tentativo di congiungere il culto del Signore col culto di Baal. Nei giorni d'Eduardo VI gli scrupoli di questo partito avevano più volte gettate gravi difficoltà nella via del governo. Come Elisabetta ascese al trono,

simiglianti difficoltà si accrebbero non poco. La violenza, per legge di natura, genera la violenza. Lo spirito del protestantismo diventò quindi, dopo le crudeltà di Maria, più audace e intollerante che non lo fosse innanzi. Molti che professavano caldamente le nuove opinioni, avevano in quegli infausti giorni cercato asilo nella Svizzera e nella Germania. Erano stati accolti con ospitalità dai loro fratelli nella fede; avevano ascoltati i discorsi dei grandi dottori di Strasburgo, di Zurigo e di Ginevra; e per parecchi anni eransi assuefatti ad un culto più semplice e ad una forma più democratica di governo ecclesiastico, che non ancora s'era veduta in Inghilterra. Costoro ritornarono alle patrie contrade, convinti che la riforma compitasi sotto il re Eduardo, era stata meno indagatrice ed estesa di quello che richiedevano gl'interessi della religione pura. Ma sforzaronsi invano d'ottenere concessioni da Elisabetta. Vero è che il sistema di lei, in ciò che differiva da quello di suo fratello, pareva loro peggiorato. Erano poco inchinevoli a sottomettersi in materia di fede a qual si fosse autorità umana. Di recente, fidenti nel loro modo d'interpretare la Scrittura, erano insorti contro una Chiesa forte per antichità immemorabile e per universale consenso. Avevano adoperati sforzi non comuni d'energia intellettuale a scuotere il giogo di quella splendida ed imperiale superstizione; ed era cosa vana sperare, che, tosto dopo tale emancipazione, si volessero pazientemente sobbarcare ad una nuova tirannia spirituale. Da lungo tempo avvezzi a prostrarsi con la faccia a terra, mentre il sacerdote alzava l'ostia, siccome avanti al cospetto di Dio, avevano imparato a considerare la messa come una cerimonia idolatra. Da lungo tempo avvezzi a considerare il pontefice come successore del principe degli apostoli, come custode delle chiavi del cielo e della terra, avevano imparato a riguardarlo come la belva, l'anticristo, l'uomo del peccato. Non era da sperarsi che s'inducessero a tributare ad una autorità novellamente sorta quella riverenza che avevano negata al Vaticano; che sottoponessero il loro giudicio privato all'autorità d'una chiesa fondata sul giudicio privato soltanto; che avessero timore di dissentire da maestri i quali dissentivano da quella che già era stata la fede universale della cristianità in occidente. È facile immaginare lo sdegno che dovevano provare gli spiriti audaci e indagatori, gloriantisi della libertà novellamente acquistata, come si accôrsero che una istituzione giovanissima, la quale aveva sotto gli stessi occhi loro ricevuta forma dalle passioni e dagli interessi d'una corte, cominciava a scimmiottare lo altero contegno di Roma.

XXIX. Dacchè non era modo a convincere uomini siffatti, e' fu stabilito di perseguitarli. Tale persecuzione produsse in essi i suoi naturali effetti. Erano una setta, e diventarono una fazione. All'odio che sentivano contro la Chiesa, aggiunsero l'odio contro la corona. Questi due sentimenti erano commisti, e invelenivansi vicendevolmente. Le opinioni del puritano intorno alla relazione fra principe e suddito, differivano grandemente da quelle che venivano inculcate nelle omilie. I suoi teologi prediletti lo avevano, e col precetto e con lo esempio, incoraggiato ad opporre resistenza ai tiranni ed ai persecutori. I suoi fratelli calvinisti in Francia, in Olanda, in Iscozia, erano in armi contro principi crudeli e idolatri. Le sue nozioni concernenti il governo dello stato assunsero una tinta consentanea alle sue nozioni concernenti il governo della Chiesa. Parecchi dei sarcasmi che il popolo scagliava contro lo episcopato, potevano, senza molta difficoltà, adattarsi al principato; e molti degli argomenti che adoperavansi a provare che il potere spirituale era meglio collocato in un Sinodo, sembravano condurre alla conclusione, che il potere temporale sarebbe meglio collocato in un Parlamento.

XXX. Così, come il sacerdote della Chiesa stabilita, per interesse, per principio e per passione, era zelante delle regie prerogative, il puritano per passione, per principio e per interesse, era ostile a quelle. Grande era la potenza dei settarii malcontenti. Trovavansi in ogni ceto, ma erano più numerosi fra il ceto mercantile delle città, e fra i piccoli possidenti delle campagne. Regnante Elisabetta, cominciarono a mandare il maggior numero dei deputati alla Camera dei Comuni. E non è dubbio, che se i nostri antenati fossero stati allora liberi di porre tutta la loro attenzione sopra le questioni interne, il conflitto tra la corona e il Parlamento sarebbe subito scoppiato. Ma non era quella la stagione atta ai domestici dissidi. Veramente, potrebbe dubitarsi se la fermissima colleganza di tutti gli ordini dello stato fosse la cagione di frustrare il pericolo che li minacciava tutti. L'Europa cattolica e la Europa riformata pugnavano per la vita o la morte. La Francia, dilacerata dalle lotte intestine, da qualche tempo non contava più nulla nella Cristianità. Il governo inglese era a capo degl'interessi protestanti; e mentre in casa propria perseguitava i presbiteriani, concedeva valida protezione alle chiese presbiteriane negli stati stranieri. Capo del partito opposto era il più potente principe di quell'epoca, il quale imperava sopra la Spagna, il Portogallo, la Italia, i Paesi Bassi, le Indie orientali ed occidentali; le cui armi più volte si spinsero fino a Parigi, e le cui flotte tenevano in paura le coste di Devonshire e di Sussex. E' parve per lungo tempo cosa probabile che gl'Inglesi avessero a combattere

disperatamente sopra il suolo inglese, a difendere la religione e indipendenza loro. Nè si tennero un istante mai liberi dalla paura di qualche gran tradimento in casa; perocchè in quei giorni era diventato punto di coscienza e d'onore per molti uomini d'indole generosa il sacrificare la patria alla religione. Una serie di congiure di continuo ordite dai cattolici romani contro la vita della regina e la esistenza della nazione, teneva la società in perenne trepidazione. Qualunque si fossero gli errori di Elisabetta, era pur manifesto che le sorti del regno e di tutte le chiese riformate pendevano dalla sicurtà della sua persona e dal prospero successo della sua amministrazione. Era, dunque, precipuo dovere d'ogni cittadino e d'ogni protestante rinvigorirle il braccio: dovere che fu bene osservato. I puritani, anche dal fondo delle prigioni dove essa gli aveva sepolti, pregavano con fervore non finto, perchè la ribellione le cadesse doma ai piedi, e le sue armi fossero vittoriose per mare e per terra. Uno dei più testardi della testarda setta, appena il carnefice gli aveva mozza una mano a punirlo d'un delitto al quale era stato spinto dal suo stemperato zelo, scuotendo con l'altra mano il cappello, esclamò: «Dio salvi la regina!» Il sentimento che cotesta genia di uomini provavano per lei passò ai loro posteri. I non-conformisti, per quanto rigorosamente li avesse trattati, hanno, come corporazione, sempre venerata la memoria di lei.
Quindi, per tutto quasi il tempo che ella regnò, i puritani nella Camera dei Comuni, quantunque s'ammutinassero talvolta, non erano inchinevoli ad ordinarsi in opposizione sistematica contro il governo. Ma allorchè la sconfitta dell'Armada, la vittoriosa resistenza delle Province Unite alla dominazione spagnuola, il consolidamento di Enrico IV sopra il trono di Francia, e la morte di Filippo II ebbero resi sicuri lo Stato e la Chiesa contro ogni pericolo esterno, scoppiò subito nello interno un ostinato conflitto, che durò per parecchie generazioni.
XXXI. Nel parlamento del 1601, quella opposizione la quale per quaranta anni erasi sordamente raccolta e afforzata, combattè la sua prima grande battaglia, e riportò la sua prima vittoria. Il campo era bene scelto. La suprema direzione della politica commerciale era stata sempre affidata ai sovrani inglesi. Era loro prerogativa indisputata quella di regolare la moneta, i pesi e le misure, e di stabilire le fiere, i mercati e i porti. La linea che limitava la loro autorità in fatto di commercio, era stata, secondo il costume, descritta confusamente. Essi quindi, secondo il costume, facevano usurpazioni nel terreno che per diritto apparteneva al corpo legislativo. Le usurpazioni furono, secondo il costume, tollerate con pazienza fino a tanto che divennero gravissime. Finalmente, la regina arbitrò di concedere a centinaia patenti di monopolio. Non eravi quasi famiglia in tutto il regno, la quale non sentisse il peso dell'oppressione e delle estorsioni che originavano naturalmente da cosiffatto abuso. Ferro, olio, aceto, carbone, salnitro, piombo, amido, lana filata, pelli, cuoi, vetri, bisognava comperarli a prezzi esorbitanti. La Camera dei Comuni ragunandosi, si mostrò in collera e determinata ad operare. Invano una minoranza cortigiana biasimò il presidente di tollerare che gli atti della Regina venissero posti in discussione. Il linguaggio dei malcontenti era alto e minaccioso, e vi faceva eco la voce della intera nazione. Il cocchio del primo ministro della corona venne circondato dal popolaccio sdegnato, il quale malediceva a' monopolii, e gridava non doversi patire che le regie prerogative violassero le libertà della Inghilterra. E' parve per un istante temersi che il lungo e glorioso regno di Elisabetta avrebbe una fine vergognosa e sciagurata. Ella, nondimeno, con giudizio e contegno mirabili, evitò la contesa, si pose a capo del partito riformista, riparò agli aggravi, rese grazie ai Comuni con dignitose e commoventi parole per la loro tenera sollecitudine verso il bene pubblico, riguadagnò il cuore del popolo, e lasciò a' suoi successori un memorabile esempio del come un sovrano debba governarsi nelle pubbliche commozioni qualvolta gli manchino i mezzi di vincerle.
XXXII. La grande Regina moriva nel 1603. Quest'anno, per molte ragioni, forma una delle più importanti epoche nella nostra storia. E' fu allora che la Irlanda e la Scozia divennero parti del medesimo impero insieme con la Inghilterra. Entrambe, Scozia ed Irlanda, a dir vero, erano state soggiogate dai Plantageneti, ma nè l'una nè l'altra erasi sobbarcata con pazienza al giogo. La Scozia aveva con eroico valore rivendicata la propria indipendenza; era stata, fino dal tempo di Roberto Bruce, un regno separato; ed ora veniva congiunta alla parte meridionale dell'isola con un modo che gratificava, anzi che ferire, il suo orgoglio nazionale.
La Irlanda, dai tempi d'Enrico II in poi, non aveva potuto espellere gl'invasori stranieri; ma aveva lungamente e strenuamente lottato contro essi. Nel corso dei secoli decimoquarto e decimoquinto, la potenza inglese in quell'isola era venuta sempre decadendo, e nei giorni di Enrico VII era caduta in fondo. I dominii inglesi di quel principe erano solo le contee di Dublino e di Louth, qualche parte di Meath e di Kildare, e pochi porti di mare lungo la costiera. Un vasto tratto di Leinster non era per anche diviso in contee. Munster, Ulster e Connaught, erano governate da principotti o celti, o

degeneri normanni che avevano dimenticata la origine propria, e adottato lo idioma e i costumi celtici. Ma nel secolo decimosesto, la potenza inglese vi aveva fatto grandi progressi. I semi-selvaggi capi che reggevano le contrade non sottoposte, avevano ceduto, l'uno dopo l'altro, ai luogotenenti dei Tudors. Alla perfine, pochi giorni avanti la morte d'Elisabetta, la conquista, che era stata quattrocento e più anni prima iniziata da Strongbow, fu compita da Mountjoy. Di poco Giacomo I era asceso al trono, allorchè O'Donnell ed O'Neil, ultimi fra quelli che avevano tenuto il grado di principi indipendenti, condotti a Whitehall, gli baciarono la mano. D'allora in poi, i suoi decreti valevano, e i suoi giudici tenevano corti in ogni parte d'Irlanda, e le leggi inglesi prevalsero alle consuetudini con che reggevansi le tribù aborigene.

Per estensione, la Scozia e la Irlanda erano pressochè uguali, e, congiunte, pareggiavano quasi l'Inghilterra; ma meno di essa popolate, le rimanevano lungo tratto inferiori per civiltà ed opulenza. La Scozia era stata impedita di raggiungerla dalla natia sterilità del suolo; e la Irlanda, fra mezzo alla luce della Europa risorta, giaceva tuttavia sotto la tenebra del medio evo.

La popolazione della Scozia, tranne le tribù celtiche che erano sparse nelle Ebridi e su per le regioni montuose delle contee settentrionali, aveva comune il sangue con la popolazione dell'Inghilterra, e parlava una lingua che non differiva dalla purissima favella inglese più che i dialetti delle contee di Somerset e di Lancaster non differiscono l'uno dall'altro. In Irlanda, all'incontro, la popolazione, salvo la piccola colonia inglese presso la costa, era celtica, e serbava tuttavia l'idioma e i costumi celtici.

Per naturale coraggio ed intelligenza, ambedue le nazioni che incorporavansi all'Inghilterra, erano degne di considerazione. Per perseveranza, impero di sè, preveggenza, e per tutti i pregii necessari a bene condurre la vita, gli Scozzesi non sono mai stati vinti da nessun altro popolo. Gl'Irlandesi, dall'altro canto, erano predistinti da quelle qualità che tendono a rendere gli uomini interessanti, più presto che avventurati. Erano razza ardente ed impetuosa, facile a trascorrere alle lacrime o al riso, al furore o allo affetto. Sola tra tutte le nazioni della Europa settentrionale, aveva la irritabilità, la vivacità, il pendio naturale per la mimica e la rettorica; qualità ingenite nei popoli dei lidi del mediterraneo. Per cultura intellettuale, la Scozia era incontrastabilmente superiore. Tuttochè quel regno fosse il più povero in tutta la cristianità, gareggiava, nonostante, in ogni ramo di scibile con le più fortunate regioni. Gli Scozzesi, dei quali le abitazioni e i cibi erano meschini al pari di quelli degl'Irlandesi dei giorni nostri, scrivevano versi latini con maggiore squisitezza che non ne mostra il Vida, e nelle scienze facevano scoperte che avrebbero accresciuta la rinomanza di Galileo. La Irlanda non poteva gloriarsi di un Bucanano o d'un Napier. Il genio, di che i loro abitanti aborigeni erano largamente dotati, mostravasi, come fa tuttavia, nelle ballate; le quali, comunque selvagge e rozze, parvero all'occhio giudizioso di Spenser contenere vene di puro oro poetico.

La Scozia, diventando parte della monarchia britannica, serbò tutta la sua dignità. Dopo d'avere per molte generazioni coraggiosamente sostenuto lo scontro delle armi inglesi, veniva adesso congiunta alla sua più forte vicina con patti onorevolissimi. Ella dava un re in vece di riceverlo. Serbava intatte la costituzione e le leggi proprie. I tribunali e i parlamenti rimanevano affatto indipendenti dai tribunali o dai parlamenti che sedevano in Westminster. L'amministrazione della Scozia era affidata a mani scozzesi; perocchè nessuno inglese aveva cagione di emigrare verso settentrione, e contendere alla più astuta e pertinace di tutte le razze quel poco che vi era da raspare nel più povero dei tesori. Frattanto, gli avventurieri scozzesi calavano giù verso le regioni meridionali, ed ottenevano in tutte le vie della vita una prosperità che eccitava la invidia, comunque, per lo più, altro non fosse che giusto rimerito alla prudenza e alla industria. Nulladimeno, la Scozia non potè in guisa nessuna sottrarsi al destino inevitabile ad ogni stato che si annette ma non s'incorpora con un altro stato ricco di maggiori mezzi. Quantunque fosse regno indipendente di nome, essa venne, per cento e più anni, veramente trattata per molti rispetti come provincia soggetta.

L'Irlanda fu governata come terra conquistata con le armi. Le sue rozze istituzioni nazionali erano spente. I coloni inglesi, sottostando alla dittatura della madre patria, senza lo aiuto della quale non potevano esistere, si rifacevano calpestando le popolazioni fra le quali vivevano. Il parlamento che ragunavasi in Dublino, non poteva adottare una legge senza che fosse stata innanzi approvata dal consiglio privato di Londra. L'autorità del corpo legislativo inglese estendevasi sopra la Irlanda. L'amministrazione esecutiva era affidata ad uomini inglesi, che venivano considerati come stranieri, ed anche come nemici, dalla popolazione celtica.

Ci rimane a notare la cagione che più d'ogni altra ha rese le sorti dell'Irlanda cotanto diverse da quelle della Scozia. La Scozia era protestante. In nessuna contrada d'Europa il moto popolare contro la Chiesa romana era stato così rapido e violento. I riformatori avevano vinta, deposta dal trono e

imprigionata la loro sovrana idolatra. Non vollero nè anche accettare una concordia simile a quella ch'era seguita in Inghilterra. Avevano stabilito la dottrina, la disciplina e il culto di Calvino; e facevano poca distinzione tra il papato e la prelatura, fra la messa e il libro della preghiera comune. Sventuratamente per la Scozia, il principe che essa mandò per governare un'eredità più bella, era stato tanto molestato dalla pertinacia con che i teologi avevano predicato contro lui i privilegi del sinodo e del pulpito, ch'egli detestava la politica ecclesiastica alla quale la nazione era affezionata, odiavala di quanto odio poteva essere capace la sua indole effeminata; ed appena asceso sul trono inglese, cominciò a mostrare intollerantissimo zelo per il governo e il rituale della Chiesa anglicana.
Gl'Irlandesi erano il solo popolo nella Europa settentrionale che fosse rimasto fido alla vecchia religione. Lo che è da attribuirsi in parte a ciò, che essi in cultura rimanevano addietro di parecchi secoli ai loro vicini. Ma altre cagioni vi avevano cooperato. La riforma era stata una rivoluzione politica e morale. Non erano solo insorti i laici contro il clero, ma tutte le schiatte della gran razza germanica contro la dominazione straniera. È fatto significantissimo, che nessuna gran massa di popolo la lingua del quale non sia teutonica, s'è giammai volta al protestantismo; e che dove si parla un idioma derivato da quello dell'antica Roma, la religione della Roma moderna fin oggi prevale. Il patriottismo degl'Irlandesi aveva preso un cammino peculiare. Lo scopo dei loro rancori non era Roma, ma l'Inghilterra; ed avevano ragioni speciali per abborrire quei sovrani inglesi che erano stati capi di quel grande scisma, Enrico VIII ed Elisabetta. Mentre ferveva la lotta che due generazioni di principi Milesii tennero viva contro i Tudors, lo entusiasmo religioso e l'entusiasmo nazionale si confusero inseparabilmente negli animi della razza vinta. La nuova contesa fra protestanti e papisti riaccese la vecchia contesa tra Sassoni e Celti. Gl'Inglesi vincitori, frattanto, trascuravano ogni mezzo legittimo di conversione. Non si davano pensiero di provvedere la vinta nazione d'istitutori capaci di farsi intendere. Non fu fatta una versione della Bibbia in lingua ersa. Il governo fu pago di stabilire una vasta gerarchia di arcivescovi, vescovi e rettori protestanti, i quali non facevano nulla, e per non far nulla erano pagati con le spoglie d'una Chiesa amata e riverita dalla più parte del popolo.
Le condizioni della Scozia e della Irlanda erano tali da svegliare il timore nel petto d'un preveggente uomo di stato. Nondimeno, eravi apparenza di tranquillità. Per la prima volta tutte le isole britanniche trovavansi unite pacificamente sotto un solo scettro.
E' sembrerebbe che la importanza dell'Inghilterra fra gli stati Europei avesse dovuto da quell'epoca in poi accrescersi grandemente. Il territorio governato dal nuovo re, era per estensione doppio di quello che ad Elisabetta era toccato in retaggio. Il suo impero era in sè stesso il più compiuto e il più sicuro da ogni possibile aggressione. Ai Plantageneti e ai Tudors era stato mestieri più volte difendersi contro la Scozia, mentre erano implicati nelle guerre continentali. Il lungo conflitto in Irlanda aveva consunti tutti i loro mezzi. Nulladimeno, anche sotto tali svantaggi, que' sovrani eransi acquistata alta riputazione per tutta la cristianità. Era, dunque, bene ragionevole lo sperare che la Inghilterra, la Scozia e l'Irlanda, congiunte, avrebbero formato uno stato a nessuno secondo fra quei che allora esistevano.
XXXIII. Tutte coteste speranze divennero stranamente illusorie. Nel giorno in cui Giacomo I ascese al trono, la patria nostra discese giù dal grado ch'essa fino allora aveva tenuto, e cominciò ad essere considerata come potenza appena di secondo ordine. Per molti anni la gran monarchia inglese, sotto quattro principi successivi della casa degli Stuardi, fu nel sistema europeo membro appena più importante di quello che per innanzi era stato il piccolo regno di Scozia. Il che, nondimeno, deve essere cagione di poca doglianza. Può dirsi di Giacomo I, come di Giovanni, che se la sua amministrazione fosse stata savia e splendida, sarebbe riuscita probabilmente fatale al nostro paese, e che noi dobbiamo più alla sua indole debole e meschina che alla sapienza e al coraggio di assai migliori sovrani. Egli ascese al trono in un momento critico. Avvicinavasi rapido il tempo in cui o il re doveva diventare assoluto, o il parlamento doveva infrenare il potere esecutivo. Se egli fosse stato come Enrico IV, come Maurizio di Nassau o come Gustavo Adolfo, un principe strenuo, politico, operoso; se egli si fosse posto a capo dei protestanti dell'Europa, se avesse riportate grandi vittorie contro Tilly e Spinola, se avesse adornato Westminster con le spoglie dei monasteri bavari e delle cattedrali fiamminghe, se egli avesse appeso alle mura di San Paolo i vinti vessilli d'Austria e di Castiglia, s'egli si fosse trovato, dopo memorande gesta, a capo di cinquanta mila soldati valorosi, bene disciplinati e devoti alla sua persona; il Parlamento inglese altro non sarebbe diventato che un nome vano. Avventuratamente, egli non era uomo da sostenere tanta parte. Iniziò la sua amministrazione ponendo fine alla guerra che da anni molti ardeva tra la Spagna e l'Inghilterra; e sino da quel tempo schivò le ostilità con tale cautela, da sostenere pazientemente gl'insulti dei suoi vicini e

i clamori dei suoi sudditi. Fino all'ultimo anno della sua vita, la influenza del suo figlio, del suo favorito, del suo parlamento e del suo popolo, non valse ad indurlo a menare un debole colpo in difesa della sua famiglia e della sua religione. E' fu bene per i suoi sudditi, ch'egli in siffatto modo non compiesse i loro desiderii. Lo effetto della sua politica di pace, fu che in un tempo in cui bisogno non v'era di milizie regolari, e mentre la Francia, la Spagna, la Italia, il Belgio e la Germania brulicavano di soldati mercenari, la difesa dell'isola nostra venisse tuttavia affidata alla guardia cittadina.

XXXIV. Dacchè il Re non aveva esercito stanziale, e nè anche si provava di formarne, sarebbe stato prudente consiglio lo scansare ogni conflitto col suo popolo. Ma fu tale la sua stoltezza, che mentre trascurava affatto i soli mezzi che lo potessero rendere assoluto, produceva di continuo, nella forma più offensiva, pretese, nessuna delle quali i suoi predecessori avevano mai sognato di produrre. E' fu in quel tempo che primamente apparvero quelle strane dottrine che Filmer poscia ordinava a sistema, e che divennero la insegna della più violenta classe dei Tory e dell'alto clero. Sostenevano solennemente, che l'Essere Supremo impartiva alla monarchia ereditaria, come opposta ad ogni altra forma di governo, peculiare favore; che la regola di successione in ordine di primogenitura era una istituzione divina, anteriore a Cristo ed anche a Moisè; che nessuna potestà umana, nè anche quella della intera legislatura, nessuna lunga durata di possesso, fosse anco di dieci secoli, poteva privare dei suoi diritti il principe legittimo; che la sua autorità era necessariamente dispotica; che le leggi le quali in Inghilterra ed altrove limitavano la regia prerogativa, dovevano considerarsi come semplici concessioni fatte liberamente dal sovrano, che ei poteva ad arbitrio ritogliere; e che ogni trattato che facesse il sovrano col suo popolo era una pretta dichiarazione delle sue intenzioni presenti, non un contratto che l'obbligasse a mantenerle. È cosa evidente, che questa teorica, comecchè intesa a rafforzare le fondamenta del governo, le indebolisce affatto. La divina ed immutabile legge della primogenitura, ammetteva ella o escludeva le femmine? In ambedue le ipotesi, era mestieri che i sovrani d'Europa fossero usurpatori, regnanti in onta ai comandamenti del Cielo, e potessero venire giustamente spossessati dagli eredi legittimi. Tali assurde dottrine non erano afforzate dall'autorità del Testamento Vecchio, perocchè in esso leggiamo il popolo eletto avere ricevuto biasimo e pena per aver desiderato un re, e essergli poi stato ingiunto di non obbedire a quel re. Tutta la storia di quello, lungi dal convalidare la idea che la primogenitura fosse d'istituzione divina, parrebbe più presto indicare che i fratelli minori sono sotto la speciale protezione del Cielo. Isacco non era il primogenito d'Abramo, nè Giacobbe lo era d'Isacco, nè Giuda di Giacobbe, nè David di Jesse, nè Salomone di David. Vero è che l'ordine d'anzianità tra i figliuoli è rade volte osservato strettamente nei paesi dove costumasi la poligamia. Il sistema di Filmer non poteva nè anche appoggiarsi a que' luoghi del Nuovo Testamento, nei quali il governo è rappresentato come ordinanza di Dio; perocchè il governo sotto il quale vivevano gli scrittori del Nuovo Testamento, non era monarchia ereditaria. Gl'imperatori romani erano magistrati repubblicani, eletti dal senato. Nessuno di loro pretendeva d'imperare per diritto di nascita; e difatti Tiberio, al quale Cristo ordinò doversi pagare il tributo, e Nerone al quale Paolo comandò che obbedissero i Romani, erano, secondo la teorica patriarcale di governo, usurpatori. Nel medio evo, la dottrina del diritto ereditario imprescrittibile sarebbe stata considerata eretica, come quella che era incompatibile con le alte pretese della Chiesa di Roma. Era parimente dottrina sconosciuta ai fondatori della Chiesa anglicana. La omilia intorno alla ribellione premeditata, aveva fortemente e, per vero dire, troppo fortemente inculcata la sottomissione alla autorità costituita; ma non aveva fatta nessuna distinzione tra monarchia elettiva ed ereditaria, o tra monarchia e repubblica. Veramente, la maggior parte dei predecessori di Giacomo avrebbero, per ragioni personali, considerata con avversione la teoria patriarcale di governo. Guglielmo Rufo, Enrico I, Stefano, Giovanni, Enrico IV, Enrico V, Enrico VI, Riccardo III, Enrico VII avevano tutti regnato in onta alla stretta regola di discendenza. Un dubbio gravissimo pesava sopra la legittimità di Maria e d'Elisabetta. Era impossibile che Caterina d'Aragona ed Anna Bolena fossero ambedue legalmente maritate ad Enrico VIII; e la più alta autorità del reame aveva sentenziato che nessuna di esse lo era. I Tudors, lungi dal considerare la legge di successione come istituzione divina ed immutabile, la modificarono spesso. Enrico VIII ottenne dal Parlamento un atto con che acquistava la potestà di disporre della corona per testamento, e difatti testò in pregiudicio della famiglia reale di Scozia. Eduardo VI, senza lo assenso del parlamento, arrogossi una somigliante potestà: di che lo approvarono i più illustri riformisti. Elisabetta, convinta che i propri diritti soggiacevano a gravi obiezioni, e non volendo ammettere nè anche un diritto di riversibilità nella regina degli Scozzesi sua rivale e nemica, indusse il Parlamento a fare una legge, nella quale ordinavasi che chiunque negasse la competenza del sovrano regnante, col consentimento degli Stati del regno, a variare la successione,

verrebbe punito di morte come traditore. Ma le condizioni in cui Giacomo trovavasi, erano assai diverse da quelle in cui era stata Elisabetta. Molto inferiore ad essa e per ingegno e per popolarità, considerato dagli Inglesi come straniero, ed escluso dal trono per virtù del testamento di Enrico VIII, il re degli Scozzesi era nondimeno lo erede indubitabile di Guglielmo il Conquistatore e di Egberto. Aveva quindi manifesto interesse ad inculcare la dottrina superstiziosa, che la nascita conferisce diritti superiori alla legge e inalterabili dalla legge. Oltredichè, era dottrina cónsona alla tempra dello intelletto e all'indole di lui: però trovò tosto molti difensori fra coloro che ambivano il favore del principe, e fece rapidi progressi fra il clero della Chiesa stabilita.
Così, nel momento medesimo in cui cominciava a manifestarsi vigoroso nel Parlamento e nel paese lo spirito repubblicano, le pretese del monarca assunsero una forma mostruosa, che avrebbe disgustato il più superbo ed arbitrario dei principi che lo avevano preceduto sul trono.
Giacomo vantavasi sempre della sua perizia in quella ch'egli chiamava arte di regno; e nondimeno, riesce quasi impossibile immaginare una condotta che al pari della sua fosse direttamente opposta a tutte le regole dell'arte di regnare. È stata sempre politica dei principi savi il travestire gli atti vigorosi con forme popolari. In questa guisa Augusto e Napoleone stabilirono le loro monarchie assolute, mentre il popolo li considerava come semplici cittadini rivestiti di magistrature temporanee. La politica di Giacomo procedeva tutta al rovescio. Provocava la rabbia e la paura del suo Parlamento, dicendogli sempre che i rappresentanti della nazione potevano esercitare i propri privilegi finchè egli volesse, e che non ispettava loro di discutere intorno a ciò ch'egli potesse legalmente fare, come non avevano diritto alcuno di discutere sulla legalità delle azioni di Dio. Nulladimeno, egli piegavasi innanzi al Parlamento, abbandonava i suoi ministri, l'uno dopo l'altro, alla vendetta di quello, e pativa d'essere trascinato ad atti direttamente ripugnanti alle sue più forti tendenze. Così crebbero insieme lo sdegno eccitato dalle sue pretese, e lo scherno provocato dalle sue concessioni. L'affetto che egli portava a indegni favoriti, e la sanzione ch'ei dava alla tirannia e rapacità loro, tenevano perpetuamente vivi i malumori. La codardia, la pedanteria, la fanciullaggine sue, la sgarbatezza della persona e dei modi suoi, il suo accento provinciale, lo facevano segno al pubblico dileggio. Anco nelle sue virtù e nelle sue doti era alcun che di affatto sconvenevole ad un re. Così, in tutto il corso del suo regno, venne sempre più scemando la riverenza tradizionale che il trono ispirava al popolo. Per duecento anni, tutti i sovrani che avevano governata la Inghilterra, tranne lo sventurato Enrico VI, erano stati uomini d'animo forte, di spirito altero e di contegno principesco. Quasi tutti avevano mostrata non ordinaria destrezza. Però non fu cosa di lieve momento, che nella vigilia della lotta decisiva tra i nostri re e i loro parlamenti, la sovranità si mostrasse balbettante, spargendo lacrime imbelli, e tremando innanzi ad una spada sguainata, e parlando or la favella del buffone, ora quella del pedagogo.
XXXV. Frattanto le dissensioni religiose, che fino dai giorni di Eduardo VI avevano affaccendate le fazioni protestanti, erano divenute quanto mai formidabili. Lo intervallo che aveva divisa la prima generazione dei protestanti da Cranmer e Jewel, era ben corto in paragone di quello che separò la terza generazione dei puritani da Laud ed Hammond. Mentre la rimembranza delle crudeltà di Maria era ancor fresca; mentre la forza del partito cattolico tuttavia ispirava timore; mentre Spagna, serbando ancora la sua preponderanza, aspirava alla dominazione universale; tutte le sètte riformate conoscevano d'avere un interesse comune, ed un comune e mortale nemico. Lo aborrimento vicendevole che sentivano, era lieve in agguaglio di quello che provavano contro Roma. Conformisti e non-conformisti eransi cordialmente congiunti nel fare severissime leggi penali contro i papisti. Ma poichè cinquanta e più anni di indisturbato possesso ebbero resa alla Chiesa stabilita la fiducia in sé; poichè nove decimi della nazione erano divenuti protestanti sinceri; poichè la Inghilterra essendo in pace con tutto il mondo, non eravi più pericolo che il papismo venisse imposto alla nazione dalle armi straniere; ed erano spenti gli ultimi confessori i quali stettero intrepidi innanzi a Bonner; i sentimenti del clero anglicano cangiaronsi. Mitigavasi considerevolmente la loro ostilità contro la dottrina e disciplina cattolica romana, mentre dall'altro canto si accresceva quotidianamente la loro avversione contro i puritani. Le controversie che avevano fin da principio scisso il partito protestante, presero una forma tale, da togliere ogni speranza di riconciliazione; e nuove controversie di assai maggiore importanza si aggiunsero alle vecchie cagioni di dissenso.
I fondatori della Chiesa anglicana avevano ritenuto l'episcopato come un ordinamento di politica ecclesiastica antica, venerabile e convenevole; ma non avevano dichiarato che quella dignità nel governo della Chiesa fosse d'istituzione divina. Abbiamo già veduto quanta poca stima Cranmer facesse dell'ufficio di vescovo. Regnante Elisabetta, Jewel, Cooper, Whitgift ed altri incliti dottori,

difesero la prelatura come innocua ed utile, come cosa che poteva essere legittimamente istituita dallo Stato, come cosa che, una volta istituita, doveva essere rispettata da ogni cittadino. Ma non negarono mai che una comunità cristiana priva di vescovo, potesse essere una chiesa pura; che anzi credevansi congiunti ai protestanti del continente in una medesima fede. Gl'Inglesi in Inghilterra, a dir vero, erano tenuti a riconoscere l'autorità del vescovo, nel modo medesimo che erano tenuti a riconoscere l'autorità dello sceriffo o d'altro ufficiale pubblico; ma l'obbligo era soltanto locale. Un ecclesiastico inglese, anzi un prelato inglese, se andava in Olanda, conformavasi senza scrupolo alla religione stabilita dell'Olanda. Nei paesi stranieri, gli ambasciatori di Elisabetta e di Giacomo assistevano officialmente a quegli stessi riti che Elisabetta e Giacomo avevano proscritti negli Stati brittannici, e con gran cura astenevansi dal decorare le loro cappelle private secondo il costume anglicano, onde non essere di scandalo ai loro traviati fratelli. Sostenevasi perfino che i ministri presbiteriani avevano diritto di sedere e di votare nei concilii ecumenici. Quando gli Stati generali delle Provincie Unite convocarono a Dorf un sinodo di dottori non ordinati dai vescovi, un decano ed un vescovo inglesi v'intervennero, parteciparono alle discussioni, e votarono con essi intorno alle più gravi questioni teologiche. Anzi, molti beneficii in Inghilterra erano occupati da ecclesiastici che erano stati ammessi al ministero secondo la cerimonia calvinistica che usavasi nel continente; né era creduto necessario, o anche legale, che un vescovo in simiglianti casi conferisse una nuova ordinazione.
Ma sorgeva già nella Chiesa d'Inghilterra una nuova genia di teologi. Secondo loro, l'ufficio episcopale era essenziale al bene d'una società cristiana, ed alla efficacia delle più solenni ordinanze della religione. A quell'ufficio spettavano certi sacri ed alti privilegi, che non potevano essere conferiti né ritolti da nessuna potestà umana. Una Chiesa poteva esistere senza la dottrina della Trinità o della Incarnazione, come senza gli ordini apostolici; e la Chiesa di Roma, la quale, fra tutti i suoi traviamenti, aveva serbati gli ordini apostolici, era più presso alla primigenia purità, di quel che lo fossero quelle società riformate che avevano arditamente innalzato un sistema inventato da esse, in opposizione al modello divino.
Nei tempi di Eduardo VI e di Elisabetta, i difensori del rituale anglicano eransi contentati di dire che esso poteva usarsi senza peccato, e che quindi niuno, fuorchè un suddito perverso e sconoscente i propri doveri, ricuserebbe di usarlo sempre che gli fosse ordinato dai magistrati. Intanto, quel nascente partito che pretendeva per l'ordinamento politico della Chiesa ad un'origine celeste, cominciò ad attribuire alle sacre cerimonie nuova dignità ed importanza. Concludevano, che se nel culto stabilito vi fosse qualche errore, siffatto errore era la sua estrema semplicità; e che i riformatori, nel calore delle loro dissensioni con Roma, avevano abolite molte antiche cerimonie che si sarebbero utilmente potute serbare. I giorni e i luoghi furono di nuovo osservati con misteriosa venerazione. Talune cerimonie che da lungo tempo erano cadute in disuso, e che comunemente giudicavansi come fantocciate superstiziose, furono richiamate a vita. Le pitture e le sculture che erano rimaste illese dal furore della prima generazione dei protestanti, divennero obietti di tale venerazione, che a molti sembrava idolatria.
Nessuna parte del sistema della vecchia Chiesa era stata tanto detestata dai riformatori, quanto il rispetto e la onoranza che tributavasi al celibato. Sostenevano che la dottrina di Roma intorno a ciò, era stata profeticamente condannata come diabolica dall'apostolo Paolo; e convalidavano la loro asserzione enumerando i delitti e gli scandali che originavano dalla osservanza di quella dottrina. Lutero aveva manifestata nel modo più chiaro la propria opinione sposando una monaca. Taluni dei vescovi e dei preti più illustri i quali, regnante Maria, erano stati arsi vivi, avevano lasciato moglie e figliuoli. Ora, nondimeno, principiava a correre la voce, che il vecchio spirito monastico fosse riapparso nella Chiesa anglicana; che nelle alte classi esistesse un pregiudicio contro i preti ammogliati; che anche i laici ohe si chiamavano protestanti, si fossero prefissi di osservare il celibato con promesse equivalenti quasi a voti solenni; anzi, che un ministro della religione stabilita avesse fondato un monastero, dentro il quale una congrega di vergini dedicate a Dio cantava i salmi a mezzanotte.
Né ciò era tutto. Una specie di questioni intorno alle quali i fondatori della Chiesa anglicana e la prima generazione dei puritani differivano poco o nulla, cominciò ad apprestare materia alle più virulente dispute. Le controversie che avevano scissa la setta protestante nella sua infanzia, riferivansi pressochè tutte al governo ecclesiastico ed alle cerimonie. Intorno ai punti di teologia metafisica non era stato serio litigio fra le parti contendenti. Le dottrine sostenute dai capi della gerarchia rispetto al peccato originale, alla fede, alla grazia, alla predestinazione, alla elezione, erano quelle che comunemente si chiamano calvinistiche. Verso la fine del regno d'Elisabetta, lo arcivescovo Whilgift,

suo prelato prediletto, compose, d'accordo col vescovo di Londra e con altri teologi, il celebre documento intitolato - gli Articoli di Lambeth. In esso le più notevoli fra le dottrine calvinistiche vengono affermate con tale distinzione, che disgusterebbe molti che, nell'età nostra, vengono reputati calvinisti. Un chierico il quale fu di contrario parere, e parlò duramente di Calvino, fu espulso, in pena della sua presunzione, dalla università di Cambridge, e si sottrasse al castigo soltanto confessando di credere fermamente nei dogmi della riprovazione e della perseveranza finale, e dolendosi d'avere offeso, con le sue idee intorno al riformatore francese, gli uomini pii. La scuola teologica della quale Hooker era capo, occupava un posto di mezzo tra la scuola di Cranmer e quella di Laud; e nei tempi moderni Hooker è stato considerato dagli arminiani come loro alleato. Ciò non ostante, Hooker affermò Calvino essere stato superiore per sapienza ad ogni altro teologo che fosse mai stato in Francia; essere stato uomo al quale migliaia andavano debitori della cognizione della verità divina, cognizione che egli doveva alla sola grazia peculiare di Dio. Allorchè nacque in Olanda la controversia arminiana, il Governo e la Chiesa d'Inghilterra prestarono vigoroso sostegno al partito calvinista; ed il Governo inglese non è affatto scevro della macchia che la prigionia di Grozio e lo assassinio giuridico di Barneveldt hanno lasciata su quel partito.
Ma anco innanzi la convocazione del sinodo olandese, coloro fra il clero anglicano che erano ostili al governo ecclesiastico ed al culto calvinista, avevano preso a considerare con disgusto la metafisica di Calvino; e siffatto sentimento venne naturalmente a rinvigorirsi per la grossolana ingiustizia, insolenza e crudeltà del partito che prevaleva in Dort. La dottrina arminiana, dottrina meno austeramente logica che non fosse quella dei più antichi riformatori, ma più consona alle nozioni popolari intorno alla giustizia ed alla benevolenza divina, si estese molto e rapidamente, e giunse alla corte. Quelle opinioni le quali, nel tempo in che Giacomo ascese al trono, nessun ecclesiastico avrebbe osato di emettere senza imminente pericolo di essere privato del sacerdozio, erano ora diventate argomento di merito. Un teologo di quell'età, richiesto da un semplice gentiluomo di campagna cosa tenessero - vale a dire credessero - gli arminiani, rispose, con pari arguzia e verità, che essi tenevano i migliori vescovati e le migliori prebende dell'Inghilterra.
Mentre parte del clero anglicano abbandonava il posto che esso in origine aveva occupato, parte della setta dei puritani scostavansi, in un cammino diametralmente opposto, dai principii e dalle usanze dei loro padri. La persecuzione che i separatisti avevano sostenuta, era stata severa tanto da irritare, ma non da distruggere. Non erano stati domi o sottomessi, ma resi inselvatichiti e caparbi. Secondo il costume delle sètte oppresse, scambiando i loro sentimenti vendicativi per emozioni religiose, fomentavano nei loro cuori, leggendo e meditando, l'inchinevolezza a non iscordare le ingiurie sofferte; e dopo che si furono assuefatti a odiare i loro nemici, immaginarono di odiare solamente gl'inimici di Dio. Certo il Nuovo Testamento, anche interpretato con aperta mala fede, non indulgeva alle passioni malefiche. Ma il Testamento Vecchio conteneva la storia di un popolo eletto da Dio ad essere testimonio della sua unità e ministro della sua vendetta, ed in ispecie comandato a operare tali cose, che se fossero state fatte senza espresso comando divino, si sarebbero reputate atroci delitti. Agli spiriti cupi e feroci non tornava difficile trovare in quella storia molti fatti che potessero agevolmente stiracchiarsi a significati convenevoli ai loro desiderii. I più rigidi puritani, adunque, cominciarono a sentire per il Vecchio Testamento una predilezione, che essi forse non confessavano chiaramente, ma che traluceva in tutti i pensieri e i costumi loro. Tributavano al linguaggio ebraico quel rispetto che ricusavano alla lingua nella quale sono a noi pervenuti i discorsi di Cristo e le epistole di Paolo. Battezzando i loro figliuoli, adoperavano non i nomi dei santi cristiani, ma quelli dei patriarchi e dei guerrieri ebrei. Sfidando le espresse e ripetute dichiarazioni di Lutero e di Calvino, trasmutarono in un sabato giudaico il giorno festivo settimanale, con cui la Chiesa aveva, fino da' tempi primitivi, commemorata la risurrezione del suo Signore. Nella legge mosaica cercavano i principii della giurisprudenza, e nei libri dei Giudici e dei Re indagavano le norme del vivere. I pensieri e discorsi loro versavano sopra azioni che certamente non vengono ricordate come esempi da imitarsi. Il profeta che tagliò a pezzi un re prigioniero, il capitano ribelle che dette a bere ai cani il sangue d'una regina, la matrona che, violando la fede data e le leggi dell'ospitalità orientale, confisse il chiodo nel cranio dell'alleato fuggiasco che aveva pur allora mangiato al desco e dormito sotto la tenda di lei, venivano proposti come esempi da imitarsi ai Cristiani che pativano la tirannia dei principi e dei prelati. La morale e i costumi furono sottoposti ad un codice che somigliava quello della sinagoga, quando essa era nelle sue peggiori condizioni. Il vestire, il contegno, il linguaggio, gli studi, i sollazzi di quella rigida setta, furono regolati secondo principii simili a quelli dei Farisei, i quali orgogliosi delle loro mani lavate e dei loro grandi filatterii, insultavano il Redentore come violatore del

sabato e bevitore di vino. Era peccato lo appendere ghirlande al maggio, il bere alla salute d'un amico, il lanciare in aria uno sparviero, il dar la caccia ad un cervo, il giocare a scacchi, arricciarsi i capelli, portare trine inamidate, suonare la spinetta, leggere il Fairy Queen. Simiglianti precetti, i quali sarebbero sembrati insopportabili allo spirito libero e brioso di Lutero, e spregevoli al tranquillo e filosofico intelletto di Zuinglio, gettarono sopra la vita il peso di una regola più che monastica. La dottrina e la eloquenza in cui i grandi riformatori eransi resi illustri, ed a cui andavano non poco debitori dei loro successi, venivano da questa nuova scuola di protestanti considerate con sospetto, se non con avversione. Parecchi rigoristi avevano scrupolo d'insegnare la grammatica latina, perchè vi s'incontravano i nomi di Marte, di Bacco, di Apollo. Le belle arti vennero quasi proscritte. Il solenne suono dell'organo era superstizioso; ed era dissoluta la musica allegra delle maschere di Ben Johnson. Mezze le più belle pitture d'Inghilterra erano idolatre, e le altre mezze indecenti. Il rigido puritano a colpo d'occhio distinguevasi dagli altri uomini per il mondo di vestirsi e di andare, i capelli cascanti, l'aspra solennità del viso, gli occhi rivolti in su, il tono nasale della parlatura, e sopra tutto per il gergo peculiare. Servivasi sempre delle immagini e dello stile della Bibbia. Ebraismi intrusi a forza nella lingua inglese, e metafore attinte alla lirica audace dei più remoti secoli e paesi, e applicate agli usi comuni della vita in Inghilterra, formavano il carattere particolare di quel gergo, che provocava, non senza cagione, il dileggio e dei prelatisti e dei liberali.

In tal guisa, lo scisma politico e religioso, nato nel secolo decimosesto, si venne, nei primi venti anni del susseguente, sempre estendendo. In Whitehall diventarono di voga certe dottrine tendenti al dispotismo turco; mentre certe altre tendenti al repubblicanismo manifestavansi dalla maggior parte dei membri nella Camera dei Comuni. I prelatisti violenti, che erano zelanti della prerogativa, e i violenti puritani, che erano zelanti dei privilegi del parlamento, s'osteggiavano con animosità più forte di quella che, nella precedente generazione, erasi mostrata fra cattolici e protestanti.

Mentre le menti degli uomini trovavansi in cosiffatte condizioni, il paese, dopo una pace di molti anni, alla perfine impegnossi in una guerra che richiedeva grandissimi sforzi. Questa guerra affrettò lo appropinquarsi della gran crisi costituzionale. Era mestieri che il Re avesse numerose forze militari, le quali non potevano ottenersi senza pecunia. Egli non poteva legalmente far danari senza lo assenso del Parlamento. Ne seguiva quindi, o che egli dovesse amministrare il governo secondo il sentire della Camera dei Comuni, o dovesse correre il rischio di violare le leggi fondamentali del regno in modo, di cui per parecchi secoli non s'era visto esempio. I Plantageneti e i Tudors, egli è vero, avevano provveduto al difetto delle loro entrate per mezzo di un donativo o d'un prestito forzato; ma tali espedienti erano sempre d'indole temporanea. Il far fronte al peso continuo d'una lunga guerra con una tassa regolare, imposta senza il consentimento degli Stati del reame, era tale un passo che lo stesso Enrico VIII non avrebbe osato fare. L'ora decisiva, adunque, sembrava approssimarsi, in cui al Parlamento inglese sarebbe toccata la sorte dei senati del continente, o l'acquisto della preponderanza nel governo dello Stato.

XXXVI. Ma in quel mentre il re Giacomo morì. Carlo I ascese al trono. Natura lo aveva dotato di molto migliore intendimento, di volontà più vigorosa, di temperamento più ardente e più fermo, che suo padre non era. Da costui aveva egli ereditati i principii politici, ed era più di lui disposto a metterli in opera. Era al pari del padre uno zelante episcopale; ed era inoltre ciò che il padre non era mai stato, voglio dire zelante arminiano; e quantunque non fosse papista, amava meglio i papisti che i puritani. Sarebbe cosa ingiusta negare a Carlo alcune delle doti convenevoli ad un principe buono e anche grande. Parlava e scriveva, non, come il padre suo, con la esattezza di un professore, ma secondo lo stile di un gentiluomo intelligente e bene educato. Aveva gusto squisito nelle lettere e nelle arti gentili, e modi, comunque privi di grazia, dignitosi: la sua vita domestica era senza menda. La perfidia fu la cagione massima dei suoi disastri, ed è la macchia precipua che gli deturpa la fama. Veramente, era una incurabile tendenza quella che lo trascinava per le vie torte e tenebrose. E' sembrerebbe strano che la sua coscienza, la quale in occasioni di lieve momento era bastevolmente sensibile, non gli avesse mai rimproverato cotesto gran vizio. Ma abbiamo ragione di credere ch'egli fosse perfido non solo per indole e per costume, bensì per principio. Pare che avesse imparato dai teologi, da lui singolarmente stimati, non potere tra lui e i suoi sudditi esistere nulla che avesse natura di mutuo contratto; lui non avere potestà, qualvolta lo avesse voluto, di deporre la sua autorità dispotica; ed in ogni promessa che egli facesse, sottointendersi la riserva di romperla in caso di necessità, della quale necessità era egli stesso il solo giudice.

XXXVII. Allora ebbe principio quel giuoco rischioso dal quale dipesero le sorti del popolo inglese. La Camera dei Comuni giuocò ostinatamente; ma con destrezza, calma e perseveranza mirabili. Erano di guida all'assemblea alcuni uomini di Stato, che sapevano portare l'occhio molto più addietro e spingerlo molto più avanti che i rappresentanti della nazione non facevano. Quegli alti intelletti determinaronsi di porre il Re in tali condizioni da dovere condurre il governo dello Stato secondo i desiderii del Parlamento, o indursi a violare i più sacri principii dello Statuto. Però, brontolando sempre nel concedergli scarsi sussidi, lo posero nel bisogno di governare o d'accordo con la Camera dei Comuni, o sfidando ogni legge. Non mise tempo fra mezzo, ed elesse. Sciolse il suo primo Parlamento di propria autorità, e impose tasse. Convocò un secondo Parlamento, e lo trovò più riottoso del primo. Adottò di nuovo lo espediente di disciogliello, impose nuove tasse senza la minima apparenza di legalità, e gettò in carcere i capi dell'opposizione. Nel tempo stesso, eccitò universale scontento e timore un nuovo aggravio, che riusciva insopportabilmente penoso al sentire ed ai costumi della nazione inglese, e che a tutti gli uomini previdenti sembrava di sinistro augurio. Le compagnie dei soldati vennero distribuite fra i cittadini onde provvedere agli alloggi, ed in taluni luoghi la legge marziale fu sostituita all'antica giurisprudenza del regno.

XXXVIII. Il Re, convocato un terzo Parlamento, tosto si accorse che la Opposizione erasi fatta più vigorosa e fiera che mai. Divisò quindi di mutar tattica. Invece di opporre inflessibile resistenza alle richieste della Camera dei Comuni, egli, dopo molti alterchi e molte evasioni, s'indusse ad un patto il quale, ove fosse stato da lui fedelmente mantenuto, avrebbe stornata una lunga serie di gravi sciagure. Il Parlamento concesse larghi sussidii. Il re ratificò, nel modo più solenne, quella legge famosa che è conosciuta sotto il nome di Petizione dei Diritti, e che forma la seconda Magna Carta delle libertà dell'Inghilterra. Nel ratificare cotesta legge, egli obbligossi a non levare danaro senza il consenso di ambedue le Camere, non imprigionare mai nessuno, tranne nelle debite forme della legge, e non sottoporre mai più il popolo alla giurisdizione delle corti marziali.

Il giorno in cui, dopo molto indugiare, Carlo dette solennemente la sua regia sanzione a questo grande atto, fu giorno di gioia e di speranza. I membri della Camera dei Comuni, che circondavano la tribuna di quella dei Lord, mandarono alte acclamazioni, appena furono proferite, secondo l'antica formula, le parole con le quali i nostri principi, per tanti secoli, hanno significato il loro assenso ai desiderii degli Stati del regno. A tali acclamazioni fece eco la voce della metropoli e della intera nazione; ma dopo pochi giorni, divenne a tutti manifesto che Carlo non intendeva mantenere il patto giurato. Furono raccolti i sussidii concessi da' rappresentanti della nazione; ma la promessa, in grazia della quale erano stati ottenuti, fu rotta. Ne seguì una violenta contesa. Il Parlamento venne disciolto, con tutti i segni del regio malumore. Alcuni dei più cospicui membri furono incarcerati; ed uno di loro, sir Giovanni Eliot, dopo anni di pene, vi perdè la vita.

Carlo, nondimeno, non potè rischiarsi d'imporre di propria autorità tasse bastevoli a tirare innanzi la guerra. Affrettossi, dunque, a far pace coi propri vicini, e rivolse la mente tutta alla politica interna.

Adesso s'apre un'era nuova. Molti re inglesi avevano, in varie occasioni, commessi atti incostituzionali; ma nessuno aveva mai sistematicamente tentato di rendersi despota, e di annientare il Parlamento. Fu questo lo scopo che Carlo si propose. Dal marzo del 1629 all'aprile del 1640 le Camere non furono convocate. Non v'era mai stato nella nostra storia un intervallo di undici anni tra parlamento e parlamento. Solo una volta eravi stato un intervallo, lungo la metà. Basti tal fatto a confutare coloro che affermano, Carlo avere semplicemente calcate le orme dei Plantageneti e dei Tudors.

XXXIX. È indubitabile, secondo la testimonianza dei più validi sostenitori del re, che, durante cotesto periodo del suo regno, i provvedimenti della Petizione dei Diritti furono da lui violati non secondo le occasioni, ma sempre e sistematicamente; che gran parte dell'entrate fu riscossa senza nessuna autorità legale; e che gli individui invisi al governo languirono per anni interi in carcere, senza essere mai stati tradotti innanzi a nessun tribunale.

Di tali atti è mestieri che la storia chiami responsabile principalmente il sovrano. Dopo che fu disciolto il terzo parlamento, egli non ebbe altro primo ministro che sè stesso, comecchè parecchi uomini ch'erano temprati a secondarlo nei suoi fini, dirigessero diversi dipartimenti dell'amministrazione.

XL. Tommaso Wentworth, creato poscia lord Wentworth e poi conte di Strafford, uomo grandemente destro, eloquente, animoso, ma d'indole crudele ed imperiosa, era il consigliere più fido nelle faccende militari e politiche. Era stato uno dei più illustri membri della opposizione, e sentiva verso coloro dai quali erasi diviso, quella tale malignità, che in tutti i tempi è stata la caratteristica degli apostati. Conosceva mirabilmente i sentimenti, i mezzi e la politica del partito al quale un tempo apparteneva, ed aveva formato un disegno vasto e profondamente meditato, che quasi pervenne a sconcertare la tattica efficace degli uomini di Stato che dirigevano la Camera dei Comuni. A tale disegno, nel suo carteggio confidenziale, egli dava il nome espressivo di completo (Thorough). Era suo

scopo di fare in Inghilterra tutto - e più che tutto - ciò che Richelieu andava facendo in Francia; di rendere Carlo monarca assoluto quanto ogni altro principe nel continente; di porre gli Stati e la libertà personale dell'intero popolo a disposizione della corona; di privare le corti di giustizia d'ogni autorità indipendente anche nelle ordinarie questioni di diritto civile tra uomo e uomo, e di punire con inesorabile rigore tutti coloro i quali mormorassero contro gli atti del governo, o anco in modo decente e regolare ricorressero a qualunque tribunale per ottenere giustizia contro quegli atti.
Tale scopo s'era egli proposto, e scerneva distintamente le sole vie per le quali vi poteva giungere. Vero è che in tutte le sue idee rifulgono chiarezza, coerenza e precisione tali, che s'egli non avesse aspirato ad un fine pernicioso alla patria ed alla umanità, si sarebbe reso meritevole della più alta ammirazione. Ben vide non esservi se non se un solo strumento per mandare ad esecuzione i suoi arditi disegni. Tale strumento era un esercito stanziale. A formare quindi lo esercito rivolse tutta l'operosità della sua mente vigorosa. In Irlanda, dove era vicerè, gli era venuto fatto di stabilire un dispotismo militare, non solo sopra le popolazioni aborigene, ma anche sopra le colonie inglesi, e potè gloriarsi che in quell'isola il Re regnava assoluto quanto potesse esserlo ogni altro principe della terra.
XLI. In questo mentre, l'amministrazione ecclesiastica era principalmente diretta da Guglielmo Laud, arcivescovo di Canterbury. Sopra tutti i prelati della Chiesa anglicana, Laud si era dilungato maggiormente dai principii della Riforma e ravvicinato a Roma. La sua teologia scostavasi da quella dei calvinisti anche più di quello che facesse la teologia degli arminiani d'Olanda. La passione che egli sentiva per le ceremonie, la riverenza per i giorni festivi, le vigilie, i luoghi sacri, il suo mal dissimulato disgusto per il matrimonio degli ecclesiastici, lo ardente e non affatto disinteressato zelo con cui egli manifestava le pretese del clero al rispetto dei laici, lo avrebbero reso obietto d'avversione ai puritani anche se avesse usati mezzi miti e legali per conseguire i suoi fini. Ma aveva corta intelligenza e poco uso di mondo. Era per indole brusco, irritabile, veloce a sentire ciò che considerava come dignità propria, tardo a compatire le altrui sofferenze, e prono allo errore, comune a tutti gli uomini superstiziosi, di prendere i suoi modi burberi e maligni per emozioni di zelo religioso. Lui dirigente, ogni angolo del regno venne sottoposto a diuturna e minuta inquisizione. Ogni piccola congregazione di separatisti fu spiata e dispersa. Gli stessi atti di divozione delle famiglie private non valevano a sottrarsi alla vigilanza dei suoi esploratori. Tanta era la paura che il suo rigore ispirava, che l'odio mortale contro la Chiesa, il quale covava in cuore di moltissimi, veniva generalmente travestito sotto le apparenze di conformismo. Nella stessa vigilia delle perturbazioni che furono fatali a lui ed al suo ordine, i vescovi di varie grandi diocesi poterono riferirgli come nel cerchio delle loro giurisdizioni non si trovasse nè anche un dissenziente.
XLII. I tribunali non prestavano protezione ai sudditi contro la tirannia civile e clericale di quel tempo. I giudici del diritto comune, che occupavano l'ufficio a volontà del re, mostravansi scandalosamente ossequiosi. Nondimeno, comunque ossequiosi, erano strumenti meno pronti ed efficaci del potere arbitrario, di quel che lo fosse un'altra specie di corti, la cui memoria tuttavia, dopo dugento e più anni, è profondamente abborrita dalla nazione. Precipue fra esse per potenza ed infamia erano la Camera Stellata e l'Alta Commissione; politica inquisizione la prima, inquisizione religiosa la seconda; nessuna delle quali era parte della vecchia costituzione dell'Inghilterra. La Camera Stellata era stata rifatta e l'Alta Commissione creata dai Tudors. La potestà di cui erano investite innanzi lo avvenimento di Carlo al trono, era vasta e formidabile; ma piccola, in agguaglio di quanta ne avevano poscia usurpata. Guidate massimamente dallo spirito violento del primate, e libere dal sindacato del Parlamento, facevano mostra di rapacità, violenza e malefica energia, non mai vista in nessuna epoca precedente. Per mezzo di esse, il governo poteva multare, incarcerare, porre alla gogna e mutilare gl'individui senza alcun freno. Un Consiglio segreto residente in York sotto la presidenza di Wentworth, con un semplice atto di prerogativa che violava la legge, fu rivestito di quasi illimitato potere sopra le contee settentrionali. Tutti i predetti tribunali insultavano e sfidavano l'autorità di Westminster Hall, e commettevano quotidianamente eccessi tali, che sono stati condannati dai più eminenti realisti. Scrive Clarendon, non esservi nel regno quasi uomo notevole che non avesse da sè fatto esperimento della durezza e cupidità della Camera Stellata; l'alta Commissione essersi condotta in guisa da non rimanerle in tutto il reame nè anche un amico; e la tirannia del Consiglio di York avere resa la Magna Carta una lettera morta per le contrade giacenti a settentrione del Trent.
XLIII. Il governo d'Inghilterra in que' giorni era dispotico, salvo un solo punto, al pari di quello di Francia. Ma in quel punto era la cosa di maggiore importanza. Non essendovi esercito stanziale, poteva il governo essere sicuro che lo edificio della tirannide non venisse distrutto fino dalle fondamenta in un solo giorno? E se fossero imposte dalla regia autorità nuove tasse per mantenere lo

esercito, non era egli probabile che ne seguisse una repentina ed irresistibile esplosione? Qui dunque stava la difficoltà, la quale, più che ogni altra, rendeva Wentworth perplesso. Il lord cancelliere Finch, d'accordo con tutti gli altri giureconsulti ufficiali del governo, propose un espediente, che venne tosto abbracciato. Gli antichi principi d'Inghilterra, come avevano fatto appello agli abitanti delle contee più vicine alla Scozia di armarsi ed ordinarsi a difesa dei confini, così avevano talvolta fatto appello alle contee marittime ad apprestare navigli per la difesa del littorale. Talvolta, invece di navi, avevano accettato danaro. Fu dunque stabilito non solo di richiamare a vita, dopo tanto tempo, ma di estendere siffatta consuetudine. Gli antecedenti principi avevano levato il sopradetto danaro soltanto in tempo di guerra, adesso venne riscosso in tempo di profonda pace. Gli antecedenti principi, anche nelle guerre più perigliose, lo avevano raccolto soltanto nelle contrade lungo il littorale; adesso Carlo lo riscosse nelle contee interne. I principi precedenti lo avevano raccolto soltanto per la difesa dei patrii lidi; adesso venne riscosso, conforme gli stessi realisti confessano, col disegno non di mantenere una flotta, ma di procurare al re i sussidii che egli poteva a sua discrezione elevare a qualunque somma, e spendere a sua discrezione in qualsivoglia impresa.
Tutta la nazione si commosse di paura e di sdegno. Giovanni Hampden, ricco e bennato gentiluomo della contea di Buckingham, tenuto in alta venerazione da' suoi vicini, ma generalmente poco noto al regno, ebbe animo di spingersi innanzi, di far fronte ai poteri tutti del governo, e di addossarsi le spese e il pericolo di contrastare al Re la nuova prerogativa. Il caso fu discusso avanti i giudici nella Camera dello Scacchiere. E furono talmente vigorosi gli argomenti contro le pretese della Corona, che, per quanto dipendenti e servili fossero quei magistrati, la maggioranza dei voti contro Hampden fu estremamente piccola. Gl'interpreti della legge avevano dichiarato, la regia autorità aver diritto d'imporre una tassa grande e produttiva. Wentworth fece assennatamente osservare, come fosse impossibile sostenere il loro giudizio, fuorchè con ragioni conducenti direttamente ad una conclusione che essi non avevano osato dedurre. Se era permesso di levare pecunia legalmente senza il consenso del Parlamento per mantenere una flotta, non era facile negare che potevasi legalmente, senza il consenso del Parlamento, levare pecunia per mantenere un esercito.
La sentenza dei giudici accrebbe la irritazione del popolo. Un secolo innanzi, un concitamento meno grave avrebbe fatto scoppiare una insurrezione generale. Ma il malcontento adesso non assumeva, come nelle età trascorse, la forma d'una rivolta. La nazione da lungo tempo progrediva nella civiltà e nella ricchezza. Settanta anni erano scorsi da che i grandi signori delle contrade settentrionali avevano prese le armi contro Elisabetta; e nel corso di que' settanta anni non eravi stata guerra civile. In tutta la esistenza della nazione inglese non era mai stato un periodo sì lungo senza lotte intestine. Gli uomini eransi assuefatti alle occupazioni della pacifica industria; e per quanto fossero esasperati, esitavano lungamente innanzi di snudare la spada.
Fu questo il momento in cui le libertà della patria nostra corsero il più grande pericolo. Gli oppositori del Governo cominciarono a disperare delle sorti della patria; e molti volgevano gli sguardi ai deserti americani, come al solo asilo in cui potessero fruire dei beni della libertà civile e religiosa. Ivi pochi fermi puritani, i quali per la loro religione non ebbero timore nè dei furori dell'oceano, nè delle durezze della vita rozza, nè delle zanne delle bestie feroci, nè delle scuri d'uomini più feroci, edificarono fra mezzo ad annose foreste quei villaggi, che oggimai sono diventati città grandi ed opulente, ma che, a traverso tutte le variazioni subite, serbano i segni dell'indole dei loro fondatori. Il governo considerava con avversione queste nascenti colonie, e si provò di fermare violentemente l'onda della emigrazione; ma non potè fare che la popolazione della nuova Inghilterra non venisse da uomini forti di cuore e timorosi di Dio reclutata in ogni angolo della vecchia Inghilterra. Wentworth esultava vedendosi presso a compiere il proprio disegno, per la piena esecuzione del quale sarebbero forse bastati pochi anni. Se il governo avesse serbata stretta economia, se avesse con ogni studio schivata ogni collisione coi potentati stranieri, avrebbe estinti i debiti della Corona, avrebbe ragunata la pecunia bisognevole a mantenere un poderoso esercito, ed avrebbe con esso potuto infrenare il recalcitrante spirito della nazione.
XLIV. Frattanto, un atto d'insana bacchettoneria cangiò improvvisamente lo aspetto delle pubbliche faccende. Se il Re fosse stato savio, si sarebbe attenuto ad una politica cauta e blanda verso la Scozia fino a che si fosse reso assoluto signore delle contrade meridionali. Imperocchè fra tutti i suoi regni la Scozia era quello dove una semplice favilla avrebbe potuto produrre un incendio generale. Non poteva temere, egli è vero che sorgesse in Edimburgo una opposizione costituzionale simile a quella ch'egli aveva incontrata in Westminster. Il Parlamento del suo regno settentrionale era un corpo ben differente da quello che portava il medesimo nome in Inghilterra. Era male costituito, poco rispettato,

e non aveva mai opposto nessun limite di grave momento ad alcuno dei predecessori di Carlo. I tre Stati ragunavansi in una sola Camera. I commissari dei borghi erano considerati come dipendenti dai grandi nobili. Nessun atto poteva proporsi se prima non fosse stato approvato dai Lord degli Articoli; comitato che in sostanza, benchè non formalmente, veniva nominato dalla Corona. Ma, quantunque il Parlamento scozzese fosse ossequioso, il popolo scozzese era sempre stato singolarmente torbido e irrefrenabile. Aveva scannato Giacomo I nella camera da letto; erasi più volte armato contro Giacomo II; aveva ucciso Giacomo III sul campo di battaglia; con la sua disobbedienza fatto morire di crepacuore Giacomo V; deposta dal trono ed imprigionata Maria; condotto in cattività il figlio di lei: l'indole di quel popolo seguitava, come sempre, ad essere intrattabile. I suoi costumi erano rozzi e marziali. Lungo tutto il confine meridionale, e lungo la linea tra le contrade alte e le basse, infuriava una guerra incessante di ladroneccio. In ogni parte del paese gli abitanti erano assuefatti a vendicare con le mani proprie i torti sofferti. Il sentimento di lealtà, che la nazione aveva in antico mostrato verso la casa regale, erasi intiepidito nell'assenza di due sovrani. Dividevansi la influenza sopra l'opinione pubblica due classi di malcontenti; i signori del suolo e i predicatori: gli uni erano animati dallo stesso spirito che aveva più volte spinti gli antichi Douglass a resistere agli antichi Stuardi; gli altri avevano ereditato le opinioni repubblicane e l'invincibile spirito di Knox. La popolazione si sentiva oltraggiata nei sentimenti nazionali e religiosi. Tutte le classi querelavansi che il loro paese, quel paese che con tanta gloria aveva difesa la propria indipendenza contro i più destri e valorosi Plantageneti, fosse, per opera di principi scozzesi, diventato non già di nome, ma in sostanza, provincia dell'Inghilterra. In nessuna parte d'Europa la dottrina e la disciplina calvinistiche avevano messe così profonde radici nei cuori del popolo, il quale odiava la Chiesa Romana d'un odio che potrebbe giustamente chiamarsi feroce, e sentiva avversione quasi uguale a quell'odio contro la Chiesa Anglicana, la quale sempre più andava riassumendo le sembianze di quella di Roma.
Il Governo aveva da lungo tempo voluto estendere il sistema anglicano sopra l'isola intera, e con tale scopo aveva fatte parecchie modificazioni estremamente disgustevoli ad ogni presbiteriano. Nondimeno, fra tutte le innovazioni, non aveva tentato di farne una sola la quale, saltando direttamente all'occhio del popolo, era la più rischiosa di tutte. Il culto divino veniva tuttavia praticato nel modo accettabile alla nazione. Ciò non ostante, Carlo e Laud infine determinaronsi d'imporre a forza agli Scozzesi la liturgia anglicana; o, a dir meglio, una liturgia che nei punti in cui differiva da quella dell'Inghilterra, differiva in peggio.
A codesta misura, presa per ebbrezza di tirannide e per colpevole ignoranza e più colpevole dispregio del pubblico sentire, la nostra patria va debitrice della propria libertà. Il primo esperimento delle cerimonie straniere produsse una sommossa, la quale rapidamente divenne rivoluzione. L'ambizione, il patriottismo, il fanatismo, svegliaronsi e si confusero in un solo torrente. La intera nazione insorse, e corse alle armi. La potenza dell'Inghilterra veramente era, secondo che parve manifesto alcuni anni dopo, bastevole a costringere la Scozia; ma gran parte del popolo inglese partecipava ai sentimenti religiosi degl'insorgenti; e molti Inglesi che non avevano nessuno scrupolo intorno ad antifone e genuflessioni, ad altari ed abiti clericali, vedevano con satisfazione il progredire d'una ribellione che pareva volesse sconcertare i disegni arbitrari della corte, e rendere necessaria la convocazione del Parlamento.
XLV. Wentworth non ebbe colpa nella stolta smargiassata che aveva prodotti i riferiti effetti. Essa veramente aveva capovolti e confusi tutti i disegni di lui. Nonostante, l'indole sua non comportava di consigliare il governo a sottomettersi. Tentossi di spegnere la insurrezione adoperando le armi. Ma le forze militari e lo ingegno del re non erano pari alla gravità dell'opera. Imporre nuove tasse sopra la Inghilterra, a dispetto della legge, in quelle circostanze sarebbe stata insania. Altro partito, adunque, non rimaneva cui appigliarsi, se non se quello di ragunare un Parlamento; il quale, difatti, venne convocato nella primavera del 1640.
La nazione gioiva sperando di veder risorgere il governo costituzionale, e riaversi dei mali ch'ella sosteneva. La nuova Camera dei Comuni fu più temperante e più ossequiosa verso il trono di qualunque altra ch'erasi adunata dalla morte di Elisabetta in poi. La moderazione di questa assemblea è stata altamente lodata dai più cospicui realisti, e pare che avesse cagionato non lieve disturbo e scoraggiamento ai capi dell'opposizione; ma Carlo, per insana politica e poco generosa abitudine, ricusava sempre di appagare i desiderii del suo popolo fino a che tali desiderii non fossero espressi in tono minaccioso. Appena la Camera dei Comuni mostrossi inchinevole a fare ragione alle oppressioni che da undici anni pesavano sulla nazione, il Re con manifesti segni di malumore sciolse il Parlamento. Dallo scioglimento di questa assemblea di corta durata alla convocazione di quel sempre memorabile

consesso conosciuto sotto il nome di Lungo Parlamento, corsero pochi mesi, durante i quali il giogo venne con severità maggiore aggravato sulla nazione, mentre lo spirito di questa svegliavasi più irato che mai a scuotere quel giogo. Il Consiglio privato interrogò alcuni membri della Camera dei Comuni intorno alla loro condotta parlamentare, e non ne ricevendo risposta nessuna, gli gettò in carcere. Le esazioni della imposta concernente il mantenimento della flotta, furono fatte con più grande rigore. Il lord gonfaloniere e gli sceriffi di Londra vennero minacciati del carcere per la loro moderazione nel riscuoterla. Si fecero conscrizioni forzate. A mantenere le milizie, si smunse pecunia dalle contee. La tortura, che era sempre stata illegale ed era stata di recente dichiarata tale anche dai servili giudici di quella età, venne inflitta per l'ultima volta in Inghilterra nel mese di maggio 1640.

Adesso, tutto dipendeva dalle operazioni militari che il Re aveva intraprese contro gli Scozzesi. Fra le sue truppe esisteva pochissimo quel sentimento che divide i soldati di professione dalla massa della nazione, e gli attacca ai loro condottieri. Il suo esercito era composto in massima parte di reclute, che desideravano lo aratro da cui erano state violentemente strappate, e che essendo animate dei sentimenti religiosi e politici allora prevalenti nel paese, erano più formidabili ai loro capi che all'inimico. Gli Scozzesi, ai quali facevano animo i capi della opposizione inglese e debole resistenza le truppe inglesi, valicarono il Tweed e il Tyne, ed accamparonsi lungo i confini della contea di York. Allora il mormorare dei malcontenti diventò un frastuono, che impaurì, tranne un solo, i cuori di tutti. Ma Strafford ambiva tuttavia a raggiungere il suo scopo, ed in questi frangenti mostrò indole così crudele e dispotica, che i suoi stessi soldati erano pronti a farlo in pezzi.

Rimaneva ancora un ultimo espediente, il quale, secondo che il Re illudevasi, l'avrebbe potuto salvare dalla ignominia di affrontare un'altra Camera dei Comuni. A quella dei Lord egli era meno avverso. I vescovi gli erano affezionati; e quantunque i Pari secolari fossero generalmente malcontenti della sua amministrazione, avevano, come classe, cotanto interesse a mantenere l'ordine e la stabilità delle antiche istituzioni, che non era verosimile richiedessero vaste riforme. Contro la non interrotta costumanza di secoli, ei convocò un gran consiglio composto di soli Pari. Ma costoro furono così prudenti da non assumere le funzioni incostituzionali di cui egli voleva rivestirli. Senza pecunia, senza credito, senza autorità nè anche nello stesso suo campo, gli fu forza cedere alla pressura della necessità. Le Camere furono convocate; e le nuove elezioni provarono che, dalla primavera in poi, la sfiducia e l'odio contro il governo eransi spaventevolmente accresciuti.

XLVI. Nel novembre del 1640 adunossi quel famoso Parlamento, il quale, malgrado i suoi molti errori e disastri, è degno della riverenza e gratitudine di tutti coloro che in qualsivoglia parte del mondo godono i beni del governo costituzionale.

Nel corso dell'anno che seguì, nessuna grave scissura d'opinioni mostrossi in ambedue le Camere. Per lo spazio di quasi dodici anni, l'amministrazione civile ed ecclesiastica era stata cotanto oppressiva ed incostituzionale, che perfino quelle classi le quali generalmente inchinano all'ordine ed alla autorità, erano pronte a promuovere riforme popolari, e tradurre i satelliti della tirannide innanzi alla giustizia. Fu fatta una legge che prescriveva che fra parlamento e parlamento non potesse esservi un intervallo maggiore di tre anni, e che se in tempo debito non venissero spedite ordinanze munite del Gran Sigillo, gli ufficiali potevano senza esse convocare i collegi elettorali per la elezione dei rappresentanti. La Camera Stellata, l'Alta Commissione, il Consiglio di York furono aboliti. Coloro che, dopo d'avere patito inumane mutilazioni, marcivano in fondo alle prigioni, riacquistarono la libertà. La vendetta della nazione piombò inesorabilmente sopra i principali ministri della corona. Il lord cancelliere, il primate, il lord luogotenente vennero accusati. Finch si salvò fuggendo. Laud fu gettato in fondo alla Torre. Strafford, processato, fu fatto morire per virtù dell'Atto di Morte. Nel giorno stesso in cui passò questa legge, il Re dette il suo assenso ad un'altra legge, per la quale obbligavasi a non aggiornare, prorogare o sciogliere il Parlamento esistente senza averne ottenuto il consenso dagli stessi rappresentanti.

Dopo dieci mesi di continuo travaglio, le Camere nel settembre del 1641 si aggiornarono per poco tempo, e il Re visitò la Scozia. Potè con grave difficoltà pacificare quel regno, dopo di avere consentito non solo ad abbandonare i suoi disegni di riforma ecclesiastica, ma anco a firmare, con manifesti segni di repugnanza, un atto dove dichiaravasi lo episcopato essere contrario alla parola di Dio.

XLVII. Le vacanze del Parlamento inglese durarono un mese e mezzo. Il giorno in cui le Camere riaprirono le adunanze, forma una delle epoche più memorabili nella nostra storia. Da esso data la vera esistenza, come corpi distinti, dei due grandi partiti che hanno poi sempre governato con alterna vicenda il paese. In un certo senso, a dir vero, la distinzione, che allora divenne più manifesta, era sempre stata e sarà sempre, come quella che nasce dalle diversità d'indole, d'intendimento e

d'interesse, che trovansi in tutte le società, e vi si troveranno finchè la mente umana non cesserà d'essere trascinata per opposti sentieri dalla forza dell'abitudine e da quella della novità. Non solo nella politica, ma nelle lettere, nelle arti, nelle scienze, nella chirurgia e nella meccanica, nella navigazione e nell'agricoltura, anzi nelle stesse matematiche, trovasi distinzione siffatta. In ogni dove è una classe d'uomini che tenacemente si appigliano a ciò che è antico, e quando anche da ragioni incontrastabili sieno convinti che la innovazione sarebbe benefica, vi assentono pavidi e sospettosi. Avvi egualmente un'altra classe di uomini, ardenti a sperare, audaci a speculare, proni a spingere sempre innanzi, corrivi a scoprire imperfezioni in tutto ciò che esiste, spensierati intorno ai perigli ed alle inconvenevolezze che accompagnano le riforme, ed inclinevoli a laudare ogni mutazione come un miglioramento. In entrambe queste generazioni di uomini è qualche cosa degna d'essere commendata; massime in quelli che scostandosi dagli estremi opposti, ravvicinansi così che paiono starsi in un confine comune. La sezione estrema dell'una classe è composta di bacchettoni frenetici; la estrema sezione dell'altra si compone di empirici frivoli e licenziosi.
Non è dubbio che nei nostri Parlamenti primitivi si potrebbe scoprire una parte di membri vogliosa di conservare, ed un'altra pronta a riformare. Ma mentre le sessioni della legislatura erano brevi, quei tali corpi non assumevano forme permanenti e definite, non ordinavansi sotto capi riconosciuti, non prendevano nomi, segnali o gridi di guerra distinti. Nei primi mesi del Lungo Parlamento, lo sdegno nato da molti anni d'illegittima oppressione fu tale, che la Camera dei Comuni operò come un solo uomo. Gli abusi, l'un dopo l'altro, disparvero senza conflitto. Se pochi rappresentanti mostraronsi bramosi di conservare la Camera Stellata e l'Alta Commissione, impauriti dall'entusiasmo e dalla superiorità numerica dei riformisti, contentaronsi di compiangere la caduta di quelle istituzioni, che non potevano apertamente difendersi con la più lieve speranza di buon esito. In un'epoca posteriore, i realisti reputarono cosa utile riportare ad una data più remota la divisione fra essi e i loro avversarii, e attribuire l'atto che raffrenava il Re dal disciogliere o prorogare il Parlamento, l'atto triennale, l'accusa dei ministri e la condanna di Strafford, alla fazione che poscia mosse guerra al Re. Ma fu artificio poco destro. Ciascuna di quelle vigorose misure venne attivamente promossa da coloro che dipoi furono principali fra' cavalieri. Nessuno dei repubblicani parlò del lungo, pessimo governo di Carlo con maggior severità di Colepepper. Il discorso più notevole in favore dell'atto triennale fu fatto da Digby. L'accusa del lord cancelliere fu condotta da Falkland. La dimanda che il lord luogotenente fosse tenuto in istretta prigionia, fu fatta alla tribuna della Camera dei Lord da Hyde. Nessun segno di disunione si fece scorgere fino a che fu proposta la legge che colpì Strafford. Anche contro cotesta legge, che non poteva essere giustificata se non se dallo estremo bisogno, soli sessanta membri della Camera dei Comuni votarono. Egli è certo che Hyde non fu con la minoranza, e che Falkland non solo votò con la maggioranza, ma parlò vigorosamente a favore della legge. Anche i pochi che scrupoleggiavano in quanto ad infliggere la pena di morte in virtù d'una legge retrospettiva, riputarono necessario esprimere grandissimo abborrimento per il carattere e l'amministrazione di Strafford.
Ma sotto tale concordia apparente ascondevasi un gravissimo scisma; ed allorquando, nell'ottobre del 1641, il Parlamento, dopo breve riposo, riaprì le sue sessioni, due partiti opposti, essenzialmente identici a quelli che sotto nomi diversi lottarono poi sempre, e lottano tuttavia, onde recarsi in mano il governo della cosa pubblica, comparvero l'uno di fronte all'altro. Chiamaronsi poscia Tory e Whig; nè sembra che tali nomi abbiano presto a cadere in disuso.
Non sarebbe difficile comporre una satira o un elogio intorno a ciascuna di codeste celebri fazioni; imperocchè niuno che non sia scemo di giudizio e di schiettezza, vorrà sostenere che la fama del suo proprio partito sia scevra di macchia, o quella del partito avverso non possa vantare molti nomi illustri, molte azioni eroiche e molti grandi servigi resi allo stato. Vero è che, quantunque ambidue i partiti abbiano spesso gravemente fallato, la Inghilterra non avrebbe potuto far senza nè dell'uno nè dell'altro. Se nelle istituzioni, nella libertà e nell'ordine che essa gode, i beni che nascono dallo innovare e quelli che derivano dal conservare, sono stati combinati in modo sconosciuto a qualsivoglia popolo, possiamo attribuire questa fortunata specialità ai valorosi conflitti ed alle vicendevoli vittorie delle due rivali federazioni di uomini di stato, zelantissime entrambe, l'una dell'autorità ed antichità, l'altra della libertà e del progresso.
Bisogna tenere a mente che la differenza tra le due grandi sezioni dei politici inglesi è sempre stata più presto di grado, che di principio. V'erano, e da diritta e da sinistra, certi confini, che rarissime volte venivano travarcati. Pochi entusiasti, da una parte, erano pronti a porre tutte le nostre leggi e franchigie ai piedi dei nostri re. Pochi entusiasti, dall'altra, inclinavano a conseguire frammezzo ad

infinite perturbazioni civili il loro vagheggiato fantasma di repubblica. Ma la maggior parte di coloro che difendevano la corona, abborriva dal dispotismo; come i più fra coloro che propugnavano i diritti popolari, abborrivano dalla anarchia. Nel corso del secolo decimosettimo, i due partiti due volte sospesero ogni dissenso, e congiunsero le forze loro per una causa comune. La loro prima coalizione restaurò la monarchia ereditaria; la seconda rivendicò la libertà costituzionale.
È anche da notarsi, che i due partiti sopradetti non hanno mai formata la intera nazione; anzi entrambi, insieme considerati, non hanno mai fatta la maggioranza di quella. Fra l'uno e l'altro vi è sempre stata una gran massa, che non ha stabilmente aderito a nessuno, che talvolta si è mostrata inerte e neutrale, e tal'altra ha ondeggiato ora verso questo or verso quel lato. Tale massa è più volte in pochi anni passata da uno estremo all'altro, e viceversa. Talora ha cangiato partito soltanto perchè era stanca di sostenere gli stessi uomini, talora perchè s'era impaurita dei propri eccessi, talora perchè, avendo concepite speranze di cose impossibili, erasi disillusa. Ma, sempre chè ha piegato con tutto il suo peso verso uno dei due lati, ha resa impossibile ogni resistenza.
Allorchè i partiti rivali mostraronsi con forme distinte, e' parve che fossero pressochè egualmente ordinati. Dalla parte del Governo stavano moltissimi nobili, ed opulenti e assennati gentiluomini, ai quali nulla mancava, tranne il solo nome, per dirsi nobili. Costoro, insieme coi loro dipendenti, dello aiuto dei quali potevano disporre, non erano piccola potenza nello Stato. Dalla medesima parte stava il numeroso ceto del clero, entrambe le università, e tutti que' laici che fortemente aderivano al governo episcopale ed al rituale anglicano. Queste classi rispettabili trovavansi in compagnia di meno decorosi alleati. L'austerità dei Puritani costrinse ad ingrossare la regia fazione tutti coloro che amavano i piaceri, e affettavano galanteria, splendore nel vestire, o gusto nelle arti leggiadre. Erano con costoro que' tali che campano la vita pascendo gli ozi altrui, cominciando dal pittore e dal poeta comico fino al funambolo e al ciarlatano; perocchè bene conoscevano, che, potendo arricchirsi sotto un dispotismo lussurioso e superbo, sarebbero morti di fame sotto lo austero governo dei rigoristi. Gli stessi interessi movevano tutti i cattolici romani. La regina, principessa francese, professava la loro stessa fede. Sapevasi ch'era grandemente amata e temuta non poco dal marito. Il quale, benchè fosse indubitevolmente protestante per convinzione, non guardava di mal occhio gli aderenti alla vecchia religione, e avrebbe volentieri concessa loro maggior tolleranza di quella che amava accordare ai presbiteriani. Se la opposizione vinceva, egli era probabile che le leggi sanguinarie emanate contro i papisti sotto il regno di Elisabetta, sarebbero state rese più severamente efficaci. I cattolici romani, quindi, vennero indotti da' più forti motivi a sposare la causa della corte. Generalmente, procedettero cauti in modo da essere tacciati di tiepidezza e codardia; ma è cosa probabile che a così fare fossero persuasi dallo interesse del re, non che dal loro proprio.
La forza maggiore dell'opposizione stava nei piccoli liberi possidenti delle campagne, e nei mercanti e bottegai delle città. Costoro erano capitanati da parecchi aristocratici di gran nome e potenza, fra' quali noveravansi i conti di Northumberland, Bedford, Warwick, Stamford ed Essex, e alcuni altri Lord ricchi e rispettati. Nelle medesime file trovavasi la intera classe dei protestanti non-conformisti, e la maggior parte dei membri della Chiesa stabilita, sostenitori delle opinioni calviniste, le quali quarant'anni prima erano state generalmente abbracciate da' prelati e dal clero. Le corporazioni municipali, salvo poche, seguivano il medesimo partito. Nella Camera dei Comuni l'opposizione prevaleva, ma non decisamente.
A nessuno dei partiti mancavano saldi argomenti a sostenere le provvisioni che voleva adottare. I ragionamenti dei più illuminati realisti possono riassumersi nel modo seguente: «È vero che vi sono stati grandi abusi; ma vi si è posto rimedio. È vero che i diritti più preziosi sono stati violati; ma sono stati rivendicati e tutelati con nuove guarentigie. Le sessioni degli Stati del regno, in onta ad ogni esempio precedente e allo spirito della Costituzione, vennero sospese per lo spazio di undici anni; ma adesso si è provveduto, che tra parlamento e parlamento non sia un intervallo maggiore di tre anni. La Camera Stellata, l'Alta Commissione, il Consiglio di York, ci opprimevano e spogliavano; ma quelle corti abborrite ormai più non esistono. Il Lord Luogotenente si studiò di stabilire il dispotismo militare; ma egli ha pagato col capo il proprio tradimento. Il Primate corruppe il nostro culto co' riti papali; ma egli, rinchiuso dentro la torre, aspetta il giudizio dei suoi pari. Il Lord Cancelliere sanzionò un sistema che poneva gli averi d'ogni Inglese a discrezione della Corona; ma è caduto in disgrazia, è stato rovinato e costretto a cercare rifugio in terra straniera. I ministri della tirannide hanno espiati i loro delitti; le vittime della tirannide hanno ricevuta la ricompensa di quanto hanno sofferto. Stanti così le cose, sarebbe insania perseverare in quella condotta che era giustificabile e necessaria allorquando, dopo un lungo intervallo riapertosi il parlamento, trovammo l'amministrazione altro non essere che

un ammasso di abusi. Ed è oggimai tempo di badare a non ispingere la nostra vittoria sul dispotismo tanto oltre, da urtar nell'anarchia. Non abbiamo potuto estirpare le pessime istituzioni che poco fa affliggevano la patria nostra, senza produrre tali scosse da indebolire le fondamenta del Governo. Adesso che siffatte istituzioni sono cadute, dobbiamo affrettarci a rafforzare quello edificio, che non ha guari è stato nostro debito abbattere. Da ora in poi, porremo ogni studio nello esaminare ogni innovazione innanzi d'accettarla, e veglieremo sì che tutte le prerogative di che la legge, per il bene pubblico, ha rivestito il sovrano, siano rigorosamente difese contro ogni aggressione.»
Tali erano i sensi di coloro dei quali l'egregio Falkland può considerarsi come capo. Dall'altra parte, uomini di non minore destrezza e virtù sostenevano con pari vigore, che la sicurezza delle libertà del popolo inglese era più presto apparente che vera, e che i disegni arbitrari della Corte sarebbero ricomparsi appena la Camera dei Comuni avesse rallentata la propria vigilanza. Era pur vero - ragionavano Pym, Hollis e Hampden - che s'erano promulgate molte buone leggi; ma se quelle fossero bastate a por freno alle voglie del Re, i suoi sudditi avrebbero avuta poca ragione di muovere lamento della sua amministrazione. I recenti statuti certamente non avevano autorità maggiore di quella della Magna Carta e della Petizione dei Diritti. Nondimeno, nè la Magna Carta santificata dalla venerazione di quattro secoli, nè la Petizione dei Diritti sanzionata dopo matura riflessione e per grave considerazione dallo stesso Carlo, erano riuscite efficaci a proteggere il popolo. Se una volta fosse tolto il freno della paura, e lo spirito dell'opposizione venisse a sonnecchiare, tutte le guarentigie della libertà inglese si risolverebbero in una sola cosa, cioè nella parola reale; ed era stato provato con lunga ed amara esperienza, che la parola del re non meritava punto la pubblica fiducia.
XLVIII. I due partiti guardavansi ancora scambievolmente con cauta ostilità, e non avevano ancora ponderato le proprie forze, allorchè giunsero nuove tali che infiammarono le passioni e rinvigorirono le opinioni di entrambi. I grandi capi di Ulster, i quali al tempo in cui Giacomo salì al trono, eransi, dopo lunghissima lotta, sottomessi all'autorità regia, non avevano potuto più lungamente patire la umiliazione della dipendenza. Avevano congiurato contro il Governo inglese, ed erano stati dichiarati rei di tradigione. I loro immensi domini erano stati confiscati dalla Corona; ed erano corse a popolarli torme di emigrati dalla Inghilterra e dalla Scozia. Costoro per civiltà ed intelligenza erano assai superiori ai naturali del paese, e spesso abbusavano di superiorità cosiffatta. I rancori, generati dalla diversità di razza, si accrebbero per la diversità di religione. Sotto il ferreo giogo di Wentworth, non fu udito nè anche un bisbiglio; ma appena cessò quella forte pressura, appena la Scozia dette lo esempio d'una vittoriosa resistenza, mentre la Inghilterra era assorta negl'interni dissidi, la soffocata rabbia degl'Irlandesi eruppe in atti di tremenda violenza. In un attimo, i popoli aborigeni insorsero contro le colonie. Una guerra alla quale l'odio nazionale e religioso dette un carattere di particolare ferocia, desolò Ulster e si estese alle vicine provincie. Il castello di Dublino nè anche reputavasi luogo di sicurezza. Ciascuna posta recava a Londra racconti esagerati di fatti, che, anche scevri d'ogni esagerazione, bastavano a empire l'animo di pietà e d'orrore. Questi sciagurati avvenimenti svegliarono più che mai lo zelo dei due grandi partiti che sedevano, con vicendevole nimistanza, nella sala di Westminster. I realisti sostenevano esser debito precipuo d'ogni buono inglese e d'ogni buon protestante, in siffatte circostanze, rinvigorire il braccio del sovrano. Alla opposizione pareva che allora più che mai vi fossero fortissime ragioni di invigilarlo e infrenarlo. Il trovarsi la cosa pubblica in pericolo, era senza dubbio buona ragione per conferire maggiori poteri ad un magistrato degno di fiducia; ma era parimente buona ragione per iscemarli o toglierli ad un magistrato che in suo cuore era nemico pubblico. Era stato scopo precipuo del Re il formare un grande esercito; ed ora bisognava formarlo. Si doveva, dunque, temere che ove non si stabilissero nuove guarentigie, le forze raccolte per risottomettere la Irlanda, venissero adoperate contro le libertà della Inghilterra. Nè ciò era tutto. Un orribile sospetto, ingiusto, a dir vero, ma non affatto fuori di natura, era nato in cuore a molti. La Regina era cattolica romana; il Re non era considerato dai Puritani, ch'egli aveva spietatamente perseguitati, come sincero protestante; ed era sì nota a tutti la sua doppiezza, da non esservi specie di tradimento di cui i suoi sudditi, con qualche apparenza di ragione, non lo credessero capace. E però, corse subito sorda una voce che affermava, la ribellione dei Cattolici Romani di Ulster essere parte d'una vasta opera di tenebre, immaginata e condotta in Whitehall.
XLIX. Dopo alcuni giorni di preludio, nel dì ventesimosecondo di novembre 1641, scoppiò il conflitto tra i due grandi partiti, che si sono poi sempre osteggiati ed osteggiansi tuttavia per recarsi in mano il reggimento del paese. La opposizione propose, che la Camera dei Comuni dovesse presentare al Re una rimostranza, enumerando i falli della amministrazione fino dal tempo in cui egli ascese al trono, e significando la diffidenza con che il popolo riguardava la politica di lui. Quell'assemblea che pochi mesi

avanti era stata unanime nel chiedere la riforma degli abusi, si divise in due fiere ed ardenti fazioni, di forza pressochè uguali. Dopo un violento discutere, che durò molte ore, la rimostranza fu adottata con la maggiorità di soli undici voti.
L'esito di tale conflitto giovò grandemente il partito conservatore. Non era da dubitarsi che soltanto qualche grave indiscrezione potesse impedirgli di ottenere la preponderanza nella Camera Bassa. La Camera Alta era già tutta di quel partito. Nessuna cosa mancava per assicurargli la vittoria, se non che il Re in tutta la sua condotta mostrasse qualche rispetto per le leggi, ed una scrupolosa buona fede verso i suoi sudditi.
I suoi primi provvedimenti promisero bene. E' sembra che finalmente si fosse indotto a pensare, come era necessario cangiare intieramente il sistema, e si volesse adattare a ciò che non poteva più oltre evitarsi. Dichiarò d'essere determinato a voler governare concordemente con la Camera dei Comuni, ed a tal fine chiamare ai suoi consigli uomini i quali, per ingegno e carattere, godessero la fiducia della Camera. Nè la scelta fu male fatta. Falkland, Hyde e Colepepper, tutti e tre uomini cospicui per essersi adoperati efficacemente a riformare gli abusi od a punire i malvagi ministri, vennero invitati ad essere fidi consiglieri della Corona, ed ebbero da Carlo la solenne assicurazione, che non avrebbe fatto il minimo passo intorno a ciò che concerneva la Camera Bassa del Parlamento, senza averne chiesto il loro parere.
E' non è dubbio che s'egli avesse mantenuta tale promessa, la reazione, che già progrediva, sarebbe diventata tanto vigorosa, quanto la potevano desiderare i realisti più rispettabili. Già i più irrequieti membri dell'opposizione avevano cominciato a disperare delle sorti del proprio partito, a tremare per la salvezza propria, e parlavano già di vendere i loro beni ed emigrare in America. Se le belle speranze che cominciavano a sorridere al Re, svanirono improvvise, se la sua vita fu amareggiata dall'avversità ed in fine abbreviata dalla violenza, ne chiami in colpa la propria perfidia e il dispregio delle leggi.
E' pare certo ch'egli detestasse ambi i partiti in cui era divisa la Camera dei Comuni. Nè ciò è strano; perocchè in entrambi l'amore della libertà e l'amore dell'ordine, comunque con diverse proporzioni, erano commisti. I consiglieri che Carlo, stretto dalla necessità, aveva chiamati presso di sè, non erano in nulla graditi al suo cuore. Avevano partecipato a dannare la sua tirannia, a scemargli i poteri ed a punire i suoi satelliti. Adesso erano, per vero dire, apparecchiati a difendere con mezzi rigorosamente legali le legittime prerogative di lui; ma avrebbero rifuggito dall'orribile pensiero di ritornare ai tirannici disegni di Wentworth. Essi, dunque, secondo l'opinione del Re, erano traditori, che differivano solo nel grado della loro sediziosa malignità da Pym e da Hampden.
L. E quindi Carlo, pochi giorni dopo d'avere promesso ai capi dei realisti costituzionali di non muovere mai un solo passo d'importanza senza farneli consapevoli, formò un pensiero, il più serio e tremendo in tutta la sua vita, lo nascose con gran cura, e lo mandò ad esecuzione in un modo tale, che ne furono colpiti di terrore e vergogna. Mandò il Procuratore Generale ad accusare di alto tradimento, innanzi alla tribuna della Camera dei Lord, Pym, Hollis, Hampden ed altri membri di quella dei Comuni. Non satisfatto di questa flagrante violazione della Magna Carta, e della usanza non interrotta di secoli, andò egli stesso in persona, accompagnato da uomini armati, a porre le mani addosso ai capi della opposizione dentro la stessa sala del Parlamento.
Il colpo fallì. I membri incriminati erano partiti dalla sala poco tempo avanti che vi entrasse Carlo. Ne seguì subitanea e violenta commozione nel Parlamento, non che nel paese. Lo aspetto più favorevole onde i più parziali difensori del Re si sono studiati di presentare la condotta di lui in questa occasione, consiste nello affermare ch'egli, spinto dai pessimi consigli della consorte e dei cortigiani, commettesse un atto gravissimo d'indiscrezione. Ma la voce generale lo accusava altamente di colpa assai più grave. Nel momento stesso in che i suoi sudditi, dopo d'essersi lungo tempo tenuti lontani da lui per la sua cattiva amministrazione, ritornavano a lui con sentimenti di fiducia e d'affetto, egli meditò di menare un colpo mortale contro i loro più cari diritti; i privilegi, cioè, del Parlamento, e lo stesso principio di processare l'individuo innanzi ai giurati. Aveva mostrato di considerare l'opposizione ai suoi disegni arbitrari come delitto che doveva espiarsi col sangue. Aveva rotta la fede non solo al suo Gran Consiglio ed al suo popolo, ma ai suoi stessi aderenti. Aveva fatto ciò, che, se stato non fosse un caso impreveduto, avrebbe probabilmente suscitato un sanguinoso conflitto attorno il seggio presidenziale. Coloro i quali predominavano nella Camera Bassa, compresero allora che non solamente la potenza e popolarità, ma i beni e le vite loro, dipendevano dall'esito della lotta in cui trovavansi involti. Lo zelo, che già veniva meno, del partito avverso alla Corte, in uno istante si riaccese. La notte che seguì all'oltraggio tentato, tutta la città di Londra fu in armi. In poche ore, le vie che conducevano alla metropoli erano popolate da torme di borghesi, irrompenti verso Westminster,

coi segni della causa parlamentare fitti ai loro cappelli. Nella Camera dei Comuni la opposizione a un tratto divenne irresistibile, e adottò, con una grandissima maggioranza di voti, provvedimenti di violenza senza esempio precedente. Forti legioni di milizie, che regolarmente davansi la muta, facevano la guardia attorno il palazzo di Westminster. Le porte della reggia erano tuttodì assediate dalla furibonda moltitudine, le cui minacce ed esecrazioni pervenivano fino alla sala d'udienza, e che i gentiluomini della Corte appena potevano impedire che irrompesse negli appartamenti reali. Se Carlo fosse rimasto più a lungo nella sua tempestosa metropoli, è probabile che la Camera dei Comuni avrebbe trovata una scusa per farlo, sotto forme esteriori di rispetto, prigioniero di stato.
LI. Egli si allontanò da Londra, per non ritornarvi mai fino al giorno d'un terribile e miserando giudicio. Iniziaronsi negoziati, che durarono molti mesi. I partiti contendenti scagliavansi vicendevolmente recriminazioni ed accuse: ogni via d'accomodamento era impossibile. La pena che colpisce la perfidia abituale, finalmente colse quel tristo principe. Nulla gli valsero gli sforzi onde egli impegnò la sua regia parola, ed invocò il Cielo a testimonio della sincerità delle sue promesse. Giuramenti e trattati più non bastavano a vincere la diffidenza dei suoi avversari, i quali pensavano di non avere sicurtà se non quando il Re fosse ridotto ad assoluta impotenza. Chiedevano, quindi, ch'egli rendesse non solo quelle prerogative che aveva usurpate violando le antiche leggi e le sue proprie recenti promesse, ma anco altre prerogative che i re inglesi avevano fruito da tempo immemorabile, e seguitano a fruire anco ai dì nostri. Gli volevano togliere la potestà di nominare i Ministri, di creare i Pari, senza il consenso delle Camere. Soprattutto, volevano privare il Governo della suprema autorità militare, che, fino da tempi cui non giungono umani ricordi, era sempre appartenuta alla dignità regia.
Non era da sperarsi che Carlo, finchè gli rimanessero mezzi di resistenza, assentirebbe le predette dimande. Nondimeno sarebbe difficile mostrare che le Camere avrebbero, per la propria salvezza, potuto contentarsi di meno. Veramente ondeggiavano in una tempesta di opposti pensieri. La gran maggioranza della nazione aderiva fermamente alla monarchia ereditaria. Coloro che nutrivano sentimenti repubblicani erano ancora pochi, e non rischiavansi a parlare alto. Era quindi impossibile abolire il principato. Nulladimeno, facevasi a tutti manifesto come il Re non fosse degno di nessuna fiducia. Sarebbe stato assurdo in coloro i quali per proprio esperimento conoscevano ch'egli bramava distruggerli, il contentarsi di presentargli un'altra petizione di diritti, ed ottenere nuove promesse, simiglianti a quelle ch'egli aveva più volte fatte e violate. Nessuna cosa, fuorchè il difetto di un esercito, gli aveva impedito di abbattere l'antica Costituzione del reame. Ed essendo allora necessario formare un grande esercito regolare per riconquistare l'Irlanda, sarebbe stata vera demenza lasciare il Re nella pienezza di quella autorità militare, che i suoi antecessori avevano esercitata.
Ogni qualvolta uno Stato si trova nelle condizioni in cui a que' tempi trovavasi l'Inghilterra, e il regio ufficio è riguardato con amore e venerazione, e l'uomo che occupa quell'ufficio ha l'odio e la sfiducia dei popoli, la via da tenersi sembra evidente. Conservisi la dignità dell'ufficio; si mandi via la persona che indegnamente lo esercita. Così i nostri antenati operarono nel 1399 e nel 1689. Se nel 1642 vi fosse stato un uomo locato in un posto simile a quello che Enrico di Lancaster occupava allorchè Riccardo II venne deposto dal trono, e che il Principe d'Orange occupava nel tempo della deposizione di Giacomo II, le Camere probabilmente avrebbero cangiata la dinastia, e non avrebbero fatto nessun mutamento formale nella Costituzione. Il nuovo re, chiamato al trono dai loro voti, e dipendente dal loro sostegno, sarebbe stato costretto a condurre il governo dello Stato a seconda delle voglie ed opinioni loro. Ma nel partito parlamentare non v'era principe di sangue reale; e quantunque quel partito avesse nel proprio seno molti uomini d'altissimo grado e molti altri di inclita mente, non eravi nessuno che splendidamente giganteggiasse su tutti, in modo da essere proposto come candidato per la Corona. Dovendoci essere un re, e non essendoci modo a trovarne un altro, era necessario lasciare a Carlo il titolo regio. Altra via, dunque, non rimaneva che questa; separare il titolo dalle regie prerogative.
I mutamenti che le Camere proposero da farsi alle nostre istituzioni, tuttochè sembrino esorbitanti, ove vengano, ordinandoli ad articoli di capitolazione, maturamente considerati, equivalgono a un dipresso ai mutamenti prodotti dalla Rivoluzione che avvenne nella generazione susseguente. Egli è vero che, a tempo della Rivoluzione, al sovrano la legge non toglieva la potestà di nominare i suoi Ministri; ma è anche vero che, dopo la Rivoluzione, nessun Ministro si è potuto mantenere sei soli mesi in ufficio a dispetto della Camera dei Comuni. È vero che il sovrano tuttavia ha la potestà di creare i Pari, e la potestà più importante della spada; ma è anche vero che nello esercizio di tali poteri al sovrano, dalla Rivoluzione in poi, sono sempre stati guida e consiglieri che godono la fiducia dei Rappresentanti della nazione. Difatti, i capi del partito delle Teste-Rotonde nel 1642, e gli uomini di

Stato che, circa cinquanta anni appresso, compirono la Rivoluzione, miravano al medesimo scopo. Il quale era quello di porre fine alla contesa tra la Corona e il Parlamento, rivendicando al Parlamento il sindacato supremo sopra il potere esecutivo. Gli uomini di Stato della Rivoluzione conseguirono cotesto fine cangiando la dinastia. Le Teste-Rotonde del 1642, non potendo cangiare la dinastia, furono costretti a prendere una via diretta onde conseguire lo scopo.
Non possiamo, ad ogni modo, maravigliarci che le richieste dell'opposizione, le quali importavano un trapasso pieno e formale al Parlamento dei poteri che sempre erano appartenuti alla Corona, scotessero quel gran partito che ha per principii il rispetto per l'autorità costituita, e la paura delle innovazioni violente. Aveva di recente nutrita la speranza di ottenere con mezzi pacifici il predominio nella Camera dei Comuni; ma tale speranza era svanita. La doppiezza di Carlo aveva resi irreconciliabili i suoi vecchi nemici, aveva fatti entrare nelle schiere dei malcontenti moltissimi uomini moderati già pronti ad accostarsi a lui, ed aveva così crudelmente mortificati i suoi migliori amici, che per alcun tempo si erano tirati da parte a rodersi in silenzio di vergogna e dispetto. Adesso, nondimeno, ai realisti costituzionali fu forza di eleggere fra due pericoli; onde reputarono debito loro stringersi intorno a un principe di cui condannavano la condotta e nella cui parola non potevano avere fiducia, più presto che patire che la regia dignità venisse degradata, e l'ordinamento politico del Regno interamente rifatto. Con tali sentimenti, molti uomini che per virtù e ingegno avrebbero onorato qualsivoglia causa, si posero dalla parte del principe.
LII. Nell'agosto del 1642, le spade alla perfine sguainaronsi; e quasi in ogni contea del regno, tosto comparvero in armi due fazioni ostili, l'una di fronte all'altra. Non è agevole affermare quale dei due lottanti partiti fosse il più formidabile. Le Camere comandavano Londra e le contee di Londra, la flotta, la navigazione del Tamigi, e la maggior parte delle grandi città e dei porti marittimi. Potevano disporre di quasi tutte le provvigioni militari del regno, e potevano imporre dazi e sulle mercanzie importate dall'estero, e sopra alcuni prodotti della industria nazionale. Il Re difettava d'artiglieria e di munizioni. Le tasse ch'egli impose sopra i distretti rurali occupati dalle sue truppe, producevano, come sembra probabile, una somma minore di quella che il Parlamento ricavava dalla sola città di Londra. Sperava, a dir vero, per aiuti pecuniari nella munificenza dei suoi ricchi aderenti. Molti di costoro ipotecarono le loro terre, impegnarono le loro gioie, e fusero le loro argenterie per soccorrerlo. Ma l'esperienza ha pienamente provato che la volontaria liberalità degl'individui, anche in tempi di grande concitamento, è una scarsa fonte finanziaria, agguagliata alla tassazione severa e metodica che grava ad un tempo sopra i volenti e i non volenti.
Carlo, nonostante, aveva un vantaggio, il quale, ove egli ne avesse fatto buon uso, lo avrebbe più che compensato del difetto di provigioni e di pecunia, e che, malgrado la sua poca destrezza a giovarsene, lo rese, per alcuni mesi, superiore nella guerra ai suoi avversari. Le sue truppe dapprima pugnavano assai meglio di quelle del Parlamento. Ambedue gli eserciti, egli è vero, erano quasi interamente composti di uomini che non avevano veduto mai un campo di battaglia. Ad ogni modo, la differenza era molta. Le falangi parlamentari erano ripiene di genti venderecce, che s'erano arruolate per bisogno o per ozio. Il reggimento di Hampden era considerato come uno dei migliori; eppure Cromwell soleva chiamarlo una marmaglia di paltonieri e di servitori a spasso. L'esercito regio, dall'altro canto, era composto in gran parte di gentiluomini, alteri, ardenti, avvezzi a considerare il disonore come cosa più terribile della morte, assuefatti alla scherma, al maneggio delle armi da fuoco, a cavalcare arditamente, ed alle cacce difficili e pericolose, che bene chiamavansi immagini della guerra. Questi gentiluomini, montati sui loro generosi cavalli, a capo di piccole bande composte dei fratelli minori, dei domestici, dei cacciatori, dei boscaiuoli loro, dal primo giorno che entrarono in campo, sapevano sostenere la parte loro in una battaglia. Questi valorosi volontari non arrivarono mai a conseguire la fermezza, la pronta obbedienza, la precisione meccanica dei movimenti, che predistinguono il soldato regolare; ma in sulle prime avevano di fronte nemici indisciplinati quanto loro, e meno operosi, forti ed arditi. Per qualche tempo, quindi, i Cavalieri quasi in ogni scontro rimasero vittoriosi.
Le Camere anche non avevano avuta la fortuna di scegliere un buon generale. Il grado e la opulenza rendevano il conte d'Essex uno degli uomini più cospicui del partito parlamentare. Aveva con lode guerreggiato sul Continente, ed allorquando le ostilità scoppiarono, godeva sopra ogni altro nel paese alta riputazione militare. Ma tosto si conobbe che egli era inetto al supremo comando. Aveva poca energia e nessun ingegno inventivo. La tattica metodica ch'egli aveva imparata nella guerra del Palatinato, non lo salvò dalla sciagura di essere soprappreso e sconfitto da un capitano come Rupert, il quale non poteva pretendere ad altra rinomanza che a quella di ardimentoso uomo di parte.

Nè i maggiori ufficiali ad Essex sottoposti, erano in condizioni di supplire ai difetti di lui: il che scusa o libera le Camere da ogni biasimo. In un paese nel quale nessuno dei viventi aveva mai vista una gran guerra, non potevano trovarsi generali di sperimentata perizia e valentia. Era perciò necessario in sulle prime di servirsi d'uomini inesperti: e naturalmente vennero preferiti coloro che erano cospicui per condizione o per le doti di cui avevano fatta mostra in Parlamento. Siffatta scelta appena in un solo esempio fu felice; dacchè né i magnati né gli oratori fecero prova di buoni soldati. Il conte di Stamford, ch'era uno dei principali nobili d'Inghilterra, fu rotto a Stratton dai realisti. Nataniele Fiennes, per sapienza civile a nessuno secondo fra' suoi contemporanei, si disonorò per la pusillanime resa di Bristol. Veramente, di tutti gli uomini di Stato che allora accettarono alti comandi militari, il solo Hampden, a quanto sembra, portò nel campo la capacità e la vigoria di mente onde era pervenuto a tanta altezza nelle cose politiche.

LIII. Nel primo anno della guerra, le armi dei realisti rimasero apertamente vincitrici nelle contee occidentali e settentrionali del paese. Avevano tolta al Parlamento Bristol, seconda città del Regno. Avevano riportate parecchie vittorie, senza né anche una perdita ignominiosa o di grave momento. Fra le Teste-Rotonde l'avversità aveva incominciato a produrre dissensioni e malcontento. Ora le congiure, ora i tumulti, tenevano il Parlamento in diuturna trepidazione. Pensarono fosse necessario fortificare Londra contro le milizie del Re, ed impiccare in su gli usci delle proprie case alcuni cittadini turbolenti. Taluni dei più cospicui Pari, che fino allora erano rimasti in Westminster, fuggirono alla Corte in Oxford; e non v'ha dubbio, che se a quel tempo le operazioni dei Cavalieri fossero state dirette da una mente forte e sagace, Carlo sarebbe tosto ritornato trionfante a Whitehall.

Ma il Re lasciò fuggirsi di mano quel bene augurato momento, che non ritornò mai più. Nell'agosto del 1643 accampò di faccia alla città di Gloucester, la quale venne difesa dagli abitanti e dal presidio con una perseveranza che, in tutto il corso della guerra, non avevano mai mostrata i partigiani del Parlamento. Londra ne sentì emulazione. La milizia cittadina si offerse di correre dove i suoi servigi potessero essere utili. In breve tempo si raccolsero numerose forze militari, che cominciarono a muoversi verso occidente. Gloucester fu liberata dall'assedio. I realisti in ogni angolo del reame rimasero scorati; si rinfrancò lo spirito della parte parlamentare; e i Lord apostati, i quali di recente da Westminster erano fuggiti ad Oxford, affrettaronsi a ritornare da Oxford a Westminster.

LIV. Cominciò allora a manifestarsi nello infermo corpo politico una nuova specie di gravi sintomi. Erano, fin da principio, nella parte parlamentare taluni uomini che volgevano in mente pensieri dai quali i più rifuggivano inorriditi. Questi uomini nelle cose di religione erano indipendenti. Pensavano che ogni congregazione cristiana aveva, sotto Cristo, suprema giurisdizione nelle faccende spirituali; che gli appelli ai sinodi provinciali e nazionali ripugnavano quasi tanto alle Scritture, quanto gli appelli alla corte dell'arcivescovo di Canterbury o al Vaticano; e che il papismo, il prelatismo e il presbiterianismo, erano semplicemente tre diverse forme d'una medesima grande apostasia. In politica essi erano, servendoci della frase di quel tempo, uomini da ramo e da radice; frase che risponde al vocabolo in uso ai giorni nostri, voglio dire radicali. Non paghi di limitare il potere del monarca, bramavano di erigere una repubblica sopra le ruine del vecchio ordinamento politico. Dapprima erano poco notevoli e per numero e per importanza; ma non ancora erano trascorsi due anni di guerra, e formavano, se non la più numerosa, di certo la più potente fazione del paese. Alcuni dei più vecchi capi parlamentari erano mancati per morte, altri avevano perduta la pubblica fiducia. Pym era stato sepolto con onori principeschi fra le tombe dei Plantageneti. Hampden era caduto mentre studiavasi, con eroico esempio, d'inanimire i suoi concittadini a far fronte alla feroce cavalleria di Rupert. Bedford era stato infido alla causa nazionale. Northumberland, come era noto a ciascuno, aveva animo tiepido. Essex e i suoi luogotenenti avevano mostrato poco vigore e destrezza nel condurre le faccende della guerra. In cosiffatta condizione di cose, il partito degli Indipendenti, ardente, risoluto ed esperto, cominciò ad innalzare audace la fronte nel campo e nel Parlamento.

LV. L'anima di questo partito era Oliviero Cromwell. Educato alle occupazioni pacifiche, a quaranta e più anni d'età, aveva accettata una commissione nell'armata parlamentare. Appena divenne soldato, conobbe coll'acuto occhio del genio ciò che Essex, e gli uomini simili ad Essex, con tutta l'esperienza loro, non sapevano intendere. Vide precisamente dove stava la forza dei realisti, e i soli mezzi con cui tale forza poteva vincersi. S'accorse che era mestieri riordinare l'armata del Parlamento. S'accorse parimente, che v'erano copiosi materiali ed ottimi a tale scopo; materiali meno appariscenti, a dir vero, ma più solidi di quelli onde erano composte le valorose legioni del Re. Era mestieri arrolare reclute che non fossero mercenarie, ma di posizione decente e di carattere grave, animate dal timore di Dio, e zelanti della libertà patria. D'uomini di tal sorta compose il proprio reggimento, e mentre gli

assoggettava ad una disciplina più rigida di quale altra si fosse mai veduta innanzi in Inghilterra, porgeva agli animi loro stimoli di potentissima efficacia.
Gli eventi del 1644 provarono appieno la superiorità della sua mente. Nelle contrade meridionali, dove Essex comandava, le forze parlamentari subirono una serie di vergognosi disastri; ma nelle settentrionali, la vittoria di Marston Moor fu di pieno compenso a tutte le perdite che s'erano altrove, sostenute. Quella vittoria non recò un colpo più serio ai realisti, di quello che recasse al partito fin allora dominante in Westminster; poichè era cosa notoria, che la giornata sciaguratamente perduta dai Presbiteriani, era stata ricuperata dalla energia di Cromwell, e dalla valorosa fermezza dei guerrieri che lo seguivano.
LVI. Cotesti eventi produssero l'Ordinanza d'abnegazione, e il nuovo modello dell'armata. Con pretesti decorosi, e con ogni testimonianza di rispetto, Essex e la maggior parte di coloro i quali avevano occupato posti eminenti sotto il comando di lui, vennero rimossi, e la direzione della guerra fu posta in mani dalle sue differentissime. Fairfax, soldato intrepido, ma di basso intendimento e di carattere irresoluto, fu fatto generale delle armi; ma lo era di solo nome, poichè il vero capo di quelle era Cromwell.
LVII. Cromwell affrettossi ad organizzare tutta l'armata secondo gli stessi principii, giusta i quali aveva organizzato il proprio reggimento. Com'egli ebbe fornita l'opera, l'esito della guerra fu deciso. I Cavalieri dovevano adesso far fronte ad un coraggio pari al loro, ad un entusiasmo più forte di quello onde erano animati, ad una disciplina che loro mancava affatto. Passò tosto in proverbio il detto, che i soldati di Fairfax e di Cromwell erano uomini differentissimi da quelli di Essex. In Naseby seguì il primo scontro tra i realisti e le rifatte schiere del Parlamento. La vittoria delle Teste-Rotonde fu piena e decisiva. Essa fu seguita da altri trionfi succedentisi rapidamente. In pochi mesi l'autorità del Parlamento venne pienamente stabilita in tutto il reame. Carlo si rifugiò presso gli Scozzesi, e, con modo che non fa molto onore al carattere loro, fu consegnato agl'Inglesi.
Mentre l'esito della guerra era tuttavia dubbio, le Camere avevano fatto morire il Primate; avevano interdetto, nella sfera della loro autorità, l'uso della liturgia; ed avevano imposto che tutti sottoscrivessero quel famoso documento conosciuto col nome di Lega o Convenzione Solenne. Come la lotta ebbe fine, le innovazioni e le vendette con grandissimo ardore furono spinte agli estremi. La politica ecclesiastica del Regno fu rimodellata. Moltissimi individui dell'alto clero vennero spogliati dei loro beneficii. Multe, spesso di somme rovinose, vennero inflitte ai realisti, già impoveriti per i larghi sussidi donati al Re. I beni di molti vennero confiscati; molti Cavalieri proscritti trovarono utile comprare, con enormi sacrifizi, la protezione dei personaggi principali del partito vittorioso. Grandi dominii, appartenenti alla Corona, ai Vescovi ed ai Capitoli, furono confiscati, e o dati in concessione, o venduti all'incanto. In seguito di tali spoliazioni, gran parte del suolo d'Inghilterra fu a un tratto messo in vendita. Poichè il danaro era scarso, il traffico paralizzato, il titolo di proprietà mal sicuro; e poichè la paura che ispiravano gli offerenti che avevano in mano il potere, impediva la libera concorrenza; i prezzi spesso erano prettamente nominali. In tal guisa molte antiche ed onorate famiglie scomparvero, e non se ne seppe più nulla; e molti uomini nuovi mostraronsi sulla scena, con repentino innalzamento.
Ma mentre le Camere adopravano la propria autorità in quel modo, essa fuggì rapidamente dalle loro mani. L'avevano ottenuta arrogandosi un potere senza limite o freno. Nell'estate del 1647, circa un anno dopo che l'ultima fortezza dei Cavalieri erasi sottomessa al Parlamento, il Parlamento fu costretto a sottomettersi ai soldati suoi propri.
LVIII. Corsero tredici anni, durante i quali l'Inghilterra fu, sotto vari nomi e varie forme, governata dalla spada. Giammai, prima o dopo di quell'epoca, il potere civile della nostra patria non fu soggetto alla dittatura militare.
L'armata che si recò in mano il supremo potere dello Stato, era un'armata molto diversa da qualunque altra che se n'è poi veduta nel nostro paese. Oggimai la paga del soldato comune non è tale da svolgere altri individui fuorchè quelli delle classi basse degli operai, dalla loro vocazione. Una barriera quasi insormontabile lo divide dal grado d'ufficiale. La maggior parte di coloro che vi pervengono, lo comprano. Sono così numerose e vaste le dipendenze remote dell'Inghilterra, che chiunque si arruola alla truppa di linea, deve attendersi di passare molti anni della propria vita in esilio, e parecchi anni in climi non favorevoli alla salute ed al vigore della razza europea. L'armata del Lungo Parlamento venne raccolta pel servizio interno. La paga del soldato comune era maggiore del guadagno che l'individuo del popolo poteva sperare dal proprio lavoro; e qualora si fosse distinto per intelligenza e per coraggio, poteva sperare di levarsi a posti eminenti. Le file, quindi, erano composte

di uomini, per educazione e posizione, superiori alla moltitudine. Questi uomini, sobrii, morali, diligenti ed assuefatti alla riflessione, erano stati indotti ad abbracciare il mestiere delle armi, non già dagli incitamenti del bisogno, non dal desio di novità o di licenza, non dagli artificii degli ufficiali reclutatori, ma dallo zelo religioso e politico, misto alla brama di acquistarsi onore e spingersi in alto. Essi vantavansi, siccome ne troviamo ricordo nelle loro solenni risoluzioni, di non essere stati costretti alla milizia, né d'averla abbracciata per desiderio di lucro; di non essere giannizzeri, ma liberi cittadini inglesi, i quali, di loro propria voglia, avevano poste le loro vite in pericolo per la libertà e la religione dell'Inghilterra; perocchè consideravano come loro debito espresso vegliare sul bene della nazione che avevano salvata.

In una milizia siffattamente composta, potevano senza pregiudizio della sua utilità, tollerarsi quelle tali licenze, che, concesse a qualunque altra soldatesca, avrebbero sovvertita ogni disciplina. Generalmente parlando, i soldati, i quali si costituissero in circoli politici, eleggessero i loro delegati e prendessero risoluzioni intorno ad alte questioni di Stato, scoterebbero tosto ogni freno, non sarebbero più un'armata, e diverrebbero la massa peggiore e più pericolosa del popolo. Né sarebbe sicuro, ai tempi nostri, permettere nei reggimenti adunanze religiose, nelle quali un caporale versato nella lettura della Bibbia infiammasse la divozione del suo colonnello meno istruito, e desse avvertimenti al suo maggiore recidivo. Ma tali erano la intelligenza, la gravità, la padronanza di sé, nei guerrieri di Cromwell, che nel loro campo una organizzazione religiosa e politica poté esistere senza recar nocumento alla organizzazione militare. Gli uomini stessi i quali facevansi notare come demagoghi e predicatori del campo, godevano bella reputazione di fermezza, di spirito d'ordine, e di pronta obbedienza nelle guardie, negli esercizi e nel campo di battaglia.

In guerra, nulla valeva a resistere a questa straordinaria milizia. Il ferreo coraggio, che forma l'indole del popolo inglese, ricevette subitamente, mercé del sistema di Cromwell, regola e stimolo. Altri comandanti hanno mantenuto un ordine egualmente rigoroso; altri comandanti hanno ispirato nei petti dei loro seguaci uno zelo egualmente fervido: ma nel solo campo di Cromwell trovavasi la più rigida disciplina congiunta al più ardente entusiasmo. Le sue truppe correvano alla vittoria con la precisione delle macchine, mentre erano infiammate del più selvaggio fanatismo dei crociati. Da quando l'armata venne riordinata fino a quando si sbandò, non trovò mai o nelle Isole Britanniche o nel Continente un nemico che potesse sostenerne gl'impeti. In Inghilterra, Scozia, Irlanda, Fiandra, i guerrieri puritani, spesso circuiti da difficoltà, talvolta lottanti contro nemici tre volte più numerosi, non solamente non mancarono di vincere, ma non mancarono mai di distruggere e tagliare in pezzi qualunque esercito si fosse loro presentato. Finalmente, giunsero a considerare il dì della battaglia come un giorno di sicuro trionfo, e movevano con fiducia sprezzante contro i più rinomati battaglioni d'Europa. Turenna rimase attonito alla severa esaltazione con cui i suoi alleati inglesi correvano al combattimento, ed espresse la gioia di un vero soldato, allorquando gli fu detto che era costume dei lancieri di Cromwell d'allegrarsi grandemente quando guardavano in faccia il nemico; e i Cavalieri banditi provarono l'emozione dell'orgoglio nazionale, allorquando videro una brigata dei loro concittadini, inferiori di numero ai nemici ed abbandonati dagli alleati, porre in rotta la più bella fanteria spagnuola, ed aprirsi il passo in una controscarpa, che era stata pur allora giudicata inespugnabile dai più sperimentati marescialli di Francia.

Ma ciò che principalmente distingueva l'armata di Cromwell dalle altre armate, era l'austera moralità e il timore di Dio, che prevalevano in tutte le file. I più zelanti realisti confessano, che in quel campo singolare non s'udiva una bestemmia, non si vedevano ubriachi o giuocatori, e che, per tutto il tempo che durò la dominazione soldatesca, gli averi dei pacifici cittadini e l'onore delle donne furono reputati sacri. Se si commisero oltraggi, furono oltraggi di specie molto diversa da quelli cui di leggieri si abbandona un'armata vittoriosa. Non vi fu né anche una fantesca che muovesse lamento delle galanti aggressioni dei soldati. Una sola dramma d'argento non fu rapita nelle botteghe degli orefici. Ma un sermone pelagiano, o uno sportello sul quale fosse dipinta la Madonna col divino Infante, produceva nelle file dei Puritani tale un eccitamento, che richiedeva gli estremi sforzi degli ufficiali per essere dominato. Una delle principali difficoltà di Cromwell fu quella d'impedire che i suoi lancieri e dragoni si gettassero sopra i pergami dei sacerdoti, i cui discorsi (per servirmi dell'espressione di que' tempi) non erano gustosi; e moltissime delle nostre cattedrali serbano tuttavia i segni dell'odio onde quegli spiriti austeri abborrivano ogni vestigio di papismo.

LIX. Affrenare il popolo inglese non fu lieve impresa per quell'armata. Non appena fu sentito il peso della tirannide militare, che la nazione, non assuefatta a tanto servaggio, cominciò ad agitarsi ferocemente. Scoppiarono insurrezioni in quelle contee che, mentre ardeva la guerra, avevano

mostrata cieca sommissione al Parlamento. A dir vero, lo stesso Parlamento aborriva i suoi vecchi difensori più che i suoi vecchi nemici, e bramava di venire a patti di accomodamento con Carlo a danno dell'armata. Nel tempo medesimo, in Iscozia formossi una coalizione tra i realisti e un grosso corpo di presbiteriani, che detestavano le dottrine degl'indipendenti. Finalmente scoppiò la procella. I popoli si sollevarono in Norfolk, in Suffolk, in Essex, in Kent, in Galles. La flotta nel Tamigi subitamente innalzò i regi colori, si spinse in mare, e minacciava la costa meridionale dell'isola. Grossa mano di armati scozzesi valicò i confini, e giunse fino alla contea di Lancaster. Potrebbe ben sospettarsi che siffatti movimenti venissero riguardati con segreta compiacenza dalla maggior parte dei membri della Camera dei Lord, e di quella dei Comuni.
Ma il giogo dell'armata non poteva scuotersi in quella guisa. Mentre Fairfax spegneva le insurrezioni nelle vicinanze della metropoli, Oliviero domava gli insorgenti Gallesi, e riducendo i loro castelli in rovine, moveva contro gli Scozzesi. Le sue truppe erano poche in paragone degl'invasori; ma egli non aveva costume di contare il numero dei suoi nemici. L'armata scozzese fu onninamente distrutta. Susseguì un cangiamento nel governo della Scozia. Un'amministrazione ostile al Re formossi in Edimburgo; e Cromwell, diventato più che mai l'idolo dei suoi soldati, ritornò trionfante a Londra.
LX. Allora un disegno a cui sul principio della guerra civile nessuno avrebbe osato alludere, e che non era meno incompatibile con la Solenne Convenzione, di quello che fosse con le vecchie leggi d'Inghilterra, cominciò ad assumere una forma distinta. Gli austeri guerrieri che governavano la nazione, avevano per lo spazio di parecchi mesi meditata una tremenda vendetta contro il Re prigioniero. Quando e come originasse tale disegno; se movesse dai comandanti e si diffondesse nelle file, o dalle file si appigliasse ai comandanti; se si debba ascrivere ad una politica che si serviva del fanatismo come di strumento, o al fanatismo che trascinava la politica con irresistibile impulso; sono questioni che fino ai dì nostri non si sono potute sciogliere perfettamente. Se non che, sembra probabile, considerando generalmente le cose, che colui che pareva menare gli altri, fosse forzato a seguirli; e che in questa occasione, come avvenne pochi anni dopo in una occasione simigliante, egli sacrificasse il proprio giudicio e le proprie inclinazioni ai voleri dell'armata. Poichè il potere ch'egli aveva stabilito, era un potere che neanche egli stesso valeva a raffrenare; e onde potesse sempre comandare, era necessario ch'ei talvolta obbedisse. Protestò pubblicamente, che ei non era stato l'iniziatore della cosa, che i primi passi erano stati fatti senza esserne stato reso partecipe, che non poté consigliare il Parlamento a dare il colpo, ma sottopose i propri sentimenti alla forza delle circostanze, che sembravano manifestare gli alti disegni della Provvidenza. Siffatte proteste si sogliono sempre considerare come esempio della ipocrisia di che comunemente ei viene tacciato. Ma anche coloro che lo chiamano ipocrita, non oserebbero di chiamarlo uno stolto. È loro debito mostrare ch'egli voleva conseguire un alto scopo, incitando l'armata a commettere un atto ch'egli non rischiossi mai di ordinare. Parrebbe cosa assurda supporre che egli, il quale da' suoi nemici degni di rispetto non venne mai rappresentato come follemente crudele ed implacabilmente vendicativo, avesse fatto il passo più importante di tutta la sua vita, mosso solo da spirito malevolo. Era tanto savio da conoscere, quando consentì a versare quel sangue augusto, ch'egli compiva un fatto inespiabile, che sveglierebbe dolore ed orrore non solo negli animi dei realisti, ma negli animi di nove decimi di coloro i quali avevano parteggiato a favore del Parlamento. Siano quali si vogliano le visioni che turbavano i cervelli degli altri, ei di certo non sognava di repubblica, secondo la forma degli antichi, nè del regno millenario dei Santi. S'egli già aspirava a farsi fondatore d'una nuova dinastia, era chiaro che Carlo I era un rivale meno formidabile di quello che sarebbe stato Carlo II. Nell'istante della morte di Carlo I, ciascuno dei Cavalieri avrebbe conservata la propria lealtà in tutta la sua purezza a Carlo II. Carlo I era prigioniero; Carlo II sarebbe stato libero. Carlo I era obietto di sospizione e disgusto a gran parte di coloro che tuttavia rabbrividivano al pensiero di ucciderlo; Carlo II avrebbe svegliato tutto l'interesse che accompagna la giovinezza e la innocenza sventurata. È impossibile credere che considerazioni così ovvie ed importanti fuggissero alla mente del più grande uomo politico di quell'età. Vero è che Cromwell, un tempo, intese a farsi mediatore fra il trono ed il Parlamento; o a riordinare lo Stato in isfacelo, per mezzo del potere della spada, sotto la sanzione del nome regio. In siffatto disegno egli perseverò finchè non fu costretto ad abbandonarlo per la insubordinazione dei soldati e per la incurabile doppiezza del Re. Sorse un partito nel campo, che vociferando chiedeva la testa del traditore, il quale trattava con Agag. Si formarono cospirazioni; levaronsi romorose minacce d'accusa. Scoppiò un ammutinamento, a comprimere il quale bastarono appena il vigore e la risolutezza di Cromwell. E quantunque, per mezzo d'una giudiciosa mistura di severità e di dolcezza, gli fosse riuscito di ristabilire l'ordine, s'accorse che sarebbe stato estremamente difficile e pericoloso

contendere contro la rabbia dei guerrieri, i quali consideravano il caduto tiranno qual proprio nemico, e quale nemico del loro Dio.
Nel tempo stesso si vide più che mai manifesto come nel Re non fosse da fidarsi. I vizi di Carlo erano cresciuti; e, a dir vero, erano di quella specie di vizi, che le difficoltà e le perplessità generalmente fanno risaltare in tutta la loro luce. L'astuzia è lo scudo naturale dei deboli. E però un principe il quale è abituato ad ingannare mentre si trova nell'altezza della possanza, non è verosimile che impari ad esser franco in mezzo agl'impacci ed alle sciagure. Carlo era un dissimulatore non solo privo di scrupoli, ma sventurato. Non vi fu mai uomo politico al quale siano state attribuite con innegabile evidenza tante fraudi e tante falsità. Egli pubblicamente riconobbe le Camere di Westminster come Parlamento legittimo, e nel medesimo tempo scrisse nel suo Consiglio un atto privato, in che dichiarava di non riconoscerle. Protestò pubblicamente di non essersi mai rivolto ad armi straniere per domare i suoi popoli, mentre privatamente implorava aiuto dalla Francia, dalla Danimarca o dalla Lorena. Negò pubblicamente di avere impiegati i papisti, e nel medesimo tempo mandava ordini ai suoi generali per impiegare ogni papista che volesse servire. Prestò pubblicamente in Oxford il giuramento, promettendo di non esser mai connivente al papismo; mentre privatamente assicurava la propria moglie, che egli intendeva tollerarlo in Inghilterra; e dette facoltà a lord Glamorgan di promettere che il papismo verrebbe ristabilito in Irlanda. Finalmente, tentò d'uscire d'impaccio a danno del suo ministro. Glamorgan ricevé, tutte scritte di mano del Re, riprensioni che dovevano esser lette da altri, o lodi che dovevano esser vedute da lui solo. Fino a tal segno allora erasi spinta la indole falsa del Re, che i suoi più devoti amici non si poterono frenare dal querelarsi fra loro, con amaro dolore e vergogna della torta politica di lui. I suoi difetti, dicevano essi, davano loro meno molestia dei suoi intrighi. Dall'istante in cui fu fatto prigioniero, non v'era individuo del partito vittorioso che egli non cercasse avvolgere fra le sue lusinghe e fra le sue macchinazioni; ma non gli toccò peggiore ventura di quella ch'egli ebbe allorquando si studiò di blandire Cromwell, nel tempo stesso che voleva minargli il terreno; e Cromwell era uomo da non lasciarsi vincere né dalle blandizie né dalle macchinazioni.
LXI. Cromwell doveva risolvere se mai fosse cosa prudente porre a rischio l'affetto che gli portava il suo partito, lo affetto dell'armata, la propria grandezza, anzi la sua propria vita, per un tentativo che probabilmente sarebbe riuscito vano; pel tentativo, cioè, di salvare un principe che non si sarebbe potuto mai vincolare con nessun giuramento. La determinazione fu presa dopo molte lotte e molti sospetti, e forse non senza molte preghiere. Carlo fu abbandonato al proprio destino. I così detti Santi militari, sfidando le antiche leggi del Regno, non che il sentimento quasi universale della nazione, decisero che il Re dovesse espiare col proprio sangue i delitti onde era reo. Egli per qualche tempo aspettossi una morte simile a quella dei suoi infelici predecessori, Eduardo II e Riccardo II. Ma non v'era pericolo d'un tale tradimento. Coloro i quali lo tenevano fra gli artigli, non erano coltellatori notturni. Ciò ch'essi fecero, lo fecero perchè servisse di spettacolo al cielo ed alla terra, e perchè ne rimanesse eterna ricordanza. Godevano a malincuore dello scandalo che davano. L'essere l'antica Costituzione e l'opinione pubblica dell'Inghilterra direttamente opposte al regicidio, circondava il regicidio di un fascino straordinario agli occhi di un partito intento a produrre una completa rivoluzione politica e sociale. Onde conseguire pienamente il loro scopo, era mestieri che innanzi tutto facessero in pezzi ogni parte della macchina del Governo; ed era una necessità più presto gradevole che penosa agli animi loro. La Camera dei Comuni votò per un accomodamento col Re. I soldati con la forza si opposero alla maggioranza. I Lord unanimemente rigettarono la proposta di porre il Re sotto processo; e la loro sala venne immediatamente chiusa. Nessun tribunale legittimo voleva assumersi la responsabilità di giudicare colui dal quale emanava la giustizia. Creossi un tribunale rivoluzionario, il quale dichiarò Carlo essere tiranno, traditore, assassino e nemico pubblico; e la testa gli venne mozza dal busto innanzi a migliaia di spettatori, di faccia alla sala del banchetto, nel suo proprio palazzo.
Non molto tempo dopo, chiaramente conobbesi che quei zelanti politici e religiosi, ai quali deve attribuirsi quel fatto, avevano commesso non solo un delitto, ma un fallo. Essi avevano data ad un principe fin allora conosciuto per le sue colpe, occasione di mostrare, in un vasto teatro, innanzi agli occhi di tutte le nazioni e di tutti i secoli, talune doti che irresistibilmente svegliano l'ammirazione e l'amore dell'umanità; cioè l'altero spirito di un prode gentiluomo, e la pazienza e mansuetudine di un cristiano che si sacrifica. Che anzi, avevano in tal modo eseguita la loro vendetta, che quell'uomo stesso la cui vita non era stata se non una serie di violazioni delle libertà dell'Inghilterra, sembrava morire da martire per la causa di quelle medesime libertà. Nessun demagogo produsse mai una impressione negli animi di tutti simile a quella che vi produsse il Re prigioniero, il quale serbando in

quegli estremi tutta la sua dignità reale, ed affrontando la morte con indomito coraggio, infiammò i sentimenti del suo popolo oppresso, ricusò fermamente di favellare innanzi ad un tribunale ignoto alla legge, appellossi dalla violenza militare ai principii della Costituzione, chiese con che diritto dalla Camera dei Comuni erano stati espulsi i suoi più rispettabili membri e la Camera dei Lord era stata privata delle sue funzioni legislative, e disse ai suoi uditori che lacrimavano, com'egli non difendesse soltanto la causa propria, ma la loro. La pessima condotta del suo lungo governo, le sue innumerevoli perfidie, furono dimenticate. La memoria di lui venne, nelle menti della maggior parte dei suoi sudditi, associata a quelle stesse libere istituzioni ch'egli per molti anni erasi sforzato di distruggere; poichè quelle libere istituzioni s'erano spente con lui, e, tra il lugubre silenzio di un popolo spaventato dall'armi, erano state difese dalla sola sua voce. Da quel giorno, cominciò una reazione in favore della Monarchia e dell'esule famiglia reale, la quale venne sempre crescendo, finchè il trono non fu rialzato in tutta la sua antica dignità.
Nondimeno, da principio gli uccisori del Re parvero derivare nuova energia da quel sacramento di sangue con cui s'erano scambievolmente vincolati, separandosi per sempre dalla maggioranza dei loro concittadini. L'Inghilterra venne dichiarata Repubblica. La Camera dei Comuni, ridotta ad un piccolo numero di membri, fu, di nome soltanto, il supremo potere dello Stato. Di fatto, il governo era tutto nelle mani dell'esercito e del suo capo. Oliviero aveva fatta la sua scelta. Egli aveva conservato l'affetto dei suoi soldati; ma erasi diviso da pressochè tutte le classi dei suoi concittadini. Mal si direbbe ch'egli avesse un partito al di là dei confini del campo e delle fortezze. Quegli elementi di forza i quali, quando scoppiò la guerra civile, parevano osteggiarsi vicendevolmente, si congiunsero contro lui; tutti i Cavalieri, la più parte delle Teste-Rotonde, la Chiesa Anglicana, la Chiesa Presbiteriana, la Chiesa Cattolica Romana, l'Inghilterra, la Scozia, l'Irlanda. Nonostante, era tale il suo genio e la sua fermezza, che egli poté padroneggiare e vincere ogni ostacolo che gli attraversava la via, e rendersi signore della propria patria, più assoluto di qualunque altro dei Re legittimi, e farla rispettare e temere più di quanto era stata temuta e rispettata in tutto il tempo che ella era rimasta sotto il governo dei suoi legittimi principi.
L'Inghilterra aveva già cessato di lottare. Ma i due altri Regni, i quali erano stati governati dagli Stuardi, si dichiararono ostili alla nuova Repubblica. Il partito degli Indipendenti era egualmente odioso ai Cattolici Romani d'Irlanda, ed ai Presbiteriani di Scozia. Entrambi questi paesi, che poco innanzi erano ribelli a Carlo I, poscia riconobbero l'autorità di Carlo II.
LXII. Ma ogni cosa cedeva al vigore ed all'ingegno di Cromwell. In pochi mesi soggiogò l'Irlanda, e la ridusse come non era mai stata nello spazio di cinque secoli di strage ch'erano trascorsi dallo sbarco dei primi Normanni in poi. Determinossi a porre fine al conflitto delle razze e delle religioni che aveva per tanto tempo turbata quell'isola, facendovi esclusivamente predominare la popolazione inglese e protestante. A tale scopo, allentò il freno al feroce entusiasmo dei suoi seguaci, dichiarò una guerra simile a quella che Israello aveva dichiarata ai Cananei, domò gl'Idolatri col taglio della spada, di guisa che le grandi città furono lasciate prive d'abitanti; ne cacciò parecchie migliaia sul continente, ne imbarcò molte migliaia per l'America, e riempì quel vuoto mandandovi numerose colonie di genti anglo-sassoni, seguaci delle credenze di Calvino. Strano a dirsi! sotto quel regime di ferro, il paese conquistato cominciò a far mostra d'una certa prosperità esteriore. Distretti che poco innanzi erano selvaggi, come quelli dove i coloni del Connecticut contendevano con gli uomini rossi, in pochi anni vennero trasformati in un certo aspetto simile a quello di Kent e di Norfolk. Si videro da per tutto nuovi edifici e strade e piantagioni. La entrata dei terreni crebbe tosto; e tosto i proprietari inglesi cominciarono a querelarsi d'incontrare in tutti i mercati i prodotti dell'Irlanda, e a gridare perchè si promulgassero leggi protezioniste.
Dall'Irlanda il guerriero vittorioso, che adesso era anche di nome, come lungo tempo lo era stato di fatto, Lord Generale dello esercito della Repubblica, si mosse alla volta di Scozia. Ivi stavasi il giovine Re, il quale aveva acconsentito di professare il culto dei Presbiteriani e firmare la Convenzione; e in ricompensa di tali concessioni, gli austeri Puritani che dominavano in Edimburgo gli avevano permesso di tenere, sotto la vigilanza e direzione loro, una corte solenne ma trista nelle sale di Holyrood da lungo tempo deserte. Questa corte da scherno durò brevemente. In due grandi battaglie Cromwell annientò le forze militari della Scozia. Carlo fuggì per salvare la vita, e con estrema difficoltà si sottrasse al destino del padre suo. Lo antico Regno degli Stuardi venne, per la prima volta, ridotto alla più profonda sommissione. Non rimase vestigio della indipendenza con tanto valore difesa contro i più potenti e destri dei Plantageneti. Il Parlamento inglese faceva le leggi per la Scozia. I giudici inglesi sedevano nei tribunali della Scozia. Anche quella inflessibile Chiesa, che erasi mantenuta a

dispetto di tanti Governi, non osava far sentire un lamento.
LXIII. Tanta era stata, almeno in apparenza, l'armonia tra i guerrieri che avevano soggiogato la Irlanda e la Scozia, e gli uomini politici che sedevano in Westminster! ma l'alleanza ch'era stata cementata dal pericolo, fu sciolta dalla vittoria. Il Parlamento dimenticò di dovere la propria esistenza allo esercito. Lo esercito era meno disposto che mai a sottoporsi alla dittatura del Parlamento. Veramente, i pochi membri i quali formarono ciò che poscia venne chiamato la coda o la groppa (Rump) della Camera dei Comuni, non avevano, più che i corpi militari, diritto ad essere stimati i rappresentanti della nazione. La contesa fu tosto condotta ad un esito decisivo. Cromwell empì la Camera d'uomini armati. Ne cacciarono giù dal seggio il presidente, vuotarono la sala, e ne chiusero le porte. La nazione che non amava nessuna delle due parti avverse, ma che, suo malgrado, era costretta a rispettare la capacità e la fermezza del generale, guardò quell'evento con pazienza, se non con compiacenza.
Il Re, la Camera dei Lord, e quella dei Comuni, erano stati vinti e distrutti; e sembrava che Cromwell fosse rimasto unico erede di tutti e tre. Nondimeno, v'erano certe limitazioni impostegli tuttavia da quella stessa armata, cui egli andava debitore della sua immensa autorità. Quel corpo singolare di uomini era quasi interamente composto di repubblicani zelanti. Mentre rendevano schiava la patria, ingannavansi credendo di emanciparla. Il libro che essi maggiormente veneravano, forniva loro un esempio che ricorreva spesso sulle loro labbra. Era pur troppo vero che la nazione ingrata e stolta mormorava contro i propri liberatori. Similmente un'altra nazione eletta aveva mormorato contro il capo che la trasse, per duri e perigliosi sentieri, dalla schiavitù alla terra che era irrigata di latte e di miele. Nondimeno, quel gran capitano aveva liberati i fratelli, loro malgrado; nè aveva aborrito di dare terribili esempi di giustizia sopra coloro i quali avversavano la offerta libertà, e lamentavano le vivande, i padroni e le idolatrie dell'Egitto. Lo scopo dei santocchi guerrieri i quali circondavano Cromwell, era quello di stabilire una libera e pia Repubblica. Per conseguire tale scopo, erano pronti ad appigliarsi, senza veruno scrupolo, a qualunque mezzo, comecchè violento ed illegittimo. E però non era impossibile stabilire col loro aiuto una monarchia assoluta di fatto; ma era probabile che essi avrebbero repentinamente tolto il loro sostegno a un uomo che, anche soggetto a rigorose restrizioni costituzionali, avesse osato assumere il nome e la dignità di Re.
I sentimenti di Cromwell erano molto diversi. Egli non era più ciò che era stato; nè sarebbe giusto considerare il cangiamento che avevano subito le sue idee, come il semplice effetto della sua ambizione egoistica. Quando entrò nel Lungo Parlamento, vi portò dal suo ritiro campestre poca conoscenza di libri, nessuna esperienza degli affari di Stato, ed un temperamento esacerbato dalla lunga tirannide del Governo e della gerarchia. Nei tredici anni susseguenti si era in modo non ordinario educato alle cose politiche. Era stato attore principale in una serie di rivoluzioni; era stato per lungo tempo l'anima, o almeno il capo di un partito. Aveva comandato eserciti, riportate vittorie, negoziato trattati, soggiogato, pacificato e riordinato Regni. Sarebbe stata cosa strana, in verità, se le sue nozioni fossero rimaste nella condizione in cui erano quando il suo spirito trovavasi principalmente occupato dei suoi campi e della sua religione, e quando i grandi avvenimenti che variavano il corso della sua vita, erano una fiera di bestiame o una ragunanza religiosa in Huntingdon. Si accorse che certi disegni d'innovazione, per cui egli un tempo aveva mostrato zelo, buoni o cattivi in sè stessi, erano avversi al sentimento generale del paese; e che, se egli perseverava in tali disegni, non poteva altro aspettarsi che perpetue turbolenze, da domarsi solo con la spada. Egli quindi voleva ristaurare, in tutte le sue parti essenziali, quell'antica Costituzione, che il popolo aveva sempre amata, e che poi amaramente desiderava. La via calcata poscia da Monk, non era per anche aperta a Cromwell. La memoria di un solo terribile giorno divise per sempre il gran regicida dalla famiglia degli Stuardi. Il partito cui egli poteva appigliarsi, era soltanto quello di ascendere al trono d'Inghilterra, e regnare secondo l'antica politica inglese. Se gli fosse riuscito di far ciò, avrebbe potuto sperare che le ferite della lacerata patria si sarebbero presto rimarginate. Gran numero d'uomini onesti e tranquilli si sarebbero stretti intorno al suo seggio. Quei realisti che amavano più le istituzioni che la dinastia, l'ufficio di Re più che Carlo I e Carlo II, avrebbero tosto baciato la mano del re Oliviero. I Pari, che allora rimanevano cupi e solitari nel ritiro dei loro castelli, e ricusavano di prender parte alla cosa pubblica, convocati al Parlamento dall'editto di un re assiso sul trono, avrebbero lietamente riassunte le loro antiche funzioni. Northumberland e Bedford, Manchester e Pembroke, sarebbero stati orgogliosi di portare la corona e gli sproni, lo scettro e il globo, innanzi al ristauratore dell'aristocrazia. Un sentimento di lealtà avrebbe gradatamente affezionato il popolo alla nuova dinastia; ed alla morte del fondatore di tal dinastia, la dignità regia sarebbe discesa con universale acquiescenza ai suoi posteri.

I più destri realisti pensavano che siffatte mire erano savie, e che se a Cromwell fosse stato concesso di seguire il proprio giudicio, l'esule dinastia non sarebbe mai più risalita sul trono d'Inghilterra. Ma il suo disegno era direttamente opposto al sentire della sola classe ch'egli non osava offendere. Il nome di re era odioso ai soldati. Parecchi di loro mal volentieri pativano che l'amministrazione dello Stato fosse nelle mani di un solo. La gran maggioranza, non pertanto, era disposta a sostenere il suo generale, come primo magistrato elettivo della Repubblica, contro tutte le fazioni che potessero per avventura avversare l'autorità di lui; ma non avrebbe consentito ch'egli assumesse il titolo regio, o che quella dignità, ch'era equo compenso del suo merito personale, fosse dichiarata ereditaria nella sua famiglia. Ciò che gli rimaneva a fare, era di dare alla nuova Repubblica una Costituzione, che somigliasse a quella della vecchia monarchia tanto quanto piacesse all'armata. Perchè non si dicesse ch'egli si fosse da sè elevato al nuovo potere, convocò un Consiglio, composto in parte d'individui sul sostegno dei quali ei poteva riposare, in parte di altri dei quali poteva di leggieri sfidare l'opposizione. Tale Assemblea, ch'egli chiamò Parlamento, e cui il popolaccio appose il nome di uno dei suoi più cospicui membri, cioè Parlamento di Barebone, dopo di essersi per breve tempo fatta segno al pubblico scherno, depose nelle mani del generale i poteri ricevuti da lui, e gli lasciò piena libertà di foggiare a suo talento un sistema di governo.

LXIV. Il suo disegno, fin da principio, somigliava considerevolmente alla vecchia Costituzione inglese; ma in pochi anni egli credè opportuno spingersi più oltre, e ristaurare quasi ogni parte dell'antico sistema sotto nuovi nomi e nuove forme. Il titolo di re non fu ristabilito, ma le prerogative regie vennero affidate ad un alto protettore. Il sovrano fu chiamato non Sua Maestà, ma Sua Altezza; non fu coronato ed unto nell'Abbadia di Westminster, ma solamente intronizzato, decorato della spada dello Stato, vestito d'un manto purpureo, e gli fu fatto presente d'una ricca Bibbia nella Sala di Westminster. Il suo ufficio non fu dichiarato ereditario, ma gli fu concesso di nominare il suo successore; e nessuno dubitava ch'egli avrebbe nominato il proprio figlio.

Una Camera dei Comuni era parte necessaria del nuovo sistema politico. Nel costituirla, il Protettore fece mostra d'una saviezza e d'uno spirito pubblico, che non furono pienamente apprezzati da' suoi contemporanei. I vizi del vecchio sistema rappresentativo, comunque non fossero cotanto gravi come in appresso divennero, erano già stati notati dagli uomini di senno. Cromwell riformò quel sistema secondo gli stessi principii a norma dei quali Pitt, centotrenta anni dopo, tentò di riformarlo, e a norma dei quali è stato finalmente riformato ai tempi nostri. I piccoli borghi vennero privati della franchigia elettorale, anche molto più di quello che furono nel 1832: e il numero dei deputati delle contee fu grandemente accresciuto. Poche città che non erano rappresentate, avevano acquistata importanza. Di tali città, le più considerevoli erano Manchester, Leeds ed Halifax: a tutte e tre fu concessa la rappresentanza. I rappresentanti della capitale furono aumentati di numero. La franchigia elettiva fu riformata in guisa, che ogni uomo d'una certa considerazione, possidente o non possidente di terre libere, votava nella contea di sua residenza. Pochi scozzesi e pochi coloni inglesi stabiliti in Irlanda, furono chiamati all'Assemblea, che doveva esercitare le funzioni legislative in Westminster per tutto il reame.

Creare una Camera dei Lord era impresa meno facile. La democrazia non ha mestieri di prescrizione. La monarchia spesso è esistita senza siffatto sostegno. Ma l'ordine patrizio è l'opera del tempo. Oliviero trovò già esistente una nobiltà ricca, rispettata e popolare agli occhi dei cittadini, quanto lo sia mai stata qualunque altra nobiltà. Se egli, come Re d'Inghilterra, avesse comandato ai Pari di accorrere al Parlamento, secondo le antiche costumanze del Regno, molti di loro avrebbero senza dubbio obbedito allo appello. Ciò non potè egli fare, ed invano offrì ai capi delle più illustri famiglie un posto nel suo nuovo Senato. Essi pensavano non potere accettare la nomina ad un'Assemblea improvvisata, senza rinunciare agli aviti diritti e tradire l'ordine loro. Il Protettore, quindi, si trovò nella necessità di riempire la Camera Alta di uomini nuovi, i quali, nelle ultime vicissitudini, s'erano resi cospicui. Fu questo il meno felice dei suoi disegni, e spiacque a tutti. La moltitudine, che sentiva venerazione ed affetto pei grandi nomi storici del paese, schernì una Camera di Lord ove sedevano alcuni fortunati birrai e calzolai, alla quale pochi degli antichi Nobili furono invitati, e da cui tutti quei vecchi Nobili che vi furono invitati, volgevano sdegnosi le spalle.

Il modo in che furono costituiti i Parlamenti di Cromwell, nondimeno, era cosa di poco momento, poichè egli possedeva i mezzi di condurre l'amministrazione senza il loro sostegno, e a dispetto della loro opposizione. Pare che volesse governare costituzionalmente, e sostituire l'impero delle leggi a quello della spada. Ma si accorse tosto, ch'egli, odiato com'era dai realisti e dai presbiteriani, poteva trovare salvezza soltanto nell'assolutismo. La prima Camera dei Comuni che il popolo elesse per

comando di lui, ne mise in questione l'autorità, e fu disciolta senza avere compito un solo atto. La sua seconda Camera dei Comuni, tuttochè lo riconoscesse come Protettore, e volentieri lo avrebbe fatto Re, si ostinò a non volere riconoscere i Lord novellamente creati. Non rimanevagli altro da fare che sciogliere di nuovo il Parlamento. «Dio,» esclamò egli partendo, «sia giudice tra voi e me!»
Ciò non ostante, siffatte dissensioni non infiacchirono l'amministrazione del Protettore. Quei soldati che non gli avrebbero concesso di assumere il titolo di Re, lo sostenevano tutte le volte ch'egli tentava atti di potere, vigorosi quanto non ne tentò mai nessun altro re inglese. E però il Governo, quantunque in forma di Repubblica, era un vero dispotismo, temperato soltanto dalla saviezza, dalla sobrietà e dalla magnanimità del despota. Il paese fu partito in distretti militari, i quali vennero posti sotto il comando di Maggiori Generali. Qualunque tentativo d'insurrezione veniva prontamente represso e punito. La paura che ispirava il potere della spada impugnata da una mano così vigorosa, ferma ed esperta, domò lo spirito dei Cavalieri e dei Livellatori. I leali gentiluomini dichiararono essere tuttavia pronti, come sempre, a rischiare le loro vite per l'antico Governo e l'antica dinastia, qualora vi fosse la più lieve speranza di riuscita; ma porsi alla testa dei loro servi ed affittuarii e farsi incontro alle picche di legioni vincitrici in cento battaglie ed assedi, sarebbe stato lo stesso che fare lo inutile sacrificio di un sangue onorevole ed innocente. Realisti e repubblicani, non avendo più speranza nell'aperta resistenza, cominciarono a maturare neri disegni di assassinio; ma il Protettore vigilava, ed uscendo dalle mura del suo palazzo, le spade sguainate e le corazze delle sue fide guardie facevangli siepe per ogni lato.
S'egli fosse stato un principe crudele, licenzioso e rapace, la nazione avrebbe fatto un estremo sforzo per liberarsi dalla dominazione militare. Ma gli aggravi che pativa il paese, tuttochè eccitassero lo scontento, non erano tali da spingere grandi masse di popolo a porre a repentaglio le vite, le sostanze e la tranquillità delle proprie famiglie. Le tasse, quantunque fossero più gravose che non erano sotto gli Stuardi, non parevano di gran peso quando paragonavansi a quelle degli Stati vicini, e si ragguagliavano ai mezzi dell'Inghilterra. Le proprietà erano sicure. Perfino i Cavalieri, i quali astenevansi di turbare il nuovo Governo, godevano in pace di ciò che era loro rimasto fra il trambusto delle guerre civili. Le leggi erano violate solo nei casi che riguardavano la salvezza e il Governo del Protettore. La giustizia tra uomo e uomo era amministrata con esattezza ed onestà non conosciute per lo innanzi. In Inghilterra non v'era stato Governo, dalla Riforma in poi, meno persecutore di quello di Cromwell nelle questioni religiose. Gli sventurati Cattolici Romani, a dir vero, appena venivano considerati come cristiani; ma al clero della caduta Chiesa Anglicana era permesso di praticare il proprio culto, a condizione di astenersi dal predicare intorno a cose politiche. Anche agli Ebrei, ai quali il pubblico culto fino dal secolo decimoterzo era stato inibito, fu permesso, a dispetto della forte opposizione dei mercanti gelosi e dei teologi fanatici, di edificare una sinagoga in Londra.
La politica estera del Protettore, nel tempo stesso, otteneva l'approvazione di coloro che più lo detestavano. I Cavalieri potevano appena frenarsi dal desiderare che colui che aveva fatto tanto per innalzare la fama del paese, fosse un Re legittimo; e i repubblicani erano costretti a confessare che il tiranno non perdonava ad altri, fuori che a sè stesso di far torto al paese, e che se egli l'aveva spogliato della libertà, lo aveva in ricambio coperto di gloria. Dopo mezzo secolo in cui l'Inghilterra nella politica d'Europa pesava poco più di Venezia o della Sassonia, essa divenne subitamente la Potenza più formidabile del mondo; dettava condizioni di pace alle Provincie Unite, vendicava gl'insulti comuni fatti alla Cristianità da' pirati di Barberìa, vinceva gli Spagnuoli per terra e per mare, s'impossessava d'una delle più considerevoli isole d'America, e conquistava sul littorale fiammingo una fortezza, che consolò l'orgoglio nazionale della perdita di Calais. Ella aveva la supremazia dell'Oceano. Era a capo degl'interessi protestanti. Tutte le Chiese riformate sparse nei Regni cattolici riconoscevano Cromwell come loro tutore. Gli Ugonotti della Linguadoca, i pastori che nelle capanne delle Alpi professavano un protestantismo più antico di quello di Augusta, vivevano sicuri dall'oppressione per il solo terrore di quel gran nome. Lo stesso Papa era costretto a predicare umanità e moderazione ai Principi papisti; poichè una voce che rade volte minacciava invano, aveva dichiarato che se il popolo di Dio venisse tormentato, i cannoni inglesi si sarebbero fatti sentire in Castel Sant'Angelo. A dir vero, non vi era cosa che Cromwell, per utile di sè e della sua famiglia, potesse tanto desiderare quanto una guerra religiosa in Europa. In tal guerra egli sarebbe stato il capitano degli eserciti protestanti. Il cuore dell'Inghilterra sarebbe stato con lui. Le sue vittorie sarebbero state salutate con unanime entusiasmo, non più visto nel paese dopo la disfatta dell'Armada, ed avrebbero cancellata la macchia che uno solo atto, condannato dalla voce generale della nazione, ha lasciata nella sua splendida fama. Sventuratamente, egli non ebbe occasione di far

mostra delle sue ammirevoli virtù militari, tranne contro gli abitanti delle Isole Britanniche.
Finchè egli visse, il suo potere si mantenne fermo, e fu per i suoi sudditi obietto di avversione mista ad ammirazione e a paura. Pochi, veramente, amavano il suo Governo; ma coloro che più l'odiavano, l'odiavano meno di quel che lo temessero. Se fosse stato un Governo peggiore, sarebbe stato forse abbattuto, malgrado il suo vigore. Se fosse stato un Governo più debole, sarebbe stato certamente distrutto, malgrado tutti i suoi meriti. Ma egli aveva moderazione tanta, da astenersi da quelle oppressioni che rendono gli uomini insani; ed aveva una forza ed energia cui nessuno, fuorchè gli uomini resi insani dall'oppressione, si sarebbero rischiati di aggredire.
LXV. Si è detto spesse volte, ma apparentemente con poca ragione, che Oliviero morì a tempo per la sua rinomanza, e che la sua vita, se si fosse prolungata, si sarebbe forse chiusa fra le sciagure e i disastri. Vero è che fino all'ultimo dì egli venne onorato da' suoi soldati, obbedito da tutta la popolazione delle Isole Britanniche, e temuto da tutti i potentati stranieri; ch'egli fu tumulato in mezzo ai sovrani d'Inghilterra, con pompa funebre tale, quale non s'era mai per lo innanzi veduta in Inghilterra; e che il suo figlio Riccardo gli succedè al potere con tanta quiete, con quanta un Principe di Galles succederebbe ad un Re legittimo.
Per cinque mesi l'amministrazione di Riccardo Cromwell procedè con tanta quiete e regolarità, da far credere a tutta la Europa ch'egli fosse fermamente assiso sul seggio dello Stato. Certo, le sue condizioni erano in qualche modo molto migliori di quelle del padre suo. Il giovane Cromwell non aveva nemici. Le sue mani erano nette di sangue civile. Gli stessi Cavalieri concedevano ch'egli era un gentiluomo onesto e d'indole buona. La parte presbiteriana, potente per numero e per ricchezza, aveva sostenuto un litigio mortale col Protettore defunto, ma inchinava a favoreggiare il nuovo. Aveva avuta sempre bramosia di vedere ristaurato l'antico sistema politico del Regno, con alcune più chiare definizioni e guarentigie per le pubbliche libertà; ma aveva molte ragioni di temere la ristaurazione della vecchia Dinastia. Per questa genia di politici Riccardo era l'uomo opportuno. La umanità, la schiettezza, la modestia sue, la mediocrità delle sue doti, e la docilità con che lasciavasi guidare da uomini più saggi di lui, lo rendevano mirabilmente atto ad essere capo d'una Monarchia limitata.
Per qualche tempo parve grandemente probabile ch'egli, dietro la scorta di destri consiglieri, avesse a conseguire ciò cui suo padre aveva invano aspirato. Nel convocarsi un Parlamento, gli ordini furono spediti secondo la vecchia costumanza. I piccoli borghi che erano stati privati della franchigia elettorale, riebbero i perduti privilegi; Manchester, Leeds, ed Halifax cessarono di mandare rappresentanti, e alla contea di York fu concesso di eleggerne due soli. Parrà forse strano ad una generazione la quale è quasi trascorsa alla frenesia nella questione della riforma parlamentare, che quelle grandi contee e città si sottoponessero con pazienza ed anche con compiacenza a siffatto provvedimento; ma, comecchè gli uomini di senno, anche in quella età, potessero discernere i vizi del vecchio sistema rappresentativo, e prevedere che tali vizi produrrebbero in pratica o presto o tardi gravissimi mali, questi mali pratici non ancora sentivansi molto. Il sistema rappresentativo d'Oliviero, dall'altra parte, quantunque fosse derivato da solidi principii, non era popolare. Gli eventi fra i quali originava, e gli effetti che aveva prodotti, preoccupavano gli animi contro esso. Era nato dalla violenza militare, e null'altro aveva prodotto che contese. La intera nazione era stanca del governo della spada, e desiava il governo della legge. E però la ristaurazione anco delle anomalie e degli abusi che consuonavano strettamente con la legge e che erano stati distrutti dalla spada, produssero universale soddisfazione.
Fra i Comuni esisteva una forte opposizione, composta in parte di aperti repubblicani, in parte di realisti occulti; ma una grande e ferma maggioranza sembrava favorevole al disegno di richiamare a vita l'antica Costituzione politica sotto una nuova Dinastia. Riccardo venne solennemente riconosciuto come Primo Magistrato. La Camera dei Comuni non solamente assentì di trattare le pubbliche faccende co' Lord d'Oliviero, ma votò una legge che riconosceva in que' Nobili i quali nelle ultime perturbazioni avevano parteggiato per la libertà pubblica, il diritto a sedere nella Camera Alta senza bisogno di nuova creazione.
Tanto bene andavano le cose per gli uomini di Stato che dirigevano la condotta di Riccardo! Quasi tutte le parti del Governo vennero allora ricostituite come stavano in sul principio della guerra civile. Se il Protettore e il Parlamento si fossero lasciati procedere senza ostacoli, mal può dubitarsi che un ordine di cose simile a quello che poscia stabilivasi sotto la Casa di Hannover, sarebbe stato stabilito sotto quella di Cromwell. Ma era nello Stato un potere più che bastevole a lottare con Riccardo e col Parlamento. Riccardo sopra i soldati non aveva altra autorità, se non quella del gran nome che gli era toccato in retaggio. Non gli aveva mai condotti alla vittoria. Non aveva nè anche portate le armi. Tutti

i suoi gusti e le sue abitudini erano per la pace. Nè le sue opinioni intorno a cose religiose erano approvate dai santocchi militari. Ch'egli fosse un uomo dabbene, dimostrollo con prove più soddisfacenti che non erano i profondi gemiti e i lunghi sermoni; cioè con l'umiltà e la dolcezza quando stava in cima all'umana grandezza, e con la tranquilla rassegnazione ai torti ed alle sciagure più crudeli: ma non ebbe sempre la prudenza di nascondere il disgusto ch'egli sentiva dei piagnistei allora comuni in ogni caserma. Gli ufficiali che avevano maggiore influenza fra le truppe stanzianti presso Londra, non gli erano amici. Erano uomini chiari per valore e condotta nel campo di battaglia, ma scemi di saviezza e di coraggio civile; doti che in grado eminentissimo possedeva il loro capo defunto. Taluni di loro erano Indipendenti o Repubblicani onesti, ma fanatici. Questa specie di uomini era rappresentata da Fleetwood. Altri ambivano di giungere al posto d'Oliviero. La sua rapida elevazione, la sua gloria e prosperità, la sua inaugurazione nella reggia, le sue sontuose esequie nell'Abbadia, avevano infiammata la loro immaginazione. Come lui erano di buona nascita, come lui bene educati; non sapevano quindi intendere perchè, al pari di lui, non fossero degni di portare la veste purpurea e la spada dello Stato; e anelavano all'obietto della loro ardente ambizione, non, come lui, con pazienza, vigilanza, sagacia e fermezza, ma con quella irrequietudine e con quel perpetuo ondeggiare che formano il carattere della mediocrità aspirante. Il più cospicuo di questi deboli scimmiottatori del gran Cromwell, era Lambert.

LXVI. Nel giorno stesso in cui Riccardo ascese al supremo seggio dello Stato, gli ufficiali si misero a congiurare contro il loro nuovo signore. La buona intelligenza che era fra lui e il suo Parlamento, affrettò la crisi. La paura e l'ira invasero il campo. I sentimenti religiosi e militari dell'esercito trovavansi profondamente irritati. E' pareva che gl'Indipendenti dovessero essere soggetti ai Presbiteriani, e gli uomini della spada agli uomini della sottana. Formossi una coalizione tra i malcontenti militari e la minoranza repubblicana della Camera dei Comuni. È da dubitarsi che Riccardo avesse potuto trionfare della predetta coalizione, anche se fosse stato dotato del lucido intendimento e del ferreo coraggio di suo padre. Egli è certo che la semplicità e la mansuetudine sue non erano i requisiti necessari a padroneggiare gli eventi. Cadde senza gloria e senza lotta. Lo esercito si servì di lui come di strumento a disciogliere le Camere, e allora lo mise sprezzantemente da parte. Gli ufficiali si resero grati ai loro alleati repubblicani dichiarando che la espulsione della Coda del Parlamento era illegale, ed invitando l'Assemblea a riprendere le proprie funzioni. Il vecchio presidente e un numero competente di vecchi rappresentanti vennero proclamati, fra mezzo alla mal repressa derisione ed esecrazione del paese, Supremo Potere dello Stato. Nel tempo stesso fu espressamente dichiarato che quinci innanzi non vi sarebbe nè Primo Magistrato nè Camera di Lord.

Ma tale stato di cose non poteva durare. Il giorno in cui risorse il Lungo Parlamento, rivisse del pari il suo vecchio conflitto con lo esercito. Nuovamente dimenticò che esso esisteva a beneplacito dei soldati, e cominciò a trattarli come sudditi. Di nuovo le porte della Camera dei Comuni furono chiuse dalla violenza militare; ed un Governo Provvisorio, creato dagli ufficiali, assunse il reggimento della cosa pubblica.

Frattanto, il senso dei grandi mali presenti, e la forte paura dei mali maggiori che soprastavano, aveva infine fatta nascere un'alleanza tra i Cavalieri e i Presbiteriani. Parecchi presbiteriani, a dir vero, erano disposti a cotale alleanza anche innanzi la morte di Carlo I; ma soltanto dopo la caduta di Riccardo Cromwell, l'intero partito cominciò ad affaccendarsi per ristaurare la Casa Reale. Non poteva più oltre ragionevolmente sperarsi che l'antica Costituzione venisse ristabilita sotto una nuova dinastia. Bisognava, dunque, scegliere o gli Stuardi o l'esercito. La famiglia bandita aveva commessi gravissimi falli; ma gli aveva espiati a caro prezzo, ed aveva fatto un lungo, e - era da sperarsi - salutare tirocinio nella scuola dell'avversità. Era, dunque, probabile che Carlo II facesse senno rivolgendo lo sguardo al fato di Carlo I. Ma, sia che può, i pericoli che minacciavano la patria erano tali, che per evitarli i cittadini potevano ben fare il sacrificio di qualche opinione ed affrontare qualche rischio. Sembrava quasi certo che l'Inghilterra cadrebbe sotto il peso della più odiosa e degradante di tutte le specie di Governo, - sotto un Governo che congiungeva tutti i mali del dispotismo con quelli dell'anarchia. Qualunque altra cosa era da preferirsi al giogo d'una successione di stolti tiranni, inalzantisi al potere come i Dey di Barberia, per mezzo di rivoluzioni militari. Pareva probabile che Lambert sarebbe il primo di tale genia di comandanti; ma dentro un anno Lambert avrebbe potuto essere cacciato da Desborough, e Desborough da Harrison. Ogni qual volta il bastone del comando fosse passato da una mano debole ad un'altra, la nazione sarebbe stata messa a ruba, a fine di offrire alle soldatesche una nuova mancia. Se i Presbiteriani si tenevano ostinatamente lontani dai realisti, lo Stato era rovinato; e nondimeno, era da dubitarsi che potesse essere salvato dagli sforzi congiunti d'entrambi. Imperocchè

il timore di quello invincibile esercito colpiva gli animi di tutti gli abitanti dell'isola; e i Cavalieri, avendo imparato da cento disastrosi fatti d'armi come il numero delle milizie potesse poco contro la disciplina, erano molto più atterriti delle Teste-Rotonde.
LXVII. Finchè le soldatesche furono d'accordo fra loro, tutte le congiure e le insurrezioni dei malcontenti tornarono inefficaci. Ma pochi giorni dopo la seconda espulsione della Coda del Parlamento, si sparsero nuove che rinfrancarono i cuori di tutti coloro i quali parteggiavano per la Monarchia o pel vivere libero. Quella forza poderosa che per molti anni aveva operato come un solo uomo, ed erasi per ciò resa invincibile, s'era finalmente scissa in fazioni. Lo esercito di Scozia aveva non poco giovata la Repubblica, e trovavasi in ottimo stato. Non aveva partecipato alle ultime rivoluzioni, e le aveva guardate con isdegno simile a quello che sentirono le legioni romane stanziate lungo il Danubio e l'Eufrate, allorchè giunse ad esse la nuova che le guardie pretoriane avevano messo in in vendita lo Impero. Era cosa da non potersi patire che alcuni reggimenti, solo perchè erano per avventura acquartierati presso Westminster, osassero di fare e disfare, a loro arbitrio, più volte in sei mesi il Governo. Se era convenevole che lo Stato fosse retto da' soldati, quei soldati che a settentrione del Tweed avevano sostenuta la potenza inglese, avevano diritto di dare il loro voto quanto quelli che presidiavano la Torre di Londra. Pare che vi fosse meno fanatismo fra le legioni dimoranti nella Scozia, che in ogni altra parte dello esercito; e Giorgio Monk che le capitanava, era tutto l'opposto d'uno zelante. In sul primo scoppio della guerra civile, aveva pugnato a favore del Re, ed era stato fatto prigioniero dalle Teste-Rotonde; aveva quindi accettata una commissione dal Parlamento, e con poca pretensione alla santocchieria, erasi innalzato per mezzo del suo coraggio e della sua virtù militare all'alto comando. Era stato un utile servitore ad ambi i Protettori; aveva mostrata acquiescenza allorquando gli ufficiali a Westminster balzarono giù dal seggio Riccardo e restaurarono il Lungo Parlamento; e l'avrebbe similmente mostrata nella seconda espulsione del Lungo Parlamento, se il Governo Provvisorio non gli avesse porta cagione d'offesa e di timore. Imperocchè era per indole cauto e alquanto tardo; nè era inclinato ad arrisicare modici e certi vantaggi per la probabilità di conseguire anche il più splendido successo. E' sembra che fosse spinto a procedere ostilmente contro il nuovo Governo della Repubblica, non tanto dalla speranza d'innalzarsi sulle rovine di quello, quanto dal timore che, sottomettendovisi, non sarebbe stato in sicuro. Ma siano quali si vogliano supporre le cagioni, ei dichiarossi campione del Potere Civile oppresso, ricusò di riconoscere l'autorità usurpata del Governo Provvisorio, e a capo di settemila veterani si mosse verso l'Inghilterra.
Questo passo fu il cenno d'una generale esplosione. Il popolo in ogni dove ricusò di pagare le tasse. I giovani di bottega della città ragunaronsi a migliaia chiedendo clamorosamente un libero Parlamento. La flotta si spinse su pel Tamigi, e si dichiarò contro la tirannide soldatesca. I soldati, che non erano più sotto lo impero di una mente suprema, si divisero in fazioni. Ciascun reggimento, temendo di rimanere solo esposto alla vendetta dell'oppressa nazione, affrettossi a concludere una pace separata. Lambert, che era frettolosamente corso ad affrontare l'armata di Scozia, abbandonato dalle sue milizie, fu fatto prigioniero. Pel corso di tredici anni il Potere Civile, in ogni conflitto, era stato astretto a cedere al Potere Militare. Adesso il Potere Militare umiliossi innanzi al Potere Civile. La Coda del Parlamento generale, tenuta in odio e dispregio, e che non per tanto era nel paese il solo corpo che avesse apparenza di autorità legale, ritornò di nuovo alla Camera, dalla quale era stata due volte ignominiosamente cacciata.
LXVIII. Intanto Monk procedeva verso Londra. Per dove passava, i gentiluomini gli si affollavano attorno scongiurandolo di adoperare la propria potenza a rendere la pace alla nazione, miseramente dilacerata e sconvolta. Il Generale, freddo, taciturno, senza zelo nè per le cose politiche nè per le religiose, manteneva un riserbo impenetrabile. Quali disegni, a que' tempi, rivolgesse in mente, o se avesse concepito alcun disegno, mal si potrebbe affermare. Era, a quel che pare, suo scopo principalissimo il tenersi, per quanto più lungamente potesse, libero di scegliere tra diverse vie d'azione. Tale certamente è per lo più la politica di uomini che, come lui, pendono più a muovere circospetti, che a spingere troppo lungi lo sguardo. Probabilmente, egli non venne all'ultima determinazione se non parecchi giorni dopo il suo ingresso nella metropoli. La voce dell'intero popolo chiedeva un libero Parlamento; e non era dubbio nessuno, che un Parlamento veramente libero avrebbe subito riposta sul trono l'esule famiglia reale. La Coda del Parlamento e i soldati erano tuttavia ostili alla Casa degli Stuardi. Ma la Coda era universalmente abborrita e spregiata. La potenza dei soldati era ancora formidabile, ma grandemente infiacchita dalla discordia. Non avevano capo supremo; in molte parti del paese erano venuti alle mani fra loro stessi. Il giorno precedente lo arrivo di Monk a Londra, vi fu un combattimento nello Strand fra la cavalleria e la fanteria. Lo esercito unito

aveva lungo tempo signoreggiata la nazione divisa; ma ormai la nazione era unita, e lo esercito si trovava diviso.
Per breve tempo, la dissimulazione e la irresolutezza di Monk tennero penosamente sospesi tutti i partiti. Infine ei ruppe il silenzio, e disse di volere un libero Parlamento.
LXIX. Appena divulgossi siffatta notizia, tutta la nazione fu inebriata di contento. In qualunque luogo ei si mostrasse, era circondato da migliaia di persone che lo acclamavano e benedicevano al suo nome. Le campane di tutta l'Inghilterra suonavano a festa; i rigagnoli versavano birra; e per varie notti il cielo, per cinque miglia attorno Londra, rosseggiò dello splendore d'innumerevoli fuochi di gioia. Quei membri presbiteriani della Camera dei Comuni, che molti anni innanzi erano stati espulsi dalle soldatesche, ritornarono ai loro seggi, e furono accolti dalle acclamazioni della gran folla che riempiva la sala di Westminster e la corte del Palazzo. I capi degl'Indipendenti non osavano più oltre mostrare il viso nelle strade, ed appena tenevansi sicuri nelle proprie abitazioni. Furono presi temporanei provvedimenti per supplire al Governo; mandaronsi ordini per le elezioni generali; e finalmente, quel memorabile Parlamento che per venti anni aveva sperimentate mille e varie vicissitudini, che aveva vinto il proprio sovrano, che era stato degradato dai suoi sottoposti, che era stato due volte cacciato e ristaurato, decretò solennemente la propria dissoluzione. L'esito delle elezioni fu quale era da aspettarsi dall'indole della nazione. La nuova Camera dei Comuni fu composta di individui amici, tranne pochissimi, alla reale famiglia. I Presbiteriani formavano la maggioranza.
LXX. Allora parve quasi certa la Ristaurazione; ma dubitavasi che fosse pacifica. Il contegno dei soldati era cupo e selvaggio. Odiavano il nome di Re; odiavano quello degli Stuardi; odiavano molto i Presbiteriani, ma più assai i prelati. Vedevano con amara indignazione appropinquarsi la fine del loro lungo dominio, e scorgevano nello avvenire una vita ingloriosa di affanni e di penuria. Della loro trista fortuna chiamavano colpevoli i loro Generali, colpevoli alcuni di debolezza, altri di tradimento. Un'ora sola del loro amato Oliviero avrebbe potuto richiamare la gloria che già era svanita. Traditi, disgiunti, senza un Capo in cui avessero fiducia, erano tuttavia da temersi. E non era cosa da pigliare a gabbo lo affrontare la rabbia e la disperazione di cinquantamila guerrieri, che non avevano mai volte le spalle al nemico. Monk, e coloro che con essolui operavano, accorgevansi quanto pericolosa fossa la crisi. Mentre usavano ogni arte a blandire e dividere i malcontenti soldati, facevano vigorosi apparecchi a sostenere un conflitto. Lo esercito di Scozia acquartierato in Londra, tenevano in buon umore con doni, lusinghe e promesse. I ricchi cittadini non avevano la minima avversione al soldato, o profondevano con tanta liberalità i loro migliori vini, che talvolta vedevansi i santocchi guerrieri in condizione poco decorosa al loro carattere religioso e militare. Monk rischiossi a sbandare alcuni reggimenti che ricalcitravano. Nel tempo stesso, il Governo Provvisorio, sostenuto da tutti i gentiluomini e dai magistrati, faceva grandissimi sforzi a riordinare la guardia cittadina. In ogni contea i militi cittadini erano pronti a muoversi, e formavano una forza non minore di centomila uomini. In Hyde Park ventimila cittadini bene armati ed equipaggiati, posti a rassegna, mostrarono tale spirito, da giustificare la speranza che all'uopo avrebbero strenuamente combattuto a difendere le botteghe e i focolari loro. La flotta secondava cordialmente la nazione. Era tempo di agitazione e d'ansietà, ma bene anco di speranza. La opinione predominante era che l'Inghilterra verrebbe liberata, ma non senza una sanguinosa e disperata lotta; e che coloro che avevano per tanto tempo governato con la spada, sarebbero spenti con la spada.
Avventuratamente, furono allontanati i pericoli d'un conflitto. Vero è che ci fu un momento di estremo pericolo. Lambert, fuggito di prigione, chiamò i suoi compagni alle armi. Il fuoco della guerra civile si riaccese; ma innanzi che si estendesse, fu spento con pronti e vigorosi provvedimenti. Lo sciagurato imitatore di Cromwell fu fatto nuovamente prigioniero; e fallita la impresa, i soldati si perderono d'animo e rassegnaronsi al loro destino.
Il nuovo Parlamento, che per essere stato convocato senza regio decreto, viene con maggiore proprietà chiamato Convenzione, si adunò in Westminster. I Lord ricomparvero nella sala, dalla quale per più di undici anni erano stati espulsi a forza. Ambedue le Camere tosto invitarono il Re a ritornare alla patria. Fu proclamato con pompa non mai prima veduta. Una magnifica flotta dall'Olanda lo trasportò sulla costiera di Kent. Mentre approdava, i colli di Dover erano popolati di migliaia di spettatori, fra' quali non era neppure uno che non versasse lacrime di gioia. Il suo viaggio fu un continuo trionfo. Tutto lo stradale da Rochester era fiancheggiato di trabacche e di tende, e rendeva immagine d'una interminabile fiera. Migliaia di bandiere sventolavano; tutte le campane suonavano; s'udivano melodie di strumenti musicali; il vino e la birra scorrevano a fiumi alla salute di lui, che, tornando, recava la pace, le leggi e la libertà al paese. Ma fra mezzo alla gioia universale, un solo

luogo mostrossi in aspetto buio e minaccioso. Lo esercito fu condotto a Blackeath per dare il ben tornato al sovrano. Il quale sorrideva, s'inchinava, e stendeva graziosamente la mano al bacio dei Colonnelli e dei Maggiori. Ma i suoi modi cortesi furono vani. Il contegno dei soldati era tristo e cupo; ed ove avessero dato libero sfogo a ciò che sentivano, il gioioso spettacolo, al quale avevano con ripugnanza partecipato, avrebbe avuto misero e sanguinoso fine. Ma non era fra loro accordo nessuno. La defezione e la discordia avevano distrutta la vicendevole fiducia, e gli avevano resi increduli ai loro capi. Tutta la guardia cittadina di Londra era in armi; numerose compagnie, capitanate da Nobili e da gentiluomini leali, erano accorse da varie contrade del Regno a salutare il Re. Il gran giorno si chiuse in pace; e l'esule principe, riasceso al trono, posò sano e salvo nella reggia dei suoi antenati.

CAPITOLO SECONDO.

I. Ingiusto giudicio intorno alla condotta di coloro che restaurarono la Casa degli Stuardi. - II. Abolizione del possesso a titolo di servigio militare - III. Scioglimento dell'esercito. - IV. Si rinnuovano le dissensioni fra le Teste-Rotonde e i Cavalieri. - V. Dissensioni religiose. - VI. Impopolarità dei Puritani. - VII. Carattere di Carlo II. - VIII. Caratteri del Duca di York e del Conte di Clarendon. - IX. Elezione generale del 1661. - X. Violenza dei Cavalieri nel nuovo Parlamento. - -XI. Persecuzione dei Puritani. - XII. Zelo della Chiesa per la monarchia ereditaria. - XIII. Modificazioni nei costumi del popolo. - XIV. Corruttela degli uomini politici di quell'età. - XV. Condizioni della Scozia. - XVI. Condizioni della Irlanda. - XVII. Il governo perde la sua popolarità in Inghilterra. - XVIII. Guerra cogli Olandesi. - XIX. Opposizione nella Camera dei Comuni. - XX. Caduta di Clarendon. - XXI. Stato della politica europea, e preponderanza della Francia. - XXII. Carattere di Luigi XIV. - XXIII. La triplice Alleanza. - XXIV. Il partito patriottico. - XXV. Vincoli tra Carlo II e la Francia - XXVI. Disegni di Luigi intorno all'Inghilterra. - XXVII. Trattato di Dover. - XXVIII. Indole del Gabinetto inglese. - XXIX La Cabala. - XXX. Chiusura dello Scacchiere. - XXXI. Guerra con le Provincia Unite. - XXXII. Guglielmo Principe d'Orange. - XXXIII. Adunanza del Parlamento. - XXXIV. Dichiarazione d'indulgenza - XXXV È cancellata, e l'Atto di Prova (Test Act) è adottato. - XXXVI. Scioglimento della Cabala. - XXXVII. Pace con le Provincie Unite; Amministrazione di Danby. - XXXVIII. Situazione critica del partito patriottico. - XXXIX. Relazioni fra esso e l'ambasciata francese. - XL. Pace di Nimega; malcontenti furiosi in Inghilterra. - XLI. Caduta di Danby; la congiura papale. - XLII. Prima elezione generale del 1679. - XLIII. Violenza della nuova Camera dei Comuni. - XLIV. Sistema di governo fatto da Temple. - XLV. Carattere di Halifax. - XLVI. Carattere di Sunderland. - XLVII. Proroga del Parlamento. - XLVIII. Atto dell'Habeas Corpus. - XLIX. Seconda elezione generale del 1679; popolarità di Monmouth. - L. Lorenzo Hyde. - LI. Sidney Godolphin. - LII. Violenza delle fazioni per la legge d'Esclusione. - LIII. Nomi di Whig e Tory. - LIV. Adunanza del Parlamento; la Legge d'Esclusione è approvata dalla Camera dei Comuni. - LV. È rigettata da quella dei Lord; Stafford è giustiziato. - LVI. Elezione generale del 1681. - LVII. Parlamento convocato in Oxford e disciolto; Reazione dei Tory. - LVIII. Persecuzione dei Whig. - LIX. Confisca dello Statuto della Città; Congiure dei Whig. - LX. Scoperta di tali congiure; severità del Governo. - LXI. Sequestro degli Statuti. - LXII. Influenza del Duca d'York. - LXIII. Halifax gli si oppone. - LXIV. Il Lord Cancelliere Guildford. - LXV. Politica di Luigi. - LXVI. Stato delle fazioni nella corte di Carlo all'epoca della sua morte.

I. La storia dell'Inghilterra nel secolo decimosettimo, è quella del trasmutamento d'una monarchia limitata, secondo la costumanza del medio evo, in una monarchia più consona al progresso d'una società, nella quale non possono le gravezze pubbliche essere più oltre sostenute dai beni della Corona, e la pubblica difesa affidata alle milizie feudali. Abbiamo già veduto come gli uomini politici che predominavano nel Lungo Parlamento del 1642, facessero grandi sforzi a compire il predetto mutamento, trasferendo, direttamente e formalmente, agli Stati del reame il diritto di scegliere i ministri, il comando delle armi, e la soprintendenza del potere esecutivo. Quell'ordinamento era forse il migliore di quanti allora se ne potessero immaginare; ma lo sconcertò interamente l'esito della guerra civile. Le Camere trionfarono di certo, ma dopo una lotta tale, che fece loro stimar necessario di chiamare a vita un potere che esse non seppero infrenare, e che tosto signoreggiò tutte le classi e tutti i partiti. Per qualche tempo, i danni inseparabili dal Governo militare, furono in alcun modo mitigati dalla saviezza e magnanimità del grande uomo che aveva il supremo comando. Ma quando la

spada ch'egli impugnava con energia, e con energia sempre guidata dal buon senso, e quasi sempre temperata dalla sua buona indole, passò in mano di capitani che non avevano nè la destrezza nè le virtù di lui, e' sembrò probabilissimo che l'ordine e la libertà corressero a vergognosa rovina.
Tale rovina, per buona ventura, fu scansata. È stato costume, per troppi degli scrittori amici della libertà, rappresentare la Restaurazione come un avvenimento disastroso, e dannare di stoltezza o viltà la Convenzione che richiamò la reale famiglia, senza ottenere nuove guarentigie contro la mala amministrazione. Coloro che in tal guisa ragionano, non intendono l'indole vera degli eventi che seguirono la caduta di Riccardo Cromwell. La Inghilterra versava in presentissimo pericolo di essere oppressa da tirannelli militari, innalzati e deposti dal capriccio della soldatesca. Liberare il paese dalla dominazione dei soldati era il fine precipuo d'ogni assennato cittadino; ma finchè i soldati rimasero concordi, i più fiduciosi poco speravano di conseguirlo. Di repente balenò un raggio di speranza. I capitani e le legioni cominciarono ad avversarsi vicendevolmente. Le sorti future della nazione pendevano dall'uso che si sarebbe potuto fare di un ben augurato istante. I nostri antichi usarono bene di quel momento. Dimenticarono i vecchi rancori, smessero i piccoli scrupoli, differirono a più convenevole stagione tutte le dispute intorno alle riforme necessarie alle nostre istituzioni; e si congiunsero tutti, Cavalieri e Teste-Rotonde, Episcopali e Presbiteriani, a rivendicare le antiche leggi della patria dal dispotismo militare. L'equa partizione del potere fra Re, Camera dei Lord e Camera dei Comuni, poteva differirsi fino a quando si fosse deciso se l'Inghilterra dovesse essere governata da Re, Lord e Comuni, o da corazzieri e lancieri. Se gli uomini di stato della Convenzione avessero tenuto condotta diversa, e avessero lungamente discorso intorno ai principii del Governo; se avessero redatta una nuova Costituzione e l'avessero mandata a Carlo, se si fossero aperte conferenze, se ci fosse stato per parecchie settimane un andare e venire di corrieri tra Westminster e i Paesi Bassi recando progetti, risposte di Hyde e proposte di Prynne: la coalizione, dalla quale pendeva la pubblica salvezza, si sarebbe disciolta; i Presbiteriani e i Realisti sarebbero venuti a conflitto; le fazioni militari si sarebbero, come è verosimile, riconciliate; e gli imprudenti amici della libertà, oppressi da un giogo peggiore di quello che poteva essere loro imposto dal pessimo degli Stuardi, avrebbero invocata invano la felice occasione che avevano lasciato fuggire.
II. Per la qual cosa, l'antico ordinamento civile, per unanime consenso di ambedue i grandi partiti, venne ristabilito esattamente tale qual era allorchè, diciotto anni avanti, Carlo I fuggì dalla metropoli. Tutti quegli atti del Lungo Parlamento che avevano ricevuto lo assenso regio, furono considerati come validi. Ottennesi dal Re una nuova concessione assai più proficua ai Cavalieri che alle Teste-Rotonde. Il possesso delle terre a titolo di servigio militare, era stato in origine istituito come mezzo di difesa nazionale. Ma con l'andare degli anni, la parte utile di quella istituzione era scomparsa, senza altro lasciare che cerimonie ed aggravi. Un possessore di terre a titolo di servigio militare, dipendente dalla Corona - e a tal titolo il suolo dell'Inghilterra quasi tutto era posseduto, - doveva pagare una gravosa ammenda nell'atto di torre possesso della sua proprietà. Non ne poteva alienare la più piccola parte senza comperarne la licenza. Quando egli moriva, lasciando un erede infante, il sovrano diventava tutore, ed aveva diritto non solo a gran parte delle entrate per tutto il tempo della minorità, ma poteva imporre al pupillo, sotto gravi pene, di unirsi in matrimonio a qualunque persona di convenevole grado. Il principale movente che attirava alla corte un adulatore bisognoso, era la speranza di ottenere, come premio di servilità e d'adulazione, una lettera del Re per una ricca erede. Tali abusi erano caduti con la monarchia; ed ogni gentiluomo possidente di terre nel Regno desiderava che non fossero richiamati a vita. Vennero quindi solennemente aboliti con uno statuto, e non rimase vestigio del vecchio costume di possedere a titolo di militari servigi, salvo que' servigi d'onore, che tuttavia, nella cerimonia dell'incoronazione, vengono resi alla persona del sovrano da alcuni signori territoriali.
III. Ed era ormai tempo di sciogliere lo esercito. Cinquantamila uomini, usi alle armi, furono a un tratto dispersi fra mezzo alla società; e la esperienza sembrava far credere come certo, che siffatto repentino mutamento dovesse essere cagione di gran miseria e di grandi delitti: val quanto dire, che i veterani cacciati di impiego, sarebbero o andati accattando di porta in porta, o spinti dalla fame al saccheggio. Ma ciò, per buona sorte, non avvenne. In pochi mesi, non rimase segno che indicasse come la più formidabile armata del mondo si fosse fusa con la gran massa del popolo. Gli stessi realisti confessavano che in ogni ramo di onesta industria i guerrieri licenziati prosperavano più che ogni altro uomo; che nessuno di loro venne addebitato di furto o di rapina; che non se ne vedeva nè anche uno che andasse limosinando; e che se un fornaio, un muratore, un vetturale, si faceva notare per diligenza e sobrietà, egli era probabilissimamente uno dei vecchi soldati d'Oliviero.

La tirannide militare era caduta; ma negli animi di tutti aveva lasciato profonde e durevoli traccie. Il nome di un esercito stanziale fu per lunga stagione abborrito; ed è degno di nota, che siffatto abborrimento fosse più forte nei Cavalieri che nelle Teste-Rotonde. Dovrebbe considerarsi come singolare ventura, che nel tempo in cui la patria nostra, per la prima e l'ultima volta soggiacque al governo della spada, la spada fosse nelle mani, non di principi legittimi, ma di quei ribelli che uccisero il Re ed abbatterono la Chiesa. Se un principe legittimo al pari di Carlo, avesse comandato un esercito prode quanto quello di Cromwell, non vi sarebbe stata più speranza per le libertà dell'Inghilterra. Avventuratamente, quello strumento del quale solo la Monarchia poteva giovarsi per rendersi assoluta, era obietto di orrore e disgusto al partito monarchico, e seguitò lunghi anni ad associarsi nelle menti dei realisti e dei prelatisti col regicidio e con le predicazioni nel campo. Un secolo dopo la morte di Cromwell, i Tory continuavano ancora a schiamazzare contro ogni augumento di soldati regolari, e a trombettare le lodi delle milizie nazionali. Anche nel 1786, un Ministro che possedeva grandemente la loro fiducia, non valse a vincere l'avversione che mostrarono alla idea di fortificare le coste; nè guardarono mai di buon occhio l'armata stanziale, finchè la rivoluzione francese non sopraggiunse a suscitare negli animi loro nuova e diversa paura.

IV. La coalizione che aveva rimesso il Re sul trono, ebbe fine col pericolo che l'aveva fatta nascere, e due partiti ostili mostraronsi nuovamente in campo, pronti a cozzare. Entrambi, a dir vero, concordavano intorno al bisogno di punire parecchi infelici, che in quel tempo erano il zimbello d'un odio quasi universale. Cromwell non era più; e coloro che erano fuggiti dinanzi a lui, furono paghi del vigliacco diletto di disseppellire, impiccare, squartare e bruciare la spoglia mortale del più gran principe che governasse mai l'Inghilterra. Dettero sfogo alla loro vendetta anche sopra taluni capi di parte repubblicana. Ma come furono sazi del sangue dei regicidi, presero a dilacerarsi scambievolmente. Le Teste-Rotonde, mentre ammettevano le virtù del Re morto, e dannavano la sentenza profferitagli contro da un tribunale illegittimo, sostenevano che la sua amministrazione era stata, in molte cose, incostituzionale, e che le Camere avevano prese le armi contro lui per cagioni solidamente fondate. Pensavano, la Monarchia non avere nemico peggiore di colui che, adulando, esaltava la regia prerogativa sopra la legge, dannava ogni opposizione fatta alle regie usurpazioni, ed oltraggiava non solo Cromwell e Harrison, ma Pym e Hampdem, col nome di traditori. Se il Re bramava di regnare con prosperità e quiete, gli era necessario affidarsi a coloro i quali, benchè avessero snudata la spada a tutelare i conculcati privilegi del Parlamento, eransi esposti alla rabbia dei soldati onde salvargli il padre, ed erano stati parte principale nel provvedimento di richiamare l'esule famiglia reale.

I sentimenti dei Cavalieri erano assai differenti. Nel corso dei diciotto anni, essi, fra tutte le vicissitudini seguite, erano rimasti fedeli alla Corona. Partecipi delle calamità del loro principe, non dovevano forse partecipare del suo trionfo? Non era da farsi distinzione veruna tra loro e il suddito sleale che aveva combattuto contro il sovrano, che aveva seguito Riccardo Cromwell, e giammai cooperato alla ristaurazione degli Stuardi, finchè fu a tutti manifesto che null'altro avrebbe potuto salvare la nazione dalla tirannia dello esercito? Concedasi pure che siffatto uomo avesse ottenuto per nuovi servigi il regio perdono; dovevano tali servigi, resi presso al tramonto, agguagliarsi agli affanni ed ai patimenti di coloro che avevano sostenuto il carico e il calore di tutto il giorno? Doveva egli accomunarsi con uomini che non avevano bisogno della regia clemenza; con uomini che in tutta la vita loro avevano meritata la gratitudine del Re? E soprattutto, doveva tollerarsi che rimanesse in possesso di ricchezze accumulate sulle ruine degli averi dei difensori del trono? Non bastava che la sua testa e i suoi averi patrimoniali, cento volte devoluti alla Giustizia, rimanessero salvi; e che egli, col rimanente della nazione, godesse i beni di quel mite Governo, al quale era stato lungo tempo nemico? Era egli mestieri ricompensarlo per i suoi tradimenti, a spese di coloro ch'erano rei solo della fedeltà onde avevano mantenuto il giuramento di obbedienza alla Corona? Quale utile poteva trovare il Re nel satollare i suoi nemici con la preda strappata agli amici suoi? Quale fiducia poteva riporsi in uomini che avevano avversato il loro sovrano, gli avevano mosso guerra contro, lo avevano imprigionato; e che adesso, invece di abbassare il viso rosso di vergogna e di pentimento, difendevano il già fatto, e sembravano credere d'aver data prova di lealtà astenendosi solo dal regicidio? Era vero che avevano, poco fa, dato mano a rialzare il trono; ma non era men vero che manifestavano tuttavia certi principii spinti dai quali, potevano abbatterlo una seconda volta. Senza dubbio, sarebbe stato convenevole che il Re desse segni d'approvazione a taluni convertiti, ch'erano stati grandemente utili; ma la politica, la giustizia, la gratitudine, gl'imponevano di rimeritare dei più alti favori coloro, i quali dal principio alla fine, e nella prospera e nella trista fortuna, avevano difesa la Casa Reale. Per queste ragioni, i Cavalieri

naturalmente dimandavano compensazione di tutti i danni che avevano sostenuti, e preferenza ai favori della Corona. Alcuni spiriti violenti di quel partito, spingendosi anche più oltre, schiamazzavano perchè si facessero lunghe liste di proscrizioni.
V. La contesa politica, secondo il consueto, venne esasperata dalla religiosa. Il Re trovò la Chiesa in uno stato ben singolare. Poco tempo innanzi lo scoppio della guerra civile, il padre suo aveva, ripugnante, assentito ad una legge, vigorosamente sostenuta da Falkland, la quale privava i vescovi del diritto di sedere nella Camera dei Lord; ma lo episcopato e la liturgia non erano mai stati aboliti con apposita legge. Nulladimeno, il Lungo Parlamento aveva fatte alcune provvisioni, che avevano cagionato un pieno rivolgimento nel governo e culto ecclesiastico. Il nuovo sistema, nei suoi principii, era appena meno Erastiano di quello cui era stato sostituito. Le Camere, dirette principalmente dai consigli del dotto Seldeno, volevano fermamente tenere il potere spirituale in istretta subordinazione del temporale. Avevano ricusato dichiarare che alcuna forma di politica ecclesiastica fosse d'origine divina; ed avevano provveduto che si potesse fare appello in ultima istanza da' tribunali ecclesiastici al Parlamento. Con tale importante riserva, avevano deciso di istituire in Inghilterra una gerarchia affatto simile a quella che ora esiste in Iscozia. L'autorità dei concilii, con relazione graduale da minore a maggiore, venne sostituita alla autorità dei vescovi e degli arcivescovi. La liturgia dette luogo al direttorio presbiteriano. Ma erano appena stati fatti i nuovi regolamenti, allorquando gl'Indipendenti conseguirono la preponderanza nello Stato. Non erano disposti a mandare ad esecuzione le ordinanze concernenti i sinodi parrocchiali, provinciali e nazionali; e però tali ordinanze non furono mai pienamente osservate. Il sistema presbiteriano non fu in nessun luogo, fuorchè in Middlesex e nella Contea di Lancaster, solidamente stabilito. Nelle altre cinquanta Contee, quasi ogni parrocchia non ebbe connessione alcuna con le parrocchie vicine. In alcuni distretti i ministri ordinaronsi ad associazioni volontarie, a fine di prestarsi vicendevole soccorso e consiglio; ma non avevano il potere coercitivo. I patroni dei beneficii, non tenuti in freno nè dal vescovo nè dal presbiterio, avrebbero potuto affidare la cura delle anime al prete più scandaloso del mondo, se non avesse loro impedito di così fare lo intervento arbitrario d'Oliviero. Egli stabilì, di propria autorità, un ufficio di commissari, detti saggiatori; la più parte dei quali erano teologi indipendenti, ma sedevano fra loro pochi ministri presbiteriani e pochi laici. Il certificato dei saggiatori teneva luogo d'istituzione e d'induzione, e senza tale certificato, niuno poteva occupare un beneficio. Fu questo indubitatamente uno degli atti più dispotici che mai facesse qualunque sovrano inglese. Nondimeno, temendosi generalmente che il paese venisse invaso da uomini ignoranti, o ebrei, o reprobi, col nome e con la paga di ministri, alcuni rispettabili personaggi, che per lo più non procedevano amici a Cromwell, confessarono che, in quell'occasione, egli era stato pubblico benefattore. I presentati che avevano ottenuta l'approvazione dei saggiatori, prendevano possesso delle loro rettorie; coltivavano le terre, raccoglievano le decime, officiavano senza libro e senza cotta, ed amministravano la eucaristia ai fedeli assisi innanzi a lunghe mense.
Così l'ordinamento politico della Chiesa nel Regno trovavasi in confusione inestricabile. La forma prescritta dalla vecchia legge del paese, non ancora revocata, era l'episcopale. Quella prescritta dalla ordinanza parlamentare, era la presbiteriana. Ma nè la vecchia legge nè la ordinanza parlamentare praticamente valevano. La Chiesa, nella condizione in cui era a quel tempo, può rappresentarsi in sembianza di un corpo irregolare, composto di pochi presbiterii, e di molte congregazioni indipendenti, che erano tenute soggette ed unite dall'autorità del Governo.
Fra tutti coloro che eransi maggiormente adoperati a ricondurre il Re sul trono, molti erano zelanti dei sinodi e del direttorio, e molti desideravano terminare con una concordia i dissidii religiosi che avevano per tanto tempo agitata l'Inghilterra. Fra i seguaci bacchettoni di Laud e i bacchettoni proseliti di Calvino, non vi poteva essere nè pace nè tregua; ma non pareva cosa impossibile lo indurre ad un accomodamento gli Episcopali moderati della scuola di Usher, e i moderati Presbiteriani di quella di Baxter. Gli uni avrebbero ammesso che un vescovo poteva legalmente essere assistito da un concilio; gli altri non avrebbero negato che ogni assemblea provinciale poteva legalmente avere un preside permanente, il quale portasse il nome di vescovo. Vi sarebbe potuto essere una liturgia modificata in guisa da non escludere la preghiera estemporanea, una cerimonia battesimale in cui il segno della croce potesse a discrezione usarsi od omettersi, un servizio nel quale la comunione venisse ministrata ai fedeli seduti, ove la loro coscienza non consentisse che s'inginocchiassero. Ma la maggior parte dei Cavalieri non volevano udire a parlare di un siffatto accomodamento. I membri religiosi di cotesto partito aderivano coscienziosamente al sistema della propria Chiesa. Essa era stata cara al Re ucciso; li aveva consolati nella sciagura e nella miseria. Le sue ufficiature così spesso

eseguite in silenzio dentro una camera secreta, durante la stagione delle loro traversie, avevano per loro tale incanto, che mal volentieri avrebbero rinunciato a un solo responsorio. Altri fra' realisti che pretendevano poco a mostrarsi religiosi, amavano la Chiesa episcopale perchè era nemica agl'inimici loro. Pregiavano una preghiera, o una cerimonia, non pel conforto che arrecava all'anima, ma perchè vessava le Teste-Rotonde; ed erano tanto lontani da conseguire la concordia a prezzo di qualche concessione, che opponevansi alle concessioni principalmente perchè tendevano a produrre la concordia.

VI. Tali sentimenti, comecchè biasimevoli, erano naturali, e non affatto indegni di scusa. I Puritani nei giorni del loro potere, avevano, senza verun dubbio, crudelmente provocato i loro avversari. Avrebbero dovuto imparare, almeno dal malcontento, dalle lotte, dalle stesse vittorie loro, e dalla caduta di quella superba gerarchia da cui erano stati così gravemente oppressi, che in Inghilterra e nel secolo decimosettimo non era in potestà del magistrato civile lo attirare le menti degli uomini al conformismo col suo proprio sistema teologico. Mostraronsi, non pertanto, intolleranti e faccendieri al pari dello stesso Laud. Inibirono, sotto gravissime pene, l'uso del Libro della Preghiera Comune, non solo nelle chiese, ma anche nelle case private. Era delitto per un fanciullo il leggere accanto al letto dell'infermo genitore una di quelle soavi orazioni che avevano, per lo spazio di quaranta generazioni, mitigato i dolori dei Cristiani. Pene severe vennero minacciate contro coloro che presumessero di biasimare il culto calvinistico. Ecclesiastici di carattere rispettabile non solo furono a migliaia privati dei loro beneficii, ma rimanevano sovente esposti agli oltraggi della fanatica marmaglia. Le chiese e le sepolture, le leggiadre opere d'arte, le preziose reliquie dell'antichità, vennero brutalmente sfigurate. Il Parlamento ordinò che tutte le pitture della Collezione Reale, che rappresentavano Cristo o la Vergine Maria, si bruciassero. Alle sculture toccò una sorte egualmente trista. Le Ninfe e le Grazie, opera dello scalpello ionio, furono consegnate agli scalpellini puritani perchè le rendessero più decenti. Ai vizi leggieri la fazione predominante dichiarò guerra con zelo poco temperato dall'umanità o dal buon senso. Fecero severe leggi contro le scommesse; decretarono la pena di morte contro l'adulterio. Lo illecito commercio dei sessi, anche scevro di violenza o di seduzione, o di pubblico scandalo, o di violazione di diritti coniugali, fu dichiarato delitto. I pubblici sollazzi, dalle mascherate che allegravano i palagi dei grandi, fino alle grottesche rappresentazioni del villaggio, furono rigorosamente riprovati. Una ordinanza prescriveva che tutti gli alberi festivi di maggio dovessero essere quinci innanzi abbattuti. Un'altra inibiva ogni qualunque divertimento teatrale. I teatri dovevano essere distrutti, gli spettatori multati, gli attori legati alla coda d'un cavallo e frustati. Il danzare sulla corda, i giuochi dei burattini, le corse dei cavalli, erano guardati di mal occhio. Ma il giuoco dell'orso, a quei tempi amato tanto dalle classi alte e dalle basse, era obietto d'indicibile abbominio a quegli austeri settarii. È da notarsi che la loro avversione a quella specie di sollazzo non aveva nulla di comune col sentimento che a' dì nostri ha indotta la legislatura ad immischiarsene, con lo scopo di proteggere gli animali contro la matta crudeltà degli uomini. Il puritano odiava il giuoco dell'orso non perchè tormentava la povera bestia, ma perchè recava diletto agli spettatori. A dir vero, egli generalmente studiavasi di godere del doppio diletto di tormentare gli spettatori e l'orso.

Forse non v'è circostanza che versi tanta luce sull'indole dei rigoristi, quanto il modo di condursi rispetto alla solennità del Natale di Cristo. Questa avventurosa festività era stata, fino da tempo immemorabile, stagione di gioia e di affezione domestica; stagione nella quale le famiglie adunavansi, i fanciulli ad esse tornavano dalle scuole, i dissidii finivano, le vie risonavano di canti, ogni casa era adornata di piante sempreverdi, ed ogni mensa abbondava di laute vivande. In quella stagione tutti i cuori, non affatto scevri di dolcezza, allargavansi e s'intenerivano. In quella stagione i poveri erano invitati a godere della sovrabbondanza dei ricchi, la cui bontà tornava maggiormente gradita a cagione della brevità dei giorni e della severità del tempo. In quella stagione la distanza che divideva i possidenti dagli affittuari, i padroni dai servi, era meno visibile che nei rimanenti giorni dell'anno. Il molto godimento non va mai scompagnato da qualche eccesso: nondimeno, il brio con che celebravansi quei giorni santi non era sconvenevole ad una festività cristiana. Il Lungo Parlamento, nel 1644, ordinò che nel dì ventesimoquinto di decembre venisse osservato un rigoroso digiuno, e che tutti lo passassero umilmente lamentando il gran peccato nazionale, che essi e i loro antenati avevano commesso facendo baccano sotto il ramo di vischio, mangiando la testa del cignale, e bevendo la birra, resa più saporita con mele arrostite. Non vi fu atto pubblico che maggiormente irritasse il popolo. Nel Natale seguente scoppiarono formidabili tumulti in molti luoghi. Resistettero ai ministri della polizia, insultarono i magistrati, aggredirono le case dei più noti zelanti; ed il servizio proscritto di quella solennità venne apertamente eseguito nelle chiese.

Tale era lo spirito dei Puritani esagerati, tanto Presbiteriani quanto Indipendenti. Veramente, Oliviero era poco inchinevole a farla da persecutore e da faccendiere. Ma Oliviero, come capo di parte, e, per conseguenza, schiavo di parte, non poteva governare affatto secondo le proprie inclinazioni. Anche sotto la sua amministrazione molti magistrati, dentro le loro giurisdizioni, si resero odiosi quanto Sir Hudibras: s'immischiavano in tutti i sollazzi del vicinato, disperdevano le festevoli ragunanze, e ponevano i suonatori alla berlina. Lo zelo dei soldati era anche più formidabile. In ogni villaggio dove essi si mostrassero, finivano i balli, il suono delle campane, i giuochi. In Londra parecchie volte interruppero le rappresentazioni teatrali, alle quali il Protettore, in grazia della sua indole buona e del suo senno squisito, mostravasi connivente.
All'odio e alla paura ispirati da tanta tirannia congiungevasi il pubblico dispregio. Le specialità del puritano, lo sguardo, il modo di vestirsi, il dialetto, gli scrupoli suoi, erano sempre stati, fino dal tempo di Elisabetta, obietto di scherno. Ma tali cose in una fazione che governava un grande Impero, apparivano assai più grottesche, che nelle oscure e perseguitate congregazioni. Il piagnisteo che aveva fatto tanto ridere gli spettatori, quando l'udirono in sulla scena nella Tribolazione Salutare e nell'Operoso Zelo della Patria, era anche più ridicolo sulle labbra dei Generali e dei Consiglieri di Stato. È da notarsi inoltre, che mentre ardevano le lotte civili, erano nate parecchie sette, le stranezze delle quali superavano ogni cosa che si fosse mai veduta di simile in Inghilterra. Un sartore demente, di nome Ludovico Muggleton, errava di taverna in taverna inebriandosi e minacciando gli eterni tormenti contro coloro che ricusassero di credere, sulla sua testimonianza, che l'Ente Supremo fosse alto sei soli piedi, e che il sole distasse dalla terra di quattro miglia soltanto. Giorgio Fox aveva suscitata una tempesta di derisioni, predicando essere violazione della sincerità cristiana l'indicare una persona singolare col pronome plurale, ed essere omaggio d'idolatria a Giano e a Odino l'usare i vocaboli Gennaio e Mercoledì. La sua dottrina pochi anni appresso venne abbracciata da alcuni uomini insigni, ed acquistò grandemente la pubblica stima. Ma nel tempo della restaurazione, i Quacqueri venivano comunemente considerati come i più spregevoli tra' fanatici. Dai Puritani erano trattati severamente tra noi, ed erano perseguitati a morte nella Nuova Inghilterra. Nondimeno il popolo, che bada rade volte alle distinzioni sottili, confonde il puritano col quacquero. Ambidue erano scismatici: odiavano lo episcopato e la liturgia; avevano quelle che parevano stravaganti fantasie intorno al vestirsi, allo atteggiarsi, al sollazzarsi. Per quanto notevolmente entrambi distassero in fatto d'opinioni, venivano dall'universale considerati egualmente come scismatici piagnolosi; e tutto ciò ch'era in essi odioso, ridicolo, accresceva lo scherno e l'avversione che la moltitudine sentiva per loro.
Avanti le guerre civili, anche coloro che abborrivano dalle opinioni e dai modi del puritano, erano costretti ad ammettere che la sua condotta morale era, generalmente parlando, nelle cose essenziali scevra d'ogni biasimo; ma tale lode poscia non gli fu più oltre concessa, perchè sventuratamente se n'era reso immeritevole. L'ordinario destino delle sètte è quello di ottenere alta fama di santità finchè rimangono oppresse, e di perderla appena divengono potenti: e la ragione ne è chiara. Rade volte avviene che un uomo si aggreghi, mosso da altro motivo che dalla propria coscienza, ad una società proscritta. Tale società quindi si compone, salvo rarissimi casi, di individui sinceri. La più rigida disciplina che si osservi in una congrega religiosa, è un debole strumento di purificazione, ove si paragoni ad un poco di persecuzione pungente che muova dallo esterno. Può credersi con certezza, che pochissime persone, che non fossero mosse da profonde convinzioni religiose, chiedessero il battesimo, mentre Diocleziano perseguitava la Chiesa; o si ascrivessero alle congregazioni protestanti, mentre correvano pericolo di essere arse vive da Bonner. Ma quando una setta si fa potente, quando spiana la via alle ricchezze ed agli onori, gli uomini mondani ed ambiziosi vi si affollano, ne parlano il linguaggio, si conformano strettamente al rituale, scimmieggiano i caratteri speciali di quella, e spesso vincono gli onesti proseliti in tutte le esterne manifestazioni di zelo. Non è discernimento, non vigilanza dei reggitori ecclesiastici, che valga ad impedire la intrusione di cotali falsi confratelli. Il loglio e il grano è d'uopo che crescano insieme. Tosto la gente comincia ad avvedersi che gli uomini di Dio non sono migliori degli uomini del mondo; e conclude con qualche giustizia, che, non essendo migliori, devono necessariamente essere molto peggiori. Poco di poi, tutti que' segni che dapprima venivano considerati come caratteristiche d'un santo, riduconsi ad essere presi per caratteristiche di un furfante.
Ciò avvenne dei non-conformisti inglesi. Erano stati oppressi, e la oppressione gli aveva mantenuti puri e senza macchia. Ottennero il predominio nello Stato. Nessuno poteva conseguire dignità o comando senza il loro favore; il quale non poteva acquistarsi se non se scambiando con essi i segni e le parole d'ordine della spirituale confraternita. Una delle prime deliberazioni del Parlamento di

Barebone, la più puritana delle nostre assemblee politiche, consisteva in ciò, che nessuno individuo poteva essere ammesso agli uffici pubblici finchè la Camera non si dichiarasse satisfatta della vera religiosità di lui. Quelli che allora consideravansi quali segni della vera religiosità, cioè il tristo colore degli abiti, lo sguardo severo, i capelli lisci, il tono nasale, il discorso imperlato di affettate citazioni, lo abborrimento delle commedie, delle carte e della falconeria, venivano agevolmente contraffatti da uomini increduli ad ogni religione. I puritani sinceri tosto trovaronsi perduti in mezzo ad una moltitudine, non solo di uomini mondani, ma della più riprovevole genia d'uomini mondani. Imperocchè, il più grande libertino che avesse combattuto sotto i regii vessilli, poteva giustamente reputarsi virtuoso in paragone di alcuni tra quelli, i quali parlando dei conforti della Sacra Scrittura, vivevano esercitando la fraude e la rapacità, immersi in secrete dissolutezze. La nazione, con una fretta di che possiamo affliggerci, ma non maravigliarci, da questi ipocriti toglieva norma a giudicare tutto il partito. La teologia, i modi, la parlatura del puritano, richiamavano in tal guisa alle menti di tutti le immagini dei vizi più neri e schifosi. Appena la Restaurazione concesse a chiunque la libertà di mostrarsi nemico al partito che per tanto tempo era stato predominante nello Stato, sorse da ogni angolo del Regno un grido generale contro il puritanismo; grido che spesso era accresciuto dalle voci di quegli astuti simulatori, la cattività dei quali aveva fatto abborrire il nome di puritano.
Così, i due grandi partiti che dopo una lunga contesa avevano, con momentanea concordia, cooperato a rimettere sul trono la famiglia reale, diventarono, in politica e in religione, acerrimi nemici. La maggior parte della nazione pendeva verso i realisti. I delitti di Strafford e di Laud, gli eccessi della Camera Stellata e dell'Alta Commissione, i grandi servigi che il Lungo Parlamento, nel primo anno della sua esistenza, aveva resi allo Stato, erano svaniti dalla ricordanza degli uomini. La decapitazione di Carlo I, la cupa tirannia della Coda del Parlamento, la violenza dell'esercito, ricordavansi con disgusto; e la moltitudine inchinava a tenere come responsabili della morte del Re, e dei disastri che ne seguirono, tutti coloro che gli avevano opposta resistenza.
La Camera dei Comuni, essendo stata eletta mentre predominavano i presbiteriani, non rappresentava in modo alcuno il sentimento universale del popolo, e mostravasi dispostissima ad infrenare la intollerante lealtà dei Cavalieri. Uno dei membri che si attentò di dichiarare che tutti coloro i quali avevano snudata la spada contro Carlo I erano traditori al pari di coloro che gli avevano mozzato il capo, venne chiamato all'ordine, posto alla sbarra, e rimproverato dal presidente. Era desiderio generale della Camera, senza verun dubbio, di comporre i litigi ecclesiastici in modo soddisfacente ai Puritani moderati. Ma a ciò fare opponevansi la Corte e la nazione.
VII. Il Re era, in questo tempo, amato dal popolo quanto non lo era mai stato nessuno dei suoi predecessori. Le calamità della sua famiglia, la morte eroica del padre, le sue proprie pene ed avventure romanzesche, svegliavano la tenerezza nei cuori di tutti. Il suo ritorno aveva liberato il paese da una intollerabile schiavitù. Richiamato dalla voce di ambedue le fazioni avverse, egli era il loro arbitro naturale, ed in certo modo aveva le qualità necessarie a tanto ufficio. La natura gli era stata larga di egregie doti e di felice temperamento. Era stato educato in guisa da bene sviluppare il suo intendimento, ed assuefare il suo spirito allo esercizio d'ogni virtù pubblica e privata. Aveva provate tutte le vicissitudini della fortuna. Giovanissimo, era stato tratto dalla reggia ad una vita d'esilio, di penuria, di pericolo. Pervenuto alle età in cui la mente e il corpo trovansi nella maggior perfezione, e il primo bollore delle giovanili passioni cessa di sconvolgere l'anima, era stato richiamato dalla sua vita randagia a porsi sul capo la corona degli avi. Aveva dalla amara esperienza imparato come la viltà, la perfidia e la ingratitudine, si sappiano nascondere sotto l'ossequioso contegno della cortigianeria; mentre nel tugurio del povero aveva trovata la vera nobiltà dell'animo. Allorquando offrivano ricchezze a chi lo avesse tradito, minacciavano di morte chiunque gli avesse dato ricovero, gli abitatori delle capanne e i servitori avevano fedelmente mantenuto il secreto, ed a lui, umilmente travestito, avevano baciato la mano con tanta riverenza, quanta gliene avrebbero mostrata se fosse stato assiso sul trono. Era da sperarsi che un giovine uscito da cosiffatta scuola, il quale non difettava nè di destrezza nè di amabilità, si dovesse mostrare Re grande e buono. Carlo uscì da quella scuola adorno di socievoli abitudini, di maniere squisite e cortesi, e di qualche ingegno pel conversare vivace, dedito oltremodo ai piaceri sensuali, amante degli ozi e dei frivoli sollazzi, incapace di abnegazione e di sforzo, incredulo alla virtù o allo affetto dell'uomo, senza desio di fama, sordo al rimprovero. Secondo lui, ogni uomo era da comprarsi. Ma taluni mercanteggiavano, più che altri, intorno al prezzo; e quando questo mercanteggiare era condotto con ostinazione e destrezza, diventava degno di lode. Gl'inganni onde alcuni uomini astuti mantenevano alto il prezzo della loro valentia, chiamavansi integrità. Gl'inganni onde le donne leggiadre tenevano alto il prezzo della loro beltà,

dicevansi modestia. Lo amore di Dio, lo amore della patria, lo amore della famiglia, lo amore degli amici, erano semplici frasi, sinonimi delicati e convenevoli dello amore di sè. Pensando in tal guisa della specie umana, Carlo naturalmente davasi pochissimo pensiero di ciò che altri pensasse di lui. Onore e vergogna a lui erano quasi ciò che luce e tenebre sono al cieco. Lo hanno molto commendato come sprezzatore dell'adulazione; ma tal pregio, guardato fra le altre qualità dell'indole di lui, non sembra degno di lode. È cosa possibile all'uomo essere al di sotto come al di sopra dell'adulazione. Chi non si fida di nessuno, non ha nè anche fiducia nei lusinghieri. Chi non estima la gloria vera, fa poco conto della falsa.
Laudasi l'indole di Carlo in ciò che egli, non ostante la pessima opinione che aveva della specie umana, non diventasse misantropo. Poc'altro vedeva negli uomini, tranne la parte odiosa, e nondimeno non gli odiava. Anzi era talmente umano, che spiacevagli vedere le sofferenze o udire le querimonie loro. Se non che, questa è una specie d'umanità che, comunque amabile e commendevole in un individuo privato, il cui potere a giovare o a nuocere è rinchiuso in uno stretto cerchio, è stata soventi volte nei principi vizio, più presto che virtù. Non pochi fra loro, intesi al bene, hanno abbandonate intere provincie alla rapina ed all'oppressione, mossi solo dal desiderio di vedere, in casa e ai passeggi, visi allegri. Colui che esita a spiacere a pochi che gli stanno d'intorno, pel bene dei molti che non vede giammai, non è fatto per governare una grande società. La facilità di Carlo era tanta, da non trovarsi forse mai in un uomo di sensi a lui simile. Era schiavo, senza essere zimbello, degl'inganni altrui. Donne ed uomini indegni, ai quali sapeva leggere nelle ime latebre del cuore, e i quali egli conosceva privi d'affezione e immeritevoli della sua fiducia, sapevano lusingarlo tanto, da strappargli dalle mani titoli, uffici, terre, secreti di Stato, e grazie. Donò molto, ma nè godè il piacere, nè acquistò la fama di benefico. Spontaneo non donò mai, ma eragli duro rispondere con un rifiuto. Dal che seguiva, che la sua bontà generalmente non iscendesse sopra coloro che più la meritavano, nè anche sopra coloro ai quali portava affetto, ma sopra il più svergognato ed importuno che fosse riuscito ad ottenere udienza.
Le cagioni che governarono la condotta politica di Carlo II, differivano assai da quelle onde il predecessore e il successore suoi furono mossi. Non era uomo da lasciarsi imporre dalla teoria patriarcale del Governo e dalla dottrina del diritto divino. Era onninamente scevro d'ambizione. Detestava gli affari, e avrebbe piuttosto abdicato, che sopportare lo incomodo di dirigere veramente l'amministrazione. Tanta avversione aveva alla fatica e tanta ignoranza degli affari, che gli stessi suoi segretari, quando sedeva in consiglio, non potevano frenarsi d'irridere alle sue frivole osservazioni ed alla sua fanciullesca impazienza. Nè gratitudine nè vendetta contribuivano a determinare la sua condotta, perocchè non vi fu mai mente in cui i servigii o le ingiurie lasciassero, come nella sua, deboli e passeggiere impressioni. Desiderava semplicemente essere Re come lo fu poscia Luigi XV di Francia; Re che potesse trarre dal tesoro danari senza fine per appagare i suoi gusti privati; che potesse comprare con ricchezze ed onori persone capaci di aiutarlo a fargli passare il tempo; e che, anche quando lo Stato fosse per la pessima amministrazione caduto in fondo alla vergogna, e spinto sull'orlo del precipizio, potesse escludere ogni tristo pensiero dal ricinto del suo serraglio, e ricusare l'accesso a chiunque potesse disturbare i voluttuosi suoi ozii. Per ciò, e per ciò solo, egli bramava conseguire il potere arbitrario, qualora si fosse potuto conseguire senza rischio o incomodo. Nelle dispute religiose che affaccendavano i suoi sudditi protestanti, la sua coscienza non aveva interesse nessuno; perocchè le sue opinioni oscillavano in uno stato di sospensione satisfatta, fra la incredulità e il papismo. Ma, quantunque la sua coscienza rimanesse neutrale nella contesa tra gli Episcopali e i Presbiteriani, il suo gusto non era tale in nessun modo. I suoi vizi prediletti erano precisamente quelli ai quali i Puritani indulgevano meno. Egli non poteva passare un solo giorno senza il conforto di que' sollazzi che i Puritani consideravano peccaminosi. Come uomo egregiamente educato, e assai sensibile al ridicolo, le stranezze dei Puritani lo spingevano ad un riso di dispregio. Aveva, in verità, qualche ragione a non amare quella rigida setta. Nella età in cui le passioni più imperversano, e le leggerezze sono meritevoli di perdono, aveva passati parecchi mesi in Iscozia, Re di nome, ma di fatto prigioniero di Stato nelle mani degli austeri Presbiteriani. Non paghi di volere ch'ei si conformasse al loro culto, e firmasse la loro Convenzione, avevano invigilate tutte le azioni, e sermoneggiato intorno alle giovanili follie di lui. Era stato costretto ad assistere, ripugnante, a preci e sermoni lunghissimi, e poteva reputarsi fortunato allorquando dal pulpito non gli rammentavano le sue proprie fragilità, la tirannide del padre, e la idolatria della madre. Davvero, era stato così sciagurato in quegli anni della sua vita, che la sconfitta dalla quale fu cacciato nuovamente in esilio, poteva più presto considerarsi come liberazione, che come calamità. Sotto la pressura di queste male augurate reminiscenze, Carlo voleva

deprimere il partito che aveva fatta resistenza a suo padre.
VIII. Giacomo, Duca di York, fratello del Re, si attenne alla medesima via. Benchè libertino, Giacomo era diligente, metodico, e amante dell'autorità e degli affari. Aveva intendimento basso e stretto, ed indole ostinata, aspra e nemica al perdono. Che un principe come lui non potesse vedere di buon occhio le libere istituzioni dell'Inghilterra, e il partito che le difendeva con zelo indefesso, non deve recar maraviglia. Il Duca seguitava a professare la credenza della Chiesa Anglicana; ma aveva già mostrate tendenze tali, da mettere seriamente in pensiero i buoni protestanti.
L'uomo che in quel tempo principalmente conduceva il Governo, era Eduardo Hyde, Cancelliere del Regno, e presto creato Conte di Clarendon. La riverenza che giustamente sentiamo per Clarendon come scrittore, non ci debbe rendere ciechi ai falli da lui commessi come uomo di Stato. Alcuni dei quali, nondimeno, vengono spiegati e scusati dalla posizione sciagurata in cui egli trovavasi. Nel primo anno del Lungo Parlamento erasi onorevolmente reso cospicuo fra i senatori che affaticavansi di riparare alle doglianze della nazione. Una delle più odiose cagioni di tali doglianze, cioè il Consiglio di York, era stata rimossa principalmente in grazia degli sforzi di lui. Quando seguì il grande scisma, quando il partito riformista ed il conservatore primamente mostraronsi in ordinanza di battaglia, l'uno contro l'altro; egli, insieme con molti savi e da bene uomini, si congiunse al partito conservatore. D'allora in poi seguì le fortune della Corte, godè tanta fiducia di Carlo I, quanta l'indole riservata, e la tortuosa politica di quel Principe ne concedessero ad alcun Ministro, e quinci divise lo esilio e diresse la condotta politica di Carlo II. Dopo la Ristaurazione, Clarendon divenne primo Ministro. Pochi mesi dopo fu annunziato ch'egli era per affinità strettamente congiunto alla Casa Reale; imperocchè la sua figlia era diventata, per secreto matrimonio, Duchessa di York. I suoi nipoti averebbero forse portata la Corona. Per questo illustre parentado ei fu preposto ai capi della vecchia nobiltà del paese, e un tempo fu creduto onnipotente. Per alcune ragioni egli era bene adatto a tenere quel posto eminente. Niuno sapeva, meglio di lui, comporre scritture di Stato; niuno parlava con più gravità e dignità nel Consiglio e nel Parlamento; niuno conosceva meglio i principii dell'arte di regnare; niuno discerneva con occhio più giudizioso le varietà dei caratteri degli uomini. È d'uopo aggiungere, che sentiva fortemente i doveri morali e religiosi, rispettava sinceramente le leggi del paese, e mostrava coscienzioso riguardo per l'onore e lo interesse della Corona. Ma il suo animo era acre, arrogante, intollerante d'ogni opposizione. Soprattutto, egli era stato lungo tempo in esilio, e questa sola cagione era bastevole a torgli le qualità necessarie a condurre la direzione suprema degli affari. È quasi impossibile che un uomo politico che sia stato costretto dalle lotte civili a bandirsi dalla propria patria, e passare lungi da quella molti dei più begli anni della vita, riesca adatto, appena ritornato al suolo natío, a togliere in mano il timone della cosa pubblica. Clarendon non va eccettuato da siffatta regola. Aveva lasciata l'Inghilterra con l'animo infiammato da un feroce conflitto, che era terminato con la caduta del suo partito e la ruina delle sue sostanze. Dal 1646 al 1660 era vissuto oltremare, mirando tutto ciò che avveniva nella sua patria, da una grande distanza, e con un falso strumento. Le nozioni che aveva delle pubbliche faccende, raccoglieva necessariamente dalle relazioni dei conspiratori, parecchi dei quali erano uomini esasperati dal danno e dalla disperazione. Gli eventi naturalmente gli sembravano bene augurati, non quando accrescevano la prosperità e la gloria della nazione, ma quando tendevano ad avacciare l'ora del suo ritorno. La sua convinzione - convinzione ch'ei non ha nascosta - consisteva in questo: che i suoi concittadini, non avrebbero potuto godere dei beni della quiete e della libertà, finchè non avessero rimesso su la vecchia dinastia. Finalmente ritornò alla patria, e senza avere speso nè anche una settimana a volgere lo sguardo all'intorno, a mischiarsi nei socievoli commerci, a notare i mutamenti che quattordici anni di vicende avevano prodotto nel carattere e nel sentire della popolazione, fu posto repentinamente a condurre il Governo dello Stato. In cosiffatte condizioni, anche un Ministro eminentemente destro e docile sarebbe probabilmente caduto in gravissimi errori. Ma la destrezza e la docilità non erano da trovarsi fra le doti dell'animo di Clarendon. Agli occhi suoi, l'Inghilterra seguitava ad essere la Inghilterra della sua giovinezza; e guardava in cagnesco ogni teoria ed ogni pratica introdotta mentre egli era in esilio. Quantunque fosse lontano dal meditare il minimo attentato contro l'antico e indubitato potere della Camera dei Comuni, il vederlo crescere gli recava grande inquietudine. La prerogativa regia, per la quale egli aveva tanto sofferto, e dalla quale era stato alla perfine innalzato alle ricchezze ed agli onori, era sacra agli occhi suoi. Riguardava le Teste-Rotonde con avversione politica e personale. Aveva sempre aderito fortemente alla Chiesa Anglicana, e tutte le volte che si trattava degl'interessi di quella, erasi separato, non senza rammarico, da' suoi più diletti amici. Il suo zelo per lo Episcopato e pel Libro della Preghiera Comune divenne quindi più ardente che mai, e si congiunse con un odio vendicativo contro

i Puritani; odio che gli recò poco onore, e come ad uomo di Stato e come a cristiano.
Mentre la Camera dei Comuni, che aveva richiamata la reale famiglia, era in sessione, e' tornava impossibile ristabilire il vecchio sistema ecclesiastico. La Corte non solo nascose con grande studio le proprie intenzioni, ma il Re stesso dètte, nel modo più solenne, assicuranze tali, che posero in calma gli animi dei Presbiteriani moderati. Aveva promesso, prima della Restaurazione, di concedere ai sudditi libertà di coscienza. Ripetè poscia tale promessa, aggiungendovi quella di adoperare le più scrupolose cure onde indurre a concordia le sètte avverse. Disse come egli desiderava di vedere la giurisdizione spirituale divisa tra i vescovi e i sinodi; di fare che la liturgia venisse riesaminata da una congrega di teologi, metà dei quali sarebbe di presbiteriani. Le quistioni concernenti la cotta, la postura nel ricevere la Eucarestia, e il segno della croce nel battesimo, verrebbero risolute in guisa da calmare le coscienze timorate. Come il Re ebbe addormentati gli occhi vigili di coloro ch'ei maggiormente temeva, sciolse il Parlamento. Aveva già dato il suo assenso ad un atto d'amnistia, salvo pochissimi, per tutti coloro i quali nelle lotte civili s'erano resi colpevoli di delitti politici. Aveva parimenti ottenuta dalla Camera dei Comuni una concessione a vita delle tasse, l'annuo prodotto delle quali era stimato a un milione e duecento mila lire sterline. A vero dire, il prodotto di quelle per alcuni anni passò di poco un milione; ma questa somma, insieme con la entrata ereditaria della Corona, era allora bastevole a pagare le spese del Governo in tempo di pace. Non fu concessa pecunia per mantenere un esercito stanziale. La nazione sentiva disgusto del semplice nome di quello, e il solo rammentarlo avrebbe commossi ed infiammati tutti i partiti.
IX. Nel 1661 seguì una elezione generale. Il popolo era frenetico d'entusiasmo verso il sovrano. La metropoli venne incitata a fare apparecchi per la più splendida incoronazione che si fosse mai veduta. Ne risultò un corpo di rappresentanti tale, quale non era mai stato in Inghilterra. Molti dei candidati eletti erano uomini che avevano pugnato a favore della Corona e della Chiesa, e che avevano l'animo esasperato per le molte ingiurie e i molti insulti delle Teste-Rotonde. Quando i membri adunaronsi, le passioni onde ciascuno di loro era individualmente animato, acquistarono nuova forza per virtù della simpatia. La Camera dei Comuni per alcuni anni fu più realista del Re stesso, più episcopale degli stessi vescovi. Carlo e Clarendon rimasero quasi atterriti della propria vittoria. Trovaronsi in condizioni non dissimili da quelle in cui Luigi XVIII e il Duca di Richelieu si videro allorquando, nel 1815, adunossi la Camera. Quando anche il Re avesse desiderato di adempiere le promesse date ai Presbiteriani, non lo avrebbe potuto fare. Veramente, gli fu mestieri di adoperare co' più vigorosi sforzi tutta la sua influenza per impedire che i Cavalieri vittoriosi lacerassero l'atto d'indennità, e si vendicassero, senza misericordia, dei torti sofferti.
X. I Comuni cominciarono dal decretare, che ciascun membro dovesse, sotto pena d'espulsione, prestare il giuramento secondo la forma prescritta dalla antica liturgia, e che l'atto di Convenzione dovesse essere bruciato per mano del boia nel cortile del palagio. Fecero un altro atto, in cui non solo riconoscevano il potere della spada appartenere al solo Re, ma dichiaravano che in nessun caso estremo, qualunque si fosse, le due Camere potevano giustamente resistere con la forza al sovrano. Ne aggiunsero un altro, che prescriveva ad ogni ufficiale di corporazione di giurare che la resistenza alla autorità del Re era sempre illegittima. Pochi cervelli caldi sforzaronsi di proporre una legge che annullasse in una sola volta tutti gli statuti fatti dal Lungo Parlamento, e richiamasse in vita la Camera Stellata e l'Alta Commissione; ma la Reazione, per quanto fosse violenta, non osò andare tanto oltre. Continuò ad esser valida la legge che ogni tre anni vi fosse un Parlamento; ma vennero revocate le clausule restrittive, le quali ordinavano che gli ufficiali, anche senza l'assenso regio, potevano, appena scorso il tempo prescritto, procedere alla elezione. I vescovi furono rimessi sui loro seggi nella Camera Alta. Il vecchio ordinamento politico della Chiesa, e la vecchia liturgia, furono ristabiliti, senza la minima modificazione che tendesse a conciliare i più moderati tra i Presbiteriani. Allora, per la prima volta, l'ordinazione episcopale fu dichiarata requisito essenziale alle dignità ecclesiastiche. Circa duemila ministri della religione, ai quali la coscienza non consentiva di conformarsi alle nuove leggi, furono, in un sol giorno, privati dei loro beneficii. La parte dominante, esultando, rammentava ai danneggiati, che il Lungo Parlamento, nell'auge del suo potere, aveva cacciato via un maggior numero di teologi realisti. Il rimprovero era ben fondato; ma il Lungo Parlamento aveva, almeno, ai teologi spogliati dei loro uffici concessa una provvisione bastevole a non lasciarli morire d'inedia; mentre i Cavalieri, con gli animi inveleniti da implacabile rancore, non avevano avuta la giustizia e la umanità di seguire il riferito esempio.
XI. Fecero poi alcuni statuti penali contro i non-conformisti; statuti, dei quali potevano trovare esempi precedenti nella legislazione puritana, ma ai quali il Re non poteva dare il suo assenso senza rompere

le promesse pubblicamente fatte, nella crisi più importante della sua vita, a coloro da cui dipendeva il suo destino. I Presbiteriani, colpiti di terrore e forte addolorati, corsero ai piedi del trono, allegando i loro recenti servigi, e la fede sovrana solennemente e ripetutamente data. Il Re ondeggiava. Non poteva rinnegare il suo proprio sigillo e la sua propria firma. Sentiva, pur troppo, d'essere debitore di molto ai chiedenti. Era poco avvezzo a resistere alle sollecitazioni importune. L'indole sua non era quella di un persecutore. Certo aborriva i Puritani; ma in lui lo aborrire era un languido sentimento, poco somiglievole all'odio energico che aveva infiammato il cuore di Laud. Parteggiava, inoltre, per la Religione Cattolica-Romana; e conosceva come fosse impossibile il concedere libertà di culto ai proseliti di quella religione, senza accordarla parimente ai dissenzienti protestanti. Tentò, quindi, debolmente di frenare lo zelo intollerante della Camera dei Comuni; ma la Camera trovavasi sotto la influenza di profonde convinzioni, e di passioni assai più forti che non erano quelle del Re. Dopo una lieve lotta, egli cedette, ed approvò, facendo mostra d'alacrità, una serie di leggi odiose contro i separatisti. Fu dichiarato delitto lo intervenire in luogo dove si celebrasse il culto dei dissenzienti. Ciascun giudice di pace poteva giudicare senza giurati, e poteva condannare ad essere trasportato oltre-mare per sette anni chiunque fosse stato per la terza volta dichiarato reo. Con sottile crudeltà, venne provveduto che il reo non fosse trasportato nella Nuova Inghilterra, dove probabilmente avrebbe trovato amici che lo confortassero. Ritornando innanzi che fosse trascorso tutto il tempo del bando, soggiaceva alla pena capitale. Un nuovo ed irragionevolissimo giuramento venne imposto ai teologi che erano stati spogliati dei loro beneficii per non essersi voluti conformare; e a tutti coloro che ricusavano di prestarlo, fu inibito di appressarsi di cinque miglia ad ogni città che fosse governata da una corporazione, o rappresentata in Parlamento, o dove essi avessero esercitato il sacro ministero. I magistrati che dovevano mandare ad esecuzione cotesti terribili statuti, erano generalmente uomini infiammati dallo spirito di parte, e dalla rimembranza dei danni che avevano sofferti al tempo della Repubblica. Le carceri furono quindi subitamente riempite di dissenzienti, tra i quali erano alcuni che con la virtù e coll'ingegno potevano onorare qualunque società cristiana.
XII. La Chiesa d'Inghilterra non si mostrò ingrata alla protezione largitale dal Governo. Fino dal primo giorno della sua esistenza aveva aderito alla Monarchia. Ma nei venti anni che seguirono l'epoca della Restaurazione, il suo zelo per l'autorità regia e pel diritto ereditario aveva travarcato ogni confine. Aveva partecipato alle sciagure della Casa degli Stuardi. Era stata ristaurata con essa; ed era con essa vincolata da interessi, amicizie ed inimicizie comuni. Sembrava impossibile che dovesse arrivare il giorno in cui i vincoli che la congiungevano ai figli del suo augusto martire, verrebbero infranti, e la lealtà della quale ella gloriavasi, non sarebbe più oltre un gradito e proficuo dovere. E però magnificava con frasi rimbombanti quella prerogativa che era sempre adoperata a difendere ed ingrandire la Chiesa, e riprovava comodamente la depravità di coloro i quali dalla oppressura, onde essa andava esente, erano stati incitati a ribellare. Il suo tema prediletto era la dottrina della non-resistenza; dottrina ch'essa predicava in modo assoluto, portandola fino a tutte le estreme conseguenze. I suoi discepoli non istancavansi mai di ripetere, che in nessun caso possibile, - nè anche se l'Inghilterra avesse la sciagura di sottostare a un Re come Busiride o Falaride, il quale, calpestando ogni legge, senza verun pretesto di giustizia, condannasse ogni giorno centinaia di vittime innocenti alla tortura e alla morte, - tutti gli Stati del Regno concordanti, sarebbero giustificati a resistere con la forza alla tirannide del principe. Avventuratamente, i principii della natura umana ci assicurano appieno che tali teorie rimarranno sempre teorie. Giunse il dì della prova; e quegli stessi uomini che avevano levata più alto la voce a predicare quella strana dottrina di lealtà, armaronsi, in quasi ogni Contea dell'Inghilterra, contro il trono.
Nuovamente in tutto il Regno le sostanze andavano cangiando padroni. Le vendite fatte dalla nazione, non essendo state confermate dal Parlamento, furono dai tribunali considerate come nulle. Il sovrano, i vescovi, i decani, i capitoli, i nobili e i gentiluomini realisti, riebbero i loro beni confiscati, e ne spogliarono perfino i compratori che ne avevano pagato il prezzo. Le perdite sostenute dai Cavalieri mentre predominavano i loro avversari, vennero così in parte riparate; ma solamente in parte. Ogni qualunque azione per ricuperare i frutti arretrati fu esclusa efficacemente dall'Amnistia generale; e i numerosi realisti i quali, onde soddisfare alle multe imposte dal Parlamento e comperare il favore delle potenti Teste-Rotonde, avevano vendute le loro terre per molto meno di quello che valevano, non furono liberati dalle conseguenze legali dei loro propri atti.
XIII. Mentre tali cose avvenivano, era seguito un cangiamento assai più grave nella morale e nei costumi del popolo. Le passioni e i gusti che sotto il predominio dei Puritani erano stati severamente repressi, e se per poco soddisfatti, lo erano stati di soppiatto, appena fu tolto lo impedimento,

tornarono a rivivere con irrefrenabile violenza. Gli uomini correvano ai frivoli diporti ed ai piaceri criminosi con quella avidità che nasce dalla lunga astinenza. Poco ostacolo vi poneva la pubblica opinione; avvegnachè le genti, stomacate dei piagnistei, e sospettose dei pretendenti a comparir santi, e soffrendo tuttavia della recente tirannide di governanti austeri nella vita e potenti nella preghiera, volgessero alcun tempo compiacenti gli sguardi a vizi più gaii e soavi. Minore era anche il freno che vi poneva il Governo. E davvero, non eravi eccesso al quale gli uomini non venissero incoraggiati dalla ostentata dissolutezza del Re, e dei suoi fidi cortigiani. Pochi consiglieri di Carlo I, che più non erano giovani, serbavano la decorosa gravità che trenta anni innanzi era stata tanto in voga a Whitehall. Tali erano lo stesso Clarendon e gli amici suoi, Tommaso Wriothesley conte di Southampton Lord Tesoriere, e Giacomo Butler Duca di Ormond, il quale dopo di avere tra molte vicende valorosamente propugnata l'autorità del Re in Irlanda, governava quel Regno con l'ufficio di Lord Luogotenente. Ma, nè la memoria dei servigii di cotesti uomini, nè il potere grande che avevano nello Stato, poterono proteggerli dai sarcasmi che il vizio di moda ama di scagliare contro la virtù fuori d'uso. La lode di gentilezza e vivacità mal poteva conseguirsi senza violare in qualche guisa il decoro. Uomini di grande e pieghevole ingegno affaccendavansi a spandere il contagio. La filosofia morale aveva di recente presa una forma atta a piacere ad una generazione egualmente devota alla monarchia ed al vizio. Tommaso Hobbes, con un linguaggio più preciso e lucido di quello che fosse stato mai adoperato da qualunque altro scrittore metafisico, sosteneva: la volontà del principe essere la regola del diritto e del torto, ed ogni suddito doversi tener pronto a professare, secondo che piacesse al principe, il Papismo, l'Islamismo o il Paganesimo. Migliaia d'uomini, inetti a conoscere ciò che nelle metafisiche speculazioni di lui fosse degno di stima, facilmente dettero il ben venuto ad una teoria, la quale, esaltando la dignità regia, rallentava i doveri morali, e abbassava la religione al grado di pretta faccenda di Stato, L'Hobbismo divenne tosto parte quasi essenziale del carattere d'un perfetto gentiluomo. Ogni specie di amena letteratura s'imbevve profondamente della prevalente licenza. La poesia si arruffianò ad ogni più basso desio. Il dileggio, invece di fare arrossire la colpa e l'errore, scagliò i suoi formidabili strali contro la verità e l'innocenza. La Chiesa dello Stato lottava, a dir vero, contro la prevalente immoralità, ma lottava debolmente e non di tutto cuore. Era necessario al decoro del proprio carattere, ch'ella ammonisse i suoi figli traviati; ma dava le sue ammonizioni con una tal quale negligenza o svogliatezza. La sua attenzione era rivolta altrove. In cima a tutti i suoi pensieri stava quello di esterminare i Puritani, ed insegnare ai suoi discepoli di dare a Cesare ciò che era di Cesare. Era stata spogliata ed oppressa da quello stesso partito che predicava la più austera morale. Aveva riacquistato opulenza ed onori, mercè i libertini. Per quanto poco disposti fossero gli uomini dell'allegria e della moda a conformarsi ai precetti di lei, erano tuttavia pronti a combattere fino all'ultimo sangue per le cattedrali e i palagi, per ogni rigo delle rubriche, per ogni lembo della veste della Chiesa. Se il dissoluto Cavaliere andava gavazzando su per i bordelli e le bische, tenevasi almeno lungi da' conventicoli. Se non parlava giammai senza profferire oscene parole o bestemmie, ne aveva fatta ammenda con la prontezza onde gettò in prigione Baxter e Howe, rei di avere predicato e pregato. In tal guisa il clero, un tempo, fece guerra allo scisma con tanto accanimento, che aveva poco agio di pensare a far guerra al vizio. Le oscene parole di Etherege e di Wicherley vennero, al cospetto e con la speciale sanzione del capo della Chiesa, pubblicamente recitate da labbra femminili ad orecchie femminili, mentre lo autore del Viaggio del Pellegrino languiva sepolto in carcere per colpa di insegnare lo evangelio ai poveri. Egli è un fatto indubitabile, non che mirabilmente istruttivo, che gli anni in cui la potenza politica della gerarchia anglicana trovavasi nel suo più alto grado, furono precisamente gli anni in cui le virtù pubbliche erano cadute in fondo alla maggiore degradazione.

XIV. Non v'era classe o professione che rimanesse libera dal contagio dell'immoralità prevalente; ma gli uomini politici erano forse la parte più corrotta del sociale consorzio, come quelli che erano esposti non solo alla nociva influenza che infermava la nazione, ma a una specie peculiare e più malefica di corruzione. Erano stati educati fra mezzo a spesse e violente rivoluzioni e contro-rivoluzioni. Nel corso di pochi anni avevano veduto l'ordinamento ecclesiastico del loro paese più volte cangiarsi. Avevano veduta la Chiesa Episcopale perseguitare i Puritani, la Chiesa Puritana perseguitare gli Episcopali, e la prima affliggere di nuove persecuzioni la seconda. Avevano veduta la monarchia ereditaria abolita e ristaurata; il Lungo Parlamento avere avuta tre volte la supremazia nello Stato, ed essere stato tre volte disciolto fra gli scherni e le maledizioni di milioni d'uomini; una nuova dinastia rapidamente conseguire l'altezza del potere e della gloria, e quindi in un baleno senza lotta cadere giù dal trono; un nuovo sistema rappresentativo formato, messo alla prova e abbandonato; una nuova Camera di Lord creata, e dispersa; grandi masse di beni passati dalle mani dei Cavalieri in quelle delle Teste-Rotonde, e dalle mani di queste nuovamente in quelle dei primi. Fra cotante vicissitudini, nessuno poteva con suo profitto professare la politica, ove non si tenesse parato a mutare ad ogni mutamento di fortuna. Solo tenendosi da parte, l'uomo poteva lungo tempo mantenersi o costante realista, o repubblicano costante. Chiunque, in un'età come quella, aspira a conseguire la grandezza civile, è uopo che deponga ogni pensiero di serbarsi immutabile. Invece di far mostra d'immutabilità fra mezzo alle continue mutazioni, deve star sempre vigilante ad osservare i segni della reazione che si approssima; deve cogliere il preciso momento per abbandonare una causa che sta per cadere. Avendo seguito a tutta oltranza una fazione mentre ella trovavasi preponderante, ei deve sollecitamente disimpacciarsene appena le difficoltà principiano; deve aggredirla, perseguitarla, gettarsi in un nuovo cammino, onde pervenire al potere ed alla prosperità, insieme co' suoi nuovi consorti. La nuova situazione naturalmente sviluppa in lui fino ad altissimo grado doti e vizi peculiari. Diventa acuto e pronto nell'osservare, e fecondo nel trovare espedienti. Afferra senza sforzo il contegno di ogni setta o partito, a cui gli accade di associarsi. Discerne i segni dei tempi con tale sagacia, che alla moltitudine sembra miracolosa; sagacia simile a quella con che un vecchio ufficiale di polizia tiene dietro ai più lievi vestigi del delitto, o con che un guerriero di Mohawk siegue la traccia altrui a traverso le foreste. Ma rade volte può trovarsi in un uomo siffattamente educato, integrità, costanza, o alcuna altra delle virtù figlie del vero. Non ha fede in nessun principio, nè zelo per alcuna causa. Ha veduto tante vecchie istituzioni andare in rovina, che non sente nessuna riverenza per la prescrizione. Ha veduto tante istituzioni nuove, dallo quali aspettavansi grandi cose, non produrre se non se disinganno, ch'egli non ha speranza di miglioramento. Irride egualmente e a coloro che vogliono conservare, e a coloro che agognano a riformare. Non vi ha cosa nello Stato ch'egli, senza scrupolo o rossore, non sia capace di difendere o distruggere. La fedeltà alle opinioni ed agli amici gli sembra pretta stupidezza, o falsità di giudizio. Considera la politica non come una scienza che deve mirare a rendere gli uomini felici, ma come un appetitoso giuoco di sorte e di destrezza, nel quale un giuocatore fortunato può vincere una baronia, un ducato e forse un Regno, mentre una mossa imprudente può produrre la perdita della roba e della vita. L'ambizione, che in tempi buoni ed in animi onesti è una mezza virtù, in lui, disgiunta da ogni nobile e filantropico sentimento, diventa una cupidità egoistica, turpe quasi al pari dell'avarizia. Fra quegli uomini politici, i quali, dalla Ristaurazione allo avvenimento della Casa di Hannover, erano a capo dei grandi partiti nello Stato, pochi sono coloro la cui fama non sia macchiata da ciò che nei tempi nostri si chiama grossolana perfidia e corruzione. Non sarebbe quasi esagerato lo affermare, che i più immorali uomini pubblici che a nostra memoria abbiano avuto in mano le pubbliche faccende, paragonati ai politici dell'ultima metà del secolo decimosettimo, ci paiono degni della lode di scrupolosi e disinteressati.

XV. Mentre accadevano in Inghilterra coteste mutazioni politiche, religiose e morali, l'autorità regia era stata senza difficoltà ristabilita in ogni parte delle Isole Britanniche. In Iscozia, la restaurazione degli Stuardi era stata salutata con gioia, come quella che restaurava la indipendenza nazionale. Ed era pur vero che il giogo imposto da Cromwell era stato apparentemente scosso, che gli Stati di nuovo s'erano adunati nella loro antica sala in Edimburgo, e che i Senatori del Collegio di Giustizia ministravano di nuovo le leggi scozzesi secondo le antiche forme. Nondimeno, la indipendenza di quel piccolo Regno era necessariamente più nominale che reale; imperciocchè, fino a tanto che il Re aveva l'Inghilterra favorevole, ei non poteva nulla temere dalla disaffezione dei suoi altri dominii. Adesso trovavasi in condizioni tali, da ritentare ciò che era riuscito fatale al padre suo, senza paventarne la miseranda fine. Carlo I erasi provato ad imporre a forza, di propria autorità, la propria religione agli Scozzesi, nel punto istesso in cui la religione sua e la sua reale autorità non erano popolari in Inghilterra; e non solo non v'era riuscito, ma aveva suscitate turbolenze che gli costarono la Corona e la vita. I tempi ora procedevano mutati; la Inghilterra era zelante della monarchia e della prelatura; e però il disegno, che nella precedente generazione era stato imprudente all'estremo, poteva ritentarsi con poco rischio pel trono. Il Governo determinò di istituire una chiesa episcopale in Iscozia. Il disegno venne riprovato da ogni assennato e rispettabile scozzese. Parecchi uomini di Stato in Iscozia, zelanti della regia prerogativa, avevano ricevuto educazione presbiteriana. Comecchè poco turbati da scrupoli, amavano la religione della loro infanzia; e bene conoscevano quanto profonde avesse le radici nei cuori dei loro concittadini. Protestarono vigorosamente; ma trovando inutili le proteste, non ebbero la virtù necessaria a perseverare in una opposizione che avrebbe offeso il loro signore, ed alcuni di loro piegaronsi alla ribalderia ed alla viltà di perseguitare quella che in coscienza credevano essere la forma più pura del cristianesimo. Il Parlamento scozzese era costituito in guisa da non avere mai fatto seria opposizione a principi assai più deboli di Carlo. L'episcopato, adunque, venne stabilito con una legge. In quanto alla forma del culto, fu lasciata non poca libertà al discernimento del clero. In talune chiese usavasi la liturgia inglese; in altre i ministri sceglievano, fra mezzo a quella liturgia, le preci e i rendimenti di grazie formulati in modo, da offendere meno il sentire del popolo. Ma in generale, la dossologia cantavasi alla fine delle sacre funzioni, e nel ministrare il battesimo recitavano il Credo degli Apostoli. La maggior parte della popolazione scozzese detestava la nuova Chiesa e come superstiziosa e come straniera; e perchè era deturpata dalle corruzioni di Roma, e perchè era segno della predominanza dell'Inghilterra. Nonostante, non vi fu insurrezione generale. Il paese non era più quel ch'era stato ventidue anni innanzi. Guerre disastrose e giogo straniero avevano prostrato lo spirito del popolo. L'aristocrazia, ch'era tenuta in grande onore dalle classi medie e dalla plebaglia, erasi posta a capo del movimento contro Carlo I; ma mostravasi poscia ossequiosa a Carlo II. Ormai nessuno aiuto era a sperarsi da parte dei Puritani inglesi; perocchè erano un partito debole, proscritto e dalla legge e dalla opinione pubblica. La massa della nazione scozzese, quindi, si sottomise tristamente, e con grandi timori di coscienza attendeva al servizio del clero episcopale, o dei ministri presbiteriani che avevano acconsentito ad accettare dal Governo una semi-tolleranza, conosciuta sotto il nome d'Indulgenza. Ma eranvi, massime nelle pianure occidentali, molti uomini fieri e ardimentosi, i quali credevano fermamente che l'obbligo di osservare la Convenzione fosse superiore a quello d'obbedire al magistrato. Costoro, in onta alla legge, continuavano a congregarsi onde adorare Dio secondo la loro credenza. Consideravano la Indulgenza, non come una riparazione parziale dei torti inflitti dai magistrati alla Chiesa, ma come un nuovo torto; il quale, per essere mascherato con l'apparenza d'un beneficio, pareva loro maggiormente odioso. La persecuzione, dicevano essi, può solo uccidere il corpo; ma l'aborrita Indulgenza torna fatale all'anima. Cacciati via dalle città, adunavansi su per i luoghi deserti e le montagne. Aggrediti dal potere civile, respingevano senza scrupolo la forza con la forza. Ad ogni conventicolo presentavansi armati. Spesso trascorrevano ad aperta ribellione. Venivano agevolmente sconfitti, e puniti senza misericordia; ma nè sconfitte nè pene potevano domare lo spirito loro. Inseguiti a guisa di belve, torturati fino ad avere le ossa slocate e dirotte, imprigionati, impiccati a centinaia, ora esposti alla licenza dei soldati inglesi, ora abbandonati alla mercè dei masnadieri delle montagne, tenevansi sempre sulle difese con un contegno così feroce, che il più ardito e potente oppressore non poteva non impaurire innanzi all'audacia della loro disperazione.

XVI. Erano tali, durante il regno di Carlo II, le condizioni della Scozia. Quelle della Irlanda non erano meno triste. In quell'isola esistevano contese, in paragone delle quali le più calde animosità dei politici inglesi erano tiepide. L'inimicizia tra i Cavalieri e le Teste-Rotonde d'Irlanda fu quasi dimenticata quando riarse più feroce il conflitto tra la razza inglese e la celtica. La distanza tra gli Episcopali e i Presbiteriani sembrava svanire in paragone di quella che li separava entrambi dai Papisti. Negli ultimi civili perturbamenti, mezzo il suolo irlandese dalle mani dei vinti era passato in quelle dei vincitori. Pochi dei vecchi o dei nuovi occupanti meritavano il favore della Corona. Gli spogliatori e gli spogliati erano, in massima parte, stati egualmente ribelli. Il Governo divenne tosto perplesso, e stanco dei reclami e delle scambievoli accuse delle due inferocite fazioni. Quei coloni, ai quali Cromwell aveva distribuito il territorio conquistato, e i discendenti dei quali chiamavansi tuttavia Cromwelliani, allegavano che gli abitanti aborigeni erano nemici mortali della nazione inglese sotto qualsifosse dinastia, e della religione protestante sotto qualunque forma. Descrivevano ed esageravano le atrocità commesse nella insurrezione di Ulster; incitavano il Re a seguitare risolutamente la politica del Protettore; non avevano vergogna d'affermare come non ci fosse da sperare mai pace in Irlanda, finchè non venisse onninamente estirpata la vecchia razza irlandese. I Cattolici Romani scusavansi come meglio potevano, e lamentavano con tristi parole la severità delle loro pene; che, a dir vero, non erano miti. Scongiuravano Carlo di non confondere lo innocente col colpevole, e gli rammentavano che molti dei colpevoli avevano espiato i loro falli ritornando alla obbedienza del loro sovrano, e difendendo i diritti di lui contro gli assassini del suo genitore. La Corte, nauseata dallo importunare di due partiti, nessuno dei quali essa aveva cagione di amare, in fine volle liberarsi d'ogni disturbo dettando un atto di concordia. Quel sistema crudele, ma compito ed energico, che Oliviero erasi proposto onde rendere affatto inglese quell'isola, venne abbandonato. I Cromwelliani furono indotti a rendere un terzo dei loro beni; i quali vennero capricciosamente distribuiti fra quei pretendenti che il Governo volle favorire. Ma moltissimi che protestavano d'essere innocenti di slealtà, e parecchi altri che menavano singolar vanto della lealtà loro, non ottennero nè restituzione nè compensazione, ed empirono la Francia e la Spagna di gridi contro la ingiustizia e la ingratitudine della Casa degli Stuardi.

XVII. Intanto il Governo aveva, anche in Inghilterra, perduta la sua popolarità. I realisti avevano cominciato a contendere con la Corte e fra loro stessi; e la parte vinta, calpesta, e, come pareva, annientata, ma che serbava tuttavia un vigoroso principio di vita, alzò nuovamente il capo, e rinnovò la interminabile guerra.
Quando anche l'amministrazione avesse proceduto scevra di falli, l'entusiasmo con che il popolo aveva salutato il ritorno del Re e la fine della tirannide militare, non avrebbe potuto durare; avvegnachè sia legge di natura, che a tali repentini eccitamenti tenga dietro la calma. Il modo onde la Corte abusò della propria vittoria, affrettò e rese compiuta cotesta calma. Ogni uomo moderato mal pativa la insolenza, la crudeltà, la perfidia, con che venivano trattati i non-conformisti. Le leggi penali avevano efficacemente purgata la parte oppressa di quegli individui poco sinceri, i vizi dei quali le scemavano la reputazione; e l'avevano resa di nuovo una società di onesti uomini e pii. Il Puritano vincitore, governante, persecutore, sequestratore, era stato aborrito, tradito, bistrattato, abbandonato da' temporeggiatori che nei giorni prosperi gli avevano giurata fratellanza, cacciato via dal proprio tetto, interdetto sotto pene severe a pregare o ricevere i sacramenti secondo la propria coscienza; e, non ostante, sempre fermo nel proposito di obbedire a Dio meglio che all'uomo, era, in onta a certe spiacevoli rimembranze, obietto di pietà e riverenza a tutte le menti diritte. Cotesti sentimenti divennero più forti allorchè corse la voce che la Corte non intendeva trattare i Papisti col medesimo rigore con che aveva trattati i Presbiteriani. Nacque in cuore di molti il sospetto che il Re e il Duca non fossero protestanti sinceri. Molti, oltre a ciò, che non avevano potuto soffrire l'austerità ed ipocrisia dei Farisei della Repubblica, cominciarono a sentire maggiore disgusto della impudente corruttela della Corte e dei Cavalieri, e inclinavano a dubitare che l'austera rigorosità di Laudaddio Barebone non fosse da preferirsi all'oltraggiosa profanazione e licenza dei Buckingham e dei Sedley. Anche quegli uomini immorali che non erano estranei al sentimento e allo spirito pubblico, querelavansi vedendo il Governo trattare le cose più gravi come pretti trastulli, e considerare le cose da nulla come cose gravi. Poteva ad un Re perdonarsi ch'ei si svagasse col vino, col brio, con le donne; ma era intollerabile ch'egli si perdesse oziando e immerso nei piaceri, che le più gravi faccende dello Stato fossero trascurate, e che gli ufficiali pubblici morissero di fame, mentre devastavansi le finanze onde arricchire meretrici e parassiti.
Gran numero di realisti facevano eco a tali querimonie, ed aggiungevano molte pungenti considerazioni intorno la ingratitudine del Re. Veramente, le intere sue entrate non sarebbero bastate a rimunerarli secondo ch'essi credevano di meritare. Perocchè, ad ogni impoverito gentiluomo che aveva combattuto sotto Rupert o Derby, i propri servigi parevano eminentemente meritorii, e i propri danni eminentemente duri. Ciascuno aveva sperato, sia che si fosse degli altri, ch'ei verrebbe con larghezza ricompensato di tutte le perdite sostenute nelle lotte civili, e che la restaurazione della monarchia avrebbe restaurato i suoi beni dilapidati. Nessuno di questi speranzosi potè frenare lo sdegno, allorquando trovossi così povero sotto il Re, come era stato sotto il Parlamento repubblicano o sotto il Protettore. La negligenza e la stravaganza della Corte svegliò la collera di cotesti leali veterani. Dicevano giustamente, che mezzi i tesori che il Re profondeva a beneficio delle concubine e dei buffoni, potevano racconsolare i cuori di centinaia dei vecchi Cavalieri, i quali dopo d'avere abbattuti i boschi e fuse le argenterie loro onde soccorrere il padre suo, adesso erravano intorno in povero arnese, e non sapevano dove rivolgersi per un tozzo di pane.
Nel tempo stesso, le rendite improvvisamente ribassarono. La entrata d'ogni possidente di terre scemò di cinque scellini per ogni lira sterlina. In ogni Contea del Regno levossi il grido della miseria agricola; di che, secondo il costume, fu chiamato in colpa il Governo. I gentiluomini, costretti a diminuire le loro spese, vedevano con isdegno il crescente splendore e la profusione di Whitehall, e fermamente credevano che la pecunia la quale doveva servire al sostegno delle loro famiglie, era passata, in modo inesplicabile, ai favoriti del Re.
Tutti gli animi, quindi, divennero esacerbati in guisa, che ogni atto pubblico eccitava il malcontento. Carlo aveva sposata Caterina principessa di Portogallo. Tale matrimonio generalmente dispiacque; e le mormorazioni divennero più forti allorchè si conobbe che il Re non aveva speranza di discendenti legittimi. Dunkerque, tolta alla Spagna da Oliviero, fu venduta a Luigi XIV Re di Francia. Ciò riaccese lo sdegno in cuore di tutti gl'Inglesi, i quali cominciavano ad osservare con inquietudine il progresso della potenza francese, e a sentire per la Casa dei Borboni ciò che gli avi loro avevano sentito per la Casa d'Austria. Domandavano se fosse cosa savia in tempo siffatto aggiungere forza ad una Monarchia troppo formidabile. Dunkerque, inoltre, veniva considerata dal popolo, non solamente come piazza d'armi e chiave dei Paesi Bassi, ma anche come trofeo del valore inglese. Essa era per i

sudditi di Carlo ciò che Calais era stata pei loro antenati, e ciò che la rocca di Gibilterra, difesa con tanto valore, in tempi pieni di disastri e pericoli, contro le flotte e le armate di una potente coalizione, è per noi stessi. La economia sarebbe stata una valida scusa, se l'avesse allegata un Governo economo. Ma sapevano tutti che le spese necessarie a mantenere Dunkerque erano frivole, di fronte alle somme che nella Corte dissipavansi in vizi e follie. E' pareva cosa da non potersi patire, che un sovrano smisuratamente prodigo in tutto ciò che spettava ai propri piaceri, dovesse mostrarsi avaro in tutto ciò che spettava alla sicurezza ed all'onore dello Stato.
Il pubblico malcontento si fece maggiore allorquando si conobbe che, mentre Dunkerque erasi abbandonata sotto pretesto d'economia, la fortezza di Tangeri, la quale era parte della dote della Regina Caterina, fu riparata ed armata con enormi spese. Tangeri non racchiudeva memorie gradite all'orgoglio nazionale; non poteva in nessun modo promuovere gl'interessi della nazione; avvolgeva il paese in una guerra ingloriosa, non proficua e interminabile, con le semiselvagge tribù dei Mussulmani; ed era posta in un clima grandemente nocivo alla sanità ed al vigore della razza inglese.
XVIII. Ma le mormorazioni provocate da cotesti falli erano deboli, in agguaglio dei clamori che scoppiarono appena il Governo ebbe dichiarata la guerra alle Provincie Unite. La Camera dei Comuni sollecitamente votò somme di danaro senza esempio nella nostra storia, somme superiori a quelle che erano bastate a mantenere le flotte e le armate di Cromwell nel tempo in cui il suo potere faceva tremare tutto il mondo. Ma fu tanta la stravaganza, la disonestà, la incapacità dei suoi successori, che siffatta liberalità riuscì peggio che inutile. Gli adulatori di Corte, inetti a contendere contro i grandi uomini che allora comandavano le armi olandesi, contro un uomo di Stato come De Witt, e contro un capitano come De Ruytor, impinguaronsi con subiti guadagni; mentre i marinai ammutinavansi per fame, gli arsenali rimanevano senza guardie, e le navi erano sdrucite e prive di arnesi. In fine, fu risoluto di abbandonare ogni pensiero di guerra offensiva; ma subito fu a tutti manifesto, che anche una guerra difensiva era soma troppo grave per il Governo. La flotta olandese si spinse su pel Tamigi, ed incendiò le navi da guerra che stavano ancorate a Chatham. Si sparse la voce che in quello stesso giorno in cui l'onore inglese rimase umiliato, il Re gozzovigliava con le femmine del suo serraglio, e svagavasi dando la caccia ad una farfalla dentro la sala da cena. Allora e' fu che tarda giustizia venne resa alla memoria d'Oliviero. In ogni dove magnificavasi il valore, lo ingegno, l'amor patrio di lui. In ogni dove rammentavasi come, lui governante, tutti i potentati stranieri tremassero al nome della Inghilterra; come gli Stati Generali, adesso così altieri, gli si fossero rispettosamente inchinati: ed appena si conobbe ch'ei più non era, la città d'Amsterdam venisse tutta illuminata quasi in segno di liberazione, e i fanciulli corressero attorno i canali gridando con gioia che il Diavolo era morto. Anche i realisti esclamavano che lo Stato non poteva salvarsi, se non chiamando sotto le armi i vecchi soldati della Repubblica. Tosto la metropoli cominciò a provare le miserie dell'assedio. Mancavano i combustibili. Il forte di Tilbury, luogo d'onde Elisabetta aveva scherniti gli oltraggi di Parma e di Spagna, venne insultato dagl'invasori. I cittadini di Londra, per la prima ed ultima volta, udirono il rimbombo dei cannoni forestieri. Venne proposto in Consiglio di abbandonare la Torre, qualora il nemico si spingesse innanzi. Grosse torme di popolo accalcavano nelle strade gridando che l'Inghilterra era venduta. Le case e i cocchi dei Ministri furono aggrediti dalla plebaglia; e il Governo temeva di dovere combattere a un tempo la invasione e la insurrezione. Vero è che lo estremo pericolo durò poco. Venne concluso un trattato assai diverso da quelli ai quali Oliviero aveva costume di apporre la firma; e la nazione riebbe la pace, ma il suo contegno fu poco meno minaccioso e tristo di quello che aveva mostrato nei giorni della imposta per mantenere la flotta.
I mali umori generati dalla pessima amministrazione, furono accresciuti da calamità che la migliore amministrazione non avrebbe potuto scansare. Mentre inferociva la guerra ignominiosa con la Olanda, Londra patì due disastri gravi che, in tempo si breve, non afflissero mai tanto città nessuna. Una pestilenza, assai più orribile di qualunque altra nello spazio di tre secoli avesse visitata l'isola, mieté in sei mesi centomila e più creature umane; ed appena i carri mortuari avevano cessato di andare attorno, quando un incendio, quale non s'era mai veduto in Europa dopo il bruciamento di Roma sotto Nerone, ridusse in rovine la città tutta quanta, dalla Torre fino al Tempio, e dal fiume sino a Smithfield.
XIX. Se, mentre la nazione travagliavasi fra tante sciagure e tante umiliazioni, vi fosse stata una elezione generale, le Teste-Rotonde avrebbero probabilmente riacquistata la preponderanza nello Stato. Ma il Parlamento era tuttavia popolato di Cavalieri, eletti nello entusiasmo della lealtà che aveva seguita la Restaurazione. Nondimeno, tosto fu noto a tutti che nessuna Legislatura Inglese, leale quanto si volesse, si terrebbe paga d'essere ciò che la Legislatura era stata sotto i Tudors. Dalla

morte d'Elisabetta fino alla vigilia della guerra civile, i Puritani che predominavano nel corpo rappresentativo, avevano sempre più, destramente adoperando il potere della borsa, usurpato nel campo del Potere Esecutivo. I gentiluomini, i quali, dopo la Restaurazione, sedevano nella Camera Bassa, comecchè abborrissero il nome dei Puritani, erano lieti di avere raccolti i frutti della politica puritana. Certo, desideravano molto di valersi del potere che esercitavano nello Stato, onde rendere il Re potente e rispettato dentro il Regno e fuori: ma erano determinati a non lasciarsi privare di tale potere. La grande rivoluzione inglese del secolo decimosettimo, val quanto dire il trapasso del supremo sindacato dell'amministrazione esecutiva dalla Corona alla Camera dei Comuni, procedette, durante la lunga esistenza di quel Parlamento, con rapidità e fermezza. Carlo, impoverito da' suoi vizi e dalle sue follie, aveva mestieri di danari, e non poteva procacciarsene se non per concessione dei Comuni; ai quali non poteva impedirsi di porre a prezzo le loro concessioni. Il prezzo che vi posero fu questo, che venisse loro conceduto d'immischiarsi in ciascuna delle prerogative del Re; di forzarlo ad approvare le leggi che a lui spiacessero; licenziare Ministeri; dettare la condotta da tenersi nella politica estera, ed anche dirigere l'amministrazione della guerra. All'ufficio ed alla persona del Re professavansi altamente affettuosi e devoti. Ma ricusavano di obbedire a Clarendon, e gli si scagliarono contro, con furore pari a quello con che i loro predecessori avevano tempestato Strafford.

XX. Le virtù e i vizi di quel Ministro cooperarono alla sua ruina. Era il capo apparente dell'amministrazione, e quindi veniva considerato mallevadore anche di quegli atti ai quali fortemente, ma invano, erasi opposto in Consiglio. I Puritani, e tutti coloro che ne sentivano pietà, lo reputavano qual bacchettone implacabile, un secondo Laud, fornito di maggiore intelligenza. Aveva sempre sostenuto che l'Atto d'Indennità dovesse rigorosamente osservarsi; ed in ciò la sua condotta, quantunque fosse per lui singolarmente onorevole, lo rese odioso a tutti quei realisti, i quali bramavano di rifarsi delle perdite sostenute nelle sostanze, citando le Teste-Rotonde a pagare i danni. I Presbiteriani di Scozia gli attribuivano la caduta della loro Chiesa. I Papisti d'Irlanda lo addebitavano della perdita delle loro terre. Come padre della Duchessa di York, aveva cagione a desiderare che la Regina fosse sterile; e però cadde in sospetto di avere proposta al Re una sposa che non poteva dargli prole. La vendita di Dunkerque venne a lui giustamente ascritta. Con meno giustizia gli chiedevano ragione della guerra con la Olanda. La sua indole accensibile, l'arrogante contegno, la impudente avidità di ricchezze, la ostentazione con che le profondeva, la sua pinacoteca piena dei capolavori di Vandyke che un tempo avevano adornate le sale degli impoveriti Cavalieri, il suo palagio che spiegava una lunga e magnifica facciata di contro alla reggia di più umile aspetto, gli provocarono contro molte meritate e non meritate censure. Quando la flotta olandese era nelle acque del Tamigi, la rabbia del popolaccio si scagliò precipuamente contro il Cancelliere. Gli ruppero le finestre, gli devastarono il giardino, e inalzarono una forca dinanzi alla sua casa. Ma in nessun luogo era tanto detestato, quanto nella Camera dei Comuni. Non vedeva come celeremente si approssimasse il tempo in cui la Camera, seguitando ad esistere, diventerebbe il potere supremo nello Stato; il governarla sarebbe la parte più importante della politica; e senza l'aiuto di uomini che padroneggiassero le orecchie di cotesta Camera, sarebbe impossibile tirare innanzi il Governo. Ei persisteva ostinatamente a considerare il Parlamento come un corpo in nulla diverso da quello che esisteva quaranta anni innanzi, allorchè egli si pose a studiare Diritto nel Tempio. Non intendeva a privare la legislatura dei poteri ad essa inerenti secondo l'antica Costituzione del Regno; ma il nuovo esplicamento di cosiffatti poteri, quantunque fosse naturale, inevitabile, e da non potersi fermare se non se distruggendoli affatto, spiacevagli e lo metteva in paura. Niuna cosa lo avrebbe indotto ad apporre il gran sigillo a un decreto fatto ad esigere la imposizione per le navi, o votare in Consiglio di chiudere dentro la Torre un membro del Parlamento, reo di avere liberamente favellato in una discussione: ma quando la Camera dei Comuni cominciò a voler sapere in che modo il denaro votato per la guerra era stato speso, e togliere ad esame la pessima amministrazione della flotta, egli arse di sdegno. Tale esame, secondo lui, era fuori delle attribuzioni della Camera. Ammetteva che essa era una Assemblea lealissima, che aveva resi buoni servigi alla Corona, e che le sue intenzioni erano ottime; ma, tanto in pubblico quanto in privato, ei coglieva ogni destro per manifestare la propria inquietudine nel vedere gentiluomini così affettuosi della Monarchia, invadere sconsigliatamente le prerogative del Monarca. Diceva che, comunque lo spirito loro differisse grandemente da quello dei membri del Lungo Parlamento, nulladimeno gli imitavano mestando in cose che stavano oltre la sfera degli Stati del reame, ed erano soggette all'autorità sola della Corona. Affermava che il paese non sarebbe mai governato convenevolmente, finchè i rappresentanti delle Contee e dei borghi non fossero paghi di essere ciò che i loro predecessori erano stati nei tempi di Elisabetta. Respinse sdegnosamente, come indigesti progetti, incompatibili con l'antica politica inglese, tutti que' disegni che uomini assai più di lui conoscitori dei sociali bisogni proponevano a fine di mantenere la buona intelligenza tra la Corte e i Comuni. Il suo contegno verso gli oratori giovani che andavano acquistando reputazione ed autorità nella Camera Bassa, era sgraziato: gli riuscì di renderseli, forse senza eccettuarne nè anche un solo, mortali nemici. A vero dire, uno dei suoi falli più gravi fu lo stemperato dispregio ch'egli affettava per la gioventù; dispregio tanto meno giustificabile, in quanto la esperienza che aveva nella politica inglese non era affatto proporzionata alla età sua. Imperciocchè era vissuto tanti anni lungi dalla patria, ch'ei conosceva la società fra mezzo alla quale trovossi appena ritornato, meno di quanto la conoscessero molti uomini che avrebbero potuto essergli figli.

Per tali ragioni, la Camera dei Comuni non lo poteva patire; mentre per ragioni assai diverse ei non piaceva alla Corte. La sua morale, non che la sua politica, erano quelle della precedente generazione. Anco quando studiava Diritto, vivendo in compagnia di giovani amanti del brio e dei piaceri, la sua gravità naturale e i suoi principii religiosi lo avevano preservato dal contagio delle dissolutezze in voga: non era, dunque, verosimile che negli anni maturi diventasse libertino. I vizi degli allegri giovani ei guardava con quasi tanta avversione acre e sprezzante, quanta ne sentiva per gli errori teologici dei settari. Non lasciava mai fuggire il destro di schernire i mimi, i folleggianti e i cortigiani che riempivano la reggia; e gli ammonimenti che dava al Re stesso erano molto pungenti, e - il che anco più spiaceva a Carlo - molto prolissi. Nè anche una voce levossi a difendere un Ministro colpito dall'odio dei falli che provocavano il furore del popolo, e da quello delle virtù che tornavano moleste e importune al sovrano. Southampton non era più. Ormond compì i doveri d'amicizia con energia e fedeltà, ma invano. Il Cancelliere fu avvolto in una grande rovina. Il Re gli tolse i sigilli; la Camera dei Comuni lo pose in istato d'accusa; la sua vita non rimase sicura; ei fuggì dal paese; un editto lo dannava ad esilio perpetuo; e coloro che lo avevano assalito, minandogli il terreno di sotto ai piedi, si misero a contendere per dividersi le spoglie del caduto.

Il sacrificio di Clarendon ammorzò un poco la sete di vendetta che ardeva nel popolo. Nondimeno, l'ira sua, rieccitata dalla profusione e dalla negligenza del Governo, e dalla pessima condotta della ultima guerra, non era per nulla spenta. I consiglieri di Carlo, tenendo dinanzi agli occhi la miseranda sorte del Cancelliere, trepidavano per la propria sicurezza. Avvertirono, quindi, il loro signore a calmare la irritazione che prevaleva nel Parlamento e per tutto il paese, ed a tal fine appigliarsi ad un provvedimento che non ha nulla di simile nella storia degli Stuardi, e che era degno della prudenza e magnanimità d'Oliviero.

XXI. Siamo adesso pervenuti ad un punto, in cui la storia della grande rivoluzione inglese principia a complicarsi con la storia della politica straniera. La potenza spagnuola veniva, da molti anni, volgendo in basso. Egli è vero che possedeva tuttavia in Europa il Milanese, le Due Sicilie, il Belgio e la Franca Contea; e che in America i suoi dominii distendevansi da ambi i lati dello equatore, al di là dei confini della zona torrida. Ma cotesto grande corpo era stato colpito da paralisi, e non solo era incapace di molestare gli altri Stati, ma non valeva, senza l'altrui soccorso, a respingere l'aggressione. La Francia, senza nessun dubbio, era la più grande delle Potenze europee. I suoi mezzi d'allora in poi sono venuti sempre crescendo, ma non così celeremente come quelli dell'Inghilterra. È uopo rammentare, che centottanta anni fa, lo Impero di Russia era affatto fuori del sistema politico d'Europa, al pari dell'Abissinia o del Siam; che la casa di Brandeburgo era appena più potente di quella di Savoia; e che la Repubblica degli Stati-Uniti non esisteva affatto. La potenza francese quindi, benchè tuttora sia considerevole, è relativamente scemata. Il suo territorio ai tempi di Luigi XIV non era esteso come ai dì nostri; ma era grande, unito, fertile, bene adatto all'offesa ed alla difesa, posto sotto un bel clima, e popolato da genti valorose, operose ed industri. Lo Stato era implicitamente retto da una sola mente suprema. I grandi feudi, che, trecento anni avanti, erano in tutto, tranne nel nome solo, principati indipendenti, erano stati annessi alla Corona. Solo pochi vecchi potevano rammentarsi dell'ultima ragunanza degli Stati Generali. La resistenza che gli Ugonotti, i Nobili e i Parlamenti avevano opposta al regio potere, era stata annientata da' due grandi Cardinali, che per lo spazio di quaranta anni avevano governata la nazione. Il Governo era un pretto dispotismo; ma, almeno verso le classi elevate, dispotismo mite e generoso, e temperato da modi cortesi e da sentimenti cavallereschi. I mezzi dei quali poteva disporre il Sovrano, erano per quell'età veramente formidabili. La sua rendita, riscossa, a dir vero, per mezzo di tassazioni severe ed ineguali, che pesavano gravemente sopra i coltivatori del suolo, sorpassava d'assai quella d'ogni altro potentato. Il suo esercito, egregiamente disciplinato e comandato dai più grandi Generali che allora vivessero, era già composto di centoventi e più mila uomini. Tanto numero di truppe regolari non s'era mai veduto in Europa, dalla caduta dello

Impero Romano in poi. Tra le Potenze marittime, la Francia non era la prima. Ma, comecchè avesse rivali, non era inferiore a nessuna. Era tale la sua forza negli ultimi quaranta anni del secolo decimosettimo, che nessun nemico poteva da sé solo resisterle; e due grandi coalizioni, nelle quali mezza la Cristianità le moveva contro, non ebbero prospero successo.
XXII. Le doti personali del Re francese accrescevano il rispetto che veniva ispirato dal potere e dalla importanza del suo reame. Non vi fu mai Sovrano che rappresentasse con più dignità e grazia la maestà d'un grande Stato. Egli era il suo proprio primo Ministro, e, compiva i doveri di quell'arduo ufficio con tale abilità ed industria, che non potevano a ragione aspettarsi in un uomo che fino dalla infanzia aveva portata la Corona, ed era stato circondato da una folla d'adulatori innanzi che fosse in istato di parlare. Aveva mostrato di possedere in grado eminente due pregii inestimabili in un principe: lo ingegno, cioè, di scegliere i suoi servi; e quello di addossare a sè stesso la parte precipua del credito degli atti loro. Nelle relazioni co' potentati stranieri fu alquanto generoso, ma non mai giusto. Agli alleati infelici, i quali gettavansi ai suoi piedi, e non avevano altra speranza che nella sua commiserazione, largì la propria protezione con disinteresse romantico, che sembrava meglio convenire ad un cavaliere errante, che ad un uomo di Stato. Ma ruppe senza scrupolo o vergogna i vincoli più sacri della fede pubblica, ogni qualvolta essi toccavano il suo interesse, o ciò che egli chiamava sua gloria. La sua perfidia e violenza, nondimeno, eccitavano meno inimicizia di quello che facesse la insolenza con che rammentava di continuo ai vicini la sua grandezza e la piccolezza loro. In quel tempo non era caduto in quell'austera divozione, la quale poscia dètte alla sua Corte la sembianza d'un monastero. Era invece licenzioso, benchè non così frivolo ed indolente, come il suo confratello d'Inghilterra. Era sinceramente cattolico romano; e la coscienza e la vanità sue lo spingevano a adoperare la propria possanza onde difendere e propagare la vera fede, secondo lo esempio dei suoi famosi predecessori, Clodoveo, Carlomagno e San Luigi.
I nostri antichi consideravano con grave sospizione la crescente potenza della Francia. Tale sentimento, in sè perfettamente ragionevole, era misto ad altri meno degni di lode. La Francia era nostra vecchia nemica. Contro essa erano state combattute le battaglie più famose di cui facessero ricordo gli annali nostri. Il conquisto della Francia era stato due volte fatto dai Plantageneti. La perdita della Francia era stata lungo tempo rammentata come un grande disastro nazionale. Del titolo di Re di Francia seguitavano ad insignirsi i nostri Sovrani. I gigli di Francia apparivano commisti coi nostri Leoni sull'arme della Casa degli Stuardi. Nel secolo sedicesimo il timore ispirato dalla Spagna aveva sospesa l'animosità alla quale dapprima era stato obietto la Francia. Ma la paura fattaci dalla Spagna era terminata in una sprezzante commiserazione; e la Francia venne nuovamente considerata come nostra nemica nazionale. La vendita di Dunkerque fatta alla Francia, era stata l'atto più impopolare della Monarchia restaurata. L'affetto verso la Francia era uno dei principali delitti di che la Camera dei Comuni accusava Clarendon. Perfino nelle inezie mostravasi il pubblico sentire. Quando nelle strade di Westminster seguì un tafferuglio tra i familiari della Legazione Francese e quei della Spagnuola, la plebaglia, comecchè dalla forza fosse impedita d'immischiarvisi, aveva dati manifestissimi segni che provavano come il vecchio abborrimento vivesse tuttavia.
La Francia e la Spagna erano allora ravvolte in una gravissima contesa. Uno dei fini precipui della politica di Luigi, fine al quale egli tenne dietro per tutta la sua vita, era quello di estendere i suoi dominii sino al Reno. A tale scopo aveva mossa guerra alla Spagna, e già proseguiva prosperamente le proprie conquiste. Le Provincia Unite vedevano con timore il progresso delle armi francesi. Quella rinomata Confederazione era pervenuta ad altezza di possanza, prosperità e gloria. Il territorio batavo, contrastato alle onde marine, e difeso contro esse dall'arte dell'uomo, era per estensione poco più del Principato di Galles. Ma tutto quello angusto spazio era una specie di operoso ed affollato alveare, in cui ogni giorno producevansi ricchezze nuove, ed accumulavansi in vaste masse le antiche. Lo aspetto dell'Olanda, la ricca coltivazione, gl'innumerevoli canali, i molini sempre in attività, lo infinito numero di barche, le grandi città sparse a poca distanza l'una dall'altra, i porti affollati di migliaia di navi, i grandi e maestosi edifizi, le ville eleganti, gli appartamenti splendidamente addobbati, le gallerie di pitture, le logge, i campi fioriti di tulipani, producevano nell'animo dei viaggiatori inglesi di que' giorni lo effetto che ai nostri produce la vista dell'Inghilterra nella mente di un abitatore della Norvegia o del Canadà. Gli Stati Generali furono costretti ad umiliarsi al cospetto di Cromwell. Ma dopo la Restaurazione, presero la rivincita, guerreggiando prosperamente contro Carlo, e concludendo una pace a patti onorevoli. Per quanto ricca, però, fosse la Repubblica ed altamente rispettata in Europa, non poteva resistere alla potenza di Luigi. Sospettava, non senza cagione, che il Regno Francese si potesse estendere fino ai batavi confini, ed aveva da temere la immediata vicinanza

di un monarca così grande, ambizioso e scevro di scrupoli. Eppure, non era cosa facile trovare un espediente che potesse allontanare il pericolo. I soli Olandesi non potevano far traboccare la bilancia contro la Francia. Dalla parte del Reno non erano da aspettarsi aiuti nessuni. Alcuni Principi germanici s'erano fatti parteggiatori di Luigi, e lo stesso Imperatore tenevano impacciato i malcontenti degli Ungheri. La Inghilterra era separata dalle Provincie Unite per la rimembranza dei danni crudeli di recente inflitti e patiti; e la sua politica, dopo la Restaurazione, era stata cotanto scema di saviezza e di spirito, che era appena possibile lo sperarne un valido aiuto.
Ma la sorte di Clarendon, e i crescenti malumori del Parlamento, spinsero i consiglieri di Carlo a adottare repentinamente una politica che maravigliò ed empì di gioia la nazione.
XXIII. Sir Guglielmo Temple, agente inglese in Brusselles, uno dei più esperti diplomatici e dei più dilettevoli scrittori di quell'età, aveva già fatto sapere alla propria Corte, come fosse desiderabile ed insieme agevole trattare cogli Stati Generali, onde far fronte al progresso della Francia. Per un certo tempo le sue suggestioni erano state poste in non cale; ma adesso fu reputato utile seguirle. A lui, dunque, fu commesso di negoziare cogli Stati Generali. Si condusse all'Aja, e tosto s'accordò con Giovanni De Witt, che allora era primo Ministro d'Olanda. La Svezia, per quanto piccoli fossero i suoi mezzi, erasi quaranta anni innanzi, mercè il genio di Gustavo Adolfo, innalzata ad eminente grado fra i potentati europei, e non era per anche discesa alla sua naturale posizione. Nella riferita occasione, essa venne indotta a collegarsi alla Inghilterra ed agli Stati. In tal guisa formossi quella coalizione conosciuta sotto il nome di Triplice Alleanza. Luigi mostrò d'esserne vessato, e di provarne risentimento; ma non reputò atto di sana politica il tirarsi addosso le ostilità d'una tanta confederazione, che aggiungevansi a quelle della Spagna. Assentì quindi ad abbandonare una gran parte del territorio occupato dall'armi sue. L'Europa riebbe la pace, e il Governo Inglese, che poco innanzi era universalmente spregiato, venne per pochi mesi considerato dalle Potenze straniere con rispetto quasi uguale a quello che il Protettore aveva ad esse ispirato.
Dentro lo Stato, la Triplice Alleanza era oltremodo popolare, come quella che ad un tempo satisfaceva l'animosità nazionale, e il nazionale orgoglio. Poneva un confine alle usurpazioni d'un potente ed ambizioso vicino. Avvincolava in istretta unione i principali Stati protestanti. Le Teste-Rotonde e i Cavalieri ne gioivano egualmente: ma la gioia degli uni era maggiore di quella degl'altri; imperciocchè la Inghilterra erasi intimamente collegata con un paese di governo repubblicano e di religione presbiteriana, contro un paese retto da un principe arbitrario, ed affezionato alla Chiesa Cattolico-Romana. La Camera dei Comuni plaudì clamorosamente al trattato; ed alcuni mormoratori non cortigiani lo chiamarono l'unico atto lodevole che il Re avesse mai fatto, dopo la ristaurazione del trono.
XXIV. Il Re, nulladimeno, davasi poco pensiero dell'approvazione del Parlamento o del popolo. Considerava la Triplice Alleanza solo come un espediente temporaneo a calmare il malcontento, che accennava di farsi grave. La indipendenza, la sicurtà, la dignità della nazione alla quale ei presedeva, erano nulla agli occhi suoi. Aveva cominciato a trovare incomode le limitazioni costituzionali. Erasi già formata nel Parlamento una forte colleganza, conosciuta sotto il nome di partito patriottico. Comprendeva tutti gli uomini pubblici che inchinavano alla repubblica e al puritanismo, e molti altri i quali, quantunque aderenti alla Chiesa stabilita e alla Monarchia ereditaria, erano stati tratti alla opposizione dalla paura del papismo, dalla paura della Francia, e dal disgusto che sentivano della stravaganza, dissolutezza e perfidia della Corte. La potenza di cotesta legione di uomini politici andava ognora crescendo. Ciascun anno, alcuni di que' rappresentanti che erano stati rieletti durante lo entusiasmo di lealtà del 1661, tiravansi da parte, e i seggi vacanti venivano generalmente occupati da individui meno docili. Carlo non estimavasi vero Re, finchè un'Assemblea di sudditi poteva chiamarlo al rendimento dei conti, innanzi che egli avesse pagati i suoi debiti, ed insistere onde conoscere quale delle sue amanti o dei suoi cortigiani si fosse appropriata la pecunia destinata ad equipaggiare la flotta. Comecchè egli non fosse molto studioso della propria reputazione, sentiva molestia degli insulti che talora gli lanciavano nelle discussioni della Camera dei Comuni; ed una volta tentò d'infrenare, con mezzi vergognosi, la libertà della parola. Sir Giovanni Coventry, gentiluomo di provincia, aveva in una discussione schernite le dissolutezze della Corte. In qualunque dei regni antecedenti, sarebbe stato, probabilmente chiamato avanti al Consiglio Privato, e imprigionato dentro la Torre. Adesso il Governo procedè in modo diverso. Una banda di sicari fu di soppiatto mandata a tagliare il naso al colpevole. Cotesta schifosa vendetta, invece di domare lo spirito della opposizione, eccitò tale procella, che il Re fu astretto a sobbarcarsi alla crudele umiliazione di approvare uno Statuto di morte infamante che colpiva i ministri della sua vendetta, e che gli tolse dalle mani il potere di perdonarli.

Ma, per quanto fosse impaziente del freno costituzionale, in che guisa poteva egli emanciparsene? Poteva rendersi dispotico soltanto con lo aiuto di un grande esercito stanziale, e siffatto esercito non esisteva. Con le sue rendite poteva, a dir vero, mantenere un certo numero di milizie regolari; ma esse, comunque fossero tante da eccitare gelosia e sospetto nella Camera dei Comuni e nel paese, bastavano appena a proteggere Whitehall e la Torre contro una insurrezione della plebe di Londra. E v'era ragione di temere simiglianti insurrezioni, poichè sapevasi pur troppo, che nella città e nei suburbii esistevano non meno di ventimila dei vecchi soldati d'Oliviero.

XXV. Poichè il Re ebbe stabilito di emanciparsi dal sindacato del Parlamento, e poichè a tanta impresa non poteva sperare aiuti dentro lo Stato, reputò necessario procacciarseli fuori. La potenza e ricchezza della Francia erano bastevoli all'ardua prova di stabilire la monarchia assoluta in Inghilterra. Cosiffatto alleato doveva indubitabilmente aspettarsi segni di gratitudine per un tanto servigio. Era, però, mestieri che Carlo scendesse al grado di un grande vassallo, e facesse guerra o pace ad arbitrio del Governo che lo proteggeva. Le sue relazioni con Luigi sarebbero state strettamente simili a quelle in che il Rajah di Nagpore e il Re di Oude oggidì stanno verso il Governo Inglese. Cotesti principi hanno debito di aiutare la Compagnia delle Indie Orientali in ogni ostilità difensiva ed offensiva, e di non avere altre relazioni diplomatiche che quelle le quali vengono sanzionate dalla predetta Compagnia. Questa, in compenso, li assicura contro ogni insurrezione. Fino a che essi fedelmente adempiono agli obblighi loro verso il potere sovrano, hanno licenza di disporre di grosse rendite, empire i loro palagi di belle donne, abbrutirsi in compagnia dei loro dissoluti cortigiani, ed opprimere impunemente qualunque dei sudditi diventi segno all'ira loro. Simigliante vita sarebbe insoffribile ad un uomo di spirito altero e di potente intendimento. Ma a Carlo, uomo sensuale, pigro, inetto ad ogni forte opera di mente, e privo d'ogni sentimento di amor patrio e di dignità personale, quel prospetto di degradata esistenza non era niente spiacevole.

Parrà cosa straordinaria che il Duca di York cooperasse al disegno di degradare la Corona, che probabilmente un giorno egli avrebbe portata: imperocchè la indole sua era altera ed imperiosa; e veramente, seguitò fino all'ultimo a mostrare, secondo che si presentava il destro, con risentimenti e lotte, come mal tollerasse il giogo francese. Ma la superstizione gli aveva deturpata l'anima tanto, quanto la indolenza e il vizio avevano corrotta quella del suo fratello. Giacomo era già cattolico romano. La bacchettoneria era diventata il sentimento predominante della sua mente angusta e inflessibile, ed erasi cotanto confusa con lo amore di governare, che le due passioni mal potevano l'una dall'altra distinguersi. E' pareva molto improbabile che egli, senza aiuto straniero potesse ottenere il predominio o anche la tolleranza della sua propria fede; ed era siffattamente temprato, da non vedere nulla di umiliante in qualunque atto che valesse a giovare gl'interessi della vera Chiesa.

Si iniziarono negoziati, che durarono parecchi mesi. Lo agente precipuo tra la Corte inglese e la francese fu la bella, graziosa ed accorta Enrichetta duchessa d'Orleans, sorella di Carlo, cognata di Luigi, e caramente diletta ad entrambi. Il Re d'Inghilterra si profferse a dichiararsi cattolico romano, sciogliere la Triplice Alleanza, e collegarsi con la Francia contro la Olanda, ove la Francia gli apprestasse gli aiuti pecuniari e militari di che egli avesse mestieri per rendersi indipendente dal suo Parlamento. Luigi, in sulle prime, simulò di ricevere freddamente tali proposte, e infine accettolle col contegno di chi accordi un grande favore; ma veramente, la via per cui s'era messo era tale, ch'egli ci poteva sempre guadagnare, e non perdere.

XXVI. Pare certo ch'egli non avesse mai avuto serio pensiero di stabilire il dispotismo e il papismo in Inghilterra con la forza delle armi. Doveva accorgersi che tanta impresa sarebbe stata ardua e rischiosa; che per anni molti avrebbe tenute occupate tutte le energie della Francia; e che sarebbe stata affatto incompatibile con altre e più praticabili idee d'ingrandimento, molto care al suo cuore. Avrebbe volentieri acquistato il merito e la gloria di rendere, a patti ragionevoli, un grande servigio alla sua propria Chiesa: ma era poco inchinevole a imitare i suoi antenati, i quali, nei secoli duodecimo e tredicesimo, avevano condotto il fiore della cavalleria francese a morire nella Siria e nello Egitto; e bene conosceva che una crociata contro il protestantismo in Inghilterra, non sarebbe stata meno pericolosa delle spedizioni in cui erano perite le milizie di Luigi VII e di Luigi IX. Non aveva cagione a desiderare che gli Stuardi fossero principi assoluti. Non considerava la Costituzione inglese con sentimento simile a quello che in tempi posteriori spinse i Principi a muovere guerra alle libere istituzioni dei popoli vicini. Ai dì nostri, un gran partito zelante del Governo popolare, conta proseliti in ogni paese incivilito. Ogni vittoria ch'esso in qualunque luogo riporti, non manca di svegliare un generale commovimento. Non è quindi a maravigliare che i Governi, minacciati da un pericolo comune, concordino ad assicurarsi vicendevolmente. Ma nel secolo decimosettimo tale periglio non

esisteva. Tra il pubblico sentire dell'Inghilterra e il pubblico sentire della Francia, era un abisso. Le nostre istituzioni e fazioni erano tanto poco intese in Parigi, quanto in Costantinopoli. È da dubitarsi se nè anche uno dei quaranta membri dell'Accademia Francese avesse nella propria biblioteca un solo libro inglese, e conoscesse solo di nome Shakspeare, Johnson o Spenser. Pochi Ugonotti, eredi dello spirito dei proprii antenati, potevano forse consentire con le Teste-Rotonde, loro confratelli nella fede; ma gli Ugonotti più non erano formidabili. I Francesi, come corpo, affettuosi alla Chiesa di Roma, ed orgogliosi della grandezza del Re loro e della propria lealtà, guardavano le nostre lotte contro il papismo e il potere arbitrario, non solo senza ammirazione o simpatia, ma con forte disapprovazione e disgusto. Sarebbe, adunque, grave errore attribuire la condotta di Luigi a timori simili in tutto a quelli che, nell'età nostra, indussero la Santa Alleanza ad immischiarsi nelle faccende interne di Napoli e di Spagna.
Ciò non ostante, le proposte fatte dalla Corte di Whitehall giunsero a Luigi gradite singolarmente. Meditava già i giganteschi disegni, che tennero poscia per quaranta anni in perpetuo commovimento tutta l'Europa. Voleva umiliare le Provincie Unite, ed incorporare ai propri dominii il Belgio, la Franca Contea e la Lorena. Nè ciò era tutto. Essendo il Re di Spagna un fanciullo malaticcio, era verosimile morisse senza prole. La sorella maggiore di costui era Regina di Francia. Era quasi certo arrivasse il giorno - e poteva arrivare presto - in cui la casa dei Borboni avesse a produrre i suoi diritti a quel vasto Impero, sul quale il sole non tramontava giammai. La congiunzione di due grandi monarchie sotto una sola Corona, sarebbe senza alcun dubbio stata avversata da una coalizione continentale; per resistere alla quale il solo braccio della Francia bastava. Ma l'Inghilterra poteva far traboccare la bilancia. Dalla parte da che l'Inghilterra si sarebbe messa in tale occasione, dipendevano i destini del mondo; ed era a tutti manifesto, che il Parlamento e la nazione inglese aderivano fortemente alla politica che aveva dettata la Triplice Alleanza. Nulla, quindi, poteva essere tanto grato a Luigi, quanto il sapere che i principi della casa degli Stuardi avevano mestieri del suo aiuto, ed erano vogliosi di acquistarlo a prezzo di illimitata sottomissione. Deliberato di giovarsi del destro, formò per uso proprio un sistema d'azione, dal quale non si scostò mai, finchè sopraggiunse la rivoluzione del 1688 a sconcertargli ogni politico disegno. Si confessò desideroso di compiacere alla Corte inglese; promise grandi aiuti. Di quando in quando ne largì tanti, quanti servissero a tenere viva la speranza, e quanti ne potesse senza rischio o inconvenevolezza offerire. In tal guisa, con una spesa molto minore di quella ch'egli sostenne a erigere e decorare Versailles e Marli, gli riuscì di rendere la Inghilterra, per circa venti anni, parte quasi così frivola del sistema politico europeo, come lo è, a' giorni nostri la Repubblica di San Marino.
Era suo scopo non già distruggere la nostra Costituzione, ma tenere i vari elementi onde era composta, in perenne conflitto, e rendere irreconciliabilmente nemici coloro che avevano il potere della borsa, e coloro che avevano il potere della spada. A tal fine, comperava ed irritava a vicenda ambe le parti; pensionava, nel tempo stesso, i Ministri della Corona e i capi della opposizione; incoraggiava la Corte ad opporsi alle usurpazioni sediziose del Parlamento; e faceva spargere nel Parlamento susurri intorno ai disegni arbitrali della Corte.
Uno degli espedienti ai quali appigliossi col proposito di predominare nei Consigli inglesi, è peculiarmente degno d'essere rammentato. Carlo, quantunque fosse incapace di sentire amore nel senso più alto del vocabolo, era schiavo d'ogni donna che con la beltà della persona eccitasse le voglie, e coi modi e con le ciarle allegrasse gli ozi di lui. Davvero, verrebbe meritamente deriso quel marito che soffrisse da una moglie d'alto lignaggio e d'intemerata virtù mezze le inscienze che il Re d'Inghilterra tollerava dalle sue concubine; le quali, mentre a lui solo andavano debitrici d'ogni cosa, carezzavano, quasi innanzi agli occhi suoi, i suoi cortigiani. Aveva pazientemente sopportato le sfrontate ire di Barbara Palmer, e la impertinente vivacità di Eleonora Gwynn. Luigi pensò che il più utile ambasciatore che egli potesse mandare a Londra, sarebbe stata una bella, licenziosa ed intrigante donna francese. La eletta fu Luisa, dama della casa di Querouaille, che i nostri rozzi antenati chiamavano Madama Carwell. Costei trionfò tosto di tutte le sue rivali, fu creata Duchessa di Portsmouth, colmata di ricchezze, ed ottenne un impero che finì con la vita di Carlo.
XXVII. I patti più importanti dell'alleanza tra le due Corone, vennero formulati in un trattato secreto, che fu stipulato in Dover nel maggio del 1670, dieci anni dopo il giorno in cui Carlo era approdato a quel luogo medesimo fra le acclamazioni e le lacrime di gioia del troppo fidente popolo.
Per virtù di tale trattato, Carlo obbligavasi a professare pubblicamente la religione cattolica romana; a congiungere le proprie armi con quelle di Luigi, onde distruggere il potere delle Provincie Unite; e adoperare le intere forze dell'Inghilterra, per terra e per mare, a sostegno dei diritti della Casa dei Borboni alla vasta Monarchia Spagnuola. Luigi, da parte sua, impegnavasi a pagare grossi sussidi; e

prometteva che, qualora scoppiasse in Inghilterra una insurrezione, avrebbe mandata a proprie spese un'armata, onde sostenere il suo alleato.
Cotesto patto fu fatto con tristi auspicii. Sei settimane dopo d'essere stato munito delle firme e dei sigilli, la bella principessa, la cui influenza sopra il fratello e il cognato era stata così perniciosa alla propria patria, non era più. La sua morte fece nascere orribili sospetti, che per poco parvero volessero rompere l'amistà novellamente formata fra la Casa degli Stuardi e quella dei Borboni; ma poco tempo dopo, i due confederati si dettero vicendevolmente nuove assicuranze di amichevoli intendimenti.
Il Duca di York, così tardo d'ingegno da non sentire il pericolo, o così fanatico da non curarsene, era impaziente di veder mandato subito ad esecuzione lo articolo concernente la religione cattolica romana: ma Luigi ebbe la saviezza di prevedere che, se ciò fosse seguito, sarebbe in Inghilterra scoppiata tale esplosione, da frustrare probabilmente quelle parti del disegno le quali gli stavano più a cuore. Fu però stabilito che Carlo seguitasse a chiamarsi protestante, e a ricevere nelle grandi solennità la Comunione secondo il rituale della Chiesa Anglicana. Il suo fratello, più scrupoloso di lui, più non comparve nella Cappella Reale.
Verso questo tempo morì la Duchessa di York, figlia del bandito Conte di Clarendon. Era stata per alcuni anni di soppiatto cattolica romana. Lasciò due figlie, Maria ed Anna, entrambe dipoi regine della Gran-Brettagna. Vennero educate protestanti per espresso comando del Re, il quale conosceva che sarebbe stato inutile a lui di confessarsi membro della Chiesa d'Inghilterra, se le due fanciulle che pareva dovessero succederli al trono, fossero, per licenza di lui, cresciute nel grembo della Chiesa di Roma.
I principali servi della Corona in questo tempo erano uomini, i nomi dei quali hanno meritamente acquistata non invidiabile celebrità. È d'uopo, nondimeno, studiarsi di non aggravare la memoria loro con la infamia che di diritto spetta al loro signore. Del trattato di Dover il Re stesso è principalmente responsabile. Egli tenne intorno a quello conferenze cogli agenti francesi; scrisse di propria mano molte lettere a quello spettanti; e' fu colui che suggerì i più disonorevoli articoli che vi si contengono; e studiosamente ne nascose alcuni alla più parte dei Ministri del suo Gabinetto, o, come veniva popolarmente chiamato, della sua Cabala.
XXVIII. Poche cose nella nostra storia sono più curiose dell'origine e del progresso del potere che oggimai possiede il Gabinetto. Fino da tempi assai remoti, i Re d'Inghilterra sono stati assistiti da un Consiglio privato, al quale la legge assegnava non pochi importanti ufficii e doveri. Per alcuni secoli, questo Consiglio deliberò intorno ai più gravi e gelosi affari di Stato. Ma gradatamente venne cangiando d'indole. Diventò troppo numeroso per la speditezza delle faccende, o per serbare il segreto. Il grado di Consigliere privato era spesso conferito come onorificenza a uomini, ai quali il Governo non confidava nulla, e nè anche richiedeva la opinione. Il sovrano nelle più solenni occasioni rivolgevasi ad un ristretto numero di principali Ministri, onde averne consiglio. I vantaggi e svantaggi di siffatto modo di operare erano stati additati da Bacone, col suo consueto giudicio e sagacia; ma e' non fu se non dopo la Restaurazione, che il Consiglio intimo cominciò ad attirare a sè l'attenzione universale. Per molti anni, i politici all'antica seguitarono a considerare il Gabinetto come un ufficio incostituzionale e pericoloso. Nulladimeno, divenne sempre più importante; ed alla perfine, si recò in mano quasi tutto il potere esecutivo, e venne poi ad essere estimato come parte essenziale del nostro ordinamento politico. Eppure, strano a dirsi! continua tuttora ad essere affatto sconosciuto alla legge. I nomi dei nobili e dei gentiluomini che lo compongono, non vengono mai officialmente annunciati al pubblico. Non si prende ricordo delle sue adunanze e deliberazioni; e la sua esistenza non è stata mai riconosciuta da nessun atto del Parlamento.
XXIX. Per alcuni anni, il vocabolo Cabala venne comunemente usato come sinonimo di Gabinetto. Ma accadde per una fortuita coincidenza, che nel 1671 il Gabinetto fosse composto di cinque individui, nei nomi dei quali le lettere iniziali formavano il vocabolo Cabala (Cabal): Clifford, Arlington, Buckingham, Ashley e Lauderdale. Questi Ministri furono, quindi, per enfasi chiamati la Cabala; e tosto resero quel nome così infame, che poscia non è stato mai usato se non in significato di riprovazione.
Sir Tommaso Clifford era Commissario del Tesoro, e s'era reso grandemente notevole nella Camera dei Comuni. Era il più rispettabile fra' membri della Cabala, come quello che in una indole fiera ed imperiosa aveva un forte, quantunque miseramente pervertito, sentimento del dovere e dell'onore.
Enrico Bennet, Lord Arlington, Segretario di Stato, aveva, fino dall'epoca in cui pervenne all'età d'uomo, passata la vita quasi sempre nel continente; ed aveva imparato quell'indifferentismo cosmopolitico verso le Costituzioni e le Religioni, che spesso si osserva negli individui che hanno spesi

gli anni in una vagabonda diplomazia. Se vi era forma di Governo che a lui piacesse, ell'era quella di Francia. Se v'era Chiesa ch'egli preferisse, ella era quella di Roma. Aveva qualche ingegno nel conversare, ed anche nel trattare gli affari ordinari del suo ufficio. Nel corso d'una vita spesa a viaggiare e a far negoziati, aveva imparata l'arte di accomodare il linguaggio e il portamento all'indole della società fra mezzo alla quale ei si trovava. Con la vivacità, nei recessi della reggia, svagava il principe; con la gravità, nelle discussioni e nelle conferenze, imponeva riverenza al pubblico; e gli era riuscito di tirare a sè, in parte rendendo servigi, in parte dando speranze, un numero considerevole di partigiani.
Buckingham, Ashley e Lauderdale, erano uomini dei quali la immoralità, ch'era infezione epidemica nei politici di quei tempi, mostravasi nei suoi più maligni sembianti, ma variamente modificata da grandi varietà di tempra e d'intendimento. Buckingham, uomo sazio di piaceri, erasi dato all'ambizione quasi per passatempo. Come si era provato a svagarsi con lo studio dell'architettura e della musica, con lo scrivere farse e cercare la pietra filosofale; così ora si provava a svagarsi con un negoziato secreto, e con una guerra cogli Olandesi. Era già stato, più presto per volubilità e vaghezza di cose nuove, che per alcun profondo proposito, infido ad ogni partito. Un tempo erasi messo nelle file dei Cavalieri. In un altro, erano corsi mandati d'arresto contro di lui, incolpato di mantenere corrispondenza proditoria colle reliquie del partito repubblicano nella città. Era nuovamente diventato cortigiano, e voleva acquistare il favore del Re con servigi, dai quali i più illustri di coloro che avevano pugnato e sofferto per la Casa Reale, avrebbero rifuggito compresi d'orrore.
Ashley, più testardo, e dotato di assai più feroce e solida ambizione, era stato parimente versatile. La versatilità di Ashley nasceva, però, non da leggerezza, ma da deliberato egoismo. Aveva serviti e traditi vari Governi; ma aveva adattati i suoi tradimenti così bene ai tempi, che, fra mezzo a tutte le rivoluzioni, s'era sempre venuto innalzando. La moltitudine, compresa d'ammirazione per una prosperità, la quale, mentre ogni altra cosa perpetuamente mutavasi, era rimasta immutabile, attribuiva a lui una prescienza pressochè miracolosa, ed assomigliavalo a quello ebreo uomo di Stato, che, come è scritto, veniva consultato dal popolo come l'oracolo di Dio.
Lauderdale, chiassoso e triviale nella gioia e nella collera, era forse, sotto l'apparenza di una presuntuosa franchezza, l'uomo più disonesto della Cabala. Erasi reso cospicuo fra gl'insorgenti scozzesi del 1638, ed era zelante della Convenzione. Lo accusavano d'essere stato complice di coloro che avevano venduto Carlo I al Parlamento Inglese, ed era perciò dai Cavalieri reputato traditore, peggiore, s'era pur possibile, di quelli che avevano seduto nell'Alta Corte di Giustizia. Spesso parlava con istemperato scherzo dei giorni in cui egli era stato santocchio e ribelle. Ed ora la Corte se ne giovava come di precipuo strumento per imporre a forza il culto episcopale ai concittadini di lui; e in cosiffatto proposito, non abborrì dallo adoperare inesorabilmente la spada, il capestro e lo stivaletto. Nondimeno, chi conoscevalo, sapeva bene che trenta anni di vicende non avevano prodotto il minimo cangiamento nei suoi veri sentimenti; che tuttavia egli odiava la memoria di Carlo I, e seguitava a preferire ad ogni altra forma di Governo ecclesiastico quella dei Presbiteriani.
Per quanto Buckingham, Ashley e Lauderdale, fossero scevri di scrupoli, non fu reputato prudente il farli partecipi dello intendimento che il Re aveva di dichiararsi cattolico romano. Fu loro mostrato un falso trattato, dove era omesso lo articolo concernente la religione. Al trattato genuino vennero apposti i soli nomi e sigilli di Clifford e d'Arlington. Ambidue questi uomini di Stato erano parziali della vecchia Chiesa: parzialità che, dopo non molto tempo, l'animoso e veemente Clifford confessò; mentre Arlington, più freddo e più codardo, la tenne nascosta, finchè lo avvicinarsi della morte, riempiendogli l'animo di terrore, lo indusse ad essere sincero. Gli altri tre Ministri, nondimeno, non erano uomini da essere tenuti agevolmente nel buio, ed è probabile che sospettassero più di quello che distintamente venne loro rivelato. Vero è che parteciparono alla confidenza di tutti gl'impegni politici contratti con la Francia, e non ebbero vergogna di ricevere da Luigi grosse gratificazioni.
Primo obietto di Carlo era quello di ottenere dai Comuni danaro, onde giovarsene a mandare ad esecuzione quel secreto trattato. La Cabala, che imperava in un tempo in cui il nostro Governo era in istato di transizione, aveva in sé due specie diverse di vizii, pertinenti a due diverse età ed a due sistemi diversi. Come que' cinque pessimi consiglieri erano fra gli ultimi uomini di Stato inglesi che seriamente pensassero a distruggere il Parlamento, così erano i primi uomini di Stato inglesi che si provassero grandemente a corromperlo. Troviamo nella loro politica gli ultimi vestigi del disegno di Strafford, e ad un tempo i vestigi primi della corruzione metodica che venne poscia praticata da Walpole. Non pertanto, si accorsero tosto, che quantunque la Camera dei Comuni fosse principalmente composta di Cavalieri, e quantunque gl'impieghi e l'oro della Francia venissero

largamente dispensati ai rappresentanti non eravi la minima probabilità che le parti meno odiose della trama ordita in Dover fossero sostenute dalla maggioranza. Era necessario adoperare la frode. Il Re, quindi, fece mostra di grande zelo a favore dei principii della Triplice Alleanza, e pretese che, a fine di infrenare l'ambizione della Francia, fosse necessario accrescere la flotta. I Comuni caddero nella rete, e votarono una somma di ottocentomila lire sterline. Il Parlamento venne subito prorogato, e la Corte, in tal modo emancipata da ogni sindacato, procedè a porre in opera il suo vasto disegno.

XXX. Le strettezze finanziere erano assai gravi. Una guerra con la Olanda sarebbe costata somme enormi. La rendita ordinaria era appena sufficiente a sostenere il Governo in tempo di pace. Le ottocentomila lire sterline che erano state poco fa con inganno estorte ai Comuni, non sarebbero bastate alle spese militari e navali d'un solo anno di ostilità. Dopo il tremendo esempio dato dal Lungo Parlamento, nè anche la Cabala arrischiossi a consigliare i balzelli detti Benevolenze e Danaro per mantenere la flotta. In tale perplessità, Ashley e Clifford proposero un mezzo iniquo di violare la fede pubblica. Gli orefici di Londra erano allora non solo trafficanti di metalli preziosi, ma anche banchieri, ed avevano costume di prestare grandi somme di pecunia al Governo. A compensazione di coteste prestazioni, ricevevano assegnamenti sulla rendita; e riscosse le tasse, venivano loro pagati il capitale e gl'interessi. Circa un milione e trecentomila lire sterline erano state in siffatto modo affidate all'onore dello Stato; quando ecco corse, inatteso e repentino, lo annunzio che non essendo convenevole rendere i capitali, era d'uopo che i creditori si contentassero di ricevere gl'interessi. Non poterono, in conseguenza di siffatta misura, far fronte agli impegni contratti. La Borsa si mise sossopra: parecchie case mercantili fallirono; e lo spavento e la miseria si sparsero per tutta la società. Frattanto il Governo procedeva a passi rapidi verso il dispotismo. Succedevansi proclami che non avevano la sanzione del Parlamento, o imponevano ciò che il solo Parlamento poteva legalmente imporre. Di tali editti, il più importante fu quello che si chiama Dichiarazione d'Indulgenza, per virtù del quale le leggi penali contro i Cattolici Romani vennero abrogate; e perchè non apparisse chiaro il vero scopo di quell'atto, le leggi contro i Protestanti non-conformisti furono parimente sospese.

XXXI. Pochi giorni dopo promulgata la Dichiarazione d'Indulgenza, fu proclamata la guerra contro le Provincie Unite. In mare gli Olandesi sostennero la lotta con onore; ma per terra furono in sulle prime oppressi da una forza irresistibile. Una grossa armata francese varcò il Reno. Le fortezze, una dopo l'altra, aprirono le porte. Tre delle sette provincie della Federazione furono occupate dagl'invasori. I fuochi degli accampamenti nemici vedevansi dalle cime del Palagio del Municipio d'Amsterdam. La Repubblica, in tal modo ferocemente assalita di fuori, era nel medesimo tempo lacerata dalle intestine discordie. Il Governo era nelle mani di una stretta oligarchia di potenti borghesi. Eranvi numerosi Consigli Municipali autonomi, ciascuno dei quali esercitava, dentro la propria sfera, molti diritti di sovranità. Cotesti Consigli mandavano delegati agli Stati Provinciali, e questi inviavano delegati agli Stati Generali. Un capo magistrato ereditario non era parte essenziale di tale sistema politico. Nonostante, una famiglia, singolarmente feconda di grandi uomini, aveva a poco a poco acquistata autorità vasta e pressochè indefinita. Guglielmo, primo di tal nome, Principe d'Orange Nassau, e Statoldero di Olanda, aveva capitanata la memorabile insurrezione contro la Spagna. Maurizio suo figlio era stato Capitano Generale e primo Ministro degli Stati; aveva, per mezzo delle maravigliose sue doti e degli eminenti servigi resi alla Repubblica, e di alcuni atti crudeli e proditorii, conseguito potere quasi di Re, e lo aveva in gran parte trasmesso in retaggio alla propria famiglia. La influenza degli Statolderi era obietto di estrema gelosia alla oligarchia municipale. Ma l'armata e la gran massa di cittadini esclusi da ogni partecipazione al Governo, guardavano i Borgomastri e i Deputati con astio simile a quello con che le legioni e il popolo comune di Roma guardavano il Senato, ed erano partigiani della Casa d'Orange come le legioni e il popolo comune di Roma parteggiavano per quella di Cesare. Lo Statoldero comandava le forze della Repubblica, disponeva di tutti i gradi militari, possedeva in gran parte il patronato degli uffici civili, ed era circondato da pompa pressochè regia.

Il Principe Guglielmo II aveva fortemente avversato il partito oligarchico. Finì di vivere nel 1650, fra mezzo alle lotte civili. Non lasciò figliuoli: gli aderenti alla sua Casa rimasero per alcun tempo privi di capo; e i poteri ch'egli aveva esercitati, furono divisi fra i Consigli Municipali, gli Stati Provinciali e gli Stati Generali.

Ma, pochi giorni dopo la morte di Guglielmo, la sua vedova Maria, figlia di Carlo I Re della Gran Brettagna, partorì un figlio destinato ad innalzare la gloria e l'autorità della Casa di Nassau al più alto grado, a salvare dalla schiavitù le Provincie Unite, a domare la potenza della Francia, e a stabilire la Costituzione inglese sopra fondamenti solidi e duraturi.

XXXII. Questo Principe, ch'ebbe nome Guglielmo Enrico, fin dal suo nascere fu cagione di gravi timori al partito che allora governava in Olanda, e di sincero affetto ai vecchi amici della sua famiglia. Era altamente riverito come possessore di uno splendido patrimonio, come capo di una delle più illustri Case d'Europa, come Principe Sovrano dello Impero Germanico, come Principe del sangue reale d'Inghilterra, e soprattutto come discendente dei fondatori della batava libertà. Ma l'alto ufficio che già veniva considerato siccome ereditario nella sua famiglia, rimase sospeso; ed era intendimento della parte aristocratica, che non avesse ad esserci mai più un altro Statoldero. Al difetto del primo Magistrato supplì, in gran parte, il Gran Pensionario della Provincia d'Olanda, Giovanni De Witt, che per ingegno, fermezza ed integrità, erasi innalzato ad autorità senza rivali nei Consigli della oligarchia municipale.
La invasione francese produsse un intero cangiamento. Il popolo, afflitto ed atterrito, arse di rabbia contro il Governo. Nella sua frenesia, aggredì i più valorosi Capitani e i più esperti uomini di Stato della travagliata Repubblica. De Ruyter venne insultato dalla marmaglia. De Witt fu fatto in pezzi innanzi la porta del palazzo degli Stati Generali nell'Aja. Il Principe d'Orange (che non aveva partecipato allo assassinio, ma che in questa, come in altra sciagurata occasione vent'anni dopo, largì ai delitti commessi a suo vantaggio tale indulgenza che ha lasciata una macchia sopra la sua gloria) diventò, senza competitori, capo del Governo. Comunque giovane, il suo ardente ed indomabile spirito, benchè mascherato di maniere fredde e severe, risuscitò subitamente il coraggio dei suoi spaventati concittadini. Invano suo zio e il Re di Francia, provaronsi con isplendide offerte di sedurlo ad abbandonare la causa della Repubblica. Favellò agli Stati Generali con altieri ed animosi sensi. Rischiossi perfino a suggerire un provvedimento che ha sembianza d'antico eroismo; e che, ove lo avessero posto in effetto, sarebbe stato il subietto più nobile per l'epico canto, che si possa trovare nel vasto campo della storia moderna. Disse ai Deputati, che quand'anche il suolo natio, e le meraviglie di che la umana industria lo aveva coperto, fossero sepolti sotto l'Oceano, tutto non era perduto. Gli Olandesi avrebbero potuto sopravvivere all'Olanda. La libertà e la religione vera, da' tiranni e dagli ipocriti cacciate dall'Europa, avrebbero trovato asilo nelle più remote isole dell'Asia. I legni esistenti nei porti della Repubblica, sarebbero bastati a trasportare duecentomila emigranti allo Arcipelago Indiano. Quivi la Repubblica Olandese avrebbe cominciata una nuova e più gloriosa vita, ed eretto sotto la costellazione meridionale della Croce, fra le canne di zucchero e i nocimoscadi, la Borsa d'un'altra più ricca Amsterdam, e le scuole d'un'altra Leida più dotta. Lo spirito nazionale svegliossi tutto e risorse. I patti offerti dagli Alleati vennero con fermezza respinti. Aprirono gli argini. Tutto il paese prese la sembianza di un vastissimo lago, di mezzo al quale le città, con le loro muraglie e i loro campanili, innalzavansi a guisa d'isole. Gl'invasori furono costretti a salvare la vita con una precipitosa ritirata. Luigi, il quale, benchè talvolta reputasse necessario mostrarsi a capo del suo esercito, grandemente preferiva al campo la reggia, era già ritornato a bearsi delle lusinghe dei poeti e dei sorrisi delle dame nei viali novellamente piantati di Versailles.
La fortuna affrettavasi a cangiare d'aspetto. L'esito della guerra marittima era stato dubbio: in terra, le Provincie Unite avevano ottenuto un indugio, il quale, benchè breve, era d'infinita importanza. Intimorite dai vasti disegni di Luigi, ambedue le famiglie della Casa d'Austria corsero alle armi. La Spagna e la Olanda, divise dalla rimembranza di antichi torti ed umiliazioni, riconciliaronsi allo avvicinarsi del comune pericolo. Da ogni contrada di Germania muovevano armati verso il Reno. Il Governo Inglese aveva già consunta tutta la pecunia che aveva raccolta saccheggiando i pubblici creditori. Non poteva sperarsi un imprestito dalla Città. Il tentare d'imporre tasse di sola autorità regia, avrebbe tosto prodotta una ribellione; e Luigi, che ormai doveva far fronte a mezza l'Europa, non era in condizione di apprestare i mezzi con che costringere il popolo dell'Inghilterra. Era forza convocare il Parlamento.
XXXIII. E però, nella primavera del 1673, la Camera dei Comuni si radunò, dopo un riposo di circa due anni. Clifford, già diventato Pari e Lord Tesoriere, ed Ashley, diventato Conte di Shaftesbury e Lord Cancelliere, erano coloro sopra i quali il Re riposava per condurre destramente la bisogna in Parlamento. Il partito patriottico si scagliò tosto contro la politica della Cabala. L'aggressione fu fatta non a modo di tempesta, ma con colpi lenti e misurati. I Comuni, in sulle prime, dettero speranza di sostenere la politica straniera del Re; ma insistevano ch'egli pagasse quel sostegno coll'abbandono di tutto il suo sistema di politica interna.
XXXIV. Loro primo scopo era quello d'ottenere la revoca della Dichiarazione d'Indulgenza. Di tutte le misure impopolari adottate dal Governo, la più impopolare fu la promulgazione di quell'atto. Un atto così liberale, compito in modo così dispotico, aveva urtati i sentimenti più opposti. Tutti gl'inimici della

libertà religiosa, e gli amici tutti della libertà civile, si trovarono nelle medesime file; e gli uni e gli altri sommavano a diciannove ventesimi della nazione. Lo zelante ecclesiastico schiamazzava contro il favore mostrato al papisti e al puritano. Il puritano, quantunque potesse allegrarsi vedendo sospese le persecuzioni onde era stato oppresso, sentiva poca gratitudine per una tolleranza ch'egli doveva dividere con l'anticristo. E tutti gl'Inglesi che pregiavano la libertà e la legge, vedevano con inquietudine la enorme usurpazione che la regia prerogativa aveva commessa nel campo del potere legislativo.

Bisogna sinceramente ammettere, che la questione costituzionale non fosse allora affatto scevra d'oscurità. I nostri antichi Re avevano, senza verun dubbio, preteso ed esercitato il diritto di sospendere l'azione delle leggi penali. I tribunali avevano riconosciuto cotesto diritto. I Parlamenti lo avevano tollerato senza avversarlo. Che un certo simile diritto fosse inerente alla Corona, pochi anche del partito patriottico osavano negare al cospetto dell'autorità e dei fatti precedenti. Nondimeno, era chiaro che se questa prerogativa fosse stata illimitata, il Governo Inglese male si sarebbe potuto distinguere da un pretto dispotismo. Che ci fosse un limite, lo ammettevano pienamente il Re e i suoi Ministri. La questione era di sapere se la Dichiarazione d'Indulgenza stesse o no dentro siffatto limite; e a nessuna delle parti riuscì di descrivere una linea incontestabile. Alcuni oppositori del Governo dolevansi che la Dichiarazione sospendeva non meno di quaranta Statuti. Ma perchè non quaranta, nel modo medesimo che uno? Vi fu un oratore che manifestò come propria opinione, che il Re poteva costituzionalmente dispensare dalle leggi cattive, non mai dalle buone. Non è mestieri dimostrare l'assurdità di tale distinzione. La dottrina che sembra essere stata generalmente accettata nella Camera dei Comuni, consisteva in ciò, che il potere di dispensare limitavasi alle sole faccende secolari, e non si estendeva alle leggi fatte per la sicurtà della religione dello Stato. Nondimeno, poichè il Re era capo supremo della Chiesa, e' pareva che avendo egli il potere di dispensare, siffatto potere potesse anche applicarsi a cose concernenti la Chiesa. Allorchè, dall'altra parte, i cortigiani studiaronsi d'indicare i confini di tale prerogativa, non ci riuscirono meglio dei loro oppositori.

Vero è che la facoltà di dispensare era una grande anomalia nella politica. In teoria, era estremamente incompatibile co' principii del Governo misto; ma era cresciuta in tempi nei quali i popoli si danno poco pensiero delle teorie. In pratica, non se n'era molto abusato: era stata quindi tollerata, ed aveva a poco per volta acquistata una specie di prescrizione. Finalmente, ne fu fatto uso, dopo lo spazio di molti anni, in una età colta, ed in una solenne occasione, con eccesso fin allora inusitato, e per uno scopo avuto in universale abborrimento. Venne subito sottoposta a severo scrutinio. Nessuno, a dir vero, ardì in sulle prime chiamarla onninamente incostituzionale: ma tutti cominciarono ad accorgersi che divergeva manifestamente dallo spirito della Costituzione, e che ove si fosse lasciata priva di freno, avrebbe tramutato il Governo Inglese, di monarchia limitata qual'era, in monarchia assoluta.

XXXV. Sotto lo eccitamento di cotali sospetti, la Camera dei Comuni negò al Re il diritto di dispensare, non già rispetto a tutti gli Statuti penali, ma agli Statuti penali nelle cose ecclesiastiche; e gli fece chiaramente intendere, che qualora ei non avesse rinunziato a quel diritto, ella non avrebbe concesso danari per la guerra con l'Olanda. Per un momento egli mostrossi inchinevole ad affidare ogni cosa alla sorte: ma Luigi lo consigliò fortemente a piegare il capo alla necessità, ed aspettare tempi migliori, in cui le armi francesi, allora occupate in arduo conflitto sul continente, potessero essere giovevoli a reprimere il malcontento in Inghilterra. Dentro la stessa Cabala cominciarono ad apparire segni di discordia e di tradimento. Shaftesbury, con la sua sagacia proverbiale, conobbe che avvicinavasi una violenta reazione, e che ogni cosa tendeva verso una crisi simigliante a quella del 1640. Pose ogni studio perchè cotesta crisi non lo trovasse nelle condizioni di Strafford. Adunque, con un improvviso voltafaccia, mostrossi nella Camera dei Lord, e riconobbe che la Dichiarazione era illegale. Il Re, così abbandonato dal suo alleato e dal suo Cancelliere, cedè, cassò la Dichiarazione, e promise solennemente che non se ne sarebbe per lo avvenire fatto nessun caso.

Nè anche questa concessione bastò. I Comuni, non satisfatti di avere astretto il loro Sovrano ad annullare la Indulgenza, estorsero a lui ripugnante l'approvazione d'una celebre legge, che continuò ad esser valida fino al regno di Giorgio IV. Questa legge, chiamata Atto di Prova (Test Act), ordinava che chiunque occupava un ufficio civile o militare, fosse tenuto a prestare il giuramento di supremazia, firmare una dichiarazione contro la transustanziazione, e ricevere pubblicamente la comunione secondo i riti della Chiesa d'Inghilterra. Nel preambolo v'erano parole ostili soltanto ai papisti; ma le clausule erano quasi sfavorevoli alla classe più rigida dei Puritani, quanto ai papisti. I Puritani, nondimeno, atterriti, vedendo la Corte pendere verso il papismo, ed incoraggiati da taluni ecclesiastici a sperare che, appena disarmati i cattolici romani, la tolleranza verrebbe estesa anche ai non-conformisti, fecero poca opposizione; nè il Re, che aveva bisogno estremo di pecunia, rischiossi a ricusare il suo assenso. La legge passò; e il Duca di York, per conseguenza, fu costretto a deporre l'eminente ufficio di Lord Grande Ammiraglio.

XXXVI. Fin qui i Comuni non s'erano dichiarati avversi alla guerra cogli Olandesi. Ma, poscia che il Re, in compenso della pecunia cautamente concessa, abbandonò intieramente il suo sistema di politica interna, coloro scagliaronsi impetuosamente contro la sua politica estera. Chiesero che allontanasse dal suo Consiglio Buckingham e Lauderdale, ed elessero una Commissione per considerare se fosse giusto porre Arlington in istato di accusa. Poco tempo dopo, la Cabala non era più. Clifford, che solo dei cinque era meritevole del nome di uomo onesto, ricusò di riconoscere la nuova legge, depose il suo bastone bianco, e ritirossi in villa. Arlington lasciò l'ufficio di Segretario di Stato, per passare ad un impiego tranquillo e dignitoso nella Casa reale. Shaftesbury e Buckingham sì rappaciarono con la opposizione, e mostraronsi a capo della procellosa democrazia della città. Lauderdale, tuttavia, seguitò ad essere Ministro per gli affari della Scozia, nei quali il Parlamento Inglese non poteva immischiarsi.

Dopo ciò, i Comuni incalzarono il Re a far pace con la Olanda; ed espressamente dichiararono, che più non avrebbero conceduto danaro per la guerra, se non se nel caso che il nemico ostinatamente ricusasse di accettare patti ragionevoli. Carlo stimò necessario differire a stagione più convenevole il pensiero di eseguire il trattato di Dover, e blandire la nazione, facendo mostra di ritornare alla politica della Triplice Alleanza. Temple, il quale, finchè predominò la Cabala, visse ritirato fra mezzo ai suoi libri ed ai suoi fiori, venne chiamato dal suo eremo. Per mezzo di lui si concluse una pace separata con le Provincie Unite; ed egli divenne nuovamente ambasciatore all'Aja, dove la sua presenza veniva considerata quale pegno della sincerità della Corte britannica.

XXXVII. La precipua direzione degli affari venne allora affidata a Sir Tommaso Osborn, baronetto della Contea di York, il quale nella Camera dei Comuni aveva dato prova d'ingegno adatto alle faccende e alla discussione. Osborn fu fatto Lord Tesoriere, e poco dopo creato Conte di Danby. Non era uomo il cui carattere, esaminato giusta gli alti principii della morale, potesse sembrare degno di approvazione. Era cupido di ricchezze e d'onori, corrotto e corruttore. La Cabala gli aveva trasmessa l'arte di comprare i rappresentanti; arte tuttavia rozza, che accennava poco a quella singolare perfezione cui fu condotta nel secolo appresso. Ei perfezionò grandemente l'opera dei primi inventori. Costoro avevano solamente comprati gli oratori; ma ciascun uomo che avesse un voto poteva vendersi a Danby. Nonostante ciò, il nuovo Ministro non è da confondersi coi negoziatori di Dover. Egli non era privo del sentimento d'inglese e di protestante, e nel promuovere i proprii interessi, non dimenticava affatto quelli della propria patria e religione. Era, a dir vero, desideroso di esaltare la prerogativa; ma i mezzi di che a ciò fare voleva giovarsi, erano assai diversi da quelli adoperati da Arlington e da Clifford. Il pensiero di stabilire il potere arbitrario col soccorso delle armi forestiere, e riducendo il Regno alla condizione di principato dipendente, non entrò mai nel suo cervello. Era suo intendimento affezionare alla Monarchia quelle classi di uomini le quali le erano state ferme alleate mentre ardevano le lotte della precedente generazione, e che se n'erano disgustate a cagione dei recenti delitti ed errori della Corte. Con lo aiuto dei vecchi interessi dei Cavalieri, cioè con lo aiuto dei Nobili, dei gentiluomini delle campagne, del Clero, delle Università, pensava egli che Carlo avrebbe potuto essere sovrano, se non assoluto, almeno potente al pari di Elisabetta.

Mosso da cotali pensieri, Danby intese ad assicurare al partito dei Cavalieri lo esclusivo possesso di tutto il potere politico, tanto esecutivo quanto legislativo. Nell'anno 1675, adunque, fu proposta ai Lord una legge, nella quale veniva ordinato che niuno potesse occupare un ufficio qualunque, o aver seggio nelle due Camere del Parlamento, senza aver prima dichiarato con giuramento di considerare come criminosa la resistenza fatta in qualunque caso al potere regio, e di non contribuire giammai ad alterare il Governo della Chiesa o dello Stato. Per parecchie settimane, le discussioni, le scissure, le proteste, cui fu cagione la predetta proposta, tennero in grande commovimento il paese. La opposizione nella Camera dei Comuni, capitanata da due membri della Cabala che volevano far pace con la nazione, cioè da Buckingham e Shaftesbury, fu oltremodo veemente e pertinace, ed infine riusci vittoriosa. La proposta non fu respinta, ma ritardata, mutilata, e finalmente messa da parte.

Tanto arbitrario ed esclusivo era il disegno di politica interna concepito da Danby! Le sue opinioni intorno alla politica esterna erano per lui maggiormente onorevoli, come quelle che procedevano direttamente opposte agl'intendimenti della Cabala, e differivano poco dalle idee del partito patriottico. Lamentava amaramente l'abiezione in cui la Inghilterra era caduta, e dichiarava, con più

energia che gentilezza, essere lo ardentissimo dei suoi desiderii quello di condurre a suono di bastonate i Francesi al debito rispetto verso di essa. Mascherava così poco i propri pensieri, che in un gran banchetto, al quale sedevano i più illustri dignitari dello Stato e della Chiesa, riempì il bicchiere, bevendo con poco decoro a confusione di coloro che erano contrari ad una guerra con la Francia. Davvero, avrebbe volentieri veduto la propria patria congiungersi con le Potenze che allora erano collegate contro Luigi; ed a tal fine, era propenso a porre Temple, autore della Triplice Alleanza, a capo del Ministero degli Affari Esteri. Ma il potere del primo Ministro era limitato. Nelle sue lettere più confidenziali querelavasi che l'acciecamento del suo signore impedisse l'Inghilterra di prendere il posto che spettavale fra le nazioni europee. Carlo era insaziabilmente cupido dell'oro francese; non aveva in nulla abbandonata la speranza di potere in futuro, con lo aiuto delle armi di Francia, stabilire la monarchia assoluta; e per ambedue queste ragioni desiderava di mantenere buona intelligenza con la Corte di Versailles.
Così il Sovrano pendeva verso un sistema di politica esterna, e il Ministro verso altro sistema diametralmente opposto. Nè l'uno nè l'altro, in verità, era d'indole tale da seguire un fine con immutabile costanza. Ciascuno di loro, secondo l'occasione, cedeva alla importunità dell'altro; e le discordi tendenze e le mutue concessioni loro davano alla intera amministrazione un carattere stranamente capriccioso. Carlo talvolta, per leggerezza ed indolenza, soffriva che Danby prendesse misure, delle quali Luigi risentivasi come d'ingiurie mortali. Danby, più presto che lasciare il suo splendido posto, talvolta piegavasi a certe compiacenze, che gli erano di acerbo dolore e vergogna. Il Re fu indotto a consentire al matrimonio di Maria, figlia primogenita ed erede presuntiva del Duca di York, con Guglielmo d'Orange, nemico irreconciliabile della Francia, e campione ereditario della Riforma. Anzi, il valoroso Conte di Ossory, figlio di Ormondo, fu mandato ad aiutare gli Olandesi con alcune milizie britanniche, le quali nel giorno più sanguinoso della guerra rivendicarono alla nazione la rinomanza d'indomito coraggio. Il Tesoriere, dall'altra parte, fu astretto non solo a mostrarsi connivente ad alcune transazioni pecuniarie scandalosissime, tra il proprio signore e la Corte di Versailles, ma a fare, malvolentieri e con poca grazia, la parte d'agente.
XXXVIII. Intanto, il partito patriottico da due forti sentimenti fu tratto a due direzioni opposte. I capi popolari, quantunque avessero paura della grandezza di Luigi, il quale non solo faceva fronte alla forza dell'Alleanza continentale, ma acquistava terreno, temevano nondimeno di affidare nelle mani del proprio Re i mezzi di domare la Francia, suspicando che tali mezzi venissero adoperati a distruggere le libertà della Inghilterra. Il conflitto di questi due timori, ambidue legittimi, dava alla politica della opposizione apparenza strana e volubile, al pari di quella della Corte. I Comuni gridarono guerra contro la Francia, finchè il Re, incitato da Danby a compiacere al desiderio loro, parve disposto a cedere, e si mise a far leve di soldati. Ma appena i Comuni videro cominciati i reclutamenti, la paura che avevano di Luigi dette luogo ad altra paura più prossima. Cominciarono a temere che le nuove leve venissero adoperate in una impresa alla quale Carlo aveva maggiore interesse che a quella di difendere le Fiandre. Ricusarono, quindi, la chiesta pecunia, e gridavano al disarmo, schiamazzando come poco innanzi avevano fatto allorchè chiedevano lo armamento. E' pare che gli storici che hanno severamente biasimata cotesta incoerenza, non badassero bastevolmente alla impacciata condizione di quei sudditi che hanno ragione di credere come il loro principe congiuri con un potentato straniero ed ostile a danno delle libertà loro. Ricusargli i mezzi militari, è il medesimo che lasciare lo Stato senza difesa. Nonostante, dandoglieli, gli si porrebbero forse in mano le armi contro lo Stato. In tali circostanze, l'ondeggiare fra questi pensieri non va considerato come argomento di disonestà, e nè anche di debolezza.
XXXIX. Tali gelosie venivano studiosamente fomentate dal Re di Francia. Aveva tenuto a bada la Inghilterra con la promessa di sostenere il trono contro il Parlamento. Adesso, paventando che i patriottici consigli di Danby avessero a prevalere nel Gabinetto, cominciò ad infiammare il Parlamento contro il trono. A Luigi e al partito patriottico una sola cosa era comune; vale a dire un profondo diffidare di Carlo. Se quel partito fosse stato sicuro che il Re intendeva guerreggiare contro la Francia, sarebbe stato prontissimo a sostenerlo. Se Luigi fosse stato sicuro che le nuove leve fossero destinate a muovere guerra solo alla Costituzione dell'Inghilterra, non si sarebbe provato d'impedirle. Ma la instabilità e perfidia di Carlo erano tali, che il Governo Francese e la opposizione inglese, discordi in ogni altra cosa, concordavano nel non credere alle sue proteste, e volevano egualmente tenerlo povero e senza esercito. Si apersero comunicazioni tra Barillon ambasciatore di Luigi, e que' politici inglesi che avevano sempre sentito e tuttavia sinceramente sentivano grandissima avversione alla preponderanza francese. Guglielmo Lord Russell, figlio del Conte di Bedford, che era l'uomo più

onesto del partito patriottico, non abborrì di tramare con un Ministro straniero, onde tenere nell'imbarazzo il proprio Sovrano. In ciò consisteva tutta la colpa di Russell. I suoi principii e le sue ricchezze lo rendevano inaccessibile ad ogni tentazione d'indole sordida; ma v'è molta ragione a credere, che parecchi dei suoi colleghi fossero meno scrupolosi di lui. Sarebbe cosa ingiusta addebitarli della ribalderia di avere ricevuto la mancia per recare detrimento alla patria: all'incontro, intendevano giovarla; ma è impossibile negare che fossero abietti e poco delicati, allorchè, per servirla, si lasciavano pagare da un principe forestiero. Fra coloro che non possono andare assoluti da siffatto disonorevole addebito, era un uomo che viene comunemente considerato come la personificazione dello spirito pubblico, e che, nonostante alcuni difetti morali e intellettuali, è meritamente degno d'esser chiamato eroe, filosofo ed amatore della patria. È impossibile vedere senza cordoglio un tanto nome nella lista degli uomini pensionati dalla Francia. Nulladimeno, ci reca qualche conforto il considerare, come ai tempi nostri un uomo pubblico che non respingesse sdegnosamente da sè una tentazione simile a quella che vinse la virtù e l'orgoglio di Algernon Sidney, verrebbe giudicato privo affatto d'ogni sentimento di dovere e di vergogna.

XL. La conseguenza di queste trame fu che, quantunque l'Inghilterra, secondo le occasioni assumesse un contegno minaccioso, rimasero inefficaci finchè la guerra continentale, durata sette anni, si chiuse nel 1678 col trattato di Nimega. Le Provincie Unite, che nel 1672 parevano ridotte sull'orlo dell'estrema rovina, ottennero patti onorevoli e vantaggiosi. L'essere scampate da questo arduo pericolo venne comunemente attribuito al senno ed al coraggio del giovane Statoldero, la fama del quale era grande in tutta la Europa, e massime fra gl'Inglesi, che lo consideravano come uno dei loro principi, e gioivano nel vederlo consorte della loro Regina futura. La Francia ritenne molte città importanti dei Paesi Bassi e la grande provincia della Franca Contea. Quasi tutta la perdita gravò sopra la cadente Monarchia Spagnuola.

Pochi mesi dopo terminate le ostilità nel continente, seguì una gran crisi nella politica inglese. Ad essa ogni cosa tendeva da diciotto anni. Tutta la popolarità, comunque grande, onde il Re aveva iniziato il suo regno, era consunta. Allo entusiasmo di lealtà era succeduta profonda disaffezione. L'opinione pubblica aveva già riandato lo spazio frapposto tra il 1640 e il 1660, e trovossi nuovamente nelle condizioni in cui era allorchè si adunò il Lungo Parlamento.

Il malcontento allora predominante nasceva da molte cagioni; una delle quali era l'orgoglio nazionale oltraggiato. Quella generazione d'uomini aveva veduta la Inghilterra in pochi anni alleata della Francia a patti uguali, vincitrice della Olanda e della Spagna, signora del mare, terrore di Roma, e capo degl'interessi protestanti. I suoi mezzi non erano punto scemati; e si sarebbe potuto sperare che ella sarebbe stata almeno tanto altamente considerata in Europa sotto un Re legittimo, quanto lo era stata sotto un usurpatore, il quale doveva rivolgere tutta la propria energia e vigilanza ad infrenare un popolo riottoso. Nondimeno ella, a cagione della imbecillità e bassezza dei suoi reggitori, era caduta in così basso stato, che ogni principato germanico o italiano che avesse potuto mettere in campo cinquemila uomini, era membro di maggiore importanza nella repubblica delle nazioni.

Al sentimento della umiliazione nazionale andava congiunto il timore per la libertà civile. Voci, a dir vero, indistinte, ma forse più inquietanti a cagione della loro confusione, addebitavano la Corte di trama a danno dei diritti costituzionali degl'Inglesi. Bisbigliavasi perfino, che siffatta trama doveva recarsi ad effetto con lo intervento d'armi forestiere. Il solo pensiero di cotesto intervento faceva ribollire il sangue nelle vene a tutti, anco ai Cavalieri. Taluni, che avevano sempre professata la dottrina della non-resistenza in tutto il senso più lato del vocabolo, s'udivano mormorare, dicendo avere essa certi confini. Se le armi forestiere fossero state chiamate a costringere la nazione, essi non avrebbero potuto promettere di tenersi pazienti.

Ma nè l'orgoglio nazionale, nè l'ansietà per le libertà pubbliche, influivano tanto sul sentire del popolo, quanto l'odio della religione cattolica romana. Quell'odio era diventato una delle passioni dominanti dell'universale, ed era così forte negli uomini ignoranti e profani, come in quelli che erano protestanti per convinzione. Le crudeltà del regno di Maria, crudeltà che anche raccontate con la maggior moderazione e fedeltà destano ribrezzo, e che allora non erano nè fedelmente nè moderatamente narrate nei martirologii popolari; le congiure contro Elisabetta, e sopra tutte quella delle Polveri, avevano lasciato negli animi del volgo un profondo ed amaro senso, che era tenuto vivo per mezzo di commemorazioni, preghiere, fuochi e processioni annuali. È mestieri aggiungere, che quelle classi che andavano peculiarmente predistinte come affezionate al trono, cioè il Clero e i gentiluomini possidenti di terre, avevano ragioni particolari per avversare la Chiesa di Roma. Il Clero tremava per i suoi beneficii; i gentiluomini per le abbadie e le grosse decime loro. Mentre era ancor

fresca la memoria del regno dei santocchi, l'odio del papismo aveva in qualche modo ceduto il posto all'odio del puritanismo; ma nei diciotto anni che erano trascorsi dopo la Restaurazione, l'odio del puritanismo era venuto scemando, e quello del papismo crescendo. I patti del trattato di Dover conoscevansi distintamente da pochissimi; ma ne era corsa attorno qualche voce. Opinavasi universalmente, essere vicina l'ora in cui un gran colpo verrebbe portato alla religione protestante. Molti sospettavano che il Re pendesse a favore di Roma. Sapevasi da tutti, il suo fratello ed erede presuntivo essere un bacchettone cattolico. La prima Duchessa di York era morta cattolica romana. Giacomo, spregiando le rimostranze della Camera dei Comuni, aveva allora sposata la Principessa Maria di Modena, cattolica romana anch'essa. Se fossero nati figli da questo matrimonio, eravi ragione di temere che verrebbero educati alla religione di Roma, e che sederebbe sul trono inglese una lunga successione di principi ostili alla fede stabilita. La Costituzione era stata, poco innanzi, violata a fine di proteggere i Cattolici Romani dalle leggi penali. Lo alleato, dal quale la politica inglese era stata per molti anni diretta, era un Principe non solamente cattolico romano, ma persecutore delle Chiese riformate. Non è strano, adunque, che in cosiffatte circostanze il popolo paventasse sospettando il ritorno dei tempi di colei ch'esso chiamava Maria la Bevi-sangue.
In tal guisa, la nazione trovavasi in tali condizioni, che la più lieve favilla poteva produrre un incendio. Frattanto, appiccossi il fuoco, in due luoghi ad un tempo, ad un immenso cumulo di materie combustibili, ed in un attimo tutto fu in fiamme.
XLI. La Corte Francese, che sapeva come Danby le fosse nemico mortale, riuscì a rovinarlo, facendolo passare per suo amico. Luigi, per mezzo di Ralph Montague, uomo perfido e svergognato, che era stato in Francia Ministro d'Inghilterra, depose innanzi la Camera dei Comuni prove che attestavano, il Tesoriere essere stato implicato in una richiesta che la Corte di Whitehall aveva fatta a quella di Versailles per ottenere una somma di danari. Tale scoperta produsse il suo naturale effetto. Il Tesoriere rimase esposto alla vendetta del Parlamento a cagione non delle sue colpe, ma dei meriti suoi; non per essere stato complice in un negoziato criminoso, ma per esserlo stato assai mal volentieri e di mala grazia. Se non che, i suoi contemporanei ignoravano le circostanze che nel giudizio della posterità hanno grandemente attenuato il fallo di lui. Secondo loro, egli era il mezzano che aveva venduta l'Inghilterra alla Francia. La sua grandezza parve manifestamente giunta al suo fine, ed era dubbio se gli riuscisse di sottrarsi alla pena capitale.
Eppure, il concitamento prodotto da tale scoperta fu lieve, ove si paragoni alla pubblica commozione che nacque allorquando corse la voce, essere stata scoperta una vasta congiura papale. Un certo Tito Oates, prete della Chiesa d'Inghilterra, erasi, per condotta disordinata e per dottrine eterodosse, attirata sul capo la censura dei suoi superiori spirituali; era stato costretto a lasciare il suo beneficio, ed aveva poi sempre menata vita infame e vagabonda. Aveva già professata la religione cattolica romana, e passato qualche tempo nei collegii inglesi dell'Ordine dei Gesuiti sul continente, e in cotesti seminarii udito molto parlare intorno ai mezzi migliori di ricondurre l'Inghilterra al grembo della vera Chiesa. Da siffatti discorsi aveva raccolta materia a costruire un orribile romanzo, somiglievole più presto ad un sogno d'infermo, che a qualunque altra cosa del mondo esistente. Il Papa, diceva egli, aveva affidato il Governo dell'Inghilterra ai Gesuiti. I Gesuiti avevano, per via di commissioni munite del sigillo della loro società, nominato preti, nobili e gentiluomini cattolici, a tutti i più alti ufficii della Chiesa e dello Stato. I Papisti avevano una volta bruciata Londra. Eransi provati ad incendiarla di nuovo. A que' tempi ordivano una trama per appiccare fuoco a tutti i legni esistenti nel Tamigi. Dovevano, ad un segno convenuto, insorgere e far macello di tutti i protestanti. Un'armata francese doveva nel momento istesso sbarcare in Irlanda. Tutti i principali uomini di Stato e gli ecclesiastici d'Inghilterra dovevano essere assassinati. Tre o quattro progetti eransi formati per assassinare il Re. Dovevano pugnalarlo, dargli il veleno nel medicamento, tirargli con lo archibugio carico a palle d'argento. L'opinione pubblica era in tale eccitamento, che siffatte fandonie ottennero tosto credenza nelle menti del volgo; e due fatti poco dopo seguiti, indussero non pochi uomini di senno a sospettare, che la novella, quantunque manifestamente sformata ed esagerata, avesse qualche fondamento di vero.
Eduardo Coleman, molto operoso, ma non onesto intrigante cattolico romano, era fra le persone accusate. Inquisirono le sue carte, e si accorsero che ne aveva distrutta gran parte. Ma le poche che furono prese, contenevano certe parole, che sembravano, alle menti fortemente preoccupate, confermare la testimonianza d'Oates. Queste parole, per vero dire, ove s'interpretino con ischiettezza, paiono esprimere poco più che certe speranze, che la postura delle cose, le predilezioni di Carlo, le più forti predilezioni di Giacomo, e le relazioni esistenti tra la Corte Francese e la Inglese,

potevano naturalmente eccitare nel cuore di un cattolico romano, strettamente vincolato agli interessi della propria Chiesa. Ma il paese allora non inchinava a interpretare schiettamente le lettere dei papisti; e si concluse, con qualche apparenza di ragione, che se alcuni scritti ai quali s'era poco badato, come quelli che non avevano nessuna importanza, erano pieni di cose talmente sospette, qualche gran mistero d'iniquità doveva contenersi in que' documenti che erano stati con gran cura dati alle fiamme.
Pochi giorni dopo si seppe che Sir Edmondsbury Godfrey, insigne Giudice di Pace che aveva raccolte le deposizioni di Oates contro Coleman, era scomparso. Fattane ricerca, ne trovarono il cadavere in un campo presso Londra. Chiaro appariva ch'era morto di morte violenta. Era parimente chiaro che non era stato assassinato dai ladri. La sua miseranda fine è rimasta sinora un secreto. Taluni credono che si uccidesse da sè; altri che ei cadesse vittima d'inimicizia privata. La opinione più improbabile è, che fosse assassinato dal partito ostile alla Corte, onde meglio colorire la novella della congiura. La opinione più probabile sembra essere, che qualche furente cattolico romano, spinto alla frenesia dalle menzogne di Oates e dagli insulti della plebe, non facendo nessuna distinzione tra l'accusatore spergiuro e l'innocente magistrato, si fosse voluto vendicare in un modo, di cui la storia delle sètte perseguitate fornisce troppo numerosi esempi. Se così andò la faccenda, lo assassino dovette poscia maledire alla sua propria malvagità e follia. La metropoli e tutta la nazione insanirono d'odio e di paura. Le leggi penali, che avevano cominciato a perdere alcun che della loro acerbità, divennero nuovamente più rigorose. In ogni dove i giudici erano affaccendati a perquisire case e impossessarsi di carte. Tutte le prigioni rigurgitavano di papisti. Londra rendeva immagine d'una città in istato d'assedio. La guardia cittadina rimaneva in armi tutta la notte. Facevansi apparecchi a barricare le grandi strade. Pattuglie correvano su e giù per le vie. Whitehall fu circondato di cannoni. Nessun cittadino reputavasi sicuro senza portare sotto la veste un'arme carica di piombo, per far saltare le cervella agli assassini papali. Il cadavere del magistrato ucciso, fu esposto per parecchi giorni allo sguardo del popolo affollantesi; e venne finalmente sepolto con istrane e terribili cerimonie, che erano indizio più presto di sete di vendetta, che di dolore o di speranza religiosa. Le Camere insistevano perchè le volte sopra le quali i rappresentanti sedevano, venissero custodite da uomini armati, onde guardarsi da una seconda Congiura delle Polveri. Tutti i loro atti avevano lo stesso scopo. Dal regno di Elisabetta in poi, il giuramento di supremazia era stato richiesto ai membri della Camera dei Comuni. Alcuni Cattolici Romani, nondimeno, si erano studiati d'interpretare quel giuramento in guisa, da poterlo prestare senza scrupolo di coscienza. Adesso ne fu rifatta la formula; e i Lord Cattolici Romani furono, per la prima volta, esclusi da' loro seggi in Parlamento. Vennero adottati vigorosi provvedimenti contro la Regina. I Comuni gettarono in carcere uno dei Segretari di Stato, per avere contrassegnate commissioni dirette a gentiluomini che non erano buoni protestanti. Accusarono d'alto tradimento il Lord Tesoriere. Anzi dimenticarono a tal segno la dottrina da loro apertamente professata mentre era ancora fresca la memoria della guerra civile, che tentarono perfino di privare il Re del comando della guardia cittadina. A tale esasperazione, diciotto anni di pessimo governo avevano condotto il più leale Parlamento che si fosse mai adunato in Inghilterra!
Parrà forse strano a taluni, come in tanto estremo il Re si esponesse al risico di appellarsi al popolo, perocchè il popolo era in maggiore eccitamento che non erano i Rappresentanti. La Camera Bassa, malcontenta come era, conteneva un numero maggiore di Cavalieri, di quanti ne potessero verosimilmente essere rieletti di nuovo. Ma pensavasi che lo scioglimento ponesse fine all'accusa contro il Lord Tesoriere; accusa che, probabilmente, avrebbe tratti alla luce del giorno tutti i colpevoli misteri della alleanza francese, e cagionate gravi molestie personali ed impacci non pochi a Carlo. E però, nel gennaio del 1679, il Parlamento, che era esistito sempre dall'anno 1661, venne disciolto; e si spedirono i decreti per una elezione generale.
XLII. Per varie settimane, la contesa in tutto il Regno fu feroce ed ostinata oltre ogni credere. Si profusero somme di danari, di cui non v'era esempio precedente. Si adoperarono nuovi mezzi di riuscita. Fu notato dagli scrittori di que' tempi come cosa straordinaria, che si affittassero cavalli a gran prezzo per trasportare gli elettori al luogo d'elezione. L'uso di sminuzzare le possessioni libere onde moltiplicare i voti, ha principio da questa memorabile lotta. I predicatori dissenzienti, che stavano da lungo tempo nascosti in tranquilli recessi fuggendo la persecuzione, uscirono fuori, e correvano di villaggio in villaggio, onde riaccendere lo zelo del disperso popolo di Dio. La procella mugghiava minacciosa contro il Governo. Moltissimi dei nuovi Rappresentanti vennero a Westminster in contegno poco diverso da quello dei loro predecessori, che avevano imprigionato Strafford e Laud dentro la Torre.

Frattanto, le Corti di Giustizia, le quali fra mezzo alle commozioni politiche avrebbero dovuto essere luoghi sicuri di rifugio agli innocenti di qualsivoglia partito, erano deturpate da più selvagge passioni e più vile corruttela, che non fossero le assemblee degli elettori. La storiella d'Oates, comunque fosse stata bastevole a conturbare tutto il reame, non poteva bastare, fino a che non fosse confermata da nuova testimonianza, a distruggere il più dappoco tra coloro ch'egli aveva accusati. Imperciocchè, nella legge d'Inghilterra, due testimoni erano necessari a stabilire la colpa di tradimento. Ma il successo del primo impostore produsse le sue naturali conseguenze. In poche settimane, dalla penuria ed oscurità in cui giaceva, erasi inalzato ad opulenza e a potere tali, che egli era il terrore del principe e dei nobili; a quella tale rinomanza, che per gli animi bassi e ribaldi ha tutta la magia della gloria. Non rimase lungo tempo senza coadiutori e rivali. Uno sciagurato, di nome Carstairs, il quale aveva campata la vita in Iscozia intervenendo ai conventicoli e facendo poscia la spia a' predicatori, aprì la via. Bedloe, ribaldo conosciutissimo, gli tenne dietro; e tosto da tutti i bordelli, le case da giuoco e le case d'uscieri di Londra, sbucarono falsi testimoni a deporre contro la vita dei Cattolici Romani. Uno si presentò raccontando la novella di un'armata di trenta mila uomini, i quali, travestiti da pellegrini, dovevano ragunarsi a Corunna, e quivi imbarcarsi per il paese di Galles. Un altro diceva, essergli stata promessa la canonizzazione e cinquecento sterline per assassinare il Re. Un terzo erasi introdotto in una taverna a Covent Garden, ed aveva udito un gran banchiere cattolico romano far sacramento, in mezzo a tutti gli astanti e i garzoni, di uccidere il tiranno eretico. Oates, per non essere vinto dai suoi imitatori, alla sua prima narrazione aggiunse un ampio supplemento. Ebbe la portentosa impudenza di affermare, fra le altre cose, d'essersi una volta nascosto dietro un uscio socchiuso, ed avere udito la Regina che affermava di avere assentito allo assassinio del proprio consorte. Il volgo credeva, e gli alti magistrati facevano mostra di credere, simiglianti fandonie. I giudici principali del Regno erano corrotti, crudeli e vigliacchi. I capi del partito patriottico fomentavano il pubblico inganno. I più rispettabili di essi, in verità, erano talmente caduti in inganno, da credere vera la maggior parte delle prove della congiura. Uomini come Shaftesbury e Buckingham, senza alcun dubbio, si accorgevano che tutto era una pretta invenzione; ma giovava pur troppo i loro disegni, e alle loro aride coscienze la morte di un innocente non dava inquietudine maggiore di quella della morte d'una pernice. I giurati partecipavano ai sentimenti allora comuni a tutta la nazione, e venivano incoraggiati dal seggio a compiacere senza riserbo a cosiffatti sentimenti. La plebe applaudì Oates e i suoi consorti, fischiò e battè i testimoni che comparvero a difesa degli accusati, e mandò gridi di gioia appena fu profferita la sentenza che li dichiarava colpevoli. Invano que' miseri invocavano la onestà della loro vita passata; imperocchè nella mente di tutti stava fitto il pensiero, che quanto più coscienzioso fosse un papista, tanto era più verosimile che ei congiurasse contro un Governo protestante. Invano risolutamente affermarono la propria innocenza fino al momento stesso della morte; imperciocchè era opinione generale, che un buon papista considerava qualsivoglia menzogna che fosse utile alla sua Chiesa, non solo scusabile, ma meritoria.

XLIII. Mentre il sangue innocente spargevasi sotto le forme della giustizia, adunossi il nuovo Parlamento; e fu tale il violento procedere del partito predominante, che anche gli uomini che avevano passata la giovinezza in mezzo alle rivoluzioni, uomini che rammentavano la condanna di Strafford, lo attentato contro i cinque Rappresentanti, l'abolizione della Camera dei Lord, la decapitazione del Re, rimasero atterriti allo aspetto delle pubbliche cose. L'accusa contro Danby fu ripresa. Costui invocò il perdono del Principe. Ma i Comuni trattarono la risposta con disprezzo, ed insistettero perchè si seguitasse il processo. Nondimeno, Danby non era lo scopo precipuo delle loro persecuzioni. Erano convinti che l'unico modo efficace di assicurare la libertà e la religione dell'Inghilterra, era quello d'escludere dal trono il Duca di York.

Il Re viveva in grande perplessità. Aveva insistito perchè suo fratello, la vista del quale accendeva la rabbia del popolaccio, si ritirasse per alcun tempo a Brusselles: ma non sembra che tale concessione producesse favorevole effetto. Il partito delle Teste-Rotonde divenne allora preponderante. Ad esso accostaronsi milioni di cittadini, i quali, al tempo della Restaurazione, pendevano verso la regia prerogativa. Dei vecchi Cavalieri molti partecipavano alla prevalente paura del papismo; e molti, amaramente sentendo la ingratitudine del Principe a pro' del quale avevano fatti cotanti sacrifici, prendevansi poca cura della miseria di lui, come egli aveva poco curata la loro. Anche il Clero Anglicano, mortificato ed impaurito dell'apostasia del Duca di York, sosteneva tanto la opposizione, da congiungere cordialmente la propria voce al grido universale contro i Cattolici Romani.

XLIV. Il Re, in cosiffatti estremi, erasi rivolto a Sir Guglielmo Temple. Di tutti gl'impiegati di quell'età, Temple era quello che aveva serbata migliore reputazione. La Triplice Alleanza era stata opera di lui.

Egli aveva ricusato di partecipare alla politica della Cabala, ed era rigorosamente vissuto da privato finchè quella ebbe in mano il governo della cosa pubblica. Chiamato da Danby, aveva abbandonato il proprio ritiro, negoziata la pace fra l'Inghilterra e l'Olanda, ed era stato precipuo strumento a concludere il matrimonio di Maria col cugino Principe d'Orange. Così a lui riportavasi il merito di tutte le poche cose lodevoli che erano state fatte dal Governo dopo la Restaurazione. Dei numerosi falli e delitti commessi negli ultimi diciotto anni, nessuno ne veniva a lui attribuito. La sua vita privata, quantunque non fosse austera, era decorosa; i suoi modi erano popolari; e non era uomo da lasciarsi corrompere da titoli o da ricchezze. Nonostante, qualche cosa mancava al carattere di coteste spettabile uomo di Stato. L'amor suo per la patria era tiepido. Era, pur troppo, studioso dei suoi agi e della dignità sua, e rifuggiva con pusillanime timore da ogni responsabilità. E davvero, le abitudini della sua vita non lo rendevano adattato ad immischiarsi seriamente nei conflitti delle nostre fazioni intestine. Era pervenuto al cinquantesimo degli anni suoi senza aver seduto nel Parlamento Inglese; e la sua esperienza officiale, ei l'aveva quasi tutta acquistata nelle Corti forestiere. Giustamente aveva fama d'essere uno dei più insigni diplomatici dell'Europa; ma lo ingegno e le doti d'un diplomatico differiscono molto da ciò che richiedesi in un uomo politico per condurre la Camera dei Comuni in tempi torbidi.

Il disegno ch'egli propose, era argomento di non poca abilità. Comecchè non fosse profondo filosofo, aveva, più che molti uomini pratici del mondo, meditato intorno ai principii generali del Governo; ed aveva fecondato il proprio intendimento studiando la storia e viaggiando nei paesi stranieri. E' pare che discernesse più chiaramente che molti dei suoi coetanei, la cagione delle difficoltà che stringevano il Governo. L'indole dell'ordinamento politico in Inghilterra veniva a poco a poco mutandosi. Il Parlamento lentamente, ma costantemente, acquistava terreno sulla prerogativa. La linea tra il potere legislativo e lo esecutivo era in teoria più che mai descritta distintamente, ma in pratica diveniva ogni giorno più debole. Era teoria della Costituzione, che il Re avesse potestà di nominare i propri Ministri. Ma la Camera dei Comuni aveva cacciati successivamente dalla direzione degli affari Clarendon, la Cabala e Danby. Era teoria della Costituzione, che il solo Re avesse potestà di fare guerra e pace. Ma la Camera dei Comuni lo aveva costretto a pacificarsi con l'Olanda, e lo aveva pressochè forzato a muover guerra alla Francia. Era teoria della Costituzione, che il Re fosse il solo giudice dei casi in cui convenisse graziare i colpevoli. Nondimeno, egli aveva tanta paura della Camera dei Comuni, che, allora non poteva rischiarsi di salvare dalla forca uomini ch'ei ben sapeva essere vittime innocenti di uno spergiuro.

E' parrebbe che Temple volesse assicurare al Corpo Legislativo gl'indubitati poteri costituzionali, e nel tempo stesso impedirgli, per quanto fosse possibile, di fare altre usurpazioni nel campo del Potere Esecutivo. A tale fine, pensò di porre fra il Sovrano ed il Parlamento un corpo che potesse frustrare la scossa della loro collisione. Eravi un Corpo antico, altamente onorevole e riconosciuto dalla legge, il quale, egli pensava, potevasi riformare in guisa, da servire al predetto scopo. Pensò di dare al Consiglio Privato un nuovo carattere ed un ufficio nuovo nel Governo. Fissò a trenta il numero dei Consiglieri; quindici dei quali dovevano essere i principali ministri dello Stato, della legge e della religione; gli altri quindici, nobili e gentiluomini privi di impiego, ma opulenti e di grande reputazione. Non vi doveva essere Gabinetto intimo. A tutti i trenta Consiglieri doveva confidarsi ogni secreto di Stato, e dovevano tutti essere chiamati ad ogni adunanza del Consiglio; e il Re doveva dichiarare, che in ogni occasione si sarebbe lasciato guidare da loro.

Sembra che Temple credesse di assicurare, per mezzo di tale ordinamento, la nazione contro la tirannia della Corona, e a un'ora la Corona contro le usurpazioni del Parlamento. Da una parte, era molto improbabile che i progetti, tali quali erano stati formati dalla Cabala, si fossero potuti soltanto proporre per essere discussi in un'Assemblea composta di trenta uomini eminenti, quindici dei quali non avevano nessun vincolo d'interesse con la Corte. Dall'altra parte, era da sperarsi che i Comuni, paghi della guarentigia che contro gli abusi del Governo offriva un cosiffatto Consiglio Privato, si sarebbero, più che per lo innanzi non avevano fatto, mantenuti dentro gli stretti confini delle funzioni legislative, e più non avrebbero riputato necessario d'immischiarsi in ogni cosa spettante al Potere Esecutivo.

Cotesto disegno, quantunque per molti rispetti non fosse indegno di colui che lo aveva immaginato, era vizioso nel suo principio. Il nuovo Consiglio era mezzo Gabinetto e mezzo Parlamento; e, simile ad ogni altra invenzione, sia meccanica, sia politica, intesa a due fini affatto diversi, non era buono a conseguirne nessuno. Era così ampio e diviso, da non potere essere un buon corpo amministrativo. Era così strettamente connesso con la Corona, da non riuscire un efficace potere raffrenante.

Conteneva bastevoli elementi popolari onde rendersi un cattivo Consiglio di Stato, inadatto a serbare il segreto, a comporre i negoziati malagevoli, e ad amministrare le cose della guerra. Nulladimeno, quegli elementi popolari non erano punto bastevoli ad assicurare la nazione contro gli abusi del Governo. Questo disegno, adunque, quand'anco fosse stato sinceramente posto in esperimento, non avrebbe potuto sortire esito felice; e non ne fu fatto sincero sperimento. Il Re era instabile e perfido; il Parlamento era infiammato ed irragionevole; e i materiali onde era composto il nuovo Consiglio, benchè fossero forse i migliori che potesse apprestare quell'età, erano anco cattivi.
L'iniziarsi del nuovo sistema fu, non pertanto, salutato con gioia universale; imperocchè il popolo inchinava a reputare miglioramento ogni qualunque mutazione. Gli tornarono anche gradite parecchie nomine. Shaftesbury, ormai bene accetto alla plebe, fu fatto Lord Presidente. Russell ed altri insigni uomini del partito patriottico furono chiamati al Consiglio. Ma dopo pochi giorni, imbrogliossi ogni cosa. Le inconvenevolezze di avere un Gabinetto così numeroso furono tali, che lo stesso Temple assentì a variare una delle regole fondamentali da lui proposte, e a diventare egli stesso parte di un piccolo nucleo che dirigeva veramente ogni cosa. A lui furono accompagnati tre altri Ministri, cioè Arturo Capel Conte di Essex, Giorgio Savite Visconte di Halifax, e Roberto Spencer Conte di Sunderland.
Del Conte d'Essex, che era Primo Commissario del Tesoro, basti il dire ch'era uomo fornito di doti solide, sebbene non appariscenti, e di carattere grave e melanconico; che aderiva al partito patriottico, e in quel tempo onestamente desiderava di riconciliare, in modo proficuo allo Stato, quel partito col trono.
XLV. Fra gli uomini di Stato di quell'età, Halifax primeggiava per ingegno. Aveva intelletto fecondo, sottile e capace; eloquenza forbita, lucida e animata, la quale, accompagnata dal tono argentino della voce, empiva di diletto la Camera dei Lord. Il suo conversare soprabbondava di pensiero, di fantasia, di brio. I suoi scritti politici sono degni di studio per pregio letterario; onde meritamente ei si annovera fra i Classici Inglesi. Alla importanza ch'ei derivava da doti sì grandi e variate, congiungeva la influenza che nasce dal grado e dalla ricchezza. E nondimeno, in politica egli ebbe successo meno prospero di molti altri a lui inferiori. A vero dire, quelle peculiarità intellettuali che rendono pregevoli i suoi scritti, gli furono d'impedimento nelle lotte della vita attiva. Perocchè egli vide sempre gli avvenimenti non nello aspetto in cui comunemente si mostrano ad un uomo che ne è parte, ma quali, dopo lo spazio di molti anni, appariscono allo storico filosofo. Con tale tempra di mente, non poteva a lungo seguitare ad agire cordialmente con nessuna società di uomini. Tutti i pregiudizi, tutte le esagerazioni di ambedue i grandi partiti dello Stato, lo muovevano a scherno. Spregiava le arti vili e gl'irragionevoli clamori dei demagoghi. Spregiava anche più le dottrine del diritto divino e della obbedienza passiva. Metteva egualmente in canzone la bacchettoneria dell'ecclesiastico anglicano e quella del puritano. Non poteva intendere come alcuno avversasse le festività dei Santi, e certi abiti clericali; e come, soltanto per avversarli, l'uomo potesse perseguitare il suo simile. In quanto all'indole, egli era ciò che ai dì nostri si chiama Conservatore. In teoria era repubblicano. Anche allorchè il timore dell'anarchia, e lo sdegno ch'ei sentiva degl'inganni del volgo, lo indussero per qualche tempo a congiungersi ai difensori del potere arbitrario, il suo intelletto era sempre con Locke e con Milton. Veramente, i suoi scherni contro la Monarchia ereditaria talvolta erano tali da sonar meglio sulle labbra di un membro del Circolo della Testa di Vitello (Calf's Head Club), che su quelle di un Consigliere privato degli Stuardi. In religione, era tanto lungi da dirsi uno zelante, che i poco caritatevoli lo chiamavano ateo: ma egli respinse con veemenza siffatta accusa; e in verità, quantunque alcuna volta porgesse argomento di scandalo col modo onde faceva uso del raro vigore del suo ragionare e dei suoi dileggi sopra subbietti gravi, ei sembra essere stato suscettibile di sentimenti religiosi.
Egli era il capo di quegli uomini politici che dai due grandi partiti venivano sprezzantemente chiamati Barcamenanti (Trimmers). Invece di avere a sdegno questo soprannome, egli lo assunse come un titolo d'onore, e rivendicò vivamente la dignità del vocabolo. Ogni cosa buona, egli diceva, si tiene, si barcamena fra due estremi. La zona temperata si tiene fra il clima dove gli uomini sono abbronzati, e quello dove essi sono agghiacciati. La Chiesa Anglicana si tiene fra la insania degli Anabattisti e la letargia dei Papisti. La Costituzione Inglese si tiene fra il dispotismo turco, e l'anarchia polacca. La virtù non è altro che un giusto temperamento fra certe tendenze, ciascuna delle quali, condotta all'eccesso, diventa vizio. Anzi, la perfezione dello stesso Ente Supremo consiste nell'esatto equilibrio degli attributi, nessuno dei quali potrebbe preponderare senza turbare l'ordine morale e fisico del mondo. Così Halifax barcamenavasi per principio. Si barcamenava parimente a cagione della indole, della

mente e del proprio cuore. Aveva intendimento acuto, scettico, inesauribilmente fecondo di distinzioni ed obiezioni; gusto insigne, sentimento squisito del burlesco, indole placida e indulgente, ma fastidiosa, e in nessun modo inchinevole o alla malignità o alla ammirazione entusiastica. Un uomo tale non poteva essere lungamente l'amico immutabile di qualsivoglia partito politico. Nondimeno, non è mestieri accomunarlo alla turba volgare dei rinnegati. Imperciocchè, quantunque, al pari di costoro, egli passasse ora a questa, ora a quella parte, il suo trapasso avveniva in direzione opposta alla loro. Ei non aveva nulla di comune con quelli che volano da estremo ad estremo, e sentono per il partito da essi abbandonato una animosità più forte di quella dei nemici costanti. Il suo posto era in mezzo alle divisioni ostili della Comunità, ed ei non ispingevasi oltre i confini dell'una o dell'altra. Il partito al quale egli apparteneva, era sempre quello che in quel momento piacevagli meno, perchè lo mirava più da presso. E però, egli era sempre severo verso i suoi colleghi violenti, e sempre in amichevoli relazioni coi suoi oppositori moderati. Ciascuna fazione, nel giorno del proprio insolente e vendicativo trionfo, incorreva nella censura di lui; ma vinta e perseguitata, trovava in lui un protettore. A perenne onor suo, è uopo rammentare ch'egli tentò di salvare quelle vittime, la sciagurata sorte delle quali ha lasciata turpissima macchia sul nome dei Whig e dei Tory.
Erasi reso singolarmente notevole nell'opposizione, ed aveva perciò incorso talmente l'ira del Re, da non essere stato ammesso al Consiglio dei Trenta senza difficoltà e lunga contesa. Nulladimeno, appena gli fu dato porre piede nella Corte, la malia dei suoi modi e del suo conversare gli acquistarono insigne favore. Erasi seriamente impaurito alla violenza del pubblico malcontento; e pensava che la libertà per allora fosse in sicuro, ma l'ordine e l'autorità legittima corressero pericolo. Ond'egli, secondo era suo costume, si congiunse alla parte debole. Forse la sua conversione non fu affatto scevra d'interesse; perocchè gli studi e la meditazione, benchè lo avessero emancipato da molti pregiudizi volgari, lo avevano lasciato schiavo ai volgari desiderii. Non difettava d'oro; e non v'è prova che attesti esserselo procacciato con mezzi i quali, anche in quella età, i severi censori consideravano come disonoranti: ma il grado e il potere erano a lui irresistibili tentazioni. Protestava di considerare i titoli e i grandi uffici come allettamenti che possono sedurre i soli stolti, di odiare le faccende, la pompa, le apparenze, e di desiderare caramente sottrarsi al rumore ed agli splendori di Whitehall, onde rifuggirsi ai boschi tranquilli che circondavano il suo antico castello in Rufford; ma la sua condotta discordava non poco dalle sue proteste. Vero è che voleva a sè riverenti i cortigiani e insieme i filosofi, ed essere ammirato per avere conseguite alte dignità, e per saperle ad un tempo spregiare.
XLVI. Sunderland era Segretario di Stato. In lui era maravigliosamente incarnata la immoralità politica di quell'età. Natura lo aveva dotato d'acuto intelletto, d'indole irrequieta o malefica, di cuore freddo, di spirito abietto. La sua mente era stata educata in guisa, che tutti i suoi vizi vi fecondavano con rigogliosa maturità. Entrato nella vita pubblica, aveva passati vari anni in impieghi diplomatici appo le Corti straniere, e per qualche tempo era stato Ministro in Francia. Ogni Stato ha le sue tentazioni peculiari. Non è ingiusto lo affermare che i diplomatici, come classe, si sono sempre fatti notare per destrezza, per l'arte con cui acquistano la fiducia di coloro coi quali debbono trattare, e per l'agevolezza d'afferrare il tono di qualsiasi società alla quale vengano ammessi, più presto che per entusiasmo generoso e per austera rettitudine: e le relazioni tra Carlo e Luigi erano tali, che nessun gentiluomo inglese avrebbe potuto lungo tempo dimorare in Francia come ambasciatore, e serbare dramma di sentimento onorevole e patriottico. Sunderland, dalla scuola dove era stato educato, uscì astuto, pieghevole, scevro di vergogna e d'ogni qualunque pregiudizio, e destituto d'ogni principio. Per relazioni ereditarie, egli era Cavaliere; ma non aveva nulla di comune col partito dei Cavalieri. Costoro erano zelanti della Monarchia, e professavano la dottrina contraria ad ogni resistenza; ma avevano cuori robusti e veramente inglesi, che non avrebbero mai tollerato un reggimento dispotico. Egli, per l'opposto, aveva una languida vaghezza speculativa per le istituzioni repubblicane; vaghezza che non gl'impediva in nulla d'essere prontissimo a diventare in pratica il più servile strumento del potere arbitrario. A sembianza di molti altri lusingatori e negoziatori compiti, era più dotto nell'arte di conoscere i caratteri e giovarsi della debolezza degli uomini, che nell'arte di discernere il sentire delle grandi masse, e prevedere lo avvicinarsi delle grandi rivoluzioni. Era destro negli intrighi; e riusciva difficile, anche agli uomini sottili ed esperti che fossero stati preavvertiti della perfidia di lui, il resistere al fascino dei suoi modi, e non credere alle sue proteste d'affetto. Ma era così intento ad osservare e corteggiare gl'individui, che dimenticava di studiare l'indole della nazione: però cadde in gravissimi inganni, rispetto ai più solenni eventi del suo tempo. Ogni importante movimento o scoppio dell'opinione pubblica gli giunse di sorpresa; e il mondo, non sapendo intendere che un uomo come

lui, fosse cotanto cieco da non vedere ciò che chiaramente vedevano i politicanti delle botteghe da caffè, talvolta attribuiva a profondo disegno quei che, a dir vero, non erano se non pretti abbagli. Soltanto nei privati colloqui, le sue doti eminenti principalmente esplicavansi. Nei recessi della reggia, o in un assai piccolo cerchio, egli esercitava grande influenza. Ma nel Consiglio era taciturno; e nella Camera dei Lord non apriva mai le labbra.
XLVII. I quattro Consiglieri confidenti della Corona si accorsero tosto, la loro situazione essere impacciata e fatta segno alla invidia. Gli altri membri del Consiglio mormoravano di tale predilezione contraria a quanto il Re aveva promesso; e taluni di loro, capitanati da Shaftesbury, si dettero di nuovo a fare vigorosa opposizione in Parlamento. L'agitazione, che gli ultimi mutamenti avevano sospesa, divenne rapidamente quanto mai violentissima. Invano Carlo offrì ai Comuni qualunque guarentigia avessero potuto immaginare a pro' della religione protestante, purchè solo non toccassero l'ordine della successione. Non vollero udire a parlare di patti: volevano la Legge d'Esclusione, e null'altro che la Legge d'Esclusione. Il Re, quindi, poche settimane dopo d'avere pubblicamente promesso di non muovere passo senza consultare il suo nuovo Consiglio, recossi alla Camera dei Lord senza farne parola in Consiglio, e prorogò il Parlamento.
Il giorno di tale proroga, cioè il ventesimosesto del maggio 1679, forma una grande era nella nostra storia: perocchè in quel dì l'Atto dell'Habeas Corpus ebbe la regia approvazione. Dal tempo della Magna Carta in poi, la legge concernente la libertà personale degl'Inglesi è stata, in sostanza, quasi come è oggi; ma era inefficace, per difetto di un sistema energico di procedura.
XLVIII. Ciò che bisognava, non era un nuovo diritto, ma un rimedio pronto ed indagatore: rimedio al quale fu provveduto con l'Atto dell'Habeas Corpus. Il Re avrebbe volentieri ricusato lo assenso a siffatta provvisione; ma era sul punto di fare appello dal Parlamento al popolo in quanto alla questione della successione; e non poteva rischiarsi, in un momento così critico, di rigettare una legge estremamente popolare.
Nel medesimo giorno, la stampa in Inghilterra divenne libera per breve tempo. Anticamente, gli stampatori erano stati soggetti al rigido sindacato della Camera Stellata. Il Lungo Parlamento l'aveva abolito; ma, ad onta dei filosofici ed eloquenti rimproveri di Milton, aveva istituita e conservata la censura. Subito dopo la Restaurazione, era stata fatta una legge che inibiva la stampa di libri non muniti di licenza; ed erasi provveduto che siffatta legge rimanesse in vigore sino al chiudersi della prima sessione del prossimo Parlamento. Quel termine era arrivato, e il Re nel tempo stesso che licenziava le Camere, emancipò la stampa.
XLIX. Poco dopo la proroga, seguì lo scioglimento e la elezione generale. Grande era lo zelo e la forza dell'opposizione. Gridavasi più che mai a favore della Legge d'Esclusione: al quale grido ne mescolavano un altro che infiammò il sangue della moltitudine, e che svegliò dolore e paura nei petti dei prudenti amici della libertà. Non solo vennero assaliti i diritti del Duca di York che era papista conosciuto, ma quelli delle sue due figlie, le quali erano sincere e calde protestanti. Affermavano come cosa certa, che il maggior figlio naturale del Re era nato di matrimonio, ed era quindi erede legittimo della Corona.
Carlo, mentre era pellegrino sul continente, aveva amoreggiato all'Aja con Lucia Walters, bellissima fanciulla del paese di Galles, ma di poco intendimento e di costumi corrotti. Diventata amante di lui, gli partorì un figlio. Un innamorato sospettoso ne avrebbe concepito qualche dubbio; perocchè la donna aveva parecchi vagheggiatori, e credevasi che non fosse crudele a tutti. Carlo, nondimeno, prestò fede alla parola di lei, e mise addosso al piccolo Giacomo Crofts - era questo il nome allora imposto al fanciullo - un amore sì sviscerato, da sembrare impossibile in un uomo d'indole fredda e spensierata qual era Carlo. Tosto dopo la Restaurazione, il bene amato giovane, il quale aveva imparati in Francia gli esercizi in quel tempo reputati necessari ad un gentiluomo compito, comparve in Whitehall. Gli fu dato alloggio in palazzo, gli furono dati parecchi paggi, e parecchi privilegi fino allora goduti soltanto dai Principi di sangue reale. Mentre era ancora nei suoi teneri anni, gli fu data in moglie Anna Scott, erede della nobile casa di Buccleuch. Assunse il nome, e prese possesso dei vasti dominii di lei. La ricchezza ch'egli acquistò con tale parentado estimavasi comunemente a non meno di diecimila sterline annue. Fu colmato di titoli e di favori più sostanziali dei semplici titoli. Fu fatto Duca di Monmouth in Inghilterra, Duca di Buccleuch in Iscozia, Cavaliere della Giarrettiera, Maestro dei Cavalli, Comandante della prima truppa delle Guardie del Corpo, Primo Giudice di Eyre al mezzodì del Trent, e Cancelliere della Università di Cambridge. Nè al popolo pareva egli immeritevole della sua altissima fortuna. Aveva aspetto assai leggiadro ed affabile, carattere dolce, modi gentili e cortesi. Quantunque fosse un libertino, acquistò lo affetto dei Puritani. Quantunque si sapesse da tutti ch'egli

era stato partecipe del secreto della vergognosa aggressione contro Sir Giovanni Coventry, il partito patriottico pose facilmente tutto in dimenticanza. Perfino gli austeri moralisti confessavano, che in una Corte come quella, non poteva aspettarsi rigorosa fedeltà conjugale da un uomo, che mentre era fanciullo, era stato sposato ad una bambina. Anche i patriotti volentieri scusavano un caparbio giovinetto, che aveva voluto punire con immoderata vendetta un insulto fatto al proprio genitore. La macchia di cotesti amori e risse notturne venne presto cancellata da fatti onorevoli. Allorquando Carlo e Luigi accomunarono le forze loro contro la Olanda, Monmouth comandava le milizie ausiliari inglesi spedite sul continente, e fece prova di valoroso soldato e d'ufficiale non privo di senno. Ritornato in patria, divenne l'uomo più popolare del Regno. Nulla gli mancava fuori che la Corona, alla quale non pareva ch'ei non potesse in alcun modo arrivare. La distinzione che con assai poco giudizio era stata fatta tra lui e i più grandi Nobili, aveva prodotti pessimi effetti. Da fanciullo, era stato invitato a tenere il cappello in capo nella sala del trono, mentre Howards e Seymours gli stavano accanto col capo scoperto. Alla morte di principi stranieri, aveva indossata, in segno di lutto, la veste purpurea: segno che nessun altro suddito, tranne il Duca di York e il Principe Rupert, avevano licenza di portare. Era naturale che simiglianti cose lo inducessero a considerarsi come Principe legittimo della famiglia degli Stuardi. Carlo, anche nella età matura, giaceva immerso nei piaceri, e curavasi poco della propria dignità. Appena reputavano incredibile che a venti anni avesse segretamente sposata con tutte le forme una donna, che avendolo ammaliato con la propria beltà, non gli s'era voluta dare ad altri patti. Mentre Monmouth era ancora fanciullo, e mentre il Duca di York era creduto ancora protestante, era corsa voce per tutto il paese, ed anche in certi crocchi che avrebbero dovuto averne certa notizia, che il Re aveva fatta sua moglie Lucia Walters, e che, qualora qualcuno ne avesse diritto, il figlio di lei sarebbe Principe di Galles. Si chiacchierò molto intorno ad una certa cassetta nera, la quale, secondo la credenza popolare, conteneva il contratto maritale. Questa frivola storiella divenne importantissima appena Monmouth fu ritornato dai Paesi Bassi con alta riputazione di valore e condotta, ed appena si seppe che il Duca di York era membro d'una Chiesa detestata dalla maggior parte della nazione. A favore di essa non eravi la minima prova; contro essa vi era la solenne dichiarazione del Re, fatta innanzi il suo Consiglio, e per suo comandamento comunicata al popolo. Ma la moltitudine, sempre vaga d'avventure romanzesche, inghiottì agevolmente la storiella dei segreti sponsali e della cassetta nera. Alcuni capi della opposizione operarono in questo fatto come avevano già operato rispetto alla più odiosa favola di Oates, e sostennero una novella che avrebbero dovuto spregiare. Lo interesse che il popolo poneva in colui che veniva reputato il campione della vera fede, e lo erede legittimo del trono inglese, venne tenuto desto con ogni artificio. Quando Monmouth giunse in Londra verso mezzanotte, i magistrati comandarono alle scolte che proclamassero il lieto evento per tutte le vie della città: le genti saltarono giù da' loro letti: si accesero fuochi di gioia; le finestre s'illuminarono; s'apersero le chiese, e tutte le campane suonarono a festa. Quando viaggiava, era in ogni parte ricevuto con pompa non minore, e con assai maggiore entusiasmo di quello con cui erano stati accolti i Re procedenti in mezzo al reame. Veniva di casa in casa scortato da lunghe cavalcate di gentiluomini e borghesi armati. Dalle città uscivano le intere popolazioni a riceverlo. Gli elettori si affollavano d'intorno a profferirgli i loro voti. Egli spinse tanto alto le sue pretese, che non solo mise nell'arme di sua famiglia i leoni d'Inghilterra e i gigli di Francia senza il bastone sinistro, sotto il quale, secondo le leggi del blasone, vengono posti in segno della sua nascita illegittima; ma rischiossi di toccare gli ammalati della malattia regia. Nel tempo stesso, adoperava le arti tutte che valgono a conciliare lo amore della moltitudine. Teneva al fonte battesimale i figliuoli dei contadini, mescolavasi ai loro rustici sollazzi, lottava, giuocava al bastone a due punte, e vinceva provandosi nelle corse pedestri, egli calzato di stivali contro altri calzati di scarpe.
È curiosissima circostanza, che in due delle più grandi occasioni della nostra storia, i capi del partito protestante cadessero nel medesimo errore, e con esso ponessero a grave pericolo la propria patria e religione. Alla morte di Eduardo VI, opposero Lady Giovanna senza alcuna apparenza di diritto di nascita, non solo a Maria loro nemica, ma ad Elisabetta, ch'era la vera speranza dell'Inghilterra e della Riforma. Però i più rispettabili protestanti, con Elisabetta a loro capo, furono costretti a fare causa comune coi papisti. Nello stesso modo, centotrent'anni dopo, parte dell'opposizione ponendo Monmouth come pretendente alla Corona, aggredivano il diritto non solo di Giacomo, che era da essi giustamente considerato quale implacabile nemico della fede e delle libertà loro; ma anche del Principe e della Principessa d'Orange, i quali venivano singolarmente segnati a dito, e per la situazione e per le qualità personali loro, come difensori di tutti i liberi governi e di tutte le Chiese riformate.
In pochi anni, la insania di siffatto procedere divenne manifesta. Ma allora gran parte del potere

dell'opposizione consisteva nella popolarità di Monmouth. Le elezioni riuscirono avverse alla Corte; il giorno stabilito per l'adunanza delle Camere appressavasi: era, dunque, mestieri che il Re scegliesse la condotta da tenere. Coloro che lo consigliavano, scoprirono i primi lievi segni d'un mutamento nel pubblico sentire, e sperarono che, soltanto differendo a miglior tempo il conflitto, Carlo otterrebbe sicura vittoria. Egli, quindi, senza né anche chiedere l'opinione del Consiglio dei Trenta, decise di prorogare il nuovo Parlamento innanzi che cominciasse i suoi lavori. Intanto, al Duca di York, che era ritornato da Brusselles, fu fatto comandamento di ritirarsi in Iscozia, e fu messo a capo dell'amministrazione di quel Regno.
Il sistema di Governo fatto da Temple venne manifestamente abbandonato, e subito posto in dimenticanza. Il Consiglio Privato tornò ad essere ciò che, era già stato. Shaftesbury e i suoi fautori politici rinunziarono ai loro seggi in Consiglio. Lo stesso Temple, siccome aveva costume di fare nei tempi torbidi, si ritirò nella quiete del suo giardino e nella sua biblioteca. Essex lasciò il Tesoro, e volle correre le sorti dell'opposizione. Ma Halifax, infastidito e temente la violenza dei suoi vecchi colleghi, e Sunderland, che non abbandonava mai il posto finchè poteva starci, rimasero a' servigi del Re.
A cagione delle rinunzie che seguirono in questa occasione, la via che conduceva alla grandezza fu lasciata aperta ad una nuova torma di aspiranti. Due uomini di Stato, i quali poscia conseguirono la maggiore altezza cui possa giungere un suddito inglese, cominciarono a richiamare a sè gli occhi di tutti. Avevano nome Lorenzo Hyde e Sidney Godolphin.
L. Lorenzo Hyde era secondo figlio del Cancelliere Clarendon, e fratello della prima Duchessa di York. Aveva doti eccellenti, rese migliori dalla esperienza parlamentare e diplomatica; ma le infermità della sua tempra scemavano molto la forza naturale di quelle doti. Per quanto fosse assuefatto a' negoziati diplomatici e agli usi di Corte, non imparò mai l'arte di governare o nascondere le proprie emozioni. Nella prosperità era insolente e vanaglorioso: appena riceveva un colpo dall'avversa fortuna, sapeva così poco dissimulare il cordoglio, che i suoi nemici maggiormente trionfavano: piccolissime provocazioni bastavano ad accendergli l'ira nel cuore; e mentre era incollerito, diceva amarissime cose, che, appena calmato, dimenticava, ma che gli altri tenevano lungamente scolpite nella memoria. Per isvegliatezza e acutezza di mente, ei sarebbe diventato un profondo uomo d'affari, ove non fosse stato troppo fiducioso di sè ed impaziente. I suoi scritti provano ch'egli aveva molti dei requisiti che formano un oratore; ma la irritabilità gli impediva di rendersi giustizia nelle discussioni: avvegnachè nulla fosse tanto facile quanto lo incitarlo all'ira; ed appena in preda alle passioni, diventava il zimbello di oppositori molto meno capaci di lui.
Dissimile da' moltissimi politici di quel tempo, egli era uomo di parte, coerente a sè stesso, burbero, astioso; era un Cavaliere della vecchia scuola, un ardente campione della Corona e della Chiesa, e odiava i Repubblicani e i non-conformisti. Aveva, quindi, moltissimi proseliti. Il clero, in ispecie, lo considerava come l'uomo suo proprio, ed accordava alle debolezze di lui una indulgenza, che, a dir vero, gli faceva mestieri; imperciocchè abbandonavasi al bere, e ogni qualvolta trascorreva alla collera - e ciò accadeva assai spesso, - bestemmiava come un vetturino.
Egli succede ad Essex nell'ufficio di Tesoriere. È d'uopo notare, che il posto di Primo Lord del Tesoro non aveva allora la importanza e dignità che ha nei tempi nostri. Ogni qualvolta eravi un Lord Tesoriere, egli era generalmente anche Primo Ministro; ma quando il bianco bastone era affidato ad una commissione, il capo commissario non aveva il grado di Segretario di Stato. Solo ai tempi di Walpole, il Primo Lord del Tesoro venne considerato come capo del potere esecutivo.
LI. Godolphin era stato educato fra i paggi di Whitehall, e fino da' suoi teneri anni aveva acquistata tutta la flessibilità e la padronanza di sè, proprie d'un cortigiano. Era amante del lavoro, di mente lucida, e profondamente versato nelle minuzie della finanza. Ogni Governo, quindi, lo sperimentò utile servitore; e non era nulla nelle opinioni o nel carattere di lui, che gli impedisse di servire a qualsifosse Governo. «Sidney Godolphin,» diceva Carlo, «non è mai fra mezzo alla via, e mai fuori di via.» Questa pungente osservazione spiega mirabilmente la straordinaria riuscita di Godolphin nel mondo.
In diversi tempi, operò in compagnia di ambedue i grandi partiti politici; ma non partecipò mai alle passioni di nessuno di quelli. Come gli uomini d'indole cauta e di prospera ventura, inchinava fortemente a sostener le cose esistenti. Aborriva dalle rivoluzioni, e per la ragione medesima dalle controrivoluzioni. Aveva contegno notevolmente grave e riserbato, ma gusti bassi e frivoli; e spendeva tutto il tempo che gli rimaneva libero dalle pubbliche faccende, nelle corse, nel giuoco delle carte, e nei combattimenti dei galli. Adesso sedeva, sotto Rochester, nell'ufficio del Tesoro, dove si rese notevole per assiduità ed intelligenza.

Innanzi che il nuovo Parlamento si fosse lasciato radunare per il disbrigo degli affari, scorse un anno intiero; anno pieno di eventi, che nella lingua e nei costumi nostri ha lasciato incancellabili vestigi. Mai prima d'allora le controversie politiche avevano proceduto con pari libertà; mai prima d'allora i circoli politici erano esistiti con organizzazione tanto elaborata, o con tanto formidabile influenza. La sola questione dell'Esclusione occupava le menti di tutti. Tutta la stampa e i pergami del reame presero parte al conflitto. Da un lato, sostenevasi che la Costituzione e la Religione dello Stato non sarebbero mai sicure sotto un re papista; dall'altro lato, che il diritto di Giacomo alla Corona derivava da Dio, e non poteva essere annullato nè anche dal consenso dell'intero corpo legislativo.
LII. Ogni contea, ogni città, ogni famiglia, era in grande agitazione. Le cortesie e le ospitalità dei vicini rimanevano interrotte. I più cari vincoli d'amicizia e di sangue erano indeboliti o rotti. Perfino gli scolari erano divisi in parti; e il Duca di York e il Conte di Shaftesbury avevano partigiani zelanti in Westminster ed Eaton. I teatri risuonavano dei clamori delle avverse fazioni. La Papessa Giovanna fu messa sulle scene dai fervidi protestanti. I poeti pensionati empivano i prologhi e gli epiloghi di elogi al Re e al Duca. I malcontenti assediavano il trono con petizioni, chiedendo la subita convocazione del Parlamento. I realisti mandavano indirizzi, significando lo estremo aborrimento contro tutti coloro che presumessero imporre al sovrano. I cittadini di Londra raccoglievansi a diecine di migliaia, onde bruciare il papa in effigie. Il Governo appostò coorti di cavalleria a Temple Bar, e collocò le artiglierie attorno Whitehall. In quell'anno, la nostra lingua si arricchì di due parole, mob e sham; notevoli ricordi d'una stagione di tumulti e d'impostura.
LIII. Gli avversari della Corte erano chiamati Birminghams, Petizionisti, Esclusionisti. I partigiani del Re dicevansi Anti-Birminghams, Aborrenti, Tantivies. Siffatti vocaboli presto caddero in disuso: ma in quel tempo furono primamente uditi due soprannomi, i quali, comecchè in origine si proferissero ad insulto, vennero poco dopo assunti con orgoglio, sono tuttavia d'uso giornaliero, si sono estesi con la razza inglese, e dureranno quanto la inglese letteratura. È circostanza curiosa come uno di cotesti soprannomi fosse d'origine scozzese, ed irlandese l'altro. In Iscozia, come in Irlanda, il cattivo Governo aveva fatto nascere bande di uomini disperati, la ferocia dei quali era accresciuta dallo entusiasmo religioso. In Iscozia, parecchi dei Convenzionisti perseguitati, resi frenetici dall'oppressione, avevano poco innanzi assassinato il Primate, prese le armi contro il Governo, riportato qualche vantaggio contro le forze regie; e non erano stati domati fino a che Monmouth, a capo di alcune milizie d'Inghilterra, gli aveva rotti a Bothwell Bridge. Questi zelanti erano numerosissimi fra i rustici delle pianure occidentali, e volgarmente venivano chiamati Whig. Così il nome di Whig, dato ai presbiteriani zelanti di Scozia, venne applicato a quei politici inglesi che mostravansi disposti ad avversare la Corte, ed a trattare con indulgenza i protestanti non-conformisti. Nel tempo stesso, le maremme dell'Irlanda apprestavano rifugio ai papisti banditi; simili molto a coloro che poscia si dissero Whiteboys. Cotesti uomini allora chiamavansi Tory. Il nome di Tory venne perciò apposto a quegli Inglesi che ricusavano di cooperare ad escludere dal trono un Principe cattolico romano.
La rabbia delle fazioni ostili sarebbe stata abbastanza violenta, quand'anco si fosse lasciata operare da sè. Ma fu studiosamente esasperata dal comune nemico. Luigi seguitava a comperare e lusingare in un tempo la Corte e la opposizione. Esortava Carlo a tener fermo; esortava Giacomo ad accendere la guerra civile nella Scozia: esortava i Whig a non desistere, ed a riposare con fiducia sopra la protezione della Francia.
Fra mezzo a tanta agitazione, un occhio giudizioso si sarebbe potuto accorgere come la pubblica opinione venisse a poco a poco cangiando. La persecuzione dei Cattolici romani continuava; ma le convinzioni non erano più in uso. Una nuova genia di falsi testimoni, tra' quali il più notevole era un ribaldo chiamato Dangerfield, infestava i tribunali. Ma le storielle di costoro, benchè fossero meglio congegnate di quella d'Oates, erano meno credute. I giurati più non erano corrivi a prestar fede, come lo erano stati durante il timore panico che aveva tenuto dietro allo assassinio di Godfrey; e i giudici, i quali, mentre la frenesia popolare era giunta al massimo grado erano stati ossequiosissimi strumenti di quella, arrischiavansi adesso a palesare in parte le proprie opinioni.
LIV. Finalmente, nell'ottobre del 1680, adunossi il Parlamento. I Whig avevano una così grande maggioranza nella Camera dei Comuni, che la Legge d'Esclusione passò senza difficoltà. Il Re appena sapeva quali fossero i membri del suo Gabinetto, dei quali potesse far conto. Hyde era rimasto fedele alle sue opinioni di Tory, ed aveva fermamente sostenuta la causa della monarchia ereditaria. Ma Godolphin, desideroso di tranquillità, e credendo di non poterla ottenere se non se per mezzo della concessione, desiderava che la legge passasse. Sunderland, sempre perfido e poco veggente, inetto a scernere i segni della reazione che s'appressava, ed ansioso di riconciliarsi al partito che a lui pareva

invincibile, deliberò di votare contro la Corte. La Duchessa di Portsmouth supplicava il suo reale amante a non correre diritto alla propria rovina. Se v'era cosa intorno alla quale egli avesse scrupolo di coscienza e d'onore, ella era la questione della successione: ma per alcuni giorni e' parve volesse cedere. Ondeggiava, e chiedeva quale somma di danari i Comuni gli darebbero se egli cedesse; e permise che si aprissero negoziati coi principali Whig. Ma la profonda vicendevole diffidenza, che era venuta sempre crescendo, ed era stata con grande studio alimentata dalle arti della Francia, rese impossibile ogni trattato. Nessuna delle parti voleva affidarsi all'altra.
LV. La intera nazione, con ansia indicibile, teneva l'occhio fisso alla Camera dei Lord. La congrega dei Pari era numerosa. Il Re stesso era lì presente. Le discussioni furono lunghe, ardenti, e di quando in quando furiose. Parecchi recarono la mano all'elsa della propria spada, in modo da richiamare alla memoria la immagine dei procellosi Parlamenti di Enrico III e di Riccardo II. A Shaftesbury e ad Essex si congiunse il perfido Sunderland. Ma il genio di Halifax vinse ogni opposizione. Abbandonato da' principali fra' suoi colleghi, ed avversato da una falange di insigni antagonisti, difese la causa del Duca di York con parecchie orazioni, le quali, molti anni dipoi erano rammentate come capolavori di ragionamento, di brio e d'eloquenza. Rade volte avviene che l'arte oratoria cangi i voti: eppure, il testimonio dei contemporanei non lascia dubbio nessuno che, in cotesta occasione, i voti cangiaronsi mercè l'arte oratoria di Halifax. I Vescovi, fedeli alle proprie dottrine, sostennero il principio del diritto ereditario, e la legge venne rigettata a gran maggioranza di voti.
La parte che preponderava nella Camera dei Comuni, amaramente umiliata da cotesta sconfitta, trovò qualche compenso spargendo il sangue dei Cattolici romani. Guglielmo Howard, visconte Stafford, uno degli infelici già accusati come complici della congiura, fu condotto al tribunale dei suoi pari; e sullo attestato di Oates e di due altri falsi testimoni, Dugdale e Turberville, fu giudicato colpevole di alto tradimento, e dannato a morire. Ma le circostanze del suo processo e della sua morte avrebbero dovuto essere d'utile ammonimento ai capi dei Whig. Una grande e rispettabile minoranza nella Camera dei Lord lo dichiarò non reo. La moltitudine, che pochi mesi innanzi aveva ricevute le estreme confessioni delle vittime di Oates con esecrazione e scherno, ora diceva a voce alta che Stafford moriva assassinato. Quando egli col suo ultimo respiro protestò della propria innocenza, gli astanti gridavano: «Dio vi benedica, Milord! Noi vi crediamo, Milord.» Un osservatore giudicioso avrebbe potuto agevolmente predire, che il sangue che allora versavasi, tra breve tempo verrebbe espiato dal sangue.
LVI. Il Re deliberò di provare un'altra volta lo espediente di sciogliere il Parlamento. Ne convocò un altro, che doveva radunarsi in Oxford nel marzo 1681. Dai giorni dei Plantageneti in poi, le Camere avevano sempre tenute le loro sessioni in Westminster, tranne nei tempi in cui la peste infuriava nella metropoli; ma una congiuntura così straordinaria sembrava richiedere straordinarie cautele. Se il Parlamento si fosse ragunato nel luogo consueto, la Camera dei Comuni si sarebbe potuta dichiarare in permanenza, ed avrebbe invocato l'aiuto dei magistrati e dei cittadini di Londra. Le milizie civiche avrebbero potuto sorgere a difendere Shaftesbury, come quaranta anni avanti erano sorte a difendere Pym e Hampden. Le guardie avrebbero potuto essere vinte, la reggia forzata, il Re prigioniero nelle mani dei suoi sudditi ribelli. Tale pericolo non era da temersi in Oxford. La università era devota alla Corona; e i gentiluomini delle vicinanze erano generalmente Tory. Quivi, dunque, la opposizione, più che il Re, aveva ragione di temere la violenza.
Le elezioni furono subietto di ardenti contrasti. I Whig tuttavia formavano la maggioranza nella Camera dei Comuni; ma era manifesto che lo spirito Tory veniva celeremente sorgendo in tutto il paese. E' parrebbe che il sagace e versatile Shaftesbury avesse dovuto prevedere il cangiarsi dei tempi, ed assentire ai patti offerti dalla Corte; ma sembra che avesse posta in dimenticanza la sua antica strategia. Invece di provvedere in guisa, che, nel peggiore evento, egli avesse sicura la propria ritirata, prese tale una posizione, che gli era forza o vincere o perire. Forse il suo cervello, comunque fortissimo, era stato travolto dalla popolarità, dal successo e dallo eccitamento del conflitto. Forse aveva dato di sprone al proprio partito tanto, da non poterlo più dominare, ed era veramente trascinato da coloro che egli sembrava condurre.
LVII. Giunse il gran giorno. L'adunanza d'Oxford somigliava più presto ad una Dieta polacca, che a un Parlamento inglese. I rappresentanti Whig apparvero scortati da gran numero dei loro affittuari e servitori, in armi e montati a cavallo, i quali scambiavano sguardi di diffidenza con le guardie regie. La più lieve provocazione, in cosiffatte circostanze, avrebbe prodotta la guerra civile; ma nessuna delle due parti si attentò di dare il primo colpo. Il Re di nuovo offerse di consentire ogni cosa, fuorchè la Legge d'Esclusione. I Comuni erano deliberati di non accettare null'altro che la Legge d'Esclusione.

Dopo pochi giorni, il Parlamento fu nuovamente disciolto.
Il Re aveva trionfato. La Reazione, che era incominciata alcuni mesi innanzi che s'adunassero le Camere in Oxford, si accrebbe rapidamente. La nazione, a dir vero, rimaneva sempre ostile al papismo: ma quando i cittadini richiamarono ad esame tutta la storia della congiura, si accorsero come il loro zelo protestante gli avesse fatti trascorrere alla demenza e al delitto, e appena potevano credere d'essere stati spinti da alcune novelle da balia a gridare al sangue dei loro concittadini e fratelli cristiani. E davvero, i più leali non potevano negare che l'amministrazione di Carlo fosse spesse volte stata degna di biasimo. Ma coloro che non conoscevano pienamente come noi le relazioni di lui con la Francia, e che aborrivano dalle violenze dei Whig, enumeravano le ampie concessioni da lui fatte negli ultimi anni al Parlamento, e le concessioni anche più ampie che avea dichiarato di voler fare. Aveva assentito alle leggi che escludevano i Cattolici Romani dalla Camera dei Lord, dal Consiglio Privato, e dagli uffici civili e militari. Aveva approvato l'Atto dell'Habeas Corpus. Se non s'erano per anche fatti provvedimenti contro i pericoli ai quali la Costituzione e la Chiesa potevano essere esposte sotto un Sovrano cattolico romano, la colpa non era di Carlo, che aveva invitato il Parlamento a proporre le opportune guarentigie, ma di quei Whig i quali avevano ricusato di aderire a qualunque provvisione da sostituirsi alla Legge d'Esclusione. Una sola cosa aveva il Re negata al suo popolo. Aveva ricusato di annullare il diritto ereditario del fratello. E non v'erano buone ragioni a credere che tale rifiuto nascesse da sentimenti lodevoli? Di quale motivo d'egoismo poteva la stessa fazione addebitare l'animo del Re? La Legge d'Esclusione non iscemava le prerogative nè le entrate del Principe regnante. Veramente, approvandola, avrebbe potuto facilmente ottenere un ampio accrescimento alle sue proprie rendite. E che poteva ciò importare a colui che regnasse dopo? Inoltre, se Carlo aveva predilezioni personali, tutti sapevano ch'egli prediligeva il Duca di Monmouth sopra il Duca di York. E però, il modo più naturale di spiegare la condotta del Re sembrava essere che, comunque ei fosse d'indole spensierata e di bassa morale, aveva, in quell'occasione, operato secondo gl'impulsi del dovere e dell'onore. E se era così, poteva la nazione costringerlo a fare ciò ch'egli reputava criminoso e disonorevole? Violentargli, anche con mezzi strettamente costituzionali, la coscienza, ai realisti zelanti sembrava atto poco generoso ed indebito. Ma i mezzi strettamente costituzionali non erano i soli ai quali i Whig volevano appigliarsi. Vedevansi già segni tali, che facevano presagire lo avvicinarsi di grandi perturbazioni. Uomini che nel tempo della guerra civile e della Repubblica avevano acquistata odiosa rinomanza, erano usciti fuori dalla oscurità, in cui, dopo la Restaurazione, giacevano nascosti onde sottrarsi all'odio universale; mostravano i loro visi fidenti ed affaccendati in ogni dove, e sembravano anticipare un secondo regno dei Santocchi. Un altro Naseby, un'altra Alta Corte di Giustizia, un altro usurpatore sul trono, i Lord nuovamente espulsi a forza da' loro seggi, le Università di nuovo purgate, la Chiesa nuovamente saccheggiata e perseguitata, i Puritani di nuovo dominanti: a tali conseguenze sembrava tendere la politica disperata della opposizione.
Animata da cotesti sentimenti, la maggioranza delle alte classi e delle medie affrettossi a porsi dalla parte del trono. La situazione del Re in questo tempo rendeva immagine di quella del padre suo, dopo che era stata votata la Rimostranza. Ma alla Reazione del 1641 non s'era lasciata correre intera la sua via. Carlo I, nel momento stesso in cui il suo popolo, lungo tempo da lui allontanato, ritornava a lui disposto alla conciliazione, aveva, violando perfidamente le leggi fondamentali del reame, perduto per sempre la fiducia di quello. Se Carlo II si fosse gettato nella medesima via, se avesse imprigionati in modo irregolare i capi dei Whig, e gli avesse accusati d'alto tradimento innanzi ad un tribunale privo di giurisdizione legale sopra loro, è molto probabile che questi avrebbero speditamente riacquistato il predominio che avevano già perduto. Avventuratamente per lui, in cotesta crisi, venne indotto ad attenersi ad una politica che, rispetto ai suoi fini, era singolarmente giudiziosa. Deliberò di conformarsi alla legge, ma usare nel tempo stesso energicamente ed inesorabilmente la legge contro i suoi avversari. Non era tenuto a convocare il Parlamento avanti che fossero scorsi tre anni. Non aveva grande penuria di danaro. Il prodotto delle tasse, che gli era stato concesso a vita, eccedeva l'estimo. Era in pace con tutto il mondo. Poteva scemare le proprie spese rinunziando al costoso ed inutile stabilimento di Tangeri; e poteva sperare sussidii pecuniari dalla Francia. Gli rimanevano, quindi, tempo e mezzi molti onde aggredire sistematicamente l'opposizione sotto le forme della Costituzione. I giudici erano amovibili ad arbitrio di lui; i giurati erano nominati dagli Sceriffi; e in quasi tutte le Contee dell'Inghilterra gli Sceriffi erano nominati dal Re. Testimoni, della specie di quelli che avevano deposto contro la vita dei Papisti, erano pronti a deporre contro quella dei Whig.
LVIII. La prima vittima fu College, violento e clamoroso demagogo, di vili natali e di bassa educazione.

Faceva il mestiere di falegname, e divenne celebre come inventore del correggiato protestante. Era stato in Oxford mentre eravi ragunato il Parlamento, e lo avevano accusato di avere ordito una insurrezione ed aggressione contro le guardie del Re. Contro di lui testificarono Dugdale e Turberville; gli stessi infami uomini i quali, pochi mesi innanzi, erano stati falsi testimoni contro Stafford. Non era probabile che alcuno Esclusionista trovasse favore al cospetto dei giurati di provincia. College fu dichiarato reo. La folla che riempiva la sala del tribunale in Oxford, ricevè l'annunzio della condanna con gridi di gioia; gridi tanto barbari, quanto quelli che egli e i suoi amici avevano costume di mandare quando gl'innocenti papisti venivano dannati alla forca. La sua morte fu l'inizio di un nuovo macello giuridico, non meno atroce di quello al quale egli stesso aveva partecipato.
Il Governo, reso audace da questa prima vittoria, intese a colpire, un nemico di specie differentissima. Deliberò di processare Shaftesbury. Si raccolsero prove, con che speravasi convincerlo di tradimento. Ma i fatti ch'era d'uopo provare, vennero prodotti come avvenuti in Londra. Gli Sceriffi di Londra, eletti dai cittadini, erano Whig zelanti. Costoro nominarono giurati Whig; i quali rigettarono l'accusa.
LIX. Questa sconfitta, invece di scoraggiare i Consiglieri del Re, suggerì loro un disegno nuovo ed ardito. Poichè lo Statuto Municipale della capitale era d'inciampo, era necessario annullarlo. Pretesero quindi che la città di Londra avesse, a cagione di alcune irregolarità, perduti i suoi privilegi municipali; e fu intentato un processo contro il Municipio nella Corte del Banco del Re. Nel tempo stesso, quelle leggi che, subito dopo la Restaurazione, eransi promulgate contro i non-conformisti, e che eransi lasciate inattive mentre preponderavano i Whig, vennero rigorosissimamente attuate per tutto il Regno.
Nonostante, lo spirito dei Whig non era domo. Quantunque fossero in tristi condizioni, formavano tuttavia un partito numeroso e potente; e come si mostravano forti nelle grandi città, e massimamente nella metropoli, facevano rumore e sembianza più di quanto ne comportava la loro forza positiva. Inanimiti dalla rimembranza dei passati trionfi, e dal sentimento della oppressione presente, esageravano e la forza e i danni propri. Non erano in istato di giudicare se le cose fossero giunte a quegli estremi che soli possono giustificare l'uso d'un rimedio così violento, come è la resistenza ad un Governo stabilito. Per quanti sospetti potessero essi aver concepiti, non potevano provare che il loro Sovrano aveva concluso un trattato con la Francia contro la religione e le libertà dell'Inghilterra. Le apparenze non erano bastevoli a giustificare il ricorso alla spada. Se la Legge d'Esclusione era stata rigettata, ciò avevano fatto i Lord nello esercizio di un diritto antico quanto la Costituzione. Se il Re aveva sciolto il Parlamento di Oxford, aveva così operato per virtù di una prerogativa che non era stata mai messa in dubbio. Se la Corte, dopo il riferito scioglimento, era trascorsa ad atti duri, tali atti erano strettamente conformi alla lettera della legge, ed alla recente pratica degli stessi malcontenti. Se il Re aveva perseguitati i suoi avversari, gli aveva perseguitati secondo le forme debite innanzi ai debiti tribunali. Le prove che ora producevansi a pro della Corona, erano almeno meritevoli di fede quanto quelle per virtù delle quali il più nobile sangue inglese era stato, poco innanzi, versato dalla opposizione. Il modo onde un Whig accusato ora doveva aspettarsi d'essere trattato da giudici, avvocati, sceriffi, giurati e spettatori, non era peggiore di quello che i Whig avevano reputato abbastanza buono per un accusato papista. Se erasi proceduto contro i privilegi della città di Londra, ciò era seguito non per violenza militare, o per virtù di alcun contrastabile esercizio della prerogativa, ma secondo la pratica regolare di Westminster Hall. La regia autorità non aveva imposto nessuna tassa. Nessuna legge era sospesa. L'Atto dell'Habeas Corpus era rispettato. Perfino l'Atto di Prova era in vigore. La opposizione, dunque, non poteva addebitare al Re quella specie di mal governo che solo potrebbe giustificare la insurrezione. E quando anche il suo mal governo fosse stato più visibile di quello che appariva, la insurrezione sarebbe anche stata criminosa, come quella che era quasi sicura di esito non prospero. La situazione dei Whig nel 1682 differiva grandemente da quella delle Teste-Rotonde quaranta anni prima. Coloro che avevano prese le armi contro Carlo I, avevano operato sotto l'autorità di un Parlamento, il quale, legalmente adunato, non poteva, senza il proprio consenso, essere legalmente sciolto. Gli oppositori di Carlo II erano uomini privati. Quasi tutti i mezzi militari e navali erano nelle mani di coloro che resisterono a Carlo I. Tutti i mezzi militari e navali erano nelle mani di Carlo II. La Camera dei Comuni era stata sostenuta almeno da mezza la nazione contro Carlo I. Ma coloro che inchinavano a guerreggiare contro Carlo II, erano certamente in minoranza. E però, non poteva ragionevolmente dubitarsi, che qualora essi tentassero una insurrezione, fallirebbero. E anche meno poteva dubitarsi che il mal esito della impresa rendesse più duri i mali di cui menavano lamento. La vera politica dei Whig era quella di sobbarcarsi pazienti all'avversità che era conseguenza naturale e giusto castigo dei loro errori; di aspettare pazientemente

fino al tempo in cui il pubblico sentire si sarebbe, con inevitabile vicenda, cangiato; di osservare la legge, e di giovarsi della protezione, imperfetta sì, ma non affatto futile, che la legge apprestava alla innocenza. Sventuratamente, presero una via molto diversa. I capi del partito, scevri di scrupoli e caldi di cervello, formavano e discutevano disegni di resistenza, ed erano ascoltati se non con approvazione, almeno con segni d'acquiescenza, da uomini molto migliori di loro. Proposero di insorgere ad un tempo in Londra, in Cheshire, in Bristol e in Newcastle. Aprirono comunicazioni coi malcontenti presbiteriani di Scozia, i quali pativano una tirannia, quale l'Inghilterra, in tempi pessimi, non aveva mai patita. Mentre i principali della opposizione in tal guisa architettavano la ribellione aperta, ma erano tuttavia da scrupoli o da paura ritenuti dal fare alcun passo decisivo, parecchi dei loro complici ordivano una trama di specie differentissima. A questi spiriti feroci, non infrenati da principio alcuno, o resi insani dal fanatismo, e' pareva che agguatare ed assassinare il Re e il fratello fosse la via più breve e sicura di vendicare la religione protestante e le libertà della Inghilterra. Indicarono il tempo e il luogo; e spesso discutevano, se pure non gli avevano definitivamente ordinati, intorno ai particolari del macello. Questo disegno era noto a pochi, e nascosto con gran cura a Russell, spirito probo ed umano; e a Monmouth, il quale, quantunque non fosse uomo di delicata coscienza, avrebbe aborrito dal parricidio. In tal modo, v'erano due congiure, una dentro l'altra. Lo scopo della grande congiura Whig, era quello di chiamare la nazione alle armi contro il Governo. La congiura minore, comunemente detta la congiura di Rye house, della quale soli pochi disperati uomini erano partecipi, aveva lo scopo di assassinare il Re e il suo erede presuntivo.
LX. Ambedue vennero tosto scoperte. Alcuni traditori codardi affrettaronsi a porsi in salvo divulgando tutto, e, più che tutto, ciò che era seguito nelle deliberazioni del partito. Non è luogo a dubitare, che pochi di coloro che meditavano di fare resistenza al Governo, volgessero in mente il pensiero dell'assassinio; ma poichè le due cospirazioni erano strettamente connesse, non tornò difficile al Governo confonderle in una. La giusta indignazione suscitata dalla congiura di Rye house, fu rivolta per alcun tempo a tutti i Whig. Il Re ormai poteva liberamente vendicarsi di tanti anni di freno e di umiliazione. Shaftesbury, a dir vero, aveva schivato il destino di che per la sua multiforme perfidia era bene meritevole. Essendosi accorto che il suo partito correva a rovina, ed invano studiato di pacificarsi agli augusti principi, era fuggito in Olanda; dove morì sotto la generosa protezione d'un Governo da lui crudelmente oltraggiato. Monmouth si gettò ai piedi del padre, ed ottenne perdono; ma tornato presto ad offenderlo, reputò prudente andare in volontario esilio. Essex si uccise nella Torre. Russell, che pare non essere stato reo di alto tradimento, e Sidney, della cui reità non si poterono produrre prove legali, furono decapitati contro legge e giustizia. Russell morì con la fermezza d'animo d'un cristiano; Sidney con quella d'uno stoico. Parecchi altri politici faccendieri d'inferiore condizione furono dannati alle galere. Molti abbandonarono la patria. Istituironsi numerosi processi per delitti di tradigione, calunnia e congiura. I giurati Tory profferivano senza difficoltà sentenze di reità, e i giudici cortigiani infliggevano pene rigorose. A questi processi criminali aggiungevansi i civili, quasi ugualmente formidabili. Intentaronsi accuse contro individui che avevano diffamato il Duca di York; e gli accusatori chiedevano, e i giudici senza difficoltà concedevano ammende equivalenti ad una condanna di prigionia perpetua. La Corte del Banco del Re decise, che le franchigie della città di Londra erano devolute alla Corona.
LXI. Inebriato da questa grande vittoria, il Governo procedè ad aggredire gli Statuti di altri Municipi governati da ufficiali Whig, e che avevano costume di eleggere rappresentanti Whig al Parlamento. I borghi, l'uno dopo l'altro, furono costretti a rendere i propri privilegi; e vennero concessi nuovi Statuti, che in ogni parte resero predominanti i Tory.
Tali procedimenti, comunque degni di biasimo, serbavano l'apparenza della legalità. Furono anco accompagnati da un atto inteso a calmare il timore che molti sudditi leali sentivano dello avvenimento al trono d'un sovrano papista. Lady Anna, figlia minore del Duca di York del primo letto, fu data in sposa a Giorgio principe della Casa ortodossa di Danimarca. I gentiluomini Tory e il clero potevano adesso fermamente sperare che la Chiesa d'Inghilterra si trovasse efficacemente assicurata, senza essere stato minimamente violato l'ordine della successione. Il Re e lo erede del trono erano a un di presso di eguale età. Ambidue avvicinavansi agli anni in cui la vita declina. La salute del Re era buona. Era quindi probabile, che Giacomo, se mai ascendesse al trono, regnerebbe poco tempo. Dietro il suo regno, scorgevasi il lieto spettacolo d'una lunga serie di Sovrani Protestanti.
La libertà della stampa era di poco o di nessun utile alla parte vinta; perocchè l'indole dei giudici e dei giurati era tale, che nessuno scrittore, ove dal Governo fosse accusato di calunnia, aveva probabilità di andare assoluto. Però la paura della pena faceva tutto lo effetto che avrebbe potuto produrre la

censura. Frattanto, i pulpiti risuonavano di arringhe contro il peccato di ribellione. Gli scritti in cui Filmer sosteneva che il dispotismo ereditario era la forma di Governo ordinata da Dio, e che la monarchia limitata era assurdità perniciosa, erano pur allora usciti alla luce, ed avevano ottenuto il favore di molti individui del partito Tory. La università di Oxford, nel giorno stesso in cui Russell fu tratto a morte, adottò con un atto solenne quelle strane dottrine, ed ordinò che le opere politiche di Buchanan, di Milton e di Baxter, fossero pubblicamente bruciate nella corte delle Scuole.
Così imbaldanzito, il Re finalmente rischiossi a varcare i confini che per alcuni anni aveva rispettati, e a violare la lettera della legge. La legge voleva, che non più di tre anni dovessero trascorrere dalla dissoluzione di un Parlamento alla convocazione di un altro. Ma scorsi tre anni dopo disciolto il Parlamento di Oxford, non si videro decreti per la nuova elezione. Questo violare la Costituzione era più biasimevole, in quanto il Re aveva poca cagione a temere d'una nuova Camera di Comuni. Le Contee, generalmente, parteggiavano per lui; e molti borghi nei quali i Whig poco innanzi avevano predominato, erano stati talmente ricostituiti, che, certo, non avrebbero eletti se non rappresentanti cortigiani.
LXII. Poco dopo, la legge venne nuovamente violata onde compiacere al Duca di York. Cotesto principe era, in parte per la sua religione, e in parte per la severità ed asprezza dell'indole sua, cotanto impopolare, che erasi stimato necessario di asconderlo agli occhi di tutti nel tempo che discutevasi in Parlamento la Legge d'Esclusione: altrimenti, il suo mostrarsi in pubblico avrebbe giovato il partito che lottava a privarlo del diritto ereditario. Era perciò stato mandato a governare la Scozia, dove il fiero e vecchio tiranno Lauderdale era sull'orlo del sepolcro. E perfino Lauderdale allora fu vinto in ferocia. L'amministrazione di Giacomo acquistò infame rinomanza per leggi odiose, per barbari castighi e per giudicii d'iniquità, ai quali anche in quel tempo non era nulla di simile. Il Consiglio Privato di Scozia aveva potestà di porre alla tortura i prigionieri di Stato. Ma appena comparivano gli stivali, la loro vista eccitava tanto terrore, che anche i cortigiani più servili e duri di cuore uscivano frettolosi dalla sala. Il seggio talvolta rimaneva deserto; ed infine, fu reputato necessario ordinare che in simiglianti occasioni i Consiglieri rimanessero al loro posto. Notavasi che il Duca di York pareva dilettarsi di uno spettacolo, al quale parecchi dei peggiori uomini che allora vivessero non potevano assistere senza commiserazione ed orrore. Egli non solo andava al Consiglio ogni qualvolta doveva infliggersi la tortura, ma attendeva all'agonia dei martoriati con quella specie d'interesse e di compiacenza, con che gli uomini contemplano uno sperimento scientifico. Così governò in Edimburgo, finchè l'esito del conflitto tra la Corte e i Whig non fu più dubbio. Allora ritornò in Inghilterra; ma rimase, per virtù dell'Atto di Prova, escluso tuttavia da ogni pubblico ufficio; nè il Re stimò sano consiglio in prima violare uno Statuto, che la maggior parte dei sudditi a lui più fidi consideravano come una delle principali guarentigie dei diritti civili e della religione loro. Quando, nondimeno, parve manifesto, dopo molti esperimenti, che la nazione aveva la pazienza di sopportare ogni cosa che il Governo avesse coraggio di fare, Carlo provossi a porre da parte la legge, a favore del proprio fratello. Il Duca riebbe il suo seggio in Consiglio, e riassunse il governo delle faccende navali.
LXIII. Queste infrazioni della Costituzione eccitarono veramente qualche mormorio fra i Tory moderati, mentre non erano unanimemente approvate neanche dai Ministri del Re. In ispecie Halifax - adesso fatto Marchese e Lord Guardasigilli - fino dal giorno nel quale i Tory, mercè di lui, erano divenuti predominanti, aveva cominciato a farsi Whig. Appena rigettata la Legge d'Esclusione, insistette perchè la Camera dei Lord provvedesse contro il pericolo, a cui, nel prossimo regno, le libertà e la religione della patria potevano rimanere esposte. Vedeva ora con timore la violenza di quella Reazione, che in non poca parte era opera sua. Non si studiò di nascondere l'onta ch'egli sentiva delle servili dottrine della università d'Oxford. Detestava l'Alleanza Francese: disapprovava il lungo indugio a convocare il Parlamento: dolevasi della severità con che la parte vinta era trattata. Egli che, mentre predominavano i Whig, erasi rischiato a dichiarare Stafford non reo, rischiossi, mentre essi erano vinti e derelitti, ad intercedere a pro' di Russell. In uno degli ultimi Consigli tenuti da Carlo, seguì una notabilissima scena. Lo Statuto di Massachusetts era stato confiscato. Sorse questione sul modo in che verrebbe per lo avvenire governata quella colonia. Opinavano quasi tutti i consiglieri, che l'intero potere legislativo ed esecutivo dovesse rimanere nella mani del principe. Halifax opinò diversamente, e ragionò con gran vigoria d'argomenti contro la monarchia assoluta, e a favore del governo rappresentativo. Era inutile, diceva egli, il pensare che una popolazione, uscita dalla razza inglese, ed animata da sentimenti inglesi, volesse lungamente tollerare di rimaner priva d'istituzioni inglesi. A che gioverebbe, egli esclamava, vivere in un paese dove la libertà e gli averi fossero soggetti allo arbitrio di un despota? Il Duca di York infiammossi di collera a siffatte parole, e

mostrò al fratello il pericolo di mantenere in ufficio un uomo che sembrava infetto delle pessime idee di Marvell e di Sidney.
Taluni moderni scrittori hanno biasimato Halifax per essere rimasto nel Ministero, mentre disapprovava il modo cui gli affari interni ed esterni erano condotti. Ma tale biasimo è ingiusto. Ed è da notarsi che la parola Ministero, nel senso in che oggi si usa, era allora sconosciuta. La cosa stessa non esisteva, perocchè essa appartiene ad una età in cui il governo parlamentare è pienamente stabilito. Ai dì nostri, i principali servitori della Corona formano un solo corpo. S'intende ch'essi siano in termini di amichevole fiducia fra loro, e concordino intorno ai principii massimi che debbono dirigere il potere esecutivo. Se sorge fra loro una lieve differenza d'opinione, agevolmente patteggiano; ma, ove uno di loro diverga dagli altri sopra un punto vitale, è suo debito rinunciare all'ufficio. Finchè egli lo ritiene, è considerato come responsabile anche degli atti che si è studiato d'impedire. Nel secolo decimosettimo, i capi dei vari dipartimenti dell'amministrazione non erano siffattamente vincolati. Ciascuno di loro doveva rendere conto degli atti propri, dell'uso ch'ei faceva del suo sigillo ufficiale, dei documenti cui apponeva la propria firma, dei consigli che dava al Re. Nessun uomo di Stato era tenuto responsabile di ciò ch'egli non aveva fatto, nè indotto altri a fare. S'egli aveva cura di non essere partecipe di ciò che era ingiusto, e se, consultato, commendava soltanto ciò ch'era giusto, andava scevro di biasimo. Sarebbe stato considerato come un suo strano scrupolo lo abbandonare il posto, ove il suo signore non seguisse il consiglio di lui in cose che non fossero strettamente pertinenti al suo dipartimento: lasciare, per modo d'esempio, lo Ammiragliato, perchè le finanze trovavansi disordinate; o il Tesoro, perchè le relazioni del Regno con le Potenze straniere erano in condizioni poco soddisfacenti. Non era, perciò, cosa affatto insolita il vedere negli alti uffici in un tempo medesimo uomini che apertamente differissero, l'uno dall'altro, in opinione, come Pultenay differiva da Walpole, o Fox da Pitt.
LXIV. I consigli moderati e costituzionali di Halifax furono timidamente e debolmente secondati da Francesco North, Lord Guildford, che di recente era stato fatto Guardasigilli. Il carattere di Guildford è stato disegnato ampiamente da suo fratello Ruggiero North, intollerantissimo Tory, e scrittore molto affettato e pedante; ma vigile osservatore di tutte quelle minuzie che gettano luce sulle inclinazioni degli uomini. È da notarsi che il biografo, quantunque sottostasse alla influenza della più forte parzialità fraterna, e comunque desiderasse pennelleggiare un lusinghiero ritratto, non potè ritrarre il Lord Guardasigilli altramente che come il più ignobile degli uomini. Nondimeno, Guildford aveva lucido intelletto, grande arte, buon corredo di lettere e di scienze, e moltissima dottrina legale. I suoi difetti erano l'egoismo, la codardia e la bassezza. Non era insensibile alla magia della beltà femminile, nè aborriva dallo eccesso nel vino. E nulladimeno, nè vino nè beltà poterono mai spingere il cauto e frugale libertino, anche negli anni suoi giovanili, ad un solo slancio di generosità indiscreta. Benchè fosse di nobile lignaggio, elevossi nella propria professione tributando omaggi ignominiosi a tutti coloro che avevano influenza nelle Corti. Divenne Capo Giudice dei Piati Comuni, e come tale fu parte nei più iniqui assassinii giuridici di cui si serbi ricordo nella storia nostra. Egli aveva senno bastevole a discernere fino da principio che Oates e Bedloe erano impostori: ma il Parlamento e il paese erano grandemente eccitati; il Governo aveva ceduto alla pressura; e North non era uomo da porre a repentaglio, per amore della giustizia e dell'umanità, un buon posto. Per la qual cosa, mentre in secreto scriveva una confutazione del romanzo della Congiura papale, dichiarava in pubblico la storiella essere vera e chiara come la luce del sole; e non vergognò d'imporre dal seggio della giustizia agli sventurati Cattolici Romani, i quali gli stavano dinanzi incolpati di delitti capitali. Finalmente, era pervenuto a conseguire il più alto ufficio nelle Leggi. Ma un legale, che dopo di essere stato per molti anni tutto dedito allo esercizio della propria professione, si volga alla politica per la prima volta in età avanzata, rade volte riesce insigne uomo di Stato; e Guildford non fa eccezione a questa regola generale. Sentiva tanto la propria dappocaggine, che non intervenne mai alle adunanze dei colleghi intorno agli affari esteri. Anche nelle questioni concernenti la sua professione, le opinioni sue erano di meno peso in Consiglio, che quelle di chiunque abbia mai tenuto il Gran Sigillo. Nondimeno, quella tal quale influenza ch'egli esercitava, adoperò, fin dove osava di farlo, a favore delle leggi.
Il principale avversario di Halifax era Lorenzo Hyde, che era stato, poco innanzi, creato Conte di Rochester. Tra tutti i Tory, Rochester era il più intollerante e contrario ad ogni accordo. I membri moderati del suo partito dolevansi che tutti gli uffici del Tesoro, mentre egli ne era Primo Commissario, venissero concessi agli zelanti, i cui soli diritti ad essere promossi consistevano nel bere a confusione dei Whig, e nell'accendere fuochi di gioia e bruciarvi la Legge d'Esclusione. Il Duca di York, satisfatto di uno spirito che tanto gli somigliava, sosteneva con passione ed ostinazione il

proprio cognato.
I tentativi che i Ministri rivali facevano a vincersi e supplantarsi scambievolmente, tenevano perennemente agitata la Corte. Halifax instava presso il Re perchè convocasse il Parlamento, a concedere una generale amnistia, a privare il Duca di York d'ogni partecipazione al Governo, a richiamare Monmouth dallo esilio, a romperla con Luigi, ed a stringere l'unione con la Olanda, giusta i principii della Triplice Alleanza. Il Duca di York, dall'altro canto, temeva lo adunarsi del Parlamento, abborriva i vinti Whig con tenace rancore, sperava tuttavia che il disegno formato quattordici anni innanzi in Dover potesse mandarsi ad esecuzione, mostrava ogni giorno al proprio fratello la inconvenevolezza di patire che un uomo il quale in cuore era repubblicano tenesse il Gran Sigillo, e proponeva calorosamente Rochester come adattato al grande ufficio di Lord Tesoriere.
Mentre le due fazioni si travagliavano, Godolphin, cauto, tacito, laborioso, tenevasi neutrale fra quelle. Sunderland, con la sua solita irrequieta perfidia, intrigava contro ambedue. Era stato cacciato d'ufficio per avere votato in favore della Legge d'Esclusione, ma era stato ribenedetto mercè i buoni uffici della Duchessa di Portsmouth e lo strisciarsi attorno al Duca di York, ed era di nuovo Segretario di Stato.
LXV. Nè Luigi rimaneva spensierato o inoperoso. Ogni cosa allora correva prospera ai suoi disegni. Non aveva nulla a temere dallo Impero Germanico, che allora pugnava contro i Turchi sul Danubio. La Olanda, priva dell'altrui sostegno, non poteva rischiarsi ad avversarlo. Era, quindi, libero di appagare la propria sfrenata ambizione ed insolenza. S'impossessò di Dixmude e di Courtray: mitragliò Lussemburgo: volle che la Repubblica di Genova si prostrasse umiliata ai suoi piedi. La potenza francese in quel tempo era giunta al grado più alto al quale mai, o prima o poi, si elevasse nei dieci secoli che dividono il regno di Carlomagno da quello di Napoleone. Non era facile il dire dove si sarebbe fermato, se gli fosse riuscito di tenere la sola Inghilterra in istato di vassallaggio. Il primo scopo della Corte di Versailles, quindi, era quello d'impedire la convocazione del Parlamento, e la concordia dei partiti inglesi. A ciò fare, fu larghissima di doni, di promesse, di minacce. Carlo talvolta era sedotto dalla speranza d'un sussidio, e tal'altra spaventato da chi gli ripeteva, che, convocando le Camere, gli articoli secreti del trattato di Dover verrebbero divulgati. Parecchi Consiglieri vennero comprati; e tentossi anche, ma indarno, di comprare Halifax. Trovatolo incorruttibile, la Legazione Francese adoperò ogni arte ed influenza a farlo sloggiare dall'ufficio; ma il suo spirito squisito e le sue rare doti lo avevano reso così caro al proprio signore, che il disegno della Francia andò in fallo.
Halifax non era pago di starsi in sulle difese. Accusò apertamente Rochester di malversazione. Si fece una inchiesta. Si conobbe che quarantamila lire sterline s'erano perdute per pessima amministrazione del Primo Lord del Tesoro. A cagione di siffatta scoperta, non solo gli fu forza abbandonare la speranza ch'egli aveva di conseguire il bastone bianco, ma gli fu tolta la direzione delle finanze, e venne trasferito al posto, maggiormente onorifico ma meno lucroso, di Lord Presidente. «Io ho veduto uomini cacciati a calci giù per le scale,» disse Halifax, «ma Milord Rochester è il primo individuo che io abbia veduto salire su a calci.» Godolphin, adesso fatto Pari, divenne Primo Commissario del Tesoro.
LXVI. Nondimeno, la contesa seguitava. L'esito dipendeva dal volere di Carlo; e Carlo non poteva venire ad una deliberazione. Nel suo perpetuo ondeggiare, prometteva ogni cosa ad ognuno. Starebbe fido alla Francia: la romperebbe con essa: non convocherebbe mai un altro Parlamento: darebbe ordini che si spedissero senza indugio i decreti per la convocazione del Parlamento. Assicurava il Duca di York, che Halifax sarebbe cacciato via; ed Halifax, che il Duca di York verrebbe mandato in Iscozia. In pubblico affettava ira implacabile contro Monmouth, ed in privato mandava a Monmouth assicurazioni d'inalterabile affetto. Quanto tempo avrebbe durato questa esitazione, ove il Re avesse seguitato a vivere, e a che partito si sarebbe egli attenuto, può solamente congetturarsi. Nel 1685, mentre le parti avverse attendevano ansiose la regia deliberazione, egli morì, e si aperse una nuova scena. In pochi mesi, gli eccessi del Governo cancellarono dalle menti del pubblico la memoria degli eccessi della opposizione. La Reazione violenta che aveva prostrata la parte Whig, fu seguita da una Reazione anche più violenta in senso opposto; e certi segni, da non essere presi in abbaglio, mostravano che il gran conflitto fra la prerogativa della Corona e i privilegi del Parlamento, era per terminare.

CAPITOLO TERZO.

I. Grande mutamento nelle condizioni dell'Inghilterra dal 1685 in poi. - II. Popolazione dell'Inghilterra nel 1685. - III. L'aumento della popolazione è maggiore nelle contrade settentrionali, che nelle meridionali. - IV. Rendita nel 1685. - V. Sistema militare. - VI. La Flotta. - VII. L'Artiglieria. - VIII. Spese non effettive. - IX. Spese del governo civile. - X. Grossi guadagni dei cortigiani e dei Ministri. - XI. Condizioni dell'agricoltura. - XII. Ricchezze minerali del paese. - XIII. Aumento della rendita; i Gentiluomini delle provincie. - XIV. Il Clero. - XV. I piccoli possidenti di terre. - XVI. Ingrandimento delle città; Bristol. - XVII. Norwich. - XVIII. Altre città di provincia. - XIX. Manchester. - XX. Leads. - XXI. Sheffield. - XXII. Birmingham. - XXIII. Liverpool. - XXIV. I bagni di Cheltenham, Brighton, Buxton. - XXV. Tunbridge Well. - XXVI. Bath. - XXVII. Londra. - XXVIII. La città. - XXIX. Il quartiere di moda nella capitale. - XXX. Polizia di Londra. - XXXI. Illuminazione di Londra. - XXXII. I Frati bianchi. - XXXIII. La Corte. - XXXIV. Le botteghe da Caffè. - XXXV. Difficoltà di viaggiare. - XXXVI Cattiva condizione delle strade. - XXXVII. Carrozze da viaggio. - XXXVIII. Ladroni. - XXXIX. Locande. - XL. L'Ufficio Postale. - XLI. Gazzette. - XLII. Lettere. - XLIII. L'Osservatore - XLIV. Scarsità di libri nei luoghi di provincia. - XLV Educazione delle donne. - XLVI. Cultura letteraria dei Gentiluomini. - XLVII. Influenza della letteratura francese. - XLVIII. Immoralità dell'amena letteratura d'Inghilterra. - XLIX. Condizioni delle scienze in Inghilterra. - L. Condizioni delle arti belle - LI. Condizioni del popolo basso; paga dei contadini. - LII. Paga dei manifattori. - LIII. Fatica dei fanciulli nelle manifatture. - LIV. Paghe degli artigiani di varie classi. - LV. Numero dei poveri. - -LVI. Beneficii per il popolo basso derivati dalla civiltà. - LVII. Inganno che conduce gli uomini a esagerare la felicità delle generazioni precedenti.

I. Intendo descrivere in questo Capitolo le condizioni dell'Inghilterra nel tempo in cui la Corona da Carlo II passò al suo fratello. Tale descrizione, fatta sopra magri e dispersi materiali, deve necessariamente essere imperfetta. Nondimeno, varrà forse a correggere talune false nozioni, le quali renderebbero il racconto che segue, inintelligibile o poco istruttivo.
Se vogliamo studiare con frutto la storia dei nostri antichi, è mestieri guardarci dall'inganno che i ben noti nomi delle famiglie, dei luoghi e degli uffici, naturalmente producono, e non dimenticar mai che il paese del quale leggiamo la storia, è assai diverso da quello nel quale ora viviamo. In ogni scienza sperimentale è tendenza verso la perfezione. In ogni essere umano è desiderio di megliorare le condizioni proprie. Questi due principii spesso sono stati bastevoli, anche controbilanciati da grandi calamità pubbliche e da pessime istituzioni, a spingere rapidamente innanzi lo incivilimento. Non vi ha sciagura ordinaria, non ordinario mal governo, che tanto possano rendere misera una nazione, quanto il costante progredire delle scienze fisiche, e lo sforzo costante che fa ogni uomo a rendersi migliore, contribuiscono a fare prospero un popolo. È stato spesso notato che le spese prodighe, le tasse gravose, le assurde restrizioni commerciali, i tribunali corrotti, le disastrose guerre, le sedizioni, le persecuzioni, gl'incendi, le inondazioni, non hanno potuto distruggere le sostanze così presto, come gli sforzi dei cittadini privati hanno potuto crearle. Potrebbe agevolmente provarsi, che nella nostra patria la ricchezza nazionale, negli ultimi sei secoli, è venuta quasi senza interruzione crescendo; che era maggiore sotto i Tudors, che sotto i Plantageneti; maggiore sotto gli Stuardi, che sotto i Tudors; che, nonostanti le battaglie, gli assedi e le confische, ella era maggiore nel giorno della Restaurazione, che in quello in cui adunossi il Lungo Parlamento; che, malgrado la pessima amministrazione, la stravaganza, il pubblico fallimento, le due guerre costose e sciagurate, la pestilenza e lo incendio, era anche maggiore nel giorno della morte di Carlo II, che in quello della sua Restaurazione. Cotesto progresso, continuando per molti anni, divenne finalmente, verso la metà del secolo decimottavo, portentosamente rapido, e nel decimonono ha acquistata incredibile velocità. A cagione, in parte, della nostra posizione geografica, in parte delle nostre morali condizioni, noi, nel corso di parecchie generazioni, siamo rimasti esenti dai danni che altrove hanno impacciato gli sforzi e distrutto i frutti della industria. Mentre ogni paese del continente, da Mosca fino a Lisbona, è stato il teatro di guerre sanguinose e devastatrici, non si è veduto in Inghilterra vessillo nemico, se non in sembianza di trofeo. Mentre ci abbiamo veduto fremere d'intorno il fuoco delle rivoluzioni, il nostro Governo non è stato nè anche una sola volta abbattuto dalla violenza. Per cento anni non è stato mai nell'isola nostra nessun tumulto di gravità tanta, che si possa chiamare insurrezione. La legge non è stata mai calpestata nè dal furore popolare, nè dalla regia tirannide. Il credito pubblico è stato considerato come sacro. L'amministrazione della giustizia è stata pura. Anche in tempi che dagl'Inglesi potrebbero rettamente chiamarsi tristi, abbiamo fruito ciò che quasi ogni altra nazione del mondo avrebbe reputato ampia misura di libertà civile e religiosa. Ciascuno ha avuta intera fiducia che lo Stato lo avrebbe protetto nel possesso di ciò che ha guadagnato con la propria diligenza, o accumulato con la

parsimonia. Sotto la benefica influenza della pace e della libertà, le scienze hanno fiorito, e sono state applicate agli usi pratici in modo per innanzi sconosciuto. Onde avvenne che nella patria nostra seguisse un cangiamento tale, che nella storia del vecchio mondo non si trovi nulla che gli si possa agguagliare. Se la Inghilterra del 1685 potesse, per alcuna virtù magica, mostrarsi agli occhi nostri, non sapremmo fra cento riconoscere un tratto di paese, nè un edifizio fra mille. Il gentiluomo della provincia non riconoscerebbe i propri campi. L'abitante della città non riconoscerebbe la propria strada. Ogni cosa ha mutato aspetto, tranne le grandi sembianze della natura, e poche massicce e durevoli opere dell'arte umana. Potremmo scoprire Snowdon e Windermare, Ceddar Cliffs e Beachy Head; qua e là qualche monastero normanno o castello che vide le guerre delle Rose. Ma, salvo queste poche eccezioni, ogni cosa ci sembrerebbe strana. Molte mila miglia quadrate, che adesso sono campi ricchi di grano, e prati traversati da verdeggianti siepi e popolati di villaggi e di amene ville, ci apparirebbero impervii deserti, o paduli abitati dalle anitre. Vedremmo tugurii di legno coperti di frasche sparsi qua e là, dove adesso miriamo città manifatturiere, e porti di mare la cui fama giunge sino ai più remoti confini del mondo. La stessa metropoli ci parrebbe poco più vasta del suo presente suburbio lungo la riva meridionale del Tamigi. Nè meno strani ci sembrerebbero lo aspetto e i costumi del popolo, la mobilia e gli equipaggi, l'interno delle botteghe e delle abitazioni. E' pare che tale mutamento nelle condizioni d'una nazione sia degno di essere descritto dallo storico, almeno quanto qualunque mutamento di dinastia o di ministero.

II. Uno dei fini principali dello scrittore che intenda a farsi una esatta idea della condizione d'una comunità in un dato tempo, deve essere quello d'indagare di quanti individui essa allora era composta. Sventuratamente, non può con esattezza stabilirsi quanta fosse la popolazione dell'Inghilterra nel 1685; perocchè nessuno dei grandi Stati allora aveva adottata la saggia costumanza di enumerare periodicamente il popolo. Gli scrittori non potevano se non congetturare da sè stessi; e poichè facevano ciò senza esaminare i fatti e sotto il dominio di forti passioni e pregiudizi, i loro computi spesso riuscivano assurdi. Anco gl'intelligenti cittadini di Londra, ordinariamente, affermavano la città loro contenere parecchi milioni d'anime. Molti hanno con molta sicurezza asserito, che nei trentacinque anni trascorsi dallo avvenimento di Carlo I al trono fino alla Restaurazione, la popolazione della città era cresciuta di due milioni. E mentre erano ancor fresche le devastazioni della peste e del fuoco, era costume asserire che la città contava tuttavia un milione e mezzo d'abitatori. Alcuni altri, stomacati da siffatte esagerazioni, trascorsero agli estremi opposti. Così Isacco Vossio, uomo indubitatamente dotto, sosteneva con franchezza che Inghilterra, Scozia, Irlanda, prese insieme, non v'erano se non se due milioni di creature umane.

Ciò non ostante, non ci mancano affatto i mezzi di correggere i gravi falli, in cui taluni cervelli per vanità nazionale, ed altri per vaghezza di paradosso, cadevano. Esistono tre computi, che sembrano meritevoli di attenzione speciale. Non dipendono in nulla l'uno dall'altro; procedono sopra principii diversi; e nondimeno, poca è la differenza dei risultamenti che dànno.

Uno di cotesti computi fu fatto nell'anno 1696 da Gregorio King, araldo di Lancaster, aritmetico politico grandemente sottile e giudizioso. A fondamento dei suoi calcoli, tolse il numero delle case indicato dagli ufficiali che fecero l'ultima esazione della imposta sui focolari. La conclusione alla quale egli venne, fu che la popolazione dell'Inghilterra era di circa cinque milioni e mezzo d'anime.

Verso quel medesimo tempo, il Re Guglielmo III volle conoscere la forza comparativa delle varie sètte religiose, in che la comunità era divisa. Istituita una inchiesta, gli furono da tutte le diocesi del Regno trasmesse le necessarie relazioni. Secondo le quali, il numero dei suoi sudditi inglesi doveva essere circa cinque milioni e duecento mila.

Da ultimo, ai dì nostri, Finlaison, esperto computista, sottopose gli antichi registri parrocchiali a tutti gli esperimenti che potè somministrargli il moderno progresso della scienza statistica. Egli opinò, che verso il chiudersi del secolo decimosettimo, la popolazione dell'Inghilterra fosse poco meno di cinque milioni e duecentomila anime.

Di questi tre computi, formati da diversi individui, senza che l'uno s'accordasse con l'altro, sopra materiali di specie diversa, il più alto, che è quello di King, non eccede d'un dodicesimo il più basso che è quello di Finlaison. Possiamo, quindi, con franchezza asserire, che mentre Giacomo II regnava, l'Inghilterra conteneva tra cinque milioni e cinque milioni e mezzo d'abitatori. Secondo il maggior computo, essa aveva un terzo della popolazione dei tempi nostri, e meno del triplo della popolazione che adesso è raccolta nella sua gigantesca metropoli.

III. L'augumento del popolo è stato grande in ogni parte del Regno, ma generalmente maggiore nelle Contee settentrionali, che nelle meridionali. Veramente, gran parte del paese oltre il Trent, fino al secolo decimottavo era in istato di barbarie. Cagioni fisiche e morali avevano cooperato perchè lo incivilimento non si spandesse per quella regione. Il cielo era inclemente, il suolo in condizioni tali, da richiedere arte somma ed industria nella coltivazione; e poca poteva essere l'arte e la industria in una contrada che spesso era teatro di guerra, e che, anche quando vi regnava una pace di solo nome, veniva perennemente devastata dalle bande di ladroni scozzesi. Avanti e lungo tempo dopo il congiungimento delle due Corone britanniche, eravi tanta differenza tra Middlesex e Northumberland, quanta oggi ve n'è tra il Massachusetts e gli stabilimenti di quelle genti nomadi, le quali nelle rimote contrade occidentali del Mississipi, amministrano rozzamente la giustizia con la carabina e il pugnale. Nel regno di Carlo II, i vestigii lasciati da lunghi anni di strage e di saccheggio vedevansi ancora chiaramente per molte miglia al mezzogiorno del Tweed, nello aspetto della contrada e nei costumi del popolo. Eravi ancora una genia di predoni, che dedicavasi all'arte di saccheggiare le case e rapire interi branchi di gregge. Poco dopo la Restaurazione, il Governo reputò necessario promulgare leggi severissime, a impedire simiglianti delitti. Ai Magistrati di Northumberland e di Cumberland fu data potestà di levare bande d'uomini armati per la difesa della proprietà e dell'ordine; e onde provvedere alle spese di cosiffatte leve, imposero una tassa locale. Fu ordinato che le parrocchie tenessero dei cani addestrati a fine di dar la caccia ai ladroni. Non pochi vecchi che vivevano ancora a mezzo del secolo decimottavo, potevano bene rammentarsi del tempo in cui quei cani feroci erano d'uso comune. Eppure, anche con tali aiuti, spesso era impossibile rintracciare i nascondigli di quei malfattori fra i luoghi alpestri e paludosi. Imperocchè la geografia di quella selvaggia contrada conoscevasi imperfettamente. Anco dopo che Giorgio III ascese al trono, il sentiero su per le rocce da Borrowdale a Ravenglas era tuttavia un secreto studiosamente custodito dagli abitatori delle valli, taluni dei quali s'erano probabilmente in gioventù loro sottratti per que' sentieri alle ricerche della giustizia. Le abitazioni dei gentiluomini e le grandi case coloniche erano fortificate. I buoi nella notte venivano custoditi sotto gli spaldi della residenza, che chiamavasi col nome di Peel. Coloro che vi abitavano, dormivano con le armi allato. Grosse pietre ed acqua bollente erano sempre pronte a schiacciare e scottare il ladrone che si fosse rischiato ad assalire il piccolo presidio. Nissuno ardiva viaggiare per quel paese, senza aver fatto testamento. I giudici, nel loro viaggio periodico, con tutta la torma degli avvocati, procuratori, scrivani e servitori, cavalcavano da Newcastle a Carlisle armati, e scortati da una forte guardia sotto il comando degli Sceriffi. Era mestieri recare seco le necessarie provvisioni; perocchè la contrada era un deserto, dove era d'ogni cosa difetto. Il luogo nel quale la cavalcata fermavasi a desinare, sotto una quercia immensa, non è peranche caduto in oblio. La irregolare rigidità con che amministravasi la giustizia, faceva ribrezzo all'animo di coloro che erano vissuti in più tranquilli distretti. I Giurati, spinti dall'odio e dal sentimento del comune pericolo, dichiaravano rei convinti gli aggressori delle case e i rapitori degli armenti, con la fretta con cui giudica una Corte marziale in occasione di tumulti, e a centinaia gli mandavano alla forca. A memoria di alcuni che hanno veduta la presente generazione, il cacciatore il quale procedeva fino alle scaturigini del Tyne, trovava gli scopeti attorno Keeldar Castle popolati d'una razza di uomini selvaggi quasi al pari degli Indiani della California; e sentiva, maravigliando, le donne, mezzo ignude, cantare rozze e fiere melodie, mentre gli uomini con le daghe in pugno danzavano una danza guerresca.

Lentamente e con difficoltà la pace venne stabilita lungo i confini. La seguirono l'industria e le arti del vivere civile. Intanto scoprivasi che le regioni a settentrione del Trento, possedevano nelle loro miniere di carbone una sorgente di ricchezza assai più preziosa delle miniere aurifere del Perù. Conobbesi che nel vicinato di cotesti strati carboniferi, quasi ogni specie di manifattura si poteva esercitare con grande utile. Le genti presero ad affluire di continuo a que' luoghi. Raccogliesi dai computi del 1841, che l'antica provincia arcivescovile di York conteneva due settimi della popolazione d'Inghilterra. Ai tempi della Rivoluzione, credevasi che quella provincia contenesse solo un settimo della popolazione. Nella Contea di Lancaster il numero degli abitatori sembra essere cresciuto nove volte di più; mentre in Norfolk, Suffolk e nella Contea di Northampton, appena trovasi raddoppiato.

IV. Intorno alle tasse possiamo favellare con maggior precisione e sicurezza, che intorno alla popolazione. La rendita dell'Inghilterra, alla morte di Carlo II, era piccola in paragone dei mezzi che essa allora possedeva, o delle somme di pecunia che levavano i Governi degli Stati al nostro propinqui. Dopo l'epoca della Restaurazione, era venuta quasi sempre crescendo; e nondimeno, era poco più di tre quarti della rendita delle Provincie Unite, ed appena un quinto di quella di Francia.

Il più importante capo di entrata era quel balzello detto excise, il quale nell'ultimo anno del regno di Carlo produsse cinquecento ottantacinquemila lire sterline, nette di spese. Il prodotto netto delle

dogane ascese, nell'anno stesso a cinquecentotrentamila lire sterline. Questi carichi non pesavano molto gravemente sulla nazione. La tassa sui camini o focolari, quantunque fosse meno produttiva, destò maggiori mormorazioni. Il malcontento che nasce dalle imposte dirette, sta, a dir vero, quasi sempre fuori di proporzione alla quantità di danaro che riportano allo Scacchiere; e la tassa sui camini era, anco fra le imposte dirette, particolarmente odiosa: imperocchè non poteva levarsi se non se per mezzo di visite domiciliari; alle quali visite gl'Inglesi hanno sempre avuto tale abborrimento, che il popolo degli altri paesi se ne potrebbe formare solo una debole idea. I padroni di case poveri, spesso non potevano pagare la imposta sui loro focolari. Ogni qualvolta ciò avveniva, gli esattori sequestravano senza misericordia la mobilia: poichè la tassa era data in appalto; e un appaltatore di tasse, fra tutti i creditori, secondo porge il proverbio, è il più rapace. Gli esattori venivano apertamente accusati di condursi, nello esercizio del loro abborrito mestiere, con durezza e insolenza. Dicevasi, che appena essi mostravansi sulla soglia d'un tugurio, i fanciulli cominciavano a piangere, e le vecchie correvano a nascondere i loro arnesi da cucina. Anzi, l'unico letto d'una povera famiglia soventi volte veniva portato via, e venduto. Il prodotto annuo netto di cotesta tassa era di duecentomila lire sterline.
Se alle tre grandi sorgenti d'entrata da noi rammentate, aggiungiamo quella delle regie possessioni, allora più estese di quello che siano ai dì nostri, i primi frutti e le decime, che non erano per anche state rese alla Chiesa, i Ducati di Cornwall e di Lancaster, le confische e le multe; la intera rendita annua della Corona potrebbe estimarsi sicuramente a un milione e quattrocentomila lire sterline. Di cotesta rendita, parte era ereditaria; il rimanente, a Carlo era stato concesso a vita; ed egli era libero di spenderla tutta, in qualunque modo gli fosse piaciuto. Tutto ciò ch'egli poteva risparmiare dalla spesa dei pubblici dipartimenti, andava alla sua borsa privata. Intorno all'uffizio postale ragioneremo più innanzi. Gli utili di quello stabilimento erano stati dal Parlamento concessi al Duca di York.
La entrata del Re era, o avrebbe dovuto essere, sopraccarica del pagamento di circa ottantamila sterline l'anno, ch'era l'interesse dei danari dalla Cabala fraudolentemente ritenuti nello Scacchiere. Mentre Danby era capo dell'ufficio delle finanze, i creditori avevano ricevuti i loro dividendi, quantunque senza la esatta puntualità che nei moderni tempi si costuma; ma coloro che gli erano succeduti al Tesoro, erano stati meno destri o meno solleciti a mantenere la fede pubblica. Dopo la vittoria che la Corte riportò sopra i Whig, nè anche un soldo era stato pagato, nè fatta giustizia ai creditori, finchè una nuova dinastia non istabilì un sistema nuovo. Si erra grandemente immaginando che il sistema di provvedere ai bisogni dello Stato per mezzo di un prestito, fosse recato nell'isola nostra da Guglielmo III. Da tempo immemorabile, ogni Governo Inglese aveva avuto costume di contrarre debiti. Ciò che venne introdotto dalla Rivoluzione, fu la usanza di pagarli onestamente.
V. Saccheggiando i pubblici creditori, era possibile accumulare una entrata di un milione e quattrocento mila lire sterline; ed aggiungendovi di quando in quando qualche sussidio della Francia, sostenere le spese necessarie del Governo, e lo scialacquo della Corte: imperciocchè quel peso che gravava sulle finanze dei grandi Stati continentali, in Inghilterra sentivasi appena. In Francia, in Germania, nei Paesi Bassi, eserciti numerosi, quali Enrico IV e Filippo II non avevano mai mantenuti in tempo di guerra, tenevansi fra mezzo alla pace. In ogni parte si erigevano bastioni e forti, edificandoli con principii ignoti a Parma o a Spinola. Le artiglierie e le munizioni accumulavansi in tanta quantità, che lo stesso Richelieu, il quale dalle precedenti generazioni era stato considerato come operatore di prodigi, avrebbe chiamata favolosa. Niuno poteva viaggiare per molte miglia in quelle contrade, senza udire i tamburi d'un reggimento in marcia, o senza essere fermato dalle sentinelle dei ponti levatoi d'una fortezza. Nella nostra isola, all'incontro, era possibile vivere e viaggiare lungamente, senza che nessun suono o vista di cose marziali rammentasse che la difesa dello Stato era divenuta una scienza ed una professione. La maggior parte degli Inglesi che avevano meno di venticinque anni, non avevano probabilmente veduta mai nessuna compagnia di soldati regolari. Delle città le quali nella guerra civile avevano valorosamente respinto le armate ostili, nè anche una era capace di sostenere un assedio. Le porte rimanevano aperte di notte e di giorno: i fossi erano senz'acqua: gli spaldi delle mura si erano lasciati andare in rovina, o erano racconci in modo, che il popolo vi potesse con diletto passeggiare nelle notti estive. Molte delle vecchie abitazioni dei Baroni erano state fracassate dai cannoni di Fairfax e di Cromwell, ed erano mucchi di rovine coperte di edera. Quelle che restavano in piedi, avevano perduto il loro aspetto marziale, ed erano diventate palazzi rurali dell'aristocrazia. I fossati erano mutati in vivai di carpii e di lucci. I terrapieni erano coperti di olezzanti arbusti, a traverso dei quali aprivansi viottoli, che conducevano su a tempietti ornati di specchi e di pitture. Sui promontori delle coste, e su per molti colli del paese interno, vedevansi tuttavia posti alti, sormontati

di barili, che un tempo erano ripieni di pece: in tempi di pericolo vigilavano attorno ad essi le sentinelle; e in poche ore, appena scoperta una flotta spagnuola nel canale, o appena veduto che un migliaio di predoni scozzesi aveva passato il fiume Tweed, i fuochi d'accenno splendevano per un tratto di cinquanta miglia, e tutte le Contee correvano alle armi. Ma erano trascorsi molti anni da che que' fuochi non si accendevano più; ed oramai venivano considerati più presto come curiose reliquie dei vecchi costumi, che come parte d'una macchina necessaria alla salvezza dello Stato.
La sola armata riconosciuta dalla legge, era la guardia cittadina. Era stata riordinata per virtù di due leggi, passate in Parlamento poco dopo la Restaurazione. Chiunque possedeva cinquecento lire sterline annue in terreni, o seimila lire sterline d'utili personali, era tenuto ad apprestare, equipaggiato e pagato a proprio carico, un uomo a cavallo. Chiunque possedeva cinquanta lire sterline annue in terreni, o seicento d'utili personali, era similmente tenuto ad apprestare un lanciere o moschettiere. I possidenti minori furono ordinati in una specie di società, a significare la quale la nostra lingua non ha vocabolo proprio, ma che un Ateniese avrebbe chiamata Synteleia; e ciascuna di coteste società doveva fornire, secondo i propri mezzi, un soldato a cavallo, o un pedone. Il numero della cavalleria e fanteria in tal guisa raccolto, stimavasi comunemente ascendere a cento trenta mila uomini.
Per virtù dell'antica Costituzione del reame, e del recente e solenne riconoscimento di ambedue le Camere, il Re era il solo Capitano Generale di queste grandi forze. I Lord Luogotenenti e i deputati loro comandavano a lui sottoposti, e ordinavano le raccolte per gli esercizi o le ispezioni. La durata di siffatti ragunamenti, nondimeno, non poteva eccedere quattordici giorni in un anno. I Giudici di Pace avevano potestà d'infliggere pene per infrazioni di disciplina. La Corona non contribuiva nulla alla spesa ordinaria; ma quando la milizia cittadina veniva chiamata alle armi contro l'inimico, al suo mantenimento provvedeva il Governo a carico della entrata generale dello Stato, e la sottoponeva al massimo rigore della legge marziale.
Eranvi di quelli che non guardavano di buon occhio la milizia cittadina. Uomini che avevano molto viaggiato nel continente, ammirato la rigorosa precisione con che ogni sentinella movevasi e parlava nelle cittadelle edificate da Vauban, veduto gli eserciti possenti che affluivano per tutte le strade della Germania a respingere gli Ottomanni dalle porte di Vienna, ed erano stati abbagliati dalla pomposa magnificenza delle guardie palatine di Luigi, irridevano al modo con cui i contadini delle Contee di Devon e di York marciavano, giravansi, e portavano gli archibugi e le picche. Gl'inimici delle libertà e della religione dell'Inghilterra, guardavano con abborrimento una forza che non potevasi, senza estremo periglio, adoperare contro quelle libertà e quella religione, e non lasciavano fuggire veruna occasione senza porre in dileggio le rustiche soldatesche. I saggi amatori della patria, quando raffrontavano queste rozze leve coi battaglioni che, in tempo di guerra, tra poche ore potevano condursi alle coste di Kent o di Sussex, erano costretti a concedere, che, per quanto pericolo vi fosse nel mantenere uno esercito stanziale, sarebbe stato anche più pericoloso provvedimento lo affidare l'onore e la indipendenza del paese all'esito d'una lotta tra i campagnoli capitanati dai Giudici di Pace, e i vecchi guerrieri condotti dai Marescialli di Francia. Cotali opinioni in Parlamento non potevano manifestarsi se non con grande riserbo, perocchè la milizia cittadina era una istituzione eminentemente popolare. Ogni qualunque osservazione intorno ad essa eccitava lo sdegno di ambi i grandi partiti dello Stato, ed in ispecie di quello che mostravasi zelantissimo della Monarchia e della Chiesa Anglicana. Le legioni delle Contee erano comandate quasi esclusivamente da nobili e gentiluomini Tory; i quali andavano alteri del loro grado militare, e tenevano come fatto a sè stessi ogni insulto contro la istituzione alla quale appartenevano. Sapevano bene pur troppo, che tutto ciò che dicevasi contro la guardia cittadina era detto in favore d'un esercito stanziale, il cui nome era da loro abborrito. Un simigliante esercito aveva signoreggiata l'Inghilterra, e sotto esso il Re era stato assassinato, la nobiltà degradata, i gentiluomini spogliati delle loro terre, la Chiesa perseguitata. Non v'era signore rurale che non avesse da raccontare una storia di danni e d'insulti a lui inflitti, o al padre suo, dai soldati parlamentari. Un vecchio Cavaliere aveva veduto mezza la sua campestre residenza distrutta. Gli olmi ereditarii d'un altro erano stati abbattuti. Un terzo non poteva mai porre il piede dentro la chiesa della propria parrocchia, senza che i suoi scudi sfigurati, i capi mozzi delle statue dei suoi antichi, gli rammentassero come i soldati d'Oliviero avessero di quel sacro luogo fatto stalla ai propri cavalli. E però, quegli stessi realisti che erano pronti a combattere per il Re loro, erano gli ultimi ai quali egli potesse chiedere i mezzi di assoldare milizie regolari.
Carlo, nonostante, pochi mesi dopo la sua Restaurazione, aveva cominciato a formare una piccola armata stanziale. Pensava che, senza una protezione migliore di quella della civica milizia e delle

guardie reali, la sua persona o il suo palazzo appena sarebbero in sicuro, nella propinquità d'una città vasta, piena di guerrieri, che erano stati pur allora sbandati. Egli, quindi, spensierato e prodigo come era, studiossi di risparmiare dai suoi piaceri una somma bastevole a mantenere un corpo di guardie. Con lo accrescersi del traffico e della ricchezza pubblica, le sue rendite crescevano; e in tal guisa potè, a dispetto del mormorare dei Comuni, ingrossare a poco a poco le sue milizie regolari. Un'addizione considerevole fu ad esse fatta innanzi la fine del suo regno. Il costoso, inutile e pestilenziale stabilimento di Tangeri, venne abbandonato ai Barbari che vi abitavano all'intorno; e il presidio, composto di un reggimento di cavalleria e due di fanteria, fu richiamato in Inghilterra.
La piccola armata così formata da Carlo, fu il germe di quel grande e rinomato esercito, che, in questo secolo, ha marciato trionfalmente a Madrid e Parigi, a Canton e Candahar. Le guardie del corpo, che adesso formano due reggimenti, erano allora partite in tre corpi, ciascuno dei quali constava di duecento carabinieri, esclusi gli ufficiali. Questo corpo, cui era affidata la sicurezza del Re e della real famiglia, aveva un carattere speciale. Anche i semplici soldati erano insigniti del grado di gentiluomini della Guardia. Molti di loro erano di buone famiglie, ed avevano servito nelle guerre civili. La loro paga era maggiore di quella che si dà al più prediletto reggimento dei tempi nostri; ed in quella età veniva riputata provvisione rispettabile per un figlio cadetto di scudiero di provincia. I loro bei cavalli, le ricche valdrappe, le corazze, le vesti ornate di nastri, di velluto e di frange d'oro, facevano bello spettacolo nel Parco di San Giacomo. Una piccola coorte di dragoni granatieri, che erano di più bassa classe ed avevano paga minore, era annessa a ciascun corpo. Un'altra legione di cavalleria, predistinta da vesti e manti azzurri, e tuttavia chiamata gli Azzurrini (the Blues), stava generalmente acquartierata nelle vicinanze della capitale. Propinquo ad essa rimaneva anche il corpo che oggi porta il nome di primo reggimento dei dragoni, ma che allora era il solo reggimento dei dragoni che fosse in Inghilterra. Era stato composto della cavalleria che era ritornata da Tangeri. Un solo corpo di dragoni, che non faceva parte di nessun reggimento, stanziava presso Berwick, a fine di mantenere la pace fra i predoni del confine. A quest'uso peculiare pensavasi allora che il dragone fosse singolarmente adattato. Nei tempi posteriori è divenuto un semplice soldato di cavalleria: ma nel secolo decimosettimo, venne accuratamente descritto da Montecuccoli, come un pedone che servivasi del cavallo per giungere con maggiore speditezza a un luogo designato dal servizio militare.
La fanteria reale constava di due reggimenti, i quali chiamavansi allora, come adesso, il primo reggimento delle guardie a piedi, e le guardie Coldstream. Generalmente, prestavano servizio presso Whitehall, e il Palazzo di San Giacomo. Poichè allora non v'erano caserme, e poichè, per virtù della Petizione dei Diritti, i soldati non potevano essere acquartierati nelle case private, essi riempivano tutte le birrerie di Westminster e di Strand.
V'erano altri cinque reggimenti di pedoni. Uno dei quali, detto il reggimento dell'Ammiraglio, era specialmente destinato a prestare servizio sulle navi. Gli altri quattro chiamavansi, tuttavia, i primi quattro reggimenti di linea. Due di essi rappresentavano due brigate, che avevano lungo tempo mantenuta nel Continente la rinomanza del valore inglese. Il primo, ovvero reggimento reale, aveva, sotto il grande Gustavo, sostenuta una parte cospicua nella liberazione della Germania. Il terzo reggimento, che distinguevasi per le mostreggiature di colore carneo, da cui trasse il ben noto nome di Buffs, aveva, sotto Maurizio di Nassau, combattuto con non minore valentia per la liberazione delle Fiandre. Entrambe coteste magnifiche legioni, alla perfine, dopo molte vicende, erano state da Carlo II richiamate dal servizio forestiero, ed aggregate alla milizia inglese.
I reggimenti che adesso si dicono secondo e quarto di linea, nel 1685 erano pur allora ritornati da Tangeri, recando seco i costumi crudeli e licenziosi che avevano contratti dalla loro lunga consuetudine coi Mori. Poche compagnie di fanteria che non erano state ordinate a reggimenti, erano di presidio a Tilbury Fort, a Portsmouth o a Plymouth, e in alcuni altri posti importanti su o presso la costa.
Dopo i primi anni del secolo decimosettimo, era seguito un grande mutamento nelle armi della fanteria. Alla lancia o picca s'era gradatamente venuto sostituendo l'archibugio; e alla fine del regno di Carlo II, la maggior parte dei suoi pedoni erano moschettieri. Nondimeno, continuavano ad essere mescolati coi lancieri. Ciascuna classe di truppa nemica, veniva, secondo le occasioni, ammaestrata nell'uso dell'arme che peculiarmente apparteneva all'altra classe. Ogni pedone aveva a fianco una spada per servirsene combattendo petto a petto. Il dragone era armato come un moschettiere; portava un'arme che nel corso di molti anni erasi venuta adottando, allora dagl'Inglesi chiamata daga (dagger), ma che fino dal tempo della nostra Rivoluzione, è stata fra noi conosciuta col vocabolo francese di baionetta. E' pare che la baionetta non fosse dapprima uno strumento così formidabile

come poscia è diventata; poichè, essendo conficcata alla bocca della canna dell'archibugio, il soldato che avesse voluto far fuoco, perdeva molto tempo a levarla, e riporvela, volendosene servire alla carica.
L'esercito regolare che mantenevasi in Inghilterra al principio del 1685, comprendeva, inclusi i soldati d'ogni arme, circa settemila pedoni e millesettecento cavalli e dragoni. La spesa a mantenerlo, ascendeva a circa duecento novantamila sterline l'anno; meno del decimo della somma che costava in tempo di pace la milizia francese. La paga giornaliera di un milite privato nelle Guardie del Corpo era cinque scellini, negli Azzurri due scellini e sei soldi, nei Dragoni diciotto soldi, nelle Guardie a piedi dieci soldi, e nella Linea otto. La disciplina era debole; e, per vero dire, non poteva essere altrimenti. Il Diritto comune dell'Inghilterra non riconosceva corti marziali, e in tempo di pace non faceva distinzione tra un soldato e qualunque altro suddito; nè il Governo poteva allora rischiarsi a chiedere una legge d'ammutinamento (Mutiny Bill) al Parlamento anche il più realista. Un soldato, dunque, battendo il proprio colonnello, incorreva soltanto nelle pene per assalto o percossa; e ricusando di obbedire agli ordini superiori, o coll'addormentarsi nel tempo che faceva la guardia, o col lasciare le proprie insegne, non incorreva nessuna pena legale. Non è dubbio che sotto il regno di Carlo II s'inflissero punizioni militari; ma con molta parsimonia, e in modo da non attirare l'attenzione pubblica, o produrre un appello alle Corti di Westminster Hall.
Non era verosimile che un esercito come questo rendesse schiavi cinque milioni d'Inglesi. E davvero, difficilmente sarebbe stato bastevole ad opprimere una insurrezione in Londra, se la milizia della città si fosse unita agl'insorti. Nè il Re poteva sperare, nel caso che il popolo insorgesse in Inghilterra, di ottenere aiuto dai suoi altri dominii. Imperocchè, quantunque la Scozia e l'Irlanda mantenessero milizie proprie, queste forze erano appena sufficienti ad infrenare i malcontenti puritani dell'un Regno, e i papisti malcontenti dell'altro. Il Governo, non ostante, aveva altri mezzi militari importantissimi, dei quali va fatta menzione. V'erano al soldo delle Provincie Unite sei belli reggimenti, capitanati primamente dal valoroso Ossory; tre dei quali erano stati raccolti in Inghilterra, e tre in Iscozia. Il Re inglese erasi riserbata la potestà di richiamarli a sé, qualvolta ne avesse mestieri contro un nemico esterno od interno. Infrattanto, venivano mantenuti senza nessun carico di spesa per lui, ed assuefatti ad una eccellente disciplina, alla quale egli non si sarebbe rischiato di sottoporli.
VI. Se la gelosia del Parlamento e della Nazione impediva al Re di mantenere un esercito stanziale formidabile, egli non aveva simile impedimento a rendere l'Inghilterra prima fra le Potenze marittime. I Whig e i Tory erano pronti a plaudire ad ogni provvedimento che tendesse ad accrescere quella forza, la quale, mentre era la migliore protezione dell'Isola contro i nemici stranieri, tornava impotente contro la libertà cittadina. Le più grandi gesta di cui gli uomini d'allora serbassero memoria, operate dai soldati inglesi, erano avvenute nelle guerre contro i principi inglesi. Le vittorie dei nostri marinai erano state riportate sopra nemici stranieri, ed avevano allontanato lo sterminio e la rapina dal nostro suolo. Almeno mezza la nazione rammentava con ribrezzo la battaglia di Naseby, e con orgoglio frammisto a molti spiacevoli sentimenti la battagli di Dunbar: ma la sconfitta dell'Armada, e gli scontri di Blake con gli Olandesi e gli Spagnuoli, ricorrevano alla memoria di tutti i partiti con infinita esultanza. Dalla Restaurazione in poi, i Comuni, anche quando avevano mostrato scontento e parsimonia, erano stati sempre docili fino alla prodigalità, in ciò che concerne gl'interessi della flotta. Era stato loro dimostro, mentre il Governo era nelle mani di Danby, che molti dei vascelli della flotta reale erano vecchi e inadatti al mare; e quantunque in quel tempo la Camera fosse ripugnante a dare, concesse un sussidio di circa seicentomila lire sterline per la costruzione di trenta nuovi legni da guerra. Ma la liberalità della nazione rendevasi infruttuosa pei vizii del Governo. La lista delle navi del Re, egli è vero, faceva bella mostra. Ve n'erano nove di prima classe, quattordici di seconda, trentanove di terza, e molti altri legni più piccoli. Quelli di prima classe, veramente, erano minori dei legni di terza classe dei nostri tempi; e quei di terza classe adesso non verrebbero considerati come fregate molto vaste. Se, nulladimeno, questa forza marittima fosse stata effettiva, in que' giorni il più gran potentato l'avrebbe considerata come formidabile. Ma esisteva solo in iscritto. Quando terminò il regno di Carlo, la sua flotta era guasta e caduta in basso tanto, che sarebbe quasi incredibile, senza l'unanime testimonianza di tali la cui autorità non ammette dubbio. Pepys, l'uomo più esperto dell'Ammiragliato inglese, compose nel 1684 una memoria intorno alle condizioni del suo dipartimento, per informarne Carlo. Pochi mesi appresso, Bonrepaux, l'uomo più esperto dell'Ammiragliato francese, avendo visitata l'Inghilterra con lo scopo speciale di chiarirsi della forza marittima di quella, presentò a Luigi il frutto delle sue indagini. Le due relazioni danno un medesimo risultato. Bonrepaux dichiarò d'avere trovata ogni cosa in disordine ed in misere condizioni; disse che

la superiorità della marina francese era riconosciuta con vergogna ed invidia in Whitehall, e che lo stato delle navi e degli arsenali nostri era per sè una bastevole guarentigia della nostra impossibilità ad immischiarci nelle contese europee. Pepys esponeva al proprio signore, come l'amministrazione navale fosse un prodigio di prodigalità, di corruzione, d'ignoranza e di vigliaccheria; come non fosse da fidarsi a nessuno estimo, non potesse farsi nessun contratto, non vi fosse freno nessuno. I vascelli che il Governo, grazie alla liberalità del Parlamento, aveva potuto costruire, e che non erano mai usciti fuori del porto, erano stati costruiti di legno così cattivo, che erano meno adatti a viaggiare, che non fossero le vecchie carcasse le quali trent'anni innanzi avevano sostenuto le mitraglie degli Olandesi e degli Spagnuoli. Alcuni dei nuovi legni da guerra, certamente, erano così marci, che se non venivano riattati, sarebbero calati a fondo nelle darsene. I marinai erano pagati con sì poca precisione, che chiamavansi avventurati di poter trovare qualche usuraio che comperasse i loro biglietti col quaranta per cento di sconto. I comandanti che non avessero amici potenti in Corte, erano anche peggio trattati. Taluni ufficiali, creditori di grosse somme arretrate, dopo di avere indarno importunato per molti anni il Governo, erano morti per mancanza d'un tozzo di pane.
La maggior parte delle navi che stavano in mare, erano comandate da uomini non educati a quell'ufficio. Vero è che questo non era abuso introdotto dal Governo di Carlo. Nessuno Stato antico o moderno aveva, innanzi a quel tempo, separato affatto il servizio navale dal militare. Nelle grandi nazioni incivilite del mondo antico, Cimone e Lisandro, Pompeo ed Agrippa, avevano combattuto battaglie di terra e di mare. Nè lo impulso che la nautica ricevette sul finire del secolo decimoquinto, aveva prodotto nessun miglioramento nella divisione delle fatiche. A Flodden, l'ala diritta dell'armata vittoriosa era diretta dall'Ammiraglio d'Inghilterra. A Jarnac e Moncontour, le coorti degli Ugonotti erano capitanate dallo Ammiraglio di Francia. Né Don Giovanni d'Austria, vincitore di Lepanto, né Lord Howard di Effingham, al quale era affidata la marina inglese allorquando gl'invasori spagnuoli appressaronsi ai nostri lidi, erano stati educati al mare. Raleigh, altamente celebrato come comandante navale, aveva per molti anni servito come soldato in Francia, nelle Fiandre e in Irlanda. Blake erasi reso cospicuo per la sua esperta e valorosa difesa di una città interna, innanzi che umiliasse l'orgoglio olandese e castigliano nell'Oceano. Dopo la Restaurazione, era stato seguito il medesimo sistema. Grosse flotte erano state affidate a Rupert ed a Monk: a Rupert, che aveva rinomanza di fervido e ardimentoso ufficiale di cavalleria; e a Monk, il quale semprechè voleva che il vascello mutasse cammino, faceva ridere la ciurma gridando: «Girate a sinistra!»
Ma verso questo tempo, gli uomini saggi cominciarono ad accorgersi, che il rapido perfezionamento dell'arte della guerra e dell'arte nautica rendeva necessario partire l'una dall'altra le due professioni, che fino allora erano state confuse insieme. O il comando d'un reggimento o quello d'una nave, adesso erano sufficienti ad occupare la mente d'un solo uomo. Nel 1672, il Governo Francese deliberò d'educare parecchi giovani, fino dalla loro tenera età unicamente al servizio della marina. Ma il Governo Inglese, invece di seguire cotesto laudevole esempio, non solo continuò ad affidare il comando navale ad uomini non esperti del mare, ma li sceglieva tali, che anche in imprese di terra erano inetti a commissioni di qualche importanza. Ogni giovinetto di nobile lignaggio, ogni dissoluto cortigiano, a pro' del quale una delle amanti del Re avesse voluto dire una parola, poteva sperare il comando di un vascello di linea; e con esso, l'onore della patria e la vita di centinaia d'uomini valorosi rimanevano affidati alla sua cura. Nulla importava che ei non avesse mai in vita sua navigato fuorchè nelle acque del Tamigi, che non potesse star fermo al soffio del vento, che non conoscesse la differenza tra la latitudine e la longitudine. L'educazione speciale all'arte non era creduta necessaria; o, al più, egli era mandato a fare una breve gita sopra una nave da guerra, dove non era sottoposto a veruna disciplina, veniva trattato rispettosamente, e consumava il tempo in trastulli e follie. Se nel tempo che gli avanzava dal festeggiare, dal bere e dal giocare, riuscivagli d'imparare il significato di poche frasi tecniche, e i nomi dei punti del compasso, acquistava i requisiti necessari a comandare un vascello a tre ponti. Questa non è descrizione di fantasia. Nel 1666, Giovanni Scheffleld, Conte di Mulgrave, giovinetto di diciassette anni, entrò come volontario nel servizio di mare contro gli Olandesi. Passò sei settimane sur una nave, trastullandosi, quanto più poteva, in compagnia di alcuni giovani libertini di razza nobile, e poscia fece ritorno in Inghilterra per assumere il comando di un corpo di cavalleria. Dopo ciò, non andò mai al mare fino all'anno 1672; in cui di nuovo si aggiunse alla flotta, e quasi subito fu fatto capitano d'un vascello di ottantaquattro cannoni, estimato il più bello di tutta la nostra marina. Allora egli aveva ventitrè anni, e in tutto il corso della vita sua non era stato nè anche tre mesi sul mare. Appena ritornato, fu fatto colonnello d'un reggimento di fanteria. È questo un saggio del modo con cui i comandi navali della maggiore importanza concedevansi; ed è saggio non

tanto riprovevole, imperocchè Mulgrave, benchè difettasse d'esperienza, non difettava punto d'animo e di doti. Nel medesimo modo venivano promossi altri, i quali, non che non essere buoni ufficiali, erano intellettualmente e moralmente incapaci di mai divenir tali, e la cui sola raccomandazione stava in ciò, che erano stati rovinati dalle follie e dai vizi. La cosa precipua che attraeva cotesti uomini al servigio, era il profitto di trasportare di porto in porto verghe d'argento, o altre preziose mercanzie; perciocchè sì l'Atlantico e sì il Mediterraneo a quel tempo infestavano i pirati di Barberia, talmente che i mercanti non volevano i loro preziosi carichi alla custodia d'altri affidare, che a quella di una nave da guerra. Un capitano, in simile guisa, talvolta guadagnava in un breve viaggio parecchie migliaia di lire sterline; e per condurre cotesto lucroso traffico, troppo spesso trascurava gl'interessi della propria patria e l'onore del proprio vessillo, vilmente sottomettevasi alle Potenze straniere, disobbediva agli ordini più diretti dei superiori suoi, rimaneva in porto quando gli comandavano di correre dietro ad un corsaro di Salè, o andava a portare argento in Livorno, quando le istruzioni ricevute richiedevano che si riducesse in Lisbona. E tutto ciò egli faceva impunemente. Lo interesse medesimo che lo aveva locato in un posto al quale era disadatto, ve lo manteneva. Non v'era ammiraglio, che, sfidato da codesti corrotti e sfrenati prediletti di palazzo, osasse appena bisbigliare di corte marziale. Se qualche ufficiale mostrava maggior sentimento del proprio dovere che non facessero i suoi colleghi, accorgevasi tosto d'avere perduti i guadagni, senza essersi acquistato onore. Un capitano che, per avere rigorosamente obbedito agli ordini dello Ammiragliato, perdè un trasporto di mercanzie dal quale avrebbe ricavato quattromila sterline, si sentì dalle stesse labbra di Carlo chiamare, con ignobile leggerezza, grandissimo stolto per le cure che si prendeva.
La disciplina della marineria procedeva tutta ad un modo. Come il capitano cortigiano spregiava lo ammiragliato, così egli era spregiato dalla sua ciurma. Non poteva nascondere d'essere nell'arte sua inferiore a ciascuno dei marinai sul bordo. Ed era vano lo sperare che i vecchi marinai, avvezzi agli uragani dei tropici e ai ghiacci del cerchio artico, rendessero pronta e riverente obbedienza a un capo, il quale dei venti e delle onde non conosceva più di quello che avrebbe potuto imparare sopra un dorato navicello tra Whitehall Stairs e Hampton Court. Affidare a cosiffatto novizio la direzione di un vascello, era cosa evidentemente impossibile. L'ufficio di dirigere la navigazione fu, quindi, tolto al capitano e dato al primo piloto; ma questa partizione d'autorità produceva innumerevoli inconvenienti. La linea di demarcazione non era, e forse non poteva essere descritta con precisione. Ne seguiva quindi un perenne litigare. Il capitano, tanto più fiducioso di sè quanto maggiore era la ignoranza sua, trattava il piloto con dispregio. Il primo piloto, ben consapevole del pericolo di spiacere al più potente, spessissimo dopo una lotta cedeva; ed era fortuna se da ciò non ne conseguitasse la perdita del legno e della ciurma. Generalmente, i meno perversi dei capitani aristocratici erano quelli che abbandonavano affatto ad altri la direzione dei vascelli, e badavano solo a far danari e profonderli. Il modo con cui costoro vivevano, era cotanto ostentato e voluttuoso, che, per quanto fossero cupidi di guadagni, rade volte arricchivansi. Vestivansi come in un giorno di gala in Versailles, mangiavano su piatti d'oro e d'argento, bevevano i vini più squisiti, e mantenevano serragli sul bordo; mentre la fame e lo scorbuto infuriavano fra la ciurma, e mentre ogni giorno cadaveri erano gettati giù dalle cannoniere.
Era tale il carattere ordinario di coloro che allora chiamavansi capitani gentiluomini. Mescolati con essi trovavansi, avventuratamente per la patria nostra, comandanti navali di diversa specie; uomini che avevano passata la vita sulle acque, e che avevano lavorato, e dagli infimi uffici del cassero erano pervenuti ai gradi ed alle onorificenze. Uno dei più eminenti fra questi ufficiali, fu Sir Cristoforo Mings, il quale cominciò a servire come ragazzo da camerino, cadde valorosamente combattendo contra gli Olandesi, e fu dalla sua ciurma, che lo piangeva e giurava di vendicarlo, trasportato alla sepoltura. Da lui discese, per via singolarissima, una linea di strenui ed esperti uomini di mare. Il ragazzo del suo camerino fu Sir Giovanni Narborough, e il ragazzo del camerino di Sir Giovanni Narborough fu Sir Cloudesley Shovel. Al vigoroso buon senso naturale, e all'indomito coraggio di questa classe d'uomini, l'Inghilterra serba un debito che non dimenticherà mai. Cotesti animi fermi, malgrado la mala amministrazione e i falli degli ammiragli cortigiani, furono quelli che protessero le nostre coste, e mantennero rispettata la nostra bandiera per molti anni di turbolenze e di pericoli. Ma a un cittadino cotesti veri marinai parevano una razza d'uomini mezzo selvaggi. Tutto il loro sapere limitavasi alle cose della professione loro, ed era più pratico che scientifico. Fuori del loro elemento, erano semplici a guisa di fanciulli. Ruvido era il loro portamento; nella loro stessa buona indole era rozzezza; e la loro favella, qualvolta usciva dal frasario nautico, comunemente abbondava di giuramenti e di maledizioni. Tali erano i capi, nella cui rozza scuola formaronsi quei robusti guerrieri i quali a Smollet, nella età

susseguente, servirono da modelli per ritrarre il Luogotenente Bowling e il Comodoro Trunnion. Ma non sembra che al servizio degli Stuardi vi fosse nè anche un ufficiale di marina quale, secondo le idee dei nostri tempi, dovrebbe essere: vale a dire, un uomo versato nella teorica e nella pratica della propria arte, indurito ai pericoli della pugna e della tempesta, e, nondimeno, adorno di cultura intellettuale e di modi gentili. V'erano gentiluomini, ed eranvi marinai nella flotta di Carlo II; ma questi non erano gentiluomini, e quelli non erano marinai.
La marina inglese di quel tempo, secondo i più esatti computi che sono fino a noi pervenuti, si sarebbe potuta mantenere in attività con trecento ottanta mila lire sterline annue. Quattrocento mila sterline l'anno era la somma che spendevasi: ma, come abbiamo veduto, si spendeva male. Il costo della marina francese era pressochè lo stesso, e considerevolmente maggiore quello della olandese.
VII. La spesa dell'artiglieria in Inghilterra nel secolo decimosettimo, paragonata agli altri carichi militari e marittimi, era molto minore di quello che sia nell'età nostra. Nella maggior parte dei presidii v'erano parecchi cannonieri, e qua e là, in qualche posto d'importanza, un ingegnere. Ma non eravi reggimento d'artiglieria; non brigate di zappatori o di minatori; non collegio, in cui i giovani soldati potessero imparare la parte scientifica dell'arte della guerra. La difficoltà di muovere i pezzi da campagna era estrema. Allorquando, pochi anni dopo, Guglielmo marciò da Devonshire a Londra, l'apparecchio che trasportava seco, quantunque fosse simile a quello che da lungo tempo si era sempre usato nel continente, e tale che oggi verrebbe considerato in Woolwich rozzo e impaccioso, svegliò nei nostri antenati una maraviglia somigliante a quella che negli Indiani dell'America produssero gli archibugi dei Castigliani. La provvista di polvere che tenevasi nei forti e negli arsenali inglesi, veniva con orgoglio rammentata dagli scrittori patriottici come cosa da incutere spavento alle nazioni vicine. Ascendeva a mille e quattrocento o cinquecento barili; quasi un dodicesimo della quantità che oggimai si reputa necessario di tenere sempre accumulata. La spesa, sotto titolo di artiglieria, era a un di presso poco più di sessanta mila lire sterline annue.
Tutta la spesa effettiva dell'armata, della marina, e dell'artiglieria, ascendeva a circa settecento cinquanta mila lire sterline. La spesa non effettiva, che adesso è parte gravosa dei pubblici carichi, mal si direbbe che esistesse. Un piccolissimo numero d'ufficiali marittimi, che non erano impiegati nel pubblico servizio, avevano mezza paga. Nessun luogotenente era nella lista, e nessun capitano che non avesse comandato un vascello di prima o di seconda classe. E siccome lo Stato allora possedeva soli diciassette vascelli di prima e di seconda classe che fossero stati in attività, e siccome gran numero degli individui che avevano comandato quei legni, occupavano buoni impieghi sul littorale, la spesa sotto cotesto titolo doveva essere veramente lieve. In ciascuna armata, la mezza paga davasi come una concessione speciale e temporanea a un piccolo numero d'ufficiali che appartenevano a due reggimenti che avevano peculiare situazione. Lo spedale di Greenwich non era fondato; quello di Chelsea stavasi edificando: ma alla spesa di tale istituzione provvedevasi, in parte, con una deduzione dalla paga delle truppe; in parte, per mezzo di soscrizioni private. Il re promise di contribuire per venti mila sterline alle spese di fabbrica, e per cinquemila l'anno al mantenimento degl'invalidi. Non era parte del sistema che vi fossero esterni. La intera spesa non effettiva, militare e navale, appena poteva sorpassare dieci mila sterline annue. Oggi supera dieci mila lire il giorno.
IX. Alle spese del governo civile, la Corona contribuiva solo in piccola parte. Il maggior numero dei funzionari, l'ufficio dei quali era quello d'amministrare la giustizia e serbare l'ordine, o prestavano gratuitamente i loro servigi al pubblico, o erano rimunerati in modo da non cagionare nessun vuoto nella rendita dello Stato. Gli sceriffi, i gonfalonieri, gli aldermanni delle città, i gentiluomini di provincia che erano commissarii di pace, i capi dei borghi, i ricevitori e i piccoli constabili, al Re non costavano nulla. Le corti superiori di giustizia, principalmente, mantenevansi con le tasse giudiciali.
Le nostre relazioni con le Corti straniere erano condotte con estrema economia. Il solo agente diplomatico che avesse titolo d'ambasciatore, era quello di Costantinopoli, e veniva in parte mantenuto dalla Compagnia della Turchia. Anche alla Corte di Versailles l'Inghilterra teneva soltanto un inviato; e non ne aveva di nessuna specie presso le Corti di Spagna, di Svezia e di Danimarca. La intiera spesa, sotto questo titolo, nell'ultimo anno del regno di Carlo II, non poteva sorpassare di molto le ventimila lire sterline.
X. Questa frugalità non era punto degna di lode. Carlo, secondo suo costume, era avaro e prodigo a sproposito. Gl'impiegati morivano di fame, affinchè i cortigiani ingrassassero. Le spese della marina, dell'artiglieria, delle pensioni assegnate ai vecchi ufficiali bisognosi, delle legazioni alle Corti straniere, debbono sembrare lievi agli uomini della presente generazione. Ma i favoriti del sovrano, i suoi ministri e le loro creature, satollavansi della pubblica pecunia. Le paghe e pensioni loro, agguagliate

alle entrate dei nobili, dei gentiluomini, degli esercenti professioni o commerci in quel tempo, sembreranno enormi. La rendita annua dei più grossi possidenti del Regno, in allora di poco eccedeva le ventimila lire sterline. Il Duca di Ormond non aveva se non ventiduemila sterline l'anno. Il Duca di Buckingham, prima che con le sue stravaganze rovinasse il proprio patrimonio, aveva diciannovemila sterline annue. Giorgio Monk, Duca di Albemarle, il quale era stato per i suoi insigni servigi rimunerato con immense concessioni di terre pertinenti alla Corona, ed era famoso per cupidigia e parsimonia, lasciò quindicimila lire sterline l'anno in beni fondi, e sessantamila lire in danari, che probabilmente rendevano il sette per cento. Questi tre duchi erano reputati i più ricchi sudditi inglesi. Lo arcivescovo di Canterbury appena poteva avere cinquemila sterline annue. La rendita media di un Pari secolare estimavasi, da uomini i meglio informati, a circa tremila sterline; quella d'un baronetto, a novecento; quella di un membro della Camera dei Comuni, a meno di ottocento l'anno. Mille lire sterline annue reputavansi una grossa rendita per un avvocato. Duemila l'anno appena potevano guadagnarsi nella Corte del Banco del Re, tranne dai legali della Corona. È quindi manifesto che un ufficiale era ben pagato, quando riceveva un quarto o un quinto di ciò che oggi sarebbe un giusto stipendio. Di fatto, nondimeno, gli stipendi degli alti impiegati erano grossi come sono oggi, e non di rado maggiori. Il Lord Tesoriere, a modo d'esempio, aveva ottomila sterline l'anno; e qualvolta il Tesoro era in commissione, ciascuno dei Lord più giovani aveva mille e seicento sterline annue. Il pagatore delle milizie aveva un tanto per lira sterlina - il che ascendeva ad una somma di cinquemila sterline l'anno - di tutto il danaro che passava per le sue mani. L'ufficiale, detto Groom of the Stole, aveva cinquemila sterline annue; ciascuno dei Commissari delle Dogane mille e duecento; i regi ciamberlani mille. Nonostante, la paga ordinaria era la parte minore dei guadagni di un impiegato di quel tempo. Cominciando dai nobili che tenevano il bastone bianco e il gran sigillo, fino al più basso doganiere o stazzatore, ciò che oggi si chiamerebbe enorme corruzione praticavasi senza maschera e senza rimprovero. Di titoli, uffici, commissioni, grazie, facevano apertamente mercato i grandi dignitarii del reame; ed ogni scrivano, in ogni dipartimento, imitava, come meglio potesse, quel pessimo esempio.
Nel secolo decorso, nessun primo ministro, comunque potente, era divenuto ricco per ragione d'ufficio; e parecchi ministri distrussero il proprio patrimonio per sostenere il loro alto grado. Nel secolo decimosettimo, un uomo di Stato, quando era a capo degli affari, poteva agevolmente e senza scandalo accumulare in tempo non lungo una ricchezza ampiamente bastevole al mantenimento di un duca. Egli è probabile che la rendita del primo ministro, finchè teneva in mano il potere, eccedesse quella di qualsivoglia altro suddito. Il posto di Lord Luogotenente d'Irlanda, supponevasi fruttasse quaranta mila sterline l'anno. I guadagni del Cancelliere Clarendon, di Arlington, di Lauderdale e di Danby, furono enormi. Il palazzo sontuoso al quale la plebe di Londra appiccò il soprannome di Casa di Dunkerque, i magnifici padiglioni, le pescaie, le foreste popolate di cervi, i giardini d'aranci di Euston, il lusso più che italiano di Ham, con le sue statue, fontane, uccelliere, erano argomenti che additavano quale fosse la via più breve per arrivare ad una sterminata opulenza. Ciò spiega la violenza senza scrupoli, con che gli uomini di Stato di que' giorni lottavano per conseguire gli uffici; la tenacità con cui, malgrado le molestie, le umiliazioni e i pericoli, vi si appigliavano; e le compiacenze scandalose alle quali abbassavansi per conservarli. Perfino nell'età nostra, comunque formidabile sia la potenza della pubblica opinione, e in alto posta la laude d'integrità, vi sarebbe risico grande di un infausto cangiamento nel carattere dei nostri uomini pubblici, se l'ufficio di Primo Lord del Tesoro o di Segretario di Stato fruttasse cento mila lire sterline l'anno. È insigne ventura per la patria nostra, che gli emolumenti dei più alti funzionarii non solo non siano cresciuti in paragone del generale accrescimento della nostra opulenza, ma siano positivamente scemati.
XI. È cosa strana, e a prima vista parrebbe spaventevole, che la somma levata in Inghilterra per mezzo delle tasse, siasi, in un periodo di tempo che non eccede il corso di due lunghe vite, aumentata di trenta volte. Ma coloro che si sgomentano dello accrescimento delle pubbliche gravezze, potrebbero forse rassicurarsi ove considerassero quello dei mezzi pubblici. Nel 1685, il valore dei prodotti del suolo eccedeva il valore di tutti gli altri prodotti della industria umana: nonostante, l'agricoltura era in quelle condizioni che ai dì nostri la farebbero chiamare rozza ed imperfetta. Gli aritmetici politici di quell'età supponevano che la terra arabile, e quella adatta al pascolo, occupassero poco più della metà di tutta la estensione del paese. Credevano che il rimanente fosse tutto paludi, foreste e rocce. Cotesti computi vengono fortemente confermati dagli Itinerarii e dalle Carte geografiche del secolo diciassettesimo. Da tali libri e Carte raccogliesi, senza alcun dubbio, che molte strade, le quali adesso traversano un numero infinito di pometi, di campi da fieno e da fave, allora passavano traverso a scopeti, macchie e pantani. Nei paesaggi inglesi disegnati in que' tempi per il Granduca Cosimo,

appena si vede una siepe d'alberi; e numerosi tratti di terra, ora rigogliosi per coltivazione, appariscono ignudi come il Piano di Salisbury. In Enfield, donde è quasi visibile il fumo della capitale, eravi una regione di venticinque miglia di circuito, che conteneva solo tre case, e quasi nessun campo chiuso. Ivi i cervi, liberi come in una foresta d'America, erravano a migliaia. È da notarsi che i grossi animali selvaggi erano allora molto più numerosi che adesso. Gli ultimi cignali che mantenevansi per le cacce del Re, e lasciavansi devastare la terra coltivata, erano stati uccisi dagli esasperati villani, mentre infuriava la licenza della guerra civile. L'ultimo lupo che vagasse per la nostra isola, era stato ammazzato in Iscozia, poco tempo innanzi la fine del regno di Carlo II. Ma molte specie, adesso estinte o rare, di quadrupedi e di volatili, erano allora comuni. La volpe, la cui vita in molte Contee è tenuta sacra quasi quanto quella d'una creatura umana, era considerata come bestia nociva. Oliviero Saint John disse al Lungo Parlamento, che Strafford dovevasi considerare non come un cervo o una lepre, da trattarsi con un certo riguardo, ma come una volpe, che doveva afferrarsi con ogni mezzo, e schiacciarlesi la testa senza pietà. Questo esempio non sarebbe piacevole, ove fosse applicato ai gentiluomini di provincia dei nostri tempi: ma in quei di Saint John vi erano non rade volte grandi stragi di volpi, alle quali i contadini correvano in folla con tutti i cani che potessero raccogliere, usavano trappole e reti, non davano quartiere; e l'uccidere una volpe gravida consideravasi come azione meritevole della gratitudine del vicinato. I daini rossi erano allora tanto comuni nelle Contee di Gloucester e di Hamp, come oggi lo sono in Grampian Hills. La Regina Anna, viaggiando a Portsmouth, ne vide un branco non minore di cinquecento. Il toro selvatico con la sua bianca criniera, errava tuttavia in poche foreste delle contrade meridionali. Il tasso faceva il suo buio e tortuoso foro in ogni collina folta di fratte e d'arbusti. I gatti selvaggi udivansi di notte mugolare presso le case dei guardacaccia di Wittlebury e di Needwood. La martora dal fulvo petto, era ancora inseguita in Cranbourne Chase per la sua pelle, estimata inferiore soltanto a quella del zibellino. Le aquile di padule, che dalla punta d'un'ala a quella dell'altra avevano una lunghezza di nove e più piedi, davano la caccia ai pesci lungo la costa di Norfolk. Per tutti i piani, dal Canale Britannico fino alla Contea di York, grosse ottarde erravano a branchi di cinquanta o sessanta, e spesso i cacciatori lanciavano dietro essi i cani levrieri. Le maremme delle Contee di Cambridge e di Lincoln rimanevano per alcuni mesi dell'anno coperte da immense torme di gru. Il progresso dell'agricoltura ha estirpate parecchie di queste razze d'animali. Di altre, gl'individui sono talmente divenuti rari, che gli uomini si affollano a mirarne qualcuno, come farebbero d'una tigre del Bengal o d'un orso delle contrade polari.

Il progresso di questo grande mutamento non può altrove meglio rintracciarsi, che nel Libro degli Statuti. Il numero degli atti di chiusure, o partizioni di terre non coltivate, fatti dopo lo avvenimento di Giorgio II al trono, sorpassa quattro mila. Lo spazio ripartito per virtù di questi atti, eccede, calcolando moderatamente, dieci mila miglia quadrate. Quante miglia quadrate di terra che per innanzi non era coltivata, sono state, nel medesimo periodo, cinte di siepi e lavorate dai proprietari, senza ricorrere agli atti della legislatura, può solamente conghietturarsi. Ma pare molto probabile che una quarta parte dell'Inghilterra, in poco più di cento anni, di deserto, quale era, sia stata trasformata in giardino. Anche in que' luoghi dell'isola che alla fine del regno di Carlo II erano i meglio coltivati, il modo di lavorare la terra, quantunque si perfezionasse molto dopo la guerra civile, non era, quale oggidì si chiamerebbe giudizioso. Finora l'autorità pubblica non ha fatto nessun passo efficace per indagare qual sia veramente il prodotto del suolo inglese. È quindi mestieri che lo storico segua, non senza sospetto, quegli scrittori di statistica che godono sopra gli altri fama di fedeli e diligenti. Oggimai si crede che un ricolto medio di grano, segala, orzo, avena e fave, ecceda di molto trenta milioni di sacca. Il ricolto del grano verrebbe reputato cattivo, se non fosse maggiore di dodici milioni di sacca. Secondo i calcoli fatti nel 1696 da Gregorio King, l'intera quantità di grano, segala, orzo, avena e fave, che allora produceva annualmente il Regno, era qualche cosa meno di dieci milioni di sacca. Egli stimava il grano, che allora coltivavasi nei terreni più forti, e consumavasi soltanto dagli uomini agiati, non fosse meno di due milioni di sacca. Carlo Davenant, politico sottile e bene informato, quantunque affatto privo di principii morali ed astioso, differiva da King rispetto ad alcuni punti del calcolo, ma riusciva alle stesse conclusioni generali.

Lo avvicendare delle seminagioni, era imperfettamente conosciuto. Sapevasi, a dir vero, che alcuni vegetabili, di recente introdotti nella nostra isola, in ispecie la rapa, apprestavano buon nutrimento in tempo di verno alle pecore e ai buoi; ma non era anche uso di nutrire in quel modo gli animali. Non era, dunque, facile serbarli vivi nella stagione in cui l'erba scarseggia. Uccidevansi e salavansi in gran numero appena incominciato il freddo; e per parecchi mesi, nè anche i gentiluomini gustavano quasi mai cibo animale fresco, tranne caccia e pesci di fiume, che, per conseguenza, nelle provvisioni

domestiche erano cose più importanti che non sono nei tempi presenti. Raccogliesi dal Libro di Famiglia di Northumberland, come nel regno di Enrico VII, anche i gentiluomini addetti ai servigi di un gran conte, non mangiassero mai carne fresca, tranne per breve intervallo di tempo, da mezza state al dì di San Michele. Ma nel corso di due secoli era seguito un miglioramento; e, regnante Carlo II, non prima della fine di novembre le famiglie facevano le loro provvisioni di carne salata, che allora chiamavasi bove di San Martino.
Le pecore e i buoi di quel tempo erano piccoli in paragone di quelli che adesso si vedono nei nostri mercati. I nostri cavalli indigeni, quantunque adatti ai servigi, erano tenuti in poca stima e vendevansi a basso prezzo. Coloro che hanno meglio estimata la ricchezza nazionale, credono che, su per giù, non valessero più di cinquanta scellini ciascuno. Le razze forestiere venivano grandemente preferite. I giannetti spagnuoli erano considerati come i migliori cavalli di battaglia, ed importati fra noi per usi di lusso e di guerra. I cocchi dell'aristocrazia venivano tirati da cavalle fiamminghe, le quali, conforme credevasi, trattavano con grazia particolare, e reggevano, meglio che le altre bestie cresciute nell'isola nostra, alla fatica di trascinare un pesante equipaggio sopra i ruvidi selciati di Londra. Nè i moderni cavalli da carrozza, nè quelli da corsa conoscevansi a que' tempi. Assai dopo, i progenitori dei giganteschi quadrupedi che tutti gli stranieri annoverano fra le principali maraviglie di Londra, furono importati dalle maremme di Walcheren, e i progenitori di Childers e di Eclipse dalle sabbie dell'Arabia. Ciò non ostante, già esisteva fra i nostri nobili e gentiluomini la passione delle corse. La importanza di migliorare le nostre razze col mescolamento di nuovo sangue, era fortemente sentita; ed a tale scopo, si fece venire nel nostro paese un numero considerevole di barberi. Due uomini altamente reputati in siffatte materie, voglio dire il Duca di Newcastle e Sir Giovanni Fenwick, affermarono che il più spregevole cavallo di Tangeri avrebbe prodotta una razza assai più bella, di quel che si fosse potuto sperare dal migliore stallone delle nostre razze natie. Non avrebbero agevolmente creduto che giungerebbe un tempo in cui i principi e i nobili degli Stati vicini dovessero ricercare i cavalli d'Inghilterra, come gl'Inglesi avevano ricercati quelli di Barberia.
XII. Lo accrescimento dei prodotti vegetabili ed animali, benchè fosse grande, sembra piccolo in paragone di quello della nostra ricchezza minerale. Nel 1685, lo stagno di Cornwall, che due mila e più anni innanzi aveva attirate le navi di Tiro oltre le Colonne di Ercole, era tuttavia uno dei più valevoli prodotti sotterranei dell'isola. La quantità che annualmente se ne estraeva dalla terra, ascendeva, alcuni anni dopo, a mille e seicento tonnellate; probabilmente circa il terzo di quanto oggidì se n'estrae. Ma le vene di rame, che trovansi nella medesima regione, erano, a tempo di Carlo II, onninamente neglette, nè alcun possidente di terra ne teneva conto nell'estimo dei suoi poderi. Cornwall e Galles ora rendono circa quindicimila tonnellate di rame l'anno, che valgono pressochè un milione e mezzo di lire sterline; cioè quanto dire circa il doppio del prodotto annuo di tutte le miniere inglesi, di qualunque specie si fossero, nel secolo diciassettesimo. Il primo strato di sale minerale era stato scoperto, non molto tempo dopo la Restaurazione, in Cheshire; ma non pare che in quell'età vi si lavorasse. Il sale che estraevasi dalle fosse marine, non era molto stimato. Le caldaie in cui manifatturavasi, esalavano un puzzo sulfureo; e lasciatosi affatto svaporare, la sostanza che ne rimaneva, era appena adatta ad usarsi nei cibi. I medici ascrivevano a cotesto malsano condimento le infermità scorbutiche e polmonari, allora comuni fra gl'Inglesi. Di rado, quindi, ne facevano uso le classi alte e le medie; ed il buon sale veniva trasportato regolarmente, e in quantità considerevole, dalla Francia in Inghilterra. Oggimai, le nostre sorgenti e miniere non solo bastano ai nostri immensi bisogni, ma mandano annualmente ai paesi stranieri più di settecento milioni di libbre di eccellente sale.
D'assai maggiore importanza è stato il miglioramento dei nostri lavori di ferro. Tali lavori esistevano da lungo tempo nell'isola nostra, ma non avevano prosperato, e non erano guardati di buon occhio dal Governo e dal pubblico.
Non costumavasi allora di adoperare il carbone fossile per fondere i minerali; e la rapida consumazione delle legna recava timore agli uomini politici. Regnante Elisabetta, vi erano stati lamenti, vedendosi intere foreste cadere sotto la scure per nutrimento delle fornaci; ed il Parlamento aveva inibito ai manifattori di bruciare legna. Le manifatture quindi languirono. Verso la fine del regno di Carlo II, gran parte del ferro che adoperavasi nel paese, vi era importato di fuori, e tutta la quantità che se ne faceva tra noi, sembra che non eccedesse dieci mila tonnellate. Ai dì nostri il traffico si reputa in pessima condizione se il prodotto annuo è minore di un milione di tonnellate.
Rimane a ricordare un minerale forse più importante del ferro stesso. Il carbon fossile, comecchè pochissimo usato in ogni specie di manifattura, era già il combustibile ordinario in alcuni distretti che

avevano la ventura di possederne grandi strati, e nella metropoli, alla quale poteva essere agevolmente trasportato per mare. E' sembra ragionevole il credere, che almeno mezza la quantità che allora se n'estraeva, consumavasi in Londra. Il consumo di Londra agli scrittori di quell'età sembrava enorme, e spesso ne facevano ricordo come prova della grandezza della città capitale. Non isperavano quasi d'essere creduti, quando affermavano che duecento ottanta mila caldroni, ovvero circa trecento cinquanta mila tonnellate, nell'ultimo anno del regno di Carlo II, furono trasportati al Tamigi. Adesso, la metropoli ne consuma a un di presso tre milioni e mezzo l'anno; e l'intero prodotto annuo, non può, computando moderatamente, estimarsi a meno di trenta milioni di tonnellate.
XIII. Mentre cosiffatti grandi mutamenti progredivano, la rendita della terra, come era da aspettarsi, veniva sempre crescendo. In alcuni distretti si è moltiplicata fino al decuplo: in altri si è solo raddoppiata: facendo un computo generale, potrebbe affermarsi che si è quadruplicata.
Gran parte della rendita era divisa fra i gentiluomini di provincia, che formavano una classe di persone, delle quali la posizione e il carattere giova moltissimo chiaramente intendere; poichè la influenza e le passioni loro, in diverse occasioni di grave momento, decisero delle sorti della nazione.
Andremmo errati se c'immaginassimo gli scudieri del secolo decimosettimo come uomini esattamente somiglievoli ai loro discendenti; cioè i membri della Contea, e i presidenti delle sessioni di quartiere, che ben conosciamo. Il moderno gentiluomo di provincia, generalmente, viene educato alle liberali discipline; da una scuola cospicua passa ad un cospicuo collegio, ed ha tutti i mezzi di diventare un uomo dotto. Per lo più, ha fatto qualche viaggio in paesi stranieri; ha passato una parte considerevole della sua vita nella metropoli; e reca con sè in provincia i delicati costumi di quella. Forse non è specie d'abitazione piacevole quanto la casa rurale del gentiluomo inglese. Nei parchi e nei giardini, la natura, abbellita e non deturpata dall'arte, si mostra nella sua forma più seducente. Negli edifizi, il buon senso e l'ottimo gusto si dànno la mano a produrre una felice armonia di comodi e di grazia. Le pitture, i musicali strumenti, la biblioteca, verrebbero in ogni altro paese considerati come prova che testifichi, il padrone essere uomo eminentemente culto e compíto. Un gentiluomo di provincia, all'epoca della Rivoluzione, aveva di entrata circa la quarta parte di quella che le sue terre rendono adesso ai suoi posteri. Paragonato ai quali, egli era dunque un uomo povero, generalmente costretto a risiedere, salvo qualche interruzione di tempo, nelle sue terre. Viaggiare sul continente, tener casa in Londra, o anche visitarla spesso, erano piaceri che soli potevano gustare i grandi proprietari. Potrebbe sicuramente affermarsi, che degli scudieri, i cui nomi erano allora nelle Commissioni di Pace e Luogotenenza, nè anche uno fra venti andava alla città una volta in cinque anni, o aveva mai in vita sua viaggiato fino a Parigi. Molti proprietari di signorie erano stati educati in modo poco diverso da quello dei loro servitori. Lo erede di una terra, spesso passava la fanciullezza e gioventù sua nella residenza della famiglia sotto maestri non migliori dei mozzi di stalla e dei guarda-caccia, ed appena imparava tanto da apporre la propria firma ad un mandato di deposito. Se andava a scuola o in collegio, generalmente tornava, prima di compiere il suo ventesimo anno, alla vecchia sala di famiglia; dove, qualvolta la natura non gli fosse stata prodiga di insigni doti, tosto fra i piaceri e le faccende della campagna, dimenticava gli studi accademici. La precipua fra le sue occupazioni serie era la cura dei propri beni. Esaminava mostre di grano, governava maiali, e nei dì di mercato patteggiava, col boccale dinanzi, con mercanti di bestie e venditori di luppoli. I suoi migliori piaceri consistevano comunemente nei diporti campestri, e nei non delicati diletti sensuali. Il suo linguaggio e la sua pronunzia erano tali, quali oggi troveremmo sulle labbra dei più ignoranti contadini. I giuramenti, gli scherzi grossolani, i vocaboli scurrili erano da lui profferiti coll'accento specifico del dialetto della sua provincia. Era facile distinguere alle prime parole, s'egli venisse dalla Contea di Sommerset, o da quella di York. Davasi poco pensiero di ornare la propria abitazione; e qualvolta tentava farlo, quasi sempre la rendeva più deforme. La mondiglia della corte della fattoria giaceva accumulata sotto le finestre della sua stanza da letto, e i cavoli e l'uva spina crescevano da presso all'uscio della sua sala. Sopra la sua tavola vedevasi una rozza abbondanza, e gli ospiti vi erano cordialmente trattati. Ma, poichè il costume di bere eccessivamente era comune nella classe alla quale egli apparteneva, e poichè i suoi averi non gli concedevano d'inebriare ogni dì con vini di Bordeaux o delle Canarie le numerose brigate, la bevanda ordinaria era birra fortissima. La quantità che se ne consumava in quei giorni era veramente enorme. Imperciocchè la birra per le classi medie e le basse era in quel tempo non solo ciò che è per noi la birra, ma ciò che sono il vino, il thè e i liquori spiritosi. Solo nelle grandi case e nelle grandi occasioni i beveraggi stranieri ornavano i banchetti. Le donne della famiglia, le quali comunemente badavano a cucinare il pranzo, appena divorate le vivande, sparivano, lasciando gli uomini al bicchiere ed alla pipa. Questi ruvidi sollazzi del dopo desinare, spesso prolungavansi

finchè i commensali cadevano sonnolenti presso la mensa.
Rade volte avveniva che il gentiluomo di provincia vedesse il gran mondo; e ciò che ei ne vedeva, tendeva più presto a confondere, che a rischiarargli lo intendimento. Le sue opinioni intorno alla religione, al Governo, agli Stati stranieri e ai tempi trapassati, derivando non dallo studio, dall'osservare e dal conversare con gente illuminata, ma dalle tradizioni correnti nel suo vicinato, erano le opinioni d'un fanciullo. Nondimeno, appigliavasi ad esse con la ostinazione che generalmente si osserva negli ignoranti avvezzi a pascersi d'adulazione. I suoi rancori erano molti ed acri. Odiava i Francesi e gl'Italiani, gli Scozzesi e gl'Irlandesi, i Papisti e i Presbiteriani, gl'Indipendenti e i Battisti, i Quacqueri e gli Ebrei. Per la città e gli abitatori di Londra sentiva avversione tale, che più d'una volta produsse gravissime conseguenze politiche. La moglie e le figliuole, per gusti e cognizioni, erano inferiori ad una cameriera o guardaroba dei giorni nostri. Cucivano e filavano, facevano il vino d'uva spina, curavano i fiorranci, e facevano la crosta da servire al pasticcio di selvaggina.
Da questa descrizione potrebbe dedursi, che lo scudiero inglese del decimosettimo secolo non differisse grandemente da un mugnaio o da un birraio del decimonono. Sono, nondimeno, da notarsi alcune parti importanti del suo carattere, le quali modificheranno molto cotesta opinione. Illetterato come egli era e privo di modi gentili, era tuttavia per molti riguardi un gentiluomo. Era parte d'una altera e potente aristocrazia, ed aveva molte delle buone e delle pessime qualità che appartengono agli aristocratici. Il suo orgoglio di famiglia era maggiore di quello d'un Talbot o d'un Howard. Conosceva le genealogie e i blasoni di tutti i suoi vicini, e poteva ridire quale di loro avesse assunto segni gentilizi senza alcun diritto, e quale avesse la sciagura di essere il pronipote di aldermanni. Era magistrato, e come tale amministrava gratuitamente ai suoi vicini una rozza giustizia patriarcale, che, malgrado gl'innumerevoli sbagli e gli atti tirannici che di quando in quando ei commetteva, era tuttavia meglio che non esservene affatto. Era ufficiale delle milizie civiche; e la sua dignità militare, quantunque potesse muovere a riso i valorosi che avevano militato nella guerra delle Fiandre, rendeva venerabile il suo carattere agli occhi propri ed a quelli del suo vicinato. Nè, certamente, la sua professione di soldato poteva essere obietto di giusto scherno. In ogni Contea erano gentiluomini d'età matura, che avevano veduta una disciplina la quale era tutt'altro che trastullo da ragazzi. Questi era stato fatto cavaliere da Carlo I dopo la battaglia di Edgehill. Quell'altro portava ancora la cicatrice della ferita che aveva ricevuta in Naseby. Un terzo aveva difesa la sua vecchia abitazione, finchè Fairfax ne aveva sfondata la porta con una bomba. La presenza di questi vecchi Cavalieri, con le loro vecchie spade e casse di pistola, e con le loro vecchie novelle di Goring e Lunsford, davano alle riviste dei militi un aspetto guerresco, che non avrebbero altrimenti avuto. Anche quei gentiluomini di provincia che erano sì giovani da non aver potuto pugnare coi corazzieri del Parlamento, erano stati, fino dalla infanzia loro, circuiti dei segni di fresca guerra, e nutriti di storielle intorno alle gesta militari dei loro padri e zii. Così il carattere dello scudiere inglese del secolo decimosettimo, era composto di due elementi, che non siamo avvezzi a vedere insieme congiunti. La ignoranza e ruvidità sue, i suoi gusti bassi, le sue frasi triviali, verrebbero, ai tempi nostri, considerati come indizi d'una natura e educazione al tutto plebee. Nulladimeno, egli era essenzialmente patrizio, ed aveva, in larga misura, le virtù e i vizi propri degli uomini, per diritto di nascita, posti in alto, ed avvezzi a comandare, ad essere rispettati, e a rispettare sè stessi. Non è agevole per una generazione assuefatta a trovare sentimenti cavallereschi solo in compagnia degli studi liberali e dei modi gentili, lo immaginare un uomo con il contegno, il frasario e lo accento di un vetturino, e nondimeno puntiglioso in materia di genealogia e di precedenza, e pronto a rischiare la propria vita piuttosto che vedere una macchia sopra l'onore della propria casa. Non pertanto, solo col congiungere cose che di rado o non mai abbiamo da noi sperimentato, possiamo formarci una giusta idea di quella rustica aristocrazia, la quale costituiva la forza precipua dello esercito di Carlo I, e lungamente sostenne, con istrana fedeltà, gl'interessi dei discendenti di lui.
Il gentiluomo di provincia, rozzo, ineducato, non uscito mai fuori della sua patria, era comunemente Tory; ma comecchè devotamente aderisse alla Monarchia, non amava i cortigiani e i ministri. Pensava, non senza ragione, che Whitehall rigurgitasse dei più corrotti uomini del mondo; che le grandi somme di danaro che la Camera dei Comuni aveva concesse alla Corona dopo la Restaurazione, in parte erano state rubate da astuti politici, in parte profuse in buffoni e bagasce forestiere. Il suo robusto cuore d'Inglese fremeva di sdegno pensando che il governo della propria patria dovesse essere sottoposto alla dittatura della Francia. Essendo egli stesso vecchio Cavaliere o figlio di un vecchio Cavaliere, meditava, amareggiato nell'animo, sopra la ingratitudine con cui gli Stuardi avevano rimeritati i loro migliori amici. Coloro che lo udivano mormorare per lo spregio ond'egli era trattato, e per lo

scialacquo con che le ricchezze profondevansi sopra i bastardi di Norma Gwynn e di Madama Carwell, lo avrebbero supposto paratissimo a ribellare. Ma tutto cotesto cattivo umore durava solo finchè il trono non trovavasi davvero in pericolo. Appunto quando coloro che il sovrano aveva colmati di ricchezze e di onori gli si scostavano dal fianco, i gentiluomini di provincia, così franchi e tumultuosi in tempi di prosperità, gli si affollavano devoti d'intorno. Così, dopo d'avere per venti anni brontolato del malgoverno di Carlo II, vedendolo agli estremi, corsero a lui per liberarlo, allorquando i suoi stessi Segretari di Stato e Lord del Tesoro lo avevano abbandonato, e fecero sì ch'egli potesse trionfare pienamente della opposizione: nè è da dubitarsi che avrebbero mostrata ugual fedeltà a Giacomo fratello del Re, se Giacomo, anche nell'ultimo istante, si fosse astenuto dal calpestare i loro più forti sentimenti. Imperocchè eravi una istituzione soltanto ch'essi pregiavano assai più della Monarchia ereditaria, cioè la Chiesa d'Inghilterra. Lo amore che le portavano, non era veramente effetto di studio o di meditazione. Pochi tra loro avrebbero potuto addurre ragioni tratte dalla Scrittura o dalla Storia Ecclesiastica, per aderire alle dottrine, al rituale, all'ordinamento della loro Chiesa; nè erano, come classe, rigorosi osservatori di quel codice di morale, comune a tutte le sètte cristiane. Se non che, la esperienza di molti secoli insegna, come gli uomini siano pronti a combattere a morte e perseguitare senza misericordia i loro fratelli, onde difendere una religione della quale non intendono le dottrine, e violano costantemente i precetti.

XIV. Il clero rurale era anche Tory più virulento dei gentiluomini delle campagne, e formava una classe appena meno di quelli importante. È nondimeno da notarsi, che il prete, come individuo, paragonato al gentiluomo individuo, allora veniva considerato inferiore per grado, di quello che sia ai nostri tempi. La Chiesa sostenevasi principalmente con le decime; i proventi delle quali erano, verso la rendita, in molto minore proporzione che non sono oggi. King estimava la intera rendita del clero parrocchiale e collegiale soltanto a quattrocento ottanta mila lire sterline l'anno; Davenant a cinquecento quarantaquattro mila. Adesso avanza di sette volte la maggiore di queste due somme. La rendita media dei terreni, secondo qualsivoglia estimo, non ha avuto un augumento proporzionato a quello. E però era mestieri che i rettori e i curati, in paragone dei cavalieri e scudieri loro vicini, fossero più poveri sette volte più di quello che sono nel decimonono secolo.

Il posto degli ecclesiastici nella società, è stato pienamente cangiato dalla Riforma. Innanzi quell'epoca, essi formavano la maggioranza nella Camera dei Lord, uguagliavano e talvolta sorpassavano per ricchezza e splendore i più grandi baroni secolari, e, generalmente, occupavano i più alti uffici civili. Il Lord Tesoriere spesso era un Vescovo. Il Lord Cancelliere quasi sempre era tale. Il Lord Guarda-sigilli, e il Maestro dei Rotoli ovvero degli Atti, d'ordinario erano uomini di chiesa.

Gli ecclesiastici trattavano i più importanti affari diplomatici. E veramente, tutti i numerosi rami dell'amministrazione che i Nobili rozzi e guerrieri erano disadatti a condurre, consideravansi come pertinenti in ispecial modo ai teologi. Coloro, quindi, che abborrivano dalla vita militare, o nel tempo stesso ambivano d'inalzarsi nello Stato, ordinariamente ricevevano la tonsura. Fra essi v'erano i figli delle famiglie più illustri, e prossimi parenti della Casa Reale; gli Scroop e i Neville, i Bourchier, gli Stafford e i Pole. Alle case religiose appartenevano le rendite di vastissime possessioni, e tutta la gran parte delle decime che oggi è nelle mani dei laici. Fino alla metà del regno di Enrico VIII, perciò, nessuno stato nella vita offriva agli uomini d'indole cupida ed ambiziosa uno aspetto così seducente come il presbiterato. Sopraggiunse poscia una violenta rivoluzione. L'abolizione dei monasteri privò a un tratto la Chiesa di gran parte della sua opulenza, e del suo predominio nella Camera Alta del Parlamento. Un Abate di Glastonbury o un Abate di Reading, più non si vedevano assisi fra mezzo ai Pari, o padroni di rendite uguali a quelle d'un ricco Conte. Il principesco splendore di Guglielmo di Wykeham, e di Guglielmo di Waynflete, era sparito. Il rosso cappello cardinalizio, la croce bianca del legato apostolico, non erano più. Il clero avea anco perduta la influenza che è naturale rimunerazione della superiorità nella cultura intellettuale. Un tempo, se un uomo sapeva leggere, dicevasi ch'egli aveva preso gli ordini ecclesiastici. Ma in una età che aveva uomini come Guglielmo Cecil e Niccola Bacone, Ruggiero Ascham e Tommaso Smith, Gualtiero Mildmay e Francesco Walsingham, non v'era ragione per chiamare dalle diocesi loro i prelati onde negoziare trattati, soprintendere alle finanze, o amministrare la giustizia. Il carattere spirituale non solamente cessò d'essere una qualificazione per occupare gli alti uffici civili, ma cominciò ad essere considerato come argomento d'inettitudine. Per la qual cosa, quei motivi mondani che per innanzi avevano indotto cotanti egregi, ambiziosi e ben nati giovani ad indossare l'abito ecclesiastico, cessarono di agire. A quei tempi, nè anche una fra duecento parrocchie apprestava emolumenti tali, da potersi considerare come mantenimento d'un individuo di buona famiglia. Vi erano premi nella Chiesa, ma erano pochi; e anche i maggiori erano bassi, in

paragone della gloria di che un tempo andavano circondati i principi della gerarchia. La condizione di Parker e Grindal sembrava quella di un mendicante a coloro che rammentavansi della pompa imperiale di Wolsley; dei suoi palazzi, che erano diventati abitazioni predilette del principe, cioè Whitehall e Hampton Court; delle tre ricche mense che giornalmente erano apparecchiate nel suo refettorio; delle quarantaquattro sontuose pianete della sua cappella; dei suoi staffieri coperti di splendide livree, e delle sue guardie del corpo armate di scuri dorate. Così l'ufficio sacerdotale perdè ogni attrattiva agli occhi delle alte classi. Nel secolo che seguì l'ascensione di Elisabetta al trono, quasi nessun uomo di nobile lignaggio entrò negli ordini sacri. Alla fine del regno di Carlo II, due figli di Pari erano vescovi; quattro o cinque figli di Pari erano preti, e tenevano dignità proficue: ma queste rare eccezioni non toglievano il rimprovero che facevasi al ceto ecclesiastico. Il clero veniva considerato, nel suo insieme, come classe plebea. E veramente, uno tra dieci ecclesiastici, che erano preti serventi manuali, faceva la figura di gentiluomo. Moltissimi di coloro che non avevano beneficii, o gli avevano sì piccoli da non apprestare i comodi della vita, vivevano nelle case dei laici. Era da lungo tempo manifesto, che tale costumanza tendeva a degradare il carattere sacerdotale. Laud erasi sforzato a porvi rimedio; e Carlo I aveva ripetutamente emanati ordini positivi, perchè nessuno, tranne gli uomini di alto grado, presumesse di tenere cappellani domestici. Ma tali ordini erano caduti in disuso. A vero dire, mentre dominavano i Puritani, molti dei reietti ministri della Chiesa Anglicana poterono ottenere pane e ricovero solo impiegandosi nelle famiglie dei gentiluomini realisti; e le abitudini formatesi in que' torbidi tempi, seguitarono lungamente dopo il ristabilimento della Monarchia e dell'Episcopato. Nelle case degli uomini di sentimenti liberali e di culto intelletto, il cappellano era, senza alcun dubbio, trattato con urbanità e cortesia. La conversazione, i servigi letterari, i consigli spirituali di lui, erano considerati come ampia ricompensa per l'alimento, lo alloggio e lo stipendio che riceveva. Ma non così generalmente operavano i gentiluomini di provincia. Il rozzo ed ignorante scudiero il quale reputava convenire alla dignità sua che un ecclesiastico alla sua mensa, vestito degli abiti sacerdotali, recitasse il rendimento di grazie, trovava il mezzo di conciliare la dignità con la economia. Un giovine Levita - era questa la frase che usavasi - si sarebbe potuto avere per il cibo, una stanzaccia e dieci lire sterline l'anno; e non solamente avrebbe potuto compiere le funzioni sacerdotali, essere un pazientissimo uditore, e sempre pronto a giuocare nel buon tempo alle bocce, e nel piovoso alla morella; ma avrebbe anche potuto far risparmiare la spesa di un giardiniere, o d'un mozzo di stalla. Ora il reverendo legava gli albicocchi, ed ora strigliava i cavalli. Rivedeva i conti del maniscalco; correva dieci miglia a recare un'ambasciata o un fagotto. Gli era concesso di desinare in compagnia della famiglia; ma doveva contentarsi del pasto più umile. Poteva riempirsi il ventre di bove salato e carote: ma appena comparse in tavola le torte e i manicaretti di panna, alzavasi, e tenevasi da parte finchè venisse chiamato a recitare il rendimento di grazie per il desinare, al quale in gran parte ei non aveva partecipato.
Forse, dopo alcuni anni di servizio, gli veniva concesso un beneficio da bastargli per vivere; ma spesso gli era mestieri comprarlo con una specie di simonia, che apprestò agl'irrisori inesausta materia di scherzo per tre o quattro generazioni. Alla concessione della cura era connesso l'obbligo di prender moglie. La moglie, comunemente, era stata al servizio del patrono; ed era fortuna se essa non veniva sospettata di godere i favori di lui. Certo, la natura dei matrimoni che gli ecclesiastici di quella età avevano costume di fare, è il più sicuro indizio del posto che l'ordine sacerdotale occupava nel sistema sociale. Un uomo di Oxford, che scriveva pochi mesi dopo la morte di Carlo II, querelavasi amaramente, non solo perchè il procuratore e il farmacista di provincia trattavano con dispregio lo ecclesiastico di provincia, ma perchè una delle lezioni inculcate con più studio alle fanciulle di famiglie onorevoli, era di non corrispondere ad un amante vincolato dagli ordini sacri; e che, ove qualche donzella avesse posto in oblio tale precetto, rimaneva quasi egualmente disonorata, che se si fosse resa colpevole d'illeciti amori. Clarendon, che certamente non odiava la Chiesa, rammenta, come segno della confusione delle classi prodotta dalla grande ribellione, che alcune damigelle di famiglie nobili si erano sposate ad ecclesiastici. Una fantesca era generalmente considerata come la più convenevole compagna di un parroco. La Regina Elisabetta, come Capo della Chiesa, aveva data una certa sanzione formale a cotesto pregiudizio, emanando ordini speciali affinchè nessun chierico presumesse di sposare una fantesca senza il consenso del padrone o della padrona. Per parecchie generazioni, quindi, la relazione tra i preti e le serve fu subietto d'infiniti scherzi; nè sarebbe facile trovare nelle commedie del secolo decimo settimo un solo esempio di un ecclesiastico che giungesse a sposare una donna di condizione superiore a quella d'una cuoca. Anche al tempo di Giorgio II, il più acuto di tutti gli osservatori della vita e dei costumi umani, ecclesiastico anch'egli, notò che nelle

grandi famiglie il cappellano era il rifugio d'una cameriera, la quale, macchiato l'onore, avesse perduta ogni speranza di sedurre il maestro di casa.
Generalmente, lo ecclesiastico che lasciava l'ufficio di cappellano per avere un beneficio ed una moglie, trovavasi uscito d'una molestia per entrare in un'altra. Non una in cinquanta prebende, poneva il sacerdote in condizione di sostenere coi debiti comodi la propria famiglia. Come i figliuoli crescevano di numero e d'età, la economia di lui facevasi più misera. L'unica sottana che lo copriva era piena di buchi, nel tempo stesso che il tetto del presbiterio andava in ruina. Spesso il suo solo mezzo di procacciarsi il pane quotidiano, era quello di sudare lavorando il podere della parrocchia, nutrendo maiali e vendendo concio; nè sempre i suoi estremi sforzi valevano a impedire che gli esecutori della giustizia gli portassero via il libro delle Concordanze della Scrittura e il calamaio. Era per lui giorno di letizia quello in cui veniva ammesso alla cucina di qualche grande famiglia, dove i servi gli donavano vivande fredde e birra. Educava i propri figliuoli come quelli del vicino contadiname; i maschi traevansi dietro all'aratro, e le femmine andavano a servire fuori di casa. Gli riusciva impossibile studiare; perocchè il prezzo del suo beneficio sarebbe stato appena bastevole allo acquisto d'una buona biblioteca teologica; e si sarebbe potuto estimare oltremodo avventurato, se nei suoi scaffali avesse avuti dieci o dodici malandati volumi. In cosiffatte domestiche strettezze, il più vivo e robusto intelletto si sarebbe logorato.
Certamente, a quei tempi nella Chiesa Anglicana non v'era difetto di ministri insigni per abilità e dottrina. Ma è da osservarsi che ei non trovavansi fra mezzo alla popolazione rurale. Erano, altresì, insieme raccolti in pochi luoghi dove abbondavano i mezzi d'istruirsi, e dove le occasioni alle vigorose esercitazioni intellettuali erano frequenti. Quivi potevano trovarsi gli ecclesiastici forniti di egregie doti, di eloquenza, di vasto sapere nelle lettere, nelle scienze e negli usi della vita, onde attirare a sè l'attenzione delle congregazioni frivole e mondane, guidare le deliberazioni dei senati, e rendere la religione rispettabile anche nella Corte più dissoluta.
Taluni affaticavansi a scandagliare gli abissi della metafisica teologica; altri erano profondamente versati nella critica degli studi biblici; e altri gettavano luce sopra i luoghi più oscuri della storia ecclesiastica. Questi mostravansi maestri consumati nella logica; quelli coltivavano la rettorica con tale assiduità e prospero successo, che i loro discorsi si pregiano meritamente come esempi di bello stile. Cotesti uomini eminenti trovavansi, senza quasi nessuna eccezione, nelle Università e nelle grandi Cattedrali, o nella Metropoli. Barrow era di poco morto in Cambridge; Pearson gli era succeduto al seggio episcopale. Cudworth ed Enrico More vi stavano tuttavia. South e Pococke, Jane e Aldrich erano in Oxford. Prideaux stava presso Norwich, e Whitby presso Salisbury. Ma principalmente il clero di Londra, del quale parlavasi sempre come d'una classe particolare, era quello che manteneva alla propria professione la fama di dottrina e d'eloquenza. I principali pergami della metropoli erano occupati, verso quel tempo, da una schiera d'uomini insigni, fra mezzo ai quali sceglievansi in gran parte i prelati che governavano la chiesa. Sherlock predicava nel Tempio, Tillotson a Lincoln's Inn, Wake e Geremia Collier in Gray's Inn, Burnet nel Rolls, Stillingfleet nella Cattedrale di San Paolo, Patrick in San Paolo a Covent Garden, Fowler in San Gilles a Cripplegate, Sharp in San Gilles-in-the-Fields, Tenison in San Martino, Sprat in Santa Margherita, Beveridge in San Pietro a Cornhill. Di questi dodici oratori, tutti notabilissimi nella storia ecclesiastica, dieci diventarono vescovi, e quattro arcivescovi. Frattanto, quasi le sole opere teologiche importanti che uscissero da un presbiterio rurale, furono quelle di Giorgio Bull, che poscia fu vescovo di San David; e Bull non le avrebbe mai potute scrivere se non avesse ereditato una terra, con la vendita della quale potè raccogliere una biblioteca, quale nessun altro ecclesiastico di provincia possedeva.]
Così il clero anglicano era partito in due sezioni, le quali per istruzione, costumi e condizioni sociali, grandemente fra loro differivano. L'una, educata per le città e le corti, comprendeva uomini forniti di dottrina antica e moderna; uomini adatti a combattere Hobbes o Bossuet con tutte le armi della controversia; uomini che nei sermoni sapevano esporre la maestà e bellezza del cristianesimo con tale giustezza di pensiero e vigoria di parola, che l'indolente Carlo destavasi per ascoltare, e il fastidioso Buckingham dimenticavasi di schernire; uomini che per destrezza, cortesia e conoscenza di mondo, erano reputati degni di governare le coscienze dei ricchi e dei nobili; uomini coi quali Halifax amava discutere intorno agli interessi degli Stati, e dei quali Dryden non arrossiva di confessare che gli erano stati maestri nell'arte di scrivere. L'altra sezione era destinata a servigi più rozzi ed umili. Era dispersa per tutta la provincia, e composta d'individui nè più ricchi nè molto più culti dei piccoli coloni e dei servitori. Nulladimeno, in cotesti ecclesiastici rurali, i quali traevano una scarsa sussistenza dalle loro decime sul grano e sui maiali, e non avevano la minima probabilità di pervenire agli alti onori della

propria professione, lo spirito della professione era più forte. Fra mezzo a quei teologi che erano l'orgoglio dell'università e il diletto della capitale, e che erano giunti o potevano ragionevolmente sperare di giungere a conseguire opulenza e grado signorile, un partito rispettabile per numero e più rispettabile per carattere, pendeva verso i principii del governo costituzionale; viveva in relazioni amichevoli coi Presbiteriani, con gl'Indipendenti e i Battisti; avrebbe con gioia veduto concedere piena tolleranza a tutte le sètte protestanti, e consentito a modificare la liturgia, a fine di conciliare i non-conformisti onesti e sinceri. Ma da tanta libertà di pensiero abborriva il parroco di campagna. In verità, egli andava altero della sua cenciosa sottana, più che i suoi superiori delle loro bianche tele e dei cappucci scarlatti. La convinzione di essere assai piccolo nelle condizioni mondane, in guisa da non potersi elevare al di sopra degli abitanti del villaggio a' quali predicava, gli dava una idea oltremodo grande della dignità del ministero sacerdotale, sola cagione della riverenza in cui era tenuto. Essendo vissuto lontano dal mondo, ed avendo avuta poca occasione di correggere le proprie opinioni leggendo o conversando, serbava e insegnava le dottrine dell'indestruttibile diritto ereditario, della obbedienza passiva, e della non resistenza in tutta la nuda assurdità loro. Avendo lungamente combattuto contro i dissenzienti del vicinato, spesso gli odiava a cagione dei torti ch'egli aveva loro fatti, e non trovava altro fallo nelle odiate leggi, dette Five Mile Act e Conventicle Act, se non in ciò che non erano bastevolmente severe. Sopra il solo partito Tory, esercitava tutta la influenza - ed era grandissima - che ei derivava dal proprio ministero. Sarebbe grave errore lo immaginare che il potere del clero fosse minore di quello che sia ai dì nostri, perchè il rettore di provincia non veniva considerato come gentiluomo, perchè non gli era dato aspirare alla mano delle signore della famiglia del possidente, perchè non veniva invitato alle sale dei grandi, ma lasciavasi bere e fumare la pipa coi servitori e coi credenzieri. La influenza d'una classe non è in modo alcuno proporzionata alla stima in che i membri di quella sono tenuti come individui. Un cardinale è personaggio più elevato che non è un frate mendicante; ma sarebbe grave errore supporre che il collegio dei cardinali abbia influito sul pubblico sentire dell'Europa più che l'ordine di San Francesco. In Irlanda, oggimai, la posizione sociale di un Pari è più eminente di quella d'un prete cattolico: nondimeno, in Munster e Connaught, poche sono le Contee dove una lega di preti in una elezione non trionferebbe contra una lega di Pari. Nel secolo decimo settimo, il pulpito era, per gran parte della popolazione, ciò che adesso è la stampa periodica. Quasi nessuno dei villani che andavano alla chiesa parrocchiale, vedeva mai una gazzetta o un libretto politico. Per quanto poco istruito potesse essere il loro pastore, pure aveva maggiore istruzione di loro: aveva ogni settimana occasione di arringare innanzi ad essi, senza che nessuno alzasse la voce a rispondere. In ogni grave circostanza, da molte migliaia di pulpiti ad un sol tempo, risuonavano invettive contro i Whig, ed esortazioni ad obbedire all'unto del Signore; e lo effetto ne era veramente formidabile. Di tutte le cagioni, le quali, dopo sciolto il Parlamento di Oxford, produssero la violenta reazione contro gli Esclusionisti, la più possente sembra essere stata la eloquenza del clero di provincia.

XV. Il potere che i gentiluomini e il clero di provincia esercitavano nei distretti rurali, veniva alquanto controbilanciato dal potere dei piccoli possidenti, genía dotata d'animo schietto e robusto. I piccoli possidenti, che coltivavano i propri campi con le mani proprie, e fruivano d'una modesta competenza senza pretese di blasoni o ambizione di sedere in una corte di giustizia, formavano, allora più che adesso, una parte assai più importante della nazione. Se possiamo fidarci dei migliori scrittori di statistica di que' tempi, circa cento sessanta mila proprietari, i quali insieme con le loro famiglie dovevano sommare a più d'un settimo della intiera popolazione, traevano la sussistenza dalle loro piccole possessioni libere. La entrata media di cotesti possidenti, composta di rendita, d'utili e di salari, estimavasi ad una somma fra sessanta e settanta lire sterline l'anno. Calcolavasi che il numero degli individui che zappavano da sè le proprie terre, era maggiore del numero di coloro i quali prendevano in affitto i terreni altrui. Gran parte dei piccoli possidenti, fino dal tempo della Riforma, aveva aderito al Puritanismo; aveva nelle guerre civili parteggiato a favore del Parlamento; dopo la Ristaurazione, persistito ad ascoltare i predicatori Presbiteriani e Indipendenti; nelle elezioni sostenuto valorosamente gli Esclusionisti; ed anche dopo scoperta la congiura di Rye House e proscritti i capi dei Whig, aveva seguitato a considerare il papismo e il potere arbitrario con animo inesorabilmente ostile.

XVI. Per quanto grande sia stato il cangiamento nella vita rurale d'Inghilterra dopo la Rivoluzione, quello delle città è anche più meraviglioso. Ai dì nostri, una sesta parte della nazione è affollata in città provinciali, di trenta e più mila abitanti. Nel regno di Carlo II, non era nel reame città provinciale che contenesse trentamila anime; e solo quattro ne contavano dieci mila.

Dopo la metropoli, ma ad un'immensa distanza, venivano Bristol, che a quei dì era il principale porto; e Norwich, che allora consideravansi come la precipua città manifatturiera dell'Inghilterra. Ambedue sono state poi vinte da altre città rivali più giovani: nulladimeno, entrambe hanno fatto considerevoli progressi. La popolazione di Bristol si è quadruplicata; quella di Norwich si è accresciuta più del doppio.
Pepys, il quale visitò Bristol otto anni dopo la Ristaurazione, rimase attonito allo splendore della città. Ma il suo termine di paragone non era alto; poichè egli registrò come una maraviglia il fatto, che in Bristol un uomo poteva guardare all'intorno e non vedere altro che case. E' sembra che in nessun altro luogo che egli conoscesse, tranne in Londra, gli edificii fossero fuori dai boschi e da' campi. Per quanto Bristol potesse sembrare vasta, non occupava se non piccola parte del suolo sopra il quale adesso sorge. Poche chiese di squisita bellezza elevavansi fra mezzo a un laberinto di anguste vie, sorgenti sopra volte non molto solide. Se un cocchio o una carretta entrava in que' viali, correva pericolo di rimanere fitta fra le case, o di rompersi nelle cantine; e però la roba veniva trasportata per la città sopra barroccini tirati da cani; e i più ricchi abitanti facevano mostra della propria opulenza non nel farsi trascinare assisi in cocchi dorati, ma nel passeggiare per le vie con un corteo di servi coperti di splendide livree, e nella profusione delle mense. La pompa dei battesimi e dei funerali vinceva di molto ciò che di simile si potesse vedere in ogni altra parte dell'isola. La città era in grandissima rinomanza d'ospitalità, in ispecie per le colazioni che i raffinatori di zucchero offrivano a coloro che recavansi a visitarli. Il desinare apparecchiavasi nella fornace, e veniva accompagnato da una ricca bevanda composta del miglior vino di Spagna, conosciuta in tutto il Regno col nome di latte di Bristol. Cosiffatto lusso sostenevano per mezzo di un proficuo commercio con le piantagioni dell'America Settentrionale e le Indie Occidentali. Era sì forte la passione pei traffici con le colonie, che appena eravi in Bristol un solo piccolo bottegaio che non avesse parte sul carico di qualche nave la quale si recasse alla Virginia o alle Antille. Questo genere di commercio, a dir vero, talvolta non era onorevole. Nelle transatlantiche provincie della Corona, v'erano grandi richieste di lavoratori; alle quali richieste provvedevasi, in parte, con un sistema di reclutare e rapire individui nei principali porti dell'Inghilterra: sistema che in nessun altro luogo era così attivo ed esteso come in Bristol. Anche i primi magistrati di quella città, non vergognavano di arricchirsi con un tanto odioso commercio. Dalle liste dell'imposta sui fuochi, si deduce che nell'anno 1685, il numero delle case fosse cinque mila trecento. Non possiamo supporre che il numero degli individui d'una casa fosse maggiore di quelli d'una famiglia della città di Londra; e le migliori autorità sopra questo subietto c'insegnano che in Londra erano cinquantacinque persone per ogni dieci case. È mestieri, quindi, che la popolazione di Bristol fosse di ventinovemila anime.
XVII. Norwich era capitale d'una grande e fertile provincia, residenza d'un vescovo e d'un capitolo, e sede principale della principale manifattura del Regno. Alcuni uomini insigni per dottrina vi avevano di recente abitato; e in tutto il reame non v'era luogo, tranne la metropoli e le università, che attirasse maggiormente i curiosi. La biblioteca, il museo, l'uccelliera e il giardino botanico di sir Tommaso Browne, venivano stimati dai colleghi della Società Reale come cose ben meritevoli d'un lungo pellegrinaggio. Norwich aveva anche una Corte in miniatura. Nel mezzo della città sorgeva un vetusto palazzo dei Duchi di Norfolk, che reputavasi la più vasta casa cittadina del Regno, fuori di Londra. In cotesta magione, cui erano annessi locali per la pallacorda, un pallottolaio, ed un ampio prato che si distendeva lungo le rive del Wansum, la nobile famiglia di Howard faceva lunga dimora, e teneva una corte somiglievole a quella d'un principotto. Agli ospiti davasi da bere in vasi di oro puro. Le stesse molle e le palette erano d'argento; le pareti adorne di pitture d'artisti italiani; i gabinetti pieni d'una eletta collezione di gemme comperate da quel Conte d'Arundel, i marmi del quale oggidì si ritrovano fra gli ornamenti di Oxford. Ivi, nell'anno 1671, Carlo con tutta la sua Corte venne sontuosamente ricevuto. Ivi ogni veniente era bene accolto dal Natale alla Epifania. La birra correva a fiumi per la moltitudine. Tre cocchi, uno dei quali era costato cinquecento lire sterline e conteneva quattordici persone, erano ogni pomeriggio mandati attorno per la città, onde condurre le dame alle feste; e ai balli spesso seguiva un magnifico banchetto. Quando il Duca di Norfolk andava a Norwich, veniva salutato come un re che tornasse alla sua capitale. Le campane del duomo e di San Pietro Mancroft suonavano; tuonavano le artiglierie del castello; e il gonfaloniere e gli aldermanni presentavano al loro illustre concittadino indirizzi a complirlo. Nell'anno 1693, enumeratasi la popolazione di Norwich, trovossi ascendere a ventotto o ventinove mila anime.
Assai al di sotto di Norwich, ma considerevoli per dignità ed importanza, stavano alcune altre antiche capitali di Contee. In quell'età, rade volte seguiva che un gentiluomo di provincia andasse con tutta la

propria famiglia a Londra. Sua metropoli era la città della Contea. Ei talvolta vi abitava parecchi mesi dell'anno. In ogni modo, vi si recava chiamato dalle faccende o dai piaceri, dalle sessioni trimestrali, dalle elezioni, dalle riviste della guardia civica, dalle feste, dalle corse. Ivi erano le sale dove i giudici, vestiti di scarlatto, e preceduti dai giavellotti e trombetti, aprivano due volte l'anno la Commissione del Re. Ivi erano i mercati, dove esponevansi in vendita il grano, il bestiame, la lana e i luppoli del paese circostante. Ivi erano le grandi fiere, alle quali accorrevano i mercatanti da Londra, e dove il trafficante rurale faceva le annue provviste di zucchero, di carta, di coltelli, di mussolini. Ivi erano le botteghe, nelle quali le migliori famiglie dei luoghi circonvicini comperavano le droghe e gli ornamenti di moda. Taluni di cotesti luoghi erano illustri per le interessanti storiche reminiscenze, per le cattedrali ornate di tutta l'arte e magnificenza del medio evo, pei palagi abitati da una lunga serie di prelati, pei ricinti circondati dalle venerabili case dei decani e dei canonici, e pei castelli che nei tempi andati avevano respinti i Nevilles o i De Veres, e nei quali rimanevano impressi i più recenti vestigi della vendetta di Rupert o di Cromwell.

XVIII. Cospicue, fra le più notevoli città, erano York, capitale del norte; e Exeter, capitale dell'occidente. Nessuna di esse contava più di dieci mila abitanti. Worcester, chiamata la regina della terra del sidro, ne aveva circa otto mila; e forse altrettante Nottingham. Gloucester, rinomata per la ostinata difesa cotanto fatale a Carlo I, ne aveva certamente da quattro in cinque mila; Derby appena quattro mila. Shrewsbury era capo-luogo d'un esteso e fertile distretto. In essa tenevasi la corte delle frontiere di Galles. Nel linguaggio dei gentiluomini stanzianti in un circuito di molte miglia attorno il Wrekin, andare a Shrewsbury significava recarsi alla città. I begli spiriti e le belle donne provinciali imitavano, come meglio sapevano, le mode di Saint James Park, nei loro passeggi lungo il Savern. Gli abitanti sommavano a circa sette mila.

La popolazione di ciascuno di questi luoghi, dalla Rivoluzione in poi, si è accresciuta più del doppio; in taluni più di sette volte. Le strade sono state pressochè interamente rifatte. Le lastre sono state sostituite alla paglia, e i mattoni al legname. I pavimenti e le lampade, lo sfoggio di ricchezza nelle principali botteghe, e la squisita nettezza delle abitazioni dei gentiluomini, sarebbero sembrate cose miracolose agli uomini del secolo decimosettimo. Nondimeno, la relativa importanza delle vecchie capitali delle Contee non è affatto ciò che essa era. Città più moderne, città che di rado o giammai si trovano rammentate nella nostra storia antica, e che non avevano rappresentanti nei nostri più antichi Parlamenti, a memoria d'uomini che vivono ancora, si sono innalzate ad una grandezza, che la presente generazione guarda con ammirazione ed orgoglio; comunque non senza ansietà e rispettoso terrore.

XIX. Le più eminenti di coteste città erano, nel secolo decimosettimo, sedi rispettabili d'industria. Che anzi, il rapido progresso e la vasta opulenza loro venivano allora descritti in un linguaggio che parrebbe scherzevole a chi abbia veduta la loro grandezza presente. Una delle più popolate e prospere era Manchester. Il Protettore aveva voluto che mandasse un rappresentante al Parlamento; e gli scrittori del tempo di Carlo II la ricordano come luogo di operosità e di opulenza. Il cotone, per lo spazio di mezzo secolo, già vi si trasportava da Cipro e da Smirne; ma la manifattura era nella sua infanzia. Whitney non aveva peranche insegnato come la materia rozza potesse fornirsi in abbondanza quasi favolosa. Arkwright non aveva peranche insegnato come potesse lavorarsi con una speditezza e precisione che sembra magica. L'intera importazione annua, nella fine del diciassettesimo secolo, non ascendeva a due milioni di libbre; quantità che oggimai appena servirebbe alle richieste di quarantotto ore. Quel maraviglioso emporio, che per popolazione e ricchezza sorpassa di molto capitali rinomate, come Berlino, Madrid e Lisbona, allora altro non era che una vile e male edificata città di mercato, popolata di meno di sei mila abitanti. Non aveva allora neppure un solo torchio, e adesso mantiene cento stabilimenti da stampare. Allora non aveva nemmeno un cocchio, e adesso mantiene venti carrozzai.

XX. Leeds era già sede principale dei lanificii della Contea di York; ma i più vecchi cittadini si rammentavano tuttavia del tempo in cui fu fabbricata la prima casa di mattoni, allora e lungamente dopo chiamata la casa rossa. Vantavansi altamente della crescente ricchezza, e delle immense vendite dei panni che si facevano all'aria aperta sul ponte. Centinaia, anzi migliaia di lire sterline sborsavansi in un solo giorno operoso di mercato. La crescente importanza di Leeds aveva a sè richiamato gli sguardi dei successivi governi. Carlo I aveva concessi privilegi municipali alla città. Oliviero l'aveva invitata a mandare un rappresentante alla Camera dei Comuni. Ma dalle liste della imposta sui fuochi, sembra certo che tutta la popolazione del borgo, esteso distretto che contiene molti villaggi, regnante Carlo II, non eccedeva settemila anime. Nel 1841 ne conteneva cento cinquanta e più mila.

XXI. A una giornata di cammino verso mezzodì di Leeds, lungo un selvaggio e pantanoso terreno, giaceva un'antica fattoria, adesso rigogliosamente coltivata, allora sterile ed aperta, e conosciuta sotto il nome di Hallamshire. Era abbondante di ferro; e fino da lunghissimi anni, i rozzi coltelli che ivi si facevano, vendevansi per tutto il Regno. Li aveva ricordati Goffredo Chaucer nelle sue Novelle di Canterbury. Ma sembra che la manifattura avesse fatti pochi progressi nei tre secoli che seguirono quello del poeta. Tale lentezza potrebbe forse spiegarsi considerando come ivi il traffico, per quasi tutto quello spazio di tempo, fosse soggetto ai capricciosi regolamenti imposti dal signore del luogo e dalla sua corte. Le più delicate specie di coltelleria o facevansi nella capitale, o erano importate dal continente. E' fu sotto il regno di Giorgio I, che i chirurghi inglesi cessarono di far venire dalla Francia quei finissimi ferri che sono necessari agli usi dell'arte loro. La maggior parte delle fucine di Hallamshire erano raccolte in una città di mercato, che era sorta presso al castello del proprietario; e nel regno di Giacomo I era un luogo singolarmente misero, popolato di circa due mila abitatori, la terza parte dei quali erano accattoni mezzo nudi ed affamati. Pare certo, secondo i registri parrocchiali, che la popolazione, verso la fine del regno di Carlo II, non arrivasse a quattro mila anime. Gli effetti di un lavoro niente favorevole alla salute ed al vigore della macchina umana, risaltavano tosto agli occhi d'ogni viaggiatore. Moltissimi fra quella gente mostravano storte le membra. È dessa quella città di Sheffield, che oggidì, co' suoi dintorni, contiene cento venti mila anime, e che manda i suoi ammirevoli coltelli, rasoi e lancette agli estremi confini del mondo.
XXII. Birmingham non era riputata abbastanza importante da mandare un membro al Parlamento d'Oliviero. Nulladimeno, i manifattori di Birmingham, erano già una razza d'uomini operosi e proficui. Gloriavansi dicendo che le loro chincaglierie erano in grande estimazione, non già, come adesso, a Pechino ed a Lima, a Bokhara e a Timbuctoo, ma anche in Londra e perfino in Irlanda. Avevano acquistata una meno onorevole rinomanza come coniatori di moneta falsa. Alludendo ai loro soldi spurii, il partito Tory aveva appiccato ai demagoghi, che per ipocrisia mostravansi zelanti contro il papismo, il soprannome di Birminghams. Eppure, nel 1685, quella popolazione, che ora è poco meno di duecento mila, non arrivava a quattro mila. I bottoni di Birmingham cominciavano pur allora ad essere conosciuti; delle armi di Birmingham nessuno aveva peranche udito il nome; e il luogo d'onde, due generazioni appresso, le magnifiche edizioni di Baskerville uscirono per rendere attoniti tutti i bibliofili d'Europa, non contenevano una sola bottega dove si potesse comperare una bibbia o un almanacco. Nei giorni di mercato un libraio, che aveva nome Michele Johnson, padre del grande Samuele Johnson, ci andava da Lichfield e vi apriva una botteghetta per poche ore; la qual cosa per lungo tempo fu trovata bastare alle richieste di coloro che amassero di leggere.
XXIII. Queste quattro sedi principali delle nostre grandi manifatture sono meritevoli di speciale ricordanza. Sarebbe noioso enumerare tutti i popolosi ed opulenti alveari d'industria, che cento cinquanta anni fa erano villaggi privi d'una parrocchia, o triste maremme abitate solo dagli uccelli e dalle belve. Il mutamento non è stato meno notevole in quegli sbocchi, dai quali i prodotti dei mestieri e delle fornaci inglesi si diffondono per tutto l'universo. Ai dì nostri, Liverpool contiene circa trecento mila abitatori. Le imbarcagioni registrate nel suo porto ascendono a quattro o cinquecento mila tonnellate. Nel suo ufficio di dogana si è più volte pagata in un anno una somma tre volte maggiore della intera entrata della Corona d'Inghilterra nel 1685. Il danaro che incassa il suo ufficio postale, sorpassa la somma che la posta di tutto il Regno rendeva al Duca di York. Gli infiniti docchi o bacini, gli scali, i magazzini suoi, si annoverano fra le maraviglie del mondo; e nondimeno, appena sembrano bastare al gigantesco traffico del Mersey; e già una città rivale sorge rapidamente sul lido opposto. Nel tempo di Carlo II, Liverpool veniva descritta come una città risorgente, che aveva pur allora fatti grandi progressi, e manteneva proficue comunicazioni con la Irlanda e le colonie dove manifatturavasi lo zucchero. Le dogane in sessanta anni eransi accresciute d'otto volte, e rendevano quindici mila lire sterline l'anno; somma allora riputata immensa. Ma la popolazione appena doveva passare le quattro migliaia: le imbarcagioni facevano circa mille e quattrocento tonnellate, meno del tonnellaggio di un solo legno indiano di prima classe del tempo presente: e il numero dei marinai appartenenti al porto, non può estimarsi a più di duecento.
XXIV. Tale è stato il progresso di quelle città dove si crea ed ammassa la ricchezza. Nè meno rapido è stato il progredire di quelle di specie differentissima; città dove la ricchezza, creata ed ammassata dovecchessia, si spende per la salute e i piaceri. Alcune delle più insigni fra coteste città sono sorte dopo il tempo degli Stuardi. Cheltenham adesso, tranne la sola Londra, è città assai più vasta di qualunque altra del Regno nel secolo decimo settimo. Ma in quel secolo, e nel principio del susseguente, essa veniva rammentata dagli storici municipali come una semplice parrocchia rurale,

giacente a piè di Cotswold Hills, ed avente un suolo atto alla coltivazione e al pascolo. In que' luoghi, ora coperti di cotante vaghissime strade ed amene ville, cresceva il grano, e pascolavano gli armenti. Brighton veniva rappresentata come un luogo che un tempo era stato proficuo, e che quando era nel più alto grado di prosperità, conteneva più di due mila abitanti, ma che volgeva a decadenza. Il mare a poco a poco invadeva gli edifici, che finalmente quasi al tutto scomparvero. Novanta anni addietro, le rovine di una vecchia fortezza vedevansi giacenti fra mezzo la ghiaia e le alghe marine; e gli uomini canuti potevano additare i vestigi delle fondamenta dove una strada di cento e più tuguri era stata inghiottita dalle onde. Sì misero, dopo tanta calamità, diventò quel luogo, che appena venne reputato degno di avere un vicariato. Pochi poveri pescatori, nondimeno, seguitarono ad asciugare le loro reti su quelle rocce, sopra le quali adesso una città, due volte più grande e popolata della Bristol degli Stuardi, presenta per lungo tratto il suo gaio e fantastico prospetto alla marina.

XXV. Nulladimeno, l'Inghilterra nel secolo diciassettesimo non era priva di bagni. I gentiluomini della Contea di Derby e delle altre Contee vicine recavansi a Buxton, dove stavano affollati dentro bassi tuguri di legno, e mangiavano focacce d'avena, e carni che erano in grave sospetto d'esser di cane. Tunbridge Wells, distante una giornata di cammino dalla metropoli, e sita in una delle più ricche e incivilite parti del Regno, offriva maggiori attrattive. Adesso vi si vede una città, che cento sessanta anni addietro sarebbe stata considerata per popolazione come la quarta o quinta fra le città dell'Inghilterra. La splendidezza delle botteghe e il lusso delle abitazioni private vincono d'assai tutto ciò che l'Inghilterra avrebbe allora potuto mostrare. Allorquando la Corte, tosto dopo la Restaurazione, visitò Tunbridge Wells, ivi non era città nessuna; ma, a un miglio dalla sorgente, parecchie rustiche capanne, alquanto più nette delle capanne ordinarie di que' tempi, erano sparse in que' luoghi deserti. Alcuni di questi tuguri erano movibili, e venivano trasportati sopra le slitte da un luogo all'altro della comune. Quivi le persone agiate, stanche del rumore e del fumo di Londra, talvolta recavansi nei mesi estivi per respirare la fresca aura, e gustare un poco di vita campestre. Nella stagione dei bagni tenevasi ogni giorno una specie di fiera presso la fontana. Le mogli e le figliuole dei borghesi di Kent vi accorrevano dai circostanti villaggi, recando latte, ciliege, spighe e quaglie. Comprare, scherzare con esse, lodare i cappelli di paglia e le strette calzature loro, era un consolante sollazzo agli sfaccendati, stanchi del sussiego delle attrici e delle dame di corte. Modiste, venditori di giocattoli e gioiellieri, vi andavano da Londra, e formavano un Bazaar sotto gli alberi. In una trabacca, l'uomo politico trovava il suo caffè e la Gazzetta di Londra; dentro un'altra, i giuocatori profondevano monete alla bassetta; e nelle belle serate, i violini erano lì pronti ad accompagnare coloro che ballavano la moresca su per l'erba molle del prato. Nel 1685, fra coloro che frequentavano Tunbridge Wells erasi aperta una colletta a fine di edificare una chiesa, che, per la insistenza dei Tory, in quel tempo predominanti dappertutto, fu dedicata a San Carlo Martire.

XXVI. Ma primo tra tutti i luoghi di bagni, senza avere rivale alcuno, era Bath. Le acque di quella città erano rinomate fino dai tempi romani. Essa, per molti secoli, era stata sedia vescovile. Gl'infermi vi accorrevano da ogni parte del Regno. Talvolta il re vi teneva corte. Nonostante, Bath allora altro non era che un laberinto di quattro o cinquecento case, ammassate dentro una vecchia muraglia, nelle vicinanze dell'Avon. Esistono tuttora parecchie pitture di case, che in quel tempo consideravansi come bellissime, e somigliano grandemente alle più luride botteghe di cenciaioli, ed alle bettole di Ratcliffe Highway. Vero è che anche in allora i viaggiatori muovevano lamento della strettezza e del sudiciume delle strade. Quella leggiadra città, che incanta anche l'occhio avvezzo a bearsi dei capolavori di Bramante e di Palladio, resa classica dal genio di Anstey e di Smollett, di Francesca Burney e di Giovanna Austen, non aveva cominciato ad esistere. La stessa Milsom Stret era una campagna aperta molto lungi dalle mura; e lo spazio ora coperto dal Crescent e dal Circus, era intersecato da siepi. I poveri infermi, ai quali erano state prescritte le acque, giacevano sopra la paglia in un luogo, che, per servirmi delle parole d'un medico di quei tempi, aveva sembianza di nascondiglio, più presto che d'alloggio. Rispetto agli agi ed al lusso che potevano trovare nello interno delle case di Bath le persone cospicue che ci andavano per riacquistare la salute o trovarvi divertimento, abbiamo notizie più abbondevoli e minute di quante se ne possano generalmente sperare intorno a cotali subietti. Uno scrittore, che sessanta anni dopo la Rivoluzione pubblicò un'opera sopra quella città, ha con accuratezza descritti i cangiamenti a sua ricordanza ivi seguiti. Egli ci assicura, come nei suoi anni giovanili, i gentiluomini che visitavano le acque, dormissero in certe camere appena simili alle soffitte dove ai suoi giorni stavano i servitori. I pavimenti delle sale da pranzo erano privi di tappeti, e coperti d'una tinta bruna, composta di sego e di birra, per nascondere il sudiciume. Nè anche un tavolato era dipinto. Non un focolare o camino era di marmo. Una lastra di pietra comune, e certe molle di ferro

che potevano costare tre o quattro scellini, erano stimate bastevoli per ogni camino. I migliori appartamenti avevano tende di ruvida stoffa di lana, e seggiole col fondo coperto di giunco. Quei lettori che s'interessano al progresso dello incivilimento e delle arti utili, sapranno grado all'umile topografo che ci ha tramandati cotesti fatti, e desidereranno forse che storici più solenni avessero talvolta messe da parte poche pagine piene di evoluzioni militari e d'intrighi politici, per dipingerci le sale e le stanze da letto dei nostri antenati.
XXVII. La posizione di Londra, in ordine alle altre città dello Stato, era ai tempi di Carlo II assai più considerevole che non è ai nostri. Imperocchè, adesso la sua popolazione è poco più di sei volte di quella di Manchester o di Liverpool; e, regnante Carlo, era più di diciassette volte della popolazione di Bristol o di Norwich. È da dubitarsi se si possa additare un altro esempio di un gran Regno, in cui la prima città fosse diciassette volte più grande della seconda. Abbiamo ragione di credere, che Londra nel 1685, fosse stata fino da mezzo secolo la più popolata metropoli d'Europa. Gli abitanti, che oggidì sono almeno un milione e novecento mila, erano allora, probabilmente, poco meno di mezzo milione. Londra, nel mondo, aveva soltanto una rivale rispetto al commercio; rivale ora da lungo tempo vinta: voglio dire la potente e ricca Amsterdam. Gli scrittori inglesi menavano vanto della foresta di alberi che copriva il fiume dal Ponte alla Torre, e delle portentose somme di danaro che entravano nell'ufficio della Dogana in Thame's Street. Non è dubbio che il traffico della metropoli a quei dì era, verso quello di tutto il paese, in maggior proporzione che non è adesso: eppure, agli occhi nostri, gli onesti vanti dei nostri antenati sembrano quasi scherzevoli. Pare che la capacità delle navi, da essi reputata incredibilmente grande, non eccedesse settanta mila tonnellate. A dir vero, ciò era in quel tempo più che il terzo di tutto il tonnellaggio del Regno; ma adesso è meno di un quarto del tonnellaggio di Newcastle, ed equivale pressochè a quello dei soli piroscafi del Tamigi. Le dogane di Londra rendevano, nel 1685, circa trecento trenta mila sterline l'anno. Ai giorni nostri, la somma dei Dazii netta che si ricava nel medesimo ufficio, avanza i dieci milioni di sterline.
Chiunque si faccia ad esaminare le carte topografiche di Londra, pubblicate verso la fine del regno di Carlo II, vedrà come a que' tempi altro non esistesse che il nucleo della presente metropoli. La città non si perdeva, come adesso, a gradi impercettibili nella campagna. Non viali di ville ombreggiati da file di lilla e d'avarnielli estendevansi, dal gran centro della ricchezza e della civiltà, quasi sino ai confini di Middlesex, e ben addentro nel cuore di Kent e di Surrey. Ad oriente, nessuna parte dell'immensa linea dei magazzini, e dei laghi artificiali, che ora si distende dalla Torre a Blackwall, era per anche stata ideata. Ad occidente, nè anco uno di quei solidi e vasti edifizi, dove abitano i nobili e i potenti, esisteva; e Chelsea, che oggimai è popolato da quaranta e più mila umane creature, era un tranquillo villaggio rurale di circa mille abitatori. A tramontana pascolavano gli armenti; e i cacciatori armati dei loro archibugi erravano co' cani sul luogo dove sorge il borgo di Marylebone, e sopra la maggior parte dello spazio ora coperto dai borghi di Finsbury e di Tower Hamlets. Islington era quasi un deserto; e i poeti dilettavansi di porre in contrasto la quiete che ivi regnava col frastuono della immensa Londra. A mezzodì, alla capitale adesso si aggiunge il suburbio per mezzo di vari ponti, non meno magnifici e solidi delle più belle opere dei Cesari. Nel 1685, una sola fila di archi irregolari, sopraccarichi da mucchi di case povere e cadenti, e piene, in modo degno degl'ignudi barbari di Dahomy, di centinaia di teste putrefatte, erano d'impaccio alla navigazione del fiume.
XXVIII. La parte più importante della metropoli, era quella che propriamente chiamavasi la Città. Nel tempo della Restaurazione, era stata in grandissima parte costrutta di legname e di gesso: i pochi mattoni di cui si faceva uso, erano cotti male: le trabacche dove ponevansi in vendita le mercanzie, proiettavano su per le strade, ed erano coperte dai piani superiori. Pochi vestigi di cotesta architettura possono anche oggi vedersi in quei distretti che non furono preda del grande incendio. Il quale, in pochi giorni, aveva coperto uno spazio poco minore d'un miglio quadrato, con le rovine di ottantanove chiese e di tredicimila case. Ma la città era nuovamente risorta con celerità tale, che ne avevano maravigliato i paesi vicini. Sciaguratamente, le antiche linee delle strade erano state per lo più mantenute: le quali linee, in origine descritte allorquando anche le principesse viaggiavano a cavallo, erano spesso così anguste, da non concedere che i carriaggi agevolmente passassero l'uno allato dell'altro, ed erano perciò improprie perchè vi abitasse la gente ricca, in un tempo in cui un cocchio a sei cavalli era un lusso in voga. Lo stile dei nuovi edifici, nulladimeno, era assai superiore a quello dell'arsa città. I materiali di che comunemente avevano fatto uso, erano mattoni assai migliori di quelli che in prima s'adoperavano. Sopra i luoghi dove un dì sorgevano le antiche parrocchie, s'erano innalzate nuove cupole, torri, ed aguglie improntate dal carattere del fecondo genio di Wren. In ogni dove, tranne in un solo luogo, i segni della immane devastazione erano spariti. Ma vedevansi

tuttavia schiere d'operai, ponti e masse di pietre, là dove il più magnifico dei tempii protestanti sorgeva, lento sopra le rovine della vecchia cattedrale di San Paolo.
Dopo quel tempo, lo aspetto della Città è intieramente cangiato. Adesso i banchieri, i mercanti e i padroni di botteghe vi si recano sei giorni della settimana per attendere ai loro negozi; ma abitano negli altri quartieri della metropoli, o nelle residenze suburbane, circondate da giardini d'arbusti e di fiori. Cotesta rivoluzione nei costumi dei cittadini, ha prodotto un rivolgimento politico di non lieve importanza. I più ricchi uomini, dediti al traffico, non portano più alla Città quello affetto che ciascuno naturalmente prova per la propria casa. La Città non isveglia più nelle menti loro le idee delle affezioni e delle gioie domestiche. Il focolare, la famigliuola, il desco socievole, il quieto letto, non sono più ivi. Lombard Street e Threadneedle Street sono semplici luoghi dove gli uomini lavorano ed accumulano. Essi vanno altrove a sollazzarsi ed a spendere i guadagni. La domenica, o la sera, a faccende finite, parecchi cortili o viali, dove poche ore innanzi era un ire e venire di visi affaccendati, sono silenziosi come i sentieri d'una foresta. I capi degli interessi mercantili più non sono cittadini. Schivano, e pressochè sprezzano le onorificenze e i doveri municipali, e gli abbandonano ad uomini, i quali, quantunque utili, e di rispetto degnissimi, rade volte appartengono alle grandissime case commerciali, i cui nomi corrono famosi per tutto il mondo.
Nel secolo diciassettesimo, i mercanti risedevano nella Città. Le case degli antichi borghesi che esistono tuttora, sono state trasformate in computisterie e magazzini; ma si conosce anche oggi, come non fossero meno magnifiche delle abitazioni dove allora stanziavano i nobili. Esse talvolta sorgono dentro bui e riposti cortili, e vi si va per poco convenevoli aditi; ma sono ampie di mole, e solide d'aspetto. Gl'ingressi sono adorni di pilastri e baldacchini, riccamente intagliati. Le scale e i ballatoi non difettano di magnificenza. I pavimenti sono talvolta di legno intarsiato, secondo l'uso di Francia. Il palazzo di Sir Roberto Clayton, nel Ghetto vecchio, conteneva una bella sala da pranzo, intavolata di legno di cedro, e ornata con affreschi che rappresentavano le battaglie dei numi e dei giganti. Sir Dudley North spese quattro mila lire sterline - somma che in quei tempi sarebbe stata considerevolissima per un duca - nei ricchi addobbi dei suoi saloni in Basinghall Street. In simiglianti abitazioni, sotto gli Stuardi, i più grandi banchieri vivevano splendidamente ospitali. Alle case proprie gli legavano i fortissimi vincoli dello interesse e dell'affetto. Ivi avevano passati i dì della loro giovinezza, formate le loro amicizie, corteggiate le proprie spose, veduti crescere i figli, sotterrate le ossa dei parenti, aspettando di trovarvi anch'essi la pace del sepolcro. Quel forte amore del natìo loco che è peculiare agli uomini delle società congregate in angusto spazio, in simili circostanze sviluppavasi vigorosamente. Londra, per il Londrino, era ciò che Atene per l'Ateniese dell'età di Pericle, ciò che Firenze pel Fiorentino del secolo decimoquinto. Il cittadino andava altero della grandezza della propria città, gelosissimo del diritto all'altrui riverenza, ambizioso degli uffici, e zelante delle franchigie di quella.
Sul finire del regno di Carlo II, l'orgoglio dei cittadini di Londra era inasprito da una crudele mortificazione. Lo antico statuto era stato abolito, e il magistrato rifatto. Tutti gli uffici civili erano in mano dei Tory; e i Whig, comecchè per numero e per opulenza fossero superiori ai loro avversari, trovavansi esclusi da ogni dignità locale. Nulladimeno, lo esterno splendore del governo municipale non era punto scemato; chè anzi, il mutamento lo aveva accresciuto. Imperocchè, sotto l'amministrazione di certi Puritani che avevano poco innanzi governato, la vecchia fama di briosa che la Città godeva, era volta in basso; ma sotto i nuovi magistrati, i quali appartenevano ad un partito più festevole, e alle mense dei quali vedevansi spesso ospiti distinti per titoli o gradi dimoranti molto oltre Temple Bar, il Guildhall e le sale delle grandi compagnie erano ravvivate da molti sontuosi banchetti. Duranti i quali, cantavansi odi dai poeti del municipio, composto in lode del Re, del Duca e del Gonfaloniere. Bevevano molto, e tripudiavano clamorosamente. Un osservatore Tory, che s'era sovente trovato fra mezzo a coteste gozzoviglie, ha notato come il costume di accogliere con gioiose grida i brindisi fatti all'altrui salute, cominciasse da quel lieto tempo.
Il magnifico vivere del primo magistrato civico era quasi quello di un re. Il cocchio dorato, che la folla adesso ammira ciascun anno, in allora non v'era. Nelle grandi occasioni egli mostravasi a cavallo, seguito da una lunga cavalcata, che per magnificenza era inferiore soltanto al corteo che dalla Torre a Westminster accompagnava il sovrano nel dì della incoronazione. Il Lord Gonfaloniere non lasciavasi mai vedere in pubblico senza la sua veste, il cappuccio di velluto nero, la catena d'oro, il gioiello, ed una gran torma di battistrada e di guardie. Nè il mondo vedeva cosa alcuna degna di riso nella pompa ond'egli era di continuo circuito; perocchè reputavala convenevole allo ufficio, che, come comandante le forze e rappresentante la dignità di Londra, aveva diritto di occupare nello Stato. La città, essendo

allora non solo senza uguale in tutto il reame, ma senza seconda, aveva per lo spazio di quarantacinque anni esercitata influenza sì grande sopra le cose politiche della Inghilterra, come ai giorni nostri Parigi la esercita sopra quelle della Francia. Per istruzione, Londra superava grandemente qualunque altra parte del Regno. Un Governo sostenuto dalla città di Londra, poteva in un sol dì ottenere tali mezzi pecuniarii, che ci sarebbero bisognati dei mesi per raccoglierli da tutto il rimanente dell'isola. Nè i mezzi militari della metropoli erano da tenersi in dispregio. Il potere che i Lord Luogotenenti esercitavano negli altri luoghi del Regno, era in Londra affidato ad una commissione di eminenti cittadini; sotto gli ordini della quale stavano dodici reggimenti di fanteria e due di cavalleria. Un'armata di giovani di mercatanti e di sarti, avente a capitani i consiglieri comunali, e a colonnelli gli Aldermanni, non avrebbe certo potuto sostenere l'impeto delle truppe regolari: ma pochissime erano allora nel Regno le regolari milizie. Una città, quindi, la quale, un'ora dopo lo avviso, poteva metter su venti mila uomini, forniti di coraggio naturale, provveduti di armi non cattive e non affatto ignari della militar disciplina, non poteva non essere un alleato importante e un formidabile nemico. Rammentava ciascuno come Hampden e Pym fossero dalla milizia civica di Londra stati protetti contro una sleale tirannide; come nella gran crisi della guerra civile i militi cittadini di Londra fossero andati a levare l'assedio dalla città di Gloucester; come nel movimento contro i tiranni militari, che seguì alla caduta di Riccardo Cromwell, la cittadina milizia di Londra avesse avuta importantissima parte. E davvero, non sarebbe troppo il dire, che se Carlo I non avesse avuta ostile la città, non sarebbe mai stato vinto, e che senza lo aiuto di quella Carlo II non sarebbe riasceso sopra il trono degli avi suoi.
Queste considerazioni servano a dimostrare in che guisa, malgrado quelle attrattive che per tanti anni avevano a poco a poco chiamata l'aristocrazia verso la parte occidentale, pochi uomini d'alto grado seguitassero fino ad un'epoca non molto lontana ad abitare nelle vicinanze della Borsa e del Guildhall. Shaftesbury e Buckingham, mentre facevano al Governo una opposizione aspra e senza scrupoli, pensarono che in nessun altro luogo avrebbero potuto condurre così bene e senza pericolo i loro intrighi, come sotto la protezione dei magistrati e della milizia della Città. E però Shaftesbury abitava in Aldersgate Street una casa che si può oggi facilmente riconoscere, ai pilastri e cordoni, opera leggiadra d'Inigo. Buckingham aveva ordinato che la sua abitazione presso Charing Cross, un tempo dimora degli arcivescovi di York, fosse demolita; e mentre ivi sorgevano le strade e i viali che portano tuttavia il nome di lui, elesse di abitare in Dowgate.
XXIX. Nondimeno, queste erano rare eccezioni. Quasi tutte le nobili famiglie d'Inghilterra avevano da lungo tempo emigrato fuori le mura. Il distretto in cui rimaneva la maggior parte delle loro case cittadine, giace fra la città e que' luoghi che ora vengono considerati come cospicui. Pochi grandi uomini seguitarono a starsi nei loro palagi ereditari fra lo Strand e il fiume. I solidi edifici tra il mezzodì e l'occidente di Lincoln's Inn Fields, la piazza di Covent Garden, Southampton Square, che oggi si chiama Bloomsbury Square, e King's Square in Soho Fields, che ora ha nome Soho Square, erano fra i luoghi più prediletti. I principi stranieri venivano condotti a visitare Bloomsbury Square come una delle maraviglie della Inghilterra. Soho Square, che era stato pure allora edificato, era pei nostri antichi argomento d'un orgoglio, al quale i posteri loro non vorranno partecipare. Lo avevano chiamato Monmouth Square finchè durò prospera la fortuna del Duca di Monmouth; e nel lato meridionale torreggiava il palazzo di lui. Il prospetto, comecchè senza grazia, era alto e riccamente ornato. Sulle pareti degli appartamenti principali vedevansi sculture di frutti, fogliami e blasoni, ed erano tappezzati di serici drappi a ricamo. Ogni vestigio di tanta magnificenza da lungo tempo è scomparso, e in un quartiere un dì cotanto aristocratico, non si trova nessuna casa aristocratica. Poco più in là, a tramontana da Holborn, e lungo i campi da pascolo e da grano, sorgevano due rinomati palazzi, a ciascuno dei quali era annesso un vasto giardino. L'uno, in allora detto Southampton House, e di poi Bedford House, fu distrutto circa cinquanta anni sono per far luogo ad una nuova città, la quale adesso con le sue piazze, strade, e chiese occupa un vasto spazio, già famoso nel secolo decimosettimo per le pesche e le beccaccine. L'altro, chiamato Montague House, e celebre per gli affreschi e gli addobbi onde era adorno, pochi mesi dopo la morte di Carlo II fu bruciato fino alle fondamenta, e vi fu posto in sua vece un assai più magnifico edificio, detto anch'esso Montague House; il quale essendo stato da lungo tempo il sacrario di vari e preziosi tesori d'arte, di scienza e di letteratura, quali non trovavansi per innanzi raccolti sotto un solo tetto, ha da pochi anni dato luogo ad un edificio anche più magnifico.
Più presso alla Corte, in un luogo chiamato Saint James Fields, era stato di recente edificato Saint James's Square e Jermyn Street. La chiesa di San Giacomo era stata allora aperta per comodo degli abitanti di questo nuovo quartiere. Golden Square, dove nella susseguente generazione abitavano

Lord e Ministri di Stato, non era per anche incominciato. A dir vero, le sole abitazioni che si potessero vedere a tramontana di Piccadilly, erano tre o quattro solinghe e quasi rurali dimore, la più celebre delle quali era il sontuoso edificio eretto da Clarendon, e soprannominato Casa di Dunkerque. Dopo la caduta del suo fondatore, era stato comperato dal Duca d'Albemarle. Il palazzo Clarendon ed Albemarle Street serbano tuttavia la memoria del sito.
Colui che in allora girovagava per quella che oggidì è la parte più celebre e gaia di Regent Street, trovavasi in una solitudine, e talvolta si reputava fortunato di potere tirare con l'archibugio a qualche beccaccia. A settentrione, la strada di Oxford era fiancheggiata da siepi. A cinque o seicento braccia verso mezzodì, sorgevano le mura dei giardini di poche grandi case, che consideravansi affatto fuori la città. Ad occidente eravi un prato famoso per una sorgente d'acqua, la quale, lungo tempo dopo, dette il nome a Conduit Street. Ad oriente eravi un campo, che nessun cittadino di Londra a que' tempi poteva traversare senza ribrezzo. Ivi, come in luogo deserto da ogni uomo, venti anni innanzi, allorquando la peste fece cotanta strage, era stata scavata una vasta fossa, dove i carri mortuari, di notte tempo, trasportavano cadaveri a centinaia. Il popolo credeva che la terra fosse così infetta sotto la sua superficie, da non potersi sommovore senza presentissimo pericolo per la vita degli uomini. Ivi non furono gettate alcune fondamenta, se non dopo che trascorsero due generazioni senza peste, e dopo che il luogo degli spettri era stato da lungo tempo circondato da edifizi.
Cadremmo in grave errore ove supponessimo che alcuna delle vie e delle piazze allora avesse il medesimo aspetto in che oggi si vede. La maggior parte delle case, dopo quel tempo, sono state al tutto o quasi al tutto riedificate. Se le parti più cospicue della metropoli potessero mostrarsi agli occhi nostri nella forma che allora avevano, rimarremmo disgustati della loro squallida apparenza, ed attoscati dall'atmosfera malsana che le circondava. In Covent Garden, presso alle case dei grandi, giaceva un sudicio e romoroso mercato. Le fruttaiuole gridavano, i carrettieri azzuffavansi, torsi di cavoli e putride mele vedevansi a mucchi accanto alle porte delle case della contessa di Berkshire e del vescovo di Durham.
Il centro di Lincoln's Inn Fields era uno spazio aperto, dove ogni sera ragunavasi la marmaglia, a pochi passi di Cardigan House e di Winchester House, ad ascoltare le cicalate dei saltimbanchi, a vedere ballar gli orsi, e lanciare i cani addosso ai buoi. Vedevansi qua e colà sparse le lordure. Vi si esercitavano i cavalli. Gli accattoni erano così chiassosi ed importuni, come nelle peggio governate città del continente. Mendicante di Lincoln's Inn era espressione proverbiale. Tutta la confraternita conosceva le armi e le livree d'ogni signore caritatevole del vicinato, e appena compariva il tiro a sei di sua signoria, saltellando o strascinandosi, gli si affollavano d'intorno. Cotesti disordini durarono, malgrado molti accidenti e alcuni procedimenti legali, fino a quando, nel regno di Giorgio II, Sir Giuseppe Jekyll maestro dei Rotoli, ovvero degli Atti, fu stramazzato a terra e pressochè morto in mezzo alla piazza. Allora vi si fecero delle palizzate e un piacevole giardino.
Saint James's Square era il ricettacolo di tutta la mondiglia e delle ceneri, dei gatti e cani morti di Westminster. Ora un giuocatore di batacchio vi poneva la campana. Ora un impudente si piantava lì a costruire una casipola per la spazzatura, sotto le finestre dell'aurate sale in cui i magnati del Regno, i Norfolk, gli Ormond, i Kent e i Pembroke davano banchetti e feste da ballo. E' non fu se non dopo che siffatti inconvenienti erano durati per una generazione, e dopo che s'era molto scritto contro essi, che gli abitanti ricorsero al Parlamento, onde ottenere licenza di porvi steccati e piantarvi alberi.
Se tali erano le condizioni dei quartieri dove abitavano i più cospicui cittadini, possiamo facilmente credere che la gran massa della popolazione patisse ciò che oggidì verrebbe reputato intollerabile aggravio. I selciati erano detestabili; ogni straniero gridava: vergogna! I condotti e le fogne erano sì cattivi, che nei tempi piovosi i rigagnoli diventavano torrenti. Vari poeti giocosi hanno rammentata la furia con che cotesti neri fiumicelli precipitavano giù da Snow Hill e Ludgate Hill, trasportando a Fleet Ditch copioso tributo di lordure animali e vegetabili dai banchi dei macellaj e dei fruttaioli: fluido pestifero che veniva sparso a diritta e a sinistra da' cocchi e dalle carrette. E però, chiunque andava a piedi, badava in ogni modo a tenersi, più che potesse, lontano dalla parte carrozzabile della strada. I timidi e pacifici cedevano il muro agli audaci ed atletici, che lo rasentavano. Se avveniva che due bravazzoni s'incontrassero, si davano vicendevolmente i cappelli nel muso, e l'uno spingeva l'altro finchè il più debole era sbalzato verso il canale. Se questi era buono solo alle spacconate, se ne andava a capo chino, mormorando che sarebbe venuto il tempo di rifarsi; se era pugnace, l'incontro probabilmente terminava con un duello dietro Montague House.
Le case non erano numerate. E davvero, poca sarebbe stata la utilità d'apporvi i numeri, poichè dei cocchieri, portantini, facchini e ragazzi di Londra, piccolissima parte sapeva leggere. Era mestieri

servirsi di segni che dai più ignoranti fossero intesi. E però sulle botteghe stavano insegne, che davano alle strade uno aspetto gaio e grottesco. La via da Charing Cross a Whitechapel era una continuazione di teste di saracini, di querce reali, d'orsi azzurri, d'agnelli d'oro, i quali scomparvero allorquando non furono più necessari alla intelligenza del volgo.
Venuta la sera, la difficoltà e il pericolo di andare attorno per la città di Londra diventavano veramente gravi. Aprivansi le finestre, e i vasi si votavano poco badando a chi vi passasse sotto. Le cadute, le ammaccature, le fratture d'ossa erano cose ordinarie. Imperocchè, fino all'ultimo anno del regno di Carlo II, la maggior parte delle vie rimanevano in un profondo buio. I ladri esercitavano impunemente il proprio mestiere; e nondimeno, non erano così terribili ai pacifici cittadini, come lo era un'altra genía di ribaldi. Era prediletto sollazzo dei dissoluti giovani gentiluomini quello di girovagare di notte per la città, rompere finestre, capovolgere sedili, battere le persone tranquille, e carezzare grossolanamente le donne leggiadre. Parecchie dinastie di cotesti tirannelli, dopo la Restaurazione, regnavano nelle strade. I così detti Muns e i Tityre Tus avevano fatto posto agli Hectors, e a questi avevano di recente succeduto gli Scourers. Più tardi sorsero i Nicker, gli Hawcubite e i Mohawk, più terribili di tutti.
XXX. I mezzi per mantenere la pace erano estremamente frivoli. Eravi una legge fatta dal Consiglio Municipale, che prescriveva come cento e più sentinelle stessero in continua vigilanza per tutta la città, dal tramonto allo spuntare del sole; ma rimaneva negletta. Pochi di coloro ai quali toccava di far la guardia, lasciavano la propria casa; e que' pochi, generalmente, gradivano meglio stare ad ubbriacarsi dentro le taverne, che girare per le vie.
XXXI. È d'uopo notare come, nell'ultimo anno del regno di Carlo II, nella polizia di Londra seguisse un gran mutamento, il quale forse non meno dei rivolgimenti di maggior fama contribuì ad accrescere la felicità del popolo. Un ingegnoso progettista, che aveva nome Eduardo Heming, ottenne lettere patenti con cui gli si concedeva per dieci anni il diritto esclusivo d'illuminare Londra. Costui intraprese, per una modica retribuzione, di porre una lanterna per ogni dieci porte, nelle sere prive di luna, dal dì di San Michele fino alla festa della Madonna, e dalle ore sei fino alle dodici. Coloro che oggimai veggono la metropoli per tutto l'anno, dalla sera fino all'alba, chiarificata da uno splendore, in paragone del quale le illuminazioni per la Hogue e Blenheim sarebbero sembrate pallide, sorrideranno forse in pensare alle lanterne di Heming, le quali mandavano un fioco lume innanzi una casa in ogni dieci, per piccola parte di una notte in ogni tre. Ma non così pensavano i suoi contemporanei. Il suo disegno suscitò plausi entusiastici, e furiose opposizioni. Gli amatori del progresso lo esaltavano come il grandissimo dei benefattori della città sua, chiedendo che erano mai i trovati d'Archimede in agguaglio della impresa dell'uomo il quale aveva trasformate le ombre della notte in luce di meriggio! In onta a tali eloquenti elogi, la causa dell'oscurità non rimase priva di difensori. In quell'età v'erano insani che avversavano la introduzione di quella che chiamavasi nuova luce con tanta virulenza, con quanta gl'insani dei tempi nostri hanno avversato lo innesto del vaiuolo e le strade ferrate, e gl'insani d'una età anteriore si erano opposti alla introduzione dell'aratro e della scrittura alfabetica. Molti anni dopo le lettere patenti concesse a Heming, v'erano vasti distretti in cui non vedevasi nè anche una lanterna.
XXXII. Possiamo agevolmente immaginare in che condizioni, a quel tempo, fossero i quartieri di Londra popolati dalla feccia della società. Uno fra essi aveva acquistata scandalosa rinomanza. Sul confine tra la Città ed il Tempio, era stato fondato, nel secolo decimoterzo, un convento di frati Carmelitani, che portavano bianchi cappucci. Il ricinto di quel convento, avanti la Restaurazione, aveva servito d'asilo ai facinorosi, e serbava tuttavia il privilegio di proteggere dall'arresto i debitori. Gl'insolventi quindi occupavano ogni casa dalle cantine fino alle soffitte. Di costoro, moltissimi erano ribaldi e libertini; e nell'asilo tenevano loro dietro donne più che essi di malvagia vita. La potestà civile non aveva modo di mantenere l'ordine in un distretto che brulicava di cosiffatti abitatori; e in tal guisa Whitefriars divenne il luogo prediletto di coloro che volevano emanciparsi dal freno delle leggi. E comecchè le immunità legalmente pertinenti al luogo riguardassero soltanto i casi di debiti, vi trovavano ricovero anche essi i truffatori, i testimoni spergiuri, i falsari, i ladroni. Per lo che, fra mezzo a così disperata marmaglia, nessuno officiale di pace si teneva sicuro della vita. Al grido di «Riscossa!» sgherri armati di spade e magli, sfacciate streghe impugnando manichi di granata e spiedi, sbucavano a centinaia, e fortunato colui che percosso, strappato, annaffiato, avesse potuto salvarsi a Fleet Street. Nè anche un ordine del Capo Giudice d'Inghilterra poteva mandarsi ad esecuzione senza lo aiuto d'una compagnia di moschettieri. Cotali avanzi della barbarie di secoli più bui, trovavansi a pochi passi dalle stanze dove Somers meditava sulla storia e sulle leggi, dalla chiesa dove predicava

Tillotson, dalla bottega da caffè dove Dryden profferiva giudicii sopra poemi e drammi, e dalla sala dove la Società Reale esaminava il sistema astronomico di Newton.

XXXIII. Ciascuna delle due città che formavano la capitale dell'Inghilterra, aveva il proprio centro d'attrazione. Nella metropoli del commercio, il punto di convergenza era la Borsa; nella metropoli dell'alta cittadinanza, era il Palazzo. Ma il Palazzo non serbò la propria influenza così lungamente come la Borsa. La Rivoluzione cangiò affatto le relazioni tra la Corte e le alte classi della società. A po' per volta, divenne manifesto che il Re, come individuo, aveva ben poco da donare; che le corone ducali e le giarrettiere, i vescovati e le ambascerie, gl'impieghi di Lord del tesoro e di cassiere dello scacchiere, anzi fino gli uffici della scuderia e della camera reale, venivano dispensati non da lui, ma dai suoi consiglieri. Ogni ambizioso e cupido uomo vedeva che avrebbe meglio provveduto all'utile proprio, giungendo a predominare in un borgo parlamentare nella Contea di Cornwal, e rendendo servigi al Ministero in qualche momento difficile, anzichè diventare il compagno e anche il prediletto del principe. E quindi, non nelle anticamere di Giorgio I e di Giorgio II, ma in quelle di Walpole e di Pelham affollavansi quotidianamente i cortigiani. È parimente da notarsi, che la medesima rivoluzione che rese impossibile ai nostri Re l'arbitrio di disporre degl'impieghi dello Stato col solo scopo di compiacere alle proprie inclinazioni, ci diede parecchi Re dalla educazione e dalle abitudini resi inetti a mostrarsi ospiti affabili e generosi. Erano nati e cresciuti sul continente. Venuti nell'isola nostra, non vi si trovavano mai come in casa propria. Se parlavano la nostra lingua, la parlavano senza eleganza e con difficoltà. Non giunsero mai ad intendere l'indole nostra nazionale, e nè anche provaronsi di acquistare i nostri costumi. La parte più importante dei loro doveri essi adempivano meglio di qualunque dei principi loro antecessori; poichè governavano rigorosamente secondo la legge: ma non potevano essere i primi gentiluomini del reame, i capi della società culta. Se pure lasciavansi mai andare alla affabilità, ciò seguiva fra mezzo ad una ristretta conversazione, dove non vedevasi quasi neppure un Inglese; e non riputavansi tanto felici, se non se quando potevano passare una state nella terra dove erano nati. V'erano, a dir vero, i giorni determinati in cui essi ricevevano i nobili e i gentiluomini inglesi; ma siffatto ricevimento altro non era che mera formalità, la quale alla perfine divenne cerimonia solenne quanto quella di un funerale.

Non era tale la Corte di Carlo II. Whitehall, mentre egli vi faceva dimora, era il centro degl'intrighi politici e del brio elegante. Mezzi i faccendieri e mezzi i bellimbusti della metropoli accorrevano alle sue sale. Chiunque fosse riuscito a rendersi gradito al principe, o a guadagnare la protezione della concubina, poteva bene sperare d'innalzarsi nel mondo, senza aver reso alcun servigio al Governo, senza essere, nè anche di vista, conosciuto da nessuno dei Ministri di Stato. Uno dei cortigiani otteneva il comando d'una fregata; l'altro quello d'una compagnia di soldati; un terzo la grazia per un colpevole ricco; un quarto la cessione d'una terra della Corona a buoni patti. Se il Re mostrava di gradire che un legale senza clientela fosse fatto giudice, o un baronetto libertino fosse creato Pari, i più gravi consiglieri, dopo un breve mormorare, piegavano il capo. L'interesse, quindi, attirava alle porte della reggia una folla di postulanti; e le porte rimanevano sempre spalancate. Il Re teneva casa aperta ogni giorno, e per tutta la giornata, alle classi alte della città di Londra, tranne agli esagerati del partito Whig. Non v'era gentiluomo che trovasse difficile lo accesso alla presenza del sovrano. La levata dal letto (levee) rispondeva esattamente al significato del vocabolo. Parecchi gentiluomini andavano ogni mattina a corteggiare il loro signore, a chiacchierare con esso mentre gli ponevano la parrucca o gli annodavano la cravatta, e ad accompagnarlo nella sua passeggiata mattinale nel parco. Chiunque fosse stato debitamente presentato, poteva, senza invito speciale, recarsi a vederlo pranzare, cenare, ballare e sollazzarsi ai giochi di sorte; e poteva avere il diletto di udirgli riferire storielle, ch'egli sapeva assai bene raccontare, intorno alla sua fuga da Worcester, e alla miseria che egli aveva patita, mentre trovavasi prigioniero di Stato nelle mani dei piagnolosi e intriganti predicatori di Scozia. Coloro che gli stavano d'intorno, e che la Maestà Sua sovente riconosceva, gli si facevano presso, perchè dirigesse loro la parola. Ciò era argomento d'un'arte di regnare assai più proficua di quella che il padre e l'avo di lui avevano praticata. Non era facile al più austero repubblicano della scuola di Marvel resistere alla malía di tanto buon umore ed affabilità; e molti vecchi Cavalieri, nel cuore dei quali la rimembranza di molti non rimeritati sacrifici si era per venti anni invelenita, tenevansi in un sol momento ricompensati delle ferite e delle spoliazioni, quando il loro sovrano, salutandoli cortesemente col capo, diceva loro: «Dio vi tenga nella sua santa guardia, mio vecchio amico!»

Whitehall naturalmente divenne il principale scaricatoio di tutte le nuove. Vociferandosi ivi che qualche cosa d'importante fosse seguíta o per seguire, le genti vi accorrevano, come a fonte precipua, frettolose per informarsene. Le gallerie avevano l'aspetto della sala d'un circolo odierno in tempi d'agitazione. Rigurgitavano di persone chiedenti se la valigia olandese fosse arrivata, quali nuove avesse recate il corriere dalla Francia, se Giovanni Sobiesky avesse sconfitti i Turchi, se il Doge di Genova fosse veramente in Parigi. E queste erano cose, intorno alle quali poteva con tutta sicurtà parlarsi ad alta voce. Ma v'erano subietti intorno ai quali si domandava e rispondeva bisbigliando. Aveva Halifax avuto vantaggio sopra Rochester? Vi sarebbe egli un Parlamento? Il Duca di York sarebbe egli andato davvero in Iscozia? Il Duca di Monmouth era positivamente stato richiamato dall'Aja? Ciascuno studiavasi di leggere in viso ai Ministri, mentre traversavano la folla per entrare o uscire dalle stanze del Re. Augurii d'ogni specie facevansi, a seconda del tono con che la Maestà Sua parlava al Lord Presidente, o del riso con che Sua Maestà onorava una frase scherzevole detta dal Lord del Sigillo Privato; e in poche ore, le speranze e i timori nati da tali leggierissimi indizi, si spandevano per tutte le botteghe da caffè, da San Giacomo fino alla Torre.

XXXIV. La bottega da caffè va anch'essa rapidamente rammentata, come quella che in quei tempi poteva non impropriamente considerarsi istituzione politica importantissima. Il Parlamento era chiuso da parecchi anni. Il Consiglio Municipale della città aveva cessato di parlare, esprimendo il pubblico sentire. Le ragunanze, le arringhe, le deliberazioni pubbliche, e tutti gli altri mezzi che oggidì servono a produrre l'agitazione, non erano per anche in uso. Nulla esisteva che somigliasse le moderne gazzette. In tali circostanze, le botteghe da caffè erano gli organi precipui, per mezzo dei quali manifestavasi la pubblica opinione della metropoli.

La prima di tali botteghe era stata aperta a tempo della repubblica da un mercatante della Turchia, il quale fra i Maomettani aveva preso l'uso della loro prediletta bevanda. La comodità di potere avere convegni in ogni parte della città, e passare le serate socievolmente a poco costo, era così grande, che la moda con rapidità si diffuse. Ciascun uomo delle classi alte o delle medie andava giornalmente al suo caffè per raccogliere nuove e discutervi sopra. Ciascun caffè aveva uno o più oratori, alla cui eloquenza la folla, compresa d'ammirazione, prestava ascolto, e i quali tosto divennero ciò che i giornalisti sono stati chiamati ai nostri tempi; vale a dire il quarto Stato del Regno. La Corte aveva da lungo tempo con inquietudine veduto crescere questo nuovo potere nello Stato. Sotto l'amministrazione di Danby, s'era fatto un tentativo di chiudere le botteghe da caffè. Ma gli uomini di tutti i partiti desideravano cotesti consueti luoghi di ritrovo, talmente che ne nacquero clamori universali. Il Governo non rischiossi, avversando un sentimento cotanto forte e generale, a rinvigorire un ordine la cui legalità poteva porsi in questione. Da quel tempo erano scorsi dieci anni, duranti i quali il numero dei caffè era sempre venuto crescendo. Gli stranieri notavano che la bottega da caffè era quella che distingueva Londra dalle altre città; che la bottega da caffè era la casa del Londrino; e che coloro i quali avessero voluto trovare un gentiluomo, comunemente dimandavano, non dove egli abitava in Fleet Street o in Chancery Lane, ma se egli frequentava il Grecian e il Rainbow. Da cotesti luoghi non veniva escluso nessuno che ponesse sul banco la sua moneta. Nulladimeno, ogni grado e professione, ogni opinione politica e religiosa, aveva il proprio quartiere generale. Vi erano botteghe presso Saint James's Park, nelle quali ragunavansi i zerbinetti con le teste e le spalle coperte da parrucche nere o di lino, non meno ampie di quelle che adesso portano il Cancelliere e il Presidente della Camera dei Comuni. La parrucca era venuta da Parigi, insieme con gli altri belli ornamenti da gentiluomo; cioè la veste ricamata, i guanti ornati di frangie e la nappa che sosteneva le brache. Nel conversare usavasi quel dialetto, il quale, lungo tempo dopo che era sparito dalle labbra della gente educata, continuò, su quelle di Lord Foppington, a muovere a riso gli spettatori in teatro. L'atmosfera era simile a quella della bottega d'un profumiere. Il tabacco, se non mandava squisitissimo odore, era tenuto in abominio. Se qualche villano, ignaro delle usanze della bottega, chiedeva una pipa, gli scherni della intera assemblea, e le risposte brevi dei ragazzi, tosto lo persuadevano come gli tornasse meglio andarsene altrove. Nè gli toccava a fare lungo cammino. Imperocchè, generalmente, nelle botteghe da caffè il fumo del tabacco vedevasi come nei corpi di guardia; e gli stranieri alcuna volta manifestavano la loro sorpresa, vedendo come tanta gente lasciasse i propri focolari per starsi ravvolta fra il puzzo e la nebbia perpetua. In nessun luogo fumavasi più di quel che si facesse nel caffè Will. Questa celebre bottega, posta tra Covent Garden e Bow Street, era dedicata agli studi leggiadri. Quivi ragionavasi intorno a cose poetiche, e alle unità così dette aristoteliche del dramma. Ivi era un partito a favore di Perrault e dei moderni, e un altro che difendeva Boileau e gli antichi. In un gruppo si discuteva se il Paradiso Perduto avrebbe dovuto essere scritto in versi rimati. Ad un altro, un invido poetastro dimostrava che la Venezia Salvata di Otway avrebbe dovuto essere cacciata a fischi dalla scena. Non v'era tetto sotto il quale fosse maggior varietà di figure. Conti ornati di stelle e di giarrettiere, ecclesiastici in collaretto e sottana, petulanti legali, giovinetti di università inesperti, traduttori e fattori d'indici in lacero arnese. Ciascuno sforzavasi di penetrare nel gruppo che s'affollava intorno a Giovanni Dryden. Nell'inverno, la sedia dove egli adagiavasi, era nel canto più caldo presso al cammino; nella state era posta sul balcone. Fargli un inchino, udire la sua opinione intorno all'ultima tragedia di Racine, o al trattato di Bossu sopra la poesia epica, reputavasi un insigne favore. Una presa della sua tabacchiera era onore bastevole a dar la volta al cervello d'un giovine entusiasta. Vi erano botteghe da caffè dove potevano consultarsi i medici più rinomati. Il dottore Giovanni Radcliffe, il quale nel 1685 aveva la più numerosa clientela di Londra, dalla sua casa posta in Bow Street, luogo a que' tempi in voga nella capitale, andava giornalmente, nell'ora in cui era più popolata la Borsa, al caffè di Garraway, dove sedeva innanzi ad una tavola distinta, circondato da chirurgi e da farmacisti. Vi erano botteghe da caffè puritane, dove non udivasi una bestemmia, e dove gli uomini dai lisci capelli discutevano parlando col naso intorno agli eletti e ai reprobi: caffè per gli ebrei, dove i cambia-monete dagli occhi neri, di Venezia o d'Amsterdam, salutavansi vicendevolmente; e caffè papisti, dove, secondo che i buoni protestanti credevano, i Gesuiti con le tazze in mano facevano disegni d'un altro grande incendio, e di fondere palle d'argento per uccidere il Re.

Il modo d'accomunarsi siffattamente non contribuì poco a formare il carattere del cittadino di Londra in que' giorni. Veramente, egli era un essere ben diverso dall'Inglese abitante della campagna. Allora non esisteva la relazione che adesso si vede fra le due classi. Solo gli uomini assai ricchi avevano il costume di passare mezzo l'anno in città e mezzo in villa. Pochi scudieri andavano alla metropoli tre volte in tutta la loro vita. Nè i cittadini agiati avevano ancora il costume di respirare la fresca aria dei campi e dei boschi per parecchi giorni della stagione estiva. Un vero Londrino, mostrandosi in qualche villaggio, veniva guardato con maraviglia, quasi si fosse intruso fra mezzo un Kraal di Ottentoti. Dall'altro canto, quando un signore delle Contee di Lincoln o di Shrop appariva in Fleet Street, di leggieri distinguevasi fra la popolazione della città, come un Turco o un Lascaro. Il vestire, lo andare, l'accento, il modo onde egli guardava ammirando le botteghe, inciampava nei rigagnoli, s'imbatteva nei facchini, e rimaneva sotto le grondaie, lo additavano come ottima preda ai truffatori ed ai beffardi. I bravazzoni lo spingevano fin nel canale, i cocchieri lo inzaccheravano dal capo ai piedi. I ladroncelli esploravano con piena sicurtà le vaste tasche del suo abito da cavalcare, mentre egli ammirava estatico lo splendido corteo del Lord Gonfaloniere. Gli scrocconi, ancora indolenziti dalle staffilate ricevute per ordine della Giustizia dietro la coda d'un cavallo, si presentavano a lui, e gli parevano i più onesti e cortesi gentiluomini ch'egli avesse mai veduti. Donne col viso impiastrato, rifiuto di Lewkner Lane e di Whetstone Park, gli si spacciavano per contesse e dame di Corte. Se domandava della via che conduceva a San Giacomo, lo dirigevano a Mile End. Se entrava in una bottega, subito veniva giudicato come un facile compratore di tutte quelle cose che non si sarebbero potute vendere ad altri, di ricami di seconda mano, d'anelli di rame, e d'oriuoli che non segnavano le ore. Se entrava in qualche bottega da caffè di moda, diventava lo zimbello degl'insolenti bellimbusti, e dei gravi legali. Pieno di vergogna e di rabbia, faceva tosto ritorno alle proprie terre, dove negli omaggi dei suoi affittaioli e nel consorzio dei suoi compagni, trovava conforto alle vessazioni ed umiliazioni sofferte. Ivi si sentiva ridivenuto grande uomo, e non vedeva nulla al di sopra di sè, tranne quando nel tribunale sedevasi al banco accanto al giudice, o quando alla rivista della milizia cittadina salutava il Lord Luogotenente.

XXXV. La cagione precipua che rendeva così imperfetta la fusione dei diversi elementi sociali, era la estrema difficoltà che i nostri antenati incontravano di andare da un luogo ad un altro. Fra tutte le invenzioni, tranne le lettere alfabetiche e l'arte della stampa, quelle che abbreviano le distanze hanno principalmente cooperato ad incivilire il genere umano. Ogni miglioramento dei mezzi di locomozione, giova all'umanità moralmente e intellettualmente, non che materialmente; e non solo agevola lo scambio dei vari prodotti della natura e dell'arte, ma tende a distruggere le nazionali e provinciali antipatie, ed avvincolare in una tutte le classi della umana famiglia. Nel secolo diciassettesimo, gli abitanti di Londra erano, per ogni negozio pratico, più discosti da Edimburgo, di quello che oggi siano da Vienna.

I sudditi di Carlo II non erano, egli è vero, affatto ignari di quel principio, il quale ai tempi nostri ha prodotto un rivolgimento senza esempio nelle cose umane, il quale ha fatto sì che le navi sfidino il vento e le onde marine, e i battaglioni, accompagnati da bagagli ed artiglierie, traversino i Regni con un passo eguale a quello del più veloce corsiero. Il Marchese di Worcester aveva pur allora osservata la potenza dell'umido rarefatto dal calore. Dopo molti esperimenti, gli era riuscito di costruire una rozza macchina a vapore, ch'egli chiamò macchina d'acqua bollente, e giudicò essere maraviglioso e

vigorosissimo strumento di propulsione. Ma il Marchese era sospettato di pazzia, e conosciuto come papista. E però le sue invenzioni non furono bene accolte. La sua macchina a vapore potè forse essere stata subietto di conversazione in una adunanza della Società Reale, ma non fu applicata ad alcuno uso pratico. Non v'erano guide lungo le strade, salvo poche fatte di legname, dalle miniere di carbone del Northumberland fino alle sponde del Tyne. Nelle contrade interiori, piccolissime erano le comunicazioni fluviali. Pochi tentativi erano stati fatti a rendere più profonde ed arginare le correnti naturali, ma con poco buon esito. Non si era nè anche progettato un canale navigabile. Gl'Inglesi di que' tempi avevano costume di favellare con maraviglia mista alla disperazione intorno all'immenso fosso, per mezzo del quale Luigi XIV aveva congiunto l'Atlantico col Mediterraneo. Erano ben lungi dal pensare che la patria loro, nel corso di poche generazioni, sarebbe stata intersecata, a spese di intraprenditori privati, da fiumi artificiali, equivalenti per lunghezza ad una estensione quattro volte maggiore del Tamigi, del Savern e del Trent insieme congiunti.
XXXVI. Egli era per le strade maestre che gli uomini e le robe passavano da luogo a luogo; e sembra che tali strade fossero in peggiori condizioni di quello che si sarebbe potuto aspettare dal grado di civiltà ed opulenza cui era in allora pervenuta la nazione. Nelle migliori linee di comunicazione, i solchi delle ruote erano profondi, le discese precipitose, e la via spesso tale da potersi al buio poco distinguere dallo scopeto e dal pantano onde era fiancheggiata da ambe le parti. L'antiquario Ralph Thoresby corse pericolo di smarrire il cammino sulla strada del nord tra Barnby Moor e Tuxford, come lo aveva smarrito tra Doncaster e York. Pepys, che viaggiava con la moglie nella propria carrozza, perdè il cammino tra Newbury e Reading. Seguitando il medesimo viaggio, si smarrì presso Salisbury; e corse rischio di passare tutta la notte a cielo scoperto. Solo nella buona stagione la strada era praticabile da veicoli a ruote. Spesso la mota vedevasi accumulata a diritta ed a mancina, altro non rimanendo che un angusto tratto di terreno solido sul pantano. In quel tempo frequenti erano gl'impedimenti e le risse, e il sentiero sovente rimaneva impedito dai vetturini, nessuno dei quali voleva andare innanzi. Seguiva quasi giornalmente, che le carrozze rimanessero impigliate nel fango finchè potessero, in qualche fattoria vicina, trovarsi dei buoi a tirarnele fuori. Ma nel tempo cattivo, al viaggiatore toccava d'imbattersi in difficoltà anche più gravi. Thoresby, che aveva costume di recarsi da Leeds alla capitale, nel suo Diario ha fatto ricordo di tanti perigli e disastri, da non essere esagerati in un viaggio al Mare Gelato o al Deserto di Sahara. Una volta egli seppe che il paese tra Ware e Londra era tutto innondato, che i passeggieri erano stati costretti a nuotare onde scampare la vita, e che un rivenditore era morto tentando di traversare la via. Per tali nuove Thoresby lasciò da parte la strada, e fu condotto traverso a certi prati, dove gli fu mestieri cavalcare nell'acqua che gli arrivava alla sella. In un altro viaggio, mancò poco ch'egli non venisse trasportato dall'impeto delle onde traripate del Trent. Poi fu ritenuto quattro giorni a Stamford per la condizione delle strade, ed in fine rischiossi a ripigliare il cammino, perchè gli fu dato accompagnarsi a quattordici rappresentanti della Camera dei Comuni, i quali recavansi in corpo al Parlamento, con numeroso stuolo di guide e di servi. Nello stradale della Contea di Derby, i viaggiatori stavano sempre in pericolo di rompersi il collo, e spesso erano costretti a smontare e condurre le loro cavalcature. La grande strada traverso al paese di Galles a Holyhead, era in condizioni tali, che, nel 1685, un vicerè che andava in Irlanda, consumò cinque ore di tempo a percorrere quattordici miglia, da Saint Asaph fino a Conway. Tra Conway e Beaumaris gli fu forza di camminare a piedi per lungo tratto di strada, mentre la sua moglie veniva portata in lettiga. Il suo cocchio lo seguiva trasportato con gran difficoltà da molte braccia. Generalmente, i carriaggi arrivavano in pezzi a Conway, ed erano trasportati sopra le vigorose spalle dei contadini gallesi a Menai Straits. In alcuni luoghi di Kent e di Sussex, nessun animale, fuorchè i più forti cavalli, poteva valicare su per la mota, nella quale affondava ad ogni passo. I mercati spesso rimanevano inaccessibili per parecchi mesi. Vuolsi che i frutti della terra si lasciassero talvolta imputridire in un luogo, mentre in un altro, poche miglia discosto, i prodotti locali non bastavano al bisogno. I carri a ruote in cotesto distretto, comunemente, erano trascinati da buoi. Allorquando il principe Giorgio di Danimarca visitò in tempo di pioggia il magnifico castello di Petworth, spese sei ore a far nove miglia di cammino; e fu mestieri che un branco di robusti villani fiancheggiasse da ambi i lati il cocchio onde puntellarlo. Parecchi dei carriaggi che lo seguivano, furono capovolti e danneggiati. Si conserva una lettera di uno dei gentiluomini che lo accompagnavano, nella quale lo sventurato cortigiano si duole, come per quattordici ore non gli fosse stato concesso di smontare, tranne quando la sua carrozza venisse capovolta, o rimanesse fitta nel fango.
Una delle cagioni precipue della pessimità delle strade, pare che stesse nel difetto di provvisioni legislative. Ciascuna parrocchia era tenuta a riattare le strade maggiori che la traversavano. I contadini

erano costretti a lavorarvi gratuitamente per sei giorni dell'anno. Se ciò non bastava, adoperavansi lavoranti a pago, e provvedevasi alla spesa con contribuzioni imposte a tutti i parrocchiani. È cosa manifestamente ingiusta che una via, la quale congiunga due grandi città esercenti in larga misura uno scambievole e proficuo traffico, venga mantenuta a spese della popolazione sparsa fra esse; e tale ingiustizia rendevasi più visibile nel caso della gran via del Nord, che traversando poverissimi e poco popolati distretti, congiungeva distretti assai popolati e ricchissimi. A vero dire, le parrocchie della Contea di Huntingdon non potevano riattare una strada consunta dal continuo traffico tra il West Riding della Contea di York e Londra. Tosto dopo la Restaurazione, questa gravezza richiamò a sè l'attenzione del Parlamento; e passò una legge, - una delle tante concernenti simile subietto, - che imponeva un lieve pedaggio sui viaggiatori e sulle robe, a fine di tenere in buona condizione alcune parti di questa importante strada. Tale innovazione, nondimeno, eccitò molti clamori; e le altre grandi vie che conducevano alla capitale, rimasero lungo tempo dopo sotto il vecchio sistema. In fine seguì un cangiamento, ma non senza gravi difficoltà. Imperocchè le tasse ingiuste ed assurde alle quali gli uomini sono assuefatti, spesso si sopportano assai meglio che le imposte più ragionevoli novellamente decretate. E' non fu se non dopo che molte sbarre di pedaggio furono violentemente abbattute, e le milizie in molti distretti costrette ad intervenire contro il popolo, e non poco sangue fu sparso, che potè introdursi un buon sistema. A lenti passi la ragione vinse il pregiudizio; ed oggimai l'isola nostra per ogni verso è traversata da circa trenta mila miglia di strade regie.

Per le migliori strade, nel tempo di Carlo II, le cose pesanti generalmente erano da luogo a luogo traportate sopra vagoni da viaggio. Sui paglliericci di cotesti veicoli adagiavasi una folla di viandanti, che non avessero mezzi di andare in carrozza o a cavallo, e ai quali la infermità o il peso dei loro bagagli impedisse di camminare a piedi. Enorme era la spesa. per trasportare in tal modo le robe pesanti. Da Londra a Birmingham, pagavasi sette lire sterline per ogni tonnellata: lo che equivaleva a quindici soldi la tonnellata per miglio; più del terzo di quel che poscia costava il trasporto per le strade regie, e quindici volte più di quello che oggi si spende per le vie ferrate. Il costo del trasporto per molti generi d'uso comune, equivaleva ad una tassa proibitiva. In ispecie il carbone non vedevasi altrove che nei distretti ai quali poteva essere trasportato per mare; e diffatti, comunemente chiamavasi nel mezzodì dell'Inghilterra, carbone di mare.

Nelle strade minori, e generalmente per le contrade settentrionali di York e per le occidentali di Exeter, il trasporto eseguivasi da lunghi traini di cavalli da basto. Questi vigorosi e pazienti animali, la cui razza oggidì è estinta, erano condotti da una genia d'uomini, che parrebbero molto somiglievoli ai mulattieri di Spagna. Un viandante d'umile condizione spesso trovava conveniente eseguire un viaggio, montato sul basto d'un cavallo tra due ceste o fagotti, sotto la cura di cotali robuste guide. Lieve era la spesa di siffatto modo d'andare: ma la caravana muovevasi con la lentezza dei pedoni; e in tempo di verno, il freddo sovente riusciva insoffribile.

I ricchi per lo più viaggiavano nelle loro carrozze, tirate almeno da quattro cavalli. Il faceto poeta Cotton si provò di andare da Londra al Peak con un solo paio; ma giunto a Saint Albans, trovando il viaggio insopportabilmente noioso, cangiò pensiero. Un cocchio a sei cavalli non si vede più al tempo nostro, tranne come apparato di lusso. E però il vedere di frequente rammentare nei vecchi libri quella specie d'equipaggi, ci potrebbe indurre in errore, attribuendo a magnificenza ciò che veramente era lo effetto d'una spiacevole necessità. La gente, nel tempo di Carlo II, viaggiava con sei cavalli, perchè con meno, il cocchio correva pericolo di rimanere fitto nella mota. Nè anche sei cavalli servivano sempre. Vambrugh, nella generazione susseguente, descrisse con molto spirito il modo con che un gentiluomo di provincia, eletto per la prima volta deputato al Parlamento, recavasi a Londra. In tale congiuntura, tutti gli sforzi di sei bestie, due delle quali erano state tolte all'aratro, non potevano salvare il cocchio di famiglia dal rimanere fitto nei pantani.

XXXVII. Le pubbliche vetture erano state pur allora molto migliorate. Negli anni che susseguirono alla Restaurazione, una diligenza metteva due giorni ad andare da Londra ad Oxford. I passeggieri dormivano a Beaconsfield. Finalmente, nella primavera del 1669, fu tentata una grande e ardimentosa innovazione. Venne annunziato, come un veicolo, che fu chiamato il Cocchio Volante, eseguirebbe l'intero viaggio dal nascere al tramonto del sole. Cotesta ardita impresa venne esaminata e sanzionata dai capi della Università, e sembra che svegliasse la medesima specie d'interesse che fa nascere ai di nostri l'apertura d'una nuova strada ferrata. Il vice-cancelliere, con un avviso affisso in tutti i luoghi pubblici, prescrisse l'ora e il punto della partenza. L'esito fu assai prospero. Alle ore sei della mattina, la vettura si mosse dall'antica facciata del Collegio d'Ognissanti; ed alle sette della sera, gli avventurosi gentiluomini, che primi eransi esposti al pericolo, giunsero sani e salvi alla loro locanda

in Londra. La università di Cambridge si mosse ad emulare la sorella; e subito fu messa su una diligenza, la quale in una giornata da quivi trasportava i passeggieri alla capitale. Alla fine del regno di Carlo II, simiglianti velociferi andavano tre volte la settimana da Londra alle città principali. Ma non sembra che alcuna carrozza, o alcun vagone da viaggio a tramontana andasse oltre York, e ad occidente oltre Exeter. L'ordinario spazio che un velocifero percorreva in un giorno, era di circa cinquanta miglia in estate; ma in inverno, essendo i giorni cattivi e le notti lunghe, ne faceva poco più di trenta. La vettura di Chester, e quella di York e di Exeter, generalmente giungevano a Londra in quattro giorni nella bella stagione, ma nel Natale non prima del sesto giorno. I passeggieri, ch'erano sei di numero, stavano assisi dentro la carrozza; imperocchè erano così spessi gli accidenti, che sarebbe stato estremamente pericoloso lo starsi in cima al legno. La spesa ordinaria in estate era di circa due soldi e mezzo per miglio, e un poco più in tempo di verno.
Questo modo di viaggiare, che dagli odierni Inglesi verrebbe giudicato insoffribilmente lento, sembrava agli antenati nostri maravigliosamente e non senza paura rapido. In una opera pubblicata pochi mesi avanti la morte di Carlo II, i velociferi vengono esaltati come superiori ad ogni qualunque simigliante veicolo conosciuto nel mondo. La rapidità loro è subietto di singolar lode, e posta vittoriosamente in contrasto col lento andare delle vetture postali del continente. Ma a simiglianti lodi mescolavansi voci di lamento e d'invettiva. Gl'interessi di numerose classi d'uomini avevano patito danno per la istituzione di coteste nuove vetture; e, come sempre, molti per semplice, stupidità o ostinatezza inchinavano a gridare contro la innovazione, solo perchè era tale. Allegavasi con veemenza che cotesto modo di trasporto sarebbe tornato fatale alle nostre razze di cavalli e alla nobile arte del maneggio; che il Tamigi, il quale da lungo tempo aveva nutriti tanti marinai, non sarebbe stato il precipuo luogo di passaggio da Londra su a Windsor, e giù a Gravesend; che i sellai e gli speronai sarebbero rimasti rovinati a centinaia; che innumerevoli locande, nelle quali solevano fermarsi i viaggiatori a cavallo, sarebbero state abbandonate e non avrebbero più pagata pigione; che i nuovi carriaggi erano troppo caldi d'estate, e troppo freddi di verno; che i passeggieri venivano gravemente infastiditi dai malati e dai piangenti bambini; che il cocchio talvolta perveniva sì tardi alla locanda, che era impossibile trovare da cena, e talvolta partiva così presto, da non potere trovar da colazione. Per tali ragioni, esortavano seriamente a non permettere a nessuna vettura pubblica di avere più di quattro cavalli, di partire più d'una volta la settimana, e di fare più di trenta miglia per giorno. Speravano che ove si fosse adottato siffatto regolamento, tutti, salvo gl'infermi e gli zoppi, avrebbero ripreso l'antico modo di viaggiare. Varie compagnie della città di Londra, varie città provinciali, e i giudici di varie Contee presentavano petizioni che contenevano le sopradette idee. Coteste cose ci muovono a riso. E non è impossibile che i nostri posteri, leggendo la storia della opposizione mossa dalla cupidità e dal pregiudicio ai miglioramenti del secolo decimo nono, sorridano anch'essi di noi.
Malgrado la riconosciuta utilità dei velociferi, gli uomini sani e vigorosi, e non impediti da molto bagaglio, seguitavano tuttavia il costume di fare a cavallo i viaggi lunghi. Se il viaggiatore voleva andare speditamente a qualche luogo, prendeva i cavalli di posta. Cavalli freschi e nuove guide potevano trovarsi a convenevoli distanze lungo tutte le grandi linee delle strade. La spesa era di tre soldi il miglio per ciascun cavallo, e quattro per la guida. In tal modo, essendo buono il cammino, egli era possibile di viaggiare per un tempo considerevole così rapidamente, come con qualunque altra specie di trasporto che si conoscesse in Inghilterra fino a che ai veicoli venne applicato il vapore. Non eranvi per anche carrozze da posta; nè coloro che viaggiavano nelle loro proprie, trovavano ordinariamente da mutare i cavalli. Il Re, nondimeno, e i grandi ufficiali dello Stato, potevano farlo. Così Carlo usualmente andava in un sol giorno da Whitehall a Newmarket; lo che faceva una distanza di circa cinquanta cinque miglia in un paese piano: viaggio che da' suoi sudditi veniva riputato celerissimo. Evelyn compì la medesima gita in compagnia del Lord Tesoriere Clifford. Il cocchio veniva tirato da sei cavalli, che furono cambiati a Bishop Stortford, e poi a Chesterford. Essi giunsero a Newmarket di notte. Siffatto modo d'andare sembra venisse considerato come un lusso convenevole ai soli principi e ai ministri. T XXXVIII. Ma qualunque si fosse il modo di viaggiare, i viandanti, a meno che fossero numerosi e bene armati, correvano non lieve periglio d'essere fermati e saccheggiati. Il ladrone a cavallo, essere che al dì d'oggi conosciamo solo da' libri, trovavasi in ogni strada maestra. Gli spazii di terreno deserto, che erano lungo i grandi stradali presso Londra, venivano infestati da questa specie di saccheggiatori. Hounslow Heath, nella grande strada di ponente, e Finchley Common in quella di tramontana, erano forse i più rinomati di tali luoghi. La scolaresca di Cambridge tremava appressandosi, anche di pieno giorno, a Epping Forest; i marinai che pur allora erano stati pagati a

Chatham, spesso erano costretti a consegnare le loro borse presso Gadshill, luogo celebrato, circa cento anni avanti, dal grandissimo dei poeti, come scena delle ruberie di Poins e Falstaff. E' sembra che l'autorità pubblica spesso non trovasse modo da condursi rispetto a codesti predoni. Ora leggevasi nella gazzetta l'annunzio, che parecchi individui fortemente sospettati d'essere ladroni, ma contro i quali non v'erano bastevoli prove, verrebbero pubblicamente esposti in abito da cavalcare a Newgate; verrebbero anche messi in mostra i loro cavalli: per ciò, tutti i gentiluomini ch'erano stati derubati, venivano invitati a vedere questa singolarissima esposizione. Ora offerivasi pubblicamente la grazia ad un ladro, ove avesse voluto restituire alcuni diamanti d'immenso valore, da lui rapiti, allorchè aveva fermata la valigia postale di Harwich. Breve tempo dopo, comparve un altro proclama, onde avvertire i locandieri, che l'occhio del Governo vegliava sopra essi. La loro criminosa connivenza, dicevasi in quell'avviso, agevolava ai banditi il modo d'infestare impunemente le strade. Che tali sospetti non fossero privi di fondamento, si argomenta dalle parole che sul letto di morte dissero alcuni ladroni pentiti di quel tempo, dalle quali e' pare ch'essi ricevessero dai locandieri servigi somiglievoli molto a quelli che il Bonifacio di Farquhar rendeva a Gibett.
Perchè un ladrone potesse prosperamente, e anche con sicurtà, esercitare il proprio mestiere, era necessario ch'egli fosse un destro cavalcatore, e che l'aspetto e i modi suoi fossero tali da convenire al padrone d'un bel cavallo. Egli quindi teneva una posizione aristocratica nella comunità dei ladri, mostravasi alle botteghe da caffè e alle case da giuoco più in voga, e scommetteva alle corse coi gentiluomini. E veramente, talvolta apparteneva a qualche buona famiglia ed era bene educato. E però annettevasi, e forse ancora s'annette, un interesse romanzesco ai nomi di questa classe di predoni. Il volgo con facilità prestava fede alle storielle della ferocia ed ardimento, degli atti di generosità e di buon indole, degli amori, degli scampi miracolosi; degli sforzi disperati, del maschio contegno loro innanzi ai tribunali e sul patibolo. Diffatti, raccontavasi di Guglielmo Nevison, il gran ladrone della Contea di York, com'egli imponesse un tributo d'una quarta parte ai conduttori di bestiame delle contrade settentrionali, mentre non solamente non recava loro alcun male, ma gli proteggeva contro gli altri ladri; come egli chiedesse con cortesissimi modi le borse; come desse profusamente ai poveri ciò che aveva tolto ai ricchi; come gli fosse una volta perdonata la vita dalla clemenza del Re, e come ripigliasse di nuovo l'antico mestiere, e alla perfine morisse nel 1685 in York sulla forca. Similmente narravasi, come Claudio Duval, paggio francese del Duca di Richmond, gettatosi sul gran cammino, si facesse capo d'una formidabile banda, ed avesse l'onore di essere nominato primo in un proclama regio contro que' rinomati facinorosi; come a capo della sua masnada egli fermasse il cocchio d'una dama, nel quale trovò un bottino di quattrocento lire sterline; come ne prendesse sole cento, e lasciasse alla bella signora il rimanente, a patto ch'ella ballasse un poco con lui sul prato; come, con la sua vivace galanteria, rapisse i cuori di tutte le donne; come, per la destrezza con che maneggiava la spada e la pistola, diventasse il terrore degli uomini; come finalmente, nel 1670, venisse preso mentre giaceva avvinazzato; come le dame d'alto grado andassero a visitarlo in carcere, e con le lagrime intercedessero per salvargli la vita; come il Re fosse disposto a perdonargli, se non era l'intervento del giudice Morton, terrore dei ladroni, il quale minacciò di rinunciare all'ufficio ove non si fosse rigorosamente eseguita la legge; e come, dopo la decapitazione, il suo cadavere fosse esposto con tutta la pompa di blasoni, ceri e parati bruni, e piagnoni, finchè il medesimo crudo giudice che aveva impedito il Re di far grazia, mandò ufficiali a disturbare l'esequie. A questi aneddoti senza dubbio sono mescolate molte favole, ma non perciò sono indegni di ricordanza; imperocchè egli è fatto autentico ed importante, che simili racconti, veri o falsi, venivano ascoltati con ardore e buona fede dai nostri antenati.
XXXIX. Tutti i diversi pericoli onde era circuito il viaggiatore, venivano grandemente accresciuti dalle tenebre. Era, quindi, comunemente sollecito di avere per tutta la notte un asilo, che non era difficile ottenere. Le locande d'Inghilterra, fino da tempi antichissimi, hanno goduto rinomanza. Il nostro primo grande poeta ha descritto i comodi che esse nel secolo decimoquarto offrivano ai pellegrini. Ventinove persone, coi loro cavalli, trovarono ricovero nelle spaziose camere e stalle del Tabard in Southwark. I cibi erano dei migliori che si potessero trovare, e i vini tali da indurre la brigata a beverne copiosamente. Duecento anni dopo, regnante Elisabetta, Guglielmo Harrison descrisse vivamente l'abbondanza e i comodi dei grandi alberghi. Il continente d'Europa, egli diceva, non ha nulla di simile a quelli. Ve n'erano alcuni, in cui due o trecento persone con le cavalcature loro, potevano essere alloggiate e nutrite senza veruna difficoltà. I letti, le tappezzerie, e soprattutto l'abbondanza di netta e squisita biancheria, erano subietto di meraviglia. Spesso sopra le mense vedevansi argenterie di gran prezzo: anzi, v'erano arnesi che costavano trenta o quaranta sterline. Nel secolo decimosettimo, in

Inghilterra era gran copia di buone locande d'ogni specie. Il viandante talvolta in un piccolo villaggio smontava ad un albergo simile a quello descritto da Walton, dove il pavimento di mattoni era bene spazzato, le pareti ornate di canzoni, le lenzuola mandavano odore d'acqua di lavanda, e dove un buon fuoco, un bicchiere di squisita birra e un piatto di trote pescate del vicino ruscello, potevano aversi con poca spesa. Negli alberghi maggiori trovavansi letti con parati di seta, eccellente cucina, e vino di Bordeaux uguale al migliore che si bevesse in Londra. Soggiungevasi anche, che i locandieri non fossero simili agli altri del loro mestiere. Nel continente, il proprietario era il tiranno di coloro che varcavano la soglia del suo albergo. In Inghilterra era un servitore. Giammai un Inglese trovavasi come in casa sua altrove, più che nella sua locanda. Anco gli uomini ricchi che in casa propria avrebbero potuto godere d'ogni lusso, spesso avevano il costume di passare le sere nella sala di qualche vicina casa da divertimento. E' pare che pensassero, la libertà e i comodi non potersi così bene godere altrove. Tale costumanza continuò per molte generazioni ad essere una peculiarità nazionale. Lo allegro e libero stare nelle locande, diede per lungo tempo materia ai nostri scrittori di drammi e di novelle. Johnson affermò che la seggiola d'una taverna era il trono della felicità umana; e Shenstone gentilmente lamentò, come nessun tetto privato, per quanto amichevole, desse quanto quello d'una locanda al passeggiero con tanta cordialità il benvenuto.

Molti comodi che nel secolo diciassettesimo erano sconosciuti in Hampton Court e in Whitehall, posson trovarsi nei nostri moderni alberghi. Nondimeno, nell'insieme, egli è certo che il miglioramento delle case di pubblico divertimento non è in nessun modo andato di pari passo col miglioramento delle nostre strade, e dei mezzi di trasporto. Nè ciò deve sembrare strano: poichè è cosa manifesta che, supponendo uguali tutte le altre circostanze, le locande saranno migliori là dove i mezzi di locomozione son pessimi. Più celere è il modo di viaggiare, meno importante diviene al viaggiatore la esistenza di numerosi e piacevoli luoghi di riposo. Cento sessanta anni fa, un uomo che da una Contea rimota si fosse recato alla metropoli, generalmente aveva mestieri di desinare dodici o quindici volte, e riposare cinque o sei notti durante il viaggio. Se era ricco, aspettavasi che nei pranzi e negli alloggi fosse proprietà ed anche lusso. Oggimai la luce d'un sol giorno di verno ci basta per volare da York o da Exeter fino a Londra. Il viaggiatore perciò rade volte interrompe il proprio viaggio per mero bisogno di riposo o di cibo: quindi è che molti buoni alberghi trovinsi in estremo decadimento. In breve tempo non ve ne sarà più nè anche uno, tranne nei luoghi dove è verosimile che gli stranieri siano astretti a fermarsi per cagione di faccende o di piacere.

XL. Il modo onde le lettere erano trasmesse da un luogo distante ad un altro, parrebbe oggidì degno di scherno: nulladimeno, esso era tale da muovere l'ammirazione e la invidia delle più culte nazioni dell'antichità, o dei contemporanei di Raleigh e di Cecil. Uno stabilimento rozzo ed imperfetto di poste pel trasporto delle lettere, era stato messo su da Carlo I, e distrutto dalla guerra civile. Sotto la Repubblica quel disegno venne ripreso. Dopo la Restaurazione, i proventi dell'ufficio postale, sottratte le spese, furono assegnati al Duca di York. Nella maggior parte delle strade, le valigie partivano ed arrivavano ciascun giorno alternativamente. In Cornwall, nei paduli della Contea di Lincoln, e fra i colli e i laghi di Cumberland, le lettere ricevevansi una volta la settimana. Nel tempo che il Re viaggiava, dalla capitale spedivasi giornalmente un corriere al luogo dove la Corte intendeva fermarsi. Eranvi parimente quotidiane comunicazioni tra Londra e Downs; e il medesimo privilegio talvolta estendevasi a Tunbridge Wells e a Bath, nella stagione in cui que' luoghi erano popolati di signori. I bagagli venivano trasportati sui cavalli, che camminando di notte e di giorno, facevano cinque miglia l'ora.

La entrata di tale stabilimento non ricavavasi soltanto dal trasporto delle lettere. L'ufficio postale aveva diritto di apprestare i cavalli da posta; e considerando la sollecitudine con che era condotto cotesto monopolio, possiamo concludere che fosse proficuo. Se però un viaggiatore avesse atteso mezz'ora senza che gli venissero apprestati i cavalli, poteva procurarseli dove e come meglio gli fosse piaciuto.

Agevolare la corrispondenza tra una parte e l'altra della città di Londra, non era in origine lo scopo dell'ufficio postale. Ma nel regno di Carlo II, un cittadino intraprendente, di nome Guglielmo Dockwrey, istituì con grande spesa una posta d'un soldo, la quale trasportava lettere e fagotti sei o otto volte per giorno nelle strade popolate e piene di faccende presso la Borsa, e quattro volte per giorno fuori la città. Cotesto miglioramento, secondo il costume, fu vigorosamente avversato. I facchini dolevansi del detrimento che ne pativano, e stracciavano i cartelli che ne davano annunzio al pubblico. Il commovimento cagionato dalla morte di Godfrey, e dalla scoperta delle scritture di Coleman, in allora era sommo. E però levossi alto il grido, che la posta d'un soldo fosse un disegno dei papisti. Affermavasi che il gran Dottore Oates aveva sospetto come i Gesuiti vi fossero mescolati, e

come bastasse esaminare i fagotti per trovarvi i vestigi del tradimento. Nonostante, sì grande e manifesta era la utilità della impresa, che ogni opposizione tornò priva d'effetto. Appena fu chiaro che era lucrosa, il Duca di York ne mosse querele come d'un'infrazione del suo monopolio, e i tribunali sentenziarono in suo favore.
La entrata dell'ufficio postale, fin da principio, venne sempre aumentando. L'anno in cui seguì la Restaurazione, un Comitato della Camera dei Comuni, dopo rigorosa indagine, ne aveva estimato il ricavato netto a circa venti mila lire sterline.
Alla fine del regno di Carlo II, la entrata netta sommava a poco meno di cinquanta mila sterline; somma che in allora fu considerata stupenda. La entrata lorda ascendeva a circa settanta mila sterline. La spesa per la spedizione d'una sola lettera era due soldi per ogni ottanta miglia, e tre soldi per una distanza maggiore; ma aumentava in proporzione del peso del piego. Ai dì nostri, una lettera semplice si spedisce per un soldo ai confini della Scozia e della Irlanda; e il monopolio dei cavalli da posta non esiste più da lungo tempo. Nondimeno, l'entrata lorda ascende annualmente a più d'un milione e ottocento mila lire sterline, e la netta a settecento e più mila. Non si potrebbe, quindi, dubitare che il numero delle lettere le quali oggidì si spediscono per posta, è settanta volte maggiore di quello che se ne spediva nel tempo in cui Giacomo II ascese al trono.
XLI. Nessuna parte del carico che le vecchie valigie trasportavano, era più importante delle lettere contenenti notizie. Nel 1685 non esisteva nè poteva esistere alcuna cosa di simile al giornale quotidiano di Londra dei nostri giorni; non essendovi nè il danaro nè l'arte a ciò fare bisognevoli. Mancava, inoltre, la libertà; mancanza fatale quanto quella del danaro e dell'arte. Vero è che in quel tempo la stampa non era soggetta ad una generale censura. La legge di licenza, che era stata fatta poco dopo la Restaurazione, era spirata nel 1679. A chiunque era concesso di stampare, a proprio rischio, una storia, un sermone o un poema, senza approvazione di alcun pubblico ufficiale; ma i giudici concordemente opinavano che siffatta libertà non si estendesse alle Gazzette, e che, per virtù del diritto comune dell'Inghilterra, nessuno senza regia licenza avesse potestà di pubblicare notizie politiche. Finchè il partito Whig fu formidabile, il Governo reputò utile di quando in quando chiudere gli occhi alla violazione di cotesta regola. Mentre ferveva la gran lotta della Legge d'Esclusione, molti giornali lasciaronsi stampare; cioè le Notizie Protestanti, Notizie correnti, Notizie domestiche, le Nuove Vere, il Mercurio di Londra. Nessuno di questi giornali pubblicavasi più di due volte la settimana; nessuno aveva formato maggiore d'un piccolo foglio. La materia che in ciascuno di essi contenevasi nello spazio d'un anno, non era maggiore di quella che spesso si trova in due soli numeri del Times. Dopo la sconfitta dei Whig, il Re non si vide più astretto ad essere indulgente nell'usare quella che, secondo la sentenza dei giudici, era sua prerogativa. Verso la fine del suo regno, nessun giornale poteva stamparsi senza la regia licenza; la quale era stata esclusivamente accordata alla Gazzetta di Londra. Questa vedeva la luce il lunedì e il giovedì d'ogni settimana, e generalmente conteneva un proclama reale, due o tre indirizzi di Tory, l'annunzio di due o tre promozioni, la relazione d'una scaramuccia tra le truppe imperiali e i Giannizzeri lungo il Danubio, la descrizione d'un ladrone, l'annunzio d'un gran combattimento di galli fra due persone d'onore, e la notizia d'un premio da darsi a chi avesse trovato un cane smarrito. Tutte queste cose contenevansi in due pagine di modico formato. Le comunicazioni concernenti soggetti di gravissimo momento, facevansi in istile secco e di mera forma. Alcuna volta, trovandosi il Governo inchinevole a satisfare la curiosità pubblica rispetto a qualche importante negozio, facevasi un supplemento a stampa distinta, che conteneva più minuti particolari di quelli che si trovassero nella Gazzetta: ma nè questa, nè il supplemento stampato per ordine del Governo, rivelavano se non le cose che la Corte avesse trovato convenevole pubblicare. Le discussioni parlamentari, i processi di Stato di maggiore importanza, dei quali faccia ricordo la nostra storia, erano passati sotto profondo silenzio. Nella metropoli, le botteghe da caffè in qualche modo tenevano luogo di giornali. Ivi i cittadini affollavansi come gli antichi Ateniesi al mercato, per sapere che cosa ci fosse di nuovo. Ivi potevasi sapere con quanta brutalità fosse stato trattato un Whig il giorno precedente in Westminster Hall; quali orribili racconti facessero le lettere d'Edimburgo intorno alle torture inflitte ai Convenzionisti; quali enormi inganni avesse fatto l'ammiragliato alla Corona nello approvvigionare la flotta; e quali gravi accuse il Lord del Sigillo Privato avesse intentate contro la Tesoreria per la imposta sui fuochi.
XLII. Ma coloro che vivevano assai discosti dal gran teatro delle contese politiche, potevano soltanto per mezzo delle lettere aver notizia di ciò che ivi accadeva. Formare tali lettere era diventato un mestiere in Londra, come è ai dì nostri fra i naturali dell'India. Lo scrittore di nuove girovagava di Caffè in Caffè, raccogliendo le dicerie; penetrava in Old Bailey a udirvi le discussioni, tutte le volte che c'era

un processo interessante; anzi otteneva forse accesso alla galleria di Whitehall, e riferiva il contegno del Re e del duca. In tal guisa raccoglieva notizie per le epistole settimanali, destinate a istruire qualche città di Contea, o qualche banco di magistrali rurali. Erano queste le fonti da cui gli abitatori delle più grosse città di provincia, e i gentiluomini e il clero, imparavano quasi tutto ciò che sapessero della storia dei tempi loro. È d'uopo supporre che in Cambridge vi fossero altrettante persone curiose di sapere ciò che accadeva nel mondo, quante ve n'erano in ogni altro luogo del Regno, fuori di Londra. Nulladimeno, in Cambridge, per gran parte del regno di Carlo II, i Dottori di legge e i Maestri delle Arti non avevano altro mezzo regolare di sapere le nuove, tranne la Gazzetta di Londra. Infine giovaronsi dei servigi d'uno dei raccoglitori di notizie nella metropoli. E fu giorno memorabile quello in cui comparve sulla tavola della sola bottega da caffè che fosse in Cambridge, la prima lettera di notizie giunta da Londra. Nella residenza dei ricchi uomini di provincia, la lettera delle notizie era attesa con impazienza. Dopo arrivata, in una settimana passava per le mani di venti famiglie. Forniva agli scudieri del vicinato materia di chiacchiere per le ferie d'Ottobre, ed era ai rettori subietto di virulenti sermoni contro i Whig o i papisti. Molti di cotesti curiosi giornali potrebbero certo trovarsi, diligentemente frugando negli archivi delle vecchie famiglie. Alcuni se ne trovano nelle nostre biblioteche pubbliche; ed una serie, che forma la parte non meno pregevole dei tesori letterarii raccolti da Sir Giacomo Mackintosh, verrà a suo luogo citata nel corso di questa opera.
Non è d'uopo rammentare come in allora non ci fossero giornali di provincia. Difatti, tranne nella metropoli e nelle due università, forse non v'era un solo tipografo in tutto il reame. E' sembra che la sola stamperia la quale esistesse in Inghilterra nelle contrade settentrionali oltre il Trent, fosse in York.
XLIII. Non era solo per mezzo della Gazzetta di Londra che il Governo imprendesse ad apprestare al popolo istruzione delle cose politiche. Quel giornale conteneva secchi articoli di notizie senza commenti. Un altro, pubblicato sotto il patronato della Corte, conteneva commenti senza notizie. Chiamavasi l'Osservatore, e lo compilava un vecchio articolista Tory, di nome Ruggiero Lestrange. Costui non difettava di speditezza e di sottile ingegno; e la sua locuzione, comecchè fosse grossolana e sfigurata da un gergo basso e verboso, che allora nel domestico focolare e nella taverna estimavasi spiritoso, non era privo di acume e vigore. Ma l'indole sua, feroce ed ignobile a un tempo, mostravasi in ogni tratto che gli uscisse dalla penna. Allorquando comparvero i primi numeri dell'Osservatore, l'acrimonia dello scrittore non era affatto indegna di scusa; imperocchè, essendo potenti i Whig, gli toccava lottare contro numerosi avversarii, la cui violenza scevra di scrupoli sembrava giustificare le rappresaglie. Ma nel 1685 ogni opposizione era stata vinta. Uno spirito generoso avrebbe abborrito dall'insultare un partito che non poteva rispondere, e dall'aggravare la miseria dei prigioni, degli esuli e delle famiglie spogliate; ma alla malignità di Lestrange non era sacro nè il sepolcro nè il tetto della famiglia. Nell'ultimo mese del regno di Carlo II, Guglielmo Jenkyn, vecchio e illustre pastore dissenziente, il quale aveva patita crudele persecuzione, non per altro delitto che per quello di adorare Dio secondo l'usanza comunemente seguita in tutta l'Europa protestante, morì per le sevizie e le privazioni sofferte in Newgate. Lo scoppio della simpatia popolare non potè frenarsi. Il suo cadavere fu accompagnato alla tomba da un corteo di cento cinquanta carrozze. La tristezza era dipinta anche in volto ai cortigiani. Perfino lo spensierato Carlo mostrò segni di dolore. Il solo Lestrange sciorinò un cicaleccio di feroce esultanza, schernì la debolezza dei Barcamenanti, che mostravano commiserazione; scrisse che il blasfemo, vecchio impostore, aveva ricevuta la meritata pena; e fece voto di guerreggiare non solo fino a morte, ma dopo morte contro tutti i Santi e martiri ridicoli. Tale era lo spirito del giornale che in que' tempi era l'oracolo del partito Tory, ed in ispecie del clero delle parrocchie.
XLIV. Tanta letteratura, quanta poteva trasportarsi nella valigia postale, formava allora gran parte del nutrimento intellettuale per i teologi e i giudici di provincia. La difficoltà e la spesa di trasmettere di luogo in luogo grossi fagotti erano così grandi, che un'opera voluminosa metteva più tempo ad andare da Paternoster Row alle Contee di Devon o di Lancaster, che oggidì non impiega ad arrivare a Kentucky. Quanto pochi libri, anche i più necessarii agli studi teologici, possedesse un parroco rurale, è stato già notato. Le case dei gentiluomini non ne erano meglio provvedute. Pochi cavalieri della Contea avevano biblioteche che si potessero agguagliare a quelle che ora comunemente si trovano nel salotto d'un servitore, o nella retrostanza del padrone d'una piccola bottega. Uno scudiere veniva riputato dai suoi vicini per un gran dotto, se l'Hudibras, o la Cronaca di Barber, o gli Scherzi di Tarlton, o i Sette Campioni della Cristianità, trovavansi nella sua sala fra mezzo alle canne da pescare, agli arnesi da caccia. In allora, nè anche nella capitale esistevano biblioteche circolanti; ma nella capitale,

quegli studenti che non potevano molto spendere, avevano un compenso. Le botteghe dei grandi librai presso il Cimitero di San Paolo, erano quotidianamente e per tutta la giornata affollate di lettori; e ad ogni avventore conosciuto, spesso era concesso di portarsi a casa qualche volume. In provincia non esisteva siffatta comodità; e ciascuno era costretto a comprare i libri che avesse voluto leggere.
XLV. La provvisione letteraria della madre e delle figlie del possidente di provincia, generalmente consisteva nel libro delle preghiere e in quello dei conti. E a dir vero, perdevano poco a vivere nel ritiro campestre; poichè anche nelle classi più alte, e in quelle condizioni che apprestavano le maggiori agevolezze alla cultura dello intelletto, le donne inglesi di quell'età erano peggio educate di quello che siano state in qualunque altro tempo dopo il risorgimento delle lettere. In un'epoca anteriore studiavano i capolavori degli antichi. Al dì d'oggi rade volte si danno seriamente allo studio delle lingue morte; ma conoscono familiarmente la lingua di Pascal e di Molière, quella di Dante e di Tasso, quella di Goethe e di Schiller; nè vi è stile più puro o più grazioso di quello con che le donne bene educate parlino e scrivano. Ma negli ultimi anni del diciassettesimo secolo, la cultura della mente nelle donne era quasi affatto negletta. Se una donzella aveva la più lieve tintura letteraria, veniva stimata un prodigio. Le donne d'alto lignaggio, di squisita educazione e fornite di spirito naturale, non sapevano scrivere, un rigo nella loro lingua materna senza solecismi ed errori d'ortografia, quali oggi si vergognerebbe di commettere una fanciulla cresciuta negli asili di carità.
La ragione di ciò potrebbe agevolmente trovarsi. Una licenza stravagante, effetto naturale della stravagante austerità, era venuta in voga; e la licenza aveva prodotto il suo naturale effetto, vale a dire la degradazione morale e intellettuale delle donne. Nacque il costume di rendere rozzi ed impudenti omaggi alla beltà della persona; ma l'ammirazione e il desio che esse ispiravano, di rado era accompagnato dal rispetto, dall'affezione, o da qualsivoglia altro sentimento cavalleresco. Que' pregi che le rendono atte ad essere compagne, consigliere e fide amiche, ripugnavano, anzichè piacere, ai libertini di Whitehall. In quella Corte, una dama che si fosse vestita in modo da non ascondere la bianchezza del petto, che avesse lanciato sguardi espressivi, danzato con voluttà, risposto con impertinenza, che non avesse sentita vergogna a far baccano coi ciamberlani e coi capitani delle guardie, a cantare con maligna espressione versi maligni, o accomodare i vestiti d'un paggio per qualche scherzo, aveva maggior probabilità di trovare ammiratori e seguaci, d'essere più onorata nel regio favore, di ottenere un ricco e nobile marito, che non avrebbero avuta Giovanna Grey o Lucia Hutchinson. In tal guisa, la misura delle qualità della donna era necessariamente, bassa; ed era più pericoloso lo starsi sopra che sotto siffatta misura. La ignoranza o la frivolezza estrema venivano in una dama estimate meno inconvenevoli d'una lieve tintura di pedanteria. Delle troppo celebri donne i cui volti si ammirano adesso nelle pareti di Hampton Court, poche avevano costume di leggere altro di serio fuorchè gli acrostici, le satire, e le traduzioni della Clelia e del Ciro il Grande.
XLVI. E' sembra che la erudizione letteraria anche dei gentiluomini di quel tempo, fosse meno solida e profonda di quella che avanti o dopo quella età possedessero. Lo studio delle lettere greche, per lo meno, non fioriva tra noi ai tempi di Carlo II, come aveva fiorito innanzi la guerra civile, o come fiorì dopo la Rivoluzione. Non è dubbio che vi fossero uomini dotti, ai quali era famigliare tutta la greca letteratura da Omero sino a Fozio; ma trovavansi quasi esclusivamente fra il clero delle università, ed anche quivi erano pochi e non pienamente apprezzati. In Cambridge non si riputava punto necessario che un teologo fosse in condizione di leggere il vangelo nella lingua originale. Nè la faccenda procedeva altrimenti in Oxford. Allorquando, regnante Guglielmo III, Christ Church alzossi unanime a difendere l'autenticità delle Lettere di Falaride, quel gran collegio, in allora considerato come sede principale della filosofia in tutto il Regno, non potè far mostra del corredo di greco che adesso possiedono non pochi giovani in ogni grande scuola pubblica. Potrebbe di leggeri supporsi che una lingua morta, trascurata nelle università, non venisse molto studiata dagli uomini del mondo. In una età posteriore, la poesia e la eloquenza della Grecia formarono il diletto di Pitt e di Fox, di Windham e di Grenville. Ma negli ultimi anni del secolo decimosettimo, non era in Inghilterra un solo eminente uomo di Stato, che potesse gustare una pagina di Sofocle o di Platone.
I cultori del latino erano in maggior numero. La lingua di Roma, a vero dire, non aveva onninamente perduto il carattere imperiale, e continuava tuttavia in molte parti d'Europa ad essere quasi indispensabile ai viaggiatori, o agl'inviati a negoziar trattati politici. Parlarla bene, quindi, era un pregio assai più comune che non è ai tempi nostri; e nè Oxford nè Cambridge difettavano di poeti, i quali nelle grandi occasioni, potessero deporre ai piedi del trono felici imitazioni dei versi con cui Virgilio ed Ovidio avevano celebrata la grandezza d'Augusto.
XLVII. Non ostante, anche la lingua latina cedeva il posto ad una rivale più giovane. La Francia godeva

in quel tempo quasi ogni specie di predominio. La sua gloria militare era pervenuta alla maggiore altezza; perocchè le armi francesi avevano vinte quelle di molti altri popoli insieme collegati. Essa aveva dettato trattati, soggiogate grandi città e provincie, costretto l'orgoglio castigliano a cederle la precedenza, imposto ai principi italiani di prostrarsi ai suoi piedi. L'autorità sua era suprema in ogni ramo di vivere civile, dal duello fino al minuetto. Essa insegnava in che modo dovesse esser fatto il vestito, quanto lunga la parrucca, se i tacchi avessero ad essere alti o bassi, o se largo o stretto il nastro del cappello d'un gentiluomo. In letteratura dettava legge al mondo: la fama dei suoi grandi scrittori riempiva l'Europa. Nessun altro paese poteva gloriarsi d'un poeta tragico pari a Racine, d'un poeta comico pari a Molière, d'un favolista gajo come la Fontaine, d'un oratore che avesse il magistero di Bossuet. La gloria letteraria d'Italia e di Spagna era tramontata; quella di Germania non era ancor sorta. Per la qual cosa, il genio degl'incliti uomini che adornavano Parigi, splendeva d'una luce che era resa maggiore dal contrasto. E veramente, la Francia in quel tempo esercitava tale un predominio sopra l'umanità, cui nè anche i Romani pervennero mai. Imperciocchè, mentre Roma era regina del mondo, nelle arti e nelle lettere era l'umile discepola della Grecia. La Francia aveva sopra le circostanti nazioni ad un'ora la supremazia che Roma ebbe sopra la Grecia, e quella che la Grecia ebbe sopra Roma. La lingua francese andava facendosi l'idioma universale, l'idioma delle classi culte e della diplomazia. In parecchie Corti, i principi e i nobili lo parlavano con maggior cura e grazia, che non parlassero la propria lingua. Nella nostra isola, questa servilità era minore di quel che fosse nel Continente. L'essere imitatori non annoveravasi nè fra le buone nè fra le cattive qualità nostre. Nulladimeno, anche in Inghilterra si rendeva omaggio, con poca destrezza, a dir vero, e di mala voglia, alla supremazia letteraria dei nostri vicini. L'armoniosa favella toscana, cotanto famigliare ai gentiluomini ed alle dame della Corte d'Elisabetta, cadde in dispregio. Se un gentiluomo citava Orazio o Terenzio, veniva considerato nelle culte brigate come un pedante vanitoso. Ma imperlare di frasi francesi il discorso, era il migliore argomento che potesse offrirsi del proprio merito. Nuove regole di critica, nuovi modelli di stile vennero in voga. L'affettata ingenuità che aveva deformati i versi di Donne, ed era stata una menda in quelli di Cowley, scomparve dalla nostra poesia. La prosa divenne meno maestosa, tessuta con minore artificio, e meno armonica che non era quella dei precedenti tempi; ma più lucida, più facile e meglio adatta alla controversia ed alla narrazione. In tali mutamenti è impossibile non riconoscere la influenza dei precetti e degli esempii francesi. I grandi maestri della lingua nostra, nei loro più dignitosi componimenti, affettavano d'usare vocaboli francesi, là dove era agevole trovarne inglesi egualmente significativi ed armoniosi; e dalla Francia venne fra noi la tragedia in versi rimati: pianta esotica, che nel nostro suolo languì e tostamente si spense.

XLVIII. Sarebbe stata buona ventura se i nostri scrittori avessero imitato il decoro, che, tranne pochi esempi, serbavano sempre i loro grandi contemporanei francesi: imperocchè la immoralità delle produzioni drammatiche, satiriche e liriche, e delle novelle di quell'età fra noi, ha impressa una profonda macchia nella nostra nazionale rinomanza. È facile cercare il vero nella sua stessa sorgente. I begli spiriti e i Puritani non erano mai stati amici; non era simpatia nessuna fra coteste due classi, come quelle che guardavano l'intero sistema della vita umana da punti di veduta differenti e sotto differente luce. Ciò che per gli uni era serio, per gli altri era obietto di scherzo. I piaceri di questi erano tormenti di quelli. Ai gravi rigoristi, perfino gl'innocenti trastulli dell'infanzia sembravano criminosi. Ai caratteri leggeri e gai, la solennità dei fratelli zelanti forniva copiosa materia di riso. Dalla Riforma fino alla guerra civile, quasi ogni scrittore dotato di senso squisito per il bernesco, erasi talvolta giovato dell'occasione per ischernire i santocchi dai capelli lisci, parlanti col naso e piagnolosi, i quali battezzavano i loro figliuoli secondo il libro di Neemia, gemevano nell'amarezza del loro spirito alla vista di Jack in the Green, e reputavano cosa empia mangiare la zuppa di prugne nel giorno di Natale. Finalmente, giunse il tempo in cui gli schernitori cominciarono a mostrarsi alla lor volta malinconici. I rigidi e male accorti zelanti, dopo d'essere stati obietto di riso per due generazioni, corsero alle armi, vinsero, recaronsi in mano il governo, e con un sorriso austero sulle labbra calpestarono la caterva degli irrisori. Le ferite inflitte dalla malignità gaja e petulante, furono contraccambiate con la cupa ed implacabile malignità, particolare ai bacchettoni, che chiamano virtù il proprio rancore. I teatri vennero chiusi, i comici fustigati, la stampa posta sotto la tutela di austeri censori, le muse bandite da Oxford e Cambridge, loro luoghi prediletti. Cowley, Crashaw, Cleveland furono cacciati dei loro uffici. Il giovane aspirante ai gradi universitarii non fu più obbligato a sapere scrivere epistole e pastorali ad imitazione di Ovidio e di Virgilio, ma veniva rigorosamente interrogato da un sinodo di Supralapsarii intorno al giorno e all'ora in cui egli sperimentò il nascimento alla nuova vita. Tale sistema era molto proficuo agl'ipocriti. Sotto umile manto ed austere sembianze, s'era tenuta per vari anni nascosta la

intensa brama di licenza e di vendetta; brama che alla perfine potè sfogarsi. La Restaurazione emancipò migliaia di animi da un giogo diventato intollerabile. Il vecchio conflitto si riaccese, ma con nuovo odio e furore: adesso non era più lotta da scherno, ma combattimento a morte. Le Teste-Rotonde, da quelli che erano stati da loro perseguitati, non potevano aspettarsi sorte migliore di quella che un crudele custode di schiavi possa aspettarsi dagli schiavi insorti, i quali tuttavia portano i segni del collare e dello staffile.
La pugna tra lo spirito e il puritanismo, tosto diventò guerra tra lo spirito e la moralità. L'ostilità, suscitata da una caricatura grottesca della virtù, non risparmiava la virtù stessa. Le cose che l'uomo appartenente alla classe delle Teste-Rotonde aveva trattate con riverenza, venivano fatte segno allo insulto, e favoreggiate le già proscritte. E perchè quegli era stato scrupoloso rispetto alle inezie, ogni scrupolo era posto in derisione: perchè quegli aveva coperti i propri falli con la maschera della bacchettoneria, ciascuno studiavasi di mostrare con cinica impudenza i propri vizi più scandalosi agli occhi del pubblico: perchè quegli aveva punito lo amore illecito con barbara severità, la purità delle vergini e la fedeltà delle spose erano considerate come cose da scherno. A quel gergo da santocchi, che era il suo Shibboleth, opponevasi un altro gergo non meno assurdo e molto più odioso. E siccome egli non apriva mai le labbra se non per profferire frasi scritturali, la nuova genía dei begli spiriti ed egregi gentiluomini non aprivano le loro senza vomitare oscenità tali, che oggi farebbero vergognare un facchino, e senza invocare l'Eterno a maledirli, sprofondarli, confonderli, sperderli e dannarli.
Non è, dunque, cosa strana che la nostra amena letteratura, quando risorse al risorgere della nostra vecchia politica ecclesiastica e civile, fosse profondamente immorale. Pochi uomini eminenti, che appartenevano ad una età anteriore e migliore, serbaronsi esenti dall'universale contagio. I versi di Waller spiravano tuttavia i sentimenti che avevano animata una generazione più cavalleresca. Cowley, predistinto come uomo leale e letterato, alzava animosamente la voce contro la immoralità che deturpava le lettere e la lealtà. Un poeta di più potente ingegno meditava, indisturbato dall'osceno tumulto che circondavalo, un canto così sublime e santo, che non sarebbe stato sconvenevole sulle labbra di quelle Virtù eteree, ch'egli contemplava con quell'occhio interno che non può essere spento da calamità alcuna, gettanti sul pavimento di diaspro le loro corone d'amaranto e d'oro. Il vigoroso e fecondo genio di Butler, se non potè al tutto tenersi libero dalla infezione predominante, contrasse il male in forma più mite. Ma cotesti erano uomini, gl'intelletti dei quali erano stati educati in un mondo già passato; e dopo non molto tempo avevano ceduto il luogo a una generazione di più giovani ingegni; della quale, da Dryden fino a Durfey, era nota caratteristica una licenza cruda, impudente, vanitosa, e ad un tempo priva d'umanità e d'eleganza. La influenza di tali scrittori era, senza verun dubbio, nociva: nonostante, lo sarebbe stata meno se essi fossero stati meno corrotti. Il veleno che amministravano era sì forte, che dopo non lungo tempo venne come stomachevole aborrito. Nessuno di loro intendeva l'arte pericolosa di congiungere le immagini di piaceri illegittimi con tutto ciò che v'ha di caro e di nobile; nessuno di loro accorgevasi che un certo decoro è essenziale alla voluttà stessa, che la veste è più seducente della nudità, e che la immaginazione può essere più potentemente mossa da delicate deduzioni, le quali la spingano ad operare, che dalle grossolane descrizioni che la rendano passiva.
Lo spirito della reazione antipuritana informa quasi tutta l'amena letteratura del regno di Carlo II. Ma la quintessenza di quello spirito è da trovarsi nel dramma comico. I teatri, già chiusi mentre i fanatici faccendieri dominavano, furono ripopolati di spettatori, ai quali offerivano nuove e più potenti attrattive. Le decorazioni sceniche e i vestiarii, che adesso si reputerebbero triviali ed assurdi, ma che sarebbero stati stimati incredibilmente magnifici da coloro che nei primi anni del secolo decimosettimo sedevano sopra le sudice panche del teatro Hope, o sotto il tetto impagliato del Rose, abbagliavano gli occhi della moltitudine. Il fascino del bel sesso accresceva quello dell'arte; e il giovane spettatore mirava con emozioni ignote ai coetanei di Shakespeare e di Johnson, amabilissime donne rappresentare le parti di tenere e gaie eroine. Dal dì in cui i teatri furono riaperti, diventarono scuole di vizi: e il male andavasi propagando da sè. La immoralità delle rappresentazioni tosto fece allontanare le genti morigerate; mentre le frivole e dissolute che vi rimasero, chiedevano ogni anno stimoli sempre più forti. Così gli artisti corrompevano gli spettatori, e gli spettatori gli artisti; finchè le turpitudini del dramma divennero tali, da rendere attonito chiunque non si accorga che la estrema rilassatezza è lo effetto naturale della restrizione estrema, e che ad una età d'ipocrisia, secondo la ordinaria vicenda delle cose umane, tiene dietro una età d'impudenza.
Nulla esprime tanto l'indole dei tempi, quanto la cura che si dánno i poeti a porre sulle labbra delle donne i loro versi più licenziosi. I componimenti dove più regnava la licenza, erano gli epiloghi, i quali

venivano quasi sempre recitati dalle più favorite attrici; e nulla al depravato uditorio piaceva come il vedere una bella fanciulla, che supponevasi non avere per anche perduto il fiore della innocenza, recitare versi grossolanamente indecenti.
Il nostro teatro in que' tempi andava debitore di molti intrecci e caratteri alla Spagna, alla Francia e ai vecchi scrittori inglesi: ma qualunque soggetto i nostri drammaturgi toccassero, lo deturpavano. Nelle loro imitazioni, le case dei robusti ed animosi gentiluomini castigliani immaginate da Calderon, diventavano porcili di vizio, la Viola di Shakespeare una mezzana, il Misantropo di Molière un rapitore di donne, e l'Agnese del medesimo un'adultera. Ogni cosa, per quanto fosse pura o eroica, diveniva corrotta ed ignobile, passando in quegl'ignobili e corrotti cervelli.
Tali erano le condizioni del dramma, il quale, tra le produzioni della amena letteratura, era quella da cui il poeta aveva maggiore probabilità di guadagnare da vivere. La vendita dei libri era così poca, che un ingegno di grandissima fama poteva sperare una scarsa ricompensa dalla proprietà letteraria della miglior produzione. Non vi può esser esempio più convincente, della sorte delle Favole di Dryden, che furono l'ultima delle sue opere. Questo volume vide la luce allorquando egli veniva universalmente stimato come il maggiore dei poeti inglesi viventi.
Contiene circa dodici mila versi. La verseggiatura è maravigliosa; pieni di vita i racconti e le descrizioni. Fino ai nostri giorni, Palamone ed Arcita, Cimone ed Ifigenia, Teodoro ed Onoria formano il diletto dei critici e degli scolari. La raccolta contiene anche il Festino d'Alessandro, che è la più bella ode della nostra lingua. Perchè cedesse la proprietà letteraria, Dryden ricevè duecento cinquanta lire sterline; somma minore di quella con che ai dì nostri talvolta sono stati pagati due soli articoli da giornale. Nè sembra che ciò fosse un cattivo negozio; imperocchè assai lenta fu la vendita del libro, sì che non fu necessario farne una seconda edizione, se non dieci anni dopo che il poeta giaceva dentro il sepolcro. Scrivendo per la scena, era possibile avere maggiori guadagni con molto minore fatica. A Southern, un solo dramma fruttò settecento lire sterline. Otway, dalla mendicità alzossi ad agiatezza temporanea, per il prospero successo del suo Don Carlos. Shadwell guadagnò cento trenta sterline in una sola rappresentazione dello Scudiero d'Alsazia. Per la qual cosa, chiunque aveva mestieri di procacciarsi da vivere col lavoro dell'ingegno, scriveva drammi, quand'anche la natura non gli avesse data attitudine all'arte. Tale fu il caso di Dryden. Come poeta satirico rivaleggia con Giovenale. Nella poesia didascalica, scrivendo con cura e meditazione, avrebbe forse contesa la palma a Lucrezio. Tra i poeti lirici, ove non voglia reputarsi il più sublime, è il più brillante ed animato. Ma la natura, che gli era stata di molte altre insigni doti larghissima, gli aveva negato lo ingegno drammatico. Nondimeno, egli consumò tutta l'energia dei suoi anni migliori a scrivere drammi. Aveva sì retto giudizio da accorgersi che difettava della facoltà di dipingere i caratteri per mezzo del dialogo. Ei fece ogni sforzo per nascondere tale difetto, ora con inattesi e piacevoli incidenti, ora con la vigorosa declamazione, talvolta coll'armonia del numero, tal'altra con la licenza bene in accordo col gusto d'una profana e licenziosa platea. Ma non ottenne mai buon successo teatrale, simile a quello onde erano rimeritati i lavori di alcuni scrittori per ingegno a lui di gran lunga inferiori. Stimavasi fortunato qualora un dramma gli fruttava cento ghinee; scarsa rimunerazione, e nulladimeno manifestamente maggiore di quella che avrebbe potuto conseguire impiegando in altro genere di scrivere eguale fatica.
La ricompensa che gl'ingegni di quell'età potevano ottenere dal pubblico, era tanto lieve, che trovavansi nella necessità di accrescere le loro entrate levando, dirò così, contribuzioni sopra i grandi. Ciascun signore ricco e di buon cuore veniva con tanta ostinazione e con tante abiette lusinghe importunato dagli scrittori mendichi, che ai tempi nostri parrebbe incredibile. Colui al quale venisse dedicata un'opera, era in debito di ricompensare lo scrittore con una borsa piena d'oro. La somma che fruttava la dedica d'un libro spesso era assai maggiore di quella che ne avrebbe data lo editore per il diritto di stampa. Per la qual cosa, i libri spesso pubblicavansi solo col fine di farne una dedica. Questo traffico di laudi produceva lo effetto che era da aspettarsene. L'adulazione spinta talvolta allo sproposito, tal'altra all'empietà, non stimavasi che infamasse il poeta. La indipendenza, la veracità, il rispetto di sè, non erano cose che da lui esigesse il mondo. A dir vero, per moralità egli era qualche cosa tra il lenone e il mendicante.
Agli altri vizi che invilivano il carattere del letterato, si aggiunse, verso la fine del regno di Carlo II, la più feroce intemperanza dello spirito di parte. I begli ingegni, come classe, erano stati spinti dal loro vecchio odio del puritanismo verso il partito della Corte, ed avevano trovato utili alleati. Dryden, in specie, aveva resi buoni servigi al Governo. Il suo Assalonne ed Achitofel, grandissima tra le satire dei tempi moderni, aveva stupefatta la città; con velocità senza esempio s'era aperta la via fino ai distretti rurali; e dovunque erasi mostrata, aveva dato molestia agli esclusionisti e accresciuto il coraggio dei

Tory. Ma fra mezzo all'alta ammirazione che naturalmente c'ispira la squisitezza della dizione e del verso, non dobbiamo dimenticare la gran distinzione del bene e del male. Lo spirito del quale Dryden e parecchi dei suoi consorti in quel tempo erano animati, deve meritamente chiamarsi diabolico. I giudici e gli sceriffi servili di quegl'infausti giorni, non potevano spargere il sangue con la speditezza inculcata clamorosamente dai poeti. Un richiedere nuove vittime, un odioso scherzare sugl'impiccamenti, acri motteggi intorno a coloro i quali, fidi al Re nell'ora del pericolo, lo consigliavano poscia di mostrarsi compassionevole e generoso co' suoi vinti nemici; e perchè nulla mancasse alla colpa e alla vergogna, cotesti infami scritti venivano recitati dalle donne, le quali, ammaestrate da lungo tempo a bandire ogni modestia, erano ora ammaestrate a bandire ogni compassione.

XLIX. È cosa degna di nota, come, mentre l'amena letteratura in Inghilterra in tal modo era di nocumento e d'infamia alla nazione, il genio inglese nelle scienze compisse una rivoluzione che, sino alla fine dei secoli, verrà posta tra le opere più grandi dell'umano intelletto. Bacone aveva posta la buona sementa in un terreno tardo e in una stagione non opportuna. Non ne aveva sperato così presto il ricolto, e nel suo supremo testamento aveva solennemente legata la sua fama alla età susseguente. Pel corso d'una intera generazione, la sua filosofia, fra mezzo ai tumulti, alle guerre, alle proscrizioni, si era lentamente venuta maturando in poche menti ben formate. Mentre le fazioni lottavano per predominare nello Stato, un drappello di uomini saggi, con benevolo sdegno, erasi scostato dal conflitto, consacrandosi alla egregia impresa di slargare il dominio dell'uomo sopra la materia. Appena tornata la pubblica quiete, a quei maestri fu agevole trovare attenti uditori; imperocchè la disciplina per la quale la nazione era passata, aveva talmente contemperata la mente del popolo da potere ricevere le dottrine del Verulamio. Le perturbazioni civili avevano incitate le facoltà della gente educata, ed avevano ingenerata una irrequieta attività e una curiosità insaziabile, quale nei tempi anteriori non s'era mai veduta fra noi. Nulladimeno, lo effetto di quelle perturbazioni fu, che i disegni di riforma religiosa e politica venissero generalmente considerati con sospetto e dispregio. Per lo spazio di venti anni, l'occupazione precipua delle menti savie ed operose era stata quella di foggiare costituzioni con primi magistrati, senza primi magistrati, con senati ereditarii, con senati tirati a sorte, con senati annui, con senati perpetui. In simili disegni di governo non omettevasi nulla. Tutti i particolari, tutte le nomenclature, tutto il ceremoniale del governo immaginario vi erano pienamente notati; Polemarchi, Filarchi, Tribù, Galassie, Lord Arconte, e Lord Stratigoto: quali urne per raccogliere i voti dovessero essere verdi, e quali rosse: quali palle dovessero essere d'oro, e quali d'argento: quali magistrati dovessero portare cappelli, e quali berretti appuntati di velluto nero: in che modo dovesse portarsi la mazza, e quando dovessero gli araldi scoprirsi la testa. Queste e simiglianti altre inezie venivano con gravità esaminate ed ordinate da uomini di non comune intelligenza e dottrina. Ma la stagione di cotali visioni era finita; e se qualche fervido repubblicano seguitava tuttavia a trastullarsene, il timore del pubblico scherno e d'un processo criminale, generalmente, lo induceva a sottrarre agli sguardi altrui le proprie fantasticherie. Ora, ella era cosa impopolare e pericolosa mormorare una sola parola contro le leggi fondamentali della Monarchia; ma gli uomini audaci ed ingegnosi potevano compensarsi trattando con isdegno quelle che poco innanzi erano considerate leggi fondamentali di natura. Il torrente ch'era stato condannato a scorrere per il suo antico alveo, si gettò furiosamente in un altro. Lo spirito rivoluzionario, cessando d'agire nella politica, cominciò ad esercitarsi con insolito vigore ed ardire in ogni ramo di scienze fisiche. L'anno 1660, l'èra del ristabilimento della vecchia costituzione, è anche l'èra da cui data lo innalzarsi della nuova filosofia. In quell'anno cominciò ad esistere la Società Reale, destinata ad essere agente principale in una lunga serie di gloriose e salutari riforme. In pochi mesi, la scienza sperimentale divenne grandemente in voga. La trasfusione del sangue, la ponderazione dell'aria, la fissazione del mercurio, nelle menti del pubblico occuparono quel luogo che già vi tenevano le controversie della Rota. I sogni delle forme perfette di governo, cessero ai sogni delle ale con cui gli uomini dovevano volare dalla Torre all'Abbadia, e delle navi a doppia carena, che non dovevano mai affondare nella più furiosa procella. Gli uomini d'ogni classe vennero trascinati dalle idee predominanti. Cavalieri e Teste-Rotonde, Ecclesiastici e Puritani, per questa volta, collegaronsi. Teologi, giuristi, uomini di Stato, nobili, principi, magnificavano i trionfi della filosofia di Bacone. I poeti, gareggiando d'entusiasmo, cantavano lo avvicinarsi dell'età d'oro. Cowley, con versi pregni di pensiero e splendidi di brio, spingeva la eletta sementa a prender possesso della terra promessa irrigata di latte e di miele; di quella terra che il grande liberatore e legislatore aveva veduta come dalla cima di Pisgah, senza che gli fosse stato concesso d'entrarvi. Dryden, con più zelo che scienza, congiunse la sua voce al grido

universale, e predisse cose che nè egli nè altri intendeva. Vaticinò che la Società Reale ci avrebbe tra breve condotti ai confini del mondo, dove ci avrebbe dilettati con un più bello spettacolo della luna. Due esperti ed aspiranti prelati, Ward Vescovo di Salisbury e Wilkins Vescovo di Chester, predistinguevansi fra i capi del movimento; la storia del quale fu eloquentemente scritta da un più giovane teologo, che veniva splendidamente innalzandosi nella propria professione: voglio dire da Tommaso Sprat, poi fatto Vescovo di Rochester. Il giudice Hale e il Lord Cancelliere Guildford toglievano qualche ora alle faccende delle loro corti per iscrivere intorno all'idrostatica. E veramente, per cura di Guildford furono costruiti i primi barometri che fossero posti in vendita a Londra. La chimica per un certo tempo divideva col vino e con l'amore, col teatro e col giuoco, con gl'intrighi del cortigiano e gl'intrighi del demagogo, l'attenzione del volubile Buckingham. Rupert è in voce di avere inventata la incisione così detta a mezza tinta; e porta il suo nome quella curiosa bolla di vetro che per lungo tempo ha formato il trastullo dei bambini, e la disperazione dei filosofi. Lo stesso Carlo aveva un laboratorio in Whitehall, e mostravasi in esso più attento ed operoso di quel che fosse in Consiglio. Era quasi necessario al carattere d'un compito gentiluomo il saper dire qualche cosa intorno alla macchina pneumatica e ai telescopi; ed anche le leggiadre dame, di quando in quando, credevano convenevole mostrare gusto per la scienza, recavansi in carrozza verso le sei a visitare le curiosità di Gresham, e mandavano gridi di gioia vedendo che la calamità veramente attraesse un ago, e che un microscopio facesse davvero apparire una mosca grande quanto un uccello.
In questo, al pari d'ogni altro moto della mente umana, era senza dubbio alcuna cosa che avrebbe mosso a riso. È legge universale che qualsivoglia fatica o dottrina viene in voga, perda in parte quel pregio in che era tenuta mentre stavasi nelle mani di pochi uomini gravi, ed era amata per sè stessa. Egli è vero che le stoltezze di taluni, i quali senza vera attitudine per la scienza mostravansene appassionati, fornivano materia di spregio e sollazzo a pochi satirici maligni, appartenenti alla precedente generazione, i quali non inchinavano a disimparare ciò che in gioventù avevano imparato. Ma non è meno vero che la grande opera d'interpretare la natura, venne eseguita dagli Inglesi d'allora come non era avanti mai stata in nessuna età e nazione. Lo spirito di Francesco Bacone era vasto, e maravigliosamente contemperato d'audacia e di sobrietà. Gli uomini erano fortemente persuasi che tutto il mondo fosse pieno di secreti di grave momento alla felicità umana, e che dal Supremo Fattore fosse stata affidata all'uomo la chiave, che, bene adoperata, avrebbe schiusa la via per giungere a quelli. Regnava in quel tempo la convinzione, che nelle scienze fisiche fosse impossibile pervenire alla cognizione delle leggi generali, tranne osservando accuratamente i fatti. Stabilmente fermi in tali grandi verità, i professori della nuova filosofia si dettero all'opera; e in meno di venticinque anni, avevano dato ampi risultamenti delle proprie lucubrazioni. Nuovi vegetabili furono coltivati, nuovi strumenti agricoli adoperati, e nuovi modi di concimare i terreni. Evelyn, con formale sanzione della Società Reale, aveva dati avvertimenti ai suoi concittadini intorno alle piantagioni. Temple, nelle sue ore d'ozio, aveva fatti nuovi esperimenti nell'orticoltura, e provato che molti frutti delicati, indigeni in climi migliori, si sarebbero potuti, coll'aiuto dell'arte, ottenere anche nel suolo inglese. La medicina, che in Francia seguitava a rimanere in abietta schiavitù, ed apprestava a Molière inesauribile materia di giusto scherno, era divenuta in Inghilterra scienza sperimentale e progressiva, ed ogni giorno, sfidando Ippocrate e Galeno, faceva sempre più un nuovo passo. L'attenzione dei pensatori per la prima volta si diresse all'importante subietto della polizia sanitaria. La rinomata pestilenza del 1665 gl'indusse a considerare seriamente i difetti dei fabbricati, delle fogne, e della ventilazione della metropoli. Il grande incendio del 1666 offerse il destro di eseguire miglioramenti vastissimi. La faccenda fu diligentemente esaminata dalla Società Reale; ai consigli della quale è d'uopo attribuire in gran parte le mutazioni, che, quantunque non fossero tali da rispondere ai bisogni della pubblica utilità, resero la nuova Londra differentissima dall'antica, e forse impedirono per sempre lo infuriare della peste nel nostro paese. In quel medesimo tempo, uno dei fondatori della predetta società, Sir Guglielmo Petty, creò la scienza dell'aritmetica politica; umile ma indispensabile ancella della politica filosofia. Nessuna parte del regno della natura rimase inesplorata. A quegli anni appartengono le scoperte chimiche di Boyle, e le prime ricerche botaniche di Sloane. E' fu allora che Ray fece una nuova classificazione degli uccelli e dei pesci, Woodward rivolse la propria attenzione ai fossili ed alle conchiglie. I fantasmi dell'errore che nei secoli tenebrosi avevano ingombrato la terra, l'uno dietro l'altro, disparvero dinanzi alla nuova luce. L'astrologia e l'alchimia diventarono obietto di trastullo. Poco dopo, non v'era contea in cui qualche collegio di giudici non ridesse sprezzantemente sempre che una vecchia strega veniva tratta al tribunale, accusata di aver cavalcato sul manico della granata, o avere prodotta la pestilenza nell'armento. Ma in quei nobili e assai ardui rami della scienza, nei quali

la induzione e la dimostrazione matematica cooperano alla scoperta del vero, il genio inglese a que' tempi riportò i più memorandi trionfi. Giovanni Wallis elevò sopra nuove fondamenta lo intero sistema della statica. Edmondo Halley investigò le proprietà dell'atmosfera, il flusso e riflusso del mare, le leggi del magnetismo, e il corso delle comete; nè dal culto della scienza lo distolsero travagli, pericoli ed esilio. Mentre egli, sopra le rocce di Santa Elena, faceva la carta delle costellazioni dello emisfero meridionale, il nostro nazionale osservatorio sorgeva in Greenwich; e Giovanni Flamsteed, che fu il primo astronomo regio, cominciava quella lunga serie d'osservazioni, che non è ricordata mai senza rispetto e gratitudine in qualsiasi parte del mondo. Ma la gloria di cotesti uomini, comunque eminenti, è oscurata dallo immenso splendore d'un nome immortale. Nella mente d'Isacco Newton trovavansi congiunte, come non lo erano mai state in mente d'uomo, due specie di potenza intellettiva che hanno poco di comune tra loro, e che non si trovano spesso insieme con pari vigore, ma nondimeno sono egualmente necessarie nei rami più sublimi delle scienze fisiche. Vi saranno forse stati intelletti pari al suo ben formati a coltivare le matematiche pure, o le scienze puramente sperimentali; ma in nessun altro intelletto la facoltà dimostrativa e la induttiva coesistettero in simile suprema eccellenza e perfetta armonia. Forse in una età in cui fossero in voga gli Scotisti e i Tomisti, anche la sua mente sarebbe corsa a rovina, siccome avvenne a molte altre menti solo inferiori a quella di lui. Avventuratamente, lo spirito del tempo in cui gli toccò di vivere, pose nel diritto cammino il suo ingegno, il quale con ingente forza reagì sopra lo spirito del tempo. Nel 1685 la sua fama, comecchè splendida, era in sull'alba; ma il suo genio era pervenuto al meriggio. La sua grande opera, quell'opera che produsse un rivolgimento nelle provincie più importanti della filosofia naturale, era compiuta, ma non ancora pubblicata, e stava per essere sottoposta allo esame della Società Reale.

L. Non è facile trovare il perchè la nazione, la quale nelle scienze era proceduta tanto innanzi alle nazioni vicine, nelle arti belle stesse loro tanto addietro. Nondimanco, tale fu il fatto. Egli è vero che in architettura, arte che è mezza scienza, arte in cui solo può inalzarsi un profondo geometra, arte che non ha altra norma di gusto tranne quella che direttamente o indirettamente dipende dall'utilità, arte le cui creazioni derivano, almeno in parte, la maestà loro dalla semplice massa, il paese nostro poteva gloriarsi d'un uomo veramente grande: voglio dire di Cristoforo Wren; al quale lo incendio onde Londra era stata ridotta a un mucchio di rovine, aveva pôrta occasione fino allora senza esempio nella storia moderna, di spiegare l'ali dello ingegno. Come quasi tutti i suoi contemporanei, egli non poteva emulare e forse sentire il vero pregio dell'austera bellezza del portico greco, e della buia sublimità dell'arcata gotica: ma niuno, nato al di qua delle alpi, ha imitata così felicemente la magnificenza dei bei tempii della Italia. Perfino il superbo Luigi non ha lasciata alla posterità opera alcuna che possa agguagliarsi alla chiesa di San Paolo. Ma alla fine del regno di Carlo II, non v'era un solo pittore o scultore inglese di cui oggidì si ricordi il nome. Tale sterilità ha un certo che di mistero; perocchè i dipintori e gli scultori non erano punto tenuti in dispregio o male rimunerati. La loro posizione sociale era, per lo meno, alta come ai dì nostri. I loro guadagni, in proporzione dell'opulenza del paese, e del modo onde venivano rimunerati gli altri lavori intellettuali, erano anche maggiori di quel che siano ai tempi presenti. La generosa protezione che accordavasi agli artisti, gli attirava a schiere ai nostri lidi. Lely, che ci ha conservati i bei ricci, le labbra tumide e i languidi occhi delle fragili beltà celebrate da Hamilton, era nativo di Westfalia. Era morto nel 1680, dopo una lunga e splendida vita, dopo d'avere ricevuto il titolo di cavaliere, ed ammassato con l'arte sua un buon patrimonio. La sua bella collezione di disegni e di pitture, dopo la sua morte, fu esposta, col permesso del Re, nella sala da pranzo in Whitehall, e venduta all'asta per la quasi incredibile somma di ventisei mila lire sterline: somma che sta in maggior proporzione al patrimonio dei ricchi uomini di quel tempo, di quello che sarebbero cento mila sterline a' mezzi dei ricchi del nostro. A Lely successe il suo concittadino Goffredo Kneller, il quale fu fatto prima cavaliere e poi baronetto; e dopo d'essere splendidamente vissuto, e aver perduta molta pecunia in mal fortunate speculazioni, potè tuttavia lasciare alla propria famiglia un gran patrimonio. I due Vandeveldes, olandesi, erano stati persuasi dalla liberalità inglese a stabilirsi fra noi, dove avevano dipinto i più bei quadri di marina del mondo. Simone Varelst, altro artefice olandese, dipinse leggiadri girasoli e tulipani, a prezzi fino allora non conosciuti. Il napolitano Verrio, effigiava sulle volte e per le scale Gorgoni, Muse, Ninfe, Satiri, Virtù, Vizii, Numi che libano il nettare, e Trionfi di principi. L'entrata ch'egli accumulò col frutto delle sue opere, lo pose in condizione tale, che la sua mensa era delle più sontuose. Per le sole pitture da lui eseguite a Windsor, ebbe sette mila lire sterline; somma che in allora era bastevole a satisfare i moderati desiderii d'un gentiluomo, ed eccedeva di molto quella che Dryden in quarant'anni di lavori letterarii ottenne da' librai. Luigi Laguerre, principale aiuto e successore di Verrio, venne dalla Francia. I due più celebri scultori di que'

tempi erano anche stranieri. Cibber, i cui patetici emblemi del Furore e della Malinconia adornano Bedlam, era danese. Gibbons, alla graziosa fantasia e al tocco delicato del quale molti dei nostri palazzi, collegi e chiese, devono i loro più leggiadri lavori d'ornato, era olandese. Anche i disegni delle monete erano eseguiti da incisori francesi. A dir vero, fino al regno di Giorgio II, la patria nostra non potè gloriarsi d'un grande pittore; e Giorgio III era già sul trono, innanzi ch'essa potesse andare altera d'alcuno egregio scultore.
Siamo al punto in cui termina la descrizione che siamo venuti facendo della Inghilterra, mentre era governata da Carlo II. Nulladimeno, ci rimane a toccare d'una cosa di grave momento. Non abbiamo finora fatto parola della gran massa del popolo; di coloro, cioè, che intendevano allo aratro, curavano i buoi, sudavano sopra i telai di Norwich, e squadravano le pietre di Portland per il tempio di San Paolo. Nè possiamo lungamente favellarne. La classe più numerosa è precisamente quella intorno alla quale ci rimangono scarsissime notizie. In que' tempi, i filantropi non consideravano come debito sacro, nè i demagoghi come lucroso traffico, l'occuparsi delle sciagure dell'operaio. La istoria era sì affaccendata con le corti e coi campi di battaglia, da non serbare una sola pagina al tugurio del contadino, o alla botteguccia del manuale. La stampa adesso in un sol giorno, discute e declama intorno alle condizioni dell'operaio con più abbondanza di quanto ne fu pubblicato nei ventotto anni che corsero dalla Restaurazione alla Rivoluzione. Ma errerebbe grandemente chi dallo accrescersi dei reclami, inferisse essersi accresciuta la miseria.
LI. Il gran criterio della condizione del popolo basso, sta nel salario ond'è rimeritato il lavoro; e poichè quattro quinti del popolo, nel diciassettesimo secolo, erano addetti all'agricoltura, importa sopra tutto indagare qual fosse la paga dell'operaio nella industria agricola. Intorno a ciò abbiamo i mezzi di giungere a conclusioni bastevolmente esatte pel nostro proposito.
Sir Guglielmo Petty, la cui semplice asserzione è di gran peso, c'insegna che non erano punto cattive le condizioni d'un lavorante qualora per una giornata di lavoro ricevesse quattro soldi col cibo, e otto senza. Quattro scellini la settimana, quindi, erano, secondo il calcolo di Petty, una buona paga per la gente agricola.
Che siffatto calcolo non fosse discosto dal vero, abbiamo prove in gran copia. Verso il principio del 1685, i Giudici della Contea di Warwick, nello esercizio d'una potestà affidata loro da un decreto d'Elisabetta, stabilirono, nelle loro sessioni trimestrali, un regolamento di paghe per la Contea, e notificarono che ciascun padrone che pagasse, e ciascuno operaio che ricevesse più della somma decretata, sarebbero puniti. Il salario dell'operaio agricolo ordinario da Marzo a Settembre, era precisamente lo stesso notato da Petty; val quanto dire, quattro scellini per settimana, senza cibo. Da Settembre a Marzo era di tre scellini e sei soldi.
Ma in quel secolo, siccome nel nostro, i guadagni del contadino differivano assai nelle differenti parti del Regno. Il salario nella Contea di Warwick rispondeva probabilmente alla media proporzionale, e nelle Contee verso il confine della Scozia era minore; ma v'erano distretti più favoriti. Nel medesimo anno 1685, un gentiluomo di Devonshire, di nome Riccardo Dunning, pubblicò un opuscolo, nel quale descrisse la condizione dei poveri di quella Contea. Ch'egli intendesse bene la materia, non è possibile dubitare; imperocchè, pochi mesi dopo, l'opuscolo venne ristampato, e dai magistrati ragunati in Exeter nelle sessioni trimestrali fortemente raccomandato all'attenzione di tutti gli ufficiali delle parrocchie. Secondo lui, il salario del contadino della predetta Contea, era, senza il cibo, circa cinque scellini per settimana.
Anche migliore era la condizione del lavorante nelle vicinanze di Bury Saint Edmond. I magistrati di Suffolk adunaronsi quivi, nella primavera del 1682, per fissare la rata del salario; e deliberarono che, quando all'operaio non fosse dato da mangiare, riceverebbe cinque scellini per settimana in tempo di verno, e sei d'estate.
Nel 1661, i giudici in Chelmsford avevano stabilito che il salario dell'operaio d'Essex, senza cibo, fosse di sei scellini in inverno, e di sette in estate. E questa pare che fosse la paga maggiore con che si retribuisse nel Regno il lavoro degli agricoltori, nel periodo di tempo che corse dalla Restaurazione alla Rivoluzione: ed è da notarsi, che nell'anno in cui fu fatta cotesta provvisione, le cose necessarie alla vita erano oltremodo care. Il grano costava settanta scellini il sacco; prezzo che anche oggi verrebbe considerato quasi da tempi di carestia.
Questi fatti perfettamente concordano con un altro che sembra meritevole d'essere considerato. Ella è cosa evidente che in un paese dove niuno può essere costretto a farsi soldato, le file dell'armata non potrebbero riempirsi, se il Governo desse paga molto minore del salario che riceve un operaio rurale. Oggidì la paga d'un soldato comune, in un reggimento di linea, è di sette scellini e sette soldi per

settimana. Tale stipendio, congiunto con la speranza d'una pensione, non attira in numero sufficiente i giovani inglesi; ed è necessario di supplire al difetto arrolando le più povere genti di Munster e di Connaught. La paga di un soldato comune di fanteria, nel 1685, era di quattro scellini e otto soldi per settimana; e nondimeno, è certo che il Governo in quell'anno non incontrò difficoltà nessuna a raccogliere, poco tempo dopo l'annunzio, molte migliaia di reclute inglesi. La paga d'un soldato comune di fanteria nell'esercito della Repubblica era stata sette scellini per settimana; vale a dire, pari a quella d'un caporale sotto Carlo II: e sette scellini per settimana s'erano trovati bastevoli a riempire le file d'uomini manifestamente superiori alla generalità del popolo. E però, nello insieme, e' pare ragionevole conchiudere, che nel regno di Carlo II, la paga ordinaria del contadino non eccedesse quattro scellini per settimana; ma che in talune parti del reame fosse di cinque scellini, di sei scellini, e nei mesi estivi anche di sette scellini. Ai giorni nostri, un distretto dove un lavorante guadagni sette scellini per settimana, si reputa in condizioni tristissime. La media proporzionale è assai maggiore; e nelle Contee prospere, la paga settimanale degli agricoltori ascende a dodici, quattordici, ed anche sedici scellini.

LII. La rimunerazione degli operai impiegati nelle manifatture, è stata sempre maggiore di quella dei lavoratori della terra. Nell'anno 1680, un membro della Camera dei Comuni notò come le grosse paghe che si davano in Inghilterra, rendessero impossibile la concorrenza dei nostri tessuti coi prodotti dei telai indiani. Un mestierante inglese, invece di tormentarsi al pari d'un uomo di Bengal per una moneta di rame, voleva uno scellino per giorno. Esiste un'altra testimonianza che prova, uno scellino per giorno essere stata la paga la quale un manifattore inglese allora si credesse in diritto di chiedere: ma spesso era costretto di lavorare a minor prezzo. La plebe di quell'età non aveva costume di radunarsi per discutere, udire arringhe, o far petizioni al Parlamento. Non v'era giornale che perorasse la causa di quella. Manifestava in rozze rime l'amore, l'odio, l'esultanza, la sciagura. Gran parte della sua storia può solo impararsi nelle ballate. Una delle più notabili poesie popolari che nel tempo di Carlo II cantavasi per le vie di Norwich e di Leeds, può tuttavia leggersi nel suo originale. È il grido veemente ed acre del lavoro contro il capitale. Descrive il vecchio buon tempo, allorquando ogni artigiano impiegato nell'opera della lana viveva al pari d'un fattore. Ma quel tempo era passato; e un povero uomo rompendosi per un intero giorno le braccia al telaio, poteva guadagnare solo sei soldi; e muovendo lamento di non poter vivere con sì misera paga, gli veniva risposto ch'era libero di prenderla o lasciarla. Per una così magra ricompensa, i produttori della ricchezza erano costretti ad affannarsi, alzandosi presto e coricandosi tardi; mentre il padrone, mangiando, bevendo ed oziando, arricchivasi con le fatiche loro. Uno scellino per giorno - dice il poeta - sarebbe la paga del tessitore, se gli fosse resa giustizia. Ci è dato quindi concludere, che negli anni che precessero la Rivoluzione, un lavorante impiegato nelle grandi manifatture d'Inghilterra, si reputasse bene pagato guadagnando sei scellini per settimana.

LIII. Potrebbe in questo luogo notarsi, che il costume di porre i fanciulli a lavorare innanzi tempo (costume che lo Stato, legittimo protettore di coloro che non possono proteggersi da sè, ha con saggezza ed umanità ai tempi nostri inibito), prevaleva tanto nel diciassettesimo secolo, che, paragonato alla estensione del sistema delle manifatture, parrebbe incredibile. In Norwich, sede principale del traffico dei lanificii, una creaturina di sei anni stimavasi atta a lavorare. Vari scrittori di quel tempo, fra' quali alcuni che avevano fama di eminentemente benevoli, ricordano esultando come in quella sola città i fanciulli e le fanciulle di tenerissima età creassero una ricchezza che sorpassava di dodicimila lire sterline l'anno quella che era necessaria alla loro sussistenza. Quanta più cura poniamo ad esaminare la storia del passato, tanta più ragione troveremo di discordare da coloro che pensano, l'età nostra avere prodotti nuovi mali sociali. Vero è che i mali sono di vecchia data. Ciò che è nuovo, è la intelligenza che gli discerne e la umanità che vi pone rimedio.

LIV. Passando da' tessitori di panno a una specie diversa d'artigiani, le nostre ricerche ci condurranno a conclusioni pressochè simili. Per varie generazioni, i Commissarii dello Spedale di Greenwich hanno tenuto il registro delle paghe date a diverse classi di operai impiegati a riattare quell'edificio. Da questo pregevole documento raccogliesi, che nel corso di cento venti anni, il salario giornaliero dei muratori si è elevato da mezzo scudo a quattro e soldi dieci, quello del maestro da mezzo scudo a cinque e soldi tre, quello del legnaiuolo da mezzo scudo a cinque e soldi cinque, e quello del piombaio da tre scellini a cinque e soldi sei.

Per lo che, e' sembra chiaro che la mercede del lavoro, estimata in danaro, nel 1685, non era più della metà di quel che è adesso; e poche erano le cose importanti per un lavorante, il prezzo delle quali, nel 1685, non fosse più della metà di quello che è adesso. La birra, senza dubbio, era a minor prezzo allora che oggi. La carne era anche a più buon prezzo; ma tuttavia costava tanto, che centinaia di migliaia di famiglie appena ne conoscevano il sapore. Il costo del frumento ha variato pochissimo. Il prezzo medio del sacco, negli ultimi dodici anni del regno di Carlo II, era di cinquanta scellini. Il pane, quindi, simile a quello che ora si dà agli ospiti della casa di lavoro, di rado vedevasi allora anche sur desco di un piccolo possidente o d'un padrone di bottega. La maggior parte della nazione cibavasi di segala, d'orzo e di avena.

I prodotti dei paesi del tropico, delle miniere, delle macchine, erano positivamente più cari che oggi non sono. Fra le cose che il lavorante, nel 1685, pagava più care di quel che i posteri suoi le paghino nel 1848, erano lo zucchero, il sale, il carbone, le candele, il sapone, le scarpe, le calze, e generalmente le cose pertinenti al vestiario e gli arnesi da letto. Potrebbe aggiungersi che gli abiti e le coltri di que' tempi, non solo erano più costosi, ma meno servibili di quelli che usano ai giorni nostri.

LV. È mestieri ricordare come que' lavoranti, che bastavano a mantenere col proprio salario sè e le famiglie loro, non fossero le persone più bisognose del popolo. Al di sotto di loro stava una numerosa classe che non poteva sussistere senza qualche soccorso della parrocchia. Non può esservi migliore argomento a provare le condizioni in cui trovasi la plebe, della proporzione in cui essa sta verso la società intera. Oggimai gli uomini, le donne, i bambini che ricevono sussidii, da quel che pare dalle liste officiali, sono nelle cattive annate la decima parte degli abitanti d'Inghilterra, e nelle buone la tredicesima. Gregorio King li estimava nei suoi tempi a più d'una quinta parte; e tale computo, che, con tutta la venerazione per l'autorità sua, potremmo chiamare esagerato, fu reputato da Davenant essere singolarmente giudizioso.

Per avventura, non ci mancano affatto i mezzi di giudicare da noi. La tassa pei poveri era indubitabilmente quella della quale i nostri antenati sentissero maggiore gravezza. Sotto Carlo II, veniva stimata a circa sette cento mila sterline l'anno; vale a dire molto più che il prodotto della così detta excise o delle dogane, e poco meno di mezza la intera rendita della Corona. La tassa pei poveri andò rapidamente crescendo, e sembra che fosse in breve tempo pervenuta ad una somma tra otto e nove cento mila sterline l'anno; val quanto dire, ad un sesto di ciò che è adesso. La popolazione in allora era meno d'un terzo di quello che è ai giorni nostri. Il minimo dei salari che allora si davano, calcolato in danaro, era la metà di quel che oggi si paga; e quindi mal possiamo supporre che il sussidio largito ad un povero fosse più della metà di quello che è adesso. E' pare perciò si possa dedurre, che la proporzione delle persone che in que' tempi ricevevano sussidii dalle parrocchie, fosse maggiore di quello che sia nei nostri. È bene in somiglianti quistioni parlare con diffidenza; ma certamente non è stato finora provato che il pauperismo fosse negli ultimi venticinque anni del secolo diciassettesimo un minor carico o un male sociale meno serio di quello che sia nel tempo presente.

Da un lato, è mestieri ammettere che il progresso della civiltà ha scemati i comodi fisici d'una parte delle classi più povere. È stato già notato come, avanti la Rivoluzione, molte migliaia di miglia quadrate di terra, adesso chiusa e coltivata, erano pantani, foreste e scopeti. Di cotesti terreni selvaggi molta parte, per virtù della legge, era comune; e molta di quelli che non erano comuni per legge, valeva sì poco, che i proprietari la lasciavano essere comune di fatto. Ivi i fuggiaschi e i trasgressori si tollerava che stessero in modo affatto ignoto al dì d'oggi. Il contadino che vi abitava, poteva di quando in quando, con poca e nessuna spesa, aggiungere qualche cosa al suo scarso alimento, e provvedersi di combustibili per l'inverno. Teneva un branco d'oche là dove adesso sorgono giardini e pometi. Tendeva reti alle galline selvatiche sul padule, che dappoi è stato seccato, e partito in campi da grano e da rape. Tagliava frasche là dove ora vedonsi prati verdeggianti di trifoglio, e rinomati per il burro e il cacio. Il progresso dell'agricoltura e lo accrescimento della popolazione necessariamente lo privarono di cotesti privilegi. Ma di fronte a siffatti mali è da porsi una lunga serie di beni.

LVI. Dei beni che la civiltà e la filosofia conducono seco, gran parte è comune a tutte le classi; ed ove si perdessero, verrebbero deplorati sì dall'operaio come dal magnate. Il contadino che adesso in un'ora può giungere col suo baroccio al mercato, cento sessanta anni addietro vi consumava un giorno intero. La strada che ora appresta all'artigiano, per tutta la notte, un passeggio sicuro, conveniente ed illuminato, cento sessanta anni fa, era così buia dopo il tramonto del sole, da non lasciargli discernere la propria mano; così male lastricata, da porlo in continuo rischio di rompersi il collo; e così mal sorvegliata, da metterlo in imminente pericolo d'essere stramazzato giù, e spogliato del suo poco guadagno. Ogni muratore che cada giù da un ponte, ogni spazzaturaio che in una strada traversa sia calpestato da una carrozza, adesso può farsi medicare le ferite e rimettere al loro posto le rotte membra, con un'arte che cento sessanta anni addietro un Lord come Ormond, ed un negoziante principesco come Clayton, con tutte le loro ricchezze, non avrebbero potuto ottenere. La scienza ha sradicate alcune terribili malattie; altre ne ha bandite la polizia. La vita dell'uomo è diventata più lunga in tutto il Regno, e in ispecie nelle città. L'anno 1685 non è notato come pieno di malattie; e nondimeno, in quell'anno morì uno in ogni ventitrè abitanti della metropoli; mentre nel nostro tempo ne muore uno in ogni quaranta. La differenza di salubrità tra Londra del secolo decimonono e quella del diciassettesimo, è molto maggiore della differenza tra Londra in tempi ordinari, e Londra in tempi di cholera.

È anche più importante il beneficio che tutte le classi sociali, e segnatamente le basse, hanno ricavato dalla mitigatrice influenza della civiltà sull'indole nazionale. Il fondamento di tale indole, a dir vero, è stato il medesimo per molte generazioni, nel senso in cui il fondamento dell'indole d'un individuo si considera come lo stesso quando egli è rozzo e spensierato scolare, e quando diventa uomo culto e compito. Reca diletto pensare che il pubblico sentire in Inghilterra si è raddolcito così come la intelligenza è venuta maturando, e che nel corso dei tempi siamo diventati un popolo non solo più saggio, ma più gentile. Quasi non v'è pagina di storia o d'amena letteratura del secolo decimosettimo, che non provi in qualche modo i nostri antenati essere stati meno umani dei loro posteri. La disciplina delle botteghe, delle scuole, delle famiglie private, quantunque non fosse più efficace di quel che sia ai giorni presenti, era infinitamente più dura. I padroni nati e educati bene avevano costume di battere i loro servi. I pedagoghi altra via non conoscevano d'insegnare, che quella di sferzare i loro scolari. I mariti di decente posizione sociale non arrossivano di bastonare le loro mogli. Le fazioni procedevano talmente implacabili, da non potersi immaginare. I Whig mormorarono perchè Stafford era morto senza vedersi bruciare gl'intestini sul viso. I Tory ingiuriarono ed insultarono Russell, mentre dalla Torre era condotto al patibolo in Lincoln's Inn Fields. Egualmente cruda mostravasi la plebe contro i disgraziati delle classi più basse. Se un colpevole era posto alla berlina, poteva chiamarsi fortunato, ove gli venisse fatto d'uscir vivo dalla pioggia dei sassi che gli lanciavano contro. Se veniva legato alla coda di un cavallo, la folla lo premeva d'attorno, pregando il carnefice a volerlo flagellar bene e farlo urlare. I gentiluomini facevano gite di sollazzo a Bridewell nei giorni di tribunale, a fine di vedere fustigare le povere battitrici di canapa. Un uomo trascinato a morte per aver ricusato di chiedere scusa, una donna arsa viva per aver coniato moneta, svegliavano minore commiserazione di quella che ora si prova al veder tormentare un cavallo o un bue. Certi combattimenti, in paragone dei quali un'accanita lotta a pugni si reputerebbe un mite spettacolo, erano fra gli squisiti diletti di gran parte dei cittadini. La gente affollavasi a mirare i gladiatori farsi in brani con armi micidiali, ed appena vedeva schizzare un dito o un occhio ad alcuno dei combattenti, mandava gridi di gioia. Le prigioni erano bolgie infernali sopra la terra, vivai d'ogni delitto e d'ogni infermità. Nei tribunali, gli scarni e pallidi delinquenti portavano seco dalle loro celle un'atmosfera di puzzo pestilenziale, che talvolta li vendicava del seggio, degli avvocati e dei giurati. E a tanta miseria la società guardava con profonda indifferenza. In nessun luogo era da trovarsi quella sensitiva e irrequieta compassione che ai tempi nostri potentemente protegge fino il ragazzo della fattoria, la vedova indiana, lo schiavo negro; che penetra nelle provvisioni di ogni nave carica d'emigranti; che raccapriccia ad ogni staffilata che piombi sulle spalle d'un soldato briaco; che non patirebbe che il ladro alle galere fosse nutrito male o sopraccarico di lavoro, e che più volte si è studiata di salvare la vita anche allo assassino. Egli è vero che la compassione, al pari d'ogni altro sentimento, dovrebbe essere governata dalla ragione, e che per difetto di ciò, ha prodotto effetti talvolta ridicoli e tal'altra deplorabili. Ma più ci facciamo a meditare sulla storia del passato, e più abbiamo argomento di rallegrarci di vivere in una età di commiserazione, che aborre dalla crudeltà, e con ripugnanza, e solo spinta dal senso del dovere, infligge la pena anche meritata. E davvero, ad ogni classe cotesto grande mutamento morale ha recata immensa utilità; ma la classe che ci ha più guadagnato, è la più povera, dipendente e priva di difesa.

LVII. Lo effetto generale dei fatti che ho esposti ai lettori, sembra non dovere ammettere dubbio veruno. Pure, non ostante la evidenza di quelli, molti immaginano tuttavia che la Inghilterra degli Stuardi fosse un paese più piacevole che quella dei tempi nostri. A prima vista, parrebbe strano che la società, mentre è venuta di continuo e con ispeditezza avanzando nella via del progresso, dovesse con amaro desio volger gli occhi al passato. Ma coteste due tendenze, per quanto appariscano incompatibili, possono agevolmente risolversi nel medesimo principio. Entrambe nascono dalla impazienza di trovarci nelle condizioni in cui siamo. Tale impazienza, mentre ci incita a sorpassare le generazioni precedenti, ci rende inchinevoli a porre più in alto la felicità loro. In certo senso, ella è irragionevolezza e ingratitudine in noi l'essere perpetuamente scontenti d'una condizione di cose che

perpetuamente va facendosi migliore. Ma, per vero dire, questo medesimo scontento è quello che ci spinge verso il meglio. Se fossimo appieno satisfatti del presente, cesseremmo di speculare, d'affaticarci e di conservare, coll'occhio vôlto verso il futuro. Ed è quindi naturale che noi, non contenti delle cose presenti, apprezziamo soverchiamente le passate.
In verità, siamo nel medesimo inganno che abbaglia la mente del viandante nell'arabo deserto. Sotto i piedi della caravana il suolo è arido e nudo; ma sì avanti che dietro si presenta la immagine delle fresche acque. I pellegrini affrettano il passo avanti, e non trovano altro che sabbia dove, un'ora prima, avevano veduto un lago. Volgono gli occhi addietro, e vedono un lago dove un'ora prima procedevano affannosi traverso alla sabbia. E' sembra che una simigliante illusione tormenti le nazioni per ogni stadio del lungo progresso che compiono, dalla povertà e barbarie, alla civiltà ed opulenza. Ma se ci facciamo a cercare tenacemente quella mêta nel passato, la vediamo recedere fino nelle favolose regioni dell'antichità. Regna adesso la voga di porre la età d'oro della Inghilterra in tempi nei quali i nobili erano privi di que' comodi il cui difetto parrebbe insopportabile ad un servitore; nei quali i fattori, e i padroni di botteghe mangiavano a colazione pagnotte tali, che basterebbe il solo vederle per far nascere una ribellione fra i mendicanti nella casa di lavoro; nei quali gli uomini, viventi nell'aria più pura della campagna, morivano più presto di quello che oggidì non accade nei chiassuoli più pestilenziali delle nostre città, ed essi morivano più presto nei chiassuoli delle nostre città che ora nelle coste della Guiana. Anche a noi toccherà d'esser vinti nel progresso, ed essere invidiati. Potrebbe ben darsi che nel secolo ventesimo, il contadino della Contea di Dorset, si reputasse miseramente pagato con quindici scellini per settimana; che il legnaiuolo di Greenwich guadagnasse dieci scellini per giorno; che i lavoranti si avvezzassero così poco a desinare senza carni, come adesso sono assuefatti a cibarsi di pane di segala; che la polizia sanitaria e i trovati medici allungassero di alcuni anni la vita ordinaria dell'uomo; che a gran copia di comodi e di cose di lusso, che adesso sono sconosciuti, o accessibili a pochi, potesse giungere ogni diligente ed economo operaio. E non ostante, potrebbe allora sorgere la moda d'asserire, che lo augumento della ricchezza e il progresso della scienza siano stati utili ai pochi a danno dei molti, e di parlare del regno della Regina Vittoria come del tempo in cui l'isola nostra era la briosa Inghilterra, allorquando tutte le classi erano vincolate da un sentimento fraterno, e il ricco non ghignava sul viso del povero, e il povero non invidiava le splendidezze del ricco.

CAPITOLO QUARTO.

I. Morte di Carlo II. - II. Sospetti di veleno. - III. Discorso di Giacomo II dinanzi il Consiglio Privato. - IV. Giacomo proclamato Re. - V. Condizioni del Governo. - VI. Nuovi Ordinamenti. - VII. Sir Giorgio Jeffreys. - VIII. Esazione della rendita senza un Atto del Parlamento. - IX. Convocazione del Parlamento - X. Trattative tra Giacomo e il Re di Francia. - XI. Churchill è mandato ambasciatore in Francia; sua storia. - XII. Sentimenti dei governi continentali verso l'Inghilterra. - XIII. Politica della Corte di Roma. - XIV. Lotta nella mente di Giacomo; ondeggiamenti della sua politica. - XV. I riti cattolici romani si celebrano pubblicamente in Palazzo. - XVI. Incoronazione di Giacomo. - XVII. Entusiasmo degl'indirizzi dei Tory. - XVIII. Elezioni. - XIX. Processo contro Oates. - XX. Contro Dangerfield - XXI. Contro Baxter. - XXII. Ragunanza del Parlamento di Scozia. - XXIII. Sentimenti di Giacomo verso i Puritani. - XXIV. Crudeltà contro i Convenzionali Scozzesi. - XXV. Sentimenti di Giacomo verso i Quacqueri. - XXVI. Guglielmo Penn. - XXVII. Favore peculiare mostrato ai Cattolici Romani e ai Quacqueri. - XXVIII. Ragunanza del Parlamento Inglese; Trevor eletto Presidente. - XXIX. Carattere di Seymour. - XXX. Discorso del Re innanzi al Parlamento. - XXXI. Discussione nella Camera dei Comuni; Discorso di Seymour. - XXXII. Votazione della rendita. - XXXIII. Procedimenti della Camera dei Comuni rispetto alla religione. - XXXIV. Votazione di tasse addizionali; Sir Dudley North. - XXXV. Procedimenti della Camera dei Lord. - XXXVI. Legge per annullare la sentenza d'infamia contro Stafford.

I. La morte di re Carlo II giunse di sorpresa alla nazione. La sua tempra era naturalmente vigorosa, e non sembrava d'avere sofferto per istemperatezze. Era stato sempre studioso della propria salute anche nei sensuali diletti; e le sue abitudini erano tali, da promettergli lunga la vita e robusta la vecchiaia. Indolente come egli era in tutte le cose che richiedessero tensione di mente, mostravasi attivo e perseverante negli esercizi del corpo. In gioventù aveva acquistata rinomanza nel giuoco della

pallacorda; e declinanti gli anni, aveva seguitato ad essere un camminatore instancabile. Il suo passo ordinario era tale, che coloro i quali erano ammessi all'onore della sua compagnia, trovavano difficile uguagliarlo. Alzavasi presto da letto, e generalmente passava tre o quattro ore del giorno all'aria aperta. Innanzi che il Parco di San Giacomo fosse asciutto della rugiada, Carlo vedevasi errare fra gli alberi, giuocare coi suoi bracchi, e gettare grano alle anitre; le quali cose lo rendevano caro al popolo basso, che ama sempre di vedere i grandi rallentare dal loro consueto sussiego.
Finalmente, in sul finire del 1684, un leggiero accesso che credevasi di gotta, lo impedì dal suo consueto girovagare. Si pose quindi a passare le mattinate nel suo laboratorio, dove sollazzavasi facendo esperimenti intorno alle proprietà del mercurio. Parve che la sua tempra soffrisse dallo starsi confinato in casa. Non aveva cagione apparente d'inquietudine. Il Regno era tranquillo; lui non istringeva bisogno di pecunia; egli era assai più potente di quello che fosse mai stato; il partito che lo aveva per tanto tempo avversato, era vinto: ma il lieto umore onde egli erasi sostenuto contro l'avversa fortuna, era sparito nei dì della prospera. La minima inezia adesso bastava ad opprimere quello spirito elastico, che aveva resistito alla sconfitta, allo esilio ed alla penuria. La irritazione dell'animo spesso in lui si mostrava in tali sguardi e parole, che non si sarebbero aspettati da un uomo così predistinto per allegro umore e squisita educazione. Nulladimeno, nessuno pensava che la salute di lui fosse gravemente danneggiata.
Il suo palagio rade volte aveva presentato un aspetto più gaio e scandaloso, di quello che offriva nella sera della domenica del dì primo febbraio 1685. Taluni uomini gravi che v'erano andati, secondo il costume di quella età, a complire il loro sovrano, aspettandosi che in un tanto giorno la sua Corte serbasse un decente contegno, rimasero attoniti e compresi d'orrore. La gran galleria di Whitehall, ammirevole reliquia della magnificenza dei Tudor, era affollata di libertini e di giuocatori. Il Re sedeva lì ciarlando e trastullandosi con tre donne, la cui beltà formava il vanto, e i cui vizi la infamia di tre nazioni. Eravi Barbara Palmer Duchessa di Cleveland, la quale, non più giovane, serbava tuttavia i vestigi di quella suprema e voluttuosa amabilità, che venti anni innanzi aveva vinti tutti i cuori. Eravi parimente la Duchessa di Portsmouth, i cui dolci e fanciulleschi sembianti erano animati dalla vivacità propria delle Francesi. Ortensia Mancini, Duchessa di Mazzarino e nipote del gran Cardinale, compiva il gruppo. Costei, dalla nativa Italia, era passata alla Corte dove il suo zio imperava da sovrano. Il potere di lui e le proprie attrattive, le avevano richiamato d'intorno una folla d'illustri vagheggiatori. Lo stesso Carlo, mentre era esule, ne aveva indarno chiesta la mano. Non v'era dono di natura o di fortuna che paresse mancarle. Aveva splendente il viso della beltà dei climi meridionali, pronto lo intendimento, graziosi i modi, alto il grado, copiose le ricchezze; doni insigni che le sue irrefrenate passioni avevano reso funesti. Aveva provata insopportabile la sciagura d'un male augurato matrimonio, era fuggita dal tetto maritale, aveva abbandonata la sua vasta opulenza, e dopo d'avere con le proprie avventure reso attonita Roma e il Piemonte, era venuta a starsi in Inghilterra. La sua casa era il ritrovo prediletto dei belli spiriti e degli amatori dei piaceri, i quali per vaghezza dei suoi sorrisi e dei suoi pranzi tolleravano i frequenti accessi d'insolenza e di cattivo umore, in cui ella spesso trascorreva. Rochester e Godolphin talora in compagnia di lei obliavano le cure dello Stato. Barillon e Saint-Evremond trovavano nelle sue sale conforto alla lunga lontananza da Parigi. La dottrina di Vossio, lo spirito di Waller, non cessavano mai d'adularla e divertirla. Ma la sua mente inferma richiedeva stimoli più forti, e li cercava amoreggiando, giuocando alla bassetta, e inebriandosi di scubac. Mentre Carlo sollazzavasi con le sue tre sultane, il paggio francese d'Ortensia - bel fanciullo che con gli armonici suoni della voce dilettava Whitehall, ed era regalato di ricche vesti e di palafreni e di ghinee - gorgheggiava versi d'amore. Un drappello di venti cortigiani sedeva giuocando a carte attorno un'ampia tavola, sopra la quale l'oro vedevasi a mucchi. Anche allora il Re disse di non sentirsi bene. A cena non ebbe appetito; non ebbe posa la notte: ma nel dì susseguente levossi, come era suo costume, a buon'ora.
Le avverse fazioni del suo Consiglio avevano per varii giorni con ansietà aspettato quel mattino. La lotta tra Halifax e Rochester sembrava avvicinarsi ad una crisi decisiva. Halifax, non pago d'avere cacciato il proprio rivale dal Tesoro, aveva impreso a mostrarlo reo di tale disonestà o trascuratezza nel governo della finanza, da farlo punire con la destituzione dai pubblici uffici. Bisbigliavasi anche che il Lord Presidente verrebbe incarcerato nella Torre. Il Re aveva promesso d'investigare il vero; il dì secondo di febbraio era il giorno stabilito per tale investigazione; e parecchi ufficiali della rendita avevano ricevuto comandamento di presentarsi coi loro libri in quel giorno. Ma la fortuna era lì pronta per volgere la sua ruota.
Carlo era appena sorto da letto, quando i suoi servi s'accorsero che balbettava, e connetteva poco.

Alcuni gentiluomini s'erano recati alla reggia per vedere, secondo il costume, il loro sovrano farsi la barba e vestirsi. Egli sforzossi di conversare con loro nel suo solito modo scherzevole; ma rimasero timorosi ed attoniti al vederlo sì squallido. Di repente divenne nero nel viso; gli si travolsero gli occhi; mandò un urlo, traballò e cadde nelle braccia di Tommaso Lord Bruce, figlio del Conte di Ailesbury. Un medico, che aveva cura delle storte e dei crogiuoli del Re, per caso si trovò presente; ma non avendo lancetta, gli aperse con un temperino la vena. Il sangue uscì libero, ma Carlo rimase privo di sensi.

Lo adagiarono sul letto, dove la Duchessa di Portsmouth per breve ora stette china sopra lui con la familiarità d'una moglie. Ma lo spavento si era sparso per tutte le stanze. La Regina e la Duchessa di York corsero frettolose alla camera. Alla concubina prediletta fu forza ritrarsi al proprio quartiere; il quale dal suo regio amante era stato tre volte disfatto e rifatto, per appagare i capricci di lei. Gli arnesi del camino erano d'argento massiccio. Varii bei dipinti, che propriamente appartenevano alla Regina, erano stati trasferiti alle stanze della concubina. Le tavole erano ripiene di argenterie riccamente lavorate. Nelle nicchie vedevansi scrigni, capolavori dell'arte giapponese. Sulle cortine, uscite pur allora da' telai di Parigi, erano dipinti con colori, di cui nessuna tappezzeria inglese poteva sostenere il paragone, uccelli adorni di magnifiche penne, paesi, cacce, la terrazza principesca di Saint-Germain, le statue e le fontane di Versailles. Fra mezzo a tanta splendidezza, compra con la colpa e la vergogna, la infelice donna si abbandonò ad una agonia di dolore, il quale, per renderle giustizia, non era al tutto egoistico.

Allora le porte di Whitehall, che d'ordinario stavano aperte a tutti gli accorrenti, furono chiuse; sebbene fosse tuttavia dato lo ingresso a coloro i cui visi erano cogniti. Le anticamere e le gallerie tosto furono affollate di gente; ed anche la camera dello infermo era piena di Pari, di Consiglieri Privati e di Ministri stranieri. Tutti i più rinomati medici di Londra furono chiamati a Palazzo. E potevano tanto i rancori politici, che la presenza di alcuni medici Whig fu considerata come cosa straordinaria. Un cattolico romano, altamente famoso per la perizia dell'arte sua, voglio dire il Dottore Tommaso Short, assisteva il Re. Si conservano tuttavia parecchie ricette. Una di esse è firmata da quattordici dottori. Allo infermo fu cavato sangue in gran copia; alla sua testa fu applicato un ferro caldo. Gl'introdussero a forza in bocca certo sale volatile disgustoso, estratto da teschi umani. Il Re risensò; ma rimase in presentissimo pericolo di vita.

La Regina per qualche tempo lo assistè di continuo. Il Duca di York non si scostò mai dal letto del fratello. Il Primate ed altri quattro vescovi, trovandosi allora in Londra, rimanevano a Whitehall tutto il giorno, e ad uno per volta vigilavano tutta notte nella camera del Re. La nuova della sua infermità riempì la metropoli di dolore e di sgomento; imperocchè Carlo, per la sua indole tranquilla e i suoi modi affabili, erasi acquistato lo affetto della maggior parte della nazione; e coloro che più non l'amavano, preferivano la sua leggerezza alla severa e grave bacchettoneria del fratello.

Nella mattina del giovedì 5 di febbraio, la Gazzetta di Londra annunzio che Sua Maestà procedeva di bene in meglio, sì che i medici lo credevano fuori di pericolo. Le campane di tutte le chiese suonarono a festa; e si facevano per le vie apparecchi di fuochi artificiali. Ma verso sera si seppe il Re essere ricaduto, e i medici avere perduta ogni speranza di salvarlo. Il pubblico ne rimase grandemente contristato; ma non v'era indizio di tumulto. Il Duca di York, il quale erasi assunto il carico di dare ordini, si assicurò che nella Città era perfetta quiete, e ch'egli, appena spirato il fratello, poteva senza difficoltà essere proclamato Re.

Carlo soffriva estremamente, e diceva di sentirsi bruciare dentro come da un fuoco. Nondimeno sostenne i proprii tormenti con una fortezza che non pareva compatibile con la sua molle e lussuriosa natura. Lo spettacolo della sciagura di lui commosse tanto la moglie, che svenne, e così priva di sensi fu portata alle sue stanze. I prelati che lo assistevano lo avevano fin da principio esortato ad apparecchiarsi al gran viaggio. Adesso stimaronsi in debito di favellargli con più calde parole. Guglielmo Sancroft Arcivescovo di Canterbury, uomo onesto e pio, quantunque di piccola mente, gli disse liberamente: «È tempo di parlar chiaro, perocchè voi siete, o signore, sul punto di comparire avanti ad un Giudice che non ha rispetto di persone.» Il Re non rispose né anche una parola.

Tommaso Ken, vescovo di Bath e di Wells, allora volle provarsi di persuaderlo. Era uomo fornito di egregie doti e di dottrina, di pronta sensibilità e di virtù intemerata. Le sue opere elaborate sono da lungo tempo cadute nell'oblio: ma i suoi inni mattutini e vespertini sono tuttora ripetuti quotidianamente da migliaia di famiglie. Comecchè, al pari della più parte degli uomini della sua classe, fosse zelante della monarchia, non era punto adulatore. Innanzi che fosse fatto vescovo, aveva mantenuto l'onore della sua professione, ricusando, allorquando la Corte stava a Winchester, ad Eleonora Gwynn l'alloggio nella casa ch'egli occupava come prebendario. Il Re aveva buon senso

bastevole a rispettare uno spirito così fermo, e tra tutti i prelati lo prediligeva. Nulladimeno, il buon vescovo indarno usava tutta la propria eloquenza. La sua solenne e patetica esortazione a tal segno commosse gli astanti, che alcuni di loro lo crederono invaso del medesimo spirito che nel tempo antico per le labbra di Natan e d'Elia aveva chiamati i principi peccatori a pentimento. Carlo nulladimeno non ne fu commosso. Vero è che non fece obiezione allorchè fu letto l'uffizio per la Visitazione degli infermi. In risposta alle premurose domande dei teologi, disse d'esser dolente del male fatto; e lasciò darsi l'assoluzione secondo le forme della Chiesa Anglicana: ma quando fu stretto a confessare com'ei morisse nella comunione di quella Chiesa, parve di non prestare ascolto a ciò che gli veniva detto; e nulla potè indurlo a prendere la Eucaristia dalle mani dei Vescovi. Gli fu posta dinanzi una tavola con sopra il vino e il pane, ma indarno. Ora diceva non esservi mestieri di cotanta fretta, ed ora affermava sentirsi troppo debole.
Molti attribuivano cosiffatta apatia a dispregio delle cose divine, e molti altri alla stupidezza che spesso precede la morte. Ma in Palazzo v'erano poche persone che sapevano meglio il vero. Carlo non era mai stato un sincero credente nella Chiesa stabilita. La sua mente aveva lungamente ondeggiato tra l'Hobbismo e il Papismo. Quando sentivasi pieno di salute e libero di spirito, era beffardo. Nei pochi istanti di serietà era cattolico romano. Il Duca di York lo sapeva bene, ma era al tutto occupato della cura dei propri interessi. Aveva ordinato che si chiudessero le porte della reggia, ed appostate legioni di Guardie in varie parti della Città. Aveva parimente fatto apporre dalla tremula mano del moribondo Re la firma ad un atto, per virtù del quale taluni dazi, concessi solo fino alla morte del sovrano, gli venivano dati per tre anni. Cotali cose occupavano tanto la mente di Giacomo, che quantunque nelle ordinarie occasioni egli fosse indiscretamente e irragionevolmente sollecito di far proseliti alla propria Chiesa, non considerò mai che il fratello stava in pericolo di morire senza sacramenti. Questa trascuratezza era più straordinaria, perchè la Duchessa di York, nel dì in cui Carlo fu preso dal male, aveva, a richiesta della Regina, suggerito esser convenevole porgergli i conforti spirituali. Di tali conforti il Re andò debitore in sugli estremi all'opera d'una donna assai diversa dalla sua pia moglie, e dalla cognata. Una vita di frivolezza e di vizio non aveva spento in cuore alla Duchessa di Portsmouth ogni sentimento di religione, o tutta la tenerezza che forma la gloria del sesso leggiadro. Lo Ambasciatore Francese Barillon, recatosi a palazzo per sapere le nuove del Re, andò a visitarla, e la trovò immersa in un disperato dolore. Ella lo condusse in una secreta stanza, ed aprendogli tutti i secreti del cuore: «Io ho a palesarvi» gli disse «una cosa gravissima, e tale che se si sapesse, ce n'anderebbe della mia vita. Il Re è vero cattolico, ma morirà senza riconciliarsi con la Chiesa. La sua stanza è piena di ecclesiastici protestanti, nè io posso entrarvi senza scandalo. Il Duca non pensa ad altro che a sè. Parlategli; rammentategli che si tratta della salute d'un'anima. Egli è adesso il signore; egli può far sgomberare la stanza. Correte immantinente, o sarà troppo tardi.»
Barillon corse al letto del moribondo, trasse il Duca da parte e gli fece il messaggio della concubina. Giacomo si sentì pungere dalla propria coscienza, si scosse come da sonno, e disse che nulla gli avrebbe impedito d'adempiere il sacro dovere ch'era stato tanto ritardato. Formarono diversi disegni, senza abbracciarne veruno, finchè il Duca comandò alla folla che si scostasse, si fece presso al letto, e piegando la persona bisbigliò qualche cosa che non giunse all'orecchio di nessuno degli spettatori, i quali pensavano che fosse alcuna domanda intorno a faccende di Stato. Carlo rispose con voce udita da tutti: «Sì, sì, con tutto il mio cuore.» Niuno degli astanti, tranne lo ambasciatore francese, indovinò che il Re con quelle parole esprimeva il desiderio di essere ammesso al grembo della chiesa di Roma.
«Debbo condurre un sacerdote?» disse il Duca. «Sì, fratello» rispose lo infermo; «per amore di Dio, fatelo, e non perdete tempo. Ma no, ciò vi cagionerà disturbi.» - «Mi costi anche la vita,» soggiunse il Duca «farò venire un sacerdote.»
Nondimeno, trovare un sacerdote a tale scopo e in un attimo, non era cosa facile. Imperciocchè, secondo la legge che in allora vigeva, colui che avesse annesso un proselite al grembo della Chiesa cattolica romana, era reo di delitto capitale. Il Conte di Castel Melhor, nobile portoghese, il quale, cacciato per politici disturbi dalla propria patria, era stato ospitalmente accolto alla Corte d'Inghilterra, si tolse la cura di trovare un confessore. Corse ai suoi concittadini che facevano parte della casa della Regina; ma non trovò alcuno dei cappellani che sapesse tanto d'inglese o di francese da confessare il Re. Il Duca e Barillon erano sul punto di mandare dal Ministro Veneto per un sacerdote, allorquando seppero che trovavasi a caso in Whitehall un monaco benedettino, chiamato Giovanni Huddleston. Costui, a gran risico della propria vita, aveva salvata quella del Re dopo la battaglia di Worcester, e per tale cagione dopo la Restaurazione era stato sempre considerato come persona privilegiata. Nei più virulenti proclami contro i preti papisti, allorchè i falsi testimoni avevano

reso furibondo il popolo, Huddleston era stato nominatamente eccettuato. Egli consentì tosto a porre la propria vita, una seconda volta, in pericolo a pro del suo principe; ma rimaneva, nonostante, una difficoltà. L'onesto monaco era così digiuno di lettere, da non sapere ciò che avesse a dire in una occasione di tanta importanza. Ad ogni modo, per mezzo di Castel Melhor ebbe qualche avvertimento da un ecclesiastico portoghese, e tosto fu guidato per le scale secrete da Chiffinch, fidatissimo servo, il quale, se è da prestarsi fede alle satire di quel tempo, aveva spesso introdotto per il medesimo ingresso persone di altra specie. Il Duca allora, a nome del Re, fece comandamento a tutti, salvo a Luigi Duras Conte di Feversham, e a Giovanni Granville Conte di Bath, d'uscire. Ambedue questi Lord professavano la religione protestante; ma Giacomo pensava di potersi fidare di loro. Feversham, francese di nobile stirpe, e nipote del gran Turenna, teneva un alto grado nello esercito inglese, ed era ciamberlano della Regina. Bath occupava l'ufficio detto Groom of the Stole.
Ai comandamenti del Duca ubbidirono tutti, e perfino i medici si ritrassero. Dalla porta di dietro, che allora fu aperta, entrò il Padre Huddleston. Un tabarro gli copriva gli abiti sacri, e una ondeggiante parrucca la tonsura del capo. «Signore,» disse il Duca «questo dabbene uomo una volta vi salvò la vita, e adesso viene per salvarvi l'anima.» Carlo con fioca voce rispose: «Sia il ben venuto.» Huddleston fece la parte sua meglio che non s'aspettasse. S'inginocchiò accanto al letto, ascoltò la confessione, impartì l'assoluzione, ed amministrò l'olio santo. Chiese al Re se desiderasse ricevere il pane eucaristico. «Certamente,» rispose Carlo «se non ne sono indegno.» Fu recata l'ostia santa. Carlo debolmente sforzossi di sollevarsi e mettersi inginocchioni. Il sacerdote lo esortò a starsi disteso, assicurandolo che Dio avrebbe accettata la umiliazione dell'anima, e non ricerca quella del corpo. Al Re fu così difficile inghiottire l'ostia, che fu mestieri aprire la porta per chiedere un bicchier d'acqua. Terminato il rito, il monaco pose un crocifisso in sugli occhi del penitente, ed esortandolo di volgere i suoi estremi pensieri alle pene del Redentore, si partì. La ceremonia era durata circa tre quarti d'ora; nel qual tempo i cortigiani che riempivano l'anticamera, s'erano vicendevolmente comunicati i loro sospetti con bisbigli ed occhiate espressive. La porta in fine fu spalancata, e la folla di nuovo invase la stanza del moribondo.
La sera era molto inoltrata. Il Re pareva assai sollevato a cagione di ciò che era ivi seguito. Gli furono condotti innanzi al letto i suoi figli naturali, i Duchi di Crafton, di Southampton e di Northumberland, nati dalla Duchessa di Cleveland; il Duca di Saint-Albans nato da Eleonora Gwynn, e il Duca di Richmond dalla Duchessa di Portsmouth. Carlo gli benedisse, ma in ispecie parlò tenere parole a Richmond. Un solo che avrebbe dovuto essere in quel luogo, mancava. Il maggiore e più caramente diletto dei suoi figliuoli errava in esilio; e il padre nè anche una volta ne profferì il nome.
Nel corso della notte, Carlo raccomandò caldamente la Duchessa di Portsmouth e il figlio di lei a Giacomo, dicendogli affettuosamente: «Non lasciate morire di fame la povera Norina.» La Regina mandò per mezzo di Halifax scusandosi di starsi lontana, poichè era in tale perturbamento da non potere riprendere il suo posto accanto al letto; e lo pregava di perdonarle qualunque offesa gli avesse fatto senza saperlo. «Essa mi chiede perdono, povera donna!» esclamò Carlo «ed io con tutto il mio cuore la supplico di perdonarmi.»
La luce mattutina cominciava a penetrare per le finestre di Whitehall; e Carlo volle che gli assistenti alzassero le tende, perchè potesse per l'ultima volta contemplare il giorno. Notò ch'era tempo di caricare un oriuolo che era allato al suo letto. Di tali lievi circostanze si serbò lungamente la memoria, perocchè provavano senza alcun dubbio, che quando egli dichiarò d'essere cattolico romano, trovavasi in pieno possesso di tutte le sue facoltà intellettuali. Chiese a coloro che gli erano rimasti dintorno per tutta la notte, lo scusassero dell'incomodo onde era stato loro cagione, dicendo che senza sua colpa aveva tanto indugiato a morire; ma sperava volessero compatirlo. Fu questo l'ultimo raggio di quella squisita urbanità che spesso valse a calmare lo sdegno di una nazione giustamente irritata. Tosto dopo l'alba del dì, il moribondo perdè la parola. Innanzi le ore dieci era privo di sensi. Il popolo correva in folla alle chiese in sull'ora del servizio mattutino. Quando fu letta la preghiera per la salute del Re, alti gemiti e singhiozzi mostravano quanta amarezza stringesse il cuore di ciascuno. Il venerdì a mezzo il giorno, il 6 di febbraio, Carlo tranquillamente rese l'anima a Dio.
II. In quel tempo, il basso popolo in tutta l'Europa, e in nessuno altro luogo più che in Inghilterra, aveva costumanza di attribuire la morte dei principi, e segnatamente quando il principe era popolare e la morte inattesa, a qualche assassinio di specie scelleratissima. Difatti, Giacomo I era stato accusato d'avere propinato il veleno al Principe Enrico; Carlo I a Giacomo I; e quando sotto la Repubblica la Principessa Elisabetta morì in Carisbrook, fu detto chiaramente che Cromwell scendesse alla stolta e codarda malvagità di mescolare droghe nocive nel cibo d'una fanciulletta, cui egli non aveva motivo

immaginabile di recar nocumento. Pochi anni dopo, il rapido disfarsi del cadavere di Cromwell venne da molti ascritto a una mortifera pozione amministratagli nel medicamento. La morte di Carlo II non poteva mancare di far nascere simiglianti voci. L'orecchio del pubblico era stato ripetutamente pervertito da storielle di congiure papali contro la vita di lui. E però la mente di molti era forte predisposta a sospettare; e furono non poche le sciagurate circostanze che agli animi così disposti potevano far credere alla esistenza di un delitto. I quattordici dottori che avevano consultato sul caso del Re, si contraddissero vicendevolmente, e ciascuno sè stesso. Taluni pensavano che fosse un accesso epilettico, e che si dovesse lasciar sonnecchiare il paziente senza interromperlo. La maggior parte lo disse apoplettico, e per alcune ore lo tormentò a guisa d'un Indiano posto al palo. Infine, fu deliberato di chiamar febbre la sua infermità, e di ministrargli del cortice. Uno dei medici, nondimeno, protestò assicurando la Regina che i suoi confratelli ammazzerebbero il Re. Null'altro da cosiffatti dottori era da aspettarsi, che dissensione ed ondeggiamento. Ed era naturale che molti del volgo, dalla perplessità dei grandi maestri dell'arte di guarire, concludessero che la malattia aveva qualche straordinaria cagione. Possiamo credere che un orribile sospetto turbasse la mente di Short, il quale, comecchè esperto nella propria professione, a quanto pare, era un uomo nervoso e fantastico; e forse le sue idee erano confuse per paura delle odiose accuse a cui egli, come cattolico romano, era peculiarmente esposto. Non è mestieri, dunque, far le meraviglie se la plebe ripetesse e credesse innumerevoli storielle. La lingua di Sua Maestà erasi gonfiata tanto, da agguagliare quella d'un bue. Un ammasso di polvere deleteria gli era stata trovata nel cervello. Sul petto aveva delle macchie azzurre, e delle nere per le spalle. Qualche cosa era stata messa dentro la sua tabacchiera, qualche altra nel brodo, o nel piatto d'uova con l'ambragrigia, che ei prediligeva tanto. La Duchessa di Portsmouth gli aveva dato il veleno in una tazza di cioccolata; la Regina in un vaso di pere candite. Tali novelle deve la storia raccontare, poichè valgono a darci idea della intelligenza e virtù degli uomini che erano corrivi a crederle. Che nessuna voce della medesima sorta abbia mai, nei tempi presenti, trovata fede tra noi, anche quando individui da' quali pendevano grandi interessi, sono morti d'impreveduti accessi di malattia, deve attribuirsi in parte al progresso della scienza medica e della chimica; ma parte anco - possiamo sperarlo - ai progressi che la nazione ha fatti nel buon senso, nella giustizia e nella umanità.

III. Finita ogni cosa, Giacomo dalla stanza mortuaria si ritirò al suo gabinetto, dove per un quarto d'ora rimase solo. Frattanto i Consiglieri Privati, che si trovavano in Palazzo, adunaronsi. Il nuovo re, uscito fuori, prese posto a capo d'una tavola; e secondo l'usanza, iniziò il suo governo con un discorso al Consiglio. Significò il dolore che sentiva per la perdita del fratello, e promise di imitare la mitezza che aveva predistinto il passato governo. Sapeva bene, disse egli, d'essere stato accusato come amante del potere assoluto. Ma quella non era la sola menzogna che si fosse detta contro lui. Era deliberato di mantenere il governo stabilito sì della Chiesa come dello Stato. Conosceva appieno come la Chiesa Anglicana fosse eminentemente leale; e però si sarebbe sempre studiato di sostenerla e difenderla. Conosceva parimente come le leggi dell'Inghilterra fossero sufficienti a farlo principe grande quanto potesse mai desiderare. Non avrebbe rinunziato ai propri diritti, ma avrebbe rispettati gli altrui. Aveva per innanzi posta a repentaglio la propria vita per la difesa della patria; ed ora avrebbe, più di chiunque altro, fatto ogni sforzo per sostenere le giuste libertà di quella.

Tale discorso, non era, come avviene nei tempi moderni in simiglianti occasioni, studiosamente apparecchiato da' consiglieri del sovrano. Era la espressione estemporanea dei sentimenti del nuovo Re in un'ora di grande concitamento. I membri del Consiglio proruppero in gridi di gioia e di gratitudine. Rochester Lord Presidente, in nome dei suoi confratelli, espresse la speranza che la generosa dichiarazione della Maestà Sua si rendesse pubblica. Il Procuratore Generale, Heneage Finch, si offerse a far gli uffici di scrivano. Era zelante partigiano della Chiesa, e come tale, naturalmente desiderava che dovesse rimanere qualche durevole ricordo delle graziose promesse ch'erano state, poco fa, profferite. «Tali promesse» disse egli «hanno fatto sopra me una impressione cotanto profonda, che posso ripeterle parola per parola.» Le pose quindi in iscritto. Giacomo le lesse, approvolle, e ordinò che venissero pubblicate. In altri tempi, poi, disse d'aver fatto quel passo senza la debita considerazione; le sue non premeditate espressioni rispetto alla Chiesa Anglicana, essere state troppo forti; e Finch, con destrezza che in quell'ora non fu notata, averle rese anche più forti.

IV. Il Re era stanco per le lunghe vigilie e per molte violente emozioni; quindi si ritrasse onde riposare. I Consiglieri Privati, avendolo rispettosamente accompagnato fino alla stanza da letto, ritornarono ai seggi loro, ad emanare ordini per la ceremonia della proclamazione. Le guardie erano sotto le armi; gli araldi comparvero co' loro magnifici abiti; e la solennità fu compita senza veruno impedimento. Botti

di vino furono poste nelle vie, e i passanti venivano invitati a bere alla salute del nuovo sovrano. Ma benchè il popolo in quella occasione acclamasse, non mostrava sembiante gioioso. Le lagrime furono viste sugli occhi di molti; e fu notato che non vi fu nè anche una fantesca in Londra, che non si fosse studiata d'avere qualche frammento di velo bruno in onoranza di re Carlo.
Il funerale provocò numerose critiche, come quello che si sarebbe reputato appena convenevole ad un nobile e ricco suddito. I Tory sordamente biasimavano la parsimonia del nuovo Re; i Whig lo schernivano come privo di naturale affetto; e i fieri Convenzionisti di Scozia esultavano, dicendo essere stata compita la maledizione in antico scagliata contro i principi malvagi; il defunto tiranno essere stato sepolto con funerali degni d'un somiero. Nonostante, Giacomo iniziò il suo governo con non poca satisfazione del pubblico. Il discorso ch'egli fece in Consiglio, comparve stampato, e produsse impressione a lui favorevolissima. Era questo allora il principe che una fazione aveva già cacciato in esilio, ed erasi provata di privare del diritto alla Corona, perchè lo teneva nemico mortale della religione e delle leggi d'Inghilterra. Egli aveva trionfato; oramai stava sul trono; e il primo dei suoi atti fu quello di dichiararsi difensore della Chiesa, e rispettatore dei diritti del popolo. Il giudicio che tutti i partiti avevano fatto dell'indole di lui, aggiungeva peso ad ogni parola che gli uscisse dal labbro. I Whig lo chiamavano superbo, implacabile, ostinato, spregiatore dell'opinione pubblica. I Tory, esaltando le sue virtù principesche, dolevansi spesso ch'egli ponesse in non cale quelle arti onde si acquista la popolarità. La stessa satira non lo aveva mai dipinto come uomo che fosse vago del pubblico favore professando ciò che non sentiva, e promettendo ciò che ei non aveva intendimento di mantenere. Nella domenica che seguì alla sua ascensione al trono, molti predicatori da' pergami citavano il suo discorso. «Adesso abbiamo a sostegno della Chiesa nostra» sclamava un oratore realista «la parola d'un Re, e d'un Re che non mancò mai alla propria parola.» Questa espressiva sentenza tosto propagossi per tutto il paese, e divenne la parola d'ordine di tutto il partito Tory.
V. I grandi uffici dello Stato per la morte del Re erano rimasti vacanti, e fu d'uopo che Giacomo deliberasse da chi dovessero essere occupati. Pochi dei membri del Gabinetto passato avevano ragione di aspettarsi il favore di lui. Sunderland, che era Segretario di Stato, e Godolphin primo Lord del Tesoro, avevano sostenuta la Legge d'Esclusione. Halifax, custode del sigillo privato, aveva avversata quella legge con impareggiabile potenza di argomenti e di parole; ma era nemico mortale della tirannide e del papismo. Vedeva con terrore il progresso delle armi francesi nel continente, e la influenza dell'oro francese nei consigli dell'Inghilterra. Se si fosse seguito il suo parere, le leggi sarebbero state rigorosamente osservate; la clemenza impartita ai vinti Whig; il Parlamento convocato in tempo debito; fatto qualche tentativo per riconciliare le nostre domestiche fazioni; e i principii della Triplice Alleanza avrebbero nuovamente diretta la nostra politica estera. Egli era, quindi, incorso nell'acre odio di Giacomo. Il Lord Cancelliere Guildford, appena poteva dirsi d'appartenere ad alcuno dei partiti in che la Corte era scissa. Non potevasi in nessuna guisa chiamare amico alla libertà; e nondimeno egli aveva tale riverenza per la lettera della legge, da non essere utile strumento di tirannide. Per la qual cosa, i Tory lo mostravano a dito come un Barcamenante, e Giacomo lo aborriva e insieme spregiava. Ormond, che era Lord maggiordomo e vicerè d'Irlanda, in quel tempo stanziava in Dublino. I diritti ch'egli aveva alla gratitudine del Re, erano superiori a quelli d'ogni altro suddito. Aveva strenuamente pugnato per Carlo I, era stato compagno d'esilio di Carlo II; e dopo la Restaurazione, a dispetto di molte provocazioni, aveva serbata senza macchia la propria lealtà. Comecchè, predominante la Cabala, fosse caduto in disgrazia, non era mai trascorso ad alcuna faziosa opposizione, e nei giorni della Congiura Papale e della Legge d'Esclusione, era stato primo tra i sostenitori del trono. Adesso era vecchio, e di recente era stato visitato dalla più cruda sciagura. Aveva accompagnato al sepolcro un figlio, il valoroso Ossory, che avrebbe dovuto chiudere gli occhi del genitore. I grandi servigi, l'età veneranda e le sventure domestiche rendevano Ormond obietto di universale interesse alla nazione. I Cavalieri lo consideravano, e per diritto d'anzianità e per diritto di merito, loro capo; e i Whig sapevano ch'egli, per quanto fosse stato ognora fedele alla causa della monarchia, non era amico nè della tirannide nè del papismo. Ma, comunque godesse tanto la pubblica stima, poco era il favore che poteva aspettarsi dal nuovo signore. Giacomo, mentre anche egli era nella condizione di suddito, aveva sollecitato il proprio fratello a cangiare onninamente l'amministrazione dell'Irlanda. Carlo aveva assentito, deliberando che tra pochi mesi Rochester verrebbe nominato Lord Luogotenente.
VI. Rochester era l'unico membro del Gabinetto che godesse altamente il favore del nuovo Re. Comunemente credevasi ch'egli verrebbe tosto messo a capo del governo, e che tutti gli altri Ministri sarebbero cangiati. Tale espettazione era bene fondata, ma solamente in parte. Rochester fu fatto

Lord Tesoriere, e così diventò primo Ministro. Non fu nominato nè Lord Grande Ammiraglio, nè Banco dell'Ammiragliato. Il nuovo Re, che dilettavasi delle minuzie delle faccende navali, e sarebbe riuscito un esperto scrivano nell'arsenale di Chatham, deliberò di amministrare da sè il ministero di marina. Sotto lui, il maneggio di quell'importante dipartimento fu affidato a Samuele Pepys, del quale la biblioteca e il diario hanno tramandata la memoria fino ai nostri tempi. Nessuno dei servitori del defunto sovrano venne pubblicamente posto in disgrazia. Sunderland fece prova di tali artificii e destrezza, mise di mezzo tanti intercessori, e sapeva cotanti secreti, che gli si lasciò il Gran Sigillo. Dell'ossequiosità, industria, espertezza e taciturnità di Godolphin, mal poteva farsi senza. Non v'essendo più mestieri di lui al Tesoro, fu fatto Ciambellano della Regina. Con questi tre Lord il Re consigliavasi in tutte le più importanti questioni. In quanto ad Ormond, Halifax e Guildford, ei pensò non di cacciarli via, ma soltanto umiliarli e dar loro molestia.
Ad Halifax fu detto di rendere il Sigillo Privato, ed accettare la presidenza del Consiglio. Ei si sottopose con estrema ripugnanza; imperocchè, quantunque il Presidente del Consiglio avesse sempre avuta la precedenza sul Lord del Sigillo Privato, questo ufficio in quella età era più importante di quello di Presidente. Rochester non s'era dimenticato dello scherzo che gli era stato fatto pochi mesi avanti, allorquando fu levato dal Tesoro; e alla sua volta provò il piacere di cacciare a calci in alto il proprio rivale. Il Sigillo Privato fu dato ad Enrico Conte di Clarendon, fratello maggiore di Rochester.
A Barillon, Giacomo manifestò com'ei detestasse Halifax. «Lo conosco pur troppo, e so di non potermene mai fidare. Ei non porrà le piani nelle faccende dello Stato. Il posto che gli ho dato, servirà appunto a mostrare al mondo la sua poca influenza.» Ma reputò convenevole di parlare ad Halifax con linguaggio ben differente. «Tutto il passato è messo in oblio,» disse il Re «tranne il servigio che voi mi rendeste nel dibattimento sopra la Legge d'Esclusione.» Queste parole sono state di sovente citate, onde provare che Giacomo non era così vendicativo siccome è stato chiamato dai suoi nemici. E' pare anzi che provino che egli in nessun modo fosse meritevole della lode di sincerità datagli da' suoi amici.
Ad Ormond fu fatto gentilmente sapere che più non erano necessarii i suoi servigi in Irlanda, e venne invitato a Whitehall per adempire l'ufficio di Maggiordomo. Egli si sottopose, ma non fece sembiante di nascondere che ne era rimasto profondamente offeso. La vigilia della sua partenza, diede un magnifico banchetto in Kilmainham Hospital, edifizio pur allora terminato, agli ufficiali del presidio di Dublino. Finito il pranzo, ei sorse, riempì di vino un bicchiere fino all'orlo, e levandolo in alto, chiese se ne fosse caduta una sola gocciola. «No, gentiluomini; dicano ciò che pur vogliono i cortigiani, io non ho per anche perduto il senno; la mia mano non trema ancora, e la mia mano non è più ferma del mio cuore. Alla salute del re Giacomo!» Fu questo l'ultimo addio di Ormond alla Irlanda. Egli lasciò il governo nelle mani dei Lord Giudici, e ritornò a Londra, dove fu accolto con inusitati segni di pubblica riverenza. Molti grandi personaggi gli andarono incontro per via. Una lunga fila di cocchi lo accompagnò fino a Saint-James-Square, dove era il suo palazzo; e la piazza era piena di numerosa gente che lo salutava con alte acclamazioni.
VII. Il Gran Sigillo fu lasciato a Guildford; ma nel tempo stesso gli venne fatto un gran torto. Fu deliberato di chiamare, per assisterlo nell'amministrazione, un altro legale di maggiore vigore e audacia. Lo eletto fu Sir Giorgo Jeffreys, Capo Giudice della Corte del Banco del Re. La pravità di quest'uomo è passata in proverbio. Ambidue i grandi partiti inglesi hanno vituperato con virulenza il nome di lui; perocchè i Whig lo consideravano come il loro più barbaro nemico, e i Tory stimavano convenevole gettargli addosso la infamia di tutti i delitti che deturparono il loro trionfo. Uno esame schietto e diligente mostrerebbe che alcune orrende novelle che si sono intorno a lui raccontate, sono false o esagerate. Nulladimeno, lo storico spassionato non varrebbe a scemare se non di poco la ingente massa d'infamia che si aggrava sopra la memoria di quel giudice ribaldo.
Era uomo di mente pronta e vigorosa, ma d'indole inchinevole alla insolenza e all'iracondia. Appena uscito di fanciullezza, aveva esercitata la professione in Old Bailey, tribunale dove gli avvocati hanno sempre usata licenza di parole ignota in quello di Westminster Hall. Quivi per molti anni occupossi precipuamente negli esami e riesami dei più incorreggibili scellerati della grande metropoli. I giornalieri conflitti con le prostitute e co' ladri, svegliarono ed esercitarono tanto le facoltà sue, che egli diventò il bravazzone più consumato che si fosse mai conosciuto nella sua professione. Ogni umanità verso i sentimenti altrui, ogni rispetto di sè stesso, ogni senso di decenza furono cancellati dall'animo suo. Acquistò immensa perizia nella rettorica con la quale il volgo esprime l'odio e lo spregio. La profusione delle imprecazioni e oscene parole ond'era composto il suo vocabolario, potevano appena trovare agguaglio fra la marmaglia dei mercati. Il contegno e la voce di lui dovettero sempre essere stati sgradevoli. Ma questi pregi naturali - poichè sembra ch'ei tali gli reputasse - aveva

a tal grado d'eccellenza condotti, che pochi erano coloro i quali, nei suoi eccessi di rabbia, potevano tranquillamente vederlo o ascoltarlo. La impudenza e la ferocia gli sedevano sul ciglio. Il lampo degli occhi suoi ammaliava la infelice vittima sopra la quale ei li figgeva. Nondimeno, e il ciglio e lo sguardo erano meno terribili della sconcia forma della sua bocca. Il suo rabido urlo, siccome affermò un tale che l'aveva spesso udito, sembrava il tuono del giorno del giudizio finale. Queste qualità ei portò seco, ancor giovine d'anni, dalla sbarra degli avvocati al banco dei giudici. Salì presto, diventò Avvocato di Comune, e poi Cancelliere di Londra. Come giudice nelle sessioni della Città, mostrò le tendenze medesime che poi, asceso più in alto, gli acquistarono immortalità non invidiabile. Si sarebbe già potuto in lui notare il vizio più odioso di cui sia capace l'umana natura; cioè il godere dell'infelicità altrui, soltanto perchè è infelicità. Vedevasi una esultanza infernale nel modo onde profferiva le condanne dei rei. Il loro pianto, le loro preghiere sembravano solleticarlo voluttuosamente; ed egli amava di spaventarli, distendendosi con lussureggiante amplificazione sopra tutti i particolari di ciò che loro toccava di soffrire. Diffatti, quand'egli aveva occasione di ordinare che una malfortunata avventuriera venisse pubblicamente fustigata, «Carnefice,» gridava «t'incarico di usare attenzione particolare a cotesta signora! Flagellala sodo, flagellala a sangue! Siamo al dì di Natale, tempo freddo perchè Madama si spogli. Vedi di scaldarle bene le spalle.» Non fu meno faceto allorchè profferì la sentenza contro il povero Lodovico Muggleton, quell'ebbro sarto che si credeva profeta. «Villano sfacciato!» urlò Jeffreys «tu avrai un gastigo dolce, dolce, dolce!» Una parte di questo dolce castigo fu la gogna, in cui lo sciagurato fanatico rimase pressochè morto dalle sassate.
Verso questo tempo, il cuore di Jeffreys era diventato duro come i tiranni lo cercano nell'uomo che loro bisogni per mandare ad esecuzione le loro peggiori voglie. Egli aveva fino allora sperato nel Municipio di Londra per salire in alto. E però si era dichiarato Testa-Rotonda, e mostrava più gran giubbilo sempre che gli accadeva di dire ai preti papisti che verrebbero tagliati a pezzi, e che vedrebbero ardere i propri intestini, di quel che mostrava quando profferiva sentenze ordinarie di morte. Ma, appena conseguì tutto ciò che la Città poteva dare, affrettossi a vendere alla Corte il suo viso di bronzo e la sua lingua venefica. Chiffinch, il quale era avvezzo a far da mezzano in più specie di contratti infami, gli prestò aiuto. Egli aveva orditi molti amorosi e politici intrighi; ma certo non. rendè mai ai suoi signori un servigio più scandaloso di quello di presentare Jeffreys a Whitehall. Il rinnegato trovò tosto un protettore nell'indurito e vendicativo Giacomo; ma fu sempre trattato con disprezzo e disgusto da Carlo, il quale, non ostante i suoi gravi difetti, non fu mai nè crudele nè insolente. «Cotesto uomo» diceva il Re «non ha nè dottrina nè buon senso nè modi, ed ha più impudenza di dieci sgualdrine.» Nonostante, era d'uopo di tal ministero che non si sarebbe potuto affidare a persona che fosse riverente delle leggi o sensibile alla vergogna; e così Jeffreys, nella età in cui un avvocato si reputa avventuroso se venga adoperato a condurre una causa importante, fu fatto Capo Giudice del Banco del Re.
I suoi nemici non potevano negare ch'egli possedesse talune delle doti che formano un gran giudice. Il suo sapere giuridico, a dir vero, era quello che egli aveva potuto acquistare non esercitandosi in cause importanti. Ma aveva una di quelle menti felicemente costituite, le quali traverso al labirinto della sofisticheria, e fra mezzo ad una selva di fatti di poco momento, vanno diritte al vero punto. Nulladimeno, rade volte egli aveva pieno uso delle sue facoltà intellettuali. Anco nelle cause civili, l'indole sua violenta e dispotica gl'infermava perpetuamente il giudicio. A chi entrava nella sala del suo tribunale, pareva d'entrare nella caverna di una belva che non può essere domata da nessuno, e che s'inferocisce di leggieri per le carezze come per le aggressioni. Spesso avventava ai querelanti ed agli accusati, agli avvocati e ai procuratori, ai testimoni e ai giurati un torrente di matte ingiurie, miste di maledizioni e bestemmie. Se lo sguardo e il tono della voce ispiravano terrore quando egli era semplice avvocato ed ingegnavasi di acquistare clientela, adesso ch'era capo del più formidabile tribunale del Regno, pochi erano coloro i quali non tremassero al suo cospetto. Anche quando egli era sobrio, la sua violenza non era poco spaventevole. Ma, generalmente, la sua ragione era ottenebrata, e le sue malvage passioni irritate dall'ebrietà. D'ordinario passava le serate immerso nella dissolutezza. Chi lo avesse veduto col fiasco dinanzi, lo avrebbe giudicato uomo grossolano, balordo, di bassa classe e amante dei triviali sollazzi, ma socievole e di buon umore. In tali occasioni vedevasi circondato da buffoni, scelti, per la più parte, fra i più vili mozzorecchi che esercitavano il mestiere al suo tribunale. Costoro sbeffeggiavansi e vituperavansi a vicenda per divertirlo. Egli s'associava al loro osceno cicaleccio, e come gli si scaldava il cervello, li abbracciava e baciava in una estasi di tenerezza ebbra. Ma quantunque in sulle prime il vino sembrasse ammollirgli il cuore, gli effetti che poche ore dopo in lui produceva erano assai differenti. Spesso egli recavasi al seggio della giustizia, dopo d'avere

fatto lunga pezza attendere la Corte, e nondimeno senza avere dormito tanto da svinazzarsi, con le guance infocate, e gli occhi stralunati come quelli d'un maniaco. Trovandosi in siffatto stato coloro che gli erano stati compagni nella gozzoviglia della notte precedente, se erano savi, sottraevansi al suo sguardo; perciocchè la rimembranza della familiarità alla quale gli aveva ammessi, infiammava la malignità di lui; ed avrebbe sicuramente afferrata la minima occasione per coprirli d'imprecazioni e d'invettive. Fra le sue molte odiose specialità, non era meno odioso il piacere che egli prendevasi a guardare in cagnesco e mortificare pubblicamente coloro che, negli accessi della sua tenerezza da briaco, aveva incoraggiati a fidarsi del suo favore.
I servigi che il Governo aveva sperato ch'ei gli dovesse rendere, furono compiti non solo senza tergiversazione, ma con sollecitudine e prospero successo. La sua prima impresa fu l'assassinio giuridico d'Algernon Sidney. Ciò che seguì poi, fu perfettamente conforme a tale principio. I Tory rispettabili lamentavano la infamia che la barbarie ed impudenza di un uomo tanto altamente locato, recava alla amministrazione della giustizia. Ma gli eccessi che empivano d'orrore gli animi dei Tory, agli occhi di Giacomo erano argomenti di stima. Jeffreys quindi, dopo la morte di Carlo, ottenne un seggio nel Gabinetto e fu creato Pari. Quest'ultimo onore fu insigne prova della regia approvazione; avvegnachè fino dal secolo decimoterzo, in cui fu ricostituito il sistema giudiciale del Regno, nessun Capo Giudice avesse seduto come Pari in Parlamento.
Guildford si trovò alleggerito di tutte le sue funzioni politiche, e confinato nel suo solo ufficio di giudice così detto d'Equità. In Consiglio Jeffreys trattavalo con aperta scortesia. La facoltà di concedere ogni impiego pertinente al ramo legale, era nelle sole mani del Capo Giudice; e gli avvocati sapevano bene che il modo più sicuro di rendersi propizio il Capo Giudice, era quello di mancare di rispetto al Lord Cancelliere.
VIII. Non erano trascorse molte ore da che Giacomo era Re, allorquando nacque contesa tra i due Capi della Legge. I proventi delle dogane erano stati concessi a Carlo, solo sua vita durante, e quindi non potevano essere legalmente riscossi dal nuovo sovrano. Era mestieri di alcune settimane per fare le elezioni della Camera dei Comuni. Se infrattanto i dazi fossero rimasti sospesi, la rendita ne avrebbe avuto detrimento; il corso regolare del traffico sarebbe stato interrotto; il consumatore non ne avrebbe ritratto utile veruno; e ci avrebbero guadagnato solamente quegli avventurati speculatori, i cui carichi per avventura arrivassero durante lo intervallo di tempo tra la morte di Carlo e l'adunarsi del Parlamento. Il Tesoro era assediato dai mercatanti, i magazzini dei quali erano ripieni di merci di cui avevano pagato il dazio; e grandemente temevano di vedere altri negozianti vendere le loro mercanzie a minor prezzo, e d'essere così ruinati. Gli spiriti imparziali è d'uopo che ammettano come cotesto fosse uno dei casi in cui un Governo si possa giustificare, deviando dal sentiero rigorosamente costituzionale. Ma qualvolta è necessario deviare da cosiffatto sentiero, la deviazione non dovrebbe essere maggiore di quella che la necessità richiede. Guildford bene intese ciò, e consigliò in modo da recargli onore. Propose di riscuotere i dazi, ma di tenerli nello Scacchiere, separati dall'altra pecunia, fino a che si fosse adunato il Parlamento. In tal guisa il Re, violando la lettera della legge, avrebbe mostrato ch'ei desiderava conformarsi allo spirito di quella. Jeffreys porse un consiglio assai diverso. Suggerì di emanare un editto, che dichiarasse essere volontà e desiderio di Sua Maestà continuarsi a pagare le dogane. Tale consiglio concordava appieno con l'indole del Re. La giudiciosa proposta del Lord Cancelliere fu messa da parte come degna d'un Whig, o - e ciò era anche peggio - di un Barcamenante. Comparve un decreto, secondo la forma suggerita dal Capo Giudice. Taluni s'aspettavano uno scoppio violento di pubblico sdegno; ma rimasero ingannati. Lo spirito della opposizione non s'era ancora riacceso, e la Corte poteva con sicurtà avventurarsi a fare passi tali che, cinque anni innanzi, avrebbero prodotto una ribellione. Nella Città di Londra, poco fa così turbolenta, non fu udito nè anche un mormorio.
IX. Il proclama che annunziava la riscossione delle dogane, dava medesimamente lo annunzio che tra breve tempo si sarebbe ragunato il Parlamento. Giacomo, non senza molti tristi presentimenti s'induceva a convocar gli Stati del Regno. A dir vero, il momento era assai propizio per una elezione generale. Giammai, dal dì che la Casa degli Stuardi cominciò a regnare, i Corpi costituenti erano stati cotanto favorevolmente disposti verso la Corte. Ma la mente del nuovo Sovrano era compresa d'una paura, che anche dopo tanti anni non può rammentarsi senza sdegno e rossore. Egli temeva che, convocando il suo Parlamento, sarebbe incorso nel dispiacere del Re di Francia.
X. Al Re di Francia importava poco quale dei due partiti inglesi trionfasse nelle elezioni; imperocchè tutti i Parlamenti ch'eransi radunati dopo la Ristaurazione, in qualunque modo fossero disposti rispetto alla politica interna, erano stati gelosi del crescente potere della Casa dei Borboni. Intorno a

ciò poco differivano i Whig dai bruschi gentiluomini di provincia, i quali costituivano la forza precipua del partito Tory. Luigi, quindi, non era stato avaro nè di corruzione nè di minacce a fine d'impedire che Carlo convocasse le Camere; e Giacomo, che fin da principio era stato partecipe del segreto onde procedeva la politica estera del fratello, ora essendo Re, era divenuto mercenario e vassallo della Francia.

Rochester, Godolphin e Sunderland, che formavano il Gabinetto intimo, sapevano pur troppo che il loro defunto signore era assuefatto a ricevere danari dalla Corte di Versailles. Giacomo li richiese di consiglio in quanto alla utilità di convocare la Legislatura. Essi riconobbero la grande importanza di tenersi Luigi bene edificato; ma pareva loro che la convocazione del Parlamento non fosse questione di scelta. Per quanto paziente sembrasse la nazione, tale pazienza aveva i suoi limiti. Il principio che il Re non potesse legittimamente prendere la pecunia del suddito senza il consenso della Camera dei Comuni, aveva profonde radici nella mente del popolo; e comecchè, in un bisogno estraordinario, anche i Whig avrebbero volentieri pagato, per poche settimane, dazi non imposti con apposita legge, egli era certo che gli stessi Tory si sarebbero opposti qualora tali tasse irregolari si fossero mantenute più lungo tempo delle circostanze speciali che sole le giustificavano. Era, dunque, mestieri che le Camere si adunassero; e così essendo, giovava convocarle il più presto possibile. Anche il breve indugio, necessario a richiederne il parere della Corte di Versailles, poteva produrre danni irreparabili. Il malcontento e il sospetto si sarebbero rapidamente sparsi fra il popolo. Halifax avrebbe mosso lamento, dicendo che si violavano i principii fondamentali della Costituzione. Il Lord Cancelliere, da quel codardamente pedante e speciale avvocato ch'egli era, avrebbe fatto lo stesso. Ciò che poteva farsi di buona grazia, sarebbe in fine stato fatto di mala grazia. Que' ministri medesimi, ai quali Sua Maestà studiavasi di far perdere la pubblica stima, avrebbero acquistata popolarità a danno di quella. Il mal umore della nazione avrebbe gravemente influito sull'esito delle elezioni. Tali argomenti non ammettevano risposta. Per la quale cosa, il Re annunziò al paese, essere sua intenzione di convocare il Parlamento. Ma sentiva la tormentosa ansietà di purgarsi della colpa d'avere agito indebitamente e con poco rispetto verso la Francia. Trasse Barillon in una secreta stanza, e si scusò di avere osato fare un passo di così grave momento, senza averne ottenuta l'approvazione da Luigi. «Assicurate il vostro signore» disse Giacomo «della gratitudine e dello affetto che sento per lui. Conosco bene di non potere far nulla senza la sua protezione. Conosco parimente in quali impacci cadde il mio fratello per non avere fermamente aderito alla Francia. Provvederò con ogni studio perchè le Camere non s'immischino negli affari esteri. Se scoprirò nei membri la minima tendenza a far male, li manderò a badare alle loro faccende. Fate intendere ciò al mio buon fratello. Spero ch'egli non s'impermalisca se ho agito senza consultarlo. Egli ha diritto d'essere consultato; ed è mio desiderio consigliarmi con lui in ogni cosa. Ma nel caso presente l'indugio, anche d'una settimana, avrebbe potuto recare serie conseguenze.»

Queste vergognose scuse, il dì seguente, furono ripetute da Rochester. Barillon le ricevè con cortesia. Rochester, reso più audace, chiese danari. «Saranno ben collocati» diss'egli. «Il vostro signore non potrebbe meglio impiegare le sue entrate. Fategli intendere come importante egli sia che il Re d'Inghilterra dipenda, non dal proprio popolo, ma dalla sola amicizia della Francia.»

Barillon fu sollecito a comunicare a Luigi il desiderio del Governo inglese; ma Luigi lo aveva prevenuto. La prima cosa ch'egli fece, saputa la morte di Carlo, fu di raccogliere cambiali sopra l'Inghilterra fino alla somma di cinquecentomila lire, equivalenti a trentasettemila cinquecento sterline. Non era agevole a que' tempi, dopo un giorno d'annunzio, procurarsi simili cambiali in Parigi. In poche ore, nondimeno, lo acquisto fu fatto, e un corriere spedito a Londra. Appena Barillon ricevè le cambiali, volò a Whitehall a recare la fausta nuova. Giacomo non arrossì di spargere, o simulare di spargere, lacrime di gioia e di gratitudine. «Nessun altro che il Re vostro» disse «è capace di così belle e nobili azioni. Io non gli sarò mai grato tanto che basti. Assicuratelo che lo affetto che gli porto, durerà quanto la mia vita.» Rochester, Sunderland e Godolphin corsero, l'uno dopo l'altro, ad abbracciare lo ambasciatore, susurrandogli all'orecchio ch'egli aveva dato nuova vita al loro signore.

Ma, quantunque a Giacomo e ai suoi tre consiglieri piacesse la prontezza di Luigi, non rimasero punto satisfatti della somma della pecunia donata. Nulladimeno, perchè temevano d'offenderlo mostrandosi importunamente mendichi, non fecero se non accennare i desideri loro. Dichiararono, non avere intendimento di mercanteggiare con un tanto generoso benefattore quale era il Re di Francia, e fidarsi onninamente alla sua munificenza. Nel tempo stesso, provaronsi d'ingraziarselo con un gran sacrificio dell'onor nazionale. Sapevasi bene che uno dei fini precipui della sua politica, era quello di aggiungere ai propri dominii le provincie del Belgio. L'Inghilterra era vincolata da un trattato, già concluso con la

Spagna nel tempo in che Danby era Lord Tesoriere, con lo scopo di avversare ogni tentativo che la Francia avesse potuto fare a insignorirsi di quelle provincie. I tre Ministri fecero sapere a Barillon, come il loro signore considerasse non obbligatorio cotale trattato. Era stato fatto, dicevano essi, da Carlo, il quale avrebbe potuto forse tenersene vincolato; ma il suo fratello non si reputava obbligato ad osservarlo. Il Cristianissimo, quindi, poteva oramai, senza temere opposizione da parte della Inghilterra, procedere ad incorporare al proprio Impero il Brabante e l'Hainault.

XI. Nel tempo stesso, fu deliberato di spedire un'ambasceria straordinaria, per assicurare Luigi dello affetto e della gratitudine che gli portava Giacomo. A tale missione fu prescelto un uomo che non occupava per anche un posto molto eminente, ma la cui rinomanza, stranamente mista d'infamia e di gloria, empì in tempi posteriori tutto il mondo incivilito.

Tosto dopo la Restaurazione, in que' gioiosi e corrotti tempi celebrati dalla vivace penna di Hamilton, Giacomo, giovane ed ardente amatore di sensuali diletti, erasi invaghito di Arabella Churchill, una dello dame di Corte della sua prima moglie. La giovinetta non era bella; ma Giacomo, non avendo gusto delicato, se ne fece una concubina. Era figlia d'un povero Cavaliere, assiduo in Whitehall, e resosi ridicolo publicando un volume in foglio, scritto con istile pesante ed affettato - da lungo tempo caduto in oblio - in lode della monarchia e dei monarchi. Grandissimi erano i bisogni dei Churchill, ardente la lealtà loro, e il sentimento che provarono, come seppero la seduzione d'Arabella, sembra che fosse una sorpresa di gioia, pensando che una fanciulla di sì poca beltà avesse sortito una tanta onorificenza.

Ella fu grandemente utile ai propri parenti; ma niuno di costoro fu fortunato al pari del suo maggior fratello Giovanni, bel giovane, il quale era vessillifero nelle Guardie a piedi. Elevossi rapidamente nella Corte e nello esercito, e presto si rese notevole come uomo di moda e dedito ai piaceri. Aveva dignitosa la persona, bello il viso, seducente la parola, ma con tanto contegno, che i più impertinenti zerbini non ardivano trattarlo con la minima libertà: l'indole sua era tale, che egli nelle più moleste e provocanti occasioni non perdeva mai la signoria di sè stesso. Era stato sì pessimamente educato, da non sapere compitare i vocaboli più comuni della propria lingua; ma lo acuto e vigoroso intendimento largamente suppliva al difetto della dottrina che s'impara nei libri. Non era loquace; ma sempre che gli era forza di parlare in pubblico, la sua naturale eloquenza muoveva ad invidia i più esperti oratori. Aveva animo singolarmente freddo e imperturbabile. Per molti anni di ansietà e di periglio, egli non perdè mai, nè anche per un istante, il perfetto uso del suo ammirevole giudicio.

Nel ventesimoterzo degli anni suoi, fu mandato col suo reggimento a congiungersi con le armi francesi, che allora procedevano contro la Olanda. La sua serena intrepidezza lo faceva predistinguere fra le migliaia di valorosi soldati. La sua perizia nell'arte militare imponeva rispetto ai vecchi ufficiali. Venne pubblicamente ringraziato al cospetto dell'esercito, ed ebbe molti segni di stima e fiducia da Turenna, che allora era nella maggiore altezza della sua gloria.

Sventuratamente, le splendide doti di Giovanni Churchill erano congiunte con altre della specie più sordida. Ben per tempo cominciarono a mostrarsi in lui alcune tendenze che sono singolarmente sgradevoli. Era cupido di guadagno nei suoi stessi vizi, e imponeva contribuzioni alle dame arricchite delle spoglie di amanti più liberali. Per breve tempo ei fu l'obietto della violenta ma volubile tenerezza della Duchessa di Cleveland. Una volta fu sorpreso dal Re in compagnia di lei, e gli fu forza saltar giù dalla finestra. La dama rimunerò tale rischiosa prova di galanteria con un dono di cinquemila lire sterline. Il prudente giovine eroe comprò subito con quel danaro una rendita annua di cinquecento sterline, assicurata sopra terreni. Già i suoi scrigni contenevano gran copia di pecunia, che cinquanta anni dopo, allorchè era Duca e Principe dello Impero, e il più ricco suddito d'Europa, rimaneva intatta.

Finita la guerra, egli ebbe un ufficio nella famiglia del Duca di York; accompagnò il suo protettore ai Paesi Bassi e a Edimburgo, ed in ricompensa dei suoi servigi fu creato Pari di Scozia, ed ebbe il comando del solo reggimento di dragoni che fosse nelle milizie inglesi. La sua moglie ottenne un posto nella famiglia della principessa di Danimarca, figlia minore di Giacomo.

Lord Churchill, adunque, fu spedito ambasciatore straordinario a Versailles. Gli fu ingiunto di significare la fervida gratitudine che sentiva il Governo inglese per la pecunia così generosamente data. In origine s'era pensato che nel tempo stesso dovesse chiedere a Luigi una somma maggiore; ma meglio considerando la cosa, compresero che la poco delicata cupidigia avrebbe stomacato il benefattore, che erasi spontaneamente mostrato cotanto liberale. A Churchill, quindi, fu fatto comandamento di porgere grazie per ciò ch'era passato, e non far motto intorno al da venire.

Ma Giacomo e i Ministri suoi, anche mentre protestavano come non intendessero d'essere importuni, studiavansi di accennare, con modi molto intelligibili, ciò che desideravano e speravano. Lo ambasciatore francese era per loro un destro, zelante e forse non disinteressato intercessore. Luigi oppose talune difficoltà, probabilmente col fine di accrescere il pregio dei propri doni. Nondimeno, in poche settimane, Barillon ricevè da Versailles un milione e cinquecento lire, oltre i denari già mandati. Tal somma, che equivaleva a cento dodici mila sterline, egli ebbe istruzione di ripartire cautamente. Ebbe potestà di dare al Governo inglese trenta mila lire sterline da impiegarsi a corrompere i membri della nuova Camera dei Comuni. Il rimanente doveva egli tenere con sè per servirsene in qualche caso straordinario, come sarebbe uno scioglimento delle Camere, o una insurrezione.

La turpezza di cotesti negoziati è universalmente riconosciuta; ma la loro vera natura sembra essere soventi volte fraintesa: perocchè, quantunque dopo pubblicato il carteggio di Barillon, la politica estera dei due ultimi Re della Casa Stuarda non abbia mai trovato fra noi chi osasse difenderla, vi è tuttavia un partito che s'affatica a scusare la loro politica interna. Eppure, egli è certo che tra l'una e l'altra era necessaria e indissolubile connessione. Se essi per pochi mesi avessero tenuto alto l'onore del loro paese presso gli esteri, sarebbero stati costretti a cangiare intieramente il sistema d'amministrazione interna. È cosa assurda, quindi, lodarli d'avere ricusato di governare concordemente col Parlamento, e biasimarli per essersi sottoposti alla dittatura di Luigi; poichè essi non avevano se non una sola via da scegliere; dipendere, cioè, o da Luigi o dal Parlamento.

Giacomo - volendo rendergli giustizia - avrebbe con gioia voluto trovare una via di mezzo; ma non ve n'era alcuna. Si rese schiavo della Francia; ma sarebbe erroneo rappresentarlo come schiavo contento. Egli aveva alterigia tanto da sdegnarsi con sè medesimo per essersi sottomesso a così duro vassallaggio, e da essere impaziente di svincolarsene: la quale disposizione era studiosamente incoraggiata dagli agenti di molte Potenze straniere.

XII. La sua successione al trono aveva svegliato speranze e timori in ogni Corte del continente; e i primordii del suo governo venivano invigilati dagli stranieri con interesse non meno profondo di quello che sentivano i sudditi di lui. Un solo Governo desiderava che le turbolenze le quali per tre generazioni avevano sconvolta l'Inghilterra, durassero eterne. Tutti gli altri, repubblicani o monarchici, protestanti o cattolici romani, volevano vederle felicemente terminate.

L'indole della lunga contesa tra gli Stuardi e i Parlamenti loro, era imperfettissimamente intesa da' politici stranieri; ma nessun uomo di Stato poteva non conoscere lo effetto da quella contesa prodotto sull'equilibrio politico d'Europa. In circostanze ordinarie, le simpatie delle Corti di Vienna e di Madrid sarebbero state, senza dubbio, per un principe che lottava contro i sudditi, e segnatamente per un principe cattolico romano, persecutore di sudditi eretici: ma tutte coteste simpatie erano in allora vinte da un più forte sentimento. Il timore e l'odio ispirato dalla grandezza, ingiustizia ed arroganza del Re francese, erano al colmo. I suoi vicini dubitavano se fosse più pericoloso essere in guerra o in pace con lui; perciocchè in pace ei seguitava a saccheggiarli e oltraggiarli; in guerra essi avevano provato invano la sorte delle armi contro lui. In tanta perplessità, tenevano ansiosamente gli occhi vôlti all'Inghilterra. Agirebbe ella giusta i principii della Triplice Alleanza, o giusta quelli del Trattato di Dover? Da ciò dipendevano le sorti di tutti i suoi vicini. Aiutati dall'Inghilterra, gli altri Stati potevano opporre a Luigi nuova resistenza; ma non poteva da quella sperarsi nessun aiuto finchè non vi regnasse la concordia. Innanzi che cominciasse il conflitto tra il trono e il Parlamento, era stata una potenza di primo ordine; il dì in cui il conflitto ebbe fine, essa ridivenne potenza di primo ordine: ma mentre l'esito della contesa era dubbio, rimase condannata alla inazione e al vassallaggio. Era stata grande sotto i Plantageneti e i Tudor; divenne nuovamente grande sotto i principi che regnarono dopo la Rivoluzione: ma sotto i Re della Casa Stuarda, fu come se non esistesse nella carta geografica dell'Europa. Aveva perduto una specie d'energia senza acquistarne un'altra. Quella specie di forza onde essa nel secolo decimoquarto aveva potuto umiliare Francia e Spagna, aveva cessato di esistere. Quella specie di forza che nel decimottavo secolo umiliò nuovamente Francia e Spagna, non era ancora posta in azione. Il Governo non era più una monarchia limitata, secondo la forma politica delle età di mezzo; non era divenuto una monarchia limitata secondo la forma dei moderni tempi: co' vizi di due diversi sistemi non aveva il vigore di nessuno. Gli elementi della nostra politica, invece di armonizzare, avversavansi vicendevolmente e s'annientavano. Tutto era transizione, conflitto e disordine. Il fine precipuo del sovrano era quello di abbattere i privilegi della Legislatura; quello della Legislatura era di usurpare le prerogative del sovrano. Il Re era sollecito d'accettare aiuti stranieri che lo liberassero dalla sciagura d'essere dipendente da un fazioso Parlamento. Il Parlamento negava al Re i mezzi di sostenere l'onor nazionale, temendo con molta ragione che verrebbero adoperati a stabilire il dispotismo nel paese. Lo effetto di tali gelosie fu che la patria nostra, con tutti i suoi grandi mezzi, fosse di sì poco peso nella Cristianità, come lo era il Ducato di Savoia o quello di Lorena, e certamente di assai minor peso che non era la piccola provincia d'Olanda.

XIII. La Francia aveva grande interesse a prolungare questo stato di cose: tutti gli altri potentati lo avevano a condurlo a fine. Era desiderio generale dell'Europa, che Giacomo governasse a seconda della legge e della pubblica opinione. Dallo stesso Escuriale vennero lettere esprimenti la speranza che il nuovo Re fosse in buona armonia col Parlamento e col popolo. Perfino dal Vaticano giunsero avvertimenti contro lo smoderato zelo per la fede cattolica romana. Benedetto Odescalchi, che teneva il seggio papale col nome d'Innocenzo XI, sentì, come sovrano temporale, tutto il timore onde gli altri principi invigilavano il progresso della potenza francese. Aveva anche particolari cagioni d'inquietudine. Fu fortuna per la religione protestante, che nel momento in cui l'ultimo Re cattolico romano salì sul trono dell'Inghilterra, la Chiesa cattolica romana fosse lacerata da dissensioni e minacciata da un nuovo scisma. Un conflitto simile a quello che arse nel secolo undecimo tra gl'imperatori e i sommi pontefici, era sorto tra Luigi ed Innocenzo. Luigi, zelante fino alla bacchettoneria per le dottrine della Chiesa di Roma, ma tenace della sua regia autorità, accusava il Papa di usurpare i diritti secolari della Corona francese, ed era alla sua volta accusato dal Papa di usurpare il potere spirituale delle Chiavi. Il Re, superbo come egli era, incontrò uno spirito anche più risoluto del suo. Innocenzo, nelle relazioni private, era il più mansueto e gentile degli uomini; ma qualvolta parlava officialmente dalla cattedra di San Pietro, favellava col tono di Gregorio VII e di Sisto V. La lotta si fece grave. Gli agenti del Re furono scomunicati; gli aderenti del Papa banditi. Il Re creò vescovi i difensori della sua autorità. Il Papa rifiutò di approvarli. Quelli si posero al possesso dei palazzi e delle rendite vescovili; ma erano incompetenti ad esercitare gli episcopali uffici. Innanzi che la contesa avesse fine, in Francia erano trenta prelati che non avevano potestà di conferire gli ordini o la cresima.

Se qualunque altro principe, tranne Luigi, fosse stato in quei tempi involto in simigliante contesa col Vaticano, tutti i Governi protestanti si sarebbero messi dalla parte di lui. Ma tanta era la paura e il dispetto che l'ambizione e insolenza del Re francese ispiravano, che chiunque avesse avuto il coraggio di vigorosamente avversarlo, era sicuro della universale simpatia. Anche i luterani e i calvinisti, che avevano sempre detestato il Papa, non potevano frenarsi dal desiderargli esito prospero contro un tiranno che ambiva alla monarchia universale. E' fu così che, nel secolo nostro, molti i quali consideravano Pio VII come l'anticristo, gioivano nel vedere l'anticristo far fronte al gigantesco potere di Napoleone.

Il risentimento che Innocenzo provava verso la Francia, lo dispose a guardare con occhio mite e liberale gli affari dell'Inghilterra. Il ritorno del popolo inglese alla greggia di cui egli era pastore, gli avrebbe senza dubbio racconsolata l'anima. Ma egli era bastevolmente savio da non credere che una nazione cotanto ardita e tenace potesse ricondursi al grembo della Chiesa di Roma col violento e incostituzionale esercizio dell'autorità regia. Non era difficile prevedere che qualora Giacomo con mezzi illegali e popolari si fosse studiato di promuovere gl'interessi della propria religione, la prova sarebbe fallita; l'odio che gl'isolani eretici sentivano per la vera fede, sarebbe diventato più forte e più feroce che mai; e nelle menti di tutti sarebbe nata una indissolubile colleganza tra il protestantismo e la libertà civile, tra il papismo e il potere arbitrario. Frattanto, il Re sarebbe divenuto obietto d'avversione e sospetto al suo popolo. L'Inghilterra sarebbe stata, come sotto Giacomo I, Carlo I e Carlo II, una potenza di terzo ordine; e la Francia avrebbe dominato irrefrenata oltre le Alpi e il Reno. Dall'altro canto, era probabile che Giacomo, operando con prudenza e moderazione, osservando strettamente le leggi, e sforzandosi di acquistare la fiducia del suo Parlamento, avrebbe potuto ottenere per coloro che professavano la sua religione, non poco alleggiamento. Dapprima si sarebbe venuto alla abolizione degli statuti penali; tosto dopo a quella delle incapacità civili. Infrattanto, il Re e la nazione inglese congiunti, si sarebbero potuti porre a capo della coalizzazione europea, avrebbero opposto un argine insormontabile alla cupidità di Luigi.

Innocenzo fu reso più fermo nel proprio giudicio dal parere dei principali inglesi che erano alla sua Corte. Fra essi, il più illustre era Filippo Howard, discendente dalle famiglie più nobili della Gran Brettagna; da un lato nipote del Conte d'Arundel, dall'altro del Duca di Lennox. Filippo era già da lungo tempo membro del sacro collegio; veniva comunemente chiamato il Cardinale d'Inghilterra; ed era precipuo consigliere della Santa Sede per le faccende concernenti la sua patria. Era stato cacciato in esilio dai clamori dei bacchettoni protestanti, ed uno dei suoi, lo sventurato Stafford, era caduto vittima della loro rabbia. Nè i propri danni nè quelli di casa sua gli avevano acceso tanto il cervello, da renderlo un imprudente consigliere. Ogni lettera, quindi, che dal Vaticano arrivasse a Whitehall, raccomandava pazienza, moderazione, e rispetto ai pregiudizii del popolo Inglese.

XIV. Grande era il conflitto che ardeva nella mente di Giacomo. Saremmo verso lui ingiusti, ove supponessimo che la condizione di vassallo gli tornasse gradita. Egli amava l'autorità e gli affari; aveva alto concetto della dignità propria; anzi non era affatto privo di un sentimento che aveva qualche affinità con l'amore di patria. Gli si straziava l'anima pensando che il Regno da lui governato, fosse di minor conto nel mondo, che non erano altri Stati i quali avevano minori vantaggi naturali; e prestava facile ascolto ai Ministri stranieri, sempre che lo incitavano a manifestare la dignità del suo grado, porsi a capo di una grande confederazione, farsi protettore delle oltraggiate nazioni, e domare l'orgoglio di quella Potenza che teneva in timore il continente. Tali esortazioni gli facevano battere il cuore con emozioni incognite al suo spensierato ed effeminato fratello. Ma tali emozioni tosto cedevano a più forte sentimento. Una politica estera vigorosa, necessariamente presupponeva politica interna conciliatrice. Era impossibile far fronte alla possanza francese, e a un tempo calpestare le libertà della Inghilterra. Il Potere Esecutivo non avrebbe potuto imprendere nulla di grande senza lo assenso della Camera dei Comuni, nè ottenerne lo aiuto senza agire a seconda delle opinioni di quella. In tal guisa, Giacomo accorgevasi di non potere conseguire insieme le due cose ch'ei più desiderava. Il secondo dei suoi desiderii era quello d'essere temuto e rispettato dai Governi stranieri; ma il primo era di essere signore assoluto nel proprio Regno. Fra gli oggetti incompatibili cui il suo cuore aspirava, egli per qualche tempo procedè piegando ora di qua ora di là. Il conflitto dell'animo diede ai suoi atti pubblici una strana sembianza d'irresolutezza e di falsità. Difatti, coloro i quali senza il filo d'Arianna tentavano d'esplorare il laberinto della sua politica, non sapevano intendere come lo stesso uomo nella settimana stessa potesse mostrarsi così superbo e così vile. Anco Luigi rendevano perplesso gli andamenti d'un alleato il quale, in poche ore, passava dall'omaggio alla disfida, e dalla disfida all'omaggio. Nondimeno, ora che ci è appieno manifesta la condotta di Giacomo, sembra che cotesta incoerenza possa agevolmente spiegarsi.

Allorquando egli si assise sopra il trono, era in dubbio se il Regno si sarebbe tranquillamente sottoposto all'autorità sua. Gli Esclusionisti, poco fa così potenti, avrebbero potuto, correndo all'armi, insorgergli contro. Egli avrebbe potuto avere grande bisogno dell'oro e delle milizie della Francia: fu quindi per alquanti giorni pago di far la parte di piaggiatore e di mendicante. Si scusò umilmente d'avere osato convocare il suo Parlamento senza licenza del Governo francese; e lo pregò vivamente di concedergli un sussidio. Sparse lacrime di gioia sopra le cambiali francesi; mandò a Versailles una speciale ambasceria per significare la gratitudine, lo affetto, la sommissione ch'egli aveva per Luigi. Ma appena partita l'ambasceria, variò di sentimenti. Era stato da per tutto proclamato Re senza il minimo tumulto, senza il più lieve grido sedizioso. Da ogni parte dell'isola gli giungevano nuove ad assicurarlo che i suoi sudditi erano tranquilli ed obbedienti. Riprese animo, e sentì come la relazione disonorante da lui contratta con un potentato straniero, gli fosse intollerabile. Divenne altero, puntiglioso, vanitoso, rissoso. Parlava così altamente intorno alla dignità della propria Corona e all'equilibrio politico, che tutta la sua Corte aspettavasi ad un pieno rivolgimento nella politica estera del Governo inglese. Comandò a Churchill di mandargli una relazione minuta del ceremoniale di Versailles, affinchè gli onori onde ivi era stata accolta la legazione inglese, venissero debitamente contraccambiati, ma non più che contraccambiati, al rappresentante della Francia a Whitehall. La nuova di questo mutamento fu accolta con gioia a Madrid, a Vienna e all'Aja. Il Re Luigi, in sulle prime, ne rise, dicendo: «Il mio buono alleato parla alto; ma egli ama tanto i miei zecchini, quanto li amava il suo fratello.» Nonostante, il variato contegno di Giacomo e, le speranze che ne avevano concepite i due rami di Casa d'Austria, cominciarono a richiamare più seria attenzione. Esiste tuttora una notevolissima lettera, nella quale il Re francese mostra sospetto d'essere stato ingannato, credendo che lo stesso danaro da lui mandato a Westminster, verrebbe adoperato a' suoi danni.

Verso questo tempo, la Inghilterra s'era riavuta dalla tristezza ed ansietà cagionatale dalla morte del buon Carlo. I Tory fecero grandi proteste d'affetto verso il nuovo signore. La paura teneva domo il rancore dei Whig. Quella vasta massa di gente che non sono stabilmente Whig nè Tory, ma che pendono a vicenda ora verso gli uni ora verso gli altri, stava dalla parte dei Tory. La reazione che aveva tenuto dietro alla dissoluzione del Parlamento d'Oxford, non aveva consunta la propria forza.

XV. Il Re non indugiò punto a porre alla prova la lealtà dei suoi amici protestanti. Mentre egli era suddito, soleva ascoltare la messa a uscio chiuso, in un piccolo oratorio, accomodato a uso della consorte. Adesso comandò che le porte si spalancassero, affinchè tutti coloro che andavano a complirlo, potessero vedere il servizio divino. Alla elevazione dell'ostia, seguì una strana confusione nell'anticamera. I cattolici romani prostraronsi in ginocchio; i protestanti uscirono frettolosamente fuori. Tosto un nuovo pulpito fu eretto in palazzo, d'onde, nella quaresima, sacerdoti papisti

predicavano, con grave sconcerto dei zelanti fedeli della Chiesa Anglicana.
Alla predetta innovazione seguì altra più grave. Giunta la settimana di Passione, il Re deliberò di assistere alla messa con la pompa medesima di che usavano circuirsi i suoi predecessori, andando ai tempii della religione anglicana. Palesò il suo intendimento ai tre Ministri del Gabinetto intimo, e ingiunse loro di accompagnarlo. Sunderland, pel quale tutte le religioni valevano lo stesso, fu pronto ad assentire. Godolphin, come Ciamberlano della Regina, era già assuefatto a darle mano quando essa recavasi all'oratorio, e non ebbe scrupolo d'inchinarsi officialmente nel tempio di Rimmon. Ma Rochester ne rimase gravemente conturbato. La influenza ch'egli esercitava sul paese, originava principalmente dal concetto, in che il clero e i gentiluomini Tory lo tenevano, di amico sincero e zelante della Chiesa. La sua ortodossia era considerata come piena espiazione di falli che altrimenti lo avrebbero reso il più impopolare uomo del Regno, avvegnachè avesse indole oltremodo arrogante e violenta, e modi quasi brutali. Ei temeva che, arrendendosi alle voglie del principe, avrebbe perduta in gran parte la stima del proprio partito. Infine, non senza qualche contrasto, ottenne licenza di passare fuori di città i giorni santi. Tutti gli altri dignitari civili ebbero comandamento di trovarsi al proprio posto nella domenica della Pasqua. Così, dopo un intervallo di cento ventisette anni, i riti della Chiesa di Roma furono celebrati in Westminster con regia magnificenza. Le guardie reali erano schierate. I cavalieri della Giarrettiera portavano i loro collari. Il Duca di Somerset, secondo per grado fra i nobili secolari del reame, portava la spada dello Stato. Un gran codazzo di grandi Lord accompagnò il Re al suo seggio. Ma fu notato che Ormond e Halifax rimasero nell'anticamera. Pochi anni innanzi, essi avevano valorosamente propugnata la causa di Giacomo contro alcuni di coloro che ora mostravansi ossequiosissimi. Ormond non aveva partecipato alla strage dei cattolici romani. Halifax aveva animosamente votato per la non colpabilità di Stafford. E mentre i voltafaccia, che avevano preteso raccapricciar al solo pensiero di un Re papista, e senza misericordia versato il sangue innocente di un Pari papista, adesso spingevansi l'un l'altro per farsi più da presso a un altare papista, l'illustre Barcamenante si sarebbe giustamente potuto inorgoglire di quello impopolare soprannome.
XVI. Una settimana dopo cotesta cerimonia, Giacomo fece un sacrificio dei suoi pregiudizi religiosi, assai maggiore di qualunque altro fin allora egli avesse richiesto da' suoi sudditi protestanti. Si fece incoronare il giorno vigesimoterzo d'aprile, in che ricorre la festività del Santo patrono del Regno. Tutto Westminster fu splendidamente adornato. La presenza della Regina e delle mogli dei Pari dava alla solennità uno incanto che era mancato alla magnifica inaugurazione del Re defunto. Nondimeno coloro che ricordavansi di quella cerimonia, affermarono che l'incoronazione di Giacomo fu meschina. L'antica usanza richiedeva che avanti la incoronazione il sovrano con tutti i suoi araldi, giudici, Consiglieri, Lord e gran dignitari, cavalcasse solennemente dalla Torre a Westminster. L'ultima e più magnifica di tali cavalcate fu quella che traversò la metropoli, allorquando i sentimenti eccitati dalla Restaurazione erano ancor vivi. Lungo il cammino innalzavansi archi trionfali. Tutto Cornhill, Cheapside, Saint Paul's Church Yard, Fleet Street, e lo Strand erano fiancheggiati da file di palchi. La città intera in tal modo poteva contemplare il principato nella sua forma più splendida e solenne. Giacomo ordinò che si calcolasse la spesa di simigliante processione, e fu riferito che ascenderebbe a circa la metà più della somma da esso proposta per coprire di ciondoli la sua sposa. Deliberò, quindi, d'essere prodigo dove aveva mestieri d'esser parco, e spilorcio dove avrebbe dovuto essere generoso. Più di cento mila lire sterline furono spese negli abiti della Regina; e la processione fu posta da parte. La insania di questo partito si conosce a prima vista: imperciocchè, se la pompa è utile in politica, lo è quando si adopera come mezzo di abbagliare la fantasia della moltitudine. E veramente, è grandissima assurdità escludere la plebe da uno spettacolo, il cui scopo principale è quello di produrre una impressione nell'animo della plebe. Giacomo avrebbe fatto mostra d'una più giudiziosa munificenza, e d'una parsimonia più giudiziosa, se avesse traversata Londra da levante a ponente con la solita pompa, e ordinato che gli abiti della propria moglie fossero stati meno sopraccarichi di perle e di diamanti. Nulladimeno i suoi successori per lungo tempo seguirono lo esempio di lui; e in uno spettacolo al quale venivano ammesse solo tre o quattro mila persone, si profondevano somme che, bene impiegate, avrebbero pôrto squisitissimo diletto ad una gran parte della nazione. In fine, venne in parte richiamato a vita lo antico costume. Il dì della incoronazione della regina Vittoria vi fu una processione, nella quale si sarebbero potuti notare molti mancamenti, ma che fu ammirata con interesse e diletto da mezzo milione di sudditi; e senza dubbio veruno, apprestò più piacere ed eccitò maggiore entusiasmo, della costosa solennità che facevasi fra mezzo a uno eletto numero di persone dentro l'Abbadia.
Giacomo aveva fatto comandamento a Sancroft di abbreviare il rituale. La ragione che venne

pubblicamente addotta, fu che il giorno era sì corto, da non potersi compiere tutto ciò ch'era da farsi. Ma chiunque si faccia ad esaminare i cangiamenti fattivi, si accorgerà che il vero fine fu quello di scartare talune cose le quali altamente offendevano i sentimenti religiosi d'un cattolico romano zelante. L'ufficio della comunione non fu letto. Fu omessa la cerimonia di presentare in dono al sovrano una Bibbia riccamente rilegata, e di esortarlo a pregiare sopra tutti i tesori della terra un volume ch'egli, secondo gl'insegnamenti ricevuti, reputava adulterato con false dottrine. Nulladimeno, ciò che rimaneva dopo tali omissioni, avrebbe potuto far nascere scrupoli nella mente di un uomo, il quale sinceramente avesse creduto che la Chiesa Anglicana era una società ereticale, nel cui seno non poteva acquistarsi la eterna salvezza. Il re fece una oblazione all'altare. Ripetè i responsi alle litanie cantate dai vescovi. Ricevè da que' falsi profeti la unzione, simbolo della divina assistenza, e s'inginocchiò simulando devozione, mentre essi invocavano lo Spirito Santo, al quale erano, secondo egli credeva, maligni ed implacabili nemici. Tali sono le incoerenze della umana natura, che cotesto uomo, il quale per un fanatico zelo verso la propria religione perdè tre Regni, amò commettere un atto ch'era poco meno d'una apostasia, più presto che rinunziare al fanciullesco diletto della simbolica fantocciata della incoronazione.

Francesco Turner, vescovo d'Ely, predicò agli astanti. Era uno di quegli scrittori che seguitavano ad affettare lo stile antiquato dell'arcivescovo Williams e del vescovo Andrews. Il sermone era tessuto di quei concetti strani, che sessanta anni innanzi avrebbero potuto destare ammirazione, ma allora movevano a scherno una generazione d'uditori assuefatta alla pure eloquenza di Sprat, di South e di Tillotson. Salomone era Re Giacomo; Adonia, Monmouth; Joab era uno dei congiurati di Rye House; Shimei, un libellista Whig; Abiathar, un onesto ma traviato Cavaliere. Una frase del libro delle croniche fu stiracchiata a significare che il Re era superiore al Parlamento; un'altra fu adatta a provare ch'egli solo avrebbe dovuto comandare le milizie cittadine. Verso la fine del discorso, l'oratore timidamente alluse alla nuova e impacciata condizione in cui la Chiesa trovavasi di faccia al sovrano, e rammentò agli uditori come lo imperatore Costanzo Cloro, benchè non fosse cristiano, avesse tenuto in onoranza i cristiani fedeli alla propria religione, e avesse spregiati coloro che cercavano guadagnarsi, apostatando, il favore di lui. Il servizio religioso nella Abbadia, fu seguito da un banchetto solenne nella Sala; il banchetto da magnifici fuochi artificiali, e i fuochi da molte cattive poesie.

XVII. Fu questo il momento in cui lo entusiasmo del partito Tory pervenne alla sua maggiore altezza. Dal dì in che Giacomo fu asceso sul trono, s'erano sempre avvicendati indirizzi, in cui quel partito esprimeva profonda venerazione per la persona e la dignità del monarca, e acre abborrimento per i vinti Whig. I magistrati di Middlesex rendevano grazie a Dio per avere dispersi i disegni di que' regicidi ed Esclusionisti, i quali, non paghi d'avere assassinato un monarca santo, tentavano di distruggere le fondamenta della monarchia. La città di Gloucester esecrò i ribaldi sitibondi di sangue, che avevano tentato di privare la Maestà Sua del diritto ereditario. I borghesi di Wigan assicurarono il sovrano, che lo avrebbero difeso contro tutti gli Achitophel cospiratori, e i ribelli Assalonni. I gran giurati di Suffolk dissero sperare, che il Parlamento avrebbe proscritti gli Esclusionisti. Molti Consigli municipali giurarono di non rieleggere mai più alla Camera dei Comuni chiunque avesse votato a favore della legge che voleva privare Giacomo del diritto di successione. Perfino la metropoli mostrò profondo ossequio. I legali e i commercianti fra loro gareggiavano di servilità. I collegi dei Tribunali, e quelli di Cancelleria, mandarono fervide professioni di sommissione e d'affetto. Tutte le grandi società commerciali, la Compagnia delle Indie Orientali, la Compagnia Affricana, la Compagnia di Turchia, la Compagnia di Moscovia, la Compagnia di Hudson Bay, i Mercanti di Maryland, i Mercanti della Giammaica, i Mercanti Avventurieri, dichiararono che accettavano ben volentieri lo editto regio, il quale ingiungeva loro di continuare a pagare i diritti doganali. Bristol, seconda città dell'isola, fece eco al voto di Londra. Ma in nessuno altro luogo lo spirito di lealtà fu più fervido di quel che fosse nelle due università. Oxford dichiarò che non si sarebbe mai dilungata da quei principii religiosi che la obbligavano a prestare obbedienza al Re senza limiti o restrizioni. Cambridge, con severissime parole, dannò la violenza e il tradimento di que' torbidi spiriti che s'erano malignamente studiati di trarre la corrente della successione fuori del suo proprio alveo.

XVIII. Simiglianti indirizzi, per uno spazio considerevole di tempo, riempirono ciascun numero della Gazzetta di Londra. Ma non erano i soli indirizzi i mezzi onde i Tory mostravano il proprio zelo. Pubblicati i decreti per le elezioni parlamentari, il paese fu in grande concitamento. Non v'era mai stata elezione generale che, come questa, fosse accompagnata da circostanze cotanto favorevoli alla Corte. Centinaia di migliaia che la Congiura papale aveva cacciato dentro il partito Whig, furono ricacciati al partito Tory dalla congiura di Rye House. Nelle Contee, il Governo poteva esser sicuro d'una immensa maggioranza di gentiluomini possidenti trecento e più lire sterline l'anno, e di tutti gli ecclesiastici fino a uno. Quei borghi che un tempo erano cittadelle di Whig, erano di fresco stati con sentenza legale privati dei loro Statuti, o avevano prevenuta la sentenza, spontaneamente rinunziandovi. Erano poi stati ricostituiti in modo da rieleggere senza dubbio rappresentanti devoti alla Corona. Dove non era da fidarsi dei cittadini, la franchigia elettorale era stata affidata agli scudieri delle vicinanze. In alcuni dei più piccoli municipii occidentali, i collegi elettorali erano in gran parte composti di Capitani e di Luogotenenti delle Guardie. I seggi elettorali avevano dovecchessia interesse per la Corte. In ciascuna Contea il Lord Luogotenente e i suoi deputati formavano un potente, operoso e vigilante comitato, col fine di carezzare e intimidire i liberi possidenti. Le popolazioni erano ammonite da migliaia di pulpiti a non votare a favore di nessun candidato Whig, perocchè ne dovevano render conto a Colui che aveva ordinato che vi fossero i potentati, e aveva detto la ribellione essere peccato non meno grave della stregoneria. Di tutti cotesti elementi il partito predominante non solo usò quanto potè, ma abusò in modo così svergognato, che gli uomini gravi e saggi, i quali si erano mantenuti fedeli alla monarchia mentre era in pericolo, e non portavano nessun affetto ai repubblicani e agli scismatici, tiraronsi da parte, e da siffatti primordii previdero lo appressarsi di tempi tristissimi.

Nondimeno i Whig, comecchè patissero la giusta pena dei propri errori, e fossero sconfitti, scoraggiati, disordinati, non vollero cedere senza sforzi. Erano tuttavia numerosi nelle classi dei trafficanti e degli artigiani delle città, e in quelle dei piccoli possidenti e dei contadini sparsi per le campagne. In taluni distretti, come, a cagione d'esempio, nelle Contee di Dorset e di Somerset, formavano la gran maggioranza della popolazione. Nulla potevano nei borghi ricostituiti; ma in ogni Contea dove avevano probabilità di prospero successo, lottarono disperatamente. Nella Contea di Bedford, che all'ultimo Parlamento era stata rappresentata dallo sfortunato Russell, essi rimasero vincitori nella prova ad alzata di mani, ma perdenti in quella dello squittinio. In Essex ottennero mille trecento voti contro mille ottocento. Nella elezione della Contea di Northampton, il popolo procedè così violentemente ostile al candidato della Corte, che fu necessario appostare nella piazza di mercato della città della Contea una coorte di soldati, ai quali fu dato ordine di caricare a palla gli archibugi. La storia della contesa per la elezione della Contea di Buckingham, è anche più degna di considerazione. Il candidato Whig, che aveva nome Tommaso Wharton, figlio primogenito di Filippo Lord Wharton, era uomo predistinto e per destrezza e per audacia, e destinato a rappresentare una parte cospicua, benchè non sempre commendevole, nella politica di vari sovrani. Nella Camera dei Comuni era stato uno dei membri, i quali avevano portata la Legge d'Esclusione alla barra di quella dei Lord. La Corte, adunque, era intesa ad usare ogni mezzo buono o cattivo per escluderlo dal Parlamento. Il Lord Capo Giudice Jeffreys recossi in persona nella Contea di Buckingham, a fine di sostenere un gentiluomo chiamato Hacket, che apparteneva al partito Tory. Immaginarono uno strattagemma, che essi pensavano dovesse produrre buono effetto. Fu annunziato che la elezione si farebbe in Ailesbury; e Wharton, la cui perizia in tutte le astuzie di condurre una elezione era senza rivali, ordinò tutto, credendo vera la cosa; allorquando, con improvviso annunzio, lo sceriffo fece sapere che lo squittinio seguirebbe in Newport Pagnell. Wharton e i suoi partigiani vi si recarono frettolosamente, e trovarono che Hacket, il quale sapeva il secreto, aveva già preso per conto suo tutte le locande e gli alberghi. I liberi possidenti Whig furono costretti a legare i propri cavalli alle siepi, e dormire a cielo scoperto sui prati che circondavano la città. E' non fu senza difficoltà grandissima che si potè provvedere improvvisamente al vitto di tanto numero d'uomini e d'animali; quantunque Wharton, che non curava affatto spesa alcuna quando gli si accendevano in cuore l'ambizione e lo spirito di parte, sborsasse in un solo giorno mille cinquecento lire sterline, somma immensa per que' tempi. Nonostante, sembra che tanta ingiustizia avesse ridato coraggio ai possidenti di Bucks, animosi figli degli elettori di Giovanni Hampden. Wharton non solo sortì vittorioso della prova, ma potè ottenere la elezione d'un altro uomo d'opinioni moderate, e sconfiggere il candidato del Capo Giudice.

Nella contea di Chester la lotta durò sei giorni. I Whig ebbero circa mille settecento voti, i Tory circa due mila. Il popolo minuto parteggiò con veemenza a favore dei Whig, e gridando: «Abbasso i Vescovi!» insultò il clero per le vie di Chester, stramazzò a terra un gentiluomo Tory, ruppe le finestre e bastonò i commissari di polizia. Fu chiamata la milizia cittadina a chetare il tumulto, e fu fatta rimanere in armi, onde proteggere il trionfo dei vincitori. Appena finito lo squittinio, cinque grossi cannoni dal castello annunziarono al paese circostante la vittoria della Chiesa e della Corona. Le campane sonarono a festa. Gli eletti furono condotti solennemente alla croce della città, accompagnati da una banda musicale e da un lungo codazzo di cavallieri e scudieri. La processione

andava cantando: «Letizia al gran Cesare!» ode cortigiana, la quale era stata, poco innanzi, scritta da Durfey, e quantunque, al pari di tutti gli scritti di lui, fosse estremamente spregevole, in quel tempo era quasi tanto popolare, quanto pochi anni dopo lo fu Lillibullero. Attorno la croce stavano schierate le civiche milizie; fu acceso un fuoco di gioia; la Legge d'Esclusione venne bruciata; e si bevve con fragorose acclamazioni alla salute di Re Giacomo. Il dì seguente era domenica. La milizia schierossi in fila lungo le vie conducenti al duomo. I due rappresentanti della Contea furono condotti con gran pompa al coro dai magistrati della città; ascoltarono la predica del Decano, che probabilmente ragionò del debito d'obbedienza passiva; e poi furono festeggiati dal Gonfaloniere.
In Northumberland, il trionfo di Sir Giovanni Fenwik, cortigiano che acquistò poscia trista rinomanza, fu accompagnato da circostanze che destarono interesse in Londra, e che non furono stimate indegne d'essere rammentate, nei dispacci dei Ministri stranieri. Newcastle fu illuminato con gran mucchi di carbone acceso. I campanili mandarono suoni di esultanza. Un esemplare della Legge d'Esclusione, ed una cassetta nera simigliante a quella che, secondo la favola popolare, conteneva il contratto di nozze tra Carlo II e Lucia Walters, vennero pubblicamente date alle fiamme con alte acclamazioni.
L'esito generale delle elezioni sorpassò le più ardenti speranze della Corte. Giacomo vide con gioia, come non gli fosse necessario di spendere un soldo a comperare i voti. Disse che, tranne circa quaranta membri, la Camera dei Comuni era quale doveva essere ove egli l'avesse nominata da sè. Oltrechè, stava in poter suo, secondo che allora consentivano le leggi, tenerla sino alla fine del suo regno.
Essendo sicuro d'essere sostenuto dal Parlamento, poteva oramai appagare la libidine di vendetta. Aveva indole implacabile; e mentre era ancor suddito, aveva patito ingiurie e indegnità tali, che avrebbero mosso anche un animo placabile a fiero e durevole risentimento. Una setta d'uomini, in ispecie, aveva, con inusitata e indicibile crudeltà e vigliaccheria, aggredito l'onore e la vita di lui; voglio dire i testimoni della congiura. L'odio ch'ei loro portava, parrebbe degno di scusa; poichè fino ai dì nostri il solo profferirne il nome muove a schifo ed orrore gli uomini di tutte le sètte e di tutti i partiti.
XIX. Alcuni di cotesti sciagurati erano in luogo dove non poteva giungere il braccio della umana giustizia. Bedloe era morto da ribaldo, senza dare il minimo segno di rimorso e di vergogna. Dugdale gli era andato dietro, reso insano, secondo che dicevasi, dalle furie della pessima coscienza, con acute strida scongiurando coloro che stavano attorno al suo letto, d'allontanare lo spettro di Lord Stafford. Carstairs anch'esso era morto. La sua fine fu tutta orrore e disperazione; e sul punto di mandare l'ultimo flato, aveva detto ai suoi assistenti di gittarlo a guisa d'un cane in un fosso, non essendo degno di riposare in un cimitero cristiano. Ma Oates e Dangerfield erano in potere dello austero principe da essi oltraggiato. Giacomo, breve tempo avanti che ascendesse sul trono, aveva intentato un processo civile contro Oates per diffamazione; e i giurati lo avevano condannato a pagare la enorme multa di cento mila lire sterline. Lo accusato, non potendo pagare, era stato preso, e viveva in carcere senza speranza d'uscire. Gli Alti Giurati di Middlesex, poche settimane avanti la morte di Carlo, avevano ammessi contro lui due atti d'accusa come colpevole di spergiuro. Appena finite le elezioni, si cominciò il processo.
Tra le classi alte e le medie, ad Oates non rimaneva né anche un amico. Tutti i Whig intelligenti erano convinti, che quando anche il suo racconto fosse in alcun modo fondato sul fatto, egli vi aveva edificato sopra un romanzo. Un numero considerevole di fanatici, nondimeno, lo considerava tuttavia come pubblico benefattore. Costoro bene sapevano che qualora ei fosse convinto di reità, la sua sentenza sarebbe severissima; e però infaticabilmente studiavansi a procacciargli la fuga. Quantunque fino allora fosse rinchiuso per debiti, venne posto in ferri dalle autorità della prigione del Banco del Re; ed anche ciò non era bastevole a tenerlo in sicura custodia. Al mastino che stava dinanzi all'uscio del suo carcere, fu dato il veleno; e nella medesima notte che precedè il suo processo, una scala di fune fu introdotta nella sua cella.
Il giorno ch'ei fu condotto alla barra, Westminster Hall era affollata di spettatori, fra' quali vedevansi molti cattolici romani, ansiosi di contemplare la miseria e la umiliazione del loro persecutore. Pochi anni prima, il suo collo corto, le sue gambe ineguali come quelle d'un tasso, la sua fronte bassa a guisa di quella d'un babbuino, le sue guance chiazzate di sangue, la mostruosa lunghezza del suo mento, erano famigliari a quanti frequentavano le corti di giustizia. Era in que' giorni diventato l'idolo della nazione: dovunque ei si mostrasse, ciascuno gli faceva di cappello. La vita e gli averi dei magnati del reame erano stati in sua balía. Ma adesso i tempi erano cangiati; e molti di coloro che per lo innanzi lo avevano considerato liberatore della patria, rabbrividivano alla vista di quegli osceni sembianti, sopra i quali pareva che il dito di Dio avesse scritto: scellerato!

E' fu provato, senza possibilità di dubbio, che questo uomo aveva, con false testimonianze, premeditatamente assassinate varie persone innocenti. Egli invocò invano i più eminenti membri del Parlamento, dai quali era stato ricompensato ed esaltato, perchè testificassero a favor suo. Parecchi di coloro ch'egli aveva chiamati al tribunale, assentaronsi. Nessuno disse la minima cosa che tendesse a scolparlo. Uno di loro, cioè a dire il Conte di Huntingdon, lo rimproverò aspramente d'avere ingannate le Camere, e gettata sopra esse la colpa d'aver versato il sangue innocente. I giudici guardavano fieri, ed avvilirono lo accusato con crudeltà tale, che anche nei casi più atroci mal conviene al carattere di ministro della giustizia. Eppure ei non mostrò segno di timore o vergogna, e con la insolenza della disperazione affrontò la tempesta delle invettive che scoppiava contro lui dalla barra, dal seggio e dal banco dei testimoni. Fu dichiarato convinto sopra ambedue gli atti d'accusa. Quantunque, moralmente considerata, la sua colpa fosse assassinio della più grave specie, nondimeno agli occhi della legge era semplice delitto. Il tribunale, nondimeno, voleva che la pena da darglisi fosse più severa di quella dei felloni o traditori, e non solo farlo morire, ma farlo morire tra orribili tormenti. Fu condannato ad essere spogliato degli abiti clericali, posto alla gogna in Palace Yard, e condotto attorno Westminster Hall con un cartello fittogli sulla testa, nel quale fosse scritta la sua infamia; e posto nuovamente alla gogna di faccia alla Borsa Reale, fustigato da Aldgate a Newgate, e dopo un intervallo di due giorni fustigato un'altra volta da Newgate a Tyburn. Se, contro ogni probabilità, egli fosse sopravvissuto a questa orribile pena, doveva rimanere in carcere per tutta la vita, donde doveva essere tratto cinque volte l'anno, e messo alla gogna in diversi luoghi della metropoli.
La cruda sentenza venne crudamente eseguita. Oates, il giorno in cui fu posto alla gogna in Palace Yard, sostenne una pioggia di sassate, e corse pericolo di essere fatto in brani. Ma nella città, i suoi partigiani si raccolsero, suscitarono un tumulto, e rovesciarono la gogna. Ciò non ostante, non riuscì loro di liberarlo. Fu creduto che per sottrarsi all'orrendo destino che lo aspettava, tentasse d'avvelenarsi: però il cibo e la bevanda furono sottoposti a rigoroso esame. Il dì seguente, fu tratto fuori di carcere per subire la prima fustigazione. A buon'ora, innumerevole turba di popolo riempiva tutte le vie, da Aldgate sino a Old Bailey. Il carnefice menava la frusta con tanto insolita severità, da mostrare che avesse ricevuto speciali ammonimenti. Il sangue correva a rivi. Per qualche tempo il colpevole fece mostra d'una strana costanza; ma in fine, sì ostinata fortezza gli venne meno. Urlava in modo spaventevole; perdè i sensi più volte: ma non perciò restava il flagello. Come fu sciolto, e' parve d'avere sopportato quanto la forma umana può sopportare senza dissolversi. Giacomo venne supplicato a risparmiargli la seconda fustigazione. Ei rispose in brevi e chiare parole: «Dovrà subire la pena finchè gli rimarrà fiato in corpo.» Tentossi di ottenere la intercessione della Regina; ma essa sdegnosamente ricusò di dire una sola parola a pro di un tanto scellerato. Dopo un intervallo di sole quarantotto ore, Oates fu nuovamente tratto di carcere. Non aveva forza da tenersi in piedi, e fu d'uopo trascinarlo sopra una treggia a Tyburn. Pareva affatto insensibile; e i Tory riferivano ch'egli si fosse stordito bevendo liquori spiritosi. Un tale, che nel secondo giorno contò il numero delle frustate, affermò che fossero mille settecento. Al tristo uomo rimase la vita, ma in guisa che gl'ignoranti e i bacchettoni fra' suoi ammiratori reputarono la sua guarigione un miracolo, e l'adducevano come argomento della innocenza di lui. Le porte del carcere gli si richiusero sopra. Per molti mesi stette incatenato nel più oscuro buco di Newgate. Fu detto che ivi si abbandonasse alla malinconia, e per giorni interi sedendo con le mani incrociate, e col cappello fitto in sugli occhi, mandasse cupi gemiti. E' non fu nella sola Inghilterra che questi avvenimenti svegliarono grande interesse. Milioni di cattolici romani, i quali non sapevano nulla delle nostre istituzioni e fazioni, avevano udito come nella nostra isola avesse infuriato una barbarissima persecuzione contro i credenti nella vera fede, come molti uomini pii avessero patito il martirio, e Tito Oates fosse stato il principale assassino. E però grande fu la gioia nei lontani paesi appena si seppe che la mano della giustizia divina lo aveva raggiunto. Per tutta l'Europa correvano certe incisioni, dove egli era rappresentato alla gogna e in atto di subire la flagellazione; e gli epigrammisti, in molte lingue, scherzarono sul titolo di dottore ch'egli pretendeva d'avere ottenuto nella Università di Salamanca, e notavano che non potendo farlo arrossire in fronte, era giusto che lo facessero arrossire su per la schiena.
Per quanto orribili fossero i tormenti di Oates, non potevano agguagliarsi a' suoi misfatti. Un'antica legge dell'Inghilterra, che s'era lasciata cadere in disuso, trattava come assassino il falso testimone, che spergiurando fosse stato cagione di morte ad alcuno. Ciò era savio ed equo, imperocchè un simigliante testimonio, davvero è il peggiore degli assassini. Alla colpa di spargere il sangue innocente, egli aggiunge quella di violare il più solenne contratto che possa esistere tra uomo e uomo, e di

rendere le istituzioni - alle quali è da desiderarsi che il pubblico porti rispetto e fiducia - strumento di terribili danni, e obietto di generale diffidenza. Il dolore cagionato da un assassinio ordinario non è da paragonarsi al dolore cagionato dallo assassinio, di cui le corti di giustizia diventano agenti. La semplice estinzione della vita è piccolissima parte di ciò che rende orribile il patibolo. La prolungata mortale agonia del condannato, la vergogna e la miseria dei suoi congiunti, la macchia d'infamia che discende fino alla terza o quarta generazione, sono cose più spaventevoli della morte stessa. Generalmente, potrebbe di sicuro affermarsi che il padre di una numerosa famiglia si lascerebbe più presto privare di tutti i propri figliuoli, morti per disgrazia o per malattia, che perdere un solo di loro per le mani del carnefice. L'assassinio cagionato da falsa testimonianza è, dunque, la specie più grave degli assassinii; ed Oates era reo di molti simiglianti assassinii. Nondimeno, non può giustificarsi la pena che gli venne inflitta. Nel dannarlo ad essere spogliato dell'abito ecclesiastico e incarcerato a vita, sembra che i giudici avessero ecceduto il loro potere legale. Certo erano competenti a infliggere la fustigazione, nè la legge assegnava termine al numero delle frustate: ma lo spirito della legge manifestamente voleva che nessun delitto venisse punito con severità maggiore di quella con cui si puniscono le più atroci fellonie. Il peggiore dei felloni poteva essere condannato alla forca. I giudici, secondo che credevano, dannarono Oates ad essere flagellato a morte. Dire che la legge fosse difettosa, non è scusa sufficiente: imperocchè le leggi difettive dovrebbero essere riformate dal Corpo legislativo, non mai stiracchiate dai tribunali, e, quel che è peggio, stiracchiate a fine di dare la tortura e la morte. Che Oates fosse uomo malvagio, non è scusa sufficiente: imperocchè il colpevole è quasi sempre il primo a patire le severità che poscia si considerano come precedenti per opprimere l'innocente. Tale era il caso d'Oates. Il flagellare senza misericordia divenne tosto la punizione ordinaria dei falli politici di non molta gravità. Individui accusati di avere imprudentemente profferite parole ostili al Governo, vennero condannati a tormenti così crudeli, che essi, con non simulata serietà, chiedevano d'essere processati come rei di delitti capitali, e mandati alle forche. Avventuratamente, a' progressi di tanto male posero argine la Rivoluzione, e la Legge dei Diritti, con quello articolo che condanna ogni punizione crudele e inusitata.

XX. La ribalderia di Dangerfield non aveva, al pari di quella d'Oates, cagionata la morte di molte vittime innocenti; perocchè Dangerfield non si diede al mestiere di testimonio se non quando la congiura era andata in fumo, e i giurati s'erano fatti increduli. Gli fu intentato il processo, non come reo di spergiuro, ma per diffamazione. Mentre ferveva il commovimento cagionato dalla Legge d'Esclusione, egli aveva stampata una narrazione che conteneva alcuni falsi e odiosi addebiti contro Carlo e Giacomo. Per tale pubblicazione, egli, dopo cinque anni, fu improvvisamente preso, condotto innanti al Consiglio Privato, accusato, processato, convinto, e dannato alla fustigazione da Aldgate a Newgate, e da Newgate a Tyburn. Lo sciagurato, durante il processo, tenne sfrontato contegno; ma appena udì profferire la sentenza, si abbandonò allo strazio della disperazione; si dette per ispacciato, e scelse un testo biblico per il suo funebre sermone. Il suo presentimento era giusto. A dir vero, non fu flagellato con tanta severità con quanta lo era stato Oates; ma non aveva la forza ferrea della mente e del corpo d'Oates. Dopo la esecuzione della sentenza, Dangerfield fu posto in una carrozza d'affitto per ritornare al proprio carcere. Passato il canto di Hatton Garden, un gentiluomo Tory di Gray's Inn, di nome Francis, fermò la vettura e gridò con brutale ironia: «E bene, amico, vi hanno scaldata la schiena stamane?» Il prigione grondante sangue, infuriato a quell'insulto, gli rispose con una maledizione. Francis gli avventò tosto al viso una mazzata, che lo ferì in un occhio. Dangerfield fu portato morente a Newgate. Questo codardo oltraggio mosse a sdegno gli astanti, i quali posero le mani addosso a Francis, sì che stettero per farlo in brani. Alla vista del corpo di Dangerfield, orribilmente lacerato dalle fustigazioni, molti inchinavano a credere che la sua morte fosse stata massimamente, se non al tutto, cagionata dalle frustate ricevute. Il Governo e il Capo Giudice stimarono convenevole darne tutta la colpa a Francis, il quale, comecchè sembri al più d'essere stato reo d'omicidio aggravante, fu processato e mandato al patibolo come assassino. Le sue estreme parole sono uno dei più curiosi monumenti di que' tempi. Quel feroce spirito che lo aveva condotto in sulle forche, gli durò fino all'ultimo istante della vita. Mescolò vanti di lealtà e ingiurie contro i Whig con giaculatorie, nelle quali raccomandava l'anima propria alla misericordia divina. S'era sparsa la voce che la sua moglie amoreggiasse con Dangerfield, uomo di grande bellezza e famoso per avventure galanti, e che il marito mosso dalla gelosia gli avesse avventato il colpo fatale. Il morente marito, con serietà, mezzo ridicola e mezzo patetica, rivendicò l'onore della consorte, dicendo ch'ella era una donna virtuosa, che era nata da parenti leali, ed ove fosse stata propensa a violare la fede coniugale, avrebbe almeno scelto per drudo un Tory o un Anglicano.

XXI. Verso il medesimo tempo, un accusato che aveva pochissima somiglianza con Oates o Dangerfield, comparve avanti la Corte del Banco del Re. Non v'era illustre capo-parte che fosse mai passato traverso a molti anni di dissensioni civili e religiose con maggiore innocenza di Riccardo Baxter. Apparteneva alla classe più mite e temperata della setta puritana. Allorquando scoppiò la guerra civile, egli era giovane. Credeva che le Camere avessero ragione, e non ebbe scrupolo di esercitare l'ufficio di cappellano in un reggimento dello esercito parlamentare: ma il suo lucido ed alquanto scettico intendimento, non che il suo forte senso di giustizia, lo tennero lontano da ogni eccesso. Fece ogni sforzo per frenare la violenza fanatica della soldatesca. Vituperò i procedimenti dell'Alta Corte di Giustizia. A tempo della Repubblica ebbe ardimento di manifestare in molte occasioni, e una volta anche al cospetto di Cromwell, amore e riverenza alle antiche istituzioni della patria. Mentre la famiglia reale era in esilio, Baxter passò la vita per lo più in Kidderminster, esercitando assiduamente i doveri di parroco. Di gran cuore contribuì alla Ristaurazione, e sinceramente desiderava d'indurre a concordia gli Episcopali e i Presbiteriani. Perocchè con liberalità, per que' tempi rarissima, considerava le questioni di politica ecclesiastica di poco conto in paragone dei grandi principii del Cristianesimo; ed anco quando la prelatura era esosa alla potestà dominatrice, non congiunse mai la propria voce al grido contro i vescovi. Baxter fallì nella impresa di conciliare le avverse fazioni. Accomunò le proprie sorti a quelle dei suoi amici proscritti, ricusò la mitra di Hereford, rinunziò alla parrocchia di Kidderminster, dedicandosi quasi interamente agli studi. I suoi scritti teologici, comecchè fossero sì moderati da non piacere ai bacchettoni d'ogni partito, acquistarono immensa riputazione. Gli zelanti ecclesiastici lo chiamavano Testa-Rotonda; e molti Non-Conformisti lo accusavano di Erastianismo e d'Arminianismo. Ma la integrità del cuore, la purità della vita, il vigore della intelligenza, la vastità della dottrina erano in lui riconosciute dagli uomini migliori e più savi d'ogni setta. Le sue opinioni politiche, malgrado l'oppressione da lui e da' suoi confratelli sofferta, erano moderate. Procedeva amico a quel piccolo partito che era in odio ai Whig ed ai Tory, dicendo di non potere indursi a maledire i Barcamenanti, qualvolta rammentava Colui che aveva benedetti i facitori della pace.
In un Commentario al Testamento Nuovo, aveva alquanto amaramente lamentata la persecuzione che i Dissenzienti pativano. Che gli uomini i quali per non usare il Libro delle Preghiere, erano stati cacciati dalle loro case, privati degli averi e sepolti nelle carceri, osassero mormorarne, tenevasi allora per grave delitto contro lo Stato e la Chiesa. Ruggiero Lestrange, campione del Governo e oracolo del Clero, levò il grido di guerra nell'Osservatore. Fu intentato un processo. Baxter chiese gli si concedesse qualche tempo ad apparecchiare la propria difesa. Nel giorno stesso in cui Oates era posto alla berlina in Palace Yard, lo illustre capo dei Puritani, oppresso dagli anni e dalle infermità, andò a Westminster Hall per fare tale richiesta. Jeffreys con gran tempesta di rabbia gridò: «Nè anche un minuto per salvare la sua vita. Io so bene condurmi coi santi egualmente che coi peccatori. In un lato della berlina adesso sta Oates; e se Baxter fosse nell'altro, i due più grandi ribaldi del Regno starebbero insieme.»
Quando si aperse il processo in Guildhall, una folla di coloro che amavano e riverivano Baxter, riempiva la corte. Stava accanto all'accusato il Dottore Guglielmo Bates, uno dei più cospicui fra i teologi Non-Conformisti. Pollexfen e Wallop, rinomatissimi avvocati Whig, lo difendevano. Pollexfen aveva appena principiato a favellare avanti ai Giurati, allorquando il Capo Giudice proruppe in queste oscene parole: «Pollexfen, io vi conosco bene; e vi terrò a mente. Voi siete il protettore della fazione. Costui è un vecchio ribaldo, un birbone scismatico, un ipocrita tristo. Odia la Liturgia, e non vorrebbe altro usare che lunghissimi piagnistei senza libro.» E quindi sua Signoria levò in alto gli occhi, giunse le mani, e cominciò a cantare col naso, imitando a suo credere il modo di pregare di Baxter: «Signore, noi siamo il tuo popolo, il tuo popolo peculiare, il tuo diletto popolo.» Pollexfen gentilmente rammentò alla corte come la Maestà del Re defunto avesse reputato Baxter degno d'un vescovato. «E che ambiva, dunque, il vecchio bestione» esclamò Jeffreys «che non lo accettò?» Qui il suo furore giunse quasi alla insania. Chiamò Baxter un cane, e giurò che sarebbe stata semplice giustizia il flagellare un tanto ribaldo per le vie della città.
Wallop s'interpose, ma non ebbe miglior ventura del suo collega. «Voi v'immischiate in tutte coteste sudicie cause, o signor Wallop,» disse il giudice. «I gentiluomini togati dovrebbero aver vergogna d'aiutare così faziosi ribaldi.» Lo avvocato si provò di nuovo a farsi ascoltare, ma indarno. «Se non farete il debito vostro,» gridò Jeffreys «ve lo insegnerò bene io.»
Wallop si pose a sedere; e Baxter tentò di dire qualche parola da sè. Ma il Capo Giudice gli dette sulla voce con un torrente d'ingiurie e d'invettive, mescolate con citazioni di Hudibras. «Mio Signore,» disse il vecchio «sono stato molto biasimato dai Dissenzienti per avere rispettosamente favellato dei

vescovi.» - «Baxter a favore dei vescovi!» urlò il Giudice «questa davvero è una cosa buffa! Lo so bene io ciò che voi intendete per vescovi; furfanti come voi, vescovi di Kidderminster, faziosi e piagnolosi presbiteriani!» Baxter provossi nuovamente a parlare, e Jeffreys ad urlare di nuovo: «Riccardo, Riccardo, o che tu pensi che ti lasceremo attoscar la corte? Riccardo, tu sei un vecchio furfante. Tu hai scritti tanti libri da riempirne un baroccio, e ciascuno dei tuoi libri è pieno, come un uovo, di pensieri sediziosi. Grazie al cielo, ti terrò io gli occhi addosso. Veggo che molti della tua confraternita aspettano di vedere quale sarà la sorte del loro valoroso Don Chisciotte. Ed eccolo lì» seguitò fissando il feroce sguardo sopra Bates, «ecco lì un Dottore del partito che ti sta presso; ma, per grazia di Dio onnipotente, vi schiaccerò tutti quanti.»
Baxter stette cheto. Ma uno dei più giovani avvocati della difesa fece un ultimo sforzo, e imprese a mostrare come le parole incriminate non comportassero il costrutto dato ad esse dall'Accusa. A tale scopo si pose a leggerne il contesto. In un istante fu interrotto dagli urli di Jeffreys. «Voi non trasformerete la corte in un conventicolo.» E qui udendo alcuni gemiti che partivano da coloro che circondavano Baxter, Jeffreys esclamò; «piagnolosi bestioni!»
I testimoni della difesa, fra' quali erano diversi chierici della Chiesa Stabilita, stavano lì ad aspettare. Ma il Capo Giudice non volle ascoltarli. «Crede ella la Signoria vostra,» disse Baxter «che vi siano Giurati che vogliano dichiarare reo convinto un uomo con un processo come questo?» - «Ve ne assicuro, Signor Baxter» rispose Jeffreys «non ve ne date pensiero.» Jeffreys aveva ragione. Gli sceriffi erano strumenti del Governo. I Giurati, scelti dagli sceriffi fra i più feroci zelanti del partito Tory, si ritrassero per un momento a deliberare, e dichiararono Baxter colpevole. «Mio signore,» disse egli partendosi dalla corte «un tempo eravi un Capo Giudice che mi avrebbe molto diversamente trattato.» Ed alludeva al suo dotto e virtuoso amico Sir Matteo Hale. «Non vi è uomo onesto in Inghilterra,» rispose Jeffreys «che non ti tenga per furfante.»
La condanna per que' tempi fu mite. Ciò che seguisse fra' giudici mentre deliberarono, non può con certezza sapersi. Credettero i Non-Conformisti, ed è grandemente probabile, che il Capo Giudice fosse vinto da' suoi tre confratelli. Dicesi ch'egli proponesse che Baxter patisse la fustigazione legato a coda di cavallo, e trascinato per le vie di Londra. La maggioranza stimò che un teologo illustre, al quale venticinque anni innanzi era stata profferta una mitra, e che adesso contava anni settanta d'età, sarebbe stato bastevolmente punito della colpa di poche parole pungenti con una multa e la prigione.
XXII. Il modo onde Baxter fu trattato da un giudice che era membro del Gabinetto, e il prediletto del sovrano, mostrava, in modo da non indurre in errore, i sentimenti che in quel tempo il Governo nutriva verso i Protestanti Non-Conformisti. Ma tali sentimenti erano già stati manifestati da più forti e terribili segni. Il Parlamento di Scozia erasi ragunato, Giacomo ne aveva appositamente affrettate le sessioni, e posposte quelle delle Camere Inglesi, sperando che lo esempio d'Edimburgo avrebbe prodotto un buono effetto in Westminster; dacchè il corpo legislativo del suo Regno Settentrionale era ossequioso al pari di quegli Stati Provinciali che Luigi XIV lasciava trastullare con alcune delle loro antiche funzioni in Bretagna e in Borgogna. Nessuno che non fosse episcopale poteva aver seggio nel Parlamento Scozzese, e nè anche essere elettore; e in Iscozia, un episcopale era sempre Tory. Da un'assemblea siffattamente costituita, poca era la opposizione da temersi alle voglie del Re: oltrechè quell'assemblea non poteva adottare legge che non fosse innanzi approvata da un comitato di cortigiani.
Tutto ciò che chiese il Governo, venne di leggieri consentito. Rispetto alle finanze, a dir vero, la liberalità degli Stati Scozzesi era di poco momento. Dettero, non per tanto, ciò che comportavano i loro pochi mezzi. Concessero, a perpetuità, alla Corona i dazi già concessi al Re defunto, e che in allora erano stati estimati a quaranta mila sterline l'anno. Assegnarono parimente a Giacomo, sua vita durante, una rendita annua di duecento sedici mila lire scozzesi; somma equivalente a diciotto mila lire sterline. La intera somma che poterono concedere, fu di sessanta mila lire sterline l'anno; poco più di quello che versavasi ogni quindici giorni nello Scacchiere Inglese.
Avendo poca pecunia da dare, gli Stati supplirono al difetto con proteste di lealtà e barbari ordinamenti. Il Re, in una lettera, che venne loro letta nel dì in cui si aprì la sessione, li richiedeva con virulente parole di fare nuove leggi penali contro gli ostinati presbiteriani, e si mostrava dolente che le faccende dello Stato gl'impedissero di proporle egli stesso in persona dal trono. I suoi comandamenti furono obbediti. Passò senza ostacolo uno statuto formato da' Ministri della Corona, il quale anche fra gli statuti di quello sventurato paese e di quel tempo sventuratissimo, è predistinto per atrocità. Fu decretato, con poche ma enfatiche parole, che chiunque avesse osato predicare in un conventicolo in casa, o intervenire come predicatore o come uditore ad un conventicolo all'aria aperta, sarebbe stato

punito con la morte e la confisca dei beni.
XXIII. Questa legge, approvata ad istanza del Re da un'assemblea schiava delle voglie di lui, è degna di particolare considerazione: imperciocchè dagli scrittori ignoranti Giacomo è stato giudicato come principe lesto di cervello e poco giudizioso nella scelta dei mezzi, ma intento ad uno dei fini più nobili cui possa tendere un Sovrano; a quello, cioè, di stabilire la piena libertà religiosa. Nè può negarsi che alcune parti della sua vita, ove si sceverino dallo insieme e superficialmente si considerino, sembrano far credere tale il suo carattere.
Mentre egli era suddito, aveva per molti anni patita la persecuzione, la quale aveva in lui prodotti gli effetti consueti. La sua mente, torpida e angusta come ella era, aveva profittato di quella severa disciplina. Allorchè fu escluso dalla Corte, dallo Ammiragliato e dal Consiglio, e stette in pericolo di rimanere escluso anco dal trono, solo perchè non sapeva frenarsi dal credere nella transustanziazione e nella autorità della Sede Romana, progredì così rapidamente nelle dottrine della tolleranza, da lasciarsi addietro Milton e Locke. Qual cosa, diceva di sovente, può essere più ingiusta che il punire le speculazioni dello intelletto con pene che dovrebbero infliggersi ai soli atti? Quale più impolitica che il rifiutare i servigi dei buoni soldati, marinai, giureconsulti, diplomatici, finanzieri, solo perchè professano dottrine erronee intorno al numero dei sacramenti o alla pluripresenza dei Santi? Aveva imparato a mente i luoghi comuni che tutte le sètte ripetono con tanta facondia semprechè patiscono oppressione, e dimenticano con tanta facilità semprechè possono rendere il contraccambio. E veramente, ei recitava così bene la sua lezione, che coloro ai quali fosse accaduto di udirlo favellare intorno a quella materia, gli davano più credito di buon senso e di eloquenza, ch'ei veramente non meritasse. Con la manifestazione dei suoi principii, egli illudeva molti spiriti accesi di carità del prossimo, e forse sè stesso. Ma il suo zelo pei diritti della coscienza finì al finire del predominio del partito Whig. Come la fortuna cangiò, come egli più non ebbe timore delle persecuzioni altrui, come ebbe in mano la potestà di perseguitare gli altri, le vere inclinazioni dell'indole sua cominciarono a mostrarsi. Abborriva i Puritani con odio multiforme, con odio religioso, politico, ereditario e personale. Gli considerava come nemici di Dio, nemici della autorità legittima nella Chiesa e nello Stato, nemici della bisava, dell'avo, del padre, della madre, del fratello, e suoi propri. Egli, che si era così altamente doluto delle leggi contro i papisti, adesso affermò di non sapere immaginare in che modo altri potesse avere la impudenza di proporre la revoca delle leggi contro i Puritani. Egli, il cui têma prediletto era stato la ingiustizia di imporre agli ufficiali civili giuramenti religiosi, stabilì in Iscozia, mentre vi governava da vicerè, il più severo atto di prova religiosa che fosse mai conosciuta nel Regno. Egli, che aveva mostrata giusta indignazione allorquando i sacerdoti della sua fede venivano appesi alle forche e squartati, spassavasi a udire le strida dei Convenzionisti, e a vederli contorcersi mentre sentivansi dirompere le gambe nello stivaletto. Così, divenuto Re, chiese subito ed ottenne dagli ossequiosi Stati di Scozia, come il più sicuro pegno della lealtà loro, la legge più sanguinaria che sia stata mai fatta nell'isola nostra contro i Protestanti Non-Conformisti.
XXIV. Con questa legge pienamente concordava lo spirito di tutta l'amministrazione del Governo. La feroce persecuzione che infuriò mentre egli era vicerè in Iscozia, si fece più ardente che mai il giorno che ei divenne sovrano. Quelle Contee in cui i Convenzionisti erano in maggior numero, furono abbandonate alla licenza della soldatesca. A' soldati era mescolata una milizia cittadina, composta dei più violenti e dissoluti tra coloro che si chiamavano Episcopali. Predistinguevansi fra le bande che opprimevano e devastavano quei malarrivati distretti, i dragoni capitanati da Giovanni Graham di Claverhouse. Corse la voce che questi uomini malvagi erano soliti, nei loro baccani, giuocare ai tormenti dello inferno, e chiamarsi vicendevolmente coi nomi dei demoni e delle anime dannate. Il capo di questo inferno sulla terra, soldato insigne per coraggio e perizia nell'arte militare, ma rapace e profano, d'indole violenta e di cuor duro, ha lasciato un nome, che, in qualunque luogo del globo stanzi la razza scozzese, è ricordato con odio peculiare e fortissimo. Riepilogare in brevi pagine tutti i delitti con che costui e i suoi pari spinsero alla frenesia il contadiname delle pianure occidentali, sarebbe opera interminabile. Servano pochi esempi, che trarrò tutti dalla storia di soli quindici giorni; quegli stessi quindici giorni in cui il Parlamento Scozzese, alle premurose richieste di Giacomo, fece una nuova legge di non mai udita severità contro i Dissenzienti.
Giovanni Brown, povero vetturino della Contea di Lanark, era, a cagione della sua esimia pietà, comunemente chiamato il vetturino cristiano. Molti anni dopo, allorchè la Scozia giunse a godere pace, prosperità e libertà religiosa, i vecchi che serbavano ricordo dei giorni della sciagura, lo descrivevano come uomo versato nelle cose divine, di vita intemerata, e d'indole così pacifica, che i tiranni non poterono trovare in lui altra colpa, che d'essersi allontanato dal culto pubblico degli

Episcopali. Il dì primo di maggio, egli stava a segar fratte, allorchè fu preso dai dragoni di Claverhouse, esaminato all'infretta, convinto di non-conformismo, e dannato a morire. Dicesi che anche fra i soldati non trovossi chi volesse fare da carnefice; imperocchè la moglie del povero uomo era lì presente, aveva per mano un fanciulletto, ed era agevole accorgersi che tra breve avrebbe dato nascimento ad un'altra creatura; ed anche quegli uomini di cuore duro e feroce, che si soprannominavano Belzebù ed Apollione, sentivano raccapriccio della scelleratezza di ucciderle in faccia il marito. Questi, infrattanto, levando alto lo spirito per la prossima sua partita verso l'eternità, mandava alte e fervide preci come uomo ispirato, allorchè Claverhouse invaso di furore lo stese a terra morto con un'archibugiata. Fu riferito da testimoni degni di fede, che la vedova nella sua dolorosa disperazione gridasse: «Ebbene, o signore, ebbene! verrà il giorno da renderne conto;» e che lo assassino rispondesse: «Agli uomini posso rispondere di ciò che ho fatto; in quanto a Dio, so io il modo di farlo star cheto.» Nonostante, corse voce che anche sull'arida coscienza e sull'adamantino cuore di lui, i detti della morente vittima facessero tale un'impressione, che non fu mai cancellata.
Il dì quinto di maggio, due artigiani, detti Pietro Gillies e Giovanni Bryce, furono processati nella Contea di Ayr da un tribunale militare, composto di quindici soldati. Esiste tuttora l'Atto d'Accusa. I prigioni erano incolpati, non di alcun fatto di ribellione, ma di tenere le medesime perniciose dottrine che avevano spinto altrui a ribellare, e di non avere agito giusta quelle dottrine solo perchè era mancata loro l'occasione. Il processo fu brevissimo: in poche ore i due colpevoli furono convinti, impiccati e gettati in un fosso sotto le forche.
Il giorno undecimo di maggio fu segnalato da più d'un grande delitto. Taluni rigorosi calvinisti, dalla dottrina della riprovazione avevano dedotta la conseguenza, che pregare per chi fosse predestinato a dannarsi, era atto di ribellione agli eterni decreti dell'Ente Supremo. Tre poveri lavoranti, profondamente imbevuti di cotali principii, furono presi da un ufficiale nelle vicinanze di Glasgow. Fu loro chiesto se volessero pregare pel Re Giacomo VII. Assentirono di farlo, a condizione ch'egli fosse uno degli eletti. Una fila di moschettieri fu fatta schierare. I due prigioni inginocchiaronsi; vennero loro bendati gli occhi; e un'ora dopo d'essere stati presi, il sangue loro era leccato dai cani.
Mentre tali cose seguivano in Clydesdale, un atto non meno orribile commettevasi in Eskdale. Uno dei Convenzionisti proscritti, vinto dalla infermità, aveva trovato ricovero nella casa d'una vedova rispettabile, e quivi era morto. Il cadavere fu scoperto dal signore di Westerhall, tirannello, che al tempo della Convenzione aveva mostrato stemperatissimo zelo a pro della Chiesa presbiteriana, e dopo la Restaurazione comprato con l'apostasia il favore del Governo, e sentiva pel partito da lui abbandonato l'odio implacabile d'un apostata. Costui atterrò la casa della povera donna, se ne prese la roba, e lasciando lei coi figlioletti ad errare su per la campagna, trascinò il suo figlio Andrea, ancora fanciullo, dinanzi a Claverhouse, il quale a caso passava per quelle contrade. Claverhouse era a quei tempi stranamente mite. Alcuni credevano ch'egli, dopo la morte del vetturino cristiano successa dieci giorni prima, non fosse affatto in sè. Ma Westerhall, volendo porgere argomento della propria lealtà, giunse ad estorcere da lui la licenza. Caricati gli archibusi, al giovanetto fu ingiunto di tirarsi il berretto in su gli occhi. Ei rifiutò e stette imperterrito, tenendo in mano la Bibbia in faccia agli assassini. «Vi posso guardare in viso,» disse egli, «io non ho fatto nulla di cui debba arrossire. Ma in che modo guarderete voi in quel giorno nel quale sarete giudicati secondo ciò che è scritto in questo libro?» Cadde morto, e fu sotterrato nel pantano.
Nel dì medesimo, due donne, di nome Margherita Maclachlan e Margherita Wilson, vedova d'età matura l'una, giovinetta di anni diciotto l'altra, morirono per la loro religione nella Contea di Wigton. Fu loro offerta la vita a patto che consentissero ad abiurare la dottrina dei ribelli Convenzionisti, e d'assistere al culto episcopale. E ricusando, furono condannate ad essere annegate. Vennero condotte ad un luogo che il Solway inonda due volte al giorno, e legate a due pali fitti nella sabbia tra il segno più basso e il più alto del flusso e riflusso dell'acque. La vedova fu posta più davvicino alle onde che s'avanzavano, con la speranza che la sua suprema agonia atterrendo la giovine, l'avrebbe indotta a cedere. Lo spettacolo fu spaventevole. Ma il coraggio della sopravvivente fu sostenuto da un entusiasmo grandissimo, al pari di qualunque altro di cui faccia ricordo il martirologio. Vedeva il mare farsi sempre più da presso, ma non dette segno di paura. Pregò, e cantò versetti di salmi, finchè la sua voce si estinse nelle acque. Dopo che ebbe sentita l'amarezza della morte, con crudele misericordia, fu slegata e resa alla vita. Risensata, gli amici e i vicini impietositi la supplicavano a cedere. «Cara Margherita, di' solamente: Dio salvi il Re!» La povera fanciulla, ognor ferma nella sua severa credenza, con voce affannosa mormorò: «Dio lo salvi, se tale è la sua volontà!» I suoi amici affollaronsi dattorno all'impazientito ufficiale: «Ella l'ha detto; davvero, signore, ella lo ha detto.» - «Farà ella l'abiura?»

chiese l'ufficiale. «Giammai,» ella esclamò. «Io sono di Cristo, lasciatemi morire.» E le acque per l'ultima volta le si chiusero sopra.
In tal guisa la Scozia era governata da quel principe che gl'ignoranti hanno rappresentato come amico alla libertà religiosa, che ebbe la sventura d'essere troppo savio e buono per il tempo in cui gli toccò di vivere. Che anzi, ei pensava che quelle stesse leggi le quali gli concedevano di governare a quel modo, fossero assai miti. Mentre i suoi ufficiali commettevano i raccontati assassinii, egli istigava il Parlamento scozzese a fare una nuova legge, in paragone della quale tutte le precedenti potrebbero chiamarsi temperatissime.
In Inghilterra l'autorità di lui, benchè grande, era infrenata da antiche e venerande leggi, che nè anche i Tory avrebbero con pazienza veduto rompere. Quivi ei non poteva tradurre i Dissenzienti dinanzi ai tribunali militari, o gioire in Consiglio della voluttà di vederli svenire sotto la tortura dello stivaletto. Quivi non poteva annegare le fanciulle ricusanti di fare l'abiura, o fucilare i poveri campagnuoli che avessero dubitato lui essere uno degli eletti. Eppure, anco in Inghilterra, continuò a perseguitare, per quanto il suo potere si estendeva, i Puritani; finchè gli eventi che verranno da noi raccontati, lo indussero a concepire la idea di unire i Puritani e i Papisti in colleganza, onde umiliare e spogliare la Chiesa Anglicana.
XXV. Anche in que' primi anni del suo regno, ei portava singolare affetto ad una setta di protestanti Dissenzienti, chiamata la Società degli Amici. La sua parzialità per questa singolare confraternita non può attribuirsi a sentimento religioso, perocchè fra i credenti nella divina missione di Cristo, i Cattolici Romani e i Quacqueri sono quelli fra' quali è maggiore distanza. Parrebbe un paradosso affermare che questa medesima discrepanza costituisse un vincolo tra gli uni e gli altri: eppure tale era il caso. Imperciocchè essi deviavano in direzione cotanto opposta da ciò che dalla maggior parte della nazione era reputato vero, che perfino gli spiriti più liberi li consideravano entrambi come egualmente discosti dai confini della più larga tolleranza. Così le due sètte estreme, appunto perchè erano tali, avevano un interesse comune, diverso da quello delle sètte intermedie. I Quacqueri erano anche innocenti d'ogni offesa contro Giacomo e la sua casa. Non erano esistiti in forma di comunità, se non quando la guerra tra il padre di lui e il Lungo Parlamento era presso a finire. Erano stati crudelmente perseguitati da alcuni dei governi rivoluzionarii. Dopo la Restaurazione, malgrado molte vessazioni, eransi mansuetamente sottomessi alla autorità regia; come quelli che, quantunque ragionando sopra premesse che i teologi anglicani consideravano eterodosse, s'erano ridotti al pari di essi alla conclusione, che nessuno eccesso di tirannia dalla parte del principe può giustificare la resistenza dalla parte del suddito. Nessun libello contro il Governo era stato mai attribuito ad un Quacquero. Niuno di loro era stato implicato mai in qualche congiura contro il Governo. La loro società non aveva fatto eco ai clamori per la Legge d'Esclusione, ed aveva solennemente riprovata la Congiura di Rye House come disegno infernale e opera del demonio. E veramente, gli Amici allora presero poca parte nelle civili contese; perciocchè non trovavansi, come adesso, congregati nelle grandi città, ma generalmente erano addetti all'agricoltura; occupazione, dalla quale a poco a poco sono stati distolti per le vessazioni derivate loro dallo strano scrupolo di pagare la decima. Vivevano, quindi, molto lontani dalla lotta politica. Evitavano parimente, per principio, anco nel domestico ritiro, ogni discorso politico; avvegnachè il ragionare di siffatte cose, secondo l'opinione loro, non fosse favorevole alla spiritualità della mente, e tendesse a disturbare l'austera compostezza del loro contegno. Nelle annuali ragunanze di quei tempi, i confratelli venivano ripetutamente ammoniti a non discorrere intorno a faccende di Stato. Persone che oggi sono in vita, rammentano come que' vecchi venerandi che serbavano i costumi dell'antecedente generazione, riprovassero per sistema tali discorsi mondani. Era, dunque, naturale che Giacomo facesse gran distinzione tra questa gente innocua, e quelle fiere e irrequiete sètte che consideravano qual dovere di Cristiano il resistere alla tirannide; che in Germania, in Francia e in Olanda avevano mossa guerra ai principi legittimi, e che pel corso di quattro generazioni avevano nutrita singolare nimistà contro la Casa degli Stuardi.
Accadde, inoltre, di potere grandemente alleggiare i Cattolici Romani e i Quacqueri, senza mitigare le sciagure dei Puritani. Una legge, allora in vigore, puniva severamente chiunque ricusasse di prestare il giuramento di supremazia quante volte venisse richiesto. Questa legge non toccava i Presbiteriani, gl'Indipendenti o i Battisti, imperocchè tutti erano pronti a chiamare Dio in testimonio onde provare com'essi avessero rinunziato ad ogni relazione spirituale coi prelati e co' potentati forestieri. Ma il Cattolico Romano non voleva giurare che il Papa non avesse giurisdizione in Inghilterra, nè il Quacquero prestare giuramento di nessuna specie. Dall'altra parte, nè l'uno nè l'altro era colpito dal così detto Five Mile Act; legge che tra tutte quelle le quali contenevansi nel Libro degli Statuti, era

forse la più molesta ai Puritani Non-Conformisti.

XXVI. I Quacqueri avevano in Corte uno zelante e potente avvocato. Benchè, come classe, poco s'immischiassero nelle cose del mondo, e schivassero le politiche, quale occupazione nociva ai loro interessi spirituali; uno di loro, molto dagli altri predistinto per grado ed opulenza, viveva fra le alte classi, ed aveva sempre aperta la via all'orecchio del Re. Costui era il celebre Guglielmo Penn. Il padre suo aveva avuto alto comando nella flotta, era stato commissario dell'ammiragliato, aveva seduto nel Parlamento, era stato fatto cavaliere, e gli era stata data la speranza d'una paría. Il figlio era stato educato liberalmente, e destinato alla professione delle armi: se non che, mentre era ancora giovane, aveva danneggiato il proprio avvenire e disgustati gli amici, collegandosi a quella che a que' tempi comunemente consideravasi come masnada di stolti eretici. Era stato talvolta chiuso nella prigione della Torre, tal'altra a Newgate. Era stato processato in Old Bailey, per avere predicato in onta alla legge. Nondimeno, dopo qualche tempo erasi riconciliato con la propria famiglia, e gli era riuscito ottenere protezione così potente, che mentre tutte le carceri dell'Inghilterra erano ripiene dei suoi confratelli, a lui fu per molti anni permesso di professare senza molestia la propria credenza. Verso la fine del regno di Carlo, per saldo di un vecchio debito che aveva con lui la Corona, ottenne la concessione nell'America Settentrionale, d'un'immensa contrada allora popolata soltanto di cacciatori Indiani, e invitò i suoi amici perseguitati a stabilirvisi. Allorchè Giacomo salì sul trono, la colonia di Penn era tuttavia nella infanzia.

Tra Giacomo e Penn da lungo tempo era stata dimestichezza. Il Quacquero, quindi, divenne cortigiano, e quasi prediletto. Ciascun giorno dalla galleria era chiamato alle segrete stanze del principe, e talvolta aveva lunghe udienze, intanto che i Pari del Regno stavano ad aspettare nelle anticamere. Corse voce ch'egli avesse più potenza effettiva di giovare e di nuocere, di quanta ne avessero molti nobili che occupavano alti uffici. Tosto fu circuito da adulatori e da supplicanti. La sua casa in Kensington talvolta, verso l'ora in cui si levava da letto, era affollata da più di dugento chiedenti. Nondimeno, caro gli costava tale apparenza di prosperità. Anche gli uomini della sua setta lo trattavano con freddezza, e lo ricompensavano dei servigi loro resi, parlandone male. Lo accusavano altamente d'essere papista, anzi gesuita. Taluni affermavano ch'egli fosse stato educato in Saint-Omer, ed altri che avesse ricevuti gli ordini sacri in Roma. Tali calunnie, a dir vero, potevano trovare credenza solo nella insensata moltitudine; ma a queste calunnie mescolavansi accuse assai meglio fondate.

Il dire intera la verità intorno a Penn, è impresa che richiede qualche coraggio; perocchè egli è più presto un personaggio mistico che storico. Nazioni rivali e sètte avverse fra loro, sono state concordi a canonizzarlo. La Inghilterra va orgogliosa del nome di lui. Una grande Repubblica oltre l'Atlantico, gli porta una riverenza simile a quella che gli Ateniesi sentivano per Teseo e i Romani per Quirino. La spettabile società di cui egli era membro, l'onora come un apostolo. Gli uomini pii d'altre credenze, generalmente, lo considerano come splendido esempio di virtù cristiana. Frattanto, ammiratori di differentissima specie ne hanno celebrate le lodi. I filosofi francesi del secolo decimottavo gli perdonavano quelle ch'essi chiamavano superstiziose fantasticherie, in grazia dello spregio in cui teneva i preti, e della benevolenza cosmopolita, che egli imparzialmente mostrava agli uomini di tutte le razze e di tutte le religioni. In tal modo il nome di lui, per tutto il mondo incivilito, è divenuto sinonimo di probità e di filantropia.

Nè egli è al tutto immeritevole di questa grande riputazione. Fuori d'ogni dubbio, era uomo d'insigni virtù. Aveva un forte sentimento dei doveri religiosi, ed un fervido desiderio di promuovere la felicità del genere umano. In uno o due punti d'alta importanza, egli aveva idee più esatte di quelle che erano, nel suo tempo, comuni anche fra gli uomini di mente elevata; e come signore e legislatore d'una provincia, la quale, essendo quasi priva d'abitatori allorquando egli ne ebbe il possesso, gli apriva un campo vergine da farvi morali esperimenti, ebbe la rara e buona ventura di potere porre in pratica le proprie teorie senza patti di nessuna sorta, e nondimeno senza scossa per le istituzioni esistenti. E' sarà sempre onorevolmente ricordato come fondatore d'una colonia, la quale nelle sue relazioni con genti selvagge non abusò della forza che nasce dallo incivilimento, e come legislatore il quale, in un tempo di persecuzione, fece della libertà religiosa la pietra angolare della politica. Ma la vita e gli scritti suoi porgono abbondevoli prove che testificano come egli non fosse uomo di vigoroso giudicio. Non aveva l'arte di leggere addentro nell'indole altrui. La fiducia ch'ei poneva in genti meno di lui virtuose, lo trasse in gravi errori ed infortunii. Lo entusiasmo per un gran principio, sovente lo spingeva a violarne altri ch'egli avrebbe dovuto tener sacri. Nè la sua rettitudine stette salda alle tentazioni alle quali ei rimaneva esposto in quella società splendida e culta, ma profondamente

corrotta, con cui alla Corte di Re Giacomo egli usava. Tutta la Corte era in perpetuo fermento d'intrighi di galanteria e d'intrighi d'ambizione. Continuo era il traffico degli onori, degli uffici e delle grazie. Era perciò naturale che un uomo il quale ogni giorno vedevasi in palazzo, e, siccome era a tutti noto, aveva libero accesso alla regia maestà, venisse frequentemente importunato ad usare la propria influenza per fini che una rigorosa morale debbe condannare. La integrità di Penn era rimasta incrollabile contro gli assalti della maldicenza e della persecuzione. Ma poscia, aggredito dai sorrisi del Re, dalle blandizie delle donne, dalla insinuante eloquenza e dalle delicate lusinghe dei vecchi diplomatici e cortigiani, la sua fermezza cominciò a cedere. Titoli e frasi, già da lui spesso riprovati, gli uscivano, secondo le occasioni, dalle labbra e dalla penna. Non sarebbe nessun male ove egli non fosse stato reo di altro che d'essersi lasciato andare ai complimenti mondani. Sventuratamente, non può nascondersi come egli fosse parte precipua in certi fatti, condannati non solo dal rigido codice della Società cui egli apparteneva, ma dal senso universale di tutti gli uomini onesti. Protestò, poi, solennemente che le sue mani erano pure d'ogni illecito guadagno, e che non aveva ricevuta gratificazione nessuna da coloro i quali erano stati da lui giovati, quantunque gli sarebbe stato facile, mentre aveva influenza in Corte, mettere insieme centoventimila lire sterline. Tale asserzione è degna di piena fede. Ma la mancia si può offrire alla vanità come si offre alla cupidigia; ed è impossibile negare che Penn, blandito, si lasciò condurre a fatti ingiustificabili, dei quali altri raccolse gli utili.
XXVII. L'uso ch'ei primamente fece del proprio credito, fu altamente commendevole. Espose con vigorosa eloquenza i patimenti dei Quacqueri al nuovo Re, il quale con gioia vide come fosse possibile concedere il perdono a cotesti tranquilli settarii e ai Cattolici Romani, senza mostrare simile favore alle altre sètte parimente perseguitate. Fu fatta una lista dei prigioni che erano sotto processo come rei di non avere voluto prestare giuramento, o andare alla chiesa, e il certificato della cui lealtà era stato presentato al Governo. Costoro furono assoluti, ordinandosi ad un tempo di non intentare simiglianti processi, finchè non fosse resa manifesta la volontà del Re. In tal guisa circa millecinquecento Quacqueri, ed anche un maggior numero di Cattolici Romani riebbero la libertà loro.
Era già arrivato il tempo in cui doveva adunarsi il Parlamento inglese. I membri della nuova Camera dei Comuni giunti alla metropoli, erano così numerosi, da dubitarsi molto se la sala loro, così come era, li potesse contener tutti. Spesero i giorni che immediatamente precessero l'apertura della sessione, a ragionare tra loro e con gli agenti del Governo intorno alle pubbliche faccende. Una gran ragunanza del partito realista fu tenuta a Fountain Tavern nello Strand; e Ruggiero Lestrange, che di recente dal Re era stato fatto cavaliere ed eletto al Parlamento dalla città di Winchester, fu parte principale nelle loro consulte.
Conobbesi tosto, che molti della Camera dei Comuni avevano idee che non concordavano interamente con quelle della Corte. I Tory gentiluomini di provincia, senza escluderne quasi nessuno, volevano mantenere l'Atto di Prova e l'Habeas Corpus; e taluni di loro parlavano di votare la rendita solo per un certo numero d'anni. Ma erano prontissimi a far leggi severe contro i Whig, e avrebbero volentieri veduto tutti i propugnatori della Legge d'Esclusione dichiarati incapaci d'occupare gli uffici. Il Re, dall'altro canto, desiderava ottenere dal Parlamento una rendita a vita, l'ammissione dei Cattolici Romani agl'impieghi, e la revoca dell'Habeas Corpus. Queste tre cose gli stavano a cuore; e non era per nulla disposto ad accettare come compenso una legge penale contro gli Esclusionisti. Tale, legge, invece gli sarebbe stata assai sgradevole; imperciocchè una classe di Esclusionisti godeva i suoi favori; quella classe, io dico, di cui Sunderland era rappresentante, che erasi collegata coi Whig nei dì della congiura, solo perchè i Whig predominavano, e che aveva mutata faccia al cangiare della fortuna. Giacomo giustamente considerava cotesti rinnegati come i più utili strumenti di cui potesse giovarsi. Dai Cavalieri, uomini di fervido cuore, che gli erano stati fidi nell'avversità, non avrebbe potuto aspettarsi nella prosperità una cieca obbedienza. Coloro i quali spinti, non dallo zelo per la libertà e la religione, ma solamente da egoistica cupidigia e paura, avevano cooperato ad opprimerlo quando trovavasi debole, erano pur troppo gli uomini che, spinti da simile paura e cupidigia, lo avrebbero aiutato, adesso ch'era forte, ad opprimere il suo popolo. Quantunque ei fosse vendicativo, non lo era senza ragione. Non può ricordarsi un solo esempio in cui egli mostrasse generosa commiserazione a coloro che lo avevano avversato onestamente e per il bene pubblico. Ma di frequente risparmiava e promoveva coloro che per qualche vile motivo s'erano indotti ad offenderlo: imperocchè quella abiettezza che li manifestava come opportuni strumenti di tirannide, era agli occhi suoi cosa di tanto pregio, che la perdonava anche quando veniva adoperata a suo danno.
I desiderii del Re furono manifestati per diverse vie ai membri Tory della Camera Bassa. Fu agevole persuadere la maggior parte di loro a deporre ogni pensiero di una legge penale contro gli

Esclusionisti, ed a consentire di concedere alla Maestà Sua la rendita a vita. Ma rispetto all'Atto di Prova e all'Habeas Corpus, gli emissarii del Governo non poterono ottenere assicurazioni soddisfacenti.

XXVIII. Il dì diciannovesimo di Maggio fu aperta la sessione. I seggi della Camera dei Comuni presentavano un singolare spettacolo. Il grande partito che negli ultimi tre Parlamenti aveva predominato, era adesso diventato una misera minoranza, essendo poco più della quindicesima parte di tutti i rappresentanti. Dei cinquecento tredici Cavalieri e borghesi, solo cento trenta cinque nei precedenti tempi avevano seduto in quel luogo. È cosa evidente che una congrega d'uomini nuovi ed inesperti, doveva essere, in alcuni importantissimi requisiti, al disotto di quel che generalmente sono le nostre assemblee legislative.

L'ufficio di dirigere la Camera fu affidato da Giacomo a due Pari del Regno di Scozia. Uno di essi, Carlo Middleton, conte di Middleton, dopo d'avere occupato in Edimburgo uffici cospicui, era stato ammesso, poco avanti la morte di Carlo, al Consiglio Privato, e nominato uno dei Segretarii di Stato. A lui fu aggiunto Riccardo Graham, visconte Preston, che per lungo tempo aveva tenuto il posto d'inviato a Versailles.

La prima faccenda di cui si occupassero i Comuni, fu quella d'eleggere un Presidente. Era stato lungamente discusso nel Gabinetto chi dovesse essere l'uomo da scegliersi. Guildford aveva raccomandato Sir Tommaso Meres, il quale, come lui, apparteneva alla classe dei Barcamenanti. Jeffreys, che non lasciava fuggire occasione alcuna per molestare il Lord Cancelliere, sosteneva la candidatura di Sir Giovanni Trevor. Costui, che era cresciuto facendo mezzo il beccaliti e mezzo il giocatore, aveva portato nella vita politica sentimenti e principii degni d'ambedue i suoi mestieri; era divenuto parassito del Capo Giudice, e in ogni caso avrebbe potuto imitare, non senza riuscita, lo stile vituperevole del suo protettore. Il prediletto di Jeffreys, come era da aspettarsi, venne preferito da Giacomo; e proposto da Middleton, fu eletto senza opposizione.

XXIX. Fin qui le cose procedettero senza intoppo. Ma un avversario di non comune prodezza, vigilava aspettando l'ora di mostrarsi. Era questi Eduardo Seymour, del Castello di Berry Pomeroy, rappresentante della città d'Exeter. La sua nascita lo agguagliava ai più nobili sudditi d'Europa. Egli era il legittimo discendente maschio di quel Duca di Somerset, che era stato cognato ad Enrico VIII, e Protettore del Regno d'Inghilterra. Secondo l'antico diploma di creazione del ducato di Somerset, il figlio maggiore del Protettore era stato posposto al più giovane, dal quale discendevano i Duchi di Somerset. Dal primogenito discendeva la famiglia stabilita a Berry Pomeroy. Le ricchezze di Seymour erano grandi, e vasta la sua influenza nelle contrade occidentali dell'Inghilterra. Nè la sua sola importanza era quella che gli derivava dal sangue e dall'opulenza. Era uno dei più destri favellatori e degli uomini di affari nel Regno: aveva per molti anni seduto nella Camera dei Comuni, ne aveva studiato le regole e gli usi, e ne intendeva perfettamente l'indole. Nel regno decorso era stato eletto Presidente, con circostanze che resero peculiarmente onorevole quell'ufficio. Pel corso di molte generazioni, nessuno che non fosse giureconsulto era stato chiamato al seggio presidenziale; ed egli fu il primo gentiluomo di provincia, il quale, in grazia dell'abilità e doti sue, ruppe quella antica costumanza. Aveva poscia occupati alti uffici politici, ed era stato membro del Gabinetto. Ma il suo altero e non pieghevole carattere spiacque tanto, che gli fu forza ritrarsi. Era Tory e partigiano della Chiesa Anglicana; aveva intrepidamente avversata la Legge d'Esclusione; era stato perseguito dai Whig mentre le sorti loro volgevano prospere: poteva quindi con sicurtà rischiarsi a favellare con tale un linguaggio, che qualunque altro uomo sospettato di sentimenti repubblicani, usandolo, sarebbe stato gettato dentro la Torre. Era stato lungo tempo capo di una forte colleganza parlamentare, che chiamavasi l'Alleanza Occidentale, e comprendeva molti gentiluomini delle Contee di Devon, Somerset e Cornwall.

In tutte le Camere dei Comuni, un membro che abbia eloquenza, sapere e pratica degli affari, e insieme ricchezze ed illustre nascimento, è d'uopo che venga altamente predistinto. Ma in una Camera dalla quale erano esclusi molti degli oratori e dei periti eminenti del secolo, e che era popolata di genti che non avevano mai udita una discussione, la influenza d'un tanto uomo era singolarmente formidabile. Veramente, a Seymour mancava il peso del carattere morale, come colui che era licenzioso, profano, corrotto, e così superbo da sdegnare ogni cortesia, e tuttavia non tanto da aborrire dagli illeciti guadagni. Ma era uno alleato così utile, e un nemico così malefico, che spesso veniva corteggiato anco da coloro che maggiormente lo detestavano.

Adesso ei trovavasi di cattivo umore contro il Governo. Il riordinamento dei borghi occidentali aveva indebolita la influenza di lui in vari luoghi. Il suo orgoglio aveva sofferto all'esaltamento di Trevor al

seggio presidenziale; e ben tosto ei colse il destro di vendicarsene.
XXX. Il dì ventesimosecondo di maggio, fu ordinato ai Comuni di recarsi alla barra dei Lord, dove il Re dal trono profferì un discorso innanzi ambedue le Camere. Dichiarò d'essere fermo a mantenere il governo stabilito nella Chiesa e nello Stato. Ma scemò lo effetto di questa dichiarazione con istrani ammonimenti ai Comuni. Disse di temere che essi fossero per avventura disposti a concedergli danari alla spicciolata di quando in quando, con la speranza di così forzarlo a convocarli spesso. Ma gli avvertiva che egli non era uomo da essere raggirato, e che ove essi desiderassero ragunarsi di frequente, dovevano con lui condursi bene. Ed essendo manifestissima cosa che il governo non poteva tirare avanti senza pecunia, sotto coteste espressioni chiaramente sottintendevasi, che qualora essi non avessero voluto dargliene quanta ei ne desiderava, se la sarebbe presa da sè. Strano a dirsi! una simigliante allocuzione fu accolta con fragorosi applausi dai gentiluomini Tory che stavano alla barra. Cotali acclamazioni erano allora d'uso. Adesso, da molti anni in qua, i Parlamenti hanno adottato il grave e decoroso costume d'ascoltare con rispettoso silenzio tutte l'espressioni, accettabili o non accettabili, che vengono profferite dal trono.
Era allora usanza che, dopo avere il Re con brevi parole significato le ragioni di convocare il Parlamento, il Ministro che teneva il Gran Sigillo, spiegasse con più larghezza alle Camere la condizione delle pubbliche cose. Guildford, ad imitazione dei suoi predecessori Clarendon, Bridgeman, Shaftesbury e Nottingham, aveva apparecchiato una elaborata orazione; ma, con suo grave dolore, trovò non esservi mestieri dei suoi servigi.
XXXI. Appena i Comuni furono ritornati nella propria sala, venne proposto che si formassero in comitato a fine di stabilire la rendita da darsi al Re.
Allora alzossi Seymour. Qual fosse l'attitudine di lui, che era capo di gentiluomini dissoluti e di spiriti alteri, con la testa coperta di ricci artificiali che gli cadevano profusamente giù attorno alle spalle, e con una espressione mista di voluttà o di sdegno negli occhi e sulle labbra, possiamo argomentarlo dal suo ritratto, che conservasi ancora. Lo altero Cavaliere disse: non desiderare che il Parlamento negasse alla Corona i mezzi di condurre il governo. Ma era quello un vero Parlamento? Non si vedevano forse sui banchi molti, i quali, siccome era noto a tutti, non avevano diritto di sedervi, molti la cui elezione era macchiata di corruzione, molti che erano stati imposti con modi minacciosi agli elettori ripugnanti, e molti eletti da corpi municipali che non avevano esistenza legale? Non erano stati i collegi elettorali riordinati in onta a statuti regi e d'immemorabile prescrizione? Gli ufficiali che avevano raccolto il risultamento della votazione, non erano stati in ogni dove ciechi agenti della Corte? Vedendo che il principio supremo della rappresentanza era stato così sistematicamente violato, non sapeva con qual nome chiamare una caterva di gentiluomini ch'egli si vedeva dintorno con l'onorando nome di Camera dei Comuni. Eppure, non v'era mai stato momento in cui tanto importasse al bene pubblico che il carattere del Parlamento fosse irreprensibile. Grandi pericoli pendevano sopra la costituzione ecclesiastica e civile del Regno. Era cosa notissima a tutti, e quindi non bisognevole d'esser provata, che l'Atto di Prova, difesa della religione, e l'Habeas Corpus, difesa della libertà, erano fatti segno alla distruzione. «Innanzi di procedere a fare l'ufficio di legislatori sopra questioni di sì grave momento, sinceriamoci almeno se siamo veramente un corpo legislativo. Il primo degli atti nostri sia quello d'inquisire intorno al modo onde sono state condotte le elezioni, e di porre ogni studio che la inchiesta proceda imparzialmente. Imperocchè, ove la nazione trovasse non potersi ottenere riparo con mezzi pacifici, potremmo forse tra breve tempo subire la giustizia che ricusiamo di rendere.» Concluse proponendo che, innanzi di concedere alcuna somma di denaro alla Corona, la Camera esaminasse le petizioni contro le elezioni, e che a nessuno dei membri non aventi diritto a sedere in quel luogo, si concedesse di votare.
Non fu udito un solo applauso. Nessun membro osò secondare la proposta. E davvero Seymour aveva dette cose che niuno altro avrebbe impunemente potuto dire. La proposta fu messa da parte, e nè anche registrata nei processi verbali; ma aveva prodotto potentissimo effetto. Barillon scrisse al proprio signore, che molti i quali non avevano osato applaudire quell'insigne discorso, lo avevano in cuor loro approvato; che se ne parlava per tutte le conversazioni di Londra; e che la impressione da esso fatta nel pubblico, sembrava dover essere durevole.
XXXII. I Comuni, senza indugio formatisi in comitato, votarono concedendo al Re la intera rendita della quale aveva fruito il suo fratello.
XXXIII. E' pare che gli zelanti amici della Chiesa, i quali formavano la maggioranza della Camera, pensassero che la prontezza onde avevano obbedito alle voglie del Re nella quistione della rendita, desse loro ragione a sperare, da parte di lui, qualche concessione. Dicevano che, avendo essi fatto

molto a beneficio di lui, era ormai tempo ch'egli facesse qualche cosa a beneficio della nazione. La Camera, dunque, si formò in comitato di religione, onde esaminare i mezzi migliori a provvedere alla sicurtà della Chiesa stabilita. In quel comitato due deliberazioni furono unanimemente adottate. La prima esprimeva fervido affetto per la Chiesa Anglicana. La seconda supplicava il Re perchè mandasse ad esecuzione le leggi penali contro coloro che non aderivano a quella Chiesa.
I Whig avrebbero, senza dubbio, voluto vedere che ai protestanti dissenzienti fosse conceduta tolleranza, e solo i cattolici romani fossero perseguitati. Ma erano pochi e scuorati. Tenevansi, quindi, per quanto potevano, fuori di vista; evitavano il nome del proprio partito; astenevansi di significare ad un ostile uditorio le loro opinioni particolari, e fermamente sostenevano ogni proposta tendente a turbare la concordia che fino allora esisteva tra il Parlamento e la Corte.
Appena i procedimenti del Comitato di Religione furono conosciuti in Whitehall, il Re andò in gran furore. Nè possiamo giustamente biasimarlo per essersi risentito della condotta dei Tory. Se essi erano disposti a volere che il codice penale venisse eseguito con rigore, avrebbero apertamente dovuto sostenere la Legge d'Esclusione. Dacchè porre un papista sul trono, ed insistere poi ch'egli perseguitasse a morte i seguaci di quella fede, nella quale soltanto, secondo i suoi principii, poteva trovarsi la eterna salute, era assurdo. Mitigando con un reggimento temperato la severità delle sanguinose leggi d'Elisabetta, il Re non violava nessun principio costituzionale: solo esercitava un potere ch'era sempre stato inerente alla Corona. Anzi, solamente faceva ciò che poscia fu fatto da parecchi sovrani zelanti delle dottrine della Riforma; cioè da Guglielmo, da Anna, e dai principi della Casa di Brunswick. Se avesse patito che i preti cattolici romani, ai quali poteva senza violazione della legge salvare la vita, fossero impiccati, strascinati e squartati, per aver praticato quello ch'ei considerava come loro debito precipuo, si sarebbe attirato addosso l'odio e lo spregio anche di coloro, ai pregiudizi dei quali egli aveva fatta così vergognosa concessione; e se si fosse contentato di concedere ai membri della sua propria Chiesa una tolleranza pratica, facendo largo uso della sua indubitata prerogativa di far grazia, i posteri lo avrebbero unanimemente applaudito.
I Comuni, probabilmente, considerata bene la cosa, conobbero di avere operato in modo assurdo. Rimasero anco conturbati sentendo come il Re, cui essi tributavano superstiziosa riverenza, fosse grandemente sdegnato. Furono quindi solleciti ad espiare l'offesa. Nella Camera, con unanime voto, disfecero la deliberazione unanimemente fatta in Comitato, e adottarono la proposta di rimettersi con intera fiducia alla graziosa promessa che la Maestà Sua aveva loro data di proteggere quella religione che loro era cara più della stessa vita.
XXXIV. Tre giorni dopo, il Re fece sapere alla Camera, avere suo fratello lasciati certi debiti, e le provvigioni della flotta e dell'artiglieria essere pressochè esauste. Fu subitamente determinato d'imporre nuove tasse. La persona a cui venne affidata la cura di trovarne le vie e i mezzi, fu Sir Dudley North, fratello minore del Lord Cancelliere. Dudley North era uno dei più abili uomini del suo tempo. Fino dagli anni suoi primi, era stato mandato in Levante, dove erasi lungo tempo occupato di faccende mercantili. Molti, in cosiffatta occupazione avrebbero lasciate irrugginire le facoltà del proprio intelletto; perocchè in Costantinopoli e Smirne v'erano pochi libri e pochi uomini intelligenti. Ma il giovane mercante aveva sortita una di quelle vigorose intelligenze che non dipendono da esterni sussidii. Nella sua solitudine, meditava profondamente sopra la filosofia del traffico, e speculò a poco a poco una teoria compiuta ed ammirevole, che in sostanza era quella che fu esposta un secolo dopo da Adamo Smith. Dopo molti anni di esilio, Dudley North ritornò in Inghilterra signore d'un gran patrimonio, e si pose a trafficare nella Città di Londra come mercante della Turchia. Il suo nome, per il profondo sapere pratico e speculativo nelle cose commerciali, giunse speditamente a notizia degli uomini di Stato. Il Governo trovò in lui un savio consigliere, e insieme uno schiavo senza scrupoli; come quello che aveva rare doti intellettuali, ma principii dissoluti e cuor duro. Mentre infuriava la reazione dei Tory, egli aveva consentito ad accettare l'ufficio di Sceriffo ad espresso fine di cooperare alle vendette della Corte. I suoi giurati non mancavano mai di profferire condanne; e in un giorno di giudiciale macello, carri carichi di gambe e braccia dei Whig squartati, furono, con grande ribrezzo della sua moglie, trascinati avanti la sua bella casa in Bisinghall Street, perch'egli ordinasse ciò che fosse da farsene. Dei suoi servigi era stato rimeritato con le insegne di cavaliere, con quelle d'aldermanno, e con l'ufficio di Commissario delle Dogane. Era stato mandato al Parlamento dagli elettori di Banbury; e comecchè fosse uomo nuovo, egli fu colui sopra il quale il Lord Tesoriere riposava principalmente per governare le faccende della finanza nella Camera Bassa.
Ancorchè i Comuni fossero unanimi nel deliberare la concessione d'altra pecunia alla Corona, non erano punto concordi intorno al donde dovesse cavarsi. Fu tostamente risoluto, che parte della

somma richiesta si raccogliesse per mezzo d'una imposta addizionale, a termine d'anni otto, sopra il vino e l'aceto: ma al Governo ciò non bastava. Furono messi in campo vari assurdi disegni. Molti gentiluomini provinciali inchinavano a imporre una tassa gravosa sopra tutti gli edifici nuovi della metropoli. Speravano che simigliante tassa avrebbe impedito lo accrescersi d'una città, per la quale da lungo tempo sentiva gelosia ed avversione l'aristocrazia rurale. Il progetto di Dudley North era d'imporre, per un termine di otto anni, nuovi dazi sullo zucchero e sul tabacco. Ne sorsero grandi clamori. I trafficanti di generi coloniali, i droghieri, i raffinatori dello zucchero, i tabaccai, fecero petizioni alla Camera, ed assediarono gli uffici pubblici. Il popolo di Bristol, che aveva grande interesse nel traffico con la Virginia e la Giammaica, spedì una deputazione che fu ascoltata alla Camera dei Comuni. Rochester tentennò alquanto; ma North, con lo spirito pronto e la perfetta conoscenza delle faccende commerciali, prevalse, sì nel Tesoro come nel Parlamento, contro ogni opposizione. I vecchi membri rimasero attoniti vedendo un uomo che appena da quindici giorni sedeva nella Camera, e che aveva passata la più parte della vita in paesi stranieri, assumere, con fiducia di sè, ed abilmente condurre, tutte le funzioni di Cancelliere dello Scacchiere.
La sua proposta fu adottata; e così la Corona venne in possesso d'una entrata netta di circa un milione e novecento mila lire sterline, cavate dalla sola Inghilterra. Tale somma era più che bastevole a mantenere il Governo in tempo di pace.
XXXV. I Lord, infrattanto, avevano discusse varie importanti questioni. Fra i Pari, la parte Tory era stata sempre forte. Comprendeva l'intero banco dei Vescovi; e negli ultimi quattro anni, corsi dopo l'ultimo scioglimento, era stata maggiormente afforzata con la creazione di alcuni nuovi Pari. Di costoro i più cospicui erano il Lord Tesoriere Rochester, il Lord Cancelliere Guildford, il Lord Capo Giudice Jeffreys, Lord Godolphin e Lord Churchill, il quale dopo il suo ritorno da Versailles, era stato fatto barone del Regno d'Inghilterra.
I Pari tosto si posero ad esaminare il caso di quattro loro colleghi, i quali erano stati, sotto il regno di Carlo, posti in istato d'accusa; ma non essendosene mai fatto il processo, dopo una lunga prigionía, erano stati ammessi dalla Corte del Banco del Re a dar cauzione. Tre di cotesti nobili che rimanevano sotto malleveria, erano cattolici romani; il quarto era il Conte di Danby, protestante di gran conto e influenza. Da che era caduto dal potere, e dai Comuni stato accusato di tradimento, quattro Parlamenti erano stati disciolti; ma ei non era stato nè assoluto nè condannato. Nel 1679, i Lord, rispetto alla situazione di lui, avevano discussa la questione, se un atto d'accusa a cagione d'uno scioglimento si dovesse considerare come terminato o non terminato. Avevano risoluto, dopo lunga discussione ed esame dei precedenti, che l'atto d'accusa dovesse tenersi come pendente. Questa deliberazione adesso venne da loro abrogata. Pochi Nobili Whig protestarono contro tale partito, ma non ottennero nulla. I Comuni in silenzio sobbarcaronsi alla decisione della Camera Alta. Danby riprese il suo seggio fra mezzo ai Pari, e divenne un membro operoso e potente della fazione Tory.
La questione costituzionale, intorno a cui, nel breve spazio di sei anni, i Tory avevano a quel modo profferite due affatto contrarie sentenze, si stette a dormire per più d'un secolo, e finalmente fu ridestata dallo scioglimento delle Camere che avvenne durante il lungo processo di Warren Hastings. Era allora necessario determinare se la regola stabilita nel 1679, o la opposta del 1685, fosse da reputarsi come legge del Regno. La questione fu lungamente discussa in ambe le Camere; e nella discussione venne adoperata tutta l'abilità legale e parlamentare che fosse in un secolo singolarmente fecondo d'uomini esperti nelle scienze giuridiche e negli usi del Parlamento. I giureconsulti non erano inegualmente divisi. Thurlow, Kenyon, Scott ed Erskine, sostenevano che lo scioglimento avesse posto fine all'atto d'accusa. La opposta dottrina fu manifestata da Mansfield, Camden, Loughborough e Grant. Ma quegli uomini di Stato, i quali fondavano i loro argomenti non sopra antecedenti o analogie pratiche, ma sopra profondi e larghi principii costituzionali, poco differivano nelle opinioni loro. Pitt e Grenville, al pari di Burk e Fox, sostennero che l'accusa rimaneva tuttavia pendente. Ambedue le Camere, a gran maggioranza, posero da parte la decisione del 1685, e pronunciarono che quella del 1679 era conforme alla legge del Parlamento.
XXXVI. Tra tutti i delitti nazionali, commessi mentre il popolo era invaso dalla paura eccitata dalle fandonie d'Oates, il più celebre era stato lo assassinio giudiciale di Stafford. La condanna di quello infelice gentiluomo veniva adesso da ogni uomo imparziale considerata come ingiusta. I testimoni precipui dell'accusa erano stati convinti rei di parecchi spergiuri. In tali circostanze, era debito del Corpo Legislativo di rendere giustizia alla memoria d'una vittima innocente, e di cancellare una macchia immeritata da un nome lungo tempo illustre negli Annali d'Inghilterra. La Camera Alta, in onta al mormorare di pochi Pari, i quali non volevano ammettere d'avere sparso un sangue innocente,

passò una legge intesa a cassare il decreto di morte infamante contro Stafford. Nei Comuni, la legge fu letta due volte, senza ricorrere allo scrutinio di divisione; e ordinarono che venisse istituito un comitato. Ma nel dì stabilito per tale faccenda, giunsero nuove, che nelle contrade occidentali dell'Inghilterra era scoppiata una formidabile ribellione. Fu per ciò necessario posporre parecchi importanti affari. L'ammenda dovuta alla memoria di Stafford, fu, come supponevasi, per breve tempo differita. Ma il pessimo governo di Giacomo, in pochi mesi, fece cangiare la pubblica opinione. Pel corso di varie generazioni, i Cattolici Romani non furono in istato di poter chiedere riparazione delle ingiustizie sofferte, e reputavansi fortunati se era loro concesso di vivere senza molestia nella oscurità e nel silenzio. Alla perfine, regnante Giorgio IV, vale a dire cento quaranta e più anni dopo che il sangue di Stafford era stato sparso in Tower Hill, la tarda espiazione fu compita. Una legge, che annullò la sentenza di morte infamante, e restituì alla danneggiata famiglia le antiche dignità, fu dai ministri del Re presentata al Parlamento, e, lietamente accolta da tutti gli uomini pubblici di ogni partito, passò senza un solo voto contrario.
Adesso è mestieri che io racconti la origine e il progresso di quella ribellione, che improvvisamente interruppe le deliberazioni delle Camere.

CAPITOLO QUINTO.

I. I Whig fuorusciti nel Continente. - II. Loro corrispondenti in Inghilterra. - III. Carattere dei principali fuorusciti; Ayloffe. - IV.Wade; Goodenough. - V. Rumbold. - VI. Lord Grey. - VII. Monmouth. - VIII. Ferguson. - IX. Fuorusciti scozzesi; il Conte d'Argyle. - X. Sir Patrizio Hume. - XI. Sir Giovanni Cochrane; Fletcher di Saltoun. - XII. Condotta irragionevole dei fuorusciti scozzesi. - XIII. Apparecchi per un tentativo contro l'Inghilterra e la Scozia. - XIV. Giovanni Locke. - XV. Apparecchi fatti dal Governo a difendere la Scozia. - XVI. Colloquio di Giacomo con gli ambasciatori olandesi; sforzi inefficaci del Principe d'Orange e degli Stati Generali per impedire Argyle d'imbarcarsi. - XVII. Argyle si parte dall'Olanda. - XVIII. Sbarca in Iscozia. - XIX. Contende coi suoi seguaci. - XX. Disposizione del popolo scozzese. - XXI. Le forze d'Argyle vengono disperse, ed egli è fatto prigioniero. - XXII È decapitato. - XXIII. Decapitazione di Rumbold. - XXIV. Morte di Ayloffe. - XXV. Devastazione della contea d'Argyle; sforzi inefficaci a impedire che Monmouth partisse dall'Olanda. - XXVI. Suo arrivo a Lyme. - XXVII. Suo Proclama. - XXVIII. Sua popolarità nelle contrade occidentali dell'Inghilterra. - XXIX. Scontro tra i ribelli e le milizie civiche in Bridport. - XXX. Scontro tra i ribelli e le milizie civiche in Axminster. - XXXI. Le nuove della ribellione giungono a Londra. - XXXII. Lealtà del Parlamento. - XXXIII. Accoglienza fatta a Monmouth in Taunton - XXXIV. Egli prende il titolo di Re. - XXXV. Accoglienza fattagli in Bridgewater. - XXXVI. Apparecchi del Governo per opporglisi. - XXXVII. Disegno di Monmouth rispetto a Bristol. - XXXVIII. Lo abbandona. - XXXIX. Scaramuccia seguita in Philip's Norton. - XL. Monmouth è scuorato. - XLI. Ritorna a Bridgewater. - XLII. L'esercito regio pone il campo presso Sedgemoor. - XLIII Battaglia di Sedgemoor. - XLIV. I ribelli vengono inseguiti. - XLV. Esecuzioni militari; fuga di Monmouth. - XLVI. È preso. - XLVII. Scrive una lettera al Re. - XLVIII. E condotto a Londra. - XLIX. Suo incontro col Re - L. Sua decapitazione. - LI. La memoria di lui è cara al popolo basso. - LII. Crudeltà dei soldati nelle contrade occidentali; Kirke. - LIII Jeffreys si reca nelle contrade occidentali. - LIV. Processo di Alice Lisle. - LV. Il tribunale di sangue. - LVI. Abramo Holmes. - LVII. Cristoforo Battiscombe. - LVIII. Gli Hewling. - LIX. Punizione di Tutchin. - LX. I ribelli sono deportati. - LXI. Confische ed estorsioni. - LXII. Rapacità della Regina e delle sue dame. - LXIII. Caso di Grey. - LXIV. Casi di Cochrane, di Storey, di Wade, di Goodenough e di Ferguson. - LXV. Jeffreys è creato Lord Cancelliere. Processo ed esecuzione giudiciale di Cornish. - LXVI. Processi ed esecuzioni di Fernley e d'Elisabetta Gaunt. - LXVII. Processo ed esecuzione di Bateman. - LXVIII. Crudele persecuzione contro i Protestanti Dissenzienti.

I. Verso la fine del regno di Carlo II, alcuni Whig che erano stati profondamente implicati nella congiura cotanto fatale al loro partito, e sapevano come fossero fatti segno all'ira implacabile del Governo, avevano cercato asilo nei Paesi Bassi.
Cotesti fuorusciti erano generalmente uomini d'indole ardente e di debole giudizio. Stavano anche sotto la influenza di quella illusione che sembra appartenere segnatamente alla condizione di esule. Un uomo politico, cacciato in bando da una fazione avversa, comunemente guarda traverso ad un falso strumento la società ch'egli ha lasciata. I desiderii, le speranze, i rancori suoi gli fanno apparire ogni cosa scolorata e scontorta. Ei pensa che ogni lieve malcontento debba produrre una rivoluzione.

Ogni baruffa gli sembra una ribellione. Non intende come la patria non lo pianga nel modo medesimo ch'egli la piange. Immagina che tutti i suoi vecchi colleghi, i quali godono tuttavia i domestici comodi e le agiatezze loro, siano tormentati dai medesimi sentimenti che gli rendono grave la vita. Come la espatriazione diventa più lunga, i suoi vaneggiamenti si accrescono. Il correre del tempo, che tempera lo ardore degli amici da lui lasciati indietro, gli accresce la fiamma nel cuore. Ciascun giorno che passa gli rende maggiore la impazienza ch'ei sente di rivedere la terra natia, e ciascun giorno la sua terra natia lo rimembra e lo compiange meno. Tale illusione diventa quasi una insania, ogni qual volta molti esuli che soffrono per la medesima causa, si trovano insieme in terra straniera. La precipua delle loro faccende è quella di ragionare intorno a ciò che essi erano un tempo, e a ciò che potrebbero essere in futuro; di incitarsi a vicenda contro il comune nemico; di pascersi con frenetiche speranze di vittoria e di vendetta. Così essi diventano maturi per certe intraprese, che a prima vista verrebbero giudicate disperate da chiunque non sia stato dalla passione privato del senso di calcolare le probabilità di prospero successo.

II. In tali condizioni erano molti dei fuorusciti che s'erano insieme ridotti nel continente. Il carteggio che tenevano coll'Inghilterra, era per la più parte tale, da eccitare gli animi loro, e da farli farneticare. Le idee che avevano rispetto alla disposizione dell'opinione pubblica, venivano loro precipuamente dai peggiori uomini del partito Whig; uomini che erano cospiratori e libellisti per mestiere, perseguiti dagli ufficiali della giustizia, forzati ad andar svicolando travestiti per i chiassuoli della città, e talvolta a starsi nascosti per intere settimane nelle soffitte o nelle cantine. Gli uomini di Stato che erano stati l'ornamento del partito patriottico, che avevano poscia governati i Consigli della Convenzione, avrebbero porto ammonimenti assai diversi da quelli, che davano uomini come Giovanni Wildman ed Enrico Danvers.

Wildman aveva servito quaranta anni innanzi nell'esercito parlamentare; ma s'era meglio fatto notare come agitatore che come soldato, ed aveva ben presto abbandonato il mestiere delle armi per un altro più adatto all'indole sua. L'odio ch'egli sentiva per la monarchia, lo aveva implicato in una lunga serie di congiure, prima contro il Protettore e poi contro gli Stuardi. Ma al fanatismo congiungeva grandissima sollecitudine per la propria sicurezza. Aveva l'arte maravigliosa di rasentare l'abisso del tradimento, senza precipitarvisi. Niuno intendeva meglio il modo d'incitare altrui alle disperate intraprese con parole, le quali, ripetute dinanzi ai giurati, potessero parere innocenti, o, alla peggio, ambigue. Tanta era la sua astuzia, che quantunque ei perpetuamente congiurasse, e fosse conosciuto ch'ei stesse congiurando; e quantunque un governo vendicativo gli avesse lungamente tenuto gli occhi addosso; ei schivò ogni pericolo, e morì nel proprio letto, dopo d'avere veduto, pel corso di due generazioni, i suoi complici finire sulle forche. Danvers era un uomo della medesima genía, caldo di cervello e vile di cuore, sempre spinto dallo entusiasmo sull'orlo del pericolo, e sempre dalla codardia fermato su quell'orlo. Esercitava non poca influenza sopra una parte dei Battisti, aveva scritto molto in difesa delle loro peculiari opinioni; e studiandosi di palliare i delitti di Mattia e di Giovanni di Leida, erasi attirata sul capo la severa censura dei più rispettabili Puritani. Forse, s'egli avesse avuto un po' di coragggio, avrebbe calcate le orme degli sciagurati ch'ei difendeva. In quel tempo, viveva nascosto per sottrarsi alla caccia che gli davano gli ufficiali della giustizia; imperciocchè il Governo, avendolo scoperto autore d'uno scritto pieno di gravissime calunnie, aveva dato ordini per arrestarlo.

III. È facile immaginare quale specie di notizie e di consigli, uomini come questi che abbiamo descritti, potessero mandare ai fuorusciti nelle Fiandre. Pochi esempi serviranno a darci idea del carattere di quei fuorusciti.

Uno dei più cospicui fra loro, era Giovanni Ayloffe, legale, congiunto d'affinità con gli Hyde, e per mezzo loro con Giacomo. Ayloffe si era ben per tempo reso notevole per un capriccioso insulto fatto al Governo. Allorquando la prevalenza della corte di Versailles aveva destata universale inquietudine, egli erasi rischiato a porre nel seggio presidenziale della Camera dei Comuni una scarpa di legno, che presso gl'Inglesi era simbolo della tirannia francese. Erasi poscia implicato nella congiura dei Whig; ma non abbiamo ragione di credere ch'egli fosse partecipe del disegno di assassinare i due reali fratelli. Era uomo fornito di doti e di coraggio; ma il suo carattere morale non era commendevole. I teologi puritani bisbigliavano ch'egli fosse uno spensierato Gallione, o qualche cosa di peggio; e che qualunque si fosse lo zelo ch'ei professava per la libertà civile, i Santocchi avrebbero fatto bene ad evitare ogni relazione con lui.

IV. Nataniele Wade, era, al pari d'Ayloffe, legale. Aveva abitato lungo tempo in Bristol, e nel circostante paese erasi acquistata rinomanza di repubblicano. Un tempo aveva concepito il disegno di emigrare a New Jersey, dove sperava trovare istituzioni, meglio che quelle d'Inghilterra, accomodate

alle sue voglie. La sua operosità nel condurre le elezioni lo aveva reso noto ad alcuni nobili Whig, i quali se n'erano giovati nello esercizio della sua professione, e lo avevano in fine ammesso ai loro più secreti consigli. S'era molto immischiato nel piano della insurrezione, togliendosi l'incarico di sommuovere e capitanare il popolo della propria città. Era stato anche nel segreto delle più odiose congiure contro la vita di Carlo e di Giacomo. Ma dichiarò sempre, che quantunque fosse a parte del secreto, lo aveva abborrito, tentando perfino di dissuadere i suoi colleghi dal mandare ad esecuzione il loro disegno. E' sembra che Wade, come uomo educato alle occupazioni civili, possedesse in modo non ordinario quella specie di destrezza e di vigore che fanno un buon soldato. Per isventura, i suoi principii e il suo coraggio dettero prova di non essere di forza bastevole a sostenerlo, quando, finito il conflitto, egli nel fondo d'un carcere non aveva altra scelta che la morte o la infamia.
Un altro dei fuorusciti aveva nome Riccardo Goodenough, che primamente era stato Sotto-Sceriffo di Londra. In lui il suo partito aveva lungo tempo confidato per disonesti servigi, e in ispecie per la scelta dei giurati che nei processi politici non patissero scrupoli. Erasi molto intromesso nelle parti più nere ed atroci della congiura dei Whig, che erano state con sommo studio nascoste agli uomini più rispettabili di quel partito. Nè, ad attenuargli la colpa, è possibile allegare che ei fosse traviato dallo zelo del bene pubblico; poichè si vedrà in progresso, come, dopo d'avere coi propri delitti infamata una nobile causa, la tradì, onde sottrarsi alla ben meritata pena.
V. Uomo di differentissimo carattere era Riccardo Rumbold. Era stato commissario nello stesso reggimento di Cromwell; era stato posto a guardia del palco dinanzi alla Sala del Banchetto, nel dì della decapitazione del Re; aveva combattuto a Dunbar e a Worcester, e sempre mostrato in altissimo grado le qualità che predistinguevano l'invincibile esercito nel quale egli serviva; vero coraggio, ardente entusiasmo sì nelle cose politiche che nelle religiose, e insieme tutta la padronanza di sè, che caratterizza gli uomini che la buona disciplina dei campi educò a comandare e obbedire. Allorquando le truppe repubblicane furono disciolte, Rumbold divenne birrajo, ed esercitava il proprio traffico presso Hoddeston, in quel fabbricato da cui la congiura di Rye House deriva il nome. Era stato proposto, comecchè non affatto deliberato, nei colloqui dei più avventati e scoscienziati malcontenti, di appostare in Rye House uomini armati, onde aggredire le guardie che dovevano scortare Carlo e Giacomo da Newmarket a Londra. In tali colloqui, Rumbold aveva sostenuta una parte, dalla quale egli avrebbe rifuggito con orrore, se il suo chiaro intendimento non fosse stato ottenebrato, e il suo robusto cuore corrotto dallo spirito di parte.
VI. Assai superiore per posizione a tutti cotesti esuli dei quali abbiamo finora favellato, era Ford Grey, Lord Grey di Wark. Era stato Esclusionista zelante, aveva cooperato al disegno d'una insurrezione, ed era stato rinchiuso nella Torre; ma gli era venuto fatto, ubbriacando i suoi custodi, di fuggire nel continente. Aveva egregie qualità di mente e modi piacevoli; ma la sua vita era stata macchiata da un delitto di famiglia. La sua moglie apparteneva alla nobile casa di Berkeley. Lady Enrichetta Berkeley, sorella di lei, aveva con Lord Grey la familiarità propria d'un fratello e d'una sorella. Ne nacque una fatale relazione. Lo spirito elevato e le vigorose passioni di Lady Enrichetta ruppero ogni freno di virtù e decoro. La fuga scandalosa dei due amanti palesò a tutto il reame la vergogna di due illustri famiglie. A Grey e ad alcuni altri, che gli erano stati mezzani in amore, fu intentato un processo come rei di congiura. Nella Corte del Banco del Re seguì una scena che non ha pari nella storia d'Inghilterra. Il seduttore, con intrepido aspetto, comparve accompagnato dalla sua druda. Nè anche in quell'estremo caso, i grandi Lord Whig si scostarono dal fianco di lui. Coloro ch'erano stati da lui offesi, gli stavano di contro, ed appena lo videro, trascorsero ad eccessi di rabbia. Il vecchio Conte di Berkeley coprì di rimproveri e maledizioni la sciagurata Enrichetta. La Contessa fece il suo deposto, interrotta da frequenti singhiozzi, ed infine si svenne. I giurati profferirono la sentenza di reità. Alzatisi i giudici, Lord Berkeley invocò lo aiuto di tutti i suoi amici per impossessarsi della propria figliuola. I partigiani di Grey le si strinsero attorno. Da ambe le parti snudaronsi i ferri; successe una zuffa in Westminster Hall; e non senza molta difficoltà, ai giudici e agli uscieri riuscì di partire i combattenti. Nei tempi nostri un simile processo tornerebbe fatale ad un uomo pubblico; ma in quel secolo, la idea della moralità fra' grandi era sì bassa, e lo spirito di parte così violento, che Grey seguitò ad esercitare considerevole influenza, ancorchè i Puritani, che erano una classe assai forte del partito Whig, lo trattassero con alquanta freddezza.
Una parte del carattere, o per meglio dire, della fortuna di Grey, è degna d'essere notata. Ammettevasi che dovunque, tranne in campo di battaglia, egli mostrasse grandissimo coraggio. Più d'una volta, in circostanze impacciose, dove ne andava la vita e la libertà sua, il contegno dignitoso, e la perfetta signoria ch'egli mostrò delle proprie facoltà, gli erano argomento di lode anche presso

coloro che non gli portavano nè amore nè stima. Ma come soldato, egli incorse, meno forse per proprio difetto che per mala ventura, il degradante addebito di codardia.
VII. In ciò egli differiva grandemente dal Duca di Monmouth, suo amico. Monmouth, ardente e intrepido in campo di battaglia, mostravasi altrove effeminato ed irresoluto. Lo illustre nascimento, il coraggio, e le frivole grazie ond'egli era adorno, lo avevano locato in un posto, pel quale egli era assolutamente inadatto. Dopo d'avere veduta la rovina d'un partito, del quale egli era capo di nome, erasi ritirato in Olanda. Il principe e la principessa d'Orange, dopo ciò, non lo consideravano più come rivale. Gli facevano ospitale accoglienza, sperando che col trattarlo cortesemente si sarebbero acquistato un diritto alla gratitudine del padre di lui. Sapevano come lo affetto paterno non fosse estinto, come lettere e sussidii pecuniarii continuassero tuttavia a venire da Whitehall al ritiro di Monmouth, e come Carlo guardasse in cagnesco coloro che studiavansi di corteggiarlo sparlando dell'esule figliuolo. Al Duca era stata data speranza, che dopo breve tempo, non porgendo cagione di dispiacere, sarebbe stato richiamato alla patria, e rimesso in tutti i suoi alti onori e comandi. Infiammato da tali espettazioni, era stato, per così dire, l'anima dell'Aja per tutto lo inverno precedente. In una serie di feste da ballo nelle magnifiche sale del Palazzo d'Orange, che da ogni lato risplende coi più vivi colori di Jordaens e di Hondthorst, egli era stato la più cospicua figura. Aveva fatta conoscere alle dame d'Olanda la country-dance inglese; le quali, in ricambio, gli avevano insegnato a patinare sopra i canali. La principessa lo aveva accompagnato nelle sue spedizioni sul ghiaccio; e la figura che ella vi faceva equilibrata sopra una gamba, e coperta di sottane più corte di quelle usate generalmente dalle dame che tengono rigoroso decoro, era stata cagione di meraviglia e diletto ai ministri stranieri. L'austera gravità che serbavasi sempre nella corte dello Statoldero, sembrava essere sparita di faccia alla influenza del giovane inglese, che ammaliava chiunque. Anche il grave e pensieroso Guglielmo, come il suo ospite appariva nelle sue stanze, si abbandonava al buon umore.
Monmouth, frattanto, studiosamente evitava ciò che avrebbe potuto offendere coloro dai quali sperava protezione. Vedeva poco i Whig in generale, e punto quegli uomini violenti ch'erano stati implicati nella parte peggiore della congiura Whig. E però i suoi antichi colleghi altamente lo accusavano di volubilità e d'ingratitudine.
VIII. Ma nessuno degli esuli lo accusava con più veemenza ed acrimonia, di quel che facesse Roberto Ferguson, il Giuda della celebre satira di Dryden. Ferguson era oriundo Scozzese, ma aveva lungamente abitato in Inghilterra. A tempo della Restaurazione aveva occupato un beneficio in Kent. Era stato educato al Presbiterianismo; ma cacciato via dai Presbiteriani, era divenuto Indipendente. Era stato maestro in un'accademia eretta dai Dissenzienti in Islington, come rivale della scuola di Westminster e di Charter House; ed aveva predicato innanzi a numerose congreghe in Moorfields. Aveva parimente pubblicato alcuni trattati teologici, che oggimai dormono nei polverosi scaffali di qualche vecchia biblioteca: benchè avesse sempre sulle labbra testi delle Scritture, coloro che ebbero con lui faccende pecuniarie, presto si accôrsero ch'egli era un pretto scroccone.
Finalmente, posta da canto la teologia, si dette a trafficare di politica. Apparteneva a quella classe di gente, che fanno l'ufficio di rendere ai partiti esasperati que' servigi, dai quali gli onesti rifuggono per disgusto, e i prudenti per paura; voglio dire alla classe dei fanatici bricconi. Violento, maligno, spregiatore del vero, insensibile alla vergogna, insaziabile di rinomanza, godente negl'intrighi, nei tumulti, nei danni per voluttà di far male, si affaccendò per molti anni nelle più luride sorgenti delle fazioni. Passava la vita fra i calunniatori e i falsi testimoni. Gli era stata affidata una cassa segreta, con la quale pagava certi agenti sì vili, da non essere riconosciuti dagli onesti del partito; ed era direttore d'una tipografia clandestina, che giornalmente pubblicava fogli anonimi. Gloriavasi di avere trovato il modo di sparger satire attorno la terrazza di Windsor, e perfino di porle sotto il guanciale del Re. Così traeva la vita fra mille astuzie, assumeva mille nomi, e ad un tempo aveva quattro diverse abitazioni in diversi quartieri di Londra. S'era profondamente ravvolto nella congiura di Rye House; e v'è ragione di credere ch'egli fosse il primo autore di que' sanguinarii disegni che screditarono cotanto il partito Whig. Scoperta la congiura, e scoraggiati i congiurati, disse loro addio con un sorriso, aggiungendo ch'essi erano novizi, ch'egli era assuefatto a combattere, a celarsi, a trasfigurirsi, e che non avrebbe mai cessato di congiurare fino allo estremo momento di sua vita. Fuggì al Continente; ma pare che anche quivi non si tenesse sicuro. I ministri inglesi alle corti straniere avevano ordine d'invigilarlo. Il Governo francese offerse una rimunerazione di cinquecento zecchini a chiunque lo avesse arrestato. Nè gli era agevole sottrarsi agli sguardi altrui; perocchè il largo accento scozzese, la lunga e magra persona, le guance infossate, il lampo degli occhi pungenti ai quali faceva ombra la parrucca, le

guance chiazzate di sangue, le spalle sformatamente ricurve, e il portamento distinto da quello degli altri per un andare impacciato affatto suo, lo rendevano segno agli altrui sguardi in qualsivoglia luogo si fosse mostrato. Ma quantunque ei fosse, come sembra, perseguito con animosità particolare, corse voce che ciò fosse una finzione, e che gli ufficiali della giustizia avessero ordini di chiudere gli occhi. Ch'egli fosse un acre malcontento, non potrebbe dubitarsi. Ma v'è forte ragione di credere che avesse provveduto alla propria sicurtà facendosi in Whitehall passare per ispia dei Whig, e informando tanto il Governo quanto bastava a mantenere il suo credito. Questa ipotesi spiega in modo semplice ciò che a' suoi colleghi sembrava in lui straordinaria noncuranza e audacia. Trovandosi fuor di pericolo, egli sempre consigliava i mezzi più pericolosi e violenti, e irrideva con somma soddisfazione la pusillanimità di coloro i quali, non essendosi muniti delle infami cautele sopra cui egli riposava, inchinavano a riflettere due volte innanzi che ponessero a repentaglio la propria vita, e le cose più care della vita stessa.

Appena giunto ai Paesi Bassi, cominciò a immaginare nuovi disegni contro il Governo Inglese, e trovò fra i suoi compagni d'esilio uomini pronti ad ascoltare i suoi perfidi consigli. Monmouth, nondimeno, si tenne ostinatamente da parte; e senza lo aiuto della immensa popolarità di Monmouth, era impossibile tentare cosa alcuna. Nulladimeno, tale era la impazienza e temerità degli esuli, che provaronsi a trovare un altro capo. Mandarono una imbasciata a quel solitario ritiro sulle sponde del lago Leman, dove Edmondo Ludlow, un dì predistinto fra i capi dell'armata parlamentare e fra' membri dell'Alta Corte di Giustizia, viveva da molti anni nascosto alla vendetta degli Stuardi risaliti sul trono. L'austero vecchio regicida, nondimeno, rifiutò di abbandonare il proprio eremo, dicendo la sua opera essere finita: se l'Inghilterra poteva ancora salvarsi, ciò spettare ad uomini più giovani di lui.

L'inattesa morte di Carlo cangiò onninamente lo aspetto delle cose. Ogni speranza che i Whig proscritti avevano vagheggiata di ritornare pacificamente alla terra natía, si spense con la vita di un principe spensierato e d'indole buona, e con l'ascensione al trono d'un principe ostinato in ogni cosa, e in ispecie nella vendetta. Ferguson trovossi nel suo proprio elemento. Privo d'ingegno e come scrittore e come uomo di stato, possedeva in altissimo grado le qualità non invidiabili di tentatore; ed ora, con la malefica operosità d'uno spirito perverso, correva da fuoruscito a fuoruscito, sussurrava negli orecchi di ciascuno, e suscitava in ogni cuore odio feroce e stemperati desiderii.

Non disperò più di poter sedurre Monmouth. Le condizioni di quello sventurato giovane erano affatto cangiate. Mentre egli stavasi a danzare e patinare all'Aja, aspettando tutti i dì essere richiamato a Londra, rimase oppresso dal cordoglio alla nuova della morte del padre, e della assunzione dello zio al trono. La notte che seguì all'arrivo dell'infausta notizia, coloro che alloggiavano accanto a lui, poterono distintamente udirne i singhiozzi e le laceranti strida. Il dì dopo abbandonò l'Aja, promettendo sull'onor suo al Principe e alla Principessa d'Orange di non tentar nulla contro il Governo inglese, e ricevendo da loro pecunia per provvedere ai più urgenti bisogni.

Il prospetto del futuro che stava dinanzi agli occhi a Monmouth, non era splendido. Non aveva probabilità d'essere richiamato dal bando. Nel continente ei non poteva più vivere fra la magnificenza e le feste d'una corte. I suoi cugini nell'Aja parevano seguitare a trattarlo con vera cortesia; ma non potevano apertamente ciò fare senza grave risico di produrre una rottura tra l'Inghilterra e l'Olanda. Guglielmo gli dette un amichevole e savio consiglio. Alla guerra che ardeva in Ungheria fra lo imperatore e i Turchi erano rivolti gli occhi di tutta l'Europa, con interesse quasi simile a quello che cinquecento anni innanzi avevano destato le Crociate. Molti valorosi gentiluomini, sì protestanti che cattolici, combattevano da volontarii nella causa comune della Cristianità. Il principe consigliò Monmouth ad accorrere al campo imperiale, assicurandolo che, così facendo, non gli sarebbero mancati i mezzi di fare una comparsa degna d'un gentiluomo inglese. Era questo un egregio consiglio, ma il Duca non seppe deliberarsi a seguirlo. Si ritrasse a Brusselles, accompagnato da Enrichetta Wentworth, Baronessa Wentworth di Newcastle; donzella d'alto lignaggio e di grandi ricchezze, la quale, amandolo passionatamente, aveva per lui sacrificato l'onore di fanciulla e la speranza d'uno illustre connubio, lo aveva seguito nell'esilio, ed era da lui considerata come sposa in faccia a Dio. La soave compagnia della donna diletta gli sanò tosto le piaghe dell'anima. Gli parve d'avere trovata la felicità nel ritiro e nella quiete, e d'avere dimenticato che egli era già stato ornamento d'una splendida corte, capo d'un gran partito, comandante d'eserciti ed aspirante ad un trono.

Ma altri non lo lasciò tranquillo. Ferguson adoperò tutte le arti della tentazione. Grey, che non sapeva dove rivolgersi a trovare uno scudo, ed era pronto ad ogni intrapresa, comunque disperata, prestò il suo aiuto. Non vi fu arte di cui non si giovassero per istrappare Monmouth dal proprio ritiro. Ai primi inviti che gli pervennero dagli antichi colleghi, diede risposte punto favorevoli. Disse che le difficoltà d'uno sbarco in Inghilterra erano insuperabili; protestò d'essere stanco della vita pubblica, e chiese che gli lasciassero godere la sua felicità novellamente trovata. Ma era poco assuefatto a resistere ai destri ed urgenti incitatori. Dicesi, inoltre, che ad abbandonare il suo ritiro fosse indotto dalla stessa potente cagione che glielo rendeva beato. Lady Wentworth desiderava di vederlo Re, e gli offeriva le sue rendite, le sue gioie e il suo credito. Monmouth non era convinto; ma non ebbe fermezza bastevole a resistere a tali sollecitazioni.

IX. Gli esuli inglesi lo accolsero con gioia, ed unanimemente lo riconobbero loro capo. Ma v'era un'altra classe di fuorusciti che non inchinavano a riconoscere la supremazia di lui. Un pessimo governo, quale non era mai stato nella parte meridionale dell'isola nostra, aveva cacciati dalla Scozia al continente molti fuggiaschi, la cui intemperanza di zelo nelle cose pubbliche e nelle religiose era estrema quanto la oppressione che avevano sofferta. Costoro non volevano seguire un condottiero inglese. Anche travagliati dalla povertà e dall'esilio, serbavano il loro puntiglioso orgoglio nazionale, e non avrebbero consentito che la patria loro venisse, in essi, degradata alla condizione di provincia. Avevano un capitano fra loro, cioè Arcibaldo, nono Conte di Argyle, il quale come capo della grande tribù di Campbell, era noto ai popoli delle montagne sotto l'orgoglioso nome di Mac Callum More. Il Marchese di Argyle suo padre era stato capo dei Convenzionisti scozzesi, aveva grandemente cooperato alla rovina di Carlo I; e i realisti non reputavano ch'egli avesse debitamente espiata la offesa, per aver dato il vano titolo di Re a Carlo II, ed averlo tenuto in un palazzo a guisa di prigioniero di Stato. Ritornata la famiglia reale, il Marchese fu messo a morte. Il suo marchesato rimase estinto; ma al figlio suo fu concesso di ereditare l'antica Contea, ed era tuttavia annoverato fra i maggiori nobili della Scozia. La condotta tenuta dal Conte negli ultimi venti anni che seguirono la Restaurazione, era stata, secondo che egli stesso poi disse, criminosamente moderata. In talune occasioni aveva avversato il Governo che affliggeva la sua patria, ma con freddezza e cautela. Per la sua tolleranza nelle cose ecclesiastiche, aveva porto argomento di scandalo ai Presbiteriani; ed era stato così lontano dal mostrarsi inchinevole alla resistenza, che, allorquando i Convenzionisti erano stati sì crudelmente perseguiti da insorgere, egli aveva condotto in campo una numerosa torma di suoi dipendenti, ad aiutare il Governo.

Tale era stato il suo contegno politico, finchè il Duca di York venne in Edimburgo rivestito di tutta l'autorità regia. Il dispotico vicerè si accôrse tosto di non potere sperare pieno sostegno dal Conte d'Argyle. E dacchè il più potente capo del Regno non era da guadagnarsi al Governo, fu reputato necessario distruggerlo. Per ragioni così frivole, che anche i più fanatici partigiani e i più cavillosi ne sentirono rossore, fu tratto dinanzi ai tribunali, processato come reo di tradimento, convinto, e dannato a morire. I fautori degli Stuardi poscia asserirono che il Governo non aveva mai avuto intendimento di mandare ad esecuzione quella sentenza, e che solo scopo di tale Processo era stato di spaventare il Conte, onde ei s'inducesse a cedere la sua vasta giurisdizione nelle montagne. O che Giacomo avesse inteso di commettere un assassinio, siccome i suoi nemici sospettarono; o solamente, secondo che i suoi amici affermarono, di commettere una estorsione minacciando di commettere un assassinio; adesso non può con certezza asserirsi. «Io non so nulla delle leggi scozzesi» diceva Halifax a Re Carlo; «questo solo io so, che noi non dovremmo impiccare un cane per le cagioni onde Lord Argyle è stato condannato.»

Argyle fuggì travestito in Inghilterra, donde passò in Frisia. In quella quieta provincia il padre suo aveva comprata una piccola terra, come luogo di rifugio per la famiglia nelle civili perturbazioni. Dicevasi fra gli Scozzesi che tale compra era stata fatta dopo che un indovino celtico aveva predetto che Mac Callum More un giorno verrebbe cacciato dall'antica casa di sua famiglia in Inverary. Ma è probabile che il Marchese, preveggente nelle faccende politiche, fosse stato a ciò persuaso forse più dagli indizi dei tempi, che dalle visioni di qualsivoglia profeta. In Frisia, il Conte Arcibaldo visse in tanta quiete, che non sapevasi dove egli avesse trovato ricovero. Dal suo ritiro aveva mantenuto carteggio coi suoi amici rimasti nella Gran Brettagna, aveva partecipato alla congiura dei Whig, e combinato coi capi di quella un disegno d'invasione in Iscozia. Scoperta la congiura di Rye House, quel disegno era stato messo da parte; ma dopo la morte di Carlo, divenne di nuovo l'oggetto dei pensieri del Conte.

Dimorando sul continente, egli aveva molto più che negli anni trascorsi della propria vita, profondamente meditato sopra le questioni religiose. In un certo modo, lo effetto di tali meditazioni era stato pernicioso alla mente di lui. La sua parzialità per la forma sinodale del governo ecclesiastico adesso era giunta fino alla bacchettoneria. Qualvolta ripensava a quanto lungo tempo ei si era conformato al culto stabilito, sentivasi opprimere dalla vergogna e dal rimorso, e si mostrava in mille guise dispostissimo ad espiare la propria defezione con la violenza e la intolleranza. Nondimeno, tra

breve tempo, ebbe occasione di provare che il timore e lo amore di una più alta Possanza gli avevano dato il vigore bisognevole a sostenere i conflitti più formidabili, fra' quali possa trovarsi la umana natura.
Ai suoi compagni d'infortunio il suo aiuto era di massimo momento. Comecchè ei fosse proscritto e fuggiasco, era tuttavia, in certo senso, il più potente suddito dei dominii britannici. Per ricchezze, anche prima ch'ei fosse stato condannato a morte infamante, era forse inferiore non solo ai grandi Nobili d'Inghilterra, ma ai più opulenti scudieri di Kent e di Norfolk. Ma la sua autorità patriarcale, autorità che non può acquistarsi per ricchezze nè perdersi per condanna infamante, lo rendeva, come capo d'insorti, veramente formidabile. Nessun Lord delle contrade meridionali dell'Isola poteva esser sicuro che, avventurandosi a resistere al Governo, i suoi guarda-caccia e cacciatori lo seguirebbero. Un Conte Bedford, un Duca di Devonshire, non poteva promettere di condurre seco dieci uomini in campo. Mac Callum More, senza un soldo e spoglio della sua Contea, avrebbe potuto in ogni istante suscitare una grave guerra civile. Non aveva se non a mostrarsi sulla costa di Lorn, perchè tra pochi giorni gli si raccogliesse un esercito dintorno. Le forze che in tempi prosperi ei poteva condurre in campo, ascendevano a cinque mila combattenti, intesi ad obbedirlo, avvezzi all'uso della targa e dello spadone, non tementi di venire alle mani con le truppe regolari anche in aperta pianura, e forse superiori a quelle per certe qualità necessarie a difendere i passi di aspre montagne, coperti di nebbia e tagliati da rapidi torrenti. Ciò che tali forze, bene dirette, fossero capaci di fare, anco contro vecchi soldati ed esperti capitani, si vide pochi anni poi a Killiecrankie.
X. Ma per quanto fosse grande il diritto d'Argyle alla fiducia degli esuli scozzesi, era fra loro una fazione che non gli procedeva amichevole, e desiderava giovarsi del nome e dell'influenza di lui, senza affidargli nessun potere effettivo. Capo di questa fazione era un gentiluomo delle pianure, il quale era stato implicato nella congiura Whig, e con difficoltà erasi sottratto alla vendetta della Corte; cioè Sir Patrizio Hume di Polwarth, nella Contea di Berwick. Si è molto dubitato della integrità di lui, ma senza sufficiente ragione. Nulladimeno, è d'uopo ammettere ch'egli tanto nocque alla propria causa con la perversità, quanto avrebbe potuto fare con la tradigione. Era incapace egualmente d'esser capo, o seguace; concettoso di sè, sofistico, di storto cervello, interminabile ciarliero, tardo ad andare incontro all'inimico, ed attivo solo contro i propri colleghi.
XI. Con Hume era in intima relazione un altro esule scozzese di gran conto, il quale aveva molti dei medesimi difetti, quantunque non nello stesso grado; voglio dire Sir Giovanni Cochrane, secondo figlio del Conte di Dundonald.
Uomo di assai più elevato carattere era Andrea Fletcher di Saltown, insigne per dottrina e facondia, insigne anche per coraggio, disinteresse e spirito patriottico; ma d'irritabile e intrattabile indole. Al pari di molti dei suoi più illustri contemporanei, Milton, a cagione d'esempio, Harrington, Marvel e Sidney, per il pessimo governo di varii successivi principi, Fletcher aveva concepito una forte ripugnanza alla monarchia ereditaria. Eppure non amava la democrazia. Era capo d'un'antica famiglia normanna, ed orgoglioso della propria stirpe; bel parlatore, forbito scrittore, e vanitoso della sua superiorità intellettuale. E come gentiluomo e come dotto, guardava con disdegno la plebe; ed era tanto poco inchinevole a porre nelle mani di quella il potere politico, da crederla perfino inetta a fruire della libertà personale. Ella è curiosissima circostanza, come questo uomo, il più onesto, intrepido e irremovibile repubblicano dei tempi suoi, dovesse essere stato l'autore di un sistema, in cui gran parte delle classi operaie di Scozia venivano ridotte in ischiavitù. Davvero, ei vivamente somigliava a quei senatori romani, i quali mentre odiavano il nome di Re, difendevano con inflessibile orgoglio i privilegi dell'ordine loro contro le usurpazioni della moltitudine, e governavano gli schiavi e le schiave loro per mezzo del ceppo e del flagello.
XII. Amsterdam fu il luogo dove ragunaronsi i fuorusciti scozzesi ed inglesi. Argyle ci andò dalla Frisia, Monmouth dal Brabante. Tosto si conobbe, gli esuli quasi nulla avere di comune, tranne l'odio contro Giacomo, e la impazienza di rimpatriare. Gli Scozzesi sentivano gelosia degl'Inglesi, e questi di quelli. Le alte pretese di Monmouth offendevano Argyle, il quale, altero dell'antica nobiltà e d'essere legittimamente disceso da sangue regio, non amava punto rendere omaggio a colui ch'era frutto d'un amore vagabondo ed ignobile. Ma fra tutte le dissensioni che turbavano la piccola banda dei fuorusciti, la più seria fu quella che sorse tra Argyle e parte dei suoi seguaci. Alcuni degli esuli scozzesi, in un lungo corso d'opposizione alla tirannide, avevano acquistata tanta infermità d'intendimento e di tempra, da render loro insopportabile il freno più giusto e necessario. Sapevano di non potere tentar nulla senza Argyle. Avrebbero dovuto conoscere, che non volendo correre diritto alla propria rovina, era mestieri o che ponessero piena fiducia nel loro capo, o che deponessero ogni pensiero d'impresa

militare. La esperienza ha pienamente provato che, in guerra, ogni operazione, dalle altissime alle infime, dovrebbe essere diretta da una mente sola, e che ogni agente subordinato dovrebbe obbedire implicitamente, valorosamente e con dimostrazione di contento, agli ordini ch'egli disapprova, o le cui ragioni ei non conosce. Le assemblee rappresentative, le pubbliche discussioni, e tutti gli altri impedimenti, onde nei civili negozi i governanti sono infrenati perchè non abusino del potere che hanno tra mani, in un campo di battaglia sono cose fuori di luogo. Machiavelli dirittamente attribuiva molti dei disastri di Venezia e di Firenze alla gelosia che spingeva quelle repubbliche a immischiarsi in ogni atto dei loro capitani. La usanza che era in Olanda di mandare negli eserciti deputati, senza il cui consentimento non potesse farsi nulla d'importante, fu quasi egualmente perniciosa. Senza dubbio, non è punto certo che un capitano, al quale nell'ora del pericolo sia stato affidato un potere dittatorio, lo deponga pacificamente nell'ora del trionfo; e questa è una delle tante considerazioni che dovrebbe fare esitare gli uomini innanzi che si determinassero a rivendicare con la spada la libertà pubblica. Ma ove deliberino tentare le sorti della guerra, essendo savii, porranno nelle mani del loro capo quella piena autorità, senza la quale non può bene condursi la guerra. Può darsi, che dandogli tale autorità, egli diventi un Cromwell o un Napoleone; ma è quasi certo che, negandogliela, la intrapresa loro finisca come quella di Argyle.

Alcuni dei fuorusciti scozzesi, infiammati d'entusiasmo repubblicano, ed affatto privi dell'arte necessaria a condurre i grandi negozi, adoperarono tutta la industria e lo ingegno loro non a ragunare mezzi per l'aggressione che erano per fare contro un formidabile nemico, ma a trovar modi onde infrenare il potere del loro capo, ed assicurarsi contro la sua ambizione. La contenta stupidità onde insistevano a riordinare un'armata come se avessero a riordinare una repubblica, sarebbe incredibile, se non l'avesse ricordata con franchezza e anche con vanto uno di loro.

XIII. Alla perfine, composte tutte le differenze, fu deliberato di fare un tentativo sulle coste occidentali della Scozia, che sarebbe tostamente seguito da una discesa in Inghilterra.

Argyle doveva esercitare il comando, di solo nome, in Iscozia; ma ei venne sottoposto al freno d'un Comitato, che riserbava a sè tutte le parti più importanti dell'amministrazione militare. Questo Comitato aveva potestà d'indicare il luogo dove dovesse approdare la spedizione, nominare gli ufficiali, soprintendere alla leva delle milizie, aver cura delle provigioni e della munizione. Ciò che rimaneva al Generale, era il dirigere le evoluzioni dell'armata nel campo; e fu forzato a promettere che anche in campo, tranne nel caso d'una sorpresa, non avrebbe nulla fatto senza lo assenso di un Consiglio di Guerra.

Monmouth doveva comandare in Inghilterra. La sua anima debole, secondo il consueto, erasi informata dal sentire di coloro che lo circondavano. Le ambiziose speranze, le quali parevano estinte, gli si riaccesero rapidamente in cuore. Rimembrava lo affetto con che lo avevano sempre accolto i popoli delle città e delle campagne, e s'aspettava di vederli insorgere a centinaia di migliaia per dargli il benvenuto. Rimembrava il buon volere onde i soldati lo avevano ognora obbedito, e lusingavasi di vederseli venire intorno a reggimenti interi. Avvicendavansi di continuo i messaggi incoraggianti che gli erano mandati da Londra. Lo assicuravano che la violenza e la ingiustizia con che s'erano fatte le elezioni, avevano reso frenetica la nazione; che la prudenza dei principali Whig con difficoltà era pervenuta a impedire uno scoppio sanguinoso d'ira popolare nel dì della incoronazione; e che tutti i grandi Lord i quali avevano sostenuta la Legge d'Esclusione, erano impazienti di raccogliersi intorno a lui. Wildman, che amava di inculcare il tradimento con parabole, mandò a lui dicendo che il Conte di Richmond, appunto duecento anni avanti, era sbarcato in Inghilterra con una mano d'uomini, e pochi giorni appresso era stato incoronato, nel campo di Bosworth, col diadema strappato dalla fronte di Riccardo. Danvers si tolse il carico di fare insorgere la Città. Il duca fu tratto a credere che, appena innalzato il proprio vessillo, le Contee di Bedford e di Buckingham, Hampshire e Chester, sarebbero corse alle armi. Gli si accese, quindi, nell'animo il desio di una intrapresa, dalla quale poche settimane innanzi erasi mostrato aborrente. I suoi concittadini non gl'imposero restrizioni assurde, come quelle che avevano con tanto studio trovate i fuorusciti scozzesi. La sola cosa che da lui richiesero, fu la promessa di non assumere il nome di Re, se prima le sue pretese non fossero sottoposte al giudicio di un libero Parlamento.

Fu deliberato che due Inglesi, Ayloffe e Rumbold, avrebbero accompagnato Argyle in Iscozia, e che Fletcher sarebbe andato con Monmouth in Inghilterra. Fletcher, fino da principio, erasi sinistramente augurato dell'impresa; ma il suo spirito cavalleresco non gli concedeva di schivare un rischio, al quale gli amici suoi parevano impazienti di esporsi. Allorquando Grey ridisse, approvando, ciò che Wildman aveva detto intorno a Richmond e a Riccardo, il dotto e riflessivo Scozzese notò giustamente, come il

secolo decimoquinto assai differisse dal decimosettimo. Richmond era sicuro dello aiuto dei baroni, ciascuno dei quali poteva condurre in campo un'armata di possidenti feudali; e Riccardo non aveva nè anche un reggimento di soldati regolari.
Gli esuli poterono, in parte coi propri mezzi, in parte con le contribuzioni che avevano raccolto dai loro benevoli in Olanda, raccogliere una somma di pecunia bastevole alle due spedizioni. Poco ottennero da Londra, donde aspettavansi sei mila lire sterline; ma invece di danaro, Wildman mandò scuse: il che avrebbe dovuto aprire gli occhi a tutti coloro i quali non erano ostinatamente ciechi. Il duca supplì al difetto impegnando le proprie gioie e quelle di Lady Wentworth. Comprarono armi, munizioni e provigioni, ed equipaggiarono varie navi che erano in Amsterdam.
XIV. È da notarsi che il più illustre e gravemente danneggiato degli esuli inglesi, si tenne molto lontano da cotesti temerarii consigli. Giovanni Locke odiava da filosofo la tirannia e la persecuzione; ma in grazia dello intendimento e dell'indole sua, serbossi immune dalle violenze di parte. Aveva avuta grande domestichezza con Shaftesbury, e per ciò era caduto in disgrazia della Corte. Nondimeno, la sua prudenza era stata sì grande, che poco avrebbe giovato il trascinarlo anche dinanzi ai tribunali parziali e corrotti di quel tempo. Se non che potevano nuocergli in una sola cosa. Essendo egli studente di Christ College nella Università di Oxford, pensarono di cacciarlo da quel celebre collegio, lui che era il più grande uomo del quale il collegio si fosse potuto gloriare! Ma ciò non era facile. Locke in Oxford erasi astenuto d'esprimere qualsiasi opinione intorno alla politica allora vigente. Venne circuito di spie. Dottori in divinità e Maestri d'Arti non vergognarono di fare il più vile di tutti i mestieri; quello, cioè, d'invigilare le labbra d'un collega, onde riferirne le parole e rovinarlo. La conversazione nella sala veniva appositamente rivolta a subietti delicati; voglio dire alla Legge di Esclusione, e al carattere del Conte di Shaftesbury: ma invano. Locke, senza lasciarsi trasportare da' moti dell'animo, e senza dissimulare, mantenne sì fermo silenzio e contegno, che gli strumenti del Governo, stizziti, confessarono di non aver mai veduto un uomo che al pari di lui sapesse così bene signoreggiare la propria lingua e le proprie passioni. Vedendo che il tradimento non giovava a nulla, fecero uso del potere arbitrario. Dopo d'avere indarno tentato di prendere Locke in fallo, il Governo determinò di punirlo innocente. Da Whitehall giunsero in Oxford ordini di cacciarlo via; ordini che il Decano dei Canonici si affrettò a mandare ad esecuzione.
Locke viaggiava nel continente per riacquistare la salute, allorchè gli giunse la nuova che era stato privato di tetto e di pane senza processo, e senza nè anche un avviso. La ingiustizia colla quale era stato trattato, lo avrebbe reso degno di scusa s'egli si fosse appigliato a mezzi violenti per ottenere un riparo. Ma non era uomo da lasciarsi acciecare da un risentimento personale: non si augurava alcun bene dei disegni di coloro che s'erano ragunati in Amsterdam; e chetamente si ritrasse in Utrecht, dove, mentre i suoi compagni di sventura apparecchiavano la propria distruzione, egli attendeva a scrivere la sua celebre Lettera sopra la Tolleranza.
XV. Al Governo inglese pervenne, senza dubbio, la nuova che qualche cosa macchinavasi dai fuorusciti. Pare che in prima non sospettasse d'una invasione in Inghilterra, ma temeva che Argyle sarebbe tra breve comparso in armi fra mezzo agli uomini della sua tribù. E però fu pubblicato un proclama, con cui si ordinava di porre la Scozia in istato di difesa. Fu fatto comandamento che le milizie civiche si tenessero apparecchiate. Tutte le tribù ostili al nome di Campbell, si posero in moto. Giovanni Murray, Marchese d'Athol, fu fatto Luogotenente della Contea d'Argyle, ed a capo di una gran torma dei suoi seguaci, occupò il castello d'Inverary. Parecchi individui sospetti vennero messi in carcere. Altri furono astretti a dare ostaggi. Mandarono vascelli da guerra ad incrociare presso l'isola di Bute; e parte dell'esercito d'Irlanda fu fatto marciare verso la costa di Ulster.
XVI. Intanto che in Iscozia facevansi tali apparecchi, Giacomo chiamò a sè Arnaldo Van Citters, che stava in Inghilterra come ambasciatore delle Provincie Unite; ed Everardo Van Dykvelt, il quale, dopo la morte di Carlo, era stato inviato dagli Stati Generali con missione speciale di condoglianza e congratulazione. Il Re disse d'avere ricevuto da fonti incontrastabili nuova dei disegni che macchinavano contro il suo trono i suoi sudditi fuorusciti in Olanda. Alcuni di loro erano gente da forche, cui null'altro che una singolare provvidenza di Dio aveva impedito di commettere un esecrando assassinio; e stava fra loro il signore del luogo scelto ad eseguirvi il macello. «Tra tutti i viventi» soggiunse il Re «Argyle ha i maggiori mezzi di nuocermi; e tra tutti i luoghi, la Olanda è quello d'onde può partire un colpo contro me.» Citters e Dykvelt assicurarono la Maestà Sua, che ciò ch'ella aveva detto, sarebbe stato sollecitamente comunicato al Governo da essi rappresentato, e speravano fermamente che verrebbe fatto ogni sforzo a satisfare il desiderio di quella.
Gli ambasciatori, esprimendo tale speranza, dirittamente parlavano. Il Principe d'Orange e gli Stati

Generali erano a quel tempo molto desiderosi che della ospitalità olandese non si facesse abuso rispetto a cose delle quali il Governo inglese avesse potuto muovere giusta doglianza. Giacomo aveva poco innanzi dette parole che facevano sperare come ei non si sarebbe pazientemente sottoposto al predominio della Francia. Pareva probabile che avrebbe assentito a formare un'alleanza con le Provincie Unite e la Casa d'Austria. Era, quindi, nell'Aja estrema sollecitudine di evitare tutto ciò che lo avesse potuto offendere. Lo interesse personale di Guglielmo era anche in questa occasione identico a quello del suo suocero.

Ma il caso era uno di quelli che richiedono rapidità e vigoria d'azione; e la natura delle istituzioni batave rendeva ciò impossibile. La Unione d'Utrecht, rozzamente formatasi fra mezzo al trambusto d'una rivoluzione a fine di ovviare agli estremi bisogni della cosa pubblica, non era stata deliberatamente riesaminata e resa più perfetta in tempi tranquilli. Ciascuna delle sette repubbliche avvincolate da quella Unione, serbavano quasi tutti i diritti di sovranità, e li difendevano gelosamente contro il Governo centrale. E come le Autorità federali non avevano i mezzi di farsi prontamente obbedire dalle provinciali, così queste non gli avevano per ottenere pronta obbedienza dalle municipali. La sola Olanda comprendeva diciotto città, ciascuna delle quali era per molti rispetti uno stato indipendente, e geloso che altri s'immischiasse nelle sue faccende. Se i reggitori di una tale città ricevevano dall'Aja un ordine che fosse loro spiacevole, o non se ne davano punto pensiero, o languidamente e tardi lo eseguivano. In alcuni Consigli municipali, a dir vero, la influenza del Principe d'Orange era onnipotente. Ma per isventura, il luogo dove gli esuli inglesi eransi raccolti, e i loro navigli stavano equipaggiati, era la ricca e popolosa Amsterdam, i cui magistrati erano capi della fazione avversa al governo federale ed alla Casa di Nassau. L'amministrazione marittima delle Provincie Unite era condotta da cinque diversi uffici d'Ammiragliato; uno dei quali, residente in Amsterdam, in parte era nominato dalle Autorità della città, e sembra che fosse animato dallo spirito di quelle.

Tutte le cure del Governo federale adoperate a porre ad effetto ciò che Giacomo desiderava, andarono a vuoto per i sutterfugi dei reggitori d'Amsterdam, e per gli errori del Colonnello Bevil Skelton, che pur allora era arrivato in Olanda come inviato del Governo inglese. Skelton aveva abitato in Olanda al tempo delle civili perturbazioni della Inghilterra, e quindi veniva reputato adatto a quell'ufficio; ma veramente, egli non era buono nè per quella nè per qual si fosse altra situazione diplomatica. Taluni espertissimi giudici degli umani caratteri affermarono ch'egli era il più leggiero, volubile, passionato, presuntuoso e ciarliero degli uomini. Non fece diligenti indagini intorno a ciò che i refugiati facevano, finchè tre navi equipaggiate per la spedizione di Scozia si posero in salvo fuori del Zuyder Zee, finchè le armi, le munizioni e le vettovaglie furono sul bordo, e i fuorusciti s'imbarcarono. Allora, invece di rivolgersi, siccome avrebbe dovuto fare, agli Stati Generali, che ragunavansi accanto alla sua casa, spedì un messo ai magistrati d'Amsterdam, richiedendoli di fermare le navi sospette. I magistrati d'Amsterdam risposero, che lo ingresso nel Zuyder Zee era fuori della loro giurisdizione, e lo rimandarono al Governo federale. Vedevasi chiaramente che ciò era una pretta scusa, e che se gli Stati d'Amsterdam avessero davvero voluto impedire la partenza di Argyle, non avrebbero messa in mezzo difficoltà veruna. Skelton, quindi, si rivolse agli Stati Generali, i quali mostraronsi dispostissimi a fare quanto egli chiedeva; e perchè il caso era urgente, misero da banda la usanza che ordinariamente osservavano nella espedizione degli affari. Nel dì medesimo ch'egli fece loro la sua dimanda, fu spedito allo Ammiragliato d'Amsterdam un ordine esattamente conforme a quanto egli aveva richiesto. Ma tale ordine, a cagione di certe erronee informazioni da lui ricevute, non descriveva precisamente la situazione delle navi. Dicevasi che fossero nel Texel, ma erano nel Vlie. Lo Ammiragliato d'Amsterdam si giovò di cotesto errore per non far nulla; e innanzi che lo sbaglio venisse chiarito, le tre navi ormai veleggiavano.

XVII. Le ultime ore che Argyle passò sulle coste d'Olanda, furono ore di grande ansietà. Gli stava da presso un vascello da guerra olandese, che in un istante, scaricando le batterie, avrebbe potuto far finire la sua spedizione. Attorno alla sua piccola flotta vagava una barca, sopra la quale si stavano co' cannocchiali in mano parecchi individui, ch'egli credeva spie. Ma nulla fu tentato d'efficace a fermarlo, e nel pomeriggio del dì secondo di maggio prese il largo, con un vento favorevole.

Il viaggio fu prospero. Il dì 6 erano in vista alle Orcadi. Argyle, sconsigliatamente, gettò l'áncora a Kirkwall, e concesse a due dei suoi che scendessero a terra. Il vescovo gli fece prendere. Gli esuli tennero sopra a questa sciagura una lunga e animata discussione; imperocchè, dal principio sino al fine della spedizione, comunque fredda e irresoluta fosse stata la loro condotta, nel discutere non mostrarono mai difetto di calore e di perseveranza. Alcuni opinavano di aggredire Kirkwall; altri di procedere senza indugio verso la contea di Argyle. Finalmente, al Conte venne fatto di porre le mani addosso ad alcuni gentiluomini che abitavano presso la costa dell'isola, e propose al vescovo uno scambio di prigionieri. Il vescovo non rispose; e la flotta, dopo d'avere perduti tre giorni, rimise alla vela.

XVIII. Questo indugio corse pieno di pericoli. Si seppe immantinente in Edimburgo, che la squadra dei ribelli aveva toccato le Orcadi. Furono subito poste in movimento le truppe. Allorquando il Conte arrivò alla sua provincia, trovò fatti gli apparecchi a respingerlo. In Dunstaffnage mandò a terra Carlo, suo secondo figlio, perchè chiamasse alle armi i Campbell. Ma Carlo tornò con triste nuove. I pastori e i pescatori erano pronti a raccogliersi sotto il vessillo di Mac Callum More; ma dei capi delle tribù, alcuni erano in carcere, altri fuggiaschi. Que' gentiluomini che erano rimasti nelle loro case, o erano bene affetti al Governo, o temevano di muoversi; e, ricusarono infino di vedere il figlio del loro capo. Da Dunstaffnage la piccola flotta processe a Campbelltown, presso la riva meridionale della penisola di Kintyre. Quivi il Conte pubblicò un proclama, scritto in Olanda, sotto la direzione del Comitato, da Giacomo Stewart, avvocato scozzese, il quale pochi mesi dopo adoperò la sua penna a scopo ben differente. In quella scrittura erano esposte, con vigoria di parole che talvolta trascorrevano alla scurrilità, molte doglianze vere, e molte immaginarie. Vi si accennava come Carlo fosse morto di veleno. Dichiaravasi che fine precipuo della spedizione era di sopprimere onninamente non solo il Papismo, ma la Prelatura, che veniva chiamata la radice e il germoglio più tristo del Papismo; e tutti gli onesti Scozzesi venivano esortati ad operare valorosamente per la causa della loro patria e del loro Dio.

Per quanto Argyle fosse zelante di quella ch'egli considerava come religione pura, non ebbe scrupolo di praticare un rito mezzo papale e mezzo pagano. La croce di tasso misteriosa, pria accesa, e poi spenta nel sangue di una capra, fu mandata a convocare tutti i Campbell dagli anni sedici ai sessanta. L'istmo di Tarbet fu stabilito come luogo di convegno. La rassegna, ancorchè fosse piccola in paragone di quel che sarebbe stata se il coraggio e il vigore delle tribù non fossero stati oppressi, fu nondimeno formidabile. Tutte le forze raccolte ascendevano a mille ottocento uomini. Argyle partì i suoi montanari in tre reggimenti, e si pose a nominare gli ufficiali.

XIX. Le dispute, già cominciate in Olanda, non erano mai cessate per tutto il corso della spedizione; ma a Tarbet si fecero più violente che mai. Il Comitato voleva immischiarsi anche nell'autorità patriarcale che il Conte esercitava sopra i Campbell, e non voleva concedergli di stabilire a suo arbitrio i gradi militari dei suoi consorti. Mentre cotesti litigiosi faccendieri studiavansi di spogliarlo del potere ch'egli aveva sopra le montagne, mandavano e ricevevano lettere, senza mai mostrarle a colui che aveva nome di Generale, dagli uomini delle pianure. Hume e i suoi colleghi s'erano riserbata la soprintendenza delle provigioni, e conducevano questa parte importantissima dell'amministrazione della guerra con una profusione che male si sarebbe potuta distinguere dalla disonestà; lasciavano guastar l'armi, consumare le vettovaglie, e vivevano gozzovigliando, là dove avrebbero dovuto a tutti i loro sottoposti porgere esempio di temperanza.

La grande questione era di determinare se la sede della guerra dovesse essere nelle montagne o nelle pianure. La prima cosa che il Conte voleva conseguire, era di stabilire la propria autorità negli aviti dominii, cacciare gl'invasori che dalla Contea di Perth s'erano gettati su quella di Argyle, e insignorirsi dell'antica residenza della propria famiglia in Inverary. Allora avrebbe potuto sperare di avere quattro o cinquemila spade sotto il suo comando. Con tali forze avrebbe potuto difendere quelle selvagge contrade contro il potere dello intero Regno di Scozia, e assicurarsi un ottimo punto ad offendere l'inimico. Pare che questo partito fosse il più savio fra quanti gliene rimanessero. Rumbold, ch'era stato educato in una insigne scuola militare, e come Inglese poteva tenersi per arbitro imparziale fra le fazioni scozzesi, fece ogni sforzo per rinvigorire il braccio del Conte. Ma Hume e Cochrane erano estremamente intrattabili. La gelosia che sentivano d'Argyle era, in verità, più forte del desiderio che avevano perchè la impresa avesse prospero successo. S'accòrsero come egli tra i suoi monti e laghi, e a capo di un'armata massimamente composta delle sue proprie tribù, avrebbe potuto vincere ogni opposizione ed esercitare piena autorità di Generale. Andavano sussurrando, che i soli ai quali la buona causa stesse a cuore, erano gli uomini delle pianure, e che i Campbell erano corsi alle armi nè per la libertà nè per la Chiesa di Dio, ma solo per Mac Callum More. Cochrane dichiarò che, se fosse dipeso da lui, sarebbe andato alla Contea d'Ayr, senza avere altro in mano che un forcone. Argyle, dopo una lunga resistenza, assentì, contro il proprio giudicio, a dividere la sua piccola armata; e si rimase con Rumbold nelle montagne. Cochrane e Hume capitanavano le forze che s'imbarcarono per invadere le pianure.

Cochrane mirava alla Contea di Ayr; ma la costa di Ayr era guardata dalle fregate inglesi, e agli avventurieri fu forza risalire la corrente del Clyde fino a Greenock, allora piccolo villaggio di pescatori, che consisteva in una sola fila di tugurii di legno, e adesso è ricco e florido porto, i cui proventi doganali ascendono a una somma cinque volte maggiore della intera rendita che gli Stuardi ricavavano dal Regno di Scozia. Parte della milizia civica era appostata in Greenock; ma Cochrane, che pativa difetto di provigioni, deliberò d'approdare. Hume si oppose. Cochrane fece comandamento ad un ufficiale, chiamato Elphinstone, che immantinente conducesse in una barca venti uomini sulla spiaggia. Ma lo spirito litigioso dei capi erasi propagato in tutte le file. Elphinstone rispose, ch'egli non era tenuto ad obbedire se non ai comandi ragionevoli; che considerava quell'ordine come irragionevole; in somma, che non voleva andarci. Il Maggiore Fullarton, prode uomo, stimato da tutti, ma peculiarmente diletto ad Argyle, assunse l'incarico di andare a terra con soli dodici uomini; e così fece, malgrado il fuoco che veniva dalla costa. Ne seguì una lieve zuffa. La milizia civica indietreggiò. Cochrane entrò in Greenock e fece provigioni di vettovaglie, ma non trovò le genti disposte ad insorgere.

XX. Difatti, l'opinione pubblica in Iscozia non era quale gli esuli, traviati dallo acciecamento comune agli esuli in tutti i tempi, avevano supposto che fosse. Il Governo certamente era meritevole d'odio, e tenuto in abborrimento; ma i malcontenti, scissi in partiti, erano l'uno all'altro così avversi quasi come ai governanti, nè alcuno di tali partiti inchinava a congiungersi con gl'invasori. Molti credevano che la insurrezione non avesse probabilità di prospero successo; lo spirito di molti altri era prostrato per lunga e crudele oppressione. Eravi, a vero dire, una classe d'entusiasti, poco avvezzi a calcolare le probabilità, e dalla oppressione non domati, ma resi frenetici. Costoro vedevano poca differenza tra Argyle e Giacomo. L'ira loro era giunta a tal segno, che quello che a chiunque altro sarebbe sembrato bollente zelo, pareva loro tepidezza Laodicea. La vita trascorsa del Conte era macchiata di ciò ch'essi consideravano come vilissima apostasia. Quegli stessi montanari da lui adesso condotti ad estirpare la prelatura, pochi anni prima erano stati da lui medesimo chiamati a sostenerla. E siffatti schiavi, che nulla sapevano e nulla curavansi della religione, pronti a combattere per il Governo sinodale, per lo Episcopato, per il Papismo, secondo che a Mac Callum More fosse piaciuto comandar loro, potevano eglino essere buoni alleati del popolo di Dio? Il proclama, per quanto indecente e intollerante fosse nella forma, agli occhi di cotesti fanatici era componimento codardo e mondano. Una riforma qual Argyle intendeva stabilire, e quale fu poi stabilita da altro più potente e fortunato liberatore, sembrava loro che non valesse un conflitto. Essi avevano mestieri non solo della libertà di coscienza per sè stessi, ma d'assoluto dominio sopra la coscienza altrui; non solo della dottrina, della politica, e del culto dei Presbiteriani, ma della Convenzione in tutto il suo estremo rigore. Nulla poteva contentarli se non questo, che ogni fine per cui esiste la società civile venisse sacrificato al predominio d'un sistema teologico. Chiunque credeva che nessuna forma di Governo ecclesiastico valesse il violare la carità cristiana, e raccomandava armonia e tolleranza, secondo la frase loro, tentennava tra Jehovah e Baal. Chiunque condannava quegli atti, come lo assassinio del Cardinale Beatoun e dell'Arcivescovo Sharpe, cadeva nel medesimo peccato per cui Saul era stato detto indegno d'essere re d'Israele. Tutte le usanze che fra gli uomini inciviliti e cristiani mitigano gli orrori della guerra, erano abominazioni al cospetto del Signore. Non doveva darsi nè accettare quartiere. Un Indiano furibondo che meni coltellate a destra e a sinistra, un cane arrabbiato inseguito dalla folla, erano gli esempj da imitarsi dai guerrieri che combattevano per la propria difesa. A tutte le ragioni che dirigono la condotta degli uomini di Stato e dei capitani, le menti di quegli zelanti erano al tutto inaccessibili. Se un uomo si fosse rischiato ad addurle, era argomento bastevole per escluderlo dal numero dei fedeli. Se non v'era la benedizione del Cielo, di poca efficacia sarebbero state le arti degli astuti politici, e dei vecchi capitani, le armi venute dall'Olanda, i reggimenti dei non rigenerati Celti discesi dalle montagne di Lorn. Se, dall'altro canto, il tempo del Signore era giunto, egli poteva, come in antico, ordinare che le cose stolte del mondo confondessero le savie, e poteva salvare con pochi egualmente che con molti. Gli spadoni d'Athol e le baionette di Claverhouse sarebbero state impotenti a resistere ad armi frivole come la fionda di David o la secchia di Gedeone.

Cochrane avendo veduto essere impossibile fare insorgere le popolazioni a mezzodì del Clyde, andò a congiungersi con Argyle, che era nell'isola di Bute. Il Conte di nuovo propose di fare un tentativo sopra Inverary, e di nuovo incontrò pertinacissima opposizione. Gli abitanti delle marine si posero dalla parte di Hume e di Cochrane. I montanari obbedirono ciecamente ai comandi del loro capo. V'era ragione di temere che i due partiti venissero a conflitto; e il timore d'un tanto disastro indusse il Comitato a fare qualche concessione. Il castello di Ealan Chiering, posto sulle bocche di Loch Riddan,

fu scelto come capo luogo d'armi. Quivi sbarcarono le provigioni militari. La squadra ancorò presso alle mura in un luogo, dove rimaneva protetta da rocce e secche tali, che pensavasi nessuna fregata le potesse passare. Vi fecero nuovi ripari; eressero una batteria di piccoli cannoni presi dalle navi. Il comando del forte fu sconsigliatamente affidato ad Elphinstone, il quale aveva per prova fatto conoscere d'essere più disposto a disputare coi comandanti, che a combattere con l'inimico.
Adesso per poche ore si fece mostra di qualche energia. Rumbold prese il castello di Ardkinglass. Il Conte scaramucciò vittoriosamente con le truppe d'Athol, e stava per procedere verso Inverary, quando le gravissime nuove giunte dalle navi, e i litigi nel Comitato, lo forzarono a tornare addietro. Le fregate regie s'erano spinte più presso ad Ealan Chiering di quel che si credeva possibile. I gentiluomini delle pianure ricusarono positivamente di avanzarsi oltre verso le montagne. Argyle corse frettolosamente ad Ealan Chiering. Ivi propose di aggredire le fregate. Vero è che le sue navi erano poco atte a sostenere simigliante incontro; ma sarebbero state soccorse da una flottiglia di trenta grosse barche da pescare, ciascuna delle quali era bene equipaggiata di montanari armati. Il Comitato, nondimeno, ricusò di porgere ascolto a tale proposta, e ne rese impossibile la esecuzione facendo nascere un tumulto fra' marinaj.
Quindi, tutto fu confusione e scoraggimento. Le provvigioni erano state così male amministrate dal Comitato, che mancavano le vettovaglie alle truppe. I montanari perciò disertavano a centinaia; e il Conte, col cuore lacerato dalla propria sciagura, cesse alla urgenza di coloro che pertinacemente seguitavano ad insistere ch'egli marciasse verso le pianure.
La piccola armata, adunque, si affrettò a giungere alla sponda di Loch Long, traversò sulle barche quel passo, ed approdò alla Contea di Dumbarton. Ivi, il dì seguente, pervenne la nuova che le fregate avevano forzato il passo, che tutte le navi del Conte erano state prese, e che Elphinstone era fuggito da Ealan Chiering, lasciando il castello e le munizioni al nemico.
Ciò che rimaneva a fare, era d'invadere, malgrado ogni svantaggio, le pianure. Argyle deliberò di spingersi arditamente fino a Glasgow. Ma appena ebbe ciò detto, coloro stessi, i quali fino a quel momento lo avevano istigato a piombare celeremente sulle pianure, spaventati, disputavano, protestavano; e quando videro che nè ragionamenti nè rimostranze giovavano, fecero disegno d'insignorirsi delle barche e fuggire, lasciando il loro Generale e gli uomini suoi a vincere o perire senza soccorso. Tale disegno andò fallito; e i vigliacchi che lo avevano concepito, furono costretti a dividere co' più valorosi i rischi della estrema prova dell'armi.
Mentre gl'insorgenti procedevano fra mezzo al paese che giace tra Loch Long e Loch Lomond, furono continuamente infestati dalle milizie civiche. Seguirono alcune scaramucce, in cui il Conte ebbe prospera la ventura; ma le bande da lui respinte, nello indietreggiare, sparsero la nuova del suo avvicinarsi, e tosto dopo ch'egli ebbe varcato il fiume Leven, trovò un forte corpo di truppe regolari ed irregolari apparecchiato a fargli fronte.
Egli opinava doversi dare battaglia. Ayloffe assentiva. Ma Hume dichiarò, che provocare il nemico sarebbe stata demenza. Vide un reggimento in uniforme scarlatto. Pensò che altri ve ne fossero dietro. Aggredire tante forze sarebbe stato un correre a morire. Il miglior partito da prendere, era quello di tenersi cheti fino a notte, ed allora ritirarsi.
Ne seguì un aspro alterco, che Rumbold, ponendosi di mezzo, a stento riuscì a sedare. Era la sera. Le armate nemiche accampavano a poca distanza l'una dall'altra. Il Conte provossi a proporre un'aggressione notturna, e di nuovo le sue parole andarono a vuoto.
XXI. Dacchè erasi deliberato di non combattere, altro non rimaneva a fare che prendere il partito proposto da Hume. Era probabile che, levando il campo secretamente, e procedendo tutta la notte traverso scopeti e pantani, il Conte si sarebbe vantaggiato di molte miglia sull'inimico, e sarebbe potuto giungere senza altri ostacoli a Glasgow. Lasciarono accesi i fuochi del campo e si posero a marciare. E qui i disastri cominciarono ad avvicendarsi. Le guide, perduta la traccia traverso agli scopeti, condussero l'armata nei marosi. Non fu possibile serbare l'ordine militare fra soldati indisciplinati e scoraggiati, sotto un cielo tenebroso e in un terreno traditore e ineguale. La paura in mille guise si sparse nelle disordinate file. Ciascuna ombra, ciascun rumore pareva indicare lo avvicinarsi del nemico. Alcuni ufficiali contribuirono a spargere il terrore che avevano debito di calmare. L'armata aveva preso sembiante d'una caterva di plebe, e cominciò a disperdersi. Gl'insorti fuggivano a torme sotto il velo della notte. Rumbold, e alcuni altri uomini valorosi, i quali nessun pericolo avrebbe atterriti, smarrirono il cammino, e non poterono ricongiungersi col corpo principale dell'armata. Allo spuntare del giorno, soli cinquecento fuggiaschi si raccolsero in Kilpatrick, stanchi e scuorati.

Ogni pensiero di continuare la guerra era cessato; ed era chiaro che i capi della spedizione avrebbero incontrate non poche difficoltà a salvare la vita. Si dettero a fuggire per varie direzioni. Hume giunse salvo sul continente. Cochrane fu preso e mandato a Londra. Argyle sperava di trovare un asilo sicuro sotto il tetto d'uno dei suoi antichi servi che abitava presso Kilpatrick. Ma gli fallì la speranza; e gli fu forza di varcare il Clyde. Prese le vesti di contadino, dicendo d'essere la guida del Maggiore Fullarton, la cui coraggiosa fedeltà stette salda contro ogni pericolo. I due amici viaggiarono insieme per la Contea di Renfrew fino a Inchinnan. Ivi il Black Cart e il White Cart - due fiumi che ora scorrono traverso a prospere città, e muovono le ruote di molte fattorie, ma allora compivano il loro corso tranquillo fra mezzo a pascoli e scopeti - si congiungono insieme innanzi di gettarsi nel Clyde. L'unico guado per cui i viandanti potessero passare, era guardato da una mano di milizia civica. Vennero fatte loro alcune dimande. Fullarton provossi di far cadere il sospetto sopra sè solo, perchè al compagno non si badasse. Ma gl'interrogatori suspicavano che la guida non fosse il rozzo villano che pareva. Gli posero le mani addosso. Argyle si spinse d'un salto nelle acque, ma immantinente fu preso. Lottò per breve tempo contro cinque aggressori; ma non avendo altre armi, tranne le sue pistole da tasca, le quali, inoltre, erano sì bagnate, a cagione d'essersi immerso nell'acqua, che non vollero prendere fuoco, fu gettato a terra da un colpo di spadone, e messo in custodia.
Confessò d'essere il Conte d'Argyle, forse sperando che il suo gran nome avrebbe mossi a riverenza e pietà coloro dai quali era stato preso. E davvero, ne furono molto commossi, come quelli che erano semplici Scozzesi d'umile condizione; e benchè fossero corsi alle armi a pro della Corona, probabilmente preferivano l'ordinamento e il culto della Chiesa Calvinistica, ed erano assuefatti a riverire il loro prigione come capo d'una casa illustre e campione della Fede Protestante. Ma quantunque fossero manifestamente commossi, tanto che alcuni ne piangevano, non vollero perdere una pingue rimunerazione, ed incorrere nella vendetta d'un Governo implacabile. Condussero, quindi, il prigione a Renfrew. L'uomo che fu parte principale nella presura del Conte, chiamavasi Riddell. Per questa ragione, tutta la stirpe dei Riddell, per più d'un secolo, fu tenuta in abborrimento dalla gran tribù di Campbell. I nostri vecchi si ricordano ancora che quando un Riddell andava ad una fiera nella Contea d'Argyle, era costretto ad assumere un falso nome.
Ora comincia la parte più splendida della vita d'Argyle. Fin qui la sciagurata impresa non gli aveva arrecato se non rimprovero e scherno. Il più grande dei suoi errori fu di non avere risolutamente ricusato d'accettare il nome senza il potere di Generale. Se si fosse tenuto tranquillo nel suo ritiro di Frisia, in pochi anni sarebbe stato richiamato onorevolmente alla patria, e sarebbe stato annoverato fra i principali ornamenti e sostegni della Monarchia costituzionale. Se avesse condotta la espedizione a seconda del proprio giudicio, e menato con seco nessuni altri seguaci che quelli i quali erano implicitamente apparecchiati ad obbedire a tutti gli ordini suoi, è possibile ch'egli avesse compito qualche cosa di grande; avvegnachè sembri non avere avuto difetto di coraggio, d'operosità, d'espertezza, ma solamente d'autorità. Avrebbe dovuto conoscere che tra tutti i difetti, questo è il più fatale. Non pochi eserciti hanno vinto sotto capitani privi di doti eminenti. Ma quale esercito comandato da un circolo che sempre discuta, ha mai evitato il disonore e la sconfitta?
La grave calamità che era accaduta ad Argyle, fece sì ch'egli potesse mostrare con prove evidenti quale specie d'uomo ei si fosse. Dal giorno in cui abbandonò la Frisia, fino a quello in che i suoi seguaci si dispersero a Kilpatrick, egli non aveva mai operato liberamente. Aveva portata la responsabilità d'una lunga serie di azioni, che in cuor suo disapprovava. Finalmente, era libero d'agire a suo modo. La cattività gli aveva ridata la nobile libertà di governare sè stesso in tutte le parole ed azioni sue, secondo il senso ch'egli aveva del diritto e della convenienza. Da quell'istante, diventò come ispirato di nuova virtù e saviezza. Il suo intelletto parve rinvigorirsi e concentrarsi, il suo carattere morale elevarsi, e ad un tempo addolcirsi. La insolenza dei vincitori non tralasciò nulla che potesse porre alla prova la tempra d'un uomo altero della sua antica nobiltà e del suo dominio patriarcale. Il prigione fu trascinato in trionfo per le vie d'Edimburgo. Andò a piedi e col capo scoperto per tutta quella strada maestra, che, ombreggiata da anneriti e giganteschi edifici di pietra, da Holyrood conduce al Castello. Lo precedeva il carnefice, portando il ferale strumento che doveva recidergli la testa. Il partito vittorioso non aveva dimenticato come, trentacinque anni innanzi, il padre d'Argyle avesse capitanata la fazione che pose a morte Montrose. Prima di quell'avvenimento, la casa di Graham e quella di Campbell non si portavano scambievole affetto; e poscia, erano sempre state in mortale conflitto. Posero cura che il prigione passasse per la medesima porta e per le vie medesime per le quali Montrose era stato trascinato al medesimo patibolo. Come il Conte pervenne al Castello, gli furono posti i ceppi ai piedi, e gli fu detto che soli pochi giorni gli rimanevano a vivere. Era stato deliberato di

non fargli processo per il nuovo delitto, ma porlo a morte per virtù della sentenza profferitagli contro vari anni prima; sentenza cotanto sciaguratamente ingiusta, che i legisti più servili e senza cuore che fossero in quel tempo, non ne potevano parlare senza sentirne vergogna.
Ma nè la ignominiosa processione di High Street, nè il vicino spettacolo della morte, valsero a perturbare la gentile e maestosa pazienza d'Argyle. La sua forza d'animo ebbe a sottostare a più dura prova. Gli fu posta avanti gli occhi una lista di domande per ordine del Consiglio Privato. Rispose solo a quelle alle quali poteva rispondere senza porre a pericolo nessuno dei suoi amici, e ricusò di dire più oltre. Gli fu detto, che ove non s'inducesse a rispondere appieno, sarebbe stato messo alla tortura. Giacomo, che di certo dolevasi di non potere gustare la voluttà di vedere con gli occhi propri Argyle posto allo stivaletto, spedì ad Edimburgo positivi comandamenti di non tralasciare cosa alcuna che potesse strappare dalle labbra del traditore confessioni contro gl'implicati nel tradimento. Ma ogni minaccia fu vana. Con i tormenti e la morte innanzi lo sguardo, Mac Callum More pensò assai meno a sè stesso, che a' poveri uomini suoi. «Sono stato oggi occupato» scrisse egli dal carcere «a trattare per loro, e non senza qualche speranza. Ma questa sera sono giunti ordini che mi dannano a morire lunedì o martedì; e debbo essere posto alla tortura, ove io non risponda con giuramento alle domande. Nonostante, spero che Dio mi sosterrà.»
La tortura non gli fu inflitta. Forse la magnanimità della vittima aveva commossi i vincitori ad insolita commiserazione. Notò egli stesso, come essi in prima lo avessero aspramente trattato, e poi tosto cominciassero ad usargli cortesia e rispetto. Dio, diceva egli, aveva mansuefatti i loro cuori. Vero è che a liberarsi dalle estreme crudeltà dei suoi nemici, non tradì nessuno degli amici suoi. L'ultimo dì della sua vita scrisse queste parole: «Non ho nominato nessuno per recargli danno. Ringrazio Dio che mi ha mirabilmente sostenuto.»
Compose il proprio epitaffio, che è una breve poesia, pregna di pensiero e di spirito, di stile semplice e vigoroso, e non ispregevole per la versificazione. In esso lamentava che, quantunque i suoi nemici gli avessero ripetutamente decretata la morte, i suoi amici gli erano stati anche più crudeli. Il commento di tali espressioni è da trovarsi in una lettera ch'egli diresse ad una signora in Olanda. Ella lo aveva provveduto d'una grossa somma di danari per la spedizione, e perciò ei la reputava come avente diritto a conoscere appieno le cagioni onde la impresa era andata in fallo. Lavò la fama dei suoi colleghi della macchia di tradimento; ma descrisse la insania, la ignoranza, la faziosa perversità loro, con parole che la loro propria testimonianza provò poi essere ben meritate. Dubitò poscia di avere fatto uso d'un linguaggio troppo severo per un cristiano presso a morire, ed in un foglio separato, pregò i suoi amici a cancellare ciò ch'egli aveva detto di quegli uomini. «Soltanto è d'uopo ch'io confessi» aggiunse egli, con tono mansueto «che essi erano irrefrenabili.»
La più parte delle sue ore estreme ei passò con molta divozione orando, o conversando affettuosamente con alcuni dei suoi. Non mostrò pentirsi della sua ultima impresa, ma deplorò con somma emozione d'essersi in prima mostrato compiacente nelle cose religiose alla volontà del Governo. Disse che Iddio lo puniva meritamente. Chi per tanto tempo era stato colpevole di codardia e dissimulazione, era indegno d'essere lo strumento di salvazione per lo Stato e la Chiesa. Nondimeno, spesso ripeteva, la causa per la quale egli aveva combattuto, essere la causa di Dio, e dovere sicuramente trionfare. «Non intendo d'esser profeta. Ma ho in cuore un forte presentimento, che il dì della liberazione è presso a spuntare.» Non è cosa strana che molti zelanti Presbiteriani avessero impressi nella propria mente i detti di lui, e gli avessero poi attribuiti a ispirazione divina.
La fede e la speranza religiosa, congiunte al coraggio ed alla tranquillità naturale della mente, avevano con tanta efficacia ricomposto il suo spirito nel dì in cui egli doveva morire, che desinò con appetito, fu gaio nel conversare, e, finito il pranzo, si distese, secondo aveva costume, onde con un breve ristoro di sonno il corpo e la mente si trovassero in pieno vigore nel momento ch'egli doveva salire sul palco. In quel mentre, uno dei Lord del Consiglio, che, stato probabilmente educato Presbiteriano, s'era dallo interesse lasciato sedurre a congiungersi con gli oppressori di quella Chiesa di cui egli era stato parte, andò al Castello recando un messaggio da parte dei suoi confratelli, chiese del Conte, e gli fu risposto che il Conte dormiva. Il Consigliere Privato pensò che ciò fosse un sutterfugio per negargli l'accesso, ed insisté di volere entrare. La porta del carcere gli fu spalancata; e vide Argyle carico di ferri, disteso sul letto, dormendo il placido sonno dell'infanzia. Il rinnegato si sentì rimordere la coscienza; volse le spalle, e coll'animo turbato, uscendo precipitosamente dal Castello, andò a ricoverarsi nella casa di una sua parente che abitava lì presso. Ivi si gettò sur un letto, e cadde in un'angoscia di rimorso e di rossore. La donna, spaventata agli sguardi e ai gemiti di lui, credé che gli fosse sopraggiunto un accidente, e lo pregava di bere una tazza di vino dolce di Spagna. «No, no,»

disse egli «ciò non mi farà bene.» Lo pregò che le dicesse qual cosa gli dava tanto disturbo. «Sono stato» rispose egli «nel carcere di Argyle, e l'ho veduto, non ostante che fra un'ora l'anima sua debba andare all'eternità, dormire, quanto uomo possa fare, dolcemente; mentre io...»

Il Conte, levatosi di letto, erasi apparecchiato a sostenere gli estremi dolori della vita. Prima, fu condotto per High Street nel Palazzo del Consiglio, nel quale doveva rimanere quel poco che mancava all'ora della esecuzione della giustizia. In quell'intervallo di tempo, chiese penna e calamaio e scrisse a sua moglie. «Cuor mio! Dio è immutabile. Egli mi è stato sempre largo di bontà e di grazia; e non v'è luogo che me ne privi. Perdona a tutti i falli miei; e consolati in lui, nel quale soltanto è da trovarsi ogni consolazione. Il Signore sia teco, e ti benedica e ti conforti, o mia cara. Addio.»

XXII. Era giunto il momento di partire dal Palagio del Consiglio. I sacerdoti che assistevano il prigioniero, non erano della sua medesima religione; ma li ascoltò cortesemente, e gli esortò a premunire il gregge loro affidato contro quelle dottrine che tutte le Chiese protestanti concordemente condannavano. Salì sul palco, dove la vecchia rozza guigliottina di Scozia, chiamata la Damigella (the Maiden), lo aspettava; e rivolse al popolo un discorso, tessuto del frasario speciale della sua setta, ma imbevuto dello spirito d'una pietà tranquilla. Disse come egli perdonasse i suoi nemici, dai quali sperava d'essere perdonato. Una sola acre espressione gli uscì dal labbro. Uno dei sacerdoti episcopali che lo assistevano, si fece in sull'orlo del palco, e gridò: «Milord muore Protestante.» - «Sì!» disse il Conte, spingendosi avanti, «sì! e non solo Protestante, ma acerrimo odiatore del papismo e della prelatura e d'ogni superstizione.» Allora abbracciò i suoi amici, pose nelle loro mani alcuni ricordi perchè li recassero alla consorte e ai figli suoi, s'inginocchiò, chinò la testa sul ceppo, orò brevemente, e fece segno al carnefice. Il suo mozzo capo fu affisso alla cima del Tolbooth, dove quello di Montrose s'era dianzi disfatto.

XXIII. La testa di Rumbold, uomo schietto e valoroso, comecchè non iscevro di biasimo, vedevasi già sul West Port d'Edimburgo. Circondato da colleghi faziosi e codardi, finchè durò la espedizione, erasi condotto da soldato educato alla scuola del Gran Protettore, aveva in Consiglio sostenuta valorosamente l'autorità d'Argyle, ed in campo s'era reso ammirevole per la sua tranquilla intrepidezza. Dopo la dispersione dell'armata, fu aggredito da una mano di milizia civica. Si difese disperatamente, e si sarebbe aperta una via fra mezzo ai nemici, se questi non gli avessero azzoppato il cavallo. Mortalmente ferito, fu menato in Edimburgo. Era desiderio del Governo che ei fosse giustiziato in Inghilterra. Ma era così presso a morire, che se non veniva appeso alle forche in Iscozia, non si sarebbe potuto impiccare affatto; e i vincitori non sapevano rinunciare al piacere d'impiccarlo. Non era da aspettarsi che avrebbero mostrato misericordia ad uno il quale era considerato come capo della congiura di Rye House, ed era possessore dello edifizio da cui quella aveva derivato il nome; ma la insolenza onde trattarono quell'uomo moribondo, parrebbe ai nostri tempi più miti quasi incredibile. Uno del Consiglio Privato di Scozia lo chiamò maledetto scellerato. «Io sono in pace con Dio» rispose Rumbold con calma; «come dunque posso io essere maledetto?»

In fretta fu processato, convinto, e condannato ad essere tra poche ore appeso alle forche, e squartato, presso la croce della città in High Street. Quantunque non potesse tenersi sulle proprie gambe senza che venisse sorretto da due uomini, si mantenne forte fino allo estremo momento, e sotto il patibolo alzò la sua debole voce contro il papismo e la tirannide con tanta veemenza, che gli officiali comandarono si desse nei tamburi perchè il popolo non l'udisse. Diceva d'essere stato amico della Monarchia temperata. Ma non aveva voluto mai credere che la Provvidenza avesse mandato nel mondo pochi uomini in isprone e stivale, pronti a cavalcare, e milioni pronti a lasciarsi imbrigliare e cavalcare. «Voglio» esclamò egli «benedire e magnificare il santo nome di Dio, che mi ha ridotto a questo punto non per male alcuno che io abbia fatto, ma per avere propugnata la sua causa in tempi infausti. Se ogni capello del mio capo fosse un uomo, li porrei a rischio tutti per questa contesa.»

E mentre era processato, e innanzi di essere giustiziato, parlò dell'assassinio con lo abborrimento convenevole a buon cristiano e valoroso soldato. Protestò, sulla fede di moribondo, di non avere mai avuto pensiero di commettere tanta scelleratezza. Ma confessò francamente d'avere, conversando coi suoi compagni di congiura, nominato la propria casa come luogo dove Carlo e Giacomo si sarebbero potuti assalire con prospero successo; e molto essersi ragionato sopra ciò, sebbene nulla si fosse concluso. Potrebbe a prima vista sembrare che cosiffatta confessione fosse incompatibile colla dichiarazione da lui fatta, di aver sempre abborrito dallo assassinio. Ma pare che egli ragionasse secondo una distinzione che aveva tratti in inganno molti dei suoi contemporanei. Per nulla al mondo si sarebbe mai indotto a porre il veleno nel cibo dei due Principi, od a trafiggergli con un pugnale nel sonno. Ma piombare inaspettatamente sopra la torma delle Guardie del Corpo che circuivano il

cocchio reale, scambiare colpi di spada e correre la sorte di uccidere o essere ucciso, era, secondo lui, una operazione militare legittima. Le imboscate e le sorprese annoveravansi fra gli ordinari accidenti della guerra. Ciascun vecchio soldato, fosse Cavaliere o Testa-Rotonda, si era trovato in simiglianti imprese. Se il Re fosse caduto morto in una scaramuccia, sarebbe caduto per legittima battaglia, e non per assassinio. Precisamente dei medesimi argomenti si giovarono, dopo la Rivoluzione, Giacomo stesso e i suoi più fidi seguaci, per giustificare un iniquo attentato contro la vita di Guglielmo III. Una banda di Giacomisti ebbe lo incarico di assalire il Principe d'Orange nei suoi quartieri invernali. Il significato nascosto sotto questa speciosa frase, era di segare la gola al Principe mentre da Richmond andava in cocchio a Kensington. Parrà strano che simiglianti fallacie, che sono la feccia delle dottrine dei casuisti gesuiti, potessero sedurre uomini di spirito eroico, sì Whig che Tory, a commettere un delitto, che le leggi divine ed umane hanno giustamente notato d'infamia. Ma non vi è sofisma tanto enorme che non inganni le menti rese insane dallo spirito di parte.
Argyle, che sopravvisse di poche ore a Rumbold, lasciò testimonianza della virtù del valoroso Inglese. «Il povero Rumbold era mio gran sostegno, e valente uomo, e morì da cristiano.»
XXIV. Ayloffe mostrò tanto disprezzo della morte, quanto ne avevano mostrato Argyle e Rumbold: ma la sua fine non edificò, come la loro, le anime pie. Quantunque la simpatia politica lo avesse fatto avvicinare ai Puritani, ei non aveva simpatia religiosa per essi, i quali lo consideravano poco meno d'un ateo. Apparteneva a quella classe dei Whig che cercavano esempi da imitare meglio fra i patriotti di Grecia e di Roma, che fra i profeti e i giudici d'Israele. Fu fatto prigione e condotto a Glasgow. Quivi tentò di uccidersi con un piccolo coltello; ma comecchè si facesse varie ferite, nessuna di esse fu mortale, ed egli ebbe forze bastevoli a sostenere il viaggio a Londra. Tratto dinanzi al Consiglio Privato, fu interrogato dal Re stesso; ma ebbe tanta altezza di animo, da non provvedere alla propria salute accusando altrui. Corse voce fra i Whig che il Re gli dicesse: «Fareste bene ad essere schietto con me, signore Ayloffe. Voi sapete che è in mio potere il perdonarvi.» Allora il prigione, rompendo l'austero silenzio, rispose: «Ciò potrebbe essere nel vostro potere, non mai nell'indole vostra.» Fu giustiziato, per virtù dell'antica condanna, innanzi la porta del Tempio, e morì con istoico contegno.
XXV. In quel mentre, la vendetta dei vincitori piombò spietatissima sulle popolazioni della Contea d'Argyle. Molti dei Campbell furono senza processo impiccati da Athol; il quale con difficoltà venne impedito dal Consiglio Privato di fare altre uccisioni. La contrada, per la estensione di trenta miglia d'intorno a Inverary, fu devastata. Le case furono arse, le ruote dei mulini fatte in pezzi, gli alberi fruttiferi tagliati, e fino le radici seccate col fuoco. Le reti dei pescatori, solo mezzo di sussistenza a molti abitanti della costa, furono distrutte. Trecento, e più, ribelli e malcontenti vennero deportati alle colonie. Molti di loro furono anche condannati alla mutilazione. In un solo giorno, il carnefice d'Edimburgo tagliò le orecchie a trentacinque prigioni. Parecchie donne, dopo essere state segnate sulla guancia con un ferro rovente, furono mandate oltre l'Atlantico. Pensavasi anche di ottenere dal Parlamento una Legge che proscrivesse il nome di Campbell, come ottanta anni prima era stato proscritto quello di Mac Gregor.
E' pare che la espedizione di Argyle avesse fatto poco senso nelle contrade meridionali dell'Isola. La nuova del suo sbarco giunse in Londra poco avanti che si adunasse il Parlamento Inglese. Il Re ne dètte lo annunzio dal trono; e le Camere lo assicurarono che lo avrebbero difeso contro ogni nemico. Null'altro fu chiesto loro. Sopra la Scozia non avevano autorità nessuna; e una guerra che ardeva così lontano, e della quale quasi fino da principio poteva di leggieri prevedersi l'esito, destò solo un languido interesse in Londra.
Ma una settimana innanzi la dispersione finale dell'armata d'Argyle, la Inghilterra era agitata dalla nuova dello sbarco sulle sue spiaggie d'un più formidabile invasore. I fuorusciti avevano stabilito che Monmouth muoverebbe dall'Olanda sei giorni dopo la partenza degli Scozzesi. Egli aveva differita per breve tempo la spedizione, forse sperando che la maggior parte delle soldatesche, stanzianti nel mezzodì, si sarebbero fatte marciare verso tramontana appena scoppiata la guerra nelle montagne, e quindi non avrebbe trovate forze pronte ad opporglisi. Allorquando poi volle partirsi, il vento spirava contrario e impetuoso.
Mentre la sua flotta stavasi a sbattere nel Texel, una contesa erasi desta fra le Autorità olandesi. Gli Stati Generali e il Principe d'Orange stavano da una parte; la magistratura e lo Ammiraglio d'Amsterdam, dall'altra.
Skelton aveva porta agli Stati Generali una lista di fuorusciti, la dimora dei quali nelle Provincie Unite recava inquietudine al suo signore. Gli Stati Generali, desiderosi di assentire ad ogni ragionevole richiesta di Giacomo, ne mandarono copie alle Autorità Municipali. Ai magistrati delle città tutte fu

ingiunto di usare ogni mezzo ad impedire che i Whig proscritti molestassero il Governo Inglese. Generalmente, questi ordini furono osservati. A Rotterdam in ispecie, dove la influenza di Guglielmo era onnipotente, si fece mostra di tale operosità, da meritarsi i più caldi ringraziamenti di Giacomo. Ma la sede principale degli esuli era Amsterdam, i cui governanti non volevano veder nulla, udire nulla, sapere nulla. Il Gran Sergente della città, che stava giornalmente in comunicazione con Ferguson, riferì all'Aja, come egli non sapesse dove trovare un solo dei fuorusciti; e con questa scusa al Governo federale fu forza di tenersi pago. Vero è che gli esuli inglesi erano sì ben conosciuti ad Amsterdam, che il popolo appiccava loro gli occhi addosso come se fossero stati Chinesi.
Pochi giorni dopo, Skelton ricevè ordini dalla sua Corte perchè chiedesse, che a cagione dei pericoli che minacciavano il trono del suo signore, i tre reggimenti scozzesi ai servigi delle Provincie Unite, fossero senza indugio rimandati nella Gran Bretagna. Si rivolse al Principe d'Orange; il quale si tolse il carico di maneggiare il negozio, ma predisse che Amsterdam avrebbe opposta qualche difficoltà. La predizione avverossi. I Deputati d'Amsterdam ricusarono d'acconsentire; il che fu cagione di qualche ritardo. Ma la questione non era di quelle che, per virtù della Costituzione della repubblica, una sola città poteva, contro il desiderio della maggioranza, impedire che si mandassero ad esecuzione. La influenza di Guglielmo prevalse; e le truppe furono speditamente imbarcate.
Skelton infrattanto adoperavasi, certo non con molto giudizio e moderazione, a fermare le navi equipaggiate dai fuorusciti inglesi. Rimproverò fortemente lo Ammiragliato d'Amsterdam, dicendo che per la negligenza di quello, una banda di ribelli aveva potuto invadere la Gran Bretagna. A un secondo errore della medesima specie non vi sarebbe stata nessuna scusa. Chiese che senza tardanza un grosso legno, chiamato l'Helderenbergh, fosse sequestrato. Spacciavasi destinato per le Canarie. Ma in verità, era stato noleggiato da Monmouth, portava ventisei cannoni, ed era carico d'armi e di munizioni. Lo Ammiragliato d'Amsterdam rispose, che la libertà del traffico e della navigazione non doveva violarsi per lievi ragioni, e che l'Helderenbergh non poteva essere fermato senza comandamento degli Stati Generali. Skelton, che pare avesse costume di cominciare le cose a rovescio, ricorse agli Stati Generali, e questi dettero gli ordini necessari. Allora lo Ammiragliato d'Amsterdam allegò, che nel Texel non vi fossero forze navali bastevoli a fermare un legno grosso come era l'Helderenbergh, e lasciò che Monmouth facesse vela senza molestia.
Il tempo era cattivo, il viaggio lungo, e vari vascelli da guerra inglesi incrociavano nel Canale. Ma Monmouth evitò i pericoli del mare e dell'inimico. Passando lungo le rupi della Contea di Dorset, pensò di mandare sur una barca alla riva uno dei fuorusciti, che aveva nome Tommaso Dare. Questo uomo, quantunque basso di intelligenza e di modi, esercitava grande influenza in Tauton. Gli fu ingiunto di quivi recarsi frettolosamente, attraversando il paese, ed annunziare agli amici suoi, che Monmouth avrebbe tra breve toccato il suolo dell'Inghilterra.
XXVI. La mattina del dì undecimo di giugno, l'Helderenbergh, accompagnato da due più piccoli legni, comparve nel porto di Lyme. Questa città è formata da un piccolo gruppo di ripidi ed angusti viottoli, giacenti sur una costa selvaggia, piena di rocce, e battuta da un mare procelloso. Era a que' giorni notevole per una pila costruitavi nei tempi dei Plantageneti, con pietre ineguali e non cementate. Questo antico lavoro, conosciuto sotto il nome di Cob, chiudeva l'unico porto, dove, per uno spazio di molte miglia, i pescatori potevansi riparare dalle tempeste del Canale.
L'apparizione di cotesti tre legni forestieri senza bandiera, rese perplessi gli abitatori di Lyme; ai quali crebbe la inquietudine come non videro ritornare gli ufficiali di Dogana, che, secondo la usanza, si erano recati sul bordo. Il popolo della città corse sulle alture, si stette lungo tempo a guardare con ansietà, ma non sapeva intendere un tanto mistero. Finalmente, sette barche spiccaronsi dalla più grande delle strane navi, e corsero difilate alla spiaggia. Scesero a terra circa ottanta uomini, bene armati e bene in arnese. Erano fra loro Monmouth, Grey, Fletcher, Ferguson, Wade ed Antonio Buyse, ufficiale già stato a servizio dello Elettore di Brandenburgo.
Monmouth impose silenzio, prostrassi in ginocchio, e ringraziò Dio per avere scampati gli amici della libertà e della religione pura da' pericoli del mare, ed implorò la benedizione divina sopra quanto gli restava da fare per terra. Snudò la spada, e condusse i suoi uomini su per le rupi alla città.
Appena saputosi sotto quale condottiero ed a che fine la spedizione era arrivata, lo entusiasmo del popolaccio ruppe ogni freno. La piccola città fu tutta in subbuglio; erano le genti che, correndo per ogni verso, andavano gridando: «Monmouth! Monmouth! La Religione Protestante!» Intanto, nella piazza del mercato venne inalberata una bandiera azzurra, che era la insegna degli avventurieri. Le provigioni militari furono poste nel palazzo civico; e una Dichiarazione, nella quale manifestavasi lo scopo della impresa, fu letta presso la croce della città.

XXVII. Tale Dichiarazione, capo lavoro del genio di Ferguson, non era un manifesto dignitoso quale avrebbe dovuto essere quello di un condottiero che brandiva la spada a propugnare una gran causa, ma un libello di bassissima specie e per concetto e per elocuzione. Conteneva molte verissime accuse contro il governo, ma erano espresse con lo stile prolisso e gonfio di un cattivo articolo; oltrechè comprendeva molti addebiti che recavano disonore a coloro soltanto che li scagliavano. Vi si affermava come cosa certa, che il Duca di York aveva incendiata Londra, strangolato Godfrey, mozzato il capo ad Essex, avvelenato il Re defunto. A cagione di quei nefandi e snaturati delitti, e principalmente di quel fatto esecrabile, cioè dell'orribile e barbaro parricidio - tale era la facondia e tale la felicità dello scrivere di Ferguson - Giacomo veniva dichiarato mortale e sanguinoso nemico, tiranno, assassino ed usurpatore. Con lui non doveva venirsi a condizioni. La spada non doveva riporsi nel fodero finchè ei non avesse ricevuto il castigo che meritano i traditori. Il governo era da riordinarsi secondo i principii favorevoli alla libertà. Tolleranza per tutte le sètte protestanti; Parlamenti annui, da non prorogarsi e disciogliersi a volontà del Principe; la milizia cittadina unico esercito stanziale, comandato dagli Sceriffi, e questi da eleggersi dai liberi possidenti. In fine, Monmouth dichiarava come egli potesse provare d'essere nato di legittimo matrimonio, ed essere, per diritto di eredità, Re d'Inghilterra; ma per allora poneva da parte i suoi diritti, li sottoponeva al giudicio di un libero Parlamento; e intanto desiderava essere considerato solo come Capitano Generale dei Protestanti inglesi, i quali eransi armati a distruggere la tirannide e il papismo.

XXVIII. Disonorevole come era tale Manifesto a coloro che lo avevano messo fuori, non era fatto senza arte a fine di incitare le passioni del volgo. Nelle contrade occidentali produsse grande effetto. I gentiluomini e il clero di quelle parti dell'Inghilterra, tranne pochi, erano Tory. Ma i piccoli possidenti, i trafficanti delle città, i contadini e gli artigiani, erano generalmente animati dal vecchio spirito delle Teste-Rotonde. Molti erano Dissenzienti, ed esasperati da piccole persecuzioni, dispostissimi a gettarsi in una disperata impresa. Il grosso del popolo abborriva dal Papismo, e adorava Monmouth, il quale non gli era straniero. Il viaggio ch'egli nella state del 1680 fece nelle Contee di Somerset e di Devon, era ancora vivo nella memoria di tutti. In quella occasione, era stato sontuosamente ospitato da Tommaso Thynne in Longleat Hall, che era allora, e forse anche oggi, la più magnifica casa campestre dell'Inghilterra. Da Longleat ad Exeter, lungo le siepi, stavano di qua e di là schierati numerosi spettatori che lo acclamavano. Le strade erano sparse di fronde e di fiori. La moltitudine, ansiosa di vedere e toccare il suo prediletto, rompeva le palizzate dei parchi, ed affollavasi nei luoghi dove egli era festeggiato. Quando arrivò a Chard, la sua scorta componevasi di cinquemila cavalli. Ad Exeter tutto il popolo del Devonshire erasi raccolto per salutarlo. Era notevole parte dello spettacolo una compagnia di novecento giovani, i quali, coperti di bianco uniforme, lo precedevano verso la città. Il giro di fortuna, che aveva scissi dalla sua causa i gentiluomini, non aveva prodotto nessuno effetto nel popolo basso. Per esso egli era sempre il buon Duca, il Duca protestante, lo erede legittimo, che una vile congiura aveva privato del proprio retaggio. Le genti correvano in folla al suo vessillo. Tutti gli scrivani ch'egli potè adoperare, non bastavano a notare i nomi delle reclute. Non era anche stato ventiquattro ore sulle rive dell'Inghilterra, e trovavasi a capo di mille cinquecento uomini. Dare arrivò da Taunton con quaranta cavalli d'aspetto non molto marziale, e recò nuove incoraggianti intorno allo stato dell'opinione pubblica nella Contea di Somerset. Fin qui tutto pareva procedere prosperamente. Ma in Bridport andavansi ragunando forze per farsegli contro. Ivi arrivò, nel dì decimoterzo di giugno, il reggimento rosso della guardia civica della Contea di Dorset. Quello della Contea di Somerset, ovvero reggimento giallo, di cui era colonnello Guglielmo Porter, gentiluomo Tory di non poca importanza, aspettavasi per il giorno seguente. Il Duca deliberò di avventurare subitamente il colpo. Parte delle sue truppe apparecchiavasi già a marciare verso Bridport, allorquando un disastroso evento pose in iscompiglio tutto il campo.

Fletcher e Saltoun erano stati destinati a comandare, sottoposti a Grey, la cavalleria. Fletcher aveva un cattivo cavallo; e veramente pochi animali erano nel campo che non fossero stati tolti all'aratro. Come gli fu ordinato di partire per Bridport, pensò che l'urgenza del caso gli dovesse essere scusa a giovarsi, senza licenza, d'un bel cavallo che apparteneva a Dare. Questi se ne offese, e parlò dure parole a Fletcher; il quale si tenne cheto più di quanto si sarebbero aspettato coloro che lo conoscevano. In fine Dare, reso più audace dal contegno paziente con che l'altro sosteneva la insolenza di lui, rischiossi a minacciare con una bacchetta il ben nato ed altero Scozzese. Fletcher si sentì ribollire il sangue, trasse fuori una pistola e stese Dare a terra morto. Così repentina e violenta vendetta non sarebbe stata riputata strana in Iscozia, dove le leggi erano state sempre deboli; dove chiunque non si fosse fatta ragione da sè, non era verosimile che la ottenesse da altri; e dove, perciò,

della vita umana facevasi così poco pregio, quanto nelle peggio governate provincie della Italia. Ma le genti delle contrade meridionali dell'Isola, non erano avvezze a vedere fare uso delle armi micidiali, e spargersi il sangue per una parola e un gesto aspro, tranne in duello fra gentiluomini pugnanti con armi uguali. Sorse, dunque, un grido universale di vendetta contro lo straniero che aveva assassinato un Inglese. Monmouth non potè far fronte ai clamori. Fletcher, il quale, appena calmato l'impeto della rabbia, si sentì opprimere dal rimorso e dal cordoglio, ricoveratosi sopra l'Helderenbergh, fuggì sul continente, e andò in Ungheria, dove valorosamente pugnò contro il comune nemico del nome cristiano.
XXIX. Qualunque fossero state le condizioni degl'insorgenti, alla perdita d'un uomo d'egregie doti d'animo, non poteva di leggieri supplirsi. La mattina del giorno seguente, che era il dì decimoquarto di giugno, Grey, accompagnato da Wade, si mosse con circa cinquecento uomini a dare l'assalto a Bridport. Ne seguì un fatto d'arme confuso e non decisivo, quale era da aspettarsi da due bande di contadini, che comandate da gentiluomini e da avvocati di provincia, erano venute alle mani. Per qualche tempo gli uomini di Monmouth fecero rinculare la guardia civica. Poi essa stette ferma, e costrinse gl'inimici a ritirarsi disordinatamente. Grey, con la sua cavalleria, non si fermò mai finchè non si vide di nuovo salvo a Lyme; ma Wade raccolse i fanti e li condusse innanzi con buon ordine.
Levossi allora un violento grido contro Grey; e taluni degli avventurieri incitavano Monmouth a trattarlo severamente. Monmouth, nondimeno, non volle prestare ascolto a cotesti consigli. La sua mitezza è stata da parecchi scrittori attribuita a bontà d'indole, la quale spesso diventava debolezza. Altri hanno supposto ch'egli non volesse condursi violentemente col solo Pari che servisse nella sua armata. Nonostante, è probabile che il Duca, il quale, comunque non fosse grandissimo capitano, s'intendeva di guerra molto meglio dei predicatori e dei legisti che sempre lo tempestavano con consigli, fece concessioni che gente affatto inesperta nelle faccende militari non avrebbe mai pensato di fare. Per rendere giustizia ad un uomo che ha avuti pochi difensori, è d'uopo osservare, che la parte assegnata a Grey, per tutto il tempo che durò la campagna, era tale, che se egli fosse stato il più ardito ed esperto dei soldati, non avrebbe potuto mai compierla in modo da acquistargli credito. È noto che un soldato a cavallo richiede un più lungo esercizio di un soldato a piedi, e che il cavallo da guerra richiede anche esso più lungo esercizio del suo cavaliere. Qualche cosa può farsi con una fanteria immatura, purchè abbia entusiasmo e coraggio; ma nulla può esservi più inconvenevole d'una cavalleria nuova e inesperta, composta di possidenti e di trafficanti montati sopra cavalli da soma e da posta: e tale era la cavalleria di Grey. Non è da maravigliarsi che i suoi non sostenessero risoluti l'impeto del fuoco nemico, e non menassero vigorosamente le armi, ma che potessero tenere i posti loro.
Le reclute seguitavano ad accorrere a torme. Gli armamenti e gli esercizi militari continuavano ogni giorno. In questo mentre, la nuova della insurrezione erasi sparsa per ogni dove. La sera stessa in cui il Duca pose piede a terra, Gregorio Alford, gonfaloniere di Lyme, Tory zelante ed acerrimo persecutore dei non conformisti, mandò i suoi servi ad annunziare la cosa ai gentiluomini delle Contee di Somerset e di Dorset, ed egli stesso cavalcò alla volta del paese occidentale. A notte avanzata fermossi in Honiton, dove scrisse in poche parole le triste nuove, e le spedì a Londra. Volò poi ad Exeter, dove trovò Cristoforo Monk, Duca di Albemarle. Questo nobile uomo, figlio ed erede di Giorgio Monk restauratore degli Stuardi, era Lord Luogotenente del Devonshire, ed allora stavasi a passare a rassegna la guardia civica. Aveva pronti sotto il suo comando quattromila militi cittadini. E' pare ch'egli credesse di potere con tali forze spegnere ad un tratto la ribellione. E però marciò alla volta di Lyme.
XXX. Ma come, nel pomeriggio del lunedì 15 di giugno, egli giunse ad Axminster, vi trovò gl'insorgenti pronti a fargli fronte. Gli si presentarono con risoluto aspetto; posero quattro pezzi da campagna contro le truppe regie. Le spesse siepi che da ambo i lati fiancheggiavano gli angusti stradali, erano guarnite di file di moschettieri. Albemarle, nondimeno, aveva meno timore degli apparecchi dell'inimico, che dello spirito che manifestavano le proprie milizie. Tale era la reputazione di Monmouth tra le popolazioni della Contea di Devon, che se le milizie civiche avessero potuto scoprire il suo ben noto aspetto, sarebbero corse in massa a porsi sotto il suo vessillo.
Albemarle, quindi, comunque fosse superiore di forze, stimò savio consiglio di ritirarsi. La ritirata tosto prese sembianza di sconfitta. Tutto il paese era sparso d'armi e d'uniformi militari, che i fuggenti gettavano via; ed ove Monmouth gli avesse vigorosamente inseguiti, avrebbe probabilmente preso Exeter senza colpo ferire. Ma ei fu satisfatto dell'ottenuto vantaggio, ed amò meglio che le sue reclute fossero più esercitate innanzi di avventurarsi a fatti rischiosi. Per la qual cosa mosse alla volta di

Taunton, dove arrivò il dì decimottavo di giugno, precisamente una settimana dopo il suo sbarco.
XXXI. La Corte e il Parlamento s'erano grandemente commossi alle nuove giunte dall'occidente dell'isola. Alle ore cinque della mattina del sabato 13 di giugno, il Re aveva ricevuta la lettera che il Gonfaloniere di Lyme gli aveva spedita da Honiton. Il Consiglio Privato fu subitamente convocato. Si dettero ordini perchè si rafforzasse ogni compagnia di fanteria, ed ogni squadrone di cavalleria. Vennero istituite commissioni per far leva di nuovi reggimenti.
XXXII. La lettera di Alford fu presentata alla Camera dei Lord, e la sostanza ne venne con un messaggio comunicata a quella dei Comuni. I Comuni esaminarono i corrieri ch'erano arrivati dall'occidente, e tosto ordinarono di promulgare un decreto che condannasse Monmouth come reo di crimenlese. Si votarono indirizzi al Re, onde assicurarlo che i suoi Pari e il suo popolo erano deliberati di porre per lui la vita e gli averi contro tutti i suoi nemici. Nella prossima tornata, le Camere ordinarono che il Manifesto dei ribelli venisse bruciato per mano del boia; e il decreto di morte infamante passò per tutti gli stadii consueti. Tale decreto nel medesimo giorno fu approvato dal Re; e una rimunerazione di cinquemila lire sterline fu promessa a chiunque avesse arrestato Monmouth.
Il fatto che Monmouth era in armi contro il Governo, era così notorio, che il decreto di morte infamante divenne legge con la lieve opposizione di uno o due Pari, e rade volte è stato con severità censurato anco dagli storici Whig. Nulladimeno, qualvolta si consideri di quanta importanza egli sia che gli uffici legislativi si tengano distinti dai giudiciali; che la voce pubblica, comunque forte ed universale, non si abbia per prova legale della colpa; e che si osservi la regola che nessun uomo si debba condannare alla morte senza porgergli modo a difendersi; e con quanta facilità e speditezza le violazioni dei grandi principii, una volta fatte, si allarghino; - saremo probabilmente disposti a credere che al partito preso dal Parlamento poteva farsi qualche obiezione. Nessuna delle due Camere aveva ragione alcuna, che anche un giudice corrotto come Jeffreys potesse ingiungere ai giurati di considerare come prova del delitto di Monmouth. I messaggeri esaminati dai Comuni non avevano prestato giuramento, e perciò avrebbero potuto raccontare prette fandonie, senza incorrere nella pena dello spergiuro. I Lord, che avrebbero potuto fargli giurare, a quanto sembra, non esaminarono nessuno dei testimoni, e non avevano sottocchio altra prova all'infuori della lettera del Gonfaloniere di Lyme, la quale dinanzi alla Legge non era prova nessuna. Gli estremi pericoli, egli è vero, giustificano gli estremi rimedi. Ma il decreto di morte infamante era un rimedio che non poteva mandarsi ad esecuzione mentre durava il pericolo, e, cessato quello, diveniva superfluo. Intanto che Monmouth era in armi, tornava impossibile giustiziarlo. Se era vinto e preso, non vi sarebbe stato rischio o difficoltà a fargli il Processo. Tempo dopo fu ricordato, come curiosa circostanza, che fra i Tory zelanti i quali dalla Camera dei Comuni recarono il decreto alla barra dei Lord, era Sir Giovanni Fenwick, rappresentante di Northumberland. Questo gentiluomo, pochi anni dopo, ebbe occasione di riesaminare la faccenda, e concluse che i decreti di morte infamante erano affatto ingiustificabili.
In quell'ora di pericolo, il Parlamento porse altre prove di lealtà. I comuni dettero al Re la potestà di levare una somma straordinaria di quattrocentomila lire sterline per i suoi presentissimi bisogni; e perchè egli non incontrasse difficoltà a trovare la pecunia, si posero a immaginare nuove imposte. Il disegno di tassare le case novellamente edificate nella metropoli, fu rimesso in campo e validamente sostenuto dai gentiluomini di provincia. Fu deliberato non solo di tassare tali case, ma di fare una legge che proibisse di porre le fondamenta di nuovi edifici dentro un dato circuito attenente alla città. Siffatta deliberazione, nondimeno, non fu posta in effetto. Uomini potenti che possedevano terre nei suburbii, e speravano di vedere nuove strade e piazze sorgere nelle possessioni loro, si valsero di tutta la loro influenza contro quel progetto. Fecero considerare come si richiedesse non poco tempo a provvedere a' particolari della nuova legge; mentre i bisogni del Re erano così urgenti, ch'egli aveva creduto necessario accelerare i procedimenti della Camera, gentilmente esortandola a sbrigarsi. Per lo che, il disegno di tassare gli edifizi fu messo da parte, e furono imposti nuovi dazi per cinque anni sopra le sete, le tele e i liquori spiritosi forestieri.
I Tory della Camera Bassa, dipoi, misero fuori quella che essi chiamavano Legge per la sicurezza della persona e del Governo del Re. Proposero che verrebbe considerato delitto d'alto tradimento il dire che Monmouth fosse legittimo, il profferire parole tendenti a muovere odio o dispregio contro la persona o il Governo del Sovrano, o il fare proposta in Parlamento di cangiare l'ordine della successione. Alcuni di tali provvedimenti destarono disgusto e timore generale. I Whig, benchè fossero pochi e deboli, provaronsi di riannodarsi, e si trovarono rinforzati da un numero considerevole di moderati e assennati Cavalieri. Dicevano come fosse facile anche ad un uomo onesto frantendere le parole, che facilmente potevano male interpretarsi da un ribaldo. Ciò che si fosse detto

metaforicamente, poteva essere inteso alla lettera, e in senso serio ciò che dicevasi per ischerzo. Una particella, un tempo, un modo, un punto ammirativo potevano costituire la differenza tra la colpa e la innocenza. Lo stesso Salvatore del genere umano, nella cui vita intemerata, la malizia non potè trovare argomento d'accusa, era stato tratto al tribunale per parole parlate. Falsi testimoni avevano soppressa una sillaba che avrebbe mostrato chiaramente quelle tali parole essere state dette in senso figurato, e così avevano dato al Sinedrio pretesto, sotto il quale fu consumato il più iniquo degli assassinii giudiciali.

Dopo cotesto esempio, chi avrebbe potuto affermare che, se le semplici parole venissero dichiarate delitto d'alto tradimento, il più leale dei sudditi avrebbe potuto tenersi sicuro della propria vita? Tali argomenti produssero un effetto sì grande, che il Comitato fece alla Legge non poche modificazioni, che la resero assai più mite. Ma la clausola che dichiarava reo di crimenlese qualunque dei membri del Parlamento avesse proposta la esclusione d'un principe del sangue reale dal trono, sembra non essere stata posta in discussione, e venne adottata. Ed era cosa di nessuna importanza; ma serve a provare la ignoranza ed inespertezza dei cervelli riscaldati di que' realisti, dei quali abbondava la Camera dei Comuni. Se avessero imparati i primi rudimenti della legislazione, avrebbero veduto che l'atto che essi consideravano di tanto momento, sarebbe stato superfluo mentre il Parlamento era disposto a mantenere l'ordine della successione, e sarebbe stato revocato appena fosse venuto un Parlamento inchinevole a cangiarlo.

Il decreto, con le modificazioni fatte, fu approvato e recato alla Camera dei Lord, ma non divenne Legge. Il Re aveva ottenuto dal Parlamento tutti i sussidi pecuniari che si sarebbe potuto aspettare; e pensò che, mentre ardeva la ribellione, i nobili e i gentiluomini a lui fidi sarebbero stati più utili nelle loro Contee che in Westminster. Gli esortò quindi a terminare le loro deliberazioni, e nel dì 2 di luglio li accommiatò. Nello stesso giorno, approvò una Legge che richiamava a vita quella censura della stampa, che era spirata nel 1679. Fu espressa con poche parole poste alla fine di uno Statuto contenente varie provvisioni fatte nel finire della sessione. I cortigiani non credevano di avere riportata una vittoria. I Whig non mormorarono punto. Nella Camera dei Lord, e in quella dei Comuni non vi furono dispareri, o anco, per quanto si possa adesso conoscere, discussione alcuna intorno a una questione che nella età nostra porrebbe in commovimento la società intera. E davvero, il mutamento era lieve e quasi impercettibile; imperocchè, dopo la scoperta della congiura di Rye House, la libertà della stampa esisteva solo di nome. Per molti mesi quasi nessun foglio avverso alla Corte era stato pubblicato alla macchia; ed alla macchia simili fogli si sarebbero, anche dopo la nuova Legge, potuti stampare.

Le Camere si chiusero. Non furono prorogate, ma soltanto aggiornate, affinchè, venuta l'ora di ragunarsi di nuovo, avessero potuto ripigliare i loro lavori dal punto in cui gli avevano lasciati interrotti.

XXXIII. Mentre il Parlamento divisava rigorose leggi contro Monmouth e i suoi partigiani, questi era stato accolto in Taunton con modo da fargli sperare che la impresa avrebbe avuto prospero fine. Taunton, al pari della più parte delle città nelle contrade meridionali dell'Inghilterra, era in que' tempi più importante di quello che sia ai nostri. Quelle città non sono ite in decadenza; chè anzi sono, tranne pochissime, più grandi e più ricche, meglio fabbricate e meglio popolate che non erano nel secolo decimosettimo. Ma, comecchè abbiano fatto positivi progressi, relativamente hanno indietreggiato. Sono state superate per ricchezza e popolazione dalle grandi città manifatturiere e commerciali del settentrione; città che, a tempo degli Stuardi, appena cominciavano ad essere conosciute come sedi dell'industria. Taunton, allorchè vi andò Monmouth, era un luogo d'insigne prosperità. Aveva abbondevoli mercati, e celebri lanifici. La popolazione vantavasi dicendo che la terra era irrigata di latte e di miele. Nè così favellavano solo i naturali del luogo; ogni straniero che salisse sopra la leggiadra torre di Santa Maria Maddalena, confessava di contemplare la più fertile delle valli d'Inghilterra. Era una contrada rigogliosa di pometi e di verdi pascoli, fra i quali sorgevano con vaga apparenza case, capanne e campanili di villaggio. I cittadini da lungo tempo pendevano alle dottrine presbiteriane e ai principii politici dei Whig. A tempo della grande guerra civile, Taunton, traverso a tutte le vicissitudini, erasi tenuta fida al Parlamento, era stata due volte cinta di stretto assedio da Goring, e due volte difesa dalla eroica virtù di Roberto Blake, che poscia divenne il celeberrimo Ammiraglio della Repubblica. Strade intere erano state incendiate dalle bombe e dalle granate dei Cavalieri. I viveri erano stati così scarsi, che il Governatore aveva fermamente annunziato di far distribuire al presidio carni di cavallo. Ma nè fuoco nè fame valsero mai a domare lo spirito di que' cittadini.

La Restaurazione non aveva cangiata l'indole degli abitatori di Taunton, i quali seguitavano tuttavia a celebrare lo anniversario del fausto giorno in cui fu levato lo assedio posto alla città dall'armata regia; e il loro ostinato affetto alla vecchia causa, aveva destato in Whitehall tanta ira e timore, che il loro canale era stato riempito, e le loro mura distrutte fino dalle fondamenta. Lo spirito puritano nei cuori loro, era stato tenuto sempre desto dai precetti e dallo esempio di uno tra i più celebri uomini del clero dissenziente; voglio dire, di Giuseppe Alleine. Alleine era l'autore d'un Trattato che aveva per titolo «Ammonimento ai non Convertiti;» libro che è anche oggi popolare in Inghilterra e in America. Dal fondo della prigione, dove lo avevano sepolto i vittoriosi Cavalieri, diresse ai suoi diletti amici di Taunton molte epistole imbevute dello spirito d'una pietà veramente eroica. La sua salute in breve tempo soggiacque agli effetti dello studio, degli affanni e della persecuzione; ma la sua memoria rimase lungamente cara e riverita da coloro ch'egli aveva ammoniti e catechizzati.
I figli degli uomini, che quaranta anni innanzi avevano difese le mura di Taunton contro i realisti, adesso accoglievano Monmouth con acclamazioni di gioia e d'affetto. Ogni uscio, ogni finestra era adornata di festoni di fiori. Nessuno mostravasi nelle vie senza portare fitta al cappello una verde fronda, insegna della causa popolare. Le damigelle delle più insigni famiglie della città tessevano i vessilli degl'insorgenti. E in ispecie una bandiera, nella quale a magnifici ricami erano rappresentati gli emblemi della regia dignità, fu offerta a Monmouth da un drappello di fanciulle. Egli accettò il dono con quelle incantevoli maniere che erano tutte sue. La damigella che guidava la processione, lo presentò anco d'una piccola Bibbia di gran pregio. Egli la prese con riverenza, e disse: «Io vengo a difendere le verità che si contengono in questo libro, o a suggellarle, qualora bisogni, col sangue mio.»
Ma intanto che Monmouth beavasi degli applausi della moltitudine, non poteva non accorgersi, con timore e rammarico, che le classi alte procedevano, quasi senza eccezione, ostili alla sua intrapresa, e che nessuna delle Contee, dove ei si era mostrato, insorgeva. Era stato assicurato da agenti che dicevano di saperlo da Wildman, come tutta l'aristocrazia Whig agognasse a correre alle armi. Ciò non ostante, era scorsa più d'una settimana da che la sua bandiera era stata inalberata in Lyme. I lavoranti, i piccoli fattori, i bottegai coi loro giovani, i predicatori dissenzienti, erano corsi in folla al campo dei ribelli; ma nè anche un solo Pari, o baronetto, o cavaliere, o membro della Camera dei Comuni, tranne qualche scudiere di sì poca importanza da non essere mai stato commissario di pace, erasi congiunto con gl'invasori. Ferguson, il quale fino dalla morte di Carlo era sempre stato l'angiolo malvagio di Monmouth, trovò lì pronto il consiglio. Il Duca, evitando di assumere il titolo di Re, erasi messo in una falsa postura. Se si fosse dichiarato sovrano d'Inghilterra, la sua causa avrebbe avuto sembiante di legalità. Adesso era impossibile conciliare il suo Manifesto coi principii della Costituzione. Era chiaro che o Monmouth o il suo zio era il Re legittimo. Monmouth non si rischiò a chiamarsi Re legittimo, e nondimeno negava che il suo zio lo fosse. Coloro che stavano per Giacomo, pugnavano per il solo uomo il quale s'era avventurato a pretendere al trono; e però, secondo le leggi del reame, facevano il proprio debito. Coloro che parteggiavano per Monmouth, combattevano per un sistema politico ignoto, che era da stabilirsi da una Convenzione non ancora esistente. Non è meraviglia che gli uomini cospicui per grado ed opulenza, si tenessero alieni da una intrapresa che minacciava distruggere quel sistema, nella cui durata essi avevano cotanto interesse. Se il Duca avesse proclamata la propria legittimità ed assunta la Corona, avrebbe a un tratto abbattuta la predetta obiezione. La questione non sarebbe più stata tra l'antica Costituzione e la nuova; sarebbe bensì stata semplice questione di diritto ereditario tra due principi.
XXXIV. Con simiglianti argomenti, Ferguson, quasi immediatamente dopo lo sbarco, aveva con insistenza stimolato il Duca a proclamarsi Re; e Grey opinava nel modo medesimo. Monmouth avrebbe assai volentieri seguito il loro consiglio; ma Wade ed altri repubblicani lo avversavano, e il loro capo con la usata pieghevolezza cesse alle ragioni che adducevano. In Taunton la questione fu rimessa in campo. Monmouth chiamò a sè coloro che dissentivano, li assicurò che ei non vedeva altro modo ad ottenere lo aiuto dell'aristocrazia di qualunque partito si fosse, e gli riuscì di strappare loro mal grado il consentimento. La mattina del dì ventesimo di giugno, egli fu proclamato Re nella piazza di Taunton. I suoi seguaci ripetevano il suo titolo con gioia ed affetto. Ma potendo nascere confusione, ove si fosse chiamato Re Giacomo II, lo chiamavano spesso col nome strano di Re Monmouth; col quale nome il male arrivato principe era spesso ricordato, a memoria di uomini tuttora viventi, nelle Contee occidentali.
In meno di ventiquattro ore, dopo ch'egli ebbe assunto il titolo di Re, promulgò vari proclami muniti della sua firma. Con uno poneva a prezzo la testa del rivale. Con un altro dichiarava illegale assemblea

il Parlamento allora ragunato in Westminster, e comandava ai membri che si sciogliessero. Col terzo, inibiva al popolo di pagare le tasse all'usurpatore. Col quarto dichiarava Albemarle traditore.
Albemarle mandò cotesti proclami a Londra, solo come esempi di follia e d'impertinenza. Non fecero altro effetto, che quello di destare maraviglia e disprezzo; nè Monmouth aveva ragione di credere che l'assunzione del titolo regio avesse migliorate le sue condizioni. Soltanto una settimana era corsa da che egli si era solennemente obbligato a non prendere la Corona, finchè un libero Parlamento non avesse riconosciuti i suoi diritti. Rompendo quella promessa, era incorso nello addebito di leggerezza, se non di perfidia. La classe ch'egli aveva sperato di trarre al suo partito, seguitò a tenersi in disparte. Le ragioni che impedivano ai gran Lord e gentiluomini Whig di riconoscere lui come Re, erano per lo meno forti al pari di quelle onde erano stati impediti dal correre a lui come loro Capitano generale. Egli è vero che aborrivano la persona, la religione e la politica di Giacomo; ma questi più non era giovine. La maggiore delle sue figlie era giustamente diletta al popolo, come quella che fermamente aderiva alla fede riformata; ed era moglie di un principe che era il capo ereditario dei Protestanti del Continente, d'un principe ch'era stato educato in una repubblica, e che supponevasi avere sentimenti convenevoli a un Re costituzionale. Era egli savio partito esporsi agli orrori della guerra civile per la semplice probabilità di ottenere subitamente ciò che la natura, senza spargimento di sangue, senza violazione della legge, avrebbe con ogni probabilità, fra non molti anni, fatto? Forse v'erano ragioni per cacciar via Giacomo; ma dov'erano le ragioni per innalzare Monmouth? Escludere un principe dal trono per cagione d'inettitudine, era un partito consono ai principii dei Whig. Ma non era principio alcuno, secondo il quale si potessero escludere gli eredi legittimi, i quali venivano riputati non solo irreprensibili, ma altamente meritevoli della pubblica fiducia. Nessun uomo di senno avrebbe creduto che Monmouth fosse legittimo, o, per meglio dire, ch'ei si tenesse legittimo. Egli era, dunque, non un semplice usurpatore, ma un usurpatore di pessima specie; cioè un impostore. S'egli avesse voluto provare il suo preteso diritto con forme legali, lo avrebbe potuto fare solo per mezzo di falsi documenti e di spergiuri. Tutti gli onesti e savi uomini non amavano vedere una frode, - la quale, ove fosse stata adoperata ad ottenere il possesso d'una cosa, sarebbe stata punita con il flagello e la gogna, - ricompensata col trono dell'Inghilterra. La vecchia nobiltà del reame, non sapeva patire che il bastardo di Lucia Walters fosse preferito ai legittimi discendenti dei Fitzalans e dei De Veres. Coloro che sapevano spingere più lungi gli sguardi, era d'uopo s'accorgessero, che ove a Monmouth fosse riuscito di abbattere il Governo esistente, ne sarebbe nata una guerra tra lui e la Casa d'Orange; guerra che avrebbe potuto durare più lungo tempo e produrre maggiori calamità di quella delle Rose; guerra che avrebbe forse divisi i protestanti d'Europa in partiti avversi, avrebbe accese le ostilità fra l'Inghilterra e l'Olanda, e le avrebbe rese entrambe facile preda della Francia. E' sembra, adunque, che tutti i principali Whig opinassero che la impresa di Monmouth non potesse non finire con qualche grande disastro per la nazione, ma che la sua sconfitta sarebbe stata un disastro minore della sua vittoria.
E' non fu solo per la inazione della Aristocrazia Whig che gl'invasori rimasero sconcertati. La ricchezza e la potenza di Londra, nella precedente generazione, erano bastate, e potevano nuovamente bastare a far traboccare la bilancia in un conflitto civile. I Londrini avevano per innanzi date assai prove dell'odio loro contro il papismo, e dell'affetto loro verso il Duca Protestante. Egli aveva troppo di leggieri creduto che, appena posto il piede nell'isola, la metropoli sarebbe insorta. Ma, benchè avesse ricevuto la nuova che migliaia di cittadini eransi arruolati come volontari per combattere a pro della buona causa, nulla fu fatto. Vero è che gli agitatori che avevano promesso di sorgere al primo segno, e che s'erano forse immaginati, mentre il pericolo era lontano, che avrebbero avuto animo di mantenere la loro promessa, scoraggiaronsi appena videro avvicinarsi il tempo critico. Wildman s'impaurì tanto, che sembrava avesse perduto lo intendimento. Danvers, in prima, scusò la propria inazione dicendo che non avrebbe prese le armi finchè Monmouth non si fosse proclamato Re; e allorquando Monmouth ciò fece, il vigliacco gli volse le spalle, dichiarando che i buoni repubblicani rimanevano sciolti d'ogni promessa fatta ad un capo che aveva così vergognosamente rotta la fede. In ogni tempo gli esempi più vili della umana natura sono da trovarsi fra' demagoghi!
Il giorno che seguì a quello in cui Monmouth aveva assunto il nome di Re, ei marciò da Taunton a Bridgewater. Fu notato come egli non fosse di buon umore. Le acclamazioni delle migliaia di fedeli che lo circuivano per ogni dove si volgesse, non valsero a cacciare la nube che gli sedeva sul ciglio. Coloro che lo avevano veduto cinque anni innanzi mentre viaggiava la Contea di Somerset, non potevano senza commiserazione osservare i segni del cordoglio e dell'ansietà sopra quelle soavi e piacevoli sembianze che avevano conquiso il cuore di tanti.

Ferguson era d'umore assai diverso. In costui la ribalderia era mescolata con una strana vanità, che rendeva immagine d'insania. Il pensiero ch'egli avesse suscitata una ribellione e conceduta una Corona, aveva dato volta al suo cervello. Pavoneggiavasi brandendo la spada, e gridando alla folla ragunata a vedere l'armata partirsi da Taunton: «Guardatemi! Voi avete sentito parlare di me. Io sono Ferguson, la cui testa è stata messa a prezzo per tante centinaia di lire sterline.» E quest'uomo, senza principii e insieme infermo di cervello, signoreggiava lo intelletto e la coscienza dello sventurato Monmouth!

XXXV. Bridgewater era una delle poche città le quali avessero tuttavia alcuni magistrati Whig. Il gonfaloniere e gli aldermanni uscirono vestiti degli abiti propri della dignità loro ad accogliere il Duca, e, precedendolo, lo condussero nella maggior piazza, e lo proclamarono Re. Le sue truppe trovarono comodi alloggiamenti, e furono provviste del bisognevole con poca spesa, o gratuitamente, dal popolo della città e dei luoghi circostanti. Egli andò ad alloggiare nel Castello, edifizio che era già stato onorato da altri principi. L'armata s'accampò lì presso. Essa allora comprendeva circa seimila uomini, e se non ci fosse stato difetto d'armi, si sarebbe potuta aumentare del doppio. Il Duca aveva seco portato dal continente una scarsa provvista di picche e d'archibugi. Molti dei suoi seguaci, quindi, non avevano altre armi che gli strumenti che essi usavano nell'agricoltura o nelle miniere. Il più formidabile di questi rozzi strumenti da guerra, era formato della lama di una falce legata alla punta d'un palo. Ai decurioni delle campagne circostanti a Taunton e Bridgewater, fu fatto comandamento di cercare falci dove che si fosse, e portarne quante ne avessero potuto trovare al campo. Nientedimeno, e' fu impossibile, anche con questi ingegni, satisfare alle richieste; e gran numero di gente desiderosa di farsi iscrivere nei ruoli militari, fu rimandata.

I fanti erano divisi in sei reggimenti. Molti di loro avevano appartenuto alla milizia civica, e portavano tuttavia i loro uniformi rossi e gialli. I cavalli erano circa mille; ma la più parte degli uomini avevano grossi puledri, quali allora si lasciavano crescere a branco nelle maremme della Contea di Somerset, a fine di fornire Londra con cavalli da cocchio e da carretta. Questi animali erano così disadatti agli usi militari, che non avevano nè anche imparato ad obbedire alla briglia, ed appena sentivano il suono del tamburo o lo scoppio d'un'arma, non era possibile governarli. Una piccola legione di quaranta Guardie del Corpo, bene armate sopra buoni cavalli a proprie spese, stavano presso a Monmouth. Il popolo di Bridgewater, che s'era arricchito esercitando un utile traffico nella costa, lo provvide di una piccola somma di danari.

XXXVI. Per tutto questo tempo, le forze militari del governo s'erano venute ragunando. Ad occidente dell'armata ribelle, Albemarle aveva ancora un grosso corpo di milizie civiche del Devonshire. Ad oriente, la guardia cittadina della Contea di Wilt erasi raccolta sotto il comando di Tommaso Herbert, Conte di Pembroke. Fra tramontana e levante, Enrico Somerset, Duca di Beaufort, era in armi. La potenza di Beaufort, somigliava alquanto quella dei grandi baroni del secolo decimoquinto. Era presidente del Paese di Galles e Lord Luogotenente di quattro Contee inglesi. Le sue gite officiali per le vaste regioni, nelle quali egli rappresentava la maestà del trono, erano per magnificenza poco inferiori al viaggio del sovrano. L'ordinamento della sua casa rammentava le usanze d'una generazione più antica. La terra, per gran tratto, intorno i suoi giardini, apparteneva a lui; e i contadini che la coltivavano, erano parte della sua famiglia. Nove mense ogni giorno stavano nel suo palazzo apparecchiate a duecento persone. Una folla di gentiluomini e di paggi erano sottoposti agli ordini del suo maggiordomo. Una intera truppa di cavalleria obbediva al suo cavallerizzo maggiore. La rinomanza della cucina, delle cantine, delle mute, delle stalle, risonava alto per tutta la Inghilterra. I gentiluomini di molte miglia all'intorno, andavano alteri della magnificenza del loro grande vicino, e nel tempo stesso erano ammaliati della indole buona e dei modi affabili di lui. Egli era zelante Cavaliere della vecchia scuola. In questa occasione, quindi, adoperò tutta la sua influenza ed autorità a difesa della Corona, ed occupò Bristol con le civiche milizie della Contea di Gloucester, le quali pare che fossero meglio disciplinate dell'altre.

Nelle Contee più discoste da quella di Somerset, i sostenitori del trono stavano all'erta. La milizia di Sussex cominciò a muoversi verso occidente sotto il comando di Riccardo Lord Lumley, il quale, quantunque di recente avesse abjurata la religione cattolica romana, mantenevasi fermamente fedele a un re cattolico romano. Giacomo Bertie, Conte d'Abingdon, ragunò le milizie della Contea d'Oxford. Giovanni Fell, Vescovo d'Oxford, che era anche Decano di Christchurch, intimò a tutti i sotto-graduati della sua Università di prendere le armi per difendere la Corona. Gli uomini in sottana affollaronsi a dare i loro nomi. Il solo Christchurch fornì circa cento lancieri e moschettieri. I giovani nobili e i gentiluomini dei Comuni vi agivano come ufficiali; e il figlio maggiore del Lord Luogotenente era

colonnello.
Ma il Re sperava soprattutto nelle truppe regolari. Churchill era stato diretto verso occidente coi così detti Azzurri; Feversham gli teneva dietro con tutte le forze che s'erano potute togliere dalle vicinanze di Londra. Un corriere era partito per la Olanda, recando una lettera, nella quale ordinavasi a Skelton d'ottenere che i tre reggimenti inglesi al servizio olandese, venissero tosto spediti al Tamigi. Come ei ne fece la richiesta, il partito avverso alla casa d'Orange, con a capo i deputati d'Amsterdam, nuovamente provossi di suscitare cagioni d'indugio. Ma l'energia di Guglielmo, il quale aveva nella faccenda un interesse quasi uguale a quello di Giacomo, e vedeva con grave inquietudine i progressi di Monmouth, vinse ogni opposizione; e dopo pochi giorni i reggimenti imbarcaronsi. Approdati in Inghilterra, erano già arrivati in ottime condizioni a Gravesend, e Giacomo li aveva passati a rassegna in Blackheath. Disse più volte allo ambasciatore olandese di non avere mai in vita sua veduti soldati più belli o meglio disciplinati, e dichiaravasi gratissimo al Principe d'Orange ed agli Stati per un rinforzo cotanto utile ed opportuno. Se non che tale soddisfazione non era intera. Per quanto laudevolmente quegli uomini eseguissero i militari esercizi, erano alquanto imbevuti delle opinioni politiche e religiose del popolo olandese. Uno dei soldati venne fucilato, ad un altro venne inflitta la pena della frusta per avere bevuto alla salute del Duca di Monmouth. Non fu, dunque, riputato savio consiglio il porli dove era maggiore il pericolo. Furono trattenuti nei dintorni di Londra sino alla fine della campagna. Ma, in grazia del loro arrivo, il Re potè mandare verso occidente quelle fanterie delle quali, senza i reggimenti predetti, vi sarebbe stato bisogno nella metropoli.
Mentre il Governo in questa guisa apparecchiavasi al conflitto coi ribelli in campo, non furono trascurate certe cautele di specie diversa. Nella sola Londra, duecento persone che stimavansi potere mettersi a capo di un movimento Whig, vennero imprigionate. Fra queste, erano molti grandi mercatanti. Chiunque era esoso alla Corte, si dètte in preda al timore. Una tristezza universale si sparse per tutta la città. Gli affari languivano alla Borsa; e i teatri erano tanto deserti, che un'opera nuova, scritta da Dryden, e posta in iscena con decorazioni d'insolita magnificenza, non potè andare innanzi, perocchè i proventi non servivano alle spese della rappresentazione. I magistrati e il clero mostravansi da per tutto operosi. In ogni dove, i Dissenzienti erano strettamente tenuti d'occhio. Nelle Contee di Chester e di Shrop, ardeva feroce la persecuzione; in quella di Northampton, si fecero numerosi imprigionamenti; e le carceri d'Oxford rigurgitavano di prigioni. Nessun teologo puritano, comunque di moderate opinioni e di cauta condotta, era sicuro di non essere strappato dalla propria famiglia e sepolto in un carcere.
Frattanto Monmouth avanzavasi da Bridgewater, molestato sempre da Churchill, il quale pare facesse tutto ciò che con una mano d'uomini era possibile ad un valoroso ed esperto soldato di fare. L'armata ribelle, molestata dall'inimico e da una forte pioggia, la sera del dì 22 giugno, fermossi a Glastonbury. Le case della piccola città non potevano apprestare ricovero a tanto numero d'armati: parecchi dei quali, perciò, acquartieraronsi nelle Chiese, altri accesero i loro fuochi fra mezzo alle venerande rovine dell'Abbadia, che un tempo era stata la più ricca delle case religiose dell'isola nostra. Da Glastonbury il Duca marciò verso Wells, da dove si condusse a Stepton Mallet.
XXXVII. Pare che fin qui egli errasse di luogo in luogo, senza altro scopo che di raccogliere uomini. Adesso era d'uopo formare un piano di operazioni militari. Fu suo primo pensiero di prendere Bristol. Molti dei precipui abitatori di quel luogo importante erano Whig. Quivi anche erasi esteso uno dei fili della congiura dei Whig. Presidiavano la città le milizie della Contea di Gloucester. Se egli avesse potuto vincere Beaufort, e le sue bande rurali, prima dello arrivo delle truppe regolari, i ribelli avrebbero a un tratto avuto in mano abbondevoli mezzi pecuniari; il credito delle armi di Monmouth si sarebbe alto levato; e i suoi amici in ogni parte del Regno avrebbero avuto coraggio di palesarsi. Bristol aveva certe fortificazioni, le quali a settentrione dell'Avon, verso la Contea di Gloucester, erano deboli; ma a mezzodì, verso quella di Somerset, erano più solide. Fu, quindi, deliberato di dare lo assalto dal lato di Gloucester. Ma a ciò fare, era necessario andarci per un cammino circolare, e valicare l'Avon a Keynsham. Il ponte a Keynsham era stato in parte distrutto dalla milizia civica, ed era impraticabile. Fu, quindi, spedito innanzi un numero d'uomini a farvi i necessari ripari. Gli altri li seguivano più lentamente, e il dì ventesimoquarto di giugno fecero alto a Pensford per riposarsi. Pensford distava solo cinque miglia da Bristol, dal lato della Contea di Gloucester; ma questo lato, al quale poteva arrivarsi solo girando intorno per Keynsham, era lontano una giornata di cammino.
E quella fu notte dì gran tumulto ed aspettazione in Bristol. I fautori di Monmouth sapevano ch'egli era quasi a vista della città, e immaginavano che sarebbe stato fra loro avanti lo spuntare del giorno. Circa un'ora dopo il tramonto, un legno mercantile che era presso nel canale, prese fuoco. Tale

accidente, in un porto pieno di navi, destò grande spavento. Tutto il fiume fu in iscompiglio. Le vie brulicavano di gente. Gridi sediziosi risonavano fra la confusione e le tenebre. Poscia fu detto, e da' Tory e dai Whig, che il fuoco era stato appiccato dagli amici di Monmouth, sperando che le milizie civiche sarebbero accorse a impedire che l'incendio si allargasse; e che in quel mentre, l'armata ribelle, fatto impeto, sarebbe entrata nella città dal lato di Somerset. Se fu tale lo scopo degl'incendiarii, esso andò del tutto fallito. Beaufort, invece di mandare i suoi uomini al canale, li tenne tutta notte sotto le armi attorno il bel tempio di Santa Maria Redcliff, a mezzodì dell'Avon. Ei disse che avrebbe meglio veduto ardere Bristol, anzi l'avrebbe arsa egli stesso, che lasciarla occupare dai traditori. Col soccorso di una coorte di cavalleria regolare, che poche ore avanti eragli giunta da Chippenham, ei potè impedire lo scoppio d'una insurrezione. Gli sarebbe stato impossibile frenare i malcontenti dentro le mura, e respingere a un tempo un assalto di fuori: ma l'assalto non avvenne. Lo incendio, che era stato cagione di tanto commovimento in Bristol, vedevasi distintamente da Pensford. Monmouth, nondimeno, non reputò utile cangiare il suo disegno. Si tenne cheto fino al sorgere del sole, e poi si condusse a Keynsham, dove trovò accomodato il ponte. Deliberò di lasciare l'armata a riposarsi, nel pomeriggio, ed appena giunta la notte, procedere alla volta di Bristol.
Ma non era più a tempo. Le forze del Re si appressavano. Il Colonnello Oglethorpe, capitanando circa cento Guardie del Corpo, e facendo impeto contro Keynsham, sgominò due legioni della cavalleria ribelle che rischiossi a fargli fronte, e si ritrasse, con poco suo danno e con molto dell'inimico.
XXXVIII. In siffatte circostanze, Monmouth reputò necessario porre da parte la impresa di Bristol. Ma quale era il partito da prendere? Ne furono posti in campo e discussi parecchi. Fu detto che Monmouth avrebbe potuto accelerare il passo verso Gloucester, valicare il Severn, rompere il ponte, e a destra, protetto dal fiume, gettarsi, attraversando la Contea di Worcester, in quelle di Shrop e di Chester. Egli, anni innanzi, aveva viaggiati que' luoghi, e v'era stato accolto come nelle Contee di Somerset e di Devon. La sua presenza avrebbe riacceso lo zelo in cuore ai suoi vecchi amici; e il suo esercito in pochi giorni si sarebbe raddoppiato.
Ciò non ostante, considerata pienamente la cosa, parve che cotale disegno, comecchè specioso, fosse ineseguibile. I ribelli erano male calzati, e stanchi a cagione delle diuturne fatiche sostenute, trascinandosi tra il fango e sotto gravissime pioggie. Molestati ed impediti, come sarebbero stati ad ogni passo, dalla cavalleria nemica, non potevano sperare di giungere a Gloucester senza cadere in mano del corpo principale delle truppe regie, ed essere forzati ad un generale fatto d'arme con ogni svantaggio.
Fu, dunque, proposto di entrare nella Contea di Wilt. Coloro i quali affermavano di conoscere que' luoghi, assicuravano il Duca, che ivi avrebbe raccolti tali rinforzi, da potere con sicurtà dare battaglia.
Seguì questo consiglio, e volse il passo verso la Contea di Wilt. Primamente intimò a Bath di aprirgli le porte. Ma Bath era fortemente presidiata dalle milizie del Re; e Feversham si approssimava. I ribelli, quindi, non si provarono d'aggredire le mura, ma corsero in fretta a Philip's Norton, dove fermaronsi la sera del dì 26 giugno.
Feversham vi si condusse anch'egli. La mattina del dì seguente, a buon'ora, rimasero commossi alla nuova ch'egli era lì presso. Ordinaronsi, disponendosi in fila lungo le siepi del cammino che conduceva alla città.
XXXIX. L'avanguardia dell'armata regia tosto comparve. Era composta di circa cinquecento uomini, capitanati dal Duca di Grafton, giovine di spirito audace e di maniere rozze, il quale era forse desideroso di mostrarsi in nulla partecipe allo sleale attentato del suo fratello naturale. Grafton tra breve si trovò in un profondo calle, da ambo i lati del quale muovevagli addosso una tempesta d'archibugiate. Non ostante, si spinse arditamente oltre, finchè pervenne all'ingresso di Philip's Norton. Ivi trovò chiuso il cammino da una barricata, d'onde un altro vivissimo fuoco gli veniva di fronte. I suoi uomini si perdettero d'animo, e indietreggiarono fuggendo. Innanzi che uscissero dal calle, più di cento tra loro erano morti o feriti. La ritirata di Grafton fu tagliata da una mano di cavalleria nemica; ma egli si aperse fra mezzo a quelli valorosamente il cammino, e si pose in salvo.
L'avanguardo in tal guisa respinto, si congiunse col corpo principale dell'esercito regio. Le due armate allora si trovarono faccia a faccia; e ricambiaronsi poche archibugiate, che furono di poco o di punto effetto. Nessuna era impaziente di venire alle mani. Feversham non voleva combattere fino a che non fosse arrivata l'artiglieria, e si ripiegò verso Bradford. Monmouth, appena sopraggiunta la notte, abbandonò la propria posizione, marciò verso mezzodì, e sul fare del giorno pervenne a Frome, dove sperava trovare rinforzi.
Frome gli era favorevole quanto Taunton o Bridgewater, ma non potè far nulla per lui. Pochi giorni

avanti, eravi stata una insurrezione, e il Manifesto di Monmouth era stato attaccato in piazza. Ma la nuova di tale movimento era pervenuta al Conte di Pembroke, che trovavasi non molto discosto con le civiche milizie della Contea di Wilt. Era, quindi, con esse accorso a Frome; aveva messa in rotta una folla di campagnuoli, i quali, armati di falci e tridenti, tentavano di fargli fronte; era entrato nella città ed aveva disarmati gli abitanti. E però non v'erano armi, e Monmouth non poteva apprestarne.

XL. L'armata ribelle trovavasi in triste condizioni. La marcia del dì precedente l'aveva stancata. La pioggia era caduta a torrenti; e le strade erano diventate pantani. Non v'era nuova dei promessi soccorsi della Contea di Wilt. Arrivò un messo, annunziando che le forze d'Argyle erano state disperse in Iscozia. Un altro disse che Feversham, congiuntosi con l'artiglieria, era sulle mosse. Monmouth intendeva le cose di guerra tanto, da accorgersi che i suoi seguaci, con tutto il loro zelo e coraggio, non avrebbero potuto resistere ai soldati regolari. Erasi fino allora illuso sperando che alcuni di que' reggimenti, da lui per innanzi comandati, sarebbero corsi sotto il suo vessillo; ma adesso era costretto a deporre tale speranza. Qui l'animo gli venne meno. Appena poteva far mostra di fermezza bastevole a dare ordini. Nella propria sciagura, amaramente dolevasi dei sinistri consiglieri, dai quali era stato indotto ad abbandonare il suo beato ritiro di Brabante. E segnatamente contro Wildman trascorse a virulente imprecazioni. Ed allora, nel debole ed agitato cervello gli sorse un vergognoso pensiero; quello, cioè, di abbandonare alla vendetta del Governo le migliaia d'uomini - i quali, da lui chiamati e accorsi per amore di lui, avevano abbandonato le abitazioni e i campi propri; - partirsi di nascosto, co' suoi più alti ufficiali; condursi a qualche porto di mare innanzi che nascesse il sospetto della sua fuga, e rifuggirsi nel continente, dove fra le braccia di Lady Wentworth avrebbe dimenticata la propria ambizione e vergogna. Seriamente discusse cotesto disegno co' principali dei suoi consiglieri. Taluni di loro, tementi per la propria vita, lo ascoltarono approvando; ma Grey, il quale, secondo la confessione anche dei suoi detrattori, era intrepido sempre, tranne quando le spade gli lampeggiavano dinanzi e le palle gli fischiavano d'intorno, si oppose con estremo calore alla ostinata proposta, e supplicò il Duca ad esporsi a ogni pericolo, più presto che ricompensare con la ingratitudine e col tradimento il fervido affetto dimostratogli dal contadiname delle contrade occidentali.

Il pensiero della fuga venne, dunque, abbandonato; ma non era agevole formare un piano qualunque di campagna. Procedere verso Londra sarebbe stata demenza; imperocchè la via che ivi conduce, attraversa diritta il vasto piano di Salisbury, sul quale le truppe, e soprattutto la cavalleria regolare, avrebbero pugnato con ogni vantaggio contro uomini indisciplinati. In questo mentre, arrivò al campo la nuova che i campagnuoli delle maremme presso Axbridge erano insorti a difendere la religione protestante, s'erano armati di tridenti, correggiati e forconi, e si andavano ragunando a migliaia presso Bridgewater. Monmouth deliberò di ritornare in quel luogo, e rafforzarsi di questi nuovi collegati.

I ribelli, adunque, si mossero alla volta di Wells, e vi arrivarono con contegno non amichevole. Erano tutti, salvo pochi, avversi alla prelatura; e mostrarono la propria avversione in modo da recar loro pochissimo onore. Non solo strapparono il piombo dal tetto del magnifico Duomo, onde farne palle da archibugio, - cosa che poteva essere escusata da' bisogni della guerra, - ma profanamente ne distrussero gli ornati. Grey con molta difficoltà potè, ponendosi dinanzi all'altare con la spada sguainata, salvarlo dagli insulti di alcuni ribaldi, i quali vi volevano crapoleggiare dintorno.

XLI. Il giovedì, 2 di luglio, Monmouth rientrò in Bridgewater, in condizioni meno liete di quelle onde vi era giunto dieci giorni prima. Il rinforzo che vi trovò, era di poco conto. L'armata regia era lì presso. Per un istante divisò di fortificare la terra; e furono chiamati centinaia di lavoranti a scavare fossi ed alzare ripari. Poi, mutando consiglio, pensò di gettarsi nella Contea di Chester; disegno ch'egli aveva respinto come ineseguibile mentre trovavasi in Keynsham, e che certamente non era meglio eseguibile adesso che egli stava in Bridgewater.

XLII. Mentre tentennava tra pensieri egualmente disperati, comparvero le forze regie. Erano composte di circa duemila cinquecento soldati regolari, e di circa mille e cinquecento militi cittadini della Contea di Wilt. La mattina della domenica, 5 luglio, a buon'ora partiti da Somerton, piantarono le tende, quel giorno stesso, a circa tre miglia da Bridgewater nel piano di Sedgemoor.

Il Dottore Pietro Mew, vescovo di Winchester, gli accompagnava. Questo prelato aveva in gioventù sua portate le armi a difesa di Carlo I contro il Parlamento. Nè gli anni nè la professione gli avevano al tutto estinto nell'animo lo spirito guerresco; e forse credeva che l'apparizione di uno dei padri della Chiesa protestante nel campo regio, avrebbe rinvigorito il sentimento di lealtà in cuore a quegli onesti che ondeggiavano fra l'abborrimento del papismo e quello della ribellione.

Il campanile della chiesa parrocchiale di Bridgewater, dicesi sia il più alto che si trovi nella Contea di

Somerset, e vi si goda la vista di tutto il paese circostante. Monmouth, insieme con alcuni dei suoi ufficiali, vi salì fino alla cima, ed osservò con un cannocchiale la posizione dell'inimico. Vedeva uno spazio piano, adesso rigoglioso di campi da grano e d'alberi fruttiferi, ma allora, secondo che suona il suo nome, per la più parte tristo pantano. Quando le pioggie erano copiose, e il Parret, coi ruscelli che vi si gettavano dentro, straripava, cotesto spazio era affatto inondato. In antico era parte di quella vasta palude, famosa nelle nostre vecchie cronache, per avere fermate le incursioni di due successive razze d'invasori. Aveva per lungo tempo protetti i Celti dalle aggressioni dei Re di Wessex, e difeso Alfredo dalla persecuzione dei Danesi. In quei tempi remoti, questa regione non poteva traversarsi se non con navicelli. Era un immenso stagno, sparso di molte isolette di terreno ineguale e traditore, coperto di folti giunchi, fra mezzo ai quali brulicavano i cervi e i porci selvatici. Anche ai tempi dei Tudor, il viandante, che da Ilchester recavasi a Bridgewater, era costretto a camminare per una curva di parecchie miglia onde evitare le acque. Allorquando Monmouth gettò gli occhi sopra Sedgemoor, lo spazio predetto era stato in parte acconciato dall'arte, ed era intersecato da molti larghi e profondi fossi, che in quel paese si chiamano rhines. In mezzo al pantano sorgevano, aggruppati attorno ai campanili delle chiese, pochi villaggi, i nomi dei quali sembrano accennare che un tempo erano circondati dalle acque. In uno di essi, detto Weston Zoyland, era la cavalleria regia, e il quartiere generale di Feversham. Molte persone tuttora viventi hanno veduta la figlia della fantesca che in quel giorno lo servì a pranzo; e un gran piatto di porcellana di Persia, che gli fu posto dinanzi, serbasi anche oggi con gran cura in que' dintorni. È da notarsi che la popolazione della Contea di Somerset non è, come nei distretti manifatturieri, composta di soli emigranti da luoghi lontani. Non è raro trovare contadini che coltivano il medesimo podere coltivato dai loro progenitori al tempo che i Plantageneti regnavano in Inghilterra. Le tradizioni della Contea di Somerset riescono, quindi, non poco utili allo storico.

A maggior distanza da Bridgewater, giace il villaggio di Middlezoy. In esso e nei suoi dintorni erasi acquartierata la milizia civica della Contea di Wilt, sotto il comando di Pembroke.

Sopra lo aperto scopeto, non lungi da Chedzoy, stavano accampati vari battaglioni di fanteria regolare. Monmouth ad essi rivolse tristamente lo sguardo. Non poteva non rammentarsi come, pochi anni innanzi, capitanando una colonna di quegli stessi soldati, aveva posti in fuga i feroci entusiasti che difendevano Bothwell Bridge. Poteva bene distinguere nell'armata nemica la valorosa legione, che allora dal nome del suo colonnello, chiamavasi reggimento di Dumbarton; ma che da lungo tempo è stata conosciuta come il primo reggimento di linea, e che in tutte le quattro parti del mondo ha nobilmente mantenuta la sua reputazione primitiva. «Conosco quegli uomini,» disse Monmouth; «essi combatteranno. Se io non avessi altri che loro soli, tutto anderebbe bene.»

Ciò nulla ostante, lo aspetto del nemico non era tale da scoraggiare affatto. Le tre divisioni della regia armata giacevano assai discoste l'una dall'altra. In tutti i loro movimenti era apparenza di trascuraggine e di lassa disciplina. Sapevasi che erano intenti a briacarsi col sidro di Zoyland. Era ben nota la incapacità di Feversham, comandante supremo, il quale anche in quell'ora di tanto momento ad altro non pensava che a mangiare e dormire. Churchill, a dir vero, era capitano pari ad impresa assai più rischiosa di quella di sconfiggere una masnada di male armati e mal esercitati contadini. Ma il genio che in tempi posteriori umiliò sei Marescialli di Francia, non occupava adesso il luogo che gli conveniva. Feversham parlava poco con Churchill, e in modo da non animarlo a dare consigli. Il Luogotenente, col sentimento del proprio sapere nell'arte militare, impaziente di sottostare ad un capo ch'egli spregiava, e tremante per la salute dell'armata, seppe, nonostante, così bene frenarsi e dissimulare ciò ch'egli sentiva, che Feversham ne lodò la operosa subordinazione, e promise di riferirlo al Re.

Monmouth, osservata la disposizione delle forze regie, e bene istrutto della condizione in cui erano, pensò che un assalto notturno sarebbe potuto riuscire. Deliberò di correre la sorte, e subito fece i necessari apparecchi.

Era giorno di domenica; e i suoi seguaci, la maggior parte dei quali erano stati educati al culto puritano, passarono gran parte del giorno in esercizi religiosi. Il piano del Castello, dove era accampata l'armata, presentava uno spettacolo, quale, dopo lo scioglimento dell'esercito di Cromwell, la Inghilterra non aveva mai più veduto. I predicatori dissenzienti, che avevano prese le armi contro il papismo, alcuni dei quali avevano forse anche pugnato nella grande guerra civile, oravano e predicavano in abito scarlatto e in istivali, con la spada a fianco. Ferguson era uno di coloro che arringavano. Tolse a testo del suo sermone la tremenda imprecazione con che gl'Israeliti dimoranti oltre il Giordano, purgavansi dell'addebito che stoltamente loro davano i confratelli dell'opposta

sponda del fiume. «Il Signore Iddio degli Dei, il Signore Iddio degli Dei, egli conosce, e Israele egli conoscerà. Se ciò sia ribellione o trasgressione contro il Signore, non ci salvare in quel giorno.»
Che si dovesse dare un assalto col favore della notturna tenebra, non era un secreto in Bridgewater. La terra era piena di donne, che dalla circostante regione vi erano accorse a centinaia per rivedere ancora i mariti, i figliuoli, gli amanti e i fratelli loro. Molti in quel giorno si dissero il doloroso addio, e molti si divisero per non rivedersi più mai. La nuova del preparato assalto pervenne all'orecchio d'una fanciulla, che era zelante pel Re. Ancorchè ella fosse d'indole modesta, ebbe l'animo di andare da sè fino a Feversham, e riferirgliene. Uscì cauta da Bridgewater, e si avviò ai regi accampamenti. Ma quel campo non era luogo dove l'innocenza potesse tenersi sicura. Anco gli ufficiali, spregiando dall'un canto le forze irregolari dell'inimico, e dall'altro il negligente capitano al quale essi erano sottoposti, stemperatamente abbandonatisi al vino, erano pronti ad ogni eccesso di crudeltà e licenza. Uno di loro pose le mani addosso alla malarrivata fanciulla, ricusò di ascoltare il messaggio che recava, e la oltraggiò brutalmente. Ella fuggì straziata dalla rabbia e dalla vergogna, lasciando le scellerate soldatesche al proprio destino.
Appressavasi già l'ora del gran rischio. La notte non sorgeva male adatta ad una tanta intrapresa. La luna era nella sua pienezza, le bandiere del Nord splendevano ai suoi raggi. Ma la nebbia del padule era sì folta sopra Sedgemoor, da non potersi nulla discernere a cinquanta passi di distanza.
XLIII. Battevano le ore undici, allorquando il Duca, con le sue Guardie del corpo, uscì dal Castello. La sua mente non era nello stato convenevole a chi tra breve debba tentare un colpo decisivo. Gli stessi fanciulli, che affollavansi a vederlo passare, si accorgevano - e lo rammentarono poi lungamente - come il suo viso fosse tristo, e pieno di sinistro augurio. L'armata marciò per un sentiero circolare, lungo pressochè sei miglia, verso gli accampamenti regi in Sedgemoor. Parte di quel cammino serba fino ai giorni presenti il nome di sentiero della Guerra (War Lane). I fanti erano condotti dallo stesso Monmouth; i cavalli affidati a Grey, malgrado le proteste di molti, che rimembravano lo sciagurato fatto di Bridport. Fu ordinato che si osservasse il più rigoroso silenzio, non si battessero tamburi, non si scaricasse arma. La parola la quale doveva fra le tenebre servire di riconoscimento agl'insorti, era Soho. Senza dubbio era stata prescelta per alludere a Soho Fields in Londra, dove sorgeva il palazzo del Duca.
Verso l'un'ora, nella mattina di lunedì, 6 di luglio, i ribelli erano sullo scopeto. Ma tra loro e il nemico giacevano tre grossi rigagni pieni d'acqua e di mota. Monmouth sapeva di doverne passare due, chiamati Black Ditch, e Langmoor Rhine. Ma, strano a dirsi! neppure da un solo dei suoi esploratori gli era stata fatta menzione d'un fosso, chiamato Bussex Rhine, che copriva da presso il campo regio.
I carri che trasportavano le munizioni, rimasero all'ingresso dello scopeto. I cavalli e i fanti, ordinati in lunga, e stretta colonna, passarono sur un argine il Black Ditch. Ve n'era un altro simile traverso al Langmoor Rhine; ma la guida, in mezzo alla nebbia, smarrì la via: innanzi che si provvedesse allo sbaglio, ci fu qualche indugio e tumulto. In fine passarono; ma nella confusione prese fuoco una pistola. Alcune delle Guardie a cavallo che facevano la scolta, udirono lo scoppio, e si accôrsero come una gran moltitudine di gente avanzavasi fra mezzo alla nebbia. Scaricarono le loro carabine, e corsero di galoppo per varie direzioni a chiamare all'armi. Alcune andarono a Weston Zoyland, dove era la cavalleria. Un soldato a cavallo dette di sproni, e corse al campo dove era la fanteria, gridando con gran forza che l'inimico era per giungere. I tamburi del reggimento di Dumbarton batterono alle armi, e i soldati corsero alle proprie file. Ed era tempo, perocchè Monmouth andava disponendo l'armata per dare lo assalto. Ordinò a Grey di precedere con la cavalleria, mentre egli stesso lo seguiva a capo dei fanti. Grey si spinse innanzi finchè i passi gli vennero inaspettatamente troncati dal Bussex Rhine. Sul lato opposto del fosso la fanteria reale ordinavasi frettolosamente a battaglia.
«Per chi siete voi?» chiese gridando un ufficiale delle Guardie a piedi. «Pel Re» rispose una voce dalle file della cavalleria ribelle. «Per quale Re?» disse l'altro. «Re Monmouth» fu la risposta, accompagnata col grido di guerra che quaranta anni prima era stato inscritto sui vessilli dei reggimenti parlamentari: «Dio sia con noi.» E immantinente, le truppe reali fecero tale scarica d'archibugi, che pose in fuga per ogni banda i cavalli degl'insorgenti. Il mondo attribuisce questa ignominiosa rotta alla pusillanimità di Grey. Nulladimeno, non è in nessuna guisa certo che Churchill avrebbe fatta miglior prova a capo d'uomini i quali non avevano mai per innanzi maneggiate armi a cavallo, e i cui cavalli non erano avvezzi, non solo a starsi fermi al fuoco, ma ad obbedire al freno.
Pochi momenti dopo che la cavalleria del Duca erasi dispersa per il pantano, giunse correndo la fanteria, guidata fra le tenebre dalle micce accese del reggimento di Dumbarton.
Monmouth rimase attonito, vedendo che un largo e profondo fosso giaceva tra lui e il campo ch'egli

aveva sperato di sorprendere. Gl'insorti fermaronsi sull'argine e fecero fuoco, che fu ricambiato da una parte della fanteria reale, schierata sull'argine opposto. Per tre quarti d'ora, il fuoco degli archibugi non cessò mai. I contadini del Somerset si condussero come vecchi soldati, tranne che dettero troppo alta la mira alle artiglierie loro.
Ma le altre divisioni dell'armata regia erano tutte in movimento. Le Guardie del Corpo e gli Azzurri vennero a spron battuto da Weston Zoyland, e dispersero in un attimo alcuni cavalli di Grey, i quali tentavano di raccogliersi. I fuggenti sparsero la paura fra i loro compagni del retroguardo, ai quali erano affidate le munizioni. I vagonieri retrocessero a gran passi senza fermarsi, finchè si videro molte miglia lontani dal campo di battaglia. Monmouth fino allora aveva sostenuta la parte propria come un robusto ed esperto guerriero. Era stato veduto a piedi, impugnando la picca, e incoraggiando con la voce e con l'esempio la propria fanteria. Ma conosceva sì bene le cose militari, da accorgersi che tutto era finito. I suoi uomini avevano perduto il vantaggio che avrebbero potuto derivare dal buio e dalla sorpresa. Erano stati abbandonati dalla cavalleria e dai vagoni della munizione. Le forze del Re erano unite e in buon ordine. Feversham, desto dal fuoco, alzatosi di letto, annodata bene la cravatta, e guardatosi allo specchio, era venuto a vedere ciò che facevano i suoi. Intanto, - e ciò fu di maggiore importanza, - Churchill aveva rapidamente disposte in guisa affatto nuova le fanterie. Il giorno era presso a spuntare. L'esito d'un conflitto alla luce del sole, in un piano aperto, non poteva essere dubbio. Nondimeno, Monmouth avrebbe dovuto sentire come a lui non convenisse fuggire, mentre migliaia d'uomini, che dallo affetto che gli portavano erano stati spinti alla propria rovina, seguitavano a combattere per la sua causa. Ma le vane speranze e lo intenso amore della vita prevalsero. Vide che, indugiando, la cavalleria regia gli avrebbe potuto impedire la ritirata. Montò, quindi, a cavallo e uscì dal campo.
Nondimeno, i suoi fanti, comunque abbandonati, fecero estrema resistenza. Le Guardie del Corpo gli strinsero dalla diritta, gli Azzurri da mancina; ma i villani della Contea di Somerset, con le falci loro e le punte degli archibugi, fecero fronte, come fossero vecchi soldati, alla cavalleria reale. Oglethorpe fece vigorosa prova per romperli, e fu validamente respinto. Sarsfield, egregio ufficiale irlandese, il cui nome acquistò dipoi una trista celebrità, gli assaltò dall'altro lato; ma indietreggiarono i suoi, ed egli stesso fu gettato a terra, dove rimase alcun tempo come morto. Gli sforzi dei robusti campagnuoli non potevano lungamente durare. Non avevano più polvere. Gridavano spesso: «Munizione! per l'amor di Dio; munizione!» Ma munizione non v'era. Quand'ecco sopraggiunge l'artiglieria regia. Era stata collocata a mezzo miglio, nella strada maestra, da Weston Zoyland a Bridgewater. Erano così difettosi gli arnesi da guerra dell'armata inglese, che vi sarebbe stata molta difficoltà a strascinare i grossi cannoni al luogo dove ardeva la guerra, se il vescovo di Winchester non avesse offerti all'uopo i cavalli della propria carrozza. Questo immischiarsi di un prelato cristiano in un negozio di sangue, è stato, con istrana incoerenza, riprovato da scrittori Whig, i quali non vedono nulla di criminoso nella condotta dei numerosi ministri puritani che in quell'occasione avevano prese le armi contro il Governo. Anche dopo arrivati i cannoni, vi era cotale difetto di artiglieri, che un sergente del reggimento di Dumbarton dovette badare da sè al maneggio di alcuni di quelli. Ciò non ostante, i cannoni, comunque male adoperati, tosto posero fine alla pugna. Le picche dei battaglioni ribelli cominciarono a piegare; le file si ruppero; la cavalleria reale fece impeto di nuovo, rovesciando ogni cosa che le si parava dinanzi; la fanteria si mosse traverso al fosso. Anco in tanta estremità, i minatori di Mendip si tennero ostinatamente fermi, e venderono cara la vita loro. Ma in pochi minuti la rotta degl'insorti fu compiuta. Dei soldati, trecento erano morti o feriti. Dei ribelli, più d'un migliaio giacevano esanimi sullo scopeto.
In tal modo ebbe fine l'ultimo combattimento, che meriti il nome di battaglia combattuta sul suolo inglese. La impressione che ne rimase nei semplici abitatori di quelle vicinanze, fu profonda e durevole; impressione che, a dir vero, si è spesso rinnovata. Imperocchè, anche ai tempi nostri, lo aratro e la marra non rade volte disseppelliscono funebri ricordi, teschi, stinchi, e armi stranamente formate di villici strumenti. I vecchi contadini, non è guari, raccontavano che nella loro fanciullezza solevano giocare sullo scopeto alla battaglia fra gli uomini di Re Giacomo e quelli di Re Monmouth, e che questi sempre gridavano: Soho!
Ciò che sembra il più straordinario nella battaglia di Sedgemoor, è che l'esito ne sia stato dubbio per un momento, e che i ribelli abbiano cotanto resistito. Che cinque o sei mila carbonai e contadini potessero per un'ora sola lottare con mezzo il numero di quella cavalleria e fanteria regolare, ai dì nostri verrebbe reputato miracolo. Ma forse scemerebbe la nostra maraviglia, ove considerassimo che al tempo di Giacomo II, la disciplina delle milizie regolari era estremamente lassa; e dall'altro canto, il

contadiname era accostumato a servire nella guardia civica. La diversità, quindi, tra un reggimento di fanti e un reggimento di villani pur allora reclutati, comunque considerevole, non era punto ciò che sarebbe adesso. Monmouth non conduceva una pretta marmaglia ad assaltare buoni soldati; imperocchè i suoi seguaci non erano affatto ignari del mestiere del soldato; e le truppe di Feversham, in paragone delle odierne truppe inglesi, potevano quasi chiamarsi una marmaglia.
Battevano le ore quattro; il sole levavasi sull'orizzonte, allorquando la sconfitta armata inondò le vie di Bridgewater. Gli urli, il sangue, le ferite, i visi cadaverici degli uomini che cadevano a terra per non più rialzarsi, empirono d'orrore e spavento la città tutta. Oltredichè i vincitori gl'inseguivano da presso. Coloro fra gli abitanti i quali avevano favorita la insurrezione, aspettavansi il saccheggio e la strage, e imploravano protezione ai loro vicini che professavano la religione cattolica romana, o erano conosciuti come Tory; e gli stessi più virulenti storici Whig affermano, come cosa certa, che tale protezione venne cortesemente e generosamente concessa.
XLIV. Per tutto quel giorno, i vincitori continuarono ad inseguire i fuggitivi. Gli abitatori dei villaggi circostanti, lungo tempo ricordarono con che strepito di zampe e tempesta di maledizioni la cavalleria, a guisa di turbine, passava. Innanzi che fosse sera, cinquecento prigioni erano stipati dentro la chiesa parrocchiale di Western Zoyland. Ottanta di loro erano feriti; e cinque spirarono fra le sacre pareti. Gran numero di lavoranti furono forzati a seppellire gli uccisi. Pochi, che erano manifestamente partigiani dei vinti, vennero riserbati all'osceno ufficio di squartare i prigionieri. Gli uomini delle decurie delle vicine parrocchie, furono adoperati ad alzar forche e procurare catene. E tutto ciò seguiva mentre le campane di Weston Zoyland e Chedzoy suonavano a festa, e i soldati cantavano e facevano baccano fra mezzo ai cadaveri sullo scopeto: imperciocchè i fattori delle vicinanze, appena saputo l'esito del combattimento, erano stati solleciti a mandare fiaschi ripieni del loro miglior sidro, come offerte di pace, ai vincitori.
XLV. Feversham era stimato uomo di buona indole; ma era forestiere, ignaro delle leggi e non curante del sentire degl'Inglesi. Avvezzo alla licenza militare della Francia, aveva imparato dal vincitore del Palatinato, suo congiunto, non a vincere, ma a devastare. Un considerevole numero di prigioni furono subito destinati ad essere messi a morte. Fra essi era un uomo famoso per velocità nel correre. Gli si fece sperare che gli verrebbe concessa la vita, se egli avesse vinto nella corsa un puledro delle maremme. Lo spazio ch'egli corse insieme col cavallo è tuttora segnato da termini ben conosciuti sullo scopeto, ed è lungo circa tre quarti di miglio. Feversham non vergognò, dopo d'avere veduta la prova, d'impiccare lo sciagurato. Il dì dopo, si vide una lunga fila di forche innalzate lungo la via maestra da Bridgewater a Weston Zoyland. Da ciascuna pendeva un prigioniero. Quattro di loro furono lasciati a marcire nei ferri.
In quel mentre, Monmouth, accompagnato da Grey e da pochi altri amici, fuggiva dal campo di battaglia. A Chedzoy fece sosta un momento per montare un cavallo fresco, e nascondere il suo nastro azzurro e la decorazione dell'ordine di Giorgio. Poi si mosse in fretta alla volta di Bristol Channel. Dalle alture a tramontana del campo di battaglia, vide il lampo e il fumo dell'ultima scarica che facevano i suoi abbandonati seguaci. Avanti le ore sei, egli trovavasi venti miglia lungi da Sedgemoor. Alcuni dei suoi compagni lo consigliavano a traversare le acque e rifuggirsi nel paese di Galles; e questo, indubitabilmente, sarebbe stato il miglior partito da prendere. Egli vi sarebbe arrivato innanzi che vi fosse giunta la nuova della sua sconfitta; e in una contrada così selvaggia e rimota dalla sede del Governo, avrebbe potuto lungamente rimanere sconosciuto. Nulladimeno, deliberò di spingersi nella Contea di Hamp, sperando di potersi nascondere nei tuguri dei predatori di cervi fra le quercie di New Forest, fino a che si fosse potuto procurare i mezzi d'imbarcarsi pel continente. E però, con Grey e col Tedesco, volse i passi al sud-est. Ma il cammino era pieno di pericoli, perciocchè ai tre fuggitivi era forza passare per luoghi dove ciascuno già sapeva la nuova dell'esito della battaglia, e dove niun passeggiero di apparenza sospetta si sarebbe potuto sottrarre ad uno stretto esame. Cavalcarono tutto il giorno, schivando città e villaggi. Nè ciò allora era così difficile come adesso potrebbe sembrare: imperocchè gli uomini d'allora potevano ricordarsi del tempo in cui il cervo selvatico vagava liberamente per le foreste dalle rive dell'Avon, nella contea di Wilt fino alla costa meridionale di quella di Hamp. Alla perfine, in Cranbourne Chase, ai cavalli mancarono le forze. Monmouth e i suoi colleghi, quindi, gli abbandonarono, nascondendo le briglie e le selle; e procuratisi abiti contadineschi, travestironsi, e continuarono a piedi verso New Forest. Passarono la notte all'aria aperta; ma prima che spuntasse l'alba, si videro per ogni parte circondati di mille traversie. Lord Lumley che stanziava a Ringwood con un grosso corpo di milizie civiche di Sussex, ne aveva mandate legioni per ogni verso. Sir Guglielmo Portman, con la civica di Somerset, aveva formata una catena di

posti militari, dal mare fino alla estremità settentrionale di Dorset. Alle ore cinque della mattina del dì 7, Grey, che vagava diviso da' suoi amici, fu preso da due delle vedette di Sussex. Si sobbarcò alla propria sorte con la calma di colui al quale la perplessità è più insoffribile della disperazione. «Dacchè mettemmo piede a terra» disse egli «non ho avuto un buon desinare o una sola notte di riposo.» Mal poteva dubitarsi che il capo dei ribelli fosse poco lontano. Gl'inseguenti accrebbero la loro operosa vigilanza. Le capanne sparse su per l'aprico paese fra i confini delle Contee di Dorset e di Hamp, vennero rigorosamente ricercate da Lumley; e il contadino con cui Monmouth aveva barattato gli abiti, fu scoperto. Portman giunse con una grossa legione di cavalleria e di fanteria a prestare mano forte a coloro che erano intenti alla ricerca; i quali tosto volsero la propria attenzione ad un luogo bene adatto a ricoverare i fuggitivi. Era un vasto tratto di terra diviso da uno spazio chiuso dalla campagna aperta, partito con numerose siepi in piccoli poderi; in alcuni dei quali la segala, i piselli e l'avena, erano sì alti, da potervisi nascondere un uomo; altri erano coperti di fratte e di scope. Una donnicciola riferì d'avere veduti due stranieri nascosti in que' luoghi. La cupidigia della vicina ricompensa, rinfiammò lo zelo dei soldati. Fu stabilito, che chiunque avesse fatto il debito proprio, avrebbe avuta parte del promesso premio di cinque mila lire sterline. Fatte strettissimamente guardare le siepi esteriori, si posero con infaticabile cura a frugare dentro lo spazio interno, scagliando parimente tra le fratte vari cani di squisitissimo odorato. Il sole era volto al tramonto, senza che avessero potuto nulla trovare; ma tutta la notte si tennero in istretta vigilanza. Trenta volte i fuggitivi rischiaronsi a varcare la siepe esteriore; ma ogni passo trovavano guardato. Una volta, scoperti, fu loro fatto fuoco addosso: allora, dividendosi, si nascosero in differenti luoghi.

XLVI. Il dì seguente, al sorgere del sole, ricominciata la ricerca, Buyse venne ritrovato. Ei confessò d'essersi poche ore innanzi diviso dal Duca. Gl'inseguenti, adunque, si posero a frugare con maggior cura dentro il grano e le macchie, finchè scoprirono nascosto in un fosso un uomo di scarno aspetto. Gli si gettarono addosso. Alcuni stavano per fare fuoco; ma Portman impedì ogni violenza. Il prigioniero era in abito di pastore; la sua barba, grigia anzi tempo, era lunga di parecchi giorni. Tremava grandemente, e non poteva parlare. Anche coloro che lo conoscevano di persona, dubitarono in prima s'egli fosse lo elegante e leggiadro Monmouth. Portman gli frugò nelle tasche, e fra parecchi piselli raccolti nella rabbia della fame, vi trovò un oriuolo, una borsa d'oro, un albo pieno di canzoni, di ricette, di preghiere e di malie, e l'ordine di Giorgio, del quale, molti anni prima, il Re Carlo II aveva decorato il prediletto figliuolo. Subitamente furono spediti nunzii a Whitehall, che recarono la lieta nuova e la decorazione dell'ordine di Giorgio, come segno della verità del fatto. Il prigioniero, sotto strettissima guardia, fu condotto a Ringwood.

Tutto era perduto, null'altro a lui rimanendo che apparecchiarsi a sostenere la morte in modo convenevole ad uomo che non s'era creduto indegno di portare la corona di Guglielmo il Conquistatore e di Riccardo Cuor di Lione, dell'eroe di Cressy e dell'eroe d'Agincourt. Egli avrebbe potuto richiamare alla mente altri domestici esempi, anco meglio convenienti alla propria condizione. In duecento anni, due sovrani, il cui sangue scorreva nelle sue vene, l'uno dei quali era una delicata donna, s'erano trovati nella condizione medesima in cui egli stava; - avevano mostrato nel carcere e sul palco una virtù, della quale nella prospera fortuna sembravano incapaci, e quasi redensero i loro grandi delitti ed errori sopportando con cristiana mansuetudine e con dignità principesca le pene inflitte loro dai nemici vittoriosi. Monmouth non era mai stato accusato di codardia; e quand'anche avesse avuto difetto di coraggio naturale, si sarebbe sperato che in quella estremità gliene dessero la disperazione e l'orgoglio. A lui erano rivolti gli occhi di tutto il mondo. La più tarda posterità avrebbe saputo come egli, in quel solenne momento, si fosse condotto. Verso i valorosi contadini dell'occidente egli era in debito di mostrare, che essi non avevano sparso il proprio sangue per un capo indegno del loro affetto. Verso colei che aveva tutto sacrificato per amor suo, egli era in debito di mostrarsi in guisa, che ella, dovendo piangere di lui, non ne avesse ad arrossire. Non era degno di lui il lamentarsi o il supplicare. Oltredichè, la propria ragione gli avrebbe dovuto addimostrare, essere vano ogni lamento ed ogni preghiera. A ciò ch'egli aveva fatto, non potea esservi perdono. Trovavasi fra gli artigli di un uomo che non perdonava giammai.

Ma la forza d'animo di Monmouth non era di quella specie che nasce dalla riflessione e dal rispetto di sè; nè la natura gli aveva largito uno di que' cuori robusti, da' quali nè avversità nè pericolo valgono a strappare un segno di debolezza. Il suo coraggio innalzavasi e cadeva coi suoi spiriti animali. Nel campo di battaglia lo sostenevano lo eccitamento dell'azione, la speranza della vittoria, e la misteriosa potenza dell'esempio altrui. Tutti cotesti sostegni adesso più non erano. L'idolo della Corte e della plebe, avvezzo ad essere amato e adorato dovunque si fosse mostrato, ora vedevasi cinto da rigidi carcerieri, negli occhi dei quali ei leggeva la propria sorte. Dopo poche ore di trista prigionia, egli doveva patire violenta e vergognosa morte. Il cuore gli venne meno. La vita gli parve degna d'essere comprata con ogni specie d'umiliazione; nè il suo intelletto, stato sempre debole, ed ora perturbato dal terrore, poteva intendere che la umiliazione lo avrebbe avvilito, ma salvato non mai.

XLVII. Appena giunto a Ringwood, scrisse al Re una lettera, come poteva dettarla un uomo cui un codardo timore abbia tolto ogni senso di vergogna. Con caldissime parole espresse il rimorso ch'egli sentiva pel tradimento commesso. Affermò, che allorquando aveva ai proprii cugini nell'Aja promesso di non suscitare commovimenti in Inghilterra, egli intendeva osservare pienamente la promessa. Per sua sventura, era stato poi sedotto al misfatto da certe orride genti, le quali gli avevano con varie calunnie scaldato il cervello, e sofisticando lo avevano traviato: ma oramai abborriva que' tristi; abborriva sè stesso. Pregava, con pietosi detti, d'essere ammesso alla presenza del Re. Aveva da palesargli un secreto che ei non poteva fidare alla penna, un secreto che era racchiuso in una sola parola; e s'egli avesse potuto dire quella tale parola, il trono sarebbe fatto sicuro d'ogni pericolo. Il dì seguente scrisse altre lettere alla Regina vedova, e al Lord Tesoriere, pregandoli ad intercedere per lui. Appena si seppe in Londra ch'egli si era siffattamente avvilito, ognuno ne rimase attonito; e nessuno quanto Barillon, il quale aveva, stando in Inghilterra, vedute due sanguinose proscrizioni, in cui non poche vittime sì dell'opposizione che della Corte, senza preghi e piagnistei donneschi, eransi sobbarcate al proprio fato.

XLVIII. Monmouth e Grey rimasero due giorni in Ringvood. Furono poi menati a Londra, sotto la guardia di un grosso corpo di milizie regolari e civiche. Nel cocchio del Duca era un ufficiale, che aveva ordine di pugnalarlo se si fosse tentato di liberarlo. In ogni città giacente lungo il cammino, stavano schierati i militi cittadini delle vicinanze, sotto il comando dei precipui gentiluomini. La marcia durò tre giorni fino a Wauxhall, dove un reggimento comandato da Giorgio Legge, Lord Dartmouth, era apparecchiato a ricevere i prigionieri. I quali furono posti in una barca, e pel fiume condotti a Whitehall Stairs. Lumley e Portman guardarono a vicenda giorno e notte il Duca, finchè lo ebbero messo dentro il Palazzo.

Il contegno di Monmouth e quello di Grey nel viaggio, riempirono di ammirazione chiunque li vedeva. Monmouth era affatto prostrato. Grey non solo era tranquillo, ma brioso; parlava piacevolmente di cavalli, di cani, di cacce, e alludeva perfino scherzevolmente al pericolo in cui trovavasi.

Il Re non è da biasimarsi d'avere dannato Monmouth a morire. Chiunque si faccia capo d'una ribellione contro un Governo stabilito, rischia la vita sull'esito di quella; e la ribellione era la parte minore dei delitti di Monmouth. Egli aveva dichiarato contro il proprio zio una guerra a morte. Nel manifesto promulgato in Lyme, aveva condannato Giacomo alla esecrazione come incendiario, come assassino, che aveva strangolato un uomo innocente e mozzo il capo ad un altro, e infine come avvelenatore del proprio fratello. Perdonare ad un nemico che non aveva abborrito di ricorrere a cosiffatte enormezze, sarebbe stato un atto di generosità rara, e forse biasimevole. Ma vederlo e non perdonargli la vita, era un offendere ogni senso d'umanità e di decenza. Se non che, il Re era risoluto di mostrarsi implacabile. Il prigioniero, le braccia legate con un laccio di seta dietro le spalle, fu menato al cospetto dell'inesorabile parente da lui oltraggiato.

XLIX. Monmouth prostrossi a terra, trascinandosi a piedi del Re. Pianse; tentò di stringere con le incatenate braccia le ginocchia dello zio. Lo supplicò di concedergli la vita, solo la vita, la vita ad ogni costo. Confessò d'essere reo d'un gran delitto, ma provossi di darne la colpa agli altri, e in ispecie ad Argyle; il quale avrebbe meglio poste le proprie gambe nello stivaletto, che salvare la vita con tanto avvilimento. A nome dei vincoli del sangue, della memoria del Re defunto, che era stato il migliore e più sincero dei fratelli, lo sventurato implorò mercè ai piedi di Giacomo. Giacomo con gravità rispose essere tardi il pentirsi; a lui spiacere la sciagura che il prigioniero s'era voluto chiamare sul capo, ma il delitto non esser tale da potersi usare clemenza. Un proclama pieno d'atroci calunnie era stato pubblicato. Il regio titolo era stato assunto. Per così gravi tradimenti non potere esserci perdono in questo mondo. Lo esterrefatto Duca giurò non aver mai voluto usurpare la Corona, ma essere stato da altri tratto in quel fatale errore. In quanto al proclama, egli non era colui che lo aveva scritto; non lo aveva nè anche letto; lo aveva firmato senza gettarvi gli occhi sopra: era tutta opera di Ferguson, di quel sanguinario e scellerato Ferguson. «Sperate voi ch'io creda» disse Giacomo, con ben meritato disprezzo, «che abbiate apposta la vostra firma ad una scrittura di tanto momento, senza saperne il contenuto?» Ma gli rimaneva a scendere oltre in fondo alla infamia. Egli era il gran campione della religione protestante, lo interesse della quale gli era servito di pretesto a congiurare contro il Governo del proprio padre, e gettare la patria nelle calamità della guerra civile: e nondimeno, non vergognò di

accennare come egli fosse proclive a riconciliarsi con la Chiesa di Roma. Il Re gli offerse volentieri ogni aiuto spirituale, ma non fe' motto di perdono o di clemenza. «Non v'è dunque speranza?» chiese Monmouth. Giacomo non rispose, e gli volse le spalle. Allora Monmouth si sforzò di rifarsi d'animo, e si alzò, ritirandosi con una fermezza da lui non mostrata mai dopo la propria caduta.
Poi Grey comparve alla regia presenza. Egli si condusse con tale decoro e fortezza, che commosse anche l'austero e astioso Giacomo: non si scusò punto, e non si piegò punto a chiedere la vita. Ambi i prigionieri furono mandati pel fiume alla Torre. Non vi fu tumulto; ma molte migliaia di persone, con l'ansietà e il cordoglio dipinti sul volto, provaronsi di vedere i due sciagurati. Appena il Duca si vide lontano dallo aspetto del Re, la risolutezza rinatagli in cuore svanì. Andando al carcere gemeva, accusava i suoi seguaci, e con abbiettezza implorava Dartmouth intercedesse per lui. «So bene, Milord, che amavate mio padre. Per l'amore di lui, per l'amore di Dio, ingegnatevi di trovar modo ad ottenermi mercè.» Dartmouth rispose che il Re aveva parlato il vero, e che un suddito che aveva assunto il titolo regio, si era chiuso ogni via al perdono.
Poco dopo che Monmouth venne rinchiuso nella Torre, gli fu annunziato che la moglie, per ordine del Re, era arrivata per vederlo. Era in compagnia del Conte di Clarendon Lord del Sigillo Privato. Il marito le fece freddissima accoglienza, e rivolse quasi sempre la parola a Clarendon, implorando intercedesse per lui. Clarendon non gli porse nessuna speranza; e la sera stessa due prelati, Turner vescovo di Ely, e Ken vescovo di Bath e Wells, arrivarono alla Torre, recando un solenne messaggio da parte del Re. Era la notte del lunedì. Il mercoledì prossimo Monmouth doveva morire.
Ei cadde in grande agitazione; il sangue gli fuggì dalle guance, e per qualche tempo non potè profferire parola. La più parte del breve spazio di tempo che gli rimaneva, egli spese provandosi indarno di ottenere, se non perdono, almeno una sospensione della sentenza. Scrisse al Re ed a vari cortigiani lettere compassionevoli, ma indarno. Gli furono dalla Corte mandati alcuni sacerdoti cattolici; i quali tosto s'accorsero ch'egli avrebbe volentieri comprata la vita rinnegando la religione di cui in modo speciale erasi dichiarato difensore: nondimeno, se gli era forza morire, sarebbe morto senza la loro assoluzione, egualmente che con quella.
Nè Ken e Turner rimasero satisfatti delle opinioni di lui. Secondo loro, come secondo la maggior parte dei loro confratelli, la dottrina della non-resistenza era il segno distintivo della Chiesa Anglicana. I due Vescovi insistettero perchè Monmouth confessasse, che snudando la spada contro il Governo, egli aveva commesso un gran peccato; e in ciò lo trovarono ostinatamente eterodosso. Nè era questa la sola delle sue eresie. Sosteneva che la sua relazione con Lady Wentworth fosse irreprensibile agli occhi di Dio. Diceva d'avere contratto matrimonio mentre era fanciullo. Non si era dato mai pensiero della sua Duchessa. La felicità ch'egli non aveva trovata in casa propria, l'aveva cercata in seno a dissoluti amori, dannati dalla religione e dalla morale. Enrichetta era stata colei che lo aveva redento da una vita di vizi. Ad essa egli era stato rigorosamente fedele. Entrambi d'accordo avevano pôrte al cielo ferventi preghiere perchè li guidasse. Dopo le quali preghiere, il loro scambievole affetto erasi afforzato: non potevano, quindi, più oltre dubitare che al cospetto di Dio essi erano come due sposi. I vescovi rimasero così scandalezzati a coteste idee intorno al vincolo coniugale, che ricusarono di ministrargli la comunione. Tutto ciò che da lui poterono ottenere, fu la promessa, che nella unica notte che gli restava a vivere, pregasse Iddio a largirgli lume bastevole onde conoscere se fosse nell'errore.
Il mercoledì mattina, a sua particolare richiesta, il Dottore Tommaso Tenison, che allora era vicario di San Martino, e in quell'importante ufficio erasi acquistato la pubblica stima, andò alla Torre. Da Tenison, uomo noto per moderatezza d'opinioni, il Duca aspettavasi indulgenza maggiore di quanta gliene avessero potuto mostrare Ken e Turner. Ma Tenison, qualunque fossero le sue opinioni concernenti la non-resistenza in astratto, reputava la recente ribellione sconsiderata ed iniqua, e le idee di Monmouth rispetto al matrimonio pericolosissimo inganno. Monmouth fu ostinato, dicendo d'avere pregato il cielo perchè lo illuminasse. I suoi sentimenti rimanevano sempre gli stessi; e non poteva dubitare d'essere nella diritta via. Tenison lo esortò con modo più mite di quello che avevano adoperato i due vescovi. Ma al pari di loro, pensò di non potere in coscienza amministrare la eucaristia ad un uomo la cui penitenza era così poco soddisfacente.
L'ora appressavasi: ogni speranza era spenta: Monmouth da un timore pusillanime era passato all'apatia della disperazione. Gli furono condotti i figliuoli, perchè desse loro l'estremo vale; erano accompagnati dalla moglie. Le parlò cortesemente, ma senza emozione. Comecchè fosse donna di gran forza d'animo, e avesse poca cagione ad amarlo, il suo dolore fu tanto, che nessuno degli astanti potè frenare le lacrime. Egli solo non ne rimase commosso.

L. Battevano le ore dieci. Il cocchio del Luogotenente della Torre era pronto. Monmouth pregò i suoi consiglieri spirituali lo accompagnassero al luogo del patibolo; e quelli acconsentirono: ma gli dissero, che, secondo il loro giudicio, egli stava per morire male apparecchiato; e che dovendolo accompagnare, stimavano debito loro esortarlo fino allo estremo momento. Passando dinanzi alle milizie schierate, le salutò con un sorriso, e con passi fermi ascese sul palco. Tower Hill era coperto fino ai tetti d'una innumerevole folla di spettatori, i quali in solenne silenzio, rotto solo da sospiri e da pianti, aspettavano d'udire le supreme parole dell'idolo del popolo. «Dirò poco:» cominciò egli «io qui vengo non a parlare, ma a morire. Io muoio protestante della Chiesa Anglicana.» I vescovi lo interruppero, dicendo che ove non confessasse la resistenza essere peccato, egli non era membro della loro Chiesa. Cominciò a parlare d'Enrichetta, e disse: lei essere virtuosa ed onorata giovine; lui averla amata fino allo estremo, e non poter morire senza esprimere ciò che sentiva. I vescovi di nuovo lo pregarono non parlasse in quel modo. Seguì un alterco. I sacerdoti sono stati accusati d'avere trattato aspramente un moribondo. Ma sembra che solo adempissero quello che essi reputavano debito proprio. Monmouth conosceva i loro principii, e se avesse voluto schivare la importunità loro, non avrebbe dovuto richiedere la loro assistenza. I loro argomenti generali contro la dottrina della resistenza, non fecero in lui effetto veruno. Ma allorquando gli favellarono della rovina alla quale aveva trascinati i suoi valorosi ed affettuosi seguaci, del sangue che era stato sparso, delle anime che s'erano presentate senza i debiti apparecchi al tribunale di Dio, ei ne fu commosso, e disse con flebile voce: «Lo confesso, e me ne dolgo.» I sacerdoti fecero con lui lunghe e ferventi preci; ed egli li accompagnò fino al punto in cui invocavano la benedizione divina sul Re. Egli tacque. «Signore,» disse uno di loro «non pregate con noi per il Re?» Monmouth, dopo una tenzone fra il sì e il no, esclamò «Amen.» Ma indarno i prelati lo scongiurarono di dirigere ai soldati ed al popolo poche parole onde esortarli ad obbedire al Governo. «Io non vo' fare discorsi» rispose. - «Solo poche parole, o Milord.» Volse le spalle, chiamò il suo servo, gli pose nelle mani un astuccio da stecchini, ultimo pegno d'un amore sventurato, dicendogli: «Recalo a colei.» Allora si fe' presso al carnefice Giovanni Ketch, scellerato uomo che aveva macellate molte valorose e nobili vittime, e il cui nome per un secolo e mezzo è stato regolarmente appiccato a tutti coloro che gli succedevano nell'odioso mestiere. «Ecco» disse il Duca «sei ghinee per voi. Non fate a me ciò che faceste a Lord Russell. Mi è stato detto che gli deste tre o quattro colpi. Il mio servo vi darà dell'altro oro, se voi farete bene l'ufficio vostro.» Allora spogliossi, tastò il taglio della scure, disse che temeva non fosse bene affilato e adattò il capo sul ceppo. I sacerdoti frattanto seguitavano ad esclamare con gran forza: «Dio accolga il vostro pentimento; Dio accolga il vostro imperfetto pentimento.»

Il boia si pose in atto di fare il proprio ufficio. Ma erasi conturbato alle parole del Duca. Il primo colpo fece soltanto un lieve taglio. Il Duca si divincolò, rizzossi dal ceppo, fulminando cogli occhi il carnefice, poi ripiegò il capo. Il colpo fu ripetuto due e tre volte, ma tuttavia il capo non era separato dal tronco il quale seguiva a divincolarsi. La folla mandava urli d'orrore e di rabbia. Ketch, bestemiando, gittò via la scure, e disse: «Non posso farlo; il cuore mi manca.» - «Ripiglia la scure,» gridò lo sceriffo. - «Gettatelo giù dal palco,» urlò la folla. Finalmente il carnefice riprese la scure, e con due altri colpi lo finì; ma gli fu d'uopo usare un coltello per ispiccare il capo dal collo. La folla fu presa da tanta frenesia di rabbia, che il boia fu quasi per essere sbranato, e venne condotto via fra mezzo a numerose guardie.

In quel mentre, molti tuffavano i loro fazzoletti nel sangue di Monmouth; avvengachè da gran parte della folla venisse considerato come un martire, che era morto per la religione protestante. Il capo mozzo e il tronco furono posti in un feretro coperto d'una coltre di velluto nero, e sotterrati senza pompa sotto la tavola della comunione della Cappella di San Pietro nella Torre. Dopo quattro anni, il pavimento del santuario fu di nuovo smosso; e accanto alle ossa di Monmouth, furono sepolte quelle di Jeffreys. In vero, non v'è sulla terra luogo più tristo di questo piccolo cimitero. La idea della morte ivi è congiunta, non come in Westminster o in San Paolo, con quella del genio e della virtù, della venerazione pubblica e della fama gloriosa; non come nelle nostre chiese e campisanti più umili, con ciò che v'è di più dolcemente diletto nella carità sociale e domestica: ma con ciò che vi è di più funesto nella umana natura e nelle sorti umane; col barbaro trionfo di nemici implacabili; con la incostanza, la ingratitudine, la codardia degli amici; con tutte le miserie della grandezza caduta e della fama infame. Ivi sono state deposte, per tanti anni e tanti, dalle ruvide mani dei carcerieri, senza pianto di amici, le reliquie di uomini che sono stati capitani d'eserciti, capi di partiti, oracoli di senati, ed ornamenti di Corti. Ivi fu trasportato, avanti alla finestra dove Giovanna Grey soleva pregare, lo sbranato cadavere di Guildford Dudley. Ivi riposa, accanto al fratello da lui assassinato, Eduardo

Seymour, Duca di Somerset, e Protettore del Regno. Ivi è fatto cenere il tronco di Giovanni Fisher, Vescovo di Rochester e Cardinale di San Vitale, uomo degno di essere vissuto in età migliore, e d'esser morto per una miglior causa. Ivi giace Giovanni Dudley, Duca di Northumberland, Lord Grande Ammiraglio; e Tommaso Cromwell, Conte di Essex, Lord Tesoriere. Ivi anche è un altro Essex, sul quale la natura aveva profuso invano tutto il tesoro dei suoi doni; e che il valore, la grazia, lo ingegno, il regio favore, i plausi popolari condussero a prematura e ignominiosa morte. Nè molto discosto dormono due capi della gran Casa di Howard; Tommaso, quarto Duca di Norfolk, e Filippo, undecimo Conte d'Arundel. Qua e colà, fra le spesse sepolture d'irrequieti ed ambiziosi uomini di Stato, giacciono alcune vittime più delicate; Margherita di Salisbury, ultima reliquia dell'altero nome di Plantageneto; e quelle due leggiadre regine spente dalla gelosa rabbia d'Enrico. Con le ceneri di questi cotali fu mescolata la cenere di Monmouth.
Pochi mesi dopo, il tranquillo villaggio di Toddlington, nella Contea di Bedford, vide un assai più tristo funerale. Presso a quel villaggio innalzavasi una antica e splendida magione, dove abitavano i Wentworth. La loro sepoltura era sempre stata sotto l'arcata di mezzo della chiesa parrocchiale. Quivi, nella primavera che seguì alla morte di Monmouth, fu trasportato il feretro della giovine baronessa Wentworth di Nettlestede. La famiglia le innalzò un sontuoso mausoleo: ma un suo ricordo meno dispendioso fu per lungo tempo ammirato con più profondo interesse. Il suo nome intagliato da lui ch'ella aveva cotanto amato, potevasi, pochi anni sono, discernere sul tronco d'un albero del parco contiguo.
LI. Lady Wentworth non era la sola che amasse con immenso affetto la memoria del Duca. La immagine di lui rimase impressa nel cuore del popolo, finchè la generazione che lo aveva conosciuto non fu spenta. Nastri, fiocchi, ed altre simiglianti inezie portate da lui, furono venerate come preziose reliquie da coloro che avevano sotto lui pugnato a Sedgemoor. I vecchi che gli sopravvissero, desideravano, sul punto di morire, che que' cari ricordi fossero con loro sepolti. Un bottone d'oro filato, che a mala pena potè evitare tale destino, anche oggi si vede in una casa d'onde si scuopre il campo della battaglia. Anzi, tanta era la devozione che il popolo portava al suo prediletto, che, non ostante la più forte prova che possa rendere indubitabile il fatto d'una morte, molti seguitavano a illudersi della speranza che il Duca fosse vivo, e dovesse tosto mostrarsi in armi. Un uomo, dicevano, che mirabilmente somigliava Monmouth, si era sacrificato per salvare lo eroe dei protestanti. Il volgo continuò per lungo tempo, in ogni grave occasione, a bisbigliare che il giorno era vicino, e che il Re Monmouth sarebbe tra poco riapparso. Nel 1686, un ribaldo che si spacciava pel Duca, ed aveva ragunata pecunia in diversi villaggi della Contea di Wilt, fu preso e fustigato da Newgate fino a Tyburn. Nel 1698, allorchè la Inghilterra da parecchi anni godeva la libertà costituzionale sotto una nuova dinastia, il figlio di un locandiere si fece credere, fra mezzo ai piccoli possidenti di Sussex, il loro amato Monmouth, e frodò molti che non erano dell'infima classe. Gli venne fatta una colletta di cinquecento lire sterline. I fattori gli diedero un cavallo. Le mogli loro gli mandarono ceste piene di polli e d'anitre, e gli si mostrarono generose, secondo che fu detto, di favori più teneri; imperocchè, rispetto alla galanteria per lo meno, la copia non era indegna di rappresentare l'originale. Come quell'impostore fu gettato in prigione, i suoi creduli seguaci lo mantenevano con lusso. Alcuni di loro comparvero in tribunale per dargli animo allorquando fu processato nella Corte di Horsham. E tanto durò lo inganno, che Giorgio III era già da parecchi anni sul trono, che Voltaire estimò necessario confutare seriamente la ipotesi, che l'uomo dalla maschera di ferro fosse il Duca di Monmouth.
Forse egli è un fatto poco meno notevole, che fino ad oggi gli abitatori di alcuni luoghi delle contrade occidentali d'Inghilterra, qualvolta qualche legge concernente i loro interessi discutesi nella Camera dei Lord, si reputano in diritto di chiedere soccorso al Duca di Buccleuch, discendente dello sventurato capo pel quale i loro antecessori versarono il proprio sangue.
La storia di Monmouth basterebbe sola a confutare lo addebito d'incostanza che di frequente suole gettarsi sopra il basso popolo. I popoli talvolta sono incostanti, perchè sono esseri umani. Ma che siano tali paragonati alla gente educata, voglio dire alle aristocrazie o ai principi, può sicuramente negarsi. Sarebbe agevole recare esempi di demagoghi, la cui popolarità sia rimasta ferma, laddove i sovrani e i parlamenti hanno tolta la già data fiducia a molti uomini di Stato. Mentre Swift seguitò a vivere molti anni scemo delle facoltà intellettive, la plebe irlandese continuava sempre ad accendere fuochi di gioia nel giorno natalizio del celebre scrittore, in commemorazione dei servigi, che, secondo la comune credenza, egli aveva resi alla patria nel tempo in cui la sua mente era in pieno vigore. Mentre sette ministeri furono innalzati al potere e cacciati via a cagione degli intrighi di Corte, o dei mutamenti d'opinione delle alte classi della società, il dissoluto Wilkes non perdè mai l'affezione

d'una marmaglia da lui spogliata e derisa. Gli uomini politici che, nel 1807, s'erano studiati d'ingraziarsi a Giorgio III difendendo Carolina di Brunswick, non arrossirono, nel 1820, di ambire al favore di Giorgio IV, perseguitandola. Ma nel 1820, come nel 1807, tutta la classe degli operai con fanatico ardore parteggiava per lei. La cosa medesima avvenne di Monmouth. Nel 1680, era stato adorato e dai gentiluomini e da' contadini delle contrade occidentali. Nel 1685 mostrossi di nuovo. Ai gentiluomini era diventato obietto d'avversione; dai contadini era tuttavia amato con un affetto forte come la morte, con un affetto non estinguibile per infortuni o per falli, per la fuga da Sedgemoor, per la lettera di Ringwood, o per le querule ed abiette supplicazioni in Whitehall. Lo addebito che equamente può darsi al popolo, sta in ciò, ch'esso non è incostante, ma elegge sempre il suo prediletto così male, che la sua costanza diventi vizio, e non virtù.
LII. Mentre la decapitazione di Monmouth occupava le menti di tutti in Londra, le Contee che erano insorte contro il Governo pativano tutte le enormezze che una feroce soldatesca possa commettere. Feversham era stato chiamato a Corte, dove lo aspettavano onori e rimunerazioni ch'ei poco meritava. Fu fatto cavaliere della Giarrettiera, e capitano del primo e più lucroso reggimento delle Guardie del Corpo: ma la Corte e la Città ridevano delle sue imprese militari; e lo spirito di Buckingham fece l'ultime sue prove a schernire il guerriero che aveva riportata una vittoria standosi a poltrire sul letto. Feversham lasciò il comando in Bridgewater al Colonnello Percy Kirke, avventuriero militare, ch'erasi educato al vizio nella peggiore di tutte le scuole, cioè in Tangeri. Kirke, pel corso d'alcuni anni, aveva comandato il presidio di quella città, occupato in continue ostilità contro le tribù dei Barbari, ignari delle leggi che governano le nazioni incivilite e cristiane. Dentro le mura della propria fortezza egli imperava da despota. L'unico freno alla sua tirannide era il timore d'esser chiamato a render conto da un lontano e spensierato Governo. Poteva, quindi, con sicurtà sbrigliarsi ai più audaci eccessi di rapacità, di crudeltà, di licenza. Viveva con immensa dissolutezza, e con le estorsioni procuravasi i mezzi di satisfarla. Nessuna mercatanzia poteva vendersi finchè Kirke non l'avesse rifiutata. Non si poteva decidere questioni di diritto finchè Kirke non ne avesse ricevuto il prezzo. Una volta, solo per capriccio di malignità, versò tutto il vino della cantina di un oste. Un'altra volta cacciò via tutti gli Ebrei da Tangeri; due dei quali egli mandò alla Inquisizione Spagnuola, che tosto li arse vivi. Sotto cotesto giogo di ferro non s'udiva un lamento, imperocchè il terrore teneva in freno l'odio. Due individui che gli si erano mostrati disobbedienti, furono trovati morti; e fu universale credenza che fossero stati assassinati per ordine di Kirke. Quando i soldati spiacevangli, li faceva flagellare con severità spietata; ma li compensava permettendo che dormissero alle vedette, vagassero, rubassero, percotessero e insultassero i mercatanti e gli operai.
Allorchè Tangeri fu abbandonata, Kirke ritornò in Inghilterra. Seguitò a tenere il comando dei suoi vecchi soldati, i quali talvolta chiamavansi Primo Reggimento Tangeri, e tal altra Reggimento Regina Caterina. E perchè erano stati ordinati con lo scopo di far guerra ad un popolo infedele, portavano nella bandiera un emblema cristiano, lo Agnello Pasquale. In allusione a siffatto emblema e in senso di acre ironia, cotesti uomini, i più feroci delle inglesi milizie, chiamavansi gli Agnelli di Kirke (Kirk's Lambs). Questo reggimento, che ora è il secondo di linea, serba tuttora l'antica insegna, che poscia riceveva nuovo splendore per le decorazioni acquistate onoratamente in Egitto, in Ispagna e nel cuore dell'Asia.
Tale era il capitano e tali i soldati, i quali furono scagliati addosso alle popolazioni della Contea di Somerset. Kirke da Bridgewater marciò a Taunton. Era accompagnato da due carriaggi pieni di ribelli feriti, le cui piaghe non erano fasciate, e da una lunga fila di prigioni che andavano a piedi, due a due incatenati. Vari di costoro egli impiccò appena giunto a Taunton, senza forma nessuna di processo. Non fu loro conceduto nè anche dire l'ultimo addio ai più stretti parenti. Serviva di forca la insegna di White Hart Inn. Dicesi che gl'impiccamenti si facessero di faccia alle finestre dove i soldati di Tangeri gozzovigliavano, e che ad ogni brindisi si impiccasse un prigioniero. Come i morenti dimenavano le gambe nell'ultima agonia, il colonnello faceva battere i tamburi, dicendo di volere accompagnare con la musica la danza dei ribelli. La tradizione vuole che ad uno dei prigioni non fu nè anche concessa la grazia di farlo prontamente morire. Due volte fu appeso al posto, e due calato a terra. Due volte gli fu chiesto se era pentito del tradimento, e due egli rispose che se la impresa era da farsi nuovamente, egli l'avrebbe rifatta daccapo. Allora gli fu messo il capestro per l'ultima volta. Fu tanto il numero dei cadaveri squartati, che il carnefice stavasi nel sangue fino alle gambe. Era aiutato da un povero uomo, il quale essendo caduto in sospetto, fu forzato a redimere la propria vita bollendo nella pece i cadaveri dei propri fratelli. Il contadino che aveva assentito a compiere questo ufficio, ritornò poscia al proprio aratro. Ma un segno come quello di Caino gli rimase impresso sulla fronte. Era conosciuto

nel suo villaggio col nome di Maso Bolli-uomini (Boilman). I villici per lungo tempo seguitarono a narrare, che, quantunque egli con la sua opera di peccato e di vergogna si salvasse dalla vendetta degli Agnelli, non aveva evitata quella del cielo. Infuriante una forte procella, ei corse a ricoverarsi sotto una quercia, e lì fu incenerito da un fulmine.
Il numero di coloro che in tal guisa furono macellati, non si conosce con certezza. Nove furono registrati nei libri mortuari della parrocchia di Taunton; ma que' libri contengono i nomi di coloro che ebbero sepoltura cristiana. Coloro che furono impiccati in catene, e coloro, le teste e le membra dei quali furono mandate ai circostanti villaggi, dovettero essere un numero molto maggiore. Credevasi in Londra, a quel tempo, che Kirke, nella settimana che seguì alla battaglia, facesse morire cento prigioni.
Nondimeno, la crudeltà non era l'unica passione di questo uomo. Amava il danaro, e non era novizio nell'arte di estorcere. Per quaranta lire sterline poteva ottenersi un salvocondotto, col quale, comecchè fosse di nessun valore al cospetto della legge, il compratore poteva passare senza molestia per i posti militari degli Agnelli, onde ridursi ad un porto di mare, e rifugiarsi ad un paese straniero. Le navi che dovevano mettere alla vela per la Nuova Inghilterra, trovaronsi in quell'occasione così affollate di fuggitivi di Sedgemoor, che si correva pericolo le provvigioni non bastassero al viaggio.
Kirke, non ostante la rozza e feroce indole sua, amava anche i piaceri; e nulla è più probabile di ciò ch'egli si giovasse del proprio potere a sbramare le sue lussuriose voglie. Fu detto ch'egli avesse vinta la virtù d'una donna onesta, promettendole di salvare la vita ad un uomo da lei svisceratamente amato; e dopo ch'ella ebbe ceduto, le mostrasse appeso alle forche il cadavere di colui, per amore del quale la sventurata aveva sacrificato il proprio onore. Ogni giudice imparziale è forza che non presti fede a siffatta novella, non essendovi prova che la confermi. La più antica autorità su cui si possa appoggiare, è una poesia scritta da Pomfret. Gli storici più insigni di quell'età, mentre discorrono i delitti di Kirke, o non ricordano punto cotesta atrocissima scelleratezza, o la rammentano come cosa vociferata, ma senza prove. Coloro che la raccontano, la descrivono con tali varianti, da renderla incredibile. Alcuni pongono la scena in Taunton, altri in Exeter. Chi dice la eroina della novella fosse una fanciulla, chi una sposa. Questi affermano che colui che ella intendeva redimere col proprio disonore, le fosse padre: quegli altri fratello, ed altri ancora marito. Inoltre la storiella, innanzi che Kirke fosse nato, era stata detta di molti altri oppressori, ed era divenuta têma avidamente trattato dagli scrittori di drammi e di novelle. Due uomini politici del secolo decimoquinto, Rhynsault, il prediletto di Carlo il Temerario Duca di Borgogna, ed Oliviero le Dain, il prediletto di Luigi XI di Francia, erano stati accusati del medesimo delitto. Cintio lo aveva tolto a subietto di un suo romanzo; Whetstone dal racconto di Cintio aveva desunto il rozzo dramma di Promo e Cassandra; e Shakespeare avea tolto da Whetstone lo intrecciò della sua insigne Tragicommedia, che chiamò Misura per Misura. E come Kirke non fu il primo, così non fu nè anche l'ultimo, cui la voce popolare attribuisse cotesto eccesso di malvagità. Mentre in Francia infuriava la reazione che seguì alla tirannide dei Giacobini, una similissima colpa fu apposta a Giuseppe Lebon, che era uno dei più odiosi strumenti del Comitato di Salute Pubblica; e dopo esame, anco i suoi persecutori conclusero che non aveva alcun fondamento.
Il Governo era mal satisfatto di Kirke, non per la barbarie con che aveva trattati i suoi prigioni poveri, ma per la venale mitezza che aveva dimostra ai colpevoli ricchi. Fu, dunque, sollecitamente richiamato. Nel medesimo tempo era per compiersi una meno illegale e insieme più cruda strage. La vendetta venne differita per alcune settimane. Desideravasi che non si principiasse il giro per le contrade occidentali finchè gli altri non fossero terminati. Infrattanto, le carceri delle Contee di Somerset e di Dorset rigurgitavano di migliaia di prigioni. Il migliore amico e protettore di cotesti infelici in quella estremità, fu uno che abborriva le loro opinioni religiose e politiche, e al quale essi avevano senza provocazione fatto del male; voglio dire il vescovo Ken. Il buon prelato adoperò ogni mezzo per ammansare i carcerieri, e dalla sua propria mensa vescovile diede soccorsi per potere migliorare il rozzo e scarso alimento di coloro che gli avevano guasta la sua cara Chiesa Cattedrale. La sua condotta in quel caso era in armonia con tutta la sua vita. Aveva, a dir vero, intenebrato lo intelletto da molte superstizioni e molti pregiudizi; ma il suo carattere morale, ove imparzialmente si giudichi, sta al paragone con qualsivoglia altro nella storia ecclesiastica, e sembra farsi da presso, per quanto concede la infermità della umana natura, alla perfezione ideale della virtù cristiana.
LIII. Questa sua opera di carità non durò lungo tempo. Pensavasi già a spopolare rapidamente ed efficacemente le carceri. In sul principiare di settembre, Jeffreys, accompagnato da quattro altri giudici, cominciò quel giro la cui memoria durerà quanto la nostra razza e la lingua nostra. Gli ufficiali

che comandavano le truppe nei distretti dove egli doveva recarsi, ebbero ordini di prestargli qualunque forza militare avesse potuto richiedere. La ferocità dell'indole sua non aveva mestieri di sprone; e nondimeno gli fu dato incitamento. Al Lord Cancelliere andavano mancando la salute e gli spiriti. Era stato profondamente afflitto dalla freddezza del Re e dalla insolenza del Capo Giudice; e poco era il conforto che poteva trovare gettando lo sguardo sopra la trascorsa sua vita, la quale, se non era infamata da alcuno atroce delitto, era lorda di vigliaccheria, di amore di sè e di servilità. L'infelice ne rimase così profondamente umiliato, che allorquando comparve per l'ultima volta in Westminster Hall, aveva in mano un mazzetto di fiori per nascondersi il viso; perocchè, secondo egli stesso confessò poscia, non poteva sostenere lo aspetto della tribuna e degli uditori. E' sembra che la idea della vicina morte gl'inspirasse insolito coraggio. Deliberò di alleggiare la propria coscienza, chiese un'udienza al Re, parlò con zelo dei pericoli che inseparabilmente accompagnano i violenti ed arbitrari consigli, e riprovò le illegali crudeltà commesse dai soldati nella Contea di Somerset. Poco dopo si partì da Londra per andare a morire. Mandò l'ultimo fiato pochi giorni dopo che i giudici erano partiti per le contrade occidentali. Venne subito dato annunzio a Jeffreys, che poteva aspettarsi il Gran Sigillo in premio di fedeli e vigorosi servigi.
LIV. In Whinchester il Capo Giudice aprì le sessioni della sua commissione. La Contea di Hamp non era stata il teatro della guerra; ma molti dei vinti ribelli s'erano, come il loro capo, quivi rifuggiti. Due di loro, Giovanni Hickes, teologo non-conformista, e Riccardo Nelthorpe, giureconsulto posto fuori la legge per avere avuta parte nella congiura di Rye House, avevano cercato asilo nella casa di Alice, vedova di Giovanni Lisle. Giovanni Lisle aveva seduto nel Lungo Parlamento e nella Alta Corte di Giustizia, era stato Commissario del Gran Sigillo a tempo della Repubblica, ed era stato creato Lord da Cromwell. Questi titoli datigli dal Protettore, non erano stati riconosciuti da nessuno dei Governi che avevano retta la Inghilterra dopo la caduta della casa di Cromwell; ma sembra che, conversando, venissero dati a Lisle anche da' realisti. La vedova di lui, quindi, era comunemente conosciuta col nome di Lady Alice. Era imparentata a molte rispettabili e ad alcune nobili famiglie, ed era generalmente stimata anco dai gentiluomini Tory della sua Contea. Imperciocchè costoro bene conoscevano, avere essa riprovati taluni atti di violenza a' quali il suo marito aveva partecipato, sparse amare lacrime sopra la sorte di Carlo I, e protetti e aiutati nella loro miseria molti Cavalieri. La stessa donnesca cortesia, onde era stata mossa a mostrarsi amichevole ai realisti, mentre loro volgeva avversa la sorte, non gli consentì di ricusare un pane e un nascondiglio agli sciagurati che adesso la scongiuravano di proteggerli. Gli accolse in casa propria, dette loro cibo e bevanda, e luogo di riposo. Il dì dopo, la sua casa fu circuita di soldati. Cercarono dappertutto. Hickes fu trovato nascosto nella cantina, e Nelthorpe dentro il camino. Se Lady Alice conosceva gli ospiti suoi essere stati implicati nella insurrezione, senza dubbio era rea di ciò che rigorosamente si chiama delitto capitale. Imperocchè la legge che distingue il principale dallo accessorio, rispetto ad alto tradimento, era allora, ed è tuttavia tale, che disonora la Giurisprudenza inglese. Nei casi di fellonia, una distinzione fondata sopra la giustizia e la ragione è da farsi tra principale ed accessorio dopo il fatto. Chiunque asconda alla giustizia un uomo ch'egli sa essere un assassino, comunque meriti una pena, non è meritevole della pena debita all'assassino; ma chiunque dia ricovero ad un uomo ch'egli sa essere traditore, è, secondo la sentenza di tutti i nostri giuristi, reo d'alto tradimento. Non è mestieri dimostrare l'assurdità e la crudeltà d'una legge che comprende nella medesima definizione, e punisce della stessa pena, delitti che stanno agli opposti estremi nell'ordine della colpa. Il sentimento che fa rabbrividire il suddito più leale al pensiero di porre a vergognosa morte il ribelle, che vinto, inseguito, e in agonia mortale, chiegga un morso di pane e un po' d'acqua, può essere debolezza; ma è debolezza strettamente congiunta alla virtù; debolezza la quale, nel modo onde è formato l'essere umano, mal possiamo sradicare dall'animo, senza svellere con essa molti altri nobili e benevoli sentimenti. Un savio e buono legislatore potrebbe reputare giusto non sanzionare tal debolezza; ma quasi sempre vi si mostrerà connivente, e la punirà con moderazione. In nessun caso la considererà come un delitto della più brutta specie. Se Flora Macdonald bene operasse nascondendo il condannato erede degli Stuardi, se un valoroso soldato dei tempi nostri bene operasse aiutando Lavalette a fuggire, sono quistioni intorno alle quali i casuisti potrebbero variamente opinare: ma porre tali azioni nella medesima classe coi delitti di Guido Faux e di Fieschi, è un fare oltraggio alla umanità e al senso comune. Tale, nondimeno, è la classificazione della nostra legge. È manifesto che nulla altro che un mite Governo potrebbe rendere sopportabile siffatta condizione della legge. Ed è giusto dire, che pel corso di molte generazioni nessun Governo inglese, tranne uno solo, ha trattato con rigore le persone ree solamente di avere protetto gli sconfitti e gl'insorti fuggitivi. Alle donne, in ispecie, è stato

concesso, come per una tal quale tacita prescrizione, il diritto d'usare fra mezzo alle devastazioni e alle vendette quella pietà, che è il più caro di tutti i loro vezzi. Sino dallo scoppio della gran guerra civile, numerosi ribelli, alcuni dei quali erano uomini ben altrimenti importanti che Hickes e Nelthorpe, sono stati protetti, contro la severità di governi vittoriosi, dalla destrezza e generosità femminile. Ma nessun sovrano inglese cui sia fuggita di mano la preda, salvo il feroce e implacabile Giacomo, ebbe mai la barbarie nè anche di pensare a porre una donna a cruda e vergognosa morte, per una cotanto veniale e caritatevole trasgressione.
Per quanto odiosa fosse la legge, fu d'uopo stiracchiarla a fine di uccidere Alice Lisle. Secondo la dottrina sostenuta da' più insigni autori, ella non poteva essere dichiarata convinta, fino a che non fossero stati dichiarati tali i ribelli da essa ospitati. Ciò non ostante, fu trascinata al tribunale innanzi che a Hickes o a Nelthorpe fosse fatto il processo. In quel caso non era agevole ottenere una sentenza a seconda delle voglie del principe. I testimoni tergiversavano. I Giurati, che erano i principali gentiluomini della Contea di Hamp, raccapricciavano al pensiero di mandare una povera creatura a morire, per essersi condotta in guisa da meritare lode meglio che biasimo. Jeffreys era furibondo; avvegnachè, essendo questo il primo caso di crimenlese ch'egli trattava nell'intrapreso giro, sembrasse assai probabile che la preda gli avesse a fuggire dalle unghie. Tempestava, malediceva, bestemmiava con parole di che nessun uomo bene educato avrebbe fatto uso in una corsa o in un combattimento di galli. Uno dei testimoni, chiamato Dunne, in parte commosso per Lady Alice, in parte atterrito dalle minacce e maledizioni del Capo Giudice, perdè affatto il cervello, e in fine si tacque. «Oh! come è dura la verità» disse Jeffreys «ad uscir fuori dalle labbra d'un ribaldo e bugiardo presbiteriano!» Il testimone, dopo pochi minuti, balbettò poche parole vuote di senso: «Vi fu mai» esclamò il Giudice con una bestemmia, «vi fu egli mai sopra la faccia della terra un simigliante scellerato? Credi tu che vi è un Dio? Credi tu nel fuoco dell'inferno? Tra tutti i testimoni che mi sono capitati fra le mani, non ne ho mai veduto uno simile a te.» Il povero uomo, insensato per terrore, nuovamente si tacque; e nuovamente Jeffreys urlò: «Spero, Signori Giurati, che voi notiate l'orribile condotta di costui. Come si può egli fare a meno di non abborrire costoro e la religione che professano? Un Turco è un santo in agguaglio di codesto sciagurato. Un pagano arrossirebbe di tanta ribalderia. Gesù benedetto! Fra quale genia di vipere ci è toccato di vivere!» - «Io non so che dire, mio signore,» disse tremando Dunne. Il Giudice di nuovo con una mitraglia di bestemmie. «Vi fu egli mai al mondo» gridò «più impudente briccone? Fate lume, ch'io possa vedere il suo viso di bronzo. Voi, o gentiluomini, che siete consiglieri della Corona, badate di pronunciare contro costui una sentenza che lo dichiari spergiuro.» Dopo che i testimoni furono siffattamente esaminati, Lady Alice fu chiamata a difendersi. Cominciò dicendo, - il che poteva esser vero, - che quantunque ella si fosse accorta del turbamento di Hickes allorquando lo accolse in casa, non sapeva nè sospettava che fosse implicato nella ribellione. Egli era ministro di Dio, ed uomo di pace. Non poteva ella, dunque, pensare ch'egli avesse prese le armi contro il Governo; e aveva supposto ch'ei si volesse nascondere perchè v'erano contro lui mandati d'arresto per avere predicato in piazza. Il Capo Giudice si mise a tempestare: «Ma ve lo dirò io. Non v'è un solo tra questi bugiardi e piagnolosi presbiteriani, che, d'un modo o d'un altro, non abbia avuto mano nella ribellione. Il Presbiterianismo comprende ogni specie di scelleraggine. Null'altro fuorchè il Presbiterianismo ha potuto rendere Dunne ribaldo. Mostrami un presbiteriano, e ti mostrerò un bugiardo.» Riepilogò il caso col medesimo tono, declamò per un'ora contro i Whig e i Dissenzienti, e rammentò ai Giurati come il marito della colpevole avesse avuto parte nella morte di Carlo I; fatto non provato da veruna testimonianza; e se provato, sarebbe stato di nessun peso nel caso della donna. I Giurati si ritrassero, e rimasero lungo tempo a deliberare. Il Giudice divenne impaziente, dicendo di non potere intendere in che modo, in un caso così chiaro, essi s'erano alzati dal seggio. Mandò un messo a dire loro, che se non si spicciavano subito, avrebbe aggiornata la Corte, e gli avrebbe chiusi a chiave tutta la notte. Così posti alla tortura, uscirono fuori, ma per dire che dubitavano se esistesse la reità. Jeffreys li rimproverò con veemenza; ed essi, dopo un'altra deliberazione, profferirono ripugnanti l'opinione che affermava la esistenza della colpa.
Il dì seguente fu pronunciata la sentenza. Jeffreys ordinò che Lady Alice fosse arsa viva quel giorno stesso. Questo eccesso di barbarie mosse a pietà ed a sdegno anche i più ardenti partigiani della Corona. Il clero della Cattedrale di Winchester protestò dinanzi al Capo Giudice, il quale, comunque di brutale natura, non era così stolto da porsi al pericolo d'una contesa sopra tale subietto con una classe tenuta in tanta riverenza dal partito Tory. Consentì a differire a cinque giorni la esecuzione della sentenza. Nel qual tempo, gli amici della sventurata scongiurarono Giacomo a mostrarsi clemente. Varie dame d'alto grado intercessero per lei. Feversham, la cui influenza in Corte era

cresciuta per la fresca vittoria, e che, come ne corse la voce, era stato comprato all'uopo, parlò a favore di Lady Alice. Clarendon, cognato del Re, orò similmente per lei. Ma tutto fu vano. Il più che potè ottenersi, fu che la condanna al fuoco venisse commutata con la decapitazione. La donna si sobbarcò con coraggiosa calma al proprio fato, e le fu mozzo il capo sul palco nel mercato di Winchester.

LV. Nell'Hampshire, Alice Lisle fu la sola vittima; ma il giorno che seguì alla sua decapitazione, Jeffreys giunse a Dorchester, città principale della Contea nella quale Monmouth era sbarcato, ed ebbe principio la strage giudiciale.

Il tribunale, per ordine del Capo Giudice, fu parato di scarlatto; la qual novità parve al popolo indicare sanguinosi proponimenti. Si disse anche, che quando il prete il quale predicò in occasione dell'aprirsi della Corte, insistè sul dovere della misericordia, il Giudice sorrideva ferocemente digrignando i denti; la qual cosa fu tenuta a sinistro augurio di ciò che era per eseguire.

Trecento e più erano i prigioni ai quali doveva farsi il processo. La impresa pareva grave; ma Jeffreys aveva immaginato come renderla lieve. Fece intendere che l'unico mezzo di ottenere perdono o mitezza di pena, era il confessarsi colpevole. Ventinove individui, i quali confidavano nello spirito patrio, dichiarati convinti, furono senza alcun indugio legati insieme. Gli altri prigioni si confessarono rei a centinaia. Contro dugentonovantadue fu profferita sentenza di morte. Coloro che vennero impiccati nella Contea di Dorset furono settantaquattro.

Da Dorchester Jeffreys si condusse ad Exeter. La guerra civile era giunta appena alle frontiere del Devonshire. Quivi, dunque, comparativamente poche furono le persone condannate a morire. La Contea di Somerset, sede precipua della ribellione, era stata serbata all'ultima e più tremenda vendetta. In quella Contea, dugentotrentatrè prigioni in pochi giorni furono impiccati, strascinati per le vie, e squartati. In ogni luogo dove due strade s'incrociassero, in ogni mercato, sul prato d'ogni grosso villaggio che avesse dati soldati a Monmouth, cadaveri in catene sbattuti dal vento, o teschi e membra confitti sui pali, attoscavano l'aria, e facevano inorridire i viandanti. In molte parrocchie, il contadiname non poteva ragunarsi nella casa di Dio, senza vedere il teschio del vicino digrignante i denti dal portico. Il Capo Giudice si trovava nel proprio elemento. Come procedeva l'opera di sangue, ei si sentiva rifare d'animo. Sghignazzava, mandava gridi di gioia, scherzava, bestemmiava da farsi credere da mattina a sera briaco. Ma in lui non era facile distinguere la frenesia prodotta dalle malvagie passioni, da quella cagionatagli da' liquori spiritosi. Uno dei prigioni protestò che i testimoni addottigli contro non erano degni di fede. Uno di loro, ei disse, era un papista, l'altro una prostituta. «Svergognato ribelle,» esclamò il Giudice «osi fare riflessioni sui testimoni del Re? Ti vedo, scellerato, già ti vedo col capestro al collo.» Un altro dichiarò d'essere buon protestante. «Protestante!» disse Jeffreys; «volete intendere presbiteriano; ci scommetterei. Io so fiutare un presbiteriano a quaranta miglia di distanza.» Un malarrivato uomo mosse a pietà anche i Tory più acerrimi. «Milord,» dissero eglino «questa povera creatura vive della carità della parrocchia.» - «Non pensate,» disse il Giudice «libererò io la parrocchia di cotesto carico.» Non erano solo i prigioni coloro che erano segno al suo furore. Gentiluomini e nobili di gran conto e d'intemerata lealtà, i quali provavansi di fargli conoscere qualche circostanza attenuante, erano quasi certi di ricevere ciò che egli, nello sconcio dialetto da lui imparato nelle osterie di Whitechapel, chiamava un colpettino con la parte aspra della sua lingua. A Lord Starnell, Pari Tory, il quale non potè frenare il ribrezzo ch'egli provava vedendo l'iniquissimo modo di macellare i suoi vicini, in punizione venne appeso alla porta del parco un cadavere in catene. Da tali spettacoli ebbero origine molti terribili racconti, che gli agricoltori della Contea di Somerset solevano narrare col bicchiere colmo di sidro ai fuochi di Natale. Negli ultimi quaranta anni, i contadini, in alcune contrade, ben conoscevano i luoghi maledetti, e dopo il tramonto vi passavano mal volentieri.

Jeffreys gloriavasi d'avere impiccati più traditori egli solo, che non tutti insieme i suoi predecessori dal tempo della Conquista in poi. Certo è che il numero dei giustiziati da lui in un mese e in una Contea, sorpassò quello di tutti i delinquenti politici che sono stati giustiziati nell'isola nostra dalla Rivoluzione in qua. Le ribellioni del 1715 o del 1745, durarono più lungamente, e furono più estese e di più formidabile aspetto di quella che fu spenta in Sedgemoor. Non si è comunemente creduto che dopo la ribellione del 1715 e quella del 1745, la Casa di Hannover si mostrasse clemente. Eppure, tutte le esecuzioni capitali del 1715 e del 1745 congiunte insieme, parranno poche in confronto di quelle che infamarono il Tribunale di Sangue. Il numero dei ribelli impiccati in quella occasione da Jeffreys fu di trecento venti.

Tanta strage doveva disgustare chiunque, anche se quegli sciagurati fossero stati generalmente esosi.

Invece, per la maggior parte, erano uomini di vita irreprensibile, e profondamente religiosi. Consideravano sè stessi, ed erano considerati da moltissimi loro vicini, non come malfattori, ma come martiri che suggellavano col proprio sangue la verità della religione protestante. Pochi dei condannati si mostrarono pentiti del già fatto. Molti, animati dall'antico spirito puritano, andarono incontro alla morte, non solo con fortezza, ma con esultanza. Invano i ministri della Chiesa stabilita gli ammonivano intorno alla colpa della ribellione, e alla importanza della assoluzione del prete. La pretesa del Re ad autorità illimitata nelle cose temporali, e la pretesa del clero al potere spirituale di legare e di sciogliere, movevano a riso quegl'intrepidi settarii. Taluni di loro composero inni in prigione, e li cantavano sulla funebre treggia che li menava a guastare. Cristo - cantavano essi, mentre spogliavansi per patire il macello - sarebbe tra breve venuto in terra a redimere Sion, ed a far guerra a Babilonia; avrebbe innalzato il proprio vessillo, suonata la tromba, e reso ai suoi nemici dieci volte più quel male che era stato fatto ai suoi servi. Le estreme parole loro furono notate; le loro lettere d'addio serbate come tesori; ed in tal modo, mescendovi qualche invenzione o esagerazione, formossi un copioso supplemento al martirologio dei tempi di Maria la Bevisangue.

LVI. È pregio dell'opera fare speciale menzione di alcuni casi. Abramo Holmes, ufficiale veterano dello esercito parlamentare, uno di quei zelanti che non vorrebbero altro Re che Re Gesù Cristo, era stato preso in Sedgemoor. Nel furore della battaglia gli era stato orribilmente fracassato un braccio, e non essendovi lì pronto un chirurgo, il robusto vecchio soldato se lo amputò da sè. Fu condotto a Londra, ed esaminato dal Re in Consiglio; ma non volle sottomettersi. «Io sono un uomo vecchio,» disse egli «e i giorni che mi rimangono a vivere non valgono il prezzo d'una bugia o d'un atto di viltà. Io sono stato sempre repubblicano, e lo sono ancora.» Fu rimandato alle contrade occidentali, ed ivi impiccato. Il popolo s'atterrì nel vedere che le bestie le quali dovevano trascinarlo alla forca, divennero restie e tornarono indietro. Holmes anch'egli dubitava l'Angelo del Signore, come nei tempi antichi, non istesse in sulla via con la spada in pugno, invisibile all'occhio umano, ma visibile a quello degli animali. «Fermate, signori,» egli esclamò «lasciatemi andare a piedi. In questo fatto si asconde più di ciò che voi pensate. Rammentatevi come l'asina vedesse colui che il profeta non poteva vedere.» Andò con piè fermo alla forca, sorridendo favellò al popolo, pregò fervidamente Dio perchè affrettasse la caduta dell'Anticristo e la liberazione della Inghilterra; salì la scala, e per iscusarsi che non saliva speditamente disse: «Voi lo vedete, io ho un braccio solo.»

LVII. Non meno animosamente morì Cristoforo Battiscombe, giovine avvocato di buona famiglia ed agiata, il quale in Dorchester, piacevole città di provincia, altera del gusto e della cultura che vi regnava, veniva da tutti ammirato come esempio del gentiluomo compito. Grande fu l'interesse a salvargli la vita. Si credeva in que' luoghi, che fosse promesso sposo d'una giovine signora di gentile lignaggio, sorella dello Sceriffo; che ella si gettasse ai piedi di Jeffreys per implorare mercè, e che Jeffreys la cacciasse via con uno scherzo così osceno, che ripeterlo offenderebbe la decenza e l'umanità. Il suo amante patì la pena con pietà e coraggio in Lyme.

LVIII. Interesse anche maggiore destò la sorte di due valorosi fratelli, Guglielmo e Beniamino Hewling. Erano giovani, avvenenti, compiti, e bene imparentati. L'avo loro materno chiamavasi Kiffin; era uno dei principali mercatanti di Londra, e generalmente considerato come capo dei Battisti. Jeffreys trattò nel Processo con insigne brutalità Guglielmo Hewling, dicendogli: «Voi avete un nonno che merita d'essere impiccato splendidamente al pari di voi.» Il povero giovanetto, che aveva soli diciannove anni, soffrì la morte con tanta mansuetudine e fortezza d'animo, che un ufficiale dell'armata, il quale assisteva alla esecuzione della sentenza, e [**Nell'originale "e e"] s'era reso notevole per asprezza e severità, ne fu stranamente intenerito, e disse: «Non credo che il Lord Capo Giudice stesso potrebbe sostenere questo spettacolo.» Nutrivasi speranza che a Beniamino sarebbe concesso il perdono. E davvero, una vittima di teneri anni bastava allo strazio d'una sola famiglia. Lo stesso Jeffreys era, o simulava d'essere, proclive alla clemenza. Vero è che uno dei suoi congiunti, dal quale egli sperava molto, e che perciò non poteva essere da lui trattato come generalmente lo erano gli altri intercessori, favellò vigorosamente a favore della derelitta famiglia. Fu quindi differita la esecuzione della sentenza, onde riferirsi a Londra. Una sorella del condannato andò con una supplica a Whitehall. Molti dei cortigiani le desiderarono prospero successo; e Churchill, che fra i non pochi suoi falli non annoverava la crudeltà, ottenne che venisse ammessa alla presenza del sovrano.

«Con tutto il cuore desidero che la vostra preghiera venga esaudita,» disse egli, mentre con la donna aspettava in anticamera. «Ma non v'illudete di speranze. Questo marmo» e toccò con la mano il caminetto «non è più duro del Re.» La predizione avverossi. Giacomo fu inesorabile. Beniamino Hewling morì con animo indomito fra i lamenti degli spettatori, ai quali non poterono frenarsi di fare eco i soldati che stavano schierati intorno alla forca.

LIX. Eppure, i ribelli dannati a morire erano meno degni di commiserazione, che coloro i quali rimasero in vita. Parecchi prigioni, ai quali Jeffreys non potè in nessuna guisa apporre il delitto di crimenlese, furono dichiarati rei di cattiva condotta, e condannati ad una fustigazione non meno terribile di quella inflitta ad Oates. Una donna, accusata di alcune sconsiderate parole quali erano state profferite da mezze le donne delle contrade dove infuriava la guerra, fu condannata ad essere flagellata in tutte le città di mercato della Contea di Dorset. Patì parte della pena innanzi che Jeffreys fosse ritornato a Londra; ma come egli più non fu nelle contrade occidentali, i carcerieri, con la caritatevole connivenza dei magistrati, presero sopra di sè la responsabilità di non darle altre torture. Una sentenza anche più terribile fu profferita contro un giovinetto chiamato Tutchin, processato come reo di parole sediziose. Secondo il costume, il Giudice con detti osceni e scurrili lo interruppe mentre si difendeva: «Voi siete un ribelle; e tutta la vostra famiglia, da Adamo in qua, è stata di ribelli. Mi si dice che siate poeta; io rimerò versi con voi.» La condanna fu sette anni di prigionia, e la fustigazione, da infliggerglisi ciascun anno in tutte le città di mercato della Contea di Dorset. Le donne che trovavansi nelle gallerie, dettero in uno scoppio di pianto. L'istruttore del processo alzossi grandemente turbato, dicendo: «Milord, lo accusato è assai giovane; e molte sono le città di mercato nella Contea. La sentenza equivale ad una fustigazione ogni quindici giorni per sette anni.» - «Se egli è giovane d'anni,» disse Jeffreys è vecchio di ribalderia. Donne, voi non conoscete bene, come lo conosco io, questo bricconcello. La pena non è nè anche metà di quella che meriterebbe. S'interessi anche tutta l'Inghilterra, nulla m'indurrà a mitigarla.» Tutchin in preda alla disperazione scongiurò, e forse con ischiettezza, lo impiccassero. Avventuratamente per lui, in quella occasione cadde malato di vajuolo, e fu lasciato libero. E posciachè pareva molto probabile che la sentenza non verrebbe mai eseguita, il Capo Giudice si indusse al perdono in compenso d'una grossa mancia che gettò il condannato in fondo alla miseria. L'indole di Tutchin, per lo innanzi non mite, fu esasperata fino alla frenesia per effetto di ciò ch'egli aveva sofferto. E' visse per diventare uno dei più virulenti e pertinaci avversari della Casa Stuarda e del partito Tory.

LX. Il numero dei prigioni deportati da Jeffreys fu ottocento quarantuno. Costoro, assai più miseri dei loro colleghi dannati a morte, furono distribuiti a branchi e concessi a persone godenti il favore della Corte. Le condizioni del dono, furono che i condannati verrebbero trasportati oltremare come schiavi, che non sarebbero emancipati per dieci anni, e che il luogo del loro confine fosse qualcuna delle isole dell'Indie Occidentali. Questa ultima condizione fu con sommo studio immaginata per accrescere la infelicità degli esuli. Nella Nuova Inghilterra o nella Nuova Jersey avrebbero potuto trovare una popolazione disposta a mitigare le loro miserie, ed un clima non isfavorevole alla salute ed alle forze loro. Fu quindi deliberato mandarli in quelle colonie nelle quali un puritano non avrebbe potuto aspettarsi di destare un poco di compassione, e dove un lavorante nato sotto la zona temperata avrebbe avuto poca salute. Ed erano tali le condizioni del traffico degli schiavi, che que' nuovi infelici, non ostante la lunghezza del viaggio e le infermità in cui sarebbero probabilmente caduti, valevano molto. Jeffreys calcolò che, l'un per l'altro, pagate tutte le spese, valevano da dieci a quindici lire sterline ciascuno. E però ci furono molte ostinate contese a farseli concedere. Alcuni Tory delle contrade occidentali d'Inghilterra credettero d'avere, a cagione degli sforzi fatti e dei danni sofferti nel tempo della insurrezione, diritto a essere partecipi degli utili che erano stati sollecitamente carpiti dai parassiti di Whitehall. Nondimeno i cortigiani la vinsero.

La sciagura degli esuli uguagliava appieno quella dei Negri che oggidì vengono trasportati da Congo al Brasile. Da' migliori documenti che finora si conoscano, risulta che la quinta parte di coloro che furono imbarcati, vennero, avanti che finisse il viaggio, gettati in pasto ai pesci. Questa mercanzia umana fu stivata nel fondo di piccoli legni. Così poco era lo spazio, che gl'infelici, molti dei quali erano anche tormentati dalle ferite non per anche richiuse, non potevano tutti insieme giacere senza che l'uno si ponesse sull'altro. Non gli lasciavano mai venire sul ponte. I boccaporti erano sempre guardati da sentinelle armate di coltelli e di tromboni. In fondo alla nave tutto era tenebre, puzzo, lamenti, morbi e morte. Di novantanove condannati che trasportava una nave, ventidue morirono prima che giungessero alla Giammaica, quantunque il viaggio fosse fatto con insolita celerità. Quei che rimasero vivi, quando arrivarono al luogo del loro servaggio, avevano sembianza di scheletri. Per alcune settimane avevano avuto cattivo biscotto ed acqua fetida in così poca quantità, che sarebbe appena bastato ad uno solo quel tanto che doveva servire per cinque. Trovavansi quindi in tale stato, che un mercatante al quale erano stati affidati, reputò necessario, innanzi che li vendesse, ingrassarli.

LXI. Intanto, una folla di avidi delatori contrastavansi e dividevansi a brani le sostanze dei ribelli che

erano stati giustiziati, e degli altri infelicissimi che consumavansi sotto il sole del Tropico. Secondo la legge. un suddito condannato come reo di crimenlese, perde gli averi; la qual legge dopo il Tribunale di Sangue fu eseguita con un rigore crudele ad un'ora e ridicolo. Le sconsolate vedove e i miseri orfani dei lavoranti i cui cadaveri erano appesi sui canti delle piazze, venivano intimati a comparire dinanzi agli agenti del Tesoro, perchè rendessero ragione di ciò che fosse divenuto di una cesta, d'un'oca, d'un pezzo di lardo, d'un fiasco di sidro, d'un sacco di fave, d'un mannello di fieno. Mentre i piccoli impiegati del Governo spogliavano le famiglie dei contadini giustiziati, il Capo Giudice rapidamente accumulava un patrimonio, saccheggiando l'alta classe dei Whig. Faceva largo traffico di grazie. L'affare più lucrativo di questa specie ch'egli facesse, fu con un gentiluomo chiamato Edmondo Prideaux. È certo che Prideaux non aveva prese le armi contro il Governo; ed è probabile che il suo unico delitto fosse la ricchezza avuta in retaggio dal padre, illustre legale, che aveva occupato uffici eminenti sotto il Protettore. Jeffreys non lasciò intentato alcun mezzo per farlo comparire reo di tradigione. Offerse la grazia ad alcuni prigioni, a patto di testificare contro Prideaux. Questo sventurato giacque lungo tempo in carcere; e infine, vinto dal timore della forca, consentì a pagare quindici mila lire sterline, onde esserne liberato. Questa gran somma di danaro andò tutta nelle mani di Jeffreys; il quale comprò una terra, cui il popolo pose il nome di Aceldama, alludendo a quel campo maledetto che era stato comperato col prezzo d'un sangue innocente.
In questo lavoro d'estorsione, egli era abilmente aiutato dalla ciurma dei parassiti che avevano costume di ubriacarsi e ridere con lui. L'ufficio di questi uomini era di mercanteggiare coi condannati vinti dal terrore della morte, e coi genitori tremanti per la vita dei figli. Parte di questo bottino andava a Jeffreys. Dicesi, che con uno di questi compagnoni gozzovigliando, giuocasse la grazia di un ricco traditore. Non era senza pericolo il ricorrere ad altro intercessore che ai suoi cagnotti; perocchè egli era gelosissimo di codesto monopolio di clemenza. Altri sospettò perfino ch'egli avesse fatti impiccare taluni, soltanto perchè s'erano ingegnati d'ottenere la regia clemenza per vie indipendenti da lui.
LXII. Alcuni cortigiani, nondimeno, studiaronsi di partecipare alquanto di cotesto traffico. Le donne della corte della Regina si resero notevoli per rapacità e durezza di cuore. Parte del disonore da esse acquistato cade sulla loro signora; imperocchè solo per la relazione che avevano con essa poterono arricchirsi con quel turpe traffico; e non è dubbio che ella con una parola, con uno sguardo, avrebbe potuto frenarle. Invece, le inanimiva col pessimo esempio, se non voglia credersi con espressa approvazione. Pare ch'ella fosse una delle molte creature che sostengono l'avversa meglio che la prospera fortuna. Mentre il suo marito era suddito ed esule, escluso dai pubblici uffici, e in presentissimo pericolo di perdere il diritto al trono, con la soavità e la umiltà dei modi ella rendeva a sè cortesi anche coloro che maggiormente abborrivano la religione di lei. Ma la sua buona indole scomparve appena la fortuna mutò aspetto. La mansueta ed affabile Duchessa divenne una sgraziata ed altera Regina. Le sciagure che poi ebbe a patire, l'hanno resa obietto di qualche interesse; ma tale interesse si accrescerebbe non poco, ove alcuno potesse dimostrare che ella, nel tempo della sua grandezza, salvasse o almeno si provasse di salvare una sola vittima dalla più spaventevole proscrizione che sia mai stata in Inghilterra. Sventuratamente, la sola richiesta che si conosca fatta da lei rispetto ai ribelli, fu che le fossero donati cento di quelli condannati alla deportazione. L'utile ch'ella ne trasse, computando quelli che nel viaggio morirono di fame o di febbre, non può estimarsi a meno di un migliaio di ghinee. Non possiamo, adunque, maravigliarci che le sue serve imitassero la sua avidità, indegna di una principessa; e la sua crudeltà, innaturale ad una donna. Richiesero mille lire sterline da Ruggiero Hoare, mercante di Bridgewater, che aveva contribuito alla cassa militare dell'armata ribelle. Ma la preda sopra la quale gettarono con maggiore avidità li artigli, fu tale, che anche i cuori più crudi se ne sarebbero astenuti. Già alcune delle fanciulle che avevano in Tauton offerta a Monmouth la bandiera, avevano crudelmente scontato il loro delitto. Una di loro era stata gettata in un carcere, dove una infermità contagiosa faceva strage. Ammalatasi, vi morì. Un'altra erasi presentata in tribunale dinanzi a Jeffreys implorando misericordia. «Portala via, carceriere,» urlò il Giudice, con uno di quegli atroci sguardi che spesso avevano atterrito animi più robusti che non era quello della malarrivata fanciulla. Ella dètte in uno scoppio di lacrime, si gettò il cappuccio sul viso; seguì il carceriere, e presa di spavento, dopo poche ore era freddo cadavere. La maggior parte, però, delle donzelle che erano andate in processione, viveva tuttavia. Alcune di esse non avevano nè anche dieci anni d'età. Tutte avevano agito secondo gli ordini della loro maestra di scuola, senza sapere che commettevano un delitto. Le dame di corte della Regina chiesero al Re licenza di estorcere danari dai genitori di quelle povere creature; e la licenza fu data. In Taunton giunse l'ordine di prendere e mettere in carcere tutte quelle tenere fanciulle. Sir Francesco Warre di Hestercombe, rappresentante

Tory di Bridgewater, fu pregato di togliersi il carico di riscuotere il danaro del riscatto. Gli fu scritto di manifestare con vigorosi termini, come le dame di Corte non avrebbero patito indugio alcuno, e fossero deliberate di tradurre le colpevoli dinanzi al tribunale, se non veniva tosto sborsata una convenevole somma di danari, e per somma convenevole intendevano sette mila lire sterline. Warre ricusò di immischiarsi, menomamente in un affare così scandaloso. Le dame di corte allora si rivolsero a Guglielmo Penn, il quale accettò la commissione. Eppure parrebbe che un po' di quel pertinace scrupolo ch'egli aveva spesso mostrato circa al togliersi il cappello di capo, non sarebbe stato fuori di luogo in simigliante occasione. Forse egli fe' tacere i rimorsi della propria coscienza, ripetendo a sè stesso che nessuna parte della estorta pecunia rimarrebbe nelle sue mani; che ricusando egli il mandato delle dame, esse avrebbero trovato agenti meno umani; che compiacendole, avrebbe accresciuta la propria influenza in Corte: e che mercè tale influenza, egli aveva potuto e poteva ancora rendere grandi servigi ai suoi oppressi confratelli. Le dame d'onore, infine, furono costrette a contentarsi di meno del terzo della somma che avevano primamente richiesta.
Nessun sovrano inglese ha mai porto maggior prove d'indole feroce, di quel che facesse Giacomo II; e nondimeno, la sua crudeltà non era odiosa quanto la sua clemenza, o forse sarebbe più esatto il dire, che la clemenza e crudeltà sue erano tali da infamarsi vicendevolmente. Il ribrezzo che sentiamo alla sorte dei semplici villani, dei fanciulli, delle dame delicate, si accresce qualvolta ci facciamo a considerare a chi e per quali ragioni egli accordava il perdono.
La regola secondo la quale un principe, dopo una ribellione, dovrebbe condursi nello scegliere i ribelli perchè siano puniti, è singolarmente chiara. Contro i capi, gli uomini cospicui per ricchezza e educazione, i quali con la potenza e le arti proprie abbiano indotta la moltitudine ad errare, il Governo deve mostrarsi dirittamente severo. Ma lo ingannato volgo, finita la strage sul campo di battaglia, è d'uopo che venga trattato con estrema clemenza. Questa regola, così manifestamente concorde alla giustizia ed alla umanità, non solo non venne osservata, ma fu invertita. Mentre coloro i quali si sarebbero dovuti mandare impuniti, venivano tratti a centinaia al macello, i pochi che si sarebbero potuti giustamente abbandonare allo estremo rigore della legge, erano risparmiati. Cotesta bizzarra clemenza ha resi perplessi alcuni scrittori, e ad altri è stato subietto di ridicoli elogi. Non era nè al tutto misteriosa, nè al tutto degna di lode: e può in ciascun caso attribuirsi ad una cagione sordida o ad una malefica, a sete di pecunia o a sete di sangue.
LXIII. Nel caso di Grey non erano circostanze attenuanti. Per le sue doti, il suo sapere, il grado che per retaggio ei teneva nello Stato, e l'alto comando che aveva avuto nell'armata ribelle, sarebbe stato agli occhi d'un Governo giusto, obietto più meritevole di castigo di quello che fossero Alice Lisle, Guglielmo Hewling, o chiunque altri delle centinaia di contadini ignoranti, dei quali i teschi e gli squartati corpi erano esposti nelle città della Contea di Somerset. Ma il patrimonio di Grey era grande, e rigorosamente ipotecato. Egli altro non aveva dei suoi beni che una rendita vitalizia, e non poteva perdere più di ciò che fruiva. Se veniva punito di morte, le sue terre erano subito devolute allo erede prossimo. Se gli si concedeva il perdono, poteva pagare un grosso riscatto. Gli fu quindi concesso di redimersi, dando una scritta d'obbligo per quaranta mila lire sterline al Lord Tesoriere, ed altre somme minori ad altri cortigiani.
LXIV. Sir Giovanni Cochrane aveva tenuto fra i ribelli scozzesi il grado medesimo occupato da Grey nelle contrade occidentali d'Inghilterra. Che Cochrane fosse perdonato da un principe oltremodo vendicativo, pareva incredibile. Ma Cochrane era cadetto d'una ricca famiglia; non poteva, dunque, da lui ottenersi danaro se non col salvargli la vita. Il padre suo, Lord Dundonald, offerse cinque mila lire sterline di mancia ai preti della casa reale; e la grazia fu conceduta.
Samuele Storey, rinomato seminatore di sedizioni, che era stato commissario nella armata ribelle, e con veementi arringhe, in cui Giacomo era descritto come incendiario ed avvelenatore, aveva infiammato l'ignorante popolaccio della Contea di Somerset, ottenne il perdono; imperocchè aiutò mirabilmente Jeffreys ad estorcere le quindici mila lire sterline a Prideaux.
Nessuno dei traditori aveva meno diritto a sperare grazia che Wade, Goodenough e Ferguson. Questi tre capi della ribellione erano fuggiti insieme dal campo di Sedgemoor, ed erano giunti salvi alla costa; ma avevano trovato una fregata in crociera presso il luogo dove speravano imbarcarsi. Si erano quindi l'uno dall'altro partiti. Wade e Goodenough, in breve tempo scoperti, furono menati a Londra. Comunque fossero stati profondamente implicati nella congiura di Rye House, comunque si fossero resi notevoli fra' capi della insurrezione delle contrade occidentali, fu loro lasciata la vita, perchè potevano rivelare cose, onde il Re togliesse cagione ad uccidere e spogliare taluni ch'egli odiava, ma ai quali non aveva fino allora potuto trovare delitto da apporre.

In qual modo Ferguson fosse fuggito, fu, ed è tuttavia, un mistero. Di tutti gl'inimici del Governo, egli era, senza dubbio nessuno, il più reo. Era stato il primo macchinatore della congiura per assassinare Carlo e Giacomo. Aveva scritto il manifesto, che per insolenza, malignità e bugiarderia, non ha paragone fra i libelli di que' procellosi tempi. Aveva incitato Monmouth prima ad invadere il Regno, e poi ad usurpare la corona. Era ragionevole credere che si sarebbe con ogni studio cercato l'arcitraditore, come spesso lo chiamavano; alle quali ricerche un uomo così singolare per aspetto e loquela mal poteva sottrarsi. Affermavasi con sicurezza nelle botteghe da caffè in Londra, che Ferguson fosse stato preso; notizia che fu creduta da uomini i quali avevano buoni mezzi di sapere il vero. Dopo, si seppe ch'egli era sano e salvo sul continente. Corse molto il sospetto che egli di continuo carteggiasse col Governo, contro cui di continuo macchinava congiure; che mentre incitava i suoi colleghi ad ogni eccesso d'imprudenza, desse a Whitehall tante notizie rispetto ai loro procedimenti, quante sarebbero potute bastare a salvargli la vita; e che perciò si fossero dati ordini a lasciarlo fuggire.
Jeffreys, compiuta l'opera, ritornò a chiedere il meritato premio. Giunse a Windsor, lasciandosi addietro strage, lutto e terrore. L'odio che gli portavano le genti della Contea di Somerset, è senza esempio nella storia nostra. Non fu spento dal tempo o da politici mutamenti, fu lungamente tramandato di generazione in generazione, e si sfogò ferocemente sopra la sua innocente progenie. Da molti anni era già morto, il suo nome e il suo titolo erano già estinti, allorchè la contessa di Pomfret, viaggiando per la strada d'occidente, fu insultata dalla plebe, e si accôrse di non rimanere in sicurtà fra i discendenti di coloro che avevano veduto il Tribunale di Sangue.
Ma alla Corte, Jeffreys fu cordialmente accolto. Era il giudice tanto gradito al proprio signore. Giacomo aveva con interesse e diletto tenuto dietro alla missione di lui. Nelle sue sale ed a mensa aveva spesso favellato della devastazione che si stava facendo tra i suoi disaffezionati sudditi, con esultanza che rendeva attoniti i ministri stranieri. Di propria mano aveva scritto racconti di quella ch'egli, con frase faceta, chiamava la campagna del suo Lord Capo Giudice nelle contrade occidentali. Scrisse all'Aja, come parecchie centinaia di ribelli fossero stati condannati. Alcuni di loro erano già stati impiccati, altri lo sarebbero; i rimanenti verrebbero deportati alle piantagioni. Non giovò a nulla lo avere Ken scritto per implorare mercè al traviato popolo, e lo avere dipinto con commovente eloquenza l'orribile stato della propria diocesi. Lamentava come fosse impossibile procedere per le strade maestre senza vedere qualche terribile spettacolo, e come l'aria della Contea di Somerset fosse pregna di morte. Il Re lesse, e rimase, secondo il detto di Churchill, più duro del marmo dei camini di Whitehall.
LXV. A Windsor, il Gran Sigillo d'Inghilterra fu posto nelle mani di Jeffreys, e nel prossimo numero della Gazzetta di Londra fu solennemente annunziato che cosiffatto onore era la rimunerazione dei molti insigni servigi da lui resi alla Corona. In un periodo posteriore di tempo, allorquando gli uomini tutti di tutti i partiti parlavano con raccapriccio del Tribunale di Sangue, il malvagio Giudice e il Re malvagio provaronsi di scolparsi, gettandosi scambievolmente il biasimo addosso. Jeffreys, rinchiuso nella Torre, protestò che negli atti più feroci di crudeltà da lui commessi, non aveva travarcati gli ordini espressi del proprio signore; che anzi non gli aveva osservati con quella severità che gli era stata ingiunta. Giacomo, in Saint Germain, avrebbe voluto far credere ch'egli era stato inchinevole alla clemenza, e che la violenza del ministro gli aveva attirato sul capo un biasimo non meritato. Ma niuna di queste due anime crude può mandarsi assoluta, l'una a detrimento dell'altra. La falsità della scusa addotta da Giacomo è provata da ciò che scrisse di proprio pugno. Quella di Jeffrey, quando anche fosse vera in fatto, è estremamente indegna.
La strage delle contrade occidentali era finita; quella di Londra era presso a cominciare. Il Governo singolarmente desiderava trovare vittime fra i grandi mercatanti Whig della Città. Nel regno precedente essi erano stati parte formidabile della potenza dell'Opposizione. Erano ricchi; e la loro opulenza non era, al pari di quella di molti nobili e gentiluomini di provincia, protetta da ipoteche contro la confisca. Nel caso di Grey, e d'altri uomini nella medesima condizione, era impossibile saziare ad un'ora la crudeltà e la rapacità; ma un ricco trafficante poteva essere mandato alle forche, e insieme spogliato. I grandi del commercio, nondimeno, ancorchè comunemente fossero ostili al papismo e al potere arbitrario, erano stati scrupolosi o timidi tanto, da non incorrere nel delitto d'alto tradimento. Uno dei più considerevoli fra essi, era Enrico Cornish. Era stato Aldermanno quando la Città possedeva il suo antico statuto; teneva l'ufficio di Sceriffo mentre la questione della Legge d'Esclusione occupava le menti di tutti. In politica era Whig, in religione pendeva verso le opinioni presbiteriane; ma era d'indole cauta e temperata. Non è stato provato con testimoni di fede degni,

ch'egli si spingesse mai fino all'orlo dell'alto tradimento, senza tuttavia gettarvisi dentro. Mentre era Sceriffo, gli aveva ripugnato l'animo a servirsi, come suo deputato, di un uomo irruente e immorale quale era Goodenough. Scoperta la congiura di Rye House, la Corte sperò grandemente di trovarvi implicato Cornish; speranze che andarono a vuoto. Uno dei congiurati, a dir vero, cioè Giovanni Rumsay, era pronto a giurare ogni cosa; ma un solo testimone non fu riputato sufficiente, e un secondo non fu possibile trovare. Da quel tempo erano corsi due e più anni. Cornish si credeva sicuro, ma l'occhio del tiranno vegliava sopra di lui. Goodenough, atterrito dal prossimo spettacolo della morte, e scusando la propria malignità colla sfavorevole opinione in cui lo aveva sempre tenuto il suo antico padrone, assentì a fare la parte di quel testimone che fino allora non s'era potuto trovare. Cornish venne preso mentre negoziava alla Borsa, condotto in carcere, tenuto per alcuni giorni in istretta solitudine, e tratto senza essere punto preparato al tribunale di Old Bailey. L'accusa era interamente fondata sopra la testimonianza di Rumsay e di Goodenough. Entrambi, siccome essi medesimi confessarono, erano complici della congiura onde accusavano il prigione. Entrambi erano fortemente stimolati da speranza e timore ad incriminarlo. Furono addotti anche testimoni che provavano come Goodenough gli fosse nemico personale. La storiella che disse Rumsay, era incompatibile con quella ch'egli aveva raccontata allorquando comparve in tribunale a testificare contro Lord Russell. Ma queste ragioni furono addotte invano. Al banco sedevano tre giudici che avevano seguito Jeffreys nella sua missione di sangue alle contrade occidentali; e fu notato da coloro che ne osservavano il contegno, ch'essi erano tornati dalla strage di Taunton con feroce ed irritato animo. Egli è pur troppo vero che il gusto del sangue è un appetito che anco gli uomini di non crudele natura possono per abitudine agevolmente acquistare. La barra e il seggio si congiunsero ad atterrire il malfortunato Whig. I Giurati, eletti dal cortigiano Sceriffo, decisero di leggieri esistere la colpa; e, malgrado il mormorare dello indignato pubblico, Cornish fu fatto morire dieci giorni dopo essere stato imprigionato. E perchè fosse intera la degradazione, la forca fu innalzata dove King Street si congiunge con Cheapside di faccia alla casa nella quale quell'infelice, riverito da tutti, era lungamente vissuto; voglio dire di faccia alla Borsa, dove egli aveva sempre avuto immenso credito, ed al Guildhall, dove s'era reso cospicuo come capo popolare. Ei morì animosamente, profferendo molte pie parole; ma co' gesti e con lo sguardo mostrò tale forte risentimento per la barbarie ed ingiustizia onde era stato trattato, che i suoi nemici sparsero una vile calunnia, dicendo come egli fosse ubriaco o fuori di sè allorquando venne condotto al patibolo. Guglielmo Penn, nondimeno, che stava presso alla forca, e i cui pregiudizi erano tutti a favore del Governo, affermò poscia di non avere veduto nel contegno di Cornish null'altro che la indignazione naturale d'un uomo innocente, tratto al macello con forme legali. La testa dell'assassinato magistrato fu posta sopra il Guildhall.

LXVI. Per quanto iniquo fosse il riferito caso, non era l'iniquissimo dei tanti che infamarono le sessioni autunnali di quell'anno in Old Bailey. Fra gl'implicati nella congiura di Rye House, era un uomo chiamato Giacomo Burton. Per confessione propria, s'era trovato presente allorchè i suoi complici avevano discusso intorno al disegno d'assassinio. Scoperta la congiura, fu promesso un premio a chi lo avesse arrestato. Ei venne salvato da morte da una vecchia matrona, di nome Elisabetta Gaunt, che professava le dottrine dei Battisti. Questa donna, con le maniere e le frasi peculiari alla sua sètta, era armata di un grande spirito di carità. Spendeva la vita a soccorrere gl'infelici di qualunque opinione religiosa si fossero, ed era ben conosciuta come colei che di continuo andava visitando le carceri. Le opinioni politiche e teologiche, non che la inchinevolezza alla commiserazione, la indussero a fare tutto ciò che potè a fine di salvare Burton. Provvide che una barca lo trasportasse a Gravesend, dove s'imbarcò sopra un legno che andava ad Amsterdam. Nel partirsi, ella gli pose in mano una somma di denari, che, rispetto ai suoi mezzi, era assai grande. Burton, dopo d'essere vissuto lungo tempo in esilio, ritornò con Monmouth in Inghilterra, pugnò in Sedgemoor, fuggì a Londra, ed ebbe asilo in casa di Giovanni Fernley, barbiere in Whitechapel. Fernley era poverissimo. Sapeva che un premio di cento lire sterline era stato offerto dal Governo per la cattura di Burton. Ma l'onesto uomo era incapace di tradire colui che nell'estremo pericolo aveva trovato ricovero sotto il suo tetto. Sventuratamente si sparse la voce, che Giacomo era maggiormente rigoroso contro coloro i quali davano ricetto ai ribelli, che contro i ribelli stessi. Aveva pubblicamente dichiarato, che di tutte le specie di crimenlese, quella di sottrarre i traditori alla sua vendetta, era la più imperdonabile. Burton lo seppe; si diede nelle mani del Governo, accusando Fernley ed Elisabetta Gaunt come rei di averlo ricoverato ed aiutato a fuggire. Furono tratti al tribunale. Lo scellerato al quale avevano salvata la vita, ebbe cuore e faccia di comparire come precipuo testimone contro loro. Dichiarati convinti, Fernley fu condannato alla forca, Elisabetta Gaunt al fuoco. Anche dopo gli orribili fatti di quell'anno, molti credevano impossibile che coteste sentenze si mandassero ad esecuzione. Ma il Re fu senza pietà. Fernley venne impiccato. Elisabetta Gaunt fu arsa viva in Tyburn il dì medesimo nel quale Cornish fu tratto a morte in Cheapside. Lasciò un foglio, scritto, a dir vero, in istile non leggiadro, ma tale che fu letto da migliaia di persone con commiserazione e raccapriccio. «Il mio fallo» diceva essa «è stato tale da essere perdonato da un principe. Altro non ho fatto che aiutare una povera famiglia, ed ecco! è forza ch'io muoia per avere ciò fatto.» Querelavasi della insolenza dei giudici, della ferocia del carceriere, e della tirannia del maggiore di tutti, al piacere del quale essa e tante altre vittime erano state immolate. Perdonava le ingiurie che le erano state da loro fatte; ma come implacabili nemici di quella buona causa, che pure sarebbe risorta e trionferebbe, li abbandonava al giudizio del Re dei Re. Fino allo estremo mantenne forte e tranquillo l'animo: il che rammentò agli spettatori le più eroiche morti di cui avevano letta la descrizione nel libro di Fox. Guglielmo Penn, che, a quanto pare, piacevasi sommamente di quegli spettacoli che gli uomini d'indole mite comunemente sogliono schivare, da Cheapside, dove aveva veduto impiccare Cornish, corse in fretta a Tyburn per vedere ardere Elisabetta Gaunt. Riferì poscia, che come ella si pose con calma a disporre la paglia in guisa che il suo patire fosse più breve, a tutti gli astanti scoppiarono le lagrime. Fu notato che mentre compivasi il più iniquo assassinio giudiciale che avesse infamato que' tristissimi tempi, si sfrenò tale una procella, che non ve n'era mai stata un'altra somigliante dopo quel grande uragano che aveva infuriato mentre giaceva sul letto di morte Oliviero. Gli oppressi Puritani contarono, non senza trista soddisfazione, le case atterrate, le navi sbalzate dall'impeto della procella; e sentivano alquanto racconsolarsi pensando che il cielo mostrasse spaventevoli segni della ira sua contro la iniquità che affliggeva la terra. Da quel terribile giorno in poi, nessuna donna in Inghilterra ha patita la pena di morte per delitto politico.

LXVII. Ciò che Goodenough aveva fatto, non fu reputato bastevole a meritarsi la grazia. Il Governo voleva ancora una vittima di non alta condizione; un chirurgo, cioè, di nome Bateman. Aveva, come tale, servito Shaftesbury, ed erasi mostrato zelante Esclusionista. Forse era stato anche partecipe del segreto della congiura Whig; ma gli è certo, lui non essere stato uno dei precipui congiurati; perocchè nella congerie delle deposizioni pubblicate dal Governo, il suo nome si incontra una volta sola, e non implicato in nessun delitto che toccasse l'alto tradimento. Dal suo atto d'accusa, e dalla relazione che ci rimane intorno al suo processo, chiaro si deduce che non gli venne mai apposta la colpa di avere partecipato al disegno di assassinare i due reali fratelli. La malignità con che un uomo cotanto oscuro, reo di sì lieve fallo, venne perseguitato, mentre a traditori assai più rei e bene altrimenti notevoli fu conceduto redimersi testificando contro lui, sembrava richiedere spiegazione; e una spiegazione disonorevole fu data. Allorchè Oates, dopo la patita flagellazione, fu portato privo di sensi, e come tutti pensavano, nell'estrema agonia, a Newgate, Bateman gli aveva cavato sangue e fasciate le ferite. E questo fu per lui delitto imperdonabile. I testimoni addottigli contro, erano uomini di tristissima fama; i quali, inoltre, giuravano ciò che veniva loro ingiunto, a fine di salvare la propria vita. Nessuno di loro aveva fino allora ottenuto il perdono; e il popolo soleva dire che essi pescavano la preda, come corvi di mare, con la corda al collo. Il prigione, istupidito dal sentirsi male, non potè proferire parola, o intendere ciò che accadeva. Il figlio e la figlia di lui gli stavano accanto sul banco degli accusati. Lessero, come meglio poterono, alcuni appunti ch'egli aveva notati, ed esaminarono i testimoni. E tutto fu invano. Bateman fu dichiarato convinto, impiccato e squartato.

LXVIII. Giammai, nè anche sotto la tirannia di Laud, le condizioni dei Puritani erano state deplorabili come in quel tempo; giammai le spie erano state così affaccendate a scoprire ragunanze; giammai i magistrati, i grandi Giurati, i rettori e i sorvegliatori delle chiese erano stati così vigilanti. Molti Dissenzienti furono citati dinanzi le Corti ecclesiastiche. Ad altri era forza comprare la connivenza degli agenti del Governo con doni di fiaschi di vino, e di guanti pieni di ghinee. Riusciva impossibile ai Separatisti ragunarsi insieme a pregare, senza usar cautele simili a quelle che adoperano i coniatori di monete false, e i ricettatori di robe rubate. Cangiavano spesso il luogo dell'adunanza. Gli uffici divini talvolta facevansi innanzi lo spuntare del giorno, tal'altra nel cuore della notte. Attorno all'edifizio dove stavasi raccolto il piccolo gregge, ponevano sentinelle a dare lo annunzio se vedevano appressarsi una persona estranea. Il ministro travestito veniva introdotto per il giardino e la corte di dietro. In alcune case vi erano usci invisibili, per i quali, in caso di pericolo, egli se ne sarebbe potuto andare. Se accadeva che i Non-Conformisti abitassero in case contigue, le pareti erano spesso forate, in guisa che vi fosse secreta comunicazione di casa in casa. Non cantavano salmi, e adoperavano diversi ingegni a impedire che la voce del predicatore, negl'istanti di fervore, fosse udita oltre le pareti. Non ostanti tutte coteste cautele, tornava impossibile eludere la vigilanza dei delatori. Nei

suburbii di Londra, segnatamente, la legge veniva eseguita col massimo rigore. Vari ricchi gentiluomini furono accusati di tenere conventicoli. Inquisironsi minutamente le loro case, e furono fatti sequestri equivalenti alla somma di molte migliaia di lire sterline. I settarii più fieri ed audaci, così cacciati dalle case, ragunavansi all'aria aperta, deliberati di opporre forza alla forza. Un giudice di Middlesex che aveva saputo esservi una ragunanza di settari in un renaio, prese seco un numeroso branco di agenti di polizia, piombò sopra l'assemblea e pose le mani addosso al predicatore. Ma la congrega che era composta di circa duecento uomini, liberò tosto il pastore, ponendo in fuga il magistrato e i suoi uomini. Simili fatti, nondimeno, non accadevano d'ordinario. Generalmente parlando, lo spirito puritano non era stato mai, nei tempi anteriori o posteriori, con tanta efficacia domato, come lo fu in quell'anno. I libellisti Tory vantavansi come nessuno dei fanatici osasse muovere la lingua o la penna a difendere le proprie opinioni religiose. I Ministri Dissenzienti, comunque fossero uomini egregi per dottrina e doti d'animo, non potevano rischiarsi a passeggiare per le vie, temendo di patire oltraggi; i quali non solo non erano repressi, ma venivano promossi da coloro che avevano debito di tutelare la pace. Alcuni teologi di gran fama, fra' quali Riccardo Baxter, erano sepolti in carcere. Altri, e fra essi Giovanni Howe, i quali per venticinque anni s'erano mantenuti intrepidi contro l'oppressione, si persero d'animo, ed abbandonarono il Regno. Gran numero di gente, assuefatta ad intervenire alle conventicole, andava alle parrocchie. E fu notato che gli scismatici, i quali dal terrore erano stati costretti a uniformarsi al culto del Governo, potevano di leggieri distinguersi alla difficoltà che avevano a trovare le collette nel libro delle preghiere, ed alla mal destra maniera onde chinavano il capo al nome di Gesù.
Per lunghi anni, lo autunno del 1685 fu ricordato dai Non-Conformisti come tempo di calamità e di terrore. Nulladimeno, in quell'autunno si sarebbero potuti discernere i primi lievi indizi di un gran mutamento di fortuna; e innanzi che scorressero diciotto mesi, lo intollerante Re e la Chiesa intollerante mostravansi, a vicendevole rovina, ansiosi di procacciarsi il soccorso del partito al quale entrambi avevano recato cotanto male.

CAPITOLO SESTO.

I. La potenza di Giacomo giunge alla sua maggiore altezza nell'autunno del 1685. - II. Sua politica estera. - III. Suoi disegni di politica interna; l'Atto dell'Habeas Corpus. - IV. L'esercito stanziale. - V. Disegni in favore della Religione Cattolica Romana. - VI. Violazione dell'Atto di Prova; disgrazia di Halifax - VII. Malcontento generale. - VIII. Persecuzione degli Ugonotti francesi. - IX. Effetti da tale persecuzione prodotti in Inghilterra. - X. Ragunanza del Parlamento; discorso del Re; opposizione nella Camera dei Comuni. - XI. Sentimenti dei Governi stranieri. - XII. Comitato della Camera dei Comuni intorno al discorso del Re. - XIII. Sconfitta del Governo. - XIV. Seconda sconfitta del Governo; invettive fatte dal Re ai Comuni. - XV. Coke messo in prigione, per aver mancato di rispetto al Re. - XVI. Opposizione al Governo nella Camera dei Lord; il Conte di Devonshire. - XVII. Il Vescovo di Londra. - XVIII. Il Visconte Mordaunt. - XIX. Proroga. - XX. Processi di Lord Gerard e di Hampden. - XXI. Processo di Delamere. - XXII. Effetti dell'essere stato dichiarato non colpevole. - XXIII. Partiti in Corte; Sentimenti dei Tory protestanti. - XXIV. Pubblicazione di scritti trovati nella cassa forte di Carlo II. - XXV. Sentimenti degli uomini più rispettabili fra' Cattolici Romani. - XXVI. Cabala dei Cattolici Romani irruenti. - XXVII. Castelmaine; Jermin; White; Tyrconnel. - XXVIII. Sentimenti dei ministri dei Governi stranieri. - XXIX. Il Papa e la Compagnia di Gesù in vicendevole opposizione. - XXX. La Compagnia di Gesù. - XXXI. Padre Petre. - XXXII. Umori ed opinioni del Re. - XXXIII. È incoraggiato nei suoi errori da Sunderland. - XXXIV. Perfidia di Jeffreys. - XXXV. Godolphin; la Regina; amori del Re. - XXXVI. Caterina Sedley. - XXXVII. Intrighi di Rochester in favore di Caterina Sedley. - XXXVIII. La influenza di Rochester decade. - XXXIX. Castelmaine è inviato a Roma; Giacomo tratta male gli Ugonotti. - XL. La potestà di dispensare. - XLI. Destituzione dei Giudici disubbidienti. - XLII. Caso di Sir Eduardo Hales. - XLIII. Ai Romani Cattolici è dato diritto ad occupare i beneficii ecclesiastici; Sclater; Walker. - XLIV. La Decania di Christchurch è data ad un Cattolico Romano. - XLV. Distribuzione dei Vescovati. - XLVI. Determinazione di Giacomo ad usare la propria supremazia ecclesiastica contro la Chiesa. - XLVII. Difficoltà a ciò fare. - XLVIII. Crea una nuova Corte d'Alta Commissione. - XLIX. Procedimenti contro il Vescovo di Londra. - L. Malcontento nato al comparire in pubblico dei riti e dei vestimenti cattolici romani. - LI. Tumulti. - LII. È formato un campo militare in Hounslow. - LIII. Samuele Johnson. - LIV. Ugo Speke. - LV. Procedimento contro Johnson. - LVI. Zelo del Clero Anglicano contro il papismo;

scritti di controversia. - LVII. I Cattolici Romani rimangono vinti. - LVIII. Condizioni della Scozia. - LIX. Queensberry; Perth; Melfort. - LX. Loro apostasia. - LXI. Favore mostrato alla Religione Cattolica Romana in Iscozia; tumulti in Edimburgo. - LXII. Collera del Re. - LXIII. Suoi intendimenti rispetto alla Scozia. - LXIV. Una Deputazione dei Consiglieri Privati Scozzesi è mandata a Londra. - LXV. Suoi negoziati col Re; ragunanza degli Stati Scozzesi. - LXVI. Si mostrano disubbidienti. - LXVII. Le loro sessioni vengono aggiornate; sistema arbitrario di governo in Iscozia. - LXVIII. Irlanda. - LXIX. Condizioni delle leggi rispetto a cose religiose. - LXX. Ostilità delle razze; Contadini aborigeni. - LXXI. Aristocrazie aborigene. - LXXII. Condizioni della colonia inglese. - LXXIII. Condotta che Giacomo avrebbe dovuto seguire. - LXXIV. Suoi errori - LXXV. Clarendon giunge in Irlanda come Lord Luogotenente. - LXXVI. Sue mortificazioni; paura sparsa fra i coloni. - LXVII. Arrivo di Tyrconnel a Dublino come Generale d'armi. - LXXVIII. Parzialità e violenza di lui. - LXXIX. Si studia di far revocare l'Atto di Stabilimento; ritorna in Inghilterra. - LXXX. Il Re è mal satisfatto di Clarendon. - LXXXI. Rochester è aggredito dalla Cabala gesuitica. - LXXXII. Giacomo si studia di convertire Rochester. - LXXXIII. Destituzione di Rochester. - LXXXIV. Destituzione di Clarendon; Tyrconnel Lord Deputato. - LXXXV. Scoraggiamento dei coloni inglesi in Irlanda. - LXXXVI. Effetti della caduta degli Hydes.

I. Giacomo trovavasi oramai giunto al più alto grado di potenza e prosperità. Sì in Inghilterra che in Iscozia aveva vinti i suoi nemici, e puniti con una severità che aveva nei cuori loro suscitato acerbissimo odio, ma ad un tempo gli aveva efficacemente disanimati. Il partito Whig pareva spento. Il nome di Whig non usavasi mai, tranne come vocabolo di rimprovero. Il Parlamento piegava sommessa la fronte ai voleri del re, il quale aveva potestà di tenerselo sino alla fine del proprio regno. La Chiesa faceva più che mai clamorose proteste di affetto verso lui, proteste ch'ella aveva confermate col fatto a tempo della trascorsa insurrezione. I giudici erano suoi strumenti; e qualora non si fossero mostrati tali, stava in lui di cacciarli d'ufficio. I corpi municipali erano pieni di sue creature. Le sue entrate eccedevano d'assai quelle dei suoi predecessori. Ei si gonfiò d'orgoglio. Non era più l'uomo il quale, pochi mesi innanzi, tormentato dal dubbio che il trono potesse essergli abbattuto in un'ora sola, aveva implorato con supplicazioni indegne di un re il soccorso dello straniero, ed accettatolo con lacrime di gratitudine. Vagheggiava con la fantasia visioni di dominio e di gloria. Vedevasi già il sovrano predominante d'Europa, il campione di molti Stati oppressi da una sola monarchia troppo potente. Fino dal mese di giugno, aveva assicurate le Provincie Unite, che, appena rassettate le faccende dell'Inghilterra, avrebbe mostrato al mondo quanto poco ei temesse la Francia. Giusta siffatte assicuranze, in meno d'un mese dopo la battaglia di Sedgemoor, concluse con gli Stati Generali un trattato, secondo i principii della triplice alleanza. Fu considerata e all'Aja e a Versailles come circostanza significantissima, che Halifax, perpetuo ed acerrimo nemico della influenza francese, il quale quasi mai, dall'inizio del regno, era stato consultato sopra alcuno importante negozio, fosse precipuo operatore della lega, in modo da parere che le sue sole parole trovassero ascolto all'orecchio del principe. E fu circostanza non meno significativa, che innanzi non ne fosse stato fatto pur motto a Barillon. Egli e il suo signore furono presi alla sprovvista. Luigi ne rimase sconcertato, e mostrò grave e non irragionevole ansietà rispetto ai futuri disegni di un principe, il quale, poco avanti, era stato suo pensionato e vassallo. Correva molto la voce che Guglielmo d'Orange si affaccendasse a formare una grande confederazione, che doveva comprendere i due rami della Casa d'Austria, le Provincie Unite, il regno di Svezia e lo Elettorato di Brandenburgo. Adesso pareva che tale confederazione dovesse avere a capo il re e il Parlamento d'Inghilterra.
II. Difatti, furono iniziate pratiche tendenti a simile scopo. La Spagna propose di formare una stretta lega con Giacomo; il quale accolse favorevolmente la proposta, comecchè chiaro apparisse che tale alleanza sarebbe stata poco meno che una dichiarazione contro la Francia. Ma ei differì la sua ultima risoluzione fino alla nuova ragunanza del Parlamento. Le sorti della Cristianità pendevano dalla disposizione in cui egli avrebbe trovata la Camera dei Comuni. Se essa era inchinevole ad approvare i suoi divisamenti di politica interna, non vi sarebbe stata cosa alcuna che gli avesse impedito d'intervenire con vigore ed autorità nella gran contesa che tosto doveva travagliarsi nel continente. Se la Camera era disubbidiente, egli sarebbe stato costretto a deporre ogni pensiero d'arbitrato tra le nazioni contendenti, ad implorare nuovamente lo aiuto della Francia, a sottoporsi di nuovo alla dittatura francese, a diventare potentato di terza o quarta classe, e a rifarsi del dispregio, in che lo avrebbero tenuto gli stranieri, trionfando della legge e della pubblica opinione nel proprio regno.
III. E veramente, non sembrava facile ch'egli chiedesse ai Comuni più di quello che essi inchinavano a concedere. Avevano già date abbondevoli prove d'essere desiderosi di serbare intatte le regie

prerogative, e di non patire eccessivi scrupoli a notare le usurpazioni ch'egli faceva contro i diritti del popolo. Certo, undici dodicesimi dei rappresentanti o dipendevano dalla Corte, o erano zelanti Cavalieri di provincia. Poche erano le cose che una tale Assemblea avrebbe pertinacemente ricusate al Sovrano; e fu fortuna per la nazione, che tali poche cose fossero quelle appunto che a Giacomo stavano più a cuore.

Uno dei suoi fini era quello d'ottenere la revoca dell'Habeas Corpus, che egli odiava, come era naturale che un tiranno odiasse il freno più vigoroso che la legislazione impose mai alla tirannide. Cotesto odio gli rimase impresso in mente fino all'ultimo dì di sua vita, e si manifesta negli avvertimenti ch'egli scrisse in esilio per erudimento del figlio. Ma l'Habeas Corpus, quantunque fosse una legge fatta mentre i Whig dominavano, non era meno cara ai Tory che ai Whig. Non è da maravigliare che questa gran legge fosse tenuta in tanto pregio da tutti gl'Inglesi, senza distinzione di partito; perocchè, non per indiretta, ma per diretta operazione contribuisce alla sicurezza e felicità di ogni abitante del Regno. IV. Giacomo vagheggiava un altro disegno, odioso al partito che lo aveva posto sul trono, e ve lo manteneva. Desiderava formare un grande esercito stanziale. Erasi giovato dell'ultima insurrezione per accrescere considerevolmente le forze militari lasciate dal fratello. I corpi che oggidì si chiamano i primi sei reggimenti delle guardie a cavallo, il terzo e quarto reggimento dei dragoni, e i nove reggimenti di fanteria, dal settimo al decimoquinto inclusivamente, erano stati pur allora formati. Lo effetto di tale aumento, e del richiamo del presidio di Tangeri, fu che il numero delle truppe regolari in Inghilterra, erasi in pochi mesi accresciuto da sei mila a circa ventimila uomini. Nessuno dei Re nostri in tempo di pace aveva avuto mai tante forze sotto il suo comando. E Giacomo non ne era nè anche soddisfatto. Ripeteva spesso, come non fosse da riposare sulla fedeltà delle milizie civiche, le quali partecipavano di tutte le passioni della classe a cui appartenevano; che in Sedgemoor s'erano trovati nell'armata ribelle più militi cittadini che non fossero nel campo regio; e che se il trono fosse stato difeso soltanto dalle milizie delle Contee, Monmouth avrebbe marciato trionfante da Lyme a Londra.

La rendita, per quanto potesse sembrare grande, in agguaglio di quella dei Re precedenti, serviva appena a questa nuova spesa. Gran parte dei proventi delle nuove tasse spendevasi nel mantenimento della flotta. Sul finire del regno antecedente, l'intera spesa dell'armata, incluso il presidio di Tangeri, era stata minore di trecento mila lire sterline annue. Adesso non sarebbero bastate seicento mila sterline. Se nuovi aumenti dovevano farsi, era necessario chiedere altra pecunia al Parlamento; e non era probabile che esso si sarebbe mostrato proclive a concedere. Il semplice nome d'esercito stanziale era in odio a tutta la nazione, e a nessuna parte di quella più in odio, che ai gentiluomini Cavalieri, i quali riempivano la Camera Bassa. Nella loro mente, la idea d'un esercito stanziale richiamava l'immagine della Coda del Parlamento, del Protettore, delle spoliazioni della Chiesa, della purgazione delle Università, dell'abolizione della Parìa, dell'assassinio del Re, del tristo regno dei Santocchi, del piagnisteo e dell'ascetismo, delle multe e dei sequestri, degl'insulti che i Generali, usciti dalla feccia del popolo, avevano recato alle più antiche ed onorevoli famiglie del reame. Inoltre, non v'era quasi baronetto o scudiere nel Parlamento, che non andasse non poco debitore della propria importanza nella propria Contea al grado ch'egli aveva nella milizia civica. Se essa veniva abolita, era mestieri che i gentiluomini inglesi perdessero gran parte della loro dignità ed influenza. Era, dunque, probabile che il Re incontrasse maggiori difficoltà ad ottenere i mezzi per il mantenimento dello esercito, che ad ottenere la revoca dell'Habeas Corpus.

V. Ma ambidue i predetti disegni erano subordinati al grande divisamento al quale il Re con tutta l'anima intendeva, ma che era aborrito da quei gentiluomini Tory, i quali erano pronti a spargere il proprio sangue per difendere i diritti di lui; aborrito da quella Chiesa che non aveva mai, per lo spazio di tre generazioni di discordie civili, vacillato nella fedeltà verso la sua casa; aborrito perfino da quell'armata alla quale, negli estremi, era d'uopo ch'ei s'affidasse.

La sua religione era tuttavia proscritta. Molte leggi rigorose contro i Cattolici Romani contenevansi nel Libro degli Statuti, e non molto tempo innanzi erano state rigorosamente eseguite. L'Atto di Prova escludeva dagli ufficii civili e militari tutti coloro che dissentivano dalla Chiesa d'Inghilterra; e un Atto posteriore, proposto ed approvato allorché le fandonie di Oates avevano resa frenetica la nazione, ordinava che niuno potesse sedere in nessuna delle Camere del Parlamento se prima non avesse solennemente abiurato la dottrina della transustanziazione. Che il Re desiderasse ottenere piena tolleranza per la Chiesa alla quale egli apparteneva, era cosa naturale e giusta; nè v'è ragione alcuna a dubitare che, con un po' di pazienza, di prudenza e di giustizia, avrebbe ottenuta tale tolleranza.

La immensa avversione e paura che il popolo inglese provava per la religione di Giacomo, non era da

attribuirsi solamente o principalmente ad animosità teologica. Tutti i dottori della Chiesa Anglicana, non che i più illustri non-conformisti, unanimemente ammettevano che la eterna salute potesse trovarsi anche nella Chiesa Romana: che anzi alcuni credenti di quella Chiesa annoveravansi fra i più illustri eroi della virtù cristiana. È noto che le leggi penali contro il papismo erano ostinatamente difese da molti, che reputavano l'Arianismo, il Quacquerismo, il Giudaismo, considerati spiritualmente, più pericolosi del papismo, e non erano disposti a fare simiglianti leggi contro gli Ariani, i Quacqueri o i Giudei.
È facile comprendere perché il Cattolico Romano venisse trattato con meno indulgenza di quella che usavasi ad uomini i quali non credevano nella dottrina dei Padri di Nicea, e anche a coloro che non erano stati ammessi nel grembo della Fede Cristiana. Era fra gl'Inglesi fortissima la convinzione che il Cattolico Romano, sempre che si trattava dell'interesse della propria religione, si credesse sciolto da tutti gli ordinarii dettami della morale; che anzi reputasse meritorio violarli, se, così facendo, poteva liberare dal danno o dal biasimo la Chiesa di cui egli era membro.
Nè questa opinione era priva d'una certa apparenza di ragione. Era impossibile negare, che varii celebri casuisti cattolici romani avessero scritto a difesa del parlare equivoco, della restrizione mentale, dello spergiuro, e perfino dell'assassinio. Nè, come dicevasi, le speculazioni di cotesta odiosa scuola di sofisti erano state sterili di frutti. La strage della festività di San Bartolommeo, lo assassinio del primo Guglielmo d'Orange, quello d'Enrico III di Francia, le molte congiure macchinate a' danni d'Elisabetta, e sopra tutte quella delle polveri, venivano di continuo citate come esempii della stretta connessione tra la viziosa teoria e la pratica viziosa. Allegavasi, come ciascuno di cotali delitti fosse stato suggerito e lodato da' teologi cattolici romani. Le lettere che Eduardo Digby scrisse dalla Torre col succo di limone alla propria moglie, erano state di fresco pubblicate, e citavansi spesso. Egli era uomo dotto e gentiluomo onesto in ogni cosa, e forte animato del sentimento del dovere verso Dio. E nondimeno, era stato profondamente implicato nella congiura ordita a fare saltare in aria il Re, i Lord e i Comuni; e sul punto di andare alla eternità, aveva dichiarato di non sapere intendere in che guisa un Cattolico Romano potesse stimare peccaminoso un tale disegno. La conseguenza che il popolo deduceva da siffatte cose, era che, per quanto onesto si volesse immaginare il carattere d'un papista, non vi era eccesso di fraude e di crudeltà, di cui egli non fosse capace ogni qualvolta ne andasse della securtà e dell'onore della propria religione.
La straordinaria credenza che ebbero le favole di Oates, è massimamente da attribuirsi al prevalere di tale opinione. Era inutile che lo accusato Cattolico Romano allegasse la integrità, umanità e lealtà da lui mostrate in tutto il corso della propria vita. Era inutile ch'egli adducesse a schiere testimoni rispettabili appartenenti alla sua religione, per contraddire i mostruosi romanzi inventati dall'uomo più infame del genere umano. Era inutile che, col capestro al collo, invocasse sopra il suo capo la vendetta di quel Dio, al cospetto del quale, tra pochi momenti, egli doveva presentarsi, se ei fosse stato reo di avere meditato alcun male contro il suo principe, o i suoi concittadini protestanti. Le testimonianze addotte in proprio favore servivano solo a provare quanto poco valessero i giuramenti dei papisti. Le sue stesse virtù facevano presumere la sua propria reità. Il vedersi dinanzi agli occhi la morte e il giudicio, rendeva più verisimile ch'egli negasse ciò che, senza danno d'una causa santissima, non avrebbe potuto confessare. Tra gl'infelici convinti rei dell'assassinio di Godfrey, era stato Enrico Berry, protestante di fama non buona. È cosa notevole e bene provata, che le estreme parole di Berry contribuirono più a togliere credenza alla congiura, di quel che facessero le dichiarazioni di tutti i pii ed onorevoli Cattolici Romani che patirono la medesima sorte. E non erano solo lo stolto volgo, i soli zelanti, nello intelletto dei quali il fanatismo aveva spento ogni ragione e carità, coloro che consideravano il Cattolico Romano come uomo che, per la facilità della propria coscienza, di leggieri diventava falso testimonio, incendiario, o assassino; come uomo che trattandosi della propria religione non abborriva da qual si fosse atrocità, e non si teneva vincolato da nessuna specie di giuramento. Se in quell'età v'erano due che per intendimento o per indole inclinassero alla tolleranza, que' due erano Tillotson e Locke. Nonostante, Tillotson, che per essersi sempre mostrato indulgente a varie classi di scismatici ed eretici, ebbe rimprovero d'eterodosso, disse dal pulpito alla Camera dei Comuni, essere loro debito di provvedere con somma efficacia contro la propaganda d'una religione più malefica della irreligione stessa; d'una religione che richiedeva da' suoi proseliti servigii direttamente opposti ai principii della morale. Confessò come per indole ei fosse prono alla dolcezza; ma il proprio dovere verso la società lo forzava, in quella sola circostanza, ad essere severo. Dichiarò che, secondo egli pensava, i Pagani che non avevano mai udito il nome di Cristo ed erano solo diretti dal lume della ragione naturale, erano membri della civile comunanza più degni di fiducia, che gli

uomini educati nelle scuole dei casisti papali. Locke, nel celebre trattato, nel quale si affaticò a dimostrare che anche le più grossolane forme dell'idolatria non erano da inibirsi con leggi penali, sostenne che quella Chiesa la quale insegnava agli uomini di non serbare fede agli eretici, non aveva diritto alla tolleranza.
Egli è evidente che, in tali circostanze, il grandissimo dei servigi che un Inglese cattolico romano avrebbe potuto rendere ai propri confratelli, era quello di provare al pubblico, che qualunque cosa alcuni temerari, in tempi di forti commovimenti, avessero potuto scrivere o fare, la sua Chiesa non ammetteva che il fine giustifichi i mezzi incompatibili con la morale. E Giacomo poteva mirabilmente rendere alla fede un tanto servigio. Era Re, e il più potente di quanti principi fossero stati sul trono d'Inghilterra a memoria degli uomini più vecchi. Stava in lui far cessare o rendere perpetuo il rimprovero che si faceva alla sua religione.
S'egli si fosse uniformato alle leggi, se avesse mantenute le fatte promissioni, se si fosse astenuto dall'adoperare alcun mezzo iniquo a propagare le sue proprie opinioni teologiche, se avesse sospesa l'azione degli statuti penali, usando largamente della sua incontrastabile prerogativa di far grazia, a un tempo astenendosi di violare la costituzione civile ed ecclesiastica del Regno; il sentire del suo popolo si sarebbe rapidamente cangiato. Un tanto esempio di buona fede scrupolosamente osservato da un principe papista verso una nazione protestante, avrebbe spenti i comuni sospetti. Quegli uomini che vedevano come a un Cattolico Romano si concedesse dirigere il potere esecutivo, comandare le forze di terra e di mare, convocare o sciogliere il Parlamento, nominare i Vescovi e Decani della Chiesa d'Inghilterra, avrebbero tosto cessato di temere che vi fosse gran male, permettendo ad un Cattolico Romano d'essere capitano d'una compagnia, o aldermanno d'un borgo. E forse, in pochi anni, la setta per tanto tempo detestata dalla nazione, sarebbe stata, con plauso universale, ammessa agli uffici e al Parlamento.
Se, dall'altro canto, Giacomo avesse tentato di promuovere gl'interessi della Chiesa, violando le leggi fondamentali del suo regno e le solenni promesse da lui ripetutamente fatte al cospetto di tutto il mondo, mal potrebbe dubitarsi che gli addebiti che, secondo l'andazzo, facevansi contro la Religione Cattolica, si considerassero da tutti i Protestanti come pienamente stabiliti. Imperocchè, se mai si fosse potuto sperare che un Cattolico Romano fosse capace di mantenere fede agli eretici, si sarebbe potuto supporre che Giacomo mantenesse fede al clero Anglicano. Ad esso egli andava debitore della sua corona; e se esso non avesse potentemente avversata la legge d'Esclusione, egli sarebbe stato un esule. Aveva più volte ed enfaticamente riconosciuto i propri obblighi verso quello, e giurato di non attentare minimamente ai diritti spettanti alla Chiesa. S'egli non poteva sentirsi obbligato da cosiffatti vincoli, risultava manifestamente che, in ogni cosa concernente la sua superstizione, non v'era vincolo di gratitudine o di onore che potesse obbligarlo. Era quindi impossibile aver fiducia in lui; e se i suoi popoli non potevano fidarsi di lui, qual altro membro della sua Chiesa era egli meritevole di fiducia? Non era reputato costituzionalmente e per usanza traditore. Per il brusco contegno e la mancanza di riguardo verso gli altrui sentimenti, s'era scroccato una fama di sincero ch'egli affatto non meritava. I suoi panegiristi affettano di chiamarlo Giacomo il Giusto. Se dunque diventando papista, volesse supporsi ch'egli fosse parimente divenuto dissimulatore e spergiuro, quale conclusione doveva ricavarne un popolo ormai disposto a credere che il papismo avesse perniciosa influenza sul carattere morale dell'uomo?
VI. Per tali ragioni, molti dei più illustri cattolici, e fra gli altri il sommo Pontefice, opinavano che gl'interessi della loro Chiesa nell'isola nostra verrebbero più efficacemente promossi da una politica costituzionale e moderata. Ma cosiffatte ragioni non facevano punto effetto nel tardo intelletto e nella imperiosa indole di Giacomo. Nel suo ardore a rimuovere gl'impedimenti che gravavano i suoi correligionari, egli appigliossi ad un partito tale, da persuadere ai più culti e moderati protestanti di quel tempo, che per la salute dello Stato era necessario mantenere in vigore i suddetti impedimenti. Alla politica di lui gl'Inglesi Cattolici erano debitori di tre anni di sfrenato e insolente trionfo, e cento quaranta anni di servitù ed abiezione.
Molti Cattolici Romani occupavano uffici nei reggimenti novellamente formati. Questa violazione della legge per qualche tempo non fu censurata; perocchè le genti non erano disposte a notare ogni irregolarità che commettesse un Re chiamato appena sul trono a difendere la corona e la vita contro i ribelli. Ma il pericolo non era più. Gl'insorti erano stati vinti e puniti. Il loro malaugurato attentato aveva accresciuta forza al Governo che speravano abbattere. Nondimeno, Giacomo seguitò a concedere comandi militari ad individui privi delle qualità richieste dalla legge; e dopo poco si seppe ch'egli era risoluto di non considerarsi vincolato dall'Atto di Prova, che sperava d'indurre il Parlamento

a revocarlo, e che ove il Parlamento si fosse mostrato disubbidiente, egli avrebbe fatto da sè.
Appena sparsa cotesta voce, un profondo mormorare, foriero di procella, gli dette avviso che lo spirito, innanzi al quale l'avo, il padre e il fratello di lui erano stati costretti a indietreggiare, come che tacesse, non era spento. L'opposizione mostrossi primamente nel Gabinetto. Halifax non ardì nascondere il disgusto e la trepidazione che gli stavano in cuore. In Consiglio animosamente espresse que' sentimenti, che, come tosto si vide, concitavano tutta la nazione. Da nessuno dei suoi colleghi fu secondato; e non si parlò altrimenti della cosa. Fu chiamato alle stanze reali. Giacomo si studiò di sedurlo co' complimenti e con le blandizie, ma non ottenne nulla. Halifax ricusò positivamente di promettere che avrebbe nella Camera dei Lord votato a favore della revoca sia dell'Atto di Prova, sia dell'Habeas Corpus.
Taluni di coloro che stavano dintorno al Re, lo consigliarono a non cacciare all'opposizione, in sulla vigilia del ragunarsi del Parlamento, il più eloquente ed esperto uomo di Stato che fosse nel Regno. Gli dissero che Halifax amava la dignità e gli emolumenti dell'ufficio; che mentre seguitava a rimanere Lord Presidente, non gli sarebbe stato possibile adoperare tutta la propria forza contro il Governo, e che destituirlo era il medesimo che emanciparlo da ogni ritegno. Il Re si tenne ostinato. Ad Halifax fu fatto sapere che non v'era più mestieri dei suoi servigi, e il suo nome fu casso dal Libro del Consiglio.
VII. La sua destituzione produsse gran senso non solo in Inghilterra, ma anche in Parigi, in Vienna e nell'Aja; imperciocchè bene sapevasi, come egli si fosse sempre studiato di frustrare la influenza che la Francia esercitava nelle cose politiche della Gran Brettagna. Luigi si mostrò grandemente lieto della nuova. I ministri delle Provincie Unite e quelli di Casa d'Austria, dall'altro canto, esaltavano la saviezza e la virtù del deposto uomo di Stato, in modo da offendere la Corte di Whitehall. Giacomo, in ispecie, era incollerito contro il segretario della legazione imperiale, il quale non si astenne dal dire che gli eminenti servigi resi da Halifax nel dibattimento intorno alla Legge d'Esclusione, erano stati rimunerati con somma ingratitudine.
Dopo poco tempo si conobbe che molti sarebbero stati i seguaci di Halifax. Una parte dei Tory, guidati da Danby loro antico capo, cominciarono a parlare un linguaggio che olezzava di spirito Whig. Persino i prelati accennavano esservi un punto in cui la lealtà verso il principe doveva cedere a più alte ragioni. Il malcontento dei capi dell'armata era anche più straordinario e più formidabile. Principiavano già ad apparire i primi segni di que' sentimenti che, tre anni dipoi, spinsero molti ufficiali d'alto grado a disertare la bandiera regia. Uomini che per lo avanti non avevano mai avuto scrupolo alcuno, subitamente divennero scrupolosi. Churchill sussurrava sottovoce, che il Re andava troppo oltre. Kirke, pur allora ritornato dalle stragi d'occidente, giurava di difendere la religione protestante. E quand'anche, ei diceva, avesse ad abiurare la fede alla quale era stato educato, non sarebbe mai diventato papista. Egli era già vincolato da una solenne promessa allo imperatore di Marocco, al quale aveva giurato che se mai si fosse indotto ad apostatare, si sarebbe fatto Musulmano.
VIII. Mentre la nazione, agitata da molte veementi emozioni, aspettava ansiosa il ragunarsi delle Camere, giunsero di Francia nuove, che accrebbero lo universale eccitamento.
La diuturna ed eroica lotta degli Ugonotti col Governo francese era stata condotta a fine dalla destrezza e dal vigore di Richelieu. Il grande uomo di Stato gli vinse; ma confermò loro la libertà di coscienza ad essi conceduta dallo editto di Nantes. Fu loro promesso, sotto alcune non incomode restrizioni, d'adorare Dio secondo il loro rituale, e di scrivere in difesa della loro dottrina. Erano ammissibili agli uffici politici e militari; nè la eresia loro, per uno spazio considerevole di tempo, impedì ad essi praticamente d'innalzarsi nel mondo. Alcuni di loro comandavano lo armate dello Stato, ed altri presiedevano a' dipartimenti d'importanza nell'amministrazione civile. Finalmente, variò la fortuna. Luigi XIV, fino dagli anni suoi primi, aveva sentita contro i Calvinisti un'avversione religiosa e insieme politica. Come zelante Cattolico Romano, detestava i loro domini teologici. Come principe amante del potere assoluto, detestava quelle teorie repubblicane, che erano frammiste alla teologia ginevrina. A poco a poco privò gli scismatici di tutti i loro privilegi. S'intromise nella educazione dei fanciulli protestanti, confiscò gli averi lasciati in legato ai Concistori protestanti, e con frivoli pretesti chiuse tutte le chiese protestanti. I ministri protestanti furono spogliati da' riscuotitori delle tasse. I magistrati protestanti furono privati dell'onore della nobiltà. Agli ufficiali protestanti della Casa Reale fu annunziato che Sua Maestà più non aveva mestieri dei loro servigi. Furono dati ordini perchè nessun protestante fosse ammesso alla professione di legale. La oppressa setta mostrò qualche lieve segno di quello spirito che, nel secolo precedente, aveva sfidata la potenza della Casa di Valois. Ne seguirono stragi e pene capitali. Furono acquartierate compagnie di dragoni nelle città dove gli eretici erano numerosi, e nelle abitazioni rurali di gentiluomini eretici; e la crudeltà e la

licenza di cotesti feroci missionari, era approvata o debolmente biasimata dal Governo. Nondimeno, lo editto di Nantes, quantunque fosse stato violato di fatto in tutte le sue più essenziali provvisioni, non era stato per anche formalmente revocato; e il Re più volte dichiarò in solenni atti pubblici, d'essere deliberato a mantenerlo. Ma i bacchettoni e gli adulatori, che governavano l'orecchio del Re, gli porsero un consiglio ch'ei volentieri accolse. Gli dimostrarono la sua politica di rigore avere già prodotti stupendi effetti, poca o nessuna resistenza essersi fatta al suo volere, migliaia d'Ugonotti essersi già convertiti; e conclusero che, ove egli facesse l'unico passo che rimaneva a compire l'opera, coloro che seguitavano a ricalcitrare, si sarebbero sollecitamente sottomessi; la Francia sarebbe purgata della macchia d'eresia; e il suo principe si sarebbe acquistata una corona celeste non meno gloriosa di quella di San Luigi. Tali argomenti vinsero l'animo del Re. Il colpo finale fu dato. Lo editto di Nantes venne revocato; e comparvero, rapidamente succedendosi, numerosi decreti contro i settarii. I fanciulli e le fanciulle furono strappati dalle braccia dei genitori, e mandati ad educarsi nei conventi. A tutti i Ministri Calvinisti fu ingiunto o di abiurare la loro religione, o dentro quindici giorni uscire dal territorio della Francia. Agli altri credenti della Chiesa Riformata fu inibito di partirsi dal Regno; e a fine d'impedire loro la fuga, i porti e i confini vennero rigorosamente guardati. In tal modo, il traviato gregge - sperava il principe - diviso dai malvagi pastori, sarebbe tosto ritornato in grembo alla vera fede. Ma, a dispetto di tutta la vigilanza della polizia militare, numerosissimi furono gli emigrati. Fu calcolato che in pochi mesi cinquantamila famiglie dissero per sempre addio alla Francia. Nè i fuggenti erano tali da importar poco alla patria che li perdeva. Erano per lo più persone intelligenti, industriose e di austera morale. Trovavansi fra loro nomi illustri nella milizia, nelle scienze, nelle lettere, nelle arti. Parecchi degli esuli offersero le spade loro a Guglielmo d'Orange, e si resero notevoli pel furore onde combatterono contro il loro persecutore. Altri vendicaronsi con armi anco più formidabili, e per mezzo delle stamperie d'Olanda, d'Inghilterra, di Germania, infiammarono per trenta anni gli animi di tutta l'Europa contro il Governo Francese. Una classe più pacifica di gente istituì manifattorie di seta nel suburbio orientale di Londra. Una compagnia d'esuli insegnò ai Sassoni a fare le stoffe e i cappelli, di che fino allora la sola Francia aveva tenuto il monopolio. Un'altra piantò le prime viti nelle vicinanze del Capo di Buona Speranza.

In circostanze ordinarie, le Corti di Spagna e di Roma avrebbero fatto plauso ad un principe che aveva vigorosamente guerreggiato contro la eresia. Ma tanto era l'odio ispirato dalla ingiustizia ed alterigia di Luigi, che, fattosi egli persecutore, le Corti di Roma e di Spagna presero le parti della libertà religiosa, e forte riprovarono le crudeltà di scagliare senza freno sopra genti inoffensive una feroce e licenziosa soldatesca. Un grido unanime di dolore e di rabbia levossi da' petti di tutti i protestanti d'Europa. La nuova della revoca dello editto di Nantes giunse in Inghilterra circa una settimana innanzi che si aggiornasse il Parlamento. Apparve allora manifesto, che lo spirito di Gardiner e del Duca d'Alba seguitava sempre ad animare la Chiesa Cattolica Romana. Luigi non era da meno di Giacomo per generosità ed umanità, e certo eragli superiore in tutte le doti e i requisiti d'uomo di Stato. Luigi, al pari di di Giacomo, aveva ripetutamente promesso di rispettare i privilegi dei suoi sudditi protestanti. Nulladimeno, Luigi adesso era diventato scopertamente persecutore della religione riformata. Quale ragione, dunque, eravi a dubitare che Giacomo aspettasse solo la occasione di seguire lo esempio del Re francese? Egli andava già formando, a dispetto della legge, una forza militare composta in gran parte di Cattolici Romani. Vi era nulla d'irragionevole nel timore che tale forza potesse venire adoperata a fare ciò che i dragoni francesi avevano fatto?

IX. Giacomo rimase conturbato quasi al pari dei suoi sudditi per la condotta della Corte di Versailles. A dir vero, essa aveva agito in modo che parea volesse essergli d'impaccio e di molestia. Egli stava sul punto di chiedere al corpo legislativo protestante piena tolleranza pei Cattolici Romani. Nulla, quindi, gli poteva giungere tanto importuno, quanto la nuova che in uno Stato vicino, un Governo cattolico romano avesse pur allora privati della tolleranza i protestanti. La sua vessazione fu accresciuta da un discorso che il Vescovo di Valenza, a nome del clero gallicano, diresse a Luigi XIV. L'oratore diceva, come il pio sovrano dell'Inghilterra sperasse dal Re Cristianissimo soccorso contro una nazione eretica. Fu notato che i membri della Camera dei Comuni mostravansi singolarmente ansiosi di procurarsi esemplari di cotesta arringa, la quale venne letta da tutti gl'Inglesi con isdegno e timore. Giacomo voleva frustrare la impressione da siffatte cose prodotta, ed in quel momento mostrare all'Europa di non essere schiavo della Francia. Dichiarò quindi pubblicamente, com'egli disapprovasse il modo onde gli Ugonotti erano stati trattati; largì agli esuli qualche soccorso dal suo tesoro privato; e con lettere munite del gran sigillo, invitò i suoi sudditi ad imitare la liberalità sua. In pochi mesi chiaro si conobbe, come la mostrata commiserazione fosse finta a blandire il Parlamento; come egli sentisse verso i

fuorusciti odio mortale; e come di nulla tanto si dolesse, quanto della propria impotenza a fare ciò che Luigi aveva compito.
X. Il dì 9 di novembre, le Camere si ragunarono. I Comuni furono chiamati alla barra dei Lord a udire il discorso della Corona, profferito dal Re stesso sul trono. Lo avea composto da sè. Congratulossi coi suoi amatissimi sudditi di vedere spenta la ribellione nelle Contrade Occidentali; ma soggiunse che la celerità onde quella ribellione era nata e formidabilmente cresciuta, e la lunghezza del tempo in che essa aveva infuriato, dovevano convincere ciascuno quanto poco conto si potesse fare delle milizie cittadine. Aveva per ciò aumentata l'armata regolare. Le spese a mantenerla quinci innanzi sarebbero più che raddoppiate; ed aveva fiducia che i Comuni gli concederebbero i mezzi a provvedervi. Annunziò poi agli uditori d'avere impiegati parecchi ufficiali i quali non s'erano sottoposti all'Atto di Prova; ma egli li conosceva ben degni della pubblica fiducia. Temeva che gli uomini astuti si sarebbero giovati di cotesta irregolarità per turbare la concordia che esisteva tra lui e il Parlamento. Ma gli era forza di parlare schietto, dichiarando di essere fermissimo a non dividersi, da servi sulla cui fedeltà ei poteva riposare, e del cui soccorso forse tra poco tempo avrebbe egli avuto mestieri. La esplicita dichiarazione, ch'egli aveva rotte le leggi dalla nazione reputate principalissime tutrici della religione stabilita, e ch'egli era determinato a persistere nel violarle, non era atta a mansuefare gli esasperati animi dei suoi sudditi. I Lord, rade volte inchinevoli ad iniziare l'opposizione al Governo, consentirono a votare formali rendimenti di grazie per le cose espresse dal Re nel proprio discorso. Ma i Comuni furono meno proclivi. Ritornati alla sala delle loro adunanze, vi fu un profondo silenzio; e sui visi di molti spettabilissimi rappresentanti era dipinta la profonda inquietudine degli animi. Infine, Middleton alzossi, e propose che la Camera subitamente si formasse in Comitato intorno al discorso del Re; ma Sir Edmondo Jennings, Tory zelante della Contea di York, che supponevasi esprimesse il pensiero di Danby, protestò contro, e chiese tempo a considerare maturamente la cosa. Sir Tommaso Clarges, zio materno del Duca di Albemarle, e da lungo tempo rinomato in Parlamento come uomo atto agli affari ed economo della pubblica pecunia, fece eco alle parole di Jennings. Il sentire della Camera dei Comuni non poteva non esser chiaro a tutti. Sir Giovanni Ernley, Cancelliere dello Scacchiere, insistè onde lo indugio non fosse più di quarantotto ore; ma gli fu forza cedere, e deliberossi di differire la discussione a tre giorni.
Questo intervallo di tempo fu bene adoperato da coloro che erano capi della opposizione alla Corte. E davvero, non era lieve la impresa che si studiavano di compiere. In tre giorni dovevano riordinare un partito patriottico. Non è agevole nei giorni nostri intendere la difficoltà di ciò fare; perocchè oggidì può dirsi che la intera nazione assista alle deliberazioni dei Lord e dei Comuni. Ciò che vien detto dai capi del ministero o della opposizione dopo la mezza notte, si legge all'alba da tutta la metropoli, nel pomeriggio dagli abitanti di Northumberland e di Cornwall, e nella mattina seguente in Irlanda e nelle montagne della Scozia. Nell'età nostra, quindi, tutti gli stadii della legislazione, le regole della discussione, la strategia delle fazioni, le opinioni, gli umori, lo stile d'ogni membro di ambedue le Camere, sono cose familiari a centinaia di migliaia d'uomini. Chiunque adesso entri in Parlamento, possiede ciò che nel secolo decimosettimo si sarebbe reputato gran tesoro di scienza parlamentare. La quale allora nessuno avrebbe potuto acquistare senza aver fatto il tirocinio nel Parlamento. La diversità fra un membro antico ed uno nuovo, era quanta la diversità che corre tra un vecchio soldato ed una recluta di recente tolta all'aratro; e il Parlamento di Giacomo comprendeva un affatto insolito numero di nuovi membri, i quali dalle loro rurali residenze s'erano recati a Westminster, privi di sapere politico, e pieni di violenti pregiudizi. Questi gentiluomini odiavano i papisti, ma non portavano odio meno forte ai Whig, e sentivano pel Re superstiziosa venerazione. Di cotesti materiali formare una opposizione, era un fatto che richiedeva arte e delicatezza infinite. Molti uomini di grande importanza, nondimeno, assunsero la impresa e la compirono con esito felice. Vari esperti politici Whig che non sedevano in quel Parlamento, davano utili consigli ed erudimenti. Nel dì che precesse al fissato per la discussione, si tennero molti convegni, dove gli esperti capi ammaestrarono i novizi; e tosto si vide come tali sforzi non fossero stati invano.
XI. Le legazioni straniere furono tutte in commovimento. Intendevasi bene che fra pochi giorni si sarebbe risoluta la gran questione, se il Re d'Inghilterra sarebbe o no il vassallo di quello di Francia. I ministri di casa d'Austria desideravano ardentemente che Giacomo satisfacesse al Parlamento. Papa Innocenzo aveva inviati a Londra due uomini, ai quali aveva commesso di inculcare moderazione e con gli ammonimenti e con lo esempio. Uno era Giovanni Leyburn, Domenicano inglese, già stato segretario del Cardinale Howard; ed uomo che, fornito di qualche dottrina e d'una ricca vena di naturale arguzia, era il più cauto, destro e taciturno dei viventi. Era stato di recente consacrato

vescovo d'Adrumeto, e fatto Vicario Apostolico della Gran Brettagna. Ferdinando, conte d'Adda, italiano, di non grande abilità, ma d'indole mite e di modi cortesi, era stato nominato Nunzio. Questi due personaggi furono lietamente accolti da Giacomo. Nessun vescovo cattolico romano, per più di un secolo e mezzo, aveva esercitata autorità spirituale nell'isola. Nessun Nunzio ivi era stato ricevuto per lo spazio dei centoventisette anni ch'erano scorsi dopo la morte di Maria. Leyburn fu alloggiato in Whitehall, ed ebbe una pensione di mille lire sterline l'anno. Adda non aveva per anche assunto carattere pubblico. Egli passava per un forestiere d'alto lignaggio, che per curiosità era venuto a Londra; andava giornalmente a Corte, ed era trattato con segni d'alta stima. Ambedue gli emissari del pontefice, fecero ogni sforzo per iscemare, quanto fosse possibile, l'odiosità inseparabile dagli uffici che occupavano, e frenare il temerario zelo di Giacomo. Il Nunzio segnatamente dichiarò, che niuna cosa poteva recare maggior detrimento agli interessi della Chiesa di Roma, che una rottura tra il Re e il Parlamento.
Barillon agiva per un altro verso. Gli ordini che aveva ricevuti in questa occasione da Versailles, sono degnissimi di studio; imperocchè porgono la chiave a conoscere la politica seguita sistematicamente dal suo signore verso l'Inghilterra nei venti anni che precessero la nostra Rivoluzione. Luigi scriveva, come le notizie giunte da Madrid fossero sinistre. Ivi fermamente speravasi che Giacomo avrebbe fatta stretta colleganza con la Casa d'Austria, appena si fosse assicurato che il Parlamento non gli darebbe molestia. In tali circostanze, importava molto alla Francia fare in modo che il Parlamento si mostrasse disubbidiente. A Barillon, quindi, fu dato comandamento di fare, con tutte le possibili cautele, la parte d'arruffamatassa. In Corte, non doveva lasciare fuggire il destro di stimolare lo zelo religioso e l'orgoglio regio di Giacomo; ma nel tempo stesso, doveva ingegnarsi di tenere secrete pratiche coi malcontenti. Siffatte relazioni erano rischiose e richiedevano somma destrezza; nondimeno, avrebbe forse trovato mezzo d'incitare, - senza mettere a repentaglio sè stesso o il proprio Governo, - lo zelo dell'opposizione per le leggi e le libertà dell'Inghilterra, e lasciare intendere che quelle leggi o libertà non erano dal Re di Francia guardate di mal occhio.
XII. Luigi, quando dettava coteste istruzioni, non prevedeva come presto e pienamente la ostinatezza e stupidità di Giacomo gli dovessero togliere dall'animo ogni inquietudine. Il dì 11 di novembre, la Camera dei Comuni si formò in Comitato per discutere il discorso della Corona. Heneage Finch, Procuratore Generale, teneva il seggio. La discussione fu condotta con peregrino ingegno e destrezza da' capi del nuovo partito patriottico. Non uscì loro dalle labbra espressione alcuna d'irreverenza pel sovrano, o di simpatia pei ribelli. Della insurrezione delle Contrade Occidentali parlarono sempre con abborrimento. Non fecero pur motto delle barbarie di Kirke o di Jeffreys. Ammisero che le gravi spese cagionate da' trascorsi disturbi, giustificavano il Re a domandare un aumento di pecuniari sussidi; ma si opposero fortemente ad accrescere l'armata, e alla infrazione dell'Atto di Prova.
Pare che i cortigiani avessero studiosamente schivato ogni discorso intorno all'Atto di Prova. Favellarono, nondimeno, con vigore a dimostrare quanto l'armata regolare fosse superiore alla civica milizia. Uno di loro, con modo insultante, chiese se la difesa del reame era da affidarsi alle sole guardie del Re. Un altro disse che gli si mostrasse in che guisa i militi civici della Contea del Devonshire, i quali, sgominati, fuggirono dinanzi ai contadini armati di falci che seguivano Monmouth, avrebbero potuto affrontare le guardie reali di Luigi. Ma cosiffatte ragioni facevano poco effetto nell'animo dei Cavalieri, che serbavano amara rimembranza del Governo del Protettore. Il sentimento comune a tutti loro fu espresso da Eduardo Seymour, primo dei gentiluomini Tory dell'Inghilterra. Egli ammise che la milizia civica non era in condizioni soddisfacenti, ma sostenne che poteva riordinarsi. Tale riordinamento avrebbe richiesto danari; ma, per parte sua, avrebbe più volentieri dato un milione a mantenere una forza dalla quale ei non aveva nulla a temere, che mezzo milione a mantenere una forza della quale gli era d'uopo vivere in continua trepidazione. Disciplinate le legioni della Civica, rafforzata la flotta, la patria rimarrebbe sicura. Un esercito stanziale avrebbe, se non altro, emunto il pubblico tesoro. Il soldato era uomo rapito alle arti utili. Non produceva nulla; consumava il frutto della industria altrui; e tiranneggiava coloro da' quali era mantenuto. Ma la nazione adesso era minacciata non solo di un esercito stanziale, ma d'un esercito stanziale papista; di un esercito stanziale comandato da ufficiali che potevano essere gentili ed onorevoli, ma erano per principio nemici alla Costituzione del Regno. Sir Guglielmo Twisden, rappresentante della Contea di Kent, parlò nel medesimo senso con detti pungenti, e ne ebbe plauso. Sir Riccardo Temple, uno dei pochi Whig che sedevano in quel Parlamento, accomodando la favella agli umori del suo uditorio, rammentò alla Camera, come un esercito stanziale si fosse sperimentato pericoloso sì alla giusta autorità dei principi, che alla libertà delle nazioni. Sir Giovanni Maynard, il più dotto giureconsulto dei

suoi tempi, prese parte alla discussione. Aveva più di ottanta anni, e poteva bene rammentarsi delle contese politiche del regno di Giacomo I. Aveva seduto nel Lungo Parlamento, e parteggiando per le Teste-Rotonde, aveva sempre porti consigli di mitezza, ed erasi affaticato a compire una riconciliazione generale. Per le doti della mente, non iscemate punto dalla vecchiezza, e per la scienza nella propria professione, onde egli aveva sì lungamente imposto rispetto in Westminster Hall, governava l'uditorio nella Camera dei Comuni. Anch'egli si dichiarò avverso allo aumento delle milizie regolari.

Dopo molto disputare, fu deliberato di concedere un sussidio alla Corona; ma fu parimente deliberato di presentare una legge per riordinare la milizia civica. Questa ultima deliberazione equivaleva ad una dichiarazione contro l'idea di formare un esercito stanziale. Il Re ne ebbe assai dispiacere; e si lasciò correre la voce, che se le cose seguitavano ad andare a questo modo, la sessione del Parlamento non avrebbe avuto lunga durata. La dimane riprincipiò la contesa. Il linguaggio del partito patriottico fu visibilmente più audace e pungente, che non era stato il dì innanzi. Il paragrafo del discorso del Re, che si riferiva al sussidio da concedersi, precedette quello che si riferiva all'Atto di Prova. Fondandosi sopra ciò, Middleton propose che il paragrafo riferentesi al sussidio, venisse discusso il primo nel comitato. Quei della opposizione proposero la questione pregiudiciale. Allegavano come l'usanza ragionevole e costituzionale fosse di non concedere pecunia innanzi che fosse provveduto agli abusi; la quale usanza sarebbe finita, se la Camera si fosse reputata servilmente vincolata a seguire l'ordine in cui le cose venivano rammentate dal Re sul trono.

Fecesi uno squittinio di divisione intorno alla questione se la proposta di Middleton fosse da adottarsi. Il Presidente ordinò che coloro i quali opinavano pel no, andassero nell'antisala. Se ne offesero molto, e querelaronsi altamente di siffatta servilità e parzialità; imperocchè pensavano, secondo la intricata e sottile regola che allora vigeva, e che ai dì nostri venne messa da parte, sostituendovene un'altra più ragionevole e conveniente, avere il diritto di rimanere ai loro seggi; e tutti gli uomini più esperti degli usi parlamentari di quella età sostenevano, che coloro i quali rimanevano nella sala, avevano un vantaggio sopra coloro che uscivano fuori: imperciocchè i seggi erano così difettosi, che niuno il quale avesse avuta la fortuna di trovare un buon posto, amava di perderlo. Ciò non ostante, con isbaLordmento dei Ministri, molti di coloro da' cui voti la Corte onninamente dipendeva, furono veduti muoversi verso la porta. Fra loro era Carlo Fox, pagatore delle truppe, e figlio di Stefano Fox, scrivano della Corte Regia di Palazzo. Il pagatore era stato indotto da' suoi amici ad assentarsi durante la discussione. Ma fu tanta la sua ansietà, che entrò nella stanza del Presidente, udì parte del dibattimento, ritirossi; e dopo d'avere per una o due ore ondeggiato fra la propria coscienza e cinque mila lire sterline di paga annua, prese un'animosa risoluzione e si rificcò nella sala, appunto mentre facevasi la votazione. Due ufficiali dell'armata, il Colonnello Giovanni Darcy, figlio di Lord Conyers, e il Capitano Giacomo Kendall, andarono nell'antisala. Middleton scese alla barra e li rimproverò aspramente. In ispecie, diresse la parola a Kendall, servitore bisognoso della Corona, che da un collegio elettorale di Cornwall, ligio agli ordini del Re, era stato mandato al Parlamento, e che di recente aveva ottenuto un dono di cento ribelli condannati alla deportazione. «Signore,» disse Middleton «non comandate voi un reggimento di cavalleria a' servigi di Sua Maestà?» - «Sì, o Milord,» rispose Kendall «ma mio fratello è morto ora che è poco, e mi ha lasciato settecento lire sterline l'anno.»

XIII. Come i questori compirono l'ufficio loro, i voti affermativi furono cento ottantadue, i negativi cento ottantatre. In quella Camera di Comuni, che era stata messa insieme per mezzo di raggiri, di corruzione e di violenza; in quella Camera di Comuni, della quale Giacomo aveva detto che più di undici dodicesimi dei membri erano quali dovevano essere se gli avesse nominati da sè, la Corte aveva avuta una sconfitta sopra una questione vitale. A cagione di questo voto, le espressioni adoperate dal Re parlando dell'Atto di Prova furono, il dì 13 novembre, poste in discussione. E' fu risoluto, dopo molto discutere, di fargli un indirizzo, a rammentargli come ei non potesse legalmente seguitare a tenere in ufficio uomini che ricusassero di uniformarsi alla legge, e a sollecitarlo perchè prendesse gli opportuni provvedimenti a quietare i sospetti e le gelosie del popolo.

Fu poi proposto che i Lord venissero richiesti di aderire allo indirizzo. Adesso è impossibile chiarirsi se mai tale proposta fosse stata onestamente fatta dalla opposizione, sperante che il concorso dei Pari avrebbe aggiunto peso alla rimostranza, o fatta artificiosamente dai cortigiani con la speranza che ne seguisse un dissenso fra le due Camere. La proposta venne rigettata.

La Camera si era formata in Comitato onde deliberare intorno la pecunia da concedersi. Il Re chiedeva un milione e quattrocento mila lire sterline; ma i Ministri s'accorsero che sarebbe stato vano domandare una sì grossa somma. Il Cancelliere dello Scacchiere propose un milione e dugento mila lire sterline. I capi della opposizione risposero, che concedere tanta pecunia sarebbe stato il medesimo che approvare la permanenza delle forze militari allora esistenti: mentre essi erano disposti solo a dar tanto da bastare pel mantenimento delle truppe regolari finchè le milizie civiche venissero riformate; e però proposero quattro cento mila lire sterline. I cortigiani si misero ad urlare contro siffatta proposta, come indegna della Camera e irriverente al Re. Ma trovarono vigorosa resistenza. Uno dei rappresentanti le Contee Occidentali, voglio dire Giovanni Windham, che era deputato di Salisbury, si oppose vivamente, dicendo come egli avesse sempre avuto terrore ed abborrimento per gli eserciti stanziali; massime da che la recente esperienza l'aveva riconfermato in tale pensiero. Si provò poi di toccare d'una cosa che fino allora era stata con sommo studio schivata. Dipinse la desolazione delle Contee Occidentali. Disse che i popoli erano stanchi della oppressura delle truppe, stanchi degli alloggi, delle depredazioni, e di scelleratezze anche peggiori che la legge chiamava fellonie, ma che essendo commesse da tale classe di felloni, non era possibile ottenerne giustizia. I ministri del Re avevano detto alla Camera, che erano stati fatti buoni provvedimenti pel governo dell'armata; ma nessuno avrebbe osato dire che fossero stati mandati ad esecuzione. Quale ne era la necessaria conseguenza? Il contrasto tra i paterni ammonimenti profferiti dal trono e la intollerabile tirannia dei soldati, non provava egli che l'armata era anche allora troppa e pel principe e pel popolo? I Comuni potevano, perfettamente coerenti a sè stessi, senza menomare la fiducia che avevano posta nelle intenzioni di Sua Maestà, ricusare che venisse aumentata una forza che, manifestamente, la Maestà Sua non avrebbe potuto tenere in freno.

XIV. La proposta delle quattrocento mila lire sterline, non passò per dodici voti di minoranza. Questa vittoria, riportata dai Ministri, era una quasi sconfitta. I capi del partito patriottico, non punto scoraggiati, indietreggiarono un poco, per ritornare alla prova, e proposero la somma di settecentomila lire sterline. Il Comitato votò nuovamente, e i cortigiani furono sconfitti con dugentododici voti contro centosessanta. Il dì dopo, i Comuni andarono solennemente a Whitehall recando l'indirizzo, dove si parlava dell'Atto di Prova. Il Re li accolse seduto sul trono. L'indirizzo era scritto con parole spiranti riverenza ed affetto; imperocchè la maggior parte di coloro che avevano votato a favore di quello, erano fervidamente anzi superstiziosamente realisti, e avevano di leggieri assentito ad inserirvi alcune frasi di complimento, omettendo ogni parola che i cortigiani avevano reputata offensiva. La risposta di Giacomo fu una fredda e austera riprensione. Manifestò dispiacere e maraviglia nel vedere che i Comuni avevano così poco profittato degli ammonimenti dati loro. «Ma,» soggiunse «quantunque possiate seguitare a fare a modo vostro, io sarò fermissimo in tutte le promesse che vi ho fatte.»

I Comuni si radunarono nella loro sala mal satisfatti, e alquanto intimoriti. La più parte di loro portavano al Re alta riverenza. Tre anni d'oltraggi, e d'insulti più duri degli oltraggi stessi, bastavano appena a sciogliere i vincoli onde i gentiluomini Cavalieri erano legati al trono.

Il Presidente ridisse la sostanza della risposta del Sovrano. Successe per alcun tempo un solenne silenzio; poi si lesse regolarmente l'ordine del giorno; e la Camera si formò in Comitato per discutere la legge di riforma della milizia civica.

XV. Nondimeno, servirono poche ore perchè la opposizione si rifacesse d'animo. Come, sul cadere del giorno, il Presidente riprese il seggio, Wharton, il più ardito ed operoso dei Whig, propose di stabilire il giorno in cui la risposta del Re si dovesse prendere in considerazione. Giovanni Coke, rappresentante di Derby, quantunque fosse Tory conosciuto, secondò le parole di Wharton, dicendo: «Spero che noi tutti saremo Inglesi, e che poche parole altere non varranno a intimorirci e distoglierci dal proprio dovere.»

E furono parole coraggiose, ma non savie. «Notate le sue parole! - Alla barra! - Alla Torre!» gridavano da ogni canto della sala. I più moderati proposero, che l'offensore venisse severamente ripreso: ma i Ministri insisterono con veemenza perchè fosse mandato in prigione. Dissero che la Camera poteva perdonare le offese fatte ad essa, ma non aveva ragione di rimettere un insulto fatto alla Corona. Coke fu condotto alla Torre. La indiscretezza di un solo uomo aveva interamente disordinato il sistema di strategia con tanta arte congegnato dai capi della opposizione. Invano, in quel momento, Eduardo Seymour tentò di riordinare i suoi aderenti, esortandoli a stabilire il giorno per discutere la risposta del Re, ed esprimendo la fiducia che la discussione sarebbe stata condotta col rispetto debito dei sudditi verso il sovrano. I rappresentanti erano tanto intimiditi dal dispiacere del Re, e tanto esasperati dalla rozzezza di Coke, che non sarebbe stato savio partito fare squittinio di divisione.

La Camera si aggiornò; e i Ministri s'illusero credendo che lo spirito della opposizione fosse domo. Ma la mattina del dì 19 novembre, nuovi e sinistri segni comparvero. Era giunto il tempo di prendere in considerazione le petizioni arrivate da ogni parte dell'Inghilterra contro le ultime elezioni. Allorquando, nella prima adunanza del Parlamento, Seymour s'era altamente querelato del Governo, il quale usando la forza e la fraude aveva impedito che la opinione dei collegi elettorali liberamente si manifestasse, non aveva trovato niuno che lo secondasse. Ma molti che allora s'erano da lui scostati, avevano poi ripreso animo, e con a capo Sir Giovanni Lowther, rappresentante di Cumberland, innanzi lo aggiornamento avevano manifestata la necessità d'inquisire intorno agli abusi che avevano tanto commossa l'opinione pubblica. La Camera adesso trovavasi più stizzita; e molti alzavano la voce in tono di minaccia e d'accusa. Ai Ministri fu detto, che la nazione aspettava e doveva avere solenne giustizia dei torti patiti. Intanto accennavasi destramente, che la migliore espiazione che ogni gentiluomo eletto con illeciti mezzi potesse fare agli occhi del pubblico, era di usare il mal conseguito potere in difesa della religione e delle libertà della patria. Niun rappresentante, che in tanta ora di pericolo facesse il debito proprio, aveva nulla a temere. Forse potevano trovarsi argomenti per escluderlo dal Parlamento; ma la opposizione prometteva di adoperare tutta la propria influenza a farlo rieleggere. XVI. Il giorno stesso chiaramente si conobbe, che lo spirito d'opposizione erasi propagato dalla Camera dei Comuni a quella dei Lord, e perfino al banco dei vescovi. Guglielmo Cavendish, Conte di Devonshire, aperse lo arringo nella Camera Alta, e a ciò fare aveva i necessari requisiti. Per ricchezze ed influenza a nessuno dei Nobili inglesi era secondo; e la voce pubblica lo diceva il più compito gentiluomo dei tempi suoi. La magnificenza, il gusto, lo ingegno, la classica dottrina, l'altezza dello spirito, la grazia e la urbanità dei modi, erano qualità che i suoi stessi nemici gli consentivano. Sventuratamente, i panegiristi suoi non potrebbero sostenere che la sua morale rimanesse incontaminata dal contagio a que' tempi sparso dappertutto. Quantunque ei procedesse avverso al papismo e al potere arbitrario, aveva sempre abborrito dagli esagerati provvedimenti; era, come vide perduta la Legge d'Esclusione, inchinato ad un compromesso, e non s'era mai immischiato negli illegali ed imprudenti disegni che avevano screditato il partito Whig. Ma benchè gli spiacesse in parte la condotta dei propri amici, ei non aveva mai mancato di compire con zelo gli ardui e perigliosi doveri d'amicizia. S'era mostrato al fianco di Russell alla sbarra; nel tristo giorno della sua decapitazione, gli aveva detto addio, fra amplessi affettuosi e copiose ed amarissime lacrime; anzi, s'era offerto di mettere a repentaglio la propria vita per procurargli la fuga. Questo grand'uomo, adunque, propose in Parlamento di fissare un giorno per esaminare il discorso del Re. Dal lato opposto sostenevasi, che i Lord col deliberare rendimenti di grazie al Sovrano per il discorso, s'erano privati del diritto di muovere querela. Ma Halifax trattò con ispregio simile risposta. «Cosiffatti ringraziamenti» disse egli con quella piacevolezza di sarcasmo di cui era maestro «non includono approvazione. Siamo gratissimi sempre che il nostro Sovrano si degna di rivolgerci la parola. E in ispecie siamo grati quando, come ha fatto nella presente occasione, ci parla chiaro ed accenna ciò che ci tocchi a patire.»

XVII. Il dottore Enrico Compton, vescovo di Londra. parlò fortemente a favore della proposta. Quantunque ei non avesse ricco corredo di insigni doti, nè fosse profondamente versato negli studi della propria professione, la Camera sempre lo ascoltava con riverenza; imperocchè egli era uno dei pochi ecclesiastici che in quell'età potesse vantare nobiltà di sangue. Ed egli e la sua famiglia avevano dato prove di lealtà. Suo padre, secondo Conte di Northampton, aveva strenuamente combattuto per Carlo I, e circuito dai soldati dell'armata parlamentare, era caduto con la spada in pugno, ricusando di concedere o d'accettare quartiere. Lo stesso vescovo, innanzi di ricevere gli ordini sacri, era stato nelle Guardie; e ancorchè generalmente facesse ogni sforzo per mostrare la gravità e la sobrietà convenevoli ad un prelato, di quando in quando si vedeva in lui sfavillare qualche scintilla dell'antico spirito militare. Gli era stata affidata la educazione religiosa delle due Principesse, e aveva adempito a quel solenne dovere in modo da soddisfare tutti i buoni Protestanti, e da assicurargli considerevole influenza sopra le menti delle sue discepole, e massime della Principessa Anna. Adesso dichiarò d'avere potestà di manifestare l'opinione dei suoi confratelli, i quali insieme con lui pensavano che la intera Costituzione civile ed ecclesiastica del reame fosse in pericolo.

XVIII. Uno dei più segnalati discorsi di quel giorno uscì dalle labbra d'un giovane, che con la bizzarria dei suoi casi era destinato a rendere attonita la Europa. Aveva nome Carlo Mordaunt, Visconte Mordaunt, grandemente rinomato anni dopo come Conte di Peterborough. Aveva già date numerose prove di coraggio, di capacità, e di quella stranezza di cervello che rese quel coraggio e quella capacità inutili alla propria patria. S'era perfino messo in mente di rivaleggiare con Bourdaloue e Bossuet. Quantunque ei fosse conosciuto come libero pensatore, aveva vegliato tutta notte in un viaggio di

mare per comporre sermoni, e con difficoltà gli era stato impedito di edificare con un pio discorso la ciurma di un vascello da guerra. Adesso favellò per la prima volta nella Camera dei Pari con singolare eloquenza, con ardore, con audacia. Biasimò i Comuni di non essersi messi in una via più ardimentosa, dicendo: «Essi hanno avuto timore di parlare schietto. Hanno ragionato di sospetti e di gelosie. Che c'entrano qui le gelosie ed i sospetti? Essi sono sentimenti che provansi per danni incerti e futuri; e il male che stiamo esaminando non è futuro nè incerto. Esiste un esercito stanziale. È comandato da ufficiali papisti. Non abbiamo nemico straniero. Non v'è ribellione nel paese nostro. A che fine, dunque, si mantengono tanto numerose forze se non per abbattere le nostre leggi, e stabilire il potere arbitrario, cotanto giustamente abborrito dagli Inglesi?»
Jeffreys parlò contro la proposta con quel rozzo e feroce stile di cui egli era maestro; ma si accôrse subito non essere così agevole atterrire gli alteri e potenti baroni d'Inghilterra nella loro sala, come lo era intimidire gli avvocati, il cui pane dipendeva dal favore, o gli accusati le cui teste erano nelle mani di lui. Un uomo che abbia passata la vita ad aggredire ed imporre ad altrui, sia quale si voglia supporre il suo coraggio ed ingegno, generalmente, qualvolta è rigorosamente aggredito, fa meschina figura: imperciocchè, non essendo avvezzo a starsi sulla difensiva, si confonde; e il sapere che tutti gl'insultati da lui godono della sua confusione, lo confonde vie maggiormente. Jeffreys, per la prima volta da che era divenuto grand'uomo, veniva incontrato a condizioni uguali da avversari che non lo temevano. A soddisfazione universale, era quella la prima volta ch'egli passava dallo estremo dell'insolenza allo estremo dell'abbiettezza, e non potè frenarsi di spargere lacrime di rabbia e di dispetto. Nulla, a dir vero, mancò ad umiliarlo; poichè la sala era piena di circa cento Pari, numero maggiore anche di quello che vi s'era trovato nel gran dì del voto intorno alla Legge d'Esclusione. Arrogi che v'era presente anche il Re. Carlo aveva avuto costume di assistere alle tornate della Camera dei Lord per sollazzo, e spesso era solito dire che una discussione gli era di piacevole intertenimento al pari d'una commedia. Giacomo ci andò non per divertirsi, ma con la speranza che la propria presenza fosse di qualche freno alla discussione. E s'ingannò. Gli umori della Camera si manifestarono con tanto vigore, che dopo una pungentissima orazione fatta da Halifax a concludere, i cortigiani non vollero avventurarsi allo squittinio di divisione. Fu stabilito un giorno prossimo a prendere in considerazione il discorso del Re; e fu ordinato che tutti i Pari i quali non fossero in luoghi molto distanti da Westminster, si trovassero al proprio posto.
XIX. Il dì seguente, il Re in tutta pompa andò alla Camera dei Lord. L'Usciere della Verga Nera intimò ai Comuni di recarsi alla sbarra; e il Cancelliere annunziò che il Parlamento era prorogato fino al giorno decimo di febbraio. I membri che avevano votato contro la Corte, furono destituiti dai pubblici uffici. Carlo Fox fu cacciato dalla Pagatoria. Il vescovo di Londra cessò d'essere Decano della Cappella Reale, e il suo nome fu casso dalla lista dei Consiglieri Privati.
Lo effetto della proroga fu di porre fine ad un processo della più alta importanza. Tommaso Grey, Conte di Stamford, discendente da una delle più illustri famiglie dell'Inghilterra, incolpato di crimenlese, era stato di recente preso e posto in istretta prigionia dentro la Torre. Lo accusavano d'essere stato implicato nella congiura di Rye House. La esistenza del fatto era stata dichiarata dai Grandi Giurati della Città di Londra, e la causa era stata portata alla Camera dei Lord, che erano il solo tribunale dinanzi a cui un Pari secolare, durante la sessione del Parlamento, potesse essere processato per grave delitto. Il dì stabilito allo esame del caso era il primo di decembre; erano stati dati ordini perchè nella sala di Westminster si facessero gli apparecchi bisognevoli. A cagione della proroga, la causa venne differita ad un tempo indefinito; e Stamford fu tosto messo in libertà.
Tre altri Whig di grande importanza stavano già incarcerati allorquando si chiuse la sessione: cioè Carlo Gerard, Lord Gerard di Brandon, primogenito del conte di Maclesfield; Giovanni Hampden, nipote del rinomato capo del Lungo Parlamento; ed Enrico Booth, Lord Delamere. Gerard e Hampden erano accusati come complici della Congiura di Rye House, Delamere, di avere favorita la insurrezione delle Contrade Occidentali.
XX. Non era intendimento del Governo far morire Gerard o Hampden. Grey, prima che acconsentisse a testificare contro di loro, aveva patteggiato per la vita loro. Ma v'era anche una ragione più forte a lasciarli vivi. Erano eredi di grosso patrimonio; ma i genitori loro vivevano ancora. La Corte, quindi, poteva ottenere poco in via di confisca, ma molto in via di riscatto. Gerard fu processato, e dalle assai scarse notizie che ci rimangono, e' sembra che si difendesse con grande animo e con vigorose parole. Vantò gli sforzi e i sacrifici fatti dalla sua famiglia per la causa di Carlo I, e provò che Rumsey, quel desso che inventando una storiella aveva assassinato Russell, e poi Cornish dicendone un'altra, era testimone affatto indegno di fede. I Giurati, dopo qualche esitazione, lo dissero colpevole. Dopo una

lunga prigionia, a Gerard fu concesso di redimersi. Hampden aveva ereditate le opinioni politiche e gran parte delle esimie doti dell'avo, ma era degenerato dalla probità e dal coraggio onde l'avo erasi tanto predistinto. E' pare che lo accusato, per crudele astuzia del Governo, fosse lungamente tenuto in una agonia di dubbio, affinchè la sua famiglia s'inducesse a pagare assai caro il perdono. Il suo spirito prostrossi sotto il terrore della morte. Condotto al banco degli accusati, non solo si confessò reo, ma disonorò il nome illustre ch'egli portava, con sommissioni e suppliche abiette. Protestò di non essere stato partecipe del secreto disegno di assassinare Carlo e Giacomo, ma confessò di avere meditata la ribellione; dichiarossi profondamente pentito del fallo, implorò la intercessione dei Giudici, giurando che ove la reale clemenza si stendesse sopra lui, dedicherebbe intera la vita a mostrare la propria gratitudine. I Whig a tanta pusillanimità divennero furiosi, ed altamente dichiararono lui meritare più biasimo di Grey, il quale, diventando testimonio del Governo, aveva serbato un certo decoro. Ad Hampden fu perdonata la vita; ma la sua famiglia pagò alcune migliaia di lire sterline al Cancelliere. Altri cortigiani di minore momento estorsero da lui altre somme più tenui. Lo sciagurato aveva spirito bastevole a sentire la vergogna in cui s'era gettato. Sopravvisse di parecchi anni al giorno della propria ignominia. Ei visse per vedere il proprio partito trionfante, avere in esso importantissima parte, innalzarsi nello Stato, e far tremare i propri persecutori. Ma una rimembranza insopportabile gli attoscava tanta prosperità. Non riacquistò mai la gaiezza dello spirito, e finalmente di propria mano si tolse la vita. XXI. Che Delamere, ove avesse avuto mestieri della regia clemenza, l'avrebbe potuta ottenere, non è molto probabile. Egli è certo che tutto il vantaggio che la lettera della legge dava al Governo, fu adoperato contro lui senza scrupolo o vergogna. Era in condizioni diverse da quelle in cui trovavasi Stamford. L'accusa contro costui era stata portata dinanzi alla Camera dei Lord mentre il Parlamento era in sessione, e però non poteva essere processato se non alla riapertura del Parlamento. Tutti i Pari avrebbero allora avuto un voto da dare, e sarebbero stati giudici di diritto e di fatto. Ma l'atto d'accusa contro Delamere non fu prodotto fuori se non dopo la proroga. Egli era, quindi, soggetto alla giurisdizione della corte del Lord Gran Maggiordomo. Questa corte, alla quale appartiene mentre è chiuso il Parlamento la cognizione dei delitti di tradimento e di fellonia commessi dai Pari secolari, era allora siffattamente costituita, che nessuno accusato di delitto politico poteva sperare un processo imparziale. Il Re nominava il Lord Gran Maggiordomo. Questi, a proprio arbitrio, nominava vari Pari a giudicare il loro accusato confratello. Al numero loro non era limite. Una semplice maggioranza di voti, purchè fosse di dodici, serviva a dichiarare colpevole. Il Gran Maggiordomo era solo giudice di diritto; e i Lord erano Giurati per pronunciare sul fatto. Jeffreys fu nominato Gran Maggiordomo. Scelse trenta Pari, e la scelta fu qual poteva aspettarsi da siffatto uomo in simiglianti tempi. Tutti que' trenta per opinioni politiche procedevano avversi allo accusato. Quindici erano colonnelli di reggimenti, e potevano essere destituiti a volontà del Re. Tra gli altri quindici erano il Lord Tesoriere, principale segretario di Stato, il Maggiordomo e il Sindaco di Palazzo, il Capitano della Banda dei Gentiluomini Pensionisti, il Ciamberlano della Regina, ed altri individui fortemente vincolati alla Corte. Nondimeno, Delamere aveva alcuni grandi vantaggi sopra i colpevoli di minor grado processati in Old Bailay. Quivi i Giurati, violenti uomini di partito, presi per un solo giorno dagli Sceriffi cortigiani fra la massa della società, e rimandati poi nella massa, non avevano freno di rossore; e poco avvezzi a giudicare della evidenza del caso, seguivano senza scrupolo le voglie del seggio. Ma nella corte del Gran Maggiordomo, ogni Giurato era uomo esperto nei gravi negozi, e considerevolmente noto al pubblico; e doveva profferire separatamente, e sull'onor suo, la propria opinione dinanzi a un numeroso concorso. Quella opinione, insieme col suo nome, sarebbe andata in tutte le parti del mondo e rimasta nella storia. Inoltre, quantunque i nobili scelti fossero tutti Tory e quasi tutti impiegati, molti di loro avevano cominciato a sentire inquietudine della condotta del Re, e dubitavano un giorno non s'avessero a trovare nel caso di Delamere.

Jeffreys si condusse, secondo l'usato, con iniquità ed insolenza. Serbava in petto un vecchio rancore che lo irritava. Era stato capo Giudice di Chester allorquando Delamere, che allora chiamavasi il Signor Booth, rappresentava quella Contea in Parlamento. Booth aveva mosso amarissima querela nella Camera dei Comuni perchè i più cari interessi dei suoi elettori erano affidati ad un buffone briaco. Il giudice vendicativo, ora non arrossì di adoperare artifici tali, che sarebbero stati criminosi anche in un avvocato. Ricordò ai Lord Giurati con significantissime parole, che Delamere in Parlamento erasi opposto alla condanna infamante di Monmouth; fatto che non era nè poteva essere provato. Ma non era in potestà di Jeffreys intimorire un sinodo di Pari, come era avvezzo a fare verso i Giurati ordinari. La testimonianza addotta dalla Corona si sarebbe forse reputata ampiamente bastevole nel giorno giuridico nelle Contrade Occidentali o nelle sessioni di Città, ma non poteva per un momento imporre ad uomini come Rochester, Godolphin e Churchill; nè essi, con tutti i falli loro, erano sì depravati, da condannare a morte un uomo contro le più semplici norme della giustizia. Grey, Wade e Goodenough furono dal Governo addotti come testimoni, ma poterono solo ripetere ciò che avevano udito dire da Monmouth e dagli emissari di Wildman. Fu dimostrato con incontrastabile evidenza che un ribaldo, di nome Saxton, principale testimonio dell'accusa, già stato implicato nella ribellione, ed ora affaccendato a procacciarsi il perdono testificando contro tutti gl'invisi al Governo, aveva detto gran numero di menzogne. Tutti i Lord Giurati, da Churchill, il quale come il più giovane dei baroni parlò primo, fino al Tesoriere, dichiararono sull'onor loro, che Delamere non era colpevole. La gravità e la pompa del processo fece profonda impressione nell'animo del Nuncio, ancorchè fosse assuefatto alle cerimonie della Corte di Roma, le quali per solennità e magnificenza vincono tutte le cerimonie del mondo. Il Re, che v'era presente, e non poteva muovere lamento della sentenza evidentemente giusta, montò in furore contro Saxton, giurando che lo sciagurato sarebbe stato prima posto alla berlina, come reo di spergiuro, innanzi a Westminster Hall; e poi mandato nelle contrade occidentali, per essere appeso alle forche e squartato come reo di tradimento.

XXII. La pubblica esultanza, come si seppe che Delamere era stato assoluto, fu grande. Il regno del terrore era finito. L'innocente incominciava a respirare liberamente, e il falso accusatore a tremare. Non può leggersi senza lacrime una lettera scritta in questa occasione. Giunse alla vedova di Russell nella sua solitudine la nuova, e le suscitò nell'anima un misto di sentimenti diversi. «Rendo grazie a Dio» scriveva ella, «che ha posto alcun freno allo spargimento del sangue in questo misero paese. Ma mentre me ne rallegro con altrui, mi tiro da parte a piangere. Più non mi sento capace di godere; ma ogni nuova circostanza, il paragonare la mia notte di dolore, dopo un tanto giorno, con le loro notti di gioia, o per un pensiero o per un altro, mi tortura l'anima. Comecchè io sia lungi dal desiderare che le loro ore trascorrano come le mie, non posso frenarmi talvolta di lamentare che le mie non siano simili alle loro.»

Adesso il vento era cangiato. La morte di Stafford, accolta con segni di tenerezza e di rimorso dalla plebaglia, alla cui rabbia egli era stato sacrificato, stabilisce il finire di una proscrizione. Il proscioglimento di Delamere stabilisce il chiudersi d'un'altra. I delitti che avevano disonorato il procelloso tribunato di Shaftesbury, erano stati terribilmente espiati. Il sangue degl'innocenti papisti era stato più che dieci volte vendicato dal sangue dei fervidi protestanti. Un'altra grande reazione era incominciata. Le fazioni andavano speditamente prendendo nuove forme. I vecchi collegati scindevansi. Si congiungevano i vecchi nemici. I mali umori spandevansi in tutto il partito fino allora predominante. Una speranza, comunque per allora debole e indistinta, di vittoria e vendetta, rianimava il partito che pareva estinto. In siffatte condizioni si chiuse il 1685, anno torbido e pieno d'eventi, e incominciò il 1686.

XXIII. La proroga aveva disimpacciato il Re dalle moderate rimostranze delle Camere; ma gli toccava udirne altre, simili per lo effetto, ma formulate con parole anche più caute e sommesse. Taluni, che fino allora lo avevano servito con cecità tale da nuocere alla loro fama e al pubblico bene, cominciarono a provare dolorosi presentimenti, e di quando in quando risicavansi a significare alcun che di ciò che sentivano.

Per molti anni lo zelo del Tory inglese per la monarchia ereditaria e per la religione stabilita, erano insieme venuti crescendo e scambievolmente afforzandosi. Ei non aveva mai pensato che questi due sentimenti, i quali parevano inseparabili e pressochè identici, si sarebbero un giorno potuti trovare non solo distinti, ma incompatibili. Dal principio della lotta tra gli Stuardi e i Comuni, la causa della Corona e quella della gerarchia erano state apparentemente una causa sola. Carlo I veniva dalla Chiesa considerato come martire. Se Carlo II aveva contro quella congiurato, aveva congiurato secretamente. In pubblico s'era sempre confessato grato e devoto figliuolo, erasi inginocchiato dinanzi agli altari di essa; e malgrado i suoi corrotti costumi, gli era riuscito di persuadere il maggior numero degli aderenti alla Chiesa, che egli sinceramente la preferisse. Per tutti i conflitti che l'onesto Cavaliere avesse fino allora potuto sostenere contro i Whig e le Teste-Rotonde, non aveva almeno dovuto patire nessun conflitto nella mente propria. Egli s'era veduto piano ed aperto dinanzi agli occhi il sentiero del dovere. Traverso al bene e al male, ei doveva mantenersi fedele alla Chiesa e al Re. Ma se que' due augusti e venerandi poteri, i quali fino allora sembravano così strettamente congiunti, che i fedeli all'uno non potevano essere perfidi all'altro, venissero divisi da mortale nimistà, a quale partito doveva il realista ortodosso appigliarsi? Quale condizione sarebbe stata più critica che quella di trovarsi ondeggiante tra due doveri egualmente sacri, tra due affetti egualmente fervidi? Come poteva egli rendere a Cesare ciò ch'era di Cesare, e non negare a Dio parte di ciò ch'era di Dio?

Nessuno che avesse siffattamente sentito, poteva mirare, senza profondo timore e neri presentimenti, il contrasto tra il Re e il Parlamento intorno all'Atto di Prova. Se Giacomo anche ora si fosse indotto a ripensare sul proprio disegno, a lasciare riaprire le Camere, e cedere ai desiderii loro, tutto poteva rivolgersi a bene.
Così opinavano i due cognati del Re, i Conti cioè, di Clarendon e di Rochester. La potenza e il favore che godevano questi gentiluomini, sembrava veramente grande. Il più giovane dei fratelli era Lord Tesoriere e primo ministro; il maggiore, dopo di avere per alquanti mesi tenuto il Sigillo Privato, era stato nominato Luogotenente d'Irlanda. Il venerando Ormond pensava medesimamente. Middleton e Preston, che, come dirigenti la Camera dei Comuni, avevano di recente sperimentato quanto cara fosse a' gentiluomini realisti d'Inghilterra la religione stabilita, davano consigli di moderazione.
In sul principio del nuovo anno, i sopraddetti uomini di Stato, e il numeroso partito da essi rappresentato, ebbero a patire una crudele mortificazione. Che il Re defunto fosse Cattolico Romano, era stato per molti mesi sospettato e bisbigliato, ma non annunziato formalmente. Tale manifestazione non si sarebbe potuta fare senza grave scandalo. Carlo erasi innumerevoli volte dichiarato protestante, ed aveva avuto costumanza di ricevere dai vescovi della Chiesa stabilita il sacramento della eucaristia. Que' Protestanti che lo avevano sostenuto nei pericoli, e che di lui serbavano tuttavia affettuosa rimembranza, dovevano provare sdegno e rossore al sentire che la intera sua vita era stata una menzogna; che mentre confessava d'appartenere alla loro religione, gli aveva veramente tenuti per eretici; e che i demagoghi, i quali lo avevano chiamato papista nascosto, erano stati i soli che avessero formato un esatto giudicio del suo carattere. Anche Luigi intendeva tanto lo stato dell'opinione pubblica in Inghilterra, da accorgersi come il divulgare il vero potesse recar nocumento, ed aveva, d'accordo, fatta promissione di tenere strettamente segreta la conversione di Carlo. Giacomo, nel principio del suo regno, aveva pensato doversi in tanto negozio procedere cauto, e non erasi rischiato a seppellire il fratello, secondo il rito della Chiesa di Roma. Per qualche tempo, quindi, ciascuno potè liberamente credere ciò che volesse. I papisti dicevano che il defunto principe era loro proselite. I Whig lo esecravano come ipocrita e rinnegato. I Tory consideravano la voce della sua apostasia come una calunnia che i papisti e i Whig, per ragioni differentissime, avevano interesse a spargere.
XXIV. Giacomo ora fece un passo che pose in gran perturbazione tutto il partito anglicano. Due scritture, in cui erano concisamente esposti gli argomenti d'ordinario usati dai Cattolici Romani nella controversia coi Protestanti, s'erano trovate nella cassa forte di Carlo, e sembravano di mano sua. Le quali scritture Giacomo mostrò, menandone trionfo, a parecchi Protestanti, e dichiarò sapere che il suo fratello era vissuto e morto Cattolico Romano. Uno di coloro ai quali i manoscritti furono mostrati, fu lo arcivescovo Sancroft. Li lesse grandemente commosso, e rimase tacito. Tale silenzio era solo lo effetto naturale di una lotta tra la riverenza e la repugnanza. Ma Giacomo suppose che il Primate tacesse per la forza irresistibile della ragione, e seriamente lo sfidò a produrre, col soccorso di tutto il seggio episcopale, una soddisfacente risposta. «Datemi una risposta solida e in istile da gentiluomini; e forse potrà far sì, secondo che molto vi sta a cuore, di convertirmi alla vostra Chiesa.» Lo arcivescovo dolcemente rispose, che, secondo lui, cotale risposta poteva farsi senza molta difficoltà; ma non accettò la controversia, adducendo per iscusa la riverenza alla memoria del suo defunto signore. Il Re considerò la scusa come un sutterfugio d'un vinto avversario. Se egli avesse conosciuta la letteratura polemica dei centocinquanta anni precedenti, avrebbe saputo che i documenti ai quali ei dava tanto peso, gli avrebbe potuti comporre ogni giovinetto di quindici anni della scuola di Doaggio, e che non contenevano cosa alcuna, la quale, secondo l'opinione di tutti i teologi protestanti, non fosse stata dieci mila volte confutata. Nella sua stolta esultanza, ordinò che quegli scritti si stampassero col più squisito lusso tipografico, e vi appiccicò dietro una dichiarazione munita della sua firma, ad attestare che gli originali erano scritti di pugno del fratello. Giacomo ne distribuì con le proprie mani tutti gli esemplari ai cortigiani, e alle persone del popolo che si affollavano attorno il suo cocchio. Ne dette un esemplare ad una giovine di vile condizione, ch'egli supponeva appartenere alla religione da lui professata, e le assicurò che leggendolo se ne troverebbe edificata grandemente e confortata. In ricambio di questa cortesia, pochi giorni dopo, ella gli mandò una lettera, scongiurandolo di uscire dalla mistica Babilonia, e rimuovere dalle sue labbra la coppa delle fornicazioni.
XXV. Tali cose davano somma inquietudine ai Tory aderenti alla Chiesa Anglicana. Nè i più spettabili Cattolici Romani ne rimanevano meglio satisfatti. Si sarebbero, in verità, potuti scusare, se in cosiffatte circostanze la passione gli avesse resi sordi alla voce della prudenza e della giustizia, come

quelli che avevano molto sofferto. La gelosia dei Protestanti gli aveva gittati giù dal grado in cui erano nati, aveva chiuse le porte del Parlamento agli eredi dei Baroni che avevano firmata la Magna Carta, e deciso che il comando d'una compagnia di pedoni non fosse da fidarsi ai discendenti dei capitani che avevano vinto a Flodden e a San Quintino. Non v'era un solo Pari eminente, fido alla vecchia religione, del quale l'onore, gli averi, la vita non fossero stati in pericolo; che non avesse passati molti mesi rinchiuso dentro la Torre, che più volte non si fosse aspettata la miseranda sorte di Stafford. Uomini che erano stati così lungamente e con tale crudeltà oppressati, si sarebbero potuti perdonare, se avessero avidamente côlta la prima occasione a conseguire a un tempo grandezza e vendetta. Ma nè fanatismo, nè ambizione, nè rancore di torti patiti, nè ebrietà prodotta dalla súbita buona fortuna, poterono far sì che i più cospicui Cattolici Romani non si accorgessero come la prosperità che finalmente erano pervenuti a godere, fosse solo temporanea, e non usata saggiamente, potrebbe tornar loro fatale. Avevano con dura esperienza imparato, che l'avversione del popolo alla religione loro non era fantasia che sarebbe svanita al comando d'un principe, ma profondo sentimento, tramandato crescendo per cinque generazioni, spanto in tutte le classi e in tutti i partiti, e avvincolato non meno strettamente coi principii dei Tory che con quelli dei Whig. Certo, il Re poteva, nello esercizio della sua prerogativa di far grazia, sospendere le leggi penali. Avrebbe in appresso potuto, operando con discrezione, ottenere dal Parlamento la revoca dei decreti che privavano dei diritti civili gli aderenti alla religione di lui. Ma tentando di domare il sentimento protestante della Inghilterra con mezzi bruschi, era facile vedere che la violenta compressione d'una molla così potente ed elastica, sarebbe seguita da uno scatto egualmente violento. I Pari Cattolici Romani, tentando prematuramente di entrare a forza nel Consiglio Privato e nella Camera dei Lord, avrebbero potuto perdere le case e le vaste possessioni loro, e finire la vita o da traditori in Tower Hill, o da mendicanti alle porte dei conventi d'Italia.

Così pensava Guglielmo Herbert, conte di Powis, generalmente considerato come capo della aristocrazia cattolica romana, il quale, secondo le fandonie di Oates, doveva essere primo ministro se la congiura papale sortiva prospero successo. Medesimamente opinava Giovanni Bellasyse. In gioventù, aveva valorosamente pugnato per Carlo I; dopo la Restaurazione era stato rimunerato con onori e con gradi militari, e gli aveva deposti dopo che fu promulgato l'Atto di Prova. A questi insigni capi del partito cattolico facevano eco tutti i più nobili ed opulenti membri della loro Chiesa, tranne Lord Arundell di Wardour, uomo decrepito e pressochè rimbambito.

XXVI. Ma in Corte era un piccolo nucleo di Cattolici Romani, che avevano il cuore esulcerato da vecchie ingiurie, il cervello inebriato dal recente innalzamento; che erano impazienti di rampicarsi alle dignità dello Stato, ed avendo poco da perdere, non si davano punto pensiero del giorno del rendimento dei conti.

XXVII. Uno di costoro era Ruggiero Palmer, conte di Castelmaine in Irlanda, e marito della Duchessa di Cleveland. Sapevasi da tutti ch'egli aveva comperato il suo titolo col disonore della moglie e col proprio. Il suo patrimonio era scarso. L'indole sua, scortese per natura, era stata esasperata dalle domestiche vessazioni, dai pubblici rimproveri, e da ciò ch'egli aveva patito a tempo della congiura papale. Era stato lungamente in carcere, e in fine era stato processato per delitto capitale. Fortunatamente per lui, non fu tratto al banco degli accusati se non dopo che erasi spento il primo scoppio del furore popolare, e i falsi testimoni avevano perduto ogni credito. Gli era, quindi, riuscito di campare a gran pena dal pericolo. Con Castelmaine era collegato uno dei più prediletti dei cento amanti di sua moglie; cioè Enrico Jermyn, che da Giacomo di recente era stato fatto Pari col titolo di Lord Dover. Jermyn, venti e più anni innanzi, erasi reso notevole con isconci amori e disperati duelli. Adesso trovavasi rovinato dal giuoco, ed era ansioso di rifare il patrimonio col mezzo degli uffici lucrosi, dai quali lo escludevano le leggi. Al medesimo branco apparteneva un intrigante ed importuno Irlandese, chiamato White, che aveva molto viaggiato, aveva servito la Casa d'Austria con un impiego mezzo tra l'inviato e la spia, e che in rimunerazione dei servigi resi era stato fatto marchese d'Albeville.

Tosto dopo la proroga, questa trista fazione s'afforzò di un nuovo aiuto. Riccardo Talbot, conte di Tyrconnel, il più feroce ed implacabile di quanti avevano in odio le libertà e la religione dell'Inghilterra, da Dublino era giunto alla Corte.

Talbot discendeva da una antica famiglia normanna, la quale, da lungo tempo stabilita in Leicester, era degenerata, aveva adottati i costumi dei Celti, e come essi aderito alla vecchia religione, e partecipato alla ribellione del 1641. In gioventù egli era stato uno dei più rinomati scrocconi e bravazzoni di Londra; era stato presentato a Carlo ed a Giacomo mentre erano esuli in Fiandra, come un uomo adatto e pronto ad assassinare infamemente il Protettore. Subito dopo la Restaurazione, Talbot si provò d'ottenere il favore della famiglia reale con un servigio anche più infame. Bisognava un pretesto per mezzo del quale giustificare il Duca di York a rompere la promessa di matrimonio onde egli aveva ottenuto da Anna Hyde l'estrema prova d'affetto che possa dare una donna. Talbot, d'accordo con alcuni dei suoi dissoluti compagni, imprese di apprestare siffatto pretesto. Concertarono di dipingere la povera giovinetta come donna priva di virtù, di pudore, di delicatezza, e inventare lunghe storielle di teneri ritrovi e di rapiti favori. Talbot, segnatamente, riferì come in una delle secrete visite a lei fatte, avesse per caso versato il calamaio del Cancelliere sopra un fascio di scritture, e con quanta destrezza, perchè il vero non si scoprisse, ella ne avesse data la colpa alla sua scimmia. Tali storielle, che se fossero state vere, non sarebbero uscite dalle labbra di nessuno che non fosse il più vile degli uomini, erano prette invenzioni. Talbot tosto fu costretto a confessare che erano tali, e lo fece senza ombra di rossore. L'oltraggiata donna divenne duchessa di York. Ove il suo sposo fosse stato uomo diritto ed onorevole, avrebbe con indignazione e disprezzo cacciato via dal proprio cospetto gli sciagurati che gli avevano calunniata la consorte. Ma una delle particolarità del carattere di Giacomo era che nessuna azione, comunque si fosse malvagia e vergognosa, fatta col desiderio di ottenere il suo favore, gli sembrava mai degna d'essere riprovata. Talbot seguitò a frequentare la Corte, mostravasi quotidianamente con fronte di bronzo dinanzi alla principessa di cui aveva tentata la rovina, ed ottenne il posto lucroso di principale lenone del Re. Dopo non molto tempo, Whitehall si mise sossopra alla nuova che Riccardo (Dick) Talbot, come veniva comunemente chiamato, aveva concepito il disegno di assassinare il Duca d'Ormond. Il bravo fu mandato alla Torre; ma dopo pochi giorni fu visto chiassando per le sale di palazzo, e recando letterine d'amore su e giù tra il suo signore e le più brutte dame di Corte. Invano i vecchi e discreti consiglieri supplicavano i due principi a non proteggere quel ribaldo, che altro merito non aveva, tranne la prestanza della persona e il gusto nel vestirsi. Talbot non solo era bene accolto nella reggia quando la bottiglia e i dadi giravano attorno, ma veniva attentamente udito in negozi di grave momento. Affettava il carattere di un patriotto irlandese, e patrocinava con grande audacia, e talvolta con esito prospero, la causa dei suoi concittadini, i beni dei quali erano stati confiscati. Studiavasi, nulladimeno, di farsi ben pagare dei servigi che rendeva, e gli venne fatto di acquistare, parte vendendo protezione, parte scroccando, e parte facendo il lenone, una rendita di tremila lire sterline l'anno; imperocchè, sotto la maschera di leggiero, di prodigo, d'improvvido e di impudente bisbetico, egli era pur troppo uno dei più venali e cupidi uomini del mondo. Oramai non era più giovane, e scontava con acerbi dolori le stemperatezze della gioventù; ma gli anni e le infermità non gli avevano essenzialmente mutato il carattere e i modi. Sempre che apriva la bocca, schiamazzava, imprecava e bestemmiava con sì terribile violenza, che i più superficiali osservatori lo giudicavano il più feroce dei libertini. Il popolo non sapeva intendere come un uomo il quale anche da sobrio, era più furioso e vanitoso d'altri ubbriaco, e che sembrava affatto incapace di mascherare il più lieve moto dell'animo o di serbare il minimo secreto, potesse veramente essere un adulatore di cuore freddo, d'occhio acuto e d'ingegno macchinatore. Non pertanto, tale era Talbot. E davvero la sua ipocrisia era d'una specie più squisita e più rara che non fosse quella che regnava nel Parlamento di Barebone. Perocchè lo ipocrita perfetto non è colui che asconde il vizio sotto i sembianti della virtù, ma colui il quale si serve del vizio che egli non si vergogna di mostrare, come di maschera per celare un altro vizio più nero e proficuo, che gli giova di tenere nascosto.

Talbot, fatto da Giacomo conte di Tyrconnel, aveva comandate le truppe in Irlanda nei nove mesi che corsero dalla morte di Carlo al principio del viceregno di Clarendon. Quando il nuovo Luogotenente stava per partire da Londra alla volta di Dublino, il Generale fu chiamato da Dublino a Londra. Dick Talbot era da lungo tempo conosciuto nel cammino che doveva fare. Fra Chester e la Metropoli non v'era quasi locanda nella quale non avesse attaccato lite. Dovunque giungeva, affaticava i cavalli a dispetto della legge, imprecava ai cuochi ed ai postiglioni, e quasi destava tumulti con le sue insolenti rodomonterie. Andava dicendo che la Riforma aveva rovinato ogni cosa. Ma il bel tempo era presso. Tra breve i Cattolici si sarebbero rialzati, e si sarebbero rifatti sugli eretici. Infuriando e bestemmiando sempre come un indemoniato, ei giunse alla Corte; dove tosto si collegò strettamente con Castelmaine, Dover ed Albeville. Costoro ad una voce gridavano guerra alla costituzione della Chiesa e dello Stato. Dicevano al loro signore, ch'egli per la sua religione e per la dignità della sua Corona, era in debito di affrontare intrepidamente il grido degli eretici demagoghi, e mostrare fin da principio al Parlamento ch'egli sarebbe il signore a dispetto della opposizione, e che il solo effetto della opposizione sarebbe stato di renderlo signore severo.

XXVIII. Ciascuno dei due partiti in che la Corte era divisa, aveva zelanti alleati stranieri. I ministri di Spagna, dello Impero e degli Stati Generali erano adesso desiderosi di sostenere Rochester, come per lo innanzi lo erano stati verso Halifax. Barillon adoperava tutta la propria influenza dalla parte opposta, ed era aiutato da un altro agente francese, inferiore a lui per grado, ma assai superiore per ingegno; voglio dire da Bonrepaux. Barillon non era privo di buone qualità, ed aveva grande corredo di quelle doti onde allora andavano predistinti i gentiluomini francesi. Ma la sua capacità non era quale il suo alto ufficio richiedeva. Era divenuto pigro e a sè troppo indulgente; amava i piaceri della società e della tavola, meglio delle faccende; e nelle grandi occasioni era d'uopo che da Versailles venissero ammonimenti, ed anche riprensioni, per ispingerlo ad operare. Bonrepaux si era alzato dalla oscurità a cagione della intelligenza ed industria che aveva mostrata come impiegato nel dipartimento della marina, ed aveva riputazione d'iniziato ai misteri della politica mercantile. Alla fine del 1685, fu mandato a Londra con varie commissioni d'alta importanza. Doveva stabilire le basi per un trattato di Commercio, indagare e riferire in che condizioni trovavansi la flotta e gli arsenali inglesi, e fare qualche proposta ai fuorusciti Ugonotti, i quali supponevasi che fossero tanto prostrati dalla penuria e dall'esilio, che avrebbero di gran cuore accettato quasi qualunque patto di riconciliazione. Il nuovo inviato nasceva da parenti plebei; era di statura quasi nano, d'aspetto sì brutto da muovere a scherno, e parlava con l'accento di Guascogna dove era nato: ma vigoroso buon senso, acutezza di mente, e vivacità di spirito lo rendevano eminentemente adatto al suo ufficio. In onta ad ogni svantaggio di nascita e di persona, fu tosto stimato come assai piacevole compagno, ed espertissimo diplomatico. Mentre folleggiava con la duchessa di Mazzarino, studiavasi di discutere di cose letterarie con Waller e Saint Evremond, e carteggiare con la Fontaine, onde bene erudirsi nella politica inglese. Per la perizia ch'egli aveva nelle cose marittime, venne in grazia di Giacomo; il quale, per molti anni, prestò non poca attenzione alle faccende dello Ammiragliato, e le intendeva quanto egli era capace d'intendere cosa alcuna al mondo. Conversavano entrambi ogni giorno lungamente e liberamente intorno alle condizioni delle navi e degli arsenali. Lo effetto di tale dimestichezza fu quale era da aspettarsi: val quanto dire, che lo acuto e vigilante francese concepì sommo pregio per le doti e il carattere del re, dicendo il mondo avere male giudicato Sua Maestà Britannica, che aveva meno capacità, e non maggiori virtù di Carlo.
I due inviati di Luigi, comecchè mirassero ad un medesimo fine, con molto accorgimento presero vie diverse. Si partirono fra loro la Corte. Bonrepaux usava principalmente con Rochester e gli aderenti di lui. Le relazioni di Barillon erano principalmente con la opposta fazione. Conseguenza ne fu, ch'essi soventi volte guardassero un medesimo fatto da diversi punti di veduta. Il migliore racconto che esista intorno alla contesa che a quel tempo ferveva in Whitehall, è da trovarsi nei loro dispacci.
XXIX. Come ciascuno dei due partiti nella Corte di Giacomo era sostenuto da principi stranieri, così ciascuno aveva il sostegno d'una autorità ecclesiastica, alla quale il Re mostrava gran deferenza. Il sommo pontefice inchinava alla moderazione; e i suoi sentimenti erano espressi dal Nunzio e dal Vicario Apostolico. Dall'altra parte, stava una corporazione che col suo peso controbilanciava anche quello del Papato; stava, cioè, la potente Compagnia di Gesù.
È circostanza importantissima e degna di considerazione, che queste due grandi potenze spirituali, un tempo, a quanto pareva, inseparabilmente collegate, fossero fra loro opposte. Per un periodo di tempo poco minore di mille anni, il clero regolare era stato il sostegno precipuo della Santa Sede. Essa lo aveva protetto da' vescovi che volevano immischiarsi nelle sue faccende, e ne era stata ampiamente ricompensata. Senza gli sforzi dei regolari, è probabile che il Vescovo di Roma si sarebbe ridotto ad essere il presidente onorario d'una aristocrazia di prelati. E' fu col soccorso dei Benedettini, che Gregorio VII potè lottare ad un tempo contro gl'Imperatori della Casa di Franconia, e contro il clero secolare. E' fu col soccorso dei Domenicani e dei Francescani, che Innocenzo III spense la setta degli Albigesi.
XXX. Nel secolo decimosesto, il Papato, esposto a nuovi pericoli e più formidabili di quanti lo avessero per innanzi minacciato, fu salvato da un nuovo ordine religioso, animato da vigoroso entusiasmo e costituito con insigne magistero. Allorquando i Gesuiti accorsero alla liberazione del Papato, lo trovarono in estremo pericolo; ma da quel momento le sue sorti mutarono aspetto. Al protestantismo, che per una intera generazione aveva abbattuto tutto ciò che aveva incontrato per via, fu mozzo lo andare avanti, e fu rapidamente fatto indietreggiare dalle Alpi fino alle sponde del Baltico. Non era scorso un secolo da che la Compagnia di Gesù esisteva, e il mondo era pieno dei ricordi di quanto essa aveva fatto e sofferto per la fede. Non v'è comunità religiosa che possa gloriarsi d'una schiera di uomini così variamente cospicui; nessuna aveva esteso le proprie operazioni sopra

uno spazio sì vasto; e nondimeno, in nessuna v'era stata cotanto perfetta unità di sentimento e d'azione. Non era contrada nel mondo, non sentiero nella vita attiva o speculativa, in cui non si trovassero i Gesuiti. Dirigevano i Consigli dei re: decifravano iscrizioni latine: osservavano il moto dei Satelliti di Giove: pubblicavano intere biblioteche, controversia, casistica, storia, trattati d'ottica, odi alcaiche, edizioni dei Santi Padri, madrigali, catechismi e satire. La educazione letteraria della gioventù era quasi interamente nelle loro mani, e condotta con esquisita maestria. Sembra che avessero scoperto il punto preciso al quale possa condursi la cultura intellettuale senza il rischio della intellettuale emancipazione. Gli stessi nemici loro erano costretti a confessare, che nell'arte di governare e formare le menti dei giovani, i Gesuiti non avevano rivali. Infrattanto, con assiduità e prospero successo coltivavano la eloquenza del pulpito. Con assiduità e successo anche maggiore si dettero al ministero del confessionale. Per tutta la Europa Cattolica, i secreti d'ogni Governo, e quasi d'ogni notevole famiglia, erano in poter loro. Girovagavano da un paese protestante ad un altro, travestendosi in infinite fogge, da galanti cavalieri, da semplici contadini, da predicatori puritani. Viaggiavano fin dove nè l'avidità mercantile nè la curiosità della scienza aveva persuaso altri ad andare. Trovavansi in abito di mandarini a dirigere l'osservatorio astronomico di Pechino. Si vedevano con la marra in mano ammaestrare nell'agricoltura i selvaggi del Paraguay. Ciò non ostante, in qualunque parte risedessero, qualunque mestiere esercitassero, il loro spirito era sempre lo stesso; cioè piena devozione alla causa comune, implicita obbedienza all'autorità centrale. Nessuno s'era scelto da sè il luogo dove abitare e la vocazione da seguire. Se il Gesuita dovesse vivere sotto il cerchio artico o sotto l'equatore, se dovesse passare tutti i suoi giorni a classificare gemme e a collazionare manoscritti nel Vaticano, o a persuadere i barbari dell'emisfero meridionale perchè non si divorassero l'un l'altro, erano cose che egli con profonda sommissione lasciava all'altrui pensiero. Se lo volevano a Lima, trovavasi con la prima flotta a veleggiare sull'Atlantico. Se di lui vi era bisogno in Bagdad, si vedeva traverso al deserto fra la prima caravana. Se v'era bisogno del suo ministero in qualche regione dove la sua vita fosse meno sicura di quella d'un lupo, dove fosse delitto l'ospitarlo, dove i teschi e i corpi squartati dei suoi confratelli gl'indicavano quale sorte egli dovesse aspettarsi, andava senza lamento o esitazione al proprio destino. Nè questo spirito eroico è oggimai estinto. Allorchè, ai tempi nostri, una nuova e terribile pestilenza girò infuriando attorno al globo, mentre in alcune grandi città lo spavento aveva rotti tutti i vincoli che congiungono la società, mentre il clero secolare aveva abbandonato il proprio gregge, mentre non v'era oro che bastasse a comperare il soccorso del medico, mentre i più potenti affetti di natura cedevano allo amore della vita, il Gesuita vedevasi presso a quel lettuccio che il vescovo e il curato, il medico e la balia, il padre e la madre avevano abbandonato; vedevasi, dico, piegare la persona sulle labbra infette, per raccogliere il fioco accento del moribondo che si confessava, e tenergli dinanzi agli occhi fino all'ultimo istante della vita la immagine del Redentore spirante sulla croce.
Ma, con l'ammirevole energia, il disinteresse, e l'abnegazione che facevano il carattere della Società, erano mescolati grandi vizi. Dicevasi, e non senza fondamento, che l'ardente spirito pubblico che rendeva il Gesuita spregiatore degli agi, della libertà e della vita propria, lo induceva parimente a spregiare il vero e a non sentire pietà; che nessun mezzo il quale potesse promuovere l'utile della sua religione, sembravagli illecito, e che col vocabolo d'utilità della propria religione ei troppo spesso intendeva l'utile della Società sua. Affermavasi, che nelle più atroci congiure di cui faccia ricordanza la storia, l'azione di lui poteva distintamente scoprirsi; che, solo costante nello affetto per la confraternita alla quale egli apparteneva, in parecchi Stati era l'inimico più pericoloso della libertà, in altri il più pericoloso nemico dell'ordine. Le più grandi vittorie che vantasse avere riportate pel bene della Chiesa, erano, secondo il giudicio di molti illustri membri di quella, più apparenti che reali. Si era, in verità, affaticato con maraviglioso buon esito a ridurre il mondo sotto le leggi della Chiesa; ma lo aveva fatto rilassando le leggi in guisa che si adattassero ai gusti mondani. Invece di studiarsi d'inalzare la natura umana alla meta stabilita dai precetti ed esempi divini, egli aveva abbassata quella meta al di sotto dell'umana natura. Gloriavasi d'una moltitudine di convertiti, che per mano sua avevano ricevuto il battesimo nelle più rimote regioni dell'Oriente; ma correva la voce, che ad alcuni di que' convertiti, i fatti da' quali dipende tutta la dottrina del Vangelo erano stati astutamente nascosti, e che ad altri era stato permesso di schivare la persecuzione coll'inchinarsi dinanzi alle immagini dei falsi Dei, mentre internamente recitavano Pater ed Ave. Nè simiglianti arti erano adoperate solo nei paesi pagani. Non era da maravigliare che genti d'ogni grado, e specialmente quelle in alto locate, si affollassero attorno ai confessionali nei tempii dei Gesuiti; imperocchè da que' tribunali di penitenza nessuno se ne andava poco contento. Ivi il sacerdote era tutto a tutti. Mostrava

tanto rigore quanto bastasse perchè coloro che gli s'inginocchiavano dinanzi non ricorressero alle chiese dei Domenicani o dei Francescani. Se aveva da fare con un'anima veramente divota, parlava con le caute parole degli antichi padri cristiani; ma con quella gran parte degli uomini che hanno religione abbastanza da sentire rimorso quando commettono il male, e non abbastanza da astenersi di commetterlo, il Gesuita seguiva un sistema diverso. Non potendo ritrarli dalla colpa, studiavasi di salvarli dal rimorso. Aveva agli ordini suoi un deposito immenso di farmachi per le coscienze perturbate. Nei libri composti da' casisti suoi confratelli, e stampati con licenza dei suoi superiori, trovavasi in gran copia dottrine di conforto per ogni generazione di peccatori. Ivi il mercatante fallito imparava in che modo potesse, senza peccato, nascondere le mercanzie alle indagini dei suoi creditori. Il servo apprendeva come potere, senza peccato, rubare le argenterie del proprio padrone. Il mezzano d'amore veniva fatto certo, ad un cristiano esser lecito sostentare la vita recando lettere e messaggi tra le donne maritate e i loro amanti. Gli alteri e puntigliosi gentiluomini di Francia ricevevano lietamente una decisione a favore del duello. Gl'Italiani, avvezzi a vendicarsi con modi più vili e crudeli, godevano d'imparare che essi potevano, senza peccato, tirare, nascosti dietro a una siepe, archibugiate ai loro nemici. Allo inganno era lasciata licenza bastevole a distruggere il valore del contratto e del testimonio fra gli uomini. E veramente, se l'umana società non si disciolse, se vi fu alcuna certezza della vita e degli averi, egli fu perchè il senso comune e la umanità frenavano i popoli dal fare ciò che la Società di Gesù assicurava loro che potessero fare con sicura coscienza.

Erano così stranamente mescolati il bene e il male nel carattere di que' celebri padri; e in tale mistura stava il secreto della loro gigantesca potenza. La quale non poteva appartenere nè ai pretti ipocriti, nè ai rigidi moralisti; ma poteva solo conseguirsi da uomini che con vero entusiasmo correvano dietro ad un fine, e nel tempo stesso non pativano scrupoli rispetto ai mezzi di giungervi.

Fin da principio, i Gesuiti erano vincolati da un voto speciale d'obbedienza verso il papa. Avevano missione di domare ogni insubordinazione in seno della Chiesa, non che di respingere le ostilità degli aperti nemici di quella. La loro dottrina era similissima a quella che oggidì di qua dalle Alpi si chiama oltremontana, e differiva dalla dottrina di Bossuet quasi quanto da quella di Lutero. Dannavano le libertà gallicane, il diritto dei concili ecumenici a sindacare la Santa Sede, e il diritto che vantavano i vescovi a un mandato divino indipendente da Roma. Lainez, a nome di tutta la confraternita, proclamò nel Concilio di Trento, fra gli applausi delle creature di Pio IV e le mormorazioni dei prelati francesi e spagnuoli, che il governo dei fedeli era stato affidato da Cristo al solo Papa, e che nel solo Papa era accentrata tutta l'autorità sacerdotale, e che per mezzo del solo Papa i sacerdoti e i vescovi erano rivestiti di tutta l'autorità loro. Per molti anni la colleganza tra il Sommo Pontefice e la Società di Gesù non era stata rotta. Ed ove lo fosse stata allorchè Giacomo II ascese al trono d'Inghilterra, ove la influenza dei Gesuiti, non che quella del Papa, avesse promossa una politica costituzionale moderata, è probabile che la grande rivoluzione, la quale in breve tempo cangiò le condizioni dell'Europa, non sarebbe accaduta. Ma anche avanti la metà del secolo diciassettesimo, la Società, inorgoglita da' servigi resi alla Chiesa, fidente nella propria forza, era divenuta disdegnosa del giogo. Sorse una generazione di Gesuiti disposti a lasciarsi proteggere e guidare dalla Corte di Francia, meglio che da quella di Roma; la quale disposizione non era lieve allorchè Innocenzo XI ascese al trono pontificio.

In quel tempo, i Gesuiti combattevano una guerra a morte contro un nemico da loro in prima spregiato, ma pel quale poscia erano stati costretti a sentire riverenza e timore. Mentre erano pervenuti al più alto grado di prosperità, furono sfidati da una mano di avversarii, che, a dir vero, non avevano influenza sopra i potenti del mondo, ma avevano fortissima fede religiosa ed energia intellettuale. Travagliavansi in una lunga, strana e gloriosa lotta del genio contro il potere. I Gesuiti chiamarono in soccorso loro, ministeri, tribunali, università, che risposero alla chiamata. Porto Reale si richiamò, e non invano, ai cuori ed alle menti di milioni d'uomini. I dittatori della Cristianità si trovarono, in un subito, nella condizione di colpevoli. Furono accusati di avere sistematicamente abbassata la mêta della morale evangelica a fine d'accrescere la loro influenza; e l'accusa fu formulata in modo che tirò a sè l'attenzione dello intero mondo, imperocchè il principale accusatore era Biagio Pascal. Le sue doti intellettuali erano quali rade volte sono state impartite ad alcuna umana creatura; e dello zelo veemente che l'animava, erano solenni argomenti le penitenze e le vigilie che anzi tempo trascinarono al sepolcro il macero suo corpo. Aveva lo spirito di San Bernardo; ma la squisitezza, il brio, la purità, la energia, la semplicità della sua eloquenza, nessuno ha mai raggiunto, tranne i grandissimi oratori greci. Tutta Europa lesse e ammirò i suoi scritti, piangendo e ridendo ad un tempo. I Gesuiti si provarono di rispondergli, ma le loro deboli risposte furono ricevute dal pubblico con fischi di scherno. Non che avessero difetto d'ingegno, e di quelle doti le quali si acquistano con elaborata educazione; ma tale educazione, quantunque possa suscitare le forze di una mente ordinaria, tende a spegnere, più presto che a promuovere, il genio originale. Fu universalmente riconosciuto che nella contesa letteraria i Giansenisti rimasero vincitori. Ai Gesuiti null'altro restava, che opprimere la setta da essi non potuta confutare. Luigi XIV era il loro sostegno precipuo. La sua coscienza, fino dagli anni suoi primi, era nelle mani loro; egli aveva da loro imparato ad aborrire il Giansenismo, come aborriva il Protestantismo, e molto più di quanto aborrisse l'Ateismo. Innocenzo XI, dall'altra parte, pendeva verso le opinioni giansenistiche. Quindi fu che la Compagnia di Gesù trovossi in una situazione non contemplata mai dal suo fondatore. I Gesuiti si scissero dal Sommo Pontefice, e collegaronsi fortemente con un principe che si spacciava campione delle gallicane libertà e nemico delle pretese oltremontane. In tal guisa la Compagnia divenne in Inghilterra strumento dei disegni di Luigi, e cooperò con successo tale che i Cattolici Romani poi lungamente ed amaramente deplorarono, ad accrescere la rottura tra il Re e il Parlamento, ad impacciare il Nunzio, a minare il potere del Lord Tesoriere, ed a promuovere i disperatissimi intendimenti di Tyrconnel.

Così, da una parte stavano gli Hydes e tutti i Tory aderenti alla Chiesa Anglicana, Powis e tutti i più rispettabili gentiluomini e nobili, credenti nella religione del Re, gli Stati Generali, la Casa d'Austria e il Pontefice. Dall'altra parte erano pochi avventurieri cattolici romani, senza fortuna e senza riputazione, spalleggiati dalla Francia e da' Gesuiti.

XXXI. Il principale rappresentante dei Gesuiti in Whitehall, era un Inglese padre della Compagnia, il quale per qualche tempo era stato vice-provinciale, prediletto da Giacomo con peculiare favore, e di recente fatto scrivano del gabinetto intimo. Quest'uomo, chiamato Eduardo Petre, discendeva da onorevole famiglia. Aveva modi cortesi e facondo parlare; ma era debole, vano, ambizioso e cupido. Di tutti i pessimi consiglieri che andavano a Whitehall, egli forse fu il fabbro principale nella rovina della Casa Stuarda.

XXXII. La ostinata e imperiosa natura del Re faceva grandemente prevalere coloro che lo consigliavano a star fermo, a non cedere in nulla, e a rendersi temuto. Una massima politica gli s'era cosiffattamente abbarbicata al cervello, che non v'era ragione che bastasse a sradicarla. A dir vero, egli non era assuefatto a porgere ascolto alla ragione. Il suo modo d'argomentare, se così si debba chiamare, era quello che non di rado s'osserva negli individui tardi di cervello e caparbi, avvezzi ad essere circuiti dai loro sottoposti. Asseriva una cosa; e qualvolta i savi uomini provavansi di mostrargli rispettosamente essere erronea, l'asseriva di nuovo con le stessissime parole, e pensava che così facendo tutte le obiezioni sparissero. «Non farò mai concessioni» spesso ei ripeteva; «mio padre le fece, e gli fu mozzo il capo.» Se fosse stato vero che le concessioni erano tornate fatali a Carlo I, un uomo di buon senso avrebbe conosciuto, un solo esperimento non essere bastevole a stabilire una regola generale anche nelle scienze molto meno complicate di quella di governare; che dal principio del mondo fino a noi, non vi furono mai due fatti politici, le cui condizioni fossero esattamente simili; e che l'unico modo d'imparare dalla storia prudenza civile, è quello di esaminare e raffrontare un infinito numero di casi. Ma se l'unico esempio sul quale appoggiavasi il Re, era buono a provare alcuna cosa, provava solo ch'egli aveva torto. Mal può dubitarsi che, se Carlo avesse francamente fatte al Corto Parlamento, che si ragunò nella primavera del 1640, solo mezze le concessioni ch'egli, pochi mesi dopo, fece al Lungo Parlamento, sarebbe vissuto e morto da Re potentissimo. Dall'altro canto, non può punto dubitarsi che, se egli avesse ricusato di fare concessione alcuna al Lungo Parlamento, e avesse ricorso alle armi a difesa della imposta pel mantenimento della flotta, e a difesa della Camera Stellata, avrebbe veduto nelle file degli inimici Hyde e Falkland accanto a Hollis e Hampden. Ma, certo, non avrebbe potuto ricorrere alle armi; poichè nè anche venti Cavalieri sarebbero accorsi al suo vessillo. Solo alle concessioni fatte egli era debitore del soccorso prestatogli dalla gran classe dei nobili e dei gentiluomini, i quali pugnarono per tanto tempo e con tanto valore per la causa di lui. Ma sarebbe stato inutile dimostrare a Giacomo simiglianti cose.

Un altro fatale errore gli si era fitto in mente, e vi stette finchè lo condusse alla rovina. Credeva fermamente, che per qualunque cosa egli avesse potuto fare, i credenti nella Chiesa Anglicana avrebbero sempre agito a seconda dei loro principii. Sapeva d'essere stato proclamato da dieci mila pulpiti. La Università di Oxford aveva solennemente dichiarato, che anche una tirannide terribile quanto quella dei più depravati Cesari, non giustificava i sudditi a resistere alla regia autorità: e da ciò egli era cotanto stolto da concludere, che lo intero corpo dei Tory gentiluomini e chierici, si sarebbero da lui lasciati spogliare, opprimere ed insultare, senza alzare una mano a difendersi. E' sembra strano che un uomo possa avere trapassato l'anno cinquantesimo della propria vita, senza scoprire che il popolo talvolta fa ciò che stima illecito: e Giacomo altro fare non doveva che frugarsi nell'anima, per trovarvi abbondevoli prove a conoscere, che anche un forte sentimento dei religiosi doveri non sempre serve a impedire che la fragile creatura umana indulga alle proprie passioni, a dispetto delle leggi divine ed a rischio di terribili pene. Avrebbe dovuto sapere, che comunque egli giudicasse atto peccaminoso lo adulterio, era un adultero; ma nulla valeva a convincerlo che chiunque per principio credeva la ribellione essere peccato, si potesse anche in grande estremità indurre a ribellare. Credeva che la Chiesa Anglicana fosse una vittima paziente, ch'egli poteva senza pericolo oltraggiare e torturare a suo libito; nè si accorse mai del suo errore se non dopo che vide le Università pronte a coniare le loro argenterie per sussidiare la cassa militare dei suoi nemici, e un vescovo lungamente rinomato per la lealtà sua, gettar via la sottana, e cingendo una spada, prendere il comando d'un reggimento d'insorti.

XXXIII. A coteste fatali follie il Re era studiosamente incoraggiato da un ministro, che era già stato esclusionista, e tuttavia seguitava a chiamarsi protestante; voglio dire dal Duca di Sunderland. Le cagioni della condotta di questo immorale uomo politico, sono state spesso erroneamente esposte. Mentre ancora viveva, fu dai Giacomisti accusato di avere, anche avanti il cominciamento del regno di Giacomo, il pensiero di produrre una rivoluzione a favore del principe d'Orange, e d'avere, con tale scopo, consigliato il Re a commettere numerose aggressioni contro la costituzione civile ed ecclesiastica del reame: frivola storiella che è stata fino ai dì nostri ripetuta da ignoranti scrittori. Ma nessuno storico bene erudito nel vero, qualunque si vogliano supporre i suoi pregiudicii, si è indotto ad accoglierla, come quella che non riposa sopra nessuna prova; e non v'è prova che basti a convincere gli uomini assennati, che Sunderland deliberatamente si gettasse nella colpa e nella infamia onde produrre un mutamento di cose, nel quale ei vedeva chiaramente di non poter vantaggiare, e seguíto il quale, di fatto ei perdè le immense ricchezze e la influenza che sotto Giacomo possedeva. Nè vi è la più lieve cagione per ricorrere ad una sì strana ipotesi, poichè il vero traspare dalla superficie stessa dei fatti. Per quanto tortuosa e subdola fosse la via nella quale cotesto uomo procedeva, la ragione che ve lo aveva spinto era semplice. La sua condotta è da attribuirsi alla possanza della cupidigia e del timore che avvicendavansi in un'anima molto subietta ad entrambe cotali passioni, e che aveva occhio lesto anzichè acuto. Aveva mestieri di assai più potere e pecunia. L'uno ei poteva ottenere solamente a danno di Rochester, e l'unico modo di conseguirlo a detrimento di Rochester, era quello di accrescere l'avversione che il Re sentiva pei moderati consigli di Rochester. Danari, ei con grande agevolezza e in gran copia poteva ottenere dalla corte di Versailles; e Sunderland fu sollecito a vendersi a quella. Non aveva nessun vizio gioviale o generoso. Curava poco il vino e la beltà, ma bramava la ricchezza con insaziabile e irrefrenabile cupidigia. La passione del giuoco gl'infuriava tempestosamente nell'anima, nè era stata domata da perdite rovinosissime. Il suo avito patrimonio era grande. Egli aveva lungamente occupato uffici lucrosi, e non avea trascurata arte nessuna a renderli più lucrosi; ma la sua mala ventura a' giuochi di sorte fu tanta, che i suoi beni diventavano quotidianamente più gravati di debiti. Sperando di disimpacciarsi da tante molestie, rivelava a Barillon tutti i disegni che il governo inglese meditasse ostili alla Francia, ed accennò che, pei tempi che correvano, un Segretario di Stato poteva rendere servigi che Luigi avrebbe fatto opera savia a pagare largamente. Lo ambasciatore disse al proprio signore, che sei mila ghinee era la minore gratificazione che potesse offrirsi ad un così importante ministro. Luigi assentì a dare venticinque mila scudi, somma equivalente a circa cinque mila seicento lire sterline. Fu stabilito che Sunderland riceverebbe annualmente la predetta somma, e che egli in ricompensa farebbe ogni sforzo per impedire il ragunarsi del Parlamento. Si collegò quindi alla cabala gesuitica, e usò così destramente dell'influenza della cabala, che gli venne fatto di succedere ad Halifax nell'alta dignità di Lord Presidente, senza rinunziare all'ufficio maggiormente lucroso di Segretario. Sentì nondimeno di non potere ottenere l'equivalente influenza in Corte, finchè fosse riputato aderente alla Chiesa Anglicana. Tutte le religioni per lui erano una medesima cosa. Nelle private conversazioni aveva costume di parlare con profano dispregio delle cose più sacre. Deliberò, dunque, di dare al Re il diletto e la gloria di avere compita una conversione. Se non che, eravi d'uopo qualche destrezza a ciò fare. Non v'è uomo che sia affatto non curante dell'opinione dei suoi simili; ed anche Sunderland, quantunque non sentisse molto la vergogna, rifuggiva dalla infamia della pubblica apostasia. Rappresentò la parte sua con esimio magistero. Agli occhi del mondo mostravasi protestante; nelle secreto stanze del re, assumeva il contegno di uno che, seriamente affaccendato ad indagare il vero, pressochè persuaso a dichiararsi Cattolico Romano, ed aspettando d'essere maggiormente illuminato, era pronto a rendere tutti i possibili servigi ai credenti nella vecchia fede. Giacomo, che non ebbe mai grande

discernimento, e nelle materie religiose era affatto cieco, in onta alla esperienza che aveva della umana malvagità, della malvagità dei cortigiani come classe, e di quella di Sunderland come individuo, si lasciò gabbare inducendosi a credere che la grazia aveva toccato il più falso e indurito dei cuori umani. Per molti mesi lo astuto ministro fu considerato in Corte come buon catecumeno, senza mostrarsi al pubblico in sembianza di rinnegato.
Poco dopo, mostrò al Re l'utilità d'istituire un comitato secreto di Cattolici Romani, onde consigliare intorno a tutte le cose spettanti all'interesse della loro religione. Il comitato adunavasi talvolta nelle stanze di Chiffinch, e tal'altra negli appartamenti ufficiali di Sunderland, il quale, quantunque fosse tuttavia protestante di nome, era ammesso a tutte le deliberazioni di quello, e tosto giunse a predominarne tutti i membri. Ogni venerdì la cabala gesuitica desinava col Segretario. A mensa conversavano liberamente: e non risparmiavano nè anche le debolezze del Principe, verso il quale intendevano mostrarsi indulgenti. A Petre, Sunderland promise un cappello cardinalizio; a Castelmaine, una magnifica ambasciata a Roma; a Dover, un lucroso comando nelle guardie; e a Tyrconnel, un alto impiego in Irlanda. In tal guisa, stretti insieme dai più forti vincoli dell'interesse, costoro cooperavano a cacciare di seggio il Lord Tesoriere.
XXXIV. V'erano due membri protestanti del Gabinetto, i quali non presero decisamente parte al conflitto. Jeffreys, in questo tempo, era torturato da una crudele infermità interna, esacerbata dalla intemperanza. In un pranzo che un ricco Aldermanno dette ad alcuni dei principali membri del Governo, il Lord Tesoriere e il Lord Cancelliere ubriacaronsi tanto, che si spogliarono quasi ignudi, e vennero a stento impediti dallo arrampicarsi ad un piuolo per bere alla salute di Sua Maestà. Al pio Tesoriere non toccò altro che i pungoli della maldicenza per l'osceno baccano; ma il Cancelliere fu assalito da un violento accesso del suo vecchio male. Per qualche tempo fu creduto in gravissimo pericolo di vita. Giacomo mostrossi inquietissimo, pensando di dovere perdere un ministro che gli conveniva sì bene, e disse, con qualche verità, la perdita di un tanto uomo non potersi così di leggieri riparare. Jeffreys, venuto in convalescenza, promise di sostenere ambedue i partiti, aspettando di vedere quale di loro fosse rimasto vittorioso. Esistono tuttora alcune curiose prove della sua doppiezza. È stato già notato che i due diplomatici francesi i quali trovavansi in Londra, s'erano divisi fra loro la Corte. Bonrepaux era di continuo con Rochester, e Barillon stava con Sunderland. A Luigi nella medesima settimana fu scritto da Bonrepaux, che il Cancelliere era tutto dalla parte del Tesoriere, e da Barillon che il Cancelliere era in lega col Segretario.
XXXV. Godolphin, cauto e taciturno, fece ogni sforzo a serbarsi neutrale. Le opinioni e i desiderii suoi erano senza dubbio con Rochester; ma, per debito d'ufficio, gli era necessario starsi sempre presso alla Regina, ch'ei naturalmente voleva tenersi bene edificata. Certo, v'è ragione a credere ch'egli sentisse per lei un affetto più romantico di quello che spesso nasce nel cuore dei vecchi uomini di Stato; e certe circostanze che adesso è uopo riferire, l'avevano interamente gettato nelle mani della cabala gesuitica.
Il Re, per quanto fosse uomo d'indole severa e di grave contegno, rimaneva sotto lo impero delle malie donnesche, quasi al pari del suo vivace ed amabile fratello. Se non che, la beltà delle leggiadre dame di Carlo non era qualità necessaria a muovere i sensi di Giacomo. Barbera Palmer, Eleonora Gwynn e Luisa de Querouaille annoveravansi tra le più avvenenti donne dei tempi loro. Giacomo, mentre era giovane, aveva perduta la libertà propria, era disceso dal proprio grado, e incorso nel dispiacere della propria famiglia per le grossolane fattezze di Anna Hyde. Tosto, a gran sollazzo di tutta la Corte, venne rapito alle braccia di una disavvenente consorte da una concubina anche più disavvenente, cioè da Arabella Churchill. La sua seconda moglie, quantunque avesse venti anni meno di lui, e non fosse spiacevole di viso e di persona, ebbe spessi motivi a lamentare la incostanza del marito. Ma di tutte le sue illecite relazioni, la più forte era quella che lo avvincolava a Caterina Sedley.
XXXVI. Questa donna era figliuola di Sir Carlo Sedley, uno dei più gai e dissoluti ingegni della Restaurazione. La licenza dei suoi scritti non è compensata da molta grazia e vivacità; ma il prestigio del suo conversare era riconosciuto anche dagli uomini più sobri che non facevano stima del suo carattere. Sedergli accanto in teatro, e udirlo a giudicare d'una nuova produzione, consideravasi quale insigne favore. Dryden lo aveva onorato ponendolo precipuo interlocutore nel Dialogo intorno alla Poesia Drammatica. I costumi di Sedley erano tali, che anche in quell'età porsero grave argomento di scandalo. Una volta, dopo un baccano, si mostrò ignudo al balcone d'una taverna presso Covent Garden, arringando la gente che passava con linguaggio così sconcio e insolente, che fu ricacciato dentro da una pioggia di sassate, venne processato per indecente condotta, condannato ad una grossa multa, e dalla Corte del Banco del Re ricevette una invettiva espressa con energiche parole. La

sua figlia ne aveva ereditate le doti e la impudenza. Non aveva alcuna leggiadria di persona, tranne due occhi brillanti, lo splendore dei quali, agli uomini di gusto squisito, sembrava fiero e punto donnesco. Era magra di forme, e feroce di portamento. Carlo, benchè amasse di conversare secolei, rideva a vederla sì brutta, e soleva dire che i preti l'avrebbero dovuta prescrivere a Giacomo come penitenza. Ella conosceva bene di non essere bella, e liberamente scherzava sulla propria disavvenenza. Nondimeno, con istrana incoerenza a sè stessa, amava ornare magnificamente la propria persona, e attirarsi i pungentissimi scherzi del pubblico, comparendo in teatro impiastrata, dipinta, coperta di trine di Bruxelles, e fiammeggiante di diamanti, affettando il grazioso contegno d'una giovinetta di diciotto anni.
Non è agevole a spiegare di che natura fosse la influenza che ella esercitava sopra l'animo di Giacomo. Ei più non era giovine. Era religioso; almeno desiderava fare per la propria religione sforzi e sacrifici, da cui la più parte di coloro che si chiamano uomini religiosi avrebbero abborrito. Sembra strano che vi fossero al mondo attrattive le quali valessero a gettarlo in un modo di vita ch'egli avrebbe dovuto considerare altamente criminoso: e in questo caso, niuno poteva intendere in che consistevano tali attrattive. La stessa Caterina era stupefatta della violenta passione del suo reale amante. «E' non può essere per la mia bellezza» diceva essa, «poichè bisogna che egli veda che io non sono punto bella; non può essere per il mio spirito, poichè egli non ne ha tanto da conoscere ch'io ne abbia alcuno.»
Il Re, come fu asceso al trono, pel sentimento della nuova responsabilità che pesava sopra lui, aperse per qualche tempo l'anima propria alle impressioni religiose. Fece ed annunziò molte buone determinazioni, parlò pubblicamente con gran severità degli empii e licenziosi costumi di quel tempo, e in privato assicurò la Regina e il confessore che non avrebbe mai più veduta Caterina Sedley. Le scrisse difatti scongiurandola di abbandonare gli appartamenti da lei occupati in Whitehall, e di trasferirsi in una casa in Saint James's Square, che le era stata, a spese di lui, splendidamente addobbata. Le promise nel tempo stesso di darle una grossa pensione dalla sua borsa privata. Caterina, destra, forte, intrepida, e conscia del proprio potere, lo compiacque. Dopo pochi mesi, cominciossi a vociferare che Chiffinch aveva di nuovo ripreso l'esercizio del proprio ufficio, e che la druda spesso andava e veniva per l'uscio segreto, pel quale fu fatto passare Padre Huddleston allorquando portò l'Eucaristia al moribondo Carlo. E' sembra che i ministri protestanti del Re sperassero che la cecità del loro signore per cotesta donna, lo avrebbe guarito della cecità assai più perniciosa che lo spingeva a' danni della loro religione. Caterina aveva tutti i requisiti che le erano necessari a governare i sentimenti e gli scrupoli del Re, e porgli in piena luce dinanzi allo sguardo tutte le difficoltà e i pericoli contro ai quali ei correva ad urtare a capo fitto.
XXXVII. Rochester, campione della Chiesa, sforzossi di accrescere siffatta influenza. Ormond, che è popolarmente considerato come la personificazione di tutto ciò che v'è di più puro ed elevato in un Inglese Cavaliere, approvò quel disegno. Perfino Lady Rochester non arrossì di cooperarvi, e con riprovevolissimi mezzi. Si tolse lo incarico di dirigere la gelosia dell'offesa moglie contro una giovinetta che era al tutto innocente. Tutta la Corte notò i modi freddi ed aspri con che la Regina trattava la povera fanciulla sospetta; ma la cagione del mal umore della Maestà Sua era un mistero. Per alcun tempo, cotesto intrigo andò innanzi con prospero successo e con segretezza. Caterina spesso ripeteva chiaramente al Re ciò che i Lord protestanti del Consiglio osavano appena accennare con delicate parole. Gli diceva come la sua Corona corresse gravissimo pericolo: il vecchio pazzo Arundell e il furfante Tyrconnel lo condurrebbero alla rovina. Può darsi che le carezze di lei avessero potuto fare ciò che gli sforzi insieme congiunti della Camera dei Lord e di quella dei Comuni, della Casa d'Austria e della Santa Sede, non erano riusciti ad ottenere, se non fosse stata una strana avventura che fece onninamente mutare aspetto alle cose. Giacomo, in un accesso di amorosa insania, deliberò di creare la sua druda Contessa di Dorchester di proprio diritto. Caterina misurò tutto il pericolo di tal passo, e ricusò un onore che le avrebbe suscitata contro la invidia altrui. Lo amante ostinossi, e pose di forza il diploma nelle mani di lei. Ella infine accettò ad un patto, che serve a mostrare quanta fiducia avesse nella propria potenza e nella debolezza di lui. Gli fece solennemente promettere di non lasciarla giammai; ma che volendola lasciare, le dovesse annunziare egli stesso la propria risoluzione, e concederle un abboccamento.
Appena divulgossi la nuova dello innalzamento di lei, tutto il palazzo fu sossopra. La Regina sentì ribollirsi nelle vene il fervido sangue italiano. Altera della giovinezza e dell'avvenenza propria, dell'alto grado e della intemerata castità, non potè senza strazio di dolore e di rabbia vedersi abbandonata ed insultata per una simile rivale. Rochester, rammentando forse con quanta pazienza, dopo una breve lotta, Caterina di Braganza aveva acconsentito ad usare cortesia alle concubine di Carlo, aveva sperato

che, dopo un poco di lamento e di sdegno, Maria di Modena si sarebbe mostrata egualmente sommessa. E' non fu così. Nè anche si provò di ascondere agli occhi del mondo la violenza delle proprie emozioni. Quotidianamente, i cortigiani che andavano a vederla desinare, notavano come le vivande erano riportate via senza ch'ella le avesse assaggiate. Le lacrime le scorrevano giù per le guance alla presenza di tutto il cerchio dei ministri e degli ambasciatori. Al Re parlò con veemenza. «Lasciatemi andare» esclamò. «Avete fatta la vostra druda contessa; fatela regina. Strappate dal mio capo la corona, e mettetela sopra il suo. Solo lasciatemi seppellire in qualche convento, ch'io non la vegga mai più.» Poi, con più calma, gli chiese in che guisa egli potesse conciliare la sua riprovevole condotta con lo spirito religioso di cui faceva mostra. «Voi siete pronto» disse ella «a porre a repentaglio il vostro Regno per la salute dell'anima vostra, e nondimeno vi dannate l'anima per amore di siffatta donna.» Padre Petre, prostrato sulle ginocchia, secondava la Regina. Era suo debito così fare; e lo adempiva valorosamente, poichè era connesso con l'utile proprio. Il Re per qualche tempo si confessò peccatore, e si mostrò pentito. Nelle ore in che lo assalivano i rimorsi, faceva severe penitenze. Maria serbò fino all'ultimo dì di sua vita, e morente la legò al convento di Chaillot, la disciplina con che Giacomo aveva scontate le proprie peccata flagellandosi vigorosamente le spalle. Nulla, fuorchè lo allontanamento di Caterina, avrebbe potuto porre fine a cotesto conflitto tra un abietto amore ed una superstizione abietta. Giacomo le scrisse, supplicandola e comandandole di partire. Confessava di averle promesso che le avrebbe detto addio col proprio labbro. «Ma conosco pur troppo» soggiungeva «lo impero che voi avete sopra di me. Non avrei forza d'animo bastevole a tenermi fermo nella mia risoluzione, se consentissi a rivedervi.» Le offerse un legno per trasportarla, con tutti i comodi e il decoro, alle Fiandre; e le minacciò che ove non si fosse indotta ad andarsene quietamente, sarebbe stata mandata via per forza. La donna, in sulle prime, provò di destare la pietà del Re fingendosi inferma. Poscia prese il contegno d'una martire, ed impudentemente si spacciò di patir tanto per la religione protestante. Riprese quindi i modi di Giovanni Hampden, sfidando il re a mandarla via; nel quale caso se ne sarebbe richiamata ai tribunali. Finchè la Magna Carta e l'Habeas Corpus erano leggi del Regno, ella voleva starsi dove meglio le talentasse. «E in Fiandra» gridò ella «giammai! Ho imparato una cosa dalla Duchessa di Mazzarino mia amica, ed è di non fidarmi mai d'un paese dove siano conventi.» Alla perfine, elesse l'Irlanda come luogo d'esilio, probabilmente perchè ivi era vicerè il fratello di Rochester suo protettore. E dopo molto indugiare, ella si partì, lasciando vittoriosa la Regina.
La storia di questo stranissimo intrigo sarebbe incompiuta, ove non aggiungessi che esiste tuttora una meditazione religiosa, scritta di mano propria dal Lord Tesoriere, nel giorno stesso in cui la notizia ch'egli si provava di governare il suo signore per mezzo d'una concubina, fu trasmessa da Bonrepaux a Versailles. Nessun componimento di Ken o di Leighton è imbevuto di spirito più fervido e di pietà più esaltata, che questa religiosa effusione. Non può tenersi in sospetto d'ipocrisia; imperocchè manifesto si conosce che quello scritto doveva solo servire per uso privato dello scrittore, e non fu pubblicato se non cento e più anni dopo ch'egli giaceva cenere ed ossa dentro il sepolcro. Fino a tal segno la storia supera in istranezza la finzione! ed è pur troppo vero che la natura ha capricci che l'arte non osa imitare. Un poeta drammatico mal si rischierebbe a porre sulla scena un principe severo, nel verno degli anni, pronto a sacrificare la corona per giovare la propria religione, instancabile nel fare proseliti, che ad un'ora abbandonava ed insultava la moglie giovine e bella, per vaghezza di una druda che non aveva nè giovinezza nè beltà. Anche meno, se pure è possibile, un drammaturgo ardirebbe immaginare un uomo di Stato che si abbassi al vergognoso mestiere di mezzano d'amore, e chiami la propria moglie ad aiutarlo in quel disonorevole ufficio; e nulladimanco, nei momenti d'ozio, ridottosi nel domestico ritiro, innalzi l'anima a Dio, spargendo lacrime di penitenza e recitando devote giaculatorie. XXXVIII. Il Tesoriere presto s'accòrse che servendosi di mezzi scandalosi per giungere ad un laudevole fine, aveva commesso non solo un delitto ma uno sbaglio. Adesso la Regina gli era divenuta nemica. Ella fece sembiante, a dir vero, di ascoltare con cortesia le parole con che gli Hydes tentarono di scusare, come meglio poterono, la propria condotta; e in alcune occasioni mostrò di usare la sua influenza a favor loro: ma avrebbe dovuto essere o da più o da meno che non è una donna, se avesse veramente dimenticata la congiura ordinata dalla famiglia della prima moglie di Giacomo contro la sua dignità e felicità domestica. I Gesuiti, con rigorose parole, dimostrarono al Re il pericolo dal quale era, quasi per miracolo, campato, dicendo come la riputazione, la pace e l'anima di lui fossero state poste a repentaglio per le trame del suo primo ministro. Il Nunzio, che volentieri avrebbe frustrato la influenza del partito violento, e cooperato cogli uomini moderati del Gabinetto, non potè onestamente e decentemente dividersi in questa occasione da Padre Petre. Lo stesso

Giacomo, dopo che il mare lo ebbe partito dalle malíe onde era stato sì fortemente affascinato, non potè non sentire ira e dispregio verso coloro i quali s'erano studiati di governarlo per mezzo dei suoi vizi. Le cose successe era mestieri che gli facessero maggiormente stimare la sua Chiesa, e disistimare quella d'Inghilterra. I Gesuiti che, come correva la moda, erano chiamati i più pericolosi dei consiglieri spirituali, sofisti che sovvertivano tutto il sistema della morale evangelica, adulatori che andavano debitori del proprio potere principalmente alla indulgenza con cui trattavano i peccati dei grandi, lo avevano ritratto da una vita colpevole con rimproveri acri ed arditi, come quelli che Natan fece a David, o Giovanni Battista ad Erode. Dall'altra parte, i fervidi Protestanti, che parlavano sempre della rilassatezza dei casisti papali, e della malvagità di operare il male perchè se ne potesse conseguire il bene, avevano tentato di procurare il bene della propria Chiesa per una via considerata da ogni cristiano come gravemente criminosa. La vittoria della cabala dei pessimi consiglieri fu quindi compiuta. Il Re trattò freddamente Rochester. I cortigiani e i ministri stranieri tosto si accorsero che il Lord Tesoriere era primo ministro solamente di nome. Seguitò a dare consigli ogni giorno, ed ebbe l'onta di vederli ogni giorno rigettati. Nulladimeno, non sapeva indursi ad abbandonare quell'apparenza di potere, e gli emolumenti che direttamente e indirettamente ei ricavava dal suo alto ufficio. Fece quindi quanto potè per nascondere agli occhi del pubblico l'amarezza dell'anima sua. Ma le sue violenti passioni e le sue intemperanti abitudini non gli concedevano di sostenere la parte di simulatore. Il suo conturbato aspetto, sempre che egli usciva dalla sala del Consiglio, mostrava che non erano stati lieti i momenti ivi passati; e quando il bicchiere gli scaldava il cervello, gli fuggivano di bocca parole che manifestamente rivelavano la inquietudine dell'animo.
E aveva ragione d'essere inquieto. Gl'indiscreti e impopolari provvedimenti si succedevano rapidamente l'un l'altro. Ogni pensiero di ritornare alla politica della Triplice Alleanza era abbandonato. Il Re esplicitamente confessò ai ministri di que' potentati continentali, coi quali già aveva avuto intendimento di collegarsi, che aveva affatto mutato pensiero, e che l'Inghilterra doveva seguitare ad essere, come era stata sotto l'avo, il padre e il fratello suoi, di nessun conto in Europa. «Non sono in condizioni» ei disse allo Ambasciatore Spagnuolo «d'impacciarmi di ciò che accade fuori dei miei Stati. Sono risoluto di lasciare che le faccende straniere piglino il loro corso, di consolidare l'autorità mia nel mio Regno, e di fare qualche cosa a pro della mia religione.» Pochi giorni dipoi manifestò i medesimi intendimenti agli Stati Generali. Da quel tempo sino alla fine del suo ignominioso regno, non fece alcuno positivo sforzo a trarsi di vassallaggio, quantunque non potesse mai, senza dare in furore, sentirsi chiamare vassallo.
I due fatti onde il pubblico si accôrse che Sunderland e il suo partito avevano vinto, furono la proroga del Parlamento dal febbraio al maggio, e la partenza di Castelmaine per Roma, col grado d'ambasciatore di primissima classe.
Fino allora tutti gli affari del Governo Inglese alla Corte Papale erano stati affidati a Giovanni Caryl. Questo gentiluomo era noto ai suoi coetanei come persona ricca e educata, e come autore di due opere drammatiche applaudite; cioè d'una tragedia in versi rimati, che era stata resa popolare dall'insigne attore Betterton; e di una commedia, che d'ogni suo pregio va debitrice alle scene rubate a Molière. Questi componimenti sono da lungo tempo caduti in oblio; ma ciò che Caryl non valse a fare a suo pro, è stato fatto per lui da un più possente ingegno. Un mezzo verso nel Riccio Rapito ha reso immortale il suo nome.
XXXIX. Caryl, il quale al pari di tutti gli altri rispettabili Cattolici Romani era nemico alle misure violente, aveva con buon senso e buon animo adempiuto il suo delicato incarico a Roma. La commissione affidatagli ei compì lodevolmente; ma non aveva carattere officiale, e studiosamente schivò ogni dimostrazione. E però i suoi servigi furono quasi di nessuna spesa al Governo, e non provocarono mormorazioni. Al suo ufficio venne adesso sostituita una dispendiosa e pomposa ambasciata, che offese grandissimamente il popolo inglese, mentre non piacque punto alla Corte di Roma. Castelmaine ebbe lo incarico di domandare un cappello cardinalizio pel suo alleato Padre Petre.
Verso il medesimo tempo, il Re cominciò a mostrare, in modo non equivoco, ciò che veramente sentiva verso gli esuli Ugonotti. Mentre sperava di sedurre il Parlamento a mostrarsi sommesso, e intendeva di farsi capo della coalizzazione europea contro la Francia, aveva simulato di biasimare la revoca dello editto di Nantes, e commiserare quegli infelici dalla persecuzione cacciati lungi dalle patrie contrade. Aveva fatto annunziare che in ogni chiesa del Regno si sarebbe fatta, con la sua approvazione, una colletta a beneficio loro. Un apposito proclama era stato compilato con parole che avrebbero ferito l'orgoglio di un sovrano meno irritabile e vanaglorioso di Luigi. Ma adesso tutto mutò

d'aspetto. I principii del trattato di Dover diventarono di nuovo i fondamenti della politica estera dell'Inghilterra. Si fecero quindi ampie apologie per la scortesia con cui il Governo Inglese aveva agito verso la Francia mostrando favore ai fuorusciti francesi. Il proclama che era spiaciuto a Luigi, fu revocato. I ministri Ugonotti furono avvertiti di parlare con riverenza del loro oppressore nei loro pubblici discorsi; se no, avrebbero corso pericolo. Giacomo non solo cessò di manifestare commiserazione per que' malarrivati, ma dichiarò di credere che essi covassero perfidissimi disegni, e confessò di avere errato proteggendoli. Giovanni Claude, uno dei più illustri fuorusciti, aveva pubblicato nel continente un piccolo volume, nel quale dipingeva con tinte vigorose i patimenti dei suoi confratelli. Barillon chiese che il libro venisse solennemente vituperato. Giacomo assentì, e in pieno Consiglio dichiarò, come fosse suo piacere che il libello di Claude venisse bruciato dinanzi la Borsa Reale per mano del boia. Anche Jeffreys ne rimase attonito, e provossi di mostrare che siffatto procedimento era senza esempio; che il libro era scritto in lingua straniera; che era stato stampato in una tipografia straniera; che si riferiva interamente a fatti successi in un paese straniero; e che nessun Governo inglese s'era mai impacciato di tali opere. Giacomo non patì che la questione venisse discussa. «La mia deliberazione» disse egli «è fatta. Oramai è nata l'usanza di trattare i Re con poco rispetto, ed è mestieri che tutti vicendevolmente si difendano. Un Re dovrebbe essere sempre il sostegno dell'altro; ed io ho ragioni particolari per rendere al Re di Francia questo atto di rispetto.» I consiglieri stettero muti. L'ordine fu emanato; e il libro di Claude fu dato alle fiamme, non senza alte mormorazioni di molti che erano stati ognora riputati fermi realisti.
La colletta, già promessa, fu per lungo tempo per vari pretesti differita. Il Re volentieri avrebbe mancato alla sua parola; ma l'aveva così solennemente data, che non poteva, senza somma vergogna, ritirarla. Non per tanto, nulla fu omesso che potesse intiepidire lo zelo delle congregazioni. Aspettavasi che, secondo la costumanza solita in simili casi, il popolo venisse esortato dai pulpiti. Ma Giacomo era determinato di non tollerare declamazioni contro la religione e l'alleato suo. Lo arcivescovo di Canterbury ebbe, perciò, ordine di far sapere al clero, che si doveva semplicemente leggere il regio proclama, senza presumere di predicare intorno ai patimenti dei protestanti francesi. Nondimeno, le offerte furono in tanta copia, che, fatta ogni deduzione, la somma di quaranta mila lire sterline venne depositata nella Camera di Londra. Forse non v'è stata nell'età nostra colletta così generosa in proporzione dei mezzi della nazione.
Il Re rimase amaramente mortificato da sì generosa colletta, fattasi in ubbidienza al suo invito. Sapeva bene, disse egli, che cosa significava tale liberalità. Era un puro dispetto che i Whig avevano inteso di fare a lui ed alla sua religione; ed aveva già deciso che la somma raccolta non servisse per coloro che i donatori volevano beneficare. Era stato per parecchie settimane in istretta comunicazione intorno a questo negozio con la Legazione Francese; ed approvante la Corte Francese, si appigliò ad un partito che non può di leggieri conciliarsi co' principii di tolleranza ch'egli poscia pretese di professare. I fuorusciti erano zelanti del culto e della disciplina dei Calvinisti. Giacomo, quindi, fece comandamento che a niuno fosse dato un tozzo di pane o una cesta di carbone, se prima non avesse prestato il giuramento a seconda del rituale anglicano. È cosa strana che questo inospitale provvedimento fosse stato immaginato da un principe, il quale considerava l'Atto di Prova come un oltraggio fatto ai diritti della coscienza: imperocchè, per quanto ingiusto possa essere l'imporre un Atto di Prova con sacramento onde chiarirsi se gli uomini meritino occupare gli uffici civili e militari, è senza alcun dubbio assai più ingiusto imporre il detto sacramento per conoscere se essi, nella estrema miseria, meritino carità. Nè Giacomo aveva la scusa che potrebbe allegarsi a scemare la colpa da tutti quasi i persecutori; perocchè la religione ch'egli imponeva ai fuorusciti, a pena di lasciarli morire di fame, non era la religione ch'egli professava. La sua condotta, adunque, verso loro era meno scusabile di quella di Luigi: poichè costui gli oppressava sperando di ricondurli da una dannevole eresia alla vera Chiesa; Giacomo gli opprimeva solo onde costringerli ad apostatare da una dannevole eresia, ed abbracciarne un'altra.
Una Commissione, nella quale era il Cancelliere, fu istituita a distribuire le pubbliche limosine. Nella prima adunanza, Jeffreys manifestò la volontà del Re. Disse che i fuorusciti erano troppo generalmente nemici della monarchia e dello episcopato. Se volevano ottenere qualche sussidio, era mestieri che si convertissero alla Chiesa Anglicana, e prestassero il giuramento nelle mani del suo cappellano. Molti esuli che erano andati pieni di gratitudine e di speranza a chiedere qualche soccorso, udirono la propria sentenza, e con la disperazione nel cuore partironsi.
XL. Si appressava il mese di maggio, mese stabilito per la ragunanza delle Camere; ma furono di nuovo prorogate sino a novembre. Non era strano che il Re aborrisse di vederle adunate; imperciocchè era

risoluto di abbracciare una politica che egli sapeva bene essere da loro detestata. Da' suoi predecessori aveva ereditate due prerogative, i confini delle quali non sono stati rigorosamente definiti, e che, esercitate illimitatamente, basterebbero a sovvertire tutto l'ordinamento politico dello Stato e della Chiesa. Erano il potere di dispensare e la supremazia ecclesiastica. Per virtù dell'uno, il Re propose di ammettere i Cattolici Romani, non solo agli uffici civili e militari, ma anche agli spirituali. Per virtù dell'altra, sperava di rendere il clero anglicano strumento della distruzione della loro propria Chiesa.

Questo disegno si venne gradatamente esplicando da sè. Non si stimò sicuro cominciare concedendo allo intero corpo dei Cattolici Romani dispensa dagli statuti che imponevano pene e giuramenti; perciocchè non v'era cosa che fosse così pienamente stabilita come la illegalità di una tale dispensa. La Cabala nel 1672 aveva promulgata una dichiarazione generale d'Indulgenza. I Comuni, appena adunatisi, protestarono contro. Carlo II aveva ordinato che fosse cassata in sua presenza, ed aveva di propria bocca e con un messaggio scritto data assicurazione alle Camere, che l'atto che aveva cagionato tanto lamento, non sarebbe stato mai considerato come esempio precedente. Sarebbe stato difficile trovare in tutti i collegi d'avvocati un giureconsulto di qualche riputazione, che avesse voluto difendere una prerogativa, alla quale il Sovrano, assiso sul trono in pieno Parlamento, aveva solennemente pochi anni innanzi rinunziato. E però, il primo fine che Giacomo si prefisse, fu quello d'ottenere che le Corti di Diritto Comune riconoscessero ch'egli, almeno fino a questo segno, possedeva la potestà di dispensare.

XLI. Ma, quantunque le sue pretese fossero modiche in agguaglio di quelle che manifestò pochi mesi dopo, si accôrse tosto che gli stava contro l'opinione di quasi tutta Westminster Hall. Quattro dei giudici gli fecero intendere, che in questa occasione non potevano secondare il suo proponimento; ed è da notarsi che tutti e quattro erano Tory violenti, e fra essi v'erano uomini che avevano accompagnato Jeffreys nella sua missione di sangue, e che avevano assentito alla morte di Cornish e d'Elisabetta Gaunt. Jones, Capo Giudice dei Piati Comuni, uomo che non s'era mai prima ricusato a nessuna bassa azione, comunque crudele e servile, adesso parlò nel gabinetto regio con parole che sarebbero state convenevoli alle labbra dei magistrati più integerrimi di cui faccia ricordo la storia nostra. Gli fu detto chiaramente, o di smettere la propria opinione, o lasciare l'impiego. «In quanto al mio impiego» rispose, «poco mi curo. Ormai son vecchio, e mi son logorata la vita in servizio della Corona; ma rimango mortificato nel vedere che Vostra Maestà mi stimi capace di dare un giudicio che nessuno, tranne un uomo stolto e disonesto, potrebbe dare.» - «Ho risoluto» disse il Re «di avere dodici giudici i quali la pensino come me in questo negozio.» - «La Maestà Vostra» rispose Jones «potrebbe trovare dodici giudici che la pensino come Voi, ma non dodici giurisperiti.» Fu destituito, con Montague, Capo Barone dello Scacchiere; e due altri giudici inferiori, Neville e Charlton. Uno dei nuovi giudici era Cristoforo Milton, fratello minore del gran poeta. Poco si sa di Cristoforo, salvo che a tempo della guerra civile era stato realista, e che adesso, giunto alla vecchiezza, pendeva verso il papismo. Non pare che si convertisse mai formalmente alla Chiesa di Roma; ma certo scrupoleggiava a comunicare con la Chiesa d'Inghilterra, ed aveva quindi un forte interesse a difendere la potestà di dispensare.

Il Re trovò i suoi consiglieri giuristi disubbidienti quanto i giudici. Il primo che seppe di dovere difendere la potestà di dispensare, fu l'Avvocato Generale Heneage Finch. Senza tanti andirivieni, ricusò di farlo, e il dì dopo fu destituito dall'ufficio. Al Procuratore Generale Sawyer fu ingiunto di rilasciare ordini per autorizzare i membri della Chiesa di Roma ad occupare i beneficii pertinenti a quella d'Inghilterra. Sawyer era stato profondamente implicato nelle più crude e inique persecuzioni di quel tempo, ed era da' Whig abborrito come uomo che aveva le mani imbrattate del sangue di Russell e di Sidney; ma in questa occasione non mostrò difetto d'onestà e di fermezza. «Sire,» disse egli «questo non importa dispensare semplicemente da uno statuto; ma vale il medesimo che annullare l'intero Diritto Statutario, da Elisabetta fino a noi. Io non oso porvi mano; e scongiuro la Maestà Vostra a considerare se una tanta aggressione ai diritti della Chiesa sia d'accordo con le ultime promesse che avete generosamente fatte.» Sawyer sarebbe stato come Finch destituito, se il Governo avesse potuto trovargli un successore: ma ciò non era cosa di poco momento. Era necessario, a proteggere i diritti della Corona, che uno almeno dei legali della Corona fosse uomo dotto, abile ed esperto; e non era da trovarsi un tale uomo che difendesse la potestà di dispensare. Al Procuratore Generale fu, dunque, per pochi mesi lasciato l'impiego. Tommaso Powis, uomo da nulla, che non aveva altri requisiti, dalla servilità all'infuori, per occupare qualche alto ufficio, fu nominato Avvocato Generale.

XLII. Gli apparecchi preliminari erano ormai compiti. V'erano un Avvocato Generale per difendere la potestà di dispensare, e dodici giudici per decidere a favore di quella. La questione, adunque, fu sollecitamente messa in campo. Sir Eduardo Hales, gentiluomo di Kent, erasi convertito al papismo in tempi nei quali niuno poteva impunemente dichiararsi papista. Aveva tenuta secreta la propria conversione, e tutte le volte che ne veniva richiesto, affermava d'essere Protestante con solennità tale, da dare poco credito ai suoi principii. Come Giacomo ascese al trono, non vi fu mestieri di simulazione. Sir Eduardo apostatò pubblicamente, e ne ebbe in ricompensa il comando d'un reggimento di fanteria. Lo aveva tenuto per più di tre mesi senza prestare il giuramento. Era quindi soggetto alla pena di cinquecento lire sterline, che chi lo avesse accusato poteva ricuperare per via d'azione di debito. Un uomo di condizione servile fu adoperato a portare l'azione nella Corte del Banco del Re. Sir Eduardo non negò i fatti allegati contro lui, ma disse di possedere lettere patenti, che lo autorizzavano a tenere il suo ufficio, malgrado l'Atto di Prova. Lo accusatore ammise che le ragioni di Sir Eduardo erano vere in fatto, ma negò che quella fosse una soddisfacente risposta. Così fu fatta una semplice questione di diritto da decidersi dalla Corte. Un avvocato che era notissimo strumento del Governo, comparve per il simulato accusatore, e fece alcune lievi obiezioni alle ragioni allegate dall'accusato. Il nuovo Avvocato Generale rispose. Il Procuratore Generale non prese parte al giudicio. Il Lord Capo Giudice, Sir Eduardo Herbert, profferì la sentenza. Annunziò d'avere esposta la questione a tutti i dodici giudici, e che undici di loro opinavano che il Re potesse legittimamente dispensare dagli statuti penali nei casi particolari, e per ragioni di grave importanza. Il Barone Street, l'unico che dette il voto contrario, non fu destituito dall'ufficio. Era uomo così immorale, che era abborrito perfino dai suoi stessi parenti, e che il Principe d'Orange, a tempo della Rivoluzione, fu avvertito di non ammetterlo al suo cospetto. Il carattere di Street rende impossibile il credere che egli avesse voluto mostrarsi più scrupoloso dei suoi colleghi. Il carattere di Giacomo rende impossibile il credere che un Barone dello Scacchiere, mostratosi disubbidiente, fosse stato lasciato nell'impiego. Non può esservi alcun dubbio ragionevole che il giudice dissenziente, come l'accusatore e il costui difensore, non avessero agito d'accordo. Importava assai che vi fosse grande preponderanza d'autorità a favore della potestà di dispensare; ed era al pari importante che il Banco, che era stato studiosamente ricomposto per quella circostanza, avesse l'apparenza d'essere indipendente. Ad un giudice, quindi, che era il meno rispettabile dei dodici, fu permesso, e più probabilmente comandato, di votare contro la prerogativa.

La potestà in tal modo riconosciuta dalle Corti di Legge, non fu lasciata inoperosa. Un mese dopo la sentenza proferita dal Banco del Re, quattro Lord cattolici romani furono chiamati al Consiglio Privato. Due di loro, Powis e Bellasyse, appartenevano al partito moderato, e probabilmente accettarono l'ufficio con repugnanza e con molti tristi presentimenti. Gli altri due, Arundell e Dover, non avevano cosiffatti presentimenti.

XLIII. La potestà di dispensare fu, nel medesimo tempo, adoperata a rendere i Cattolici Romani atti ad occupare i beneficii ecclesiastici. Il nuovo Avvocato Generale prontamente emanò i decreti che Sawyer aveva ricusato di fare. Uno di questi decreti fu in favore d'uno sciagurato che aveva nome Eduardo Sclater, e che possedendo due beneficii, voleva tenerli a qualunque costo, e in tutte le vicissitudini. La domenica delle Palme del 1686, egli amministrò la comunione ai suoi parrocchiani secondo il rito della Chiesa Anglicana. Nella seguente domenica della Pasqua, celebrò la Messa. La regia dispensa lo autorizzò a fruire degli emolumenti dei suoi beneficii. Alle rimostranze dei patroni che gli avevano conferiti, rispose con insolenti parole di provocazione; e mentre alla causa dei Cattolici Romani spirava prospero il vento, ei pubblicò un assurdo trattato in difesa della propria apostasia. Ma pochi giorni dopo la Rivoluzione, una gran folla convenne nel tempio di Santa Maria nel Savoy, per vederlo rientrare nel grembo della religione da lui abbandonata. Leggendo l'abjura, le lacrime gli scendevano copiose giù per le guance, e profferì un'acre invettiva contro i preti papisti, dalle arti dei quali era stato sedotto.

Con non minore infamia si condusse Obadia Walker. Era vecchio prete della Chiesa Anglicana, e ben noto nella Università d'Oxford come uomo dotto. Sotto il regno di Carlo, era venuto in sospetto d'inclinare al papismo, ma esteriormente erasi conformato alla religione stabilita, ed infine era stato eletto Maestro o Rettore del Collegio Universitario. Subito dopo che Giacomo ascese al trono, Walker deliberò di gettar via la maschera con che fino allora s'era coperto. Si astenne dal culto anglicano, e con alcuni convittori e sottograduati da lui pervertiti, ascoltava giornalmente la Messa nel proprio appartamento. Uno dei primi atti del nuovo Avvocato Generale, fu di fare un decreto che autorizzava Walker e i suoi proseliti a ritenere i loro beneficii, non ostante la loro apostasia. Furono tosto chiamati dei muratori, perchè trasformassero in oratorio due file di stanze. In pochi giorni nel Collegio Universitario celebraronsi pubblicamente i riti cattolici romani. Vi fu posto a cappellano un Gesuita. Vi fu allogata una tipografia con licenza regia, per istampare i libri cattolici romani. Per lo spazio di due anni e mezzo, Walker seguitò a guerreggiare contro il protestantismo con tutto il rancore d'un rinnegato: ma quando la fortuna mutò faccia, ei mostrò che gli mancava il coraggio d'un martire. Fu tratto alla barra della Camera dei Comuni perchè rendesse ragione della propria condotta, e fu tanto vigliacco da protestare di non aver mai mutato religione, nè mai cordialmente approvate le dottrine della Chiesa di Roma, e di non essersi mai provato a convertire a quella nessun uomo. Non valeva l'incomodo di violare gli obblighi più sacri della legge e della fede data per convertire uomini come Walker.

XLIV. Dopo breve tempo, il Re fece un passo più innanzi. A Sclater e Walker era stato solamente permesso di tenere, dopo d'essersi fatti papisti, i beneficii già loro concessi mentre si dicevano protestanti. Conferire un'alta dignità nella Chiesa Anglicana ad un aperto nemico di quella, era un atto più audace che rompeva le leggi e la reale promessa. Ma non v'era provvedimento che a Giacomo paresse ardito. Il decanato di Christchurch divenne vacante. Quell'ufficio, e per dignità e per emolumenti, era uno dei più considerevoli nella Università di Oxford. Al decano era affidato il governo di un maggior numero di giovani di cospicue parentele e di grandi speranze, che si potesse trovare in qualunque altro collegio. Egli era parimente il capo di una cattedrale. Con ambedue questi caratteri, era necessario ch'egli appartenesse alla Chiesa Anglicana. Nondimeno, Giovanni Massey, che manifestamente era membro della Chiesa di Roma, e che altro merito non aveva, tranne d'esser membro di quella Chiesa, fu, per virtù della potestà di dispensare, nominato all'ufficio predetto; e tosto dentro le mura di Christchurch fu innalzato un altare, dove ogni giorno si celebrava la Messa. Al Nunzio il Re disse, che come aveva fatto in Oxford, così tra breve farebbe in Cambrigde.

XLV. Non pertanto, anche ciò era lieve male in paragone di quello che i Protestanti avevano buone ragioni a temere. Sembrava assai probabile che l'intero governo della Chiesa Anglicana verrebbe, tra poco tempo, posto nelle mani dei suoi mortali nemici. V'erano tre insigni sedi vacanti; quella di York, quella di Chester e quella d'Oxford. Il vescovato d'Oxford fu dato a Samuele Parker, parassito; la cui religione, se pure egli aveva religione alcuna, era quella di Roma; e che si chiamava protestante, solo perchè aveva l'impaccio d'una moglie. «Io voleva» disse il Re ad Adda «nominare un aperto cattolico: ma il tempo non è ancora giunto. Parker è bene disposto per noi; sente come noi; ed a poco per volta convertirà tutto il suo clero.» Il vescovato di Chester, vacante per la morte di Giovanni Pearson, uomo di grande rinomanza e come filologo e come teologo, fu conferito a Tommaso Cartwright, anche più abietto parassito di Parker. Lo arcivescovato di York rimase varii anni vacante. E non potendosi a ciò allegare nessuna buona ragione, sospettavasi che il Re differisse la nomina, finchè si potesse rischiare di porre quell'insigne mitra sul capo d'un papista. E veramente, egli è molto probabile che il senno e la buona disposizione del Papa salvassero da tanto oltraggio la Chiesa Anglicana. Senza speciale dispensa del Papa, nessun Gesuita poteva divenire vescovo; e non vi fu mai modo d'indurre Innocenzo ad accordarla a Petre.

XLVI. Giacomo nè anche dissimulò lo intendimento che aveva di giovarsi con vigore e sistematicamente di tutti i poteri che aveva come capo della Chiesa stabilita, per distruggerla. Disse con chiare parole, che per opera della divina Provvidenza, l'Atto di Supremazia sarebbe stato il mezzo di richiudere la fatale ferita da esso inflitta nel corpo della Chiesa universale. Enrico ed Elisabetta avevano usurpato un dominio che di diritto apparteneva alla Sede. Tale dominio, nel corso della successione, era venuto nelle mani di un principe ortodosso, il quale lo terrebbe come deposito appartenente alla Santa Sede. La legge gli dava potestà di reprimere gli abusi spirituali: e il primo di quelli ch'egli intendeva reprimere, era la libertà con cui il clero anglicano difendeva la propria religione e combatteva contro le dottrine di Roma.

XLVII. Ma incontrò un grande ostacolo. La supremazia ecclesiastica di che egli andava rivestito, non era punto la stessa alta e terribile prerogativa da Elisabetta, da Giacomo I e da Carlo I esercitata. L'atto che dava alla Corona una quasi infinita autorità visitatoria sopra la Chiesa, quantunque non fosse mai stato formalmente abrogato, aveva veramente perduto in gran parte il primitivo vigore. La legge in sostanza rimaneva, ma senza nessuna formidabile sanzione, e senza efficace sistema di procedura; ed era perciò poco più che una lettera morta.

Lo statuto che rese ad Elisabetta il dominio spirituale, assunto dal padre e deposto dalla sorella, conteneva una clausula che dava al Sovrano autorità di costituire un tribunale che poteva inchiedere e riformare, e punire i delitti ecclesiastici. Per virtù di tale clausula, fu creata la Corte dell'Alta

Commissione; Corte che per molti anni era stata terribile ai non-conformisti, e sotto la cruda amministrazione di Laud divenne argomento di timore e d'odio, anche a coloro che amavano maggiormente la Chiesa stabilita. Adunatosi il Lungo Parlamento, l'Alta Commissione venne generalmente giudicata come il più grave degli abusi che la nazione sosteneva. E però fu fatta alquanto frettolosamente una legge, la quale non solo privò la Corona della potestà di nominare visitatori per soprintendere alle faccende della Chiesa, ma abolì senza distinzione ogni specie di corti ecclesiastiche.
Dopo la Restaurazione, i Cavalieri, che erano numerosissimi nella Camera dei Comuni, per quanto fossero zelanti della prerogativa, rammentavano ancora con amarezza la tirannia dell'Alta Commissione, e non erano punto disposti a richiamare a vita una cotanto odiosa istituzione. Pensavano, ad un'ora, e non senza ragione, che lo statuto il quale aveva distrutte tutte le corti cristiane del reame senza nulla sostituirvi, fosse soggetto a gravi obiezioni. E però lo revocarono, tranne nella parte che riferivasi all'Alta Commissione. Così le Corti Arcidiaconali, le Concistoriali, quella dell'Arcivescovo di Canterbury, l'altra così detta dei Peculiari, e la Corte dei Delegati furono richiamate a vita; ma l'atto per virtù del quale ad Elisabetta ed a' suoi successori era stata concessa la potestà di nominare Commissioni con autorità visitatoria sopra la Chiesa, non solo non fu rimesso in vigore, ma con parole estremamente forti fu dichiarato pienamente abrogato. È, dunque, chiaro, quanto può esserlo qualunque punto di diritto costituzionale, che Giacomo II non era competente a istituire una Commissione, con potestà di visitare e governare la Chiesa Anglicana. Che se così fosse stato, poco valeva che l'Atto di Supremazia, con parole alto sonanti, gli desse facoltà da correggere ciò che non era equo in quella Chiesa. Null'altro, fuorchè una macchina formidabile come quella, ch'era stata distrutta dal Lungo Parlamento, poteva forzare il clero anglicano a divenire strumento del Re per la distruzione della dottrina e del culto anglicano. Egli, perciò, nell'aprile del 1686, deliberò di creare una nuova Corte d'Alta Commissione. Il disegno non fu mandato subitamente ad esecuzione. Fu avversato da tutti i ministri che non erano ligii alla Francia ed a' Gesuiti. I giureconsulti lo considerarono come oltraggiosa violazione della legge, e gli aderenti alla Chiesa Anglicana come un'aggressione alla Chiesa loro. Forse la contesa sarebbe durata più a lungo, se non fosse accaduto un fatto che ferì l'orgoglio e infiammò la collera del Re. Egli, come capo supremo ordinario, aveva dato ordini affinchè il clero anglicano si astenesse di toccare i punti controversi della dottrina. In tal guisa, mentre tutte le Domeniche e le festività dentro il ricinto dei reali palazzi recitavansi sermoni a difesa della religione cattolica romana, alla Chiesa dello Stato, alla Chiesa della grandissima parte della nazione era inibito di spiegare e difendere i propri principii. Lo spirito di tutto l'ordine clericale destossi contro cotesta ingiustizia. Guglielmo Sherlock, teologo insigne, che aveva scritto con asprezza contro i Whig e i Dissenzienti, e ne era stato rimunerato dal Governo coll'ufficio di Maestro o Rettore del Tempio e con una pensione, fu uno dei primi a incorrere nello sdegno del Re. Gli fu sospesa la pensione, ed ei venne severamente redarguito. Poco appresso Giovanni Sharp, Decano di Norwich e Rettore di Saint Giles-in-the-Fields, fece più grave offesa a Giacomo. Era uomo dotto e di fervida pietà, predicatore di gran fama, e prete esemplare. In politica, come tutti i suoi confratelli, era Tory, ed era pur allora stato fatto regio cappellano. Ricevè una lettera di un anonimo, il quale simulava venire da uno dei suoi parrocchiani che era stato vinto dagli argomenti dei teologi cattolici romani, ed agognava d'imparare se la Chiesa Anglicana fosse parte della vera Chiesa di Cristo. Nessun teologo che non avesse perduto ogni senso dei religiosi doveri o dell'onore del proprio ministero, poteva ricusare di rispondere. La Domenica prossima, Sharp fece un vigoroso discorso contro le alte pretese della Chiesa di Roma. Alcune delle sue espressioni vennero esagerate, scontorte, e recate dai ciarlieri a Whitehall. Fu falsamente riferito, ch'egli avesse vituperosamente parlato dello disquisizioni teologiche già trovate nella cassa forte di Carlo, e pubblicate da Giacomo. Compton, vescovo di Londra, ebbe da Sunderland ordini di sospendere Sharp, fino a tanto che il Re avesse altrimenti provveduto. Il vescovo si sentì grandemente perplesso. La sua recente condotta nella Camera dei Lord aveva profondamente offesa la Corte. Il suo nome era già stato casso dalla lista dei Consiglieri Privati. Egli era già stato cacciato dall'ufficio che occupava nella cappella reale. Non voleva aggiungere nuove provocazioni; ma l'atto che gli s'imponeva era un atto giudiciale. Intese essere ingiusto, e i migliori consiglieri gli assicuravano essere illegale infliggere una pena senza che al supposto colpevole fosse dato modo a difendersi. E però, con umilissime parole, espose al Re le difficoltà ad eseguire l'ordine ricevuto, e avvertì privatamente Sharp a non mostrarsi per allora in pulpito. Per quanto ragionevoli fossero gli scrupoli di Compton, per quanto ossequiose le sue scuse, Giacomo montò in gran furore. Quale insolenza allegare o la giustizia naturale o la legge positiva in opposizione ad un espresso comandamento del

Sovrano! Sharp fu dimenticato. Il vescovo divenne segno alla vendetta del Governo.
XLVIII. Il Re sentì più penosamente che mai la mancanza di quella arme tremenda che un tempo aveva costretti i disobbedienti ecclesiastici a cedere. Probabilmente, sapeva che per poche acri parole profferite contro il governo di Carlo I, il vescovo Williams era stato dall'Alta Commissione sospeso da tutte le dignità e funzioni ecclesiastiche. Il disegno di richiamare a vita quel formidabile tribunale, fu più che mai affrettato. Nel mese di luglio, Londra fu in commovimento per la nuova che il Re, sfidando direttamente due atti del Parlamento formulati in vigorosissimi termini, affidava l'intero governo della Chiesa a sette Commissari. Le parole con che la giurisdizione loro veniva significata, erano, come suol dirsi, elastiche, e potevano essere stiracchiate per ogni verso. Tutti i collegi e le scuole di grammatica, anche quelli ch'erano stati istituiti dalla liberalità di benefattori privati, furono sottoposti alla autorità della nuova Commissione. Tutti coloro che per guadagnarsi il pane avevano mestieri d'impiego nella Chiesa o nelle istituzioni accademiche, dal Primate fino al più piccolo curato, dai vicecancellieri d'Oxford e di Cambridge fino al più umile pedagogo che insegnava il Corderio, rimasero in preda alle voglie del Re. Se qualcuno di quelle molte migliaia di uomini cadeva in sospetto di aver fatto o detto la minima cosa spiacevole al Governo, i Commissari potevano citarlo dinanzi al loro tribunale. Nel modo di contenersi con lui, non erano vincolati da alcun freno, come quelli che erano accusatori a un tempo e giudici. Allo accusato non davasi copia dell'atto d'accusa. Era esaminato e riesaminato; ed ove le sue risposte non fossero soddisfacenti, poteva essere sospeso dall'ufficio, destituito, dichiarato incapace di occupare beneficio alcuno per lo avvenire. S'egli fosse stato contumace, poteva essere scomunicato, o, in altre parole, privato di tutti i diritti civili, e imprigionato a vita. Poteva anco, a discrezione della Corte, essere condannato a pagare le spese del processo che lo aveva ridotto ad accattare. Non v'era appello. I Commissarii avevano ordine di eseguire l'ufficio loro, non ostante alcuna legge che fosse o paresse essere incompatibile con le norme ricevute. Da ultimo, perchè nessuno dubitasse essere stata intenzione del Governo ristabilire quella terribile Corte dalla quale il Lungo Parlamento aveva liberata la nazione, al nuovo tribunale fu ingiunto di usare un suggello in cui fosse il medesimo segno e la epigrafe medesima che erano nel suggello della vecchia Alta Commissione. Capo della Commissione era il Cancelliere. La presenza e lo assenso di lui erano necessarii ad ogni atto. Ciascuno ben conosceva con quanta ingiustizia, insolenza, e barbarie egli s'era condotto nei tribunali, dove, fino ad un certo segno, era infrenato dalle leggi dell'Inghilterra. Non era quindi difficile prevedere come si sarebbe portato in una situazione in cui egli aveva pieno arbitrio di fare da sè forme di procedura o regole ad investigare i casi.
Degli altri sei Commissarii, tre erano prelati e tre laici. A capo della lista era il nome dello Arcivescovo Sancroft. Ma egli era pienamente convinto che la Corte era illegale, che tutti i suoi giudicii sarebbero stati nulli, e che sedendovici sarebbe incorso in grave responsabilità. Deliberò quindi di non accettare il regio mandato. Nulladimeno, non agì in questa occasione con quel coraggio e con quella sincerità ch'ei mostrò allorchè, due anni dopo, si trovò ridotto agli estremi. Pregò lo scusassero, allegando gli affari e la mal ferma salute. Gli altri membri della Commissione, egli soggiunse, erano uomini di tanta abilità, da non avere mestieri del suo aiuto. Queste poco sincere scuse sedevano male sul labbro del Primate di tutta l'Inghilterra in quella occasione; nè valsero a salvarlo dalla collera del Re. Egli è vero che il nome di Sancroft non fu cancellato dalla lista dei Consiglieri Privati; ma, con amara mortificazione degli amici della Chiesa, non fu più chiamato nei giorni di sessione. «Se egli» disse il Re «è sì malato da non potere andare alla Commissione, è cortesia alleggiarlo dal carico di venire al Consiglio.»
Il Governo non incontrò uguale difficoltà con Nataniele Crewe, Vescovo della grande e ricca diocesi di Durham, uomo di nobile stirpe, e nella sua professione salito tanto alto, che quasi non poteva desiderare di salire di più; ma abietto, vano e codardo. Era stato fatto decano della Cappella Reale, allorquando il vescovo di Londra fu cacciato di Palazzo. L'onore di sedere fra il numero dei Commissarii ecclesiastici toccò a Crewe. Nulla giovò che alcuni dei suoi amici gli mostrassero il rischio a cui egli si esponeva sedendo in un tribunale illegale. Non vergognò di rispondere, ch'ei non poteva vivere privo del sorriso del Re, ed, esultando, significò la speranza che il suo nome sarebbe rimasto nella storia: speranza che non gli andò al tutto fallita.
Tommaso Sprat, vescovo di Rochester, fu il terzo Commissario clericale. Era uomo, allo ingegno del quale la posterità non ha reso giustizia. Sventuratamente per la sua riputazione, i suoi versi sono stati stampati nelle raccolte dei Poeti Inglesi; e chi lo voglia giudicare da' suoi versi, è forza che lo consideri come un imitatore servile, che senza una scintilla dell'ammirevole genio di Cowley, scimmiottava ciò che nello stile di Cowley era meno commendevole: ma chi conosce le prose di Sprat, farà un diverso

giudicio delle sue facoltà intellettuali. E veramente, era grande maestro della nostra lingua, e possedeva ad un'ora la eloquenza dell'oratore, del controversista e dello storico. Il suo carattere morale avrebbe riportato poco biasimo, se egli fosse stato addetto ad una professione meno sacra; imperocchè il peggio che intorno a lui si possa dire, è d'essere stato indolente, lussurioso e mondano; ma tali falli, quantunque nei secolari non sogliano comunemente considerarsi come bruttissimi, sono scandalosi in un prelato. Lo arcivescovato di York era vacante; Sprat sperava d'ottenerlo, e però accettò l'ufficio nella Commissione ecclesiastica: ma era uomo di sì buona indole, da non potersi condurre con durezza; ed aveva tanto buon senso, da vedere che avrebbe in futuro potuto essere chiamato a render conto di sè dinanzi al Parlamento. Per la qual cosa, benchè egli acconsentisse di accettare l'ufficio, si studiò di acquistare, quanto gli fu possibile, meno nemici.
I tre altri Commissari furono il Lord Tesoriere, il Lord Presidente, e il Capo Giudice del Banco del Re. Rochester, disapprovando la cosa e brontolando, assentì a servire. Quantunque gli toccasse di soffrir molto alla Corte. non sapeva indursi ad abbandonarla. Quantunque molto amasse la Chiesa, non sapeva indursi a sacrificare per essa il suo bianco bastone, il potere di disporre degl'impieghi, la sua paga di ottomila lire sterline l'anno, e gli assai più grossi emolumenti indiretti del suo ufficio. Scusò con gli altri la propria condotta, e forse con sè stesso, allegando che, come Commissario, avrebbe potuto impedire molti danni; ed ove egli avesse ricusato quel posto, sarebbe stato occupato da qualcun altro meno di lui devoto alla religione protestante. Sunderland rappresentava la cabala gesuitica. La sentenza di recente profferita da Herbert intorno alla questione della potestà di dispensare, era bastevole argomento a provare che non avrebbe abborrito di obbedire ciecamente a tutte le voglie di Giacomo.
XLIX. Appena apertasi la Commissione, il vescovo di Londra fu citato dinanzi al nuovo tribunale. Obbedì. «Io voglio da voi» disse Jeffreys «una risposta diretta e positiva. Perchè non avete sospeso il Dottor Sharp?»
Il vescovo chiese copia dell'atto che istituiva la Commissione, per conoscere per virtù di quale autorità egli fosse così interrogato. «Se intendete» disse Jeffreys «contrastare all'autorità nostra, userò altri mezzi con voi. In quanto all'atto che chiedete, non dubito punto che lo abbiate veduto. In ogni caso, potreste vederlo per un soldo in qualunque bottega di caffè.» E' pare che la insolente risposta del Cancelliere muovesse a sdegno gli altri Commissari, sì che gli fu forza di addurre qualche scusa contorta. Ritornò poi al punto dal quale erasi dilungato, dicendo: «Questa non è una Corte dove le accuse si mostrano in iscritto. La nostra procedura è sommaria, e verbale. La questione è chiarissima. Perchè non avete voi obbedito al Re?» Con qualche difficoltà Compton potè ottenere un breve indugio, e l'assistenza d'un avvocato. Udite le ragioni da lui allegate, fu manifesto a tutti che il vescovo aveva semplicemente fatto ciò ch'egli era tenuto a fare. Il Tesoriere, il Capo Giudice e Sprat opinarono di mandarlo assoluto. Il Re arse di sdegno. E' pareva che la sua Commissione Ecclesiastica gli volesse anch'ella mancare, come gli aveva mancato il suo Parlamento Tory. A Rochester disse di eleggere tra il dichiarare colpevole il vescovo, o lasciare l'ufficio del Tesoro. Rochester fu sì vile, che si arrese. Compton fu sospeso dalle sue funzioni spirituali; il carico della sua grande diocesi fu commesso ai suoi giudici, Sprat e Crewe. Seguitò, non per tanto, a risedere nel proprio palazzo e ricevere le rendite; perocchè sapevasi che ove avessero tentato di privarlo dei suoi emolumenti temporali, ei si sarebbe posto sotto la protezione del diritto comune; e lo stesso Herbert dichiarò, che i tribunali di diritto comune avrebbero profferita sentenza contro la Corona. Ciò indusse il Re a star cheto. Solo alquanti giorni erano corsi dacchè egli aveva a suo modo raffazzonate le Corti di Westminster Hall, onde ottenere una sentenza favorevole alla sua potestà di dispensare; e adesso si accôrse che, ove non le avesse di nuovo raffazzonate, non avrebbe potuto ottenere una decisione in favore degli atti della sua Commissione Ecclesiastica. Deliberò, quindi, di differire per breve tempo la confisca dei beni liberi dei chierici disubbidienti.
L. Gli umori della nazione, a dir vero, erano tali da renderlo esitante. Per alcuni mesi, il malcontento era venuto grandemente e con rapidità crescendo. Il Parlamento da lungo tempo aveva inibita la celebrazione del culto cattolico romano. Pel corso di varie generazioni, nessun prete cattolico romano aveva osato mostrarsi in pubblico con le insegne del proprio ufficio. Contro il clero regolare, e contro gl'irrequieti e sottili Gesuiti, erano state fatte molte leggi rigorose. Ogni Gesuita che avesse posto piede nel Regno, era soggetto ad essere impiccato, strascinato e squartato. Coloro che lo avessero scoperto, ricevevano un premio. Non godeva nè anche il beneficio della regola generale, che gli uomini non sono tenuti ad accusare sè stessi. Chiunque fosse in sospetto di essere Gesuita, poteva essere interrogato; e ricusando di rispondere, incarcerato a vita. Tali leggi, benchè non fossero state

poste rigorosamente in esecuzione, tranne in tempi di speciale pericolo, e benchè non avessero mai impedito i Gesuiti di venire in Inghilterra, avevano reso necessario il travestirsi. Ma adesso ogni travestimento fu messo da parte. Alcuni insani uomini appartenenti alla religione del Re, incoraggiati da lui, ebbero l'orgoglio di sfidare leggi che senza verun dubbio erano ancor valide, e sentimenti abbarbicati nel cuore del popolo come non lo erano stati mai nei tempi trascorsi. Sorsero in ogni dove, per tutto il paese, cappelle cattoliche romane. Cocolle, cordoni e rosari vedevansi di continuo per le vie, e rendevano attonita una popolazione di cui l'uomo più vecchio non aveva mai veduto, tranne sulla scena, un abito monacale. Un convento fu innalzato in Clerkenwell, nel luogo dell'antico chiostro di San Giovanni. I Francescani occuparono un edificio in Lincoln's Inn Fields. I Carmelitani furono acquartierati nella Città. Una congrega di Benedettini ebbe alloggio nel Palazzo di San Giacomo. Nel Savoy fu edificata ai Gesuiti una vasta casa, con una chiesa e una scuola. L'arte e la cura onde cotesti padri avevano, per parecchie generazioni, educata la gioventù, avevano strappate le lodi alle labbra ripugnanti dei Protestanti più savi. Bacone aveva detto, che il metodo d'istruzione adoperato nei collegi dei Gesuiti, era il migliore che fino allora si conoscesse nel mondo, ed aveva mostrato amaro rincrescimento pensando che un sistema cotanto ammirevole di disciplina intellettuale e morale dovesse servire agli interessi d'una religione cotanto corrotta. Non era improbabile che il nuovo collegio nel Savoy, sotto la protezione del Re, sarebbe diventato formidabile rivale delle grandi scuole di Eaton, di Westminster e di Winchester. Poco dopo aperta, la scuola contava quattrocento fanciulli, metà circa dei quali erano Protestanti. Costoro non erano tenuti ad assistere alla Messa; ma non poteva esservi dubbio che la influenza di esperti precettori appartenenti alla Chiesa Cattolica Romana, e versati in tutte le arti che valgono a conseguire la fiducia e l'affetto della gioventù, non avrebbe fatto molti proseliti.

LI. Siffatte cose produssero sommo eccitamento fra il basso popolo, il quale sempre è mosso da ciò che tocca i sensi, più presto che da ciò che si dirige alla ragione. Migliaia di rozze e ignoranti persone, per le quali la potestà di dispensare e la Commissione Ecclesiastica erano parole vuote di senso, videro con indignazione e terrore un collegio di Gesuiti sorgere sulle rive del Tamigi, frati in sottana e cappuccio passeggiare nello Strand, i devoti accorrere in folla alle porte dei tempii dove adoravansi le sculte immagini. In parecchi luoghi del paese scoppiarono tumulti. In Coventry e in Worcester, il culto cattolico romano fu violentemente interrotto. In Bristol la marmaglia, spalleggiata, secondo fu detto, dai magistrati, dette un profano ed indecente spettacolo, in cui la Vergine Maria era rappresentata da un buffone, e un'ostia finta era portata in processione. Il presidio fu chiamato a reprimere la plebaglia. Questa, che sempre era stata lì più che in altro luogo del Regno ferocissima, oppose resistenza. Seguirono da ambe le parti percosse e ferite. Grande era l'agitazione nella capitale, e maggiore nella Città propriamente detta, che in Westminster. Imperocchè il popolo era avvezzo a vedere le cappelle private degli Ambasciatori Cattolici Romani; ma la Città, a memoria d'uomo vivente, non era stata mai profanata da cerimonie idolatriche. Nondimeno, l'inviato dell'Elettore Palatino, incoraggiato dal Re, eresse una cappella in Lime Street. I capi del municipio, quantunque fossero uomini posti in quell'ufficio perchè riconosciuti come Tory, protestarono contro questo fatto, che, dicevano essi, i più dotti gentiluomini in abito lungo consideravano illegale. Il Lord Gonfaloniere ricevè ordine di presentarsi dinanzi al Consiglio Privato. «Badate a quel che fate» disse il Re, «obbeditemi; e non v'impacciate con gentiluomini in abito lungo, o in abito corto.» Il Cancelliere tosto cominciò ad inveire contro il malarrivato magistrato, con quella stessa eloquenza che soleva adoperare in Old Bailey. La cappella fu aperta. Tutto il vicinato si pose subito in movimento. Gran torme di popolo accorsero a Cheapside per aggredire la nuova chiesa. I sacerdoti furono insultati. Un crocifisso fu strappato dal luogo, e posto sopra il pozzo della parrocchia. Il Lord Gonfaloniere uscì fuori a quietare il tumulto, ma fu accolto col grido di «Non vogliamo Dio di legno.» La milizia civica ebbe comandamento di sgominare la folla; ma partecipava al sentimento del popolo; e voci corsero per le file che dicevano: «Noi non possiamo in coscienza combattere a pro del papismo.»

Lo Elettore Palatino era, come Giacomo, sincero e zelante Cattolico, e imperava, al pari di lui, sopra una popolazione protestante; ma i due principi si somigliavano poco per indole e per intendimento. Lo Elettore aveva promesso di rispettare i diritti della Chiesa ch'egli trovò stabilita nei suoi domini. Aveva rigorosamente mantenuta la promessa, e non s'era lasciato trascinare a nessun atto di violenza dai predicatori, i quali abborrendo dalla sua credenza, dimenticavano di quando in quando il rispetto che gli dovevano. Seppe, e gliene increbbe, che l'atto imprudente del suo rappresentante aveva grandemente offeso il popolo di Londra; e, a suo sommo onore, dichiarò ch'egli avrebbe rinunziato al privilegio al quale, come principe straniero, aveva diritto, anzi che mettere a rischio la tranquillità d'una grande metropoli. «Anch'io» scrisse egli a Giacomo «ho sudditi protestanti; e so con quanta cautela e destrezza debba agire un principe Cattolico posto in cosiffatte condizioni.» Giacomo, invece di sentire gratitudine per questa mite e savia condotta, mise la lettera in canzone avanti ai ministri stranieri; e deliberò che lo Elettore, volesse o non volesse, avrebbe una cappella nella Città; e qualora la milizia cittadina avesse ricusato di fare il debito proprio, si sarebbero chiamate le guardie.

LII. Lo effetto che cotesti perturbamenti produssero sul commercio, fu assai grave. Il ministro olandese scrisse agli Stati Generali, che gli affari alla Borsa erano arrestati. I Commissari delle Dogane riferirono al Re, come nel mese che seguì l'apertura della Cappella in Lime Street, gl'incassi del porto del Tamigi fossero scemati d'alcune migliaia di lire sterline. Vari Aldermanni, i quali, comecchè fossero realisti zelanti, nominati in ufficio sotto il nuovo statuto municipale, avevano molto interesse alla prosperità commerciale della città loro, e non amavano nè il papismo nè la legge marziale, dettero la loro rinunzia. Ma il Re era risoluto a non cedere. Formò un campo militare in Hounslow Heath, dove, in una circonferenza di circa due miglia e mezzo, raccolse quattordici battaglioni di fanteria, e trentadue squadroni di cavalleria, che insieme facevano un'armata di tredici mila combattenti. Ventisei pezzi d'artiglieria, e molti carriaggi carichi d'armi e di munizioni, furono trascinati dalla Torre, traverso alla città, a Hounslow. I Londrini, vedendo ragunarsi queste grandi forze militari nei dintorni della terra, sentirono un terrore, che in breve scemò coll'avvezzarvisi. Visitare Hounslow nei giorni festivi divenne un sollazzo. Il campo offriva lo aspetto d'una vasta fiera. Confusa coi moschettieri e coi dragoni, una moltitudine di lindi gentiluomini e dame di Soho Square, di borsaiuoli e di sgualdrine di Whitefriars co' visi imbellettati, d'infermi in portantine, di frati in cappucci e sottane, di servitori coperti di ricche livree, di merciaiuoli ambulanti, di fruttaiuole, di impertinenti garzoni di bottega e di stupefatti villani, passava di continuo e ripassava fra mezzo alle lunghe file delle tende. In alcuni padiglioni udivasi il baccano dei beoni, in altri le bestemmie dei giocatori. E davvero, il luogo pareva un allegro suburbio della metropoli. Il Re, come ben si conobbe due anni dopo, aveva commesso un grande errore. Aveva dimenticato che la vicinanza agisce in più modi. Aveva sperato che lo esercito avrebbe atterrita Londra; ma lo effetto di questo provvedimento fu, che i sentimenti e le opinioni dei cittadini di Londra invasero pienamente l'esercito.

Erano appena formati gli accampamenti, allorquando corse voce di litigi tra i soldati protestanti e i papisti. Un breve scritto intitolato: Indirizzo a tutti gl'Inglesi protestanti dell'armata, - era stato con attività distribuito nel campo. Lo scrittore con veementi parole esortava le truppe a pugnare in difesa, non del Messale, ma della Bibbia, della Magna Charta e della Petizione dei Diritti. Il Governo lo vedeva di mal occhio. Era uomo notevole per carattere, e la cui storia può riuscire istruttiva.

LIII. Aveva nome Samuele Johnson, era prete della Chiesa Anglicana, e già stato cappellano di Lord Russell. Johnson era uno di quelli uomini mortalmente odiati da' loro oppositori, e meno amati che rispettati da' loro colleghi. La sua morale era pura, fervido il sentimento religioso che gli stava nel cuore, non ispregevoli la dottrina e le doti dello ingegno, debole il giudicio, e l'indole acre, torbida e invincibilmente ostinata. Per la sua professione, egli era venuto in odio agli zelanti sostenitori della monarchia; perocchè un repubblicano con gli ordini sacri appariva un ente strano, e quasi contro natura. Mentre Carlo regnava, Johnson aveva pubblicato un libro col titolo di Giuliano Apostata. Era suo scopo mostrare, che i Cristiani del quarto secolo non ammettevano la dottrina della non-resistenza. Era agevole addurre passi di Crisostomo e di Girolamo, scritti con uno spirito assai diverso da quello dei teologi anglicani che predicavano contro la Legge d'Esclusione. Johnson, nulladimeno, trascorse anche più oltre. Tentò di richiamare a vita l'odioso addebito che, per manifestissime ragioni, Libanio aveva gettato sopra i soldati cristiani di Giuliano; ed affermò che il dardo che uccise l'imperiale rinnegato, partì non dagl'inimici, ma da qualche Rumbold o Ferguson delle legioni romane. Ne seguì caldissima controversia. I disputatori Whig e Tory lottarono accanitamente intorno ad un passo oscuro, nel quale Gregorio Nazianzeno loda un pio vescovo che andava ad infliggere la fustigazione ad alcuno. I Whig sostenevano che l'uomo santo andasse a fustigare lo imperatore; i Tory, che egli volesse fustigare, a tutto dire, un capitano delle Guardie. Johnson compose una risposta ai suoi avversarii, nella quale fece un elaborato paragone tra Giuliano e Giacomo, allora Duca di York. Giuliano per molti anni aveva fatto sembiante di aborrire la idolatria, mentre in cuor suo era idolatra. Giuliano aveva, per giungere a certi suoi fini, in alcune occasioni simulato di rispettare i diritti della coscienza. Giuliano aveva punite le città che erano zelanti per la vera religione, spogliandole dei loro privilegii municipali. Giuliano da' suoi adulatori era stato chiamato il Giusto. Giacomo si sentì provocato a segno, da non poterlo patire. Johnson fu accusato di calunnia, convinto reo, e condannato ad una multa che egli non aveva mezzi di pagare. Fu quindi gettato in un carcere; e

sembrava probabile che vi dovesse rimanere per tutta la vita.
LIV. Sopra la stanza ch'egli occupava nella prigione del Banco del Re, era rinchiuso un altro condannato, il cui carattere è degno di studio. Chiamavasi Ugo Speke, ed era giovane di buona famiglia, ma di singolarmente bassa e depravata indole. In lui la passione del mal fare e di giungere per vie torte ai suoi fini, era quasi frenesia. Arruffare senza essere scoperto, era a lui occupazione e diletto; ed aveva grande arte di giovarsi degli onesti entusiasti come di strumenti della sua fredda malignità. Aveva tentato, per mezzo di uno dei suoi fantocci, di spingere Carlo e Giacomo ad assassinare Essex nella Torre. Scopertosi lui essere stato lo istigatore a quel delitto, quantunque gli fosse riuscito gettare in gran parte la colpa sull'uomo da lui sedotto, non gli era venuto fatto di sottrarsi al castigo. Adesso era in carcere; ma col danaro potè procacciarsi i comodi che ai più poveri prigioni mancavano, ed era tenuto con tanto poco rigore, da comunicare di continuo con uno dei suoi colleghi che dirigeva una tipografia clandestina.
LV. Johnson era l'uomo adatto ai fini di Speke. Era zelante ed intrepido, dotto ed esperto disputatore, ma semplice come un fanciullo. Una stretta amicizia nacque fra' due compagni di prigione. Johnson scriveva diversi acri e virulenti trattati, che Speke faceva giungere allo stampatore. Allorquando formossi il campo militare in Hounslow, Speke incitò Johnson a comporre un indirizzo per istigare le truppe al disordine. Detto, fatto. Ne furono tirate molte migliaia di copie e portate alla stanza di Speke, da dove furono sparse per tutto il paese, e in ispecie fra' soldati. Un Governo più mite di quello che allora reggeva l'Inghilterra si sarebbe risentito a simigliante provocazione. Si fecero rigorose ricerche. Un agente subordinato, di cui eransi serviti per distribuire l'indirizzo, salvò sè, tradendo Johnson; e Johnson non era uomo da salvarsi tradendo Speke. Se ne fece processo, e lo scrittore fu dichiarato reo. Giuliano Johnson, come comunemente lo chiamavano, fu condannato ad essere tre volte posto alla berlina, e fustigato da Newgate a Tyburn. Il giudice, Sir Francesco Withins, disse al condannato di dovere rendere grazie al Procuratore Generale, che aveva mostrata moderazione, là dove poteva considerare il delitto come crimenlese. «Io non gli debbo punto ringraziamenti» rispose intrepidamente Johnson. «Debbo io, il cui solo delitto è quello di avere difeso la Chiesa e le leggi, mostrarmi grato d'essere flagellato a guisa d'un cane, mentre gli scrivacchiatori papisti si lasciano ogni giorno impunemente insultare la Chiesa e violare le leggi?» La energia con che egli favellò fu tale, che i giudici e i legali della Corona stimarono necessario difendersi, e protestarono di non saper nulla di pubblicazioni papiste, a cui il prigione alludeva. Il quale immantinente si trasse di tasca alcuni libri o ninnoli cattolici romani, che allora vendevansi liberamente sotto la regia protezione; lesse ad alta voce i titoli di que' libri, e gettò un rosario sul banco agli Avvocati del Re; e forte gridando, disse: «Io presento questa prova dinanzi a Dio, a questo tribunale ed al popolo inglese. Ora vedremo se il Signor Procuratore Generale farà il proprio dovere.»
Fu deliberato che innanzi di mandare ad esecuzione la sentenza, Johnson fosse degradato della dignità sacerdotale. I prelati ai quali dalla Commissione Ecclesiastica era stata affidata la cura della diocesi di Londra, lo citarono dinanzi a loro nelle stanze del Capitolo della Cattedrale di San Paolo. Il modo onde egli subì la ceremonia, fece profonda impressione nell'animo di molti. Mentre lo spogliavano degli abiti sacerdotali, esclamò: «Voi mi private dell'abito sacro, perchè mi sono studiato di tenervi addosso il vostro.» L'unica formalità che parve contristarlo, fu l'avergli strappato dalle mani la Bibbia. Lottò debolmente perchè non gliela togliessero, la baciò e diede in uno scoppio di pianto. «Voi non potete» disse egli «privarmi delle speranze che io debbo a quel libro santo.» Tentossi di ottenere che gli fosse perdonata la fustigazione. Un sacerdote cattolico romano, a cui fu fatta la promessa di duecento lire sterline, s'offerse d'intercedere per lui. Fu fatta una colletta, e raccolta la somma; e il prete fece ogni possibile sforzo, ma invano. «Il signore Johnson» rispose il Re «ha lo spirito d'un martire; ed è giusto che divenga tale.» Guglielmo III, pochi anni dopo, disse d'uno dei più arrabbiati e imperterriti Giacomiti: «Egli s'è fitta in cuore la voglia d'essere martire, ed io mi son fitto in capo di privarlo della gloria del martirio.» Questi due detti basterebbero soli a spiegare lo differentissime sorti di quei due Principi.
Giunse il dì stabilito per la fustigazione. Fu adoperato un flagello di nove funi. Trecento diciassette furono i colpi; ma il paziente non fe' motto. Dopo, confessò che il tormento era stato crudele; ma mentre ci veniva trascinato, richiamava al pensiero la pazienza con che il Salvatore aveva portata la croce al Golgota; e ne ebbe tanto conforto, che se non fosse stato impedito dal timore d'incorrere nella taccia di vanaglorioso, avrebbe cantato un salmo con la voce ferma e lieta con che avrebbe adorato Dio nella congregazione. E fu eroismo da farci desiderare che fosse meno macchiato d'intemperanza e d'intolleranza.

LVI. Fra il clero anglicano, Johnson non trovò compatimento. Aveva tentato di giustificare la ribellione; aveva anche accennato di approvare il regicidio; e i preti della Chiesa d'Inghilterra, malgrado tanta provocazione, sostenevano tenacemente la dottrina della non-resistenza. Ma inquieti e impauriti vedevano il progresso di quella che essi consideravano dannosa superstizione; e mentre aborrivano dal pensiero di difendere la propria religione con la spada, battagliavano con armi di specie diversa. Il predicare contro gli errori del papismo, adesso era da loro considerato come dovere e punto d'onore. Il clero di Londra, il quale per meriti ed influenza primeggiava fra l'ordine sacerdotale, porse un esempio che intrepidamente seguirono i suoi confratelli in tutto il Regno. Se pochi spiriti audaci avessero osato tanto, sarebbero stati probabilmente riconvenuti dinanzi alla Commissione Ecclesiastica; ma era quasi impossibile punire un fallo che veniva commesso ogni Domenica da migliaia di teologi, da Berwick fino a Penzance. Le tipografie della metropoli, d'Oxford e di Cambridge, erano in continuo moto. La legge che sottoponeva la stampa alla censura, non impediva gli sforzi dei controversisti protestanti; perocchè conteneva una clausula a favore delle due Università, ed autorizzava la pubblicazione delle opere teologiche approvate dallo Arcivescovo di Canterbury. Non era, quindi, in potestà del Governo lo imporre silenzio ai difensori della religione dello Stato. Erano una numerosa, imperterrita e ben formata legione di combattenti. Comprendeva eloquenti favellatori, esperti dialettici, dotti profondamente versati nella lettura degli scritti dei Santi Padri, ed in ogni ramo di storia ecclesiastica. Alcuni di loro, tempo dopo, rivolsero vicendevolmente gli uni contro gli altri le armi formidabili, da essi già impugnate contro il nemico comune; e a cagione delle feroci contese e delle insolenti vittorie loro, recarono biasimo alla Chiesa che avevano salvata. Ma adesso erano una falange unita. Stava nel vanguardo una fila di fermi ed esperti veterani; Tillotson, Stillingfleet, Sherlock, Prideaux, Whitby, Patrick, Tenison, Wake. Il retroguardo era composto dai più insigni baccellieri, che studiavano per conseguire il diaconato. Predistinto fra le reclute che Cambridge mandava al campo di battaglia, era uno scolare del gran Newton. Aveva nome Enrico Wharton, e pochi mesi prima era stato capo disputatore, ossia principe della sua classe: la sua morte poco appresso fu compianta dagli uomini di ogni partito, qual perdita irreparabile per le lettere. Oxford anch'essa s'inorgogliva d'un giovane, le cui grandi doti intellettuali, che facevano il primo esperimento in questo conflitto, turbarono poscia per quaranta anni la Chiesa e lo Stato; voglio dire di Francesco Atterbury. Da tali ingegni venivano discusse tutte le questioni tra papisti e protestanti, ora in istile sì popolare che potessero intendere i fanciulli e le donne, ora con estremo acume di logica, ed ora con immenso corredo di dottrina. Le pretese della Santa Sede, l'autorità della tradizione, il purgatorio, la transustanziazione, il sacrificio della Messa, l'adorazione dell'ostia, il negare il calice ai laici, la confessione, la penitenza, le indulgenze, l'estrema unzione, la invocazione dei santi, l'adorazione delle immagini, il celibato del clero, i voti monastici, l'uso di celebrare il culto pubblico in una lingua ignota al popolo, la corruttela della Corte di Roma, la storia della Riforma, i caratteri dei principali riformatori, venivano copiosamente discussi. Gran numero di assurde leggende di miracoli fatti da' santi e dalle reliquie furono tradotte dall'italiano, e pubblicate come esempi delle arti pretine che avevano ingannata gran parte della Cristianità. Molti degli scritti pubblicati dai teologi anglicani nel breve regno di Giacomo II, probabilmente perirono. Coloro che possono anche oggi trovarsi nelle nostre grandi biblioteche, formano una congerie di circa ventimila pagine.

LVII. I Cattolici Romani non cessero senza lottare. Uno di loro, chiamato Enrico Hills, era stato nominato stampatore della casa e cappella reale, e posto dal Re a capo d'un grande ufficio in Londra, dal quale uscivano a centinaia libri e libercoli teologici. Non meno operosi in Oxford erano i torchi d'Obadia Walker. Ma, salvo qualche cattiva traduzione degli ammirevoli scritti di Bossuet, quelle tipografie non pubblicarono cosa alcuna che avesse il minimo pregio. Nessun savio e sincero Cattolico Romano poteva negare che i campioni della sua Chiesa, e per ingegno e per dottrina, erano di gran lunga inferiori ai loro avversari. Il più grande degli scrittori cattolici sarebbe stato reputato di terzo ordine. Molti di loro, anche qualvolta avessero qualche cosa da dire, non sapevano come dirla. La loro religione gli aveva esclusi dalle scuole e università inglesi; nè fino al tempo in cui Giacomo ascese al trono, essi avevano reputata l'Inghilterra gradita o nè anche sicura residenza. Avevano però spesa la più gran parte della loro vita sul continente, e quasi disimparata la lingua materna. Quando predicavano, il loro accento mezzo forestiero moveva a riso l'uditorio. Pronunziavano le parole a mo' di vetturini. La loro locuzione era deturpata da frasi straniere; e quando intendevano essere eloquenti, imitavano, come meglio potevano, quello che consideravasi come bello stile in quelle accademie italiane dove la rettorica, a que' tempi, era caduta nella più gran corruzione. Disputatori impacciati da tutti cotesti svantaggi, non avrebbero potuto, anche qualora il vero fosse stato dalla loro parte, far fronte ad uomini, lo stile dei quali rifulge mirabilmente di purità e di grazia. Le condizioni in cui la Inghilterra trovatasi nel 1686, non possono esser meglio descritte che con le parole dello Ambasciatore Francese. «Il malcontento» dice egli «è grande e universale; ma il timore di cadere in mali maggiori trattiene tutti coloro che hanno qualche cosa da perdere. Il Re apertamente manifesta la gioia che prova trovandosi in condizione da potere menare arditissimi colpi. Egli ama vedere che altri se ne congratuli con lui. Me ne ha parlato, assicurandomi che non vorrà indietreggiare.»

LVIII. Frattanto, nelle altre parti del Regno erano accaduti importantissimi fatti. Le condizioni dei protestanti Episcopali di Scozia grandemente differivano da quelle in cui trovavansi i loro confratelli inglesi. Nelle contrade meridionali dell'isola, la religione dello Stato era quella del popolo, ed aveva forza al tutto indipendente da quella che derivava dal sostegno del Governo. I conformisti sinceri erano in molto maggior numero dei papisti e dei Protestanti dissenzienti, insieme congiunti. La Chiesa stabilita in Iscozia era la Chiesa di pochi. La più parte della popolazione delle pianure aderiva fermamente alla disciplina dei Presbiteriani. La gran massa dei Protestanti scozzesi abborriva dalla prelatura, come istituzione contraria alle divine scritture e d'origine straniera. I discepoli di Knox la consideravano quale reliquia delle abominazioni della grande Babele. Quel popolo, altero della memoria di Wallace e di Bruce, amaramente rammentava come la Scozia, dacchè i suoi sovrani erano ascesi al trono dell'Inghilterra, fosse stata indipendente solo di nome. L'ordinamento episcopale alla mente di ciascuno richiamava la immagine di tutti i danni prodotti da venticinque anni di corrotto e crudele Governo. Nulladimeno, tale ordinamento, quantunque sopra un'angusta base e fra mezzo a terribili procelle, stette, tentennante, a dir vero, ma sostenuto dai magistrati civili, e sperante d'essere soccorso, sempre che si facesse grave il pericolo, dalla potenza inglese. I ricordi del Parlamento di Scozia erano pieni zeppi di leggi spiranti vendetta contro coloro che in qualunque modo traviassero dalla meta prescritta. Secondo un Atto parlamentare, fatto a tempo di Knox e impregnato del suo spirito, era gravissimo delitto ascoltare la Messa; delitto che, ripetuto tre volte, diventava capitale. Un altro Atto, di fresco approvato ad istanza di Giacomo, puniva di morte chiunque avesse osato predicare in un conventicolo presbiteriano qualunque, ed anche coloro che fossero intervenuti ad un conventicolo all'aria aperta. La Eucaristia non era, come in Inghilterra, degradata alla condizione di Atto di Prova civile; ma niuno poteva occupare qualsifosse ufficio, aver seggio in Parlamento, o anche diritto di votare nelle elezioni parlamentari, senza firmare, prestando giuramento, una dichiarazione che riprovasse con fortissime parole i principii e dei papisti e quelli dei Convenzionisti.

LIX. Nel Consiglio Privato di Scozia erano due partiti, rispondenti a quelli che lottavano tra loro in Whitehall. Guglielmo Douglas, Duca di Queensberry, era Lord Tesoriere, e per vari anni era stato considerato come primo ministro. Era strettamente vincolato, per parentela e per simiglianza d'indole e d'opinioni, al Tesoriere d'Inghilterra. Entrambi erano Tory, entrambi uomini di cervello fervido e di forti pregiudicii, entrambi pronti a secondare il loro signore in ogni aggressione contro le libertà civili del suo popolo; ma entrambi portavano sincero affetto alla Chiesa dello Stato. Queensberry aveva fin dapprima annunziato alla Corte, che non avrebbe partecipato a qualunque innovazione concernente la Chiesa. Ma fra' suoi colleghi erano vari uomini, non meno di Sunderland, spregiatori d'ogni principio. E veramente, la Camera del Consiglio d'Edimburgo era stata, per lo spazio di venticinque anni, scuola di vizi pubblici e privati; ed alcuni uomini politici ivi educati, avevano una così peculiare durezza di cuore e di fronte, che Westminster, anche in quella pessima età, non aveva nulla da contrapporvi. Il Cancelliere Drummond, Conte di Perth, e suo fratello Lord Giovanni Melfort, Segretario di Stato, studiavansi di supplantare Queensberry. Il Cancelliere aveva già un incontrastabile diritto al regio favore, come quello che aveva posto in uso una piccola vite per torturare le dita, la quale recava così esquisito tormento, che aveva strappato confessioni dalle labbra anche di coloro che lo stivaletto, dalla Maestà Sua tanto amato, non aveva potuto indurre a confessare.

LX. Ma era ben noto che la barbarie non apriva, così agevolmente come l'apostasia, il varco al cuore di Giacomo. Alla apostasia, dunque, Perth e Melfort ricorsero con certa audace abiettezza, che nessuno inglese uomo di Stato avrebbe potuto sperar di uguagliare. Dichiararono che ambidue erano stati convertiti dagli scritti trovati entro la cassa forte di Carlo II, e che avevano incominciato a confessarsi e ad ascoltare la Messa. Quanto poco entrasse la coscienza nella conversione di Perth, ne fu chiaro argomento l'avere egli sposata, pochi giorni dopo, a dispetto delle leggi della religione da lui pur allora abbracciata, una sua cugina germana, senza provvedersi d'una dispensa. Come il buon Pontefice seppe la nuova del fatto, disse, con quello spregio e disdegno convenevole alla dignità sua, quella essere una strana specie di conversione. Ma Giacomo ne rimase più agevolmente satisfatto. I due

apostati s'appresentarono a Whitehall, dove riceverono tali assicurazioni di favore, che provaronsi di apporre direttamente addebiti al Tesoriere. Ma tali addebiti erano così manifestamente frivoli, che a Giacomo fu forza di assolvere lo accusato ministro; e molti credettero che il Cancelliere si fosse rovinato per la maligna voglia di rovinare il rivale. Taluno, nondimeno, faceva più esatto giudicio. Halifax, al quale Perth manifestò qualche timore, rispose, con un sorriso di scherno, che non v'era punto pericolo. «Sta' di buon animo, Milord; la tua fede ti ha salvato.» La profezia fu vera. Perth e Melfort ritornarono a Edimburgo capi del Governo della loro patria. Un altro membro dei Consiglio Privato di Scozia, cioè Alessandro Stuart, conte di Murrey, discendente ed erede del Reggente, abiurò quella religione della quale il suo illustre antenato era stato precipuo campione, e si dichiarò membro della Chiesa di Roma. Devoto, come sempre era stato Queensberry, alla causa della regia prerogativa, non poteva resistere ai suoi competitori, i quali ambivano, mostrandosi ligii al Sovrano, acquistarne la grazia. Gli toccava sostenere mille mortificazioni ed umiliazioni, simili a quelle che, verso quel tempo, cominciarono ad amareggiare la vita del suo amico Rochester.
LXI. Giunsero a Edimburgo lettere regie che autorizzavano i papisti ad occupare gli uffici senza essere sottoposti all'Atto di Prova. Al clero fu fatto rigoroso comandamento di non fare nelle prediche riflessioni sulla Religione Cattolica Romana. Il Cancelliere si tolse il carico di mandare i mazzieri del Consiglio Privato attorno per le poche tipografie e librerie che allora si trovavano in Edimburgo, ad ordinar loro di non pubblicare nessuna opera senza sua licenza. Intendevasi bene che tale ordine doveva impedire la circolazione degli scritti protestanti. Un onesto cartolaro disse ai mazzieri, ch'egli aveva in bottega un libro che con dure parole discorreva del papismo, e chiese di sapere se lo potesse vendere. Coloro domandarono di vederlo, ed egli mostrò loro un esemplare della Bibbia. Un carico d'immagini, di rosari, di croci e di turiboli, giunse a Leith, diretto a Lord Perth. La importazione di tali cose da lungo tempo consideravasi illegale; ma adesso gl'impiegati delle dogane le lasciarono passare liberamente. Poco dopo si seppe che una cappella papalina era stata accomodata nella casa del Cancelliere, e che vi si celebrava regolarmente la Messa. Insorse la plebe, ed assaltò ferocemente il luogo dove celebravansi i riti idolatrici. Strappò le inferriate delle finestre. Lady Perth, ed alcune altre donne sue amiche, furono imbrattate di fango. Uno dei faziosi fu preso, e condannato per ordine del Consiglio Privato alla fustigazione. I suoi compagni lo liberarono, e bastonarono il boia. La città per tutta la notte fu in tumulto. Gli studenti della Università si congiunsero alla folla, incoraggiando gl'insorti. I borghesi zelanti bevevano alla salute dei giovani collegiali, a confusione dei papisti; e vicendevolmente facevansi animo ad affrontare i soldati. Questi, che erano già sotto le armi, furono ricevuti con una pioggia di sassate, nella quale un ufficiale rimase ferito. Fu dato ordine di far fuoco; e vari cittadini furono uccisi. Il tumulto fu serio; ma i Drummonds, infiammati dall'odio e dall'ambizione, stranamente lo esagerarono. Queensberry fece osservare, che la loro relazione avrebbe fatto credere, a chiunque non fosse stato testimonio oculare, che in Edimburgo fosse seguita una sedizione formidabile quanto quella di Masaniello. Essi, all'incontro, accusarono il Tesoriere non solo di scemare la gravita del delitto, ma d'averlo suggerito, e fecero ogni possibile sforzo a procurarsi una prova della colpa di lui. Ad uno dei capi, che cadde nelle mani del Governo, fu offerta la grazia, a patto che confessasse d'essere stato incitato a tumultuare da Queensberry: ma lo stesso entusiasmo religioso che aveva spinto lo sventurato prigione ad illegittima violenza, gl'impedì di comprare la propria vita con una calunnia. Egli e vari altri dei suoi complici furono impiccati. Un soldato che accusavano d'avere gridato, mentre infuriava la sommossa, come egli desiderasse di dare addosso con la spada ad un papista, venne fucilato; in Edimburgo fu ristabilita la tranquillità: ma coloro che patirono il rigore del Governo furono considerati come martiri; e il Cancelliere papista divenne segno ad un odio mortale, che tra non molto tempo fu ampiamente appagato.
LXII. La collera si accese nell'animo del Re. La nuova del tumulto gli pervenne mentre la Regina, aiutata dai Gesuiti, aveva pur allora riportata vittoria sopra Lady Dorchester e i suoi collegati protestanti. I malcontenti si accorgerebbero, disse egli, che il solo effetto della resistenza che avevano fatta alla sua volontà, era di renderlo sempre più fermo nel proprio proponimento. Spedì ordini al Consiglio Scozzese di punire con estrema severità i colpevoli, e d'adoperare senza ritegno lo stivaletto. Simulò di essere profondamente convinto della innocenza del Tesoriere, e gli scrisse cortesissime parole; alle quali parole tennero dietro scortesissimi atti. Il Tesoro scozzese fu affidato ad una Commissione, in onta alle calde insistenze di Rochester, il quale probabilmente previde la propria sorte in quella del proprio parente. Queensberry fu nominato Primo Commissario, e Presidente del Consiglio Privato; ma la sua caduta, quantunque siffattamente addolcita, era sempre una caduta. Gli fu tolto anche il comando del Castello d'Edimburgo, ed in quel posto di fiducia gli successe il Duca di

Gordon, cattolico romano.
LXIII. Giunse da Londra al Consiglio Privato una lettera, nella quale erano appieno dichiarati gl'intendimenti del Re. Ei voleva che i Cattolici Romani fossero esenti dalle leggi che imponevano pene e incapacità civili a coloro che non si uniformassero alla religione dello Stato; voleva, inoltre, che si perseguissero senza pietà i Convenzionisti. Ciò incontrò grave opposizione in Consiglio. Alcuni non amavano vedere rilassate le leggi esistenti. Altri, che a ciò non erano punto contrari, sentivano ancora quanto sarebbe stato mostruoso ammettere i Cattolici Romani alle dignità dello Stato, e frattanto non revocare l'Atto che puniva di morte chiunque intervenisse ad un conventicolo presbiteriano. La risposta del Consiglio, quindi, non fu, secondo l'usato, ossequiosa.
LXIV. Il Re riprese severamente gl'irriverenti consiglieri, e ordinò che tre di loro, cioè il Duca di Hamilton, Sir Giorgio Lockhart e il Generale Drummond, si recassero a Westminster presso lui. L'abilità e la istruzione di Hamilton, quantunque non fossero tali da bastare a trarre un uomo dall'oscurità, sembravano altamente rispettabili in uno che era primo Pari di Scozia. Lockhart era stato da lungo tempo considerato come uno dei principali giureconsulti, logici, ed oratori che fossero mai stati nella sua patria, e godeva anche quella specie di stima che deriva dalle vaste possessioni; perocchè la sua opulenza era quale a que' tempi pochi dei nobili scozzesi possedevano. Era stato, da ultimo, fatto Presidente della Corte di Sessione. Drummond, fratello minore di Perth e di Melfort, era comandante delle forze in Iscozia. Era uomo dissoluto e profano; ma, per un sentimento d'onore, che mancava affatto ai suoi confratelli, abborriva dalla pubblica apostasia. Visse e morì, secondo l'espressiva frase d'un suo concittadino, da cattivo cristiano, ma da buon protestante.
Giacomo si compiacque dell'ossequiose parole con che gli favellarono i tre consiglieri, allorchè primamente comparvero al suo cospetto. Parlò assai bene di loro a Barillon, e in specie esaltò Lockhart, come il più esperto ed eloquente degli Scozzesi. Nondimeno, poco appresso si accôrse di non averli esattamente giudicati; e corse voce alla Corte, che fossero stati pervertiti dalle genti con le quali avevano usato famigliarmente in Londra. Hamilton stava molto in compagnia dei saldi partigiani della Chiesa Anglicana; e temevasi che Lockhart, il quale era congiunto alla famiglia Wharton, fosse caduto in una compagnia anche peggiore. E veramente, egli era naturale che quelli uomini di Stato, pur allora arrivati da un paese dove era quasi sconosciuta ogni altra specie d'opposizione, tranne quella che facevasi per mezzo d'aperta insurrezione o d'assassinio, e dove tutto ciò che non fosse furore eslege veniva considerato come avvilimento, rimanessero maravigliati vedendo il caldo e vigoroso e, nondimeno, sobrio scontento che regnava in Inghilterra, e nascesse in loro il pensiero di far prova di resistenza costituzionale alle voglie del Re. Dichiararonsi però dispostissimi ad alleggiare grandemente i Cattolici Romani, ma a due condizioni: primo, che una simile indulgenza venisse anco concessa ai settari calvinisti; e poi, che il Re promettesse solennemente di non tentar nulla a danno della religione protestante.
LXV. Ambedue coteste condizioni spiacquero sommamente a Giacomo. Nondimeno, assentì con ripugnanza, dopo parecchi giorni di contrasto, che i presbiteriani venissero trattati con qualche indulgenza; ma non volle affatto concedere loro la piena libertà ch'egli voleva pei membri della sua propria religione. La seconda condizione proposta da' tre consiglieri Scozzesi, ei ricusò positivamente d'ammettere, dicendo: la religione protestante essere falsa; per lo che egli non voleva promettere di non giovarsi del proprio potere a danno d'una falsa religione. La disputa fu lunga, e non condusse a conclusione che soddisfacesse ad alcuna delle parti.
Appressavasi il tempo stabilito alla ragunanza degli Stati Scozzesi; ed era d'uopo che i tre consiglieri si partissero da Londra per trovarsi all'apertura del Parlamento in Edimburgo. In questa occasione, Queensberry ricevette un altro affronto. Nell'antecedente sessione aveva occupato l'ufficio di Lord Alto Commissario, e, come tale, rappresentava la maestà del Re assente. Simile dignità, che era la grandissima alla quale un nobile scozzese potesse aspirare, fu adesso conferita al rinnegato Murray.
LXVI. Il dì vigesimonono d'aprile, il Parlamento s'adunò in Edimburgo. Vi si lesse una lettera, nella quale il Re esortava gli Stati ad alleggiare i suoi sudditi cattolici romani, ed offriva in ricambio il libero traffico con la Inghilterra, e una amnistia pei delitti politici. Fu istituita una Commissione onde compilare la risposta da farsi al Re. Tale Commissione, quantunque fosse nominata da Murray e composta di Consiglieri Privati e di cortigiani, scrisse una risposta, piena, a dir vero, di espressioni di riverenza e d'ossequio, ma che chiaramente indicava che il Parlamento avrebbe respinto la richiesta del Re. Gli Stati - diceva la Commissione - sarebbero andati sin dove avrebbe loro consentito la propria coscienza, per compiacere ai desiderii della Maestà Sua rispetto ai sudditi appartenenti alla Religione Cattolica Romana. Queste espressioni non soddisfecero punto il Cancelliere: nondimeno, gli fu forza

accettarle, ed incontrò anche qualche difficoltà a persuadere il Parlamento perchè le adottasse. Alcuni zelanti partigiani del protestantismo obiettarono contro le parole Religione Cattolica Romana, dicendo non esistere tale religione; bensì una apostasia idolatra, che dalle leggi era punita col capestro: non essere quindi convenevole ad un Cristiano ricordarla con nomi onorevoli. Chiamare Cattolica una simile superstizione, era un rinunziare interamente alla questione che agitavasi fra Roma e le Chiese riformate. L'offerta del libero traffico con la Inghilterra, fu considerata come un insulto. «I nostri padri» disse un oratore «venderono il loro Re per l'oro del mezzogiorno; e sopra noi pesa tuttavia il rimprovero di quell'iniquo mercato. Non si dica di noi, che abbiamo venduto il nostro Dio!» Sir Giovanni Lauder di Fountainhall, uno dei Senatori del Collegio di Giustizia, propose le parole «le persone comunemente chiamate Cattoliche Romane.» - «E che! vorreste voi dare tal soprannome a Sua Maestà?» esclamò il Cancelliere. La risposta, così come fu formata dalla Commissione, passò; ma una grande e rispettabile minoranza votò contro le parole proposte, perchè troppo cortigiane. E' fu notato che i rappresentanti della città mostraronsi, quasi tutti, contrari al Governo. Fino allora essi erano stati di poco peso nel Parlamento, e generalmente considerati come sottoposti ai nobili potenti. Eglino adesso per la prima volta mostrarono indipendenza e risolutezza e spirito di colleganza tali, che la Corte ne ebbe terrore.

La risposta spiacque talmente a Giacomo, che non permise che si stampasse nella Gazzetta. Subito dopo, gli giunse la nuova, che una certa legge ch'egli voleva vedere approvata, non sarebbe stata nè anche proposta. I Lord degli Articoli, che avevano l'ufficio di formulare gli atti, intorno ai quali poscia gli Stati dovevano deliberare, erano virtualmente nominati dal Re. E anche i Lord degli Articoli mostraronsi disubbidienti. Come si ragunarono i tre Consiglieri Privati, che erano di recente ritornati da Londra, si fecero capi della opposizione alle voglie del Re. Hamilton dichiarò apertamente di non poter fare ciò che gli veniva chiesto. Egli era suddito fido e leale; ma v'era un limite imposto dalla coscienza. «La coscienza!» esclamò il Cancelliere «la coscienza è una parola vaga, che significa ogni cosa, o niente.» Lockhart, che sedeva in Parlamento come rappresentante della grande Contea di Lanark, l'interruppe dicendo: «Se la coscienza è una parola vuota di senso, la cambieremo con altra frase, che spero significhi qualche cosa. Tolgasi dunque via il vocabolo coscienza, e si adotti - le leggi fondamentali di Scozia.» Queste parole fecero nascere una virulenta discussione. Il Generale Drummond, che rappresentava la Contea di Perth, dichiarò di concordare con l'opinione di Hamilton e di Lockhart. La maggior parte dei vescovi ivi presenti furono del medesimo parere.

Bene si scorgeva che nè anche nel Comitato degli Articoli Giacomo poteva avere una maggioranza. Tali nuove lo afflissero e lo irritarono. Parlò in tono d'ira e di minaccia, e punì alcuni dei suoi sediziosi ministri, sperando che ciò agli altri servisse d'ammonimento. Parecchi furono cacciati di Consiglio; altri privati delle pensioni, che erano molta parte delle loro entrate. Sir Giorgio Mackenzie di Rosehaugh fu la più cospicua di quelle vittime. Aveva lungamente occupato l'ufficio di Lord Avvocato, ed aveva avuta tanta parte nella persecuzione dei Convenzionisti, che fino ai dì nostri presso l'austero e religioso contadiname di Scozia serba una odiosa rinomanza, quasi simile a quella di Claverhouse. Mackenzie non aveva profondi studii giuridici; ma come ingegno dotto, spiritoso e fecondo, era altamente riputato fra' suoi concittadini; e la sua rinomanza si era sparsa per tutte le botteghe di Città in Londra e pei chiostri di Oxford. Quel che ci rimane delle sue orazioni forensi, lo fa estimare uomo fornito di egregie doti intellettuali; se non che il suo stile è imbrattato di quelle ch'egli certamente considerava come grazie ciceroniane: cioè di esclamazioni, che mostrano più arte che passione, e di amplificazioni studiate, in cui gli epiteti sono, l'uno sopra l'altro, accumulati in pesantissimo modo. Adesso, per la prima volta, aveva manifestati scrupoli; e però, nonostante tutti i suoi diritti alla gratitudine del Governo, fu destituito del suo ufficio. Si ritrasse in campagna, e poco dopo andò a Londra onde scolparsi, ma gli fu negato l'accesso alla regia presenza. Intanto che il Re in tal guisa provavasi di atterrire i Lord degli Articoli, e indurli alla cieca ubbidienza, la pubblica opinione gl'inanimiva a non cedere. Gli estremi sforzi del Cancelliere non poterono far sì, che il sentire della nazione non si manifestasse dal pulpito e dalla stampa. Un libretto scritto con tale audacia ed acrimonia che nessun tipografo volle rischiarsi a stamparlo, girava per tutti i luoghi manoscritto. Le scritture degli avversarii avevano molto minore effetto, quantunque fossero diffuse a spese pubbliche, e gli Scozzesi difensori del Governo fossero soccorsi da un collega inglese di gran fama; voglio dire da Lestrange, che era stato mandato a Edimburgo ed alloggiava in Holyrood House.

Alla perfine, dopo tre settimane di continuo discutere, i Lord degli Articoli vennero ad una risoluzione. Proposero semplicemente, che ai Cattolici Romani fosse permesso di adorare Dio nelle case private, senza incorrere nelle pene comminate dalle leggi; e tosto si conobbe, che quantunque tale

provvisione fosse assai lontana dalle richieste e speranze del Re, gli Stati o non l'avrebbero approvata affatto, o l'avrebbero approvata con grandi restrizioni e modificazioni.
Mentre ferveva la contesa, Londra era in grande ansietà. Ogni relazione, ogni rigo giunto da Edimburgo, era avidamente letto. Un giorno spargevasi la voce che Hamilton avesse ceduto, e che il Governo l'avrebbe vinta in tutto. Un altro arrivava la nuova che la opposizione si fosse rianimata, e si mostrasse più ostinata che mai. Nei momenti più critici, ordinavasi agli ufficii postali di mandare a Whitehall le valigie della Scozia. Per tutta una settimana, nè anche una lettera privata che venisse di là dal Tweed, fu distribuita in Londra. Ai tempi nostri, un simile interrompimento di comunicazione metterebbe sossopra l'isola intera; ma allora v'era così poco traffico e carteggio tra l'Inghilterra e la Scozia, che il danno fu probabilmente molto minore di quello che oggidì arrechi un breve indugio nello arrivo della valigia delle Indie. Mentre i mezzi ordinari di sapere le nuove erano in tal modo intercetti, la folla nelle gallerie di Whitehall osservava intentamente il contegno del Re e dei suoi ministri. Fu detto, a grande soddisfazione del popolo, che ogni qualvolta giungeva un corriere dal Nord, gl'inimici della religione protestante avevano aspetti sempre più tristi. Finalmente, con universale esultanza, fu annunziato che la lotta era terminata, il Governo non aveva potuto fare adottare le proposte misure, e il Lord Alto Commissario aveva aggiornato il Parlamento.
LXVII. Se Giacomo non fosse stato sordo ad ogni ammonimento, questi fatti sarebbero bastati ad ammonirlo. Pochi mesi avanti, il più ossequioso dei Parlamenti Inglesi aveva ricusato di cedere ai voleri di lui. Ma il più ossequioso dei Parlamenti Inglesi poteva considerarsi come un'assemblea animosa e indipendente in agguaglio di qualunque Parlamento che fosse mai stato in Iscozia; e lo spirito servile dei Parlamenti Scozzesi, era da trovarsi in altissimo grado estratto, dirò così, e condensato nei Lord degli Articoli. Ed anche costoro s'erano mostrati disubbidienti. Era, dunque, chiaro che tutte le classi, tutte le istituzioni che fino a quell'anno erano state considerate come i più forti puntelli della monarchia, persistendo il Re nella sua insana politica, fossero da reputarsi come parte della forza dell'opposizione. Nulladimanco, tutti cotesti segni gli tornavano inutili. Ad ogni querela egli dava una sola e medesima risposta; cioè che non cederebbe mai, perocchè le concessioni erano state la rovina di suo padre; e alla sua invincibile fermezza facevano plauso la Legazione Francese e la cabala gesuitica.
Quindi dichiarò d'essere stato troppo generoso allorchè s'indusse a richiedere che gli Stati Scozzesi assentissero ai suoi desiderii. La regia prerogativa gli dava potestà di proteggere gli amici e di punire gli oppositori suoi. Fidavasi che in Iscozia la sua potestà di dispensare non gli verrebbe contrastata da nessuna corte di legge. Ivi esisteva un Atto di Supremazia, il quale dava al Sovrano tale un predominio sopra la Chiesa, che avrebbe potuto satisfare anco Enrico VIII. E però i Papisti furono ammessi in folla agli ufficii ed agli onori. Il vescovo di Dunkeld, che come Lord del Parlamento aveva fatta opposizione al Governo, fu arbitrariamente cacciato dalla sua sede, e gli fu dato un successore. Queensberry fu destituito da tutti i suoi impieghi, ed ebbe ordine di rimanere in Edimburgo, finchè fossero ricerchi ed approvati i conti del Tesoro per tutto il tempo della sua amministrazione. E perchè i rappresentanti delle città erano stati i più sediziosi del Parlamento, fu deliberato di modificare ogni borgo in tutto il Regno. Simile cangiamento era stato poco innanzi fatto in Inghilterra per mezzo di sentenze giudiciarie; ma in quanto alla Scozia, un semplice mandato del Principe reputavasi sufficiente. Furono inibite tutte le elezioni dei Magistrati e Consigli municipali; e il Re assunse il diritto di nominare da sè gl'individui a quegli ufficii. In una lettera formale al Consiglio Privato annunziò che intendeva di erigere una Cappella Cattolica Romana nel palazzo di Holyrood; e comandò che i Giudici considerassero come nulle tutte le leggi contro i papisti, a pena d'incorrere nella sua disgrazia. Confortò nondimeno i Protestanti Episcopali, assicurando loro che comunque egli fosse deliberato di proteggere la Chiesa Cattolica Romana contro loro, era egualmente deliberato a protegger loro contro ogni usurpazione dalla parte dei fanatici. A cotesta lettera Perth propose una risposta, espressa con servilissime parole. Il Consiglio comprendeva molti papisti; e i membri protestanti che continuavano a sedervi, erano intimiditi dalla ostinazione e severità del Re; ed osavano appena sommessamente mormorare. Hamilton profferì alcune parole contro la potestà di dispensare, ma affrettossi a palliarle spiegandole. Lockhart disse, che avrebbe amato meglio perdere il capo, anzi che apporre la sua firma ad una lettera quale era quella composta dal Cancelliere; ma ebbe destrezza di dire tali cose così piano, che fu udito dai soli amici. Le parole di Perth furono approvate con frivolissime modificazioni; gli ordini del Re furono eseguiti; ma un cupo scontento si diffuse in tutta quella minoranza della nazione scozzese, con l'aiuto della quale il Governo fino allora aveva tenuto in freno la maggioranza.
LXVIII. Allorquando lo storico di questo perturbato regno rivolge lo sguardo alla Irlanda, l'opera sua

diventa singolarmente difficile e delicata. Ei procede - per usare la squisita immagine adoperata in simigliante occasione da un poeta latino - sopra un fuoco d'ingannatrici ceneri coperto. Il secolo decimosettimo, in quello sventurato paese, ha lasciato al decimonono un fatale retaggio di maligne passioni. Nessuna delle due razze ha perdonato di cuore i vicendevoli torti recati dai Sassoni difensori di Londonderry, e dai Celti difensori di Limerick. Fino ai dì nostri, una più che spartana alterigia deturpa le molte insigni qualità che caratterizzano i figli dei vincitori; mentre un sentimento da Iloti, misto d'odio e di paura, si manifesta troppo spesso nei figli dei vinti.
Nessuna delle caste avverse può equamente andare assoluta dal biasimo; ma il maggior biasimo tocca a quell'insensato e testardo principe, il quale, posto in condizioni di poterle riconciliare, adoperò tutta la sua possa a soffiare nel fuoco della nimistà loro, e in fine le costrinse ad affrontarsi e pugnare per la vita e la morte.
LXIX. Gli aggravi che i membri della sua Chiesa sostenevano in Irlanda, differivano grandemente da quelli ch'egli tentava di far cessare in Inghilterra e in Iscozia. Il Libro degli Statuti Irlandesi, poscia deturpato da una intolleranza barbara quanto quella dei tempi barbarici, allora conteneva appena un solo Atto, e non molto rigoroso, che imponesse penalità ai papisti, considerati come tali. Al di qua del Canale di San Giorgio, ciascun prete che avesse ricevuto un neofito nel grembo della Chiesa di Roma, era soggetto ad essere appeso alle forche e squartato. Al di là del Canale non correva simile pericolo. Un Gesuita che approdasse a Dover, metteva a repentaglio la vita, mentre poteva in sicurtà passeggiare per le vie di Dublino. Tra noi, niuno poteva occupare un ufficio, o anche procacciarsi da vivere come avvocato o maestro di scuola, senza avere solennemente prestato il giuramento di supremazia; ma in Irlanda un pubblico funzionario non era tenuto a prestare tale giuramento, se non quando gli veniva formalmente imposto. La qual cosa non escludeva dagl'impieghi niuno che il Governo avesse voluto promuovere. La prova sacramentale e la dichiarazione contro la transustanziazione erano ignote; ed ambedue le Camere del Parlamento ammettevano nel proprio seno gl'individui di qualunque setta religiosa si fossero.
LXX. Parrebbe, adunque, che l'Irlandese Cattolico Romano fosse in posizione tale, da essere invidiato da' suoi confratelli d'Inghilterra e di Scozia. In fatto, nondimeno, le sue condizioni erano più misere ed ardue delle loro; imperciocchè, quantunque non fosse perseguitato come Cattolico Romano, era oppresso come Irlandese. Nel suo paese, il medesimo confine che partiva le religioni, divideva le razze; ed egli apparteneva alla razza vinta, soggiogata ed avvilita. Nel medesimo suolo stanziavano due popolazioni, localmente mescolate, ma mortalmente e politicamente divise. La differenza di religione non era la sola, e forse nè anche la principale differenza che esistesse tra loro. Discendevano da genti diverse, parlavano diversa lingua. Non solo differivano di carattere, ma l'una era opposta all'altra, quanto lo possono essere due qualunque altri caratteri di razze diverse in Europa: differivano per grado di civiltà. Tra coteste due popolazioni non poteva essere se non poca simpatia; e secoli di calamità e di danni hanno fatto nascere un forte vicendevole abborrimento. La relazione che la minoranza aveva con la maggioranza, somigliava a quella dei commilitoni di Guglielmo il Conquistatore co' villani sassoni, o a quella dei seguaci di Cortes cogl'Indiani del Messico.
Il nome d'Irlandesi allora davasi esclusivamente ai Celti, e a quelle famiglie, le quali, ancorchè non fossero d'origine celtica, avevano nel decorso degli anni adottati i celtici costumi. Queste genti, che erano probabilmente un po' meno d'un milione, aderivano, tranne poche, alla Chiesa di Roma. Fra mezzo a loro risedevano circa dugento mila coloni, alteri del loro sangue sassone e della loro fede protestante.
La grande preponderanza del numero da una parte, era più che controbilanciata da una gran superiorità d'intelligenza, di vigore e d'ordine, dall'altra. Sembra che gl'Inglesi ivi stabiliti fossero per istruzione, energia e perseveranza più presto sopra che sotto l'ordinario livello della popolazione della madre patria. All'incontro, il contadiname aborigeno era in uno stato quasi selvaggio. Non lavoravano, se non quando sentivano il pungolo della fame. Contentavansi d'abitazioni inferiori a quelle che in paesi più prosperi servivano per i bestiami domestici. Già la patata, radice la quale può essere coltivata quasi senza arte, industria o spesa, e non può lungamente tenersi ammassata in gran quantità, era divenuta lo alimento del popolo comune. Da genti che siffattamente vivevano, non era da aspettarsi diligenza nè preveggenza. Anche a poche miglia da Dublino, il viandante, in un suolo che è il più fertile e verdeggiante che sia nel mondo, vedeva con disgusto le misere capanne, innanzi alle quali i barbari, squallidi e seminudi, stavano attoniti a guardarlo mentre passava.
LXXI. L'aristocrazia aborigena serbava ancora l'orgoglio della sua nascita, ma aveva perduto la influenza che deriva dalla ricchezza e dal potere. Le terre dei signori erano state da Cromwell partite

fra' suoi seguaci. Parte, a dir vero, del vasto territorio da lui confiscato, era stato reso, dopo la restaurazione della Casa Stuarda, agli antichi proprietari: ma grandissima parte rimaneva in mano degl'Inglesi, ivi stabiliti sotto la guarentigia di un Atto del Parlamento. Questo atto era rimasto in vigore pel corso di venticinque anni; e per virtù di quello, erano state fatte ipoteche, concessioni, vendite e fitti innumerevoli. Gli antichi gentiluomini irlandesi erano dispersi per tutto il mondo. I discendenti dei capitani Milesii brulicavano in tutte le corti e in tutti i campi militari del Continente. Quelli spogliati possidenti che rimanevano tuttavia nella patria loro, ripensavano amaramente alle loro perdite, piangevano la dignità od opulenza di che erano stati privati, e nutrivano le feroci speranze d'un'altra rivoluzione. Un individuo appartenente a cotesto ceto, veniva dipinto da' suoi concittadini come un gentiluomo che sarebbe dovizioso ove gli fosse resa giustizia, e che sarebbe provveduto d'un ricco stato ove potesse riaverlo. Rade volte ei si dava a qualche pacifica occupazione. Reputava il commercio più disonorevole del ladroneccio. Talvolta ei diventava predone; tal'altra, a dispetto della legge, studiavasi di vivere a spese degli antichi affittuari di sua famiglia, i quali, per quanto tristi fossero le loro condizioni, non potevano ricusare parte del loro alimento ad uno che essi seguitavano a considerare come legittimo signore. Quel gentiluomo che avesse avuta la sorte di serbare o riavere qualcuna delle sue terre, spesso viveva a guisa di principotto d'una tribù selvaggia, e delle umiliazioni che la razza dominante gli faceva soffrire, rifacevasi governando dispoticamente i propri vassalli, immerso nelle voluttà d'un rozzo harem, o abbrutendosi quotidianamente con liquori spiritosi. Politicamente, ei non contava nulla. Egli è vero che non v'era statuto che lo escludesse dalla Camera dei Comuni; ma aveva quasi tanto poca probabilità ad essere eletto membro del Parlamento, quanto negli Stati Uniti ne ha un mulatto ad essere eletto senatore. Difatti, un solo papista, dalla Ristaurazione in poi, era stato eletto al Parlamento Irlandese. Il potere legislativo ed esecutivo era interamente nelle mani dei coloni inglesi; la preponderanza dei quali era sostenuta da un'armata stanziale di sette mila uomini, del cui zelo per ciò che chiamavasi gl'interessi inglesi, il Governo di Londra poteva fidarsi.
Rigorosamente esaminando la cosa, si conoscerà che nè l'Irlandismo nè l'Inglesismo formavano un corpo perfettamente omogeneo. La distinzione fra gl'Irlandesi di razza celtica, e gl'Irlandesi discendenti dai seguaci di Strongbow e di De Burgh, non era affatto cancellata. I Fitz alcuna volta osavano parlare con dispregio degli O' e dei Mac; e questi talvolta siffatto dispregio ricambiavano con l'odio. Nella precedente generazione, uno dei più potenti degli O' Neill ricusò di mostrare il più lieve segno di rispetto a un gentiluomo cattolico romano d'origine normanda. «Dicesi che la sua famiglia sia rimasta tra noi per quattro cento anni. Non importa. Io odio quel villano come se fosse arrivato ieri.» Nulladimeno, e' pare che tali sentimenti fossero rari, e che la lotta la quale da lungo tempo ardeva fra i Celti aborigeni e gl'Inglesi degeneri, avesse pressochè ceduto alla lotta più feroce che divideva ambedue le razze dalla colonia moderna e protestante.
LXXII. La colonia era anch'essa lacerata da intestine contese, sì nazionali che religiose. Di quei che la componevano, i più erano Inglesi; ma non pochi erano delle contrade meridionali della Scozia. Metà appartenevano alla Chiesa Anglicana; gli altri erano Dissenzienti. Ma in Irlanda lo Scozzese e l'Inglese erano fortemente vincolati dalla comune origine: l'Anglicano e il Presbiteriano lo erano dal protestantismo comune. Tutti i coloni avevano comuni la lingua e gl'interessi pecuniarii. Erano circondati da nemici comuni, e potevano vivere sicuri per mezzo di cautele e sforzi comuni. Per le quali cose, le poche leggi penali che erano state fatte in Irlanda contro i Protestanti Non-Conformisti, erano lettera morta. La bacchettoneria dei più ostinati partigiani della Chiesa, non poteva allignare al di là del Canale di San Giorgio. Appena il Cavaliere giungeva in Irlanda e vedeva che senza valido e coraggioso aiuto dei suoi compatriotti puritani, egli e tutta la sua famiglia avrebbe corso pericolo d'essere assassinato da' ladroni papisti, l'odio ch'ei sentiva contro il Puritanismo, cominciava, suo malgrado, ad intiepidire e spegnersi. Fu notato da uomini illustri di ambedue i partiti, che un Protestante il quale in Irlanda veniva chiamato Tory, in Inghilterra sarebbe stato tenuto per Whig moderato.
I Protestanti Non-Conformisti da parte loro tolleravano, con pazienza maggiore di quanta potesse da loro aspettarsi, la vista del più assurdo ordinamento ecclesiastico che sia mai stato nel mondo. Quattro arcivescovi e diciotto vescovi erano impiegati a reggere circa la quinta parte del numero degli Anglicani che abitavano nella sola diocesi di Londra. Del clero parrocchiale, gran parte erano pluralisti, e risedevano lungi dalle loro cure. V'erano alcuni che dai propri beneficii ricavavano poco meno di mille lire sterline di rendita annua, senza mai adempire al loro ufficio spirituale. E non pertanto. questa istituzione mostruosa ai Puritani stabiliti in Irlanda, spiaceva meno che la Chiesa Anglicana ai

settari inglesi. Imperocchè in Irlanda le scissure religiose erano subordinate alle nazionali; e il Presbiteriano, mentre come teologo non poteva non condannare la gerarchia stabilita, sentiva per essa una specie di compiacimento, qualvolta la considerava come un sontuoso e pomposo trofeo della vittoria riportata dalla illustre razza da cui discendeva.
In tal modo i mali che pativano i Romani Cattolici irlandesi, non avevano nulla di comune con quelli dei Cattolici inglesi. Il Cattolico Romano delle Contee di Lancaster o di Stafford altro far non doveva che diventare protestante, e subito trovavasi, per ogni rispetto, nel medesimo livello in cui erano i suoi vicini: ma se i Cattolici Romani di Munster o di Connaught si fossero fatti protestanti, sarebbero sempre rimasti un popolo soggetto. Tutti i danni che il Cattolico Romano avesse potuto patire, in Inghilterra, erano effetto di durissime leggi, e vi si poteva porre rimedio con leggi più liberali. Ma fra le due popolazioni che abitavano in Irlanda, era una ineguaglianza, la quale non essendo cagionata dalle leggi, non poteva per virtù di quelle cessare. Lo impero che l'una esercitava sull'altra, era quello della opulenza, sopra la povertà, del sapere sopra l'ignoranza, e della cultura sopra la barbarie.
LXXIII. E' parve che lo stesso Giacomo, in sul principio del suo regno, conoscesse perfettamente le sopra esposte cose. I perturbamenti dell'Irlanda, diceva egli, nascevano non dalle differenze tra Cattolici e Protestanti, ma da quelle tra Irlandesi ed Inglesi. Le conseguenze che da tali premesse avrebbe dovuto dedurre, erano chiare; ma, sventuratamente, per lui e per l'Irlanda, ei non seppe conoscerle.
Se si fosse potuta mitigare la sola animosità nazionale, non v'è dubbio che l'animosità religiosa, non essendo tenuta desta da crude leggi penali, e da rigorosi Atti di Prova, si sarebbe spenta da sè. Calmare una animosità nazionale simile a quella che vicendevolmente sentivano le due razze abitatrici della Irlanda, non poteva essere opera di pochi anni. Nondimeno, un savio e buon principe vi avrebbe potuto molto contribuire; e Giacomo l'avrebbe potuto imprendere con vantaggi che nessuno dei suoi predecessori o successori ebbe giammai. Come Inglese e Cattolico Romano, egli apparteneva mezzo alla casta dominatrice e mezzo alla dominata, e però aveva i requisiti necessari a far la parte di mediatore fra esse. Nè riesce difficile indicare la via ch'egli avrebbe dovuto prendere. Avrebbe dovuto dichiarare inviolabile la proprietà territoriale esistente, ed annunziare ciò in modo così efficace da calmare l'ansietà dei nuovi possidenti, e da estinguere le sinistre speranze che i vecchi proprietari potessero nutrire. Poco importava chiarirsi se vi fosse ingiustizia nel passaggio dei beni da uno ad un altro individuo. Quel passaggio, giusto o ingiusto, era seguito tanti anni innanzi, che rovesciarlo sarebbe stato il medesimo che crollare le fondamenta della società. È d'uopo che ci sia un limite di tempo ad ogni diritto. Dopo trentacinque anni di non interrotto possesso, dopo venticinque anni di possesso solennemente guarentito dalle leggi, dopo innumerevoli fitti e cessioni, ipoteche e legati, era troppo tardi porre ad esame la validità dei titoli. Nondimeno, qualche cosa si sarebbe potuta fare a guarire, i cuori lacerati e rialzare, le prostrate fortune dei gentiluomini irlandesi. I coloni erano in prospere condizioni. Avevano grandemente migliorate le loro terre facendovi su fabbricati, piantagioni e chiuse. In pochi anni la rendita era quasi raddoppiata; il commercio era vivo; e le pubbliche entrate, che ascendevano quasi a trecento mila sterline l'anno, erano più che bastevoli alle spese del Governo locale, e davano un avanzo che mandavasi in Inghilterra. Non v'era dubbio alcuno, che il primo Parlamento che si fosse ragunato in Dublino, ancorchè rappresentasse quasi esclusivamente gl'interessi inglesi, in ricompensa alla promessa che il Re avrebbe fatta di mantenere quegl'interessi nei loro diritti legali, gli avrebbe volentieri concessa una considerevolissima somma onde indennizzare, almeno in parte, le famiglie irlandesi ingiustamente spogliate. In cotesto modo, a' tempi nostri, il Governo Francese pose fine ai litigi nati dalla più vasta confisca che sia mai stata in Europa. E in simil modo, se Giacomo avesse seguito il parere dei suoi consiglieri protestanti, avrebbe almeno grandemente mitigato uno dei precipui mali che affliggevano l'Irlanda.
Fatto ciò, egli avrebbe dovuto affaticarsi a porre in armonia le razze avverse, proteggendo imparzialmente i diritti e frenando gli eccessi di entrambe. Avrebbe dovuto punire con pari severità l'indigeno che trascorreva alla licenza della barbarie, e il colono che abusava della forza della civiltà. Fino al punto cui poteva giungere la legittima autorità della Corona - e in Irlanda era molto estesa - niuno che per occupare un ufficio avesse i requisiti d'integro e di esperto, avrebbe dovuto esserne escluso a cagione della razza alla quale apparteneva e della religione che professava. È probabile che un Re Cattolico Romano, potendo liberamente disporre d'una grossa rendita, avrebbe, senza grave difficoltà, potuto persuadere i prelati e i preti cattolici romani a cooperare con lui nella grande impresa della riconciliazione. Molto, nondimeno, sarebbe rimasto a farsi dalla mano riparatrice del tempo. La razza natia avrebbe dovuto imparare dalla colonia la industria e la preveggenza, le arti del

vivere civile, e la lingua dell'Inghilterra. Non poteva essere uguaglianza tra uomini che abitavano dentro case, e uomini che stavansi dentro porcili; tra gli uni che si cibavano di pane, o gli altri che alimentavansi di patate; tra quelli che parlavano la nobile favella di grandi filosofi e poeti, e questi che, con pervertito orgoglio, vantavansi di non potere contorcere la loro bocca a balbettare un gergo nel quale erano scritti gli Augumenti delle Scienze e il Paradiso perduto. Nulladimeno, non è irragionevole il credere che se la moderata politica la quale siamo venuti esponendo, fosse stata fermamente seguita dal Governo, ogni distinzione si sarebbe andata a poco a poco cancellando; e adesso non vi sarebbe vestigio della ostilità che ha formata la sciagura della Irlanda, come non ne esiste della avversione che un tempo regnava tra i Sassoni e i Normanni in Inghilterra.

LXXIV. E fu sventura che Giacomo, invece di farsi mediatore, divenisse il più feroce e dissennato uomo di parte. Invece di calmare il rancore delle due popolazioni, l'infiammò fino ad un punto non mai prima veduto. Deliberò di invertire la loro posizione relativa, e porre i coloni protestanti sotto i piedi dei Celti papisti. Appartenere alla Chiesa Anglicana, essere di razza inglese, era agli occhi suoi un demerito per conseguire gli uffici civili e militari. Meditava il disegno di confiscare nuovamente e partire il suolo di mezza l'isola; e manifestava così chiaramente tale pensiero, che una classe degli abitatori dell'Irlanda fu tosto agitata da terrori ch'ei poscia invano volle calmare, e l'altra da speranze ch'egli poi vanamente si studiò di frenare. Ma questa era piccolissima parte della sua colpa e demenza. Stabilì deliberatamente, non solo di dare agli abitatori aborigeni dell'isola l'intero possesso del loro paese, ma di giovarsene anche come strumenti per istabilire la tirannide in Inghilterra. L'esito di questo divisamento fu quale era da prevedersi. I coloni si posero in sulle difese, con la invincibile pertinacia della loro razza. La madre patria considerava come sua propria la causa loro. Allora seguì una lotta disperata per una terribile partita di giuoco, sulla quale ambe le parti posero ogni cosa più caramente diletta: nè possiamo giustamente biasimare l'Irlandese o l'Inglese per avere, in tanta estremità, ubbidito alla legge della propria difesa. Il conflitto fu tremendo, ma breve. Il più debole cedette. La sua sorte fu crudele; e nondimeno la crudeltà onde fu trattato, era degna, non di difesa, ma di scusa; imperocchè, quantunque egli avesse sofferto tutto ciò che la tirannia possa infliggere, non patì più di quanto egli stesso avesse inflitto altrui. Lo effetto dell'insano attentato di soggiogare la Inghilterra per mezzo della Irlanda, fu che gl'Irlandesi divennero servitori degl'Inglesi. Gli antichi possidenti sforzandosi di ricuperare ciò che avevano perduto, perderono la maggior parte di ciò che era loro rimasto. Il breve predominio del papismo produsse poi tal numero di leggi barbare contro il papismo, che il libro statutario d'Irlanda è passato in proverbio d'infamia per tutta la Cristianità. Tali furono gli amari frutti della politica di Giacomo.

Abbiamo già veduto che uno dei primi suoi atti, dopo che ascese al trono, fu quello di richiamare Ormond dalla Irlanda. Ormond in quel Regno era considerato come capo degl'interessi inglesi; aderiva fermamente alla religione protestante; e il suo potere eccedeva d'assai quello di un ordinario Lord Luogotenente, prima perchè per grado ed opulenza era il più grande fra' coloni, e poi perchè non solo era capo dell'amministrazione civile, ma anco comandante delle forze. Il Re, in quel tempo, non voleva affidare interamente ad un Irlandese il Governo. Vero è ch'egli avea detto che un vicerè nativo dell'isola, sarebbe presto diventato sovrano indipendente. Per allora, quindi, ei pensò di partire il potere di che Ormond era rivestito, dando l'amministrazione civile ad un Lord Luogotenente inglese e protestante, e il comando delle armi ad un Irlandese Cattolico Romano. Lord Luogotenente fu fatto Clarendon; Comandante dello esercito Tyrconnel.

Tyrconnel discendeva, secondo che sopra abbiamo detto, da una di quelle degeneri famiglie di Pale, che comunemente erano annoverate fra la popolazione primigenia d'Irlanda. Talvolta chiacchierando parlava con albagia normanna dei barbari Celti, ma in fatto parteggiava per i naturali dell'isola. Odiava i coloni protestanti, i quali lo rimeritavano di pari abborrimento. Clarendon sentiva assai diversamente; ma per indole, interesse e principii, era un ossequioso cortigiano. Aveva animo basso; trovavasi in circostanze impacciate; ed aveva la mente profondamente imbevuta delle dottrine che la Chiesa Anglicana aveva a quei tempi con tanta assiduità propagate. Nondimeno, era fornito di doti non ispregevoli; e sotto un buon Re, forse sarebbe stato un rispettabile vicerè.

LXXV. Circa nove mesi erano scorsi dal richiamo d'Ormond allo arrivo di Clarendon in Dublino. In quell'intervallo di tempo, il Re era rappresentato da un Consiglio di Lord Giudici; ma l'amministrazione militare era nelle mani di Tyrconnel. Già i disegni della Corte cominciavano a svolgersi. Un ordine reale giunse da Whitehall per disarmare la popolazione. Tale ordine fu rigorosamente eseguito da Tyrconnel, rispetto agl'Inglesi. Benchè le campagne fossero infestate da bande di ladroni, un gentiluomo protestante appena poteva impetrare licenza di tenere un paio di pistole. Al contadiname

del paese, dall'altra parte, fu concesso di tenere le armi. La esultanza dei coloni perciò fu grande; allorchè, finalmente, nel dicembre del 1685, Tyrconnel fu chiamato a Londra, e Clarendon spedito a Dublino. Ma tosto si conobbe che la direzione del Governo Irlandese era di fatto in Londra, non in Dublino. Ogni corriere postale che giungeva dal Canale di San Giorgio, recava nuove della infinita influenza che Tyrconnel esercitava nelle cose irlandesi. Dicevasi che sarebbe fatto Marchese, Duca, comandante delle armi; che gli sarebbe affidata la impresa di riordinare l'armata e le Corti di Giustizia.
LXXVI. Clarendon rimase amaramente mortificato al trovarsi come un membro subordinato in quella amministrazione, della quale egli aveva creduto d'essere il capo. Lamentavasi che qualunque cosa egli facesse, fosse male rappresentata da' suoi detrattori: e che i più gravi provvedimenti intorno al paese da lui governato, erano fatti in Westminster, resi noti al pubblico, discussi nelle botteghe di Caffè, scritti in migliaia di lettere private, vari giorni prima che ne fosse dato avviso al Lord Luogotenente. Poco importargli, diceva, la sua dignità personale; ma non esser cosa lieve, che il rappresentante della maestà del trono fosse reso zimbello al pubblico disprezzo. La paura rapidamente si diffuse fra gl'Inglesi appena conobbero che il vicerè, loro concittadino e protestante, non poteva proteggerli secondo che avevano sperato. Cominciarono a fare amaro esperimento di ciò che importi essere una casta soggetta. Erano molestati dagl'indigeni con accuse di crimenlese e di sedizione. Questo protestante aveva carteggiato con Monmouth; quell'altro aveva con poco rispetto favellato del Re quattro o cinque anni innanzi, mentre si discuteva la Legge d'Esclusione; e la testimonianza del più infame degli uomini serviva a provare la colpa. Il Lord Luogotenente riferì, che temeva, ove non si fosse posto fine a siffatto modo d'agire, in Dublino tra breve sarebbe stato il regno del terrore simile a quello che s'era veduto in Londra, allorchè l'onore e la vita dei cittadini erano nelle mani di Oates e di Bedloe.
A Clarendon fu, dopo poco tempo, annunziato, in un conciso dispaccio di Sunderland, il principe avere deliberato di fare senza indugio un pieno cangiamento nel Governo civile e militare dell'Irlanda, e di porre negli uffici un gran numero di Cattolici Romani; e si aggiungeva, con pochissima grazia, che la Maestà Sua aveva in tali cose chiesto consiglio a uomini più competenti del suo inesperto Lord Luogotenente.
Avanti che cotesta lettera fosse pervenuta al vicerè, la nuova di ciò che vi si conteneva era per vari mezzi arrivata in Irlanda. Il terrore dei coloni fu immenso. Essendo inferiori di numero alla popolazione indigena, la loro condizione sarebbe stata tristissima se la popolazione indigena si fosse armata contro loro di tutti i poteri dello Stato: e tale, nientemeno, era la minaccia. Gli Inglesi abitanti di Dublino passava l'uno accanto all'altro per le vie con afflitto sembiante. Nella Borsa i negozi erano sospesi. I possidenti affrettavansi a vendere a qualunque prezzo le loro terre, e mandare in Inghilterra le somme ricavate. I trafficanti cominciavano ad assestare i loro conti, ed apparecchiavansi a ritirarsi dai commerci. Lo effetto della paura tosto si risentì nella pubblica rendita. Clarendon tentò d'ispirare agli impauriti quella fiducia ch'ei non aveva in cuore. Assicurò loro, che la proprietà sarebbe stata considerata come sacra; e disse di sapere di certa scienza, che il Re era determinato di mantenere l'Atto, così chiamato, di Stabilimento, che guarentiva i loro diritti sulle terre. Ma al Governo in Inghilterra egli scriveva in tono diverso. Rischiossi per fino a querelarsi del Re, e senza biasimare lo intendimento che Sua Maestà aveva d'impiegare i Cattolici Romani, suggerì con vigorose parole, che i Cattolici Romani destinati agli impieghi fossero inglesi.
La risposta di Giacomo fu secca e fredda. Dichiarò, come egli non intendesse privare i coloni inglesi delle terre loro, ma molti di loro ei teneva suoi nemici; e dacchè consentiva di lasciare tutta l'opulenza nelle mani degl'inimici, era maggiormente necessario che l'amministrazione civile e militare fosse posta in quelle degli amici suoi.
Per le quali cose, vari Cattolici Romani furono chiamati al Consiglio Privato; e spedironsi ordini ai municipii perchè ammettessero i Cattolici Romani ai privilegi municipali. A molti ufficiali dell'esercito fu arbitrariamente tolto e grado e pane. Invano il Lord Luogotenente patrocinò la causa di parecchi, che egli sapeva essere buoni soldati e leali sudditi. Fra costoro erano vecchi Cavalieri, che avevano strenuamente pugnato per la monarchia, e che portavano onorate cicatrici. Nei loro posti furono messi uomini i quali altro merito non avevano che la loro religione. Dicevasi che dei nuovi capitani e luogotenenti alcuni erano stati bifolchi, altri servitori, altri anche predoni; taluni erano così assuefatti a portare scarponi, che inciampavano e procedevano stranamente impacciati nei loro stivali da soldati. Non pochi degli ufficiali destituiti arruolaronsi nell'esercito olandese, e quattro anni dopo provarono il diletto di sconfiggere ignominiosamente i loro successori, e cacciarli oltre le acque del Boyne.

L'angoscia e il timore di Clarendon si accrebbero ad una nuova che gli giunse per vie private. Senza la sua approvazione, senza nè anche fargliene saper nulla, facevansi apparecchi per armare e disciplinare tutta la popolazione celtica dell'isola di cui egli era governatore di solo nome. Tyrconnel da Londra dirigeva le cose; e i prelati cattolici erano suoi agenti. Ciascun prete era stato richiesto di compilare una lista di tutti i suoi parrocchiani maschi, atti alle armi, e mandarla al suo Vescovo.
LXVII. Già correva voce che Tyrconnel sarebbe tra breve ritornato a Dublino, investito di poteri straordinari e indipendenti; e la voce ogni giorno maggiormente spandevasi. Il Lord Luogotenente, che per nessuno insulto al mondo sapeva indursi a rinunziare alla pompa e agli emolumenti del suo ufficio, dichiarò che avrebbe piegata la fronte dinanzi al volere del Re, e si sarebbe mostrato in ogni cosa suddito obbediente e fedele. Disse di non avere mai in vita sua avuto il minimo litigio con Tyrconnel, ed era sicuro che nè anche adesso nascerebbe differenza tra loro. E' pare che Clarendon non si rammentasse della congiura fatta a rovinare la fama della sua innocente sorella, della quale congiura Tyrconnel era stato precipuo macchinatore. Simigliante ingiuria non è tale che un uomo d'alto animo possa agevolmente perdonare. Ma nella malvagia corte nella quale gli Hydes si erano tanto tempo affaccendati a farsi lo stato, simiglianti ingiurie venivano di leggeri perdonate e poste in oblio, non mai per magnanimità di carità cristiana, ma per semplice abiettezza e difetto di senso morale. Nel giugno 1686, Tyrconnel giunse in Irlanda. Il regio mandato l'autorizzava solamente a comandare le truppe; ma aveva istruzioni concernenti tutte le parti dell'amministrazione, e a un tratto si recò in mano il Governo effettivo dell'isola. Il dì dopo il suo arrivo, esplicitamente dichiarò, che gli uffici dovevano largamente darsi ai Cattolici Romani, e che per ciò era d'uopo mandar via i Protestanti. Si dette con pertinacia ed ardore a riordinare l'armata. E davvero ch'era questa l'unica delle funzioni di comandante supremo ch'egli potesse adempire: poichè, quantunque fosse coraggioso nelle risse e nei duelli, non conosceva punto l'arte militare. Alla prima rassegna ch'egli fece, coloro i quali gli stavano da presso poterono chiaramente accorgersi che egli non sapeva guidare un reggimento.
LXXVIII. Cacciare dall'armata gl'Inglesi e porvi gl'Irlandesi, era, secondo la sua opinione, il principio e il fine dell'amministrazione della guerra. Ebbe l'insolenza di cassare il capitano delle Guardie del Corpo del Lord Luogotenente; nè Clarendon seppe di ciò ch'era seguíto, se non quando vide un Cattolico Romano, il cui volto gli giungeva nuovo, scortare il suo cocchio di gala. Il cangiamento non si limitò ai soli ufficiali. Le file furono pienamente disfatte e rifatte. Quattro o cinquecento soldati furono reietti da un solo reggimento, principalmente sotto pretesto d'essere di statura inferiore a quella richiesta dalla legge. Nulladimeno, anche l'occhio più inesperto conobbe a un tratto che essi erano più atti e meglio formati dei loro successori, il cui aspetto selvaggio e squallido disgustava i riguardanti. Ai nuovi ufficiali fu ingiunto di non arruolare nessun soldato protestante. I reclutatori, invece di battere i loro tamburi per raccogliere volontari nelle fiere e nei mercati, secondo l'antica usanza, recavansi ai luoghi a' quali i Cattolici Romani solevano andare in devoto pellegrinaggio. In poche settimane, il Generale aveva posto nello esercito più di due mila reclute indigene; e chi gli stava dappresso, con sicurtà affermava che pel dì di Natale in tutta l'armata non sarebbe rimasto nè anche un soldato di razza inglese.
In tutte le questioni che sorgessero nel Consiglio Privato, Tyrconnel mostravasi similmente violento e parziale. Giovanni Keating, Capo giudice dei Piati Comuni, uomo insigne per abilità, integrità e lealtà, espose con modi assai miti, che tutto ciò che il Generale potesse ragionevolmente chiedere per la sua propria Chiesa, era la perfetta uguaglianza. Disse, il Re aver voluto manifestamente intendere, che nessun uomo meritevole della fiducia pubblica dovesse essere escluso perchè Cattolico Romano, e nessuno immeritevole della pubblica fiducia dovesse essere ammesso perchè Protestante. Tyrconnel subito cominciò a vomitare imprecazioni e bestemmie. «Io non so che rispondere a ciò; ma devono essere tutti Cattolici Romani.» I più assennati Irlandesi aderenti alla Religione Cattolica rimasero atterriti alla demenza di lui, e provaronsi di rimproverarlo; ma li cacciò via imprecando. La sua brutalità trascorreva tant'oltre, che molti lo credevano ammattito. Eppure, era meno strana della svergognata volubilità con che gli uscivano di bocca le bugie. Lungo tempo prima aveva acquistato il soprannome di Lying Dick Talbot (il bugiardo Guglielmo Talbot); e a Whitehall ogni strana finzione veniva chiamata una delle verità di Dick Talbot. Adesso giornalmente mostrava d'essere ben meritevole di cotesta non invidiabile riputazione. E davvero in lui il mentire era una infermità. Dopo d'aver dato ordini di destituire gli ufficiali inglesi, era capace di condurli nelle sue segrete stanze, e assicurarli della fiducia ed amicizia che sentiva per loro, dicendo: «Dio mi confonda, mi sperda, mi fulmini s'io non avrò a cuore i vostri interessi.» Talvolta coloro ai quali aveva fatto simili giuramenti,

sapevano, innanzi che il giorno si chiudesse, d'essere stati destituiti.
LIX. Al suo arrivo, quantunque bestemmiasse oscenamente contro l'Atto di Stabilimento, e chiamasse gl'interessi inglesi cosa iniqua, cosa scellerata, cosa maledetta, simulò nondimeno d'esser convinto che la distribuzione delle proprietà, non si poteva, dopo sì lungo corso d'anni, alterare. Ma giorni dopo, cangiò linguaggio. In Consiglio si mise a declamare con veemenza intorno alla necessità di rendere le terre agli antichi padroni. Ma non aveva per anche ottenuto l'assenso del Re a codesto fatale disegno. Nella mente di Giacomo, il sentimento nazionale tenzonava ancora debolmente contro la superstizione. Egli era uomo inglese; era Re inglese; e non poteva, senza tristi presentimenti, acconsentire alla destruzione della maggior colonia che l'Inghilterra avesse mai fondata. Gl'inglesi Cattolici Romani, ai quali aveva costume di chiedere consiglio, furono di quasi unanime opinione a favore dell'Atto di Stabilimento. Non solo l'onesto e moderato Powis, ma il dissoluto e testardo Dover, porsero savi e patriottici consigli. Tyrconnel mal poteva sperare di frustrare da lungi lo effetto che tali ammonimenti producevano nella mente del Re. Deliberò, quindi, di difendere in persona la causa della sua casta; e però, verso la fine d'Agosto, partì per l'Inghilterra.
LXXX. Sì la presenza che l'assenza di lui erano egualmente cagione di timore al Lord Luogotenente. Gli era veramente doloroso vedersi ogni giorno umiliato dal suo nemico; ma non eragli di minor dolore il sapere che il suo nemico ogni giorno susurrava calunnie e pessimi consigli alle orecchie del Principe. Clarendon era tormentato da molte e diverse vessazioni. In una sua gita nell'interno dell'isola, s'era veduto trattare con disprezzo dalla popolazione irlandese. I preti cattolici romani esortavano le loro congregazioni a non fargli nessun atto di riverenza. I gentiluomini indigeni invece di andare a complirlo, rimanevano nelle proprie case. Il contadiname indigeno da per tutto cantava canzoni in lingua ersa in lode di Tyrconnel, il quale tra breve sarebbe riapparso ad umiliare pienamente i loro oppressori. Il vicerè era appena ritornato a Dublino dalla sua poco soddisfacente gita, allorquando gli giunsero lettere che gli annunciavano il Re essere seriamente sdegnato contro di lui. La Maestà sua - dicevano tali lettere - aspettarsi che i suoi ministri non solo adempissero i suoi comandamenti, ma gli adempissero di cuore e con esultanza. Esser vero che il Lord Luogotenente non aveva ricusato di cooperare alla riforma dell'armata e dell'amministrazione civile, ma averlo fatto con ripugnanza e con negligenza: il suo aspetto avere tradito il sentimento dell'animo: tutti essersi accorti com'egli disapprovasse la politica che gli era stato commesso di recare ad effetto. Immerso in amarissima angoscia, scrisse lettere onde difendersi; ma gli fu bruscamente annunziato, la sua difesa non essere soddisfacente. Allora, con abiettissime parole, dichiarò che non avrebbe tentato di giustificarsi; si sarebbe sobbarcato riverente alla sentenza, qualunque si fosse, del principe; si sarebbe prostrato nella polvere onde implorare perdono, dacchè egli sincerissimamente pentivasi, e riputava glorioso il morire pel suo sovrano: ma gli era impossibile di vivere percosso dall'ira di lui. Tali parole non movevano da sola ipocrisia d'interesse, ma, almeno in parte, da animo prettamente servile e meschino; avvegnachè, nelle lettere di confidenza non destinate ad andare sotto gli occhi del Re, Clarendon si spassionasse nel medesimo tono lamentevole con la propria famiglia: sè essere degno di pietà, sè ruinato, sè non aver forza da sostenere la collera del Re, sè non curare punto la vita ove non vi fosse mezzo a placare l'ira dell'adorato principe. Il misero si sentì accrescere in cuore lo spavento, come seppe essersi già deliberato in Whitehall di richiamare lui, e fargli succedere il suo rivale e calunniatore Tyrconnel. E in tanto, per alcun tempo l'avvenire parve rischiararsi; il Re era di buon umore; e per pochi giorni Clarendon s'illuse credendo che la intercessione del fratello fosse prevalsa, e la tempesta abbonacciata.
LXXXI. La tempesta, invece, era appena incominciata. Mentre Clarendon studiavasi di appoggiarsi a Rochester, Rochester non bastava a sostenere sè stesso. Come in Irlanda il fratello maggiore, quantunque avesse le Guardie d'onore, la spada dello Stato e il titolo d'Eccellenza, era sottoposto di fatto al Comandante delle armi; così in Inghilterra il fratello minore, quantunque ritenesse il bastone bianco e la precedenza, in grazia del suo alto ufficio, sopra i grandi nobili ereditari, andava diventando un semplice impiegato nelle finanze. Il Parlamento fu nuovamente prorogato a un tempo lontano, contro i noti desiderii del Tesoriere. Nè anche gli fu detto che doveva esservi un'altra proroga, ma ei ne lesse la nuova nella Gazzetta. La effettiva direzione degli affari era passata nelle mani della cabala, che il venerdì pranzava a casa di Sunderland. Il Gabinetto si ragunava solo per udire la lettura dei dispacci giunti dalle Corti straniere; nè tali dispacci contenevano più di quel che si sapesse alla Borsa Reale; imperocchè tutte le legazioni inglesi avevano ricevuto ordini di porre nelle lettere officiali solo i discorsi ordinari delle anticamere, e comunicare privatamente i segreti importanti a Giacomo stesso, a Sunderland o a Petre. E di ciò la vincitrice fazione non era paga. Coloro dei quali il Re si fidava, gli

dicevano che la ostinatezza con che la nazione avversava i disegni di lui, era veramente da attribuirsi a Rochester. In che guisa avrebbe potuto il popolo credere che il sovrano fosse incrollabilmente risoluto a perseverare nella via nella quale s'era messo, vedendogli a lato, ostensibilmente primo per possanza e fiducia fra i suoi consiglieri, un uomo che, come tutti sapevano, disapprovava grandemente quella via? Ogni passo che il principe aveva fatto ad umiliare la Chiesa Anglicana, ed esaltare quella di Roma, era stato avversato dal Tesoriere. Era pur vero, che qualvolta aveva sperimentata vana ogni opposizione, egli si era sottomesso di malavoglia; chè anzi aveva cooperato a mandare ad esecuzione quegli stessi progetti ch'egli aveva con estremo calore contrastati. Egli era vero che, quantunque abborrisse la Commissione Ecclesiastica, aveva consentito di essere uno dei Commissari. Era anche vero, che mentre dichiarava di non trovare nessuna cagione di biasimo nella condotta del vescovo di Londra, aveva ripugnantemente votato a favore della sentenza che lo cacciò dalla sua sede. Ma ciò non era bastevole. Un principe dedito ad un'intrapresa così grave ed ardua come quella in cui Giacomo s'era messo, aveva diritto d'esigere dal suo primo ministro, non una acquiescenza fatta mal volentieri e senza grazia, ma una zelante e fortissima cooperazione. Mentre con tali consigli la cabala tentava di continuo l'animo di Giacomo, gli giungevano per la posta-di-un-soldo molte lettere cieche, ripiene di calunnie contro il Lord Tesoriere. Questo modo d'aggressione era stato immaginato da Tyrconnel, e concordava perfettamente con ogni azione della sua vita infame.
Il Re esitava. E' sembra, a dir vero, che portasse singolare affetto al suo cognato, e per l'affinità, e per la lunga dimestichezza, e per molti scambievoli buoni uffici. Pareva probabile che finchè Rochester avesse continuato a sottoporsi, quantunque lento e mormorando, alle voglie del Re, sarebbe rimasto, di nome, primo ministro. Sunderland, quindi, con finissima astuzia suggerì al proprio signore la convenevolezza di chiedere a Rochester l'unica prova d'obbedienza; prova che Rochester, senza alcun dubbio, non avrebbe mai data. Per allora - tale era il linguaggio dello scaltro segretario - tornava al Re impossibile consigliarsi col primo dei suoi ministri intorno a ciò che gli stava più a cuore.
LXXXII. Era doloroso il pensare che i pregiudicii religiosi, in sì grave negozio, dovessero privare il Governo di un tanto aiuto. Forse non era impossibile vincere simiglianti pregiudicii. Allora lo ingannatore bisbigliò sapere che Rochester di recente avesse manifestato qualche dubbio intorno i punti in questione tra i Protestanti e i Cattolici. Ciò fu bastevole perchè il Re prendesse un partito. Cominciò a lusingarsi di potersi sottrarre alla necessità di allontanare da sè un amico, e nel tempo stesso assicurarsi un esperto coadiutore alla grand'opera ch'era in via di compiere. Fu anche solleticato dalla speranza d'acquistare il merito e la gloria di avere salvata un'anima dalla eterna perdizione. E' pare in verità, che intorno questo tempo fosse invaso da un insolito e violento accesso di zelo per la sua religione: la qual cosa è più da notarsi in quanto era pur allora ricaduto, dopo un breve intervallo d'astinenza, nella dissolutezza; che tutti i teologi cristiani condannano come peccaminosa, e che in un uomo maturo, ed ammogliato ad una giovine e leggiadra donna, anche dai mondani è giudicata riprovevole. Lady Dorchester era ritornata da Dublino, e nuovamente divenuta concubina del Re. Politicamente il suo ritorno non era d'alcuna importanza. Aveva imparato per propria esperienza, essere stoltezza ogni prova di salvare il suo amante dalla distruzione a cui correva diritto. E però lasciò che i Gesuiti lo guidassero nella condotta politica. Nondimeno, ella era la sola di parecchie donne abbandonate, che a quel tempo dividesse con la Chiesa Cattolica l'impero nel cuore di lui. Sembra ch'ei pensasse di fare ammenda di aver trascurata la salute dell'anima propria, dandosi cura delle anime altrui. Si pose, adunque, ad operare con sincera volontà, ma con la volontà d'un animo aspro, severo ed arbitrario, per la conversione del suo cognato. In ogni udienza accordata al Tesoriere, il tempo era speso ad argomentare intorno all'autorità della Chiesa ed al culto delle immagini. Rochester aveva fermo in cuore di non abiurare la propria religione; ma non pativa scrupoli a ricorrere, per difendersi, ad artifici disonorevoli al pari di quelli che altri aveva adoperati ad offenderlo. Simulava di parlare come uomo che ondeggi nel dubbio, mostrava desiderio di essere illuminato ove si trovasse nell'errore, si faceva prestare libri papisti, ed ascoltava cortesemente i teologi papisti. Ebbe vari colloqui con Leyburn vicario apostolico, con Godden cappellano e limosiniere della Regina vedova, e con Bonaventura Giffard, teologo educato alla polemica nelle scuole di Doaggio. Fu stabilito che vi sarebbe una disputa formale tra cotesti dottori ed alcuni ecclesiastici protestanti. Il Re disse a Rochester, di scegliere qualunque ministro della Chiesa Anglicana, da due soli all'infuori. I due esclusi erano Tillotson e Stillingfleet. Tillotson, il più popolare predicatore di que' tempi, e per costumi l'uomo più inoffensivo del mondo, aveva stretta relazione con alcuni dei principali Whig; e Stillingfleet, che avea voce di destro maneggiatore di tutte le armi della controversia, era anche più esoso a Giacomo per avere pubblicata una risposta agli scritti trovati

nella cassa forte di Carlo II. Rochester elesse i due regi Cappellani, che per avventura trovavansi di servizio. Uno di loro chiamavasi Simone Patrick, i cui commentari sopra la Bibbia formano ancora parte delle biblioteche teologiche; l'altro era Jane, Tory virulento, il quale aveva cooperato a formulare il decreto, con cui la università d'Oxford aveva abbracciate le peggiori follie di Filmer. La conferenza seguì in Whitehall il dì 30 novembre. Rochester, che voleva non si sapesse lui avere consentito a porgere ascolto agli argomenti dei preti papisti, si fece promettere secretezza. Non fu presente altro uditore che il Re. La discussione versò intorno alla presenza reale. I teologi cattolici romani assunsero l'incarico di provarla. Patrik e Jane ragionarono poco; nè era mestieri consumare molte parole, perocchè lo stesso Conte imprese a difendere la dottrina della sua Chiesa; e come soleva succedergli, tosto riscaldato dal conflitto, perdè il proprio contegno, e domandò con gran forza, se era da sperarsi ch'egli si inducesse mai a cangiare religione per argomenti sì frivoli. Poi si rammentò del rischio che egli correva, cominciò nuovamente a dissimulare, lodò i dottori per l'arte e la dottrina che avevano mostrata nella disputa, e chiese tempo a meditare sopra ciò che avevano detto. Comecchè Giacomo fosse di tardo intendimento, non poteva non accorgersi che il cognato non diceva da senno. Il Re disse a Barillon, che il linguaggio di Rochester non era quello d'un uomo che sinceramente desideri di giungere al vero. Nondimeno, non amava di proporre al cognato direttamente di eleggere o l'apostasia o la destituzione: ma tre dì dopo la conferenza, Barillon recossi a visitare il Tesoriere, e con lunga circonlocuzione e molte espressioni d'amichevole affetto, gli rivelò la spiacevole verità. «Intendete forse» disse Rochester imbrogliato dalle confuse e cerimoniose frasi del ministro francese, «intendete forse che ove io non mi faccia Cattolico, la conseguenza ne sarà che debba perdere il mio posto?» - «Non parlo punto di conseguenze» rispose lo scaltro diplomatico. «Vengo solamente come amico a dirvi ch'io spero che abbiate cura di tenere il vostro posto.» - «Ma certo,» disse Rochester «ciò chiaramente significa che o mi debba fare Cattolico, o andar via.» Gli fece molte dimande onde chiarirsi se Barillon parlasse per ordine del principe, ma non potè ricavarne se non vaghe e misteriose risposte. Infine, simulando una fiducia ch'egli non aveva punto, disse a Barillon che s'era lasciato ingannare dalle oziose ciarle dei maligni, e concluse: «Vi dico che il Re non mi destituirà, e ch'io non rinunzierò mai. Io conosco lui; egli conosce me; e non ho timore di nessuno.» Il Francese rispose essere lieto, essere incantato di sentir ciò; e che l'unica cagione onde era stato mosso ad intromettersi in cotesta faccenda, era stata la sincera ansietà ch'egli provava per la prosperità e l'onore del suo egregio amico il Tesoriere. E in tal guisa partironsi, ciascuno illudendosi d'avere gabbato l'altro.
Intanto, malgrado le promesse di serbare il secreto, la nuova che il Lord Tesoriere avesse consentito ad essere ammaestrato nelle dottrine del papismo, erasi sparsa per tutta Londra. Patrick e Jane erano stati veduti entrare per quella porta misteriosa che conduceva alle stanze di Chiffinch. Alcuni Cattolici Romani che rigiravano in Corte, avevano indiscretamente o ad arte propalato tutto ciò che sapevano, ed altro ancora. I Tory aderenti alla Chiesa Anglicana, stavano ad aspettare più fondate notizie. Incresceva loro il pensare che il loro capo si fosse mostrato ondeggiante nelle proprie opinioni; ma non sapevano indursi a credere ch'ei sarebbe sceso alla abbiettezza d'un rinnegato. Lo sventurato ministro, straziato a un'ora dalle sue feroci passioni e dai suoi bassi desiderii, molestato dal pubblico biasimo e dalle parole allusive di Barillon, trepidante di perdere la riputazione e l'ufficio, si condusse alle secrete stanze del Re, col proponimento di mantenere lo impiego, ove avesse potuto farlo, abbassandosi ad ogni specie d'infamia, tranne una sola. Farebbe sembiante di tentennare nelle sue opinioni religiose, e d'essere mezzo convertito; prometterebbe di sostenere con ogni sua possa quella politica fino allora da lui oppugnata: ma nel caso che ei si vedesse ridotto agli estremi, ricuserebbe di abbandonare la propria religione. Cominciò, dunque, con dire al Re: lo affare che importava tanto alla Maestà Sua, non sonnacchiare; Jane e Giffard attendere a rovistare libri intorno ai punti controversi fra le due Chiese; ed appena finite le loro lucubrazioni, essere convenevole un altro colloquio. Lamentò quindi amaramente come la città tutta sapesse ciò che avrebbe dovuto tenersi gelosamente nascosto, e come taluni, i quali per la loro posizione potevano supporsi bene informati, riferissero strane cose intorno agl'intendimenti del principe. «Si vocifera» disse egli «che ove io non faccia siccome la Maestà Vostra vorrebbe, non sarei più oltre tollerato nel mio ufficio.» Il Re rispose con qualche espressione di cortesia, essere malagevole impedire i chiacchiericci del popolo, nè doversi badare alle scempie storielle. Siffatte inconcludenti parole non potevano calmare la perturbata mente del ministro; il quale, anzi, sentendosi violentemente agitato cominciò a supplicare per lo impiego come avrebbe fatto per la propria vita. «La Maestà Vostra vede bene ch'io fo tutto ciò che posso per obbedirvi. E davvero ch'io farò tutto il possibile per obbedirvi in ogni cosa. Vi servirò come vorrete.

Anzi farò ogni sforzo per abbracciare la vostra fede; ma non mi si dica, che mentre mi provo di piegare a ciò l'animo mio, ove io nol possa, debba perdere ogni cosa. Imperocchè bisogna dire alla Maestà Vostra esservi altri riguardi...» - «Bisogna dirmi! bisogna dirmi!» esclamò il Re con una bestemmia. La minima parola che suonasse onesta e vigorosa, sfuggita fra mezzo a tanto abietto supplicare, bastò a muoverlo ad ira. «Spero» disse il misero Rochester «di non avervi offeso, o Sire. Vostra Maestà certamente non avrebbe fatto buon giudicio di me, qualora non avessi parlato in cotesta guisa.» Il Re ritornò in sè, protestò di non sentirsi offeso, e consigliò il Tesoriere a spregiare le ciarle, e ragionar nuovamente con Jane e Giffard.

LXXXIII. Dopo siffatto colloquio, corsero quindici giorni innanzi che gli giungesse il colpo fatale. Rochester spese que' quindici giorni a intrigare e supplicare. Studiossi di rendere a sè favorevoli quei Cattolici Romani che maggiormente influivano in Corte. Diceva loro di non potere rinunziare alla propria religione; ma, tranne ciò solo, esser pronto a far tutto quanto potessero desiderare. Soggiungeva che ove egli potesse rimanere in ufficio, avrebbero trovato più utile alla loro causa lui protestante, che qualunque altro della loro religione. Si disse che la moglie di Rochester, la quale giaceva inferma, avesse implorato l'onore d'una visita della molto offesa Regina col fine di muoverla a compassione. Ma gli Hydes scesero invano a tanta abiezione. Petre gli odiava implacabilmente, ed aveva giurata la loro rovina. La sera del diciassette dicembre, il Conte fu chiamato alle stanze del Re. Giacomo era stranamente commosso, e perfino aveva le lacrime sugli occhi. Quello istante, a dir vero, non poteva non isvegliare rimembranze tali da muovere anche un cuor duro. Disse rincrescergli grandemente che il proprio dovere gl'imponesse di sacrificare le sue inclinazioni private. Essere ormai impreteribilmente necessario, che coloro i quali stavano a capo dei suoi affari, abbracciassero le opinioni e i sentimenti suoi. Si confessò singolarmente obbligato a Rochester, e aggiunse non essere meritevole del più lieve biasimo il modo onde le finanze erano state da lui amministrate: ma l'ufficio di Lord Tesoriere era di sì grave momento, che, in generale, non era da fidarsi ad una sola persona, e da un Re Cattolico Romano non poteva fidarsi ad un uomo zelante della Chiesa d'Inghilterra. «Pensateci meglio, Milord,» continuò il Re «rileggete gli scritti trovati nella cassa forte di mio fratello. Vi concederò anche qualche altro po' di tempo, se così desideriate.» Rochester si accôrse che tutto era finito, e che il miglior partito che gli rimanesse a prendere, era quello di ritirarsi con quanto più danaro e credito gli fosse possibile; e bene vi riuscì. Ottenne una pensione vitalizia di quattro mila lire sterline annue per due vite, su' proventi dell'ufficio postale. Aveva accumulato gran copia di pecunia dagli averi dei traditori, e serbava la obbligazione scritta di quaranta mila sterline firmata da Grey, e una concessione di tutte le terre che la Corona aveva nei vasti beni di Grey. Niuno era stato mai cacciato dal proprio impiego a condizioni così vantaggiose. Al plauso dei sinceri amici della Chiesa Anglicana, Rochester aveva ben poco diritto. Per mantenersi in ufficio, aveva seduto in quel tribunale illegalmente creato con lo scopo di perseguitarla. Per mantenersi in ufficio, aveva disonestamente votato la degradazione dei più cospicui ministri di quella, aveva simulato di dubitare della ortodossia, ascoltato con apparenza di docilità i maestri che la chiamavano scismatica ed eretica, e s'era offerto di secondare i più accaniti nemici cospiranti a distruggerla. La maggior lode che egli potesse meritare, consisteva nello avere aborrito dalla enorme malvagità e vigliaccheria di abiurare pubblicamente, per amore di guadagno, la religione nella quale egli era nato e cresciuto, da lui creduta vera, e per lungo tempo e con ostentazione da lui professata. E nondimeno, la maggior parte degli aderenti alla Chiesa Anglicana, lo esaltavano, quasi fosse stato il più intrepido e puro dei martiri. Frugarono dentro il Vecchio e il Nuovo Testamento, dentro i Martirologi d'Eusebio e di Fox, per trovare esempi di paragone alla sua eroica pietà. Ei fu detto Daniele nella caverna dei leoni, Shadrach nella fornace ardente, Pietro nella prigione d'Erode, Paolo al tribunale di Nerone, Ignazio nell'anfiteatro, Latimer nei ceppi. Tra i molti fatti che provano come a que' tempi fosse bassa la idea dell'onore e della virtù negli uomini pubblici, il più convincente è forse l'ammirazione destata dalla costanza di Rochester.

LXXXIV. Nella sua caduta trascinò seco Clarendon. Il dì settimo di gennaio 1687, la Gazzetta annunziò al popolo di Londra, che il Tesoro era stato affidato ad una Commissione. Il giorno seguente, giunse a Dublino un dispaccio, in cui formalmente dicevasi che dentro un mese Tyrconnel avrebbe preso le redini del Governo d'Irlanda. Non senza grande difficoltà costui aveva vinti i numerosi ostacoli che lo impedivano nel cammino dell'ambizione. Sapevasi come egli in cuore nutrisse la voglia di sterminare la colonia inglese in Irlanda. E però gli era necessario di vincere parecchi scrupoli che stavano nell'animo del Re. Doveva conquidere la opposizione, non solo dei membri protestanti del Governo, non solo dei moderati e rispettabili capi dei Cattolici Romani, ma altresì di parecchi membri della cabala gesuitica. Sunderland rifuggiva dal pensiero di un rivolgimento religioso, politico e sociale, in

Irlanda. Dalla Regina Tyrconnel era personalmente detestato. Per la qual cosa, Powis venne proposto come l'uomo più atto alla dignità di vicerè. Era di nascita illustre; e comecchè fosse sinceramente Cattolico Romano, veniva dagl'imparziali Protestanti considerato come uomo onesto, e buono Inglese. Non pertanto, ogni opposizione cesse alla energia ed astuzia di Tyrconnel, il quale si mostrò infaticabile a strisciarsi, a bravazzare, a corrompere. Petre fu vinto dall'adulazione. Sunderland si arrese alle promesse ed alle minacce. Un prezzo immenso, - niente meno che cinque mila lire sterline annue sopra la Irlanda, redimibili col pagamento di cinquanta mila lire sterline, - gli fu offerto. Ove tale proposta fosse respinta, Tyrconnel minacciava di rivelare al Re che il Lord Presidente, nei desinari ch'ei soleva dare alla cabala tutti i venerdì, aveva dipinto la Maestà Sua come uno imbecille, ch'era forza governare per mezzo d'una donna o d'un prete. Sunderland, pallido e tremante, offrì d'ottenere a Tyrconnel il supremo comando delle milizie, enormi emolumenti, in fine qual si fosse cosa, tranne l'ufficio di vicerè: ma ogni qualunque proposta venne ricusata; e fu mestieri cedere. La stessa Maria di Modena non andò immune della taccia di corruzione. Esisteva in Londra una famosa collana di perle, la quale stimavasi valere dieci mila lire sterline. Apparteneva già al principe Rupert, dal quale era stata lasciata a Margherita Hugues, cortigiana, che verso la fine della vita di lui, lo aveva grandemente dominato. Tyrconnel menava vanto di avere col dono di siffatta collana comperato la protezione della Regina. Furono nondimeno taluni, i quali sospettarono che cotesta asserzione fosse una delle verità di Dick Talbot, e che la non avesse miglior fondamento delle calunnie ventisei anni innanzi da lui inventate a denigrare la fama di Anna Hyde. Ai cortigiani cattolici romani parlò della incertezza onde essi tenevano gli uffici, gli onori e gli emolumenti loro. Disse, il Re poter morire da un giorno all'altro, lasciando tutti loro a discrezione di un ostile Governo, e d'una plebaglia ostile. Ma se la religione degli avi potesse predominare in Irlanda, se gli interessi inglesi potessero distruggersi, rimarrebbe loro, nel peggiore evento, assicurato un asilo dove riparare, venire a patti, o vantaggiosamente difendersi. Ad un prete papista fu promessa la mitra di Waterford, perchè predicasse in San Giacomo contro l'Atto di Stabilimento; e il suo sermone, comecchè suscitasse profondo disgusto nel cuore di tutti gl'Inglesi che stavano ad ascoltarlo, non andò privo d'effetto. Era cessata la lotta che lo amore di patria aveva fino allora nella mente del Re mantenuta contro la bacchettoneria. «Vi sono cose tali da eseguirsi in Irlanda,» disse Giacomo «cose tali, che nessuno Inglese vorrà mai fare.»
Alla perfine, tolto di mezzo ogni ostacolo, Tyrconnel, nel febbraio del 1687, cominciò a governare la sua terra natia con la potestà e gli emolumenti di Lord Luogotenente, ma col titolo più modesto di Lord Deputato.
LXXXV. Il suo arrivo sparse lo sgomento fra tutta la popolazione inglese. Clarendon fu accompagnato, o sollecitamente seguito a traverso il Canale di San Giorgio, da moltissimi dei più illustri abitatori di Dublino, gentiluomini, trafficanti ed artigiani. Si disse che mille e cinquecento famiglie in pochi giorni emigrassero. Nè tanta paura era irragionevole. La impresa di porre tutti i coloni sotto i piedi degli Irlandesi, faceva rapidi progressi. In breve, quasi ogni Consigliere Privato, Giudice, Sceriffo, Gonfaloniere, Aldermanno e Giudice di Pace, fu Celta e Cattolico Romano. Sembrava che le cose presto si volessero disporre in modo, che da una elezione generale sorgerebbe una Camera di Comuni propensa ad abrogare l'Atto di Stabilimento. Coloro i quali fino allora erano stati signori dell'isola, adesso lamentavano, nell'amaritudine dell'anime loro, d'essere divenuti preda e ludibrio dei loro propri servi e manuali; le case essere bruciate, e gli armenti rubati impunemente; i nuovi soldati scorrazzare il paese saccheggiando, insultando, stuprando, mutilando qua, facendo colà saltare per aria sopra un lenzuolo un Protestante, legandone un altro pei capelli e flagellandolo; e nulla giovare il richiamarsi alle leggi: i giudici, gli sceriffi, i giurati, i testimoni irlandesi, tutti congiurare a salvare gl'Irlandesi delinquenti; e tra breve tempo, anche senza apposito Atto del Parlamento, tutto il suolo dover cangiare padroni; avvegnachè, governante Tyrconnel, in ogni causa di sfratto, i Giudici avevano sempre sentenziato contro l'Inglese, ed a favore dell'Irlandese. Mentre Clarendon rimaneva in Dublino, il Sigillo Privato era stato affidato ad una Commissione. I suoi amici speravano che, ritornato a Londra, gli sarebbe tosto reso l'ufficio. Ma il Re e la cabala gesuitica volevano intera la caduta degli Hydes. Lord Arundell di Wardour, Cattolico Romano, ricevè il Sigillo Privato. Bellasyse, Cattolico Romano, fu fatto Primo Lord del Tesoro; e Dover, altro Cattolico Romano, ebbe un posto in quell'ufficio. La nomina di un giuocatore rovinato ad un impiego di tanta fiducia, sarebbe sola bastata a disgustare il pubblico. Il dissoluto Etherege, che allora dimorava in Ratisbona come inviato del Governo inglese, non potè frenarsi dallo esprimere, con un sarcasmo, la speranza che il suo vecchio compagno Dover avrebbe custoditi i danari del Re meglio che i propri. Perchè le finanze non fossero rovinate da' papisti privi di capacità ed esperienza, l'ossequioso, diligente e taciturno Godolphin fu

nominato Commissario del Tesoro; ma seguitò a rimanere Ciamberlano della Regina.
LXXXVI. La destituzione dei due fratelli forma una grande epoca nella storia del regno di Giacomo. Da quel tempo apparve manifesto come ciò ch'egli voleva, non fosse la libertà di coscienza pe' suoi correligionarii, ma la libertà di perseguitare i membri delle altre Chiese. Pretendendo di non volere Atti di Prova, egli ne aveva imposto uno. Pensava che fosse cosa dura, cosa mostruosa, che uomini abili e leali fossero esclusi da' pubblici uffici solo perchè erano Cattolici Romani. E nulladimeno, aveva cacciato via un Tesoriere ch'egli teneva leale ed abile, solo perchè era protestante.
Corse la voce, essere vicina una proscrizione generale, ed ogni pubblico funzionario dovere eleggere fra la perdita dell'anima o dell'impiego. E chi, a dir vero, avrebbe potuto sperare di mantenersi dopo che gli Hydes erano caduti? Erano cognati del Re, zii e tutori naturali delle sue figliuole; gli erano stati amici fino dagli anni suoi primi, fermi seguaci nell'avversità e nel pericolo, servi ossequiosi dopo che era asceso sul trono. Loro sola colpa era la religione, e per essa erano stati messi da parte. Ineffabilmente perturbato, ciascuno cominciò a volgere attorno lo sguardo desioso di trovare scampo all'imminente pericolo; e tosto gli occhi di tutti posaronsi sopra un uomo, il quale da un raro concorso di doti personali e di circostanze fortuite veniva indicato come liberatore.

CAPITOLO SETTIMO.

I. Guglielmo principe d'Orange. Suo aspetto. - II. Sua vita giovanile. - III. Sue opinioni teologiche. - IV. Sue doti militari. - V. Suo amore dei pericoli; sua salute cagionevole; freddezza dei suoi modi e forza delle sue emozioni. - VI. Sua amicizia per Bentinck. - VII. Maria Principessa d'Orange. - VIII. Gilberto Burnet. - IX. Mette d'accordo il Principe e la Principessa. - X Relazioni tra Guglielmo e i Partiti inglesi. - XI. Suoi sentimenti verso la Inghilterra, verso l'Olanda e la Francia. - XII. Coerenza della sua politica. - XIII. Trattato d'Augusta. - XIV. Guglielmo diviene capo della Opposizione inglese. - XV. Mordaunt propone a Guglielmodi andare in Inghilterra. - XVI. Guglielmo ricusa il consiglio. - XVII. Malumori in Inghilterra dopo la caduta degli Hydes. - XVIII. Conversioni al Papismo; Peterborough; Salisbury. - XIX. Wycherley; Tindal; Haines. - XX. Dryden. - XXI. La Cerva e la Pantera. - XXII. La Corte muta politica verso i Puritani. - XXIII. Concede alla Scozia una certa tolleranza. - XXIV. Tenta con segrete conferenze di corrompere gli avversari. - XXV. Non vi riesce; l'Ammiraglio Herbert. - XXVI. Dichiarazione d'Indulgenza. - XXVII. Umori dei Protestanti Dissenzienti. - XXVIII. Umori della Chiesa Anglicana. - XXIX. La Corte e la Chiesa si contendono il favore dei Puritani. - XXX. Lettera ad un Dissenziente. - XXXI. Condotta dei Dissenzienti - XXXII. Alcuni di loro parteggiano per la Corte; Care; Alsop; Rosewell; Lobb - XXXIII. Penn. - XXXIV. La maggior parte dei Puritani si dichiarano avversi alla Corte; Baxter; Howe - XXXV. Bunyan. - XXXVI. Kiffin - XXXVII. Il Principe e la Principessa d'Orange si mostrano ostili alla Dichiarazione d'Indulgenza. - XXXVIII. Loro modo di vedere intorno alla difesa dei Cattolici Romani In Inghilterra. - XXXIX. Nimistà di Giacomo per Burnet. - XL. Missione di Dykvelt in Inghilterra. - XLI. Negoziati di Dykvelt con gli statisti inglesi; Danby. - XLII. Nottingham. - XLIII. Halifax; Devonshire. - XLIV. Eduardo Russell. - XLV. Compton; Hebert; Churchill. - XLVI. Lady Churchill e la Principessa Anna. - XLVII. Dykvelt ritorna all'Aja, recando lettere di molti uomini cospicui d'Inghilterra. - XLVIII. Missione di Zulestein - XLIX. La inimicizia tra Giacomo e Guglielmo s'accresce - L. Influenza della stampa olandese - LI. Carteggio di Stewart e Fagel - LII. Ambasceria di Castelmaine a Roma.

I. Il luogo che Guglielmo Enrico, Principe d'Orange, occupa nella storia d'Inghilterra e in quella del genere umano, è siffattamente grande, da far desiderare che il suo carattere venga con molta diligenza pennelleggiato.
All'epoca cui richiama la presente narrazione, egli toccava l'anno trentasettesimo dell'età sua. Ma e nel corpo e nella mente sembrava più vecchio di quel che sogliono gli uomini di pari numero d'anni. E veramente, potrebbe dirsi ch'egli non sia mai stato giovane. I suoi sembianti sono a noi famigliari quasi come lo poterono essere ai suoi capitani e consiglieri. Scultori, pittori, intagliatori, posero ogni arte nel tramandare ai posteri le fattezze di lui; e la sua fisionomia era tale, che, vista una volta, non poteva dimenticarsi mai più. Il suo nome ci sveglia in mente a un tratto la immagine d'una figura debole e delicata, con ampia ed elevata fronte, naso ricurvo ed aquilino, occhio sì lucido e acuto da rivaleggiare con quello dell'aquila, ciglio pensoso e alquanto tristo, bocca ferma ed alquanto sdegnosa, guance pallide, scarne, e profondamente solcate dalla infermità e dalle cure. Un aspetto sì pensoso, severo e solenne, mal si giudicherebbe quello d'un uomo felice o di buon umore: ma indica

manifestamente una capacità pari alle più ardue imprese, e una fortezza che non cede a sciagure e pericoli.

II. La natura aveva con profusione conceduto a Guglielmo le doti d'un gran dominatore; e la educazione le aveva in modo non comune esplicate. Dotato di vigoroso buon senso naturale, di rara forza di volontà, trovossi, appena la sua mente cominciò a concepire, figlio orbato di padre e di madre, capo d'una grande ma depressa e disanimata parte, ed erede di vaste e indefinite pretese, le quali destavano paura e avversione nella oligarchia che allora predominava nelle Provincie Unite. Il popolo, che per un secolo s'era mostrato teneramente affettuoso alla famiglia di Guglielmo, sempre che lo vedeva, a chiari segni indicava di considerarlo come suo legittimo capo. Gli abili ed esperti ministri della Repubblica, implacabili nemici al nome di lui, recavansi quotidianamente a fargli simulati complimenti, e ad osservare i progressi della sua mente. I primi moti della sua ambizione vennero con istudio invigilati: ogni parola che gli uscisse spensieratamente dal labbro, era notata, nè egli aveva da presso alcuno del cui senno potesse fidarsi. Toccava appena il quindicesimo degli anni suoi, allorquando tutti i famigliari che amavano il suo bene, o godevano in alcun modo la sua fiducia, furono dal geloso Governo rimossi dalla sua casa. Indarno ei protestò con energia superiore alla sua età; e taluni videro più volte le lagrime spuntare sugli occhi del giovine prigioniero di Stato. La sua salute, naturalmente delicata, rimase qualche tempo depressa dalle emozioni che la sua trista situazione destavagli in cuore. Simiglianti condizioni traviano e snervano l'animo debole, ma nel forte suscitano tutta la vigoria di cui sia capace. Circuito da trame, nelle quali un giovane d'indole ordinaria sarebbe perito, Guglielmo imparò a procedere cauto e fermo ad un tempo. Assai prima ch'ei giungesse alla virilità, sapeva il modo di mantenere un secreto, frustrare l'altrui curiosità con secche e caute risposte, nascondere le passioni sotto l'apparenza di una grave tranquillità. Intanto ei progrediva poco nella educazione letteraria e socievole. I modi dei nobili in Olanda difettavano, a quei tempi, di quella grazia che trovavasi in grado perfettissimo nei gentiluomini francesi, e che, in grado inferiore, adornava la Corte d'Inghilterra; e i modi di Guglielmo erano prettamente olandesi. Gli stessi suoi concittadini lo reputavano brusco. Ai forestieri spesso ei sembrava grossolano. Nelle sue relazioni colle persone in generale, ci pareva ignorante o non curante di quelle arti che accrescono il pregio d'un favore, e scemano l'amarezza d'un rifiuto. Amava poco le lettere e le scienze. I trovati di Newton e di Leibnizio, i poemi di Dryden e di Boileau gli erano ignoti. Le rappresentazioni drammatiche lo annoiavano; e sia che Oreste vaneggiasse o Tartuffo stringesse la mano d'Elmira, ei volgeva gli occhi dal proscenio per parlare d'affari di Stato. Aveva, a dir vero, un certo ingegno pel sarcasmo, e non di rado adoperava, senza saperlo, una certa eloquenza manierata, ma vigorosa ed originale. Nulladimeno, non pretendeva minimamente a mostrarsi ciò che dicesi bello spirito ed oratore. Aveva intera rivolta la mente a quelli studi che formano i valorosi e sagaci uomini di affari. Fino da fanciullo ascoltava con interesse le discussioni concernenti leghe, finanze e guerre. Di geometria sapeva quanto bisogna alla costruzione di un rivellino o di un'opera a corno. Di lingue, con l'aiuto d'una singolare memoria, imparò tanto da potere intendere e rispondere senza altrui sussidio ad ogni cosa che gli venisse detta, ad ogni lettera che gli fosse scritta. Il suo idioma natio era l'olandese. Intendeva il latino, l'italiano e lo spagnuolo. Parlava e scriveva il francese, lo inglese e il tedesco, inelegantemente, a dir vero, ed inesattamente, ma con facilità e in guisa da farsi intendere. Non v'erano qualità che potessero essere più proprie ad un uomo destinato ad organizzare grandi alleanze, ed a comandare eserciti, raccolti da diversi paesi.

III. Le circostanze lo avevano costretto ad intendere ad una specie di questioni filosofiche, le quali, a quanto sembra, lo interessarono più di quel che fosse da aspettarsi dall'indole sua. Fra' protestanti dell'isola nostra, erano due grandi partiti religiosi, che quasi esattamente coincidevano coi due grandi partiti politici. I capi della oligarchia municipale erano Arminiani, comunemente dalla moltitudine considerati poco migliori dei papisti. I principi d'Orange erano quasi sempre stati i protettori del Calvinismo, ed andavano debitori di non piccola parte della popolarità loro allo zelo da essi mostrato per le dottrine della elezione e della perseveranza finale; zelo non sempre illuminato dalla scienza o temperato dall'umanità. Guglielmo, fin da fanciullo, era stato diligentemente erudito nel sistema teologico al quale la sua famiglia aderiva, e prediligevalo con parzialità maggiore di quella che gli uomini generalmente sentono per una fede ereditaria. Aveva meditato intorno ai grandi enimmi ch'erano stati discussi nel Sinodo di Dort, ed aveva trovato nella austera ed inflessibile logica della Scuola Ginevrina qualche cosa che armonizzava con lo intelletto e l'indole suoi. Certo, egli non imitò mai la intolleranza di cui avevano porto esempio alcuni dei suoi antenati. Abborriva da ogni specie di persecuzione: aborrimento ch'egli confessò non solo quando il confessarlo era manifestamente atto

politico, ma in parecchi casi in cui sembrava che la simulazione o il silenzio dovessero maggiormente giovargli. Nondimeno le sue opinioni teologiche erano più definite di quelle degli avi suoi. La dottrina della predestinazione egli teneva come pietra angolare della sua religione; e dichiarò più volte, che ove fosse costretto ad abbandonarla, avrebbe con essa perduto ogni fede nella Divina Provvidenza, e sarebbe divenuto un pretto epicureo. Tranne in questo solo caso, fino dai suoi primi anni egli rivolse tutta la vigoria del suo robusto intelletto dalla speculazione alla pratica. I requisiti necessari a condurre importanti affari, in lui erano maturi in un'epoca della vita, nella quale per la più parte degli uomini appena cominciano a fiorire. Da Ottavio in poi, il mondo non aveva mai veduto altro esempio di precocità nell'arte di governare. I più esperti diplomatici rimanevano attoniti udendo le osservazioni che a diciassette anni il Principe faceva sugli affari di Stato, ed anche più attoniti vedendo un giovinetto, posto in circostanze tali da farlo apparire passionato, mostrare un contegno composto e imperturbabile al pari del loro. A diciotto anni egli sedeva fra' padri della repubblica, grave, discreto e giudizioso, come il più vecchio di loro. A ventun anno, in un giorno di tristezza e di terrore, ei fu posto a capo del Governo. A ventitrè anni godeva per tutta la Europa rinomanza di soldato e d'uomo politico. Aveva schiacciate le fazioni domestiche; era l'anima d'una potente coalizione, ed aveva pugnato onorevolmente in campo contro alcuni dei più grandi generali di quel tempo.
IV. Per inclinazione di natura era più guerriero che uomo di Stato; ma, a somiglianza dell'avo, il tacito Principe che fondò la Repubblica Batava, egli tiene un posto più elevato fra gli uomini di Stato che fra' guerrieri. Veramente l'esito delle battaglie non è prova infallibile dello ingegno d'un capitano; e sarebbe cosa singolarmente ingiusta giudicare con siffatta prova Guglielmo; imperocchè gli toccò sempre di combattere con capitani, profondi maestri dell'arte militare, e con milizie per disciplina molto superiori alle sue. Nulladimeno abbiamo ragione di credere che egli non pareggiasse punto, come generale nel campo, alcuni che per doti intellettuali erano a lui molto inferiori. Ai suoi familiari ei ragionava sopra tale subietto con la magnanima franchezza d'uomo che aveva fatto grandi cose, e che poteva confessare i propri difetti. Diceva di non aver fatto mai il necessario tirocinio dell'arte militare. Da fanciullo era stato preposto a capo di un'armata. Fra i suoi ufficiali non era alcuno che potesse ammaestrarlo. Solo i propri errori e le conseguenze loro gli avevano servito di scuola. «Darei volentieri» esclamò un giorno «buona parte delle mie possessioni pel vantaggio di aver militato in poche campagne sotto il Principe di Condé, prima che avessi comandato un esercito contro lui.» Non è improbabile che l'ostacolo onde Guglielmo fu impedito di conseguire eccellenza nella strategica, contribuisse a rinvigorirgli lo intelletto. Le sue battaglie non lo mostrano un gran tattico, ma gli dànno diritto alla rinomanza di grand'uomo. Non v'era disastro che gli potesse far perdere la fermezza o lo impero della propria mente. Rimediava alle proprie sconfitte con celerità talmente maravigliosa, che avanti che gl'inimici cantassero il Te Deum, era nuovamente pronto al conflitto; nè l'avversa fortuna gli fece mai perdere il rispetto e la fiducia dei soldati; fiducia e rispetto ch'egli massimamente doveva al proprio coraggio. La più parte degli uomini hanno o con la educazione possono acquistare il coraggio di cui un soldato ha mestieri per condursi senza infamia in una campagna; ma un coraggio simile a quello di Guglielmo, è veramente raro. Egli sostenne ogni prova; guerre, ferite, penose ed opprimenti infermità, fortune di mare, imminente e continuo pericolo d'essere assassinato; pericolo che ha prostrato uomini di vigorosissima tempra; pericolo che angosciò fortemente il carattere adamantino di Cromwell. Eppure non vi fu occhio che potesse scoprire qual fosse la cosa che il Principe d'Orange temeva. I suoi consiglieri con difficoltà lo potevano indurre a munirsi contro le pistole e i pugnali dei cospiratori. I vecchi marinari maravigliavano vedendo la compostezza ch'egli serbava fra mezzo agli ardui scogli d'un pericoloso littorale. Nelle battaglie il suo valore lo rendeva cospicuo fra le migliaia di strenui guerrieri, meritavagli il plauso degl'inimici, e non veniva mai posto in dubbio nè anche dalle avverse fazioni. Nella sua prima campagna si espose al pericolo come uomo che cerchi la morte, fu sempre primo allo assalto ed ultimo alla ritirata, combattè con la spada in pugno dove più ferveva la mischia; e con una palla d'archibugio fitta nel braccio e col sangue che gli scorreva giù per la corazza, rimase fermo al suo posto, agitando il cappello sotto il fuoco più vivo. Gli amici lo pregavano di avere più cura della propria vita, che era di inestimabile prezzo alla salute della patria; e il più illustre dei suoi antagonisti, il Principe di Condé, notò, dopo la sanguinosa giornata di Seneff, come il Principe d'Orange in ogni cosa si fosse portato da vecchio generale, tranne nello avere esposto sè stesso al pericolo come un giovine soldato. Guglielmo negò d'essere reo di temerità, dicendo ch'era sempre rimaso nel posto del pericolo, mosso dal sentimento del proprio dovere e dal pensiero del bene pubblico. Le milizie da lui comandate erano poco assuefatte alla guerra, ed aborrivano da uno stretto scontro colle agguerrite soldatesche di Francia. Era quindi mestieri che il loro capitano

mostrasse il modo di vincere le battaglie. E veramente, più d'una volta al pericolo d'una giornata che pareva disperatamente perduta, ei riparò arditamente riordinando le sgominate schiere, e tagliando con la propria spada i codardi che davano lo esempio della fuga. Alcuna volta, nondimeno, e' pareva che sentisse uno strano compiacimento nell'arrisicare la propria persona. Taluni notarono che non si mostrò mai di così allegro umore, di modi così graziosi ed affabili, come fra mezzo al tumulto od alla strage d'una battaglia. Perfino nei sollazzi amava lo eccitamento del pericolo. Le carte, gli scacchi, il biliardo non gli andavano punto a sangue. La caccia era la prediletta delle sue ricreazioni; e tanto maggiormente piacevagli, quanto era più rischiosa. Talvolta spiccava tali salti, che i più audaci dei suoi compagni non osavano seguirlo. Sembra anche ch'egli reputasse come esercizi effeminati le più difficili cacce dell'Inghilterra, e fra mezzo alle immense foreste di Windsor con doloroso desio ripensasse alle belve che egli aveva costume di inseguire nei boschi di Guelders, ai lupi, ai cignali, ai grossi cervi dall'enormi corna.

V. Cotesta impetuosità d'anima diventa straordinario fenomeno, solo che si consideri come egli fosse singolarmente delicato di corpo. Fino da fanciullo egli era stato debole e malaticcio. In sulla virilità la sua salute erasi intristita per un forte accesso di vajolo. Era asmatico, e pareva volesse andare in consunzione. La sua gracile persona era travagliata da una continua tosse secca. Ei non poteva dormire se non appoggiando il capo sopra parecchi guanciali, e non poteva trarre il respiro se non nell'aria più pura. Spesso era torturato da crudeli dolori al capo; tosto stancavasi al moto. I medici mantenevano ognora deste le speranze dei suoi nemici, predicendo l'epoca in cui, se pure v'era certezza alcuna nella scienza, avrebbe cessato di vivere. Nonostante, in una vita che poteva dirsi una continua malattia, la forza dell'anima non gli fallì mai, in ogni grave occasione, a sostenere il suo infermo e languido corpo.

Era nato con violente passioni e con gagliardo sentire; ma la forza delle sue emozioni non era minimamente da altri sospettata. Agli occhi del mondo ei nascondeva la gioia, il dolore, l'affezione, il risentimento sotto il velo d'una calma flemmatica, che lo faceva reputare il più freddo degli uomini. Coloro che gli recavano buone nuove, rade volte potevano in lui scoprire il più lieve segno di contento. Chi lo vedeva dopo una disfatta, in vano cercava di leggergli in volto il dispiacere dell'animo. Lodava e riprendeva, premiava e puniva con l'austera tranquillità d'un capitano di Mohawk; ma coloro che bene lo conoscevano e gli stavano da presso sapevano pur troppo che sotto cotesto ghiaccio ardeva perpetuamente un gran fuoco. Rade volte l'ira gli faceva perdere il contegno. Ma quando davvero lo invadeva la rabbia, il primo scoppio ne era tremendo, si che altri appena reputavasi sicuro a farglisi da presso. In simiglianti rari casi, nulladimeno, appena riacquistava lo impero delle proprie facoltà, faceva tali riparazioni a coloro che ne avevano patito il danno, da tentarli a desiderare ch'egli andasse nuovamente in collera. Nell'affetto procedeva impetuoso come nell'ira. Amando, egli amava con tutta la vigoria della sua vigorosissima anima. Quando la morte lo privava dell'oggetto amato, que' pochi che erano testimoni del suo strazio, temevano non volesse perdere il senno o la vita. A' pochi intimi amici, nella cui fedeltà e secretezza ei poteva onninamente riposare, era un uomo ben diverso dal riserbato e stoico Guglielmo, che la moltitudine supponeva privo d'ogni mite sentimento. Era cortese, cordiale, aperto, ed anche festevole e faceto, da rimanere a mensa lunghe ore, ed abbandonarsi all'allegria del conversare.

VI. Fra tutti i suoi più cari, ei prediligeva singolarmente un gentiluomo chiamato Bentinck, discendente da una nobile famiglia batava, e destinato ad essere fondatore d'una delle maggiori case patrizie dell'Inghilterra. La fedeltà di Bentinck era stata sottoposta a prove non comuni. Mentre le Provincia Unite lottavano a difendere la propria esistenza contro la potenza francese, il giovine Principe, nel quale erano poste tutte le loro speranze, infermò di vajuolo. Tal malattia era stata fatale a parecchi della sua famiglia; e quanto a lui, in sulle prime si manifestò peculiarmente maligna. Grande era la costernazione pubblica. Le strade dell'Aja erano affollate da mane a sera di gente ansiosa di sapere le nuove di Sua Altezza. Infine il male prese un corso meno sinistro. La salvezza dello infermo fu attribuita in parte alla sua singolare tranquillità di spirito, e in parte alla intrepida e instancabile amicizia di Bentinck. Dalle sole mani di Bentinck Guglielmo prendeva i farmachi e il nutrimento. Il solo Bentinck era colui che alzava Guglielmo da letto e ve lo riponeva. «Se Bentinck dormisse o non dormisse mai nel tempo ch'io giacqui infermo» diceva Guglielmo grandemente intenerito a Temple; «non so. Ma questo io so, che per sedici giorni e sedici notti, non chiesi mai cosa alcuna che Bentinck all'istante non fosse accanto al mio letto.» Innanzi che questo amico fedele finisse di prestare i propri servigi, fu preso dal contagio. Non pertanto, ei non curò la febbre e lo stordimento del capo ond'era travagliato, finchè il suo signore fu dichiarato convalescente. Allora

Bentinck chiese d'andare a casa; e ne era tempo, imperocchè non poteva più sostenersi sulle proprie gambe. Corse gravissimo pericolo, ma risanò; e non appena si sentì in forze da sorgere dal letto, corse all'armata, dove per molte ardue campagne fu sempre veduto da presso a Guglielmo, come vi era già stato in pericoli di altra specie.

È questa la origine d'una amicizia fervida e pura più di qualunque altra di cui faccia ricordo la storia antica o la moderna. I discendenti di Bentinck serbano tuttavia molle lettere da Guglielmo scritte al loro antenato; e non è troppo il dire che chiunque non le abbia studiate, non potrà mai formarsi una giusta idea dell'indole del Principe. Egli, che i suoi ammiratori generalmente reputavano il più freddo e inaffabile degli uomini, in coteste lettere dimentica ogni distinzione di grado, ed apre l'anima sua con la ingenuità d'un fanciullo. Partecipa senza riserbo arcani di gravissimo momento. Palesa con tutta semplicità vasti disegni concernenti tutti i governi europei. Miste a siffatte cose trovansi altre d'assai diversa natura, ma forse di non minore interesse. Tutte le sue avventure, i suoi sentimenti, le sue lunghe corse ad inseguire un enorme cervo, il suo folleggiare nella festa di Santo Uberto, il vegetare delle sue piantagioni, i suoi poponi andati a male, in che condizione sono i suoi cavalli, il desiderio ch'egli ha di trovare un buon palafreno per la sua moglie; il suo dispiacere udendo che un suo famigliare dopo d'avere rapito l'onore ad una fanciulla di buona famiglia, ricusi di sposarla; il suo mal di mare, la sua tosse, il suo mal di capo, i suoi accessi di divozione, la gratitudine ch'egli sente per la divina Provvidenza che lo ha scampato da un grave pericolo, gli sforzi ch'egli fa a sottoporsi alla volontà divina dopo un disastro: queste e simiglianti cose ivi sono descritte con una amabile garrulità, tale da non aspettarsi dal più discreto e calmo uomo di Stato dei tempi suoi. Va anche maggiormente notata la spensierata espansione della sua tenerezza, e il fraterno interesse ch'egli prende nella domestica felicità dell'amico. Se nasce un figlio a Bentinck, Guglielmo gli dice: «Io spero ch'egli viva, per essere buono come voi; ed ove io abbia un figliuolo, le nostre creature si ameranno, lo spero, come ci siamo amati noi.» Per tutta la vita egli seguita ad amare i piccoli Bentinck con affetto paterno. Gli chiama coi più cari nomi; nell'assenza del padre prende cura di loro; e quantunque gli rincresca di rifiutare loro cosa alcuna, non permette che vadano alla caccia, dove potrebbero correre il pericolo di ricevere un colpo di corno dal cervo inseguito, o abbandonarsi alle intemperanze d'una gozzoviglia. Se la loro madre si ammala nell'assenza del marito, Guglielmo, fra mezzo ad affari di gravissimo momento, trova il tempo di spedire parecchi corrieri in un giorno per recargli notizie della salute di lei. Una volta, come essa dopo una grave infermità è dichiarata fuori di pericolo, il Principe con fervidissime espressioni rende grazie a Dio: «Io scrivo lacrimando di gioia» dice egli. Serpe una singolare magia in coteste lettere, scritte da un uomo, la cui irresistibile energia ed inflessibile fermezza imponevano riverenza ai nemici, il cui freddo e poco grazioso contegno respingeva l'affetto di quasi tutti i partigiani, e la cui mente era occupata da giganteschi disegni che hanno cangiata la faccia del mondo.

E tanto affetto non era mal collocato. Bentinck allora fu detto da Temple il migliore e più sincero ministro che alcun principe abbia mai avuta la fortuna di possedere, e continuò per tutta la vita a meritarsi un nome tanto onorevole. I due amici veramente erano fatti l'uno per l'altro. Guglielmo non aveva mestieri di chi lo dirigesse o lo lusingasse. Avendo ferma e giusta fiducia nel proprio giudizio, non amava i consiglieri che inclinavano molto a suggerire o ad obiettare. Nel tempo stesso, aveva discernimento ed altezza di mente bastevoli a sdegnare l'adulazione. Il confidente di un tal principe doveva essere uomo non di genio inventivo, o di predominante carattere, ma valoroso e fedele, capace d'eseguire puntualmente gli ordini ricevuti, di serbare inviolabilmente il secreto, di notare con occhio vigilante i fatti e riferirli con verità: e tale era Bentinck.

VII. Guglielmo nel matrimonio non fu meno fortunato che nell'amicizia. Nulladimeno, il matrimonio in sulle prime non parve dovere essergli fonte di felicità domestica. A quel parentado egli era stato indotto principalmente da cagioni politiche; nè sembrava probabile che alcuna forte affezione dovesse nascere tra una avvenente fanciulla di sedici anni, di buona indole e intelligente, ma ignorante e semplice; ed uno sposo, il quale, comecchè non giungesse ai ventotto anni, era per costituzione più vecchio del padre di lei, ed aveva modi agghiaccianti, e tenea di continuo la mente occupata d'affari pubblici e di cacce. Per qualche tempo Guglielmo fu marito negligente. Fu strappato alle braccia della moglie da altre donne, e in ispecie da Elisabetta Villiers, che era una delle dame di lei, e che quantunque fosse priva di attrattive personali e sfigurata da un occhio guercio, aveva ingegno tale da rendersi gradevole a Guglielmo. Per vero dire, egli vergognavasi dei propri falli, e con ogni studio cercava nasconderli; ma, non ostanti tutte le sue cautele, Maria bene conosceva la infedeltà del marito. Spie e delatori, istigati dal padre di lei, fecero ogni sforzo per infiammarla all'ira.

Un uomo di assai diverso carattere, l'ottimo Ken, il quale fu suo cappellano all'Aja per parecchi mesi, prese tanto fuoco vedendo i torti che ella soffriva, che con più zelo che giudizio minacciò di rimproverare severamente lo infido marito. Ella, non pertanto, sosteneva le proprie ingiurie con tanta mansuetudine e pazienza, che meritò e, a poco a poco, ottenne la stima e la gratitudine di Guglielmo. Rimaneva nondimeno un'altra cagione che teneva divisi i loro cuori. Poteva probabilmente giungere il giorno, in cui la Principessa, la quale era stata educata solo a ricamare, leggere la Bibbia e i Doveri dell'Uomo, diverrebbe sovrana d'un gran Regno, terrebbe la bilancia della politica europea; mentre lo sposo di lei, ambizioso, esperto dei pubblici negozi e inchinevole alle grandi intraprese, non troverebbe nel Governo d'Inghilterra luogo a sè convenevole, e avrebbe potere quale e quanto e finchè a lei piacesse concedergliene. Non è strano che un uomo come Guglielmo, amante dell'autorità e conscio del proprio genio a comandare, sentisse fortemente quella gelosia, la quale in poche ore di sovranità pose la dissensione tra Guildford Dudley e Lady Giovanna, e produsse una rottura anche più tragica fra Darnley e la Regina di Scozia. La Principessa d'Orange non aveva il più lieve sospetto dei pensieri del marito. Il vescovo Compton, suo istitutore, con gran cura l'aveva erudita nelle cose di religione, insegnandole specialmente a guardarsi dalle arti dei teologi cattolici romani; ma l'aveva lasciata profondamente ignara della sua posizione e della Costituzione inglese. Ella sapeva che, per dovere conjugale, era tenuta ad obbedire al proprio sposo; e non le era mai venuto in mente come la relazione in cui stavano entrambi potesse essere invertita. Nove anni erano corsi di matrimonio innanzi ch'ella sapesse la cagione del malcontento di Guglielmo; nè l'avrebbe mai saputa da lui. Generalmente, ei per natura inchinava più presto a chiudere in cuore che a sfogare i propri dolori; ed in cotesta peculiare occasione le sue labbra rendeva mute una ragionevole delicatezza. In fine, per mezzo di Gilberto Burnet, i due coniugi, avuta una spiegazione, pienamente riconciliaronsi.
VIII. La fama di Burnet è stata assalita con singolare malizia e pertinacia. Tali aggressioni cominciarono fino dai suoi primi anni, e continuano tuttavia con non minore virulenza, comecchè egli da cento venticinque e più anni riposi sotterra. Veramente, egli è il bersaglio più adatto che l'animosità delle fazioni e gli spiriti petulanti possano mai desiderare; imperciocchè i suoi difetti d'intendimento e d'indole sono così visibili, che facile è a ognuno il notarli. Non erano quei difetti che ordinariamente si reputano comuni a tutti i suoi concittadini. Solo fra tutti i non pochi Scozzesi che si sono inalzati a grandezza e prosperità in Inghilterra, egli aveva quel carattere che gli scrittori satirici, i drammatici, i romanzieri sogliono concordemente ascrivere ai venturieri irlandesi. Gli spiriti animali, le millanterie, la vanità, la propensione a spropositare, la provocante indiscretezza, la indomita audacia di lui apprestavano inesauribile materia agli scherni dei Tory. Nè i suoi nemici trascuravano di complirlo talvolta, più con piacenteria che con delicatezza, per la spaziosità delle sue spalle, la grossezza delle sue gambe, il buon successo dei suoi disegni matrimoniali con qualche amorosa e ricca vedova. Ciò non ostante, Burnet, benchè per molti rispetti fosse subietto di scherno ed anche di grave riprensione, non era uomo spregevole. Aveva vivissima intelligenza, instancabile industria, vasta e svariata dottrina. Era, a un sol tempo, storico, antiquario, teologo, predicatore, articolista, disputatore ed operoso capo politico; e in ciascuna di coteste cose emergeva cospicuo fra' suoi competitori. I molti vivaci e brevissimi scritti ch'egli pubblicò sopra i fatti di que' tempi, oggimai son noti solo agli amatori di curiosità letterarie; ma la Storia dei suoi Tempi, la Storia della Riforma, la Esposizione degli Articoli, il Discorso dei Doveri d'un Pastore, la Vita di Hale, la Vita di Wilmot, vengono anche a' dì nostri ristampati, nè vi è buona biblioteca privata che non gli abbia nei suoi scaffali. Contro questi argomenti tutti gli sforzi dei detrattori riescono vani. Uno scrittore, le cui opere voluminose in diversi rami della letteratura, trovano numerosi lettori cento trenta anni dopo la sua morte, può avere avuto grandi difetti, ma è mestieri che abbia anche avuto meriti grandi; e Burnet aveva grandi meriti, cioè fecondo e vigoroso intelletto e stile, ancorchè ben lontano dalla intemerata purità del bello scrivere, sempre chiaro, spesso vivace, e talvolta inalzantesi fino alla solenne e calorosa eloquenza. Nel pulpito, lo effetto dei suoi discorsi, ch'egli recitava senza sussidio di manoscritto, era accresciuto dalla nobiltà della sua persona, e da un modo patetico di porgere. Spesso veniva interrotto dal profondo fremito del suo uditorio; e quando, dopo d'avere predicato tanto che fosse trascorsa l'ora dell'oriuolo a polvere - che a que' giorni era parte degli ordegni del pulpito, - egli lo prendeva in mano, la congrega clamorosamente lo incoraggiava a seguitare finchè la polvere non fosse passata di nuovo. Sì nel suo carattere morale, che nello intellettuale, i grandi difetti erano più che compensati da grandi meriti. Tuttochè spesso fosse traviato dai pregiudizi e dalla passione, era uomo onesto per eccellenza. Tuttochè non sapesse resistere alle seduzioni della vanità, aveva spirito superiore ad ogni influenza di cupidigia o timore. Era, per indole, cortese, generoso, grato, compassionevole. Il suo zelo religioso,

comunque fermo ed ardente, era per lo più temperato d'umanità, e di rispetto pei diritti della coscienza. Vigorosamente aderendo a quello ch'egli credeva spirito del Cristianesimo, considerava con indifferenza i riti, i nomi e le forme dell'ordinamento della Chiesa; e non era punto inchinevole ad essere severo anche con gl'infedeli e gli eretici la cui vita fosse pura, e i cui errori sembrassero più presto effetto d'intelligenza pervertita, che di cuore depravato; ma, al pari di molti dabbene uomini di quella età, considerava il caso della Chiesa di Roma come una eccezione a tutte le regole ordinarie. Burnet, per alcuni anni, ebbe rinomanza europea. La sua Storia della Riforma era stata accolta con istrepitosi applausi da tutti i Protestanti, mentre i Cattolici Romani l'avevano giudicata come un colpo mortale inflitto alla loro credenza. Il più grande dottore che la Chiesa di Roma abbia mai avuto dopo lo scisma del secolo decimosesto, voglio dire Bossuet vescovo di Meaux, tolse lo incarico di farne una elaborata confutazione. Burnet era stato onorato con un voto di ringraziamento da uno dei più zelanti Parlamenti del tempo in cui ferveva la concitazione della Congiura Papale, ed era stato esortato, a nome della Camera dei Comuni d'Inghilterra, a seguitare i suoi studi storici. Era stato ammesso alla familiarità di Carlo e di Giacomo, era vissuto in intimità con parecchi egregi uomini di Stato, segnatamente con Halifax, ed era stato direttore spirituale di molti grandi personaggi. Aveva redento dallo ateismo e dalla licenza Giovanni Wilmot, Conte di Rochester, ch'era uno dei più splendidi libertini di quel secolo. Lord Stafford, vittima di Oates, comunque Cattolico Romano, aveva, nelle ore estreme di sua vita, ricevuto il conforto delle esortazioni di Burnet intorno a que' punti di dottrina sui quali tutti i cristiani concordano. Pochi anni dopo, un'altra vittima più illustre, cioè Lord Russell, era stata accompagnata da Burnet dalla Torre al patibolo in Lincoln's Inn Fields. La Corte non aveva trascurato mezzo alcuno per trarre a sè un teologo cotanto profondo ed operoso. Non vi fu cosa che non tentasse, regie blandizie e promesse di alte dignità; ma Burnet, quantunque fino dalla giovinezza fosse imbevuto delle servili dottrine che erano in quel tempo comuni al clero, era divenuto Whig per convinzione; e traverso a tutte le vicissitudini, fermamente aderiva ai propri principii. Nondimeno, ei non fu partecipe di quella congiura che recò tanto disonore e calamità al partito Whig, e non solo aborriva dai disegni d'assassinio concepiti da Goodenough, e da Ferguson, ma opinava che anche il suo diletto ed onorato amico Russell si fosse spinto troppo oltre contro il Governo. Finalmente arrivò tempo in cui la stessa innocenza non era arra di sicurezza. Burnet, comecchè non fosse reo di nessuna trasgressione della legge, fu fatto segno alla vendetta della Corte. Si rifugiò nel Continente, e dopo d'avere speso un anno a viaggiare la Svizzera, l'Italia e la Germania - viaggi dei quali egli ci ha lasciata una piacevole descrizione, - nella state del 1686 giunse all'Aia, e vi fu accolto con cortesia e riverenza. Conversò più volte e liberamente con la Principessa intorno alle cose politiche e religiose, e tosto le divenne direttore spirituale e confidente. Guglielmo gli usò ospitalità più graziosa di quel che si potesse sperare. Imperciocchè, fra tutti i difetti umani, quei che più l'offendevano, erano l'officiosità e l'indiscretezza; e Burnet, a confessione anche dei suoi amici e ammiratori, era il più officioso e indiscreto degli uomini. Ma il savio Principe s'accôrse che quel petulante e ciarliero teologo, il quale sempre cicalava di secreti, faceva impertinenti domande, sciorinava consigli non richiesti, era, nonostante, uomo retto, animoso, esperto, e ben conosceva gli umori e i disegni delle sètte e delle fazioni inglesi. Burnet aveva gran fama d'uomo eloquente e dotto. Guglielmo non era uomo erudito; ma da molti anni era stato capo del Governo Olandese in un tempo, in cui la stampa olandese era una delle macchine più formidabili che muovessero l'opinione pubblica dell'Europa; e benchè egli non gustasse i piaceri delle lettere, era savio ed osservatore tanto, da pregiare l'utilità dello aiuto dei letterati. Sapeva bene che un libercolo popolare talvolta poteva tornare proficuo al pari d'una vittoria riportata in campo. Sentiva parimente la importanza di avere sempre da presso alcun uomo ben esperto nell'ordinamento politico ed ecclesiastico dell'isola nostra; e Burnet aveva in sommo grado i requisiti ad essere un dizionario vivente delle cose inglesi, perocchè le sue cognizioni, quantunque non sempre accurate, erano immensamente vaste; e sì in Inghilterra che in Iscozia, pochi erano gli uomini insigni di qual si fosse partito politico o religioso, co' quali egli non avesse conversato. Per le quali cose ottenne tanta parte di favore e di fiducia, quanta ne era concessa solo a coloro che formavano il piccolo nucleo intimo dei privati amici del Principe. Quando il dottore si prendeva qualche libertà, il che non rade volte avveniva, il suo protettore diventava oltre l'usato freddo e severo, e tal fiata gli usciva dalle labbra qualche pungente sarcasmo che avrebbe fatto ammutolire chiunque. Tranne in cotesti casi, nondimeno, l'amicizia tra questi due uomini singolari durò, con qualche temporanea interruzione, fino alla morte. Certo, e' non era agevole ferire la sensibilità di Burnet. La compiacenza ch'egli provava di sè, gli spiriti animali, la mancanza di tatto in lui erano tali, che quantunque spesso offendesse altri, giammai egli ne rimaneva offeso.

IX. Per cosiffatto carattere, egli aveva i requisiti necessari ad essere paciere tra Guglielmo e Maria. Ogni qualvolta coloro che dovrebbero vicendevolmente stimarsi ed amarsi, si trovano per avventura divisi, come spesso accade, per qualche differenza che sole poche parole franche e chiare basterebbero a comporre, debbono riputarsi bene avventurati ove abbiano un indiscreto amico che palesi intera la verità. Burnet, senza andirivieni, rivelò alla Principessa il pensiero che turbava la mente del suo consorte. E fu quella la prima volta in cui ella seppe, non senza grandemente maravigliarne, come diventando Regina d'Inghilterra, Guglielmo non dovesse secolei sedere sul trono. Dichiarò quindi caldamente d'esser pronta a porgere qual si fosse prova di sommessione e d'affetto conjugale. Burnet, assicurando e giurando di non parlare per suggerimento altrui, disse in lei sola stare intero il rimedio. Ella poteva di leggieri, appena assunta la Corona, indurre il Parlamento non solo a concedere al marito il titolo di Re, ma con un atto legislativo in lui trasferire il Governo dello Stato. «Ma Vostra Altezza Reale» aggiunse egli «dovrebbe, innanzi di parlare, maturamente considerare la cosa; imperocchè egli è un passo, che una volta fatto, non potrebbe facilmente e senza pericolo disfarsi.» - «Non ho bisogno di tempo alcuno a considerare ciò ch'io fo» rispose Maria. «A me basta di cogliere questa occasione per mostrare il mio rispetto pel Principe. Riportategli ciò ch'io vi dico; e conducetelo a me, perchè egli possa udirlo ripetere dal mio labbro stesso.» Burnet andò in traccia di Guglielmo; ma Guglielmo trovavasi molte miglia lontano a dar la caccia ad un cervo. E' non fu se non il giorno susseguente, che ebbe luogo il colloquio fra' due conjugi. «Non avevo mai saputo fino a ieri» disse Maria «che vi fosse tale differenza tra le leggi dell'Inghilterra e quelle di Dio. Ma adesso vi prometto che voi sarete colui che governerà sempre; e in ricambio, questo solo vi chiedo, che come io osserverò il divino comandamento, il quale vuole che le mogli obbediscano ai mariti, voi osserviate l'altro che ingiunge ai mariti d'amare le proprie mogli.» Tanta generosità d'affetto, pienamente conquise il cuore di Guglielmo. Da quel tempo fino al di funesto in cui egli fu trasportato convulso lungi da lei che giaceva sul letto di morte, fra loro fu sempre vera amicizia e piena confidenza. Esistono ancora molte delle lettere che ella gli scrisse, e porgono numerosi argomenti come a questo uomo così inamabile, quale sembrava agli occhi del pubblico, fosse riuscito d'ispirare ad una bella e virtuosa donna, a lui superiore per nascita, una passione che era quasi idolatria.
Il servigio in tal guisa reso da Burnet alla propria patria, era di sommo momento, perocchè era giunto il tempo in cui molto importava alla pubblica salvezza che il Principe e la Principessa fossero pienamente concordi.
X. Fino dal tempo in cui fu spenta la insurrezione delle Contrade Occidentali, gravi cagioni di dissenso avevano scisso Guglielmo dai Whig e dai Tory. Aveva con rincrescimento veduti i tentativi fatti da' Whig a privare il Governo di certi poteri ch'egli riputava necessari alla efficacia e dignità di quello. Aveva con molto maggiore rincrescimento veduto il modo onde molti di loro s'erano contenuti verso le pretensioni di Monmouth. E' pareva che l'opposizione volesse avvilire la Corona d'Inghilterra, e porla sul capo di un bastardo e di un impostore. Nel tempo stesso, il sistema religioso del Principe grandemente differiva da ciò che formava il segno distintivo della credenza dei Tory. Costoro erano tutti Arminiani e Prelatisti; spregiavano le Chiese protestanti del continente, e consideravano ogni rigo della loro liturgia e rubrica sacro quasi al pari del vangelo. Le sue opinioni concernenti la metafisica della teologia, erano calviniste: le sue opinioni rispetto all'ordinamento e ai modi del culto, erano larghe. Ammetteva lo episcopato essere una forma legittima e convenevole di governo ecclesiastico; ma parlava con parole acri e sprezzanti della bacchettoneria di coloro i quali giudicavano la ordinazione dei vescovi essenziale alla società cristiana. Non aveva punto scrupolo intorno ai vestimenti e ai gesti prescritti dal libro della Preghiera Comune; ma confessava che i riti della Chiesa Anglicana sarebbero migliori se più si allontanassero da' riti della Chiesa di Roma. Era stato udito mormorare con segni di cattivo augurio, allorquando nella cappella privata della sua moglie ei vide un altare acconcio secondo il rito anglicano, e non parve molto satisfatto di vedere nelle mani di lei il libro di Hooker sopra l'Ordinamento Ecclesiastico.
XI. Egli, adunque, da lungo tempo seguiva con occhio vigile il progresso della contesa tra le fazioni inglesi; ma senza sentire forte predilezione per nessuna di quelle. In verità, fino all'ultimo giorno di sua vita, ei non divenne nè Whig nè Tory. Difettava di ciò che è fondamento ad ambi cotesti caratteri; imperciocchè egli non diventò mai Inglese. È vero che salvò l'Inghilterra; ma non l'amò mai, e non fu mai da essa riamato. Per lui l'isola nostra fu sempre terra d'esilio, ch'egli visitava con ripugnanza e abbandonava con diletto. Anche mentre le rendeva quei servigi, dei quali fino ai nostri giorni sentiamo i felici effetti, il bene di quella non era lo scopo precipuo delle sue azioni. S'ei sentiva amore di patria, lo sentiva tutto per la Olanda. Quivi era la splendida tomba entro la quale riposava il grande

uomo politico, di cui egli aveva ereditato il sangue, il nome, l'indole, il genio. Quivi il semplice suono del suo titolo era una magica parola, che per tre generazioni aveva destato lo affettuoso entusiasmo dei contadini e degli artigiani. L'olandese era lo idioma ch'egli aveva imparato dalla balia; olandesi gli amici della sua giovinezza. I sollazzi, gli edifizi, le campagne della sua terra natia gli empivano il cuore. Ad essa ei volgeva sempre desioso lo sguardo da un'altra patria più altera e più bella. Nella galleria di Whitehall egli amaramente ripensava alla sua avita casa nel Bosco all'Aja; e non sentivasi mai tanto felice, quanto nel giorno in cui dalla magnificenza di Windsor passava alla sua molto più modesta abitazione in Loo. Nel suo splendido esilio ei trovava consolazione creandosi d'intorno, con edifici, piantagioni, escavazioni, una scena che gli rammentasse le uniformi moli di rossi mattoni, i lunghi canali, e le simmetriche aiuole di fiori, fra mezzo ai quali egli aveva trascorsi i suoi giovani anni. E nonostante, cotesto suo affetto per la sua terra materna era subordinato ad un altro sentimento che da gran tempo aveva signoreggiato nell'anima sua, erasi mescolato a tutte le sue passioni, lo aveva spinto a maravigliose imprese, lo aveva sostenuto nelle mortificazioni, nei dolori, nelle infermità, e che verso la fine della sua vita sembrò per alcun tempo languire, ma tosto ridestossi più fiero che mai, e seguitò ad animarlo fino all'ora suprema, in cui i ministri di Dio recitavano accanto al suo letto di morte la prece dei moribondi. Questo sentimento era la inimicizia alla Francia, e al Re magnifico, il quale in più sensi rappresentava la Francia, e a virtù e pregi eminentemente francesi congiungeva quell'ambizione irrequieta, scevra di scrupoli e vanagloriosa, che ha più volte ridesto contro la Francia il risentimento dell'Europa.
Non è difficile rintracciare il progresso del sentimento che a poco a poco s'insignorì interamente dell'anima di Guglielmo. Mentre egli era ancora fanciullo, la sua patria era stata aggredita da Luigi, sfidando con ostentazione la giustizia e il diritto pubblico; era stata corsa, devastata, ed abbandonata ad ogni eccesso di ladroneria, di licenza e di crudeltà. Gli Olandesi sgomenti, s'erano umiliati dinanzi all'orgoglioso vincitore, chiedendo mercè. Era stato loro risposto, che ove desiderassero ottenere la pace, era mestieri rinunciare alla indipendenza, e rendere ogni anno omaggio alla Casa dei Borboni. L'oltraggiata nazione, disperando d'ogni altro umano argomento, aveva aperte le sue dighe, chiamando in soccorso le onde marine contro la tirannia francese. E' fu nelle angosce di quel conflitto, allorquando i contadini tremebondi fuggivano dinanzi agli invasori, centinaia di ameni giardini e di ville erano sepolte sotto le acque, le deliberazioni del Senato erano interrotte dagli svenimenti e dal pianto dei vecchi senatori, i quali non potevano sopportare il pensiero di sopravvivere alla libertà ed alla gloria della loro terra natia; e' fu in que' terribili giorni, che Guglielmo fu chiamato a capo dello Stato. Per alcun tempo la resistenza gli parve impossibile. Cercava da per tutto soccorso, e lo cercava invano. Spagna era snervata, Germania conturbata, Inghilterra corrotta. Null'altro partito sembrava rimanere al giovine Statoldero, che quello di morire con la spada in pugno, o farsi lo Enea d'una grande emigrazione, e creare un'altra Olanda in contrade inaccessibili alla tirannia della Francia. Nessuno ostacolo sarebbe allora rimasto a infrenare il progresso della Casa Borbonica. In pochi anni essa avrebbe potuto annettere ai propri domini la Lorena e le Fiandre, Castiglia ed Aragona, Napoli e Milano, il Messico e il Perù. Luigi avrebbe potuto assumere la Corona imperiale, porre un principe della sua famiglia sopra il trono della Polonia, divenire solo signore dell'Europa dai deserti della Scizia fino all'Oceano Atlantico, e dell'America dalle regioni nordiche del tropico del Cancro, fino alle regioni meridionali del tropico del Capricorno. Tale era il prospetto del futuro che stava dinanzi agli occhi di Guglielmo nel suo primo entrare nella vita politica, e che non gli sparì mai dallo sguardo fino all'estremo dei suoi giorni. La Monarchia Francese era per lui ciò che la Repubblica Romana era per Annibale, ciò che la Potenza Ottomana era per Scanderbeg, ciò che la dominazione inglese era per Wallace. Questa intensa e invincibile animosità era rafforzata dalla religione. Centinaia di concionatori calvinisti predicavano, che il medesimo potere che aveva suscitato Sansone per essere il flagello dei Filistei, e che aveva chiamato Gedeone dall'aja per domare i Madianiti, aveva suscitato Guglielmo d'Orange per essere il campione di tutte le nazioni libere, e di tutte le Chiese pure; pensiero che non fu senza influenza sulla mente di lui. Alla fiducia che lo eroico fatalista aveva posta nel suo alto destino e nella sua sacra causa, è da attribuirsi in parte la singolare indifferenza onde egli affrontava il pericolo. Aveva debito di compire un'altra impresa; e finchè non fosse compita, nulla gli avrebbe potuto nuocere. E però, per virtù di questo pensiero, egli, malgrado i pronostici dei medici, si riebbe da infermità che sembravano disperate; lo aperto navicello in cui egli si gettò nel fitto buio della notte fra mezzo alle frementi onde dell'Oceano, e presso ad una traditrice spiaggia, lo condusse a terra; e in venti campi di battaglia, le palle dei cannoni gli fischiarono d'intorno senza toccarlo. Lo ardore e la perseveranza con che egli si dedicò alla propria missione, mal troverebbero agguaglio nella storia

degli uomini illustri. Considerando il suo gran fine, ei reputava la vita altrui di sì poco pregio, come la propria. Pur troppo, anche i più miti e generosi soldati di quella età avevano l'abitudine di curar poco lo spargimento del sangue, e le devastazioni inseparabili dalle grandi imprese militari; e il cuore di Guglielmo era indurito non solo dalla insensibilità acquistata nell'esercizio della guerra, ma da quella specie di insensibilità più severa, la quale nasce dalla coscienza del dovere. Tre grandi coalizioni, tre lunghe e sanguinose guerre, in cui tutta Europa dalla Vistola fino all'Oceano occidentale era in armi, devono attribuirsi alla sua invincibile energia. Allorquando nel 1678 gli Stati Generali, esausti e scuorati, desideravano posa, la sua voce tuonava contro coloro che volevano riporre la spada nel fodero. Se la pace fu fatta, ciò avvenne solo perchè egli non potè infondere nei cuori altrui uno spirito fiero e risoluto come il suo. In sullo estremo istante, con la speranza di rompere le pratiche che ei sapeva pressochè concluse, combattè una delle più sanguinose ed ostinate battaglie, dei tempi suoi. Dal giorno in cui fu firmata la pace di Nimega egli cominciò a meditare un'altra coalizione. La sua contesa con Luigi, tradotta dal campo di battaglia al gabinetto, venne poco dopo esacerbata da un privato litigio. Per ingegno, indole, modi ed opinioni, i due rivali erano l'uno all'altro diametralmente opposti. Luigi, gentile e dignitoso, prodigo e voluttuoso, amante della pompa ed abborrente dai pericoli, munificente protettore delle arti e delle lettere, e crudele persecutore dei Calvinisti, offriva un notevole contrasto verso Guglielmo, semplice nelle sue inclinazioni, di poco grazioso portamento, infaticabile e intrepido in guerra, non curante degli ameni studi, e fermo partigiano dei teologi Ginevrini. I due nemici non osservarono lungamente quelle cortesie che i loro pari, anche oppugnantisi con le armi, rade volte trascurano. Guglielmo, a dir vero, giunse fino ad offrire i suoi migliori servigi al Re di Francia. Ma tali cortesie vennero estimate al loro giusto pregio, e ricompensate con una riprensione. Il gran Re affettava disprezzo pel principotto servitore d'una federazione di città commercianti; e ad ogni segno di spregio lo intrepido Statoldero rispondeva con una nuova disfida. Guglielmo prendeva il suo titolo - titolo che le vicissitudini del secolo precedente avevano reso uno dei più illustri in Europa - da una città che giace sulle rive del Rodano non lungi da Avignone; e che, al pari d'Avignone, quantunque da ogni lato circuita dal territorio francese, era propriamente feudo non della Corona di Francia, ma dello Impero. Luigi, con quella ostentazione spregiatrice del diritto pubblico, la quale formava il suo carattere, occupò Orange, ne smantellò le fortificazioni e ne confiscò le rendite. Guglielmo dichiarò ad alta voce a molti cospicui personaggi, i quali con lui sedevano a mensa, che avrebbe fatto pentire il Re Cristianissimo dell'oltraggio ricevuto; ed allorchè dal Conte d'Avaux gli fu chiesto conto delle parole profferite, ricusò positivamente o di ritrattarle o di spiegarle. La querela andò tanto oltre, che il ministro francese non poteva rischiarsi di comparire nelle sale della Principessa per timore di essere insultato.
I sentimenti di Guglielmo verso la Francia, spiegano tutta la sua politica verso la Inghilterra. Il suo spirito pubblico era europeo. Il fine principale d'ogni suo studio non era l'isola nostra, non era nè anche la sua Olanda, ma la grande comunità delle nazioni minacciata di essere soggiogata da uno Stato troppo potente. Coloro i quali commettono lo errore di considerarlo come uomo di Stato inglese, è forza che guardino la intera sua vita in una falsa luce, e non perverranno a scoprire nessun principio buono o cattivo, Whig o Tory, al quale possano riferirsi le sue più importanti azioni. Ma ove lo consideriamo come uomo, il cui fine speciale era quello di congiungere una torma di Stati deboli, divisi e sgomenti, in ferma e vigorosa concordia contro un comune nemico; ove lo consideriamo come uomo, agli occhi del quale la Inghilterra importava principalmente, perchè, senza essa, la grande coalizione da lui desiderata, sarebbe stata incompiuta; saremo costretti ad ammettere che non vi è stata una vita sì lunga, di cui facciano ricordo le storie, maggiormente uniforme dal principio sino alla fine, quanto quella di cotesto gran Principe.
XII. Col filo che adesso abbiamo tra le mani, potremo senza difficoltà rintracciare la via dritta in effetto, sebbene in apparenza talvolta tortuosa, ch'egli prese verso le nostre interne fazioni. Chiaramente vedeva (ciò che non era sfuggito agli occhi di uomini meno sagaci di lui) come la impresa alla quale egli con tutta l'anima intendeva, potesse avere probabilità di prospero successo con la Inghilterra amica, d'esito incerto con la Inghilterra neutrale, e di disperatissimo fine ove la Inghilterra agisse come aveva agito ai tempi della Cabala. Con non minore chiarezza, vedeva che tra la politica estera e la interna del Governo Inglese v'era stretta connessione; che il sovrano del nostro paese, operando d'accordo col Parlamento, deve sempre di necessità esercitare grande influenza negli affari della Cristianità, e deve anche avere un evidente interesse di avversare lo indebito ingrandimento d'ogni potentato continentale; che, dall'altro canto, il sovrano privo della fiducia del Parlamento e impedito nella sua via, non può avere se non poco peso nella politica europea, e che quel poco peso

potrebbe anche gettarsi tutto nel lato nocivo della bilancia. Il principe, adunque, desiderava massimamente la concordia fra il Trono e il Parlamento. Il modo di stabilirla, e quale delle due parti dovesse fare concessioni all'altra, erano, secondo lui, cose d'importanza secondaria. Avrebbe gradito, senza alcun dubbio, di vedere una piena riconciliazione senza il sacrificio d'un briciolo della regia prerogativa; perocchè alla integrità di quella egli aveva diritto di reversibilità; ed egli, per indole, era cupido di potere e intollerante di freno, almeno quanto qualunque degli Stuardi. Ma non v'era gioiello della Corona ch'egli non fosse apparecchiato a sacrificare, anche dopo che la Corona era passata sul suo capo, qualvolta fosse convinto siffatto sacrificio essere impreteribilmente necessario al suo grande disegno. E però, nel tempo della congiura papale, comecchè egli disapprovasse la violenza con cui la opposizione assaliva la regia autorità, esortò il Governo a desistere. La condotta della Camera dei Comuni rispetto agli affari interni, diceva egli, era molto irragionevole: ma finchè rimaneva malcontenta, le libertà della Europa pericolavano; ed a questa suprema ragione ogni altra doveva cedere. Giusta siffatti principii egli operò allorquando la Legge d'Esclusione pose la nazione tutta in commovimento. Non v'è ragione a credere ch'egli incoraggiasse la opposizione a spingere innanzi quella legge, e ricusare ogni patto che le venisse offerto dal trono. Ma come chiaro si conobbe che, ove non si fosse posta in campo quella legge, vi sarebbe stata seria rottura tra i Comuni e la Corte, egli intelligibilmente, benchè con assai decoroso riserbo, manifestò la propria opinione, dicendo il Governo dovere ad ogni costo riconciliarsi coi rappresentanti del popolo. Allorchè una violenta e rapida mutazione dell'opinione pubblica aveva lasciato per alcun tempo il partito Whig privo d'ogni soccorso, Guglielmo tentò di giungere al suo scopo supremo per una nuova via, forse all'indole sua più convenevole di quella ch'egli aveva anteriormente presa. Pei cangiati umori della nazione, era poco probabile che venisse eletto un Parlamento disposto ad opporsi alle voglie del Sovrano. Carlo per alcun tempo fu solo padrone. Il Principe quindi rivolse ogni pensiero a renderselo favorevole. Nella state del 1683, quasi nel momento medesimo in cui la scoperta della congiura di Rye House sconfisse i Whig e rese trionfante il Re, succedevano altrove fatti tali che Guglielmo non poteva vedere senza estrema ansietà e timore. Il Turco aveva condotte le sue schiere fino ai suburbii di Vienna. La grande Monarchia Austriaca, nel cui soccorso il Principe aveva calcolato, sembrava giunta alla estrema rovina. Per la qual cosa, ei mandò in fretta Bentinck dall'Aja a Londra, ingiungendogli di nulla omettere che fosse necessario a riconciliargli la Corte d'Inghilterra, e peculiarmente significare, con le più calde espressioni, l'orrore che il suo signore aveva sentito per la congiura dei Whig.
Nel corso dei diciotto susseguenti mesi, vi fu qualche speranza che la influenza di Halifax prevalesse, e che la Corte di Whitehall ritornasse alla politica della Triplice Alleanza. Guglielmo nutrì avidamente in cuore tale speranza, e fece ogni sforzo per conseguire l'amicizia di Carlo. La ospitalità che Monmouth trovò all'Aja, deve principalmente attribuirsi alla brama che il Principe aveva di appagare i segreti desideri del padre di Monmouth. Appena morto Carlo, Guglielmo mirando ognora intentamente al supremo suo scopo, di nuovo cangiò contegno. Aveva ospitato Monmouth per piacere al Re defunto. Affinchè il Re Giacomo non avesse argomento di querelarsi, Monmouth ebbe commiato. Abbiamo veduto come, scoppiata la insurrezione delle contrade occidentali, i reggimenti inglesi che servivano in Olanda, fossero, alla prima richiesta, mercè gli sforzi del Principe, mandati alla patria loro. Per vero dire, Guglielmo anche si offerse a comandare in persona contro i ribelli; e che tale offerta fosse perfettamente sincera, non potrà mai dubitarsi, solo che si leggano le sue lettere confidenziali a Bentinck.
Il Principe manifestamente in quel tempo sperava, che il gran disegno al quale nella mente sua ogni altra cosa era subordinata, fosse approvato e sostenuto dal suo suocero. L'altero linguaggio che allora Giacomo teneva verso la Francia, la prontezza con che egli consentì ad una alleanza difensiva con le Provincie Unite, la inclinazione ch'egli mostrava a collegarsi con la Casa d'Austria, accrescevano cotesta speranza. Ma poco dopo rabbuiossi la scena. La caduta di Halifax, la rottura tra Giacomo e il Parlamento, la proroga, lo annunzio distintamente fatto dal Re ai ministri stranieri che oramai la politica estera non lo distrarrebbe dallo intendere a trovare provvedimenti onde rinvigorire la regia prerogativa e promuovere gl'interessi della sua Chiesa, posero fine a tanta illusione. Chiaro vedevasi, che arrivato il tempo critico per la Europa, la Inghilterra, signoreggiata da Giacomo, o sarebbe rimasta inoperosa, o avrebbe operato in unione della Francia.
XIII. E la crisi europea era imminente. La Casa d'Austria, dopo una serie di vittorie, erasi assicurata d'ogni pericolo da parte della Turchia, e non trovavasi più nella necessità di sostenere pazientemente le usurpazioni e gl'insulti di Luigi. Per lo che, nel luglio del 1686, fu firmato in Augusta un trattato, col quale i Principi dello Impero collegavansi strettamente insieme a vicendevole difesa. Il Re di Spagna e

di Svezia erano parti di cotesta alleanza; l'uno come Sovrano delle provincie comprese nel circolo della Borgogna, l'altro come Duca di Pomerania. I confederati dichiaravano di non avere intendimento alcuno di aggredire, nè voglia d'offendere nessun potentato, ma erano bene risoluti di non tollerare la minima infrazione dei diritti che il Corpo Germanico possedeva sotto la sanzione del diritto pubblico e della pubblica fede. Vincolavansi tutti a difendersi in caso di bisogno, e stabilivano le forze che ogni membro della lega dovesse apprestare, ove fosse mestieri respingere l'aggressione. Il nome di Guglielmo non si leggeva in quell'atto; ma tutti sapevano che esso era opera di lui, e prevedevano che tra breve tempo egli sarebbe nuovamente il capitano d'una coalizione contro la Francia. In cosiffatte circostanze, tra lui e il vassallo della Francia non poteva esistere buono e cordiale intendimento. Non v'era aperta rottura, non ricambio di minacce o di rimproveri; ma il suocero e il genero s'erano per sempre l'uno dall'altro separati.

XIV. Nel tempo medesimo in cui il Principe era così diviso dalla Corte d'Inghilterra, andavano disparendo le cagioni che avevano fino allora prodotto freddezza tra lui e i due grandi partiti del popolo inglese. Gran parte, che formava forse una maggioranza numerica, dei Whig, aveva prestato favore a Monmouth: ma Monmouth non era più. I Tory, dall'altro canto, avevano temuto che gl'interessi della Chiesa anglicana non avessero ad essere sicuri sotto lo impero d'un uomo educato fra' presbiteriani olandesi, e, come ciascuno sapeva, di larghe opinioni rispetto ai vestimenti, alle cerimonie, allo episcopato: ma dacchè quella Chiesa diletta era stata minacciata da molto maggiori pericoli, cosiffatti timori erano quasi spenti. In tal guisa, nello istante medesimo, ambidue i grandi partiti cominciarono a porre le speranze e lo affetto loro nello stesso capo. I vecchi repubblicani non potevano ricusare la loro fiducia ad un uomo, il quale aveva per molti anni degnamente tenuta la più alta magistratura d'una repubblica. I vecchi realisti credevano di agire secondo i loro principii, tributando profonda riverenza ad un Principe cotanto vicino al trono. In tali condizioni, era cosa di massima importanza la perfetta unione tra Guglielmo e Maria. Un malinteso tra la erede presuntiva della Corona e il marito, avrebbe prodotto uno scisma in quella vasta massa che da ogni parte andavasi raccogliendo intorno al vessillo d'un solo capo. Avventuratamente, ogni pericolo di questo malinteso fu tolto dallo intervento di Burnet; e il Principe divenne lo incontrastato capo di tutto quel gran partito che faceva opposizione al Governo, partito che quasi comprendeva la intera nazione.

Non v'è ragione a credere che egli verso questo tempo meditasse la grande impresa alla quale poscia fu da una dura necessità trascinato. Scorgeva bene che la opinione pubblica dell'Inghilterra, comecchè i cuori fossero esasperati dagli aggravi del Governo, non era punto matura per la rivoluzione. Avrebbe senza dubbio voluto evitare lo scandolo che doveva produrre una lotta mortale tra persone strette con vincoli di consanguineità e d'affinità. Anche per ambizione, gli ripugnava il riconoscere dalla violenza quella grandezza alla quale egli sarebbe pervenuto pel corso ordinario della natura e della legge: perocchè, bene sapeva che ove la corona fosse regolarmente toccata in sorte alla sua moglie, le regie prerogative non patirebbero detrimento; ed all'incontro, se ei l'ottenesse per elezione, gli verrebbe concessa con quelle condizioni che agli elettori piacesse d'imporre. Egli, adunque, fece pensiero, come sembra, di attendere con pazienza il giorno in cui potesse con incontrastato titolo governare, e di contentarsi infrattanto di esercitare grande influenza sopra gli affari della Inghilterra, come primo Principe del sangue, e capo del partito che decisamente preponderava nella nazione, e che certo, appena ragunato il Parlamento, avrebbe decisamente preponderato in ambedue le Camere.

XV. Egli è vero che già a Guglielmo, da un uomo meno savio e più impetuoso ch'egli non fosse, era stato consigliato di appigliarsi a più audace partito. Questo consigliere era il giovane Lord Mordaunt. In quel tempo non era sorto un uomo che avesse genio più inventivo e spirito più ardimentoso di lui. Se la impresa era splendida, Mordaunt rade volte chiedeva se fosse fattibile. La sua vita fu un bizzarro romanzo, composto di misteriosi intrighi d'amore e di politica, di violente e rapide variazioni di scena e di fortuna, e di vittorie somiglievoli a quelle d'Amadigi e di Lancillotto, più presto che a quelle di Lussemburgo e d'Eugenio. Gli episodii disseminati nella sua strana istoria erano cónsoni a tutto il tenore della vita sua. V'erano notturni incontri con ladroni generosi; e dame nobili e belle liberate dalle mani dei loro rapitori. Mordaunt essendosi reso notevole per la eloquenza e l'audacia con che nella Camera dei Lord erasi opposto alla Corte, tosto dopo la proroga del Parlamento, si rifuggì all'Aja, e propose a Guglielmo di fare una subita discesa in Inghilterra. Erasi persuaso che sarebbe stato così facile sorprendere tre grandi Regni, come lungo tempo dopo gli tornò facile sorprendere Barcellona.

XVI. Guglielmo ascoltò, ripensò, e rispose, con parole vaghe: il bene dell'Inghilterra stargli tanto a cuore, che non lo perderebbe mai d'occhio. Qualunque fossero i suoi intendimenti, non era probabile

ch'ei si scegliesse a confidente un temerario e vanaglorioso cavaliere errante. Questi due mortali null'altro avevano di comune che il coraggio personale, il quale in entrambi giungeva all'altezza d'un favoloso eroismo. Mordaunt aveva bisogno solamente di eccitarsi nel conflitto, e di rendere attonito il mondo. Guglielmo mirava perpetuamente ad un solo gran fine, al quale era trascinato da una forte passione, ch'egli reputava sacro dovere. Onde ridursi a quel fine, faceva prova d'una pazienza, siccome una volta egli disse, simile a quella con cui aveva veduto nel canale un marinaio lottare contro la corrente, spesso ricacciato indietro, ma non cessando mai di spingersi innanzi, satisfatto se potesse con molte ore di fatica, avanzare di pochi passi. Il Principe pensava che le imprese le quali non lo facevano avvicinare a cotesto fine, per quanto il volgo potesse estimarle gloriose, fossero vanità fanciullesche.
S'avvisò, quindi, di ricusare il consiglio di Mordaunt; e senza alcun dubbio ei fece bene. Se Guglielmo nel 1686, o anche nel 1687, avesse tentato di fare ciò che egli fece con tanto prospero esito nel 1688, è probabile che molti Whig, alla sua chiamata, sarebbero corsi alle armi; ma avrebbe, ad un'ora, sperimentato la nazione non essere per anche apparecchiata ad accogliere un liberatore armato che veniva da terra straniera, e la Chiesa non essere stata provocata e insultata fino a porre in dimenticanza la dottrina politica, della quale s'era per tanto tempo singolarmente inorgoglita. I vecchi Cavalieri sarebbero accorsi intorno al regio vessillo: si sarebbe, probabilmente, in tutti i tre Regni accesa una guerra civile, lunga e sanguinosa al pari di quella della precedente generazione. E mentre nelle Isole Britanniche infuriasse siffatta guerra, che non avrebbe mai potuto tentare Luigi nel continente? E quale speranza sarebbe rimasta alla Olanda, emunta di forze militari ed abbandonata dal suo Statoldero?
XVII. Guglielmo, adunque, fu pago per allora di provvedere in modo da rendere concorde e rianimare la potente opposizione dalla quale era riconosciuto come capo. E ciò non era difficile. La caduta degli Hydes aveva destato in tutta la Inghilterra strano timore e forte sdegno. Tutti accorgevansi, oggimai trattarsi di sapere non se il protestantismo sarebbe predominante, ma se sarebbe tollerato. Al Tesoriere era succeduta una Commissione, della quale era capo un papista. Il Sigillo Privato era stato affidato ad un papista. Al Lord Luogotenente d'Irlanda era succeduto un uomo, il quale non aveva nessun altro merito per quell'alto ufficio, tranne d'essere papista. L'ultima persona che un Governo, sollecito del bene dello Stato, avrebbe dovuto mandare a Dublino, era Tyrconnel. Per le sue maniere brutali era indegno di rappresentare la maestà della Corona. Per la pochezza dello intendimento e la violenza dell'indole, era inetto a maneggiare gravi affari di Stato. L'odio mortale ch'egli sentiva pei possessori della più parte del suolo d'Irlanda, lo rendeva segnatamente inabile a governare quel Regno. Ma la sua intemperante bacchettoneria era reputata bastevole espiazione della intemperanza delle altre sue passioni; e a contemplazione del suo odio contro la fede riformata, lo lasciavano abbandonarsi senza freno al suo odio contro il nome inglese. Tale era allora il vero intendimento del Re intorno ai diritti della coscienza! Voleva che il Parlamento abrogasse tutte le incapacità delle quali erano gravati i papisti, solo perchè potesse alla sua volta imporre pari incapacità ai Protestanti. Chiaro vedevasi che sotto un simigliante Principe l'apostasia era il solo sentiero da condurre alla grandezza. E non pertanto, era un sentiero pel quale pochi rischiavansi di procedere; avvegnachè lo spirito nazionale fosse ormai desto, e ad ogni rinnegato toccasse soffrire tanto scherno ed abborrimento da parte del pubblico, che anche i cuori più induriti e nudi di vergogna non potevano non sentirlo.
XVIII. Non può negarsi che alcune notevoli conversioni di recente avevano avuto luogo; ma tutte erano tali da accrescere poco credito alla Chiesa di Roma. Due uomini d'alto grado, Enrico Mordaunt Conte di Peterborough, e Giacomo Cecil Conte di Salisbury, avevano abbracciata quella religione. Ma Peterborough, il quale era stato operoso soldato, cortigiano e diplomatico, allora giaceva affranto dagli anni e dalle infermità; e coloro che lo vedevano procedere per le sale di Whitehall barcollante, appoggiato ad un bastoncello e ravvolto di pannilani e d'impiastri, della sua diserzione confortavansi pensando ch'egli s'era mantenuto fido alla religione degli avi finchè le sue facoltà intellettive non furono spente. La imbecillità di Salisbury era passata in proverbio. Oltremodo sensuale, era tanto ingrassato che appena si poteva muovere, e quel corpo tardo era degno abitacolo d'un'anima stupida. Le satire di que' tempi lo dipingono come uomo nato stampato per farsi ingannare, il quale fino allora essendo stato vittima dei giuocatori, poteva di leggieri essere vittima dei frati. Una pasquinata, la quale circa l'epoca del ritiro di Rochester, fu appiccata alla porta della casa di Salisbury nello Strand, esprimeva con grossolane parole l'orrore con cui il savio Roberto Cecil, ove fosse potuto sorgere dal sepolcro, avrebbe veduto quale abbietta creatura era l'erede dei suoi titoli ed onori.
XIX. Questi due uomini erano i più alti per grado fra' proseliti di Giacomo. V'erano altri rinnegati di

un'altra specie; uomini di doti insigni, ma privi d'ogni principio e d'ogni senso della propria dignità. Abbiamo ragione di credere che fra costoro fosse Guglielmo Wycherley, il più licenzioso e insensibile scrittore d'una scuola singolarmente insensibile e licenziosa. È certo che Matteo Tindal, il quale più tardi acquistò grande rinomanza scrivendo contro il Cristianesimo, fu in quel tempo ricevuto nel grembo della Chiesa infallibile; fatto, che, come può agevolmente supporsi, i teologi coi quali egli poscia appiccò controversia, non lasciarono punto nell'oblio. Altro più infame apostata fu Giuseppe Haines, il cui nome adesso giace quasi dimenticato, ma che era ben noto a que' tempi come avventuriere di versatile ingegno, scroccone, falsificatore di monete, falso testimonio, mallevadore impostore, maestro di ballo, buffone, comico, poeta. Taluni dei suoi prologhi ed epiloghi furono molto ammirati da' suoi contemporanei, i quali universalmente gli rendevano lode di buono attore. Costui si fece Cattolico Romano, e si recò in Italia come addetto all'ambasciata di Castelmaine; ma tosto, per riprovevole condotta, venne cacciato via. Se è da prestarsi fede ad una tradizione lungamente conservatasi, Haines ebbe la impudenza d'asserire che la Vergine Maria gli era apparsa per esortarlo alla penitenza. Dopo la Rivoluzione, si provò di pacificarsi coi suoi concittadini con una ammenda più scandolosa dell'offesa stessa. Una notte, innanzi di rappresentare la parte sua in una farsa, comparve sul proscenio, avvolto in un bianco lenzuolo, con una torcia in mano, recitando una profana ed indecente filastrocca di versi, ch'egli chiamò la propria ritrattazione.

XX. Col nome di Haines correva congiunto in molti libelli il nome di un rinnegato più illustre, cioè di Giovanni Dryden. A quel tempo egli era in sul declinare degli anni suoi. Dopo molti successi ora prosperi ora sinistri, l'opinione generale lo considerava come primo fra i poeti inglesi coetanei. I suoi diritti alla gratitudine di Giacomo erano molto superiori a quelli di qualunque altro scrittore del Regno. Ma Giacomo pregiava poco i versi, e molto il danaro. Dal dì in cui egli ascese al trono, si diede a fare piccole riforme economiche, e tali che acquistano sempre al Governo la taccia di spilorceria, senza recare alcun manifesto giovamento alle finanze. Una delle vittime di questa insensata parsimonia, fu il Poeta Laureato. E' fu ordinato, che nella patente, la quale a cagion della nuova successione al trono, doveva rinnovarsi, l'annuo onorario in origine concesso a Jonson, e continuato ai suoi successori, si omettesse. Fu questo l'unico pensiero che il Re, nel primo anno del suo regno, si degnò di volgere al possente poeta satirico, il quale, mentre ardeva il conflitto intorno alla Legge d'Esclusione, aveva sparso il terrore nel partito dei Whig. Dryden era povero, e mal sopportava la povertà. Sapeva poco e davasi poco pensiero delle cose di religione. Se aveva in petto profondamente radicato alcun sentimento, era l'avversione contro i preti di tutte le religioni, Leviti, Auguri, Muftì, Cattolici Romani, Presbiteriani, Anglicani. La natura non gli aveva largito anima elevata; e le sue occupazioni non erano state punto tali, da fargli acquistare altezza e delicatezza d'animo. Per molti anni erasi guadagnato il pane quotidiano arruffianando la sua musa al pervertito gusto della platea, e grossolanamente adulando ricchi e nobili protettori. Rispetto di sè, e senso squisito di convenevolezza, non potevano trovarsi in un uomo il quale aveva trascinata una vita di mendicità e di adulazione. Pensando che ove egli seguitasse a chiamarsi protestante, i suoi servigi non verrebbero rimunerati, si dichiarò papista. Cessò subitamente la parsimonia del Re. A Dryden fu conceduta una annua pensione di cento lire sterline, ed ebbe il carico di difendere in verso e in prosa la sua nuova religione.

Due illustri scrittori, Samuele Johnson e Gualtiero Scott, hanno fatto ogni sforzo per persuadere sè ed altrui, che cotesta memorabile conversione fosse sincera. Era cosa naturale che volessero cancellare una macchia disonorevole dalla memoria d'un ingegno da essi giustamente ammirato, e col quale concordavano rispetto ad opinioni politiche; ma lo storico imparziale è uopo che pronunci un giudizio assai dal loro differente. Vi sarà sempre forte presunzione contro la sincerità d'una conversione ogni qualvolta riesca a utile del convertito. Nel caso di Dryden, non vi ha nulla che contrappesi siffatta presunzione. I suoi scritti teologici provano ad esuberanza ch'egli non si studiò mai con diligenza ed amore di imparare il vero, e che le sue nozioni intorno alla Chiesa abbandonata e alla Chiesa abbracciata da lui, erano superficialissime. Nè la sua condotta dopo la conversione, fu quella d'un uomo da un profondo senso dei propri doveri costretto a fare un così solenne passo. Ove egli fosse stato tale, la medesima convinzione che lo aveva condotto ad abbracciare la Chiesa di Roma, gli avrebbe certo impedito di violare gravemente e per abitudine i precetti da quella Chiesa, come da ogni altra società cristiana, riconosciuti obbligatorii. Tra i suoi scritti precedenti e tra' susseguenti alla sua conversione, vi sarebbe stata notevole diversità. Avrebbe sentito rimorso dei suoi trenta anni di vita letteraria, durante i quali egli aveva sistematicamente adoperata la sua rara potenza di linguaggio e di versificazione a corrompere il pubblico. Dalla sua penna non sarebbe uscita, da quell'ora in poi,

una sola parola tendente a rendere spregevole la virtù, e ad infiammare le licenziose passioni. Ed è sventuratamente vero, che i drammi da lui scritti dopo la sua pretesa conversione, non sono punto meno impuri o profani di quelli della sua giovinezza. Anche traducendo, scostavasi dai suoi originali per andare in cerca d'immagini, che, ove le avesse trovate negli originali stessi, avrebbe dovuto schivare. Ciò che in quelli era cattivo, nelle sue versioni diventava peggiore; ciò che era puro, passando nella sua mente, contraeva qualche macchia. Le più grossolane satire di Giovenale egli rese più riprovevoli; inserì descrizioni lascive nelle Novelle di Boccaccio; e corruppe la dolce e limpida poesia delle Georgiche con lordure che avrebbero stomacato Virgilio.
XXI. Lo aiuto di Dryden fu accolto con gioia da quei teologi cattolici romani, i quali con difficoltà sostenevano un conflitto contro i più illustri ingegni della Chiesa Stabilita. Non potevano non riconoscere il fatto, che il loro stile, sfigurato da barbarismi contratti in Roma e in Doaggio, faceva meschina figura in paragone della eloquenza di Tillotson e Sherlock. Per lo che, pareva loro non essere lieve acquisto la cooperazione del più grande scrittore vivente dell'idioma inglese. Il primo servigio che a lui fu chiesto in prezzo della sua pensione, fu di difendere in prosa la sua Chiesa contro Stillingfleet. Ma l'arte di dir bene le cose diventa inutile ad un uomo che non abbia nulla da dire; e tale era il caso di Dryden. Vide come egli non valesse a sostenere il combattimento con un uomo da lunghi anni assuefatto a maneggiare le armi della controversia. Il battagliere veterano disarmò il novizio, gli inflisse qualche ferita di dispregio, e si volse contro più formidabili combattenti. Dryden allora impugnò un'arma, nella quale non era agevole trovare chi potesse vincerlo. Si ritrasse alcun tempo dal trambusto dei caffè e dei teatri per rinchiudersi in un quieto luogo nella Contea di Huntingdon, ed ivi compose con insolita cura e fatica il suo celebre poema intorno ai punti disputati tra la Chiesa di Roma e quella d'Inghilterra. Rappresentò la Romana sotto la similitudine d'una candida cerva, sempre in pericolo di morte, e nondimeno destinata a non morire. Le belve della foresta congiuravano a spegnerla. Il Tremante coniglio, a dir vero, si teneva strettamente neutrale; ma la volpe Sociniana, il lupo Presbiteriano, l'orso Indipendente, il cignale Anabattista, avventavano sguardi feroci alla intemerata creatura. Nondimeno ella poteva rischiarsi a bere insieme con loro alla fonte comune sotto la protezione del leone Regale. La Chiesa Anglicana era significata dalla pantera con la pelle macchiata, ma bella, anco troppo bella per bestia da preda. La cerva e la pantera, egualmente esose al feroce popolo della foresta, si ritrassero da parte per ragionare intorno al pericolo comune. Quindi seguitarono a discutere intorno ai punti delle loro differenze, e dimenando le code e leccandosi le ganasce, tennero un lungo colloquio sopra la presenza reale, l'autorità dei papi e dei concili, le leggi penali, l'Atto di Prova, gli spergiuri d'Oates, i servigi resi da Butler, benchè non ricompensati, al partito dei Cavalieri, i libercoli di Stillingfleet, e le ampie spalle e i fortunati negozi matrimoniali di Burnet.
L'assurdità di questo poetico disegno è manifestissima. E in vero, cosiffatta allegoria non poteva regolarmente procedere oltre a dieci versi. Non v'è magistero di forma che possa servire di compenso agli errori di un tal disegno. E nulladimeno, la Favola della Cerva e della Pantera è senza verun dubbio la produzione più pregevole della letteratura inglese del breve e torbido regno di Giacomo II. In nessuna delle opere di Dryden si potrebbero trovare brani più patetici e splendidi, maggior pieghevolezza ed energia di stile, e più piacevole e variata armonia.
Il poema comparve alla luce con ogni vantaggio che la regia protezione potesse impartire. Una magnifica edizione ne fu fatta per la Scozia nella tipografia cattolica romana di Holyrood House. Ma le genti non erano in umore da lasciarsi ammaliare dal lucido stile e dagli armoniosi versi dello apostata. Il disgusto eccitato dalla sua venalità, il timore eccitato dalla politica di cui egli s'era fatto panegirista, non erano cose da cantarsi per addormentare le menti. Il pubblico fu infiammato di giustissimo sdegno da coloro cui gli scherni del poeta scottavano, e da coloro che erano invidi della sua rinomanza. Non ostante le restrizioni che avvincolavano la stampa, ogni giorno apparivano satire intorno alla vita e agli scritti di lui. Ora lo chiamavano Bayes, ora il Poeta Squab. Gli rammentavano come in gioventù avesse tributato alla Casa di Cromwell le medesime servili lusinghe le quali egli adesso tributava alla Casa degli Stuardi. Alcuni dei suoi avversari maliziosamente ristamparono i versi pieni di sarcasmo già da lui scritti contro il papismo, allorquando non gli avrebbe nulla giovato l'essere papista. Tra i molti componimenti satirici venuti alla luce in tale occasione, il più notevole fu opera di due giovani, i quali di recente avevano compiti i loro studi in Cambridge, ed erano stati accolti come novizi di belle speranze nei caffè letterari di Londra; voglio dire Carlo Montague e Matteo Prior. Montague era di nobile schiatta; la origine di Prior era talmente oscura, che nessun biografo ha potuto rinvenirla: entrambi poscia giunsero in alto; entrambi allo amore delle lettere congiungevano arte mirabile in quella specie d'affari di che i letterati generalmente sentono disgusto. Tra i cinquanta

poeti dei quali Johnson ha scritto le vite, Montague e Prior sono i soli che avessero profonda conoscenza del commercio e delle finanze. Non andò guari, e presero vie l'una dall'altra diverse. La loro giovanile amicizia si sciolse. Uno di loro divenne capo del partito Whig, e fu processato dai Tory. All'altro furono affidati tutti i misteri della diplomazia dei Tory, e fu lungamente tenuto in istretta prigionia dai Whig. Infine, dopo molti anni di vicissitudini, i due colleghi, ch'erano stati lungo tempo divisi, si ricongiunsero nell'Abbadia di Westminster.
XXII. Chiunque abbia attentamente letto il racconto della Cerva e della Pantera, si sarà dovuto accorgere che mentre Dryden lo stava componendo, grande variazione era seguita nei disegni di coloro che si servivano di lui come loro interprete. In sul principio, la Chiesa Anglicana è rammentata con tenerezza e rispetto, e viene esortata a collegarsi co' Cattolici Romani contro le sètte dei Puritani; ma alla fine del componimento, e nella prefazione scritta dopo che quello fu compiuto, i Protestanti Dissenzienti vengono invitati a far causa comune coi Cattolici Romani contro la Chiesa d'Inghilterra.
Sì fatto mutamento di linguaggio nel poeta cortigiano indicava un grande mutamento nella politica della Corte. Il primitivo scopo di Giacomo era stato quello d'ottenere per la propria Chiesa non solo piena immunità da tutte le pene e da tutte le incapacità civili, ma ampia partecipazione ai beneficii ecclesiastici ed universitari, e nel tempo stesso di rinvigorire le leggi contro le sètte puritane. Tutte le dispense speciali da lui concedute, erano state a pro dei Cattolici Romani. Tutte le leggi più dure contro i Presbiteriani, gl'Indipendenti, i Battisti, erano state per qualche tempo da lui mandate severamente ad esecuzione. Mentre Hale comandava un reggimento, mentre Powis sedeva nel Consiglio, mentre Massey era decano, mentre i breviari e i messali stampavansi in Oxford muniti di regia licenza, mentre l'Ostia esponevasi pubblicamente in Londra sotto la protezione delle picche e degli archibugi delle guardie reali, mentre frati e monaci vestiti degli abiti loro passeggiavano per le vie della metropoli, Baxter era sepolto in carcere; Howe era in esilio; le leggi dette Five-Mile-Act, e Conventicle-Act, erano in pieno vigore; gli scrittori puritani erano costretti a ricorrere alle tipografie straniere o clandestine; le congregazioni puritane potevano riunirsi solamente di notte o in luoghi vasti, e i ministri puritani erano forzati a predicare travestiti da carbonai o da marinari. In Iscozia il Re, mentre non trascurava sforzo nessuno ad estorcere dagli Stati pieno alleggiamento pei Cattolici Romani, aveva chiesto ed ottenuto nuovi statuti di severità senza esempio contro i presbiteriani. La sua condotta verso gli esuli Ugonotti aveva con non minore chiarezza rivelato il suo cuore. Abbiamo di sopra veduto, che quando la pubblica munificenza aveva posto nelle mani del Re una grossa somma per alleggiare la sciagura di que' miseri, egli, rompendo ogni legge d'ospitalità e di buona fede, impose loro di rinunziare al culto calvinista, cui essi forte aderivano, ed abbracciare quello della Chiesa Anglicana, innanzi d'ottenere la più piccola parte delle limosine che erano state a lui affidate.
Tale fu la sua politica finchè nutrì la speranza che la Chiesa Anglicana avrebbe consentito a predominare insieme con la Chiesa di Roma. Tanta speranza un tempo fu per lui una certezza. Lo entusiasmo con che i Tory lo avevano salutato nello ascendere ch'egli fece al trono, le elezioni, il rispettoso linguaggio e le ampie concessioni del suo Parlamento, la insurrezione delle Contrade Occidentali spenta, prostrato il partito che aveva tentato di privarlo della corona; queste e simiglianti altre cose lo avevano spinto oltre i confini della ragione. Era sicuro che ogni ostacolo cederebbe innanzi la sua potenza e fermezza. Il Parlamento gli oppose resistenza. Egli adoperò il cipiglio e le minacce; ma a nulla giovarono. Si provò di prorogarlo; ma dal giorno della proroga la opposizione ai suoi disegni era divenuta ognora più forte. Sembrava chiaro che volendo mandare ad effetto il proprio pensiero, gli era mestieri farlo sfidando quel gran partito che aveva dato segnalate prove di fedeltà al suo grado, alla sua famiglia, alla sua persona. Tutto il clero anglicano, tutti i gentiluomini Cavalieri gli stavano contro. Invano egli, per virtù della sua supremazia ecclesiastica, aveva comandato al clero che si astenesse dal discutere i punti controversi. In ogni chiesa parrocchiale del Regno, tutte le domeniche i sacerdoti esortavano i fedeli a guardarsi dagli errori di Roma: esortazioni che erano le sole efficaci, perocchè venivano accompagnate da proteste di riverenza verso il Sovrano, e da giuramenti di sopportare pazientemente ciò che gli sarebbe piaciuto di infliggere. I Cavalieri e scudieri realisti, i quali in quarantacinque anni di guerra e di fazioni avevano con esimio valore difeso il trono, adesso andavano con franche parole dicendo, essere risoluti di difendere con pari valore la Chiesa. Per quanto duro d'intelletto fosse Giacomo, per quanto ei fosse d'indole dispotica, conobbe ch'era tempo di appigliarsi ad altra via. Non poteva a un tratto rischiarsi ad oltraggiare tutti i suoi sudditi protestanti. Se si fosse potuto indurre a fare concessioni al partito predominante in ambe le Camere, a lasciare alla Chiesa Stabilita tutti gli emolumenti, i privilegi, le dignità, avrebbe potuto sturbare le ragunanze dei presbiteriani, ed empire le carceri di predicatori Battisti. Ma se era risoluto di spogliare

la gerarchia, gli era mestieri privarsi della voluttà di perseguire i Dissenzienti. Se doveva da quinci innanzi appiccare lite co' suoi vecchi amici, gli era necessario far tregua coi vecchi nemici. Poteva opprimere la Chiesa Anglicana solo formando contro essa una vasta coalizione, che comprendesse le sètte, le quali, benchè e per dottrine e per ordinamento differissero l'una dall'altra molto più che da quella, potevano, perchè erano egualmente gelose della sua grandezza e ne temevano la intolleranza, essere indotte a far posa alle loro animosità finchè la ponessero in condizione di non poterle più opprimere.
Cosiffatto disegno piacevagli singolarmente per questa ragione. Potendo riuscirgli di riconciliare fra loro i protestanti non-conformisti, gli era dato sperare di porsi al sicuro contro ogni probabilità di ribellione. Secondo i teologi anglicani, nessun suddito per qual si fosse provocazione poteva equamente resistere con la forza all'unto del Signore. La dottrina dei Puritani era ben diversa. Essi non avevano scrupolo a trucidare i tiranni con la spada di Gedeone. Molti di loro non temevano d'usare la daga di Ehud. E forse in quel mentre meditavano un'insurrezione simile a quella delle Contrade Occidentali, una congiura come quella di Rye House. Giacomo quindi pensò di potere senza pericolo perseguitare la Chiesa qualora gli fosse riuscito di amicarsi i Dissenzienti. Il partito, i cui principii non gli offrivano nessuna guarentigia, si sarebbe a lui accostato per interesse. Il partito del quale egli aggrediva gl'interessi, sarebbe stato impedito d'insorgere per principio politico.
Mosso da tali considerazioni, Giacomo, dal tempo in cui si divise di mal umore dal suo Parlamento, cominciò a meditare una lega generale di tutti i non-conformisti, cattolici e protestanti, contro la religione dello Stato. Fino dal Natale del 1685, gli agenti delle Provincie Unite scrivevano al loro Governo, essersi deliberato di concedere, e pubblicare tra breve una tolleranza generale. Si vide col fatto che tale annunzio era prematuro. E' sembra nondimeno, che i separatisti fossero trattati con più mitezza nel 1686, che nell'anno precedente. Ma solo a poco a poco, e dopo lunga tenzone con le proprie inclinazioni, il Re potè indursi a formare colleganza con coloro ch'egli sopra tutti aborriva. Doveva vincere un odio non lieve o capriccioso, non nato e cresciuto pur allora, ma, ereditario nella sua famiglia, rinvigorito da gravissimi torti inflitti e sofferti pel corso di cento venti anni di vicende, e immedesimato a tutti i suoi sentimenti religiosi, politici, domestici e personali. Quattro generazioni di Stuardi avevano mosso guerra mortale a quattro generazioni di Puritani; e per tutta quella lunga guerra non v'era stato nessuno fra gli Stuardi che al pari di lui odiasse i Puritani, e fosse da loro odiato. Eransi provati a disonorarlo, e ad escluderlo dal trono; lo avevano chiamato incendiario, scannatore, avvelenatore; lo avevano cacciato dallo Ammiragliato e dal Consiglio; lo avevano più volte bandito; avevano congiurato ad assassinarlo; gli erano a migliaia insorti contro impugnando le armi. Ei se ne era vendicato con una strage non mai fino allora veduta in Inghilterra. I loro capi e le loro squartate membra stavansi tuttavia fitti sulle pertiche a imputridire in tutte le piazze delle Contee di Somerset e di Dorset. Donne venerande per età e tenute in grande onoranza per religione e carità da' settarii, erano state decapitate e bruciate vive per falli sì lievi, che nessun buon principe avrebbe giudicate meritevoli nè anche d'una severa riprensione. Tali erano state, anco in Inghilterra, le relazioni tra il Re e i Puritani; e in Iscozia, la tirannia del Re e il furore dei Puritani erano tali, che nessuno Inglese gli avrebbe potuti concepire. Porre in oblio una nimistà così lunga e mortale non era lieve impresa per un cuore singolarmente duro e implacabile qual era quello di Giacomo.
La tenzone che travagliava l'animo del Re, non isfuggì all'occhio di Barillon. Alla fine di gennaio 1687, egli spedì a Versailles una lettera notevolissima. Il Re - tale era la sostanza di cotesto documento - era quasi convinto di non potere ottenere piena libertà a pro dei Cattolici Romani, e a un tempo mantenere le leggi contro i Protestanti Dissenzienti. Per la qual cosa, inclinava al partito di concedere una indulgenza generale; ma in cuor suo amerebbe meglio di potere anche adesso dividere la sua protezione e il suo favore tra la Chiesa di Roma e quella d'Inghilterra, escludendone tutte le altre sètte religiose.
XXIII. Pochissimi giorni dopo che fu scritto cotale dispaccio, Giacomo, esitando e di poco buona grazia, fece i primi passi a negoziare coi Puritani. Aveva fatto pensiero di cominciare dalla Scozia, dove la sua potestà di dispensare era stata riconosciuta dagli Stati verso lui ossequenti. Il dì 12 febbraio, quindi, fu pubblicata in Edimburgo una ordinanza ad alleggiare le coscienze scrupolose, la quale prova come fosse esatto il giudicio di Barillon. Fino nello stesso atto di fare concessioni ai Presbiteriani, Giacomo non poteva nascondere il disgusto che sentiva per essi. I Cattolici ebbero piena tolleranza. I Quacqueri ebbero poca ragione di dolersi. Ma la indulgenza concessa ai Presbiteriani, che formavano la maggioranza del popolo scozzese, fu inceppata da condizioni tali, da renderla pressochè inutile. Al vecchio Atto di Prova, il quale escludeva egualmente i Cattolici e i Presbiteriani dagli uffici, fu

sostituito un nuovo Atto di Prova che ammetteva i Cattolici, ma escludeva la maggior parte dei Presbiteriani. Ai Cattolici era lecito edificare cappelle, e anche portare l'Ostia processionalmente in ogni luogo, tranne nelle strade maestre dei borghi reali; ai Quacqueri era lecito di ragunarsi nei pubblici edifici: ma ai Presbiteriani fu inibito di adorare Dio altrove che nelle private abitazioni; non dovevano osare di erigere edifici per ragunarvisi; non potevano servirsi nè anche di una loggia o di un granaio per gli esercizi religiosi; e fu loro distintamente notificato, che ove avessero ardimento di tenere conventicole all'aria aperta, la legge che puniva di morte i predicatori e gli uditori, verrebbe eseguita senza misericordia. Qualunque prete cattolico poteva dir Messa; qualunque Quacquero poteva arringare innanzi ai suoi confratelli: ma il Consiglio Privato ebbe comandamento di impedire che nessun ministro presbiteriano predicasse, senza speciale licenza del Governo. Ogni parola di cotesto Atto e delle lettere onde fu accompagnato, mostra quanto costasse al Re di mitigare minimamente il rigore col quale egli aveva sempre trattato i vecchi nemici della sua famiglia.

XXIV. Veramente, abbiamo ragione di credere, che allorquando egli pubblicò cotesta ordinanza, non era pienamente risoluto di far lega coi Puritani, e che il suo scopo era solo di concedere loro tanto favore che bastasse ad atterrire i credenti della Chiesa Anglicana e indurli a cedere. Onde egli aspettò per un mese a fine di vedere lo effetto che produrrebbe in Inghilterra l'editto promulgato in Edimburgo. Quel mese fu da lui impiegato assiduamente, giusta il consiglio di Petre, in ciò che chiamavasi ingabinettare. Londra era molto affollata di gente. Aspettavasi d'ora in ora la riapertura delle Camere pel disbrigo degli affari, e molti dei membri erano in città. Il Re si pose a indagare l'animo di ciascuno partitamente. Lusingavasi che i Tory zelanti - e di siffatti uomini, tranne pochissimi, era composta la Camera dei Comuni - avrebbero difficoltà a resistere alle calde dimande, fatte loro non in comune, ma separatamente a ciascuno, non dal trono, ma nella familiarità della conversazione. I rappresentanti, perciò, i quali recavansi a Whitehall per rendere riverenza al sovrano, erano tratti in disparte, e ricevevano l'onore di lunghi colloqui. Il Re li pregava, a nome della lealtà loro, a compiacerlo nella sola cosa che gli stesse a cuore. Diceva andarci dell'onor suo; le leggi fatte sotto il suo predecessore da Parlamenti faziosi contro i Cattolici Romani, avere avuto di mira lui solo; tali leggi avergli inflitta una macchia, averlo espulso dall'Ammiragliato e dal Consiglio Privato; avere egli diritto che tutti coloro dai quali era amato e riverito, dovessero cooperare ad abrogare quelle leggi. Come si accôrse che i rappresentanti rimanevano duri alle sue esortazioni, si mise ad intimidirli e a corromperli. A coloro che ricusarono di cedere alle sue voglie, fu a chiare note detto, che non dovevano aspettarsi il più lieve segno della grazia sovrana. Per quanto ei fosse spilorcio, aperse e profuse i suoi tesori. Parecchi di coloro, ch'erano stati invitati a conferire con lui, uscirono dalle regie stanze con le mani piene d'oro dato dal Re stesso.

XXV. I Giudici, che a quel tempo facevano il giro ufficiale di primavera, ebbero ordine di vedere quei rappresentanti che rimanevano in provincia, e investigare i loro intendimenti. Il risultamento di tali investigazioni fu, che la grande maggioranza della Camera dei Comuni era risolutamente decisa ad opporsi alle misure della Corte. Fra coloro la cui fermezza destò universale ammirazione, si rese notevole Arturo Herbert, fratello del Capo Giudice, rappresentante di Dover, Maestro Guardaroba e Contrammiraglio d'Inghilterra. Arturo Herbert era molto amato da' marinai, ed aveva voce d'essere uno dei migliori ufficiali appartenenti al ceto aristocratico. Supponevasi comunemente ch'egli avrebbe di leggeri aderito alle voglie del Re, imperciocchè era non curante della religione, amante di godere e di spendere; non aveva patrimonio; i suoi impieghi gli fruttavano quattromila lire sterline l'anno; ed era da lungo tempo annoverato tra i più fidi partigiani di Giacomo. Non per tanto, allorchè il Contrammiraglio fu condotto alle secrete stanze del suo signore e gli fu richiesta la promessa di votare contro la revoca dell'Atto di Prova, rispose che l'onore e la coscienza non gli consentivano di farlo. «Nessuno dubita dell'onor vostro,» disse il Re «ma un uomo che conduce la vita come voi, non dovrebbe parlare di coscienza.» A questo rimprovero, che usciva con cattiva grazia dalle labbra del drudo di Caterina Sedley, Herbert animosamente rispose: «Io ho i miei difetti, o Sire; ma potrei nominare taluni i quali parlano di coscienza assai più di quel che io ho costume di fare, e intanto menano una vita sciolta come la mia.» Fu destituito da tutti i suoi impieghi; e i suoi conti d'entrata e uscita come Maestro Guardaroba, furono sindacati con grande, e - come egli se ne dolse - ingiusta severità. Oggimai vedevasi chiaramente, che era mestieri abbandonare la speranza d'una lega tra la Chiesa d'Inghilterra e quella di Roma a fine di partire tra esse gli uffici e gli emolumenti. Null'altro rimaneva, che tentare una coalizione tra la Chiesa di Roma e le sètte puritane contro la Chiesa Anglicana.

XXVI. Il diciottesimo giorno di marzo, il Re annunziò al Consiglio Privato il pensiero di prorogare il

Parlamento sino alla fine di novembre, e concedere, di propria autorità, a tutti i suoi sudditi piena libertà di coscienza. Il di quarto d'aprile, fu promulgata la memorabile Dichiarazione d'Indulgenza.
In questa Dichiarazione, il Re significava essere suo desiderio di vedere il suo popolo rientrare in grembo di quella Chiesa alla quale egli apparteneva. Ma poichè ciò non poteva conseguirsi, annunziava ch'era suo intendimento proteggere ciascuno nel pieno esercizio della propria religione. Ripeteva tutte quelle frasi che otto anni innanzi, quando anch'egli pativa oppressione, s'udivano di continuo sulle sue labbra, ma che aveva cessato d'usare fino dal giorno in cui, per un volgere di fortuna, era venuto in condizione di farsi oppressore. Diceva, essere da lungo tempo convinto, che la coscienza non doveva forzarsi; che la persecuzione tornava nociva allo incremento della popolazione e del commercio, e non conduceva mai al fine vagheggiato dal persecutore. Ripeteva la promessa, già più volte fatta e più volte violata, di volere proteggere la Chiesa dello Stato nel godimento dei suoi diritti. Procedeva quindi ad annullare, di propria autorità, una lunga serie di Statuti. Sospendeva tutte le leggi penali contro tutte le classi dei non-conformisti. Autorizzava i Cattolici Romani e i Protestanti Dissenzienti a esercitare pubblicamente il loro culto. Inibiva a' suoi sudditi - pena la collera sovrana - di molestare alcuna religiosa assemblea. Abrogava parimente quegli Atti che imponevano la prova religiosa come requisito ad occupare gli uffici civili e militari.
Che la Dichiarazione d'Indulgenza fosse atto incostituzionale, è cosa, intorno alla quale entrambi i grandi partiti inglesi hanno sempre pienamente concordato. Chiunque sia capace di ragionare sopra una questione politica, deve intendere che un monarca competente ad emanare una simigliante dichiarazione, è niente meno che un monarca assoluto. Nè a difesa di Giacomo possono allegarsi quelle ragioni con le quali molti atti arbitrari degli Stuardi sono stati difesi o scusati. Non può dirsi ch'ei s'ingannasse circa i confini della regia prerogativa, come quelli che non erano esattamente definiti. Imperciocchè è innegabile ch'egli li travarcava, non ostante che gli stesse dinanzi allo sguardo un esempio recente che in quel caso precisamente li stabiliva. Quindici anni innanzi, una Dichiarazione d'Indulgenza era stata promulgata dal suo fratello per consiglio della Cabala. Ove cotesta Dichiarazione si paragoni con quella di Giacomo, potrebbe reputarsi modesta e cauta. La Dichiarazione di Carlo dispensava solo dalle leggi penali. La Dichiarazione di Giacomo dispensava anco da tutti gli Atti di Prova religiosa. La Dichiarazione di Carlo permetteva ai Cattolici Romani di celebrare il loro culto solamente nelle private abitazioni. Per virtù della Dichiarazione di Giacomo, essi potevano erigere e adornare i tempii, ed anche andare processionalmente lungo Fleet Street con croci, immagini e gonfaloni. E non ostante ciò, la Dichiarazione di Carlo era stata nel modo più solenne giudicata illegale. La Camera dei Comuni aveva deliberato, che il Re non aveva potestà di dispensare dagli Statuti nelle materie ecclesiastiche. Carlo aveva ordinato che quell'istrumento venisse cancellato in presenza sua, aveva con le proprie mani strappato il sigillo, e con un messaggio munito della sua firma, e colle proprie labbra dal trono in pieno Parlamento, aveva chiaramente promesso ad ambe le Camere, che quell'Atto, il quale aveva loro recato si grave offesa, non verrebbe mai considerato come esempio. Le Camere a pieni voti, tranne un solo, avevano ringraziato il Re per essersi degnato di compiacere ai desiderii loro. Non v'è questione costituzionale che sia stata decisa con maggiore delicatezza, chiarezza ed unanimità.
I difensori di Giacomo, ad escusarlo, hanno spesso allegato il giudizio della Corte del Banco del Re intorno alla querela collusivamente deposta contro Sir Eduardo Hales: ma tale argomento è di nessun valore; imperocchè quella sentenza, come è a tutti noto, fu ottenuta da Giacomo per mezzo di sollecitazioni e di minacce, cacciando via i magistrati scrupolosi, e sostituendone altri più cortigiani. E nondimeno, quella sentenza, tuttochè dal fôro e dalla nazione venisse generalmente considerata come incostituzionale, giunse solo ad affermare, che il sovrano, per ispeciali ragioni di Stato, può gl'individui nominatamente esentare dagli Statuti portanti incapacità. Ma nessun tribunale, di faccia alla solenne decisione parlamentare del 1673, si era arrischialo ad affermare, che il Re avesse facoltà d'autorizzare con un solo editto tutti i suoi sudditi a disubbidire ad interi volumi di leggi.
XXVII. Tali, nonostante, erano le condizioni dei partiti, che credevasi certo, la Dichiarazione di Giacomo, quantunque fosse il più audace degli attentati fatti dagli Stuardi contro le pubbliche libertà, dover piacere a quegli stessi cittadini, i quali avevano con più coraggio e pertinacia resistito a tutti gli altri attentati degli Stuardi contro le libertà pubbliche. Non era supponibile che il Protestante non-conformista, da' suoi concittadini diviso da dure leggi rigorosamente eseguite, volesse contrastare la validità d'un decreto che lo alleggiava da insopportabili aggravi. Un osservatore pacato e filosofo avrebbe indubitatamente affermato, che nessun male derivante da tutte le leggi intolleranti fatte dai Parlamenti, era da paragonarsi a quello che sarebbe nato, ove il potere legislativo dal Parlamento

fosse passato nelle mani del principe. Ma tanta pacatezza e filosofia non è da trovarsi in coloro che gemono nella sciagura, e ai quali s'offre la tentazione d'essere subitamente liberati. Un teologo puritano non poteva punto negare, che la potestà di dispensare pretesa dalla Corona, era incompatibile co' principii fondamentali della Costituzione. Ma anderebbe forse scusato s'egli avesse detto: Che importa a me della Costituzione? L'Atto d'Uniformità lo aveva, in onta alle promissioni sovrane, privato di un beneficio ch'era sua proprietà, e lo aveva ridotto miserabile e dipendente. L'Atto, chiamato Five-Mile-Act, lo aveva bandito dalla sua abitazione, da' parenti, dagli amici, da quasi tutti i luoghi pubblici. Per vigore del Conventicle-Act, gli erano stati tolti i beni, ed egli era stato seppellito in carcere fra mezzo ai ladroni ed agli assassini. Fuori di prigione si vedeva ai fianchi gli ufficiali della giustizia; era costretto a dar la mancia alle spie perchè non lo denunciassero; passava ignominiosamente travestito, per finestre e bugigattoli onde riunirsi al proprio gregge; e versando l'onda battesimale e amministrando il pane eucaristico, tendeva gli orecchi ansiosamente ascoltando il segno che l'avvertisse come gli uscieri si avvicinavano. Non era egli uno scherno pretendere che un uomo in siffatta guisa oppresso patisse il martirio per gli averi e la libertà dei suoi spogliatori ed oppressori? La Dichiarazione, per quanto potesse sembrare dispotica ai suoi felici vicini, lo liberava da tanti mali. Egli fu chiamato ad eleggere, non tra la libertà e la schiavitù, ma fra due gioghi; ed è naturale ch'egli stimasse il giogo del Re più lieve di quello della Chiesa Anglicana.

XXVIII. Mentre tali pensieri agitavansi in mente ai Dissenzienti, il partito anglicano era compreso di maraviglia e di terrore. Cotesto nuovo rivolgimento delle pubbliche cose era, a dir vero, terribile. La Casa Stuarda in lega co' repubblicani e coi regicidi contro i Cavalieri d'Inghilterra; il papismo in lega co' Puritani contro un ordinamento ecclesiastico, del quale i Puritani non querelavansi, se non che riteneva troppo dei riti papali: erano portenti tali da confondere tutti i calcoli degli uomini di Stato. La Chiesa doveva, adunque, essere aggredita da ogni parte; e capo della aggressione doveva essere colui che, per virtù della costituzione, era capo della Chiesa stessa. Era, quindi, naturale che rimanesse maravigliata e atterrita. E misti alla maraviglia e al terrore, destaronsi altri sinistri umori: risentimento contro lo spergiuro Principe, da essa fino allora affettuosamente servito; e rimorso delle crudeltà, a commettere le quali egli era stato complice della Chiesa, e adesso pareva dovernela punire. Ed era giusta punizione, imperocchè essa raccoglieva ciò che aveva seminato. Dopo la Restaurazione, trovandosi al più alto grado di sua potenza, non aveva ella altro spirito che vendetta. Aveva inanimati, incitati e quasi costretti gli Stuardi a rimunerare con perfida ingratitudine i recenti servigi dei Presbiteriani. Se nella stagione della prosperità ella si fosse interposta, come era suo debito, a pro dei propri nemici, gli avrebbe ora nella sciagura trovati amici. Forse non era troppo tardi; forse poteva anche riuscire di volgere la strategia del suo infido oppressore contro lui stesso. Esisteva fra il Clero Anglicano un partito moderato, il quale era stato sempre animato da miti sentimenti verso i Protestanti Dissenzienti. Cotesto partito non era numeroso; ma s'era reso rispettabile per l'abilità, la dottrina, e la virtù di coloro che lo componevano. Gli alti dignitari ecclesiastici gli erano stati poco favorevoli, e i bacchettoni della scuola di Laud lo avevano senza pietà oltraggiato: ma dal giorno in cui apparve la Dichiarazione d'Indulgenza fino a quando la potenza di Giacomo cessò d'incutere terrore, tutta quanta la Chiesa Anglicana sembrò animata dallo spirito, e guidata dai consigli dei calunniati Latitudinarii.

XXIX. Allora seguì, per così dire, una concorrenza al rincaro più strana d'ogni altra, di cui serbi ricordo la storia. Da una parte il Re, dall'altra la Chiesa, studiavano acquistarsi, ciascuno a danno dell'altro, i favori di coloro ad opprimere i quali, fino a quel tempo, il Re e la Chiesa erano andati d'accordo. I Protestanti Dissenzienti, pochi mesi innanzi, erano una classe spregiata e proscritta; adesso tenevano la bilancia del potere. La durezza usata loro venne universalmente condannata. La Corte si provò di gettare tutta la colpa sopra la gerarchia; la quale la rigettava in viso alla Corte. Il Re dichiarò d'avere a malincuore perseguito i Separatisti, solo perchè i suoi affari erano in tali condizioni, che egli non poteva rischiarsi a spiacere al clero anglicano. Il clero protestava d'avere avuto parte in una severità contraria alle proprie inclinazioni, solo per deferenza all'autorità del Re. Il Re mise insieme una raccolta di storielle concernenti rettori e vicari, i quali con minacce di persecuzione avevano estorto danaro dai Protestanti Dissenzienti. Ne parlò molto e pubblicamente; minacciò d'istituire un'inchiesta, la quale avrebbe mostrato al mondo i parrochi nelle loro genuine sembianze: e di fatto, creò diverse Commissioni, incaricando certi agenti, dei quali credeva potersi fidare, d'indagare quanta pecunia in diversi luoghi del reame gli aderenti alla religione dello Stato avevano estorta da' settari. I difensori della Chiesa, dall'altro canto, citavano esempi di onesti sacerdoti, i quali dalla Corte erano stati ripresi e minacciati per avere dal pulpito inculcata la tolleranza, e ricusato di spiare e denunziare le piccole

congregazioni di Non-Conformisti. Il Re asseriva che parecchi partigiani della Chiesa Anglicana, coi quali aveva conferito in secreto, gli avevano offerte ampie concessioni a favore dei Cattolici, a patto che la persecuzione contro i Puritani avesse a continuare. Gli accusati partigiani della Chiesa animosamente dicevano falsa l'accusa, aggiungendo che ove avessero voluto consentire ciò che il Re domandava, questi avrebbe volentieri conceduto loro che si indennizzassero perseguitando e spogliando i Protestanti Dissenzienti.
La Corte era cangiata d'aspetto. L'abito da prete non poteva mostrarvisi senza provocare gli scherni e i maliziosi bisbigli dei cortigiani. Le dame di Corte, invece, astenevansi di ridere, e i ciamberlani s'inchinavano profondamente quando per la reggia vedevano il viso e il vestire dei Puritani, che da tanto tempo erano stati nei circoli del bel mondo materia di scherno. Taunton, che pel corso di due generazioni era stata il baluardo del partito delle Teste-Rotonde nelle Contrade Occidentali, che aveva due volte respinto le armi di Carlo I, che s'era levata come un solo uomo a favore di Monmouth, e che da Kirke e da Jeffreys era stata trasmutata in macello di carne umana, sembrava avere repentinamente acquistato nel cuore del Re il posto una volta occupato da Oxford. Il Re faceva forza a sè stesso, per mostrarsi lusinghevolmente cortese a' più egregi fra' Dissenzienti. A chi offerse danari, a chi uffici municipali, a chi grazie pei parenti ed amici, i quali, implicati nella congiura di Rye House o nella ribellione di Monmouth, ramingavano nel continente, o sudavano fra le piantagioni americane. Simulò perfino di consentire co' Puritani inglesi nella cortesia che mostravano ai loro confratelli stranieri. Furono pubblicati in Edimburgo un secondo e un terzo proclama, co' quali considerevolmente egli slargava la futile tolleranza concessa ai presbiteriani dallo editto di febbraio. I banditi Ugonotti, che il Re per molti mesi aveva guardati in cagnesco, privandoli della limosina fatta loro dalla nazione, adesso ricevevano alleggiamento e carezze. Il Consiglio emanò un ordine per destare a favor loro la pubblica liberalità. La condizione di conformarsi al culto anglicano, che il Re aveva loro imposta per ottenere parte della limosina, sembra questa volta essere stata tacitamente abrogata; e i difensori della politica del Re ebbero la sfrontatezza di affermare, che quella condizione - la quale, come risulta incontrastabilmente da' fatti, era stata immaginata da lui d'accordo con Barillon - fosse stata adottata ad istanza dei prelati della Chiesa Anglicana.
Mentre il Re in cotesto modo studiavasi di blandire i suoi antichi avversari, gli amici della Chiesa non erano meno di lui operosi. Appena vedevansi i segni di quell'acrimonia e di quel disprezzo con che, dopo la Restaurazione, i prelati e i preti solevano trattare i settarii. Coloro che poco innanzi erano additati come scismatici o fanatici, adesso erano divenuti diletti confratelli protestanti; deboli uomini forse, ma tuttavia confratelli, i cui scrupoli meritavano pietoso compatimento. Ove essi in cotesta crisi si mostrassero sinceri alla causa della Costituzione inglese e della religione riformata, la loro generosità verrebbe tosto e largamente rimunerata. Invece di una indulgenza di nessun valore legale, ne otterrebbero una vera, assicurata con un atto del Parlamento. Anzi, molti aderenti alla Chiesa Anglicana, i quali fino allora s'erano fatti notare per la loro inflessibile venerazione d'ogni gesto e d'ogni parola prescritta nel Libro della Preghiera Comune, dichiaravansi oramai favorevoli, non solo alla tolleranza, ma anche alla comprensione. Dicevano che la disputa intorno al vestire e allo atteggiarsi, aveva per lungo tempo diviso coloro i quali concordavano intorno ai punti essenziali della religione. Finita la lotta mortale contro il comune nemico, vedrebbero come il clero anglicano si mostrerebbe pronto a far loro ogni concessione. Se i Dissenzienti dimandassero allora ciò che è ragionevole, non solo sarebbero loro concessi gli uffici civili, ma gli ecclesiastici; e Baxter e Howe, senza macchia veruna d'onore e di coscienza, potrebbero assidersi fra i vescovi.
XXX. Fra tutti i numerosi scritti co' quali in quel tempo la Corte e la Chiesa ingegnavansi di trarre a sè il Puritano, che oggimai, per uno strano volgere di fortuna, era divenuto arbitro delle sorti dei suoi persecutori, d'un solo è serbata fino ai dì nostri ricordanza; cioè della Lettera a un Dissenziente. In questo articoletto, tratteggiato con gran magistero, tutti gli argomenti atti a convincere un Non-Conformista com'era di suo dovere e interesse il preferire la lega con la Chiesa alla lega con la Corte, sono condensati nel più breve spazio, con lucidissimo ordine disposti, illustrati con spiritosa vivacità, e rinvigoriti con eloquenza, la quale, ancorchè fervida e veemente, non travarca i confini del buon senso e della convenevolezza. La sensazione da esso prodotta fu immensa; imperocchè, essendo un solo foglio volante, ne furono spediti per la posta ventimila e più esemplari; e non vi fu luogo nel Regno, in cui non ne fosse sentito lo effetto. Tosto comparvero alla luce ventiquattro risposte; ma la voce pubblica le disse tutte cattive, e peggiore di tutte quella di Lestrange. Il Governo ne fu fortemente irritato, e fece ogni sforzo a scoprire lo autore della Lettera; ma non fu possibile trovarne prove legali. Ad alcuni parve riconoscervi le opinioni e lo stile di Temple. Ma, a dir vero, quella larghezza e acutezza

di concepimento, quella vivacità di fantasia, quello stile terso ed energico, quella calma dignità, mezzo cortigiana e mezzo filosofica, non perturbata mai dalla estrema concitazione del conflitto, erano qualità appartenenti al solo Halifax. XXXI. I Dissenzienti ondeggiavano; nè vanno di ciò rimproverati, avvegnachè il Re gli alleviasse da' mali che essi soffrivano. Molti insigni pastori erano stati liberati dalla prigionia; altri eransi rischiati a ritornare dallo esilio. Le congregazioni che fino allora s'erano tenute di furto e fra le tenebre, adesso ragunavansi in pieno giorno; cantavano salmi ad alta voce, tanto da farsi udire dai magistrati, da' sagrestani e dagli agenti di polizia. Parecchi modesti edifici per servigio del culto puritano, cominciarono a sorgere in tutta la Inghilterra. Un diligente viaggiatore potrebbe anche oggi notare la data del 1687, in alcuno dei più vecchi di siffatti edifici. Nondimeno, per un giudizioso Dissenziente, le profferte della Chiesa erano più accettabili di quelle fatte dal Re. La Dichiarazione era nulla al cospetto della legge. Sospendeva gli statuti penali contro i Non-Conformisti, solo finchè rimanevano sospesi i principii fondamentali della Costituzione, e l'autorità legittima del corpo legislativo. E che era mai il valore di privilegi posseduti con tanta ignominia e con sì poca sicurezza? Il trono da un giorno all'altro avrebbe potuto divenire vacante, e toccare in sorte ad un Sovrano fedele osservatore della religione dello Stato. Si sarebbe potuto ragunare un Parlamento composto di credenti nella Chiesa Anglicana. Quanto deplorabile sarebbe allora la situazione dei Dissenzienti, collegati co' Gesuiti contro la Costituzione! La Chiesa offriva una indulgenza molto differente da quella concessa da Giacomo, e valida e sacra al pari della Magna Carta. Ambedue i partiti avversi offrivano libertà ai Separatisti: ma l'uno voleva che essi la comperassero col sacrifizio della libertà civile; l'altro gl'invitava a godere della libertà civile e della religiosa.
Per tali ragioni, quando anche si fosse potuto prestar fede alla sincerità della Corte, un Dissenziente avrebbe ragionevolmente dovuto congiungere la propria sorte con quella della Chiesa. Ma qual guarentigia della propria sincerità offriva la Corte? La condotta fino a quel tempo tenuta da Giacomo era nota a ciascuno. Per vero dire, non era impossibile che un persecutore si fosse potuto col ragionamento e con la esperienza convincere dell'utilità della tolleranza. Ma Giacomo non asseriva d'essersi pur allora convinto: all'incontro, non lasciava sfuggire nessuna occasione per protestare come egli da molti anni per principio abborrisse da ogni intolleranza. E nulladimeno, in pochi mesi, aveva perseguitato a morte uomini, donne, giovinette, per la loro religione. Aveva egli agito contro la evidenza e le proprie convinzioni? O adesso mentiva per calcolo? Da questo dilemma non v'era modo a svincolarsi; ed ambedue le supposizioni erano fatali alla pretesa onestà del Re. Era parimente manifesto, ch'egli s'era compiutamente sottoposto ai Gesuiti. Solo pochi giorni innanzi la pubblicazione della Indulgenza, la Società di Gesù era stata da lui onorata, malgrado i ben noti desiderii della Santa Sede, con un nuovo segno di fiducia ed approvazione. Il Padre Mansueto, dell'Ordine dei Francescani, suo confessore, riverito da tutti per la sua indole dolce e per la sua vita irreprensibile, ma da lungo tempo in odio a Tyrconnel e Petre, era stato posto da parte. Il posto vacante era stato dato ad un Inglese, di nome Warner, il quale, apostatando dalla religione del proprio paese, erasi fatto Gesuita. Tale nomina non fu punto gradevole ai Cattolici Romani moderati ed al Nunzio; e da ogni protestante venne considerata come prova dello assoluto predominio dei Gesuiti sull'animo del Re. Siano quante si vogliano le lodi alle quali que' reverendi possano giustamente pretendere, gli stessi adulatori non potrebbero loro attribuire le qualità di largamente liberali o rigorosamente veraci. Che, trattandosi dello interesse dell'ordine, non avessero mai avuto scrupoli a chiamare in loro aiuto la spada dei Principi, o violare il vero e la buona fede, era stato asserito al cospetto del mondo, non solo da' protestanti loro accusatori, ma da uomini altresì della cui virtù e del cui genio gloriavasi la Chiesa di Roma. Era incredibile che un cieco discepolo dei Gesuiti, per principio fosse zelante della libertà di coscienza; ma non era nè incredibile nè improbabile ch'egli si reputasse giustificato, dissimulando i propri veri sentimenti, onde rendere servigio alla propria vera religione. Era certo che il Re in cuor suo gli Anglicani preferiva ai Puritani. Era certo parimente, che mentre aveva speranza di trarre al suo partito i credenti della Chiesa d'Inghilterra, non s'era menomamente mostrato cortese verso i Puritani. Poteva, adunque, dubitarsi, che ove gli Anglicani si fossero anche allora arresi ai suoi desiderii, non avrebbe volentieri sacrificato i Puritani? Per la parola da lui più volte data, ei non s'era astenuto dallo invadere i diritti legittimi di quel clero, il quale aveva date cotante prove di affetto e di fedeltà verso la casa di lui. Di qual sicurtà sarebbe adunque la sua parola alle sètte che da lui divideva la rimembranza di mille imperdonabili ferite fatte e ricevute?
XXXII. Calmato il primo concitamento, prodotto dalla promulgazione della Indulgenza, e' parve che una rottura avesse avuto luogo nel partito puritano. La minoranza, capitanata da pochi faccendieri che difettavano di senno e miravano al proprio interesse, sosteneva il Re. Enrico Care, il quale da gran

tempo era stato il più acre ed indefesso articolista dei Non-Conformisti, e nei giorni della Congiura Papale aveva osteggiato Giacomo con estremo furore in un Giornale settimanale detto Pacco di Notizie da Roma, adesso alzava la voce ad adulare, come l'aveva già alzata a vomitare calunnie ed insulti. Lo agente precipuo adoperato dal Governo a raggirare i Presbiteriani, era Vincenzo Alsop, teologo di qualche riputazione, e come predicatore e come scrittore. Il suo figliuolo, che era incorso nelle pene comminate a' rei di crimenlese, ottenne la grazia; e in tal guisa il padre adoperò tutta la propria influenza a pro della Corte. Con Alsop si congiunse Tommaso Rosewell. Costui, mentre infuriava la persecuzione contro i Dissenzienti dopo la scoperta della Congiura di Rye House, era stato falsamente accusato di avere predicato contro il Governo, era stato processato da Jeffreys, e in onta alla evidenza dei fatti, convinto da' giurati corrotti e dannato a morte. La ingiustizia della sentenza era sì enorme, che gli stessi cortigiani ne vergognarono. Un gentiluomo Tory che era stato presente al processo, corse di subito a Carlo, dichiarando che la testa del suddito più leale in Inghilterra non sarebbe più in sicuro, qualora Rosewell venisse punito. Gli stessi giurati punse il rimorso quando ripensarono sopra ciò che avevano fatto, e sforzaronsi di salvare la vita a quel misero. In fine, egli ottenne perdono, ma a patto di dare una forte cauzione di buona condotta per tutta la vita, e di presentarsi periodicamente al Banco della Corte del Re. Oggimai per volere del Re fu liberato da cotesto carico; e in tal modo divenne partigiano della Corte.
Lo incarico di trarre al partito della Corte gl'indipendenti, venne affidato ad uno dei loro ministri, chiamato Stefano Lobb. Lobb era uomo debole, violento ed ambizioso. S'era spinto tanto oltre nella opposizione, ch'era stato nominatamente proscritto in parecchi editti. Adesso si rappacificò col Governo, e trascese tanto a mostrarsi servile, quanto aveva trasceso a mostrarsi fazioso. Si collegò con la cabala gesuitica, e caldamente suggerì cose, dalle quali abborrivano i più savi ed onesti Cattolici Romani. Fu notato come egli di continuo fosse in palazzo, e spesso nelle secrete stanze del Re; come menasse una vita splendida, alla quale i teologi puritani erano poco assuefatti; e fosse perpetuamente circondato da sollecitatori, imploranti protezione ad ottenere grazie od uffici.
XXXIII. Con Lobb era in grande intimità Guglielmo Penn. Penn non era stato mai uomo di vigoroso intelletto. La vita da lui per due anni menata, gli aveva non poco guasto il senso morale; e se la coscienza mai gli rimordesse, confortavasi pensando di tendere a buono e nobile scopo, e di non ricevere paga in danaro pe' propri servigii.
Per influenza di questi, e d'altri uomini meno cospicui, diverse corporazioni di Dissenzienti presentarono al Re indirizzi in rendimento di grazie. Gli scrittori Tory hanno dirittamente notato, che il linguaggio di cotesti scritti era così disgustevolmente servile, come qualunque altra cosa che possa trovarsi nei più ampollosi elogi che i Vescovi facevano degli Stuardi. Ma, diligentemente esaminando, è agevole accorgersi che tale vergogna pesa sopra pochi del partito puritano. Non v'era città di mercato in Inghilterra, in cui non fosse almeno un nucleo di Separatisti. Non fu trascurato sforzo veruno per indurli a ringraziare il Re della largita Indulgenza. Lettere circolari, con preghiera di firmarle, correvano per ogni angolo del Regno, in tanto numero, che le valigie postali - come scherzevolmente dicevasi - erano troppo gravi per essere trasportate dai cavalli da posta. E nulladimeno, tutti gl'indirizzi che poteronsi ottenere da tutti i Presbiteriani, Indipendenti e Battisti, sparsi per la Inghilterra, non giunsero, in sei mesi, al numero di sessanta; nè v'è ragione a credere che fossero muniti di numerose firme.
XXXIV. La massima parte dei protestanti non-conformisti, con fermezza aderenti alla libertà civile, e non fidenti nelle promesse del Re e dei Gesuiti, immutabilmente ricusarono di rendere grazie per un favore, il quale, come bene poteva auspicarsi, nascondeva una trama. Così pensavano tutti i più illustri capi di quel partito. Uno di essi era Baxter. Secondo che abbiamo osservato, era stato processato tosto dopo l'ascensione di Giacomo al trono; era stato brutalmente insultato da Jeffreys, e convinto da giurati, quali in que' tempi gli Sceriffi cortigiani avevano costume di scegliere. Baxter da circa un anno e mezzo era rimasto in carcere, allorquando la Corte cominciò seriamente a pensare di collegarsi coi non-conformisti. Non solo gli fu data libertà, ma gli venne detto che ove volesse abitare in Londra, poteva farlo, senza temere che la legge chiamata Five-Act-Mile gli fosse applicata. Il Governo forse sperava che la rimembranza dei mali sofferti, e il sentimento del conseguito riposo, avrebbe in lui prodotto il medesimo effetto che destò in Rosewell e Lobb. Vana speranza! perocchè Baxter non era uomo da lasciarsi ingannare o corrompere. Ricusò di firmare qualunque indirizzo per rendere al Sovrano grazie della compartita Indulgenza, e adoperò tutta l'autorità sua a promuovere la concordia tra la Chiesa e i Presbiteriani. Se vi fu uomo da' Protestanti Dissenzienti maggiormente stimato di Baxter, egli era Giovanni Howe. Ad Howe, come a Baxter, tornava personalmente utile il mutamento

nella politica pur allora seguito. La tirannide stessa la quale aveva sepolto Baxter in carcere, aveva cacciato Howe in bando; e tosto dopo che Baxter era stato tratto fuori della prigione del Banco del Re, Howe da Utrecht ritornava in Inghilterra. Aspettavasi a Whitehall, che Howe adoperasse a beneficio della Corte tutta l'autorità ch'egli esercitava sopra i suoi confratelli. Il Re stesso condiscese a chiedere il soccorso del suddito da lui già oppresso. E' sembra che Howe tentennasse; ma gli Hampden, ai quali era vincolato di stretta amistanza, lo mantennero fermamente fedele alla causa della Costituzione. Una ragunanza di ministri presbiteriani fu tenuta in sua casa, onde considerare le condizioni dei tempi, e stabilire il cammino da prendersi. La Corte era ansiosa di conoscerne il risultamento. Due messi regii erano presenti alla discussione, e recarono la trista nuova, che Howe s'era dichiarato decisamente avverso alla potestà di dispensare, e, dopo lunghe dispute, aveva tratto alla propria opinione la maggioranza della assemblea.

XXXV. Ai nomi di Baxter e di Howe è d'uopo aggiungere quello di un uomo loro inferiore e per grado sociale e per istruzione, ma uguale per virtù, e superiore per ingegno; voglio dire Giovanni Bunyan. Aveva esercitato il mestiere di calderaio, e servito come semplice soldato nello esercito parlamentare. Ancora nel fiore degli anni, s'era sentito torturare dal rimorso pei peccati della sua gioventù, il più grave dei quali sembra essere stato di quelli che il mondo reputa veniali. Un vivo sentire e una potente immaginazione rendevano nel cuor suo singolarmente terribile il conflitto. Gli pareva d'essere colpito da una sentenza di riprovazione, d'avere bestemmiato contro lo Spirito Santo, d'avere venduto Cristo, di essere ossesso dal demonio. Ora udiva alte voci dal cielo che lo ammonivano; ora si sentiva dalle furie infernali susurrare agli orecchi empi consigli. Gli apparivano visioni di lontane montagne sopra le cui cime il sole mandava coruschi i suoi raggi; ma dalle quali egli era diviso da un vasto deserto di neve. Sentiva dietro le spalle il demonio tirarlo per gli abiti. Pensava portare impresso sulla fronte il segno di Caino. Temeva d'esser presso a scoppiare al pari di Giuda. La tortura della mente gli rovinò la salute. Un giorno, dibattevasi come uomo colpito da paralisi. Un altro, ei si sentiva ardere in petto un vivo fuoco. Torna difficile lo intendere in che guisa egli potesse sopravvivere a uno strazio sì forte e sì lungo. In fine, squarciaronsi le nubi che gli ottenebravano la mente. Dal fondo della disperazione, il penitente innalzossi a uno stato di calma beata. Adesso sentivasi tratto da irresistibile impulso ad impartire agli altri la beatitudine ch'egli godeva. Si aggregò ai Battisti, e divenne predicatore e scrittore. La sua educazione era stata quella d'un artigiano. Non sapeva altra lingua che la inglese, così come era parlata dal volgo. Non aveva studiato nessuno insigne modello di scrivere, ad eccezione - eccezione, a dir vero, importantissima - della nostra egregia versione della Bibbia. Scriveva con cattiva ortografia. Commetteva di frequente errori grammaticali. Nulladimeno, la innata forza del genio e la esperienza di tutte le passioni religiose, dalla disperazione fino all'estasi, supplivano in lui abbondantemente al difetto della dottrina. La sua rozza eloquenza concitava e faceva stemperare in lacrime coloro che ascoltavano svogliatamente gli elaborati discorsi di grandi filosofi ed ebraisti. I suoi scritti erano grandemente popolari nelle infime classi. Uno di essi, intitolato il Viaggio del Pellegrino, venne, vivente ancora l'autore, tradotto in varie lingue straniere. E non per tanto, era pressochè sconosciuto agli uomini dotti e culti; e da quasi un secolo formava il diletto dei pii abitatori delle capanne e degli artigiani, innanzi che venisse pubblicamente commendato da alcuno letterato eminente. Alla perfine, i critici s'indussero a ricercare dove giacesse il segreto d'una popolarità cotanto ampia e durevole; e furono costretti a confessare, che la ignorante moltitudine aveva giudicato più dirittamente dei dotti, e che lo spregiato libercolo era veramente un capo-lavoro. Bunyan, per certo, è il primo degli scrittori d'Allegorie, come Demostene è il primo degli oratori, e Shakespeare il primo dei poeti drammatici. Altri allegoristi hanno fatto prova di uguale ingegno; ma a nessun altro di loro è mai riuscito di toccare il cuore, e trasmutare in astrazioni oggetti di terrore, di pietà e d'affetto.

Mal potrebbe dirsi che alcun Dissenziente inglese avesse più di Giovanni Bunyan provato il rigore delle leggi penali. Dei ventisette anni corsi dopo la Restaurazione, ne aveva passati dodici in carcere. Persisteva a predicare, ma gli era uopo travestirsi da carrettiere. Spesso veniva introdotto nelle ragunanze per qualche uscio segreto, con la casacca sur una spalla e la frusta in mano. Se avesse pensato alla salvezza ed agli agi suoi, avrebbe plaudito alla pubblicazione della Indulgenza. Adesso, in fine, gli era dato liberamente pregare e predicare di pieno giorno. Il suo uditorio s'andava rapidamente accrescendo; migliaia di cuori pendevano dallo sue labbra; e in Bedford, dove egli d'ordinario stanziava, furono raccolti in abbondanza danari a edificare una sala d'adunanza. L'autorità di lui sul basso popolo era tanta, che il Governo volentieri gli avrebbe dato qualche ufficio municipale: ma il suo vigoroso intendimento e il suo robusto animo inglese resistettero contro ogni tentazione ed

inganno. Vedeva chiaramente come la concessa tolleranza altro non fosse che un amo per trarre alla rovina il partito puritano; nè accettando un ufficio, a conseguire il quale egli non aveva i requisiti legali, voleva riconoscere la validità della potestà di dispensare. Uno degli ultimi atti della gloriosa sua vita fu di ricusare un convegno al quale ei venne invitato da un agente del Governo.
XXXVI. Per quanto grande fosse fra' Battisti l'autorità di Bunyan, quella di Guglielmo Kiffin era anco maggiore. Kiffin era primo tra loro e per ricchezze e per grado. Aveva costume di compartire nelle loro ragunanze i suoi doni spirituali; ma non sosteneva la vita con la predicazione. Conduceva esteso traffico; aveva gran credito nella Borsa di Londra; ed aveva accumulato un gran patrimonio. Forse in quella occasione non v'era uomo che potesse rendere alla Corte maggiori servigi. Ma tra lui e la Corte stava la rimembranza d'un terribile fatto. Egli era l'avo dei due Hewling, que' prestanti giovani, i quali, fra tutte le vittime del Tribunale di Sangue, erano stati i più universalmente compianti. Della trista sorte di uno di loro, Giacomo era in guisa speciale responsabile. Jeffreys aveva differita la esecuzione della sentenza pel minore dei fratelli. La sorella del malarrivato giovane era stata introdotta da Churchill al cospetto di Giacomo, ed aveva implorata mercè; ma il cuore del Re era rimasto duro come un macigno. Grande, a tanta sciagura, era stato il dolore della famiglia; ma Kiffin era colui che destava più compassione. Aveva settanta anni di età allorquando rimase deserto e superstite a coloro che dovevano chiudergli i moribondi lumi. Gli adulatori venali e senza cuore di Whitehall, da sè giudicando gli altri, pensavano che il venerando vecchio si sarebbe agevolmente riconciliato, ove il Re gli gittasse sulle spalle la veste di Aldermanno, e gli desse qualche compensazione pecuniaria pei beni confiscati ai nepoti. Penn ebbe incarico di sedurlo, ma invano. Giacomo volle provare quale effetto produrrebbero le regie blandizie. Kiffin fu chiamato a palazzo. Vi trovò una eletta brigata di nobili e di gentiluomini. Appena egli comparve, il Re gli si fece incontro volgendogli graziose parole, e concluse: «Io ho notato il vostro nome, signore Kiffin, nella lista degli Aldermanni di Londra.» Il vegliardo fisse gli occhi negli occhi del Re, e dando in uno scoppio di pianto, rispose: «Sire, io son logoro affatto: mi sento inetto a servire Vostra Maestà o la Città. Ahi! Sire, la morte delle mie povere creature mi ha trafitto il cuore. La ferita mi sanguina più che mai, e la porterò meco sotterra.» Il Re per un istante ammutolì confuso; poi disse: «Signore Kiffin, troverò io un balsamo a cotesta piaga.» Certamente Giacomo non intendeva dire cosa crudele o insolente; all'opposto e' sembra che fosse, contro l'usato, di modi dolci e cortesi. Nondimeno, la storia non rammenta parole uscitegli dal labbro, che, al pari delle poche riferite, porgano più sinistra idea del suo carattere. Sono parole d'un uomo di cuor duro e di mente abietta, inetto a concepire che v'hanno dolori, a mitigare i quali non valgono nè pensioni nè onorificenze d'uffici.
La parte dei Dissidenti favorevoli alla nuova politica del Re, se in prima era poco numerosa, tosto cominciò a scemare; imperciocchè i Non-Conformisti non guari dopo s'accôrsero che la Indulgenza aveva ristretto più presto che esteso i loro privilegi spirituali. La precipua caratteristica del Puritano era lo abborrimento dei riti della Chiesa di Roma. Egli aveva abbandonata la Chiesa Anglicana, perocchè stimava ch'essa somigliasse molto alla sua superba e voluttuosa sorella, la maliarda dalla coppa d'oro e dal manto di porpora. Adesso vedeva che una delle condizioni implicite di quella colleganza, da parecchi dei suoi pastori fatta con la Corte, era che la religione della Corte dovesse essere trattata con rispetto e dolcezza. Sentì quindi amaro desio dei giorni della persecuzione. Mentre erano in vigore le leggi penali, egli aveva ascoltata la parola di vita furtivamente e con suo pericolo: ma tuttavia l'aveva ascoltata. Quando i confratelli ragunavansi nella più secreta stanza, quando le scolte erano ai posti loro, le porte ben chiuse, e il predicatore, travestito da macellaio o da vetturino, s'era introdotto su pe' tetti, allora almeno poteva adorare Dio secondo il vero culto. La verità divina non era minimamente taciuta o timidamente espressa per umani riguardi. Tutte le dottrine distintive della teologia puritana erano pienamente, e perfino con modi rozzi, significate. Alla Chiesa di Roma non usavasi punto indulgenza. La Bestia, lo Anticristo, l'Uomo del Peccato, la mistica Jezabelle, la mistica Babilonia, erano le frasi ordinariamente adoperate a descrivere quella augusta e incantevole superstizione. In siffatto modo avevano favellato un tempo Alsop, Lobb, Rosewell ed altri ministri, i quali erano stati poco innanzi accolti nella reggia; ma così più non favellavano. Teologi che avevano in animo di conseguire la grazia e la fiducia del Re, non potevano rischiarsi a parlare aspramente della religione del Re. Le congregazioni per ciò altamente dolevansi, che dopo promulgata la Dichiarazione che pretendeva dar loro piena libertà di coscienza, non avevano mai più udito predicare fedelmente e con franchezza il Vangelo. Per lo innanzi erano stati costretti a procacciarsi di furto il cibo spirituale; ma avutolo, lo trovavano condito a seconda del gusto loro. Adesso potevano liberamente cibarsi; ma quel cibo aveva perduto tutto il suo sapore. Adunavansi di giorno e dentro comodi edifici; ma udivano

discorsi meno soddisfacenti di quelli che avrebbero udito da' rettori anglicani. Nella chiesa parrocchiale il culto e la idolatria di Roma venivano ogni domenica energicamente riprovati; ma nella sala dell'adunanza, il pastore che pochi mesi prima aveva vituperato il clero anglicano quasi al pari dei papisti, adesso con gran cura astenevasi dal biasimare il papismo, o esprimeva quel biasimo con parole sì delicate, da non offendere nè anche le orecchie di Padre Petre. Nè era possibile addurre ragione plausibile a giustificare siffatto mutamento. Le dottrine cattoliche romane non avevano patita la minima variazione. A memoria d'uomo vivente, i preti cattolici romani non erano stati mai cotanto operosi a fare proseliti; non erano mai usciti da' torchi tanti scritti cattolici romani; tutti coloro, ai quali importavano le cose di religione, non avevano mai con tanto calore atteso al conflitto tra i Cattolici Romani e i Presbiteriani. Che poteva pensarsi della sincerità di teologi i quali non s'erano mai stanchi di irridere al papismo, quando esso era comparativamente innocuo e privo di soccorso, e che adesso, giunto il tempo di vero pericolo per la fede riformata, schivavano studiosamente di profferire una sola parola offensiva contro un Gesuita? La loro condotta di leggeri spiegavasi. Era noto che parecchi di loro avevano ottenuto il perdono. Sospettavasi che altri avessero ricevuto danari. Il loro modello poteva trovarsi in quel debole apostolo, il quale, vinto dalla paura, rinnegò il Maestro, cui aveva pur dianzi giurato immutabile affetto; e in quell'altro apostolo più vigliacco, che vendè il proprio Signore per un pugno di monete. In cotal modo i ministri Dissenzienti i quali s'erano dati alla Corte, andavano rapidamente perdendo l'autorità da essi un dì esercitata sopra i loro confratelli. Dall'altra banda, i settari sentivansi tratti da un forte sentimento religioso verso que' prelati e preti della Chiesa Anglicana, i quali, in onta a' comandamenti, alle minacce, alle promesse del Re, facevano ostinata guerra alla Chiesa di Roma. Gli Anglicani e i Puritani, sì lungamente divisi da nimistà mortale, si venivano sempre più ravvicinando, ed ogni passo che facevano verso l'unione, accresceva la influenza di colui che era capo d'entrambi. Guglielmo, per ogni rispetto, era l'uomo adatto a fare la parte di mediatore tra questi due grandi partiti della nazione inglese. Non poteva dirsi aderente nè all'uno nè all'altro. Nondimeno, nessuno di quelli, non traviando dalla ragione, poteva non considerarlo come amico. Il suo sistema teologico concordava con quello dei Puritani. Nel tempo stesso, ei reputava lo episcopato, non quale istituzione divina, ma qual forma veramente legale ed utile di Governo ecclesiastico. Le questioni di gesti, di vestimenti, di feste, di liturgie, egli considerava come di nessuna importanza. Avrebbe meglio gradito un culto più semplice, e simile a quello al quale fin da fanciullo egli era assuefatto. Ma era apparecchiato ad uniformarsi a qualunque rituale fosse stato accetto alla nazione; e solo insisteva che altri non pretendesse dovere egli perseguitare i suoi confratelli protestanti a' quali la coscienza non consentiva di seguire lo esempio di lui. Due anni innanzi, i numerosi bacchettoni di ambe le sètte lo avrebbero giudicato un pretto Laodiceo, nè caldo nè freddo, e solo degno d'essere respinto. Ma lo zelo che aveva già infiammato gli Anglicani contro i Dissenzienti, e i Dissenzienti contro gli Anglicani, s'era talmente mitigato nella avversità e nel pericolo comuni, che la tiepidezza, un tempo attribuita a Guglielmo come un delitto, oggimai veniva annoverata fra le precipue virtù sue.

XXXVII. Tutti erano ansiosi di sapere ciò che egli pensasse intorno alla Dichiarazione d'Indulgenza. Per qualche tempo, in Whitehall speravasi che, pel suo ben noto rispetto verso i diritti della coscienza, egli si sarebbe almeno astenuto dal disapprovare pubblicamente una politica che aveva una speciosa apparenza di liberalità. Penn spedì in gran copia disquisizioni all'Aja, e perfino ci andò da sè, sperando nessuno resisterebbe alla sua eloquenza, della quale egli aveva alto concetto. Ma, comunque arringasse intorno al subietto con una facondia tale da stancare i suoi uditori, e comecchè assicurasse d'essergli stato rivelato da un uomo al quale era concesso di conversare con gli angioli, lo approssimarsi di una età d'oro per la libertà religiosa, non fece la menoma impressione sopra l'animo del principe. «Voi mi chiedete» disse Guglielmo ad uno degli agenti del Re «di secondare una guerra contro la mia propria religione. Io non posso con sicurtà di coscienza farlo, e nol farò, no, nè anche per la Corona d'Inghilterra, nè per lo impero del mondo.» Tali parole vennero ridette al Re, e grandemente lo perturbarono. Scrisse di propria mano urgentissime lettere. Talvolta usò il tono d'un uomo offeso. Egli era il capo della famiglia reale, e come tale aveva diritto d'esigere obbedienza da' membri di quella; e gli tornava duro vedersi avversato nella cosa che gli stava più a cuore. Altra volta, adoperando una seduzione, alla quale credevano Guglielmo non potere resistere, gli fu fatto sapere, che ove egli cedesse in cotesto solo punto, il Governo inglese in ricompensa lo avrebbe con tutte le sue forze aiutato nella lotta contro la Francia. Ma non era uomo da lasciarsi cogliere alla rete. Bene sapeva che Giacomo, senza il concorso del Parlamento, non avrebbe in guisa alcuna potuto rendere efficaci servigi alla causa comune a tutta l'Europa; e non era dubbio, che ove venisse ragunato il

Parlamento, ambedue le Camere avrebbero, prima d'ogni altra cosa, chiesta l'abrogazione della Indulgenza.
La Principessa assenti a tutto ciò che le fu detto dal marito. I loro concordi pareri, espressi con parole ferme, ma temperate, furono comunicati al Re. Dichiaravano, profondamente rincrescere loro il cammino nel quale la Maestà Sua erasi messa: esser convinti, aver egli usurpata una prerogativa che per legge non gli apparteneva: contro siffatta usurpazione protestare, non solo come amici alla libertà civile, ma come membri della regale famiglia, i quali avevano grande interesse a mantenere i diritti di quella Corona che un giorno essi avrebbero forse portato; imperocchè erasi per esperienza veduto, come in Inghilterra il governo dispotico non potesse mancare di far nascere una reazione più perniciosa dello stesso dispotismo; e poteva ragionevolmente temersi, che la nazione impaurita ed esacerbata dalla minaccia della tirannide, potrebbe prendere a schifo anco la monarchia costituzionale. E però consigliavano il Re di governare il paese secondo lo leggi. Ammettevano, la legge potersi variare in meglio dalla autorità competente, e alcuni articoli della Dichiarazione meritare d'essere formulati in un Atto di Parlamento. Aggiungevano, ch'essi non erano persecutori, e avrebbero quindi con satisfazione veduto i Protestanti Dissenzienti alleggiati, ma con modo convenevole, da tutti gli statuti penali: avrebbero, con pari satisfazione, veduto ammetterli, ma con modo egualmente convenevole, agli uffici civili. Quivi era d'uopo alle Altezze Loro fermarsi; imperciocchè non potevano non temere grandemente, che se i Cattolici Romani venissero dichiarati capaci ad occupare impieghi di pubblica fiducia, gravissimi mali ne nascerebbero; e lasciavano senza ambiguità intendere, che tali timori originavano precipuamente dalla condotta di Giacomo.
XXXVIII. La opinione manifestata dal Principe e dalla Principessa intorno alle incapacità che gravavano i Cattolici Romani, era quella di quasi tutti gli uomini di Stato e i filosofi che allora erano zelanti della libertà politica e religiosa. Nella età nostra, all'incontro, gli uomini illuminati hanno soventi volte con rincrescimento asserito, che in cotesto subietto Guglielmo sembra minore, ove si agguagli al suo suocero. Vero è che alcune considerazioni necessarie a rettamente giudicare, sono sfuggite alla mente di molti scrittori del secolo decimonono. Vi sono due opposti errori, in cui coloro che studiano gli annali della patria nostra, continuamente pericolano di cadere: lo errore di giudicare il presente per mezzo del passato; e lo errore di giudicare il passato per mezzo del presente. Il primo appartiene alle menti inchinevoli a venerare ciò che è vecchio: il secondo alle menti corrive ad ammirare ciò che è nuovo. L'uno può sempre osservarsi nei ragionamenti dei politici conservatori intorno alle questioni dei loro tempi; l'altro, nelle speculazioni degli scrittori della scuola liberale sempre che discutono intorno ai fatti d'un età trascorsa. Quello è più pernicioso in un uomo di Stato; questo in uno storico.
Non è agevole a chi, nei tempi nostri, imprende a trattare della rivoluzione che detronizzò gli Stuardi, tenersi fermamente per lo diritto mezzo fra cotesti due estremi. La questione se i membri della Chiesa Cattolica Romana potevano senza pericolo ammettersi al Parlamento e agli uffici, perturbò la patria nostra, regnante Giacomo II; quietò alla caduta di lui; e dopo d'essere rimasta sopita per più d'un secolo, fu ridestata da quel grande concitamento dello spirito umano, dopo il ragunarsi della Assemblea Nazionale in Francia. Pel corso di trenta anni, la contesa progredì in ambedue le Camere del Parlamento, in ogni collegio elettorale, in ogni cerchio sociale. Distrusse ministeri, sgominò partiti; in una parte dello Impero rese impossibile ogni specie di Governo; e in fine ci condusse all'orlo d'una guerra civile. Anche terminata la lotta, le passioni che ne erano nate, continuarono ad infuriare. Era pressochè impossibile a chiunque avesse la mente dominata da cotali passioni, il vedere nella loro vera luce gli eventi degli anni 1687 e 1688.
Parecchi uomini politici, muovendo da questa retta sentenza, che la Rivoluzione è stata un gran bene alla patria nostra, giunsero alla falsa conclusione, che non si poteva senza pericolo abolire nessuno Atto di Prova, cui gli uomini di Stato della Rivoluzione avevano creduto necessario d'imporre, a fine di proteggere la religione e la libertà nostra. Altri, muovendo dalla retta sentenza, che le incapacità imposte ai Cattolici Romani non avevano prodotto altro che danno, giunsero alla falsa conclusione, che in nessun tempo le predette incapacità furono mai necessarie. Il primo errore serpeva per entro alle orazioni dell'acuto e dotto Eldon; il secondo influì anche sopra un intelletto grave e filosofico, qual era quello di Mackintosh.
Nonostante, esaminando bene la cosa, si vedrà forse che noi possiamo difendere la condotta che era unanimemente approvata da tutti gli statisti inglesi del secolo decimosettimo, senza porre in questione la saviezza della condotta unanimemente approvata da tutti gl'inglesi statisti del tempo nostro.
Senza dubbio, egli è un male che alcun cittadino sia escluso dagli uffici civili a cagione delle sue

opinioni religiose; ma talvolta alla umana saggezza altro non rimane che lo scegliere fra diversi mali. Può una nazione trovarsi in tale situazione, che la maggioranza debba o imporre incapacità o sottoporvisi; e ciò che in condizioni ordinarie può giustamente biasimarsi come persecuzione, possa essere considerato come retto mezzo di difesa: e siffatta, nell'anno 1687, era la situazione dell'Inghilterra.
Secondo la Costituzione del Regno, Giacomo aveva potestà di nominare quasi tutti i pubblici ufficiali; politici, giudiciali, ecclesiastici, militari e marittimi. Nello esercizio di tale potestà egli non era, al pari dei Sovrani dei giorni nostri, costretto ad agire secondo il consiglio dei ministri approvati dalla Camera dei Comuni. Era quindi evidente, che, a meno ch'egli non fosse strettamente obbligato per legge a non concedere uffici ad altri che ai Protestanti, starebbe in lui di non concederli ad altri che ai Cattolici Romani. I Cattolici Romani erano pochi di numero, e fra loro non v'era un solo uomo dei cui servigi la cosa pubblica non potesse fare a meno. La proporzione in che essi stavano verso la popolazione dell'Inghilterra, era assai minore di quel che sia nei giorni nostri. Imperciocchè, adesso, dalla Irlanda l'onda della emigrazione di continuo si versa sulle nostre grandi città; ma nel secolo decimosettimo non era in Londra nè anche una colonia irlandese. Quarantanove cinquantesimi degli abitanti del reame, quarantanove cinquantesimi dei possidenti del reame, pressochè tutti gli uomini abili, esperti e dotti nella politica, nella giurisprudenza, nell'arte militare, erano Protestanti. Nondimeno, il Re, stranamente acciecato, s'era fitto in capo di servirsi della sua potestà di conferire gl'impieghi, come di un mezzo a fare proseliti. Appartenere alla Chiesa di lui, era agli occhi suoi il primo di tutti i requisiti ad ottenere un ufficio. Appartenere alla Chiesa dello Stato, era una positiva incapacità. Biasimava, egli è vero, con parole, cui hanno fatto plauso alcuni creduli amici della libertà religiosa, la mostruosa ingiustizia di quell'Atto di Prova, che escludeva una piccola minoranza della nazione da' pubblici impieghi; ma nel tempo stesso studiavasi d'imporre un Atto di Prova che escludesse la maggioranza. Gli pareva ingiusto che un uomo il quale fosse buon finanziere e suddito leale, dovesse essere escluso dall'ufficio di Lord Tesoriere solamente perchè era papista. Ma egli stesso aveva cacciato via un Lord Tesoriere, da lui tenuto per buon finanziere e leale suddito, solamente perchè era Protestante. Aveva più volte e chiaramente detto, che non avrebbe mai posto il bianco bastone nelle mani d'un eretico. Quanto agli altri grandi uffici dello Stato, aveva tenuto la medesima condotta. Già il Lord Presidente, il Lord del Sigillo Privato, il Lord Ciamberlano, il Lord detto Groom of the Stole, il primo Lord del Tesoro, un Segretario di Stato, il Lord Alto Commissario di Scozia, il Cancelliere e il Segretario di Scozia, erano, o facevano mostra d'essere, Cattolici Romani. Molti di costoro nati nella Chiesa Anglicana, s'erano resi colpevoli d'apostasia pubblica o segreta, onde ottenere i loro alti uffici, o mantenervisi. Tutti i Protestanti che seguitavano a rimanere in alcuni impieghi d'importanza, di continuo temevano d'essere destituiti. Non finirei mai se volessi notare gli altri impieghi occupati dai Cattolici Romani, i quali già brulicavano in ogni dipartimento del pubblico servizio. Essi erano Lord Luogotenenti, Deputati Luogotenenti, Magistrati, Giudici di Pace, Commissari delle Dogane, Legati presso le Corti straniere, Colonnelli di Reggimento, Governatori di fortezze. La proporzione degli emolumenti che la Corona aveva potestà di concedere e che i Cattolici avevano in pochi mesi ottenuti, era dieci volte maggiore di quel che sarebbe stata sotto un governo imparziale. E v'era anche peggio. Ad essi fu data potestà di governare la Chiesa Anglicana. Uomini che avevano assicurato al Re di professare la religione di lui, sedevano nell'Alta Commissione, ed esercitavano giurisdizione suprema nelle cose spirituali sopra tutti i prelati e i preti della Religione dello Stato. Beneficii ecclesiastici di grande dignità erano stati impartiti ad uomini che o professavano apertamente il papismo, o lo professavano di furto. E tutto ciò compivasi mentre le leggi contro il papismo non erano per anche abrogate, e mentre Giacomo aveva non poco interesse a simulare rispetto ai diritti della coscienza. Quale, dunque, sarebbe verosimilmente stata la sua condotta, se i suoi sudditi avessero consentito con un Atto legislativo a liberarlo anco dall'ombra della restrizione? È egli possibile dubitare, che facendo uso strettamente legale della prerogativa, i Protestanti sarebbero stati esclusi dagli uffici, come lo fossero mai stati i Cattolici Romani per virtù d'Atto Parlamentare?
Con quanta ostinazione Giacomo fosse deliberato a compartire ai suoi correligionari gli emolumenti dello Stato fuori d'ogni proporzione col numero e con l'importanza loro, si raccoglie dalle istruzioni ch'egli, esule e vecchio, scrisse per ammaestramento di suo figlio. Non è possibile senza un sentimento di pietà e di scherno leggere quelle espansioni d'una mente alla quale tutti gli ammonimenti della esperienza e dell'avversità erano tornati vani. Ivi il Pretendente è avvertito, ove ascendesse mai sul trono d'Inghilterra, a partire gli uffici, e conferirne ai membri della Chiesa di Roma tanta parte, quanta sarebbe loro bastata se invece d'essere la cinquantesima parte della nazione, ne

fossero stati la metà. Un Segretario di Stato, un Commissario del Tesoro, un Segretario di Guerra, il maggior numero dei grandi dignitari della Casa Reale, il maggior numero degli ufficiali dell'esercito, debbono sempre essere Cattolici. Tali erano gl'intendimenti di Giacomo dopo che la sua perversa bacchettoneria gli aveva chiamato sul capo una punizione la quale aveva spaventato il mondo intero. È egli, quindi, possibile dubitare quale sarebbe stata la sua condotta se il suo popolo, tratto in inganno dal vuoto nome di libertà religiosa, lo avesse lasciato senza freno procedere per la sua via? E' sembra che anco Penn, per quanto intemperante e dissennato fosse il suo zelo per la dichiarazione, sentisse come la parzialità onde gli onori e gli emolumenti erano prodigati ai Cattolici Romani, poteva ragionevolmente destare gelosia nella nazione. Ei confessava, che, abrogando l'Atto di Prova, i Protestanti avrebbero diritto ad un compenso, o, come egli diceva, equivalente; e giunse fino a indicare varie specie di compensi. Per parecchi giorni la parola equivalente, dalla Francia pur allora passata in Inghilterra, s'udiva sulle labbra di tutti gli oratori delle botteghe di caffè: se non che poche pagine, condite di acuta logica e delicato sarcasmo, scritte da Halifax, posero fine a que' futili disegni. Una delle proposte di Penn era di fare una legge la quale dividesse in tre parti uguali gl'impieghi che la Corona aveva potestà di concedere, e desse una di queste tre parti ai membri della Chiesa di Roma. Ed anche con siffatto ordinamento, i membri della Chiesa di Roma avrebbero ottenuto gli uffici in proporzione quasi venti volte maggiore di quel che sarebbe stato giusto; e nondimeno, non abbiamo ragione a credere che il Re volesse consentire a cotale ordinamento. Ma ove avesse consentito, quale guarentigia avrebbe egli offerto di mantenere il patto? Il dilemma proposto da Halifax non ammetteva risposta. Se le leggi vi legano, osservate quella che esiste; se non vi legano, è inutile farne una nuova.
È chiaro, adunque, che la questione non era di vedere se gli uffici secolari dovessero essere accessibili agl'individui di tutte le sètte. Finchè Giacomo rimaneva sul trono, era inevitabile la esclusione; e si trattava di sapere quali dovevano rimanere esclusi, i Papisti o i Protestanti, i pochi o i molti, centomila inglesi o cinque milioni.
Cotali sono i gravi argomenti pei quali la condotta del Principe d'Orange verso i Cattolici Romani d'Inghilterra si può conciliare co' principii della libertà religiosa. Questi argomenti, come potrebbe notarsi, non hanno relazione alcuna con la teologia cattolica romana. Potrebbe anche notarsi, che essi tornarono vani dopo che la Corona si fu rafferma in una dinastia di sovrani protestanti, e dopo che la Camera dei Comuni nello Stato ebbe acquistata tanta preponderanza, che nessun sovrano, siano qualunque si vogliano supporre le sue opinioni o le sue tendenze, avrebbe potuto imitare lo esempio di Giacomo. La nazione, non per tanto, dopo i terrori, le lotte, i pericoli suoi, rimase piena d'umori sospettosi e vendicativi. E però que' mezzi di difesa, un tempo dalla necessità giustificati, e dalla sola necessità giustificabili, furono ostinatamente adoperati anco dopo che non furono più necessari, e non furono messi da banda finchè il volgare pregiudizio mantenne un conflitto di molti anni contro la nazione. Ma nei tempi di Giacomo la nazione e il pregiudizio volgare stavano insieme congiunti. I fanatici ed ignoranti volevano escludere dagli uffici il Cattolico Romano perchè adorava gl'idoli di legno e di pietra; perchè era segnato del segno della bestia, aveva arsa Londra, strangolato sir Edmondsbury Godfrey; e il più savio e tollerante politico, mentre sorrideva agl'inganni che traviavano la plebe, riusciva, per diverso cammino, alla stessa conclusione.
Il gran pensiero di Guglielmo oramai era quello di congiungere in un solo corpo le numerose parti del popolo, le quali lo consideravano come loro capo comune. A compire cotesta opera fu aiutato da alcuni abili e fidi uomini, fra' quali gli furono di singolare utilità Burnet e Dykvelt.
XXXIX. Quanto a Burnet, a dir vero, era mestieri servirsene con qualche cautela. La cortesia onde egli era stato accolto all'Aja, aveva destata la rabbia di Giacomo. Il quale scrisse a Maria varie lettere piene d'invettive contro lo insolente e sedizioso teologo da lei protetto. Ma cosiffatte accuse fecero in lei sì poco effetto, che scrisse al padre lettere di risposta dettate dallo stesso Burnet. In fine, nel gennaio del 1687, il Re ricorse a più vigorosi mezzi. Skelton, che aveva rappresentato il governo inglese appo le Provincie Unite, era stato inviato a Parigi, e gli era stato sostituito Albeville, il più debole e vile di tutti i componenti la cabala gesuitica. Albeville non curavasi d'altro che del danaro, e lo prendeva da tutti coloro che gliel'offrissero. Era pagato a un tempo dalla Francia e dall'Olanda; anzi abbassavasi fino al di sotto della miserabile dignità della corruzione, ed accettava mance sì frivole, ch'erano degne più presto d'un facchino o d'un servitore che d'un inviato, baronetto inglese e insignito di un marchesato in paese straniero. Una volta accettò con molta compiacenza una gratificazione di cinquanta zecchini in prezzo d'un servigio da lui reso agli Stati Generali. Costui ebbe incarico di chiedere che Burnet non fosse più oltre tollerato all'Aja. Guglielmo che non voleva perdere un amico sì utile, rispose tosto con la sua solita freddezza: «Io non so, o Signore, che il Dottore da che è stato qui, abbia fatto o detto

cosa, di cui sua Maestà possa muovere giusto lamento.» Ma Giacomo instette; il tempo d'una aperta rottura non era per anche arrivato; e fu mestieri cedere. Per diciotto e più mesi Burnet non comparve mai dinanzi al Principe o alla Principessa: ma abitava loro da presso; sapeva ogni cosa che seguisse; veniva continuamente richiesto di consiglio; la sua penna era adoperata in tutte le più importanti occorrenze; e molti dei più pungenti ed efficaci articoli, che intorno a quel tempo pubblicavansi in Londra, venivano dirittamente a lui attribuiti.

Oltre misura s'accrebbe la rabbia di Giacomo, il quale era sempre stato non poco inchinevole all'ira. Per nessuno dei suoi nemici, nè anche per coloro che lo avevano con lo spergiuro incolpato di tradimento e d'assassinio, aveva egli mai sentito lo sdegno onde adesso era acceso contro Burnet. Sua Maestà quotidianamente vituperava il Dottore con parole indegne d'un Re, e meditava vendicarsene con modo proditorio. Il solo sangue non sarebbe bastato a sbramare quell'odio frenetico. Lo insolente teologo, innanzi che gli fosse concessa la morte, doveva patire i tormenti della tortura. Fortunatamente egli era scozzese; e in Iscozia, avanti che fosse appeso alle forche nel Grassmarket, potevano dirompergli le gambe con lo stivaletto. Per la qual cosa venne contro lui istituito un processo in Edimburgo: ma s'era naturalizzato in Olanda; aveva sposata una olandese; e sapevasi certo che il governo della sua patria adottiva non lo avrebbe consegnato. Fu quindi deliberato di coglierlo alla rete e rapirlo. Con grossa somma di pecunia si presero a soldo alcuni facinorosi uomini per compire la perigliosa ed infame opera. Un ordine di sborsare tre mila lire sterline a cotesto uso fu scritto per esser firmato nell'ufficio del Segretario di stato. A Luigi fu palesato il disegno, e vi prese un caldo interesse. Diceva di volere fare ogni sforzo perchè lo scellerato fosse dato nelle mani del Governo inglese, promettendo ad un tempo asilo sicuro in Francia ai ministri della vendetta di Giacomo. Burnet bene sapeva d'essere in grave pericolo; ma la timidità non andava annoverata fra' suoi difetti. Stampò una coraggiosa risposta alle colpe che gli erano state apposte da' tribunali di Edimburgo. Diceva saper bene che lo volevano ammazzare senza processo; ma affidarsi nel Re dei Re, al cospetto del quale il sangue innocente non grida invano vendetta anco contro i possenti principi della terra. Invitò a desinare alcuni amici suoi, e in sulla fine disse loro in solenne contegno l'ultimo addio, come uomo dannato a morire, col quale non era quinci innanzi per loro sicuro il conversare. Non pertanto seguitò a mostrarsi in tutti i luoghi pubblici dell'Aja con tanta audacia da muovere gli amici suoi a rimproverarlo di insana temerità.

XL. Mentre Burnet era segretario di Guglielmo per gli affari inglesi in Olanda, Dykvelt non era stato meno utilmente mandato in Inghilterra. Dykvelt apparteneva a quella insigne classe d'uomini pubblici, i quali avendo imparato la politica nella nobile scuola di Giovanni De Witt, dopo la caduta di quel gran ministro, pensavano di adempiere meglio al debito loro verso la repubblica collegandosi col Principe di Orange. Fra tutti i diplomatici a' servigi delle Provincie Unite nessuno per destrezza, indole e modi, era superiore a Dykvelt. Nella conoscenza degli affari inglesi, a quanto sembra, nessuno l'uguagliava. Trovato un pretesto, egli in sul principio del 1687 fu spedito in Inghilterra per una commissione speciale, munito di lettere di credenza dagli Stati Generali. Ma in verità egli non andava ambasciatore al Governo, bensì alla opposizione; e intorno al modo di condursi ricevè istruzioni peculiari scritte da Burnet ed approvate da Guglielmo.

XLI. Dykvelt scrisse come Giacomo fosse amaramente mortificato della condotta del Principe e della Principessa. «Il dovere del mio nepote» disse il Re «è quello di rinvigorire il mio braccio, ed invece gli è piaciuto di contrariarmi sempre.» Dykvelt rispose che nelle faccende private Sua Altezza aveva mostrato ed era pronto a mostrare la più grande deferenza ai voleri del Re; ma non era ragionevole pretendere ch'egli, principe protestante, cooperasse con altri a' danni della religione protestante. Il Re si tacque, ma non calmossi. Vedeva, con tanto cattivo umore da non poterlo nascondere, Dykvelt ordinare e disciplinare le varie frazioni della opposizione, con una maestria, che sarebbe stata argomento di lode in uno statista inglese, e che era maravigliosa in uno straniero. Al clero diceva che avrebbe nel principe d'Orange trovato un amico allo episcopato e al Libro della Preghiera Comune. Incoraggiava i Non-Conformisti ad aspettarsi da lui, non solo tolleranza, ma comprensione ovvero assimilazione alla Chiesa dello Stato. Seppe conciliarsi perfino i Cattolici Romani; ed alcuni dei più rispettabili fra loro dichiararono al cospetto del Re d'essere soddisfatti delle proposte di Dykvelt, e d'amar meglio una tolleranza assicurata con un Atto legislativo, che un predominio illegale e precario. I capi di tutti i più importanti partiti della nazione conferivano spesso in presenza del destro diplomatico. In siffatte ragunanze le opinioni del partito Tory erano principalmente espresse da' Conti di Danby e di Nottingham. Quantunque otto e più anni fossero decorsi dacchè Danby era caduto dal potere, ei godeva tuttavia grande reputazione fra' vecchi Cavalieri di Inghilterra; e molti anche di que'

Whig, i quali lo avevano per innanzi osteggiato, adesso inchinavano a credere ch'egli portasse la pena di falli non suoi, e che il suo zelo per la regia prerogativa, comecchè lo avesse di sovente fatto traviare, fosse contemperato da due sentimenti che gli tornavano ad onore: dallo zelo per la religione dello Stato, e dallo zelo per la dignità e la indipendenza della patria. Era parimente tenuto in grande stima all'Aja, dove non era stato mai dimenticato come egli fosse colui, il quale, malgrado la Francia e i Papisti, aveva indotto Carlo a concedere la mano della Principessa Maria al cugino di lei.

XLII. Daniele Finch, Conte di Nottingham, gentiluomo il cui nome spesso s'incontrerà nella storia di tre regni pieni di vicissitudini, discendeva da una famiglia sopra tutte eminente nel fôro. Uno dei suoi congiunti era stato Guardasigilli di Carlo I, aveva prostituito le insigni qualità e la dottrina onde era adorno, a riprovevoli fini, ed era stato perseguitato dalla vendetta della Camera dei Comuni allora governata da Falkland. Heneage Finch nella susseguente generazione aveva acquistata più onorevole rinomanza. Tosto dopo la Ristaurazione era stato fatto Avvocato Generale. S'era quindi inalzato al grado di Procuratore Generale, di Lord Guardasigilli, di Lord Cancelliere, di Barone Finch, di Conte di Nottingham. In tutta la sua prospera carriera aveva sempre mantenuta la prerogativa tanto alto quanto più glielo avevano conceduto la onestà e la decenza; ma non s'era mai implicato in nessuna cospirazione contro le leggi fondamentali del Regno. Fra mezzo a una Corte corrotta aveva mantenuta intemerata la propria integrità. Godeva alta riputazione d'oratore, quantunque il suo stile formato sopra scrittori anteriori alle guerre civili, venisse verso gli ultimi suoi anni giudicato duro e pedantesco dagl'ingegni della sorgente generazione. In Westminster Hall lo rammentano tuttora con riverenza, come colui che, primo tra tutti, da quella confusione che in antico dicevasi Equità, trasse un nuovo sistema di giurisprudenza, regolare e compiuto al pari di quello il quale a' dì nostri amministrano i Giudici del Diritto Comune. Parte considerevole delle doti morali o intellettuali di questo gran magistrato aveva ereditate col titolo di Nottingham il maggiore dei suoi figli. Il conte Daniele era onorevole e virtuoso uomo. Comecchè fosse schiavo d'alcuni assurdi pregiudicii, e soggetto a strani accessi di capriccio, non può tacciarsi d'avere deviato dal sentiero della rettitudine per correre dietro ad illeciti guadagni o ad illeciti diletti. Come il padre suo, egli era egregio parlatore, penetrante, ma prolisso, e solenne con troppa monotonia. La sua persona era in perfetta armonia con la sua eloquenza. Il suo atteggiamento era secco e diritto, il colore della pelle sì bruno che si sarebbe potuto riputare nato in un clima più caldo del nostro; e i suoi austeri sembianti componeva in guisa da somigliare al capo dei piagnoni in un funerale. Dicevasi comunemente ch'egli sembrasse un grande di Spagna, più presto che un gentiluomo inglese. I soprannomi di Dismal (lugubre, tristo), Don Dismallo, Don Diego, gli furono apposti dagli spiriti arguti, e non sono per anche caduti nell'oblio. Aveva studiosamente atteso alla scienza ch'era stata cagione dello inalzamento di sua famiglia, e per uomo del suo grado e della sua ricchezza, egli era assai dotto nelle patrie leggi. Amava fervidamente la Chiesa Anglicana, e mostrava ad essa riverenza in due modi non comuni fra que' Lord, i quali in quel tempo menavano vanto d'esserle caldi amici, pubblicando, cioè, scritti a difenderne i dogmi, e conducendo la vita secondo i precetti di quella. Al pari degli altri zelanti della Chiesa Anglicana, aveva, fino a poco innanzi, tenacemente sostenuta l'autorità monarchica. Ma alla politica adottata dalla Corte, dopo che fu spenta la insurrezione delle Contrade Occidentali, egli era acremente ostile, e lo divenne maggiormente dal dì in cui il suo minor fratello Heneage Finch era stato destituito dall'ufficio di Avvocato Generale per avere ricusato di difendere la potestà di dispensare, pretesa dal Re.

XLIII. Con questi due Conti del partito Tory oggimai trovavasi congiunto Halifax, lo spettabile capo dei Barcamenanti. E' pare che in quel tempo Halifax avesse un gran predominio sulla mente di Nottingham. Tra Halifax e Danby era una nimistà, la quale, già nota nella Corte di Carlo, poi perturbò la Corte di Guglielmo, ma come molte altre nimicizie, fu sopita dalla tirannia di Giacomo. I due avversari di frequente trovavansi insieme nelle ragunanze tenute da Dykvelt, e concordavano nel biasimare la politica del Governo, nel riverire il Principe d'Orange. La diversità del carattere di cotesti due uomini di Stato vedevasi a chiari segni nelle loro relazioni con l'oratore olandese. Halifax mostrava ammirevole ingegno nel discutere, ma ripugnava a venire ad alcuna ardimentosa e irrevocabile deliberazione. Danby, assai meno sottile ed eloquente, aveva più energia, risolutezza, e pratica sagacia.

Non pochi dei Whig più cospicui di continuo comunicavano con Dykvelt. Ma i capi delle grandi famiglie Cavendish e Russell non poterono prendervi quella parte attiva e notevole ch'era da aspettarsi dal grado e dalle opinioni loro. Sopra la fama e le sorti di Devonshire pesava in quel tempo una nube. Egli aveva una malaugurata contesa con la Corte, non per una ragione politica ed onorevole, ma per una rissa privata, nella quale anche i più caldi dei suoi amici non lo reputavano affatto scevro di biasimo. Trovandosi a Whitehall era stato insultato da un uomo che aveva nome Colepepper, ed era uno di que' bravazzoni i quali infestavano le sale di Corte, e studiavano di procacciarsi il favore del Governo affrontando i membri dell'opposizione. Il Re stesso si mostrò grandemente sdegnato pel modo con che uno dei più illustri Pari del Regno era stato trattato dentro la reggia; e a placare Devonshire promise che Colepepper non metterebbe mai più il piede in palazzo. Nulladimeno, poco dopo, lo interdetto fu tolto; e il risentimento del Conte destossi di nuovo. I suoi servi ne abbracciarono la causa; e per le vie di Westminster si videro scene che parevano richiamare la memoria di tempi barbari. Il Consiglio Privato consumava il suo tempo nelle accuse e recriminazioni delle parti avverse. La moglie di Colepepper dichiarò come la vita di lei e quella del marito fossero in continuo pericolo, e le case loro fossero state assalite da facinorosi coperti della livrea di Cavendish. Devonshire disse che dalle finestre di Colepepper gli era stato tirato un colpo di pistola. Colepepper negò il fatto, confessando a un tempo stesso, che una pistola, carica solo a polvere, era stata scaricata in un momento di terrore a fine di chiamare all'armi le guardie. Mentre ferveva il litigio, il Conte incontrò Colepepper nella gran sala di Whitehall, e gli parve di vedere in sulla fronte al bravazzone un'aria di fiducia e di trionfo. Nulla d'inconvenevole accadde al cospetto del Re, ma appena entrambi trovaronsi fuori la sala, lungi dalla presenza di lui, Devonshire propose di terminare in sull'istante la contesa con la spada. L'altro ricusò la disfida. Allora l'altero ed animoso Pari, dimenticando la riverenza dovuta al luogo, ed al proprio carattere, diede un colpo di mazza in viso a Colepepper. Tutti concordemente biasimarono quest'atto come indiscretissimo e indecentissimo; nè lo stesso Devonshire, come si sentì calmare il sangue, ci potè ripensare senza rincrescimento e vergogna. Il Governo nondimeno, con la solita insania, lo trattò con tanto rigore, che in breve egli si acquistò la universale simpatia della nazione. Una accusa criminale fu deposta presso il Banco del Re. Lo accusato allegò i suoi privilegi di Pari; ma ciò con una pronta sentenza non fu ammesso; nè si può negare che tale sentenza, fosse o non fosse conforme alle regole pratiche della legge inglese, era in istretta conformità coi grandi principii sopra i quali ogni legge dovrebbe appoggiarsi. Null'altro dunque rimanevagli che il confessarsi reo. Il tribunale, per le successive destituzioni, era stato ridotto ad una sommissione così assoluta, che il governo il quale aveva intentato il processo, potè dettare la condanna. I giudici andarono in corpo da Jeffreys, il quale insistè che condannassero il reo ad una pena di trentamila lire stelline. Siffatta somma, ragguagliata alle rendite dei nobili di quella età, risponderebbe a centocinquantamila sterline del decimonono secolo. In presenza del Cancelliere i giudici non profferirono verbo di disapprovazione; ma appena partitisi, Sir Giovanni Powell, nel quale s'era ridotto tutto quel poco d'onestà che rimanesse nel tribunale, mormorò dicendo la multa essere enorme, e solo la decima parte essere bene bastevole. I suoi confratelli non furono d'accordo con lui; nè egli in cotesto caso fece prova di quel coraggio, con che pochi mesi dopo, in un memorando giorno, redense la propria fama. Il Conte quindi fu condannato ad una pena di trentamila lire sterline, e alla carcere fino alla estinzione del pagamento. Una tanta somma di pecunia non si sarebbe in un solo giorno potuta mettere insieme nè anche dal grandissimo dei nobili. La sentenza della carcerazione nondimeno fu più agevolmente pronunziata che eseguita. Devonshire erasi ritirato a Chatsworth, dove attendeva a trasformare la vecchia magione gotica della sua famiglia in un edificio degno di Palladio. Il distretto del Peak era in quei tempi rozzo come oggidì trovasi Connemara, e lo sceriffo credeva, o simulava, essere difficile metter le mani addosso al signore d'una regione così selvaggia fra mezzo a cotanti fedeli famigliari e dipendenti. In tal guisa passarono parecchi giorni: ma in fine il Conte e lo sceriffo furono entrambi imprigionati. Intanto una folla d'intercessori cominciò a darsi moto. Si disse che la Contessa vedova di Devonshire era stata ammessa alle secrete stanze del Re, al quale aveva rammentato come il valoroso Carlo Cavendish cognato di lei fosse morto in Gainsborough combattendo a difesa della Corona, ed aveva mostrato certe scritte nelle quali Carlo I e Carlo II riconoscevano di avere ricevuto grosse somme prestate loro da suo marito a tempo delle guerre civili. Siffatte somme non erano state mai rese, e computatovi i frutti, ammontavano ad una somma maggiore della immensa multa imposta dalla Corte del Banco del Re. Vi era altra ragione che sembra avere avuto agli occhi di Giacomo maggior peso che la rimembranza dei servigi resi al trono. Forse sarebbe stato mestieri convocare il Parlamento, e credevasi che allora Devonshire avrebbe prodotto un ricorso contro la sentenza per difetto di forma. Il punto, intorno al quale egli intendeva di appellarsi contro la sentenza del Banco del Re, riferivasi ai privilegi della paria. Il tribunale che doveva di ciò giudicare era la Camera dei Pari; e così essendo, la Corte non poteva essere sicura neppure del voto dei più cortigiani fra' nobili. Non era dubbio alcuno che la sentenza verrebbe annullata, e che il Governo per volere abbracciar troppo perderebbe ogni cosa cosa. E però Giacomo inchinava a venire a patti. A Devonshire fu fatto sapere che ove egli firmasse una scritta d'obbligo di trenta mila sterline, e in tal guisa si precludesse la vita a intentare un'azione per difetto di forma, sarebbe liberato di prigione, e dipenderebbe dalla sua futura condotta l'uso da farsi di cotale documento. S'egli votasse a favore della potestà di dispensare, non se ne parlerebbe altrimenti; ma s'egli amasse meglio di mantenere la propria popolarità, gli si farebbe pagare trenta mila lire sterline. Ei ricusò, per qualche tempo, di consentire a tale proposta; ma divenutagli insopportabile la prigionia, firmò la scritta d'obbligo e fu scarcerato: e comecchè consentisse a gravare di tal pesante carico il suo patrimonio, nulla potè indurlo a promettere d'abbandonare il partito e i principii suoi. Seguitò ad essere partecipe di tutti gli arcani della opposizione: ma per alquanti mesi i suoi amici politici reputarono esser meglio per lui e per la causa comune ch'egli si tenesse in fondo alla scena.

XLIV. Il Conte di Bedford non s'era mai più riavuto dal colpo con che, quattro anni innanzi, la sventura gli aveva trafitto il cuore. Per sentimenti personali, non che per opinioni politiche, egli procedeva ostile alla Corte: ma non era operoso nel combinare i mezzi d'avversarla. Nelle ragunanze dei malcontenti lo suppliva il suo nepote, cioè il celebre Eduardo Russell, uomo d'incontrastato coraggio ed abilità, ma di principii sciolti e d'indole torbida. Era marino, s'era segnalato nell'arte sua, e sotto il precedente regno aveva occupato un ufficio in palazzo. Ma tutti i vincoli onde era legato alla famiglia reale erano stati infranti dalla morte del suo cugino Guglielmo. L'audace, irrequieto e vendicativo marino ormai sedeva nei Consigli, che, secondo lo Inviato Olandese, rappresentavano la più ardita ed operosa parte dell'opposizione, di quegli uomini, i quali sotto i nomi di Teste rotonde, Esclusionisti e Whig avevano mantenuta con varia fortuna una contesa di quarantacinque anni contro tre Re successivi. Cotesto partito, dianzi depresso e quasi estinto, ma ora nuovamente risorto e pieno di vita e pressochè predominante, non pativa gli scrupoli dei Tory o dei Barcamenanti, ed era pronto a snudare il ferro contro il tiranno nel primo giorno in cui il ferro si sarebbe potuto snudare con ragionevole speranza di buon esito.

XLV. Rimane ancora a far menzione di tre uomini co' quali Dykvelt tenne relazioni di confidenza, e con l'aiuto dei quali egli sperava di assicurarsi del buon volere di tre grandi classi di cittadini. Il Vescovo Compton assunse lo incarico di acquistare il favore del clero: l'Ammiraglio Herbert imprese di esercitare la propria influenza sulla flotta; e per mezzo di Churchill doveva crearsi un partito nell'esercito.

Non è mestieri ragionare della condotta di Compton e di quella d'Herbert. Avendo essi nelle cose temporali servito con zelo e fedeltà la Corona, erano incorsi nella collera del Re, ricusando di farsi strumenti a distruggere la propria religione. Entrambi avevano dalla esperienza imparato come agevolmente Giacomo ponesse in oblio gli obblighi, e con quanta acrimonia rammentasse quelle ch'egli considerava offese. Il Vescovo con una sentenza illegale era stato sospeso dalle sue funzioni. Lo Ammiraglio in un solo istante dalla opulenza aveva ruinato a povertà. La situazione di Churchill era ben differente. Egli pel regio favore era stato inalzato dalla oscurità ad alto grado, e dalla povertà alla ricchezza. Avendo cominciata la propria carriera da semplice porta-bandiera e da povero, a trentasette anni trovavasi Maggiore Generale, Pari di Scozia e Pari d'Inghilterra: comandava una compagnia delle Guardie del Corpo: occupava varii lucrosi impieghi; e fino allora nessun indizio mostrava ch'egli avesse minimamente perduto quel favore al quale tanto doveva. Era vincolato a Giacomo, non solo per debito comune di fedeltà, ma per onor militare, per gratitudine personale, e, siccome pareva ai frivoli osservatori, pei più forti legami dell'utile proprio. Ma Churchill non era osservatore superficiale, e conosceva profondamente dove stava il suo vero utile. Se il suo signore conseguisse piena libertà di concedere gli uffici ai papisti, non rimarrebbe in quelli nemmeno un solo dei protestanti. Per qualche tempo pochi dei più prediletti servitori della Corona forse sarebbero esenti dalla proscrizione universale, sperando che s'inducessero a cangiare religione; ma anche essi tra breve cadrebbero, l'uno dopo l'altro, come era già caduto Rochester. Churchill avrebbe potuto schivare cotesto pericolo, ed acquistare maggior grazia presso il Re uniformandosi alla Chiesa di Roma; e pareva probabile con un uomo che non era meno notevole per avarizia ed abiettezza, che per capacità e valore, non aborrirebbe dal pensiero di ascoltare la Messa. Ma v'ha tale incoerenza nella umana natura, che esiste qualche parte sensibile anche nelle coscienze più dure. E così costui, che doveva il proprio inalzamento al disonore della sorella, ch'era stato mantenuto dalla più prodiga, imperiosa e svergognata delle bagasce, e la cui vita pubblica, a coloro che possono tenere fitti gli occhi allo abbagliante splendore del genio e della gloria, sembrerà un prodigio di turpitudini, credeva nella religione ch'egli aveva succhiata col latte, e rifuggiva dal pensiero di abiurarla formalmente. Egli si stava fra un terribile dilemma. Tra i mali terreni quello che più egli temeva era la povertà. L'unico

delitto del quale il suo cuore aveva ribrezzo, era l'apostasia. Ed ove la corte giungesse a conseguire il fine al quale aspirava, non v'era dubbio ch'egli sarebbe stato costretto ad eleggere o l'apostasia, o la povertà. Per le quali considerazioni deliberò di attraversare i disegni della Corte; e tosto si vide come non v'era colpa nè infamia nella quale egli non fosse pronto ad incorrere, onde far fronte al bisogno di rinunciare o agl'impieghi o alla propria religione.
XLVI. E' non era soltanto come comandante d'alto grado nelle milizie, e cospicuo per arte e coraggio, che Churchill potesse giovare l'opposizione. Era, se non assolutamente essenziale, importantissimo al buon successo dei disegni di Guglielmo, che la sua cognata, la quale nell'ordine della successione alla Corona d'Inghilterra stava tra la sua moglie e lui, cooperasse di pieno accordo con essi. Tutti gli ostacoli che gli si paravano dinanzi si sarebbero grandemente accresciuti, se Anna si fosse dichiarata favorevole alla Indulgenza. Il partito al quale ella si sarebbe appigliata dipendeva dalla volontà altrui, perocchè era donna di tardo intendimento, e quantunque nel suo carattere fossero i semi di una caparbietà e inflessibilità ereditarie, che molti anni dipoi gran potere e grandi provocazioni fecero germogliare e crescere, nondimeno era allora schiava obbediente ad una donna di carattere più vivo ed imperioso. Colei, dalla quale Anna lasciava dispoticamente governarsi, era la moglie di Churchill, donna che poscia ebbe grande influenza sopra le sorti della Inghilterra e dell'Europa.
La celebre favorita chiamavasi Sara Jennings. Francesca sua sorella maggiore aveva acquistata rinomanza di beltà e leggerezza di carattere fra mezzo la folla delle donne belle e dissolute che adornarono e disonorarono Whitehall finchè durò l'intemperante carnevale della Restaurazione. Una volta si travestì da fruttaiuola e corse gridando per le vie. Le persone gravi predicevano che una fanciulla così poco discreta e delicata difficilmente troverebbe marito. Nondimeno ebbe tre mariti, e adesso era la moglie di Tyrconnel. Sara, dotata di bellezza meno regolare, aveva forse maggiori attrattive. Il suo viso era espressivo; le sue forme non avevano difetto di vezzi donneschi; e i suoi copiosi e leggiadri capelli non per anche sfigurati dalla polvere, secondo il barbaro costume, che, vivente lei, fu introdotto in Inghilterra, formavano l'ammirazione di tutti.
Tra i galanti giovani che tentavano di conquiderle il cuore, ella prescelse il Colonnello Churchill, giovane, bello, grazioso, insinuante, eloquente, valoroso. Certo egli ne era innamorato, imperocchè non aveva patrimonio, tranne l'annua rendita da lui acquistata cogl'infami doni della Duchessa di Cleveland: aveva avidità insaziabile di ricchezze: Sara era povera; e a lui era stata proposta la mano di un'altra poco avvenente ma ricca fanciulla. Dopo una interna lotta fra i due partiti, l'amore vinse l'avarizia; il vincolo maritale non fece che accrescergli in cuore la passione; e fino all'ultima ora della vita di lui, Sara gustò il diletto d'essere la sola fra le umane creature la quale potesse far traviare quell'acuto e fermo intelletto, e fosse fervidamente amata da quel gelido cuore, e servilmente temuta da quell'animo intrepido.
Secondo l'opinione del mondo, il fido amore di Churchill ebbe ampia rimunerazione. La sua moglie, comunque scarsa di sostanze, gli portò una dote, che impiegata con giudizio, lo inalzò al grado di Duca, di Principe dello Impero, di capitano generale d'una grande coalizione, di arbitro tra principi potenti, e, ciò ch'egli pregiava sopra ogni cosa, lo rese il più ricco suddito che fosse in Europa. Ella era cresciuta fino dall'infanzia con la Principessa Anna, e nei cuori di entrambe era nata stretta amicizia. Per indole l'una poco somigliava all'altra. Anna era inerte e taciturna. Verso coloro ch'erano cari al suo cuore, mostravasi soave. La ira nei suoi sembianti prendeva forma di tristezza. Chiudeva in petto forte sentimento di religione, ed amava anche con bacchettoneria il rito e l'ordinamento della Chiesa Anglicana. Sara era vivace e volubile, dominava coloro ai quali prodigava le sue carezze, e ogni qual volta sentivasi offesa, sfogava la propria rabbia con pianti e impetuosi rimproveri. Non pretendeva affatto a mostrarsi una santa, e rasentò la taccia d'irreligiosa. Allora non era per anche ciò che ella divenne quando certi vizi le sviluppò in cuore la prosperità, e certi altri l'avversità, quando il buon successo e le lusinghe le avevano dato volta al cervello, quando il suo cuore esulcerarono mortificazioni e disastri. Ella visse tanto da ridursi la più odiosa e misera delle umane creature, vecchia strega in guerra con tutti i suoi, in guerra coi propri figli, e co' figliuoli dei figli, grande e ricca, ma apprezzatrice della grandezza e delle ricchezze, perchè con esse ella poteva affrontare l'opinione pubblica, e sfrenatamente sbramare l'odio suo contro i vivi e i morti. Regnante Giacomo, ella veniva considerata solo come una leggiadra ed altera giovine, la quale a volte mostravasi di cattivo umore o bisbetica, difetti che le venivano di leggieri perdonati in grazia della sua leggiadria.
È comune opinione che le differenze d'inclinazione, di mente, d'indole non siano d'impedimento all'amicizia, e che sovente la più stretta intimità esista tra due anime, l'una delle quali possegga ciò di cui l'altra difetta. Lady Churchill era amata e quasi adorata da Anna, la quale non poteva vivere divisa

dall'oggetto della sua romanzesca tenerezza. Anna prese marito, e fu moglie fedele ed affettuosa. Ma il Principe Giorgio, uomo pesante, che amava di cuore sopra ogni cosa un buon desinare e un buon fiasco, non acquistò mai su lei una influenza da paragonarsi a quella che esercitava l'amica, e tosto si sottopose anch'egli con istupida pazienza allo impero di quel vigoroso e predominante spirito che governava la moglie. Dai regali sposi nacquero figliuoli; ed Anna non difettava di sentimento materno. Ma la tenerezza che ella sentiva per le proprie creature era languida, in agguaglio allo affetto con che amava la compagna della sua infanzia. In fine la Principessa divenne insofferente dei riguardi che la convenienza imponevale: non poteva sentirsi chiamare Madama ed Altezza Reale da colei che le era più che sorella. Tali parole, per vero, erano necessarie nella galleria o nel salone; ma smettevansi nelle segrete stanze. Anna chiamavasi la signora Morley, e Lady Churchill la signora Freeman; e sotto questi fanciulleschi nomi corse per venti anni un carteggio da cui finalmente dipesero le sorti di governi e dinastie. Ma per allora Anna non aveva potere politico nè patronato. L'amica Sara faceva l'ufficio di Maggiordoma, con un onorario di sole quattrocento lire sterline annue. Nonostante, vi è ragione a credere che in quel tempo Churchill potesse per mezzo della moglie appagare la passione onde era governato. La principessa, quantunque avesse una pingue entrata e gusti semplici, contrasse debiti, che furono da suo padre non senza brontolare pagati: e fu detto che di cotesti impacci pecuniarii era stata cagione la sua prodiga bontà verso la prediletta amica.
Alla perfine era giunto il tempo in cui cotesta singolare amicizia doveva esercitare grande influenza sopra gli affari dello Stato. Aspettavasi con grande ansietà sapere qual parte seguirebbe la Principessa Anna nella contesa che agitava la Inghilterra tutta quanta. Da un lato stava il dovere filiale; dall'altro la salvezza della religione, da lei sinceramente amata. Un carattere meno inerte avrebbe lungamente tentennato fra motivi così forti e rispettabili. Ma la influenza dei Churchill risolvè la questione; e la loro protettrice divenne parte importante di quella vasta lega che aveva per capo il Principe d'Orange.
XLVII. Nel giugno del 1686 Dykvelt ritornò all'Aja. Presentò agli Stati Generali una lettera del Re, che encomiava la condotta tenuta da lui nella sua dimora in Londra. Cotesti encomii, nulladimeno, erano prettamente formali. Giacomo nelle comunicazioni private, scritte di propria mano, acremente querelavasi che il Legato era vissuto in grande intimità coi più faziosi che fossero nel Regno, e gli aveva animati a persistere nei loro maligni proponimenti. Dykvelt recò parimente un fascio di lettere dei più eminenti tra coloro co' quali erasi abboccato nel suo soggiorno in Inghilterra. Costoro generalmente esprimevano infinita riverenza ed affetto per Guglielmo, e quanto alle loro mire, riferivansi alle informazioni orali che ne averebbe date il portatore delle lettere. Halifax ragionava colla sua consueta acutezza e vivacità intorno alle condizioni e alle speranze del paese, ma adoperava gran cura a non impegnarsi in nessuna pericolosa linea di condotta. Danby scrisse in un tono più audace e risoluto, e non potè frenarsi dallo schernire delicatamente gli scrupoli del suo egregio rivale. Ma la più notevole fra tutte era la lettera di Churchill. Era scritta con quella eloquenza naturale, la quale, per quanto egli fosse letterato, non gli mancava mai nelle grandi occasioni, e con un'aria di magnanimità, che egli, perfido qual era, sapeva assumere con singolare destrezza. Diceva, la Principessa Anna avergli fatto comandamento di assicurare i suoi illustri parenti dell'Aja ch'essa era, con l'aiuto di Dio, deliberatissima a perdere piuttosto la vita, che rendersi colpevole d'apostasia. Quanto a sè stesso, gl'impieghi e la grazia del Re erano nulla, trattandosi della sua religione. E concludeva dichiarando altamente, che se non poteva pretendere di avere menata la vita d'un santo, sarebbe pronto, venuta l'occasione, a morire da martire.
XLVIII. Dykvelt era così bene riuscito nella sua commissione, che tosto trovossi un pretesto a spedire un altro agente onde continuare l'opera con sì buoni auspici incominciata. Il nuovo Inviato, che poscia fondò una nobile casa inglese estinta ai tempi nostri, era cugino illegittimo di Guglielmo; e portava un titolo tratto dalla signoria di Zulestein. La parentela di Zulestein con la Casa d'Orange gli dava importanza agli occhi del pubblico. Aveva il portamento d'un valoroso soldato; per ingegno diplomatico e scienza cedeva di molto a Dykvelt, ma anche tale inferiorità aveva i suoi vantaggi. Un militare, il quale non s'era mai impacciato di cose politiche, poteva, senza ombra di sospetto, tenere con l'aristocrazia inglese relazioni, che, ove egli fosse stato rinomato maestro degli intrighi di Stato, sarebbero state rigorosamente spiate. Zulestein, dopo una breve assenza, fece ritorno alla patria recando lettere e messaggi orali non meno importanti di quelli ch'erano stati affidati al suo predecessore. Da quel tempo s'istituì un carteggio regolare tra il Principe e la opposizione. Agenti di varie condizioni andavano e venivano dal Tamigi all'Aja. Fra questi fu utilissimo uno Scozzese non privo d'ingegno, e fornito di grande attività, il quale aveva nome Johnstone. Era cugino di Burnet, e figlio d'un illustre convenzionista, il quale poco dopo la Restaurazione era stato dannato a morire

come reo d'alto tradimento, e veniva onorato come martire dal proprio partito.

XLIX. La rottura tra il re d'Inghilterra e il Principe d'Orange facevasi sempre maggiore. Una grave contesa era nata a cagione dei sei reggimenti che erano al soldo delle Provincie Unite. Il Re desiderava che venissero posti sotto il comando d'ufficiali romani. Il Principe fermamente s'opponeva. Il Re aveva ricorso ai soliti luoghi comuni della tolleranza. Il Principe rispondeva ch'egli altro non faceva che seguire lo esempio di Sua Maestà. Era a tutti noto che uomini abili e leali erano stati in Inghilterra cacciati da' loro uffici, solo per essere protestanti. Era quindi ragione che lo Statoldero e gli Stati Generali tenessero ai papisti chiuso l'adito agli alti impieghi pubblici. La risposta del Principe provocò l'ira di Giacomo a tal segno, ch'egli nel suo furore perdè d'occhio la verità e il buon senso. Diceva con veemenza esser falso ch'egli avesse cacciato alcuno per motivi religiosi. E se lo avesse fatto, che importava ciò al Principe o agli Stati? Erano essi suoi padroni? Dovevano essi sedere a scranna per giudicare della condotta dei Sovrani stranieri? Da quel dì egli ebbe voglia di richiamare i suoi sudditi ch'erano a' servigi del Governo Olandese. Pensava che facendoli venire in Inghilterra, avrebbe reso più forte sè, e più deboli i suoi peggiori nemici. Ma v'erano difficoltà tali di finanza che era impossibile non se ne accorgesse. Il numero dei soldati ch'egli manteneva, comecchè fosse maggiore che nei tempi trascorsi, e amministrato con parsimonia, era quale le sue rendite potessero sopportare. Se allo esercito si aggiungessero i battaglioni che erano al soldo dell'Olanda, il Tesoro fallirebbe. Forse si potrebbe indurre Luigi a prenderli al suo servizio. Così verrebbero allontanati da un paese dove rimanevano sempre esposti alla corruttrice influenza d'un governo repubblicano e d'un culto calvinista, e sarebbero posti in un paese dove niuno rischiavasi a far fronte ai comandi del Sovrano o alle dottrine della vera Chiesa. I soldati tosto disimparerebbero ogni eresia politica e religiosa. Il Principe loro naturale potrebbe in pochi dì richiamarli a prestargli mano forte, e in ogni occorrenza esser sicuro della fedeltà loro.

S'aprirono intorno a questo negozio pratiche tra Whitehall e Versailles. Luigi aveva quanti soldati gli bisognavano; e se così non fosse stato, non avrebbe mai voluto milizie inglesi al suo soldo; imperciocchè la paga in Inghilterra, per quanto oggimai ci possa sembrare poca, era maggiore di quella che si dava in Francia. Nel tempo stesso era un gran che privare Guglielmo di sì belle milizie. Dopo un carteggio che durò alcune settimane, a Barillon fu data podestà di promettere che ove Giacomo richiamasse dall'Olanda i soldati inglesi, Luigi pagherebbe la spesa a mantenerne due mila in Inghilterra. Tale offerta Giacomo accettò con calde espressioni di gratitudine. Ordinate le cose a quel modo, chiese agli Stati Generali che gli mandassero i sei reggimenti. Gli Stati Generali ligi a Guglielmo, risposero che simigliante domanda, in siffatte circostanze, non era autorizzata dai Trattati esistenti, e positivamente ricusarono d'ammetterla. È cosa notevole come Amsterdam, la quale aveva votato per tenere le predette milizie in Olanda, mentre Giacomo ne aveva mestieri contro gl'insorti delle Contrade Occidentali, adesso fece ogni sforzo perchè si cedesse alla domanda del Re. In ambedue i casi, il solo scopo di coloro che reggevano quella grande città era quello di opporsi ai desiderii del Principe d'Orange.

L. Ma le armi d'Olanda erano a Giacomo meno formidabili di quel che fossero i torchj olandesi. All'Aja stampavansi quotidianamente libri e libercoli inglesi contro il Governo di lui; nè vi era vigilanza a impedire che migliaia di esemplari ne fossero introdotte di contrabbando nelle Contee poste lungo l'oceano germanico. Fra tutte coteste pubblicazioni ne va predistinta una per la sua importanza e per lo immenso effetto che produsse. La opinione che intorno all'Atto d'Indulgenza tenevano il Principe e la Principessa d'Orange, era ben nota a tutti coloro che prendevano interesse alle cose pubbliche. Ma perchè tale opinione non era stata officialmente annunciata, molti che non avevano mezzi di ricorrere a buone fonti, erano ingannati o rimanevano perplessi vedendo la sicurezza con che i partigiani della Corte asserivano le Altezze Loro approvare i recenti Atti del Re. Smentire pubblicamente tal voce sarebbe stato un mezzo semplice ed ovvio, se il solo scopo di Guglielmo fosse stato quello di vantaggiare i propri interessi in Inghilterra. Ma egli considerava la Inghilterra principalmente come strumento necessario alla esecuzione dei suoi grandi disegni intorno l'Europa; ai quali egli sperava di ottenere la cooperazione di ambedue le Case d'Austria, dei Principi Italiani ed anche del Sommo Pontefice. V'era ragione a temere, una dichiarazione soddisfacente ai Protestanti inglesi non eccitasse sospetto e sinistri umori in Madrid, in Vienna, in Torino ed in Roma. A tal fine il Principe si astenne lungo tempo dallo esprimere i propri sentimenti. In fine gli fu fatto notare come il suo prolungato silenzio avesse destato inquietudine e diffidenza fra coloro che volevano il suo bene, e fosse ormai tempo di parlare: deliberò quindi di manifestare il proprio intendimento.

LI. Un Whig scozzese, chiamato Giacomo Stewart, parecchi anni innanzi, s'era rifugiato in Olanda onde sottrarsi allo stivaletto e alle forche, ed aveva stretto amicizia col Gran Pensionario Fagel, il quale godeva largamente la fiducia e la grazia dello Statoldero. Stewart era colui che aveva scritto il virulento Manifesto d'Argyle. Appena promulgata la Indulgenza, Stewart pensò di cogliere il destro non solo ad ottenere perdono, ma a meritarsi una ricompensa. Offerse al governo al quale egli era stato nemico i propri servigi, che furono accettati, e mandò a Fagel una lettera dicendo essere stata scritta per ordine di Giacomo. In essa il Pensionario veniva richiesto di adoperare tutta la sua influenza sul Principe e la Principessa onde indurli a secondare la politica del padre loro. Dopo alcuni giorni d'indugio Fagel mandò una risposta profondamente pensata, e scritta con arte squisitissima. Niuno che mediti quel notevole documento, può non accorgersi che quantunque fosse composto con lo intendimento di rassicurare e piacere ai Protestanti inglesi, non vi si contiene una sola parola che possa recare offesa nè anche al Vaticano. Vi si diceva che Guglielmo e Maria approverebbero volentieri l'abrogazione d'ogni legge penale contro ogni Inglese di qualunque classe si fosse, per cagione d'opinioni religiose. Ma bisognava distinguere punizione da incapacità. Ammettere agli uffici i Cattolici Romani, non sarebbe, secondo opinavano le Altezze loro, vantaggioso nè al bene dell'Inghilterra, nè a quello degli stessi Cattolici Romani. Il Manifesto fu tradotto in varie lingue, e sparso profusamente per tutta l'Europa. Della versione inglese, fatta con gran cura da Burnet, ne furono introdotti nelle Contee Orientali circa cinquantamila esemplari, e furono rapidamente diffusi per tutto il reame. Nessuno scritto politico ebbe mai esito cotanto felice. I Protestanti dell'isola nostra fecero plauso alla mirabile fermezza con che Guglielmo dichiarava di non potere assentire che i papisti avessero partecipazione alcuna alle cose di Governo. Ai Principi Cattolici Romani, dall'altro canto, piaceva lo stile mite e sobrio con cui era vestito il concetto del Principe, e la speranza ivi espressa che sotto il suo governo nessun credente della Chiesa di Roma riceverebbe molestia per motivo di religione.

LII. È probabile che anche il Pontefice leggesse con piacere cotesta celebre lettera. Alcuni mesi innanzi aveva dato commiato a Castelmaine in un modo tale da mostrare poco riguardo pel Re d'Inghilterra. A Papa Innocenzo spiaceva affatto la politica interna non che la esterna del Governo Britannico. Vedeva come gl'ingiusti e impolitici provvedimenti della cabala gesuitica avessero a rendere perpetue le leggi penali più presto che giungere ad abrogare l'Atto di Prova. La sua contesa con la Corte di Versailles diveniva sempre più grave; nè poteva egli o come Principe temporale o come Sommo Pontefice sentire schietta amistà pel vassallo di quella Corte. Castelmaine non aveva i requisiti necessari a spegnere cotesta ripugnanza. Conosceva bene Roma, e, come laico, era profondamente erudito nelle controversie teologiche. Ma non aveva la destrezza che il suo ufficio richiedeva; e quand'anche fosse stato abilissimo diplomatico, v'era una ragione che lo avrebbe reso inadatto a compire convenevolmente la sua commissione. Tutta Europa conoscevalo come il marito della più svergognata femmina, e non altrimenti. Era impossibile parlare con lui senza richiamarsi alla memoria il modo onde erasi acquistato il titolo ch'egli portava. Ciò sarebbe stato ben poco, s'egli fosse stato ambasciatore a qualche dissoluta Corte, come quella in cui aveva pur dianzi dominato la Marchesa di Montespan. Ma era manifestamente inconvenevole lo averlo inviato ad un'ambasciata di natura più presto spirituale che temporale e ad un Pontefice di austerità antica. I Protestanti in tutta Europa lo ponevano in canzone; ed Innocenzo, già sfavorevolmente disposto verso il Governo Inglese, considerò il complimento fattogli quasi come affronto. A Castelmaine era stata assegnata una paga di cento lire sterline per settimana; ma egli ne mosse lamento dicendo che tre volte tanto appena sarebbe bastato: imperocchè in Roma i Ministri dei grandi potentati continentali si sforzavano di vincersi vicendevolmente per isplendidezza agli occhi di un popolo, il quale per essere avvezzo a vedere tanta magnificenza di edifizi, di decorazioni e di cerimonie, era di difficile contentatura. Dichiarò sempre di averci rimesso del suo. Lo accompagnavano vari giovani delle migliori famiglie cattoliche dell'Inghilterra, come sarebbero i Ratcliffe, gli Arundell, e i Tichborne. In Roma alloggiava in palazzo Panfili a mezzogiorno della magnifica Piazza Navona. Fino da' primi giorni era stato privatamente ricevuto da Papa Innocenzo; ma la pubblica udienza fu lungamente ritardata. E veramente gli apparecchi che andava facendo Castelmaine erano così sontuosi, che quantunque fossero incominciati alla Pasqua di Resurrezione del 1686 non furono compiti se non nel novembre dell'anno stesso; nel quale mese il Papa ebbe, o simulò d'avere un accesso di podagra che fece differire la cerimonia. Finalmente nel gennaio del 1687 la solenne presentazione seguì con insolita pompa. I cocchi già lavorati appositamente in Roma, erano così magnifici che vennero reputati degni d'essere trasmessi ai posteri per mezzo di belle incisioni, e celebrati dai poeti in diverse lingue. La facciata del palazzo della legazione in quel solenne giorno era decorata con pitture di assurde e gigantesche

allegorie. V'erano effigiati San Giorgio col piede sul collo di Tito Oates, ed Ercole che con la mazza percoteva College, il manuale protestante, il quale invano tentava difendersi col suo correggiato. Dopo cotesta pubblica dimostrazione, Castelmaine invitò tutti i più notevoli personaggi che allora si trovassero in Roma, ad un banchetto in quella gaia e splendida sala, la quale Pietro da Cortona ornò con pitture rappresentanti i fatti dell'Eneide. La intiera città corse a vedere la solennità; e a stento una compagnia di Svizzeri potè mantenere l'ordine fra gli spettatori. I nobili dello Stato Pontificio in contraccambio offrirono dispendiosi intertenimenti allo Ambasciatore; e i poeti e i belli spiriti furono invitati a tributare a lui e al suo signore iperboliche adulazioni, quali sogliono usarsi quando il genio e il gusto trovansi in gran decadenza. Fra tutti cotesti adulatori va predistinta una testa coronata. Erano corsi trenta e più anni da che Cristina, figlia del grande Gustavo, era volontariamente discesa dal trono di Svezia. Dopo lungo pellegrinare, nel corso del quale ella commise molte follie e molti delitti, erasi finalmente fermata in Roma, dove occupavasi di calcoli astrologici, d'intrighi di conclave, e sollazzavasi con pitture, gemme, manoscritti, e medaglie. In quell'occasione ella compose alcune stanze in italiano in lode del Principe inglese, il quale, al pari di lei, nato da stirpe di Re fino allora considerati come campioni della Riforma, erasi, come lei, riconciliato all'antica Chiesa. Una splendida ragunanza ebbe luogo nel suo palazzo; i suoi versi, posti in musica, furono cantati fra gli applausi universali; ed un suo famigliare, uomo letterato, recitò una orazione sul medesimo subietto, scritta in un stile sì florido e intemperante, che pare offendesse il severo orecchio degli Inglesi che v'erano presenti. I Gesuiti, nemici del Papa, devoti agli interessi della Francia, e inchinevoli a glorificare Giacomo, accolsero la legazione inglese con estrema pompa in quella principesca casa dove riposano le ossa d'Ignazio di Loyola, rinchiuse in un monumento di lapislazzuli e d'oro. La scultura e la pittura, la poesia e l'eloquenza furono adoperate ad onorare gli stranieri: ma le arti tutte erano miseramente degenerate. Vi fu profusione di turgida ed impura latinità, indegna d'un Ordine così erudito; e talune delle iscrizioni che adornavano le pareti, peccavano in cosa ben altrimenti più seria che non fosse lo stile. In una dicevasi che Giacomo aveva spedito al cielo il proprio fratello come suo messaggiero, ed in un'altra che Giacomo aveva apprestate le ali, con che il fratello erasi levato all'eteree regioni. V'era anco un più sciagurato distico, al quale per allora si badò poco, ma che pochi mesi dopo fu rammentato ed ebbe sinistra interpretazione. «O Re,» diceva il poeta «cessa di sospirare per avere un figlio. Quand'anche la natura si mostrasse avversa al tuo desiderio, le stelle troveranno modo di compiacerti.»
Fra mezzo a tanti festeggiamenti, Castelmaine ebbe a soffrire mortificazioni ed umiliazioni crudeli. Il Pontefice trattavalo con estrema freddezza e riserbo. Qualvolta lo Ambasciatore lo sollecitava d'una risposta alla richiesta fatta di concedere un cappello cardinalizio a Petre, Papa Innocenzio, facendosi venire un violento colpo di tosse, poneva fine al colloquio. Si sparse per tutta Roma la voce di coteste singolari udienze. Pasquino non tacque. Tutti i curiosi e i ciarlieri della città più sfaccendata del mondo, tranne solo i Gesuiti e i Prelati partigiani della Francia, facevano le matte risate alla sconfitta di Castelmaine; ed egli ch'era poco dolce d'indole, ne divenne furioso, e fece correre in giro uno scritto mordace contro il Papa. Castelmaine così ponevasi dalla parte del torto; e lo scaltro Italiano acquistava vantaggio e voleva giovarsene. Dichiarò senza ambagi come la regola che escludeva i Gesuiti dalle dignità ecclesiastiche non si dovesse violare in favore di Padre Petre. Castelmaine offeso minacciò di andarsene via da Roma. Innocenzo rispose, con una mansueta impertinenza, tanto più provocante quanto non poteva distinguersi dalla semplicità, che Sua Eccellenza se ne andasse pure se così le piacesse. «Ma se noi dobbiamo perderlo» aggiunse il venerando Pontefice, «speriamo ch'egli badi alla propria salute nel fare il viaggio. Gl'Inglesi non sanno quanto sia pernicioso in questi nostri paesi il viaggiare sotto i calori del giorno. Sarebbe bene adunque ch'egli si partisse avanti l'alba onde a mezzodì si potesse riposare.» Con tale salutare consiglio e col dono d'un rosario, il malarrivato ambasciatore ebbe commiato. Pochi mesi di poi comparve alla luce, in italiano e in inglese, una pomposa storia della sua legazione, stampata magnificamente in foglio e adorna d'incisioni. Il frontespizio, a grande scandalo di tutti i Protestanti, rappresentava Castelmaine nel suo abito di Pari, con la corona di Conte nelle mani, in atto di baciare il piede a Papa Innocenzo.

CAPITOLO OTTAVO.

I. Consacrazione del Nunzio nel Palazzo di San Giacomo; Sua solenne presentazione a Corte. - II. Il Duca di Somerset. - III. Scioglimento del Parlamento. Delitti militari illegalmente puniti - IV. Atti dell'Alta Commissione. - V. Le Università. - VI. Processi contro la Università di Cambridge. - VII. Il Conte di Mulgrave - VIII. Condizioni d'Oxford. - IX. Il Collegio della Maddalena in Oxford. - X. Il Re raccomanda Antonio Farmer per la presidenza. - XI. I Convittori del Collegio della Maddalena sono citati dinanzi l'Alta Commissione. - XII. Parker raccomandato per Presidente; la Certosa. - XIII. Viaggio del Re. - XIV. Il Re in Oxford; riprende i Convittori della Maddalena. - XV. Penn tenta di farsi mediatore. - XVI. Commissarii speciali ecclesiastici mandati in Oxford. - XVII. Protesta di Hough; Parker entra in ufficio. - XVIII. I Convittori sono cacciati via. - XIX. Il Collegio della Maddalena diventa seminario papale. - XX. Risentimento del Clero. - XXI. Disegni della Cabala Gesuitica rispetto alla successione - XXII. Disegni di Giacomo e Tyrconnel a fine di impedire che la Principessa d'Orange succedesse nel regno d'Irlanda. - XXIII. La Regina è incinta; il fatto non è creduto da nessuno. - XXIV. Umori dei Collegi elettorali, e dei Pari. - XXV. Giacomo delibera di convocare il Parlamento adulterando le elezioni. - XXVI. Il Consiglio dei Regolatori. - XXVII. Destituzioni di molti Lord Luogotenenti; il Conte d'Oxford. - XXVIII. Il Conte di Shrewsbury. - XXIX. Il Conte di Dorset. - XXX. Domande fatte ai magistrati. - XXXI. Loro risposta; i disegni del Re riescono vani. - XXXII. Lista di Sceriffi. - XXXIII. Carattere dei gentiluomini Cattolici Romani nelle campagne - XXXIV. Umori dei Dissenzienti; Regolamento dei Municipi. - XXXV. Inquisizione in tutti i Dipartimenti del Governo - XXXVI. Destituzione di Sawyer. - XXXVII. Williams avvocato Generale. - XXXVIII. Seconda Dichiarazione d'Indulgenza. - XXXIX. Il Clero riceve ordine di leggerla. - XL. Il Clero esita a farlo; Patriottismo dei Protestanti non-conformisti di Londra. - XLI. Consulte del Clero di Londra. - XLII. Consulte nel Palazzo Lambeth. - XLIII. Petizione dei sette Vescovi presentata al Re. - XLIV. Il Clero di Londra disubbidisce agli ordini reali. - XLV. Il Governo esita. - XLVI. Delibera di fare ai Vescovi un processo per calunnia. - XLVII. Vengono esaminati dal Consiglio Privato. - XLVIII. Incarcerati nella Torre di Londra - XLIX. Nascita del Pretendente; universalmente creduta supposta. - L. I Vescovi, tradotti dinanzi il Banco del Re, son posti in libertà sotto cauzione. - LI. Agitazioni nel pubblico. - LII. Inquietudini di Sunderland. - LIII. Fa professione di Cattolico Romano. - LIV. Processo dei Vescovi. - LV. Sentenza; esultanza del popolo. - LVI. Stato singolare dell'opinione pubblica in quel tempo.

I. Le aperte scortesie del Pontefice erano bastevoli a irritare il più mansueto dei principi; ma il solo effetto che produssero sull'animo di Giacomo fu quello di renderlo più prodigo di carezze e di complimenti. Mentre Castelmaine, coll'anima esasperata dallo sdegno, cammino faceva alla volta dell'Inghilterra, il Nunzio era colmato di onori tali che se fosse dipeso da lui li avrebbe ricusati. Per una finzione d'uso frequente nella Chiesa di Roma, era stato poco innanzi insignito della dignità vescovile senza diocesi. Gli era stato dato il titolo di Vescovo d'Amasia, città del Ponto e patria di Strabone e di Mitridate. Giacomo insistè perchè la cerimonia della consacrazione fosse fatta entro la Cappella del Palazzo di San Giacomo. Leyburn Vicario Apostolico, e due prelati irlandesi officiarono. Le porte furono spalancate al pubblico; e fu notato come parecchi Puritani, i quali pur dianzi s'erano fatti cortigiani, fossero fra gli spettatori. La sera di quel dì medesimo, Adda, vestito degli abiti alla nuova dignità convenevoli, si recò allo appartamento della Regina. Re Giacomo in presenza di tutta la Corte cadde sulle ginocchia implorando la benedizione. E in onta del freno imposto dall'uso cortigianesco, gli astanti indarno studiaronsi di nascondere il disgusto che loro ispirava quell'atto. E davvero da lunghissimo tempo non s'era visto un sovrano inglese piegare il ginocchio innanzi ad uomo mortale; e coloro i quali contemplarono quello strano spettacolo, non potevano non richiamare alla memoria il giorno di vergogna, in cui Re Giovanni rese omaggio per la sua corona nelle mani di Pandolfo.
II. Breve tempo dopo, una cerimonia anche di più ostentata solennità ebbe luogo in onore della Santa Sede. E' fu deliberato che il Nunzio andasse processionalmente a Corte. In tale occasione alcuni, della cui obbedienza il Re era sicuro, mostrarono per la prima volta segni di spirito disubbidiente. Si rese notevole fra tutti Carlo Seymour, secondo Pari secolare del Regno, e comunemente chiamato l'orgoglioso Duca di Somerset. E certo egli era uomo, in cui l'orgoglio della stirpe e del grado era quasi infermità di mente. Le sostanze da lui ereditate non erano pari all'alto posto ch'egli teneva nell'aristocrazia inglese; ma era diventato signore della più vasta possessione territoriale d'Inghilterra sposando la figlia ed erede dell'ultimo Percy, il quale portava l'antica corona ducale di Northumberland. Somerset aveva soli venticinque anni, ed era poco noto al pubblico. Era Ciamberlano del Re, e colonnello di uno dei reggimenti levati a tempo della insurrezione delle Contrade Occidentali. Non aveva avuto scrupolo di portare la Spada dello Stato nella Cappella reale, nei giorni di festa: ma adesso risolutamente ricusò di mischiarsi al corteggio che doveva festeggiare il Nunzio. Taluni di sua famiglia lo supplicarono a non tirarsi sul capo la collera del Re; ma i loro preghi furono vani. Il Re stesso si provò a rimproverarlo dicendo: «Io credeva, Milord, farvi un grande onore

eleggendovi ad accompagnare il ministro della prima testa coronata del mondo.» - «Sire,» rispose il Duca «mi si assicura che io non possa obbedire a Vostra Maestà senza contraffare alla legge.» - «Farò che voi temiate me al pari della legge,» riprese insolentemente il Re: «non sapete che io sono superiore alla legge?» - «Vostra Maestà potrebbe essere superiore alla legge» rispose Somerset, «ma io non lo sono; e mentre obbedisco alla legge, non ho timore di nulla.» Il Re gli volse altamente irato le spalle, e tosto lo destituì d'ogni ufficio nella casa reale e nello esercito.
Nondimeno in una cosa Giacomo usò alquanto di prudenza. Non si rischiò di esporre il Nunzio in solenne processione agli occhi della vasta popolazione di Londra. La ceremonia fu fatta il dì 3 luglio 1687, in Windsor. La gente accorse in folla a quella piccola città, tanto che mancarono i viveri e gli alloggi; e molte persone d'alta condizione rimasero tutta la giornata nelle loro carrozze aspettando di vedere lo spettacolo. In fine, in sul tardi del pomeriggio, comparve il maresciallo del palazzo seguito da' suoi uomini a cavallo. Quindi veniva una lunga fila di volanti, e da ultimo in un cocchio di Corte procedeva Adda coperto d'una veste purpurea, con una croce che gli luccicava sul petto. Era seguito dalle carrozze dei principali cortigiani e ministri di Stato. Ed in questo corteo gli spettatori riconobbero con indignazione l'armi e le livree di Crewe vescovo di Durham, e di Cartwright Vescovo di Chester.
III. Il dì susseguente leggevasi nella gazzetta un decreto che discioglieva il Parlamento, il quale di tutti i quindici Parlamenti convocati dagli Stuardi era stato il più ossequioso.
Intanto nuove difficoltà sorgevano in Westminster Hall. Pochi mesi erano corsi da che erano stati destituiti alcuni giudici e sostituiti altri a fine d'ottenere una sentenza favorevole alla Corona nella causa di Sir Eduardo Hales; e già era necessario fare nuovi cangiamenti.
Il Re aveva appena formato quello esercito, con l'aiuto del quale principalmente egli sperava di compire i propri disegni, allorchè si avvide di non poterlo tenere in freno. In tempo di guerra nel Regno un soldato ribelle o disertore poteva esser giudicato da un tribunale militare, e la sentenza eseguita dal Provosto Maresciallo. Ma adesso v'era perfetta pace. Il diritto comune d'Inghilterra, originato in una età in cui ogni uomo portava le armi secondo le occorrenze, e giammai di continuo, non faceva distinzione, in tempo di pace, da un soldato ad un altro suddito qualunque; nè v'era Atto alcuno somiglievole a quello, per virtù del quale l'autorità necessaria al governo delle truppe regolari, annualmente si affida al Sovrano. Alcuni vecchi statuti, a dir vero, dichiaravano in certi casi speciali crimenlese la diserzione. Ma tali statuti erano applicabili solo ai soldati nell'atto di prestare servizio al Re in guerra, e non potevansi senza aperta mala fede stiracchiare tanto da applicarli al caso di colui, il quale, in tempo di profonda quiete dentro e fuori lo Stato, sentendosi stanco di rimanere più oltre negli accampamenti di Hounslow facesse ritorno al suo villaggio nativo. Sembra che il Governo non avesse potestà di ritenere un tale uomo più di quella che non ne abbia un fornaio o un sartore sopra i suoi lavoranti. Il soldato e i suoi ufficiali agli occhi della legge erano in pari condizione. S'egli bestemmiava contro loro, era punito come reo di bestemmia; se gli batteva, era processato per offesa. Vero è che le milizie regolari avevano minor freno delle civiche. Perocchè queste erano un corpo istituito da un Atto parlamentare, il quale aveva provveduto che si potessero, per violazione di disciplina, infliggere sommariamente pene leggiere.
Non sembra che sotto il regno di Carlo II si fosse fatta molto sentire la inconvenevolezza pratica di siffatta condizione della legge. Ciò potrebbe forse spiegarsi dicendo che fino all'ultimo anno del suo regno, le forze ch'egli manteneva in Inghilterra, erano precipuamente composte di soldati appartenenti alla casa reale, la cui paga era tanta che la destituzione dal servizio sarebbe stata dalla più parte di loro considerata come una sciagura. Lo stipendio di un soldato comune nelle Guardie del Corpo era una provvisione degna del figlio minore d'un gentiluomo. Anche le Guardie a piedi erano pagate quanto i manifattori in tempi prosperi, ed erano quindi in condizioni tali da essere invidiati dalla classe dei lavoranti. Il ritorno del presidio di Tangeri, e le leve dei nuovi reggimenti avevano apportata una seria riforma. Adesso erano in Inghilterra molte migliaia di soldati, ciascuno dei quali riceveva soli otto soldi di paga per giorno. Il timore d'essere licenziati non era bastevole a tenerli dentro gli stretti confini del dovere: e le pene corporali non potevano legalmente dagli ufficiali essere inflitte. Giacomo aveva quindi due sole vie ad eleggere, o lasciare che la sua armata si disciogliesse da sè, o indurre i Giudici a dichiarare che la legge fosse ciò che ogni giureconsulto sapeva non essere.
A ciò fare importava segnatamente esser sicuro della cooperazione di due tribunali; la Corte del Banco del Re che era il primo tribunale criminale del Regno, e la Corte chiamata del goal-delivery, che sedeva in Old Bailey, ed aveva giurisdizione sopra i delitti commessi nella capitale. In ambedue queste Corti v'erano grandi difficoltà. Herbert, Capo Giudice del Banco del Re, per quanto fino allora si fosse mostrato servile, non avrebbe osato di trascorrere più oltre. Più ostinata resistenza era da aspettarsi

da Giovanni Holt, il quale, come Recorder della città di Londra, occupava il banco in Old Bailey. Holt era uomo eminentemente dotto nella giurisprudenza, dotato di mente lucida, coraggioso ed onesto; e comecchè non fosse stato mai fazioso, le sue opinioni politiche sentivano di spirito Whig. Nulladimeno dinanzi alla volontà del Re disparvero tutti gli ostacoli. Ad Holt fu tolto l'ufficio. Herbert ed un altro giudice furono cacciati dal Banco del Re; e que' posti vacanti vennero dati ad uomini nei quali il Governo poteva pienamente confidare. E per vero dire, ei fu mestieri scendere a ciò che vi era di più basso nel ceto legale per trovare uomini pronti a rendere i servigi richiesti dal Re. La ignoranza del nuovo Capo Giudice Sir Roberto Wright passava in proverbio; e pure la ignoranza non era il peggiore dei suoi difetti. Era stato rovinato da' vizii, aveva ricorso a mezzi infami per far danari, ed una volta fece un falso affidavit, ovvero dichiarazione con giuramento, per guadagnare cinquecento sterline. Povero, dissoluto e svergognato, era divenuto uno dei parassiti di Jeffreys, che lo promosse nel medesimo tempo in cui lo caricava d'insulti. Tale era l'uomo scelto da Giacomo a Lord Capo Giudice d'Inghilterra. Un certo Roberto Allibone, che era nelle leggi anche più ignorante di Wright, e come cattolico romano non poteva occupare impieghi, fu fatto secondo giudice del Banco del Re. Sir Bartolommeo Shower, ugualmente noto come Tory servile ed oratore noioso, fu nominato Recorder di Londra. Dopo tali variazioni, a parecchi disertori fu fatto il processo. Vennero dichiarati rei a dispetto della lettera e dello spirito della legge. Alcuni furono condannati a morte nel Banco del Re, altri in Old Bailey. Vennero impiccati al cospetto dei reggimenti ai quali appartenevano; e s'ebbe cura che la esecuzione della sentenza fosse annunziata nella gazzetta di Londra, la quale di rado dava notizia di siffatti eventi. IV. Era da credersi che la legge, violata con tanta impudenza da Corti la cui autorità derivava interamente da quella, e che avevano costume di toglierla a guida nei loro giudizii, sarebbe poco rispettata da un tribunale istituito da un capriccio tirannico. La nuova Alta Commissione nei primi mesi della sua esistenza aveva semplicemente inibito ad alcuni chierici lo esercizio delle loro funzioni spirituali; essa non aveva attentato ai diritti di proprietà. Ma sul principio del 1687, e' fu deliberato di colpire cotesti diritti, e di porre in mente ad ogni prete e prelato anglicano la convinzione, che, ricusando di aiutare il Governo a distruggere la Chiesa di cui egli era ministro, verrebbe in un attimo ridotto alla miseria.
Sarebbe stata prudenza farne la prima prova sopra qualche oscuro individuo. Ma era tanta la cecità del Governo, che in una età più credula si sarebbe chiamata fatalità. A un tratto dunque fu dichiarata la guerra alle due più venerabili corporazioni del reame, voglio dire alle Università d'Oxford, e di Cambridge.
V. Que' due grandi corpi da lunghissimi anni erano stati molto potenti; e la potenza loro in sul declinare del secolo decimo settimo era giunta al più alto grado. Nessuno dei paesi vicini poteva gloriarsi di centri di dottrina splendidi ed opulenti al pari di quelli. Le scuole d'Edimburgo e di Glasgow, di Leida e di Utrecht, di Lovanio e di Lipsia, di Padova e di Bologna, sembravano dappoco ai dotti ch'erano stati educati nei magnifici istituti di Wykeham e di Wolsey, di Enrico VI, e d'Enrico VIII. Le lettere e le scienze nel sistema accademico d'Inghilterra, erano circondate di gran pompa, avevano una magistratura, ed erano strettamente connesse con tutte le più auguste istituzioni dello Stato. Essere Cancelliere d'una Università reputavasi onorificenza, alla quale ardentemente ambivano i magnati del Regno. Rappresentare una Università in Parlamento era scopo all'ambizione degli uomini di Stato. I nobili e perfino i principi inorgoglivansi di ricevere da una Università il privilegio d'indossare la veste scarlatta di dottore. I curiosi erano attratti alle Università dal diletto di ammirare quegli antichi edifizi ricchi di memorie del medio evo, quelle moderne fabbriche che mostravano quanto potessero gli squisiti ingegni di Jones e di Wren, quelle magnifiche sale e cappelle, i Musei, i giardini botanici, e le sole grandi Biblioteche pubbliche che a quei tempi esistessero nel Regno. La pompa che Oxford mostrava nelle solennità, rivaleggiava con quella dei principi sovrani. Quando il venerando Duca d'Ormond Cancelliere di quell'Università, coperto del suo manto ricamato, sedeva sul trono sotto la dipinta volta del teatro di Sheldon, circondato da centinaia di graduati vestiti secondo l'ordine loro, mentre i più nobili giovani dell'Inghilterra solennemente a lui presentavansi come candidati pe' grandi accademici, egli faceva una comparsa regale quasi al pari del suo signore nella Sala del Banchetto in Whitehall. Nella Università s'erano educati gl'intelletti di quasi tutti i più eminenti chierici, laici, medici, begli spiriti, poeti, ed oratori del reame, e gran parte dei nobili e dei ricchi gentiluomini. È anche da notarsi che la relazione tra lo scolare e la scuola non rompevasi alla sua partenza da quella. Spesso egli seguitava ad essere per tutta la vita membro del corpo accademico, e come tale votava in tutte le elezioni di maggiore importanza. Serbava quindi per le sue antiche passeggiate lungo il Cam e l'Isis una memoria più affettuosa, che gli uomini educati spesso non

sentono per il luogo della loro educazione. In tutta Inghilterra non era angolo in cui le due Università non avessero grati e zelanti figli. Ogni attentato contro l'onore e gli interessi di Cambridge e di Oxford non poteva non provocare il risentimento d'una possente, operosa e intelligente classe, sparsa in ogni Contea da Northumberland fino a Cornwall.
I graduati residenti, come corpo, allora non erano forse positivamente superiori a quelli dei tempi nostri: ma in paragone delle altre classi sociali occupavano una posizione più alta: imperocchè Cambridge ed Oxford erano allora le sole due città provinciali del Regno, nelle quali si trovasse un gran numero d'uomini eminenti per cultura intellettuale. Anche la metropoli teneva in grande riverenza l'autorità delle Università non solo nelle questioni di teologia, di filosofia naturale e d'antichità classiche, ma altresì in quelle materie nelle quali le metropoli generalmente pretendono il diritto di giudicare in ultimo appello. Dal Caffè Will e dalla platea del teatro regio di Drury Lane i critici riferivansi al giudizio dei due grandi centri del sapere e del gusto. Le produzioni drammatiche, ch'erano state con entusiasmo applaudite in Londra, non riputavansi fuori di pericolo finchè non avessero sperimentato il severo giudizio degli uditori assuefatti a studiare Sofocle e Terenzio.
Le Università d'Inghilterra avevano adoperata tutta la loro influenza morale ed intellettuale a pro della Corona. Carlo I aveva fatto d'Oxford il suo quartiere generale; e tutti i Collegi a impinguare la sua cassa militare avevano fuse le loro argenterie. Cambridge non era meno benevola alla Corona. Aveva mandata anche essa a' regi accampamenti gran parte delle sue argenterie, e avrebbe parimenti dato il resto se la città non fosse stata presa dalle soldatesche del Parlamento. Ambedue le Università dai vittoriosi Puritani erano state severissimamente trattate; ambedue avevano con gioia plaudito alla Restaurazione; fermamente avversata la Legge d'Esclusione; e mostrato profondo orrore alla scoperta della Congiura di Rye-House. Cambridge non solo aveva deposto Monmouth dall'ufficio di Cancelliere, ma ad esprimere come forte abborrisse il tradimento di lui, con modo indegno della sede della sapienza aveva data alle fiamme la tela in cui il pennello di Kneller aveva con isquisitissimo magistero dipinto il ritratto del Duca. Oxford, la quale era più presso agli insorti delle Contrade Occidentali, aveva date prove maggiori della sua lealtà. Gli studenti, con l'approvazione dei loro maestri, avevano a centinaia preso le armi per difendere i diritti ereditari del Re. Tali erano le corporazioni che Giacomo aveva deliberato di insultare e spogliare, rompendo apertamente le leggi e la fede data.
VI. Parecchi Atti di Parlamento, chiari quanto qualunque altro che si contenga nel libro degli Statuti, avevano provveduto che niuno si potesse ammettere ad alcun grado in ambe le Università senza prestare il giuramento di supremazia, e un altro di simile carattere, detto giuramento di obbedienza. Nonostante, nel febbraio del 1687, giunse a Cambridge una lettera del Re che ingiungeva fosse ammesso al grado di Maestro dell'Arti un monaco benedettino chiamato Albano Francis.
Gli ufficiali accademici, ondeggiando tra la riverenza pel Re e la riverenza per le leggi, stavansi gravemente contristati. Mandarono in gran diligenza messaggi al Duca d'Albemarle, successore di Monmouth nella dignità di Cancelliere dell'Università. Lo pregavano di presentare nel suo vero aspetto il caso al Sovrano. Intanto l'archivista e i bidelli andarono ad annunziare a Francis che ove egli prestasse i giuramenti secondo richiedeva la legge, sarebbe subito ammesso. Francis ricusò di giurare, inveì contro gli ufficiali della Università mancatori di rispetto al comando sovrano, e trovandoli inflessibili, montò a cavallo, e corse a recare le sue doglianze a Whitehall.
I Capi dei Collegi allora si ragunarono a consiglio. Vennero consultati i migliori giureconsulti, e tutti unanimemente giudicarono il corpo universitario avere bene operato. Ma già era per via un'altra lettera scritta da Sunderland con altere e minacciose parole. Albemarle annunziò contristatissimo alla Università avere egli fatto ogni sforzo, ma essere stato freddamente e con poca grazia accolto dal Re. Il corpo accademico, impaurito della collera sovrana, e sinceramente desideroso di compiacere ai voleri del Re, ma deliberato di non violare le patrie leggi, gli sottopose le più umili e riverenti spiegazioni, ma indarno. Poco dopo al Vice-Cancelliere e al Senato universitario fu formalmente intimato di comparire, pel dì 21 aprile, dinanzi alla nuova Alta Commissione; il Vice-Cancelliere in persona; il Senato, che è composto di tutti i Dottori e Maestri dell'Università, per mezzo di suoi deputati.
VII. Giunto il dì stabilito, la sala del Consiglio era affollata. Jeffreys teneva il seggio presidenziale. Rochester, dopo che gli era stato tolto il bianco bastone, non era più membro, e gli era succeduto al posto il Lord Ciamberlano Giovanni Sheffield Conte di Mulgrave. La sorte di questo gentiluomo da un solo lato è simile a quella del suo collega Sprat. Mulgrave scrisse versi appena al disopra della mediocrità; ma perchè era uomo d'alto grado nel mondo politico ed elegante, i suoi versi trovarono ammiratori. Il tempo sciolse il prestigio, ma, sciaguratamente per lui, ciò non avvenne se non dopo

che i suoi poetici componimenti per diritto di prescrizione erano stati inseriti in tutte le raccolte dei Poeti inglesi. Per la qual cosa fino a' dì nostri i suoi insipidi Saggi in verso e le sue scempiate canzoni ad Amoretta e Gloriana ristampansi accanto al Como di Milton e al Festino d'Alessandro di Dryden. Onde è che adesso Mulgrave è conosciuto come poetastro, e come tale meritamente spregiato. Nondimeno, egli era, a dir vero, come affermano anche coloro che non lo amavano nè lo stimavano, uomo d'insigni doti intellettuali, e nella eloquenza parlamentare punto inferiore a qual si fosse oratore dei tempi suoi. Il suo carattere morale era spregevole. Egli era libertino senza quella larghezza di cuore e di mano che talvolta rende amabile il libertinismo, ed altero aristocratico senza quella altezza di sentimenti, che talvolta rende rispettabile l'aristocratica alterigia. Gli scrittori satirici di quell'età gli apposero il soprannome di Lord Tuttorgoglio. Eppure cotesto suo orgoglio egli accompagnava con tutti i vizi più abietti. Molti maravigliavansi come un uomo, che aveva così alta opinione della propria dignità, fosse tanto difficile e misero in tutte le sue faccende pecuniarie. Aveva gravemente offesa la famiglia regale osando accogliere in petto la speranza di ottenere il cuore e la mano della Principessa Anna. Disilluso di cotanta speranza, s'era sforzato di riacquistare con ogni bassezza la grazia che per presunzione egli aveva perduta. Il suo epitaffio, composto da lui stesso, rivela tuttora a coloro che traversano l'Abbadia di Westminster, ch'egli visse e morì da scettico nelle cose di religione; e dalle memorie che ci ha lasciate, impariamo come uno dei suoi più ordinari subietti di scherzo fosse la superstizione romana. Ma appena Giacomo salì al trono, Mulgrave cominciò a manifestare forte inclinazione verso il papismo, e in fine privatamente fece sembiante d'esser convertito. Questa abietta ipocrisia era stata ricompensata con un posto nella Commissione Ecclesiastica.

Innanzi cotesto formidabile tribunale si appresentò il Dottore Giovanni Pechell Vice-Cancelliere della Università di Cambridge. Era uomo di non grande abilità e vigoria di carattere, ma lo accompagnavano otto insigni accademici eletti a rappresentare il Senato. Uno di loro era Isacco Newton, Convittore del Collegio della Trinità e Professore di Matematiche. Il suo genio era allora nel massimo vigore. La grande opera, che lo ha collocato di sopra ai geometri e a' naturalisti di tutti i tempi e di tutte le nazioni, stavasi stampando per ordine della Società Reale, ed era pressochè pronta a pubblicarsi. Egli amava fermamente la libertà civile e la religione protestante; ma per le sue abitudini, valeva poco nei conflitti della vita attiva. E però tenne un modesto silenzio fra mezzo ai deputati, lasciando ad uomini maggiormente esperti nelle faccende lo incarico di difendere la causa della sua diletta Università.

Non vi fu mai caso più chiaro di cotesto. La legge non ammetteva stiracchiature. La pratica aveva quasi invariabilmente seguita sempre la legge. Poteva forse essere accaduto che in un giorno di solennità, nel conferirsi gran numero di gradi onorari, fosse passato fra la folla qualcuno senza prestare i giuramenti. Ma tale irregolarità, semplice effetto della inavvertenza e della fretta, non poteva citarsi come esempio. Ambasciatori stranieri di diverse nazioni, ed in ispecie un Musulmano, erano stati ammessi senza giuramento; ma poteva dubitarsi se a cosiffatti casi fossero applicabili la ragione e lo spirito degli Atti del Parlamento. Non pretendevasi nè anco che alcuno il quale, richiesto, avesse ricusato di prestare i giuramenti, ottenesse mai un grado accademico; e questo era precisamente il caso di Francis. I deputati mostraronsi pronti a provare che, regnante Carlo II, parecchi ordini regali erano stati considerati come nulli, perocchè le persone raccomandate non si erano volute uniformare alla legge, e che, in simili casi, il Governo aveva sempre approvato l'operare dell'Università. Ma Jeffreys non volle udire nulla. Disse il Vice-Cancelliere essere uomo debole, ignorante e timido, per lo che disfrenò tutta la insolenza che era per tanti anni stata il terrore di Old Bailey. Lo sventurato Dottore, non avvezzo a tale spettacolo, cadde in disperata agitazione di mente, e perdè la parola. Allorchè gli altri accademici, che potevano meglio difendere la propria causa, provaronsi di parlare, furono duramente fatti tacere: «Voi non siete Vice-Cancelliere; quando lo sarete, parlerete; per ora è vostro debito tenere chiuse le labbra.» Furono cacciati fuori la sala senza che potessero farsi ascoltare. Poco tempo dopo, citati di nuovo a presentarsi, fu loro annunziato che la Commissione aveva deliberato di sospendere Pechell dall'ufficio, e toglierli tutti gli emolumenti ch'erano come sua proprietà. «Quanto a voi altri,» disse Jeffreys «che per la più parte siete ecclesiastici, vi manderò a casa con un testo della Scrittura. Andate, e non peccate mai più, perchè non vi accada peggio.»

VIII. Siffatto procedere potrebbe sembrare bastevolmente ingiusto e violento. Ma il Re aveva già incominciato a trattare Oxford con tanto rigore, che quello mostrato contro Cambridge potrebbe chiamarsi dolcezza. Già il Collegio della Università era stato trasmutato da Obadia Walker in seminario cattolico romano. Già il Collegio della Chiesa-di-Cristo era governato da un decano cattolico. La Messa celebravasi giornalmente in ambidue cotesti collegi. La tranquilla e maestosa città, un tempo sì devota ai principii monarchici, era agitata da passioni non mai per lo innanzi conosciute. I sottograduati, con connivenza dei loro superiori, facevano le fischiate ai membri della congregazione di Walker, e cantavano satire sotto le sue finestre. Sono giunti fino a noi alcuni frammenti delle serenate che mettevano in subbuglio High-Street. Lo intercalare d'una ballata diceva: «Il vecchio Obadia - Canta l'Ave Maria.»

Come i comici giunsero in Oxford, l'opinione pubblica si manifestò con maggior forza. Venne rappresentata la produzione drammatica di Howard intitolata il Comitato. Questo componimento, scritto poco dopo la Restaurazione, dipingeva i Puritani in sembianti odiosi e spregevoli, e però era stato per venticinque anni applaudito dagli Oxfordiani. Adesso piaceva più che mai; imperciocchè per fortuna uno dei precipui caratteri era un vecchio ipocrita che aveva nome Obadia. Gli uditori diedero in fragoroso scoppio d'applausi quando, nell'ultima scena, Obadia viene strascinato fuori con un capestro al collo; e i clamori raddoppiarono quando uno degli attori, alterando la commedia, annunziò che Obadia meritava d'essere impiccato per avere rinnegata la propria religione. Il Re rimase grandemente irritato a tale insulto. Era cotanto rivoluzionario lo spirito della Università, che uno dei nuovi reggimenti - quel desso che ora chiamasi Secondo dei Dragoni delle Guardie - fu acquartierato in Oxford, onde impedire uno scoppio.

Dopo cotesti fatti Giacomo avrebbe dovuto convincersi che la via da lui presa doveva di necessità condurlo a ruina. Ai clamori di Londra era da lungo tempo assuefatto. S'erano levati contro lui ora giustamente ed ora a torto. Egli li aveva più volte affrontati, e poteva forse tuttavia affrontarli. Ma che Oxford, sede della lealtà, quartiere generale dello esercito dei Cavalieri, luogo dove il padre e il fratello trasferirono la corte loro quando non si tenevano più sicuri nella loro tempestosa metropoli, luogo dove gli scritti dei grandi intelletti repubblicani erano stati di recente dati alle fiamme, fosse ora agitata da sinistri umori; che quegli animosi giovani, i quali pochi mesi innanzi avevano ardentemente prese le armi contro gl'insorti delle Contrade Occidentali, avessero ad essere con difficoltà tenuti in freno dalla carabina e dalla spada, erano segni di cattivo augurio per la casa degli Stuardi. Tali ammonimenti, nondimeno, tornarono inutili allo stupido, inflessibile e testardo tiranno. Era deliberato di dare alla sua Chiesa i più ricchi e splendidi stabilimenti d'Inghilterra. A nulla giovarono le rimostranze dei migliori e più savi tra' suoi consiglieri cattolici romani. Gli dimostrarono come egli potesse rendere grandi servigi alla causa della sua religione, senza violare i diritti di proprietà. Un assegnamento annuo di due mila lire sterline, che agevolmente poteva trarsi dal suo tesoro privato, sarebbe bastato a mantenere un collegio di Gesuiti. Siffatto collegio provveduto di abili, dotti e zelanti precettori, sorgerebbe come formidabile rivale alle vecchie istituzioni accademiche, le quali mostravano non pochi segni di quella languidezza, che è quasi inseparabile dal sentirsi sicuro ed opulento. Il collegio di Re Giacomo tosto verrebbe considerato, anche dagli stessi Protestanti, il primo istituto d'educazione nell'isola e per scienza e per disciplina morale. Ciò sarebbe il mezzo più efficace e meno odioso con che umiliare la Chiesa Anglicana ed esaltare la cattolica. Il Conte d'Ailesbury, uno dei più fidi servitori della regale famiglia, quantunque Protestante, offerse mille lire sterline per mandare ad esecuzione quel disegno, più presto che vedere che il suo signore violasse i diritti di proprietà, e rompesse la fede data alla Chiesa dello Stato. Tale proposta, nondimeno, non piacque al Re, come quella che, a dir vero, per molte ragioni, era poco convenevole alla dura indole di lui. Imperciocchè aveva non poco diletto a domare e sconfiggere l'altrui volontà, e gli doleva privarsi dei propri danari. Ciò ch'egli non aveva la generosità di fare a proprie spese, voleva farlo a spese degli altri. Deliberato di conseguire un fine, l'orgoglio e l'ostinazione gl'impedivano di retrocedere; e a poco per volta si era già ridotto a commettere atti di turchesca tirannide, atti che ridussero la nazione a convincersi che la proprietà di un libero possidente inglese sotto un Re cattolico romano non era punto sicura, come non lo era quella d'un greco sotto la dominazione musulmana.

IX. Il Collegio della Maddalena in Oxford, fondato nel secolo decimoquinto da Guglielmo di Waynflete Vescovo di Winchester e Lord Gran Cancelliere, era uno dei più cospicui dei nostri istituti accademici. Una graziosa torre, in cima alla quale all'alba del dì primo di maggio i coristi cantavano un inno latino, presentavasi da lungi all'occhio del viandante che veniva da Londra. Come egli appressavasi, la vedeva sorgere fra' merli sopra una vasta mole bassa ed irregolare, ma singolarmente veneranda, la quale, cinta di verdura, signoreggiava le lente acque del Cherwell. Egli entrava per una porta sormontata da una leggiadra finestra, e penetrava in uno spazioso chiostro ornato d'immagini rappresentanti le virtù e i vizi, rozzamente scolpite in pietra grigia dai muratori del secolo decimoquinto. La mensa della società era con profusione apparecchiata in un magnifico refettorio adorno di pitture e di fantastici intagli. Il servizio di chiesa facevasi mattina e sera in una cappella, ch'era stata molto danneggiata da' Riformatori e dai Puritani, ma tuttavia, così guasta, era edificio d'insigne bellezza, ai tempi nostri ristaurato con arte e con gusto squisiti. I vasti giardini lungo la riva del fiume, erano notevoli per la grandezza degli alberi, fra mezzo ai quali torreggiava una delle maraviglie della vegetazione dell'isola, cioè una quercia gigantesca, secondo che comunemente dicevasi, d'un secolo più antica del più antico collegio dell'Università.

Gli statuti collegiali ordinavano che i Re d'Inghilterra e i Principi di Galles dovessero alloggiare alla Maddalena. Eduardo IV vi aveva abitato quando la fabbrica non era peranche finita. Riccardo III vi aveva tenuto corte, udito le dispute nella sala, regalmente festeggiato, e a rimunerare i suoi ospiti aveva loro fatto presenti di daini delle sue foreste. Due eredi presuntivi della Corona, anzi tempo spenti, Arturo fratello maggiore di Enrico VIII, ed Enrico fratello maggiore di Carlo I, erano stati membri di quel collegio. Un altro Principe del sangue, l'ultimo e migliore degli Arcivescovi cattolici romani di Canterbury, il buon Reginaldo Polo, vi aveva fatti i suoi studi. A' tempi della guerra civile il Collegio della Maddalena era rimasto fido alla Corona. Ivi Rupert aveva stabilito il suo quartiere generale; e le sue trombe s'udivano per quei quieti chiostri quando egli ragunava i suoi cavalli per muovere a qualcuna delle sue più audaci intraprese. La maggior parte dei collegiali erano ecclesiastici, e non potevano aiutare il Re se non con preci e pecunia. Ma un collega loro, il quale era Dottore in Diritto Civile, fece leva d'una schiera di sottograduati, e cadde valorosamente combattendo alla loro testa contro i soldati d'Essex. Posate le armi, e venuta la Inghilterra sotto la dominazione delle Teste-Rotonde, sei settimi dei membri del collegio ricusarono di sottomettersi agli usurpatori: per la qual cosa furono cacciati dalle loro abitazioni, e privati delle rendite. Coloro che sopravvissero alla Restaurazione, fecero ritorno alle loro gradite stanze. Adesso era loro succeduta una generazione d'uomini, i quali ne avevano ereditato le opinioni e lo spirito. Mentre infuriava la ribellione delle Contrade Occidentali, tutti coloro che nel Collegio della Maddalena la età o la professione non impediva dal portare le armi, erano ardentemente accorsi a combattere a pro della Corona. E' sarebbe difficile trovare in tutto il Regno una corporazione, che al pari di cotesta fosse meritevole della gratitudine degli Stuardi.

La società era composta d'un Presidente, di quaranta Convittori (Fellows), di trenta scolari chiamati Demies, e d'un convenevole numero di cappellani, cherici e coristi. A tempo della visita generale sotto il regno di Enrico VIII, le rendite del collegio erano molto maggiori di quelle d'ogni altro simigliante istituto nel reame, maggiori quasi per metà di quelle del magnifico istituto da Enrico VI fondato in Cambridge; e assai più del doppio di quelle che Guglielmo Wykeham aveva assegnato al suo collegio in Oxford. Sotto Giacomo II le ricchezze della Maddalena erano immense, e la fama le esagerava. Dicevasi comunemente che il collegio fosse più ricco delle più ricche Abadie del continente; e il popolo affermava che, finiti i fitti esistenti, la entrata crescerebbe fino alla somma prodigiosa di quaranta mila lire sterline l'anno. I Convittori, per virtù degli statuti compilati dal fondatore, avevano potestà di eleggere il presidente fra coloro che erano allora o erano stati convittori o della Maddalena o del Collegio Nuovo. Avevano per lo più siffatta potestà liberamente esercitato. Ma alcuna volta il Re aveva raccomandato qualche partigiano della Corte alla scelta degli elettori; e in tali casi il collegio s'era mostrato riverente ai desiderii del Sovrano.

Nel marzo del 1687, il Presidente della Maddalena finì di vivere. Aspirava a succedergli uno dei Convittori, cioè il Dottore Tommaso Smith, volgarmente soprannominato Rabbi Smith, insigne viaggiatore, bibliofilo, antiquario, ed orientalista, già stato cappellano di legazione a Costantinopoli, e adoperato a collazionare il Manoscritto Alessandrino. Credeva di meritare la protezione del Governo come uomo dotto e come Tory zelante. E davvero era ardentemente e fermamente il più realista che si potesse trovare in tutta la Chiesa Anglicana. Da lungo tempo aveva stretta amicizia con Parker Vescovo d'Oxford, per mezzo del quale egli sperava ottenere dal Re una lettera commendatizia al collegio; Parker gli promise di fare il possibile, ma tosto riferì di avere incontrato parecchie difficoltà. «Il re» disse egli «non raccomanderà alcuno che non sia amico alla religione della Maestà Sua. Che potreste voi fare per compiacerlo in quanto a ciò?» Smith rispose che ove egli fosse fatto Presidente, farebbe ogni sforzo per promuovere le lettere, la vera religione di Cristo, e la lealtà verso il Sovrano. «Ciò non servirebbe» disse il Vescovo. «Se è così» rispose animosamente Smith, «sia chi si voglia il Presidente: io non posso promettere altro.»

X. La elezione era stabilita pel dì 13 aprile, e ai Convittori fu annunziato di ragunarsi. Dicevasi che il Re manderebbe una lettera a raccomandare pel posto vacante un certo Antonio Farmer. Era stato membro della Università di Cambridge ed aveva schivato di essere espulso, accortamente ritirandosi a

tempo. S'era quindi collegato co' Dissidenti; e poi, recatosi ad Oxford, era entrato nel Collegio della Maddalena, dove si rese notevole per ogni generazione di vizi. Quasi sempre strascinavasi al collegio a notte avanzata, senza potere profferire parola, come colui ch'era briaco. Acquistò fama per essersi messo a capo d'un tumulto in Abingdon. Frequentava sempre i convegni dei libertini. In fine, fattosi lenone, era disceso anche al di sotto della ordinaria sozzura del suo mestiere, ricevendo danari da certi dissoluti giovani per aver loro resi servigi tali che il labbro pudico della storia non può ricordare senza arrossirne. Cotesto sciagurato, nondimeno, aveva simulato di farsi papista, e la sua apostasia fu considerata come bastevole espiazione di tutti i suoi vizi. E comecchè fosse ancora giovine d'anni, fu dalla Corte scelto a governare una grave e religiosa società, nella quale era tuttavia fresca la scandalosa memoria del suo depravato vivere.
Come cattolico romano, egli, secondo la legge comune del paese, non poteva occupare veruno ufficio accademico. Per non essere mai stato Convittore della Maddalena o del Collegio Nuovo, non poteva, in virtù d'un ordinamento speciale di Guglielmo Waynflete, essere eletto Presidente. Guglielmo aveva anche comandato a coloro che dovevano fruire della liberalità sua, di badare peculiarmente alla moralità di colui che dovevano eleggere a loro capo; e quand'anche egli non avesse lasciato scritto cotale comandamento, una corporazione composta in massima parte di ecclesiastici non poteva decentemente affidare ad un uomo quale era Farmer il governo d'un istituto d'educazione.
I Convittori rispettosamente esposero al Re le difficoltà in cui si troverebbero, ove, come ne correva la voce, Farmer venisse loro raccomandato; e pregavano, che qualora piacesse alla Maestà Sua immischiarsi nella elezione, proponesse qualche persona a favore della quale potessero legalmente e con sicura coscienza votare. La rispettosa preghiera fu posta in non cale. La lettera del Re giunse, e fu recata da Roberto Charnock, che dianzi s'era fatto papista, uomo fornito di coraggio e di qualità, ma di sì violenta indole che pochi anni dopo commise un atroce delitto ed ebbe miseranda fine. Il dì 13 aprile, la società congregossi nella cappella. Speravano tutti che il Re si movesse alla rimostranza che gli avevano presentata. L'assemblea quindi si aggiornò al dì 15, che era l'ultimo giorno, nel quale, secondo gli statuti del collegio, la elezione doveva aver luogo. Giunto il predetto giorno, i Convittori ragunaronsi di nuovo entro la cappella. Non v'era risposta alcuna da Whitehall. Due o tre degli anziani, fra' quali era Smith, inchinavano a posporre ancora la elezione, più presto che fare un passo che avrebbe potuto offendere il Re. Ma il testo degli statuti, che i membri del collegio avevano giurato di osservare, era chiaro. Fu quindi generale opinione di non ammettere altro indugio. Ne seguì vivissima discussione. Gli elettori erano sì concitati che non potevano starsi nei loro seggi, e tumultuavano. Coloro che volevano la elezione immediata, richiamavansi a' loro giuramenti ed alle prescrizioni del fondatore, del quale mangiavano il pane, e ripetevano il Re non avere diritto d'imporre un candidato anche avente i necessari requisiti. Fra mezzo alla contesa udironsi alcune parole spiacevoli alle orecchie d'un Tory, sì che Smith irritato esclamò: lo spirito di Ferguson avere invaso i cuori dei suoi confratelli. Finalmente e' fu deliberato di fare subito la elezione. Charnock uscì fuori della cappella. Gli altri Convittori, ricevuta la comunione, procederono a votare, e sortì eletto Giovanni Hough uomo di grande virtù e prudenza, il quale avendo sostenuto con fortezza la persecuzione, e con mansuetudine la prosperità, elevatosi a più alte dignità e rifiutatene anche di maggiori, morì estremamente vecchio, senza perdere la vigoria della mente, cinquantasei e più anni dopo quel memorando giorno.
La società affrettossi a far conoscere al Re le circostanze che avevano reso necessario lo eleggere senza altro indugio il Presidente, e pregarono il Duca di Ormond, come patrono della Università, e il Vescovo di Winchester, come ispettore del Collegio della Maddalena, perchè volessero assumersi l'ufficio d'intercessori: ma il Re, torpido di mente, era siffattamente incollerito che non volle ascoltare spiegazioni.
XI. Nei primi giorni di giugno, i Convittori furono citati ad appresentarsi dinanzi all'Alta Commissione in Whitehall. Cinque di loro, come deputati degli altri, obbedirono. Jeffreys gli trattò secondo suo costume. Quando uno di loro, ch'era un venerando Dottore nomato Fairfax, espresse qualche dubbio intorno alla validità della Commissione, il Cancelliere cominciò ad urlare a guisa di belva feroce: «Chi è costui? Chi gli ha dato lo incarico di venire a far lo impudente in questo luogo? Chiappatelo; mettetelo in secreta. Che fa egli senza custode? Egli è pazzo, ed è sotto la mia custodia. Mi maraviglio che nessuno sia venuto a richiedermelo per tenerlo in buona guardia.» Poichè si fu così sfogato, e furono lette le deposizioni concernenti il carattere morale del candidato proposto dal Re, nessuno dei Commissari ebbe la sfrontatezza di asserire che un tale uomo potesse convenevolmente essere eletto capo d'un gran collegio. Obadia Walker e gli altri papisti d'Oxford i quali trovavansi lì presenti a

difendere gl'interessi del loro proselito, rimasero estremamente confusi. La Commissione dichiarò nulla la elezione di Hough, e sospese Fairfax dall'ufficio di Convittore: ma non fu più ragionato di Farmer; e nel mese di agosto giunse ai Convittori una lettera del Re, il quale proponeva loro Parker, Vescovo d'Oxford.

XII. Parker non era apertamente papista. Nondimeno esisteva contro lui un impedimento, il quale, quando anche la presidenza fosse stata vacante, sarebbe stato decisivo: imperocchè egli non era mai stato Convittore nè della Maddalena, nè del Collegio Nuovo. Ma la presidenza non era vacante: Hough era stato debitamente eletto; e tutti i membri del Collegio erano tenuti per sacramento a sostenerlo nell'ufficio. E però, significando la lealtà e il rincrescimento loro, scusaronsi di non potere obbedire ai comandi del Re.

Mentre Oxford in siffatto modo opponeva ferma resistenza alla tirannide, altri altrove non meno ferma opposizione faceva. Tempo innanzi, Giacomo, ai rettori della Certosa, che erano uomini d'altissimo grado e reputatissimi nel Regno, aveva comandato d'ammettere un certo Popham cattolico romano allo Spedale loro sottoposto. Il Direttore Tommaso Burnet, ecclesiastico insigne per ingegno, dottrina e virtù, ebbe il coraggio di dir loro, quantunque il feroce Jeffreys fosse del seggio, come ciò che da loro volevasi era contrario alla volontà del fondatore, non che ad un Atto del Parlamento. «E che importa ciò?» disse un cortigiano che era uno dei governatori. «Importa molto, io credo,» rispose una voce resa fioca dagli anni e dal dolore, e che non pertanto moveva da tal uomo da essere udita con rispetto, cioè la voce del venerando Ormond. «Un Atto di Parlamento» seguitò il patriarca dei Cavalieri «non è, secondo il mio giudicio, cosa di lieve momento.» Fu messa innanzi la questione se Popham dovesse essere ammesso, e fu risoluta pel no. Il Cancelliere, che non potè sfogarsi bestemmiando e imprecando contro Ormond, uscì fuori spumante di rabbia e fu seguito da pochi altri, di guisa che i membri rimasti non furono più in numero legale, e non poterono fare una formale risposta all'ordine sovrano.

L'altra adunanza ebbe luogo solo due giorni dopo che l'Alta Commissione aveva con sua sentenza cassato la elezione di Hough e sospeso Fairfax. Un secondo ordine sovrano, munito del Gran Sigillo, fu presentato ai rettori: ma il tirannesco modo con cui era stato trattato il Collegio della Maddalena, aveva maggiormente destato il loro coraggio invece di domarlo. Scrissero una lettera a Sunderland, onde pregarlo ad annunziare al Re come essi in quel negozio non potessero obbedire alla Maestà Sua, senza violare la legge e mancare al debito loro.

E' non è dubbio veruno che se cotesto documento fosse stato sottoscritto da nomi ordinari, il Re sarebbe trascorso a qualche eccesso. Ma anche a lui imponevano riverenza i grandi nomi di Ormond, Halifax, Danby, e Nottingham, capi di tutti i vari partiti ai quali egli andava debitore della Corona. E però fu pago di ordinare che Jeffreys pensasse quale fosse la via da prendersi. Una volta fu annunciato che verrebbe istituito un processo nella Corte del Banco del Re; un'altra, che la Commissione Ecclesiastica evocherebbe a sè la faccenda; ma tali minacce a poco a poco svanirono.

XIII. La estate era bene inoltrata allorquando il Re intraprese un viaggio, il più lungo e più magnifico che da molti anni i sovrani d'Inghilterra avessero fatto. Da Windsor il dì 16 agosto egli passò a Portsmouth, girò attorno le fortificazioni, toccò parecchie persone scrofolose, e quindi imbarcatosi in uno dei suoi legni giunse a Southampton. Da Southampton viaggiò a Bath, dove rimase pochi giorni e lasciò la Regina. Nel partirsi fu accompagnato dal Grande Sceriffo della Contea di Somerset e da una numerosa coorte di gentiluomini fino ai confini, dove il Grande Sceriffo della Contea di Gloucester con un non meno splendido accompagnamento stavasi ad aspettarlo. Il Duca di Beaufort corse ad incontrare i cocchi del Re e li condusse a Badminton, dove era apparecchiato un banchetto degno della rinomata magnificenza della sua casa. Nel pomeriggio, la cavalcata procedè fino a Gloucester; e a due miglia dalla città fu salutata dal Vescovo e dal clero. A Porta Orientale aspettavala il Gonfaloniere recando le chiavi. Le campane sonavano a festa; e le fontane versavano vino mentre il Re traversava le vie per andare al ricinto che chiude il venerando Duomo. Dormì quella notte nel decanato, e la dimane partì per Worcester. Da Worcester andò a Ludlow, Shrewsbury, e Chester, e venne in ogni luogo accolto con segni di riverenza e di gioia, dimostrazioni ch'egli ebbe la debolezza di considerare come prove che il malcontento, provocato dagli atti suoi, era ormai cessato, e che egli poteva di leggieri riportare piena vittoria. Barillon, il quale era più sagace, scrisse a Luigi che il Re d'Inghilterra illudevasi, che il viaggio non aveva recato nessun bene positivo, e che quegli stessi gentiluomini delle Contee di Worcester e di Shrop i quali avevano creduto loro debito accogliere il loro ospite e Sovrano con ogni segno d'onorificenza, si troverebbero più disubbidienti che mai quando verrebbe fuori la questione intorno all'Atto di Prova.

Lungo il viaggio, al regio corteo si congiunsero due cortigiani per indole ed opinioni l'uno dall'altro grandemente diversi. Penn trovavasi a Chester per un giro pastorale. La popolarità e l'autorità ch'egli aveva fra' suoi confratelli erano grandemente scemate sino da quando egli s'era fatto strumento del Re e dei Gesuiti. Ei fu, nondimeno, assai graziosamente accolto da Giacomo, e la domenica gli fu concesso di arringare in piazza, mentre Cartwright predicava dentro il Duomo, e il Re ascoltava la Messa ad un altare appositamente accomodato nel Palazzo della Contea. E per vero dire si disse che la Maestà Sua si degnasse di recarsi alla ragunanza dei Quacqueri, ed ascoltare con gravità la melodiosa eloquenza dell'amico suo.
Il furioso Tyrconnel era arrivato da Dublino per rendere conto della propria amministrazione. Tutti i più spettabili Inglesi cattolici lo guardavano di mal occhio, considerandolo come nemico della loro razza e scandalo della religione loro. Ma egli fu cordialmente accolto dal suo signore, il quale lo accomiatò dandogli più che mai assicurazioni di fiducia e di appoggio. Piacque grandemente a Giacomo l'udire che tra breve lo intero Governo d'Irlanda si ridurrebbe in mano dei soli Cattolici Romani. Ai coloni inglesi era stato già tolto ogni potere politico; null'altro rimaneva che privarli delle loro sostanze; oltraggio, ch'era differito finchè si fosse a ciò fare assicurata la cooperazione d'un Parlamento irlandese.
Dalla Contea di Chester il Re si volse verso il mezzogiorno, e indubitabilmente credendo che i Convittori del Collegio della Maddalena, comunque turbolenti, non ardirebbero disobbedire ad un comandamento uscito dalle stesse sue labbra, s'avviò a Oxford. Cammino facendo, visitò vari luoghi che peculiarmente lo interessavano, come Re, come fratello, e come figlio. Visitò il tetto ospitale di Boscobel e gli avanzi della quercia tanto famosa nella storia di sua famiglia. Cavalcò al campo d'Edgehill, dove i Cavalieri primamente pugnarono coi soldati del Parlamento. Il dì 3 di settembre, pranzò solennemente nel palazzo di Woodstock, antica e rinomata magione, della quale adesso non resta nè anco una pietra, ma il cui sito sul prato del parco di Blenheim è indicato da due sicomori che sorgono presso al magnifico ponte.
XIV. La sera ei giunse ad Oxford, e vi fu ricevuto co' soliti onori. Gli studenti con indosso l'abito accademico erano schierati a salutarlo a destra e a sinistra dallo ingresso della città fino alla porta maggiore dalla Chiesa-di-Cristo. Prese stanza al decanato, dove fra gli altri preparamenti a convenevolmente riceverlo, trovò una cappella acconcia alla celebrazione della Messa. Il dì seguente al suo arrivo i Convittori della Maddalena ebbero ordine di appresentarsi a lui. Quando gli furono dinanzi, gli ricevè con insolenza maggiore di quella che i Puritani avevano usata ai loro antecessori. «Voi non vi siete condotti meco da gentiluomini,» esclamò Giacomo. «Voi siete stati male educati e avete mancato al proprio dovere.» E quelli, cadendo sulle proprie ginocchia, gli porgevano una petizione, ch'egli non volle ricevere. «È questa la lealtà di cui mena sì gran vanto la vostra Chiesa Anglicana? Non avrei mai creduto che tanti chierici della Chiesa d'Inghilterra si trovassero immischiati in siffatto negozio. Andate via, andate. Io sono il Re, e voglio essere ubbidito. Adunatevi sull'istante nella vostra cappella, ed eleggete il Vescovo d'Oxford. Coloro che ricuseranno, ci pensino prima. Sentiranno sui loro capi tutto il peso della mia mano. Sapranno che importi spiacere al loro Re.» I Convittori, rimanendo tuttavia inginocchioni, di nuovo porsero la petizione. Ma il Re irato, gettandola via, gridò: «Toglietevi dal mio cospetto, vi dico; non riceverò nulla da voi, finchè non abbiate eletto il Vescovo.»
Se ne andarono, e senza un momento d'indugio ragunaronsi nella loro cappella. Proposero se si avesse ad obbedire ai comandi del Re. Smith era assente. Il solo Charnock dètte il voto affermativo. Gli altri Convittori che ivi trovavansi, dichiararono d'essere in ogni cosa pronti ad obbedire al Re, ma di non volere violare gli statuti e i giuramenti loro.
Il Re, gravemente incollerito e mortificato per la sua sconfitta, si partì da Oxford e andò a raggiungere la Regina in Bath. Per la ostinazione e violenza sue ei s'era posto in una impacciosa situazione. Aveva avuta molta fiducia nello effetto del suo cipiglio e delle sue sdegnose parole, ed aveva sull'esito della contesa incautamente giocato non il solo credito del suo Governo, ma la sua dignità personale. Poteva egli cedere ai suoi sudditi da lui minacciati a voce alta e con furiosi gesti? E nondimeno poteva egli rischiarsi a destituire in un solo giorno una folla di rispettabili ecclesiastici, rei soltanto di avere adempito ciò che la nazione intera considerava come debito loro? Forse si sarebbe potuta trovare una via ad uscirne da questo dilemma. Forse il collegio si sarebbe potuto ridurre alla sommissione per mezzo del terrore, delle carezze, della corruzione.
XV. E però si dètte incarico a Penn d'accomodare la faccenda. Egli aveva tanto buon senso da non approvare il violento ed ingiusto procedere del Governo, e perfino rischiossi ad esprimere in parte il

proprio intendimento. Giacomo, come sempre, ostinavasi nel torto. Il Quacquero cortigiano fece ogni sforzo per sedurre il collegio ad uscire dalla diritta via. Parimente provossi ad intimidirlo, dicendo il collegio correre a certa rovina; il Re essere grandemente corrucciato; il caso potere farsi, come da tutti generalmente credevasi, gravissimo; non esservi fanciullo il quale non pensasse che Sua Maestà voleva fare a suo modo, e non avrebbe sofferto di essere avversata. Per le quali cose Penn esortava i Convittori a non confidare nella rettitudine della loro causa, ma a sottomettersi, o almeno a temporeggiare. Tali consigli parvero stranissimi sulle labbra d'un uomo, il quale era stato espulso dalla Università per avere suscitato un tumulto in occasione della cotta da prete, il quale aveva corso pericolo d'essere diseredato più presto che far di cappello ai principi del sangue, ed era stato più volte messo in carcere per avere arringato nelle conventicole. Non gli riuscì di intimorire i Convittori della Maddalena. I quali rispondendo ai suoi ammonimenti rammentarongli come nella passata generazione trentaquattro sopra quaranta Convittori avevano lietamente abbandonato i loro diletti chiostri e giardini, la sala, la cappella, andando alla ventura senza tetto nè pane, piuttosto che violare il giuramento di fedeltà al legittimo Sovrano. Il Re adesso volendoli costringere a rompere un altro giuramento, si sarebbe accorto che l'antico coraggio non era spento nel Collegio della Maddalena.
Allora Penn provò maniere più dolci. Ebbe un colloquio con Hough e alcuni dei Convittori, e dopo molte proteste di simpatia ed amicizia cominciò ad accennare ad un compromesso. Il Re non patirebbe contradizione. Era forza che il collegio cedesse. Parker doveva essere eletto. Ma costui era di mal ferma salute; tutti i suoi beneficii tra breve diverrebbero vacanti. «Il Dottore Hough» disse Penn «potrebbe allora diventare Vescovo d'Oxford. Vi piacerebbe ciò, o signori?» Penn aveva spesa la vita a declamare contro un culto salariato. Sosteneva d'essere tenuto a ricusare il pagamento della decima, e ciò quando aveva comperato terreni soggetti alla decima, e gli era stato concesso redimerli pagando un tanto. Secondo i suoi stessi principii, egli commetteva un grave peccato adoperandosi ad ottenere un beneficio ad onorevolissime condizioni per il più pio degli ecclesiastici. Nulladimeno fino a tal segno i suoi costumi erano stati corrotti dalle sue cattive relazioni, e il suo intendimento s'era intenebrato per intemperante zelo d'una sola cosa, ch'ei non si fece scrupolo di diventare mezzano di turpissima simonia, e di usare un vescovato come amo a indurre un ecclesiastico allo spergiuro. Hough rispose con cortese dispregio non richiedere altro dalla Corona che la sola giustizia. «Noi stiamo fermi» diss'egli «sui nostri statuti e i giuramenti nostri: ma, anche ponendo da parte giuramenti e statuti, sentiamo il debito di difendere la nostra religione. I papisti ci hanno rubato il Collegio dell'Università, e quello della Chiesa-di-Cristo. Adesso combattono a toglierci la Maddalena. Tra breve avranno il resto.»
Penn ebbe la stoltezza di rispondere ch'egli in verità credeva adesso i papisti sarebbero contenti. «Il Collegio dell'Università è molto piacevole. La Chiesa-di-Cristo è un luogo magnifico. La Maddalena è un bello edificio; convenevole la posizione; deliziosi i viali lungo il fiume. Se i Cattolici Romani sono ragionevoli, potrebbero di ciò chiamarsi satisfatti.» Questa assurda confessione sarebbe sola bastata a rendere impossibile che Hough e i suoi confratelli cedessero. Le pratiche furono rotte; e il Re affrettossi, siccome aveva minacciato, a far provare ai disobbedienti tutto il peso dell'ira sua.
XVI. A Cartwright Vescovo di Chester, a Wright Capo Giudice del Banco del Re, e a Sir Tommaso Jenner, uno dei Baroni dello Scacchiere, fu data commissione speciale di esercitare potestà di ispezione sul collegio. Il dì 20 ottobre giunsero in Oxford scortati da tre compagnie di dragoni con le spade sguainate. Il giorno susseguente presero i loro seggi nella sala della Maddalena. Cartwright pronunciò una orazione piena di sensi di lealtà, che pochi anni innanzi sarebbe stata ricolma d'applausi, e che ora, invece, fu ascoltata con indignazione. Ne seguì una lunga disputa. Il Presidente difese con arte, contegno e coraggio i propri diritti. Protestò grande rispetto per l'autorità regia; ma fermamente sostenne che per virtù delle leggi inglesi era libero possessore della casa e delle rendite annesse all'ufficio di Presidente; di siffatta proprietà sua ei non poteva essere privato da un atto arbitrario del Sovrano. «Vi sottometterete» chiese il Vescovo «alla nostra ispezione?» - «Mi ci sottometto» rispose destramente Hough «tanto quanto è compatibile con le leggi, e non più.» - «Volete voi consegnare le chiavi delle vostre stanze?» disse Cartwright. Hough rimase tacito. L'altro ripetè la dimanda, e Hough rispose con un cortese ma fermo rifiuto. I commissari lo dichiararono intruso, e imposero ai Convittori di non più riconoscere l'autorità di lui, e di assistere alla istallazione del Vescovo d'Oxford. Charnock fu pronto a promettere obbedienza; Smith diede una risposta evasiva; ma tutti gli altri membri del collegio dichiararono fermamente di riconoscere Hough come loro legittimo capo.
XVII. Allora Hough supplicò i Commissari perchè gli dessero licenza di dire poche parole.

Cortesemente consentirono quelli, perocchè speravano ch'egli in grazia dell'indole sua calma e soave cominciasse a cedere. «MiLord,» disse egli «oggidì voi mi avete privato della mia libera proprietà: protesto quindi contro ogni vostro atto come illegale, ingiusto e nullo; e me ne appello al Re nostro sovrano nelle sue corti di giustizia.» Un alto rumore d'applauso levossi fra mezzo agli uditori che riempivano la sala. I Commissari andarono in sulle furie. Invano fecero ricercare dei perturbatori, e volsero la rabbia loro contro il solo Hough. «Non crediate di far bravazzate con noi,» disse Jenner. - «Io sosterrò l'autorità della Maestà Sua» esclamò Wright «finchè avrò fiato in corpo. Tutto questo nasce dalla vostra sediziosa protesta. Voi avete turbata la pace, e ne renderete ragione dinanzi al Banco del Re. V'impongo di presentarvi alla prima sessione sotto pena di mille lire sterline. Vedremo se la potestà civile vi possa mettere la testa a partito; ed ove ciò non basti, proverete l'autorità militare.» E veramente Oxford era in tale fermento che i Commissari vivevano inquieti. A' soldati fu fatto comandamento di caricare le loro carabine. Dicevasi che si fosse spedito a Londra un messo per affrettare l'arrivo d'un rinforzo di milizie. Ciò non ostante, non seguì alcun disturbo. Il Vescovo d'Oxford fu pacificamente istallato per procura: ma soli due membri del collegio erano presenti alla cerimonia. Numerosi segni indicavano che lo spirito di resistenza s'era sparso anco nella plebe. Il portinaio del collegio gettò via le chiavi; il camarlingo ricusò di cancellare dal libro delle spese il nome di Hough, e fu tosto cacciato. In tutta la città non fu possibile trovare un magnano che forzasse la serratura delle stanze del Presidente, e fu d'uopo che gli stessi servitori dei Commissari rompessero le porte con barre di ferro. I sermoni recitati la susseguente Domenica nella chiesa dell'Università erano pieni di considerazioni tali, che Cartwright ne rimase ferito nel vivo; ma erano espresse con tal arte, ch'egli non potè mostrare ragionevole risentimento.

A questo punto, ove Giacomo non fosse stato affatto accecato, le cose si sarebbero potute fermare. I Convittori generalmente non erano inchinevoli a spingere più oltre la resistenza. Opinavano che ricusando di assistere all'ammissione del Presidente intruso, porgerebbero sufficiente prova di rispetto agli statuti e ai giuramenti loro, e che, trovandosi egli in possesso dell'ufficio, potrebbero equamente riconoscerlo per loro capo, finchè una sentenza d'un tribunale competente lo rimovesse. Solo uno dei Convittori, voglio dire il Dottore Fairfax, ricusava di cedere. I Commissari sarebbero volentieri venuti a cotesti patti; e per poche ore vi fu una tregua che molti credevano probabile finisse con un pacifico accomodamento: ma tosto ogni cosa andò sossopra. I convittori si accòrsero che l'opinione pubblica accusavali di codardia. I cittadini già parlavano ironicamente della coscienza dei membri della Maddalena, ed affermavano che il coraggioso Hough e l'onesto Fairfax erano stati traditi e abbandonati. Anche più molesto giungeva loro lo scherno di Obadia Walker e dei suoi confratelli rinnegati. In tal guisa dunque, dicevano gli apostati, dovevano finire tutti i paroloni con che il Collegio aveva dichiarato di difendere ad ogni costo il suo legittimo Presidente, e la sua religione protestante! Mentre i Convittori acremente molestati dal pubblico biasimo, pentivansi della condizionata sommissione alla quale avevano assentito, seppero che il Re non ne era punto soddisfatto. Diceva egli non bastare ch'essi fossero pronti a riconoscere il Vescovo d'Oxford come Presidente di fatto; era d'uopo che distintamente riconoscessero la legalità della Commissione e di tutto ciò che essa aveva operato. Era d'uopo che confessassero d'avere mancato al debito loro, che si dichiarassero pentiti, promettessero di condursi meglio in avvenire, e chiedessero perdono alla Maestà Sua prostrandosi ai suoi piedi. I due Convittori, dei quali il Re non aveva cagione a dolersi, furono esentati dall'obbligo di scendere a tanta umiliazione.

Giacomo - ed è tutto dire - non commise mai un errore più madornale. I Convittori già forte pentiti d'avere concesso tanto, e incitati dal pubblico biasimo, ardentemente colsero il destro di riacquistare la pubblica stima. Dichiararono quindi unanimemente che non avrebbero mai chiesto perdono d'avere ragione, o ammesso la legalità della ispezione del collegio e della destituzione del loro Presidente.

XVIII. Allora il Re, secondo che avea minacciato, fece loro sentire tutto il peso della sua mano. Con un solo decreto furono tutti dannati ad essere espulsi. E poichè sapevasi che molti nobili e gentiluomini, i quali avevano patronato di beneficii, gli avrebbero volentieri dati a coloro che tanto soffrivano per le leggi della Inghilterra e la religione protestante, l'Alta Commissione dichiarò i cacciati Convittori incapaci d'occupare beneficii ecclesiastici; e coloro i quali non avevano per anche presi gli ordini sacri, incapaci di ricevere il carattere clericale. Giacomo poteva gioire pensando d'avere tolto a molti di loro gli agi e le speranze di maggiori dignità, e di averli gettati in una disperata indigenza.

Ma tutti questi rigori produssero un effetto onninamente contrario a quello ch'egli s'era augurato. Lo spirito inglese, quell'indomito spirito che nessun Re della Casa Stuarda potè mai giungere per

esperienza ad intendere, destossi vigorosissimo contro una tanta ingiustizia. Oxford, sede tranquilla delle lettere e della lealtà, era in condizioni somiglievoli a quelle in cui trovavasi la città di Londra il giorno dopo che Carlo I tentò di porre le mani addosso ai cinque rappresentanti della Camera. Il Vice-Cancelliere, invitato a pranzo dai Commissari nel dì stesso della espulsione, ricusò dicendo: «Il mio gusto è ben differente da quello del Colonnello Kirke. Non posso mangiare con appetito accanto ad una forca.» Gli scolari ricusavano di far di cappello ai nuovi rettori della Maddalena. A Smith fu apposto il soprannome di Dottore Birba, e venne pubblicamente insultato in un Caffè. Allorchè Charnock ordinò ai Demies di fare i loro esercizi accademici dinanzi a lui, quelli risposero che essendo privi dei loro legittimi direttori, non volevano sottomettersi all'autorità usurpata. Congregavansi da sè e per gli studi e per gli uffici divini. A corromperli vennero loro offerti lucrosi posti di Convittori che erano per allora stati dichiarati vacanti: ma tutti i sottograduati, uno dopo l'altro, animosamente risposero le loro coscienze non consentire ch'essi traessero profitto dalla ingiustizia. Un solo giovanetto, che venne indotto ad accettare un posto, fu dai colleghi cacciato fuori dalla sala. Vari giovani di altri collegi vennero invitati; ma ogni prova fu vana. Il più ricco istituto che fosse nel Regno sembrava avere perduta ogni attrattiva per gli studenti bisognosi. Frattanto, in Londra e per tutto il reame, facevansi collette per soccorrere i cacciati Convittori. La Principessa d'Orange, a somma soddisfazione di tutti i Protestanti, si firmò per dugento lire sterline. E nondimeno il Re persisteva a procedere nell'intrapreso cammino. Alla cacciata dei Convittori seguì quella d'una folla di Demies. Intanto il nuovo Presidente andava languendo per infermità di corpo e d'animo. Aveva fatto un ultimo e debole sforzo a servire il Governo pubblicando, mentre il collegio era in aperta ribellione contro l'autorità sua, una difesa della Dichiarazione d'Indulgenza, o per dir meglio una difesa della dottrina della transustanziazione. Questo scritto provocò molte risposte, ed in ispecie una dettata con istraordinaria vigoria ed acrimonia da Burnet. Parecchi giorni dopo la espulsione dei Demies, Parker morì nella casa stessa, della quale egli s'era violentemente impossessato. Si disse che il rimorso e la vergogna lo facessero morire di crepacuore. Le sue ossa giacciono nella leggiadra cappella del collegio: ma nessun monumento ne indica il luogo.
XIX. Allora il Re volle mandare ad esecuzione tutto il suo disegno. Il collegio fu trasformato in seminario papale. Bonaventura Giffard, vescovo cattolico di Madura, fu nominato Presidente. Nella Cappella celebravansi i riti cattolici romani. In un solo giorno dodici Cattolici Romani furono ammessi come Convittori. Alcuni abietti Protestanti chiesero il convittorato, ma fu loro risposto con aperto rifiuto. Smith, realista esagerato, ma tuttavia sincero credente nella Chiesa Anglicana, non potè patire di vedere tanta trasformazione, e si assentò. Gli fu fatto comandamento di ritornare alla sua residenza, e non avendo obbedito, fu espulso anch'egli: e in tal guisa l'opera della spoliazione fu compiuta.
La natura del sistema accademico dell'Inghilterra è tale che nessuna cosa, la quale tocchi seriamente lo interesse e l'onore dell'una o dell'altra Università può mancare di produrre grave concitamento in tutto il paese. Per la quale cosa ogni colpo che andasse a percuotere il Collegio della Maddalena, era sentito fino al più remoto angolo del Regno. Nei caffè di Londra, nei tribunali, nei recinti di tutte le cattedrali, nei presbiterii e nelle ville sparse per le più remote Contee, gli uomini tutti sentivano commiserazione per gli sciagurati e sdegno contro il Governo. La protesta di Hough venne in ogni dove applaudita, in ogni dove destava orrore la violenza contro il suo domicilio; ed in fine la cacciata dei Convittori ruppe que' vincoli, un tempo sì forti e sì cari, che congiungevano la Chiesa Anglicana alla Casa Stuarda.
XX. Amari risentimenti e crudeli sospetti da' cuori di tutti cacciarono via lo affetto e la fiducia. Non v'era canonico, non rettore, non vicario, la cui mente non fosse perturbata dal pensiero, che, per quanto la sua indole fosse quieta, ed oscura la sua condizione, potesse in pochi mesi essere cacciato dalla propria abitazione con un editto arbitrario, e ridursi a mendicare lacero e stanco con la moglie e i figliuoli, e vedere occupata da qualche apostata quella proprietà che era a lui assicurata da leggi d'antichità immemorabile e dalla parola sovrana. Tale era dunque la ricompensa di quella eroica lealtà che non venne mai meno fra mezzo alle vicende di cinquant'anni procellosi! Egli era per questo che il clero aveva sostenuto la spoliazione e la persecuzione nella causa di Carlo I! Egli era per questo ch'esso aveva favoreggiato Carlo II, nella sua dura contesa coi Whig! Egli era per questo ch'esso si era spinto in capo alla pugna contro coloro che studiavansi di privare Giacomo del suo diritto ereditario! Alla sola fedeltà del clero, il tiranno era debitore di quel potere ch'egli adesso adoperava ad opprimerlo e rovinarlo. Il clero da lungo tempo era assuefatto a raccontare con acerbe parole tutto ciò che aveva sofferto sotto il dominio dei Puritani. Ma i Puritani potevano in alcun modo escusarsi.

Erano aperti nemici; avevano torti da vendicare; e anche rifoggiando la costituzione ecclesiastica del paese e cacciando chiunque aveva ricusato di riconoscere la loro Convenzione, non erano stati affatto privi di pietà. A colui, al quale avevano tolti i beneficii, avevano almeno lasciato tanto da poter sostenere la vita. Ma l'odio che il Re sentiva contro la Chiesa, la quale lo aveva salvato dallo esilio e posto sul trono, non era tale da potersi di leggieri saziare. Null'altro, fuorchè la estrema rovina delle sue vittime, l'avrebbe potuto far pago. Non bastava che fossero espulsi dalle loro case e spogliati degli averi: furono con maligno studio chiusi dinanzi a loro tutti i sentieri della vita nei quali gli uomini della loro professione potessero procacciarsi la sussistenza; e nulla rimase loro che il precario ed umiliante mezzo d'andare accattando per lo amore di Dio.
Il Clero Anglicano, quindi, e quelli tra' laici, i quali erano partigiani dello episcopato protestante, provavano oggimai pel Re quei sentimenti che la ingiustizia congiunta alla ingratitudine fanno naturalmente nascere e crescere nel cuore umano. Nulladimeno il credente nella Chiesa Anglicana doveva vincere non pochi scrupoli di coscienza e d'onore innanzi d'indursi a resistere con la forza al Governo. Gli era stato insegnato che la obbedienza passiva era comandata senza restrizione o eccezione dalle leggi divine: ed era dottrina ch'egli professava con ostentazione. Aveva sempre spregiata la idea che potrebbe succedere un caso estremo il quale giustificasse colui che sguainasse la spada contro la tirannide regia. Per lo che i propri principii e la vergogna gl'impedivano d'imitare lo esempio delle ribelli Teste-Rotonde, mentre restava speranza di pacifico e legittimo rimedio: la quale speranza poteva ragionevolmente durare finchè la Principessa d'Orange rimaneva erede immediata della Corona. Se ci potesse pazientemente sostenere questa dura prova della sua fede, le leggi della natura farebbero per lui ciò ch'egli non potrebbe fare da sè senza peccato e senza disonore. A' danni della Chiesa verrebbe il rimedio; i beni e la dignità sue sarebbero tutelati da nuove guarentigie; ed a quei perversi ministri, da' quali nei dì dell'avversità aveva patito offese ed insulti, sarebbe inflitta memorabile pena.
XXI. L'avvenimento che la Chiesa Anglicana considerava in futuro come un pacifico ed onorevole fine di tutte le sue perturbazioni, era tale che nè anche i membri più scioperati della cabala gesuitica potevano pensarvi senza gravi timori. Se il loro signore morendo non lasciasse loro altra sicurtà contro le leggi penali se non una Dichiarazione che l'opinione pubblica universalmente considerava come nulla, se un Parlamento animato dallo stesso spirito che aveva predominato nel Parlamento di Carlo II si ragunasse intorno al trono d'un sovrano protestante, non era egli probabile che seguisse una terribile rappresaglia, che le vecchie leggi contro il papismo venissero rigorosamente poste in vigore, e che altre nuove e più severe se ne aggiungessero al libro degli Statuti? I malvagi consiglieri tormentava da lungo un cupo timore, e parecchi di loro meditavano strani e disperati rimedi. Giacomo era appena asceso sul trono allorquando cominciò a correre sorda una voce per le sale di Whitehall, che, ove la Principessa Anna consentisse a farsi cattolica romana, non sarebbe impossibile, col soccorso di Re Luigi, trasferire in lei il diritto ereditario che spettava alla maggiore sorella. Dalla Legazione Francese tale disegno venne caldamente approvato; e Bonrepaux asserì di credere che Giacomo vi avrebbe agevolmente consentito. Nondimeno e' fu in breve tempo a tutti manifesto che Anna irremovibilmente aderiva alla Chiesa Anglicana. Il perchè ogni pensiero di farla Regina fu messo da banda. Nonostante, una mano di fanatici continuavano ancora a nutrire la perversa speranza di giungere a cangiare l'ordine della successione. Il piano da essi immaginato fu espresso in uno scritto di cui rimane una rozza traduzione francese. Dicevano come era da sperare che il Re potesse stabilire la vera religione senza appigliarsi a partiti estremi, ma nel peggior caso potrebbe lasciare la sua corona a disposizione di Luigi. Era meglio per gl'Inglesi essere vassalli della Francia che schiavi del demonio. Questo stranissimo documento corse tanto per le mani dei gesuiti e dei cortigiani, che alcuni insigni Cattolici, nei quali la bacchettoneria non aveva spento lo amore della patria, ne dettero una copia allo Ambasciatore Olandese. Costui lo pose nelle mani di Giacomo; il quale grandemente agitato lo disse foggiato da qualche articolista in Olanda. Il Ministro Olandese risolutamente rispose che poteva provare il contrario con la testimonianza di vari cospicui membri della Chiesa di Sua Maestà; anzi non gli sarebbe tornato difficile additarne lo scrittore, il quale, al postutto, aveva espresso semplicemente ciò che molti preti e molti faccendieri politici andavano tuttodì dicendo nelle sale del palazzo. Il Re non credè opportuno chiedere chi fosse cotesto scrittore, ma lasciando da parte l'accusa di falsità, protestò in tono veemente e solenne che non gli era mai venuto in capo il minimo pensiero di diseredare la maggiore delle sue figliuole. «Nessuno» disse egli «osò giammai accennarmene. Non gli avrei mai prestato ascolto: perocchè Dio non ci comanda di propagare la vera religione per mezzo dell'ingiustizia; e questa sarebbe la più stolta e snaturata ingiustizia.» Nonostante siffatte proteste,

Barillon, pochi giorni dopo, scrisse alla sua Corte che Giacomo aveva incominciato a porgere ascolto a consigli concernenti un cambiamento nell'ordine della successione; che la questione, senza alcun dubbio, era delicatissima, ma v'era ragione a sperare che col tempo e coll'accortezza si troverebbe una via a porre la Corona in capo a qualche Cattolico Romano escludendone le due Principesse. Per molti mesi tale questione seguitò a discutersi da' più arrabbiati e stravaganti papisti cortigiani, i quali giunsero per fino a nominare i candidati alla regia dignità.
XXII. Nulladimeno e' non è probabile che Giacomo intendesse mai appigliarsi a così insano partito. Doveva conoscere che la Inghilterra non avrebbe nè anche per un solo giorno sopportato il giogo d'un usurpatore, il quale per giunta fosse papista, e che ogni attentato contro i diritti della Principessa Maria avrebbe provocato mortale resistenza, e da parte di tutti coloro che avevano difesa la Legge d'Esclusione, e da parte di tutti coloro che l'avevano oppugnata. Non v'è nondimeno il minimo dubbio che il Re fosse complice in una congiura meno assurda ma non meno ingiustificabile contro i diritti delle proprie figliuole. Tyrconnel con l'approvazione del suo signore, aveva ordita una trama a separare la Irlanda dalla Monarchia Britannica, e porla sotto la protezione di Luigi, appena la corona passasse ad un sovrano protestante. Bonrepaux, al quale sopra ciò era stato chiesto consiglio, aveva comunicato quel disegno alla sua Corte, e gli era stato risposto d'assicurare a Tyrconnel che la Francia a compierlo presterebbe ogni efficace soccorso. Coteste pratiche, delle quali, quantunque forse non fossero esattamente conosciute all'Aja, v'era forte sospetto, non debbono porsi da canto qualora si voglia equamente giudicare della condotta che pochi mesi dopo tenne la Principessa d'Orange. Coloro che l'accusano di avere violato il debito filiale, è forza che ammettano che il suo fallo era grandemente escusato pei torti da lei sofferti. Se per giovare alla propria religione ella ruppe i più sacri vincoli del sangue, altro non fece che seguire lo esempio del padre. Essa non consentì a rovesciarlo dal trono se non quando fu certa ch'egli congiurava a diseredarla.
XXIII. Bonrepaux aveva appena ricevute lettere che gli dicevano come Luigi avesse deliberato di aiutare Tyrconnel nella audace intrapresa, allorquando fu forza abbandonarne il pensiero. Nel cuore di Giacomo era già sceso il primo raggio d'una speranza di consolazione e diletto. La Regina era incinta.
Innanzi la fine d'ottobre 1687, la nuova cominciò a bisbigliarsi. E' fu notato come la Regina non fosse intervenuta a qualche pubblica cerimonia, dicendo di non sentirsi bene in salute. E' fu detto che portava sempre addosso molte reliquie alle quali ascrivevasi virtù straordinaria. In breve la novella dalla reggia passò ai caffè della Metropoli e si sparse per tutto il paese. Pochi ne accolsero con gioia lo annunzio. Quasi tutta la nazione l'udì con un sentimento misto di timore e di scherno. Certo non v'era nulla di strano nella cosa. Il Re aveva pur allora compiuto il cinquantesimoquarto degli anni suoi. La Regina era nel meriggio della vita. Aveva già concepiti quattro figliuoli ch'erano morti; e lungo tempo dopo sgravossi d'un altro bambino allorchè nessuno più aveva interesse a crederlo supposto, e che perciò non fu mai reputato tale. Nondimeno essendo corsi cinque anni dalla sua ultima gravidanza, la gente, governata dallo inganno che agli uomini rende credibile ciò ch'essi desiano, aveva cessato di temere ch'ella darebbe un erede al trono. Dall'altra parte, nulla sembrava più naturale e probabile che una pia frode immaginata dai Gesuiti. Era certo ch'essi dovevano considerare lo scettro nelle mani della Principessa d'Orange come una delle maggiori calamità che potessero accadere alla Chiesa. Era medesimamente certo ch'essi non avrebbero avuto scrupolo alcuno a fare ogni cosa necessaria a salvare la Chiesa loro da una grave calamità. In parecchi libri, scritti da ingegni eminenti della Compagnia e stampati con licenza dei superiori, insegnavasi distintamente che mezzi più contrari alle idee della giustizia e della umanità che non fosse quello d'introdurre un erede spurio in una famiglia, potevano legittimamente adoperarsi per fini meno importanti che non fosse la conversione d'un Regno eretico. S'era sparsa la voce che alcuni dei regi consiglieri, e perfino il Re stesso, cospirassero a fraudare la Principessa Maria, in tutto o in parte, del suo legittimo retaggio. Nacque quindi nel popolo un sospetto, a dir vero non bene fondato, ma in nessuna maniera così assurdo come comunemente si suppone. La stoltezza di alcuni Cattolici Romani confermava il pregiudicio del volgo. Ragionavano del lieto evento come di cosa strana e miracolosa, come di opera di quello stesso Potere Divino che aveva reso Sara felice ed orgogliosa d'Isacco, ed aveva concesso Samuele alle preci di Anna. Era di recente morta la Duchessa di Modena madre di Maria. Dicevasi che poco tempo innanzi di morire ella supplicasse la Vergine di Loreto con fervidi voti e ricche offerte, a dare un figlio a Giacomo. Lo stesso Re nello antecedente agosto deviò dallo intrapreso viaggio per visitare il Pozzo Santo, dove aveva pregato San Venifredo a fine d'ottenere quel dono, senza il quale il suo gran disegno di propagare la vera fede sarebbe rimasto incompiuto. Gl'imprudenti zelatori che armeggiavano con siffatte novelle,

predicevano con sicurezza che la creatura non ancor nata sarebbe un maschio, ed erano pronti a scommettere venti ghinee contro una. Affermavano che il cielo non ci si sarebbe intromesso senza un gran fine. Un certo fanatico annunciò che la Regina partorirebbe due gemelli, il maggiore dei quali sarebbe Re d'Inghilterra, il minore Pontefice di Roma. Maria non seppe nascondere il diletto con che udì tale vaticinio, e le sue cameriste si accòrsero che parlandogliene le recavano grandissima consolazione. I Cattolici Romani avrebbero fatto assai meglio se avessero favellato della gravidanza come di cosa naturale, e se si fossero mostrati temperanti nella loro inattesa ventura. Il loro insolente tripudio destò la pubblica indignazione. Dal Principe e dalla Principessa di Danimarca fino ai vetturini e alle pettegole niuno alludeva senza dileggio allo aspettato parto. I belli spiriti di Londra descrissero il nuovo miracolo in versi, i quali, come può bene supporsi, non erano troppo delicati. I rozzi scudieri delle campagne davano in uno scoppio di riso qualvolta s'imbattevano in qualche persona semplice tanto da credere che la Regina dovesse positivamente di nuovo esser madre. Comparve un proclama del Re che ordinava al clero di leggere una formula di preghiera e rendimento di grazie, la quale era stata composta per cotesto lieto evento da Crewe e da Sprat. Il clero obbedì: ma fu notato che le congregazioni non rispondevano nè facevano segni di riverenza. Poco dopo in tutte le botteghe da caffè andò in giro una satira brutale contro i prelati cortigiani che avevano venduta la propria penna a Giacomo. Alla madre East toccò ancora buona parte d'ingiurie. Con quel volgare monosillabo i nostri antenati avevano degradato il nome della grande Casa d'Este, che regnava in Modena. La nuova speranza che sollevò l'animo del Re, sorgeva commista a non pochi timori. Qualche cosa di più che non fosse il nascimento di un principe di Galles, era necessaria al complemento dei disegni del partito gesuitico. Non era molto verosimile che Giacomo vivesse fino a tanto che il suo figliuolo fosse in età da esercitare la potestà regia. La legge non provvedeva al caso d'un sovrano minorenne. Il regnante principe non era competente a fare per testamento gli opportuni provvedimenti. Il solo corpo legislativo poteva supplire a tale difetto. Se Giacomo, innanzi che si fosse ciò fatto, morisse lasciando un successore di tenera età, il potere sovrano indubitabilmente andrebbe nelle mani dei Protestanti. Que' Tory, i quali aderivano fermamente alla dottrina, che nulla poteva giustificarli a resistere al loro signore sovrano, non patirebbero scrupoli a snudare la spada contro una donna papista che osasse usurpare la tutela del reame e del Re fanciullo. L'esito della contesa non era da porsi in dubbio. Il Principe d'Orange o la sua moglie sarebbe Reggente. Il giovane Re verrebbe posto nelle mani di istitutori eretici, le cui arti potrebbero speditamente cancellare dalla sua mente le impressioni ricevute nella prima fanciullezza. Egli sarebbe forse un altro Eduardo VI; e la grazia, ottenuta da Dio ad intercessione della Vergine Madre e di San Venifredo, diventerebbe una sciagura. Questo era un pericolo al quale nulla, tranne un Atto del Parlamento, poteva provvedere; ed ottenere tale Atto non era facile.

XXIV. Ogni cosa pareva indicare che ove le Camere venissero convocate, si ragunerebbero in Westminster animate dallo spirito del 1640. L'esito delle elezioni delle Contee mal poteva porsi in dubbio. Tutti i liberi possidenti, grandi e piccoli, chierici e laici, erano forte esasperati contro il Governo. Nella maggior parte di quelle città, dove il diritto di votare dipendeva dal pagare le imposte o dall'occupare certe possessioni, nessun candidato della corte ardirebbe mostrare il viso. Moltissimi dei membri della Camera dei Comuni erano eletti dalle corporazioni municipali, le quali erano state dianzi riordinate con lo scopo di distruggere la influenza dei Whig e dei Dissenzienti. Più di cento collegi elettorali erano stati spogliati del loro privilegio da tribunali devoti alla Corona, o erano stati persuasi a rinunziarlo volontariamente per evitare di esservi costretti. Ogni Gonfaloniere, ogni Aldermanno, ogni cancelliere comunitativo da Berwick a Helstone era Tory e credente nella Chiesa Anglicana: ma i Tory e gli Anglicani adesso più non erano devoti al Sovrano. I nuovi municipi erano più intrattabili degli antichi, e senza dubbio eleggerebbero rappresentanti, il cui primo Atto sarebbe quello di incriminare tutti i papisti del Consiglio Privato e tutti i componenti l'Alta Commissione.

Nella Camera dei Lord lo aspetto non era meno minaccioso che in quella dei Comuni. Egli era certo che la immensa maggioranza dei Pari secolari avverserebbe le proposte del Re: e fra tutti i vescovi, che sette anni innanzi erano stati unanimi a difenderlo contro coloro i quali sforzavansi di privarlo del suo diritto ereditario, egli poteva sperare aiuto solo da quattro o cinque adulatori, spregiati da' loro colleghi e da tuttaquanta la nazione.

A quanti non erano accecati dalla passione, coteste difficoltà parevano insuperabili. I meno scrupolosi schiavi del Potere mostravano segni d'inquietudine. Dryden diceva sotto voce che il Re provandosi d'acconciare le cose, le rendeva più triste, e così dicendo sospirava gli aurei giorni dello spensierato e buon Carlo. Perfino Jeffreys tentennava. Fintanto che rimase povero, mostrossi in tutto e per tutto pronto ad affrontare l'odio pubblico per amore di guadagno. Ma adesso, per mezzo della corruzione e delle estorsioni, aveva accumulate grandi ricchezze; e desiderava conservarle più presto che accrescerle. Il Re aspramente lo rimproverò di lentezza. Temendo che gli venisse tolto il Gran Sigillo, promise tutto ciò che gli fu chiesto: ma Barillon, scrivendo la cosa a Luigi, notò che il Re d'Inghilterra poteva avere poca fiducia in chiunque avesse qualche cosa da perdere.

XXV. Ciò non ostante, Giacomo deliberò di andare innanzi. La sanzione del Parlamento era necessaria al suo sistema; ed era manifestamente impossibile ottenerla da un libero e legittimo Parlamento: ma non sarebbe stato affatto impossibile, per mezzo della corruzione, delle minacce, dello arbitrio regio, dello stiracchiamento della legge, mettere insieme un'assemblea che si chiamasse Parlamento e registrasse vogliosamente ogni qualunque editto del Sovrano. Dovevansi nominare tali relatori elettorali che si giovassero del minimo pretesto a dichiarare debitamente eletti i rappresentanti favorevoli al Re. Dovevasi far sapere ad ogni impiegato, dal massimo all'infimo, che ove egli desiderasse di ritenere l'ufficio era mestieri, in questa faccenda, mettere il voto agli ordini del Governo. Intanto l'Alta Commissione terrebbe gli occhi sul clero. I borghi, i quali erano già stati riformati per servire ad un altro scopo, lo sarebbero di nuovo per servire a questo. Il Re sperava con tali mezzi ottenere la maggioranza nella Camera dei Comuni; e avuta questa, torrebbe a quella dei Lord ogni arma da nuocere. A lui incontrastabilmente la legge dava la potestà di creare Pari senza limite alcuno; e adesso era risoluto d'adoperarla. Non desiderava, e certo nessun sovrano potrebbe mai desiderarlo, di rendere spregevole la più alta dignità che la Corona possa concedere. Sperava che chiamando alcuni eredi presuntivi all'assemblea nella quale col tempo dovevano sedere, e conferendo titoli inglesi ad alcuni Lord di Scozia e d'Irlanda, potrebbe assicurarsi la desiderata maggioranza senza nobilitare uomini nuovi in tanto numero da rendere ridicoli la coronetta e lo ermellino, voglio dire i nomi di Duca e di Conte. Ma in caso di necessità non v'era eccesso a cui egli non fosse pronto a trascorrere. Allorchè fra mezzo una numerosa brigata taluno disse che i Pari sarebbero intrattabili, «Stolto che siete,» esclamò Sunderland rivolto a Churchill, «le vostre compagnie di Guardie saranno tutte inalzate alla dignità di Pari.»

Deliberato dunque di adulterare il Parlamento, Giacomo si pose con metodo ed energia all'ardua opera. Comparve nella Gazzetta un proclama ad annunziare come il Re volesse riesaminare le Commissioni di Pace e di Luogotenenza, e ritenere nei pubblici uffici solo que' gentiluomini che fossero pronti a sostenere la sua politica. Un comitato di sette consiglieri sedeva in Whitehall onde regolare - era questo il vocabolo - le corporazioni municipali. In quel comitato il solo Jeffreys rappresentava gl'interessi del protestantismo; e il solo Powis i Cattolici moderati: tutti gli altri membri appartenevano alla fazione gesuitica. Fra essi era Petre, il quale aveva pur allora prestato giuramento di Consigliere Privato. Finchè egli non prese seggio al Banco, la dignità ricevuta era stata un segreto per ciascuno, fuori che per Sunderland. A questa nuova violazione della legge il pubblico sdegno scoppiò in violenti clamori; e fu notato che i Cattolici Romani ne sparlavano più dei Protestanti. Il vano ed ambizioso Gesuita ebbe adesso lo incarico di disfare e rifare mezzi i collegi elettorali del Regno. Sotto la direzione del Comitato dei Consiglieri Privati fu istituito un Sotto-Comitato composto di faccendieri di grado più basso, ai quali erano affidate le minuzie dell'impresa. I Sotto-Comitati locali in tutto il paese comunicavano col seggio centrale in Westminster. XXVI. Coloro dai quali Giacomo precipuamente sperava aiuto in cotesta nuova ed ardua intrapresa, erano i Lord Luogotenenti. A ciascuno di costoro furono mandati ordini in iscritto perchè immediatamente si recasse nella propria Contea. Quivi doveva chiamare dinanzi a sè tutti i Giudici di Pace, e far loro parecchie domande congegnate in modo da chiarire come essi si condurrebbero in una generale elezione. Doveva fedelmente notare le loro risposte e trasmetterle al Governo. Doveva presentare una lista di Cattolici Romani e di Dissenzienti che avessero più requisiti per occupare gli uffici civili e militari. Doveva inoltre indagare le condizioni dei borghi nella sua Contea, e riferire tutto ciò che fosse necessario a guidare le operazioni dell'Ufficio dei Regolatori. Gli fu ingiunto di eseguire cotesti ordini da sè, e inibito di delegare qualunque altra persona.

XXVII. Il primo effetto che tali ordini produssero avrebbe tosto fatto rinsavire un principe meno ebbro di Giacomo. Metà dei Lord Luogotenenti d'Inghilterra perentoriamente ricusarono di prestarsi all'odioso servigio che da essi voleva il Governo; e furono incontanente destituiti. Tutti coloro sopra i quali piombò questa gloriosa sciagura, erano Pari di gran conto e fino allora considerati come strenui propugnatori della monarchia. È pregio dell'opera che di taluni sia fatto peculiare ricordo.

Il più nobile suddito inglese, e per vero, secondo che gl'Inglesi solevano dire, il più nobile suddito che fosse in Europa, era Aubrey De Vere, ventesimo ed ultimo degli antichi Conti d'Oxford. Derivava il suo titolo, per una non interrotta linea mascolina, da un tempo in cui le famiglie di Howard e di Seymour erano ancora nella oscurità, quando i Neville e i Percy avevano solo rinomanza provinciale, e quando il gran nome di Plantageneto non s'era per anche udito in Inghilterra. Uno dei capi della famiglia De Vere era rivestito d'alto comando in Hastings: un altro aveva marciato con Goffredo e Tancredi sopra cumuli di teste musulmane al Sepolcro di Cristo. Il primo Conte d'Oxford era stato ministro ad Enrico Beauclerc. Il terzo Conte si era reso notevole fra' Lord, i quali strapparono la Magna Charta a Giovanni. Il settimo Conte aveva strenuamente pugnato a Cressy e Pointiers. Il decimoterzo Conte tra mezzo a molte vicende di fortuna era stato capo del partito della Rosa Rossa, ed aveva capitanato il vanguardo nella battaglia campale di Bosworth. Il decimosettimo Conte nella Corte d'Elisabetta s'era acquistato onorato seggio fra i vetusti poeti inglesi. Il decimonono Conte era caduto combattendo per la Religione Protestante e per la libertà della Europa sotto le mura di Maastricht. Il suo figlio Aubrey, nel quale si estinse la più lunga e più illustre discendenza dei Nobili inglesi, uomo di morale dissoluta, ma d'indole inoffensiva e di maniere cortigianesche, era Lord Luogotenente d'Essex, e Colonnello degli Azzurri. Non era di carattere fazioso, e per interesse propendeva ad evitare ogni rottura con la Corte; perocchè il suo patrimonio era impacciato; e il suo comando militare, lucroso. Fu chiamato alle stanze del Re, il quale gli chiese quale fosse il suo intendimento. «Sire,» rispose Oxford «verserò per la Maestà Vostra contro tutti i suoi nemici fino l'ultima stilla del mio sangue. Ma in cotesto affare ne va la coscienza, e non posso obbedire.» Gli furono in sull'istante tolti il reggimento e la luogotenenza.

XXVIII. Inferiore per antichità e splendore alla casa De Vere, ma ad essa sola, era quella di Talbot. Dal regno di Eduardo III in poi, i Talbot avevano sempre seduto fra' Pari del Regno. La Contea di Shrewsbury era stata, nel secolo decimoquinto, concessa a Giovanni Talbot, lo antagonista della Pulcella d'Orleans. I suoi concittadini lo avevano lungo tempo ricordato con riverenza ed affetto quale uno dei più illustri fra quei guerrieri, che s'erano sforzati a fondare un grande impero inglese nel Continente d'Europa. Lo indomito coraggio, di cui egli fece prova fra mezzo ai disastri, aveva per lui destato uno interesse maggiore di quello che avevano ispirato capitani più fortunati; e la sua morte aveva apprestato al nostro antico teatro una commoventissima scena. I suoi posteri, per dugento anni, goderono dei più grandi onori. Capo della famiglia a tempo della Restaurazione era Francesco, undecimo Conte, e Cattolico Romano. La sua morte era stata accompagnata da vicissitudini, che anche in que' licenziosi tempi che seguirono alla caduta della tirannide dei Puritani, avevano in tutti destato orrore e pietà. Il Duca di Buckingham nel corso dei suoi scandalosi amori s'invaghì per un istante della Contessa di Shrewsbury. Ella agevolmente gli si arrese. Il marito sfidò il drudo, e cadde morto. Taluni affermarono che l'abbandonata donna, travestita da uomo, si stette a vedere il duello, ed altri che essa strinse al seno il vittorioso amante ancora lordo del sangue del suo marito. Le dignità dell'ucciso passarono al suo figliuolo, ancora infante, che aveva nome Carlo. Giunto l'orfanello alla virilità, tutti confessavano che fra' giovani Nobili dell'Inghilterra a nessuno, quanto a lui, la natura era stata prodiga dei suoi doni. Aveva prestante la persona, singolarmente dolce l'indole, tanto alto lo ingegno, che ove gli fosse toccato di nascere in umile condizione, si sarebbe potuto inalzare alle maggiori dignità civili. Tante squisite doti egli aveva siffattamente perfezionate, che innanzi che uscisse di minorità, era reputato uno dei più egregi gentiluomini e sapienti dei tempi suoi. Della sua dottrina porgono testimonio libri d'ogni genere, che tuttora esistono, postillati di sua mano. Parlava il francese al pari d'un ciamberlano della Corte di Re Luigi, e l'italiano come un cittadino di Firenze. Era impossibile che un tanto giovane non desiderasse sapere le ragioni per cui la sua famiglia aveva ricusato di uniformarsi alla religione dello Stato. Studiò con somma cura le dottrine controverse, sottopose i suoi dubbi ad alcuni sacerdoti della sua propria religione, pose le loro risposte sotto gli occhi di Tillotson, ponderò lungamente e con attenzione gli argomenti prodotti da ambe le parti, e dopo due anni d'esame si fece Protestante. La Chiesa Anglicana accolse con gioia lo illustre convertito. Egli godeva grande popolarità, la quale divenne maggiore dopo che si seppe come il Re avesse indarno adoperate sollecitazioni e promesse a farlo ritornare alla abiurata superstizione. Nondimeno il carattere del giovine Conte non si esplicò in modo affatto soddisfacente a coloro che avevano principalmente cooperato a convertirlo. I suoi costumi non ischivarono il contagio del libertinismo comune alle classi elevate. E veramente la scossa, che aveva distrutti i suoi pregiudizi, aveva nel tempo stesso rese fluttuanti le sue opinioni lasciandolo in piena balía al proprio sentire. Ma comecchè i suoi principii difettassero di fermezza, i suoi impulsi erano così generosi, la sua indole sì blanda, i suoi modi cotanto graziosi e semplici, che tornava impossibile non amarlo. Lo chiamarono tosto il Re dei Cuori, e per tutto il corso d'una lunga, fortunosa ed agitatissima vita, non demeritò mai tal nome.

Shrewsbury era Lord Luogotenente della Contea di Stafford e colonnello d'uno dei reggimenti di

cavalleria fatti in occasione della insurrezione delle Contrade Occidentali, e perchè ricusò di ubbidire alle voglie dei Regolatori, fu privato di entrambi gli uffici.
XXIX. Nessuno dei Nobili inglesi aveva reputazione nel pubblico al pari di Carlo Sackville Conte di Dorset. E davvero egli era insigne uomo. In gioventù era stato uno dei più famosi libertini dei licenziosi tempi della Restaurazione. Era stato il terrore delle guardie di Città, aveva passate molte notti nel corpo di guardia, e infine fu rinchiuso nella prigione di Newgate. La sua passione per Bettina Morrice, e per Norina Gwynn, che lo chiamava il suo Carlo I, aveva apprestato non poca materia di sollazzo e di scandalo alla città. Nondimeno fra mezzo alle follie e ai vizi, ciascuno riconosceva il suo coraggio, il suo squisito intendimento, e la natia bontà del suo cuore. Dicevano che gli eccessi, ai quali s'era abbandonato, fossero a lui comuni con tutta la classe dei gaii giovani Cavalieri; ma la sua pietà pel dolore altrui e la generosità con che egli espiava i suoi torti, erano qualità tutte sue. I colleghi maravigliavansi della distinzione che il pubblico faceva tra lui ed essi. «Qualunque cosa egli faccia,» diceva Wilmot «non ha mai torto.» L'opinione del mondo divenne più favorevole a Dorset quando il fuoco dell'anima sua fu temperato dagli anni e dal matrimonio. Le sue graziose maniere, il suo gaio conversare, la dolcezza del suo cuore, la generosità della sua mano, universalmente lodavansi. Dicevasi non vi fosse giorno in cui qualche sventurata famiglia non avesse cagione a benedire il nome di lui. E nulladimeno, con tutta la sua buona indole, erano tali le punture dei suoi sarcasmi, che coloro i quali erano da tutta la città temuti pel loro spirito satirico, temevano forte la lingua di Dorset. Tutti i partiti politici lo stimavano e carezzavano: ma la politica non gli andava molto a sangue. S'egli dalla necessità avesse avuto incitamento a cercare ventura, probabilmente si sarebbe inalzato ai più alti uffici pubblici; ma la sua schiatta era sì illustre e la sua opulenza sì vasta, che mancavano a lui gli sproni più potenti che stimolano gli uomini a gettarsi nei pubblici affari. La parte che egli ebbe nel Parlamento e nella Diplomazia basta a dimostrare che a lui null'altro mancava che la inclinazione per gareggiare con Danby e con Sunderland: ma ei si volse a studi che maggiormente gli talentavano. Al pari di molti, i quali, forniti di doti naturali, sono per indole ed abitudine indolenti, divenne buontempone, voluttuoso, e maestro in quelle dilettevoli conoscenze che si acquistano senza severa applicazione. Era universalmente tenuto pel miglior giudice che fosse nella Corte in materia di pittura, scultura, architettura e teatri. Nelle questioni di lettere amene i suoi giudizi erano considerati in tutti i Caffè come inappellabili. Varie egregie produzioni drammatiche, che non erano state applaudite alla prima rappresentazione, si sostennero col solo soccorso della autorità di lui contro i clamori della platea, e si avventurarono con prospero esito ad una seconda prova. La squisitezza del suo gusto nella letteratura francese ebbe le lodi di Saint-Evremond e di La Fontaine. La Inghilterra non aveva mai avuto un uguale protettore delle lettere. La sua bontà estendevasi con pari giudizio e liberalità a tutti, senza riguardo di sètte o di fazioni. Gl'ingegni, l'uno all'altro avversi per gelosia letteraria o per diversità d'opinioni politiche, concordavano a riconoscere la sua imparziale cortesia. Dryden confessava d'essere stato salvato dalla rovina per la principesca generosità di Dorset. E nel tempo medesimo Montague e Prior, che avevano scritto pungenti satire contro Dryden, furono posti da Dorset nella vita pubblica; e la migliore commedia di Shadwell, mortale nemico di Dryden, fu scritta in una villa di Dorset. Il magnifico Conte, ove ne avesse avuta voglia, avrebbe potuto rivaleggiare con coloro ai quali contentavasi d'essere benefattore; imperciocchè i versi ch'egli alcuna volta compose, per quanto non fossero studiati, rivelano un ingegno, il quale, assiduamente coltivato, avrebbe prodotto qualche cosa di grande. Nel volumetto delle sue opere si trovano canzoni che hanno la spontanea vigoria di Suckling, e satire nelle quali scintilla lo arguto spirito di Butler.
Dorset era Lord Luogotenente di Sussex, e sopra Sussex i Regolatori tenevano con ansietà fitti gli occhi: imperocchè in nessuna altra Contea, tranne Cornwall e Wiltshire, era sì gran numero di piccoli borghi. Gli fu ingiunto di recarsi al suo posto. Niuno di coloro che lo conoscevano aspettavasi ch'egli obbedisse. Rispose come conveniva, e gli fu annunciato non esservi più mestieri dei suoi servigi. Si accrebbe lo interesse che ispiravano le sue nobili ed amabili qualità, poichè si seppe ch'egli aveva ricevuto per la posta una lettera cieca, in cui si diceva che, ove egli non si prestasse prontamente ai desiderii del Re, tutto il suo ingegno e la sua popolarità non lo avrebbero salvato dallo assassinio. Simile ammonimento era stato mandato a Shrewsbury. Le lettere di minaccia erano allora più rare di quello che divennero poi. Non è quindi strano che il popolo esasperato inchinasse a credere che i migliori e più nobili uomini d'Inghilterra dovevano veramente essere vittime dei pugnali papisti. Appunto quando coteste lettere formavano il chiacchiericcio di tutta Londra, trovossi in sulla via mutilato il cadavere d'un cospicuo Puritano. Tosto si conobbe che il braccio dello assassino non era stato mosso da cagione religiosa o politica. Ma i primi sospetti della plebe caddero sopra i papisti. Lo

sbranato corpo fu portato in processione alla casa dei Gesuiti nel Savoy; e per poche ore il terrore e la rabbia del popolaccio non furono meno violenti che nel giorno in cui l'assassinato Godfrey fu portato alla sepoltura.
Le altre destituzioni vanno con maggior brevità riferite. Il Duca di Somerset, al quale pochi mesi prima era stato tolto il comando del reggimento, adesso fu privato della luogotenenza di East-Riding nella Contea di York. Il North-Riding fu tolto al Visconte Fauconberg, il Shropshire al Visconte Newport, e la Contea di Lancastro al Conte di Derby, nipote dello strenuo cavaliere, che animosamente era corso incontro alla morte per difendere la Casa Stuarda. Il Conte di Pembroke, il quale di recente aveva con fedeltà e coraggio difesa la Corona contro Monmouth, fu destituito nel Wiltshire, il Conte di Rutland nella Contea di Leicester, il Conte di Bridgewater in quella di Buckingham, il Conte di Thanet in Cumberland, il Conte di Northampton nella Contea di Warwick, il Conte d'Abingdon in quella di Oxford, e in quella di Derby il Conte di Scarsdale. Questi fu anche destituito dall'ufficio di colonnello di cavalleria, e da un altro ufficio nella casa della Principessa di Danimarca. Essa lottò per mantenerlo al suo servizio, e cedette solo ad un comando perentorio del padre. Il Conte di Gainsborough fu cacciato non solo dalla luogotenenza di Hampshire, ma anche dal governo di Portsmouth e dalla ispezione di New-Forest, due posti che egli pochi mesi prima aveva comperati per cinquemila lire sterline.
Il Re non potè trovare nessuno dei grandi Lord, e, per dir vero, dei Lord Protestanti di nessuna specie, i quali volessero accettare gli uffici vacanti. E gli fu mestieri assegnare due Contee a Jeffreys, uomo nuovo che possedeva pochi beni territoriali, e due a Preston, il quale non era nè anche Pari Inglese. Le altre Contee le quali rimasero senza governatori, furono affidate ad alcuni ben noti Cattolici, o a cortigiani che avevano secretamente promesso a Giacomo di dichiararsi cattolici appena lo potessero prudentemente fare.
XXX. Alla perfine la nuova macchina fu messa in azione; e tosto da ogni parte del Regno arrivarono nuove che non era punto riuscita. Il catechismo, a norma del quale i Lord Luogotenenti dovevano saggiare le opinioni dei gentiluomini delle campagne, comprendeva tre questioni. Dovevasi chiedere ad ogni magistrato, e ad ogni luogotenente deputato, primo, se nel caso ch'egli venisse eletto rappresentante al Parlamento, voterebbe a favore d'una proposta formata secondo i principii della Dichiarazione d'Indulgenza; secondo, se, come elettore, sosterrebbe i candidati impegnati a votare a favore di quella proposta; terzo, se, come uomo privato seconderebbe i benevoli disegni del Re vivendo in pace con gli uomini di qualunque religione si fossero.
XXXI. Appena furono spedite le domande, una formula di risposta, congegnata con ammirevole arte, fu mandata in giro per tutto il Reame, e venne generalmente adottata; ed era del seguente tenore: «Come membro della Camera dei Comuni, ove avessi l'onore di esserlo, sarà mio debito ponderare con gran cura tutte le ragioni che nella discussione si adducessero pro e contro una legge d'Indulgenza, e quindi voterò secondo la convinzione della mia coscienza. Come elettore, sosterrò que' candidati le cui opinioni intorno ai doveri di rappresentante concorderanno con le mie. Come uomo privato, desidero vivere in pace ed affetto con ciascuno.» Questa risposta più provocante d'un diretto rifiuto, come quella che olezzava un poco di sì castigata e decorosa ironia da non destare risentimento, fu tutto ciò che gli emissari della Corte poterono ricavare dalle labbra di quasi tutti i gentiluomini delle campagne. Ragioni, promesse, minacce, tutto fu vano. Il Duca di Norfolk, comecchè fosse Protestante e non approvasse il procedere del Governo, aveva acconsentito a servirlo da agente in due Contee. Prima andò in Surrey dove s'accòrse di non potere far nulla. Poi passò a Norfolk, e tornò indietro per annunziare al Re che di settanta notevoli gentiluomini che erano in ufficio in quella grande provincia, solo sei porgevano speranza che sosterrebbero la politica della Corte. Il Duca di Bedford, la cui autorità estendevasi sopra quattro Contee inglesi e sopra tutto il Principato di Galles, ritornò a Whitehall con nuove non meno scoraggianti. Rochester era Lord Luogotenente della Contea di Hertford. Aveva consumato tutto quel poco di virtù che egli aveva in cuore lottando contro la tentazione di vendere la propria fede religiosa. Lo vincolava tuttavia alla Corte un'annua pensione di quattromila lire sterline; e in ricambio era pronto a rendere al Governo qualunque servigio, comunque illegale e disonorevole, purchè non si volesse da lui una formale riconciliazione con Roma. Aveva volentieri accettato lo incarico di corrompere la sua Contea; e lo eseguì, secondo era suo costume, con indiscreto ardore e violenza. Ma la sua collera non produsse alcuno effetto negli animi inflessibili degli scudieri ai quali ei s'era rivolto. Ad una voce gli dissero di non volere mandare al Parlamento un uomo, il quale fosse disposto a votare per la distruzione delle guarentigie della fede protestante. La medesima risposta fu data al Cancelliere nella Contea di Buckingham. I gentiluomini di quella di Shrop, ragunati a Ludlow, unanimemente ricusarono di vincolarsi con la promessa che il Re

chiedeva loro. Il Conte di Yarmouth riferì dal Wiltshire che di sessanta magistrati e Deputati Luogotenenti, coi quali aveva tenuto ragionamento, soli sette avevano date risposte favorevoli, ed anche in que' sette non era da fidare. Il rinnegato Peterborough non fece nulla di buono nella Contea di Northampton. Il suo confratello rinnegato, Dover, ebbe la medesima sorte nella Contea di Cambridge. Preston recò sinistre nuove da Cumberland e Westmoreland. Le Contee di Dorset e di Huntingdon erano animate del medesimo spirito. Il Conte di Bath, dopo lunghe pratiche, ritornò dalle Contrade Occidentali con tristi augurii. Aveva avuta potestà di fare le più seducenti offerte agli abitatori di quella regione. In ispecie aveva loro promesso che ove si mostrassero riverenti ai voleri del sovrano, il traffico del rame sarebbe reso libero dalle oppressive restrizioni che lo gravavano. Tutti i Giudici e i Deputati Luogotenenti di Devonshire e di Cornwall, senza eccettuarne nè anche uno, dichiararono d'esser pronti a porre a repentaglio vita e sostanze pel Re, ma la religione protestante era ad essi più cara della roba e della vita. «Sire,» soggiunse Bath «se Vostra Maestà destituisse tutti cotesti gentiluomini, i successori loro darebbero precisamente la medesima risposta.» Se vi era distretto in cui il Governo potesse sperare esito prospero, era quello di Lancastro. Molto dubitavasi del risultamento di ciò che quivi succedeva. In nessuna parte del reame era sì gran numero di famiglie sempre fide alla vecchia religione. I capi di molte di quelle famiglie, per virtù della potestà di dispensare, erano stati fatti Giudici di Pace, e comandanti delle milizie civiche. E nonostante, dalla Contea di Lancastro il nuovo Luogotenente, ch'era cattolico romano, riferì come due terzi dei deputati e dei magistrati procedessero avversi alla Corte. Ma ciò che seguì in Lancastro irritò anche più profondamente l'orgoglio del Re. Arabella Churchill, venti e più anni innanzi, gli aveva partorito un figlio, che dipoi acquistò gran fama d'essere il più esperto capitano d'Europa. Il giovinetto, che aveva nome Giacomo Fitzjames, non aveva per anche dato segni di dovere pervenire a quell'altezza a cui poscia pervenne: ma i suoi modi erano così gentili e inoffensivi ch'egli non aveva altro nemico che Maria di Modena, la quale da lungo tempo sentiva pel figlio della concubina l'implacabile odio d'una moglie priva di figliuoli. Alcuni della fazione gesuitica, avanti lo annunzio della gravidanza della Regina, avevano seriamente pensato di contrapporlo come rivale alla Principessa d'Orange. Ove si rammenti che Monmouth, comecchè fosse creduto legittimo dal volgo, e fosse campione della religione dello Stato, aveva pienamente fallito in un simigliante tentativo, e' sembra straordinario che vi fossero uomini tanto ciechi per fanatismo, da pensare di porre sul trono un giovane che era universalmente conosciuto come bastardo papista. E' non parve che il Re secondasse mai un così assurdo disegno. Il fanciullo, nondimeno, fu riconosciuto, e gli furono prodigate tutte quelle onorificenze che si possano concedere ad un suddito che non sia di sangue regio. Era stato creato Duca di Berwick, ed allora occupava non pochi onorevoli e lucrosi uffici, tolti a que' Nobili che avevano ricusato di arrendersi ai desiderii sovrani. Successe al Conte d'Oxford nel grado di colonnello degli Azzurri, e al Conte di Gainsborough nella Luogotenenza di Hampshire, nella ispezione di New-Forest, e nel Governo di Portsmouth. Berwick aspettavasi che gli venisse incontro, alla frontiera di Hampshire, secondo era costume, una lunga cavalcata di baronetti, cavalieri, e scudieri: ma non ci fu una sola persona di riguardo che si mostrasse a dargli il benvenuto. Ordinò per lettere ai gentiluomini che comparissero al suo cospetto, ma solo cinque o sei obbedirono: gli altri non aspettarono d'essere destituiti per dichiarare ch'essi non parteciperebbero al Governo civile e militare della loro Contea, mentre il Re vi era rappresentato da un papista; e deposero, di propria volontà, i loro uffici. Sunderland, il quale era stato nominato Lord Luogotenente della Contea di Northampton, trovò qualche pretesto per non andare ad affrontare lo sdegno e lo spregio dei gentiluomini di quella Contea; e le sue scuse furono di leggieri ammesse, dacchè il Re aveva cominciato a intendere come non fosse da porre speranza alcuna nei gentiluomini delle campagne.

È da notarsi che coloro i quali mostravansi così animosi non erano gli antichi nemici della Casa Stuarda. Dalle commissioni di Pace e di Luogotenenza erano stati già da lungo tempo eliminati tutti i nomi repubblicani. Coloro, dai quali la Corte si era indarno studiata d'ottenere la promessa di secondarla, erano, senza eccettuarne nè anche uno, tutti Tory. I più vecchi di loro avevano le cicatrici delle ferite riportate dalle spade delle Teste-Rotonde, e le ricevute delle argenterie con le quali avevano soccorso Carlo I in bisogno. I più giovani avevano fermamente parteggiato per Giacomo contro Shaftesbury e Monmouth. Tali erano coloro che furono destituiti in massa da quello stesso principe, al quale avevano dato cotanto segnalate prove di fedeltà. Ma la cacciata dall'ufficio altro non fece che renderli più inflessibili nel loro proponimento. Essi consideravano come sacro punto d'onore difendersi animosamente a vicenda in cotesta crisi. Non vi poteva essere dubbio che, raccogliendo onestamente i suffragi dei liberi possidenti, non verrebbe eletto nè anche un solo

rappresentante favorevole alla politica del Governo. Gli elettori con grande ansietà chiedevansi a vicenda se fosse verosimile che i suffragi venissero onestamente raccolti.
XXXII. Aspettavasi con impazienza la lista degli Sceriffi per l'anno nuovo. Giunse nelle Contee mentre i Lord Luogotenenti affaccendavansi nei loro maneggi elettorali, e fu ricevuta con universale grido di timore e di sdegno. La maggior parte di coloro che dovevano presedere alle elezioni delle Contee, erano Cattolici Romani o Protestanti Dissenzienti, i quali avevano approvata la Dichiarazione d'Indulgenza. Per qualche tempo regnò gravissimo timore; ma poco dopo si spense. Eravi buona ragione a credere che vi fosse un punto oltre il quale il Re non poteva nemmeno sperare la cooperazione degli Sceriffi suoi correligionari.
XXXIII. Tra il cattolico cortigiano e il gentiluomo di campagna cattolico era poca simpatia. La cabala che predominava in Whitehall era composta in parte di fanatici, pronti a rompere tutti i principii della morale e mandare a soqquadro il mondo a fine di propagare la religione loro, e in parte d'ipocriti, i quali per cupidigia di guadagno avevano rinnegata la fede in che erano cresciuti, e adesso travarcavano i confini dello zelo che è proprio dei neofiti. Entrambi, i fanatici cortigiani e gl'ipocriti, erano generalmente privi d'ogni patrio sentimento, che in alcuni di loro era stato spento dallo affetto per la propria Chiesa. Alcuni erano Irlandesi, il cui patriottismo consisteva nell'odiare mortalmente i Sassoni conquistatori dell'Irlanda. Altri erano traditori stipendiati da un Potentato straniero. Taluni avevano passata gran parte della loro vita lungi dal patrio suolo, e, od erano cosmopoliti, od aborrivano i costumi e le istituzioni del paese ch'erano deputati a governare. Tra cosiffatti uomini e il gentiluomo rurale di Chester o di Stafford che aderiva alla vecchia Chiesa, non era nulla di comune. Senza essere nè fanatico nè ipocrita, era Cattolico Romano, perchè il padre e l'avo erano stati Cattolici; e manteneva l'avita fede come generalmente gli uomini sogliono fare, cioè con sincerità, ma con poco entusiasmo. In ogni altra cosa egli era un semplice scudiere o possidente inglese; e se differiva da' suoi vicini, differiva in ciò ch'egli era più semplice e contadinesco di loro. Per le sue incapacità civili non aveva potuto esplicare le sue doti intellettuali fino a quell'altezza - comunque fosse moderata - alla quale giungevano ordinariamente gl'intelletti dei protestanti gentiluomini delle campagne. Nella fanciullezza escluso da Eaton e da Westminster, nella gioventù da Oxford e da Cambridge, e nella virilità dal Parlamento e dalle magistrature, generalmente ei vegetava tranquillo come gli olmi del viale che conduceva alla rustica magione degli avi suoi. I campi, le cascine, i cani, la canna da pescare, lo schioppo, il sidro, la birra e il tabacco occupavano pressochè tutti i suoi pensieri. Co' suoi vicini, malgrado la differenza di religione, era per lo più in amichevoli relazioni: perocchè essi lo sperimentavano inoffensivo e scevro di ambizione. Egli era quasi sempre di buona ed antica famiglia, e sempre Cavaliere. Le sue peculiari opinioni, delle quali ei non faceva pompa, non davano noia a nessuno. Egli non tormentava, al pari del Puritano, sè ed altrui, scrupoleggiando sopra ogni cosa che fosse dilettevole. All'incontro egli era allegro cacciatore, e compagnevole quanto qualunque altro uomo, che avesse prestato il giuramento di supremazia, e fatta la dichiarazione contro la transustanziazione. Trovavasi co' suoi vicini all'agguato, inseguiva con essi il fuggente animale, e finita la caccia, gli conduceva seco a casa a mangiare un pasticcio e bere un bicchiere di vecchia birra. L'oppressione da lui sofferta non era stata tale da spingerlo a disperati eccessi. Anche quando la sua Chiesa pativa barbara persecuzione, egli aveva corso lieve pericolo nella vita e negli averi. I più impudenti e falsi testimoni mal potevano rischiarsi ad oltraggiare il buon senso, accusando il gentiluomo cattolico come reo di congiura. I papisti che Oates volle colpire, erano Pari, Prelati, Gesuiti, Benedettini, faccendieri politici, rinomati legisti, medici di Corte. Il gentiluomo cattolico delle campagne, protetto dalla propria vita oscura e pacifica, e dal buon volere dei suoi vicini, faceva il suo ricolto di fieno, o riempiva di caccia la sua carniera senza molestia veruna, mentre Coleman e Langhorne, Whitbread e Pikering, lo Arcivescovo Plunkett e Lord Stafford, morivano di capestro o di scure. Parecchi scellerati, a dir vero avevano tentato accusare di tradimento Sir Tommaso Gascoigne, vecchio baronetto cattolico della Contea di York: ma dodici fra' migliori gentiluomini del West-Riding, che conoscevano il suo modo di vivere, non poterono persuadersi che l'onesto vecchio avesse assoldati sicari ad assassinare il Re; e in onta alle accuse, che fecero poco onore ai giudici, lo dichiararono innocente. Talvolta, in verità, il capo d'un'antica e rispettabile famiglia di provincia forse amaramente considerava d'essere escluso, a cagione delle sue religiose credenze, dagli uffici e dalle dignità che uomini di più umile stirpe e meno opulenti erano reputati capaci d'occupare: ma era poco inchinevole a rischiare le sostanze e la vita in una lotta sproporzionatamente disuguale; e l'onesto suo patriottismo avrebbe con raccapriccio aborrito dai pensieri di Petre e di Tyrconnel. Certo ei sarebbe stato pronto, come ciascuno dei suoi vicini protestanti, a cingersi la spada ed a porre le pistole negli

arcioni per difendere la terra natia contro i Francesi o i papisti d'Irlanda. Tale era comunemente il carattere degli uomini dei quali Giacomo voleva servirsi come di strumento a condurre a suo modo le elezioni delle Contee. Ei tosto s'accòrse come essi non fossero propensi a perdere la stima dei loro concittadini, e mettere in pericolo il capo e la roba, rendendo al Sovrano infami e criminosi servigi. Parecchi di loro non accettarono la nomina di Sceriffo. Di coloro i quali accettarono l'ufficio, molti dichiararono che farebbero onestamente il debito proprio, come se fossero membri della Chiesa dello Stato, e non proclamerebbero eletto alcun candidato che non riportasse la maggioranza dei suffragi.
XXXIV. Se il Re poteva poco confidare nei suoi Sceriffi Cattolici, anche meno lo poteva nei Puritani. Dacchè era stata pubblicata la Dichiarazione d'Indulgenza, erano corsi vari mesi pieni di gravissimi eventi e di continue controversie. Il lungo discutere aveva aperti gli occhi a molti Dissenzienti: ma gli Atti del Governo, e segnatamente il rigore col quale aveva trattato il Collegio della Maddalena, avevano contribuito, anche più della penna di Halifax, a insospettire e collegare tutte le classi dei Protestanti. Molti di que' settari che s'erano indotti ad esprimere la propria gratitudine per la Indulgenza, adesso vergognavano del proprio errore, ed erano desiderosi di fare ammenda accomunando le loro sorti a quelle del maggior numero dei loro concittadini.
A cagione di cotesto mutamento seguito nei Non-Conformisti, il Governo trovò nella città ostacoli pressochè uguali a quelli che aveva incontrato nelle Contee. Quando i Regolatori incominciarono l'opera loro, reputarono come certo che ogni Dissenziente, beneficiato dalla Indulgenza, sarebbe favorevole alla politica del Re. Erano quindi sicuri di potere mettere in tutti gli uffici municipali del Regno fermissimi amici. Nei nuovi statuti municipali la Corona s'era riserbata la potestà di destituire, a suo arbitrio, i magistrati, e adesso l'adoperò illimitatamente. Non era al pari evidente che Giacomo avesse la potestà di nominare nuovi magistrati; ma, l'avesse o non l'avesse, egli era deliberato d'arrogarsela. In ogni parte, dal Tweed al Land's End tutti i funzionari Tory furono destituiti, e negli uffici vacanti furono posti Presbiteriani, Indipendenti, e Battisti. Nel nuovo statuto municipale di Londra la Corona s'era riserbata la potestà di destituire i Maestri, i Direttori, e gli Assessori di tutte le compagnie. E però più di ottocento spettabilissimi cittadini, tutti aderenti a quel partito che aveva avversata la Legge di Esclusione, furono con un solo editto cacciati da' loro uffici. Poco dopo, comparve un supplemento a cotesta lunga lista. Ma avevano appena prestato giuramento i nuovi ufficiali, allorquando si conobbe come essi fossero intrattabili quanto i loro predecessori. In Newcastle-on-Tyne i Regolatori nominarono un Gonfaloniere Cattolico Romano, e Aldermanni Puritani. Non dubitavasi punto che il corpo municipale, siffattamente ricostituito, non votasse un indirizzo, dichiarando di volere secondare i provvedimenti del Re. Ma quando fu proposto dal Gonfaloniere, venne rigettato; onde egli corse furioso a Londra per dire al Re che i Dissenzienti erano tutti birboni e ribelli, e che in tutto il Municipio di Governo non poteva sperare altro che quattro voti. In Reading furono destituiti ventiquattro Aldermanni Tory, ed eletti altrettanti nuovi, dei quali ventitrè, dichiaratisi immediatamente avversi alla Indulgenza, furono anche essi cacciati via. In pochi giorni il borgo di Yarmouth fu retto da tre diverse magistrature; tutte medesimamente ostili alla corte. Questi sono semplici esempi di ciò che accadeva in tutto il reame. Lo ambasciatore Olandese scrisse agli Stati che in molte città i pubblici ufficiali entro un mese si erano mutati due volte e anche tre, e lo erano stati invano. Dai ricordi del Consiglio Privato si raccoglie che il numero delle regolazioni - tale è il vocabolo che adoperavano - furono oltre a dugento. I Regolatori conobbero, come, tranne in pochi Municipi, le cose s'erano mutate in peggio. I Tory malcontenti, anco mentre mormoravano contro la politica del Re, avevano sempre protestato del loro rispetto per la persona e la dignità di lui, e riprovato ogni pensiero di resistenza. Assai diverso era il linguaggio di alcuni tra' membri dei Corpi Municipali. Dicevasi che taluni vecchi soldati della Repubblica, i quali con maraviglia loro e del pubblico, erano stati creati Aldermanni, rispondessero chiaramente agli agenti della Corte che il sangue scorrerebbe a fiumi innanzi che si raffermasse in Inghilterra il papismo e la tirannide.
I Regolatori conobbero essersi poco o nulla conseguito da ciò che fino allora avevano fatto. Non vi era altro che un solo mezzo il quale facesse loro sperare di ottenere lo scopo. Era mestieri togliere gli statuti ai borghi, e concederne altri che limitassero la franchigia elettorale a piccolissimi collegi d'elettorali nominati dal Sovrano.
Ma in che guisa mandare siffatto disegno ad esecuzione? In pochi di tali statuti la Corona s'era riserbata il diritto di revoca: ma gli altri egli poteva riprendere solo per rinunzia volontariamente fatta dai Municipi, o per sentenza del Banco del Re. Intanto pochi corpi municipali erano disposti a rinunziare volontariamente ai loro statuti; e una sentenza secondo gli intendimenti del Governo non poteva sperarsi nè anche da uno schiavo qual era Wright. I mandati di Quo Warranto, pochi anni

innanzi spediti per ischiacciare il partito dei Whig, erano stati disapprovati da ogni uomo imparziale. Eppure tali mandati avevano almeno sembianza di giustizia; perocchè colpivano gli antichi corpi municipali, dei quali pochi erano quelli in cui, col volgere degli anni, non fosse nato qualche abuso bastevole a fornire un pretesto per un processo penale. Ma i Corpi Municipali che ora volevasi disfare erano tuttavia nella innocenza della infanzia, sì che il più vecchio non aveva compiuto il quinto degli anni suoi. Era impossibile che molti di essi avessero commesso delitti da meritarsi la privazione del privilegio elettorale. Gli stessi giudici erano inquieti, e dimostrarono al Re come ciò che da loro si voleva, fosse diametralmente contrario ai più evidenti principii della legge e della giustizia: ma ogni rimostranza fu vana. Ai borghi fu intimato di rinunciare ai loro statuti. Pochi ubbidirono, e il modo onde il Re si condusse con que' pochi non confortò gli altri a fidarsi di lui. In varie città il diritto di votare fu tolto alla comunità, e dato a pochi, ai quali fu chiesto il giuramento di eleggere i candidati proposti dal Governo. In Tewkesbury, per modo d'esempio, la franchigia fu data solo a tredici persone; e nondimeno anche questo numero era grande. L'odio e il timore s'era talmente sparso per tutta la popolazione, che tornava quasi impossibile mettere insieme in una città, con qual si fosse specie d'imbroglio, tredici individui nei quali la Corte potesse avere piena fiducia. Corse la voce che la maggioranza del nuovo collegio elettorale di Tewkesbury fosse animata dal medesimo sentimento ch'era universale in tutta la nazione, e che, arrivato il giorno decisivo, manderebbe Protestanti sinceri al Parlamento. I Regolatori in gran collera minacciarono di ridurre a tre soli il numero degli elettori. Frattanto la maggior parte dei borghi negarono di rinunciare ai loro privilegi. Barnstaple, Winchester, e Buckingham si resero notevoli per essersi arditamente opposti. In Oxford la proposta che la città rinunziasse alle franchigie fu rigettata da ottantadue voti contro due. Il Temple e Westminster erano sossopra per lo strano affollamento degli affari che giungevano da ogni angolo del Regno. Ogni legale di gran nome era sopraccarico dei ricorsi dei Municipi che a lui si volgevano per essere difesi. I litiganti privati querelavansi che le loro faccende venivano trascurate. Era impossibile in pochissimo tempo sbrigare tanto numero di cause. La tirannide se ne accorgeva, ma non poteva patire il minimo indugio, e non trascurò nulla che valesse ad atterrire i borghi disubbidienti, e indurli a sottomettersi. In Buckingham alcuni degli ufficiali del Municipio avevano detto di Jeffreys parole che non erano di lode. Fu loro intentato un processo, e fatto intendere che ove non volessero redimersi rinunziando ai loro statuti, non verrebbe loro usata ombra di misericordia. In Winchester vennero adottati provvedimenti anche più rigorosi. Una numerosa soldatesca fu spedita alla città a solo fine di gravare e vessare gli abitanti: i quali stettero fermi ed animosi; e l'opinione pubblica accusava Giacomo di volere imitare la peggiore delle scelleratezze del suo confratello di Francia. Dicevasi che principiavano già le dragonate; e vi era cagione a temere tanta enormezza. Giacomo s'era fitto in mente il pensiero che l'unico mezzo di far cedere una città ostinata era quello di acquartierare i soldati in seno alle famiglie. Avrebbe dovuto conoscere che questo provvedimento, sessanta anni innanzi, aveva destato terribili mali umori, ed era stato solennemente dichiarato illegale dalla Petizione dei Diritti. E difatti ne chiese consiglio al Capo Giudice del Banco del Re: il risultamento della consulta rimase secreto; ma in pochi giorni lo aspetto degli affari si fece tale, che un timore più forte ed efficace che non fosse quello di suscitare la collera del Re, cominciò a imporre qualche freno anco ad un uomo abietto qual era Wright.

XXXV. Mentre i Lord Luogotenenti interrogavano i Giudici di Pace, mentre i Regolatori riformavano i borghi, in tutti i dipartimenti dell'amministrazione pubblica facevasi rigorosa inquisizione. Ad ognuno dei vecchi Cavalieri rovinati, i quali in ricambio del sangue sparso e dei beni perduti per difendere la Corona, avevano ottenuto qualche piccolo ufficio sotto la giurisdizione del Guardaroba o del Maestro di caccia, fu intimato di eleggere fra il Re e la Chiesa. I Commissari delle Dogane o dell'Excise ebbero comandamento di appresentarsi alla Maestà Sua nell'Ufficio del Tesoro. Quivi egli chiese loro la promessa di secondare la sua politica, e ingiunse di farlo parimente promettere a' loro sottoposti. Un ufficiale di Dogana rispose al regio comandamento in un modo tale da destare compassione e riso. «Io ho» disse egli «quattordici ragioni per ubbidire a Sua Maestà, una moglie e tredici figliuoli.» Tali ragioni, per vero dire, ponevano alle strette; nulladimeno non furono pochi gli esempi, nei quali, malgrado ragioni siffatte, prevalse la riverenza della religione e lo amore della patria. Abbiamo argomento di credere che il Governo allora meditasse profondamente un colpo che avrebbe ridotto molte migliaia di famiglie ad accattare, e perturbato tutto l'ordine sociale in ciascuna parte del paese. Non era concesso vendere senza licenza, vino, birra, o caffè. S'era sparsa la voce che a chiunque possedeva siffatta licenza sarebbe tra breve ingiunto di fare quella promessa ch'era stata imposta ai pubblici impiegati, e, negando, abbandonare il suo traffico. E' sembra certo, che ove si fosse fatto un tal passo, i luoghi di pubblico divertimento o ritrovo sarebbero a un tratto stati chiusi a centinaia in tutto il Regno. Quale effetto avrebbe prodotto cotesto immischiarsi del Governo nei comodi di tutte le classi, può di leggieri immaginarsi. Il risentimento che fanno nascere gli aggravi non è sempre proporzionato alla importanza loro; e non è affatto improbabile che la revoca delle licenze avrebbe fatto ciò che la revoca degli statuti municipali aveva mancato di fare. Le alte classi sociali avrebbero sentita la mancanza della bottega di Saint-James-Street, dove solevano prendere la cioccolata; e agli uomini di faccende sarebbe mancata la tazza di caffé ch'essi erano assuefatti a bere fumando la pipa e chiacchierando di cose politiche in Change-Alley. I Circoli si sarebbero affannati a trovare un ricovero. Il viandante avrebbe sul far della notte trovato deserta l'osteria, dove credeva potere alloggiare e cenare. Il contadino avrebbe amaramente ripensato alla botteghetta dove egli soleva bere la birra sulla panca nei giorni estivi, e accanto al camino in tempo d'inverno. Il popolo, a cosiffatta provocazione, sarebbe forse insorto tuttoquanto senza attendere il soccorso di stranieri alleati.

XXXVI. Non era da aspettarsi che un Principe, il quale voleva che tutti i più umili servitori del Governo secondassero la sua politica sotto pena d'essere destituiti, seguitasse a mantenere in ufficio un Procuratore Generale, che non ascondeva la propria avversione a quella politica. Sawyer era stato tollerato nel suo posto per diciotto e più mesi, dopo ch'egli s'era dichiarato contrario alla potestà di dispensare. Di tale strana indulgenza egli andava debitore alla estrema difficoltà che incontrò il Governo a trovare un uomo da sostituirgli. Per proteggere gl'interessi pecuniari della Corona, era mestieri che almeno uno dei due capi della legge fosse uomo dotto ed esperto; e non era punto facile indurre qual si fosse legale dotto ed esperto ad esporsi al pericolo, commettendo quotidianamente atti, che dal Parlamento alla prima riunione verrebbero forse considerati come gravi delitti. Era stato impossibile trovare un Avvocato Generale migliore di Powis, uomo che non conosceva nessuna specie di freno, ma era incompetente ad adempiere gli ordinari doveri del proprio ufficio. Per tali ragioni fu creduto necessario partire il lavoro. Congiunsero insieme un Procuratore, la cui scienza giuridica scemava di pregio pe' suoi scrupoli di coscienza, con un Avvocato, nel quale la mancanza d'ogni scrupolo compensava in alcun modo la mancanza del sapere. Quando il Governo voleva fare osservare la legge si serviva di Sawyer; quando desiderava violarla adoperava Powis. Cotesto accomodamento durò finchè il Re potè assicurarsi dei servigi di un avvocato il quale era ad un tempo e più vile di Powis e più abile di Sawyer.

XXXVII. Nessuno dei legali allora viventi aveva fatto più che Guglielmo Williams virulenta opposizione alla Corte. Sotto Carlo II, egli aveva acquistato reputazione e come Whig e come Esclusionista. Prevalenti le fazioni, era stato eletto Presidente della Camera dei Comuni. Dopo la proroga del Parlamento d'Oxford aveva comunemente difeso i più turbolenti demagoghi accusati di sedizione. Nessuno gli negava acutezza di mente e scienza; credevasi che i principali suoi difetti fossero temerità e spirito di parte. Non v'era per anche il menomo sospetto ch'egli avesse altri difetti, in paragone dei quali la temerità e lo spirito di parte potevano considerarsi come virtù. Il Governo cercava pretesto a colpirlo, e non gli fu difficile trovarlo. Egli aveva pubblicato, per ordine della Camera dei Comuni, una relazione scritta da Dangerfield, la quale, qualora fosse stata pubblicata da un uomo privato, sarebbe stata indubitabilmente tenuta per libello sedizioso. Williams fu accusato dinanzi la Corte del Banco del Re; invano allegò i privilegi parlamentari; fu dichiarato reo, e condannato ad una pena di dieci mila lire sterline. Ne pagò una parte, e del rimanente firmò una scritta d'obbligo. Il Conte di Peterborough, il quale era stato ingiuriosamente rammentato nella relazione di Dangerfield, all'esito prospero del processo, intentò un'azione civile contro Williams e chiese una forte somma per rifacimento di danni. Williams era ridotto agli estremi, allorquando gli si offrì una sola via di scampo, ed era via dalla quale con raccapriccio avrebbe arretrato il piede ogni uomo fermo nei suoi principii ed animoso, affrontando più presto la miseria, la prigione, o la morte. Pensò di vendersi al Governo del quale era stato nemico e vittima; offrirsi d'assaltare con audacia da disperato quelle libertà e quella religione, per le quali aveva dianzi mostrato zelo intemperante; espiare i suoi principii Whig rendendo servigi, dai quali i bacchettoni Tory, Lord ancora del sangue di Russell e di Sidney, rifuggivano inorriditi. Il mercato fu concluso; gli fu condonato il debito ch'egli aveva verso la Corona; e per la mediazione del Re, Peterborough s'indusse ad un compromesso. Sawyer fu cacciato; Powis fatto Procuratore Generale; e Williams, nominato Avvocato Generale, ebbe la dignità di cavaliere, e in gran copia il regio favore. E ancorchè per grado ei fosse il secondo ufficiale della Corona nell'ordine giudiciario, aveva tanta abilità, dottrina ed energia, che cacciò tosto nell'ombra il proprio superiore.

Williams non era da lungo tempo in ufficio allorquando dovè essere parte principale nel più memorabile processo di Stato, di cui facciano ricordo gli Annali dell'Inghilterra.

XXXVIII. Il dì 27 aprile 1688, il Re promulgò una seconda Dichiarazione d'Indulgenza. In essa citava per esteso la Dichiarazione dello scorso aprile, e diceva che la sua vita passata doveva oramai convincere il popolo ch'egli non era uomo da retrocedere da un intrapreso cammino. Ma perchè alcuni faziosi si andavano affaccendando a persuadere al pubblico ch'egli poteva essere forzato a mutare proposito quanto alla Indulgenza, reputava necessario dichiarare ch'egli era determinatissimo di compiere ciò che aveva divisato, e che perciò aveva destituiti molti ufficiali civili e militari disubbidienti. Annunciava che avrebbe convocato il Parlamento nel novembre, al più tardi; ed esortava i suoi sudditi ad eleggere rappresentanti tali che lo aiutassero a mandare ad effetto la grande opera intrapresa. XXXIX. Questo Atto in sulle prime fece poca impressione. Non conteneva nulla di nuovo; e tutti maravigliavano come il Re avesse creduto valere lo incomodo di pubblicare un solenne Manifesto semplicemente con lo scopo di dichiarare ch'egli si manteneva sempre fermo nel proprio proposito. Forse Giacomo si sentì pungere al vivo dalla indifferenza onde venne dal pubblico accolto lo annunzio della presa determinazione, e credè che la dignità e autorità sue ne soffrirebbero ove ei senza indugio non compisse alcun che di nuovo e di notevole. Il dì 4 maggio, quindi, egli fece un'Ordinanza in Consiglio nella quale comandava che la nuova Dichiarazione venisse letta per due domeniche successive fra mezzo al servizio divino, dai ministri officianti in tutte le chiese e cappelle del Regno. In Londra e nei suburbii la lettura doveva aver luogo nei dì 20 e 27 maggio, nelle altre parti d'Inghilterra nei dì 3 e 10 giugno. Ai vescovi fu ingiunto di distribuire esemplari della Dichiarazione nelle loro diocesi.
Ove si consideri come il clero della Chiesa stabilita, senza quasi nessuna eccezione, reputasse la Indulgenza violazione delle leggi del reame, infrazione della fede data dal Re, e colpo fatale contro gl'interessi e la dignità della loro professione, non potrebbe punto dubitarsi che la Ordinanza in Consiglio mirava ad essere accolta dal clero come un affronto. Dicevasi comunemente fra il popolo che Petre aveva affermato tale intenzione del Governo, usando una grossolana metafora tolta dalla rettorica delle lingue orientali. Diceva che avrebbe fatto al clero mangiar fango, il più schifoso e nauseante fango. Ma per quanto tirannico e maligno fosse il mandato, il clero anglicano ubbidirebbe egli? La indole del Re era arbitraria e severa. La Commissione Ecclesiastica giudicava con modo pronto e spicciativo, quasi fosse Corte Marziale. Chiunque si rischiasse a resistere, dentro una sola settimana poteva esser cacciato dal suo presbiterio, privato di tutte le sue entrate, dichiarato incapace di occupare ogni altro beneficio ecclesiastico, e ridotto a mendicare di porta in porta. Se, a dir vero, lo intero corpo del clero si fosse collettivamente opposto agli ordini regi, era probabile che nè anche Giacomo avrebbe osato di punire a un tratto diecimila delinquenti. Ma non vi fu tempo di formare una estesa combinazione. L'Ordinanza in Consiglio fu riferita nella Gazzetta del dì 7 di maggio. Il dì 20 la Dichiarazione doveva essere letta da tutti i pulpiti di Londra e dei luoghi circostanti. Non v'era sforzo in que' tempi che bastasse a conoscere entro quindici giorni le intenzioni della decima parte dei ministri parrocchiali sparsi in tutto il Regno. Non era agevole raccogliere in breve gl'intendimenti dei Vescovi. Era anche da temersi che, se il clero ricusasse di leggere la Dichiarazione, e i Protestanti Dissenzienti interpretassero sinistramente il rifiuto, ei dispererebbe d'ottenere tolleranza pel credenti della Chiesa Anglicana, e darebbe compiuta vittoria alla Corte.
XL. Il clero quindi esitava; ed era degno di scusa, imperocchè parecchi laici eminenti, che godevano molto la pubblica fiducia, inchinavano a consigliare obbedienza. Pensavano essi che non fosse da sperarsi in una generale opposizione, e che una opposizione parziale rovinerebbe gl'individui, con poca utilità della Chiesa e della nazione. Così a quel tempo opinavano Halifax e Nottingham. Il giorno era vicino, e nondimeno non v'era accordo nè risoluzione presa.
In tali circostanze, i Protestanti Dissenzienti di Londra acquistaronsi diritto alla eterna gratitudine del loro paese. Il Governo gli aveva fino allora considerati come parte della sua forza. Pochi dei loro più operosi e tonanti predicatori, corrotti dai favori della Corte, avevano formato indirizzi ad approvare la politica del Re. Altri irritati dalla rimembranza di gravissimi danni recati loro dalla Chiesa Anglicana e dalla Casa Stuarda, avevano veduto con crudele diletto il Principe tiranno dalla tiranna gerarchia per fiera nimistà separarsi; ed entrambi affaccendarsi a cercare, per nuocersi a vicenda, soccorso presso le sètte dianzi perseguite e spregiate. Ma cotesto sentimento, comunque fosse naturale, era stato lungamente appagato; ed era giunto il tempo in cui era necessario eleggere: e i Non-Conformisti della città, con insigne generosità d'animo, si collegarono coi membri della Chiesa a difendere le leggi fondamentali del Regno. Baxter, Bates e Howe si resero notevoli per gli sforzi fatti a formare tal colleganza: ma il generoso entusiasmo che animava la intera classe dei Puritani rese agevole il negozio. Lo zelo del gregge vinse quello dei pastori. A quei predicatori Puritani e Indipendenti, che si mostravano inchinevoli a secondare il Re contro l'ordinamento ecclesiastico, fu chiaramente detto,

che ove non cangiassero condotta, le loro congregazioni non li avrebbero mai più ascoltati nè pagati. Alsop, che s'era illuso di potere fra' suoi discepoli acquistare al Re un gran numero di partigiani, s'accòrse d'essere spregiato ed abborrito da coloro che dianzi gli prestavano riverenza come a guida spirituale; cadde in profonda malinconia, e si sottrasse agli occhi del pubblico. Giungevano deputazioni a vari membri del clero, supplicandoli a non volere giudicare di tutti i Dissenzienti dalle abbiette adulazioni onde di recente andava ripiena la Gazzetta di Londra, ed esortandoli - poichè erano posti alla vanguardia di questa grande battaglia - a mostrarsi imperterriti per difendere le libertà dell'Inghilterra e la fede data in custodia ai Santi. Coteste assicurazioni furono accolte con gioia e gratitudine. Esisteva, nondimeno, molta ansietà e discordanza di opinioni fra coloro ai quali apparteneva deliberare se la domenica del dì 20 si dovesse o non si dovesse obbedire al comando del Re.

XLI. Il clero di Londra, allora universalmente reputato come il fiore del ceto ecclesiastico, tenne una ragunanza, alla quale intervennero quindici Dottori in Divinità. Tillotson Decano di Canterbury, il più celebre predicatore di quel tempo, si mosse dal letto dove giaceva infermo. Sherlock Maestro del Tempio, Patrick Decano di Peterborough e Rettore della insigne parrocchia di San Paolo in Convento-Garden, e Stillingfleet Arcidiacono di Londra e Decano della Cattedrale di San Paolo vi assistevano. L'opinione generale dell'Assemblea, a quanto sembra, era quella di doversi obbedire all'Ordinanza in Consiglio. La disputa cominciava a divenire procellosa, e avrebbe potuto produrre conseguenze fatali, se non vi avesse posto fine con la sua fermezza e col suo senno il Dottore Eduardo Fowler, Vicario di San Gilles in Cripplegate, uno del piccolo ma cospicuo numero degli ecclesiastici i quali accoppiavano lo amore della libertà civile, proprio della scuola di Calvino, con le dottrine teologiche della scuola di Arminio. Fowler dunque, levandosi, favellò in questa guisa: «Bisogna ch'io parli chiaro. La questione è così semplice che il ragionare a lungo non potrà chiarirla, bensì riscaldare i cervelli. Ciascuno dica un Sì o un No. Io non m'intendo vincolato dal voto della maggioranza. Mi rincrescerebbe di rompere l'unità. Ma in coscienza non posso leggere questa Dichiarazione.» Tillotson, Patrick, Sherlock e Stillingfleet dichiararono d'essere della medesima opinione. La maggioranza cede all'autorità d'una minoranza cotanto rispettabile. Fu quindi posta in iscritto una deliberazione per la quale tutti gl'intervenuti all'adunanza vincolavansi fra loro a non leggere la Dichiarazione. Patrick fu il primo ad apporvi il proprio nome; Fowler firmò dopo lui. Il documento fu mandato in giro per tutta la città, e fu tosto sottoscritto da ottantacinque beneficiarii.

Intanto vari Vescovi stavansi ansiosamente a meditare intorno al partito da abbracciarsi. Il dì 12 di maggio, una grave e dotta comitiva sedeva a mensa in casa del Primate a Lambeth. Compton Vescovo di Londra, Turner Vescovo d'Ely, White Vescovo di Peterborough, e Tenison Rettore della Parrocchia di San Martino erano fra gli ospiti. Il Conte di Clarendon, incrollabile zelatore della Chiesa, v'era stato invitato. Cartwright Vescovo di Chester vi s'era intruso, probabilmente per ispiare la ragunanza; e finchè vi rimase, non vi fu conversazione confidenziale: ma appena partitosi; venne proposta e discussa la grande quistione che agitava le menti di tutti, ed opinarono generalmente che la Dichiarazione non si dovesse leggere. Lettere furono tosto spedite a vari dei più spettabili prelati della provincia di Canterbury, sollecitandoli a recarsi senza il minimo indugio a Londra onde spalleggiare il loro metropolitano in un caso così importante. E non dubitandosi punto, che, ove tali lettere si mettessero all'ufficio postale in Lombard-Street, verrebbero intercettate, spedironsi corrieri a cavallo per deporle agli uffici postali delle più vicine città di provincia. Il Vescovo di Winchester, il quale aveva dato segnalate prove della sua lealtà in Sedgemoor, comecchè fosse infermo, volle ubbidire alla chiamata, ma non ebbe forze bastevoli a soffrire il moto della carrozza. La lettera diretta a Guglielmo Lloyd Vescovo di Norwich, non ostanti tutte le cautele prese, fu trattenuta dal postiere; e cotesto prelato, che non era secondo a nessuno dei suoi confratelli per coraggio e zelo della causa comune al clero, non giunse in Londra a tempo. Il Vescovo di Santo Asaph, che, come il precedente, aveva nome Guglielmo Lloyd, uomo pio, dotto ed onesto, ma di poca mente, mezzo ammattito dall'ostinatezza di volere pescare nelle Profezie di Daniele e nell'Apocalisse non so quali schiarimenti intorno al Papa e al Re di Francia, arrivò frettolosamente alla Metropoli il dì 16. Nel giorno seguente vi giunse lo egregio Ken Vescovo di Bath e Wells, Lake Vescovo di Chichester, e Sir Giovanni Trelawney Vescovo di Bristol, baronetto discendente da antica ed onorevole famiglia di Cornwall.

XLII. Il dì 18 ebbe luogo in Lambeth un'adunanza di prelati e di altri eminenti teologi. Tillotson, Tenison, Stillingfleet, Patrick e Sherlock erano presenti. Dopo lungo discutere, lo Arcivescovo scrisse di propria mano una petizione che esprimeva il generale intendimento dell'assemblea. Non era scritta con istile molto felice, sì che la sintassi impacciata ed inelegante destò alquanto dileggio contro

Sancroft, il quale lo sostenne con meno pazienza di quella onde egli fece prova in circostanze assai più ardue. Ma nella sostanza nulla potrebbe essere formato con più magistero di cotesto memorando documento. Protestavano caldamente contro ogni taccia di slealtà ed intolleranza. Assicuravano il Re che la Chiesa era tuttavia, come era sempre stata, fedele al trono; assicuravano che i Vescovi, a tempo e a luogo, come Lord del Parlamento e membri della Alta Camera di Convocazione, mostrerebbero di sapere compatire gli scrupoli di coscienza nei Dissenzienti. Ma il Parlamento, sì sotto il regno passato che sotto il presente, aveva decretato, il Sovrano non essere costituzionalmente competente a dispensare dagli statuti in materie ecclesiastiche. La Dichiarazione quindi era illegale; e i supplicanti non potevano, per prudenza, coscienza, ed onore partecipare alla solenne pubblicazione d'un Atto illegale nella casa di Dio e fra mezzo agli uffici divini.

XLIII. Questo documento fu firmato dall'Arcivescovo e da sei dei suoi suffraganei, Lloyd di Santo Asaph, Turner d'Ely, Lake di Chichester, Ken di Bath e Wells, White di Peterborough, e Trelawney di Bristol. Il vescovo di Londra, come sospeso dalle sue funzioni, non firmò. Era la sera di venerdì in sul tardi: e la domenica mattina la Dichiarazione doveva leggersi nelle chiese di Londra. Era necessario che la petizione pervenisse senza indugio alle mani del Re. I sei Vescovi si recarono a Whitehall. L'Arcivescovo, al quale da lungo tempo era stato inibito l'accesso alla Corte, non accompagnò i colleghi. Lloyd, lasciati i suoi confratelli in casa di Lord Dartmouth ch'era presso al palazzo, s'appresentò a Sunderland, pregandolo di leggere la petizione, e di dirgli quando al Re piacerebbe di riceverla. Sunderland, temendo di compromettersi, rifiutò di leggere lo scritto, ma si condusse subitamente alle regie stanze. Giacomo ordinò di far passare i vescovi. Gli era stato riferito dal suo cagnotto Cartwright, che essi erano inchinevoli ad ubbidire al regio mandato, ma che desideravano si facesse qualche lieve modificazione nella forma, al qual fine intendevano presentare una umilissima dimanda. Per lo che la Maestà Sua era di buonissimo umore. Come gli si furono inginocchiati dinanzi, disse cortesemente si alzassero, e prese lo scritto dalle mani di Lloyd, dicendo: «Questa è scrittura di Monsignore di Canterbury.» - «Sì, o Sire, scritta di sua propria mano,» gli, fu risposto. Giacomo lesse la petizione; la ripiegò; e turbossi nello aspetto dicendo: «Ciò mi sorprende grandemente. Non me lo sarei mai aspettato dalla vostra Chiesa, e segnatamente da alcuni di voi. Questo importa inalzare il vessillo della ribellione.» I vescovi si misero a protestare fervidamente della loro lealtà: ma il Re, come era suo costume, non cessava di ripetere le medesime parole: «Vi dico che è inalzare il vessillo della ribellione.» - «Ribellione!» esclamò Trelawney cadendo sulle sue ginocchia; «Per lo amore di Dio, o Sire, non ci dite parole così dure. Nessuno dei Trelawney può essere un ribelle. Vi ricordi che la mia famiglia ha combattuto in difesa della Corona. Vi rimembri dei servigi ch'io vi resi quando Monmouth aveva invaso le Contrade Occidentali.» - «Siamo noi che abbiamo spenta l'ultima ribellione,» disse Lake «e non ne susciteremo un'altra.» - «Noi ribelli!» esclamò Turner, noi siamo pronti a morire ai piedi di Vostra Maestà.» - «Sire,» disse Ken con tono più fermo, «spero che ci vogliate concedere quella libertà di coscienza che voi accordate a tutto il genere umano.» E nulladimeno Giacomo seguitava: «Questa è ribellione. Questo importa inalzare il vessillo della ribellione. Fu ella mai posta in dubbio, prima d'oggi, da un buono Anglicano la potestà di dispensare? Alcuni di voi non hanno eglino predicato e scritto a difenderla? È pretta ribellione. Voglio che la mia Dichiarazione sia letta.» - «Noi abbiamo due doveri da compiere,» rispose Ken, «il nostro dovere verso Dio, e il nostro dovere verso Vostra Maestà. Voi onoriamo: ma temiamo Dio.» - «Merito io questo?» gridò il Re viemaggiormente incollerito. «Io che sono stato tanto amico della vostra Chiesa! Non mi aspettava tanto da alcuni di voi. Io voglio essere ubbidito. La mia Dichiarazione deve essere pubblicata. Voi siete trombe di sedizione. Che fate voi qui? Andate alle vostre diocesi, e fate che io sia ubbidito. Terrò questo scritto; non lo perderò mai, e mi ricorderò sempre che voi lo avete firmato.» - «Sia fatta la volontà di Dio,» disse Ken. - «Dio mi ha data la potestà di dispensare,» disse il Re, ed io saprò mantenerla. Vi dico che vi sono settemila credenti della vostra Chiesa, i quali non hanno piegato il ginocchio dinanzi a Baal.» I vescovi rispettosamente partironsi. Quella stessa sera il documento da loro presentato al Re, si vide messo a stampa, parola per parola; trovavasi in tutte le botteghe da caffè, e si vendeva per le strade. In ogni parte la gente si alzava da letto e fermava i rivenditori. Si disse che lo stampatore in poche ore guadagnasse mille lire sterline vendendo questo scritto a un soldo. Ciò forse è una esagerazione: ma tuttavia prova che la vendita fu enorme. In che guisa la petizione pervenisse allo stampatore è tuttora un mistero. Sancroft dichiarò d'avere prese tutte le cautele perchè non fosse pubblicata, e di non conoscerne altra copia, tranne quella scritta di sua mano, e da Lloyd posta nelle mani del Re. La veracità dello Arcivescovo non ammette il minimo sospetto. Pure non è punto improbabile che alcuni dei teologi, i quali aiutarono a compilare la petizione, possano averla tenuta a mente e mandata allo

stampatore. Nondimeno comunemente credevasi che qualche famigliare del Re fosse stato indiscreto o traditore. Poco minore fu la impressione che fece nel popolo una breve lettera, scritta con gran vigoria di raziocinio e di stile, stampata alla macchia, e profusamente sparsa il dì medesimo per la posta e per mezzo dei procacci. Ne fu mandata copia ad ogni chierico del Regno. Lo scrittore non istudiavasi di dissimulare il pericolo che correrebbero i disubbidienti al regio mandato; ma dimostrava vivamente come era maggiore il pericolo di cedere. «Se leggiamo la Dichiarazione,» diceva egli, «cadiamo per non rialzarci mai più; cadiamo incompianti e spregiati; cadiamo fra le maledizioni d'un popolo che sarà rovinato dalla nostra debolezza.» Taluni credevano che questa lettera fosse venuta dalla Olanda. Altri l'attribuirono a Sherlock. Ma Prideaux, Decano di Norwich, il quale fu principale agente a spargerla, la credè lavoro di Halifax.
La condotta dei prelati fu universalmente e immensamente applaudita: ma taluni mormoravano dicendo che uomini sì gravi, se reputavansi obbligati in coscienza a fare al Re una rimostranza, dovevano farla assai prima. Era egli bene lasciarlo nel buio fino a trentasei ore avanti il tempo stabilito per la lettura della Dichiarazione? Quand'anche volesse revocare l'ordinanza in Consiglio, non era egli troppo tardi? Così sembravano concludere che la petizione aveva lo scopo, non di muovere il Re, ma d'infiammare gli umori del popolo. Tali doglianze erano affatto prive di fondamento. L'ordine del Re era giunto ai vescovi nuovo, inaspettato, impacciante. Era debito loro consultarsi vicendevolmente, ed indagare, per quanto fosse possibile, l'opinione del clero innanzi di appigliarsi ad un partito. Il clero era sparso per tutto il reame. Alcuni distavano gli uni dagli altri una settimana di cammino. Giacomo concedeva loro solo quindici giorni ad informarsi, riunirsi, discutere e decidere; e però non aveva diritto a credersi leso per essere presso a finire i quindici giorni innanzi ch'egli conoscesse la loro deliberazione. E non è vero ch'essi non gli dessero tempo bastevole a revocare l'Ordinanza qualora avesse avuto la prudenza di farlo. Avrebbe potuto convocare il Consiglio nel sabato mattina, e innanzi che fosse notte, si sarebbe saputo per tutta Londra e pe' suburbii, ch'egli aveva ceduto alle preghiere dei padri della Chiesa Anglicana. Nonostante, il sabato scorse senza che il Governo mostrasse segno di cedere, e giunse la domenica, giorno lungamente memorabile.
XLIV. Nella città e nel circondario di Londra erano circa cento chiese parrocchiali. Solo in quattro fu eseguito l'ordine del Re. In San Gregorio la Dichiarazione fu letta da un ecclesiastico chiamato Martin. Appena egli ebbe profferite le prime parole tutti gli astanti alzaronsi ed uscirono. In San Matteo in Friday-Street uno sciagurato che aveva nome Timoteo Hall, e che aveva disonorato l'abito sacerdotale facendo da sensale alla Duchessa di Portsmouth nella vendita delle grazie, e adesso nutriva speranza d'ottenere il vescovato d'Oxford, fu similmente lasciato solo in chiesa. In Serjeant's Inn in Chancery-Lane, il chierico disse di avere dimenticato a casa lo scritto; e al Capo Giudice del Banco del Re, il quale vi s'era condotto per vedere se si obbedisse al regio mandato, fu forza contentarsi di siffatta scusa. Samuele Wesley, padre di Giovanni e di Carlo Wesley, e Curato in una chiesa di Londra, predicando in quel giorno, prese a testo l'animosa risposta fatta dai tre Ebrei al tiranno Caldeo: «Sappi, o Re, che noi non serviremo ai tuoi Dii, nè adoreremo la immagine d'oro da te inalzata.» Perfino nella cappella del Palazzo di San Giacomo il ministro che officiava ebbe il coraggio di non ubbidire al comando regio. I giovani di Westminster lungo tempo rammentaronsi della scena che seguì quel giorno nell'Abbadia. Vi officiava, come Decano, Sprat vescovo di Rochester. Appena cominciò a leggere la Dichiarazione, la sua voce fu soffocata dalle mormorazioni e dal rumore della gente che usciva in folla dal coro. Egli fu preso da sì forte tremito che mal poteva tenere in mano lo scritto. Assai prima ch'egli finisse di leggere, il luogo era abbandonato da tutti, fuorchè da coloro che la propria condizione costringeva a rimanervi.
La Chiesa non era mai stata tanto cara alla nazione quanto nel pomeriggio di quel giorno. Ogni dissenso pareva sparito. Baxter dal pergamo fece lo elogio dei vescovi e del clero parrocchiale. Il Ministro Olandese, poche ore dopo, scrisse agli Stati Generali, che il Clero Anglicano si era acquistata la pubblica stima tanto da non credersi. Diceva che i Non-Conformisti con grido unanime asserivano amar meglio rimanere sotto gli Statuti penali che separare la causa loro da quella dei prelati.
Scorsa un'altra settimana d'ansietà e d'agitazione, giunse la domenica. Nuovamente le chiese della Metropoli erano affollate di migliaia e migliaia di persone. La Dichiarazione non fu letta in nessuno altro luogo che in quelle poche chiese dove era stata letta la precedente settimana. Il ministro, che aveva officiato nella cappella del Palazzo di San Giacomo, era stato destituito, e in vece sua un ecclesiastico più ossequioso comparve con lo scritto in mano; ma era tanto commosso che non potè profferire parola. E veramente l'opinione pubblica si era manifestata in guisa che nessuno, tranne il migliore e più nobile, o il peggiore e più vile degli uomini, poteva senza scomporsi, affrontarla.

XLV. Il Re stesso per un momento rimase attonito dinanzi alla violenta tempesta da lui suscitata. Che farebbe egli adesso? Andare avanti, o retrocedere: ed era impossibile procedere senza pericolo e tornare indietro senza umiliazione. Ebbe allora il pensiero di emanare una seconda Ordinanza per ingiungere al clero con parole d'ira e d'alterigia di pubblicare la Dichiarazione, minacciando a un tempo che chiunque si mostrasse disubbidiente verrebbe subitamente sospeso. L'Ordinanza fu scritta e mandata al tipografo, poi fu ritirata; poi rimandata di nuovo alla stamperia, e di nuovo ritirata. Coloro i quali volevano si adoperassero mezzi rigorosi, consigliavano un diverso provvedimento: citare, cioè, dinanzi alla Commissione Ecclesiastica i prelati che avevano firmata la petizione, e deporli dalle loro sedi. Ma contro questo partito sorsero forti obiezioni in Consiglio. Era stato annunziato che le Camere verrebbero convocate innanzi la fine dell'anno. I Lord considererebbero come nulla la sentenza di deposizione contro i vescovi, insisterebbero che Sancroft e i suoi colleghi fossero ammessi ai loro seggi nel Parlamento, e ricuserebbero di riconoscere un nuovo Arcivescovo di Canterbury o un nuovo Vescovo di Bath e Wells. In tal modo, la sessione, la quale pareva dovere essere per sè stessa bastevolmente procellosa, incomincerebbe con una mortale contesa tra la Corona e i Pari. Se quindi reputavasi necessario punire i vescovi, ciò doveva farsi secondo l'usanza delle Leggi Inglesi. Sunderland fin da principio si era opposto, per quanto gli fu possibile, alla Ordinanza in Consiglio. Adesso suggerì di prendere una via, la quale se non era scevra d'inconvenienti, era la più prudente e la più dignitosa che fra tanti sbagli rimanesse aperta al Governo. Il Re con grazia e dignità annunzierebbe al mondo essere profondamente dolente della indebita condotta della Chiesa Anglicana, ma non potere porre in oblio tutti i servigi resi da quella, in perigliosi tempi, al padre, al fratello ed a sè; non volere egli, come fautore della libertà di coscienza, trattare rigorosamente uomini ai quali la coscienza, comecchè mal consigliata e piena d'irragionevoli scrupoli, non consentiva d'ubbidire ai suoi comandi; per la qual cosa abbandonerebbe i colpevoli a quella pena che loro infliggerebbe il rimorso, quando, meditando pacatamente sulle azioni proprie, le raffrontassero con quelle dottrine di lealtà, delle quali menavano sì gran vanto. Non solo Powis e Bellasyse, i quali avevano sempre consigliato moderazione, ma anco Dover ed Arundell inchinavano alla proposta di Sunderland. Jeffreys, dall'altro canto, sosteneva che il Governo sarebbe disonorato ove siffatti trasgressori, quali erano i sette vescovi, si punissero con una semplice riprensione. Nondimeno ei non desiderava che venissero citati dinanzi la Commissione Ecclesiastica, della quale egli era capo, o per dir meglio, solo Giudice: imperocchè il peso dell'odio pubblico che già lo premeva, era troppo anco per la sua svergognata fronte e il suo cuore indurato; e rifuggiva dalla responsabilità in cui sarebbe incorso pronunziando una sentenza illegale contro i governanti della Chiesa amati tanto dalla nazione. E però propose di perseguitarli criminalmente.

XLVI. Fu quindi determinato che lo Arcivescovo e gli altri sei che avevano firmata la petizione, fossero tradotti dinanzi la Corte del Banco del Re, come autori di un libello sedizioso. Non era da dubitarsi che verrebbero dichiarati rei. I giudici e gli ufficiali loro erano cagnotti della Corte. Dal dì in cui la Città di Londra era stata privata dello Statuto Municipale, nè anche uno di coloro i quali il Governo aveva voluto punire, era stato assoluto da' Giurati. I prelati disubbidienti sarebbero probabilmente condannati a rovinose multe ed a lunga prigionia, e si reputerebbero bene avventurati di potersi redimere, secondando, e dentro e fuori il Parlamento, i disegni del sovrano.

Il dì 27 maggio fu intimato ai Vescovi di appresentarsi pel giorno ottavo di giugno dinanzi il Consiglio del Re. Non sappiamo perchè fosse loro dato sì lungo periodo di tempo. Forse Giacomo sperava che alcuni dei colpevoli, paventando la sua collera, cedessero pria che giungesse il giorno stabilito a leggere la Dichiarazione nelle loro diocesi, e a fine di pacificarsi secolui, persuadessero il loro clero ad obbedire al regio decreto. Se tale era la sua speranza, egli sperò invano. Giunta la domenica del 3 giugno, in tutta Inghilterra fu seguíto lo esempio della Metropoli. Già i Vescovi di Norwich, Gloucester, Salisbury, Winchester, ed Exeter, avevano, in pegno dell'approvazione loro, firmate alcune copie della petizione. Il Vescovo di Worchester aveva rifiutato di distribuire la Dichiarazione fra il suo clero. Il Vescovo di Hereford l'aveva distribuita; ma comunemente credevasi che egli, per avere ciò fatto, fosse straziato dal rimorso e dalla vergogna. Neppure un solo prete di parrocchia fra cinquanta ubbidì alla Ordinanza in Consiglio. Nella grande diocesi di Chester, la quale comprendeva la Contea di Lancastro, Cartwright non potè persuadere altri che tre soli ecclesiastici ad obbedire al Re. Nella diocesi di Norwich sono molte centinaia di parrocchie, e non pertanto in sole quattro fu letta la Dichiarazione. Il cortigiano Vescovo di Rochester non potè vincere gli scrupoli del cappellano di Chatam, il cui pane dipendeva dal Governo. Esiste tuttora una commovente lettera che questo buon sacerdote scrisse al Segretario dello Ammiragliato. «Io non posso» diceva egli «sperare la protezione di Vostra Eccellenza.

Sia fatta la volontà di Dio. Io scelgo i patimenti più presto che il peccato.»
XLVII. La sera dell'8 giugno i sette prelati, provvedutisi dell'assistenza dei più illustri giureconsulti d'Inghilterra, si condussero a palazzo, e furono introdotti nella camera del Consiglio. La loro petizione era sulla tavola. Il Cancelliere la prese in mano, e mostrandola allo Arcivescovo disse: «È questa la carta scritta da Vostra Eccellenza Reverendissima, e presentata a Sua Maestà da' sei Vescovi qui presenti?» Sancroft guardò il foglio, e volgendosi al Re favellò in questa guisa: «Sire, io mi sto in questo luogo in sembianza di colpevole; io non lo era mai stato per lo innanzi, e non credevo mai che un giorno lo sarei. Meno anco avrei potuto credere che fossi accusato d'offesa contro il mio Re: ma se ho la sventura di trovarmi in questa condizione, prego Vostra Maestà di non offendersi, se mi valgo del mio legittimo diritto, ricusando di dire cosa che mi possa rendere reo.» - «Cotesti sono pretti cavilli,» disse il Re. «Spero che Vostra Eccellenza non osi negare la propria scrittura.» - «Sire,» disse Lloyd che aveva molto studiato i casisti, «tutti i teologi concordano ad asserire che un uomo in situazione pari alla nostra può ricusare di rispondere ad una simile domanda.» Il Re, che era tardo di mente quanto corrivo a riscaldarsi il sangue, non intese le parole del prelato; ed insisteva e andava viepiù montando in collera. «Sire,» disse lo Arcivescovo, «io non sono tenuto ad accusare me stesso. Nondimeno se Vostra Maestà positivamente mi comanda di rispondere, obbedirò con la fiducia che un principe giusto e generoso non permetta che ciò ch'io dico per ubbidire agli ordini suoi, sia considerato come argomento ad incriminarmi.» - «Voi non dovete venire a patti col vostro Sovrano,» disse il Cancelliere. «No,» esclamò il Re. «Io non vi comando questo. Se a voi parrà di negare la vostra scrittura, non ho più nulla a dire.»
I Vescovi furono più volte fatti uscire dalla sala, e più volte richiamati. Alla perfine, Giacomo positivamente comandò loro di rispondere alla domanda. Non promise espressamente che la confessione non verrebbe considerata come argomento contro di loro. Ma essi non senza ragione supponevano che dopo la protesta fatta dallo Arcivescovo e la risposta data dal Re, un tale impegno fosse sottinteso nel suo comando. Sancroft riconobbe per suo lo scritto, e i suoi confratelli ne seguirono lo esempio. Allora furono interrogati intorno alla significanza d'alcune parole della petizione, e intorno alla lettera che era andata in giro con tanto effetto per tutto il Regno: ma le loro parole furono così circospette, che il Consiglio non potè ricavare nulla dallo esame. Il Cancelliere quindi annunziò loro che verrebbe fatto contro essi un processo criminale nella Corte del Banco del Re, e intimò che sottoscrivessero l'obbligo di presentarsi. Ricusarono allegando il privilegio della Paria: imperocchè i migliori giuristi di Westminster Hall avevano assicurato loro che nessun Pari poteva esser costretto a firmare il predetto obbligo per accusa di libello; ed essi non reputavansi in diritto di rinunciare al privilegio dell'ordine loro. Il Re fu tanto stolto da stimarsi personalmente offeso, perchè, in una questione legale, si richiamavano al parere dei dottori della legge. «Voi prestate fede a chiunque, fuori che a me,» disse egli. E davvero sentivasi mortificato e trepidava come quegli che s'era spinto tanto oltre, che, persistendo essi, a lui non rimaneva altro partito che gettarli in carcere; e quantunque non prevedesse punto tutte le conseguenze di un tale passo, forse le prevedeva tanto da esserne perturbato. I Vescovi rimasero fermissimi nel loro proposto. Fu quindi spedito un mandato al Luogotenente della Torre per tenerli in custodia, ed apparecchiata una barca a trasportarveli pel fiume.
XLVIII. Sapevasi in tutta Londra che i Vescovi erano dinanzi al Consiglio. La pubblica ansietà era infinita. Una grande moltitudine s'accalcava nei cortili di Whitehall e nelle vie circostanti. Molti avevano costume di recarsi sulle rive del Tamigi a godervi il fresco nelle sere estive. Ma in cotesta sera tuttoquanto il fiume era coperto di barche. Come i sette Vescovi comparvero circondati dalle guardie, l'emozione del popolo ruppe ogni freno. La gente a migliaia cadde inginocchioni pregando ad alta voce per coloro, i quali, animati dal coraggio di Ridley e di Latimer, avevano affrontato il tiranno reso insano di tutta la bacchettoneria di Maria la Bevisangue. Molti gettaronsi nelle acque fino al petto, implorando dai Padri Santi la benedizione. Per tutto il fiume, da Whitehall fino al Ponte di Londra, la barca regia passò fra mezzo a due file di gondole, dalle quali moveva unanime il grido: «Dio benedica alle Vostre Eccellenze Reverendissime.» Il Re grandemente impaurito, comandò che si raddoppiasse il presidio della Torre, che le Guardie si tenessero pronte a combattere, e che si staccassero due compagnie da ogni reggimento nel Regno, e si dirigessero subito a Londra. Ma le milizie ch'egli reputava mezzo precipuo a coartare il popolo, partecipavano al sentire del popolo. Le stesse sentinelle che facevano la guardia alla Porta dei Traditori, chiedevano la benedizione ai martiri affidati alla loro custodia. Sir Eduardo Hales, Luogotenente della Torre, era poco propenso a usare cortesia a' suoi prigionieri: perocchè aveva rinnegata la Chiesa per la quale essi tanto pativano, ed occupava vari

uffici lucrosi per virtù di quella potestà di dispensare, contro la quale essi avevano protestato. Arse di sdegno allorchè seppe che i suoi soldati bevevano alla salute dei Vescovi, e ordinò agli ufficiali che provvedessero che lo scandalo non fosse ripetuto. Ma gli ufficiali riferirono non esservi modo a impedire la cosa, e che il presidio non voleva bere alla salute di nessun altro. Nè solo con siffatti festeggiamenti i soldati mostravano riverenza ai padri della Chiesa. Si videro entro la Torre tali segni di divozione, che i pii sacerdoti ringraziavano Dio di avere fatto nascere il bene dal male, e reso la persecuzione dei suoi servi fedeli mezzo di salvazione a molte anime. Per tutto il giorno i cocchi e le livree dei primi nobili dell'Inghilterra vedevansi attorno alle porte della prigione. Migliaia di spettatori coprivano di continuo Tower-Hill. Ma fra le testimonianze della pubblica riverenza e simpatia che i prelati ricevevano, ve ne fu una la quale, sopra tutte, recò sdegno e paura al Re. Egli seppe che una deputazione di dieci ministri Non-Conformisti erasi recata alla Torre. Ne fece venire quattro dinanzi al suo cospetto, ed aspramente rimproverolli. Costoro animosamente risposero come essi reputavano debito loro porre in oblio i passati litigi, e collegarsi con gli uomini che difendevano la Religione Protestante.

XLIX. Le porte della Torre s'erano appena chiuse dietro a' prigioni, allorquando sopraggiunse un fatto ad accrescere il pubblico concitamento. Era stato annunziato che la Regina non avrebbe partorito avanti il mese di Luglio. Ma il dì dopo che i Vescovi s'erano presentati dinanzi al Consiglio, e' fu notato come il Re fosse inquieto per lei. La sera, non pertanto, ella giuocò a carte in Whitehall fin presso la mezzanotte. Poi fu menata in portantina al Palazzo di San Giacomo, dove le era stato in fretta apparecchiato un appartamento a riceverla. Allora si videro vari messi correre qua e colà in cerca di medici, di preti, di Lord del Consiglio, di dame di Corte. In poche ore molti pubblici ufficiali e signore d'alto grado si raccolsero nella camera della Regina. Ivi la domenica mattina del dì 10 di giugno, giorno per lungo tempo celebrato come sacro dai troppo fedeli partigiani d'una malvagia causa, nacque il più sventurato dei principi, destinato a settanta anni di vita esule e raminga, di vani disegni, di onori più amari degl'insulti, e di speranze che fanno sanguinare il cuore.

Le calamità della povera creatura cominciarono innanzi la sua nascita. La nazione sopra la quale, secondo il corso ordinario della successione, egli doveva regnare, era profondamente persuasa che la Regina non fosse gravida. Per quanto fossero evidenti le prove della verità del parto, un numero considerevole di persone si sarebbe forse ostinato a sostenere che i Gesuiti avessero destramente fatto un giuoco di mano: e le prove, parte per caso, parte per grave imprudenza, sottostavano a non poche obiezioni. Molti d'ambo i sessi trovavansi dentro la camera della puerpera nel momento che nacque il bambino, ma nessuno di loro godeva largamente la pubblica fiducia. Dei Consiglieri Privati, ivi presenti, mezzi erano Cattolici Romani; e coloro che chiamavansi Protestanti venivano comunemente reputati traditori della patria e di Dio. Molte delle cameriste erano Francesi, Italiane e Portoghesi. Delle dame inglesi alcune erano Papiste ed altre mogli di Papisti. Taluni che avevano diritto speciale ad essere presenti, e la cui testimonianza avrebbe satisfatto a tutti gl'intelletti accessibili alla ragione, erano assenti; e di ciò il Re fu tenuto responsabile. Tra tutti gli abitatori della isola, la Principessa Anna era colei che avesse maggiore interesse nella cosa. Il sesso e la esperienza la rendevano adatta a proteggere il diritto ereditario della sua sorella e suo proprio. Le si era nell'anima fortemente insinuato il sospetto che veniva confermato da circostanze frivole o immaginarie. Credeva che la Regina con grande studio fuggisse la vigilanza della cognata, ed attribuiva a colpa una riserva che forse nasceva da delicatezza. Incitata da tali sospetti, Anna aveva deliberato di trovarsi presente e vigilare quando sarebbe giunto il gran giorno. Ma non aveva estimato necessario trovarsi al suo posto un mese innanzi, e come si disse, seguendo il consiglio del padre, era andata a bere le acque di Bath. Sancroft, che pel suo eminente ufficio era in debito di trovarsi presente, e nella cui probità la nazione aveva piena fiducia, poche ore prima era stato rinchiuso da Giacomo dentro la Torre. Gli Hydes erano protettori naturali dei diritti delle due Principesse. Lo Ambasciatore Olandese poteva essere considerato come rappresentante di Guglielmo, il quale, come primo principe del sangue e marito della figlia maggiore del Re, aveva sommo interesse a vedere con gli occhi propri ciò che seguiva. Giacomo non pensò mai di chiamare nessuno, nè maschio nè femmina, della famiglia Hyde; nè lo Ambasciatore Olandese fu invitato a trovarsi presente.

I posteri hanno pienamente assoluto il Re della frode imputatagli dal suo popolo. Ma torna impossibile lo assolverlo di quella insania e testardaggine che spiegano e scusano lo errore dei suoi coetanei. Conosceva benissimo i sospetti sparsi per tutto il reame; avrebbe dovuto sapere che non potevano dileguarsi alla sola testimonianza dei membri della Chiesa di Roma, o di tali, che sebbene si facessero chiamare membri della Chiesa d'Inghilterra, si erano mostrati pronti a sacrificare gli interessi

di quella per ottenere il regio favore. Che il fatto fosse giunto imprevisto al Re, è innegabile: ma ebbe dodici ore di tempo a disporre le cose. Non gli fu difficile empire il palazzo di San Giacomo con una folla di bacchettoni e di parassiti, nella cui parola la nazione non aveva punto fiducia. Sarebbe stato egualmente facile invitare alcuni eminenti personaggi, il cui affetto verso le Principesse e la religione dello Stato non ammetteva dubbio nessuno.
Tempo dopo, allorquando egli aveva già caramente pagato il suo temerario spregio della pubblica opinione, era usanza in San Germano escusare lui gettandone sugli altri il biasimo. Alcuni Giacomisti accusarono Anna di essersi appositamente tenuta da parte. Anzi non vergognarono d'affermare che Sancroft aveva astutamente provocato il Re per essere imprigionato nella Torre, onde mancasse il suo attestato che avrebbe dissipate le calunnie dei malcontenti. L'assurdità di tali accuse è evidente. Era egli possibile che Anna o Sancroft prevedessero che la Regina avesse ad ingannarsi d'un mese nei propri calcoli? Se ella avesse calcolato rettamente, Anna sarebbe ritornata da Bath, e Sancroft sarebbe uscito dalla Torre per trovarsi al posto loro pel tempo del parto. In ogni modo gli zii paterni delle figlie del Re non erano nè lontani nè in carcere. Il messo, il quale recò lo annunzio a tutto il drappello dei rinnegati, Dover, Peterborough, Murray, Sunderland, e Mulgrave, lo avrebbe con la stessa facilità recato a Clarendon, il quale, come essi, era membro del Consiglio Privato. La sua casa in Jermyn Street non distava più di dugento passi dalla camera della Regina, e nondimeno gli toccò a sapere, dall'agitarsi e dal sussurrare della congregazione nella Chiesa di San Giacomo, che la sua nipote non era più la erede presuntiva della Corona. Non fu egli chiamato forse perchè era il più prossimo parente delle Principesse d'Orange e di Danimarca, o perchè invariabilmente aderiva alla Chiesa Anglicana?
La nazione diceva con grido unanime che v'era stato di mezzo una impostura. I papisti, per parecchi mesi, avevano predetto nelle prediche e negli scritti loro, in prosa e in verso, in inglese e in latino, che Dio concederebbe alle preci della Chiesa un Principe di Galles: e i loro vaticinii oggimai s'erano avverati. Tutti i testimoni che non potevano essere ingannati o corrotti, erano stati con sommo studio esclusi. Anna era stata gabbata mandandola a Bath. Il Primate, la vigilia del dì stabilito a compiere la scellerata opera, era stato gettato in carcere in onta ad ogni uso di legge e ai privilegi della Paria. Non s'era permesso che vi si trovasse presente nè anche un solo degli uomini o delle donne, che avessero il più lieve interesse a smascherare la frode. La Regina era stata, nel cuore della notte e improvvisamente, condotta al palazzo di San Giacomo, perocchè in quello edifizio, meno adatto di Whitehall agli onesti comodi, aveva stanze e aditi bene convenevoli alle intenzioni dei Gesuiti. Quivi, fra una congrega di zelanti, i quali non reputavano delitto nessuna cosa che tendesse a promuovere gl'interessi della Chiesa loro, e di cortigiani che non istimavano criminoso nulla che tendesse ad arricchirli ed inalzarli, un bambino nato pur allora era stato messo di furto nel regio talamo, e quindi mostrato in trionfo come lo erede di tre Regni. Col cervello infiammato da tali sospetti, ingiusti a dir vero, ma non innaturali, gli uomini affollavansi più che mai a rendere omaggio a quelle sante vittime del tiranno, il quale, dopo d'avere per tanto tempo recato iniquissimi danni al suo popolo, aveva adesso colma la misura della iniquità sua, mostrandosi proditoriamente ingiusto contro le proprie creature.
Il Principe d'Orange, non sospettando di nessuna frode, e ignorando qual fosse la opinione pubblica in Inghilterra, ordinò che si facessero in casa sua preghiere pel bene del suo piccolo cognato, e spedì Zulestein a Londra a congratularsi col suocero. Zulestein maravigliò udendo tutte le persone nelle quali s'imbatteva, parlare apertamente della infame frode praticata dai Gesuiti, e ad ogni istante vedendo qualche nuova pasquinata intorno alla gravidanza; e al parto. Però scrisse all'Aja che in dieci uomini nè anche uno solo credeva che il fanciullo fosse nato dalla Regina.
Infrattanto il contegno dei sette prelati accresceva lo interesse che il caso loro aveva suscitato. La sera del Venerdì Nero - così il popolo chiamava il giorno in cui furono arrestati - giunsero al carcere all'ora del servizio divino. Recaronsi tosto alla cappella. Accadde che nella seconda lezione fossero queste parole: «In ogni cosa commendandoci, come ministri di Dio, nella molta pazienza, nelle afflizioni, nella miseria, nelle percosse, nelle prigionie.» Tutti gli zelanti Anglicani gioirono della coincidenza, e rammentarono quanta consolazione una simile coincidenza, quaranta anni innanzi, aveva arrecata a Carlo I, in punto di morte.
La sera del giorno seguente, ch'era sabato 8 giugno, giunse una lettera di Sunderland che ordinava al cappellano di leggere la Dichiarazione pel dì seguente fra mezzo agli uffici divini. E poichè il giorno stabilito dalla Ordinanza in Consiglio per la lettura da farsi in Londra, era da lungo tempo spirato, questo nuovo atto del Governo poteva considerarsi come vilissimo e puerile insulto fatto ai venerandi

prigioni. Il cappellano ricusò d'obbedire; fu destituito, e la cappella venne chiusa.
L. I vescovi edificavano tutti quelli che stavano loro d'intorno, per la fermezza e la calma con che sostenevano la prigionia, per la modestia e mansuetudine onde accoglievano gli applausi e le benedizioni di tutto il paese, e per la lealtà ch'essi mostravano verso il loro persecutore, il quale agognava a distruggerli. Rimasero in carcere soli otto giorni. Il venerdì 15 giugno, ch'era il primo giorno dell'apertura del giudizio, furono condotti dinanzi al Banco del Re. Immensa folla di popolo stavasi lì ad aspettarli. Dagli scali del fiume fino alla Corte gli spettatori erano in lunghe file schierati, colmandoli di benedizioni o di applausi. «Amici,» dicevano i prigioni passando «onorate il Re; e ricordatevi di noi nelle vostre preci.» Queste umili e pie parole commossero gli spettatori fino alle lacrime. Come essi giunsero al cospetto dei Giudici, il Procuratore Generale produsse la requisitoria, che aveva avuto incarico di preparare, e propose che agli accusati si desse ordine di favellare. I loro avvocati dall'altro canto obiettavano dicendo che i vescovi erano stati illegalmente rinchiusi in carcere, e quindi la loro presenza dinanzi la Corte non era regolare. Fu dibattuta lungamente la questione se un Pari fosse tenuto a firmare una obbligazione per presentarsi al giudizio, come incolpato di libello, e fu risoluta dalla maggior parte dei giudici a favore della Corona. I prigionieri allora si dichiararono non colpevoli. La discussione della causa fu rimessa a quindici giorni, cioè al 29 giugno. Frattanto furono posti in libertà dopo d'essersi obbligati a presentarsi pel dì stabilito. I legati della Corona operarono con prudenza, non richiedendo mallevadorie. Imperciocchè Halifax aveva ordinate le cose in modo che ventuno Pari secolari fra' più cospicui fossero pronti a prestarsi come mallevadori, tre per ciascuno accusato; ed una tanta manifestazione di sentimento fra' nobili sarebbe stata di non lieve danno al Governo. Sapevasi ancora che uno dei più ricchi Dissenzienti della città aveva sollecitato l'onore di dare cauzione per Ken.
Ai vescovi fu allora concesso di andarsene a casa loro. Il volgo che non s'intendeva punto della procedura giudiciaria che aveva avuto luogo nel Banco del Re, e che aveva veduto i suoi prediletti pastori condotti sotto stretta guardia a Westminster Hall, ed ora li vedeva uscirne liberi, immaginò che la buona causa prosperasse, e diede in uno scoppio d'applausi. Le campane sonavano in segno di gioia. Sprat rimase attonito vedendo il campanile della sua Abbadia fare eco agli altri, e lo fece subitamente tacere; ma ciò provocò sdegnose mormorazioni. Ai vescovi riusciva difficile sottrarsi alle importunità della folla che gli acclamava. Lloyd fu ritenuto nel cortile di Palazzo dagli ammiratori che si accalcavano d'intorno a toccargli la mano e baciargli il lembo della veste, finchè Clarendon non senza difficoltà lo trasse seco conducendolo a casa per una via traversa. Vuolsi che Cartwright fosse sì stolto da mischiarsi nella folla. Alcuno che lo vide in abito episcopale chiese e ricevè la benedizione. Ma un altro che gli stava accanto, gridò: «Sapete voi chi è colui che vi ha data la benedizione?» - «Certo ch'io lo so,» rispose il benedetto; «egli è uno dei Sette.» - «No,» riprese l'altro, «è il vescovo papista di Chester.» - «O papista cane,» esclamò rabbiosamente il Protestante, «ripigliati la tua benedizione.»
Tale era il concorso e tale il concitamento del popolo, che lo Ambasciatore d'Olanda rimase meravigliato vedendo finire il giorno senza lo scoppio d'una insurrezione. Il re non era punto tranquillo. Per trovarsi parato a reprimere ogni commovimento, la mattina aveva passato in rivista in Hyde-Park vari battaglioni di fanteria. Non ostante, non è certo che in caso di bisogno le sue truppe gli avrebbero ubbidito. Quando Sancroft, nel pomeriggio, giunse a Lambeth, trovò i granatieri, i quali avevano quartiere in quel suburbio, dinanzi alla porta del suo palazzo. Schierati in fila a destra e a sinistra, gli chiedevano la benedizione mentre egli passava fra loro. A stento potè dissuaderli dallo accendere un falò ad onorare il suo ritorno a casa. Quella sera nondimeno furono molti i fuochi di gioia nella Città. Due Cattolici Romani che ebbero la indiscretezza di percuotere alcuni fanciulli intervenuti a cotesti festeggiamenti, furono presi dalla plebe, la quale strappò loro gli abiti, e ignominiosamente li segnò in fronte con un ferro infocato.
Sir Eduardo Hales si recò presso i vescovi chiedendo d'essere pagato. Essi rifiutarono di pagare cosa alcuna per una detenzione da essi considerata illegale, ad un officiale la cui commissione, secondo i principii loro, era nulla. Il Luogotenente accennò con intelligibilissime parole che ove gli cadessero nuovamente tra le mani, gli avrebbe messi ai ferri e fatti dormire sulla nuda terra. I vescovi risposero: «Siamo in disgrazia del Re, e profondamente ce ne rincresce; ma un suddito che ci minacci, invano perde il flato.» Non è agevole immaginare quale fosse la indignazione del popolo, allorchè, concitato come era, seppe che un rinnegato della religione protestante, il quale teneva un comando in onta alle leggi fondamentali della Inghilterra, aveva osato minacciare a quegli ecclesiastici, venerandi per età e dignità, tutte le barbarie della Torre di Lollard.

LI. Innanzi che giungesse il giorno stabilito pel processo, l'agitazione erasi sparsa fino alle più remote parti dell'isola. Dalla Scozia i vescovi riceverono lettere con le quali i Presbiteriani di quel paese da tanto tempo e così acremente ostili alla prelatura, gli assicuravano della loro simpatia. Il popolo di Cornwall, razza fiera, ardita, atletica, nella quale il sentimento della terra natia è più forte che in qualunque altra parte del Regno, fu grandemente commosso dal pericolo di Trelawney, da essi venerato meno come Principe della Chiesa che come capo d'una onorevole casata, ed erede, per venti generazioni, d'antenati i quali erano famosi avanti che i Normanni ponessero piede in Inghilterra. Per tutto il paese il contadiname cantava una ballata, della quale tuttavia si rammenta lo intercalare che diceva così: «Dovrà morire Trelawney, dovrà morire Trelawney? Allora trentamila giovani di Cornwall ne vorranno sapere il perchè.» I minatori di fondo alle loro cave facevano eco a quel canto con questa leggiera variante: «Allora ventimila di sotto terra ne vorranno sapere il perchè.»
I contadini in molte parti di quelle contrade ad alta voce parlavano d'una strana speranza che non s'era mai spenta nei loro cuori. Dicevano che il Duca Protestante, il loro diletto Monmouth tra breve si mostrerebbe, li condurrebbe alla vittoria, e calpesterebbe il Re e i Gesuiti.
I ministri erano costernati. Lo stesso Jeffreys sarebbe volentieri tornato addietro. Egli incaricò Clarendon d'un amichevole messaggio ai vescovi, e diede ad altrui la colpa della persecuzione da lui consigliata. Sunderland di nuovo rischiossi a provare la necessità di fare concessioni, dicendo come il fortunato nascimento dello erede del trono apprestasse al Re il destro di ritirarsi da una posizione piena di pericoli e d'inconvenevolezza senza acquistarsi il rimprovero di timidità o di capriccio. In cosiffatti felici eventi i sovrani avevano avuto costume di allegrare i sudditi con atti di clemenza, e nulla poteva tornare di tanta utilità al Principe di Galles, quanto l'essere, fino dalle fasce, pacificatore del padre con l'agitata nazione. Ma il Re stava più che mai duro. «Anderò avanti,» diceva egli. «Finora sono stato troppo indulgente; e la indulgenza trasse mio padre alla rovina.
LII. L'artifizioso ministro si accòrse che Giacomo aveva per innanzi seguito i consigli di lui solamente perchè concordavano cogl'intendimenti suoi, e che dal momento in cui egli aveva cominciato a consigliare il bene, lo aveva fatto indarno. Nel processo contro il Collegio della Maddalena, Sunderland aveva mostrato segni di lentezza. S'era dianzi provato a persuadere il Re che il disegno di Tyrconnel di confiscare i beni dei coloni inglesi in Irlanda era pieno di pericoli, e col soccorso di Powis e Bellasyse aveva potuto ottenere che la esecuzione fosse differita ad un altro anno. Ma cotesta timidità e scrupolosità spiaceva al Re e gli aveva messo in cuore il sospetto. Il giorno della giustizia era giunto per Sunderland. Egli trovavasi nelle condizioni in cui s'era, alcuni mesi prima, trovato Rochester. Entrambi questi uomini di Stato provarono l'angoscia di tenersi dolorosamente aggrappati al potere che visibilmente fuggiva loro di mano. Entrambi videro i suggerimenti loro con ischerno rigettati. Entrambi sentirono l'amarezza di leggere la collera e la diffidenza nel viso e negli atti del loro signore; e nondimeno il paese gli chiamò responsabili di que' delitti ed errori dai quali invano s'erano sforzati a dissuaderlo. Mentre sospettava ch'essi si studiassero di acquistarsi popolarità a danno dell'autorità e dignità loro, la voce pubblica altamente accusavali che volessero conseguire il regio favore a danno del proprio onore e del bene della nazione. Nondimeno, malgrado tutte le mortificazioni e le umiliazioni, ambidue si tennero attaccati allo ufficio con la tenacità d'un uomo che stia per annegarsi. Ambidue tentarono di rendersi propizio il Re simulando il desiderio di entrare nel grembo della sua Chiesa. Ma in ciò vi fu un limite che Rochester non osò travarcare. Si spinse fino sull'orlo dell'apostasia: ma retrocesse: e il mondo, a contemplazione della fermezza onde egli ricusò di fare l'ultimo passo, gli perdonò generosamente tutti i falli anteriori.
LIII. Sunderland, meno scrupoloso e suscettibile di rossore, deliberò di scontare la sua moderazione e ricuperare la regia confidenza, con un atto, che ad un cuore che senta la importanza delle verità religiose, deve sembrare uno dei più infami delitti, e che gli stessi mondani considerano come ultimo eccesso di bassezza. Circa otto giorni innanzi il dì stabilito pel gran processo, venne pubblicamente annunziato ch'egli era Papista. Il Re raccontava con gioia questo nuovo trionfo della grazia divina. I cortigiani e gli ambasciatori facevano ogni sforzo a non perdere il contegno, mentre il rinnegato asseriva d'essere stato convinto da lungo tempo della impossibilità di trovare salvazione fuori della Chiesa di Roma, e che la sua coscienza non fu mai tranquilla finchè egli non ebbe rinunciato alle eresie nelle quali era stato educato. La nuova in breve si sparse. In tutti i Caffè raccontavasi come il primo Ministro d'Inghilterra, a piedi nudi, e con torcetto in mano, si fosse presentato alla porta della cappella regale, e umilmente picchiasse per essere messo dentro; come un prete di dentro dimandasse chi era egli; come Sunderland rispondesse: un povero peccatore, che lungo tempo aveva errato lungi dalla vera Chiesa, supplicare che la lo accogliesse e lo assolvesse; come allora le porte si

aprissero, e il neofito fosse ammesso ai santi misteri.
LIV. Questa scandalosa apostasia altro non fece che accrescere lo interesse col quale la nazione aspettava il giorno in cui dovevano decidersi le sorti dei sette animosi confessori della Chiesa Anglicana. Il Re quindi pose ogni cura a mettere insieme un Collegio di giurati ligi alle sue voglie. I legali della Corona ebbero ordine di fare rigorosa inquisizione delle opinioni di coloro i cui nomi erano registrati nel libro dei liberi possidenti. Sir Samuele Astry, Cancelliere della Corona, il quale in simili casi doveva scegliere i nomi, fu chiamato a palazzo ed ebbe un colloquio con Giacomo alla presenza del Gran Cancelliere. E' sembra che Sir Samuele facesse ogni sforzo: imperocchè fra i quarantotto individui da lui nominati, v'erano, come si disse, vari servitori del Re e vari Cattolici Romani. Ma poichè gli avvocati dei vescovi avevano diritto di cassare otto nomi, e servi del Re e Cattolici furono rigettati. I legali della Corona ne rigettarono altri dodici: in tal guisa la lista venne ridotta a ventiquattro; e i dodici che risponderebbero i primi all'appello nominale dovevano giudicare del fatto.
Il dì 29 giugno Westminster Hall, Old-Place-Yard, e New-Place-Yard, e tutte le vie circostanti per lungo tratto, erano accalcati di gente. Simigliante uditorio non fu veduto nè prima nè poi nella Corte del Banco del Re. Trentacinque Pari secolari del Regno furono contati fra mezzo alla folla.
Tutti e quattro i giudici della Corte erano ai loro seggi. Wright, il quale presedeva, era stato inalzato al suo alto ufficio sopra molti altri uomini di maggiore abilità e dottrina, solo perchè la servilità sua non conosceva scrupoli. Allybone era Papista, e del suo impiego andava debitore a quella potestà di dispensare, la cui legalità era materia alla presente discussione. Holloway fino allora era stato docile e utile strumento del Governo. Lo stesso Powell che godeva somma riputazione d'onestà, aveva partecipato a certi atti che era impossibile difendere. Nella famosa causa di Sir Eduardo Hales, Powis, esitando alquanto, a dir vero, e dopo qualche indugio, si era congiunto alla maggioranza del seggio, e in tal modo aveva impresso al proprio carattere una macchia che fu pienamente cancellata dalla onorevole condotta che ei tenne in questo giorno.
La difesa d'ambe le parti non era punto equilibrata. Il Governo aveva da' suoi legali richiesto servigi così odiosi e disonorevoli che tutti i più esperti giureconsulti del partito Tory avevano, l'uno dopo l'altro, rifiutato di prestarsi, ed erano stati destituiti da' loro uffici. Sir Tommaso Powis, Procuratore Generale, era appena di terzo ordine nella sua professione. L'Avvocato Generale Sir Guglielmo Williams aveva mente viva e indomito coraggio, ma difettava di giudizio, amava il bisticciare, non sapeva governare le proprie passioni, ed era in odio e dispregio a tutti i partiti politici. I più notevoli assessori dell'uno e dell'altro erano Serjeant Trinder Cattolico Romano, e Sir Bartolommeo Shower Recorder di Londra, il quale era alquanto dotto negli studi legali, ma con le sue nauseanti adulazioni e col perpetuamente ridire il già detto apprestava materia di dileggio a Westminster Hall. Il Governo voleva assicurarsi i servigi di Maynard; ma costui dichiarò che in coscienza non poteva fare ciò che gli si chiedeva.
Dall'altra parte si stavano quasi tutti i più illustri ingegni di cui in quella età il fôro potesse gloriarsi. Sawyer e Finch, i quali, quando Giacomo ascese al trono, erano Procuratore ed Avvocato Generali, e mentre si perseguitavano i Whig sotto il regno di Carlo, avevano servito la Corona con soverchio ardore ed esito prospero, erano fra i difensori degli accusati. V'erano parimente altri due uomini, i quali, dopo che l'attività di Maynard era scemata col crescere degli anni, avevano reputazione d'essere i due migliori legali che si potessero trovare nei tribunali. L'uno chiamavasi Pemberton, e nel tempo di Carlo II era stato Capo Giudice del Banco del Re; destituito poscia perchè troppo umano e moderato, aveva ripreso lo esercizio della sua professione. L'altro aveva nome Pollexfen; era stato per lungo tempo il principale assessore dei giudici nel loro periodico giro per le Contrade Occidentali, e quantunque avesse perduta ogni popolarità difendendo la Corona nel Tribunale di Sangue, e in specie arringando contro Alice Lisle, era a tutti noto ch'egli fosse internamente Whig, per non dire repubblicano. V'era anche Sir Creswell Levinz, uomo di grande dottrina ed esperienza, ma singolarmente pusillanime. Era stato destituito dal suo ufficio per avere avuto timore di servire ai fini del Governo. Adesso temeva di mostrarsi fra gli avvocati dei vescovi, e in sulle prime aveva ricusato d'assumerne la difesa: ma l'intero corpo dei procuratori che solevano impiegarlo, lo minacciò di non dargli più nessuna causa, qualora egli ricusasse di assumere quella dei vescovi.
Sir Giorgio Treby, abile e zelante Whig, il quale, vigente il vecchio Statuto, era stato Recorder di Londra, difendeva anch'ei gli accusati. Sir Giovanni Holt Avvocato Whig più illustre anco di Treby, non fu chiamato alla difesa, a cagione, per quanto sembra, di qualche pregiudizio che Sancroft aveva contro lui, ma venne privatamente consultato dal Vescovo di Londra. Il più giovane fra i difensori era un avvocato chiamato Giovanni Somers. Non aveva vantaggio di nascita o di ricchezza, nè fino allora

aveva avuto il destro di acquistare reputazione agli occhi del pubblico: ma il suo genio, la sua industria, le sue grandi e varie qualità erano note a parecchi suoi amici; e nonostanti le sue opinioni Whig, il suo giusto e lucido modo d'argomentare, e la costante irreprensibilità della condotta gli avevano già reso benevolo l'orecchio della Corte del Banco del Re. Johnstone aveva ai Vescovi energicamente dimostrata la importanza di averlo nella difesa; e dicesi che Pollexfen dichiarasse non esservi in Westminster Hall un uomo che potesse, al pari di Somers, trattare una questione storica e costituzionale.

I giurati prestarono sacramento: erano tutti di condizione rispettabile. Ne era capo Sir Ruggiero Langley, baronetto d'antica ed onorevole famiglia. Gli erano colleghi un cavaliere e dieci scudieri, parecchi dei quali erano conosciuti come ricchi possidenti. V'erano alcuni Non-Conformisti, perocchè i Vescovi erano saviamente deliberati di non mostrare diffidenza dei protestanti Dissenzienti. Il solo Michele Arnold dava da temere, dacchè essendo egli il birraio del palazzo, sospettavasi che votasse a favore del Governo. Fu detto ch'egli amaramente si lamentasse della posizione in cui si trovava. «Qualunque cosa io faccia,» disse egli «sono sicuro d'uscirne mezzo rovinato. Se dico: Non Colpevole, non venderò più la mia birra al Re; e se dico: Colpevole, non ne venderò più a nessun altro.»

Finalmente incominciò il processo. Ed è tale, che anche letto con freddezza dopo più d'un secolo e mezzo, serba tutto lo interesse d'un dramma. Gli avvocati disputavano da ambo i lati con insolito accanimento e veemenza; l'uditorio ascoltava con estrema ansietà, quasi la sorte di ciascuno dipendesse dal detto che dovevano profferire i giurati; e il volgere della fortuna era così subitaneo e maraviglioso, che la moltitudine in un solo momento più volte passò dall'ansietà alla gioia, e dalla gioia a più profonda ansietà.

I Vescovi erano accusati d'avere pubblicato, nella Contea di Middlesex, un falso, maligno, e sedizioso libello. Il Procuratore e lo Avvocato tentarono di provare la scrittura. A questo fine varie persone furono chiamate per testificare delle firme dei Vescovi. Ma i testimoni sentivano tanta ripugnanza che la Corte da nessuno di loro potè ottenere una sola chiara risposta. Pemberton, Pollexfen, e Levinz dichiararono che nessuna delle predette testimonianze era atta a convincere i giurati. Due dei Giudici, cioè Holloway e Powell, furono della stessa opinione; e in cuore agli spettatori crebbe la speranza. A un tratto i legali della Corona dissero di volere prendere una via diversa. Powis, con rossore e ripugnanza tali da non poterli dissimulare, pose nel banco dei testimoni Blathwayt ch'era uno degli scrivani del Consiglio Privato, e trovavasi presente quando i Vescovi furono interrogati dal Re. Blathwayt giurò di averli uditi riconoscere le loro firme. Tale testimonianza era decisiva. «Perchè dunque,» disse il giudice Holloway al Procuratore Generale «se avevate cotesta prova, non l'avete prodotta in principio, senza farci perdere cotanto tempo?» Allora si conobbe che la difesa della Corona non aveva voluto, senza assoluto bisogno, valersi di questo modo di prova. Pemberton interruppe Blathwayt, lo assoggettò ad un contro-esame, ed insistè perchè raccontasse pienamente tutto ciò ch'era seguito fra il Re e gli accusati. «Questa è curiosa davvero!» esclamò Williams. «Credete voi» disse Powis «di potere liberamente fare ai testimoni tutte le impertinenti domande che vi passano pel capo?» Gli avvocati dei Vescovi non erano uomini da lasciarsi soverchiare. «Egli ha giurato» rispose Pollexfen «di dire la verità, e tutta la verità; e a noi fa mestieri una risposta, e l'avremo.» Il testimone si confuse, equivocò, simulò di fraintendere la domanda, implorò la protezione della Corte. Ma era caduto in mani dalle quali non era facile svincolarsi. Infine il Procuratore Generale s'interpose, dicendo: «Se voi persistete a fare tali dimande, diteci almeno l'uso che intendete di farne.» Pemberton, il quale in tutto il dibattimento aveva fatto il debito proprio da uomo coraggioso ed accorto, rispose senza esitare: «Signori, risponderò al Procuratore, ed agirò schiettamente con la Corte. Se i Vescovi riconobbero questo scritto sulla promessa della Maestà Sua che la loro confessione non verrebbe adoperata come arma a ferirli, spero che l'Accusa non se ne voglia slealmente giovare.» - «Voi attribuite a Sua Maestà una cosa ch'io non ardisco nominare,» disse Williams, «e dacchè vi piace di essere tanto importuno, chiedo a nome del Re, che se ne prenda ricordo.» - «Che intendete dire, Signore Avvocato Generale?» disse, interponendosi, Sawyer. «So io quello che dico,» rispose lo apostata; «voglio che nella Corte si prenda ricordo della domanda.» - «Prendete quanti ricordi vi aggrada, io non vi temo, Signore Avvocato Generale,» disse Pemberton. Seguì quindi un rumoroso ed accanito alterco, che a stento fu fatto cessare dal Capo Giudice. In altre circostanze probabilmente avrebbe ordinato di prendere ricordo della domanda, e mandato Pemberton in carcere. Ma in quel gran giorno egli era impaurito. Spesso gettava gli occhi su quel folto drappello di Conti e di Baroni, che lo invigilavano, e forse alla prima apertura del Parlamento potevano essergli giudici. Uno degli astanti affermò che il Capo Giudice aveva tal viso come se

credesse ciascuno dei Pari ivi presenti avesse nella propria tasca un capestro.
Finalmente Blathwayt fu costretto a fare un minuto racconto di ciò che aveva veduto con gli occhi propri. Da quanto egli disse pareva che il Re non fosse venuto ad espresso patto coi Vescovi. Ma pareva medesimamente che i Vescovi potessero con tutta ragione credere che il patto fosse sottinteso. A dir vero, dalla ripugnanza che avevano i legali della Corona a porre nel banco dei testimoni lo scrivano del Consiglio, e dalla virulenza con che s'opposero al contro-esame di Pemberton, chiaro si deduce che avessero la stessa opinione.
Nondimeno rimase provato che la scrittura era dei Vescovi. Ma surse una nuova e più grave obiezione. Non bastava che i Vescovi avessero scritto l'allegato libello; era necessario provare che lo avevano scritto nella Contea di Middlesex. La qual cosa non solo non potevano provare il Procuratore e l'Avvocato Generale, ma la Difesa aveva i mezzi di provare il contrario. Imperocchè avvenne che dal tempo in cui fu pubblicata l'Ordinanza in Consiglio, fino a dopo che la petizione era stata presentata al Re, Sancroft non fosse nè anche una volta uscito dal suo palazzo di Lambeth. In tal guisa ruinava al tutto il fondamento sul quale posava l'Accusa, e l'uditorio con gran gioia aspettavasi che i Vescovi fossero immediatamente prosciolti.
I legali della Corona di nuovo cangiarono tattica, ed abbandonando affatto l'accusa d'avere scritto un libello, impresero a provare che i Vescovi avevano pubblicato un libello nella Contea di Middlessex. E anche ciò era molto difficile a provare. La consegna della petizione al Re, indubitabilmente, agli occhi della legge, era lo stesso che pubblicarla. Ma in che guisa provare siffatta consegna? Niuno nelle regie stanze s'era trovato presente all'udienza. La scena era seguita solo tra il Re e gli accusati. Il Re non poteva essere chiamato in testimonio; non v'era dunque altro mezzo a provare la cosa che la confessione degli accusati. Indarno Blathwayt venne nuovamente esaminato. Disse di rammentarsi bene che i Vescovi avevano riconosciute le loro firme; ma non si ricordava affatto che confessassero che lo scritto che era sul banco del Consiglio Privato, fosse quel medesimo che avevano posto nelle mani del Re; non si ricordava nè anco che venissero sopra ciò interrogati. Furono chiamati vari altri ufficiali ch'erano di servizio al Consiglio Privato, e fra essi Samuele Pepys segretario dello Ammiragliato; ma nessuno di loro potè rammentarsi che si parlasse della consegna. Nulla valse che Williams accatastasse le domande, finchè la difesa dei Vescovi dichiarò che tante storture, tante sottigliezze, tanti cavilli non s'erano mai veduti in nessuna corte di giustizia; e lo stesso Wright fu costretto a confessare che il modo tenuto dallo Avvocato Generale nello esame dei testimoni era contrario a tutte le regole. Come i testimoni, l'uno dopo l'altro, negativamente rispondevano, gli astanti davano in tali scoppi di riso e grida di trionfo, che parevano far crollare la sala e che i giudici non s'attentavano di reprimere.
Finalmente la vittoria dei Vescovi pareva assicurata. Se i loro difensori si fossero taciuti, la sentenza favorevole sarebbe stata sicura; perocchè non v'era nessuno attestato che dal più corrotto e svergognato giudice potesse considerarsi come prova legale della pubblicazione. Il Capo Giudice incominciava già a favellare ai giurati, e avrebbe sicuramente loro inculcato di assolvere gli accusati, allorquando Finch, con somma imprudenza, chiese licenza di parlare, «Se volete essere ascoltato,» disse Wright, «lo sarete: ma voi non conoscete i vostri interessi.» Gli altri difensori fecero si che Finch tacesse, e pregarono il Capo Giudice a continuare. E già ricominciava a favellare, allorchè giunse allo Avvocato Generale un messo, recando la nuova che Lord Sunderland proverebbe la pubblicazione, e arriverebbe fra un istante alla Corte. Wright malignamente disse ai difensori non avessero a ringraziare altri che sè stessi per la nuova piega che erano per prendere le cose. Lo scoraggiamento si mostrò nello aspetto di ciascuno degli astanti. Finch per alcune ore fu l'uomo più impopolare del paese. Perchè egli non si stava seduto come avevano fatto i suoi colleghi, migliori di lui, Sawyer, Pemberton, e Pollexfen? Il prurito d'immischiarsi in ogni cosa, e l'ambizione ch'egli aveva di fare un bel discorso avevano rovinato tutto.
Intanto il Lord Presidente fu condotto in portantina fra mezzo alla sala. Come egli passava nessuno gli faceva di cappello; e s'udirono molte voci che lo chiamavano «Papista cane.» Giunse alla Corte pallido e tremante, cogli occhi bassi; e nel fare la sua deposizione, a quando a quando gli mancava la voce. Giurò che i Vescovi gli avevano palesato lo intendimento di presentare una petizione al Re, e che a tal fine erano stati introdotti nelle regie stanze. Questo fatto congiunto con l'altro, che dopo d'essersi partiti dalla presenza del Re, fu vista nelle mani di lui una petizione munita delle loro firme, era tal prova che poteva ragionevolmente convincere i giurati del fatto della pubblicazione.
La pubblicazione adunque rimase provata. Ma lo scritto in tal guisa pubblicato era un libello falso, maligno, sedizioso? Fino a questo punto s'era discusso se un fatto, che ciascuno sapeva esser vero,

potesse provarsi secondo le regole tecniche della scienza legale; ma adesso la contesa divenne assai più grave. Era necessario esaminare i limiti della prerogativa e della libertà, il diritto del Re a dispensare dagli statuti, il diritto dei sudditi a presentare petizioni a risarcimento di danni. Per tre ore gli avvocati degli accusati argomentarono con gran forza a difendere i principii fondamentali della costituzione, e provarono coi Giornali, ovvero processi verbali della Camera dei Comuni, che i Vescovi avevano detta la schietta verità quando dimostrarono al Re che la potestà di dispensare ch'egli voleva arrogarsi, era stata più volte dichiarata illegale dal Parlamento. Somers fu l'ultimo a perorare. Parlò poco più di cinque minuti; ma ogni parola che gli usci dalle labbra era pregna di significanza; e allorquando si assise, la sua reputazione d'oratore e di giureconsulto costituzionale era stabilita. Esaminò, una per una, tutte le parole adoperate dall'Accusa per esprimere il delitto imputato ai Vescovi, e mostrò che ciascuna, sia aggettivo, sia sostantivo, era affatto impropria. I Vescovi venivano accusati d'avere scritto e pubblicato un libello falso, maligno, e sedizioso. Lo scritto loro non era falso; perchè ogni fatto allegato provavano i Giornali del Parlamento esser vero. Lo scritto non era maligno; perchè gli accusati non avevano cercato pretesto ad una lotta, ma erano stati messi dal Governo in posizione tale che dovevano od opporsi al volere del Re, o violare i più sacri doveri della coscienza e dell'onore. Lo scritto non era sedizioso; perchè non era stato sparso dagli scrittori fra la plebe, ma privatamente messo da loro nelle mani del solo Re; e non era un libello, ma era una petizione decente, e tale che per le leggi della Inghilterra, anzi per le leggi di Roma Imperiale, per le leggi di tutti gli Stati inciviliti, un suddito che si creda gravato, può lecitamente presentare al Sovrano.
Il Procuratore Generale nella sua risposta fu breve e fiacco. Lo Avvocato Generale parlò diffusissimamente e con grande acrimonia, e venne spesso interrotto da' clamori e dai fischi dell'uditorio. Giunse perfino ad affermare che nessun suddito o corporazione di sudditi, tranne le Camere del Parlamento, hanno diritto di presentare petizioni al Re. A tali parole le gallerie divennero furiose; e lo stesso Capo Giudice rimase attonito alla sfrontatezza di cotesto giubba-rivoltata.
In fine Wright cominciò a riassumere la questione. Le sue parole mostravano che la paura ch'egli aveva del Governo era temperata da quella che gli aveva posta nell'animo un uditorio sì numeroso, sì illustre e sì grandemente concitato. Disse che non darebbe parere intorno alla questione della podestà di dispensare, poichè non lo reputava necessario; che non poteva approvare in gran parte il discorso dello Avvocato Generale; che i sudditi avevano diritto di far petizioni, ma che la petizione della quale facevasi dibattimento nella Corte, era formulata con parole sconvenevoli, e la legge la considerava come libello. Medesimamente opinò Allybone, ma nel favellare mostrò tanto grossolana ignoranza della legge e della storia, da meritarsi il disprezzo di tutti gli astanti. Holloway scansò la questione della potestà di dispensare, ma disse che la petizione gli sembrava tale quale i sudditi che si credano gravati hanno diritto di presentare; e quindi non era un libello. Powell ebbe anche maggiore ardimento. Confessò che, secondo lui, la Dichiarazione d'Indulgenza era nulla, e che la potestà di dispensare, nel modo onde dianzi s'era esercitata, era onninamente incompatibile con la legge. Se a tali usurpazioni della prerogativa non si poneva freno, il Parlamento era finito. Tutta l'autorità legislativa si ridurrebbe nelle mani del Re. «L'esito di questa faccenda, o Signori,» disse egli, «lo lascio a Dio e alla vostra coscienza.» Era ben tardi quando i giurati si ritrassero a deliberare. E fu notte di forte ansietà. Ci rimangono alcune delle lettere che furono scritte in quelle ore di perplessità, e che perciò hanno per noi speciale interesse. «È assai tardi,» scriveva il Nunzio del Papa, «e la sentenza finora non si conosce. I giudici e gli accusati se ne sono andati alle loro case. I giurati sono in sessione. Domani sapremo l'esito di questa gran lotta.»
Il patrocinatore dei Vescovi rimase tutta la notte con un numero di servi nelle scale che conducevano alla stanza dove i giurati deliberavano. Era impreteribile invigilare gli ufficiali che guardavano l'uscio; perocchè essendo costoro in sospetto di favoreggiare la Corona, ove non fossero rigorosamente sorvegliati, avrebbero potuto apprestare dei cibi a qualche giurato cortigiano, il quale avrebbe così affamato i colleghi. E però la gente dei Vescovi faceva stretta guardia. Non fu concesso nè anche d'introdurre una candela per accendere una pipa. Verso le ore quattro di mattina si lasciarono passare alcuni vasi d'acqua da lavarsi; e i giurati, ardendo di sete, la beverono tuttaquanta. Gran numero di gente si aggirò fino all'alba per le vie circostanti. Ogni ora giungeva da Whitehall un messo per sapere ciò che facevasi. Dalla stanza si udivano spesso le voci e gli alterchi dei giurati: ma non sapevasi nulla di certo.
In sul principio, nove opinavano che non vi fosse colpa, e tre che la vi fosse. Due della minoranza dopo poco cedettero; ma Arnold rimaneva ostinato. Tommaso Austin ricchissimo gentiluomo di campagna, il quale aveva prestata somma attenzione al detto dei testimoni e alla discussione, ed aveva preso

copiosi appunti, voleva ragionare con Arnold; ma costui nol consentì, dicendo sgarbatamente ch'egli non era assuefatto ad argomentare e discutere; la sua coscienza non era satisfatta; e quindi egli non avrebbe dichiarati innocenti i Vescovi. «Se dite questo,» disse Austin, «guardatevi bene. Io sono il più grasso e il più forte di tutti, e innanzi che altri mi costringa a chiamare libello simile petizione, mi starò qui finchè mi sarò ridotto alla grossezza d'una canna da pipa.» Erano le ore sei della mattina, allorquando Arnold cedè. Tosto si sparse la voce che tutti i giurati erano d'accordo: ma il giudicio era sempre un segreto.
Alle ore dieci antimeridiane ragunossi di nuovo la Corte. La folla era immensa. I giurati si assisero ai posti loro. Nessuno osava alitare, era profondo silenzio.
LV. Sir Samuele Astry disse ai giurati: «Trovate voi gli accusati, o alcuno di loro, colpevoli del delitto ad essi imputato, o gli trovate non colpevoli?» Sir Ruggiero Langley rispose: «Non colpevoli.» Appena profferite queste parole, Halifax si alzò e scosse in aria il cappello. A quel segno, i banchi e le gallerie diedero in uno scoppio d'applausi. In un momento diecimila persone accalcate dentro la spaziosa sala risposero con sì fragorose grida di gioia che ne tremò il vecchio palco di quercia, e un istante dopo l'innumerevole turba che stava fuori levò tal grido d'allegrezza che fu udito fino a Temple-Bar, al quale grido risposero le barche che coprivano il Tamigi. Un tonfo d'arme risonò sul fiume, e poi un altro ancora, talmente che in pochi momenti la lieta nuova volò ai quartieri di Savoy e di Blackfriars fino al Ponte di Londra, ed alla selva di navi che oltre si distende. Come fu sparsa la nuova, le vie e le piazze, i mercati e i caffè echeggiavano d'acclamazioni. Eppure queste acclamazioni erano meno strane delle lacrime che si vedevano negli occhi di tutti: imperocchè i cuori di tutti erano stati trafitti a tal punto che l'austera natura degl'Inglesi, così poco avvezzi a mostrare con segni esteriori le interne emozioni, non potè resistere; e migliaia di persone singhiozzavano lacrimando di gioia. Infrattanto di mezzo alla folla movevansi uomini a cavallo dirigendosi per tutte le grandi vie, nunzi della vittoria riportata dalla Chiesa e dalla patria nostre. E non pertanto l'acre e intrepido animo dell'Avvocato Generale non impaurì a quella immensa esplosione. Sforzandosi di farsi udire, non ostante i clamori, richiese che i giudici facessero arrestare coloro, i quali con grida sediziose avevano violata la dignità del tribunale. I giudici fecero arrestare un popolano; ma pensando che sarebbe assurdo il punire un solo individuo per un delitto di cui erano rei centinaia di migliaia, lo mandarono via con una lieve riprensione.
Era inutile in quel momento pensare a qualunque altra cosa. E davvero i clamori della moltitudine erano tali, che per una mezza ora non fu possibile dire una sola parola nella Corte. Williams giunse alla sua vettura fra mezzo a una tempesta di fischi e d'imprecazioni. Cartwright, che non poteva frenare la propria curiosità, aveva avuta la stoltezza e la impudenza di recarsi a Westminster per udire la sentenza. Agli abiti sacerdotali e alla corpulenza fu riconosciuto, e fischiato passando per la sala. «Badate» diceva uno «al lupo sotto veste d'agnello.» - «Fate largo» esclamò un altro «all'uomo che ha il papa nel ventre.»
I prelati, a fin d'evitare la folla che chiedeva la loro benedizione, si rifugiarono dentro la più vicina cappella, dove si celebravano gli uffici divini. Quel dì molte chiese erano aperte in tutta la metropoli, alle quali accorreva gran numero di persone pie. Le campane di tutte le parrocchie nella città e nei luoghi circostanti sonavano a festa. Intanto i giurati non sapevano distrigarsi dalla calca per uscire dalla sala. Erano costretti a stringere le mani a centinaia. «Dio ve ne renda merito,» esclamava la gente; «Dio protegga le vostre famiglie; vi siete portati da onesti e buoni gentiluomini; oggi voi ci avete salvato tutti.» Come i nobili, i quali erano intervenuti alla udienza per proteggere la buona causa, si rimisero in carrozza, spargevano dagli sportelli pugni di monete fra il popolo, dicendogli bevesse alla salute del Re, dei Vescovi, e dei Giurati.
Il Procuratore Generale recò la trista nuova a Sunderland, il quale per avventura in quell'ora stavasi conversando col Nunzio. «Non vi sono state mai a memoria d'uomo» disse Powis «grida e lacrime di gioia come quelle d'oggi.» Il Re in quel giorno era andato a visitare il campo in Hounslow Heath. Sunderland subitamente spedì un messo a dare la nuova a Giacomo, il quale in quello istante trovavasi entro la tenda di Feversham. Ne rimase estremamente turbato; esclamò in francese: «Peggio per loro!» e partì tosto per Londra. Presente lui, la riverenza impedì ai soldati la libera espansione dei loro cuori; ma appena egli si discostò dal campo, furono udite alte acclamazioni. Ne rimase maravigliato, e chiese che significasse quel frastuono. «Non è nulla,» gli fu risposto: «i soldati tripudiano per la liberazione dei Vescovi.» - «E voi chiamate nulla ciò?» disse Giacomo. E ripetè: «Peggio per loro.»
Ed aveva bene ragione d'essere di cattivo umore. La sua sconfitta era stata piena ed umiliantissima. Se i prelati si fossero sottratti alla condanna per difetto di forma nella procedura, o perchè non avevano

scritta la petizione in Middlessex, o perchè era stato impossibile provare che avevano posto nelle mani del Re lo scritto pel quale la Corona gli aveva chiamati in giudizio, la prerogativa regia non avrebbe patito detrimento. Ma fu insigne ventura pel paese che il fatto della pubblicazione venisse pienamente provato. La Difesa quindi era stata costretta a combattere contro la potestà di dispensare, e l'aveva combattuta con audacia, dottrina ed eloquenza. Gli avvocati del Governo, come tutti vedevano, erano stati vinti nella contesa. Nemmeno un solo dei giudici erasi rischiato ad asserire che la Indulgenza fosse legale, chè anzi uno di loro l'aveva con forti parole dichiarata illegale. La nazione intera ad una voce diceva che la potestà di dispensare aveva ricevuto un colpo fatale. Finch, che il giorno precedente era stato universalmente vituperato, adesso ebbe plausi universali. Dicevasi ch'egli non aveva fatto decidere la causa in un modo che avrebbe lasciata nel dubbio la grande questione costituzionale: imperocchè una sentenza che avesse assoluto i suoi clienti, senza condannare la Dichiarazione d'Indulgenza, sarebbe stata una mezza vittoria. Vero è che Finch non meritava nè il biasimo che gli fu dato mentre l'esito della causa era ancora dubbio, nè le lodi che gli profusero dopo che l'esito fu prospero. Era assurdo vituperarlo, perchè, nel breve indugio di cui egli fu cagione, i legali della Corona scoprirono inaspettatamente novelle prove. Era egualmente assurdo supporre ch'egli per calcolo esponesse i suoi clienti al pericolo a fine di stabilire un principio generale: ed era anche più assurdo commendarlo di ciò che sarebbe stato violare gravemente il dovere della sua professione.

A quel lieto giorno seguì una notte di non minore letizia. I Vescovi, ed alcuni dei loro più rispettabili amici, indarno sforzaronsi d'impedire ogni tumultuoso festeggiamento. Giammai a memoria dei più vecchi, nè anche in quella sera nella quale si sparse per tutta Londra la nuova che lo esercito di Scozia erasi dichiarato a favore d'un libero Parlamento, giammai le vie della città s'erano viste così splendenti di fuochi di gioia. Attorno ad ogni luminaria la folla beveva alla salute dei vescovi ed alla confusione dei Papisti. Le finestre erano illuminate con file di candele; ciascuna fila ne aveva sette, e il torcetto di mezzo che s'inalzava fra tutte, simboleggiava il Primate. S'udiva di continuo lo scoppio delle bombe e delle arme da fuoco. Una catasta di fascine ardeva di faccia alla porta maggiore di Whitehall; altre dinanzi alle case dei Pari Cattolici Romani. Lord Arundell di Vardour saviamente abbonì la marmaglia facendo distribuire un po' di moneta. Ma nel palazzo Salisbury nello Strand si provarono di fare resistenza. I servi di Lord Salisbury uscirono fuori e fecero fuoco; uccisero soltanto lo scaccino della parrocchia ch'era lì per ispengere le fiamme, e subito sconfitti furono ricacciati nel palazzo. Nessuno degli spettacoli di quella notte diede tanto sollazzo alla plebe quanto uno al quale pochi anni prima era assuefatta, e che adesso volle rinnovellare, voglio dire il bruciamento della effigie del Papa. Questo spettacolo, che un tempo era famigliare, è oggimai da noi conosciuto solamente per mezzo di descrizioni e d'incisioni. Una figura, in nulla somiglievole alle rozze immagini di Guido Faux che ai tempi nostri si conducono in processione il dì 5 novembre, ma fatta di cera con una certa arte, e adorna, con spesa non lieve, degli abiti pontificali e della tiara, era posta sopra una sedia somigliante a quella sulla quale i vescovi di Roma nelle grandi solennità vengono condotti in San Pietro fino allo altare maggiore. Sua Santità era generalmente accompagnata da un corteo di Cardinali e di Gesuiti. Gli stava accanto, chinandoglisi all'orecchio, un buffone travestito da demonio con le corna e la coda. Non vi era Protestante ricco e zelante che si mostrasse avaro di dare la sua ghinea per tal festa; e se debbasi credere alla voce popolare, la spesa della processione talvolta ascendeva a mille lire sterline. Dopo che la immagine del Papa era stata solennemente condotta per alcune ore fra mezzo alla folla, era data alle fiamme tra le fragorose acclamazioni degli astanti. Finchè durò la popolarità di Oates e di Shaftesbury questa cerimonia ebbe luogo ogni anno il dì natalizio della Regina Elisabetta, in Fleet-Street, di faccia alle finestre del Circolo Whig. Ed era tanta la celebrità di cotesto grottesco spettacolo, che Barillon una volta pose a repentaglio la propria vita, sporgendo la persona, per meglio vederlo, da un luogo ove erasi nascosto. Ma dal giorno in cui fu scoperta la congiura di Rye House fino a quello in cui furono assoluti i sette Vescovi, la cerimonia era caduta in disuso. Adesso, nondimeno, vari fantocci rappresentanti il Papa si videro in varie parti di Londra. Il Nunzio ne rimase scandalizzato, e il Re sentì questo insulto più di tutti gli affronti fino allora ricevuti. I magistrati non poterono porvi impedimento alcuno. La domenica albeggiava, e le campane delle Chiese parrocchiali chiamavano i devoti alle preci mattutine, quando i fuochi cominciavano ad estinguersi e la folla a disperdersi. Fu allora promulgato un editto contro i perturbatori; molti dei quali - ed erano per la più parte giovani di bottega - furono arrestati; ma alle sessioni di Middlesex i giurati dichiararono non esservi luogo a procedere. I magistrati, molti dei quali erano cattolici romani, rimproverarono il Gran Giury, e gli rimandarono tre o quattro volte gl'incolpati, ma non poterono ottenere nulla.

LVI. Intanto la lieta nuova giungeva a volo in ogni parte del Regno, e dovunque era ricevuta con gioia. Gloucester, Bedford, e Linchfield mostrarono grande zelo: ma Bristol e Norwich, che per popolazione e ricchezza erano dopo Londra le prime, furono solo a Londra seconde per l'entusiasmo con che celebrarono il lieto evento.

La persecuzione dei Vescovi è un evento che sta da sè nella nostra storia. Esso fu il primo ed ultimo fatto in cui due sentimenti tremendamente potenti, due sentimenti che per lo più si sono vicendevolmente avversati, e ciascuno dei quali, qualvolta sono venuti in forte concitamento, è bastato a sconvolgere lo Stato, erano congiunti in perfetta armonia. Questi sentimenti erano lo affetto per la Chiesa e lo affetto per la libertà. Pel corso di molte generazioni ogni violento scoppio del sentimento per la Chiesa Anglicana è stato sempre, tranne una sola volta, avverso alla libertà civile; ogni violento scoppio di zelo per la libertà è stato sempre, tranne una sola volta, avverso all'autorità ed influenza della prelatura e del elencato. Nel 1688 la causa della gerarchia fu per un istante identica a quella del popolo. Novemila e più ecclesiastici capitanati dal Primate e da' suoi più spettabili suffraganei, si mostrarono pronti a soffrire la carcere e la perdita degli averi per difendere il gran principio fondamentale della nostra costituzione. Ne nacque una coalizione che comprendeva i più zelanti Cavalieri, i più zelanti repubblicani, e tutte le classi intermedie del popolo. Il coraggio che nella precedente generazione aveva sostenuto Hampden, il coraggio che nella generazione susseguente sostenne Sacheverell, si congiunsero insieme per sostenere l'Arcivescovo il quale era Hampden e Sacheverell in una sola persona. Le classi della società che hanno maggiore interesse a mantenere l'ordine, che in tempi di politici commovimenti sono sempre pronte a rafforzare il braccio al Governo, e che naturalmente abborrono gli agitatori, si lasciarono, senza scrupolo, guidare dall'uomo venerabile, che era primo Pari del Regno, primo ministro della Chiesa, Tory in politica, santo per costumi; uomo che la tirannide, malgrado lui, aveva fatto diventare demagogo. Coloro, dall'altra banda, i quali avevano sempre abborrito l'Episcopato, come rimasuglio del Papismo, e come strumento del potere assoluto, domandavano ora colle ginocchia inchine la benedizione di un prelato, che era pronto a soffrire la carcere e posare le stanche sue membra sulla nuda terra, più presto che tradire gl'interessi della Religione protestante e porre la prerogativa disopra alla legge. Allo amore della Chiesa ed all'amore della libertà era congiunto, in questa gran crisi, un altro sentimento che va annoverato fra le più pregievoli peculiarità del nostro carattere nazionale. Un individuo oppresso dal Governo, ove anche non abbia il minimo diritto alla riverenza ed alla gratitudine pubblica, generalmente desta simpatia nel popolo nostro. Così, al tempo degli avi nostri, la persecuzione di Wilkes bastò a porre sossopra la nazione. Noi stessi l'abbiamo veduta agitarsi quasi fino alla insania pe' torti fatti alla Regina Carolina. È quindi probabile che quando anche al processo contro i vescovi non fosse stato annesso un grande interesse politico e religioso, la Inghilterra non avrebbe veduto, senza sentirsi fortemente mossa ad ira e pietà, sette vegliardi di intemerata virtù perseguitati dalla vendetta d'un temerario ed inesorabile Principe, il quale doveva alla fedeltà loro la Corona ch'egli portava.

Animati da cosiffatti sentimenti, i nostri antichi ordinaronsi in vasta e stretta falange contro il Governo. Comprendeva tutti i Protestanti di qual si fosse grado, partito o setta. Nella vanguardia stavano i Lord spirituali e secolari. Li seguivano i gentiluomini possidenti e il clero, entrambe le Università, tutte le corti di giustizia, i mercanti, i bottegaj, i fattori, i facchini delle grandi città, i contadini che lavoravano la terra. La lega contro il Re comprendeva gli ufficiali che comandavano sulle navi, le sentinelle che guardavano il suo palazzo. I nomi di Whig e di Tory furono per un momento posti in oblio. Il vecchio Esclusionista stringeva la mano al vecchio abborrente. Episcopali, Presbiteriani, Indipendenti, Battisti dimenticarono le loro lunghe contese, per ricordarsi soltanto della comune fede protestante e del pericolo comune. I teologi educati nella scuola di Laud parlavano a voce alta non solo di tolleranza, ma di comprensione. Lo Arcivescovo poco dopo d'essere stato assoluto pubblicò certa lettera pastorale che è uno dei più notevoli componimenti di quella età. Fino dagli anni suoi primi aveva combattuto contro i Non-Conformisti, e gli aveva più volte assaliti con ingiusta e poco cristiana acrimonia. La sua principale opera era indecente caricatura della teologia calvinista. Aveva composto pei dì 14 gennaio e 29 maggio certe preci, le quali toccavano dei Puritani con parole sì ostili, che il Governo aveva reputato necessario temperarle. Ma adesso il suo cuore si era addolcito ed aperto. Solennemente ingiunse ai Vescovi e al clero, usassero estrema benevolenza ai loro confratelli Dissenzienti, li visitassero spesso, ospitalmente li trattassero, cortesemente con essi conversassero, gli persuadessero, se fosse possibile, ad uniformarsi alla Chiesa Anglicana; ma se non fosse possibile, si congiungessero loro con sincero e cordiale affetto a propugnare la benedetta causa della Riforma. Molti uomini pii negli anni susseguenti ripensavano con amaro desiderio a quell'epoca. La dipingevano come la breve alba di una età d'oro fra due età di ferro. Tali lamenti, comecchè fossero naturali, non erano ragionevoli. La coalizione del 1688 nacque, e potè nascere, solo dalla tirannide ch'era quasi frenesia, e dal pericolo che minacciava a un tempo tutte le grandi istituzioni del paese. Se poscia non vi è stata mai una somigliante colleganza, egli è perchè non vi è mai stato simile pessimo governo. È mestieri rammentare, che quantunque la concordia sia in sè migliore della discordia, la discordia può indicare un migliore cammino di quello che indichi la concordia. Le calamità e i pericoli soventi volte stringono gli uomini a collegarsi. La prosperità e la sicurezza spesso gli spingono a separarsi.

CAPITOLO NONO.

I. Mutamento nell'opinione dei Tory circa la legalità della Resistenza. - II. Russell propone al Principe d'Orange uno sbarco in Inghilterra. - III. Enrico Sidney. - IV. Devonshire; Shrewsbury; Halifax. - V. Danby. - VI. Il Vescovo Compton - VII. Nottingham; Lumley - VIII. Invito mandato a Guglielmo. - IX. Condotta di Maria. - X. Difficoltà della impresa di Guglielmo. - XI. Condotta di Giacomo dopo il Processo dei Vescovi. - XII. Destituzioni e Promozioni. - XIII. Procedimenti nell'Alta Commissione; Spart rinunzia al suo ufficio. - XIV Malcontento del Clero; Affari d'Oxford. - XV. Malcontento dei Gentiluomini. - XVI. Malcontento dello Esercito. - XVII. Arrivo delle truppe Irlandesi; indignazione pubblica. - XVIII. Lillibullero - XIX. Politica delle Provincie Unite. - XX. Errori del Re di Francia. - XXI. Sua contesa col Papa rispetto alle Franchigie. - XXII. Lo Arcivescovato di Colonia. - XXIII. Destrezza di Guglielmo - XXIV. Suoi apparecchi militari e navali. - XXV. Gli giungono dalla Inghilterra numerose assicurazioni di soccorso. - XXVI. Sunderland. - XXVII. Ansietà di Guglielmo; Ammonimenti dati a Giacomo. - XXVIII. Sforzi di Luigi per salvare Giacomo. - XXIX. Giacomo li rende vani. - XXX. Le armi francesi invadono la Germania. - XXXI. Guglielmo ottiene la Sanzione degli Stati Generali alla sua impresa. - XXXII. Schomberg; Avventurieri Inglesi all'Aja. - XXXIII. Manifesto di Guglielmo - XXXIV. Giacomo si scuote alla presenza del pericolo; suoi mezzi marittimi. - XXXV. Suoi mezzi militari. - XXXVI. Tenta di rendersi benevoli i sudditi. - XXXVII. Dà udienza ai Vescovi. - XXXVIII. Le sue concessioni sono mal ricevute. - XXXIX. Prove della nascita del Principe di Galles presentate al Consiglio Privato. - XL. Disgrazia di Sunderland. - XLI. Guglielmo prende commiato dagli Stati d'Olanda. - XLII. S'imbarca, fa vela, ed è ricacciato addietro da una tempesta. - XLIII. Il suo Manifesto giunge in Inghilterra; Giacomo interroga i Lord. - XLIV. Guglielmo fa vela di nuovo. - XLV. Passa lo Stretto. - XLVI. Approda a Torbay. - XLVII. Entra in Exeter. - XLVIII. Colloquio del Re coi Vescovi. - XLIX. Tumulti in Londra. - L. Uomini d'alto grado cominciano ad accorrere al Principe. - LI. Lovelace. - LII. Colchester; Abingdon. - LIII Diserzione di Cornbury. - LIV. petizione dei Lord per la convocazione del Parlamento. - LV. Il Re va a Salisbury. - LVI. Seymour; Corte di Guglielmo in Exeter. - LVII. Insurrezione nelle Contrade Settentrionali. - LVIII. Scaramuccia in Wincanton. - LIX. Diserzione di Churchill e di Grafton - LX. Lo esercito regio si ritira da Salisbury. - LXI. Diserzione del Principe Giorgio e di Ormond. - LXII. Fuga della Principessa Anna. - LXIII. Giacomo convoca un Consiglio di Lord. - LXIV. Nomina una Commissione per trattare con Guglielmo - LXV. È una finzione. - LXVI. Dartmouth ricusa di mandare il Principe di Galles in Francia. - LXVII. Agitazione di Londra. - LXVIII. Proclama apocrifo. - LXIX. Insurrezione in varie parti del paese. - LXX. Clarendon si reca presso il Principe in Salisbury; Dissenzione nel campo del Principe. - LXXI. Il Principe giunge a Hungerford; Scaramuccia in Reading; La Commissione del Re arriva a Hungerford. - LXXII. Negoziati. - LXXIII. La Regina e il Principe di Galles sono mandati in Francia; Lauzun. - LXXIV. Il Re s'apparecchia a fuggire. - LXXV. Sua fuga.

I. Il processo vinto da' Vescovi non fu il solo evento che fa del giorno decimoterzo di giugno 1688 una grande epoca nella storia. In quel dì, mentre le campane di cento chiese sonavano a festa, mentre numerose turbe di popolo affaccendavansi da Hyde-Park a Mile-End a fare fuochi di gioia ed ardere le immagini del Papa per celebrare la memoranda notte, fu spedito da Londra all'Aja un documento quasi quanto la Magna Charta importantissimo alle libertà della Inghilterra.
La persecuzione dei Vescovi, e la nascita del Principe di Galles avevano prodotto un grande rivolgimento nell'opinione di molti Tory. Nel momento stesso, in cui la loro Chiesa pativa gli ultimi eccessi di danno e d'insulto, vedevansi costretti a perdere ogni speranza di pacifica liberazione. Fino allora s'erano lusingati che la prova alla quale era stata posta la lealtà loro, quantunque severa,

sarebbe temporanea, e che alle loro doglianze, verrebbe resa giustizia senza che si rompesse il corso ordinario della successione al trono. Adesso ravvisavano le cose in modo assai diverso. Per quanto potessero addentrare lo sguardo nel futuro, altro non vedevano che il mal governo degli ultimi tre anni prolungarsi a tempo indefinito. La cuna dello erede presuntivo della Corona era circondata di Gesuiti; i quali con sommo studio gli avrebbero nella mente infantile istillato odio mortale contro quella Chiesa di cui un giorno ei sarebbe stato capo, odio ispiratore di tutta la sua vita, e ch'egli avrebbe trasmesso ai suoi successori. A questo spettacolo di calamità non era confine; estendevasi al di là della vita del più giovane dei viventi, al di là del secolo decimottavo. Nessuno avrebbe potuto asserire per quante generazioni i Protestanti sarebbero dannati a gemere sotto una oppressura, la quale, anche allorchè reputavasi breve, era stata quasi insopportabile.
I più illustri fra' dottori anglicani di quell'epoca avevano insegnato come nessuna infrazione di legge o di contratto, nessuno eccesso di crudeltà, di rapacità, di licenza, dalla parte del Re legittimo, bastasse a giustificare la resistenza che il popolo potrebbe opporre alla forza di lui. Taluni di loro s'erano piaciuti di mostrare la dottrina della non-resistenza in una forma cotanto esagerata da scandalizzarne il buon senso del genere umano. Spesso e con veemenza notavano che Nerone era capo del Governo Romano, mentre San Paolo inculcava il debito d'ubbidire ai magistrati. La conseguenza che ne deducevano era, che se un Re inglese, senza autorità di legge ma a suo libito, perseguitasse i propri sudditi ripugnanti ad adorare gli idoli; se li gettasse fra mezzo ai leoni nella Torre; se, coprendoli d'una veste di pece, gli bruciasse per illuminare il Parco di San Giacomo, e procedesse con siffatte stragi fino a lasciare intere città e Contee senza un solo abitante, i sopravviventi sarebbero tuttavia tenuti a sottomettersi, e lasciarsi sbranare o arrostire vivi senza opporre la più lieve resistenza. Gli argomenti addotti a sostenere cotesta sentenza erano futilissimi; ma al difetto di solidi argomenti suppliva l'onnipotente sofisticare dello interesse e della passione. Molti scrittori si sono maravigliati che gli alteri Cavalieri d'Inghilterra potessero mostrarsi caldi difensori per la più servile dottrina che sia mai stata fra gli uomini. Vero è che essa in principio era pel Cavaliere tutt'altro che servile; per l'opposto tendeva a renderlo non schiavo, ma libero e signore di sè; lo esaltava esaltando il Re ch'egli considerava suo protettore, suo amico, e capo del suo diletto partito e della sua dilettissima Chiesa. Mentre i Repubblicani dominavano, il Realista aveva sofferto danni ed insulti, dei quali, mercè la restaurazione del governo legittimo, egli aveva potuto prendersi la rivincita. Nella sua mente quindi la idea della ribellione richiamava quella di degradazione e servaggio, e la idea di autorità monarchica, quella di libertà e predominio. Non gli era mai venuto in capo che potesse giungere il tempo in cui un Re, uno Stuardo, perseguiterebbe i più leali del clero e dei gentiluomini con animosità maggiore di quella Coda del Parlamento e del protettore. Eppure siffatto tempo era giunto. Adesso era da vedersi con che modo la pazienza che gli aderenti della Chiesa confessavano d'avere imparata negli scritti di San Paolo resisterebbe alla prova d'una persecuzione da non paragonarsi alla severissima di Nerone. Lo evento fu tale che ciascuno, il quale per poco conoscesse la natura umana, avrebbe di leggieri predetto. L'oppressione fece sollecitamente ciò che la filosofia e la eloquenza non avevano potuto fare. Il sistema di Filmer avrebbe potuto sopravvivere agli assalti di Locke: ma non si riebbe mai dal colpo mortale datogli da Giacomo.
Quella logica, la quale, mentre veniva adoperata a provare che i Presbiteriani e gl'Indipendenti avrebbero dovuto sopportare mansuetamente la prigione e la confisca, era stata giudicata tale da non ammettere risposta, parve di pochissimo peso allorquando fu questione di sapere se i Vescovi Anglicani dovevano essere imprigionati, e le rendite dei Collegi Anglicani confiscate. Era stato soventi volte ripetuto da' pergami di tutte le cattedrali del paese, che il precetto apostolico di obbedire ai magistrati civili fosse assoluto ed universale, e che fosse empia presunzione nell'uomo il volere limitare un precetto al quale non aveva posto limite alcuno la parola di Dio. E nondimeno adesso i teologi, la cui sagacità stimolavano gl'imminenti pericoli nei quali trovavansi di essere privati dei loro benefizi e prebende per fare posto ai papisti, trovavano vizioso il ragionamento dianzi reputato convincentissimo. La morale della scrittura non era da interpretarsi come gli Atti del Parlamento, o i trattati dei casisti delle scuole. E davvero chi dei cristiani porse mai la guancia sinistra al malfattore che lo aveva percosso nella destra? Chi dei cristiani diede mai il suo mantello ai ladri che gli avevano rubato la veste? Sì nel Vecchio che nel Nuovo Testamento le regole generali erano sempre scritte senza eccezioni. A mo' d'esempio, il precetto generale di non uccidere non era accompagnato dalla eccezione che giustifica il guerriero che uccida altri a difesa del suo Re e della sua patria. Il generale precetto di non giurare non era accompagnato da nessuna eccezione a favore del testimonio che giuri di dire il vero dinanzi ai giudici. E nondimeno la legalità della guerra difensiva e del giuramento

giudiciale era impugnata solo da pochi oscuri settari, e positivamente affermata negli articoli della Chiesa Anglicana. Tutti gli argomenti i quali dimostravano che il Quacquero, ricusando di servire nella milizia o di baciare il Vangelo, era irragionevole e perverso, potevan rivolgersi contro coloro che negavano ai sudditi il diritto di resistere con la forza alla eccessiva tirannia. Se ammettevasi che le autorità bibliche che proibivano l'omicidio e quelle che proibivano il giuramento, comunque espresse in forma generale, dovevano essere interpretate in subordinazione al gran comandamento che ingiunge ad ogni uomo il debito di promuovere il bene del prossimo, e siffattamente interpretate non si trovavano applicabili ai casi in cui l'omicidio e il giuramento potrebbe essere assolutamente necessario a proteggere i più gravi interessi della società, non era agevole negare che le autorità bibliche che inibivano la resistenza si dovessero interpretare nel modo medesimo. Se allo antico popolo di Dio era stato talvolta ordinato di distruggere la vita umana e tal altra d'obbligarsi per sacramento, talvolta gli era stato anche ordinato di resistere ai principi malvagi. Se i primitivi Padri della Chiesa avevano in varie occasioni detto parole, che sembravano sottintendere la riprovazione della resistenza, avevano parimente in altre occasioni usato parole che sembravano sottintendere la riprovazione d'ogni guerra e d'ogni giuramento. E veramente la dottrina della obbedienza passiva, quale insegnavasi in Oxford sotto il regno di Carlo II, può dedursi dalla Bibbia soltanto con un modo d'interpretazione che irresistibilmente ci condurrebbe alle conclusioni di Barclay e di Penn.
E' non era solo per mezzo degli argomenti tratti dalla lettera delle Sante Scritture che i teologi anglicani, negli anni che immediatamente seguirono alla Restaurazione, si studiavano di provare la loro prediletta dottrina. Aveano tentato dimostrare, che, quando anche la rivelazione non avesse parlato, la ragione avrebbe insegnato ai savi uomini essere iniqua e insana ogni resistenza al Governo stabilito. Universalmente ammettevasi che cosiffatta resistenza, tranne nei casi estremi, non era giustificabile. Ma chi avrebbe osato stabilire il confine fra i casi estremi e gli ordinari? V'era egli governo al mondo sotto cui non fossero malcontenti e faziosi i quali potessero dire, e forse pensare, che le loro doglianze costituissero un caso estremo? Se fosse stato possibile stabilire una regola chiara ed esatta che inibisse agli uomini di ribellarsi contro Trajano, e ad un tempo desse loro libertà di ribellarsi contro Caligola, tale regola sarebbe stata sommamente benefica. Ma siffatta regola non v'è stata nè vi sarà mai. Dire che la ribellione fosse legittima, date certe circostanze, senza esattamente definirle, era come si dicesse che a ciascuno era lecito ribellarsi tutte le volte che lo reputasse opportuno; ed una società nella quale ciascuno potesse ribellarsi ogni qual volta lo reputasse opportuno, sarebbe più infelice d'una società governata dal più crudele e sfrenato despota. Era quindi mestieri di mantenere in tutta la sua interezza il gran principio della non-resistenza. Forse potevano addursi casi peculiari nei quali la resistenza tornasse utile ad un popolo: ma generalmente era meglio che un popolo tollerasse con pazienza un cattivo governo, anzi che alleggiarsi violando una legge dalla quale dipendeva la sicurtà d'ogni governo.
Cotesti ragionamenti di leggieri potevano persuadere un partito dominante e felice, ma non potevano sostenere lo esame di cervelli fortemente concitati dalla ingiustizia e ingratitudine del principe. Egli è vero che è impossibile stabilire lo esatto confine fra la resistenza legittima e la illegittima: ma tale impossibilità sorge dalla natura stessa del diritto e del torto, e si trova pressochè in ciascuna parte della Scienza Morale. Una buona azione non è distinta da una cattiva coi segni chiari che distinguono una figura esagona da una quadra. V'è un punto in cui la virtù e il vizio si confondono insieme. E chi ha potuto mai additare con esattezza il limite tra il coraggio e la temerità, tra la prudenza e la codardia, tra la liberalità e la prodigalità? Chi ha potuto mai dire fino a che punto debba giungere la mercè verso gli offensori, e quando cessi di meritare tal nome e diventi perniciosa debolezza? Quale casista o legislatore ha potuto mai rettamente definire i confini del diritto della propria difesa? Tutti i nostri giureconsulti sostengono che una certa misura di pericolo di vita o di perdita di membra giustifica un uomo ad uccidere l'aggressore: ma hanno disperato di poter descrivere con precisi vocaboli, quanta e quale debba essere la misura del pericolo. Dicono soltanto che non debba essere lieve pericolo; ma un pericolo tale che dia grave timore ad un uomo di spirito fermo; e chi oserebbe dire quale sia questo timore che meriti d'essere chiamato grave, o qual sia la precisa tempra dello spirito che meriti il nome di fermo? Senza dubbio è cosa increscevole che l'indole dei vocaboli e quella delle cose non ammettano leggi più accurate: nè è da negarsi che male possono operare gli uomini qualvolta sono giudici in causa propria, e procedere con subito impeto alla esecuzione del proprio giudicio. E nulladimeno chi per ciò interdirebbe la propria difesa? Il diritto che ha un popolo di resistere ad un cattivo governo, ha stretta analogia col diritto che un individuo, privo di protezione legale, ha ad uccidere lo aggressore. In ambi i casi il male deve essere grave. In ambi i casi ogni regolare e pacifico

modo di difesa deve essere esaurito pria che la parte offesa si appigli ad un partito estremo. In ambi i casi s'incorre in terribile responsabilità. In ambi i casi la prova grava sulla coscienza di colui che s'appiglia ad uno espediente sì disperato; ed ove non riesca a difendersi, va giustamente soggetto alla più severe pene. Ma in nessun caso potremmo assolutamente negare la esistenza del diritto. Un uomo aggredito dagli assassini, non è tenuto a lasciarsi torturare o scannare senza far uso delle proprie armi per la ragione che nessuno ha mai potuto con precisione definire la misura del pericolo che giustifica l'omicidio. Nè una società è tenuta a sopportare passivamente gli eccessi della tirannide per la ragione che nessuno ha mai potuto precisamente definire la misura del mal governo che giustifica la ribellione.

Ma poteva ella la resistenza degli Inglesi ad un principe quale era Giacomo chiamarsi propriamente ribellione? Egli è vero che i migliori discepoli di Filmer sostenevano non esservi differenza veruna tra l'ordinamento politico della patria nostra e quello della Turchia, e che se il Re non confiscava il contenuto di tutte le casse che erano in Lombard-Street, e non mandava i muti a recare il capestro a Sancroft e ad Halifax, ciò era solo perchè egli era sì benigno da non usare tutta la potestà datagli da Dio. Ma la maggior parte dei Tory, quantunque nel fervore del conflitto potessero adoperare parole che sembrassero approvare coteste enormi dottrine, abborrivano cordialmente il dispotismo. Agli occhi loro il governo inglese era una monarchia limitata. E come potrebbe chiamarsi limitata una monarchia ove non si possa mai, nè anche come unico ed estremo mezzo, adoperare la forza a fine di mantenere tali limitazioni? In Moscovia, dove per virtù della costituzione dello Stato il sovrano era assoluto, poteva con qualche apparenza di vero sostenersi che, per qualunque eccesso egli commettesse, aveva diritto, giusta i principii della religione cristiana, ad essere obbedito da' suoi sudditi. Ma tra noi principe e popolo erano vicendevolmente vincolati dalle leggi. Giacomo adunque era colui il quale rendevasi meritevole del castigo minacciato a coloro che insultassero la potestà costituita. Giacomo era colui che resisteva ai comandamenti di Dio; che ricalcitrava contro l'autorità legittima, alla quale doveva sottoporsi, non solo per timore, ma per coscienza, e che, secondo il vero senso delle parole di Cristo, non rendeva a Cesare ciò che era di Cesare.

Mossi da simiglianti considerazioni, i più illustri e savi fra i Tory incominciarono ad accorgersi d'avere troppo stiracchiata la dottrina della obbedienza passiva. La differenza fra costoro e i Whig rispetto agli obblighi vicendevoli del Re e dei sudditi cessò allora d'essere una differenza di principio. Certo rimanevano per anche molte storielle controversie tra il partito che da lungo tempo aveva propugnato la legalità della resistenza e i nuovi convertiti. La memoria del Martire beato seguitava ad essere quanto mai riverita da que' vecchi Cavalieri, i quali erano pronti a impugnare le armi contro il degenere figlio, e seguitavano ad abborrire il Lungo Parlamento, la Congiura di Rye House, e la insurrezione delle contrade Occidentali. Ma non ostante i loro pensamenti intorno al passato, il modo onde ravvisavano il presente era identico a quello dei Whig: imperocchè ammettevano che la estrema oppressione potesse giustificare la resistenza, ed affermavano che la oppressione, sotto la quale la nazione allora gemeva, era estrema.

Nulladimeno non è da supporsi che tutti i Tory, anche in quelle circostanze, abbandonassero un domma che fino da fanciulli avevano imparato a considerare come parte essenziale della dottrina cristiana, che avevano per molti anni con veemente ostentazione professato, e tentato di propagare per mezzo della persecuzione. Molti manteneva fermi nei principii loro la coscienza, e molti il rossore. Ma la maggior parte, anche di coloro che seguitavano tuttavia a credere illegale ogni resistenza al sovrano, inchinavano, nel caso d'un conflitto civile, a tenersi neutrali. Nessuna provocazione gli avrebbe tratti a ribellare: ma ove la ribellione scoppiasse, non sembra che si reputassero tenuti a combattere per Giacomo II come avevano combattuto per Carlo I. Ai Cristiani di Roma San Paolo aveva inibito di fare resistenza al governo di Nerone: ma non v'era ragione a credere che lo Apostolo, se fosse stato vivo allorquando le legioni e il Senato insorsero contro quel malvagio imperatore, avrebbe comandato a' suoi confratelli di correre in armi a difesa della tirannide. Il dovere della Chiesa perseguitata era manifesto: soffrire con pazienza e porre la propria causa nelle mani di Dio. Ma se a Dio, la cui provvidenza suscita perpetuamente il bene dal male, piacesse, come soventi volte gli era piaciuto, di rimediare ai danni per mezzo di tali le cui tristi passioni la Chiesa co' suoi ammonimenti non aveva potuto mansuefare, essa poteva con gratitudine accettare da Dio la liberazione, che a lei, secondo le sue dottrine, non era concesso di compiere da sè. E però molti dei Tory, i quali tuttavia abborrivano da ogni pensiero di aggredire il Governo, non erano minimamente inchinevoli a difenderlo, e forse, mentre gloriavansi dei loro scrupoli, in cuor loro godevano che altri non fosse come essi scrupoloso.

I Whig s'accôrsero che il tempo per loro era arrivato. La questione se dovessero snudare la spada contro il governo era stata per sei o sette anni pretta questione di prudenza; e adesso la prudenza stessa gl'incitava ad appigliarsi a più audaci partiti.

II. Nel maggio, innanzi al nascimento del Principe di Galles, e mentre era tuttavia incerto se la Dichiarazione d'Indulgenza sarebbe o non sarebbe letta nelle chiese, Eduardo Russell era andato all'Aja. Aveva con vivi colori rappresentato al principe lo stato del pubblico sentire, e lo aveva consigliato a mostrarsi in Inghilterra capo d'una forte schiera di soldati, e chiamare il popolo alle armi. Guglielmo ad un solo sguardo conobbe la importanza della crisi. «O adesso o mai,» disse in latino a Dikwelt. Con Russell tenne parole più misurate, riconobbe i mali dello Stato essere tali da richiedere straordinario rimedio, ma parlò calorosamente del caso d'un esito sinistro, e delle calamità che da ciò ne verrebbero alla Gran Brettagna e alla Europa. Sapeva bene che coloro i quali parlavano con sonanti paroloni di sacrificare vita e roba pel bene della patria esiterebbero ove si presentasse alle loro menti lo spettacolo d'un altro Tribunale di Sangue. Per la qual cosa a lui bisognavano non vaghe proteste di buon volere, ma inviti chiari e promesse esplicite di appoggio, munite della firma di potenti e cospicui uomini. Russell gli fece notare come fosse pericoloso affidare il disegno a un gran numero di persone. Guglielmo ne convenne, e disse bastargli poche firme, purchè fossero d'uomini di Stato rappresentanti di grandi interessi.

III. Con tale risposta Russell fece ritorno a Londra dove trovò il pubblico concitamento maggiore e sempre crescente. La carcerazione dei vescovi e il parto della Regina resero l'opera di lui più agevole di quello ch'egli aveva presupposto. Non perdè tempo a raccogliere i voti dei capi della opposizione, avendo a principale coadiutore Enrico Sidney fratello d'Algernon. È da notarsi che Eduardo Russell ed Enrico Sidney erano stati addetti alla famiglia di Giacomo; che entrambi, in parte per private e in parte per pubbliche cagioni, gli divennero nemici; e che entrambi avevano da vendicare il sangue dei congiunti, i quali, l'anno stesso, erano caduti vittime della implacabile ferocia del tiranno. Qui finisce ogni somiglianza tra loro. Russell, fornito di non poca abilità, era orgoglioso, virulento, irrequieto, e violento. Sidney, dotato d'indole dolce e d'amabilissimi modi, sembrava difettare di capacità e di sapere, e starsi immerso nella voluttà e nell'indolenza. Era assai bello di viso e di persona. In gioventù era stato il terrore dei mariti, ed anche adesso che toccava quasi cinquanta anni, era il prediletto delle donne e lo invidiato da' giovani. Per innanzi era stato all'Aja con un pubblico ufficio, ed erasi acquistato in larga misura la confidenza di Guglielmo. Molti ne maravigliavano: imperciocchè e' sembrava che tra il più austero degli uomini di Stato e il più dissoluto degli oziosi non vi potesse essere nulla di comune. Swift, molti anni dopo, non poteva persuadersi in che modo un uomo, ch'egli aveva conosciuto solo come un vecchio libertino, frivolo e privo di lettere, avesse veramente avuto tanta parte in una grande rivoluzione. Nondimeno un ingegno meno acuto di Swift si sarebbe potuto accorgere che nell'indole umana esiste un certo tatto, somiglievole ad un istinto, che spesso manca ai grandi oratori e ai filosofi, e che spesso si trova in individui, i quali, ove si giudichino dal conversare e dagli scritti loro, si reputerebbero semplicioni. E davvero quando un uomo possiede cotesto tatto, in un certo senso gli torna utile l'essere privo di quelle doti più appariscenti che lo renderebbero oggetto di ammirazione, d'invidia, e di timore. Sidney è un notevolissimo esempio di questa verità. Poco capace, ignorante, e dissoluto come pareva essere, intendeva, o per dire meglio, sentiva con chi era necessario tenersi in riserbo, e con chi liberamente e con securtà comunicare. Per la qual cosa egli compì ciò che Mordaunt con tutta la sua vivacità ed immaginazione, o Burnet con tutta la sua svariata dottrina e fluida eloquenza, non avrebbero potuto mai fare.

IV. Co' vecchi Whig egli non poteva incontrare nessuna difficoltà; come quelli che opinavano non esservi stato in molti anni un solo momento, in cui i pubblici danni non giustificassero la resistenza. Devonshire, che poteva considerarsi loro capo, e che aveva torti privati e pubblici da vendicare, accolse con tutto il cuore il gran disegno e si fece mallevadore di tutto il suo partito.

Russell rivelò il secreto a Shrewsbury. Sidney saggiò Halifax. Shrewsbury assunse la parte sua con coraggio e risolutezza tali, che anni dopo parvero mancare al suo carattere. Tosto si profferì parato a porre a repentaglio roba, onori, e vita. Halifax allo incontro accolse i primi cenni della impresa in un modo da far temere che fosse inutile, e forse pericoloso parlargliene esplicitamente. Certo egli non era l'uomo per una tanta impresa. Aveva intelletto inesauribilmente fecondo di distinzioni e d'obiezioni, e indole tranquilla e repugnante alle avventure. Era pronto ad avversare la Corte fino allo estremo nella Camera dei Lord e con scritti anonimi, ma poco disposto a cangiare i suoi ozi signorili per la mal sicura ed agitata vita di cospiratore, a porsi nelle mani dei complici, a vivere in perenne timore dello arrivo d'un mandato d'arresto e dei regii messaggieri, e forse anco di finire i suoi giorni

sul palco, o di vivere accattando in qualche appartata via dell'Aja. E però disse poche parole che chiaramente significavano la sua ripugnanza a conoscere le arcane intenzioni dei suoi più arditi e impetuosi amici. Sidney lo intese, e tacque.
V. Si rivolse quindi a Danby, ed ebbe miglior ventura. E veramente il pericolo e lo eccitamento, che riuscivano insoffribili alla mente di Halifax più delicatamente organizzata, erano d'irresistibile fascino allo audace ed attivo spirito di Danby. I differenti caratteri di questi due uomini di Stato si leggevano nei loro visi. Il ciglio, l'occhio e la bocca di Halifax indicavano un potente intelletto, e uno squisito senso di scherzo; ma la sua espressione era quella d'uno scettico, d'un voluttuoso, d'un uomo ripugnante a rischiare tutto in una sola partita, o ad essere martire d'un principio. Chi conosce le fattezze di Halifax non maraviglierà che sopra tutti gli scrittori egli si dilettasse di Montaigne. Danby era uno scheletro; e la sua faccia scarna e solcata di rughe, benchè bella e nobile, esprimeva esattamente l'acutezza della sua intelligenza e la sua irrequieta ambizione. Una volta ei si era già inalzato dalla oscurità ai fastigi del potere; ne era caduto a capofitto; aveva corso pericolo di vita; aveva passati degli anni in carcere; adesso era libero: ma ciò non lo appagava: egli ardeva di farsi nuovamente grande. Fedele alla Chiesa Anglicana, e ostile alla influenza francese, non poteva sperare di divenire grande in una Corte brulicante di Gesuiti ed ossequiosa alla Casa dei Borboni. Ma s'egli fosse parte precipua d'una rivoluzione che farebbe svanire i disegni dei Papisti, che porrebbe fine al vassallaggio sotto il quale la Inghilterra da lunghi anni gemeva, e trasferirebbe la potestà regia a due anime illustri da lui unite in matrimonio, potrebbe risorgere dalla oscurità con nuovo splendore. I Whig, l'animosità dei quali, nove anni innanzi, lo aveva cacciato dall'ufficio, congiungerebbero, alla sua avventurata riapparizione, i loro applausi agli applausi dei Cavalieri suoi vecchi amici. Già egli s'era pienamente riconciliato con uno dei precipui personaggi che lo avevano messo in istato d'accusa, cioè col conte di Devonshire. Entrambi si erano incontrati in un villaggio nel Peak, e s'erano ricambiati assicurazioni di benevolenza. Devonshire aveva francamente confessato che i Whig erano rei d'una grande ingiustizia, ma aveva dichiarato che adesso confessavano d'avere errato. Danby, dal canto suo, aveva qualche ritrattazione a fare. Un tempo aveva professato, o simulato di professare la dottrina dell'obbedienza passiva nel senso più esteso del vocabolo. Mentre egli era ministro e con la sua sanzione era stata proposta una legge, la quale ove fosse stata approvata, avrebbe escluso dal Parlamento e dagli uffici chiunque avesse ricusato di dichiarare con giuramento la illegalità della resistenza. Ma il suo vigoroso intendimento, ora affatto desto per l'ansietà del bene pubblico e del proprio, non poteva lasciarsi ingannare, se pure lo avea mai fatto innanzi, da cotali fanciullesche fallacie.
VI. Il perchè assentì, senza andirivieni, alla congiura, e sforzossi di trarvi dentro Compton Vescovo di Londra, già sospeso, e non incontrò difficoltà veruna a riuscirvi. Non v'era prelato che al pari di Compton avesse patito la ingiustizia del Governo; nè v'era prelato che potesse tanto sperare da un rivolgimento; imperciocchè egli aveva diretta la educazione della Principessa d'Orange, e credevasi che ne avesse in larga misura la fiducia. Come i suoi confratelli egli, finchè non fu oppresso, aveva insegnato essere delitto resistere alla oppressione; ma dacchè gli fu forza appresentarsi all'Alta Commissione, un nuovo raggio di luce scese a stenebrargli la mente.
VII. Danby e Compton desideravano avere Nottingham compagno alla impresa. Gli apersero intieramente il disegno, e quei lo approvò. Ma dopo pochi giorni cominciò a sentirsi inquieto. Non aveva mente abbastanza forte da emanciparsi dai pregiudicii della educazione. Andò in giro da un teologo ad un altro proponendo loro con parole generali casi ipotetici di tirannia, e chiedendo se in simili casi la resistenza fosse legittima. Le risposte che n'ebbe accrebbero la irrequietudine dell'animo suo, finchè disse ai suoi complici di non potere andare più oltre con essi. Se lo stimavano capace di tradirli, potevano pugnalarlo, chè non gli avrebbe biasimati, imperocchè tirandosi indietro dopo essersi spinto tanto innanzi, aveva loro dato diritto sopra la sua vita. Gli assicurò nondimeno che non avevano nulla a temere da lui; ch'egli manterrebbe il segreto; desiderava loro prospera fortuna, ma la sua coscienza non gli consentiva di partecipare ad una ribellione. Ascoltarono siffatte parole con sospetto e con isdegno. Sidney, le cui idee intorno agli scrupoli di coscienza, erano
Footnote 1: Vedi la Introduzione, che Danby prepose agli scritti da lui pubblicati, 1710; Burnet, I, 764.]
estremamente vaghe, scrisse al Principe che Nottingham s'era impaurito. È debito di giustizia, nondimeno, il confessare che tutta la vita di Nottingham fu tale che ci è forza credere la sua condotta in questa circostanza, quantunque poco savia e irresoluta, essere stata onestissima.
Gli agenti del Principe ebbero miglior ventura con Lord Lumley, il quale, non ostanti i grandi servigi da lui resi nel tempo della insurrezione delle Contrade Occidentali, sapeva d'essere abborrito in

Whitehall non solo come eretico, ma come rinnegato, e per ciò era più ardente che non fossero la maggior parte dei nati Protestanti, a prendere le armi in difesa del Protestantismo.
VIII. Nel mese di giugno le ragunanze dei congiurati furono frequenti; e fecero il passo decisivo nell'ultimo giorno del mese, in quel giorno stesso in che i Vescovi furono dichiarati innocenti. Spedirono all'Aja un invito formale ricopiato da Sidney, ma composto da qualcuno più esperto di lui nell'arte di scrivere. In quel documento assicurano a Guglielmo che diciannove ventesimi del popolo inglese erano desiderosi di un mutamento, e coopererebbero ad effettuarlo solo che potessero ottenere di fuori il soccorso di una forza bastevole a impedire che coloro i quali corressero alle armi fossero dispersi e macellati innanzi che si potessero in un modo qualunque militarmente ordinare. Se Sua Altezza approdasse all'isola accompagnato da una schiera di soldati, le genti a migliaia correrebbero a porsi sotto la sua bandiera; sì che bene presto si vedrebbe alla testa di forze assai superiori allo esercito regio dell'Inghilterra. Oltre di che il Governo non poteva implicitamente essere sicuro della obbedienza di cotesto esercito. Gli ufficiali erano malcontenti; e i soldati sentivano contro il papismo quella avversione che era comune a tutta la classe dalla quale erano stati presi. Nella flotta il sentimento protestante era anche più forte. Importava singolarmente fare un passo decisivo mentre le cose erano in tali condizioni. La impresa diverrebbe vie maggiormente ardua ove venisse differita fino a che il Re, riformando borghi e reggimenti, mettesse insieme un parlamento ed una armata sopra cui potesse riposare. I cospiratori, quindi, supplicavano il Principe di venire fra loro al più tosto possibile. Gli davano parola d'onore che si sarebbero associati a lui; e imprendevano a trarre al partito tanto numero di persone da poterle impunemente rendere partecipi di un così grave e pericoloso secreto. Rispetto ad una sola cosa si credevano in debito di rimostrare con sua Altezza, cioè di non essersi giovato della opinione che la massima parte del popolo inglese aveva intorno al nascimento del regio infante, e d'avere, invece, mandate congratulazioni a Whitehall, quasi sembrasse riconoscere che il neonato, che chiamavasi Principe di Galles, fosse il legittimo erede del trono. Ciò era un grave errore ed aveva intiepidito lo zelo nel cuore di molti. Nè anche una in mille persone dubitava che lo infante fosse un intruso; e il Principe tradirebbe i propri interessi ove le sospettose circostanze che avevano accompagnato il parto della Regina, non primeggiassero fra le ragioni che lo costringevano a prendere le armi.
Cotesto scritto fu firmato in cifra dai sette capi della congiura, Shrewsbury, Devonshire, Danby, Lumley, Compton, Russell e Sidney. Herbert si tolse il carico di messaggiero. Ed essendo la sua commissione pericolosissima, si travestì da semplice marinaio ed approdò sicuro in Olanda il dì dopo finito il processo dei Vescovi. Appresentossi sull'istante al Principe; il quale, chiamati a sè Bentinck e Dykvelt, si stette con loro parecchi giorni a deliberare. Prima conseguenza di ciò fu che più non si leggesse nella cappella della Principessa la preghiera pel Principe di Galles.
IX. Dalla consorte Guglielmo non poteva temere veruna opposizione. Lo intelletto di Maria era stato pienamente soggiogato da quello di lui; e ciò che è più estraordinario, egli ne acquistò intieramente lo affetto. Egli le teneva luogo di genitori, da lei perduti per morte e per allontanamento, di figli che il cielo aveva negati alle sue preci, e di patria dalla quale ella era bandita. Nel cuore di lei Guglielmo divideva lo impero soltanto con Dio. Probabilmente non portò mai vero affetto al padre da lei lasciato nella prima giovinezza, e da lunghi anni non riveduto: oltrechè dopo il suo matrimonio, Giacomo non le aveva mostrato segni di tenerezza, nè si era condotto in modo da destare teneri sentimenti nel cuore della figlia. Anzi fece ogni possibile sforzo a perturbarle la felicità domestica stabilendo nella stessa casa di Maria un sistema di spionaggio, di sorveglianza e di chiacchiericcio. Egli possedeva entrate molto maggiori di quelle dei predecessori suoi, ed aveva assegnato alla figlia minore una provvisione annua di quarantamila lire sterline: ma la erede presuntiva del suo trono non aveva mai ricevuto da lui il minimo soccorso pecuniario, ed appena aveva i mezzi di poter fare una convenevole comparsa fra le principesse d'Europa. Erasi provata ad intercedere appo lui a favore di Compton suo precettore ed amico, il quale, accusato di non avere voluto commettere un atto di flagrante ingiustizia, era stato sospeso dalle funzioni episcopali: ma era stata respinta con mala grazia. Dal giorno in cui s'era chiaramente conosciuto che ella e il marito erano deliberati di non partecipare alla distruzione della Costituzione inglese, uno dei fini precipui della politica di Giacomo era stato quello di nuocere ad entrambi. Aveva richiamate le milizie inglesi dalla Olanda, congiurato con Tyrconnel e con la Francia contro i diritti di Maria, ordito trame per privarla almeno d'una delle tre Corone, che, alla morte di lui, le spettavano. Adesso credevasi da quasi tutto il popolo e da molti personaggi alto locati per grado e per abilità, che egli avesse introdotto nella famiglia regale un Principe di Galles supposto, onde privare della magnifica eredità la figliuola; e non v'è ragione a dubitare ch'essa non partecipasse

al comune sospetto. Era dunque impossibile che amasse un cotal padre. I suoi principii religiosi, a dir vero, erano siffattamente rigidi che probabilmente si sarebbe provata a compiere quello che ella considerava suo dovere anche verso un padre da lei non amato. Nondimeno nelle presenti circostanze giudicò che il diritto di Giacomo ad essere obbedito doveva cedere ad un altro più sacro diritto. E veramente tutti i teologi e pubblicisti concordano ad affermare che quando la figlia del principe d'un paese è congiunta in matrimonio al principe d'un altro, è tenuta a dimenticare il suo popolo e la famiglia paterna, e nel caso d'una rottura tra il suo marito e i suoi parenti, associarsi alle sorti del marito. Questa è la regola incontrastabile anche ove il marito abbia torto; ed a Maria la impresa meditata da Guglielmo sembrava non solo giusta, ma santa.
X. E quantunque ella con ogni cura s'astenesse dal fare o dal dire la più lieve cosa che potesse accrescere le difficoltà del consorte, coteste difficoltà erano veramente gravi; erano poco intese anco da coloro che lo avevano invitato, e sono state imperfettamente esposte da coloro che hanno scritta la storia della sua espedizione.
Gli ostacoli che doveva aspettarsi d'incontrare in Inghilterra, comecchè fossero i meno formidabili fra' molti che attraversavano il suo disegno, erano tuttavia gravi. Accorgevasi che sarebbe stata demenza imitare lo esempio di Monmouth, traversare il mare con pochi avventurieri inglesi, e sperare in una generale insurrezione delle popolazioni. Era necessario - e lo avevano detto tutti coloro dai quali egli era stato invitato - di condurre seco un'armata. E, così facendo, chi risponderebbe dello effetto che potrebbe produrre la comparsa di cosiffatta armata? Il Governo era giustamente odiato: ma il popolo inglese, non avvezzo a vedere mai le Potenze continentali immischiarsi nelle cose d'Inghilterra, guarderebbe di buon occhio un liberatore che venisse circondato da soldati stranieri? Se parte delle regie milizie facesse risolutamente fronte agl'invasori, non desterebbero esse ben presto la simpatia di milioni? Una sconfitta sarebbe fatale alla impresa. Una vittoria sanguinosa riportata nel cuore dell'isola da' mercenari degli Stati Generali sopra le Guardie e le altre milizie del Re, sarebbe calamità grave quasi al pari d'una sconfitta; sarebbe la più cruda ferita inflitta all'orgoglio della più orgogliosa tra le nazioni. Il principe non avrebbe mai portata con pace e sicurezza una corona siffattamente acquistata. L'odio contro l'Alta Commissione e i Gesuiti cederebbe il posto all'odio più intenso che susciterebbero gli stranieri conquistatori; e molti che fino allora avevano sentito timore ed abborrimento per la Potenza francese, direbbero, che, ove fosse mestieri sopportare un giogo straniero, sarebbe minore ignominia sottoporsi alla Francia anzi che all'Olanda.
Tali considerazioni erano bastevoli a rendere inquieto l'animo di Guglielmo anche ove avesse potuto disporre di tutti i mezzi militari delle provincie Unite. Ma in verità pareva assai dubbio che ottenesse un solo battaglione. Tra tutte le difficoltà con le quali gli toccava lottare, la maggiore, benchè poco notata dagli Storici inglesi, sorgeva dalla costituzione stessa della Repubblica Batava. Nessuno Stato è mai esistito per lungo ordine d'anni con un ordinamento politico egualmente inconvenevole. Gli Stati Generali non potevano fare guerra, pace, leghe, o imporre tasse senza il consenso degli Stati di ciascuna provincia. Gli Stati d'una provincia non potevano dare tale consenso senza quello di ogni municipio, che partecipava alla rappresentanza. Ciascun municipio, in un certo senso, era uno Stato sovrano, e come tale pretendeva al diritto di comunicare direttamente con gli Ambasciatori stranieri, e di stabilire con essi i mezzi a frustrare i disegni a' quali gli altri municipii intendevano. In alcuni Consigli municipali era potentissimo il partito che pel corso di varie generazioni sentiva gelosia della influenza dello Statoldero. Capi di questo partito erano i magistrati della nobile città d'Amsterdam, la quale in que' tempi godeva della più grande prosperità. Dalla pace di Nimega in poi non avevano cessato mai di tenere amichevoli relazioni con Re Luigi per mezzo del suo esperto ed operoso ambasciatore il Conte d'Avaux. Alcune proposte presentate dallo Statoldero come indispensabili alla sicurtà della Repubblica, sanzionate da tutte le provincie, tranne dagli Stati della Olanda, e sanzionate da diciassette dei diciotto Consigli municipali d'Olanda, erano state più volte respinte dal solo voto d'Amsterdam. L'unico rimedio costituzionale in simiglianti casi era quello di mandare i deputati delle città assenzienti alla città dissenziente onde fare una rimostranza. Il numero dei deputati era illimitato; potevano continuare a rimostrare per quanto tempo credessero necessario; e intanto la città che ostinavasi a non cedere ai loro ragionamenti era tenuta a mantenerli a sue spese. Questo modo assurdo di coartare era stato una volta sperimentato con esito prospero nella piccola città di Gorkum, ma non era verosimile che riuscisse efficace nella potente e ricca Amsterdam, famosa in tutto il mondo per i suoi bacini popolati di navi, i suoi canali circondati da vaste magioni, il sue maestoso palazzo governativo coperto da cima a fondo di peregrini marmi, i suoi magazzini ripieni dei più costosi prodotti di Ceylan e di Surinam, e la sua Borsa che perpetuamente risonava di tutti

gl'idiomi parlati dalle nazioni civili.
Le contese tra la maggioranza che spalleggiava lo Statoldero, e la minoranza capitanata da' magistrati d'Amsterdam erano più volte trascorse tanto oltre da far temere inevitabile lo spargimento del sangue. Una volta, il Principe tentò di punire come traditori i deputati disubbidienti; un'altra, le porte d'Amsterdam gli vennero chiuse in faccia, e si fecero leve di milizie per difendere i privilegi del Consiglio Municipale. E però non era verosimile che i rettori di quella grande città consentissero ad una impresa grandemente offensiva a Luigi da essi cotanto corteggiato, impresa che probabilmente ingrandirebbe la Casa d'Orange da essi abborrita. Nulladimeno senza cotesto consenso la impresa non poteva legalmente eseguirsi. Vincere con la forza la opposizione loro, era un partito al quale, in circostanze diverse, l'inflessibile e audace Statoldero non avrebbe sdegnato d'appigliarsi. Ma in quel momento egli era importantissimo schivare con sommo studio ogni atto che avesse sembianza di tirannesco. Non poteva rischiarsi a violare le leggi fondamentali della Olanda nell'istante medesimo in cui egli era per isnudare la spada contro il suocero che violava le leggi fondamentali della Inghilterra. Il rovesciare con violenza una libera Costituzione sarebbe stato uno strano preludio a ristabilirne violentemente un'altra. E v'era anche un'altra difficoltà, pochissimo notata dagli scrittori inglesi, alla quale Guglielmo teneva sempre fitta la mente. Nella spedizione che egli meditava, poteva aver prospero successo solamente appellandosi al sentimento protestante dell'Inghilterra, e stimolandolo finchè divenisse, per un certo tempo, il dominante e quasi esclusivo sentimento della nazione. Ciò sarebbe stato agevolissimo qualora lo scopo di tutta la sua politica fosse stato di produrre un rivolgimento nella isola nostra e regnarvi. Ma contemplava un altro fine ch'egli poteva conseguire con lo aiuto dei principi, sinceri credenti nella Chiesa di Roma. Voleva congiungere lo Impero, il Re Cattolico, e la Santa Sede insieme con l'Inghilterra e la Olanda in una lega contro la preponderanza francese. Era quindi mestieri che, mentre vibrava il più gran colpo che fosse mai dato in difesa del protestantismo, si studiasse a non perdere il buon volere di que' Governi che consideravano il protestantismo come mortale eresia.
Erano coteste le complicate difficoltà della grande impresa. Gli statisti del continente ne vedevano una parte; gli Inglesi un'altra. Solo una mente vasta e vigorosa le comprese tutte, e deliberò di vincerle. Non era agevole rovesciare il Governo inglese per mezzo d'un'armata straniera senza offendere l'orgoglio nazionale degli Inglesi. Non era agevole ottenere dalla fazione Batava, partigiana della Francia e avversa alla Casa d'Orange, il consenso ad una impresa che distruggerebbe tutti i disegni della Francia e inalzerebbe a grandezza la Casa d'Orange. Non era agevole condurre i Protestanti entusiasti in una crociata contro il Papismo col plauso di quasi tutti i governi papisti e del Papa stesso. E nondimeno Guglielmo compiè tutte le sopradette cose. Tutti i suoi fini, anche quelli che sembravano singolarmente incompatibili fra loro, egli raggiunse pienamente e a un tratto. Le storie degli antichi e dei moderni tempi non ricordano un simile trionfo di sapienza politica.
L'opera sarebbe veramente stata difficile anche per un uomo di Stato qual era il Principe d'Orange, ove i suoi precipui oppositori non si fossero trovati in preda ad un'ebbrezza tale che da molti, non inchinevoli alla superstizione, fu attribuita a singolare giudizio di Dio. Il Re d'Inghilterra non solo fu, come era sempre stato, stupido e testardo: ma perfino i consigli dello astuto Re di Francia parvero dettati dalla insania. Guglielmo fece ogni sforzo possibile di saviezza e d'energia. Ma i suoi nemici posero ogni studio a sgombrargli il terreno di quegli ostacoli cui nessuna saviezza od energia avrebbe potuto vincere.
XI. Nel gran giorno in cui furono assoluti i Vescovi, e spedito lo invito all'Aja, Giacomo, tristo ed agitato, da Hounslow fece ritorno a Westminster. E non ostante che si sforzasse di mostrarsi in lieto aspetto, i fuochi di gioia, le bombe, e soprattutto il bruciamento delle immagini del Papa in ogni quartiere di Londra non erano cose da addolcirgli l'animo. Coloro che lo avevano veduto la mattina, poterono leggergli nel viso e nel portamento le violente emozioni che gli perturbavano la mente. Per varii giorni parve così ripugnante a parlare del processo, che nè anco Barillon potè rischiarsi a fargliene motto.
Tosto cominciò a farsi manifesto come la sconfitta e la mortificazione avessero indurito il cuore del Re. Le prime parole che egli profferì appena seppe che le vittime erano campate dagli artigli della sua vendetta, furono: «Peggio per loro!» In pochi giorni chiaramente si vide quale fosse il significato di coteste parole, da lui, secondo il costume, ripetute molte volte. Accusava sè stesso non d'avere perseguito i Vescovi, ma d'averlo fatto dinanzi a un tribunale, dove le questioni di fatto erano decise dai giurati, e dove i principii stabiliti dalla legge non potevano porsi in non cale nemmeno da' giudici più servili. Deliberò adunque di rimediare a tanto errore. Non solo i sette prelati che avevano firmata

la petizione, ma tutto il Clero Anglicano avrebbero ragione di maledire quel giorno in cui avevano riportato vittoria sopra il loro sovrano. Circa quindici giorni dopo il processo, fu emanato un ordine che ingiungeva a tutti i Cancellieri della Diocesi e a tutti gli Arcidiaconi di fare stretta inquisizione in tutti i luoghi soggetti alla giurisdizione loro, e riferire all'Alta Commissione, entro cinque settimane, i nomi di que' rettori, vicari e curati, che avevano ricusato di leggere la Dichiarazione d'Indulgenza. Il Re godeva immaginando il terrore che sentirebbero i colpevoli vedendosi citati dinanzi ad un tribunale che loro non avrebbe dato quartiere. Il numero dei rei era quasi, o senza quasi, dieci mila: e dopo ciò ch'era accaduto al Collegio della Maddalena, ciascuno di loro poteva a ragione aspettarsi d'essere interdetto da tutte le sue funzioni spirituali, privato del suo benefizio, dichiarato incapace di occuparne qualunque altro, e obbligato a pagare le spese del processo che lo aveva ridotto a mendicare.

XII. Tale era la persecuzione che Giacomo, fremente di rabbia per la sconfitta ricevuta a Westminster Hall, aveva pensato di far piombare sopra il clero. Intanto si provò di mostrare ai legali con una spicciativa distribuzione di premii e di castighi, che una intrepida e svergognata servilità anche con poco prospero esito, era argomento sicuro per meritarsi il regio favore; e chiunque, dopo anni di ossequiosità, si attentasse deviare d'un attimo per far mostra di onestà o di coraggio, rendevasi reo d'imperdonabile offesa. La violenza e l'audacia che lo apostata Williams aveva mostrato nel processo dei Vescovi lo aveva reso segno all'odio della intera nazione. Il re lo rimeritò col farlo baronetto. Holloway e Powell avevano scemata alquanto la propria infamia dichiarando che, secondo il loro giudizio, la petizione non era un libello. Il Re li destituì. Le sorti di Wright sembrarono per qualche tempo ondeggiare nella incertezza. Nel riassunto ch'ei fece della discussione s'era mostrato avverso a' Vescovi: ma aveva tollerato che gli avvocati loro ponessero in questione la potestà di dispensare. Aveva detto che la petizione era un libello: ma a bello studio erasi astenuto dal chiamare legale la Dichiarazione; e per tutto il corso del processo il suo contegno era stato quello di chi ricordi che potrà giungere il giorno di renderne conto. A dir vero, egli era ben meritevole d'indulgenza; imperocchè mal poteva aspettarsi che vi fosse al mondo impudenza tale da star salda senza traballare un momento al cospetto di tali giureconsulti e d'un tanto uditorio. Nondimeno i membri della cabala gesuitica lo accusarono di pusillanimità; il Cancelliere gli dette del somaro; ed era opinione generale che verrebbe nominato un nuovo Capo Giudice. Ma non seguì nessun cangiamento. E davvero non sarebbe stata lieve impresa il supplire al posto di Wright. I molti giurati che erano a lui superiori per abilità e per dottrina, quasi senza nessuna eccezione, procedevano avversi ai disegni del Governo; e i pochi che lo vincevano per turpitudine e sfrontatezza, quasi senza nessuna eccezione, trovavansi solo negli infimi gradi del ceto legale, e sarebbero stati incompetenti a condurre gli affari ordinarii della Corte del Banco del Re. Egli è vero che Williams aveva tutte le qualità che Giacomo richiedeva in un magistrato; ma i suoi servigi erano necessari alla barra; e qualora lo avessero da quivi rimosso, la Corona sarebbe rimasta senza il concorso di un solo avvocato nè anche di terzo ordine.

A null'altra cosa il Re era rimasto attonito e mortificato quanto al vedere lo entusiasmo dei Dissenzienti nella causa dei Vescovi. Penn, il quale quantunque avesse sacrificato ricchezze ed onorificenze agli scrupoli della coscienza, sembrava immaginare che nessuno altri che lui avesse coscienza, attribuì il malcontento dei Puritani ad invidia e ad ambizione non appagata. Essi non avevano partecipato ai benefizi promessi loro dalla Dichiarazione d'Indulgenza: nessuno di loro era stato elevato ad alti ed onorevoli uffici; per la qual cosa non era strano che fossero gelosi dei Cattolici Romani. Pochissimi giorni dopo finito il processo dei Vescovi, Silas Titus, cospicuo presbiteriano, virulento esclusionista, e uno degli accusatori di Stafford, fu invitato ad occupare un seggio nel Consiglio Privato. Egli era uno di coloro sopra i quali l'opposizione con grande fiducia riposava. Ma la dignità offertagli, e la speranza di riavere una grossa somma di pecunia dovutagli dalla Corona, vinsero la sua virtù, e con estremo disgusto di tutti i Protestanti, prestò il giuramento.

XIII. I disegni vendicativi del Re contro la Chiesa non ebbero effetto. Quasi tutti gli Arcidiaconi e Cancellieri diocesani ricusarono di dare le richieste informazioni. Giunto il giorno che il Governo aveva stabilito a citare tutto il clero per render conto del delitto di disobbedienza, l'Alta Commissione ragunossi, e trovò che quasi nessuno degli ufficiali ecclesiastici aveva trasmesso la relazione ordinata. Nel tempo stesso fu deposta sul Banco una scrittura di grave importanza. La mandava Sprat Vescovo di Rochester. Pel corso di due anni, lusingato dalla speranza d'un arcivescovato, erasi sobbarcato al rimprovero di perseguitare quella Chiesa che egli era tenuto con ogni obbligo di coscienza e d'onore a difendere. Ma, disilluso nella sua speranza, s'accorse che ove non abiurasse la sua religione, non avrebbe probabilità di ascendere alla sede metropolitana di York. Era di tanto buona indole che non poteva godere della tirannide, ed aveva tanto discernimento da vedere i segni della vicina retribuzione. Per lo che deliberò di rinunciare al suo odioso ufficio: e comunicò la sua deliberazione ai colleghi con una lettera, scritta, al pari di tutti i suoi componimenti in prosa, con grande proprietà e dignità di stile. Diceva essergli impossibile continuare più oltre a sedere nella Commissione: avere egli, per obbedire ai comandamenti sovrani, letta la Dichiarazione: ma non poter presumere di condannare migliaia di pii e leali ecclesiastici, i quali ravvisavano in diverso aspetto la cosa; e poichè si voleva punirli per avere agito secondo la loro coscienza, ei dichiarava essere pronto a soffrire con loro più presto che farsi strumento dei loro danni.

I Commissarii lessero e rimasero sbaLordti. Gli errori del loro collega, la conosciuta scioltezza dei suoi principii, la conosciuta bassezza del suo animo, davano maggior peso alla sua defezione. È mestieri che un Governo sia in vero pericolo quando un uomo come Sprat gli favella col linguaggio di Hampden. Il tribunale, dianzi così insolente, a un tratto invilì. Gli ecclesiastici che ne avevano sfidata l'autorità, non furono nè anco rimproverati. Non fu reputato savio consiglio sospettare minimamente che si fossero di proposito mostrati disobbedienti; fu loro semplicemente ingiunto di mandare le relazioni dentro quattro mesi. La Commissione poi si sciolse singolarmente perturbata come quella che aveva ricevuto un colpo mortale.

XIV. Mentre l'Alta Commissione retrocedeva da un conflitto con la Chiesa, la Chiesa, con la coscienza della propria forza ed animata da nuovo entusiasmo, provocò con parecchie disfide l'Alta Commissione allo assalto. Tosto dopo l'assoluzione dei Vescovi, il venerabile Ormond, il più illustre dei Cavalieri della gran guerra civile, soccombeva al peso delle sue infermità. La nuova della sua morte fu speditamente trasmessa ad Oxford. Sull'istante la Università della quale egli da lungo tempo era stato Cancelliere, ragunossi per eleggere il successore. Un partito voleva lo eloquente ed egregio Halifax, un altro il grave ed ortodosso Nottingam. Alcuni rammentarono il Conte d'Abingdon che abitava lì vicino ed era stato pur allora destituito dalla Luogotenenza della Contea per non avere voluto secondare il Re contro la religione dello Stato. Ma la maggioranza, composta di centottanta graduati, votò a favore del giovine Duca d'Ormond, nipote del defunto, e figlio del valoroso Ossory. La fretta con che eseguirono la elezione nacque dal timore che, indugiando un solo giorno, il Re potesse imporre loro qualche candidato che tradirebbe i loro diritti. Siffatto timore era ben ragionevole: imperciocchè solo due ore dopo sciolta l'adunanza, giunse un ordine da Whitehall che richiedeva eleggessero Jeffreys. Per buona sorte la elezione del giovane Ormond era già irrevocabilmente fatta. Alquanti giorni dopo l'infame Timoteo Hall, il quale s'era reso notevole fra il clero di Londra leggendo la Dichiarazione, fu rimunerato col vescovato di Oxford che era rimasto vacante dopo la morte del non meno infame Parker. Hall giunse alla sua sede: ma i canonici della cattedrale ricusarono di assistere alla sua istallazione. La Università non volle concedergli il titolo di Dottore: nè anche uno degli scolari ricorse a lui per gli ordini sacri: nessuno gli faceva di cappello; ed ei si trovò solo dentro il suo palazzo.

Tosto dopo il Collegio della Maddalena doveva disporre d'un benefizio vacante. Hough e i suoi cacciati confratelli ragunaronsi e proposero un chierico; il vescovo di Gloucester, nella cui diocesi era quel benefizio, diede senza esitare la investitura allo eletto.

XV. I gentiluomini non erano meno riottosi del clero. I tribunali in quella estate avevano in tutto il paese un insolito aspetto. Ai giudici, innanzi di mettersi in giro, era stato ordinato di presentarsi al Re, il quale aveva loro fatto comandamento d'ispirare ai grandi giurati, in tutto il Regno, il dovere di eleggere rappresentanti al Parlamento disposti a secondare la sua politica. Essi obbedirono declamando con veemenza contro il clero, ingiuriando i vescovi, chiamando la memoranda petizione libello sedizioso, criticando aspramente lo stile di Sancroft, il quale, a dir vero, offriva pretesto alla critica, e dicendo che monsignore meritava le sferzate per mano del Dottore Busby per avere scritto in cattivo inglese. Ma il solo effetto di cotali indecenti declamazioni fu d'accrescere il malcontento del popolo. Furono loro negate tutte le dimostrazioni di quella riverenza che il popolo soleva mostrare alla dignità giudiciale ed alla regia Commissione. Era antica usanza che uomini rispettabili per nascita e ricchezza si unissero a cavallo con lo Sceriffo quando egli scortava i giudici alla città della Contea; ma siffatta processione adesso non fu possibile formare in nessuna parte del reame. I successori di Powell e di Holloway segnatamente furono trattati con notevole dispregio. Era loro stato assegnato il giro d'Oxford; aspettavansi d'essere accolti in ogni Contea da una cavalcata di gentiluomini realisti; ma come si appressarono a Wallingford, dove dovevano aprire la loro commissione per Berkshire, il solo Sceriffo uscì loro incontro. Come si avvicinarono ad Oxford, la metropoli eminentemente realista di una eminentemente realista provincia, furono anche quivi incontrati dal solo Sceriffo.

XVI. L'esercito non era meno disaffezionato del clero e dei gentiluomini. Il presidio della Torre aveva

bevuto alla salute dei vescovi prigioni. Le Guardie a piedi in Lambeth avevano con ogni dimostrazione di rispetto salutato il Primate che faceva ritorno al suo palazzo. In nessun luogo quanto nel campo di Hounslow Heath la nuova della liberazione dei vescovi era stata accolta con più clamorosa gioia. In verità le grandi forze che il Re aveva ragunate a fine d'atterrire la ricalcitrante metropoli erano divenute più ricalcitranti alla metropoli stessa, ed incuteveno maggior timore alla Corte, che ai cittadini. Per lo che in sul principio d'agosto il campo fu sciolto, e le truppe furono acquartierate in varie parti del Regno.
Giacomo lusingavasi che sarebbe più agevole governare separati battaglioni, che molte migliaia d'uomini insieme raccolti. Volle farne esperienza col reggimento di fanteria comandato da Lord Lichfield, e che ora chiamasi Duodecimo di Linea. Lo scelse probabilmente per essere stato creato a tempo della insurrezione delle Contrade Occidentali, nella Contea di Stafford, dove i Cattolici Romani erano più numerosi e potenti che quasi in ciascuna altra parte della Inghilterra. I soldati furono schierati alla presenza del Re. Il Maggiore disse loro che Sua Maestà desiderava ch'essi firmassero una scritta con la quale obbligavansi a secondarlo nel mandare ad esecuzione i suoi intendimenti rispetto all'Atto di Prova, e che coloro ai quali piacesse di non obbedire, lasciassero in sull'istante il servigio. Il Re rimase sommamente attonito vedendo intiere file di soldati porre giù le picche e gli archibugi. Solo due ufficiali e pochi comuni, tutti Cattolici, obbedirono. Egli rimase per poco in silenzio: poi comandò ai disobbedienti di ripigliare le armi loro, e con irato ciglio disse: «un'altra volta non vi farò più l'onore di consultarvi.» Chiaro vedevasi che essendo egli deliberato a persistere nel suo proposito, gli era mestieri riformare lo esercito. Se non che a ciò fare non poteva trovare i mezzi nell'isola nostra. I membri della sua Chiesa, anche nei distretti dove erano più numerosi, erano una piccola minoranza rispetto alla popolazione. L'odio contro il papismo erasi sparso in tutte le classi dei Protestanti, ed era divenuto la suprema passione perfino negli agricoltori e negli artigiani. Ma in un'altra parte dei suoi dominii la maggioranza del popolo era animata da spirito assai differente. Non v'era limite al numero dei soldati cattolici che la buona paga e i quartieri in Inghilterra attirerebbero al di qua del Canale di San Giorgio. Tyrconnel per qualche tempo aveva posto ogni cura a formare dal contadiname della sua patria una forza militare della quale il suo signore potesse fidarsi. Già quasi tutta l'armata d'Irlanda era composta di papisti Celti per sangue e per lingua. Barillon più volte fervidamente consigliò Giacomo a condurre in Inghilterra quell'armata per coartare gl'Inglesi.
XVII. Giacomo tentennava. Voleva essere circondato da milizie sopra le quali potesse riposare: ma temeva l'esplosione del sentimento nazionale che si sarebbe manifestato al comparire d'una gran forza irlandese sopra il suolo d'Inghilterra. In fine, come segue spesso allorquando una mente debole si prova di schivare due opposte inconvenienze, egli s'attenne ad un partito che le congiunse tutte quante. Fece venire tanti Irlandesi quanti non bastavano a tenere sottomessa la sola città di Londra, o la sola Contea di York, ma più che bastevoli a destare rabbia e paura in tutto il Regno da Northumberland fino a Cornwall. Un battaglione dopo l'altro, composti e disciplinati da Tyrconnel, approdavano sulle coste occidentali e movevano verso la metropoli; e furono fatte venire non poche reclute irlandesi per riempire i vuoti dei reggimenti inglesi.
Tra tutti gli errori commessi da Giacomo nessuno fu più fatale di questo. Già aveva perduto lo affetto del suo popolo violando le leggi, confiscando gli averi e perseguitando la religione. Nel cuore di coloro, che un tempo erano stati fervidi zelatori della monarchia, aveva già posto i semi della ribellione. E nondimeno poteva ancora, con qualche probabilità di buona riuscita, rivolgersi allo spirito patriottico dei suoi sudditi contro un invasore; perocchè erano razza isolana per indole e geografica posizione. Le loro antipatie nazionali in quella età erano, per vero dire, irragionevolmente forti. Gl'Inglesi non erano assuefatti al freno e allo immischiarsi dello straniero. La comparsa d'un'armata forestiera nell'isola loro gli avrebbe spinti a correre sotto il vessillo d'un Re ch'essi non avevano ragione di amare. Guglielmo forse non avrebbe potuto vincere un tale ostacolo; ma Giacomo lo tolse di mezzo. Nemmeno l'arrivo di una brigata di moschettieri del Re Luigi avrebbe destato risentimento e vergogna quanto ne sentirono i nostri antenati allorchè videro le schiere dei Papisti, pur allora giunti da Dublino, marciare con pompa militare lungo le vie maestre. Niun uomo di sangue inglese considerava come compatriotti gl'Irlandesi aborigeni. Essi non appartenevano alla nostra razza; erano distinti da noi per più particolarità morali e intellettuali, che la diversità delle condizioni e della educazione, per quanto fosse grande, non bastava a spiegare. Avevano aspetto e idioma tutto proprio. Quando parlavano inglese, la loro pronunzia era ridicola; le loro frasi grottesche, come sempre sono le frasi di chi pensi in una lingua ed esprima i propri pensieri in un'altra. Per la qual cosa per noi essi erano stranieri; e di tutti gli stranieri erano i più odiati e tenuti in dispregio: i più odiati,

perocchè per cinque secoli erano sempre stati nostri nemici; i più tenuti in dispregio, perocchè erano nostri nemici vinti, resi schiavi e spogliati. Lo Inglese paragonava con orgoglio i propri campi colle desolate lande, donde sbucavano i banditi a rubare ed assassinare, e la propria abitazione co' tuguri dove il villano e il maiale di Shannon s'avvoltolavano insieme nel sudiciume. Egli apparteneva ad una società molto inferiore certamente per ricchezza e civiltà a quella in che noi viviamo, ma tuttavia a una delle più opulente e incivilite società del mondo: gl'Irlandesi erano rozzi quasi al pari dei selvaggi di Labrador. Egli era uomo libero: gl'Irlandesi erano servi ereditari della razza inglese. Egli adorava Dio con un culto puro e ragionevole: gl'Irlandesi giacevano immersi nella idolatria e nella superstizione. Egli sapeva che grandi torme d'Irlandesi erano spesso fuggite dinanzi ad una mano d'Inglesi, e che la intera popolazione d'Irlanda era stata tenuta in freno da una piccola colonia inglese: e compiacevasi a concludere ch'egli nell'ordine di natura era un essere più elevato dello Irlandese: imperocchè in tal guisa una razza dominante sempre spiega la sua superiorità ed escusa la sua tirannia. Nessuno oggimai nega agli Irlandesi vivacità, brio, eloquenza, fra le nazioni del mondo: cento campi di battaglia testificano che essi, ove abbiano buona disciplina, sono strenui soldati. Nondimeno egli è certo, che un secolo e mezzo fa erano generalmente spregiati nella isola nostra come gente stupida e codarda. E questi erano gli uomini che dovevano tenere in freno la Inghilterra a viva forza, mentre compivasi la distruzione della libertà e della Chiesa sue! Al solo pensiero ribolliva il sangue nelle vene d'ogni Inglese. Essere vinti da' Francesi o dagli Spagnuoli sarebbe, in paragone, sembrato un destino tollerabile. Noi eravamo assuefatti a trattare da pari a pari co' Francesi e con gli Spagnuoli. Ne avevamo ora invidiata la prosperità, ora temuta la potenza, ora gioito della loro amicizia. In onta al nostro insocievole orgoglio, le consideravamo come grandi nazioni, e non negavamo che andavano gloriose di uomini insigni nelle arti della guerra e della pace. Ma essere soggiogati da una casta inferiore era avvilimento oltre ogni credere grandissimo. Gl'Inglesi provavano quel sentimento che proverebbero gli abitatori di Charleston e della Nuova Orleans, se quelle città fossero occupate da un presidio di Negri. I fatti genuini sarebbero stati sufficienti a suscitare inquietudine e sdegno: ma cotesti fatti erano inoltre adulterati da mille sinistre finzioni che correvano di caffè in caffè, di bettola in bettola, e andando diventavano sempre più terribili. Il numero delle truppe irlandesi venute fra noi poteva suscitare ragionevole e grave timore rispetto a' disegni del Re: ma era ingrandito dieci volte più dal pubblico timore. Poteva bene supporsi che il rozzo fantaccino di Connaught posto con l'armi in mano fra mezzo a un popolo straniero che egli odiava e dal quale egli era odiato, commettesse qualche eccesso. Ma tali eccessi venivano esagerati narrandoli; e per giunta agli oltraggi che lo straniero aveva veramente commessi, gli venivano attribuiti tutti i delitti dei suoi camerati inglesi. Da ogni parte del Regno sorse un grido contro i barbari forestieri che invadevano le case private, prendevano barocci e cavalli, estorcevano danari ed insultavano donne. Dicevasi che cotesti uomini fossero i figliuoli di coloro, che quarantasette anni innanzi avevano fatto strage di migliaia di Protestanti. La ribellione del 1641, la quale anche narrata con calma susciterebbe pietà ed orrore, e che era stata bruttamente esagerata da' nazionali e religiosi rancori, era adesso divenuta la materia prediletta delle conversazioni. Spaventevoli storielle di case bruciate con le famiglie dentro, di donne e fanciulli macellati, di consanguinei costretti dalla tortura ad assassinarsi a vicenda, di cadaveri oltraggiati e mutilati, erano narrate e udite con piena credenza e vivo interesse. Aggiungevasi poi che i codardi selvaggi che avevano di sorpresa commesse tutte coteste crudeltà sopra una colonia senza sospetto e priva d'ogni difesa, appena Cromwell si fu mostrato fra loro a farne vendetta, percossi da subito terrore, avevano messe giù le armi, e senza nè anche tentare le sorti di un solo combattimento erano ricaduti nel ben meritato servaggio. A molti indizi prevedevasi che il Lord Luogotenente meditava un'altra grande spoliazione e strage della colonia Sassone. Già migliaia di coloni protestanti, fuggendo la ingiustizia e la insolenza di Tyrconnel, avevano riacceso lo sdegno della madre patria narrando tutto ciò che avevano sofferto, e tutto ciò che avevano, con troppa ragione, temuto. Fino a che segno l'opinione pubblica fosse stata esasperata dalle querimonie dei fuggitivi era stato di recente mostrato in modo da non indurre in errore. Tyrconnel aveva mandato per essere approvata dal Re una proposta di revoca della legge che assicurava il possesso di mezzo il suolo d'Irlanda, e aveva spediti a Westminster due agenti cattolici suoi concittadini che erano stati inalzati ad alti uffici nell'ordine giudiciario: Nugent, Capo-Giudice della Corte del Banco del Re in Irlanda, uomo che personificava tutti i vizi e le debolezze che gl'Inglesi reputavano come facienti il carattere del papista celtico; e Rice, uno dei Baroni dello Scacchiere Irlandese, uomo che per abilità e cognizioni era il primo fra' suoi compatriotti e correligionari. Lo scopo della missione era a tutti noto; e i due giudici non potevano rischiarsi a comparire in pubblico. La plebaglia, riconoscendoli, gridava: «Fate largo agli

ambasciatori irlandesi;» e il loro cocchio veniva scortato con solenne berlina da una turba d'uscieri e di corrieri che portavano in mano bastoni con patate fitte in punta.
E davvero, in quel tempo l'avversione de gl'Inglesi contro gl'Irlandesi era sì forte ed universale, che la sentivano perfino i più spettabili Cattolici Romani. Powis e Bellasyse anche in Consiglio significarono con aspre e virulente parole la loro antipatia contro gli stranieri; antipatia che era anche più forte fra gl'Inglesi Protestanti, e più forte ancora nell'armata. Nè gli ufficiali, nè i soldati erano disposti a tollerare con pazienza la predilezione che il loro signore mostrava ad una razza vinta e forestiera. Il Duca di Berwick, colonnello dell'ottavo reggimento di linea acquartierato in Portsmouth, ordinò che trenta uomini pur allora giunti dall'Irlanda fossero inscritti nei ruoli militari. I soldati inglesi dichiararono di non volere servire insieme con gl'intrusi. Giovanni Beaumont Luogotenente colonnello, a nome suo e di cinque capitani, protestò al cospetto del Duca contro questo insulto fatto alla nazione ed all'esercito inglese, dicendo: «Noi componemmo il reggimento a nostre proprie spese per difendere la corona della Maestà sua in perigliosi tempi. Allora non incontrammo difficoltà a trovare centinaia di reclute inglesi. Noi possiamo agevolmente tenere congiunta ogni compagnia senza ammettervi gl'Irlandesi. E però reputiamo che ne vada dell'onor nostro nel tollerare che ci vengano imposti cotesti stranieri; e chiediamo che o ci sia permesso di comandare a soldati nostri concittadini, o che si accetti la nostra rinuncia.» Berwick scrisse a Windsor per sapere in che guisa comportarsi. Il Re, grandemente esasperato, spedì subito una legione di cavalleria a Portsmouth perchè gli conducesse dinanzi i sei ufficiali disubbidienti. Furono tradotti avanti a un Consiglio di guerra. Ricusarono di sottomettersi, e furono dannati ad essere cassi da' ruoli, la qual pena allora era la massima che una Corte marziale potesse infliggere. La intera nazione fe' plauso agli ufficiali caduti in disgrazia: e l'opinione pubblica fu maggiormente irritata dalla voce corsa, quantunque senza fondamento, che essi mentre rimanevano in carcere, erano stati crudelmente trattati.
XVIII. L'opinione pubblica non manifestavasi allora con que' segni che oggidì sono comuni fra noi, cioè con numerose ragunanze e veementi arringhe. Nondimeno trovò una via ad esplodere. Tommaso Wharton, il quale nell'ultimo Parlamento era stato rappresentante della Contea di Buckingam ed aveva fama di libertino e di Whig, scrisse una ballata satirica sopra Tyrconnel. In questa breve poesia un Irlandese si congratulava con un altro suo concittadino, in un gergo barbaro, pel prossimo trionfo del papismo e della razza milesia. Diceva che lo erede protestante della Corona sarebbe escluso. Gli ufficiali protestanti verrebbero cacciati. La Magna Charta e i ciarlieri che si richiamavano ad essa verrebbero impiccati alla medesima forca. Il buon Talbot verserebbe a torrenti gl'impieghi sopra i suoi concittadini, e segherebbe la gola agl'Inglesi. Questi versi, che non s'inalzavano punto sopra la poesia plateale, avevano per intercalare un vocabolo che dicevasi essere stato adoperato come parola d'ordine dagl'insorti d'Ulster nel 1644. La nazione s'incapriccì dei versi e della musica. Da un angolo all'altro, per l'intera Inghilterra, tutta la popolazione non rifiniva mai di cantare cotesti versi scempi, che in ispecie formavano il diletto dello esercito inglese. Settanta e più anni dopo la Rivoluzione, un grande scrittore dipinse con arte squisita un veterano che aveva combattuto sul Boyne e in Namur; e uno dei tratti caratteristici del buon veterano consisteva nel fischiare il Lilliburello.
Wharthon poscia menò vanto d'avere cacciato con cotesti versi un Re da tre Regni. Ma, a dir vero, la fama di Lilliburello fu lo effetto, non già la cagione, di quel concitamento nel pubblico sentire, che produsse la Rivoluzione.
Mentre Giacomo suscitava contro sè stesso tutti i sentimenti nazionali, i quali, se non fosse stata la sua insania, avrebbero potuto salvargli il trono, Luigi in modo diverso sforzavasi non meno efficacemente a facilitare la intrapresa che Guglielmo stavasi meditando.
XIX. In Olanda il partito favorevole alla Francia era una minoranza bastevolmente forte, secondo l'ordinamento politico della Batava Federazione, a impedire che lo Statoldero tentasse un gran colpo. Tenersi bene edificata cotesta minoranza era uno scopo al quale, se la Corte di Versailles fosse stata savia, doveva, in quelle circostanze, essere posposto ogni altro qualunque. Luigi, nondimeno, per qualche tempo aveva lavorato, quasi lo facesse di proposito, a straniarsi da' suoi amici Olandesi; ed in fine, benchè non senza difficoltà, gli venne fatto di renderseli nemici nel momento preciso in cui il loro aiuto gli sarebbe stato d'inestimabile prezzo.
V'erano due cose, le quali gli Olandesi peculiarmente sentivano, la religione e il commercio; e il Re di Francia aveva pur allora assalito il commercio e la religione loro. La persecuzione degli Ugonotti e la revoca dello editto di Nantes avevano da per tutto destato in cuore dei Protestanti sdegno e dolore; sentimenti che in Olanda erano più forti che altrove: imperocchè molti individui oriundi Olandesi, fidando nelle ripetute e solenni dichiarazioni di Luigi, il quale assicurava di mantenere la tolleranza

dall'avo suo concessa, s'erano, per cagione di commercio, stabiliti, e gran parte di loro naturalizzati in Francia. Ogni corso di posta recava in Olanda la nuova che costoro erano con estremo rigore trattati per semplici motivi religiosi. Dicevasi che in casa di uno stavano acquartierati i dragoni; un altro era stato posto ignudo presso al fuoco fino a rimanerne mezzo arrostito. A tutti era, sotto severissime pene, inibito di celebrare i riti della propria religione, e di partirsi dal paese, al quale, sotto promesse menzognere erano stati attirati. I partigiani della Casa d'Orange schiamazzavano contro la crudeltà e la perfidia del tiranno. L'opposizione era confusa e scuorata. Lo stesso Consiglio municipale d'Amsterdam, comechè fosse fortemente favorevole agl'interessi della Francia, e aderisse alla teologia arminiana, e fosse poco inchinevole a biasimare Luigi e consentire co' Calvinisti da esso perseguitati, non poteva rischiarsi ad avversare l'opinione pubblica; perocchè in quella grande città non era un solo mercante il quale non avesse qualche parente od amico fra coloro che pativano tanto danno. Numerose petizioni firmate da nomi rispettabili venivano presentate ai borgomastri, pregandoli a rimostrare vigorosamente presso lo Ambasciatore Avaux. Fra' supplichevoli erano taluni i quali osavano introdursi nel palazzo degli Stati, e cadendo sulle loro ginocchia descrivevano, fra le lagrime e i singhiozzi, la misera sorte dei loro cari, e supplicavano i magistrati ad intercedere. I pergami delle Chiese risonavano d'invettive e di lamenti. Da' torchi uscivano racconti che laceravano l'anima, e virulente arringhe. Avaux conobbe tutto il pericolo, e riferì alla sua Corte che anche i bene intenzionati - così egli sempre chiamava i nemici della Casa d'Orange - o partecipavano all'universale sentimento o ne erano impauriti; e consigliò si cedesse alquanto ai loro desiderii. Le risposte giuntegli da Versailles furono gelide ed acri. Ad alcune famiglie, non naturalizzate in Francia, era stato concesso di ritornare alla patria loro: ma a que' naturali d'Olanda che avevano ottenuto lettere di naturalizzazione Luigi ricusò ogni indulgenza, dicendo che nessuna Potenza sulla terra doveva immischiarsi fra lui e i suoi sudditi. Costoro avevano scelto di essere annoverati fra' sudditi suoi, e nessun potentato straniero aveva diritto a sindacarlo intorno al modo di trattarli. I magistrati d'Amsterdam naturalmente sdegnaronsi della spregiante ingratitudine del Principe al quale con ardore e senza ombra di scrupolo avevano servito contro l'opinione universale dei loro concittadini. Alla già riferita tenne dietro, poco dipoi, un'altra provocazione che fu più profondamente sentita. Luigi cominciò a far guerra al loro commercio. Dapprima con un editto proibì la importazione delle aringhe nei suoi dominii. Avaux s'affrettò a scrivere alla sua Corte che un simigliante passo aveva destato indignazione e timore, che sessantamila persone vivevano con la pesca delle aringhe, e che gli Stati probabilmente adotterebbero qualche provvedimento di rappresaglia. Gli fu risposto che il Re era deliberato non solo a persistere, ma ben anco ad accrescere i dazi su molte mercanzie delle quali la Olanda faceva lucroso traffico con la Francia. La conseguenza di cotesti errori commessi in onta a ripetuti ammonimenti, e, a quanto sembra, per ebbrezza di caparbietà, fu, che nel momento in cui il voto d'un solo potente membro della Batava Federazione avrebbe potuto impedire un evento fatale a tutta la politica di Luigi, tal voto non osò manifestarsi. Lo Ambasciatore con tutta la sua arte invano si studiò di raggranellare quel partito, col cui soccorso, per vari anni era riuscito a tenere in freno lo Statoldero.

XX. L'arroganza ed ostinazione del signore frustrava tutti gli sforzi del servo; il quale finalmente fu costretto ad annunziare a Versailles che non era più da confidare nella città d'Amsterdam da sì gran tempo amica della Francia, che alcuni dei bene intenzionati temevano per la loro religione, e che i pochi i quali ancora si mantenevano fermi non potevano rischiarsi a significare i loro intendimenti. La fervida eloquenza dei predicatori che declamavano contro gli orrori della persecuzione francese, e le querimonie dei falliti che attribuivano la propria rovina ai decreti francesi, avevano concitato il popolo a tal segno che nessuno dei cittadini poteva dichiararsi favorevole alla Francia senza imminente pericolo di essere gettato dentro il più vicino canale. Tutti rammentavansi che solo quindici anni innanzi il più illustre capo del partito avverso alla Casa d'Orange era stato fatto in brani dalla infuriata plebe nel ricinto stesso del palazzo degli Stati Generali; ed era probabile che ugual sorte toccasse a coloro i quali, in quella gran crisi, venissero accusati di secondare i disegni della Francia contro la patria loro e contro la religione riformata.

XXI. Mentre Luigi in tal guisa costringeva i suoi fautori in Olanda a diventare, o a fingersi, suoi nemici, lavorava con non minore efficacia a rimuovere tutti gli scrupoli che avrebbero potuto impedire i principi cattolici del continente di secondare i disegni di Guglielmo. Un nuovo litigio era sorto tra la Corte di Versailles e il Vaticano, litigio nel quale il Re francese si mostrò più che in ogni altra sua azione ingiusto ed insolente.

Era vecchio costume in Roma che nessuno ufficiale di giustizia o di finanza potesse entrare

nell'abitazione dei ministri che rappresentavano gli Stati cattolici. In progresso non solo l'abitazione, ma i luoghi circostanti reputavansi inviolabili. Era punto d'onore per ogni ambasciatore estendere quanto più potesse i confini del circondario che rimaneva sotto la sua protezione. Infine i distretti privilegiati, dentro i quali il Governo papale non aveva maggior potenza che nel Louvre o nell'Escuriale, comprendevano mezza la città. Ogni asilo era pieno di contrabbandieri, di falliti disonesti, di ladri e d'assassini. In ogni asilo erano magazzini di cose rubate o di mercanzie fraudolentemente introdotte. Da ogni asilo uomini facinorosi uscivano di notte a saccheggiare ed a pugnalare la gente. In nessuna terra della Cristianità, quindi, la legge era così impotente e la malvagità sì audace come nell'antica metropoli della religione e dell'incivilimento. Intorno a siffatto danno Innocenzo pensava come si conveniva ad un sacerdote e ad un principe. Dichiarò dunque di non volere accogliere nessuno Ambasciatore il quale si ostinasse a mantenere un diritto distruggitore dell'ordine e della morale. Vi fu dapprima un gran mormorare, ma egli si mostrò cotanto fermo che tutti i Governi, tranne un solo, in breve tempo cederono. Lo Imperatore, che per grado era il primo tra tutti i monarchi cristiani, la Corte di Spagna, che predistinguevasi fra tutte per suscettibilità e pertinacia nei punti d'etichetta, rinunciarono al mostruoso privilegio. Il solo Luigi si mostrò intrattabile, dicendo importargli poco ciò che piacesse agli altri sovrani di fare. Per la qual cosa spedì a Roma un'ambasceria, scortata da numeroso stuolo di cavalli e di fanti. Lo Ambasciatore giunse al suo palazzo come un generale che entri trionfante in una città conquistata. Il palazzo era fortemente guardato; attorno al recinto privilegiato le sentinelle facevano la ronda di giorno e di notte, come sopra le mura d'una fortezza. Il Papa rimase fermo. «Confidano» esclamò egli «nei cocchi e nei cavalli: ma noi invocheremo il nome di Dio nostro signore.» Diede di piglio alle sue armi spirituali, e pose la parte della città presidiata da' Francesi sotto lo interdetto.
Questo litigio era nel massimo fervore allorchè ne sorse un altro; nel quale tutto il Corpo Germanico aveva interesse ugualmente che il Papa.
XXII. Colonia e il distretto circostante governava un Arcivescovo che era elettore dello Impero. Il diritto di eleggere il gran prelato spettava, sotto certe condizioni, al Capitolo della Cattedrale. Lo Arcivescovo era parimente Vescovo di Liegi, di Munster e di Hildesheim. I suoi dominii erano vasti, e comprendevano varie fortezze, le quali nel caso d'una campagna sul Reno sarebbero state importantissime. In tempo di guerra poteva condurre in campo venti mila uomini. Luigi aveva fatto ogni possibile sforzo a rendersi bene affetto un così valido alleato, e v'era tanto riuscito che Colonia rimaneva quasi divisa dalla Germania, e formava un baluardo della Francia. Molti ecclesiastici ligi alla Corte di Versailles erano stati messi nel Capitolo; e il Cardinale Furstemburg, creatura di quella Corte, era stato nominato Coadiutore. Nella state del 1688 l'Arcivescovato divenne vacante. Furstemburg era il candidato della Casa dei Borboni. I nemici di quella proponevano il giovine Principe Clemente di Baviera. Furstemburg era già Vescovo, e quindi non poteva essere trasferito ad altra diocesi senza speciale dispensa del pontefice, o per una postulazione, nella quale era necessario che fossero concordi i voti di due terzi del Capitolo di Colonia. Il Papa non volle concedere la dispensa ad una creatura della Francia. Lo Imperatore indusse più d'una terza parte del Capitolo a votare in favore del Principe Bavaro. Infrattanto nei Capitoli di Liegi, di Munster, e di Hildesheim la maggioranza procedeva avversa alla Francia. Luigi vide con isdegno e paura, come una vasta provincia che egli aveva incominciato a considerare qual feudo della sua Corona, fosse per divenire, non solo indipendente, ma ostile a lui. In una scrittura dettata con grande acrimonia si querelò della ingiustizia con che la Francia in tutte le occasioni era trattata dalla Santa Sede, la quale era in debito di largire la sua paterna protezione ad ogni parte della Cristianità. A molti segni vedevasi come egli avesse deliberato di sostenere la pretesa del suo candidato con le armi, contro il Papa, e i collegati del Papa.
XXIII. In cotal modo Luigi, con due opposti errori, suscitò a un tratto contro sè stesso il risentimento dei due partiti religiosi, nei quali l'Europa occidentale era divisa. Inimicatasi una grande classe dei cristiani col perseguitare gli Ugonotti, si inimicava l'altra coll'insultare la Santa Sede. Tali errori egli commise in un tempo in cui non poteva impunemente commetterne alcuno, e sotto gli occhi d'un avversario, il quale per vigilanza, sagacia, ed energia non era secondo a nessun uomo politico di cui serbi ricordo la storia. Guglielmo vide con austero diletto i suoi avversari affaticarsi a sgombrargli d'ogni ostacolo il cammino. Mentre suscitavano contro sè stessi la nimistà di ogni setta, egli poneva sommo studio a conciliarsele tutte. Con isquisito magistero presentò ai vari Governi in differente aspetto il gran disegno ch'egli meditava; ed è mestieri aggiungere che quantunque tali aspetti fossero differenti, nessuno era falso. Esortò i Principi della Germania settentrionale a collegarsi con lui per difendere la causa comune di tutte le chiese riformate. Pose sotto gli occhi dei due capi della Casa

d'Austria il pericolo onde erano minacciati dall'ambizione francese, e la necessità di redimere l'Inghilterra dal vassallaggio e di congiungerla alla Federazione Europea. Mostrossi sdegnoso, e con tutta verità, d'ogni bacchettoneria. Diceva che il vero nemico dei Cattolici Inglesi era quel monarca, uomo corto di vista, e duro di cuore, il quale potendo agevolmente ottenere ad essi una tolleranza legale, aveva calpestata la legge, la libertà e il diritto di proprietà, per inalzarli ad un predominio odioso e precario. Se si lasciava continuare nella sua insania ne conseguiterebbe tra breve uno scoppio popolare, al quale terrebbe dietro una barbara persecuzione dei papisti. Il Principe dichiarava che lo evitare gli errori di tale persecuzione era uno dei precipui suoi fini. Ove egli fosse avventurato nel suo disegno, adoprerebbe lo acquistato potere come capo dei Protestanti, a proteggere i credenti nella Chiesa di Roma. Forse le passioni destate dalla tirannia di Giacomo renderebbero impossibile l'abrogazione delle leggi penali, ma un savio governo ben poteva mitigarle. A nessuna classe d'uomini poteva recare vantaggio la proposta spedizione quanto a' que' pacifici e non ambiziosi Cattolici Romani, i quali desideravano solamente seguire la propria vocazione e senza molestia adorare il Creatore. I soli perdenti sarebbero i Tyrconnel, i Dover, gli Albeville, e gli altri avventurieri politici, i quali in ricompensa delle adulazioni e dei pessimi consigli avevano ottenuto dal loro troppo credulo signore governi, reggimenti, ed ambasciate.
XXIV. Mentre Guglielmo sforzavasi a procacciarsi la simpatia dei Protestanti e dei Cattolici, si studiava con non minor vigore e prudenza a provvedersi dei mezzi militari che la sua impresa richiedeva. Non poteva fare uno sbarco in Inghilterra senza la sanzione delle Provincie Unite; ed ove l'avesse chiesta innanzi che il suo disegno fosse maturo per mandarsi ad effetto, i suoi intendimenti forse sarebbero avversati dalla fazione ostile alla sua Casa, e certamente verrebbero divulgati in tutto il mondo. Per lo che deliberò di fare con ispeditezza i necessari apparecchi, e appena compiuti, giovarsi di qualche momento favorevole per richiedere lo assenso alla Federazione. Gli agenti della Francia notavano che si mostrava quanto mai affaccendato. Non passava giorno senza che egli fosse veduto correre dalla sua villa all'Aja. Stavasi sempre rinchiuso a colloquio co' suoi più cospicui aderenti. Ventiquattro vascelli furono armati in addizione alle forze ordinarie mantenute dalla Repubblica. Per avventura v'era un bel pretesto ad accrescere la flotta: imperciocchè alcuni corsari algerini avevano dianzi osato mostrarsi nell'Oceano Germanico. Formossi un campo in Nimega, dove si raccolsero molte migliaia di soldati. A fine di rinforzare cotesto esercito richiamaronsi i presidii da' luoghi forti nel Brabante Olandese. Perfino la rinomata fortezza di Bergopzoom fu lasciata quasi senza difesa. Pezzi da campagna, bombe, e cassoni da tutti i magazzini delle Provincie Unite furono trasportati al quartiere generale. Tutti i fornai di Roterdam affaticavansi giorno e notte a fare biscotto. Tutti gli armaiuoli d'Utrecht non bastavano ad eseguire le commissioni di pistole ed archibugi. Tutti i sellai d'Amsterdam lavoravano indefessamente a fare arnesi. Sei mila marinai furono aggiunti al servizio della flotta. Si fece una leva di sette mila nuovi soldati. Veramente non potevano essere formalmente arruolati senza lo assenso della Federazione; ma erano bene ammaestrati e tenuti in tanta disciplina che potevano senza difficoltà ordinarsi a reggimenti dentro ventiquattro ore dopo ottenuto lo assenso. Tali preparamenti richiedevano pecunia annoverata: ma Guglielmo con rigida economia aveva accumulato per qualche grave occorrenza un tesoro di dugento cinquanta mila lire sterline. Al rimanente provvide lo zelo dei suoi partigiani. Oro in gran copia, o, come si disse, una somma non minore di cento mila ghinee gli fu mandata dall'Inghilterra. Gli Ugonotti, i quali avevano seco portato nello esilio molta quantità di metalli preziosi, di gran cuore gli prestarono tutto ciò che possedevano: imperciocchè ardentemente speravano, che, ove la impresa avesse esito prospero, sarebbe loro resa la patria, e temevano, che fallendo egli, non sarebbero nè anche sicuri nella patria adottiva.
XXV. Negli ultimi giorni di luglio e in tutto il mese d'agosto gli apparecchi processero rapidamente, se non che allo ardente animo di Guglielmo parevano andare troppo lenti. Intanto diventava più attiva la comunicazione tra la Olanda e l'Inghilterra. I consueti modi di trasmettere notizie e passeggieri più non furono reputati sicuri. Una barca leggiera e maravigliosamente veloce andava e veniva di continuo da Schevening alla costa orientale dell'isola nostra. Per questo mezzo giunsero a Guglielmo non poche lettere scrittegli da uomini notevolissimi nella Chiesa, nello Stato, e nello esercito. Due dei sette prelati che avevano firmata la memoranda petizione, cioè Lloyd Vescovo di Santo Asaph, e Trelawney Vescovo di Bristol, mentre erano in carcere, avevano bene meditato sulla dottrina della resistenza, ed erano pronti ad accogliere un liberatore armato. Un fratello del Vescovo di Bristol, il colonnello Carlo Trelawney, che comandava uno dei reggimenti di Tangeri, adesso conosciuto come il Quarto di Linea, si mostrò ardente di snudare la spada a pro della Religione Protestante. Simiglianti assicurazioni mandò il feroce Kirke. Churchill, in una lettera scritta con qualche elevatezza di stile,

indizio certo che egli era per commettere una viltà, si dichiarò deliberato a compiere il suo dovere verso Dio e la patria, e disse che poneva il proprio onore assolutamente nelle mani del Principe d'Orange. Guglielmo senza dubbio lesse queste parole con quell'amaro e cinico sorriso che dava una poco piacevole espressione al suo volto. Non ispettava a lui prender cura dell'onore degli altri; nè i più rigidi casisti avevano giudicato illecito ad un generale lo invitare, giovarsi, e rimunerare i servigi dei disertori ch'ei non potesse spregiare.
La lettera di Churchill fu recata da Sidney, la cui posizione in Inghilterra era divenuta pericolosa, e il quale, prese molte cautele a nascondere la sua traccia, era giunto in Olanda a mezzo agosto. Verso il medesimo tempo Shrewsbury ed Eduardo Russell traversarono l'Oceano Germanico in un battello che avevano con grande segretezza noleggiato, e comparvero all'Aja. Shrewsbury recò seco dodici mila lire sterline, ch'aveva messe insieme ipotecando i suoi beni, e le pose nella banca d'Amsterdam. Devonshire, Danby, e Lumley rimasero in Inghilterra, dove tolsero lo incarico di correre alle armi appena il Principe d'Orange ponesse piede nell'isola.
XXVI. Non v'è ragione a credere che in questa occorrenza Guglielmo ricevesse assicurazioni di sostegno dalla parte d'un uomo bene dai sopranotati diverso. La storia degl'intrighi di Sunderland è coperta da un buio che non è probabile venga mai diradato da nessuno scrittore: ma comunque sia impossibile scoprire intera la verità, egli è agevole notare alcune finzioni palpabilissime. I Giacomiti, per manifeste ragioni, affermarono che la rivoluzione del 1688 fu il resultamento d'una congiura tramata lungo tempo innanzi, e rappresentarono Sunderland come capo dei congiurati. Asserivano ch'egli, per eseguire il suo arcano disegno, aveva incitato il suo troppo fidente signore a dispensare dagli statuti, a creare un tribunale illegale, a confiscare gli averi dei sudditi, e ad imprigionare i padri della Chiesa Anglicana. Questo romanzo non ha verun fondamento storico, e comechè sia stato più volte ripetuto fino ai tempi nostri, non merita confutazione. Non vi è fatto più certo di questo, che Sunderland si oppose quasi sempre agl'insani provvedimenti di Giacomo, ed in ispecie alla persecuzione dei Vescovi, la quale veramente produsse la crisi decisiva. Ma quando anche cotesto fatto non fosse provato, rimarrebbe un altro valido argomento che basterebbe a decidere la controversia. Qual ragionevole motivo aveva Sunderland per desiderare una rivoluzione? Nel sistema politico esistente egli trovavasi nella maggiore altezza di onori e di prosperità. Come presidente del Consiglio aveva la precedenza su tutti i Pari secolari. Come primo Segretario di Stato era il più attivo e potente membro del Gabinetto. Poteva anche sperare la dignità di Duca. Aveva ottenuto l'ordine della giarrettiera dianzi portato dallo splendido e versatile Buckingham, il quale, avendo consunto un patrimonio principesco e un vigoroso intelletto, era disceso nella tomba abbandonato, spregiato, e col cuore trafitto. Il danaro che Sunderland amava più che li onori, pioveva sopra lui in tanta copia, che amministrandolo moderatamente, egli poteva sperare di farsi uno dei più ricchi uomini d'Europa. Gli emolumenti diretti del suo ufficio, benchè fossero considerevoli, erano piccola parte di ciò ch'egli guadagnava. Dalla sola Francia riceveva regolarmente uno stipendio annuo di circa sei mila sterline, oltre alle ampie gratificazioni straordinarie. Aveva patteggiato con Tyrconnel per cinque mila lire sterline l'anno, o cinquanta mila una volta sola, sopra l'Irlanda. Quali somme accumulasse vendendo impieghi, titoli e grazie, può solo immaginarsi, ma dovevano essere enormi. E' pareva che Giacomo godesse di far nuotare nell'oro un uomo ch'egli pretendeva d'avere convertito. Tutte le multe, tutte le confische andavano a Sunderland. In ogni concessione fatta esigeva una decima. Se qualche chiedente si rischiava implorare un favore direttamente dal Re, Giacomo gli rispondeva: «Avete voi parlato col Lord Presidente?» Un tale ardì dirgli che il Lord Presidente ingoiava tutto il danaro della Corte. «Bene» rispose Sua Maestà «egli lo merita tutto.» Non vi sarebbe la minima esagerazione ad affermare che i guadagni del Ministro giungevano a trenta mila lire sterline l'anno: ed è mestieri rammentarsi che le rendite di trenta mila sterline erano in quel tempo più rare di quello che siano ai dì nostri le rendite di cento mila. È probabile che allora in tutto il Regno non vi fosse alcun Pari, la cui entrata patrimoniale uguagliasse quella che Sunderland traeva dal proprio ufficio.
Poteva quindi Sunderland sperare che, sorto un nuovo ordine di cose, implicato, come egli era, in atti illegali ed impopolari, membro dell'Alta Commissione, rinnegato che il popolo in tutti i luoghi di pubblico convegno chiamava papista cane, egli conseguisse maggiore opulenza e grandezza? Poteva inoltre sperare di sottrarsi alla ben meritata pena?
Certo egli era assuefatto da lungo tempo a prevedere il giorno, in cui Guglielmo e Maria, nel corso ordinario della natura e della legge, sarebbero saliti sul trono d'Inghilterra, ed è probabile che avesse tentato di aprirsi la via al favor loro con promesse e servigi, i quali, ove fossero stati scoperti, non avrebbero accresciuto il suo credito in Whitehall. Ma può con sicurtà affermarsi che egli non

desiderava di vederli inalzati al potere per mezzo d'una rivoluzione, e che non prevedeva siffatta rivoluzione allorquando, verso la fine di giugno 1688, abbracciò solennemente la fede della Chiesa di Roma.
Appena, nondimeno, egli con quell'inespiabile delitto s'era reso segno all'odio ed al disprezzo della intera nazione, quando seppe le armi nazionali e forestiere apparecchiarsi a rivendicare in breve tempo l'ordinamento politico ed ecclesiastico della Inghilterra. Da quello istante sembra che tutti i suoi disegni si cangiassero. La paura che gli aveva invilito l'animo gli stava scritta in viso sì che ciascuno poteva accorgersene. Mal poteva dubitarsi, che, seguíta una rivoluzione, i pessimi consiglieri che circondavano il trono verrebbero chiamati a rendere rigoroso conto; e Sunderland fra cotesti consiglieri era primo per grado. La perdita dell'ufficio, della mercede, delle pensioni, era il meno ch'egli avesse a temere. La sua casa patrimoniale e i suoi boschi in Althorpe avrebbero corso pericolo d'essere confiscati; forse ei sarebbe gettato per lunghi anni in carcere; avrebbe finiti i suoi giorni in terra straniera dopo d'avere trascinata la vita con una pensione assegnatagli dalla generosità della Francia. Ed anche ciò non era il peggiore dei mali. Lo sventurato ministro cominciava a sentirsi perturbata la mente da sinistre visioni d'una innumerevole folla ragunata in Tower Hill e schiamazzante di feroce gioia alla vista dello apostata, del palco parato a bruno, di Burnet leggente la preghiera degli agonizzanti, e di Ketch appoggiato sopra la scure che aveva troncate le teste di Russell e di Monmouth. Gli rimaneva una via a salvarsi, via più terribile per un animo nobile di quello che sia la prigione o il patibolo; poteva forse, con una tradigione commessa a tempo, conseguire il perdono dagl'inimici del Governo. Stava in lui di render loro inestimabili servigi: poichè egli godeva della piena fiducia del Re, aveva grande influenza nella cabala gesuitica, e la cieca confidenza dello Ambasciatore Francese. Non mancava un mezzo di comunicazione, mezzo degno del fine al quale egli voleva giungere. La Contessa di Sunderland era una artificiosa donna, e sotto il manto della divozione che ingannava gli uomini gravi, conduceva di continuo amorosi e politici intrighi. Il bello e dissoluto Enrico Sidney era stato per lungo tempo il suo favorito amante. Al marito piaceva di vederla in tal modo posta in comunicazione con la Corte dell'Aja. Quando egli desiderava far giungere un segreto messaggio in Olanda, parlava con la sua moglie; la quale scriveva a Sidney; e Sidney comunicava la lettera a Guglielmo. Una di coteste lettere, intercettata, fu recata a Giacomo. Essa protestò fervidamente chiamandola apocrifa. Sunderland con singolarissima astuzia si difese dicendo che era impossibile a qualunque uomo essere cotanto vile da fare ciò ch'egli veramente faceva. «E quando anche fosse carattere di Lady Sunderland» soggiunse, «io non vi ho nulla da vedere. Vostra Maestà conosce le mie domestiche sciagure. La relazione di mia moglie con Sidney è pur troppo nota a tutti. Chi potrebbe mai credere ch'io scegliessi a mio confidente l'uomo che mi ha offeso nell'onore, l'uomo che sopra tutti i viventi io dovrei maggiormente odiare?» Questa difesa fu reputata soddisfacente; e l'irco marito seguitò a comunicare secretamente colla sua moglie adultera, l'adultera con l'amante, e lo amante co' nemici di Giacomo.
Egli è probabilissimo che le prime positive assicurazioni dello aiuto di Sunderland fossero oralmente da Sidney comunicate a Guglielmo verso la metà d'agosto. Certo è che da quel tempo fino a quando la spedizione fu pronta a far vela, la Contessa tenne col suo amante un significantissimo carteggio. Poche delle sue lettere, in parte scritte in cifra, esistono ancora, e contengono proteste di buon volere e promesse di servigi miste con ardenti preghiere di protezione. La scrittrice promette che il suo marito farà tutto ciò che i suoi amici dell'Aja possono desiderare: suppone che gli sarà mestieri per qualche tempo esulare: ma spera che il bando di lui non sia perpetuo, e che egli non venga spogliato dei suoi beni patrimoniali; e instantemente prega di sapere in che luogo sarà meglio per lui rifugiarsi, finchè sia abbonacciata la prima furia della tempesta popolare.
XXVII. Lo aiuto di Sunderland fu bene accolto: imperciocchè avvicinandosi il tempo di tentare il gran colpo, l'ansietà di Guglielmo s'era fatta grandissima. Agli occhi altrui con la fredda tranquillità dello aspetto ei nascondeva i suoi sentimenti, ma a Bentinck apriva tutto il suo cuore. Gli apparecchi non erano interamente compiuti. Il disegno era già sospettato e non poteva oltre differirsi. Il Re di Francia o la città d'Amsterdam potevano frustrarlo. Se Luigi mandasse una grande forza militare nel Brabante, se la fazione che odiava lo Statoldero alzasse il capo, tutto sarebbe finito. «Le mie pene, la mia irrequietudine,» scriveva il Principe «sono terribili. Non so in che guisa io proceda. Mai in vita mia io ho sentito, come ora, il bisogno dello aiuto di Dio.» La moglie di Bentinck era in quel tempo pericolosamente inferma, ed ambi gli amici sentivano per lei penosissima ansietà. «Dio vi conforti,» scriveva Guglielmo, «e vi dia animo a sostenere la parte vostra in un'opera, dalla quale, per quanto è dato agli uomini conoscere, dipende il bene della sua Chiesa.»

E davvero egli era impossibile che un così vasto disegno contro il Re d'Inghilterra rimanesse per molti giorni secreto. Non v'era arte ad impedire che gli uomini savi s'accorgessero dei grandi apparati militari e marittimi che Guglielmo andava facendo, e ne sospettassero lo scopo. Sul principio d'agosto bisbigliavasi per tutta Londra dello avvicinarsi d'un grande evento. Il debole e corrotto Albeville in que' giorni trovavasi in Inghilterra, ed era o simulava d'essere certo che il Governo Olandese non macchinava nulla contro Giacomo. Ma mentre Albeville rimaneva lontano dal suo posto, Avaux con arte somma compiva i doveri d'Ambasciatore Francese ed Inglese presso gli Stati, e mandava copiose notizie a Barillon egualmente che a Luigi. Avaux era persuaso che si meditava uno sbarco in Inghilterra, e gli venne fatto di convincerne il suo signore. Ogni corriere che giungesse a Westminster o dall'Aja o da Versailles, recava seri ammonimenti. Ma Giacomo trovavasi involto in uno inganno, che, a quanto sembra, era artificiosamente accresciuto da Sunderland. Lo astuto ministro diceva che il Principe d'Orange non si rischierebbe mai ad una spedizione oltre mare, lasciando la Olanda priva di difesa. Gli Stati rammentandosi dei danni patiti e del pericolo di patirne maggiori nell'infausto anno 1672, non si porrebbero a repentaglio di vedere un esercito straniero accamparsi nel piano fra Utrecht e Amsterdam. Non era dubbio che fossero molti sinistri umori in Inghilterra: ma fra i mali umori e la ribellione era immenso lo spazio. I più ricchi e spettabili cittadini non erano minimamente disposti a rischiare onori, vita e sostanze. Quanti uomini cospicui fra' Whig avevano parlato con altosonanti parole, mentre Monmouth era nei Paesi Bassi! E nondimeno chi di loro accorse al suo vessillo allorchè egli lo inalzò a ribellare l'Inghilterra? Era agevole ad intendere il perchè Luigi simulava di prestar fede a cotesti vani rumori. Certo egli sperava, atterrando il Re d'Inghilterra, indurlo a spalleggiare la Francia nella contesa per lo arcivescovato di Colonia. Con tali ragionamenti Giacomo era di leggieri tenuto in una stupida sicurezza. I timori e lo sdegno di Luigi quotidianamente crescevano. Lo stile delle sue lettere si faceva sempre più pungente ed energico. Scriveva di non sapere intendere cotesto letargo nella vigilia d'una tremenda crisi. Era il Re forse ammaliato? I suoi ministri erano forse ciechi? Era egli possibile che nessuno in Whitehall s'accorgesse di ciò che accadeva in Inghilterra e nel continente? Tanta sicurezza mal poteva essere lo effetto della imprevidenza. Qualche scelleraggine vi stava sotto. Giacomo evidentemente trovavasi in cattive mani. Barillon fu rigorosamente avvertito a non fidarsi alla cieca dei ministri inglesi: ma fu avvertito invano. Sunderland aveva avvinto e Barillon e Giacomo in un fascino tale che non v'era ammonimento che valesse a romperlo.

XXVIII. Luigi affaccendavasi ognora con maggior vigoria. Bonrepaux il quale per perspicacia valeva molto più di Barillon, e aveva sempre aborrito e diffidato di Sunderland, fu spedito a Londra per offrire soccorsi marittimi. Ad Avaux nel tempo stesso fu ingiunto di dichiarare agli Stati Generali che la Francia aveva preso Giacomo sotto la sua protezione. Un gran corpo di truppe era pronto a marciare alla frontiera olandese. Questa audace prova di salvare suo malgrado lo accecato tiranno, fu fatta di pieno accordo con Skelton, il quale allora era ambasciatore d'Inghilterra presso la Corte di Versailles. Avaux uniformandosi alle ricevute istruzioni, chiese agli Stati una udienza che gli venne subito concessa. L'assemblea era oltre il consueto numerosa. Generalmente credevasi che il Francese dovesse fare qualche comunicazione concernente il commercio; e così supponendo il Presidente aveva apparecchiata una convenevole risposta in iscritto. Ma appena Avaux cominciò ad esporre la sua commissione, segni d'inquietudine apparvero in tutto l'uditorio. Coloro che erano in voce di godere la confidenza del Principe d'Orange, abbassaron gli occhi. L'agitazione si fece maggiore allorchè lo Inviato annunziò che il suo signore era intimamente stretto co' vincoli d'amistà e d'alleanza a Sua Maestà Britannica, e che ogni aggressione contro la Inghilterra verrebbe considerata come una dichiarazione di guerra alla Francia. Il presidente, côlto di sorpresa, balbettò poche parole evasive; e la conferenza si sciolse. Nel medesimo tempo fu notificato agli Stati che Luigi aveva preso sotto la sua protezione il Cardinale Furstemburg e il Capitolo di Colonia.

I deputati erano nella massima agitazione. Alcuni consigliavano indugio e cautela. Altri gridavano guerra. Fagel parlò con veementi parole della insolenza francese, e pregò i colleghi a non lasciarsi impaurire dalle minacce. Disse che la risposta più convenevole a cosiffatte comunicazioni era quella di accrescere maggiormente le forze di terra e di mare. Tosto fu spedito un corriere a richiamare Guglielmo da Minden, dove teneva un colloquio di somma importanza con lo Elettore di Brandenburgo.

XXIX. Ma non v'era ragione alcuna di timore. Giacomo correva da sè alla propria rovina, ed ogni sforzo fatto a fermarlo lo spingeva più rapidamente al proprio destino. Mentre il suo trono era consolidato, il suo popolo sommesso, il più ossequioso dei Parlamenti pronto a indovinarne i desiderii e compiacerlo, mentre le repubbliche e i potentati stranieri gareggiavano a tenerselo bene edificato, mentre stava solo in lui il divenire l'arbitro della Cristianità, egli s'era abbassato a farsi lo schiavo e il mercenario della Francia. E adesso mentre per una catena di delitti e di follie, s'era inimicato co' vicini, co' sudditi, co' soldati, co' marinai, co' figli suoi, ed altro rifugio non rimanevagli che la protezione della Francia, fu preso da uno accesso d'orgoglio, e deliberò di far pompa d'indipendenza agli occhi di tutto il mondo. Lo aiuto, ch'egli, quando non ne aveva mestieri, non aveva vergognato di accettare con lacrime di gioia, adesso che gli era necessario, lo aveva sprezzantemente ricusato. Essendosi mostrato abietto mentre poteva con convenevolezza mostrarsi puntiglioso a mantenere la propria dignità, egli divenne con ingratitudine altero nel momento in cui l'alterigia doveva gettarlo nello scherno e nella rovina. Ei si mostrò risentito allo amichevole intervento che avrebbe potuto salvarlo. Si vide mai un Re siffattamente trattato? Era egli un fanciullo o un idiota, che altri avesse ad impacciarsi dei fatti suoi? Era egli un principotto, un Cardinale Furstemburg, il quale cadrebbe se non fosse sostenuto dal suo potente protettore? Doveva egli perdere la stima di tutta Europa accettando un pomposo protettorato che egli non aveva mai chiesto? Skelton fu richiamato a rendere ragione della sua condotta, ed appena giunto a Londra fu imprigionato nella Torre. Citters fu bene accolto in Whitehall ed ebbe una lunga udienza. Egli poteva, con veracità maggiore di quella che in simiglianti occasioni i diplomatici reputano necessaria, smentire dalla parte degli Stati Generali qual si fosse disegno ostile: imperciocchè gli Stati Generali fino allora non avevano notizia officiale dello intendimento di Guglielmo; nè era affatto impossibile che essi anche allora non gli dessero la loro approvazione. Giacomo disse che non prestava punto fede alle voci d'una invasione Olandese, e che la condotta del Governo Francese gli aveva recato maraviglia e molestia. A Middleton fu ingiunto di assicurare tutti i ministri stranieri come non esistesse tra la Francia e l'Inghilterra quella lega, che la Corte di Versailles voleva, pei propri fini, far credere. Al Nuncio il Re disse che i disegni di Luigi erano manifestissimi e che verrebbero frustrati. Questa officiosa protezione era un insulto e insieme una trappola. «Il mio buon fratello» soggiunse Giacomo «ha ottime qualità; ma l'adulazione e la vanità gli hanno dato volta al cervello.» Adda, al quale importava più Colonia che la Inghilterra, secondò cotesto strano inganno. Albeville, che era già ritornato al suo posto, ebbe comandamento di dare assicurazioni d'amistà agli Stati Generali e di aggiungere parole che sarebbero state convenevoli sulle labbra d'Elisabetta o di Cromwell. «Il mio Signore» disse egli «per la sua potenza e pel suo animo si è inalzato al di sopra della posizione dove la Francia pretende tenerlo. Vi è qualche differenza tra un Re d'Inghilterra ed un Arcivescovo di Colonia.» L'accoglienza fatta a Bonrepaux in Whitehall fu fredda. I soccorsi marittimi ch'egli offriva non furono affatto ricusati: ma gli fu forza tornarsene senza avere nulla concluso; e agli Ambasciatori delle Province Unite e della Casa d'Austria fu detto che l'ambasciata francese non era stata gradita dal Re e non aveva prodotto nessun effetto. Dopo la Rivoluzione Sunderland vantossi, e forse diceva il vero, d'avere indotto il proprio signore a rifiutare lo aiuto proffertogli dalla Francia.

La ostinata demenza di Giacomo destò, come era naturale, lo sdegno del suo potente vicino. Luigi si dolse che in ricambio dei grandissimi servigi ch'egli poteva rendere al Governo inglese, quel Governo gli aveva dato una mentita in faccia a tutta la Cristianità. Notò giustamente che tutto ciò che era stato detto da Avaux rispetto alla alleanza tra la Francia e la Gran Bretagna era vero secondo lo spirito, comechè forse non vero secondo la lettera. Non esisteva trattato compilato in articoli, munito di firme, sigilli e ratifiche; ma pel corso di parecchi anni erano state ricambiate tra le due Corti assicurazioni equivalenti, nell'opinione degli uomini d'onore, ad un trattato. Luigi aggiunse che per quanto fosse elevato il suo posto in Europa, non avrebbe mai sentita tanto assurda gelosia della propria dignità da prendere per insulto un atto suggerito dall'amicizia. Ma Giacomo era in condizioni differentissime, e in breve conoscerebbe il pregio di un aiuto da lui con sì poca buona grazia ricusato.

Nulladimeno, malgrado la stupidità e la ingratitudine di Giacomo, sarebbe stato savio provvedimento per Luigi il persistere nella determinazione notificata agli Stati Generali. Avaux che per sagacia e discernimento era degno antagonista di Guglielmo, era assolutamente di questa opinione. Precipuo scopo del Governo francese - così ragionava lo esperto Ambasciatore - dovrebbe essere quello d'impedire la invasione della Inghilterra. Il modo d'impedirla era d'invadere i Paesi Bassi sotto il dominio della Spagna, e minacciare i batavi confini. Il Principe d'Orange era cotanto impegnato nella sua intrapresa, da persistere quand'anco vedesse la bianca bandiera sventolare sopra le mura di Brusselles. Aveva già detto che ove gli Spagnuoli potessero fare in guisa da tenere fino a primavera Ostenda, Mons e Namur, ci sarebbe ritornato dalla Inghilterra con forze bastevoli a ricuperare tostamente le perdute province. Ma comechè tale fosse la opinione del Principe, tale non era quella

degli Stati, i quali non avrebbero agevolmente consentito a mandare il Capitano e il fiore dell'armata loro oltre l'Oceano Germanico, mentre un formidabile nemico minacciava il loro territorio.
XXX. Luigi reputava savie coteste ragioni: ma era già deliberato di agire in modo diverso. Forse era stato provocato dalla scortesia e dalla caparbietà del Governo inglese, e voleva appagare lo sdegno a spese del proprio interesse. Forse lo traviavano i consigli di Louvois suo ministro della guerra, che aveva grande influenza e non guardava di buon occhio Avaux. Il Re di Francia deliberò di tentare altrove un grande ed inatteso colpo. Ritrasse le sue schiere dalle Fiandre e le gettò nella Germania. Un'armata, sotto il comando nominale del Delfino, ma veramente guidata dal Duca di Duras, e da Vauban, padre della scienza delle fortificazioni, invase Philipsburg. Un'altra, condotta dal Marchese di Bouffiers, prese Worms, Magonza e Treveri. Una terza, comandata dal Marchese di Humières, entrò in Bonn. Per tutta la linea del Reno, da Carlsruhe fino a Colonia, lo esercito francese fu vittorioso. La nuova della caduta di Philipsburg giunse a Versailles il dì d'Ognissanti, mentre la Corte ascoltava la predica nella cappella. Il Re fece al predicatore segno di fermarsi, annunziò la lieta nuova e inginocchiandosi ringraziò Dio di questa gran vittoria. L'uditorio ne pianse di gioia. La notizia fu accolta con entusiasmo dallo ardente e vanitoso popolo della Francia. I poeti celebrarono il trionfo del loro magnifico protettore. Gli oratori esaltarono dai pergami la sapienza e magnanimità del figlio primogenito della Chiesa. Cantossi con insolita pompa il Te Deum, e le solenni melodie dell'organo risonavano miste al clangore dei timpani ed allo squillo delle trombe. Ma v'era poca ragione a rallegrarsi. Il grande uomo di Stato che capitanava la Coalizione Europea, gioiva in cuor suo vedendo così male diretta la energia del suo nemico. Luigi con la sua prontezza aveva ottenuto qualche vantaggio in Germania: ma poteva giovargli poco ove la Inghilterra, inoperosa e priva di gloria sotto quattro Re successivi, riprendesse l'antico suo grado fra i potentati d'Europa. Poche settimane bastavano per compire la impresa dalla quale dipendeva il destino del mondo; e per poche settimane le Province Unite potevano mantenersi sicure da ogni pericolo.
XXXI. Guglielmo allora spinse i suoi apparecchi con indefessa operosità e con minore segretezza di quella che per innanzi aveva creduto necessaria. Giungevangli ogni giorno nuovo assicurazioni di soccorso dalle Corti straniere. Ogni opposizione nell'Aja era spenta. Invano Avaux in quegli estremi momenti studiossi con ogni sua arte a rianimare la fazione che pel corso di tre generazioni aveva avversato la Casa d'Orange. I capi di quella fazione, a dir vero, non procedevano favorevoli allo Statoldero; come quelli che ragionevolmente temevano che ove egli avesse prospera ventura in Inghilterra, diventerebbe assoluto signore della Olanda. Nondimeno gli errori della Corte di Versailles, e la destrezza onde egli se n'era giovato, rendevano impossibile il continuare la lotta contro di lui. Conobbe essere giunto il tempo di chiedere lo assenso degli Stati. Amsterdam era il quartiere generale del partito ostile alla razza, alla dignità, alla persona di lui; ed anche quivi ei non aveva adesso nulla da temere. Alcuni dei precipui magistrati di quella città avevano avuto più volte secreti colloqui con lui, con Dykvelt e con Bentinck, ed erano stati indotti a promettere che avrebbero secondato o almeno non avversato la grande intrapresa: altri erano esasperati dagli editti commerciali di Luigi: altri erano dolentissimi pei parenti e per gli amici tormentati dai dragoni francesi: altri abborrivano dalla responsabilità di far nascere uno scisma che potrebbe essere fatale alla Federazione Batava: ed altri avevano paura del popolo, il quale, incitato dalle arringhe dei zelanti predicatori, era pronto a porre le mani addosso ad ogni traditore della Religione Protestante. La maggioranza quindi di quel Consiglio municipale, che aveva da lungo tempo favorita la Francia, si dichiarò favorevole alla impresa di Guglielmo. E però in ogni parte delle Province Unite era svanito ogni timore d'opposizione; e lo assenso di tutta la Federazione fu formalmente dato in secrete ragunanze.
Il Principe aveva già posto gli occhi sopra un generale che avesse requisiti da essere a lui secondo nel comando. Ciò non era cosa di lieve importanza. Un'archibugiata fortuita o il pugnale d'un assassino avrebbe potuto in un istante lasciare lo esercito senza capo; ed era mestieri che un successore fosse pronto ad occupare il posto vacante. Nulladimeno egli era impossibile deputare a tanto ufficio un Inglese senza offendere i Whig o i Tory; nè fra gl'Inglesi v'era alcuno che avesse l'arte militare bisognevole a condurre una campagna. Dall'altro canto non era agevole proporre uno straniero senza offendere il senso nazionale degli alteri isolani. Un solo era l'uomo in Europa contro il quale non poteva farsi obiezione, cioè Federigo Conte di Schomberg, tedesco d'una famiglia nobile del Palatinato. Era universalmente reputato il più grande maestro dell'arte della guerra. La pietà e rettitudine sue, che non avevano mai ceduto a fortissime tentazioni, lo rendevano ben meritevole di riverenza e fiducia. Come che fosse Protestante, aveva per molti anni militato al soldo di Luigi, e in onta alle inique trame dei Gesuiti aveva strappato da lui, dopo una serie di gloriosi fatti, il bastone di

Maresciallo di Francia. Allorquando la persecuzione cominciò ad infuriare, il valoroso veterano ostinatamente ricusò di conseguire con l'apostasia il regio favore; rinunziò, senza mormorare, a tutti i suoi onori e comandi; abbandonò per sempre la sua patria adottiva, e rifugiossi alla Corte di Berlino. Aveva settanta e più anni d'età, ma era in pieno vigore di mente e di corpo. Era stato in Inghilterra, dove fu molto amato ed onorato; e parlava la nostra favella non solo intelligibilmente, ma con grazia e purezza; qualità di cui allora pochi stranieri potevano menar vanto. Con lo assenso dello Elettore di Brandenburgo e con la cordiale approvazione di tutti i capi dei partiti inglesi fu nominato Luogotenente di Guglielmo.

XXXII. L'Aja era allora piena di avventurieri di tutti i vari partiti che la tirannia di Giacomo aveva congiunti in una strana coalizione; vecchi realisti, che avevano sparso il proprio sangue in difesa del trono; vecchi agitatori dell'esercito del Parlamento; Tory, che erano stati perseguitati a tempo della Legge d'Esclusione; Whig, che erano fuggiti al Continente per avere partecipato alla Congiura di Rye House.

Primeggiavano in cotesto grande miscuglio Gherardo Conte di Maclesfield, antico Cavaliere che aveva combattuto per Carlo I ed esulato con Carlo II; Arcibaldo Campbell che era figlio primogenito dello sventurato Argyle, dal quale non aveva altro ereditato che il nome illustre e l'inalienabile affetto d'una numerosa tribù; Carlo Paulet, Conte di Wiltshire, erede presuntivo del Marchesato di Wincester; e Pellegrino Osborne, Lord Dumblane, erede presuntivo della Contea di Danby. Notavasi fra i più importanti volontari Mordaunt che esultava nella speranza di incontrare avventure, alle quali irresistibilmente lo traeva la fiera sua indole. Fletcher di Saltoun, mentre stavasi a guardare i confini della Cristianità contro gl'infedeli, avendo saputo che vi era speranza di liberare la patria, s'era affrettato ad offrire al liberatore lo aiuto della sua spada. Sir Patrizio Hume, il quale dopo di essere fuggito dalla Scozia era vissuto umilmente in Utrecht, adesso uscì dalla oscurità; ma per fortuna in questa occasione la sua eloquenza poteva recare poco danno; imperocchè il Principe d'Orange non era punto disposto ad essere Luogotenente d'una società ciarliera come era stata quella che aveva rovinata la impresa d'Argyle. Il sottile ed irrequieto Wildman, che alcuni anni innanzi, non trovandosi sicuro in Inghilterra, aveva cercato un asilo in Germania, adesso accorse alla Corte del Principe. V'era anche Carstairs, ministro Presbiteriano di Scozia, che per accorgimento e coraggio non era secondo a nessuno degli uomini politici di quell'epoca. Fagel, parecchi anni prima, gli aveva affidato segreti importantissimi, che i più orribili tormenti dello stivaletto e delle tanaglie non gli avevano potuto strappare dalle labbra. Per cotesta rara fortezza ei s'acquistò il primo posto dopo Bentinck nella stima e fiducia del Principe. Ferguson non poteva rimanere quieto mentre apparecchiavasi una rivoluzione. Si procurò un imbarco nella flotta e cominciò ad affaccendarsi fra' suoi compagni d'esilio: ma trovò in tutti diffidenza e disprezzo. Egli era stato grande uomo in quel nucleo d'ignoranti e furibondi fuorusciti che avevano spinto il debole Monmouth alla rovina: ma tra i gravi uomini di Stato e Capitani che coadiuvavano il risoluto e sagace Guglielmo, non v'era luogo per un agitatore di bassa sfera, mezzo maniaco e mezzo birbone.

XXXIII. La differenza fra la spedizione del 1685 e quella del 1688 risultava bastevolmente dalla differenza tra le dichiarazioni pubblicate dai capi dell'una e dell'altra. Per Monmouth Ferguson aveva scrivacchiato un assurdo e brutale libello, dove accusava Re Giacomo d'avere bruciato Londra, strangolato Godfrey, fatto strage d'Essex, e propinato il veleno a Carlo. La Dichiarazione di Guglielmo fu scritta dal Gran Pensionario Fagel il quale aveva alta riputazione di pubblicista. Quantunque fosse grave e dotta, nella sua forma originale era troppo prolissa: ma venne compendiata e tradotta in inglese da Burnet, il quale s'intendeva bene dell'arte dello scrivere popolare. In un solenne preambolo stabiliva il principio che in ogni società la rigorosa osservanza della legge era egualmente necessaria alla felicità delle nazioni ed alla sicurezza dei Governi. Il Principe d'Orange aveva quindi veduto con profondo rammarico come le leggi fondamentali del Regno, al quale egli era congiunto con stretti vincoli di sangue e di matrimonio, fossero grandemente e sistematicamente violate. La potestà di dispensare dagli Atti del Parlamento era stata stiracchiata a segno che tutta l'autorità legislativa era ridotta nella sola Corona. Sentenze repugnanti allo spirito della Costituzione erano state profferite dai tribunali, destituendo i giudici incorruttibili, e sostituendo loro uomini pronti ad obbedire implicitamente agli ordini del Governo. Non ostanti le ripetute assicurazioni che il Re aveva date di mantenere la religione dello Stato, persone manifestamente avverse a quella erano state promosse non solo agli uffici civili, ma anco ai beneficii ecclesiastici. Il governo della Chiesa, in onta al chiarissimo senso degli Statuti, era stato affidato ad una nuova Corte d'Alta Commissione, nella quale aveva seggio un uomo che apertamente professava il Papismo. Uomini dabbene, per avere ricusato di violare il dovere e i giuramenti loro, erano stati spogliati della loro proprietà in dispregio della Magna Charta e delle libertà d'Inghilterra. Intanto individui che legalmente non potevano porre piede nell'isola erano stati posti a capo dei seminari per corrompere le menti dei giovani. Luogotenenti, Deputati Luogotenenti, Giudici di Pace erano stati a centinaia destituiti per avere rifiutato di secondare una politica perniciosa ed incostituzionale. Quasi tutti i borghi del Regno erano stati privati delle loro franchigie. Le Corti di giustizia erano in condizioni tali, che le loro sentenze, anche nelle cause civili, non ispiravano più fiducia, e la loro servilità nelle criminali aveva fatto spargere nel Regno il sangue innocente. Tutti cotesti abusi, venuti in disgusto alla nazione inglese, il Governo aveva intenzione di difendere, secondo che sembrava, con una armata di Papisti Irlandesi. Nè ciò era tutto. I Principi più assoluti del mondo non avevano reputato delitto in un suddito lo esporre modestamente e con pace gli aggravi, e chiederne giustizia. Ma in Inghilterra le cose erano giunte a tale eccesso che il supplicare veniva reputato gravissimo delitto. Per nessuna altra colpa che quella d'avere presentata al Sovrano una petizione scritta con rispettosissime parole i padri della Chiesa Anglicana erano stati messi in carcere e processati; e destituiti i giudici che diedero il voto in loro favore. La convocazione d'un legittimo Parlamento poteva essere un rimedio efficace a tutti cotesti mali: ma un simile Parlamento, a meno che non fosse interamente cangiato il Governo, non era da sperarsi dalla nazione. La Corte mostrava evidentemente la intenzione di mettere insieme, rifoggiando a suo modo i municipii e deputando ufficiali elettorali papisti, una Camera di Comuni che fosse tale di solo nome. In fine, v'erano circostanze che facevano sospettare non essere nato dalla Regina lo infante che chiamavasi Principe di Galles. Per queste ragioni il Principe, in contemplazione della sua stretta parentela con la regia famiglia, e per gratitudine dello affetto che il popolo inglese aveva sempre portato alla sua diletta consorte ed a lui, cedendo allo invito di non pochi Lord spirituali e secolari e di molti altri uomini d'ogni grado, aveva deliberato di recarsi nell'isola con forze sufficenti a reprimere la violenza. Lungi dalla sua mente ogni pensiero di conquista. Protestava che finchè le sue milizie rimarrebbero in Inghilterra, sarebbero tenute nella più rigorosa disciplina, ed appena la nazione si fosse liberata dal giogo della tirannide, sarebbero mandate via. Suo unico scopo era quello di far convocare un libero e legittimo Parlamento; alla decisione del quale egli faceva solenne sacramento di lasciare tutte le questioni pubbliche e private.

Come questa dichiarazione cominciò a correre attorno per l'Aja, apparvero segni di dissensione fra gl'Inglesi. Wildman, indefesso nel male, indusse alcuni dei suoi concittadini, ed in ispecie il testardo e leggiero Mordaunt a dichiarare che a tali patti non prenderebbero le armi, dicendo che lo scritto era stato ideato per piacere ai Cavalieri e ai parrochi; i danni della Chiesa e il processo dei Vescovi vi facevano troppa figura; e non v'era pur motto del tirannesco modo onde i Tory, innanzi che rompessero con la Corte, avevano trattato i Whig. Wildman allora produsse un contro-manifesto, da lui apparecchiato, il quale, ove fosse stato abbracciato, avrebbe indignati il Clero Anglicano e quattro quinti dell'aristocrazia territoriale. I principali Whig gli fecero vigorosa opposizione; e segnatamente Russell dichiarò che ove venisse adottato lo insano suggerimento di Wildman, si sarebbe sciolta la coalizione dalla quale unicamente poteva il popolo inglese sperare d'essere liberato. In fine la contesa fu ricomposta per l'autorità di Guglielmo, il quale, col suo consueto buon senso, stabilì che il manifesto rimanesse quasi come era stato congegnato da Fagel e da Burnet.

XXXIV. Mentre tali cose seguivano in Olanda, Giacomo erasi finalmente accorto del proprio pericolo. Da varie parti gli giungevano avvisi che mal potevano mettersi in non cale, finchè un dispaccio d'Albeville gli tolse ogni dubbio. Dicesi che come il Re lo ebbe letto, tosto impallidisse e perdesse per alcun tempo la parola. Ed era naturale che ne rimanesse atterrito: imperocchè il primo vento che spirasse di levante avrebbe portato un esercito ostile alle spiagge del suo reame. Tutta Europa, tranne un solo potentato, attendeva con impazienza la nuova della sua caduta. Anzi egli aveva respinto con un insulto lo amichevole intervento che lo avrebbe potuto salvare. Le schiere francesi, che, s'egli non fosse stato demente, avrebbero potuto atterrire gli Stati Generali, stavansi ad assediare Philipsburg, o presidiavano Magonza. Tra pochi giorni forse gli toccherebbe di pugnare sul territorio inglese a difendere la propria corona e il diritto ereditario del suo figliuolo infante. Grandi, a dir vero, erano in apparenza i suoi mezzi. La flotta era in assai migliori condizioni di quello che fosse nel tempo, in cui egli ascese al trono: e tali miglioramenti in parte erano da attribuirsi a' suoi propri sforzi. Non aveva nominato Lord Grande Ammiraglio o Consiglio d'Ammiragliato, ma aveva riserbata a se stesso l'alta direzione degli affari marittimi con la vigorosa assistenza di Pepys. Dice il proverbio che l'occhio del padrone vale più di quello del ministro: e in una età di corruzione e di peculato è verosimile che un dipartimento al quale un sovrano, anche di pochissima mente, rivolge la propria attenzione, si

mantenga comparativamente libero dagli abusi. Sarebbe stato facile trovare un ministro della marina più abile di Giacomo; ma non sarebbe stato facile, fra gli uomini pubblici di quel tempo, trovare, tranne Giacomo stesso, un ministro della marina, il quale non rubasse sulle provigioni, non accettasse doni dai contraenti, e non addebitasse la Corona dei non mai fatti ripari. E veramente il Re era quasi il solo del quale si potesse esser certi che non frodasse il Re. E però negli ultimi tre anni più che nei precedenti eravi stato meno sciupío e meno rubamenti negli arsenali. S'erano costruiti parecchi vascelli atti a navigare. Giacomo aveva emanato un opportuno decreto col quale, accrescendo la paga dei capitani, rigorosamente inibiva loro di trasportare da un porto all'altro mercanzie senza regia licenza. Lo effetto di queste riforme già era visibile; e a Giacomo non riuscì difficile allestire in brevissimo tempo una considerevole flotta. Trenta vascelli di linea, tutti di terzo e quarto ordine, furono ragunati nel Tamigi sotto il comando di Lord Dartmouth, la cui lealtà non ammetteva sospetto. Egli veniva reputato nell'arte sua più esperto di tutti i marini patrizi, i quali in quella età inalzavansi ai supremi comandi nella flotta senza educazione marittima, ed erano a un tempo capitani di vascello sul mare, e colonnelli di fanteria per terra.
XXXV. L'armata regolare era più grande di quante ne avessero mai comandate i re d'Inghilterra, e fu rapidamente accresciuta. Nei reggimenti che esistevano vennero incorporate nuove compagnie. Furono create commissioni a formarne altri. Quattro mila uomini furono aggiunti alle forze militari dell'Inghilterra; tremila speditamente fatti venire dalla Irlanda; altrettanti dalla Scozia diretti verso il mezzogiorno. Giacomo stimava circa quaranta mila uomini - senza contarvi la milizia civica - le forze che poteva opporre agli invasori.
La flotta e lo esercito, quindi, erano più che bastevoli a respingere la invasione degli Olandesi. Ma poteva il Re fidarsi dello esercito e della flotta? Le milizie urbane non accorrerebbero a migliaia al vessillo del liberatore? Il partito, che pochi anni innanzi aveva snudata la spada in favore di Monmouth, senza dubbio accoglierebbe il Principe d'Orange. E dove era egli mai quel partito che per quarantasette anni era stato l'egida della monarchia? Dove erano quegli strenui gentiluomini i quali erano sempre stati pronti a spargere il proprio sangue a difesa della Corona? Oltraggiati e insultati, cacciati dalle magistrature e dalla milizia, mostravansi senza maschera lieti del pericolo in cui vedevano travagliarsi lo ingrato sovrano. Dove erano mai quei sacerdoti e prelati, i quali da dieci mila pergami avevano predicato il debito d'obbedire all'unto del Signore? Alcuni di loro erano stati messi in carcere, altri spogliati degli averi, e tutti posti sotto al ferreo giogo dell'Alta Commissione, ed avevano grandemente temuto un nuovo capriccio del tiranno non li privasse della libera proprietà loro, lasciandoli senza un tozzo di pane. E' sembrava incredibile che gli Anglicani, anche in quegli estremi, dimenticassero pienamente quella dottrina di cui menavano peculiare vanto. Ma poteva egli il loro oppressore augurarsi di trovare fra essi quello spirito che nella precedente generazione aveva trionfato sopra i soldati d'Essex e di Waller, e dopo una disperata lotta ceduto solo al genio e vigore di Cromwell? Il tiranno ne impaurì davvero. E cessando di ripetere che le concessioni avevano sempre tratto i principi alla rovina, confessò amaramente essergli d'uopo corteggiare di nuovo i Tory.
XXXVI. Abbiamo ragione di credere che Halifax verso questo tempo fosse invitato a rientrare nel governo, e che ciò non gli spiacesse. La parte di mediatore fra il trono e la nazione era quella che meglio gli stava, e che ei singolarmente ambiva. Non si sa in che guisa si rompessero le pratiche con lui: ma non è improbabile che la questione della potestà di dispensare fosse difficoltà insormontabile. Per averla avversata, tre anni innanzi, era caduto in disgrazia; e fra le cose che erano quinci succedute non ve n'era alcuna che gli potesse far cangiare opinione. Giacomo, dall'altro canto, era fermamente deliberato di non fare concessione alcuna intorno a quel punto. Rispetto alle altre cose era meno pertinace. Emanò un proclama col quale solennemente prometteva proteggere la chiesa d'Inghilterra e mantenere l'Atto d'Uniformità. Dichiaravasi desideroso di fare grandi sacrifici alla concordia. Diceva non volere più oltre insistere sull'ammissione dei Cattolici Romani alla Camera dei Comuni; e sperava di sicuro che i suoi sudditi giustamente apprezzerebbero la prova ch'egli porgeva a volere appagare i loro desiderii. Tre giorni dopo espresse la intenzione di porre nuovamente in ufficio i magistrati o i luogotenenti deputati ch'egli aveva destituiti per avere ricusato di secondare la politica del governo. Il dì dopo la comparsa di questa notificazione Compton fu dalla sospensione prosciolto.
XXXVII. Nel tempo medesimo il Re diede udienza a tutti i vescovi che erano in Londra. Avevano chiesto d'essere ammessi alla presenza di lui onde confortarlo dei loro consigli in quelle gravissime circostanze. Il Primate favellò per tutti. Rispettosamente pregò il Re a porre l'amministrazione nelle mani d'uomini che avessero i debiti requisiti per condurre il governo; revocare tutti gli atti consumati sotto pretesto della potestà di dispensare; annullare l'Alta Commissione; riparare alle ingiustizie

commesse contro il Collegio della Maddalena, e rendere ai Municipii le loro antiche franchigie. Accennò con molta chiarezza ad un desiderevole evento che avrebbe pienamente consolidato il trono e resa la pace al perturbato reame. Ove Sua Maestà s'inducesse a riesaminare i punti controversi fra la Chiesa di Roma e quella d'Inghilterra, forse, mercè la grazia divina, gli argomenti che i vescovi desideravano esporle l'avrebbero convinta essere suo debito ritornare alla religione del padre e dell'avo. Fin qui, disse Sancroft, aveva espresso gl'intendimenti dei suoi confratelli. Ma v'era una cosa intorno a cui non li aveva consultati, e ch'egli reputava suo dovere esporre al sovrano. E veramente egli era il solo uomo del clero che potesse toccare di tale subietto senza essere sospettato di mirare al proprio interesse. La sede metropolitana di York da tre anni era vacante. Lo arcivescovo supplicò il Re di darla a un pio e dotto teologo, ed aggiunse che un siffatto teologo poteva senza difficoltà trovarsi fra coloro che erano lì presenti. Il Re seppe frenarsi tanto da rendere grazie ai Vescovi per quegli sgradevoli ammonimenti, e promise loro di ponderare bene ciò che avevano detto. Quanto alla potestà di dispensare non volle cedere un jota. Nessuno degl'individui incapaci fu rimosso dagli uffici civili o militari. Ma alcuni dei suggerimenti di Sancroft vennero abbracciati. Dentro quarantotto ore la Corte dell'Alta Commissione fu abolita. Fu risoluto di rendere alla Città di Londra lo statuto toltole sei anni innanzi; e il Cancelliere fu mandato con gran solennità a recare a Guildhall quella veneranda cartapecora. Sette giorni dopo fu annunziato al pubblico che il Vescovo di Winchester, il quale per virtù del proprio ufficio era Visitatore del Collegio della Maddalena, aveva avuto dal Re lo incarico di riparare ai danni recati a quella società. E' non fu senza una lunga lotta e un amarissimo affanno che Giacomo scese a questa ultima umiliazione; e per vero dire non cedette finchè il Vicario Apostolico Leyburn, il quale, a quanto sembra, si condusse sempre da onesto e savio uomo, dichiarò che, secondo il suo giudicio, il Presidente e i Convittori cacciati avevano patito ingiustizia, e che per ragioni religiose e politiche era d'uopo rendere loro il già tolto. In pochi giorni fu pubblicato un decreto che restituiva le tolte franchigie a tutti i municipii.

XXXVIII. Giacomo lusingavasi che concessioni sì grandi, fatte nel breve spazio d'un mese, gli farebbero di nuovo acquistare lo affetto del suo popolo. Non può dubitarsi che ove egli le avesse fatte pria che vi fosse ragione ad attendere una invasione dalla Olanda, avrebbero molto contribuito a riconciliarlo coi Tory. Ma i principi che concedono al timore ciò che ricusano alla giustizia, non debbono sperare gratitudine. Per tre anni il Re era stato duro ad ogni argomento, ad ogni preghiera. Chi dei ministri aveva osato inalzare la voce in favore della costituzione civile ed ecclesiastica del Regno, era caduto in disgrazia. Un Parlamento eminentemente realista erasi provato a protestare con dolci e rispettosi modi contro la violazione delle leggi fondamentali della Inghilterra, ed era stato acremente ripreso, prorogato, e disciolto. I giudici, ad uno ad uno, erano stati privati dell'ermellino, per non essersi voluti indurre a profferire sentenze contrarie ad ogni specie di leggi. Ai più spettabili cavalieri era stato chiuso l'adito al governo delle loro Contee perchè avevano ricusato di tradire le libertà pubbliche. Gli ecclesiastici a centinaia erano stati privati dei loro beneficii, perchè s'erano mantenuti fedeli ai propri giuramenti. Alcuni prelati, alla cui ostinata fedeltà il Re era debitore della propria corona, lo avevano supplicato in ginocchioni a non volere che si violassero le leggi di Dio e della patria. La loro modesta petizione era stata considerata come libello sedizioso. Erano stati forte ripresi, minacciati, imprigionati, processati, e a mala pena avevano scansata la estrema rovina. La nazione in fine, vedendo il diritto soverchiato dalla forza, e perfino le supplicazioni reputarsi delitto, cominciò a pensare al modo di commettere le proprie sorti all'esito d'una guerra. L'oppressore seppe essere pronto un liberatore armato, il quale sarebbe di gran cuore accolto da' Whig e dai Tory, dai Dissenzienti e dagli Anglicani. E tutto cangiossi in un attimo. Quel governo che aveva rimeritato i suoi servitori fidi e costanti con la spoliazione e la persecuzione, quel governo che alle solide ragioni ed alle commoventi preghiere aveva risposto con le ingiurie e gl'insulti, si fece in un istante stranamente mite. La Gazzetta in ciascun suo numero annunziava la riparazione di qualche ingiustizia. Allora chiaramente si conobbe che non era da porre fede nella equità, nell'umanità, nella solenne parola del Re, e che egli avrebbe governato bene finchè esisteva il timore della resistenza. I suoi sudditi, quindi, non erano punto disposti a ridargli quella fiducia ch'egli aveva giustamente perduta, o a mitigare la pressura che sola gli aveva strappato dalle mani i pochi buoni atti da lui fatti in tutto il tempo del suo regnare. Cresceva sempre in cuore di tutti l'ardente desiderio dello arrivo degli Olandesi. La plebe aspramente imprecava e malediva ai venti che in quella stagione ostinatissimi spiravano da ponente, e impedivano che l'armata del Principe salpasse, e a un tempo portavano nuovi soldati irlandesi da Dublino a Chester. Dicevano spirare vento papista, ed affollavansi in Cheapside con gli occhi intenti sul campanile di Bow-Church pregando che la banderuola indicasse lo spirare di un vento protestante.

Il sentimento universale fu accresciuto da un fatto, che, sebbene fosse perfettamente accidentale, venne attribuito alla perfidia del Re. Il Vescovo di Winchester annunziò che, obbedendo al regio comando, egli doveva ribenedire i Convittori già cacciati dal Collegio della Maddalena. E avendo per cotesta cerimonia stabilito il dì 21 ottobre, il giorno precedente giunse in Oxford. La intera Università era in grande aspettazione. Gli espulsi Convittori erano arrivati da ogni parte del Regno, bramosi di rientrare nelle loro dilette abitazioni. Trecento gentiluomini a cavallo scortarono il Vescovo Visitatore al suo alloggio. Mentre ei procedeva, le campane sonavano a festa, e un'innumerevole folla di popolo che accalcavasi per tutta High-Street mandava voci di acclamazione. Si ritrasse onde riposarsi. La dimane dinanzi le porte della Maddalena era accorsa una gran turba di gente: ma il Vescovo non compariva; e tosto si seppe essere giunto un regio messo recandogli l'ordine di partire immediatamente per Whitehall. Questo strano fatto destò in tutti molta maraviglia ed ansietà: ma in poche ore si sparse una nuova, la quale ad uomini non senza ragione disposti a pensare al peggio parve chiaramente spiegare il perchè Giacomo aveva mutato proponimento. La flotta olandese aveva messo alla vela, ed era stata ricacciata indietro da una tempesta. Le ciarle popolari esagerarono il disastro. Dicevasi, molti vascelli essersi perduti, migliaia di cavalli periti; ogni pensiero d'uno sbarco in Inghilterra doversi abbandonare almeno per quell'anno. Ed erano efficaci avvertimenti alla nazione. Mentre Giacomo era atterrito dalla prossima invasione e ribellione, aveva ordinato si rendesse giustizia a coloro che erano stati illegalmente spogliati. Appena si vide sicuro dello imminente pericolo, rivocò quegli ordini. Cotesta imputazione, comechè allora fosse generalmente creduta e dopo venisse ripetuta da scrittori che dovevano essere bene informati, era priva di fondamento. È certo che il disastro della flotta olandese non poteva, per nessuna guisa di comunicazione, sapersi in Westminster se non alcune ore dopo che il Vescovo di Winchester avesse ricevuto gli ordini di partirsi da Oxford. Il Re, nondimeno, aveva poca ragione a dolersi dei sospetti dei suoi popoli. Se talvolta, senza rigoroso esame dei fatti, attribuivano alla disonesta politica di lui ciò che veramente era effetto del caso e della imprevidenza, la colpa era tutta sua. Che a coloro, i quali hanno l'abitudine di rompere la fede, non si presti credenza quando intendono serbarla, ciò altro non è che giusta e ben meritata pena.
È da notarsi che Giacomo, in questa occasione, incorse in un non meritato addebito, soltanto per essersi mostrato corrivo a scolparsi d'un'altra imputazione ch'egli egualmente non meritava. Il Vescovo di Winchester era stato in gran fretta richiamato da Oxford per trovarsi presente ad una straordinaria sessione del Consiglio Privato, o, a dir meglio, Assemblea di Notabili convocata in Whitehall. In questa solenne ragunanza oltre i Consiglieri Privati furono chiamati tutti i Pari spirituali e secolari che per avventura trovavansi nella metropoli e nei luoghi circostanti, i Giudici, gli Avvocati della Corona, il Lord Gonfaloniere e gli Aldermanni della Città di Londra. Fu fatto intendere a Petre che farebbe bene d'assentarsi: perocchè pochi Pari avrebbero tollerato di trovarsi in compagnia di lui. Presso al capo del banco era posto un seggio per la Regina vedova. La principessa Anna era stata invitata ad assistervi, ma si scusò dicendo sentirsi poco bene di salute.
XXXIX. Giacomo disse a cotesto grande consesso ch'egli reputava necessario produrre le prove della nascita del proprio figliuolo. Uomini malvagi con le arti loro avevano invelenito a tal segno l'animo del pubblico, che moltissimi credevano il Principe di Galles non essere veramente nato dalla Regina. Ma la Provvidenza aveva ordinate le cose in modo che forse giammai principe venne al mondo in presenza di cotanti testimoni; i quali erano lì presenti per deporre il vero. Dopo che furono raccolte e scritte tutte le testimonianze, Giacomo con grande solennità dichiarò che lo addebito datogli era onninamente falso, e ch'egli avrebbe piuttosto patito mille morti che ledere i diritti di nessuna delle sue creature.
Tutti gli astanti ne parvero soddisfatti. Le prove testimoniali vennero tosto pubblicate, e tutti gli uomini savi o imparziali le stimarono decisive. Ma i savi sono sempre pochi; e quasi nessuno allora era imparziale. Tutta la nazione era persuasa che ogni papista sincero si credeva tenuto a spergiurare, qualora lo spergiuro giovasse alla propria Chiesa. Coloro che, nati protestanti, per cupidigia di guadagno avevano simulato di convertirsi al papismo, erano meno degni di fede anche dei sinceri papisti. Il detto di tutti coloro che appartenevano a queste due classi era quindi considerato come nullo. In tal guisa si trovò grandemente scemato il peso delle testimonianze nelle quali Giacomo confidava: le altre venivano malignamente esaminate. Trovavasi sempre qualche obiezione contro i pochi testimoni protestanti che avevano detto alcuna cosa d'importante. Questi era notissimo come avido adulatore. Quell'altro non aveva per anche apostatato, ma era stretto parente d'un apostata. La gente chiedeva, come aveva chiesto in principio, perchè, se non v'era nulla di male, il Re, sapendo che

molti dubitavano della gravidanza della sua moglie, non aveva provveduto sì che il parto fosse provato in modo più soddisfacente. Non v'era nulla da sospettare nei falsi calcoli, nello improvviso cangiare d'abitazione, nell'assenza della Principessa Anna e dello Arcivescovo di Canterbury? Perchè non era egli presente nessun prelato della Chiesa Anglicana? Perchè non fu chiamato lo Ambasciatore Olandese? Perchè, sopra tutto, agli Hyde, servi leali della Corona, figli fedeli della Chiesa, e naturali tutori degli interessi delle loro nepoti, non fu egli concesso di trovarsi fra la folla dei papisti che riempivano le sale e giungevano fino al regio talamo? Perchè, insomma, nella lunga lista degli astanti non era un solo nome meritevole della fiducia e del rispetto del pubblico? La vera risposta a coteste domande era che il Re, uomo di debole intendimento e d'indole dispotica, aveva volentieri côlto quel destro a manifestare il suo disprezzo per la opinione dei suoi sudditi. Ma la moltitudine, non contenta di questa spiegazione, attribuiva a una profondamente meditata scelleraggine ciò che era effetto di demenza e caparbietà. Nè così pensava la sola moltitudine. La Principessa Anna mentre stava ad abbigliarsi, il dì dopo la sopra riferita adunanza, parlò del fatto con tali parole di scherno che le sue cameriste ardirono celiarne anche esse. Alcuni dei Lord che avevano ascoltato lo esame dei testimoni, e ne parevano sodisfatti, non ne erano punto convinti. Lloyd Vescovo di Santo Asaph, uomo universalmente riverito per la pietà e dottrina sue, seguitò finchè visse a credere alla esistenza d'un inganno.
XL. Non erano trascorse molte ore da che le prove testimoniali prese nel Consiglio stavano nelle mani del pubblico, quando corse attorno la voce che Sunderland era stato destituito di tutti i suoi uffici. E' sembra che la nuova della sua disgrazia giungesse di sorpresa ai politici dei Caffè; ma coloro che notavano attentamente ciò che accadeva in Palazzo, non ne rimasero punto maravigliati. Non era legalmente o palpabilmente provato ch'egli fosse reo di tradimento: ma coloro che lo sorvegliavano da presso, forte sospettavano che per un mezzo o per un altro egli fosse in comunicazione cogl'inimici del Governo nel quale occupava un posto così alto. Con imperterrita fronte imprecò sul proprio capo tutti i mali in questo e nell'altro mondo ove fosse traditore. Protestò dicendo il suo solo delitto essere quello d'avere servito troppo bene la Corona. Non aveva egli dato pegni alla causa del Re? Non aveva egli rotto ogni ponte, che nel caso d'un disastro potesse servirgli di ritirata? Non aveva fatto il possibile per sostenere la potestà di dispensare; non aveva seduto nell'Alta Commissione, e firmato l'ordine d'imprigionare i Vescovi; non era comparso come testimonio contro loro, a risico della vita, fra i fischi e le maledizioni delle migliaia di spettatori che riempivano Westminster Hall? Non aveva egli data la estrema prova di fedeltà abiurando la propria fede ed entrando nel grembo della Chiesa detestata dalla nazione? Che poteva egli mai sperare da un mutamento politico? E che non aveva egli mai da temere? Questi ragionamenti, comechè fossero solidi ed espressi con la più insinuante destrezza, non potevano spengere la impressione prodotta dai bisbigli e dalle relazioni che giungevano da cento parti diverse. Il Re divenne ogni dì sempre più freddo. Sunderland tentò di sostenersi col soccorso della Regina; ottenne una udienza, e trovavasi già nello appartamento di lei, allorchè entrò Middleton, e per ordine del Re gli chiese i sigilli. Quella sera il caduto ministro fu ammesso per l'ultima volta alle secrete stanze del principe da lui lusingato e tradito. La scena fu stranissima. Sunderland sostenne maravigliosamente la parte della virtù calunniata. Disse non rincrescergli d'avere perduto il posto di Segretario di Stato o di Presidente del Consiglio, se gli rimaneva la fortuna di non demeritare la stima del suo Sovrano. «Deh! Sire, non mi vogliate rendere il gentiluomo più infelice che sia nei vostri dominii, ricusando di dichiarare che non mi credete reo di slealtà.» Il Re non sapeva che rispondere. Non aveva prove positive della colpa; e la energia e il tono patetico onde Sunderland mentiva erano tali, che avrebbero ingannato uno intendimento più acuto di quello con cui egli aveva da fare. Nella Legazione Francese le sue proteste erano credute vere. Ivi dichiarò che rimarrebbe per pochi giorni in Londra e si mostrerebbe alla Corte. Poi se ne anderebbe nella sua abitazione campestre in Althorpe e si proverebbe a rifare con la economia il dilapidato patrimonio. Ove scoppiasse una rivoluzione si rifugierebbe in Francia, perocchè la sua mal ricompensata lealtà non gli aveva lasciato altro asilo sulla terra. I Sigilli tolti a Sunderland furono affidati a Preston. La Gazzetta nel medesimo numero in cui annunziò questo cambiamento conteneva la notizia officiale del disastro della flotta olandese: disastro grave, quantunque lo fosse meno di quello che il Re e i suoi pochi aderenti, traviati dal proprio desiderio, erano inchinevoli a credere.
XLI. Il dì 16 ottobre, secondo il calendario inglese, fu convocata una solenne adunanza degli Stati d'Olanda. Il Principe vi andò per dir loro addio. Li ringraziò della benevolenza con la quale avevano vegliato sopra la sua persona quando egli era orfano fanciullo, della fiducia che avevano posta in lui durante il suo governo, e dell'aiuto che gli avevan prestato in quella gran crisi. Li pregò a credere che

egli sempre aveva inteso con ogni studio promuovere il bene della patria. Ora li lasciava, forse per non più ritornare. Ove cadesse difendendo la religione riformata e la indipendenza della Europa, raccomandava loro la sua diletta consorte. Il Gran Pensionario gli rispose con tremula voce; e in tutto quel grave senato non v'era alcuno che non lacrimasse. Ma Guglielmo non fu nè anche per un istante abbandonato dal suo ferreo stoicismo, e si stava fra' suoi amici che piangevano tranquillo ed austero come se fosse per lasciarli onde partire per le sue foreste di Loo.
I deputati delle principali città lo accompagnarono fino al suo bargio. Gli stessi rappresentanti d'Amsterdam, da lungo tempo sede precipua d'opposizione al governo di lui, erano fra mezzo al corteo. In tutte le chiese dell'Aja si fecero pubbliche preci per lui.
XLII. In sulla sera giunse a Helvoetsluys e si recò sur una fregata che aveva nome Brill. Tosto fece inalberare la sua bandiera, nella quale era l'arme di Nassau inquartata con quella d'Inghilterra. Il motto ricamato in lettere grandi tre piedi era felicemente scelto. La Casa d'Orange da lungo tempo aveva assunta l'epigrafe ellittica: «Io Manterrò,» Adesso la ellissi fu compita con le parole: «Le libertà d'Inghilterra e la Religione Protestante.»
Erano corse poche ore da che il Principe era sulla nave, allorchè il vento cominciò a spirare secondo. Il dì 19 la flotta salpò, e spinta da un forte vento aveva corsa mezza la distanza dalla costa olandese a quella d'Inghilterra. Ed ecco improvviso cangiare il vento, che soffiando impetuoso da ponente suscitò una violenta tempesta. Le navi disperse e sbattute ripararonsi, come meglio poterono, ai lidi olandesi. Il Brill arrivò a Helvoetsluys il dì 21. Coloro che erano sulla nave del Principe notarono maravigliando che nè pericolo nè mortificazione valsero a perturbarlo un solo momento. Quantunque soffrisse di mal di mare, ricusò di andare a terra: imperocchè pensava che rimanendo sul bordo, ei significherebbe efficacissimamente alla Europa che la sostenuta fortuna aveva solo per breve tempo differita la esecuzione del suo disegno. In due o tre giorni la flotta si raccolse. Solo un bastimento s'era perduto. Non mancava nè anco uno dei soldati o marinaj. Alcuni cavalli erano periti: ma tale perdita speditamente riparò il Principe: e innanzi che la Gazzetta di Londra spargesse la nuova dello infortunio, egli era nuovamente pronto a far vela.
XLIII. Il Manifesto lo precedè di sole poche ore. Il dì primo di novembre cominciò a bisbigliarsene misteriosamente fra' politici di Londra: con gran segretezza correva di mano in mano, e fu introdotto nelle buche dello Ufficio postale. Uno degli agenti venne arrestato, e i pieghi che egli portava furono recati a Whitehall. Il Re lesse, e grandemente turbossi. Il suo primo impulso fu di nascondere agli occhi di tutti il Manifesto. Ne gettò nel fuoco tutti gli esemplari, tranne un solo ch'egli quasi non osava fare uscire dalle sue proprie mani.
Il paragrafo onde egli fu maggiormente perturbato, era quello in cui dicevasi che alcuni Pari spirituali e secolari avevano invitato il Principe d'Orange a invadere la Inghilterra. Halifax, Clarendon e Nottingham trovavansi in Londra, e vennero tosto chiamati al Palazzo e interrogati. Halifax, comechè fosse conscio della propria innocenza, in prima rifiutò di rispondere. «Vostra Maestà» disse egli «mi chiede se io sia reo di crimenlese. Se sono sospettato, mi traduca dinanzi ai miei Pari. E come può la Maestà Vostra riposare sulla risposta d'un colpevole che si veda in pericolo di vita? Quando anche io avessi invitato il Principe, senza il minimo scrupolo risponderei: Non sono colpevole.» Il Re disse che non credeva Halifax reo, e che gli aveva fatta quella dimanda come un gentiluomo chiede ad altro gentiluomo calunniato se vi sia il minimo fondamento alla calunnia. «In questo caso» rispose Halifax «non ho difficoltà ad assicurarvi, come gentiluomo che parli a gentiluomo, sul mio onore, che è sacro quanto il mio giuramento, che non ho invitato il Principe d'Orange.» Clarendon e Nottingham diedero la medesima risposta. Il Re desiderava anco più ardentemente di sincerarsi della inclinazione dei Prelati. Se essi gli erano ostili, il suo trono pericolava davvero. Ma ciò non era possibile. V'era alcun che di mostruoso nel supporre che un Vescovo della Chiesa Anglicana potesse ribellarsi contro il proprio Sovrano. Compton fu chiamato alle stanze del Re, il quale gli chiese se credeva che l'asserzione del Principe avesse il minimo fondamento. Il Vescovo trovossi impacciato a rispondere, poichè era uno dei sette che avevano sottoscritto lo invito; e la sua coscienza, che non era molto destra, non gli concedeva, a quanto sembra, di dire un'aperta bugia. «Sire,» disse egli «io sono sicurissimo che non vi è uno tra' miei colleghi che non sia, al pari di me, innocente in questo negozio.» Lo equivoco era ingegnoso: ma se la differenza fra il peccato di siffatto equivoco e il peccato d'una menzogna vaglia uno sforzo d'ingegno, è cosa da porsi in dubbio. Il Re ne fu satisfatto; e disse: «Vi assolvo tutti da ogni sospetto, ma reputo necessario che pubblicamente contraddiciate il calunnioso addebito datovi nel Manifesto del Principe.» Il Vescovo naturalmente chiese di vedere lo scritto che egli doveva contradire; ma il Re non volle consentirvi. Il dì seguente comparve un proclama che

minacciava le più severe pene a tutti coloro che osassero spargere o semplicemente leggere il Manifesto di Guglielmo. Il Primate e i pochi Pari spirituali che per avventura trovavansi in Londra riceverono ordine d'appresentarsi al Re. All'udienza v'era anche Preston col Manifesto in mano. «MiLord,» disse Giacomo «udite questo paragrafo che tocca di voi.» Preston allora lesse le parole colle quali erano rammentati i Pari spirituali. Il Re continuò: «Io non credo un jota di tutto questo: sono sicuro della vostra innocenza; ma stimo necessario farvi sapere ciò di che siete accusati.»
Il Primate con mille rispettose espressioni protestò che il Re non gli rendeva altro che giustizia. «Io sono nato suddito di Vostra Maestà. Ho più volte confermata la fedeltà mia con giuramento. Non posso avere se non un solo Re ad una volta. Non ho invitato il Principe; e credo che nessuno dei miei confratelli lo abbia fatto.» - «Non io di certo,» disse Crewe di Durham. «Nè anch'io,» disse Cartwright di Chester. A Crewe ed a Cartwright bene poteva prestarsi fede; perocchè entrambi erano stati membri dell'Alta Commissione. Quando toccò a Compton di rispondere, evase la domanda con un modo che poteva fare invidia a un Gesuita: «Io diedi jeri la mia risposta a vostra Maestà.»
Il Re ripetè più volte che li credeva innocenti. Nondimeno disse che, secondo il suo giudicio, sarebbe utile a sè e all'onor loro che essi ne facessero pubblica discolpa. Richiese quindi che protestassero in iscritto d'abborrire il disegno del Principe. I Prelati rimasero taciti; il Re suppose che il silenzio significasse assentimento, e dette loro commiato.
Infrattanto l'armata navale di Guglielmo veleggiava l'Oceano Germanico. Aveva salpato per la seconda volta la sera del giovedì, primo di novembre. Il vento spirava prospero da levante. Il naviglio per dodici ore fece via fra ponente e settentrione. Le navi leggiere mandate dallo Ammiraglio inglese onde osservare, recarono la nuova la quale confermò la comune opinione, cioè che il nemico si proverebbe di approdare alla Contea di York. Improvvisamente, ad un segnale fatto dal vascello del Principe, l'intiera flotta girò di bordo e si diresse giù per la Manica. Il vento medesimo che spirava secondo agl'invasori, impediva Dartmouth d'uscire dal Tamigi. I suoi legni furono costretti ad ammainare; e due delle sue fregate che erano uscite in alto mare, sconquassate dalla violenza delle onde, furono respinte nel fiume.
XLIV. La flotta olandese andando rapidamente col vento in poppa, giunse allo Stretto verso le ore dieci antimeridiane nel sabato del 3 novembre. La precedeva lo stesso Guglielmo sul Brill. Seicento e più navi, gonfie le vele dal prospero vento, lo seguivano. I legni da trasporto tenevano il centro fiancheggiati da più di cinquanta vascelli da guerra. Herbert col titolo di Luogotenente Generale Ammiraglio comandava la intera flotta, e stavasi nel retroguardo: e molti marinaj inglesi, infiammati dall'odio contro il papismo e attirati dalla buona paga, erano sotto i suoi ordini. Non senza difficoltà Guglielmo potè indurre alcuni ufficiali olandesi di grande reputazione a sottoporsi alla autorità d'uno straniero. Ma questo provvedimento era sommamente savio. Nella flotta del Re esistevano molti mali umori ed un fervido zelo per la fede protestante. A memoria dei vecchi marinaj la flotta inglese e la olandese avevano tre volte con eroico coraggio e varia fortuna conteso per lo impero del mare. I nostri marinaj non avevano dimenticato Tromp che aveva minacciato di spazzare con una scopa il Canale, o De Ruyter che aveva appiccato il fuoco agli arsenali del Medway. Se le due nazioni rivali si trovassero nuovamente faccia a faccia sull'elemento alla cui sovranità entrambe pretendevano, ogni altro pensiero cederebbe alla vicendevole animosità; e ne seguirebbe forse sanguinosa ed ostinata battaglia. Una sconfitta sarebbe stata fatale alla impresa di Guglielmo. Anche la vittoria avrebbe sconcertato i profondamente meditati disegni della sua politica. E però egli saviamente provvide che ove i marinaj di Giacomo lo inseguissero, sarebbero salutati nella patria lingua ed esortati da un ammiraglio, sotto il comando del quale avevano già servito, e che era da loro grandemente stimato, a non combattere contro i loro colleghi a favore della tirannide papale. Con ciò si scanserebbe forse un conflitto. Ed ove seguisse un conflitto, i due comandanti avversari sarebbero entrambi inglesi; nè l'orgoglio degl'isolani si sentirebbe offeso sapendo che Dartmouth era stato costretto a cedere a Herbert.
XLV. Fortunatamente le cautele di Guglielmo non furono necessarie. Poco dopo mezzodì egli si lasciò addietro lo Stretto. La sua flotta stendevasi fino ad una lega da Dover a tramontana e da Calais a mezzogiorno. I vascelli dalle estremità destra e sinistra salutarono a un tempo ambe le fortezze. Le trombe, i timpani, e i tamburi udivansi distintamente dalla spiaggia francese e dalla inglese. Una innumerevole turba di spettatori copriva il bianco littorale di Kent; un'altra la costa di Piccardia. Rapin di Thoyras, che la persecuzione aveva cacciato dalla sua patria, e che, preso servizio nell'armata olandese, aveva accompagnato il Principe in Inghilterra, descrisse, molti anni dipoi, cotesto spettacolo come il più magnifico e commovente che occhio umano giammai contemplasse. Al tramontare del

sole la flotta aveva passato Beachy-Head. Si accesero i lumi. Il mare per un tratto di non poche miglia pareva in fiamme. Ma tutti i piloti tenevano fitti gli occhi per la intera notte alle tre vaste lanterne che risplendevano su la poppa Brill.
In quel mentre un messo corse per la posta da Dover Castle a Whitehall recando la nuova che gli Olandesi avevano passato lo Stretto e procedevano verso Ponente. E' fu mestieri cangiare in un subito tutti i provvedimenti militari. Furono da per tutto spediti messi. Gli ufficiali furono svegliati e fatti levare a mezza notte. Nella domenica alle tre della mattina in Hyde Park fu una gran rivista a lume di torce. Il Re, credendo che Guglielmo approderebbe alla Contea di York, aveva mandato vari reggimenti verso il paese settentrionale. Furono quindi spediti messi a richiamarli. Tutti i soldati, tranne quelli che reputavansi necessari a mantenere la pace nella metropoli, ebbero ordine di partire per l'occidente. Salisbury doveva essere il punto di riunione: ma stimandosi possibile che Portsmouth fosse la prima ad essere assaltata, tre battaglioni di Guardie e una forte schiera di cavalleria partirono per quella fortezza. In poche ore si seppe non esservi nulla da temere por Portsmouth, e le sopradette truppe ebbero ordine di cangiare cammino e correre in fretta a Salisbury.
All'albeggiare del dì, domenica 4 novembre, le alture dell'isola di Wight sorgevano dinanzi alla flotta olandese. Quel giorno era lo anniversario della nascita e del matrimonio di Guglielmo. La mattina abbassaronsi per qualche ora le vele, e sul bordo delle navi si celebrarono i divini uffici. Nel pomeriggio e per tutta la notte il naviglio seguitò a procedere. Torbay era il luogo dove il Principe aveva intendimento di approdare. Ma nella mattina del lunedì, 5 di novembre, era nuvolo. Il pilota del Brill non potè distinguere i segnali e condusse la flotta troppo oltre a Ponente. Il pericolo era grande. Ritornare contro il vento, impossibile. Il porto più vicino era Plymouth; ma quivi stavasi un presidio sotto il comando di Lord Bath; il quale si sarebbe potuto opporre allo sbarco, e ne sarebbero forse nate gravi conseguenze. Inoltre non vi poteva essere dubbio che in quel momento la flotta regia fosse uscita dal Tamigi e venisse a piene vele giù per la Manica. Russell conobbe la gravità del pericolo, e, rivoltosi a Burnet, esclamò: «Ormai potete recitare le vostre preci, o Dottore: tutto è finito.» In quell'istante il vento cangiò; una brezza leggiera cominciò a spirare da Mezzogiorno: la nebbia si disperse; ricomparve il sole; e alla luce temperata d'un mezzodì d'autunno la flotta rivolse le prore, passò attorno l'elevata punta di Berry-Head, e si diresse in salvamento al porto di Torbay.
XLVI. Da quell'epoca in poi quel porto ha grandemente cangiato d'aspetto. Lo anfiteatro che circonda lo spazioso bacino, adesso mostra in ogni dove i segni della prosperità e dello incivilimento. Alla estremità fra Tramontana e Levante sorge un vasto locale di bagni, ai quali accorrono le genti dalle più rimote parti dell'isola nostra attrattevi dalla dolcezza di un aere d'Italia; imperocchè in quel clima il mirto fiorisce a cielo aperto; e perfino i mesi del verno sono più dolci che lo aprile in Northumberland. Contiene circa diecimila abitatori. Le chiese e le cappelle novellamente edificate, i bagni e le biblioteche, gli alberghi e i pubblici giardini, la infermeria e il museo, le bianche strade che giacciono a guisa di terrazze, l'una sovrapposta all'altra, le amene ville che sorgono fra gli alberi e i fiori, offrono uno spettacolo grandemente diverso da qualunque altro potesse nel secolo decimo settimo offrirne la Inghilterra. All'opposita punta della baja giace, coperta da Berry-Head, la città di Brixham, dove è il più ricco mercato di pesci nell'isola. Ivi sul principio del secolo nostro sono stati fatti una darsena e un porto, ma si sono sperimentati insufficienti al traffico ognora crescente. Ha circa sessantamila abitanti, e dugento navi con un tonnellaggio più del doppio maggiore di quello del porto di Liverpool sotto i Re Stuardi. Ma Torbay, allorquando la flotta olandese vi gettò l'ancora, conoscevasi solo come un seno di mare dove i legni talvolta si rifugiavano cacciati dalle procelle dello Atlantico. Le sue tranquille spiagge non erano disturbate dal frastuono del commercio e del piacere; e i tuguri dei contadini e dei pescatori sorgevano sparsi qua e là, dove ora il luogo è coperto di popolosi mercati e di eleganti edifici.
Il contadiname della costa di Devonshire ricordava con affetto il nome di Monmouth, e detestava il Papismo. E però corse alla spiaggia recando vettovaglie e profferendosi a servire i liberatori. Subito cominciò ad eseguirsi lo sbarco. Sessanta barche trasportarono le truppe a terra. Le precedeva Mackay co' reggimenti inglesi. Gli tenne dietro il Principe, il quale sbarcò dove adesso è la riviera di Brixham. Il luogo è cangiato intieramente d'aspetto. Dove ora vediamo un porto popolato di navi, e una piazza di mercato brulicante di compratori e venditori, allora le acque rompevansi contro una desolata scogliera: ma un frammento del sasso sopra il quale il liberatore pose primamente il piede scendendo dalla sua barca, è stato con gran cura conservato ed esposto alla pubblica venerazione nel centro di quella riviera.
Il Principe, appena posto il piede a terra, chiese dei cavalli. Procuraronsi nel vicino villaggio due bestie,

quali i piccoli possidenti di quel tempo solevano tenere. Guglielmo e Schomberg, montativi sopra, andarono ad esaminare il paese.
Come Burnet scese alla spiaggia, corse al Principe. Ebbe luogo tra loro un piacevole colloquio. Burnet, fattegli con sincera gioia le sue congratulazioni, chiese con sollecitudine quali erano i suoi disegni. I militari rade volte inchinano a consigliarsi con gli uomini da sottana intorno a cose spettanti alla milizia; e Guglielmo pei consiglieri che, senza professare l'arte della guerra, s'immischiano nelle questioni della guerra, sentiva un disgusto maggiore di quello che i soldati, in simili casi, ordinariamente provano. Ma in quello istante egli era di assai buono umore, ed invece d'esprimere il proprio dispiacere con una breve e pungente riprensione, graziosamente stese la destra al suo cappellano, rispondendogli con un'altra dimanda: «Orbene, Dottore, che pensate voi adesso della predestinazione?» Il rimprovero era così delicato che Burnet, il quale non avea prontissimo intendimento, non se ne accôrse; e però rispose con gran fervore ch'egli non dimenticherebbe mai il modo segnalato onde la Provvidenza aveva favorito la loro intrapresa.
Nel primo giorno le milizie scese a terra patirono molti disagi. Il suolo per le cadute piogge era fangoso. I bagagli rimanevano tuttavia sulle navi. Ufficiali d'alto grado furono costretti a dormire con addosso gli abiti bagnati, sull'umido terreno: lo stesso Principe dovette contentarsi d'una povera trabacca, dove fu dalla sua nave portato un lettuccio che accomodarono sul suolo. La sua bandiera venne inalberata sul tetto di frasche. Era alquanto difficile sbarcare i cavalli; e pareva probabile che a ciò fare si richiedessero vari giorni. Ma la susseguente dimane le cose cangiarono. Il vento calmossi; il mare era piano come un cristallo. Alcuni pescatori additarono un luogo dove le navi potevano spingersi fino a quaranta piedi dalla riva. E ciò fatto, in tre ore molte centinaia di cavalli sani e salvi furono condotti nuotando fino alla spiaggia.
Era appena terminato lo sbarco allorchè il vento ricominciò a soffiare impetuoso da Ponente. L'inimico che veniva giù per la Manica era stato impedito dal medesimo mutamento di tempo, che aveva concesso a Guglielmo d'approdare. Per due giorni la flotta del Re rimase immobile per la bonaccia in vista a Beachy-Head. Infine Dartmouth potè muoversi. Passò l'isola di Wight, e da uno dei suoi vascelli scoprivansi le cime degli alberi della flotta olandese ancorata in Torbay. In quel momento sopravvenne una tempesta, e lo costrinse a ricoverarsi nel porto di Portsmouth. Allora Giacomo, che poteva giudicare intorno a cose di marina, si dichiarò sodisfattissimo della condotta del suo ammiraglio, il quale aveva fatto ciò che uomo potesse fare, ed aveva ceduto solo alla irresistibile contrarietà del vento e delle onde. Più tardi lo sciagurato principe cominciò, senza ragione, a sospettare che Dartmouth fosse reo di tradimento o almeno di lentezza.
Il tempo aveva sì bene giovata la causa dei Protestanti, che taluni più pii che savi crederono sicuramente le ordinarie leggi della natura essere state sospese per la salvezza della libertà e della religione d'Inghilterra. Precisamente cento anni innanzi, dicevano essi, l'armata, invincibile da forza umana, era stata dispersa dal soffio dell'ira di Dio. La libertà civile e la vera fede trovaronsi di nuovo in pericolo, e di nuovo i docili elementi combatterono per la buona causa. Il vento sbuffava forte da Levante mentre il Principe voleva passare lo Stretto; cominciò a spirare da Mezzogiorno allorchè egli desiderava d'approdare a Torbay; era cessato affatto mentre facevasi lo sbarco, e divenne di nuovo procelloso percotendo in faccia la flotta regia. Nè tralasciavano di notare come per una straordinaria coincidenza il Principe fosse giunto alle nostre spiagge nel giorno in cui la Chiesa Anglicana celebrava con preci e rendimenti di grazie la memoria di quello evento onde miracolosamente la casa regale e i tre Stati del Regno avevano scansato la più nera congiura che ordissero mai i papisti. Carstairs, i cui consigli ascoltava con attenzione il Principe, gli suggerì che, appena eseguito lo sbarco, si rendessero solenni ringraziamenti a Dio per la protezione manifestamente accordata alla grande intrapresa. Questo provvedimento produsse ottimo effetto. I soldati così, persuasi d'avere il favore del cielo, sentironsi rianimati di nuovo coraggio; e il popolo inglese si formò la migliore opinione d'un capitano e d'un esercito cotanto osservatori dei religiosi doveri.
Martedì, 6 di novembre, l'armata di Guglielmo incominciò a marciare. Alcuni reggimenti si avanzarono fino a Newton-Abbot. Un sasso collocato nel centro di quella piccola città, indica tuttora il luogo dove il Manifesto del Principe fu letto solennemente al popolo. Le truppe si movevano lente: imperciocchè la pioggia cadeva giù a torrenti; e le strade della Inghilterra erano allora in condizioni che parevano terribili a genti avvezze alle eccellenti vie della Olanda. Guglielmo si fermò per due giorni in Ford, sede dell'antica e illustre famiglia di Courtenay nelle vicinanze di Newton-Abbot. Ivi fu splendidamente alloggiato e festeggiato; ma è da notarsi che il padrone di casa, comechè fosse conosciutissimo Whig, non volle essere il primo a rischiare la vita e gli averi, e cautamente si astenne di fare cosa, che, ove il

Re vincesse, potesse prendersi per delitto.

XLVII. Intanto Exeter era grandemente agitata. Il vescovo Lamplugh, appena saputa la nuova dello arrivo degli Olandesi a Torbay, atterrito corse a Londra. Il Decano fuggì anch'esso. I Magistrati rimasero fedeli al Re, gli abitanti si dichiararono a favore del Principe. Ogni cosa era in iscompiglio allorquando, il giovedì mattina 8 novembre, un corpo di truppe, capitanate da Mordaunt, comparve dinanzi alla città. V'era anco Burnet, al quale Guglielmo aveva affidato lo incarico di preservare il clero della cattedrale dai danni e dagl'insulti. Il Gonfaloniere e gli Aldermanni avevano ordinato che si chiudessero le porte, ma alla prima intimazione vennero aperte. Apparecchiossi l'abitazione del Decano per alloggiarvi il Principe; il quale vi arrivò il dì seguente, venerdì 9 febbraio. I Magistrati erano stati sollecitati ad andargli solennemente incontro alle porte della città, ma ostinatamente ricusarono. Nondimeno la pompa di quel giorno poteva far senza di loro. Non s'era mai visto in Devonshire un tanto spettacolo. Molti fecero mezza giornata di cammino per incontrare il campione della religione loro. Gli abitatori di tutti i villaggi circostanti uscivano in folla. Una gran moltitudine composta principalmente di giovani contadini armati dei loro bastoni si era raccolta sulla cima di Haldon-Hill, d'onde l'armata, passato Chudleigh, primamente scoprì la fertile convalle dell'Exe, e le due massicce torri sorgenti fra la nuvola di fumo che copriva la metropoli del paese occidentale. Lo stradale, per tutto il lungo pendío e il piano fino alle sponde del fiume, era fiancheggiato da file di spettatori. Dalla Porta Occidentale fino al ricinto della Cattedrale la folla e le acclamazioni erano tali che rammentavano ai Londrini lo affollarsi del popolo nel giorno festivo del Lord Gonfaloniere. Le case erano parate a festa. Porte, finestre, veroni, e tetti rigurgitavano di spettatori. Un occhio assuefatto alla pompa della guerra, avrebbe trovato molto a ridire intorno a cosiffatto spettacolo. Imperciocchè lo affannoso marciare sotto la pioggia per istrade dove i piedi dei viandanti affondavano ad ogni passo non aveva migliorato l'aspetto dei soldati nè degli arnesi loro. Ma la popolazione di Devonshire, non avvezza punto allo splendore dei campi bene ordinati, era compresa d'ammirazione e diletto. Cominciarono a correre per tutto il Regno descrizioni di cotesto marziale spettacolo, fatte in guisa da appagare la vaghezza che sente il volgo pel maraviglioso. Imperocchè l'armata olandese, composta d'uomini nati in vari climi, e che avevano militato sotto varie bandiere, offriva una scena grottesca e insieme magnifica e terribile agl'Isolani, i quali generalmente avevano confusissima idea dei paesi stranieri. Macclesfield precedeva a cavallo guidando dugento gentiluomini, la più parte d'origine inglese, coperti di luccicanti elmi e corazze, e montati sopra destrieri fiamminghi. Ciascuno di loro era accompagnato da un moro delle piantagioni di zucchero sulle coste della Guiana. I cittadini d'Exeter i quali non avevano mai veduto tanto numero d'individui della razza affricana, guardavano stupefatti que' neri visi adorni di ricamati turbanti e di bianche piume. Veniva poscia uno squadrone di cavalieri svedesi vestiti di nere armature e di pelli, e con le spade in pugno. Attiravano peculiarmente gli sguardi di tutti, poichè dicevasi che fossero abitanti d'una terra cinta dai ghiacci dell'Oceano, nella quale la notte durava sei mesi, e che ciascuno di loro avesse ucciso l'enorme orso bianco di cui indossava la pelle. Quindi circondato da una nobile compagnia di gentiluomini e di paggi procedeva sventolando all'aura il vessillo del Principe. Il popolo affollato su per i tetti e le finestre vi figgeva sopra gli sguardi leggendovi con diletto la memoranda epigrafe: «La Religione Protestante e le libertà della Inghilterra.» Ma si accrebbero oltre misura le grida di plauso allorquando, preceduto da quaranta battistrada, sopra un candido destriero comparve il Principe chiuso nelle armi, con una bianca piuma sull'elmo. Lo aspetto marziale con cui egli cavalcava, la pensosa e imponente espressione della sua vasta fronte e del suo occhio aquilino si ravvisano anche oggi nel dipinto di Kneller. Una sola volta il suo austero sembiante si atteggiò al sorriso. Una donna, grave d'anni, forse appartenente a quegli zelanti Puritani i quali per ventotto anni di persecuzione avevano con ferma fede aspettato la consolazione d'Israele, o forse madre di qualche ribelle che aveva perduta la vita nella strage di Sedgemoor, o nel più atroce macello del Tribunale di Sangue, uscì dalla folla, e precipitandosi fra mezzo alle spade sguainate e ai frementi cavalli, toccò la mano del liberatore, ed esclamò che oramai era felice. Presso al Principe cavalcava un uomo sul quale parimente si fissavano gli sguardi di tutti. Dicevano che egli era il gran Conte Schomberg, il più valoroso soldato che fosse in Europa dopo la morte di Turenna e di Condé; l'uomo, il cui genio e valore avevano salvato la monarchia portoghese nel campo di Montes Claros, l'uomo che s'era acquistato gloria anche maggiore deponendo il bastone di Maresciallo di Francia per serbarsi fedele alla propria religione. Rammentavasi parimente come i due eroi, i quali indissolubilmente congiunti dal comune Protestantismo ora entravano in Exeter, un tempo erano stati l'uno all'altro avversi sotto le mura di Maastricht, e che la energia del giovine principe era stata costretta a cedere alla fredda scienza del veterano, il quale adesso cavalcava amico al fianco di Guglielmo. Seguiva poi una colonna di fanti svizzeri barbuti, famosi per valore e disciplina già da due secoli in tutte le guerre del continente, ma non veduti mai fino allora in Inghilterra. Venivano quindi parecchie legioni, le quali, secondo la costumanza di quei tempi, portavano i nomi dei loro condottieri, Bentinck, Solmes e Ginkell, Talmash e Mackay. Con peculiare compiacenza gl'Inglesi miravano un valoroso reggimento che tuttavia portava il nome dell'onorando e compianto Ossory. Lo effetto di cotesto spettacolo era accresciuto dalla memoria delle famose gesta delle quali erano stati parte molti dei guerrieri che adesso entravano per Porta Orientale: imperocchè avevano ben altrimenti militato che la guardia civica di Devonshire o i soldati del campo di Hounslow. Alcuni di loro avevano respinto il feroce assalto dei Francesi sul campo di Seneff, altri erano venuti alle mani con gl'Infedeli per difendere la Cristianità nel gran giorno in cui fu levato lo assedio di Vienna. L'accesa fantasia faceva nella moltitudine aberrare gli stessi sensi. Lettere di notizie spargevano per ogni contrada del Regno favolosi racconti della statura e della forza degli invasori. Affermavasi che erano, quasi senza eccezione, alti più di sei piedi, ed avevano sì enormi picche, spade ed archibugi, che non s'era mai veduto nulla di simile in Inghilterra. Nè la maraviglia nel popolo scemò quando comparve l'artiglieria, che era composta di ventuno vasti cannoni di bronzo, ciascuno con gran fatica trascinato da sedici cavalli. Molta curiosità destò anche una strana macchina montata sopra ruote, ed era una fucina mobile provveduta di tutti gli strumenti e i materiali bisognevoli a riattare armi e carriaggi. Ma nessuna cosa suscitò tanto la universale ammirazione quanto un ponte di barche che fu celerissimamente gettato sull'Exe pel passaggio dei vagoni, e con la medesima celerità levato, e in pezzi portato via. Era stato costruito, se la fama porgeva il vero, secondo un disegno immaginato dai Cristiani che guerreggiavano contro i Turchi sul Danubio. Gli stranieri ispiravano affetto insieme ed ammirazione. Il loro condottiere politico studiossi di acquartierarli in modo da recare il minore incomodo possibile agli abitatori di Exeter e dei circostanti villaggi. Fu mantenuta la più rigorosa disciplina. Non solo s'impedì efficacemente il saccheggio e l'insulto, ma fu ingiunto alle truppe di mostrarsi cortesi a tutte le classi. Coloro i quali giudicavano d'un'armata dalla condotta di Kirke e dei suoi Agnelli, rimanevano attoniti a vedere i soldati di Guglielmo non bestemmiare mai parlando alle ostesse, o non prendere un ovo senza pagarlo. In ricambio di cotesta moderazione il popolo li provvide abbondantemente di vettovaglie a modico prezzo. Era di non poca importanza vedere il partito al quale in questa gran crisi il Clero della Chiesa Anglicana si appiglierebbe. I membri del Capitolo di Exeter furono i primi richiesti a dichiararsi. Burnet fece sapere ai Canonici, ormai per la fuga del Decano rimasti senza capo, che non sarebbe loro più oltre consentito di usare la preghiera pel Principe di Galles, e che si celebrerebbe un solenne servigio divino in onore del prospero arrivo del Principe d'Orange. I Canonici non vollero mostrarsi nei loro stalli; ma alcuni dei coristi e prebendari intervennero. Guglielmo si condusse con gran solennità militare alla Cattedrale; ed appena entratovi, il famoso organo, che non era secondo a nessuno di quelli onde avea vanto la Olanda, cominciò a suonare trionfalmente. Egli ascese al magnifico seggio vescovile, adorno d'intagli del secolo decimoquinto. Gli stava ai piedi Burnet, e da ambo i lati era schierata una turba di guerrieri e di nobili. I cantori, vestiti di bianco, intonarono il Te Deum. Finito il cantico, Burnet lesse il Manifesto del Principe; ma come ebbe profferite le prime parole i prebendari e i cantori uscirono frettolosamente dal coro. Infine Burnet gridò: «Dio salvi il Principe d'Orange!» E molte voci fervorosamente risposero «Amen.»

La domenica, 11 novembre, Burnet predicò dinanzi al Principe nella Cattedrale, e si diffuse sopra la grande misericordia di Dio verso la Chiesa e la nazione d'Inghilterra. Nel tempo stesso un evento singolarissimo seguiva in un luogo sacro di minore importanza. Ferguson ardeva di predicare in una ragunanza di presbiteriani. Il ministro e gli anziani non lo consentirono: ma quel torbido e mezzo demente uomo, immaginando che fossero giunti di nuovo i tempi di Fleetwood e di Harrison, forzò lo ingresso, e con la spada in pugno facendosi far largo, ascese sul pulpito, ed eruttò una feroce invettiva contro il Re. Ma la stagione per siffatte follie non era più; e cotesta scena altro non eccitò che scherno e disgusto.

XLVIII. Mentre le sopra narrate cose accadevano in Devonshire, l'agitazione in Londra era grandissima. Il Manifesto del Principe, nonostanti tutte le cautele del Governo, correva per le mani di ciascuno. Il dì sesto di novembre, Giacomo, ancora ignorando in qual parte della costa gl'invasori erano sbarcati, chiamò alle sue stanze il Primate ed altri tre Vescovi, cioè Compton di Londra, White di Peterborough, e Sprat di Rochester. Il Re cortesemente si stette ad ascoltare i prelati che facevano fervide proteste di lealtà, e li assicurò che non aveva di loro il più lieve sospetto. «Ma dov'è» soggiunse poi «lo scritto che mi dovevate portare?» - «Sire,» rispose Sancroft «non abbiamo nessuno scritto da darvi. Non

abbiamo mestieri scolparci al cospetto del mondo. Non è cosa nuova per noi il patire insulti e calunnie. La nostra coscienza ci assolve: la Maestà Vostra ci assolve: e di ciò siamo satisfatti.» - «Bene» disse il Re. «Ma una dichiarazione fatta da voi mi è necessaria.» E mostrando loro un esemplare del Manifesto del Principe, «Ecco» soggiunse, «ecco in che modo voi siete qui rammentati.» - «Sire,» rispose uno dei Vescovi, «nè anche una persona in cinquecento reputa genuino cotesto documento.» - «No!» esclamò fieramente il Re: «eppure questi cinquecento condurranno il Principe d'Orange a segarmi la gola.» - «Dio nol voglia,» esclamarono ad una voce i prelati. Ma Giacomo che non fu mai di lucido intendimento, adesso lo aveva onninamente turbato. Una delle peculiarità del suo carattere consisteva in questo, che quando la sua opinione non veniva adottata, ei credeva che si dubitasse della sua veracità. «Questo scritto non è genuino!» esclamò egli svoltandone con le proprie mani i fogli. «Non sono io degno di fede? La mia parola non val forse nulla?» - «Ad ogni modo, o Sire,» disse uno dei Vescovi «questo non è affare ecclesiastico, ed entra nella sfera della potestà secolare. Dio ha posta nelle mani vostre la spada; e non ispetta a noi invadere le vostre funzioni.» Allora lo Arcivescovo con quella dolce e temperata malignità che reca più profonde ferite, chiese scusa di non volere impacciarsi di documenti politici. «Io e i miei confratelli, o Sire,» soggiunse «abbiamo già crudelmente sofferto per esserci voluti immischiare negli affari di Stato: e saremo sì cauti da non farlo di nuovo. Una volta firmammo una innocentissima petizione; la presentammo nella maniera più rispettosa; e ci fu detto di avere commesso un grave delitto. La sola misericordia divina potè salvarci. E, Sire, i vostri Procuratore ed Avvocato Generali affermarono, come fondamento d'accusa, che noi fuori del Parlamento siamo uomini privati, e quindi era criminosa presunzione in noi lo immischiarsi di cose politiche. E ci aggredirono con tale furore, che, quanto a me, io mi detti per ispacciato.» - «Vi ringrazio di ciò che dite, Monsignore di Canterbury,» disse il Re; «speravo che non vi reputaste perduto cadendo nelle mie mani.» Queste parole sarebbero state bene nella bocca d'un Sovrano misericordioso, ma uscivano di mala grazia dalle labbra d'un principe il quale aveva arsa viva una donna per avere ospitato uno dei fuorusciti; d'un principe, il quale erasi mostrato duro come un macigno verso il nipote, che disperatamente dolorando gli abbracciava le ginocchia. Ma lo Arcivescovo non era uomo da lasciarsi imporre silenzio. Egli riepilogò la storia delle proprie vicende, enumerò gl'insulti che le creature della corte avevano fatto alla Chiesa Anglicana, e fra gli altri non dimenticò gli scherni ai quali era stato segno il suo stile. Il Re non aveva nulla a dire se non che era inutile ripetere le vecchie doglianze, e ch'egli aveva sperato coteste cose essere già cadute in oblio. Egli, che non dimenticava mai la più lieve ingiuria, non sapeva intendere in che guisa altri avessero a rammentarsi per poche settimane le più mortali ingiurie che avesse fatto loro.
Infine il discorso fu ricondotto al subietto dal quale aveva deviato. Il Re instava perchè i Vescovi dichiarassero con pubblico documento aborrire dalla impresa del Principe. Ma essi protestando sommessamente della loro lealtà, furono ostinatissimi a ricusare, dicendo il Principe asserire che era stato invitato da' Pari spirituali e secolari; l'addebito era a tutti comune; perchè dunque non doveva essere comune anco la discolpa? «Io vedo come egli è,» disse Giacomo. «Voi avete favellato con alcuni Pari secolari, i quali vi hanno persuaso a contrariarmi in questo negozio.» I Vescovi solennemente affermarono che ciò non era vero. Ma sembrerebbe strano, soggiunsero, che in una questione che spettava a cose politiche e militari importantissime, non si avesse a far conto dei Pari secolari, e la parte precipua fosse assegnata ai prelati. «Ma questo» disse il Re «è il mio metodo. Io sono il Re vostro; e spetta a me giudicare di ciò che meglio mi conviene. Io vo' fare a mio modo; e richiedo che mi aiutiate.» I Vescovi lo assicurarono di aiutarlo come ministri di Dio con le loro preci, e come Pari del Regno col loro consiglio nel Parlamento. Giacomo, al quale non facevano mestieri nè le preci degli eretici nè consigli di Parlamento, si sentì amaramente contrariato. Dopo un lungo alterco: «Ho finito» disse egli, «io non vi dirò più nulla. Dacchè non volete secondarmi, è uopo ch'io confidi in me solo e nelle mie armi.»
XLIX. I Vescovi s'erano appena partiti dal cospetto del Re, allorquando giunse un messo recando la nuova che il dì precedente il Principe d'Orange era sbarcato in Devonshire. Nella susseguente settimana Londra fu nella più violenta agitazione. La domenica, 11 novembre, si sparse la voce che dentro un monastero istituito in Clerkenwell sotto la protezione del Re nascondevansi coltelli, gratelle e caldaie per torturare gli eretici. Una gran folla si raccolse attorno quell'edificio, e stava per demolirlo, allorchè giunse la forza militare. La folla fu dispersa, e vari individui rimasero morti. Fu fatta una inchiesta, e i Giurati diedero una decisione tale che era indizio certo del pubblico sentire. Dissero che alcuni leali e bene intenzionati individui, i quali erano accorsi per disperdere i traditori e i pubblici nemici ragunatisi intorno ad un convento cattolico, erano stati premeditatamente assassinati dai

soldati: e questo strano giudicio fu firmato da tutti i Giurati. Gli ecclesiastici di Clerkenwell, naturalmente impauriti a questi sinistri segni, volevano porre in salvo le cose loro. Venne lor fatto di trafugare la maggior parte dei propri mobili innanzi che traspirasse nella città la loro intenzione. Ma finalmente la marmaglia ne ebbe sospetto. Gli ultimi due barocci furono fermati in Holborn, e tutto ciò che v'era sopra fu arso nella pubblica via. E n'ebbero tanto terrore i Cattolici, che tutti i luoghi destinati al loro culto furono chiusi, tranne quelli che appartenevano alla famiglia regale ed agli Ambasciatori stranieri.
Nulladimeno le cose non procedevano per anche affatto sfavorevoli a Giacomo. Gl'invasori da parecchi giorni erano in Inghilterra, e non pertanto nessun personaggio notevole si era con essi congiunto. Nessuno scoppio di ribellione nè a settentrione nè a levante. Non pareva che alcuno impiegato avesse tradito il proprio Sovrano. L'armata regia s'andava speditamente raccogliendo in Salisbury, e quantunque per disciplina fosse inferiore a quella di Guglielmo, la superava per numero.
L. Senza dubbio il Principe rimase attonito e mortificato vedendo la indolenza di coloro che lo aveano invitato alla impresa. Il basso popolo di Devonshire lo aveva accolto con ogni segno di affetto: ma nessuno dei Nobili, nessun gentiluomo di alta importanza era fino allora accorso al quartiere generale. La spiegazione di questo singolarissimo fatto è probabilmente da trovarsi in ciò, che egli aveva approdato ad un luogo dell'isola, nel quale ei non era aspettato. I suoi amici nel paese settentrionale avevano fatti i necessari apparecchi ad insorgere, supponendo ch'egli si mostrerebbe fra loro con un'armata. I suoi amici nelle contrade occidentali non avevano fatto apparecchi di nessuna specie, e rimasero naturalmente sconcertati trovandosi allo improvviso chiamati ad iniziare un movimento sì grande e pieno di pericoli. Rammentavano, o, per dir meglio, avevano dinanzi agli occhi i disastrosi effetti della ribellione, forche, capi mozzi, membra squartate, famiglie tuttavia coperte di vesti gramagliose per la morte di que' valorosi che avevano amata la patria loro di grande ma imprudente amore. Dopo esempi così terribili e recenti era naturale lo esitare. Era medesimamente naturale, dall'altro canto, che Guglielmo, il quale, fidandosi alle promesse giuntegli dalla Inghilterra, aveva posto a repentaglio non solo la fama e le sorti sue, ma anche la prosperità e la indipendenza della sua terra natia, ne rimanesse profondamente mortificato. E n'ebbe tanto sdegno, che parlò di retrocedere a Torbay, rimbarcare le sue truppe, e ritornare in Olanda abbandonando coloro che lo avevano tradito al ben meritato destino. Infine il lunedì, 12 novembre, un gentiluomo chiamato Burrington, che abitava nelle vicinanze di Crediton, accorse al vessillo del Principe, e il suo esempio fu seguito da alcuni altri di quei luoghi.
LI. E già parecchi personaggi di maggiore importanza da varie parti del paese dirigevansi ad Exeter. Primo tra loro era Giovanni Lord Lovelace, uomo cospicuo per gusto, per magnificenza e per audaci e veementi opinioni Whig. Era stato per cagioni politiche cinque o sei volte messo in carcere. L'ultimo delitto di cui gli facevano addebito era il non avere egli voluto riconoscere la validità d'un mandato d'arresto firmato da un Giudice di Pace cattolico. Tradotto dinanzi il Consiglio Privato, aveva subito rigoroso esame, ma senza esito alcuno. Ostinatamente ricusò di confessarsi reo; e le testimonianze a lui contrarie non furono bastevoli a farlo condannare. Fu posto in libertà; Ma avanti ch'egli si partisse, Giacomo, acceso d'ira, esclamò: «Milord, questa non è la prima volta che voi mi gabbate.» - «Sire,» rispose Lovelace imperterrito «io non ho mai gabbato Vostra Maestà, nè alcun altro; e i miei accusatori, qualunque essi siano, mentiscono.» Lovelace era stato dipoi ammesso alla confidenza di coloro che tramavano la rivoluzione. La sua magione, edificata dagli avi suoi con le spoglie dei galeoni spagnuoli che tornavano dalle Indie, inalzatasi sopra le rovine d'un edifizio dedicato a Nostra Donna in quella amenissima valle, fra mezzo alla quale il Tamigi, ancora non contaminato dal contatto d'una grande capitale, e le cui acque non erano costrette ad alzarsi ed abbassarsi pel flusso e riflusso del mare, scorre sotto foreste di faggi attorno le vaghe colline di Berkshire. Sotto la magnifica sala adorna delle opere dei pennelli italiani, era un sotterraneo, nel quale talora s'erano trovate le ossa di vetusti cenobiti. In questo tenebroso luogo alcuni zelanti e audaci oppositori del Governo eransi molte volte nel cuor della notte raccolti a secreto colloquio in que' giorni nei quali la Inghilterra ansiosamente aspettava il vento protestante. Adesso era giunto il tempo d'operare. Lovelace con settanta suoi seguaci, bene armati a cavallo, partì dalla sua abitazione dirigendosi verso ponente. Giunse alla Contea di Gloucester senza incontrare veruno ostacolo. Ma Beaufort, governatore di quella Contea, faceva ogni sforzo d'autorità e d'influenza a difesa della Corona. Aveva chiamato alle armi la milizia civica, e ne aveva appostata una forte schiera a Cirencester. Come Lovelace quivi arrivò, gli fu fatto sapere che gli verrebbe negato il passo. Gli era quindi forza o abbandonare il suo disegno o aprirsi la via combattendo. Deliberò di combattere; e gli amici e fittajuoli suoi valorosamente lo secondarono.

Si venne alle mani; la milizia civica perdè un ufficiale e sei o sette uomini; ma infine i seguaci di Lovelace furono vinti, ed egli, fatto prigione, fu mandato al castello di Gloucester.
LII. Ad altri corse più prospera la fortuna. Nel giorno in cui accadeva la scaramuccia in Cirencester, Riccardo Savage Lord Colchester, figlio ed erede del conte Rivers, e padre, per un illegittimo amore, di quello sventurato poeta i cui misfatti ed infortuni formano una delle più nere pagine della storia letteraria, giunse con tra sessanta o settanta cavalieri ad Exeter. Con lui vi arrivò lo audace e turbulento Tommaso Wharton. Poche ore dopo comparve Eduardo Russell, figlio del conte di Bedford e fratello del virtuoso gentiluomo al quale era stato mozzo il capo sul palco. Un altro arrivo di maggiore importanza fu poco dopo annunziato. Colchester, Wharton, e Russell appartenevano a quel partito che era stato sempre avverso alla corte. All'incontro Giacomo Bertie, conte d'Abingdon, veniva considerato come partigiano del governo dispotico. S'era mostrato fedele a Giacomo nel tempo in cui discutevasi della Legge d'Esclusione. Mentre era Luogotenente d'Oxford aveva agito con severità e vigore contro i fautori di Monmouth, ed aveva acceso fuochi di gioia per celebrare la sconfitta d'Argyle. Ma il timore del papismo lo aveva cacciato nella opposizione fra' ribelli. Egli fu il primo Pari del Regno che comparisse al quartiere generale del Principe d'Orange.
Ma il Re aveva meno da temere da coloro i quali apertamente procedevano avversi all'autorià sua, che dalla tenebrosa congiura le cui fila eransi sparse nella sua armata e perfino nella sua propria famiglia. Della quale congiura va considerato come l'anima Churchill, uomo senza rivali per sagacia e destrezza, da natura dotato d'una certa fredda intrepidezza che non gli veniva mai meno nel combattere o nel mentire, occupante un posto elevato nell'ordine militare, e oltre misura favorito dalla Principessa Anna. Non era ancora tempo ch'egli facesse il colpo decisivo. Ma anche allora, per mezzo d'un suo agente subordinato, inflisse una ferita, se non mortale, gravissima alla causa regia.
LIII. Eduardo, visconte Cornbury, figlio primogenito del conte di Clarendon, era un giovane di poca abilità, di stemperati costumi, e d'indole violenta. Aveva da' suoi primi anni imparato a considerare i suoi vincoli di sangue con la Principessa Anna come lo sgabello a salire sublime, e lo avevano esortato a tenersela bene edificata. Non era mai venuto in mente al padre suo che la lealtà ereditaria degli Hyde potesse correre pericolo di contaminarsi dentro la famiglia della figliuola prediletta del Re: ma in quella famiglia signoreggiavano i Churchill; e Cornbury divenne loro strumento. Comandava uno dei reggimenti dei Dragoni che era stato mandato nelle contrade occidentali. Le cose erano state disposte in modo che per poche ore il dì 14 novembre egli fosse il più anziano degli ufficiali in Salisbury, e tutte le milizie ivi raccolte rimanessero sottoposte alla sua autorità. E' sembra straordinario che in tanta crisi, l'armata dalla quale ogni cosa dipendeva, fosse, anco per un solo istante, lasciata sotto il comando d'un giovane colonnello, privo d'abilità e di esperienza. Se non che mal può dubitarsi che tale combinazione fosse lo effetto di un disegno profondamente meditato, e non è dubbio nessuno a quale testa ed a qual cuore si debba attribuire. Tosto fu dato ordine a' tre reggimenti di cavalleria congregati in Salisbury di marciare verso ponente. Lo stesso Cornbury, capitanandoli, li condusse prima a Blandford, poscia a Dorchester, donde, dopo un'ora di riposo, partirono per Axminster. Alcuni degli ufficiali cominciarono a sentire inquietudine e chiesero la spiegazione di questi strani movimenti. Cornbury rispose ch'egli aveva ordini di dare un notturno assalto ad alcune schiere dal Principe d'Orange poste in Honiton. Non per ciò si spense ogni sospetto. Alle ripetute insistenze Cornbury evasivamente rispondeva, finchè gli ufficiali vivamente lo sollecitarono mostrasse loro i pretesi ordini. Egli s'accòrse non solo essergli impossibile di condurre più oltre, secondo che aveva sperato, i tre reggimenti, ma trovarsi in grave pericolo. Per la qual cosa riparò con pochi seguaci al quartiere generale degli Olandesi. La maggior parte delle sue milizie ritornò a Salisbury: ma alcuni soldati, già distaccati dal corpo, seguitarono a dirigersi ad Honiton. Quivi trovaronsi in mezzo ad una grossa schiera bene apparecchiata a riceverli. Resistere era impossibile. Il loro condottiere li persuase a porsi sotto il vessillo di Guglielmo. A gratificarli venne loro offerto un mese di paga, che fu dalla più parte di loro accettata.
La nuova di questi eventi giunse a Londra il dì 15. Giacomo in quella mattina era di buonissimo umore. Il vescovo Lamplugh s'era pur allora presentato a Corte arrivando da Exeter, ed era stato con estrema cortesia accolto. «Monsignore,» gli disse il Re «voi siete un vero vecchio Cavaliere.» L'arcivescovato di York, da due anni e mezzo vacante, fu immediatamente conferito a Lamplugh in rimunerazione della sua lealtà. Nel pomeriggio, il Re pur allora s'era posto a desinare, quando giunse un messo recando la nuova della diserzione di Cornbury. Giacomo lasciò intatto il pranzo, mangiò un crostino di pane, bevve un bicchiere di vino, e si ritirò alle sue stanze. Seppe dipoi che mentre alzavasi da mensa, vari Lord nei quali egli poneva grandissima fiducia, stringevansi vicendevolmente le destre nella contigua

galleria congratulandosi del prospero andamento delle cose. Quando la nuova fu recata agli appartamenti della Regina, essa e le sue cameriste diedero in uno scoppio di pianto, mettendo dolorose grida.
E davvero il colpo era gravissimo. Egli è vero che la perdita che direttamente faceva la Corona e il guadagno diretto degli invasori ascendeva appena a dugento uomini ed altrettanti cavalli. Ma dove avrebbe potuto d'allora in poi Giacomo trovare que' sentimenti che formano la forza degli Stati e degli eserciti? Cornbury era lo erede di una casa che primeggiava fra tutte pel suo affetto verso la monarchia. Clarendon suo padre e Rochester suo zio erano uomini la cui fedeltà riputavasi inaccessibile ad ogni qualsiasi tentazione. Quale doveva essere la forza di quel sentimento contro cui nulla giovavano gli ereditari pregiudizi più profondamente radicati, di quel sentimento che poteva persuadere un giovine ufficiale d'alta nascita alla diserzione, resa più colpevole dallo abuso di fiducia e dalla menzogna? Lo avvenimento era assai più grave appunto perchè Cornbury non era dotato di egregie qualità nè d'indole intraprendente. Era impossibile dubitare che esistesse in alcun luogo una mano più potente ed artificiosa che lo moveva. Tosto si conobbe chi era cotesto motore. Intanto non v'era uomo nel campo regio che fosse sicuro di non essere circondato da traditori. Il grado politico, il grado militare, l'onore d'un gentiluomo, l'onore d'un soldato, le più forti proteste di fedeltà, il più puro sangue di Cavaliere, oramai non offrivano sicurtà alcuna. Ciascuno poteva dubitare che gli ordini datigli da' suoi superiori non tendessero a giovare l'inimico. Era quindi necessariamente distrutta quella cieca obbedienza senza la quale gli eserciti diventano una semplice marmaglia. Quale disciplina poteva esistere tra soldati che s'erano dianzi sottratti ad una trama, ricusando di seguire il loro capitano in una secreta spedizione, e insistendo che mostrasse gli ordini sovrani?
Cornbury fu poco dopo seguito da una folla di disertori che lo superavano per grado e capacità: ma per pochi giorni egli fu solo nella sua vergogna ed acremente ripreso da molti i quali poscia, imitandone lo esempio, gl'invidiarono la disonorevole precedenza. Era fra costoro il suo proprio padre. Clarendon, appena saputane la nuova, diede pateticamente in uno scoppio di rabbia e di dolore. «Dio mio!» esclamò «che un mio figliuolo debba essere ribelle!» Quindici giorni dopo era anche egli nel numero dei ribelli. Nondimeno sarebbe ingiusto chiamarlo un ipocrita. Nelle rivoluzioni la vita dell'uomo si svolge celerissima: la esperienza di molti anni si trova concentrata tutta in poche ore: le vecchie abitudini di pensiero e d'azione violentemente si rompono: le novità, che a primo sguardo destano timore ed aborrimento, in pochi giorni diventano familiari, tollerabili, seducenti. Molti, dotati di virtù più pura e di maggiore animo che non fosse Clarendon, erano pronti, innanzi che si chiudesse quell'anno memorabile, a fare ciò che al principio dell'anno essi avrebbero giudicato iniquo ed infame.
Lo sventurato padre, come meglio potè ricomponendosi, fece chiedere una privata udienza al Re, il quale gliela consentì. Giacomo con insolita cortesia disse commiserare nel profondo del cuore i parenti di Cornbury, e non reputarli tenuti a render conto del delitto commesso dallo indegno giovane. Clarendon ritornò a casa sua non osando guardare in viso i propri amici. Tosto nondimeno ei rimase attonito sapendo che l'azione la quale, secondo che egli credè in sulle prime, aveva per sempre disonorata la sua famiglia, era stata applaudita da vari personaggi alto locati. La Principessa di Danimarca sua nipote gli chiese perchè si teneva chiuso agli occhi del mondo. Egli rispose, la scelleraggine del figlio averlo oppresso di vergogna. Anna parve di non intendere punto, e soggiunse: «La gente è molto inquieta rispetto al papismo. Io credo che molti altri dello esercito faranno lo stesso.»
Il Re, grandemente perturbato, chiamò a sè i precipui ufficiali che erano in Londra. Churchill che verso quel tempo era stato promosso al grado di Luogotenente Generale, si presentò con quella blanda serenità di aspetto, che non era mai turbata da periglio o da infamia. All'adunanza intervenne Enrico Fitzroy Duca di Grafton, il quale per audacia ed operosità predistinguevasi tra i figli naturali di Carlo II. Grafton era colonnello del primo reggimento delle Guardie a piedi. A quanto pare, in quel tempo egli era sotto l'impero di Churchill, ed apparecchiato a disertare dalla regia bandiera, appena giungesse il momento opportuno. Erano anco ivi presenti due altri traditori, cioè Kirke e Trelawney, i quali comandavano due feroci e sfrenate bande, allora detti i reggimenti di Tangeri. Entrambi, al pari degli altri ufficiali protestanti dello esercito, da lungo tempo mal tolleravano la predilezione del Re verso i suoi correligionari; e Trelawney in ispecie rammentava con acre risentimento la persecuzione del vescovo di Bristol suo fratello. Giacomo favellò all'assemblea con parole degne d'un migliore uomo e d'una causa migliore. Disse potere darsi che taluni degli ufficiali avessero scrupoli di coscienza per combattere in suo favore. Quando così fosse, ei desiderava che dessero la loro rinuncia. Ma li

esortava e come gentiluomini e come soldati a non imitare il vergognoso esempio di Cornbury. Tutti parevano commossi, e nessuno lo era quanto Churchill. Egli fu il primo a giurare con ben simulato entusiasmo d'essere pronto a spargere fino l'ultima stilla del proprio sangue pel suo amato Sovrano. Simiglianti proteste fece Grafton; e Kirke e Trelawney ne seguirono lo esempio.

LIV. Ingannato da tali assicuranze il Re si apparecchiò a recarsi in Salisbury. Avanti la sua partenza seppe che un numero considerevole di Pari secolari e spirituali desiderava un'udienza. Andavano, guidati da Sancroft, per porre nelle mani di Giacomo una petizione, nella quale lo pregavano a convocare un libero e legittimo Parlamento, e aprire pratiche d'accordo col Principe d'Orange.

La storia di questa petizione è ben curiosa. E' sembra che due grandi capi dei partiti, che da lungo tempo rivaleggiavano ed osteggiavansi, ne concepissero ad un tempo il pensiero. Parlo di Rochester e di Halifax. Ambedue, senza che l'uno sapesse dell'altro, ne chiesero consiglio ai Vescovi. I Vescovi caldamente ne approvarono la idea. Fu quindi proposto di ragunare un'assemblea di Pari, onde deliberare intorno alla forma da darsi alla sopra riferita petizione. E perchè era il tempo delle sessioni giudiciarie, gli uomini di grado e di alta condizione quotidianamente accorrevano a Westminster Hall come adesso affollansi ai Circoli di Pall Mall in Saint James's-Street. Nulla poteva essere più facile ai Pari ivi presenti, che ritirarsi in qualche stanza contigua, e sedersi a consulta. Ma sorsero inaspettatamente alcuni ostacoli. Halifax prima si mostrò freddo, poi contrario. Era sua indole obiettare ad ogni cosa, ed in questa occasione le sue facoltà intellettive aguzzava la rivalità. Il disegno, da lui approvato mentre consideravalo come suo proprio, cominciò a dispiacergli appena seppe ch'era anco venuto in mente a Rochester, dal quale egli era stato lungamente avversato e infine cacciato dal posto, e che egli odiava, secondochè lo consentiva il suo pacifico temperamento. Nottingham allora lasciava trascinarsi da Halifax; ed entrambi dichiararono che non avrebbero posto i nomi loro nella petizione qualora Rochester vi apponesse il suo. Clarendon invano lo scongiurò. «Io non intendo mancare di rispetto a Milord Rochester,» rispose Halifax «ma egli è stato membro della Commissione Ecclesiastica, gli atti della quale tra breve saranno subietto di gravissima inchiesta; e non è convenevole che un uomo il quale ha seduto in quel tribunale partecipi alla nostra petizione.» Nottingham con alte parole di stima personale verso Rochester fu della opinione di Halifax. L'autorità di questi due Lord dissenzienti distolse vari altri dal sottoscrivere l'indirizzo; ma gli Hyde e i Vescovi stettero fermi. Si raccolsero diciannove firme; e i chiedenti recaronsi in corpo al cospetto del Re.

Giacomo ricevè di mala grazia la petizione. Li assicurò stargli molto a cuore la convocazione d'un libero Parlamento; e promise, sulla fede di Re, che lo convocherebbe appena il Principe d'Orange sgombrasse dall'isola. «Ma in che guisa» disse egli «può dirsi libero un Parlamento mentre il Regno è invaso da un nemico, che può disporre di quasi cento voti?» Ai prelati favellò con peculiare acrimonia, dicendo: «L'altro giorno non potei indurvi a protestare contro questa invasione: ma voi adesso siete abbastanza pronti a dichiararvi contro me. Allora non v'era lecito immischiarvi di cose politiche; ed ora non avete scrupolo a farlo. Voi avete suscitato questo spirito di ribellione nel vostro gregge, e adesso lo fomentate. Fareste meglio ad insegnare al popolo il modo di obbedire, che insegnare a me il modo di governare.» S'accese poi di grande ira come vide sotto il nome di Grafton segnato presso quello di Sancroft, ed aspramente gli disse: «Voi non sapete un jota di religione, nè ve ne importa nulla; e nondimeno, in fè di Dio! pretendete d'avere una coscienza.» - «Egli è vero, o Sire,» rispose con impudente franchezza il nipote; «egli è vero che io ho poca coscienza; ma appartengo ad un partito che ne ha molta.»

LV. Per quanto fossero acri le parole del Re, lo erano meno di quelle che profferì dopo che i Vescovi si furono dalla sua presenza partiti. Disse d'avere già fatto troppo sperando di gratificarsi un popolo irreverente ed ingrato; avere sempre abborrito dalla idea di fare concessioni; ma vi s'era lasciato indurre; e adesso, come il padre suo, vedeva per prova che le concessioni rendono i sudditi più esigenti. Quinci innanzi non cederebbe in nulla, nè anche d'un atomo; e secondo suo costume ripetè più volte e con forza: «Nè anche d'un atomo.» Non solo non farebbe proposte agli invasori, ma non ne accetterebbe nessuna. Se gli Olandesi mandassero a chiedere tregua, il primo messaggiero sarebbe rimandato senza risposta, il secondo impiccato. In tale umore Giacomo partì per Salisbury. Il suo ultimo atto, avanti di partirsi, fu di nominare un Consiglio di cinque Lord, perchè lo rappresentassero durante la sua assenza. Dei cinque, due erano papisti, e per virtù della legge inabili ad occupare gli uffici. Jeffreys era con essi, ma la nazione detestavalo più dei papisti. A Preston e Godolphin, che erano gli altri due membri, non si poteva nulla obiettare. Il dì, in che il Re partì da Londra, il Principe di Galles fu mandato a Portsmouth. Questa fortezza aveva uno strenuo presidio sotto il comando di Berwick. Era lì presso la flotta comandata da Dartmouth; e supponevasi, che ove le cose procedessero

male, il regio infante si sarebbe senza ostacolo potuto condurre in Francia.
LVI. Il dì 19, Giacomo giunse a Salisbury, e pose il suo quartiere generale nel palazzo del Vescovo. Da ogni parte gli arrivavano sinistre nuove. Le Contee occidentali alla perfine erano insorte. Appena si seppe la diserzione di Cornbury, molti ricchi possidenti presero animo ed accorsero ad Exeter. Era fra essi Sir Guglielmo Portman di Bryanstone, uno dei più grandi uomini della Contea di Dorset, e Sir Francesco Warre di Hestercombe che aveva somma riputazione nella Contea di Somerset. Ma il più cospicuo dei nuovi venuti era Seymour, che aveva di recente ereditato il titolo di baronetto, - titolo che aggiungeva poco alla sua dignità, - e per nascita, per influenza politica e per abilità parlamentare primeggiava oltre ogni paragone fra' gentiluomini Tory d'Inghilterra. Dicesi che nella prima udienza porgesse tale argomento dell'altera indole sua, che recò maraviglia e sollazzo al Principe. «Io credo, Sir Eduardo,» disse Guglielmo per usargli una cortesia «che voi siate della famiglia del Duca di Somerset.» - «Altezza, chiedo scusa,» rispose Sir Eduardo che non dimenticava mai d'essere il capo del ramo maggiore dei Seymours, «il Duca di Somerset è della mia famiglia.»
Il quartiere generale di Guglielmo allora cominciò a prendere la sembianza d'una corte. Sessanta e più personaggi cospicui per grado ed opulenza trovavansi in Exeter; e la mostra quotidiana delle ricche livree e dei cocchi a sei cavalli nel ricinto della Cattedrale rendeva in alcun modo immagine della magnificenza e gaiezza di Whitehall. Il basso popolo anelava di correre alle armi, sì che sarebbe stato agevole formare molti battaglioni di fanti. Ma Schomberg, che faceva poco conto di soldati novellamente tolti allo aratro, sosteneva che ove la impresa non avesse prospero successo senza siffatto aiuto, non sarebbe riuscita affatto: e Guglielmo, che quanto Schomberg bene intendevasi d'arte militare, era del medesimo parere. E però difficilmente concedeva commissioni di reclutare nuovi reggimenti, non accettando altri che uomini scelti.
Desideravasi che il Principe ricevesse pubblicamente in corpo tutti i nobili e i gentiluomini che s'erano raccolti in Exeter. Rivolse loro brevi, caute e dignitose parole. Disse che sebbene non conoscesse di aspetto tutti coloro che gli stavano dinanzi, pure ne aveva notati i nomi, e sapeva quale insigne reputazione godessero nel paese loro. Dolcemente li rimproverò di lentezza ad accorrere, ma espresse la ferma speranza che non sarebbe stato troppo tardi per salvare il reame. «Adunque, o gentiluomini, amici, e confratelli protestanti,» soggiunse egli «noi con tutto il cuore diciamo a tutti voi e ai seguaci vostri, siate ben venuti alla nostra corte ed al nostro campo.»
Seymour, accorto uomo politico, per la sua lunga esperienza nella tattica delle fazioni, tosto conobbe che il partito che s'andava raccogliendo sotto il vessillo del Principe aveva mestieri d'essere organizzato. Lo chiamava una corda di sabbia: non v'era scopo comune o formalmente determinato; nessuno s'era impegnato a nulla. Appena si sciolse l'assemblea tenuta da Guglielmo nel Decanato, Seymour fece chiamare Burnet, e gli suggerì il pensiero di formare un'associazione, e d'obbligare tutti gl'Inglesi aderenti al Principe ad apporre le loro firme ad un documento, in cui si dichiarassero fedeli al loro condottiero e si vincolassero vicendevolmente. Burnet riferì la cosa al Principe ed a Shrewsbury, i quali l'assentirono. Fu convocata un'adunanza nella Cattedrale, dove fu letto, approvato, e firmato un breve documento scritto da Burnet. I soscrittori promettevano di eseguire concordemente le cose contenute nel Manifesto di Guglielmo; difendere lui, ed a vicenda difendersi; fare segnalata vendetta di chi attentasse alla vita di lui, ed anche, ove siffatto attentato sventuratamente avesse effetto, persistere nella impresa finchè le libertà e la religione del paese fossero pienamente assicurate.
Verso quel tempo arrivò ad Exeter un messaggiero del Conte di Bath, il quale aveva il comando di Plymouth. Bath poneva sè, le sue truppe e la fortezza da lui governata a disposizione del Principe. Gl'invasori quindi non avevano più un solo nemico alle spalle.
LVII. Mentre le contrade occidentali in tal guisa insorgevano ad affrontare il Re, le settentrionali gli divampavano dietro. Il dì 16, Delamere corse alle armi nella Contea di Chester. Convocò i suoi fittajuoli, gli esortò a seguirlo, promise loro che, ove cadessero in battaglia, ei rinnoverebbe il fitto ai loro figli, ed ammonì chiunque avesse un buon cavallo di andare al campo, o mandarvi altri in sua vece. Comparve a Manchester con cinquanta armati a cavallo, il quale numero si triplicò innanzi ch'egli giungesse a Boaden Downs.
Le circostanti contrade erano in somma agitazione. Era stato provveduto che Danby prendesse York, e Devonshire si mostrasse in Nottingham. Quivi non si temeva alcuna resistenza. Ma in York trovavasi un piccolo presidio sotto il comando di Sir Giovanni Reresby. Danby agì con rara destrezza. Era stata convocata pel dì 22 novembre una ragunanza dei gentiluomini e dei possidenti della Contea di York per fare un indirizzo al Re sullo stato delle cose. Tutti i Luogotenenti deputati dei tre Ridings, vari nobili, e una folla di ricchi scudieri e di pingui possidenti erano andati alla capitale della provincia.

Quattro distaccamenti di milizia civica erano sotto le armi per mantenere la pubblica tranquillità. Il palazzo comunitativo era pieno di liberi possidenti, ed era appena cominciata la discussione, allorquando levossi repentinamente il grido che i Papisti, corsi alle armi, facevano strage dei protestanti. I Papisti di York più verisimilmente studiavansi a cercare dove nascondersi che ad aggredire i nemici, i quali per numero li superavano in proporzione di cento ad uno. Ma in quel tempo non vi era storiella orrenda o maravigliosa delle atrocità dei Papisti, alle quali il popolo non prestasse fede. La ragunanza sgomentata si disciolse. La intera città fu in iscompiglio. In quel mentre Danby con circa cento uomini a cavallo corse dinanzi alla milizia civica gridando: «Giù il Papismo! Viva il libero Parlamento! Viva la religione protestante!» Le milizie risposero al grido. Sorpresero tosto e disarmarono il presidio. Il governatore venne arrestato; le porte furono chiuse, e in ogni dove poste sentinelle. Lasciarono che la infuriata plebe atterrasse una cappella cattolica, ma pare che non seguisse altro danno. Il dì seguente il palazzo comunitativo era pieno dei più notabili gentiluomini della Contea, e dei principali magistrati della città. Il Lord Gonfaloniere teneva il seggio. Danby propose di scrivere una dichiarazione nella quale fossero espresse le ragioni che inducevano gli amici della Costituzione e della religione protestante a correre alle armi. Questa dichiarazione fu calorosamente approvata, e in poche ore munita delle firme di sei Pari, di cinque baronetti, di sei cavalieri, e di molti gentiluomini di gran conto.
Infrattanto Devonshire, capitanando una grossa legione di amici e dipendenti suoi, partitosi dal palagio ch'egli stava erigendo in Chatsworth, comparve armato in Derby. Quivi consegnò formalmente alle autorità municipali uno scritto in cui erano esposte le ragioni che lo avevano spinto alla impresa. Ne andò quindi a Nottingham, che tosto divenne il centro della insurrezione delle contrade settentrionali. Promulgò un proclama scritto con forti e ardite parole. Vi si diceva che il vocabolo ribellione era uno spauracchio che non poteva spaventare alcun uomo ragionevole. Era ella ribellione difendere quelle leggi e quella religione che ogni Re d'Inghilterra era tenuto per sacramento a tutelare? In che modo siffatto giuramento fosse stato osservato, era questione la quale, come speravasi, un libero Parlamento tra breve scioglierebbe. Nel tempo stesso gl'insorti dichiaravano di non considerare qual ribellione, ma quale legittima difesa, il resistere ad un tiranno, che, tranne la propria volontà, non conosceva legge veruna. La insurrezione del paese settentrionale diventava ogni giorno più formidabile. Quattro potenti e ricchi Conti, cioè Manchester, Stamford, Rutland, Chesterfield giunsero a Nottingham, e furono seguiti da Lord Cholmondley e da Lord Grey di Ruthyn.
Intanto le due armate nel mezzogiorno facevansi l'una all'altra sempre più presso. Il Principe d'Orange, saputo lo arrivo del Re a Salisbury, pensò essere tempo di partirsi da Exeter. Pose la città e il paese circostante sotto il governo di Sir Eduardo Seymour, e il mercoledì 21 novembre, scortato da molti dei più notevoli gentiluomini delle contrade occidentali, si avviò ad Axminster, dove rimase vari giorni.
Il Re ardeva di venire alle mani; ed era naturale ch'egli così bramasse. Ogni ora che passava, scemava le sue forze, ed accresceva quelle del nemico. Inoltre era importantissimo che le sue truppe venissero allo spargimento del sangue: imperciochè una grande battaglia, qualunque ne fosse l'esito, non poteva altro che nuocere alla popolarità del Principe. Guglielmo intendeva profondamente tutto ciò, ed era deliberato di evitare, quanto più potesse, un combattimento. Dicesi che quando a Schomberg fu riferito che i nemici si appressavano deliberatissimi a combattere, rispondesse col contegno di capitano espertissimo nell'arte sua: «Sarà come vorremo noi.» Era, nondimeno, impossibile scansare qualunque scaramuccia tra le vanguardie dei due eserciti. Guglielmo desiderava che in siffatte piccole fazioni non accadesse nulla che potesse offendere l'orgoglio o destare il sentimento di vendetta della nazione di cui s'era fatto liberatore. E però con ammirevole prudenza pose i suoi reggimenti inglesi in quei luoghi dove maggiore era il rischio d'una collisione. E perchè gli avamposti dell'armata regia erano Irlandesi, nei piccoli combattimenti di questa breve campagna gl'invasori avevano seco la cordiale simpatia di tutti gl'Inglesi. LVIII. Il primo di cotesti scontri ebbe luogo in Wincanton. Il reggimento di Mackay, composto di soldati inglesi, era presso a un corpo di regie truppe irlandesi, capitanate dal valoroso Sarsfield loro concittadino. Mackay mandò un piccolo drappello dei suoi sotto il comando d'un luogotenente chiamato Campbell, in cerca di cavalli pel bagaglio. Campbell li trovò in Wincanton, e già allontanavasi dalla città per ritornare al campo, allorquando vide avvicinarsi un forte distaccamento delle truppe di Sarsfield. Gl'Irlandesi erano in proporzione di quattro contro uno: ma Campbell deliberò di combattere fino all'ultimo sangue. Con una mano di coraggiosissimi uomini si appostò sul cammino. Gli altri suoi soldati si posero lungo le siepi che fiancheggiavano da ambe le parti lo stradale. Giunti gl'inimici, Campbell gridò: «Alto! Per chi siete voi?» - «Io sono pel re

Giacomo,» rispose il condottiero delle milizie regie. «Ed io pel Principe d'Orange, esclamò Campbell. «E noi v'imprinciperemo bene,» rispose imprecando l'Irlandese. «Fuoco!» gridò Campbell: ed una grandine di fuoco piovve all'istante da ambe le siepi. I soldati del Re riceverono tre bene aggiustate scariche innanzi che potessero far fuoco. In fine venne loro fatto di superare una delle siepi, ed avrebbero oppressa la piccola banda degl'inimici, se i campagnuoli che portavano odio mortale agl'Irlandesi non avessero sparsa la falsa nuova dello appressarsi d'altre truppe del Principe. Sarsfield suonò a raccolta e ritirossi; Campbell seguitò il cammino senza molestia, seco recando i cavalli da bagaglio. Questo fatto, onorevole, senza dubbio, al valore ed alla disciplina dell'armata del Principe, fu dalla voce pubblica esagerato come una vittoria che i protestanti inglesi avevano riportata contro un numero grandemente maggiore di barbari papisti, venuti da Connaught ad opprimere l'isola nostra.
Poche ore dopo la narrata scaramuccia seguì un evento che pose fine ad ogni pericolo di più grave conflitto tra i due eserciti. Churchill ed alcuni dei suoi principali complici erano in Salisbury. Due dei congiurati, cioè Kirke e Trelawney, se n'erano andati a Warminster dove i reggimenti loro stanziavano. Tutto era maturo per eseguire la lungamente meditata tradigione.
Churchill consigliò il Re a visitare Warminster, onde ispezionarvi le truppe. Giacomo assentì; ed il suo cocchio stavasi alla porta del palagio vescovile, quando ei cominciò a versare abbondantemente sangue dalle narici. Fu quindi costretto a differire la sua gita, e porsi in mano dei medici. La emorragia non gli cessò se non dopo tre giorni; e intanto gli giungevano funestissime nuove.
Non era possibile che una congiura la quale aveva sì sparse le fila come quella di cui Churchill era capo, si tenesse strettamente secreta. Non v'era prova che potesse farlo tradurre dinanzi ai Giurati o ad una corte marziale: ma strani bisbigli correvano per tutto il campo. Feversham, il quale era comandante supremo, riferì che regnavano sinistri umori nell'armata. Fu fatto intendere al Re che alcuni i quali gli stavano da presso non gli erano amici, e che sarebbe stata saggia cautela mandare Churchill e Grafton sotto buona guardia a Portsmouth. Giacomo respinse il consiglio; dacchè fra i suoi vizi non era la inclinazione a sospettare. A vero dire la fiducia ch'egli poneva nelle proteste di fedeltà e d'affetto, era quanta ne avrebbe potuto avere più presto un fanciullo di buon cuore e privo d'esperienza, che un politico molto provetto negli anni, il quale aveva praticato assai il mondo, aveva molto sofferto dalle arti degli scellerati, e il cui carattere non faceva punto onore alla specie umana. Sarebbe difficile additare un altro uomo, il quale, così poco scrupoloso a rompere la fede, fosse così restio a credere che altri volesse contro di lui tradirla. Nondimeno le nuove ricevute intorno le condizioni della sua armata lo conturbarono molto. Adesso non più mostravasi impaziente di venire a battaglia: pensava anzi di ritirarsi. Nella sera del sabato 24 novembre convocò un consiglio di guerra. Alla ragunanza convennero quegli ufficiali contro cui era stato caldamente ammonito a tenersi cauto. Feversham opinò per la ritirata. Churchill manifestò contrario parere. Il consiglio durò fino a mezza notte. Finalmente il Re dichiarò essere deliberato a ritirarsi. Churchill vide o s'immaginò d'essere sospettato, e comunque sapesse perfettamente governare i moti dello animo, non valse a nascondere la propria inquietudine. Innanzi l'alba, accompagnato da Grafton, fuggì al quartiere generale del Principe.
LIX. Churchill, partendo, lasciò una lettera a spiegare il suo intendimento. Era scritta con quel decoro ch'egli non mancò mai di serbare fra mezzo alla colpa e al disonore. Riconobbe d'andar debitore d'ogni sua cosa alla regia benevolenza. Lo interesse e la gratitudine, diceva egli, lo persuadevano a mantenersi fido al proprio Sovrano. Sotto nessun altro governo poteva sperare la grandezza e prosperità ch'egli allora godeva, ma tutti cotesti argomenti dovevano cedere al primissimo dei doveri. Egli era protestante, e non poteva in coscienza snudare la spada contro la causa del Protestantismo. Quanto al resto, era pronto a porre a repentaglio vita ed averi per difendere la sacra persona e i diritti del suo amatissimo signore.
Alla dimane il campo era sossopra. Gli amici del Re percossi da spavento; i suoi nemici non potevano nascondere la gioia dei loro cuori. La costernazione di Giacomo s'accrebbe alle nuove che giunsero il dì medesimo da Warminster. Kirke che ivi comandava, aveva ricusato di obbedire ad ordini giunti da Salisbury. Non era più dubbio che anche egli fosse in lega col Principe d'Orange. Dicevasi inoltre ch'egli fosse già passato con le sue milizie al campo del nemico; e tale voce, comechè falsa, fu per alcune ore pienamente creduta. Un nuovo raggio di luce lampeggiò alla mente dello sciagurato Re. Gli parve d'intendere il perchè pochi giorni innanzi era stato esortato a visitare Warminster. Ivi si sarebbe trovato privo di soccorso, in balía dei congiurati, e presso agli avamposti nemici. Coloro che sarebbero stati disposti a difenderlo avrebbero agevolmente ceduto agli aggressori. Egli sarebbe stato condotto prigioniero al quartiere generale degl'invasori. Forse sarebbe stato commesso qualche più nero

tradimento; imperocchè chi una volta ha posto il piede in una via di malvagità e di periglio non è più padrone di fermarsi, e spesso una fatalità, che gli è di giusta pena, lo spinge a delitti, dalla idea dei quali egli avrebbe dapprima rifuggito con raccapriccio. E davvero era visibile la mano di qualche Santo protettore in ciò, che un Re sì devoto alla Chiesa Cattolica, nel momento medesimo in cui correva a gran passi alla cattività, e forse alla morte, fosse stato improvvisamente impedito da quella ch'egli aveva giudicata pericolosa infermità.

LX. Tutte coteste cose raffermarono l'animo del Re nel pensiero ch'egli aveva fatto la sera antecedente. Ordinò una subita ritirata. Salisbury fu tutta in subuglio. Il campo levossi con tal confusione che rendeva immagine d'una fuga. Niuno sapeva di chi fidarsi, e a cui obbedire. La forza materiale dello esercito era di poco scemata; ma la morale non era più. Molti, che la vergogna frenava dal correre al quartiere generale del Principe, affrettaronsi a seguire lo esempio dal quale avrebbero ognora aborrito; e molti che avrebbero difeso il Re mentre pareva risolutamente correre incontro agl'invasori, non si sentirono inchinevoli a seguire un vessillo che fuggiva.

Giacomo quel giorno giunse ad Andover. Lo accompagnavano il Principe Giorgio suo genero, e il Duca d'Ormond. Entrambi erano fra' cospiratori, e avrebbero forse tenuto dietro a Churchill, ove questi, a cagione di ciò che seguì nel consiglio di guerra, non avesse reputato più utile partirsi allo improvviso. La impenetrabile stupidità del Principe Giorgio in questa occasione gli fu più utile di ciò che sarebbe stata l'astuzia. Ogni qualvolta udiva alcun che di nuovo, egli aveva il vezzo di esclamare in francese: «Est-il possible?» Questo ritornello adesso gli fu di grande utilità. «Est-il possible?» gridò egli come seppe che Churchill e Grafton se n'erano andati. Ed appena giunte le sinistre nuove di Warminster, esclamò nuovamente: «Est-il possible?»

LXI. Il Principe Giorgio ed Ormond in Andover furono invitati a cenare col Re. Tristissima cena! Il Re gemeva sotto la soma delle sue sciagure. Il suo genero gli teneva stupidissima compagnia. «Io ho saggiato il Principe Giorgio mentre era sobrio,» diceva Carlo II, «e l'ho saggiato mentre era ubriaco; e o briaco o sobrio non val nulla.» Ormond, che per indole era timido e taciturno, non era verosimile che fosse d'allegro umore in quel momento. Alla perfine la cena terminò. Il Re si ritrasse a riposare. Il Principe ed Ormond, appena Giacomo sorse da mensa, montando sui cavalli che erano lì pronti, partironsi, accompagnati dal Conte di Drumlanrig, figlio primogenito del Duca di Queensberry. La defezione di questo giovine Nobile non era cosa di poca importanza; imperocchè Queensberry era il capo dei protestanti episcopali di Scozia, setta al cui paragone i più esagerati Tory inglesi potevano considerarsi pressochè Whig; e lo stesso Drumlanrig era luogotenente colonnello del reggimento di Dundee, banda dai Whig detestata più degli Agnelli di Kirke. La mattina appresso fu recato al Re lo annunzio di questa nuova sciagura, e se ne mostrò meno dolente di quel che si sarebbe supposto. Il colpo da lui ricevuto ventiquattro ore innanzi lo aveva apparecchiato quasi a qualunque disastro, e non poteva seriamente adirarsi del Principe Giorgio, - il quale era uomo da non farsene nessun conto, - per avere ceduto alle arti d'un tentatore quale era Churchill. «E che! Est-il possible se ne è andato anche egli?» disse Giacomo. «Al postutto sarebbe stata maggiore la perdita di un buon soldato.» Per dir vero, e' sembra che in quel tempo tutta la collera del Re fosse accentrata, e non senza cagione, sopra un solo uomo. Prese la via di Londra, ardendo di vendetta contro Churchill, ed appena giuntovi seppe che l'arcingannatore aveva commesso un nuovo delitto. La Principessa Anna da parecchie ore era sparita.

LXII. Anna, la quale altra volontà non aveva che quella dei Churchill, una settimana innanzi era stata da loro persuasa a scrivere di propria mano a Guglielmo, significandogli che approvava la impresa. Assicuravalo ch'ella trovavasi interamente nelle mani dei suoi amici, e che sarebbe rimasta in palazzo o sarebbesi rifugiata nella Città a seconda del loro consiglio. La domenica, 25 novembre, ella e coloro che per lei pensavano, trovaronsi nella necessità di prendere una improvvisa deliberazione. Nel pomeriggio di quel dì stesso un corriere da Salisbury recò la nuova che Churchill era scomparso, ch'era stato accompagnato da Grafton, che Kirke aveva tradito, e che le milizie regie frettolosamente ritiravansi. Quella sera le sale di Whitehall erano affollate da immenso numero di persone come usualmente avveniva quando una grave notizia buona o cattiva giungeva alla città. La curiosità e l'ansietà erano dipinte nel viso di ciascuno. La Regina proruppe naturalmente in parole di sdegno contro il capo dei traditori, e non risparmiò la sua troppo compiacente protettrice. Nella parte del palazzo abitata da Anna furono raddoppiate le sentinelle. La Principessa era atterrita. Tra poche ore il padre sarebbe giunto a Westminster. Non era verosimile che l'avrebbe personalmente trattata con severità; ma non era da sperarsi ch'egli le permetterebbe di godere più a lungo della compagnia della sua diletta amica. Mal poteva dubitarsi che Sara verrebbe arrestata e sottoposta al rigoroso esame di astuti e crudi inquisitori. Le sue carte sarebbero sequestrate. Forse si scoprirebbe qualche documento che mettesse in pericolo la sua vita. Ed ove ciò fosse, v'era da temere di peggio. La vendetta dello implacabile Re non conosceva distinzione di sesso. Per delitti molto più lievi di quelli che probabilmente verrebbero imputati a Lady Churchill, aveva mandate donne alle forche e al ceppo. La forza dello affetto infiammò l'animo debole della Principessa. Non v'era vincolo ch'ella non fosse pronta a rompere, non rischio a correre per l'oggetto del suo immenso amore. «Mi getterò giù dalla finestra» gridò ella «piuttosto che lasciarmi trovare qui da mio padre.» Lady Churchill s'incaricò di apparecchiare la fuga. Si pose frettolosamente in comunicazione con alcuni capi della congiura. In poche ore ogni cosa fu pronta. Quella sera Anna si ritrasse, secondo il consueto modo, alle sue stanze. Sul cadere della notte levossi, ed accompagnata dall'amica Sara e da due altre donne discese per le secrete scale in veste da camera e in pianelle. Le fuggenti giunsero nella strada senza ostacolo, dove le attendeva una carrozza d'affitto, dinanzi al cui sportello stavano due uomini. Uno era Compton Vescovo di Londra, vecchio ajo della Principessa; l'altro era il magnifico e squisito Dorset, che vedendo la grandezza del pubblico pericolo erasi destato dal suo voluttuoso far niente. La carrozza tosto si diresse ad Aldersgate Street, dove allora sorgeva l'abitazione di città dei Vescovi di Londra, accanto alla Cattedrale. Ivi la Principessa passò la notte. Il dì seguente partì per Epping Forest. In que' selvaggi luoghi Dorset possedeva una veneranda magione, oggimai da lungo tempo distrutta. Sotto il suo tetto ospitale che da molti anni era il favorito ritrovo dei begli spiriti e dei poeti, i fuggitivi fecero breve soggiorno. Non potevano sperare di giungere in sicurtà al campo di Guglielmo, perocchè il cammino era occupato dalle regie milizie. Fu quindi deliberato che Anna riparasse fra mezzo agli insorti delle contrade settentrionali. Compton per allora dismesse al tutto il suo carattere sacerdotale. Il pericolo e il conflitto gli avevano riacceso nel cuore tutto il fuoco guerriero onde era pieno ventotto anni innanzi, allorquando cavalcava fra le Guardie del Corpo. Ei precedeva il cocchio della Principessa, vestito d'un giustacore di cuojo di bufalo, grandi stivali, spada a fianco, e pistole all'arcione. Innanzi di giungere a Nottingham trovossi circondata da un drappello di gentiluomini che volontariamente erano corsi a scortarla. Costoro invitarono il Vescovo a farsi loro colonnello; ed egli vi consentì con alacrità tale da scandalizzarne i rigidi Anglicani, e da non acquistargli grande reputazione agli occhi dei Whig.

LXIII. Allorquando la mattina del dì 26 lo appartamento di Anna fu trovato vuoto, nacque grande costernazione in Whitehall. Mentre le sue cameriste correvano su e giù pe' cortili del palazzo strillando e torcendosi le mani, mentre Lord Craven comandante delle Guardie a piedi interrogava le sentinelle della galleria, mentre il Cancelliere poneva i suggelli alle carte dei Churchill, la nudrice della Principessa negli appartamenti del Re piangeva gridando che la sua diletta signora era stata assassinata dai papisti. La nuova volò a Westminster Hall. Ivi si disse che Sua Altezza era stata trascinata a forza e in qualche luogo imprigionata. Quando non fu più possibile negare che la sua fuga era stata volontaria, s'inventarono mille ciarle a spiegarne la cagione. Era stata villanamente insultata e minacciata; anzi, quantunque si trovasse in quella condizione in cui la donna merita peculiarmente l'altrui tenerezza, era stata battuta dalla sua crudele madrigna. La plebe, da molti anni di pessimo governo resa sospettosa e irritabile, venne in tanto concitamento per queste calunnie, che la Regina non si teneva sicura. Molti Tory cattolici e alcuni protestanti, la cui lealtà era incrollabile, corsero alla reggia pronti a difenderla ove seguisse uno scoppio d'ira popolare. Fra mezzo a tanta perturbazione e a tanto terrore giunse la nuova della fuga del Principe Giorgio. Poco dopo verso sera arrivò il Re, al quale fu annunziato la sua figlia essere scomparsa. Dopo tanti patimenti quest'ultima afflizione gli strappò dalle labbra un doloroso grido: «Dio mi soccorra, anche i miei figli mi hanno abbandonato!»

Quella sera fino a tardi sedè in consiglio co' suoi principali ministri. Fu deliberato di intimare a tutti i Lord spirituali e secolari che allora trovavansi in Londra, che comparissero la dimane al suo cospetto, onde richiederli solennemente di consiglio. Per la qual cosa, il pomeriggio del martedì 27, i Lord adunaronsi nella sala da pranzo del palazzo. L'assemblea era composta di nove prelati e fra trenta e quaranta Nobili secolari, tutti protestanti. I due Segretari di Stato, Middleton e Preston, quantunque non fossero Pari d'Inghilterra, erano presenti. Il Re presedeva in persona. Gli si leggeva sul viso e nello atteggiamento ch'egli soffriva d'anima e di corpo. Aperse la ragunanza facendo capo dalla petizione che gli era stata presentata poco innanzi la sua partenza per Salisbury. In quella petizione veniva pregato a convocare un libero Parlamento. Disse che nelle condizioni in cui egli allora trovavasi, non aveva reputato opportuno acconsentire. Ma nel tempo della sua assenza da Londra erano seguíti gravissimi mutamenti. Aveva parimente notato che il suo popolo dappertutto mostrava bramosía di vedere adunate le Camere. Per tutte queste cose egli chiamava a consiglio i suoi Pari fedeli, perchè gli

manifestassero il loro parere.
Per qualche tempo e' fu silenzio, finchè Oxford, la cui famiglia, per antichità e magnificenza superiore a tutte, gli dava una specie di primato nella ragunanza, disse che secondo la sua opinione que' Lord i quali avevano sottoscritta la petizione, cui la Maestà Sua accennava, erano in debito di manifestare i loro pensieri.
Queste parole mossero Rochester a favellare. Difese la petizione e dichiarò di non vedere altra speranza per il trono e il paese che la convocazione d'un libero Parlamento. Disse non volere rischiarsi ad affermare che in tanto grave estremità, anche quel rimedio potesse tornare efficace: ma non ne aveva altro da proporre. Aggiunse parergli sano partito aprire pratiche col Principe d'Orange. Jeffreys e Godolphin parlarono dopo, ed entrambi dichiararono essere della medesima opinione di Rochester. Allora sorse Clarendon, e, con somma maraviglia di quanti rammentavano le sue proteste di lealtà, e i suoi disperati affanni e il rossore cui si era abbandonato, solo pochi giorni innanzi, per la diserzione del proprio figliuolo, proruppe in virulenti invettive contro la tirannide e il papismo. «Anche adesso» disse egli «Sua Maestà in Londra fa leva d'un reggimento al quale non è ammesso nessun protestante.» - «Non è vero!» gridò dal seggio Giacomo grandemente agitato. Clarendon insisteva, e lasciò da parte questo offensivo subietto per passare ad un altro maggiormente offensivo. Accusò lo sventurato Re di pusillanimità. Perchè ritirarsi da Salisbury? Perchè non tentare le sorti d'una battaglia? Era forse da biasimarsi il popolo se cedeva ad un invasore mentre vedeva il proprio Re fuggire insieme con la sua armata? Giacomo sentì amaramente cotesti insulti, e ne serbò lunga ricordanza. E davvero gli stessi Whig reputarono indecenti e poco generose le parole di Clarendon. Halifax parlò in modo diverso. Per molti anni di pericolo aveva con ammirevole abilità difeso la costituzione civile ed ecclesiastica del paese contro la regia prerogativa. Ma il suo lucido intendimento, singolarmente nemico d'ogni entusiasmo, ed avverso agli estremi, cominciò a pendere verso la causa del Sovrano nel momento stesso nel quale que' romorosi realisti, che poco innanzi avevano esecrato i Barcamenanti quasi fossero ribelli, alzavano il vessillo della ribellione. Egli ambiva, in quella congiuntura, a farsi paciere fra il trono e la nazione. A ciò lo rendevano adatto lo ingegno e il carattere; e se non vi riuscì, deve attribuirsi a certe cagioni, a vincere le quali non era destrezza che bastasse, e precipuamente alla follia, slealtà, ed ostinatezza del Principe ch'egli si studiava di salvare.
Halifax disse non poche verità spiacevoli a Giacomo, ma con tal delicatezza da meritargli la taccia d'adulatore da parte di quegli abietti spiriti, i quali non sanno intendere come ciò che giustamente merita il nome di adulazione quando è diretto al potente, sia debito d'umanità quando si rivolge al caduto. Con mille espressioni di simpatia e deferenza, dichiarò essere d'avviso che il Re dovesse oggimai apparecchiarsi a fare grandi sacrifici. Non bastava convocare un libero Parlamento o iniziare pratiche d'accordo col Principe d'Orange. Era necessario fare ragione almeno ad alcuni dei torti di cui moveva lamento la nazione, senza attendere che lo esigessero le Camere o il Capitano dello esercito nemico. Nottingham con parole egualmente rispettose fece eco a quelle di Halifax. Le principali concessioni che i Lord volevano che il Re facesse erano queste: cacciare dagli uffici tutti i Cattolici Romani; separarsi interamente dalla Francia; e concedere illimitata amnistia a tutti coloro che avevano prese le armi contro lui. Pareva che intorno all'ultima di coteste concessioni non fosse da disputare. Imperocchè, quantunque coloro che pugnavano contro il Re avessero agito in modo da suscitargli in cuore, non senza ragione, il più acre risentimento, era più verosimile ch'egli si trovasse tra breve in loro balía, che essi nella sua. Sarebbe stata cosa puerile iniziare pratiche d'accordo con Guglielmo, e nello stesso tempo riserbarsi il diritto di vendetta contro coloro che Guglielmo non poteva senza infamia lasciare in abbandono. Ma lo intenebrato intendimento e l'indole implacabile di Giacomo resisterono lungamente alle ragioni addotte da coloro che affaticavansi a convincerlo essere opera da savio perdonare delitti ch'egli non poteva punire. «Non posso acconsentire,» esclamò egli. «È mestieri ch'io dia degli esempi: Churchill sopra tutti, Churchill, quel desso ch'io inalzai tanto. Egli è la sola cagione di tanto male. Egli ha corrotta la mia armata. Egli ha corrotta la mia figliuola. Egli mi avrebbe dato in mano al Principe d'Orange, se non mi avesse soccorso la mano di Dio. MiLord, voi siete stranamente ansiosi per la salvezza dei traditori, e nessuno di voi si dà il minimo pensiero della mia.» In risposta a questo scoppio d'ira impotente, coloro i quali lo avevano esortato a concedere l'amnistia, gli mostrarono con profondo rispetto, ma con fermezza, che un Principe aggredito da potenti nemici non può trovare scampo se non nella vittoria o nella riconciliazione. «Se la Maestà Vostra, dopo ciò che è accaduto, vede tuttavia speranza alcuna di salvezza nelle armi, l'opera nostra è finita: ma se non ha questa speranza, non le resta altra áncora di salute che il riacquistare lo affetto del popolo.» Dopo una lunga e calorosa discussione, il Re sciolse la ragunanza dicendo: «MiLord, voi

avete usata meco gran libertà di parole; ma non me ne ho per male. Oramai mi son messo in capo una cosa, e vi rimango irremovibile, cioè, convocherò il Parlamento. Gli altri consigli che mi avete pôrti sono di grave momento: nè vi dee far meraviglia se innanzi di decidere, io prendo tempo una notte a pensarvi sopra.» LXIV. Primamente Giacomo parve disposto a bene giovarsi del tempo da lui preso a riflettere. Al Cancelliere fu fatto comandamento di scrivere il decreto a convocare il Parlamento pel dì 13 gennaio. Halifax fu chiamato al palazzo, ed ebbe una lunga udienza, e parlò molto più liberamente di quello che egli aveva reputato decoroso di fare al cospetto d'una numerosa assemblea. Gli fu detto d'essere stato nominato commissario per trattare col Principe d'Orange. In questo ufficio gli furono dati a compagni Nottingham e Godolphin. Il Re dichiarò d'essere parato a fare grandi sacrifici per amore della pace. Halifax rispose ch'era d'uopo farli pur troppo. «Vostra Maestà» disse egli «non deve aspettarsi che coloro i quali hanno in mano il potere, consentano a patti che lascino le leggi in balía della regia prerogativa.» Con questa distinta dichiarazione delle sue mire, egli accettò la commissione che il Re desiderava affidargli. Le concessioni che poche ore innanzi erano state ostinatissimamente respinte, adesso furono fatte in modo liberalissimo. Fu pubblicato un proclama nel quale il Re non solo concedeva pieno perdono a tutti i ribelli, ma li dichiarò elegibili al prossimo Parlamento. Nè anche si richiedeva come condizione d'elegibilità che dovessero porre giù le armi. La medesima Gazzetta che annunziava la prossima ragunanza delle Camere, conteneva la notificazione che Sir Eduardo Hales, il quale, come papista, rinnegato e precipuo campione della potestà di dispensare, e come duro carceriere dei Vescovi, era uno degli uomini più impopolari del Regno, aveva cessato di essere Luogotenente della Torre, e gli aveva succeduto Bevil Skelton, dianzi suo prigione, il quale quantunque avesse poca riputazione presso i suoi concittadini, almeno non difettava dei necessari requisiti ad occupare un pubblico ufficio.

LXV. Se non che coteste concessioni erano dirette solo ad abbacinare i Lord e la nazione per nascondere i veri disegni del Re. Egli aveva secretamente deliberato, anche in quell'ora di pericolo, di non voler cedere in nulla. Nel giorno medesimo, in cui pubblicò il proclama d'amnistia, spiegò pienamente le proprie intenzioni a Barillon. «Queste pratiche d'accordo» disse Giacomo «sono una pretta finzione. È mestieri ch'io mandi commissari a mio nipote, affinchè io acquisti tempo ad imbarcare la mia moglie e il Principe di Galles. Voi conoscete gli umori delle mie truppe. Di nessuno altro che degl'Irlandesi io potrei fidarmi; e gl'Irlandesi non sono in numero bastevole a resistere all'inimico. Il Parlamento m'imporrebbe patti ch'io non potrei sopportare. Sarei forzato a disfare ciò che ho già fatto a pro dei Cattolici, ed a romperla col Re di Francia. E però, appena la Regina e mio figlio saranno in salvo, partirò dalla Inghilterra e cercherò rifugio in Irlanda, in Iscozia, o presso il vostro signore.»

E già il Re aveva fatti i preparamenti bisognevoli a mandare questo disegno ad esecuzione. Dover era stato spedito a Portsmouth con ordine di aver cura del Principe di Galles; e a Dartmouth, che ivi comandava la flotta, era stato ingiunto d'obbedire a Dover in tutto ciò che concernesse il regio infante, e di tenere prontissimo a far vela per la Francia, appena ricevutone l'avviso, un naviglio equipaggiato da marinaj fedeli. Il Re quindi mandò ordini positivi perchè lo infante fosse subito condotto al più vicino porto del continente. Dopo il Principe di Galles, il primo pensiero del Re era il Gran Sigillo. A questo simbolo della regia autorità i nostri giureconsulti hanno sempre attribuito una quasi misteriosa importanza. Ammettono che se il Cancelliere, senza licenza del Re, lo apponga ad un diploma di paría o a un decreto di grazia, quantunque ei si renda colpevole di grave delitto, il documento non può essere posto in questione da nessuna Corte di legge, e può essere annullato solo da un atto parlamentare. E' sembra che Giacomo paventasse che questo strumento della sua volontà potesse cadere nelle mani dei suoi nemici, i quali con esso potrebbero dare validità legale ad atti che lo avrebbero potuto gravemente danneggiare. Nè i suoi timori sono da reputarsi irragionevoli sempre che si rammenti che appunto cento anni più tardi il Gran Sigillo di un Re fu adoperato, con lo assenso dei Lord e dei Comuni, e con l'approvazione di molti incliti statisti e giureconsulti, a fine di trasferire al figliuolo le prerogative di lui. Perchè non si facesse abuso del talismano che aveva tanto formidabile potenza, Giacomo deliberò di tenerlo a brevissima distanza dal suo gabinetto. Per la qual cosa ingiunse a Jeffreys di sloggiare dalla casa da lui di recente edificata in Duke Street, e di risedere in un piccolo appartamento di Whitehall.

LXVI. Il Re aveva fatto ogni apparecchio a fuggire, allorquando un inatteso ostacolo lo costrinse a differire la esecuzione del proprio disegno. I suoi agenti in Portsmouth cominciarono a scrupoleggiare. Lo stesso Dover, ancorchè fosse uno della cabala gesuitica, mostrò segni di titubanza. Dartmouth era anche meno inchinevole ad obbedire alle voglie del Re. Fino allora s'era mantenuto fedele al trono, ed

aveva fatto il possibile, con una flotta disaffezionata e col vento contrario, per impedire che gli Olandesi sbarcassero in Inghilterra; ma era membro zelante della Chiesa stabilita, e in nessuna maniera partigiano della politica di quel governo ch'egli si reputava tenuto, per debito e per onore, a difendere. I torbidi umori degli ufficiali e degli altri uomini a lui sottoposti gli recavano non poca ansietà; ed era giunta opportuna ad alleggiargli l'animo la nuova della convocazione d'un libero Parlamento, e della nomina dei commissari a trattare col Principe d'Orange. La flotta ne fece clamoroso tripudio. Un indirizzo onde ringraziare il Re per queste generose concessioni fatte all'opinione pubblica fu scritto sul bordo della nave capitana. Lo ammiraglio fu il primo a firmare. Trentotto capitani, dopo lui, vi apposero i loro nomi. Mentre questo documento era recato a Whitehall, giunse a Portsmouth il messo che recava l'ordine di condurre in sull'istante il Principe di Galles in Francia. Dartmouth seppe, e ne provò amaro dolore e risentimento, il libero Parlamento, la generale amnistia, le pratiche coll'inimico, altro non essere che parte d'un grande inganno ordito contro la nazione, del quale inganno egli doveva essere complice. In una patetica ed animosa lettera dichiarò d'avere ormai obbedito fino al punto oltre il quale ad un protestante e ad un Inglese non era lecito andare. Porre lo erede presuntivo della corona britannica nelle mani di Luigi sarebbe stato niente meno che tradimento contro la monarchia; lo che avrebbe resa furibonda la nazione della quale il Sovrano aveva pur troppo perduto lo affetto. Il Principe di Galles non sarebbe mai più ritornato, o ritornerebbe condotto in Inghilterra da un'armata francese. Ove Sua Altezza rimanesse nell'isola, il peggio che sarebbe potuto accadere era di vederlo educare in seno alla Chiesa nazionale; e ch'egli fosse siffattamente educato doveva essere il desiderio d'ogni suddito leale. Dartmouth concludeva dichiarandosi pronto a rischiare la propria vita per la difesa del trono, ma protestava di non volere partecipare al trasferimento del Principe in Francia.
Questa lettera sconcertò tutti i disegni di Giacomo. S'accorse, inoltre, di non potere in questa circostanza aspettarsi obbedienza passiva dal suo ammiraglio: imperocchè Dartmouth era giunto fino a porre parecchie scialuppe alla bocca del porto di Portsmouth con ordine di non lasciar passare nessun legno senza prima esaminarlo. Era quindi necessario fare altri provvedimenti; era mestieri condurre il bambino a Londra, e da quivi mandarlo in Francia. A far ciò bisognava passassero alcuni giorni. Frattanto era d'uopo lusingare il popolo con la speranza d'un libero Parlamento e con la simulazione di trattare col Principe d'Orange. Furono quindi spediti i decreti per le elezioni. I trombetti andavano e venivano dalla metropoli al quartiere generale degli Olandesi. Infine giunsero i salvocondotti pei tre Commissari regi, i quali partirono pel campo nemico.
LXVII. Lasciarono Londra tremendamente agitata. Le passioni che pel corso di tre anni di perturbazioni, s'erano gradualmente rinvigorite, adesso, libere da ogni freno di timore, e stimolate dalla vittoria e dalla simpatia, mostravansi senza maschera perfino dentro la reggia. I Gran Giurati di Middlesex pronunciarono un atto d'accusa contro il Conte di Salisbury per avere abbracciato il papismo. Il Lord Gonfaloniere ordinò che le case dei cattolici romani nella Città venissero perquisite onde vedere se contenessero armi. La plebaglia irruppe nell'abitazione di un rispettabile mercatante cattolico, per sincerarsi s'egli avesse scavata una mina dalla sua cantina fino alla chiesa parrocchiale onde far saltare in aria il parroco e i congregati. I merciaioli per le vie gridavano vendendo satire contro Padre Petre, il quale s'era sottratto, e non quando era ancor tempo, dal suo appartamento in palazzo. La celebre canzone di Wharton con molti versi aggiunti cantavasi più che mai ad alta voce in tutte le strade della metropoli. Le stesse sentinelle che guardavano il palazzo cantavano sotto voce: «Gl'Inglesi bevono a confusione del Papismo, Lillibullero bullen a la.» Le tipografie clandestine di Londra lavoravano senza posa. Molti fogli correvano giornalmente per la città, nè i magistrati avevano modo o non volevano scoprire per quali mezzi.
LXVIII. Uno di questi scritti hanno salvato dall'oblio la singolare audacia onde era composto e lo immenso effetto che produsse. Simulava d'essere un supplemento al Manifesto del Principe d'Orange, scritto di suo pugno e munito del suo sigillo: ma lo stile era molto diverso da quello del Manifesto vero. Minacciava vendetta, senza riguardo alle costumanze dei popoli inciviliti e cristiani, contro tutti quei papisti che osassero parteggiare pel Re. Verrebbero trattati non come soldati o gentiluomini, ma come predoni. La ferocia e licenza dell'armata degli invasori che una vigorosa mano aveva fino allora rattenuti, sarebbe lasciata senza freno contro i papisti. I buoni protestanti, e in ispecie coloro che abitavano nella metropoli, venivano esortati, a nome di quanto avevano di più caro al mondo, e comandati, sotto pena dello sdegno del Principe, a prendere, disarmare e condurre in carcere i Cattolici loro vicini. Dicesi che questo documento una mattina fosse trovato da un libraio Whig all'uscio della sua bottega. Affrettossi a stamparlo. Molti esemplari ne furono spediti per la posta e

corsero rapidamente per le mani di tutti. Gli uomini savi non esitarono a reputarlo scrittura foggiata da qualche irrequieto e immorale avventuriere della razza di coloro che nei tempi torbidi sono sempre pronti ad eseguire i più vili e tenebrosi uffici delle fazioni. Ma la moltitudine restò presa all'amo. E veramente a tal punto era stato concitato il sentimento nazionale e religioso contro i papisti irlandesi, che la maggior parte di coloro, i quali non reputavano autentico quello scritto spurio, inclinavano ad applaudirlo come opportuno esempio di energia. Come si seppe che Guglielmo non ne era lo autore, tutti interrogavansi a vicenda chi fosse lo impostore che con tanta audacia e tanto effetto aveva presa la maschera di Sua Altezza. Alcuni sospettarono di Ferguson, altri di Johnson. Finalmente dopo ventisette anni Ugo Speke confessò d'averlo egli composto, e chiese alla Casa di Brunswick una rimunerazione per avere reso alla religione protestante un così segnalato servigio. Asserì, col tono di chi creda avere fatto cosa eminentemente virtuosa ed onorevole, che quando la invasione olandese aveva gettato Whitehall nella costernazione, egli s'era profferto alla Corte, e simulando rottura co' Whig, aveva promesso di spiarne i passi; che con tale mezzo era stato ammesso al cospetto del Re, aveva giurato fedeltà, gli era stata promessa pecunia in gran copia, e s'era procurato dei segnali con che poteva andare e venire nel campo nemico. Protestò di avere fatte tutte coteste cose col solo scopo di avventare senza sospetto un colpo mortale al Governo, e far nascere nel popolo un violento scoppio di sdegno contro i Cattolici Romani. Disse che il falso Manifesto era uno dei mezzi da lui divisati: ma è da dubitare se le sue pretensioni fossero bene fondate. Imperocchè indugiò tanto a dirlo da farci ragionevolmente sospettare ch'egli aspettasse la morte di chi poteva contradirgli; oltrechè non addusse altra testimonianza che la propria asserzione.
LXIX. Mentre le cose sopra narrate succedevano in Londra, ogni corriere postale da tutte le parti del Regno recava la notizia di qualche novella insurrezione. Lumley aveva presa Newcastle. Gli abitatori lo avevano accolto con gioia. La statua del Re, che sorgeva sopra un alto piedistallo di marmo, era stata rovesciata e gettata nel Tyne. Fu lungamente serbata in Hull la memoria del 3 dicembre, come giorno della presa della città. V'era un presidio sotto il comando di Lord Langdale cattolico romano. Gli ufficiali protestanti concertarono colla magistratura un piano d'insurrezione: Langdale e i suoi fautori furono arrestati; e i soldati e i cittadini si congiunsero a favore della religione protestante e d'un libero Parlamento.
Le contrade orientali erano anche esse insorte. Il Duca di Norfolk, seguito da trecento gentiluomini bene armati a cavallo, comparve nella vasta piazza di mercato in Norwich. Il Gonfaloniere e gli Aldermanni corsero a lui e promisero di collegarsi con lui contro il papismo e la tirannide. Lord Herbert di Cherbury e Sir Eduardo Harley presero le armi nella Contea di Worchester. Bristol, seconda città del reame, aprì le sue porte a Shrewsbury. Il Vescovo Trelawney, il quale nella Torre aveva disimparato affatto la dottrina della non resistenza, fu il primo a far plauso alla venuta delle truppe del Principe. Siffatti erano gli umori degli abitanti, che non s'era creduto necessario lasciare fra loro una guarnigione. La popolazione di Gloucester insorse e liberò di prigione Lovelace, il quale si vide tosto raccogliere dintorno un'armata irregolare. Alcuni dei suoi cavalieri avevano semplici cavezze invece di briglie. Molti dei suoi fanti per tutt'arme avevano bastoni. Ma queste schiere, comunque si fossero, marciarono senza contrasto traverso alle Contee già sì fide alla Casa Stuarda, e infine entrarono trionfanti in Oxford. Corsero loro incontro solennemente i magistrati. La stessa Università, esasperata dagli oltraggi dianzi sostenuti, era poco inchinevole a disapprovare la ribellione. Già alcuni dei capi dei Collegi avevano spedito un loro rappresentante per riferire al Principe d'Orange che essi di tutto cuore erano per lui, e pronti a fondere, ove bisognasse, le loro argenterie. Per lo che il condottiero Whig cavalcò per la città principale dei Tory fra le acclamazioni universali. Lo precedevano i tamburi sonando il Lillibullero. Gli teneva dietro una vasta onda di cavalli e di fanti. Tutta High Street era parata con drappi color d'arancio, imperocchè questo colore aveva già il doppio significato, che dopo centosessanta anni serba tuttavia, voglio dire per lo Inglese protestante era emblema di libertà civile e religiosa, pel Celta cattolico era simbolo di persecuzione e servaggio.
LXX. Mentre da ogni lato sorgevano nemici attorno al Re, gli amici sollecitamente lo abbandonavano. La idea della resistenza era divenuta famigliare a ciascuno. Molti che mostraronsi inorriditi allorchè ebbero la nuova delle prime diserzioni, adesso rimproveravano sè stessi d'essere stati così lenti a conoscere il tempo. Non v'era più ostacolo o periglio ad accorrere a Guglielmo. Il Re, chiamando la nazione ad eleggere i rappresentanti al Parlamento, aveva implicitamente autorizzato ognuno a recarsi dove avesse voti o interessi; e molti di que' luoghi erano già occupati dagl'invasori o dagli insorti. Clarendon ardentemente colse il destro di abbandonare il già cadente Sovrano. Sapeva d'averlo mortalmente offeso col suo discorso in Consiglio: e si sentì mortificato non vedendosi

nominare per uno dei tre regii Commissari. Egli aveva dei possessi nel Wiltshire. Deliberò di portare candidato per quella Contea il proprio figlio, quel desso della cui condotta egli aveva dianzi sentito dolore ed orrore; e sotto pretesto di badare alla elezione partì per il paese occidentale. Tosto gli tennero dietro il Conte d'Oxford, ed altri i quali fino allora avevano protestato di non avere nissuna relazione con la intrapresa del Principe.
Verso questo tempo gl'invasori, regolarmente, comechè con lentezza, procedendo, trovavansi a settanta miglia da Londra. Quantunque il verno fosse quasi a mezzo, il tempo era bello, il cammino piacevole; e i piani di Salisbury sembravano prati amenissimi a loro che s'erano affannati traverso alle fangose rotaje degli stradali di Devonshire e di Somersetshire. L'armata procedeva accanto a Stonehenge, e i reggimenti, l'uno dopo l'altro, stavansi a contemplare quelle misteriose rovine, famose per tutto il continente, come la più grande maraviglia della nostra isola. Guglielmo entrò in Salisbury con la stessa pompa militare con cui era entrato in Exeter, ed alloggiò nel palazzo, pochi giorni innanzi occupato dal Re.
Quivi al suo corteo si aggiunsero i Conti di Clarendon e d'Oxford ed altri cospicui personaggi, i quali fino a pochi giorni avanti erano considerati zelanti realisti. Van Citters arrivò anche egli al quartiere generale degli Olandesi. Per parecchie settimane egli era stato quasi prigione nella sua casa presso Whitehall, di continuo sorvegliato da spie che s'avvicendavano senza perderlo d'occhio un istante. Nondimeno, malgrado le spie, o forse per mezzo loro, gli era venuto fatto di sapere esattamente ciò che succedeva in palazzo; e adesso bene e copiosamente edotto degli uomini e delle cose, giunse al campo a giovare le deliberazioni di Guglielmo.
Fino a questo punto la impresa del Principe era proceduta prosperamente oltre le speranze dei più ardenti suoi fautori. E adesso, secondo la legge universale che governa le cose umane, la prosperità cominciò a produrre la disunione. Gl'Inglesi raccolti in Salisbury si scissero in due partiti. L'uno era composto di Whig, i quali avevano sempre considerato le dottrine della obbedienza passiva e dello incancellabile diritto ereditario come superstizioni servili. Molti di loro avevano passato degli anni in esilio; tutti erano stati esclusi da' favori della Corona. Adesso esultavano vagheggiando vicinissimo il giorno della grandezza e della vendetta. Ardenti di sdegno, inebriati di vittoria e di speranza, non volevano udire a parlare di patti. Null'altro fuorchè la detronizzazione del loro nemico gli avrebbe contentati: nè può negarsi che, ciò volendo, fossero a sè medesimi perfettamente coerenti. Nove anni innanzi avevano fatto ogni sforzo per escluderlo dal trono, perchè credevano ch'egli sarebbe verosimilmente stato cattivo Re. E però non era da sperarsi che lo lascerebbero volentieri sul trono dopo che lo avevano sperimentato Re oltre ogni ragionevole preveggenza cattivissimo.
Dall'altro canto non pochi dei fautori di Guglielmo erano Tory zelanti, i quali fino allora avevano professata la dottrina della non resistenza nella forma più assoluta, ma la cui fede in cotesta dottrina per un istante aveva ceduto alle irruenti passioni eccitate dalla ingratitudine del Re e dal pericolo della Chiesa. Per un vecchio Cavaliere non v'era condizione più tormentosa che quella di impugnare le armi contro il trono. Gli scrupoli che non gli avevano impedito dallo accorrere al campo degli Olandesi cominciarono, appena vi giunse, a straziargli crudelmente la coscienza, la quale lo faceva dubitare di avere commesso un delitto. In ogni evento s'era reso meritevole di rimprovero operando in diretta opposizione ai principii di tutta la sua vita. Sentiva invincibile avversione pei suoi nuovi collegati, gente, per quanto egli potesse rammentarsi, da lui sempre ingiuriata e perseguitata, cioè Presbiteriani, Indipendenti, Anabattisti, vecchi soldati di Cromwell, bravi di Shaftsbury, congiurati di Rye House, capitani della Insurrezione delle contrade occidentali. Naturalmente desiderava trovare qualche scusa che gli ponesse in pace la coscienza, lo liberasse dalla taccia d'incoerenza, e stabilisse una distinzione tra lui e la folla dei ribelli scismatici, da lui sempre spregiati e aborriti, ma coi quali egli adesso correva pericolo d'essere confuso. Per le quali cose protestava fervidamente contro ogni pensiero di strappare la corona da quella cervice resa sacra dal volere di Dio e dalle leggi del Regno. Il suo più caldo desiderio era di vedere una riconciliazione a patti non indecorosi alla dignità regia. Egli non era traditore; e a dir vero non opponeva resistenza all'autorità del Sovrano. Era corso alle armi perchè egli era convinto che il miglior servizio che si potesse rendere al trono era quello di redimere con una lievissima coercizione la Maestà Sua dalle mani dei pessimi consiglieri.
I mali, che la vicendevole animosità di queste fazioni tendeva a far nascere, furono in gran parte scansati per l'autorità e saggezza del Principe. Circuito da ardenti disputatori, officiosi consiglieri, abietti adulatori, spie vigilanti, maligni ciarlieri, rimaneva sempre tranquillo senza che altri potesse leggergli nel cuore. Potendo, taceva; costretto a parlare, il tono serio e imperioso con che significava le sue bene ponderate opinioni, faceva tosto ammutolire chiunque. Qualsivoglia cosa dicessero i suoi

troppo zelanti fautori, ei non profferì mai verbo che desse il minimo sospetto di ambire alla corona d'Inghilterra. Senza dubbio ben si accorgeva che fra lui e quella corona esistevano tuttavia parecchi ostacoli, i quali nessuna prudenza avrebbe potuto vincere, e potevano ad un solo passo falso diventare insormontabili. La sola probabilità ch'egli avesse di ottenere quello splendido premio non istava nello impossessarsene ruvidamente, ma nello aspettare fino a tanto che senza la minima apparenza di sforzo e d'astuzia lo conducessero al suo arcano scopo la forza delle circostanze, gli errori dei suoi avversari, e la libera elezione dei tre Stati del reame. Coloro che provaronsi d'interrogarlo, non riuscirono a saper nulla, e nondimeno non poterono accusarlo di simulazione. Egli tranquillamente li rimandava al suo Manifesto, assicurandoli che le sue mire non erano cangiate da poi che era stato scritto quel documento. Con tanta espertezza governava gli animi dei suoi partigiani, che pare la loro discordia gli rafforzasse, anzichè indebolirgli il braccio: ma la discordia scoppiava violentissima appena sottraevansi al freno di lui, sturbava l'armonia dei conviti, e non rispettava nè anche la santità della casa di Dio. Clarendon, il quale si studiava di nascondersi agli occhi altrui e a quelli della propria coscienza, affettando con ostentazione sentimenti di lealtà - prova manifesta della sua ribellione - raccapricciò vedendo alcuni dei suoi colleghi col bicchiere in mano schernire l'amnistia che il Re generosamente aveva offerta loro. Dicevano non aver bisogno di perdono: ma innanzi di finire, volevano ridurre il Re a domandare perdono a loro. Anche maggiormente impaurì e disgustò ogni buon Tory un fatto che accadde nella cattedrale di Salisbury. Appena il ministro che officiava cominciò a leggere la preghiera pel Re, Burnet, il quale fra i molti suoi pregi non annoverava la facoltà di sapere frenarsi e il senso delicato delle convenevolezze, essendo in ginocchioni, si alzò, si assise nel proprio stallo, e profferì alcune sprezzanti parole che sturbarono le divozioni degli astanti.
In breve le fazioni, onde era diviso il campo regio, ebbero occasione a misurare le proprie forze. I Commissari del Re erano già in viaggio. Erano corsi vari giorni dopo la loro nomina; e reputavasi strano che in un caso cotanto urgente indugiassero sì lungamente ad arrivare. Ma in verità nè Giacomo nè Guglielmo desideravano che le pratiche speditamente s'iniziassero; imperocchè l'uno bramava solo di acquistare il tempo bastevole a mandare in Francia la moglie e il figliuolo; e la posizione dell'altro si faceva ognora più vantaggiosa. Infine il Principe fece annunziare ai Commissari che gli avrebbe ricevuti in Hungerford. Probabilmente scelse questo luogo, perchè, ad uguale distanza da Salisbury e da Oxford, era bene adattato per un convegno dei suoi più importanti fautori. In Salisbury erano quei nobili e gentiluomini che lo avevano accompagnato da Olanda od erano corsi a trovarlo nelle contrade occidentali; ed in Oxford erano molti dei capi della insurrezione del paese settentrionale.
LXXI. In sul tardi, giovedì 6 dicembre, giunse a Hungerford. La piccola città fu tosto ripiena di persone d'alto grado e notevoli che vi accorrevano da diverse parti. Il Principe era scortato da un forte corpo di truppe. I Lord del settentrione conducevano seco centinaia di cavalieri irregolari, il cui equipaggio e modo di cavalcare moveva a riso coloro ch'erano assuefatti allo splendido aspetto ed agli esatti movimenti delle armate regolari.
Mentre il Principe rimaneva in Hungerford ebbe luogo un accanito scontro tra dugentocinquanta dei suoi e seicento Irlandesi che erano appostati in Reading. Gl'invasori in questo fatto fecero bella prova della superiorità della loro disciplina. Comechè fossero molto inferiori di numero, essi al primo assalto sgominarono le regie milizie, le quali corsero giù per le strade fino alla piazza di mercato. Quivi gl'Irlandesi tentarono di riordinarsi; ma vigorosamente aggrediti di fronte, mentre gli abitanti facevano fuoco dalle finestre delle case circostanti, tosto scoraronsi, e fuggirono perdendo la bandiera e cinquanta uomini. Dei vincitori solo cinque caddero morti. Ne gioirono tutti ugualmente i Lord e i Gentiluomini che seguivano Guglielmo; perocchè in quel fatto non accadde nulla che offendesse il sentimento nazionale. Gli Olandesi non avevano vinto gl'Inglesi, ma avevano soccorsa una città inglese a liberarsi dalla insopportabile dominazione degl'Irlandesi.
La mattina del sabato, 8 dicembre, i commissari del Re giunsero a Hungerford. Le Guardie del Corpo del Principe schieraronsi a riceverli con gli onori militari. Bentinck li accolse e propose loro di condurli immediatamente al cospetto del suo signore. Manifestarono la speranza che il Principe volesse accordar loro una udienza privata; ma fu loro risposto ch'egli era deliberato di ascoltarli e rispondere in pubblico. Furono introdotti nella sua camera da letto, dove lo trovarono fra mezzo a una folla di nobili e di gentiluomini. Halifax, cui il grado, la età, l'abilità davano il diritto di precedenza, prese a favellare. La proposta che i Commissari avevano ordine di fare era, che i punti di controversia fossero portati dinanzi al Parlamento, a convocare il quale già si stavano suggellando i decreti, e che in quel mentre l'armata del Principe si fermasse a trenta o quaranta miglia lontano da Londra. Halifax dopo

d'aver detto che questa era la base sopra cui egli e i suoi colleghi erano apparecchiati a trattare, pose nelle mani di Guglielmo una lettera del Re, e prese commiato. Guglielmo, schiusa la lettera, parve oltre l'usato commuoversi. Era la prima che ricevesse dal suocero dopo che erano in aperta rottura. Un tempo erano stati in buone relazioni e familiarmente carteggiavano; nè anco dopo che entrambi avevano cominciato a sospettarsi ed aborrirsi vicendevolmente s'erano astenuti nelle loro lettere da quelle forme di cortesia che comunemente adoperano le persone strettamente congiunte co' vincoli del sangue e del matrimonio. La lettera recata da' Commissari era scritta da un segretario in forma diplomatica e in lingua francese. «Ho avute molte lettere del Re,» disse Guglielmo, «ma tutte sempre in inglese e scritte di suo pugno.» Favellò con una sensibilità ch'egli era poco assuefatto a mostrare. Forse in quello istante pensava quanto rimprovero dovesse arrecare a lui e alla consorte, così a lui affettuosa, la sua intrapresa, comechè fosse giusta, benefica e necessaria. Forse rammaricavasi della durezza del destino, il quale lo aveva ridotto a una condizione tale ch'ei non poteva adempiere ai suoi doveri pubblici senza frangere i domestici vincoli, e invidiava lo avventuroso stato di coloro che non sono responsabili della salvezza delle nazioni e delle Chiese. Ma siffatti pensieri, se pure gli sorsero in mente, ei fermamente represse. Esortò i Lord e i Gentiluomini, da lui convocati in questa occasione, a consultare insieme, senza lo impaccio della sua presenza, intorno alla risposta da farsi al Re. Riserbossi non per tanto la potestà della decisione finale dopo avere ascoltati i loro consigli. Quindi lasciolli, e si ritirò a Littlecote Hall, magione rurale giacente a circa due miglia di distanza, e famosa fino ai tempi nostri non tanto per la sua veneranda architettura e i suoi begli arredi, quanto per un orribile e misterioso delitto ivi commesso nei tempi dei Tudor.
Innanzi che si allontanasse da Hungerford gli fu detto che Halifax aveva desiderato di abboccarsi con Burnet. In questo desiderio non era nulla di strano; imperocchè Halifax e Burnet avevano da lungo tempo avuto relazioni d'amicizia. E per vero dire non v'erano due uomini che così poco si rassomigliassero. Burnet era estremamente privo di delicatezza e di tatto. Halifax aveva delicatissimo gusto, e fortissima tendenza al dileggio. Burnet mirava ogni azione ed ogni carattere traverso a uno strumento scontorto e colorato dallo spirito di parte. La mente di Halifax inchinava a scoprire i falli dei suoi colleghi più presto che quelli degli avversari. Burnet, non ostante le sue debolezze e le vicissitudini d'una vita passata in circostanze non molto favorevoli alla pietà, era uomo sinceramente pio. Lo scettico e satirico Halifax aveva taccia d'incredulo. Halifax quindi aveva spesso provocato la sdegnosa censura di Burnet; e Burnet era spesso lo zimbello dei pungenti e gentili scherzi di Halifax. Nondimeno l'uno sentivasi vicendevolmente attirato verso l'altro, ne amava il conversare, ne pregiava l'abilità, liberamente ricambiava le opinioni e i buoni uffici in tempi pericolosi. Nondimeno Halifax adesso non desiderava rivedere il suo vecchio conoscente soltanto per riguardi personali. I Commissari erano di necessità ansiosi di sapere quale fosse il vero scopo del Principe. Aveva loro ricusato un colloquio privato; e poco poteva raccogliersi da ciò ch'egli potesse dire in una pubblica udienza. Quasi tutti i suoi confidenti erano uomini al pari di lui taciturni e impenetrabili. Il solo Burnet era ciarliero e indiscreto. E nondimeno le circostanze avevano fatto nascere il bisogno di fidarsi di lui; e Halifax con la sua squisita destrezza gli avrebbe indubitatamente tratto dalla bocca i secreti, agevolmente come le parole. Guglielmo sapeva tutto questo, e come gli fu detto che Halifax andava in cerca del dottore, non potè frenarsi dallo esclamare: «Se si uniranno insieme, e' vi sarà un bel pettegolezzo.» A Burnet fu inibito di vedere i Commissari in privato; ma con parole cortesissime gli fu detto che il Principe non aveva il più lieve sospetto della fedeltà di lui; e perchè non vi fosse cagione a dolersene, la inibizione fu generale.
LXXII. Quel dì i nobili e i gentiluomini, ai quali Guglielmo aveva chiesto consiglio, adunaronsi nella gran sala del principale albergo di Hungerford. Oxford presedeva, e le proposte del Re furono prese in considerazione. Tosto si conobbe che l'assemblea era divisa in due partiti, l'uno dei quali era bramoso di venire a patti col Re, l'altro ne voleva la piena rovina; ed erano i più. Ma fu notato che Shrewsbury, il quale a preferenza di tutti i Nobili d'Inghilterra supponevasi godere la confidenza di Guglielmo, quantunque fosse Whig, in questa occasione era coi Tory. Dopo molto contendere fu formulata la questione. La maggioranza opinò doversi rigettare le proposte che i regii Commissari avevano ordine di fare. La deliberazione dell'assemblea fu recata al Principe in Littlecote. In nessun'altra circostanza per tutto il corso della sua fortunosa vita egli mostrò maggiore prudenza e ritegno. Non poteva volere la buona riuscita dello accordo. Ma era tanto savio da conoscere, che ove le pratiche andassero a vuoto per cagione delle sue irragionevoli pretese, ei perderebbe il pubblico favore. E però, vinta la opinione dei suoi ardenti fautori, si dichiarò deliberatissimo a trattare sopra le basi proposte dal Re. Molti dei Lord e dei Gentiluomini radunati in Hungerford rimostrarono: litigarono un intero giorno:

ma Guglielmo rimase incrollabile nel suo proposito. Dichiarò di volere porre ogni questione nelle mani del Parlamento pur allora convocato, e di non procedere oltre a quaranta miglia da Londra. Dal canto suo fece certe domande che anche i meno inchinevoli a lodarlo reputarono moderate. Insistè perchè gli statuti vigenti rimanessero in vigore finchè venissero riformati dall'autorità competente, e perchè chiunque occupasse un ufficio senza i requisiti legali fosse quinci innanzi destituito. Dirittamente pensava che le deliberazioni del Parlamento non potevano procedere libere, se dovesse aprirsi circondato dai reggimenti irlandesi, mentre egli e la sua armata rimanevano lontani di parecchie miglia. Per lo che reputava necessario che, dovendo le sue truppe rimanersi a quaranta miglia da Londra dalla parte occidentale, le truppe del Re si dovessero ritirare ad uguale distanza dalla parte orientale. In tal guisa rimaneva attorno al luogo, dove le Camere dovevano adunarsi, un ampio cerchio di terreno neutrale, dentro cui erano due fortezze di grande importanza per la popolazione della metropoli; la Torre cioè, che signoreggiava le abitazioni, e Tilbury Fort che signoreggiava il commercio marittimo. Era impossibile lasciare questi due luoghi senza presidio. Guglielmo quindi propose che temporaneamente venissero affidati alla Città di Londra. Sarebbe forse convenevole, che il Re, apertosi il Parlamento, se ne andasse a Westminster con un corpo di guardie. In questo caso il Principe voleva il diritto di andarvi anch'egli con un eguale numero di soldati. Parevagli giusto, che, mentre rimanevano sospese le operazioni militari, ambedue le armate si considerassero come ai servigi della nazione inglese, e fossero pagate dall'entrate dell'Inghilterra. Da ultimo richiese alcune guarentigie perchè il Re non si giovasse dello armistizio per introdurre forze francesi nell'isola. Il punto di maggior pericolo era Portsmouth. Il Principe non insisteva che gli venisse data nelle mani questa importante fortezza, ma propose che, durante la tregua, fosse affidata al comando d'un ufficiale meritevole della fiducia sua e di Giacomo.

Le proposte di Guglielmo erano espresse con la dilicata equità convenevole meglio a un arbitro disinteressato il quale profferisca un giudizio, che ad un principe vittorioso il quale imponga condizioni ad un disastrato nemico. I partigiani del Re non ebbero nulla a ridire. Ma fra' Whig nacquero assai mormorazioni. Dicevano non volere riconciliazione col loro vecchio signore; reputarsi sciolti da ogni vincolo di fedeltà; non essere disposti a riconoscere l'autorità d'un Parlamento convocato con decreto di lui. Aggiungevano ch'essi non volevano armistizio, e non poteano intendere, che dovendo esservi un armistizio, fosse da concludersi a patti uguali. Per virtù di tutte le leggi della guerra il più forte aveva diritto a giovarsi della propria forza; e nella indole di Giacomo v'era egli nulla che giustificasse una tanto estraordinaria indulgenza? Coloro che siffattamente ragionavano, ben poco conoscevano da quale altezza e con che occhio veggente il condottiero da essi biasimato contemplasse la intera situazione della Inghilterra e dell'Europa. Anelavano a rovinare Giacomo, e però avrebbero voluto o ricusare di trattare con essolui a patti uguali, o imporgli condizioni insopportabilmente dure. Perchè il vasto e profondo disegno politico di Guglielmo non patisse detrimento era necessario che Giacomo ruinasse al precipizio, rigettando condizioni così ostentatamente liberali. L'esito delle cose provò la saviezza dei provvedimenti che la maggioranza degli Inglesi ragunati in Hungerford era inchinevole a condannare.

La domenica, 9 dicembre, le domande del Principe furono poste in iscritto e consegnate a Halifax. I Commissari desinarono in Littlecote, dove una splendida assemblea era stata invitata a incontrarli. L'antica sala, dalle cui pareti pendevano armature che avevano veduto la guerra delle Rose, e ritratti dei valorosi che erano stati ornamento della corte di Filippo e di Maria, era adesso ripiena di Pari e di Generali. In tanta folla potevano ricambiarsi brevi dimande e risposte senza farsi scorgere. Halifax colse il destro che gli si offrì primo, per conoscere ciò che Burnet sapeva o pensava. «Che intendete di fare?» chiese lo accorto diplomatico. «Desiderate di avere il Re nelle vostre mani?» - «Niente affatto» rispose Burnet; «non vogliamo fare il minimo male alla sua persona.» - «E ove se ne andasse?» soggiunse Halifax. «Non potremmo desiderare nulla di meglio» disse Burnet. Non v'è dubbio che Burnet, così favellando, esprimesse la opinione universale dei Whig nel campo del Principe. Tutti bramavano che Giacomo fuggisse dal paese: ma solo pochi dei più savi tra loro intendevano di quanta importanza fosse che la sua fuga venisse attribuita dalla nazione alla insania e ostinatezza di lui, e non ai duri trattamenti e a ben fondati timori. E' pare probabile che anche negli estremi cui egli era adesso ridotto, tutti i suoi nemici congiunti insieme non l'avrebbero potuto rovesciare, qualora egli non fosse stato il peggiore nemico di sè stesso: ma mentre i suoi Commissari affaticavansi a salvarlo, egli con ogni studio cercava di rendere vani gli sforzi loro.

I suoi disegni infine erano maturi per la esecuzione. Le pretese pratiche avevano risposto allo intento. Nel dì stesso in cui i tre Lord giunsero a Hungerford, il Principe di Galles arrivò a Westminster.

Avevano provveduto che passasse pel Ponte di Londra; ed alcune legioni irlandesi gli erano state spedite incontro a Southwark; ma vennero accolte da una gran folla di popolo con tale tempesta di fischi e di maledizioni, che esse reputarono prudente con tutta fretta ritirarsi. La povera creatura passò il Tamigi a Kingston, e fu condotta a Whitehall con tanta secretezza che molti la credevano tuttavia a Portsmouth.
LXXIII. Adesso il primo pensiero di Giacomo era quello di mandare il figlio e la moglie senza indugio fuori del Regno. Ma di chi fidarsi per eseguire la fuga? Dartmouth era il più leale dei Tory protestanti; e Dartmouth aveva ricusato. Dover era creatura dei Gesuiti: e anche Dover aveva esitato. Non era assai facile trovare un Inglese d'alto grado ed onore il quale si togliesse lo incarico di porre nelle mani del Re di Francia lo erede presuntivo della Corona d'Inghilterra.
In queste circostanze Giacomo pose gli occhi sopra un gentiluomo francese il quale allora dimorava in Londra, cioè Antonio Conte di Lauzun. È stato detto che la vita di costui fosse più strana d'un sogno. Nei suoi giovani anni era stato intimo collega di Luigi, ed aveva avuta speranza dei più alti impieghi sotto la Corona francese. Poi la fortuna volse la sua ruota. Luigi aveva con amari rimproveri allontanato da sè lo amico della sua giovinezza, e, dicesi, poco mancò non lo schiaffeggiasse. Il caduto cortigiano era stato rinchiuso in una fortezza: ma ne era uscito, aveva riacquistata la grazia del suo signore, ed acceso il cuore ad una delle più grandi dame d'Europa, cioè Anna Maria, figlia di Gastone Duca d'Orleans, nipote del Re Enrico IV, ed erede delle immense possessioni della Casa di Monpensier. I due amanti si volevano congiungere in matrimonio, che fu assentito dal Re. Per poche ore Lauzun fu considerato in Corte come membro adottivo della famiglia Borbone. La dote della Principessa poteva essere ambita anche da un Sovrano: tre grandi ducati, un principato indipendente con zecca e tribunali, ed una rendita superiore a quella del Regno di Scozia. Ma tanto splendido apparato in un istante svanì. Gli sponsali furono rotti. Lo amante per molti anni visse rinchiuso in un castello sulle Alpi. In fine Luigi divenne più mite. A Lauzun fu inibito di comparire al cospetto del Re, ma gli venne data libertà, lontano dalla Corte. Visitò la Inghilterra, e fu bene accolto da Giacomo e dal ceto elegante di Londra: imperciocchè in quel tempo i gentiluomini francesi venivano reputati per tutta Europa modelli di squisita educazione: e molti Cavalieri e Visconti, i quali non erano mai stati ammessi al cerchio di Versailles, erano oggetto di curiosità e di ammirazione in Whitehall. Lauzun quindi nelle presenti circostanze era l'uomo opportuno. Aveva animo e sentimento d'onore, era assuefatto a strane avventure, e con l'acutezza di mente e lo ironico dileggio d'un compíto uomo di mondo aveva forte propensione a farla da cavaliere errante. Lo amore di patria e i propri interessi lo persuadevano a addossarsi una commissione, dalla quale tutti i più fedeli sudditi della Corona inglese parevano aborrire. Come custode, in un pericoloso momento, della Regina della Gran Bretagna e del Principe di Galles, poteva onorevolmente ritornare al paese natio; e forse verrebbe nuovamente ammesso a vedere Luigi vestirsi e desinare, e dopo tante vicende, nel volgere degli anni suoi, si rimetterebbe forse in via di riacquistare con istrana guisa il regio favore.
Spinto da tali sentimenti Lauzun con ardore accettò l'alto incarico propostogli. Gli apparecchi per la fuga si fecero sollecitamente: fu ordinato che una nave stesse pronta a Gravesend: ma giungere a Gravesend non era agevole cosa. La città era in estremo concitamento. La minima cagione bastava a fare ragunare il popolo. Nessun forestiero poteva mostrarsi per le vie senza timore d'essere fermato, interrogato, e condotto dinanzi a un magistrato come fosse gesuita travestito. Era quindi necessario prendere la via lungo la sponda meridionale del Tamigi. Non fu trascurata nessuna cautela a evitare ogni sospetto. Il Re e la Regina, secondo il consueto modo, ritiraronsi per riposare. Quando per qualche tempo fu quiete universale in palazzo, Giacomo levatosi chiamò uno dei suoi servitori dicendogli; «Troverete un uomo alla porta dell'anticamera; conducetelo a me.» Il servo obbedì, e Lauzun fu introdotto nella stanza del regio talamo. «Affido a voi» disse Giacomo «la Regina e mio figlio; bisogna porre a rischio ogni cosa per condurli in Francia.» Lauzun con ispirito veramente cavalleresco rese grazie del pericoloso onore che Giacomo gli faceva, e chiese licenza di giovarsi dello aiuto del suo amico Saint-Victor gentiluomo provenzale, che aveva dato numerose prove di coraggio e di fede. Il Re accettò volentieri i servigi di un tanto uomo. Lauzun porse la mano a Maria; Saint-Victor inviluppò nel suo caldo pastrano lo sventurato erede di tanti Re: e scesi giù per una scala secreta, s'imbarcarono in una gondola scoperta. Ed era pur miserabile viaggio. La notte era nera; pioveva a dirotto; il vento mugghiava; le onde accavallavansi: alla perfine la barchetta giunse a Lambeth; e i fuggenti sbarcarono presso a una locanda dove stava ad aspettarli una carrozza. Corse qualche tempo innanzi di attaccare i cavalli. Maria, temendo d'essere riconosciuta, non volle entrare nella locanda, ma si rimase col figliuolo nelle braccia sotto la torre della Chiesa di Lambeth per ricoverarsi dalla

tempesta, tremando ogni volta che il mozzo di stalla le si avvicinava con la lanterna. Era accompagnata da due donne, l'una delle quali aveva l'ufficio di allattare il Principe, l'altra quello di vegliarlo alla culla; ma potevano essere di poca utilità alla loro signora, come quelle che erano straniere, mal potevano parlare l'inglese, e tremavano sotto la rigida sferza del clima d'Inghilterra. L'unica consolazione fu quella che lo infante era di buona salute e non pianse punto. La carrozza finalmente si mosse. Saint-Victor la seguiva a cavallo. I fuggenti giunsero sani e salvi a Gravesend, e s'imbarcarono nella nave che li aspettava. Vi trovarono Lord Powis con sua moglie. V'erano anco tre ufficiali irlandesi. Costoro erano stati spediti colà, onde, nascendo un caso disperato, soccorressero Lauzun; poichè non reputavasi punto impossibile che il capitano della nave si scoprisse infido: ed erano stati dati ordini di pugnalarlo al minimo sospetto di tradigione. Nulladimeno non fu necessario appigliarsi ad alcun violento partito. La nave, spinta da prospero vento, scese giù pel fiume; e Saint-Victor, avendola veduta far vela, ritornò spronando il cavallo per recare la lieta nuova a Whitehall.
La mattina del lunedì, 10 dicembre, il Re seppe che la moglie ed il figliuolo avevano intrapreso il loro viaggio con molta probabilità di giungere al luogo dove erano diretti. Verso quel tempo arrivò a Whitehall un messo con dispacci da Hungerford. Se Giacomo avesse avuto un poco più di discernimento, e un poco meno di ostinazione, que' dispacci lo avrebbero indotto a considerare nuovamente i propri disegni. I Commissari mandavano lettere piene di speranza. I patti proposti dal vincitore erano stranamente liberali. Il Re stesso non potè frenarsi dal dire che erano più favorevoli di quel che si sarebbe aspettato. Certo egli avrebbe potuto non senza ragione sospettare che fossero stati fatti con intendimento non amichevole: ma ciò non importava nulla; imperocchè, sia che fossero offerti con la speranza che accettandoli egli ponesse i fondamenti d'una felice riconciliazione, sia, come è più probabile, con la speranza che rigettandoli sarebbe comparso alla nazione estremamente irragionevole e incorreggibile, il modo di condursi era al pari evidente. In entrambi i casi la sua politica era quella di accettarli senza il menomo indugio e fedelmente osservarli.
LXXIV. Ma tosto fu chiaro che Guglielmo aveva profondamente conosciuta l'indole dell'uomo col quale egli aveva da fare, e nell'offrire que' patti che i Whig in Hungerford avevano biasimati come troppo indulgenti, non aveva rischiato nulla. La solenne commedia, onde il pubblico era stato tenuto a bada fino dalla ritirata dello esercito regio da Salisbury, fu prolungata anche per poche ore. Tutti i Lord che trovavansi ancora nella metropoli furono invitati al palazzo per udire in che stato erano le pratiche aperte per loro consiglio. Fu stabilita un'altra ragunanza di Pari pel dì susseguente. Al Lord Gonfaloniere e agli Sceriffi di Londra fu anche intimato di recarsi presso il Re. Gli esortò ad adempiere con energia i loro doveri, e confessò come egli avesse creduto utile mandare la moglie e il figlio fuori del paese, ma gli assicurò ch'ei rimarrebbe al suo posto. Mentre egli profferiva questa menzogna indegna d'un uomo e d'un Re, rimaneva fermissimo nel proposito di partirsi innanzi l'alba del prossimo giorno. E difatti aveva già affidati i più preziosi dei suoi arredi a vari ambasciatori stranieri. Le sue più importanti scritture erano state depositate nelle mani del Ministro Toscano. Ma innanzi d'accingersi alla fuga rimaneva anco qualche altra cosa a farsi. Il tiranno gioiva del pensiero di vendicarsi d'un popolo aborrente dal dispotismo, rovesciandogli sul capo tutti i mali dell'anarchia. Comandò che il Gran Sigillo e i decreti per la convocazione del Parlamento fossero recati alle sue stanze. Tutti i decreti che potè avere in mano egli gettò nel fuoco. Quelli ch'erano stati spediti annullò con una scrittura stesa in forma legale. A Feversham scrisse una lettera, che aveva sembianza di comando, ingiungendogli di sciogliere lo esercito. Non ostante il Re seguitava a nascondere anche ai suoi principali ministri la intenzione di fuggire. Sul punto di ritirarsi esortò Jeffreys a trovarsi la dimane a buon'ora nel gabinetto; e mentre stava per entrare a letto susurrò all'orecchio di Mulgrave dicendo che le nuove giunte da Hungerford erano sodisfacenti. Ciascuno si ritirò, tranne il duca di Northumberland. Questo giovane, figlio naturale di Carlo II, partoritogli dalla Duchessa di Cleveland, comandava una compagnia di Guardie del Corpo, ed era Lord Ciamberlano. E' pare essere costumanza di Corte che, assente la Regina, un Ciamberlano dormisse in un lettuccio nella camera del Re; e quella sera ciò toccava a Northumberland. LXXV. Alle ore tre della mattina, martedì 11 dicembre, Giacomo levossi, prese in mano il Gran Sigillo, fece comandamento a Northumberland di non aprire l'uscio avanti l'ora consueta, e disparve per un andito secreto, probabilmente lo stesso pel quale Huddleston era stato introdotto al letto del moribondo Carlo. Sir Eduardo Hales stavasi ad aspettare con una carrozza d'affitto. Giacomo fu condotto a Millbank, dove traversò con un navicello il Tamigi. Presso Lambeth gettò nelle onde il Gran Sigillo, che molti mesi dopo venne per avventura tratto fuori da un pescatore che trovollo nella sua rete.
Sbarcò a Wauxhall, dove era pronto un cocchio, e immediatamente prese la via di Sheerness, dove

una barca della dogana aveva ordine di aspettare il suo arrivo.

CAPITOLO DECIMO.

I. Si sparge la nuova della fuga di Giacomo; grande agitazione. - II. I Lord si radunano in Guildhall - III. Tumulti in Londra. - IV. La casa dello Ambasciatore di Spagna è saccheggiata. - V. Arresto di Jeffreys. - VI. La Notte Irlandese - VII. Il Re è arrestato presso Sheerness. - VIII. I Lord ordinano che sia posto in libertà. - IX. Imbarazzo di Guglielmo. - X. Arresto di Feversham; arrivo di Giacomo a Londra. - XI. Consulta tenuta in Windsor. - XII. Le truppe olandesi occupano Whitehall. - XIII. Messaggio del Principe a Giacomo. - XIV. Giacomo parte per Rochester. - XV. Arrivo di Guglielmo al Palazzo San Giacomo. - XVI. Lo consigliano ad assumere la Corona per diritto di conquista. - XVII. Egli convoca i Lord e i Membri dei Parlamenti di Carlo II. - XVIII. Giacomo fugge da Rochester. - XIX. Discussioni e determinazioni dei Lord. - XX. Discussioni e determinazioni dei Comuni convocati dal Principe. - XXI. Si convoca una Convenzione; sforzi del Principe per ristabilire l'ordine. - XXII. Sua politica tollerante. - XXIII. Satisfazione dei potentati cattolici romani; pubblica opinione in Francia. - XXIV. Accoglienze fatte alla Regina d'Inghilterra in Francia. - XXV. Arrivo di Giacomo a Saint-Germain. - XXVI. Pubblica opinione nelle Province Unite - XXVII. Elezione dei Membri della Convenzione. - XXVIII. Affari di Scozia. - XXIX. Partiti in Inghilterra. - XXX. Disegno di Sherlock - XXXI. Disegno di Sancroft. - XXXII. Disegno di Danby. - XXXIII. Disegno dei Whig. La Convenzione si aduna; membri principali della Camera dei Comuni. - XXXIV. Elezione del Presidente - XXXV. Discussione sopra le condizioni della nazione. - XXXVI. Deliberazione che dichiara vacante il trono. È spedita alla Camera dei Lord; Discussione nella Camera dei Lord intorno al disegno di nominare una reggenza. - XXXVII. Scisma tra i Whig e i seguaci di Danby. - XXXVIII. Adunanza in casa del Conte di Devonshire. - XXXIX. Discussione nella Camera dei Lord intorno alla questione se il trono debba considerarsi come vacante. La maggioranza nega. - XL. Agitazione in Londra. - XLI. Lettera di Giacomo alla Convenzione. - XLII. Discussioni; Negoziati; Lettera del Principe d'Orange a Danby. - XLIII. La principessa Anna aderisce al disegno dei Whig. - XLIV. Guglielmo manifesta i proprii pensieri. - XLV. Conferenza delle due Camere. - XLVI. I Lord cedono. - XLVII. Proposta di nuove Leggi per la sicurezza della Libertà. - XLVIII. Dispute e Concordia. - XLIX. La Dichiarazione dei Diritti. - L. Arrivo di Maria. - LI. Offerta ed accettazione della Corona. - LII. Guglielmo e Maria vengono proclamati. - LIII. Indole speciale della Rivoluzione inglese.

I. Northumberland ubbidì fedelmente al comando, e non aprì l'uscio del regio appartamento se non a giorno chiaro. L'anticamera era piena di cortigiani venuti a complire il Re all'alzarsi da letto, e di Lord chiamati a consiglio. La nuova della fuga di Giacomo in un istante volò dalla reggia alle strade, e tutta la metropoli ne rimase commossa.
E' fu un terribile momento. Il Re se n'era andato; il Principe non ancora giunto; non era stata istituita una Reggenza; il Gran Sigillo, essenziale all'amministrazione della ordinaria giustizia, era scomparso. Presto si seppe che Feversham, ricevuta la lettera del Re, aveva subitamente disciolto lo esercito. Quale rispetto per le leggi e la proprietà potevano avere i soldati in armi e raccolti, senza il freno della disciplina militare, e privi delle cose necessaria alla vita? Dall'altro canto la plebe di Londra da parecchi giorni mostravasi fortemente inchinevole al tumulto ed alla rapina. La urgenza del caso congiunse per breve tempo tutti coloro ai quali importava la pubblica quiete. Rochester aveva fino a quel giorno fermamente aderito alla causa regia. Adesso conobbe non esservi che una sola via per evitare lo universale scompiglio. «Congregate le vostre guardie» disse egli a Northumberland, «e dichiaratevi pel Principe d'Orange.» Northumberland seguì prontamente il consiglio. I precipui ufficiali dello esercito che allora trovavansi in Londra convennero a Whitehall, e deliberarono di sottoporsi alle autorità di Guglielmo, e finchè conoscessero la volontà di lui, tenere sotto disciplina i loro soldati, ed assistere la potestà civile onde mantenere l'ordine.
II. I Pari recaronsi a Guildhall, e dai magistrati della città vi furono ricevuti con tutti gli onori. A rigore di legge i Pari non avevano maggior diritto che ogni altra classe di persone ad assumere il potere esecutivo. Ma egli era alla pubblica salvezza necessario un governo provvisorio; e gli occhi di tutti naturalmente volgevansi ai magnati ereditari del Regno. La gravità del pericolo trasse Sancroft fuori dal suo palazzo. Occupò il seggio; e, lui presidente, il nuovo Arcivescovo di York, cinque Vescovi, e ventidue Lord secolari, deliberarono di comporre, sottoscrivere e pubblicare un Manifesto. In questo documento dichiararono di aderire fermamente alla religione e alla costituzione del paese; aggiunsero

che avevano vagheggiata la speranza di vedere raddrizzati i torti e ristabilita la pubblica quiete dal Parlamento pur allora convocato dal Re; ma tale speranza rimaneva distrutta dalla sua fuga. Per lo che avevano deliberato di congiungersi col Principe d'Orange onde rivendicare le patrie libertà, assicurare i diritti della Chiesa, accordare una giusta libertà di coscienza ai dissenzienti e rafforzare in tutto il mondo gl'interessi del protestantismo. Fino allo arrivo di Sua Altezza essi erano pronti ad assumere la responsabilità di prendere i provvedimenti necessari alla conservazione dell'ordine. Sull'istante fu spedita una deputazione a presentare il predetto Manifesto al Principe, ed annunziargli ch'egli era impazientemente aspettato a Londra.
I Lord quindi si posero a pensare intorno ai modi di prevenire ogni tumulto. Fecero chiamare i due Segretari di Stato. Middleton ricusò di ubbidire a quella ch'egli considerava autorità usurpata: ma Preston, ancora attonito per la fuga del suo signore, e non sapendo che cosa aspettarsi, obbedì alla chiamata. Un messaggio fu mandato a Skelton Luogotenente della Torre, perchè si presentasse in Guildhall. Andatovi, gli fu detto non esservi più oltre mestieri dei suoi servigi, e però consegnasse immediatamente le chiavi. Gli fu sostituito Lord Lucas. Nel tempo stesso i Pari ordinarono che si scrivesse a Darthmouth ingiungendogli d'astenersi da ogni atto ostile contro la flotta olandese, e di licenziare tutti gli ufficiali papisti a lui sottoposti.
La parte che in cotesti procedimenti ebbero Sancroft ed altri che fino a quel giorno si erano mantenuti strettamente fedeli al principio della obbedienza passiva, è degna di speciale considerazione. Usurpare il comando delle forze militari e navali dello Stato, destituire gli ufficiali preposti dal Re al comando dei suoi castelli e navigli, e inibire allo ammiraglio di dare battaglia ai nemici di lui, erano niente meno che atti di ribellione. E nonostante vari Tory abili ed onesti, seguaci della scuola di Filmer, erano persuasi di poter fare tutte le sopra dette cose senza incorrere nella colpa di resistere al loro Sovrano. Il loro argomentare era per lo meno ingegnoso. Dicevano, il Governo essere ordinato da Dio, e la monarchia ereditaria eminentemente ordinata da Dio. Finchè il Re comanda ciò che è legittimo, noi siamo tenuti a prestargli obbedienza attiva; comandando ciò che è illegittimo, obbedienza passiva. Non vi è caso estremo che ne possa giustificare ad opporci a lui con la forza. Ma ove a lui piaccia di deporre il suo ufficio, egli perde ogni diritto sopra di noi. Finchè ci governa, quantunque ci governi male, siamo obbligati a chinare la fronte; ma ricusando egli di governarci in veruna maniera, non siamo tenuti a rimanere perpetuamente privi di governo. L'anarchia non è ordinamento di Dio; nè egli ci ascriverà a peccato se nel caso che un principe, il quale in onta a gravissime provocazioni non abbiamo cessato mai di onorare e obbedire, si parta senza che noi sappiamo dove, non lasciando un suo vicario, ci apprendiamo al solo partito che ci rimanga a impedire la dissoluzione della società. Se il nostro Sovrano fosse rimasto fra noi, noi saremmo pronti, per quanto poco egli meritasse il nostro affetto, a morire ai suoi piedi. Se, lasciandoci, avesse nominato una reggenza per governarci con autorità delegatale durante la sua assenza, noi ci saremmo rivolti a tale reggenza soltanto. Ma egli è scomparso senza lasciare nessun provvedimento per la conservazione dell'ordine o per l'amministrazione della giustizia. Con lui e col suo Gran Sigillo è sparita tutta la macchina per mezzo della quale si possa punire un assassino, decidere del diritto di proprietà, distribuire ai creditori i beni d'un fallito. Il suo ultimo atto è stato di sciogliere migliaia d'uomini armati dal freno della disciplina militare, e porli in condizioni o di saccheggiare o di morire di fame. Fra poche ore ciascun uomo s'armerà contro il suo prossimo. La vita, gli averi, l'onore delle donne saranno in balía di ogni uomo sfrenato. Noi adesso ci troviamo in quello stato di natura intorno al quale i filosofi hanno scritto cotanto; nel quale stato siamo posti non per colpa nostra, ma per volontario abbandono di colui che avrebbe dovuto essere nostro protettore. Il suo abbandono può dirittamente chiamarsi volontario: imperocchè nè la vita nè la libertà sue erano in periglio. I suoi nemici già avevano consentito ad aprire pratiche d'accordo sopra una base proposta da lui stesso, ed eransi offerti a sospendere immediatamente le ostilità a patti che egli non negava essere liberali. In tali circostanze egli ha disertato il suo posto. Noi non facciamo la minima ritrattazione; non siamo in cosa alcuna incoerenti. Ci manteniamo tuttavia fermi senza modificazione nelle nostre vecchie dottrine. Seguitiamo a credere che in qualunque caso è peccato resistere al magistrato; ma affermiamo che adesso non vi è verun magistrato cui resistere. Colui che era magistrato, dopo d'avere per lungo tempo fatto abuso della propria potestà, ha abdicato da sè. Lo abuso non ci dava diritto a deporlo: ma l'abdicazione ci dà diritto a provvedere al miglior modo di supplire al suo ufficio.
III. Per cosiffatte ragioni il partito del Principe si accrebbe di molti che per l'innanzi s'erano tenuti in disparte. A memoria d'uomo non era mai stata, come in quella congiuntura, una quasi universale concordia fra gl'Inglesi; e mai quanto allora v'era stato sì grande bisogno di concordia. Non v'era più

alcuna autorità legittima. Tutte le tristi passioni che il Governo ha debito d'infrenare, e che i migliori Governi imperfettamente infrenano, trovaronsi in un subito sciolte d'ogni ritegno; l'avarizia, la licenza, la vendetta, il vicendevole odio delle sètte, il vicendevole odio delle razze. In simiglianti casi avviene che le belve umane, le quali, abbandonate dai ministri dello Stato e della religione, barbare fra mezzo alla città, pagane fra mezzo al cristianesimo, brulicano tra ogni fisica e morale bruttura nelle cantine e nelle soffitte delle grandi città, acquistino a un tratto terribile importanza. Così fu di Londra. Allo avvicinarsi della notte - per avventura la più lunga notte dell'anno - eruppero da ogni spelonca di vizio, dalle taverne di Hockley e dal laberinto d'osterie e di bordelli nel quartiere di Friars, migliaia di ladroncelli e di ladroni, di borsaiuoli e di briganti. A costoro mescolaronsi migliaia d'oziosi giovani di bottega, i quali ardevano solo della libidine di tumultuare. Perfino uomini pacifici ed onesti erano spinti dall'animosità religiosa a congiungersi con la sfrenata plebaglia: imperocchè il grido di «Giù il Papismo,» grido che aveva più volte messa a repentaglio la esistenza di Londra, era il segnale dell'oltraggio e della rapina. Primamente la canaglia gettossi sopra le case appartenenti al culto cattolico. Gli edifici furono atterrati. Banchi, pulpiti, confessionali, breviari furono accatastati ed arsi. Un gran monte di libri e di arredi era in fiamme presso il convento di Clerkenwell. Un'altra catasta bruciava innanzi le rovine del convento dei Francescani in Lincoln's Inn Fields. La cappella in Lime Street, la cappella in Bucklersbury, furono smantellate. Le dipinture, le immagini, i crocifissi vennero condotti trionfalmente per le vie al lume delle torce divelte dagli altari. La processione pareva una selva di spade e di bastoni, e in cima ad ogni spada e bastone era fitta una melarancia. La stamperia reale, donde nei precedenti tre anni erano usciti innumerevoli scritti in difesa della supremazia del Papa, del culto delle immagini, e dei voti monastici, per adoperare una grossolana metafora che allora per la prima volta cominciò ad usarsi, fu sventrata. La vasta provigione di carta, che in gran parte non era lordata dalla stampa, apprestò materia ad un immenso falò. Da' monasteri, dai templi, dai pubblici uffici la furibonda moltitudine si volse alle private abitazioni. Parecchie case furono saccheggiate e distrutte: ma la pochezza del bottino non appagando i saccheggiatori, tosto si sparse la voce che le cose più preziose dei papisti erano state poste al sicuro presso gli ambasciatori stranieri. Nulla importava alla selvaggia e stolta plebaglia il diritto delle genti e il rischio di provocare contro la patria la vendetta di tuttaquanta l'Europa. Le case degli ambasciatori furono assediate. Una gran folla si raccolse dinanzi la porta di Barillon in Saint James's Square. Ei nondimeno si condusse meglio di quel che si sarebbe creduto. Imperocchè, quantunque il Governo da lui rappresentato fosse tenuto in aborrimento, la liberalità sua nello spendere e la puntualità nel pagare lo avevano reso bene affetto al popolo. Inoltre egli aveva presa la precauzione di chiedere parecchi soldati a guardia della sua casa: e perchè vari uomini d'alto grado che abitavano vicino a lui, avevano fatto lo stesso, una forza considerevole si raccolse in quella piazza. La tumultuante plebe quindi, assicuratasi che sotto il tetto di Barillon non v'erano nascosti nè armi nè preti, cessò di molestarlo e ne andò via. Lo ambasciatore veneto fu protetto da una compagnia militare: ma le magioni dove abitavano i ministri dello Elettore Palatino e del Granduca di Toscana, furono distrutte. Una preziosa cassetta il Ministro Toscano riuscì a salvare dalle mani dei facinorosi. Vi si contenevano nove volumi di memorie scritte di mano propria da Giacomo. I quali volumi, pervenuti a salvamento in Francia, dopo lo spazio di cento e più anni, perirono fra le stragi d'una rivoluzione assai più formidabile di quella dalla quale erano scampati. Ma ne rimangono tuttavia alcuni frammenti, che, comunque gravemente mutili e incastrati in una farragine di fanciullesche finzioni, sono ben meritevoli d'attento studio.

IV. Le ricche argenterie della Cappella Reale erano state depositate in Wild House presso Lincoln's Inn Fields, dove abitava Ronquillo ambasciatore di Spagna. Ronquillo, sapendo ch'egli e la sua Corte non avevano male meritato della nazione inglese, non aveva creduto necessario chiedere dei soldati: ma la marmaglia non era in umore da fare sottili distinzioni. Il nome di Spagna da lungo tempo richiamava alla mente degli Inglesi la idea della Inquisizione, dell'Armada, delle crudeltà di Maria, e delle congiure contro Elisabetta. Ronquillo dal canto suo s'era acquistato di molti nemici fra il popolo, giovandosi del suo privilegio per non pagare i suoi debiti. E però la sua casa fu saccheggiata senza misericordia; ed una pregevole biblioteca da lui raccolta rimase preda delle fiamme. Il solo conforto ch'egli ebbe in tanto disastro fu di potere salvare dalle mani degli aggressori l'ostia santa che era nella sua cappella.
La mattina del dì 12 dicembre sorse in assai lugubre aspetto. La metropoli in molti luoghi presentava lo spettacolo d'una città presa d'assalto. I Lord ragunaronsi in Whitehall e fecero ogni sforzo per ristabilire la quiete. Le milizie civiche furono chiamate alle armi. Un corpo di cavalleria fu tenuto pronto a disperdere i tumultuosi assembramenti. Ai governi stranieri fu pe' gravi insulti data quella soddisfazione che si potè maggiore in quel momento. Fu promesso un premio a chiunque scoprisse le

robe rapite in Wild House; e Ronquillo al quale non era rimasto un solo letto o un'oncia d'argento, fu splendidamente alloggiato nel deserto palagio dei Re d'Inghilterra. Gli fu apprestata una sontuosa mensa; e gli ufficiali della Guardia Palatina ebbero ordine di stare nella sua anticamera come costumavasi fare col Sovrano. Tali segni di rispetto abbonirono il puntiglioso orgoglio della Corte Spagnuola, e tolsero ogni pericolo di rottura.
V. Ad ogni modo, non ostante i bene intesi sforzi del Governo Provvisorio, l'agitazione facevasi ognora più formidabile. La fu accresciuta da un caso che anche oggi dopo tanto tempo non può narrarsi senza provare il piacere della vendetta. Uno speculatore che abitava in Wapping, e trafficava prestando ai marini del luogo pecunia ad usura, aveva tempo innanzi prestato una somma, prendendo ipoteca sul carico d'una nave. Il debitore ricorse al tribunale detto d'Equità, per essere sciolto dalla sua obbligazione; e la causa fu portata dinanzi a Jeffreys. Lo avvocato del debitore avendo poche ragioni da allegare, disse che il prestatore era un barcamenante. Il Cancelliere, appena udito ciò, si accese di rabbia. «Un barcamenante! dove è egli? Ch'io lo veda. Ho sentito parlare di quella specie di mostro. A che si assomiglia egli?» Lo sventurato creditore fu costretto a comparire. Il Cancelliere gli rivolse ferocissimo lo sguardo, inveì contro lui, e cacciollo via mezzo morto dallo spavento. «Finchè avrò vita» disse il povero uomo uscendo barcollante dalla corte, «non dimenticherò mai quel terribile aspetto.» Ma finalmente era per lui arrivato il giorno della vendetta. Il barcamenante passeggiava per Wapping, allorquando gli parve di conoscere il riso d'un uomo il quale faceva capolino dalla finestra d'una birreria. Non poteva ingannarsi. Aveva rasi i sopraccigli; vestiva l'abito di un marinajo di Newcastle ed era coperto di polve di carbone: ma il selvaggio occhio e la bocca di Jeffreys non erano tali da non riconoscersi. Fu dato l'allarme. In un istante la birreria fu circondata da centinaia di popolani che imprecando scuotevano i loro bastoni. Il fuggitivo Cancelliere ebbe salva la vita da una compagnia della milizia civica; e fu condotto dinanzi al Lord Gonfaloniere. Questi era uomo semplice, vissuto sempre nella oscurità, e adesso trovandosi attore importante in una grande rivoluzione, s'era sentito venire il capogiro. Gli avvenimenti delle ventiquattro ore decorse, e lo stato pericoloso della Città alle sue cure affidata, lo avevano perturbato di mente e di corpo. Allorchè il grande uomo, al cui cipiglio, pochi giorni avanti, aveva tremato l'intero Regno, fu tratto al tribunale, bruttato di ceneri, mezzo morto di spavento e seguito da una rabbiosa moltitudine, si accrebbe oltre ogni credere l'agitazione del male arrivato Gonfaloniere. Convulso e fuori di sè fu trasportato a letto, donde non sorse più. Intanto la folla di fuori cresceva sempre, e orribilmente tempestava. Jeffreys pregò d'essere menato in prigione. Si ottenne a tale effetto un ordine dei Lord che sedevano in Whitehall; ed ei fu condotto in una carrozza alla Torre. Procedeva scortato da due reggimenti della milizia civica, i quali non senza difficoltà potevano frenare il popolo. Più volte si videro nella necessità di ordinarsi come se avessero a sostenere un assalto di cavalleria, e di presentare una selva di picche alla irrompente plebe. La quale vedendo rapirsi la vendetta teneva dietro al cocchio con urli di rabbia fino alla porta della Torre, brandendo bastoni e scuotendo capestri agli occhi del prigioniero. Lo sciagurato intanto tremava di spavento; arrostava le mani, affacciavasi con occhi stralunati ora a questo ora a quello degli sportelli, e fra il tumulto si udiva gridare: «Teneteli lontani, o signori! Per l'amore di Dio, teneteli lontani!» Infine dopo aver provate amarezze maggiori di quelle della morte, fu in sicurtà alloggiato nella fortezza, dove alcune delle sue più illustri vittime avevano passati gli estremi giorni della loro vita, e dove egli fu destinato a finire la sua con inenarrabile ignominia ed orrore.
In tutto questo tempo si cercarono diligentemente i preti cattolici romani. Molti vennero arrestati. Due Vescovi, cioè Ellis e Leyburn, furono mandati a Newgate. Il Nunzio che aveva poca ragione a sperare che la moltitudine rispettasse il suo carattere sacerdotale e politico, fuggì travestito da servitore fra la gente del Ministro di Savoja.
VI. Un altro giorno di agitazione e di terrore si chiuse, e fu seguito dalla più strana e terribile notte che fosse mai stata in Inghilterra. Sul far della sera la plebaglia aggredì una magnifica casa pochi mesi avanti edificata per Lord Powis, la quale nel regno di Giorgio II era residenza del Duca di Newcastle, e che si vede anche oggi all'angolo tra ponente e tramontana di Lincoln's Inn Fields. Vi furono mandati alcuni soldati: la plebaglia fu dispersa, la quiete sembrava ristabilita, e i cittadini se ne tornavano in pace alle proprie case, quando sorse un bisbiglio che in un momento divenne tremendo clamore, ed in un'ora da Piccadilly giunse a Whitechapel e si sparse per tutta la metropoli. Dicevasi che gl'Irlandesi lasciati senza freno da Feversham marciavano alla volta di Londra facendo strage d'ogni uomo, donna e fanciullo che incontrassero per via. All'una ora della mattina i tamburi della milizia civica suonavano all'arme. In ogni dove le donne atterrite piangevano ed arrostavano le mani, mentre i padri e i mariti loro armavansi per uscire a combattere. Prima delle ore due la metropoli presentava un aspetto sì

bellicoso che avrebbe potuto atterrire un'armata regolare. A tutte le finestre vedevansi i lumi. I luoghi pubblici risplendevano come se fosse pieno giorno. Le grandi vie erano asserragliate. Venti e più mila picche ed archibugi fiancheggiavano le strade. L'ultima alba del solstizio d'inverno trovò tutta la città ancora in armi. Pel corso di molti anni i Londrini serbarono viva ricordanza di quella ch'essi chiamavano la Notte Irlandese. Come si seppe non esservi nessuna cagione di timore, il Governo cercò studiosamente d'indagare l'origine della ciarla che aveva fatto nascere cotanta agitazione. Sembra che taluni, che avevano sembianze e vesti di contadini pur allora giunti dalla campagna, spargessero poco prima di mezza notte la nuova nei suburbi: ma donde venissero e chi li movesse, rimase sempre un mistero. Poco dopo da molti luoghi arrivarono notizie che accrebbero maggiormente la universale perplessità. Il timore panico non aveva invaso la sola Londra. La voce che i soldati irlandesi disciolti venivano a fare scempio dei Protestanti era stata sparsa, con maligna destrezza, in molti luoghi l'uno a lunga distanza dall'altro. Gran numero di lettere, con molta arte scritte a fine di spaventare lo ignorante popolo, erano state spedite per le diligenze, i vagoni, e la posta a varie parti della Inghilterra. Tutte queste lettere giunsero a' loro indirizzi quasi nel medesimo tempo. In cento città a un'ora la plebe credè che si appressassero i barbari in armi con lo intendimento di commettere scelleratezze simili a quelle che avevano infamata la ribellione d'Ulster. A nessuno dei Protestanti si sarebbe usata misericordia. I figliuoli sarebbero stati costretti per mezzo della tortura a trucidare i loro genitori. I bambini sarebbero confitti alle picche o gettati fra le fiammeggianti rovine di quelle che pur dianzi erano felici abitazioni. Grandi turbe di popolo si raccolsero armate; in taluni luoghi cominciarono a distruggere i ponti ed asserragliare le vie: ma il concitamento presto calmossi. In molti distretti coloro che erano stati vittime di tanto inganno udirono con piacere misto di vergogna non esservi un solo soldato papista che non fosse lontano sei o sette giorni di marcia. Veramente in qualche luogo accadde che alcuna banda dispersa d'Irlandesi si mostrasse e dimandasse pane; ma non può loro attribuirsi a delitto se non si contentassero di morire di fame; e non v'è prova che commettessero alcun grave oltraggio. Certo erano meno numerosi di quel che supponevasi comunemente; e trovavansi scorati, vedendosi a un tratto privi di capitani e di vettovaglie framezzo a una potente popolazione, dalla quale erano considerati come un branco di lupi. Fra tutti i sudditi di Giacomo nessuno aveva più ragione ad esecrarlo che questi sciagurati membri della sua Chiesa e difensori del suo trono.
È cosa onorevole al carattere degl'Inglesi, che non ostante la generale avversione contro la religione cattolica romana e la razza irlandese, non ostante l'anarchia che nacque alla fuga di Giacomo, non ostante le subdole macchinazioni adoperate a inferocire la plebe, non fu commesso in quella congiuntura nessuno atroce delitto. Molte facultà, a dir vero, furono distrutte e rapite; le case di molti gentiluomini cattolici romani aggredite; giardini devastati; cervi uccisi e portati via. Alcuni venerandi avanzi della nostra architettura del medio evo serbano tuttora i segni della violenza popolare. In molti luoghi lo andare e venire liberamente per le strade era impedito da una polizia creatasi da sè, la quale fermava ogni viandante onde sincerarsi con prove se fosse papista. Il Tamigi era infestato da una torma di pirati, che sotto pretesto di cercare armi o delinquenti, mettevano sossopra ogni barca che passava; insultati e maltrattati gli uomini impopolari. Molti che tali non erano, reputaronsi fortunati di potere riscattare le persone e la roba loro donando alcune ghinee ai fanatici Protestanti, i quali senza autorità legittima s'erano fatti inquisitori. Ma in tutta cotesta confusione che durò vari giorni e si estese a molte Contee, nessuno dei Cattolici Romani perdè la vita. La plebaglia non mostrò brama di sangue, tranne nel caso di Jeffreys; e l'odio di che s'era reso segno costui poteva piuttosto chiamarsi umanità che crudeltà.
Molti anni dipoi Ugo Speke affermò che la Notte Irlandese era opera sua, ch'egli aveva istigati i villani che posero in concitazione Londra, e che egli era lo autore delle lettere le quali avevano sparso lo spavento in tutta l'isola. La sua asserzione non è intrinsecamente improbabile: ma non ha altra prova tranne le parole di lui. Egli era uomo bene capace di commettere tanta scelleraggine, e anche capace di vantarsi falsamente d'averla commessa.
Guglielmo era impazientemente aspettato a Londra, poichè nessuno dubitava che egli con la energia e abilità sue ristabilisse tosto l'ordine e la sicurezza pubblica. Nondimeno vi fu qualche indugio, del quale il Principe non può giustamente biasimarsi. La sua primitiva intenzione era stata di recarsi da Hungerford ad Oxford, dove, secondo che lo avevano assicurato, avrebbe avuto onorevoli e affettuose accoglienze: ma lo arrivo della deputazione partita da Guildhall lo indusse a cangiare pensiero e correre speditamente alla metropoli. Per via seppe che Feversham, obbedendo ai comandamenti del Re, aveva disciolto lo esercito, e che migliaia di soldati senza freno, e privi delle

cose necessarie alla vita, erano sparse per le Contee le quali attraversa la via che mena a Londra. Gli era quindi impossibile di viaggiare con poco seguito senza grave pericolo non solo per la sua propria persona, di cui non aveva costume d'essere molto sollecito, ma anche pei grandi interessi a lui affidati. Era mestieri che egli si movesse a seconda del muoversi delle sue milizie, le quali in quei tempi non potevano procedere se non lentamente a mezzo il verno per gli stradali della Inghilterra. In cosiffatte circostanze egli perdè alquanto il suo ordinario contegno. «Con me non si deve trattare a questo modo» esclamò egli con acrimonia, «e Milord Feversham se ne avvedrà bene.» Furono presi pronti e savi provvedimenti per rimediare ai mali cagionati da Giacomo. A Churchill e Grafton fu dato lo incarico di raggranellare la dispersa soldatesca e riordinarla. I soldati inglesi vennero invitati a rientrare nello esercito. Agli irlandesi fu fatto comandamento di rendere le armi sotto pena di essere trattati come banditi, ma fu loro assicurato che, obbedendo con pace, verrebbero provveduti del necessario.
Gli ordini del Principe furono quasi senza ostacolo mandati ad esecuzione, tranne la resistenza che fecero i soldati irlandesi che presidiavano Tilbury. Uno di costoro appuntò una pistola contro Grafton; l'arme non prese fuoco, e lo assassino in sull'istante fu steso morto da un Inglese. Circa due cento di cotesti sciagurati stranieri coraggiosamente tentarono di ritornare alla loro patria. Impossessaronsi di un bastimento grave di un ricco carico che pur allora dalle Indie era arrivato al Tamigi, e provaronsi di avere a forza piloti a Gravesend. Ma non ne potendo trovare alcuno, furono costretti a confidare in quel poco che essi medesimi sapevano d'arte nautica. Il legno poco dopo investì contro la spiaggia, e a quei miseri dopo qualche spargimento di sangue fu forza porre giù le armi.
Erano già corse cinque settimane da che Guglielmo era in Inghilterra, duranti le quali gli aveva arriso la fortuna. Egli aveva fatto bella mostra di prudenza e fermezza, e nondimeno gli avevano meno giovato queste virtù sue che l'altrui insania e pusillanimità.
Ed ora che ei sembrava vicino a conseguire il fine della sua intrapresa, sopraggiunse a sconcertargli i disegni uno di quegli strani accidenti che così spesso confondono i più studiati divisamenti della politica.
VII. La mattina del dì 13 dicembre, il popolo di Londra, non per anco riavutosi dall'agitazione della Notte Irlandese, rimase attonito alla nuova che il Re era stato fermato ed era sempre nell'isola. La nuova prese consistenza per tutto il giorno, e avanti sera fu pienamente confermata.
Giacomo aveva viaggiato mutando cavalli lungo la riva meridionale del Tamigi, e la mattina del dì 12 era giunto ad Emley Ferry presso l'isola di Sheppey, dove aspettavalo la nave sopra la quale ei doveva imbarcarsi. Vi montò sopra; ma il vento spirava forte, e il padrone non volle rischiarsi a mettere alla vela senza maggior quantità di zavorra. In tal guisa una marea andò perduta. Era quasi a mezzo il suo corso la notte allorquando la nave cominciò a muoversi. In que' giorni la nuova che il Re era scomparso, che il paese era senza governo, e Londra tutta sossopra, erasi sparsa lungo il Tamigi, e nei luoghi dove era giunta aveva fatto nascere violenza e disordine. I rozzi pescatori della spiaggia di Kent adocchiarono con sospetto e cupidigia la nave. Corse voce che alcuni individui vestiti da gentiluomini erano frettolosamente andati in sul bordo. Forse erano Gesuiti: forse erano ricchi. Cinquanta o sessanta barcaiuoli, spinti a un tempo dall'odio contro il papismo e dalla avidità di predare, circondarono la nave quando ella era in sul punto di far vela. Fu detto ai passeggieri che bisognava andare a terra per essere esaminati da un magistrato. La figura del Re suscitò dei sospetti. «Gli è padre Petre» gridò uno di que' ribaldi «lo conosco alle sue scarne ganasce.» - «Fruga cotesto vecchio gesuita, cotesto viso da galera» urlarono tutti ad una voce. Ei tosto fu segno alle ruvide spinte di coloro che lo circondavano. Gli tolsero i danari e l'oriuolo. Egli aveva addosso l'anello della incoronazione ed altre gioie di gran valore, che sfuggirono alle ricerche di que' ladri, i quali erano così ignoranti in materia di gioie che presero per pezzi di vetro i diamanti delle fibbie del Re.
In fine i prigioni furono messi a terra e condotti ad una locanda. Quivi a vederli erasi affollata molta gente; e Giacomo, quantunque fosse sfigurato da una parrucca di forma e colore diversa da quella ch'egli era uso a portare, fu a un tratto riconosciuto. Per un istante la plebaglia parve compresa di terrore; ma i capi esortandola la rianimarono; e la vista di Hales, che tutti ben conoscevano e forte odiavano, infiammò il loro furore. Il suo parco era in quelle vicinanze, e in quel momento stesso una banda di facinorosi saccheggiavano la casa e davano la caccia ai cervi di lui. La folla assicurò il Re, che non aveva intenzione di fargli alcun male, ma ricusò di lasciarlo partire. Avvenne che il Conte di Winchelsea protestante ma fervido realista, capo della famiglia Finch e prossimo parente di Nottingham, si trovasse in Canterbury. Appena seppe lo accaduto corse in fretta alla costa accompagnato da alcuni gentiluomini di Kent. Per mezzo loro il Re fu condotto a un luogo più

convenevole: ma rimaneva tuttavia prigioniero. La folla non cessava di vigilare attorno alla casa dove era stato condotto; e alcuni dei capi stavansi a guardia dinanzi l'uscio della sua camera. Il suo contegno infrattanto era quello di un uomo snervato di mente e di corpo sotto il peso delle proprie sciagure. Talvolta parlava con tanta alterigia che i villani, i quali lo guardavano, sentivansi provocati ad insolenti risposte. Poi piegavasi a supplicare. «Lasciatemene andare» diceva egli «procuratemi una barca. Il Principe d'Orange mi fa la caccia per togliermi la vita. Se non mi lascerete fuggire, e' sarà troppo tardi. Il mio sangue ricadrà sulle vostre teste. Colui che non è con me, è contro me.» Togliendo occasione da queste parole del Vangelo predicò per mezz'ora. Favellò stranamente sopra moltissime cose, sopra la disobbedienza dei Convittori del Collegio della Maddalena, i miracoli del Pozzo di San Venifredo, la slealtà dei preti, la virtù d'un frammento del vero legno della Santa Croce ch'egli aveva sventuratamente perduto. «E che ho mai fatto?» chiese agli scudieri di Kent che gli stavano attorno. «Ditemi il vero: qual fallo ho io mai commesso?» Coloro, ai quali egli faceva queste domande, furono tanto umani da non dargli le risposte che meritava, e stavansi con compassionevole silenzio ad ascoltare quell'insano cicaleccio.

Quando pervenne alla metropoli la nuova ch'egli era stato fermato, insultato, manomesso e spogliato, e che tuttavia rimaneva nelle mani di que' brutali ribaldi, ridestaronsi molte passioni. I rigidi Anglicani, i quali poche ore innanzi avevano cominciato a credersi liberi dal debito di fedeltà verso lui, adesso scrupoleggiavano. Egli non aveva abbandonato il reame, nè abdicato. Ove egli ripigliasse la regia dignità, potrebbero essi, secondo i principii loro, ricusare di prestargli obbedienza? I veggenti uomini di stato prevedevano con rammarico che tutte le contese che per un momento la sua fuga aveva abbonacciate, tornando egli, tornerebbero a rinascere assai più virulente. Alcuni del popolo basso, comechè animati dal sentimento dei recenti torti, sentivano pietà d'un gran Principe oltraggiato da gente ribalda, e inchinavano a sperare - speranza più onorevole alla indole che al discernimento loro - che anche adesso egli si sarebbe potuto pentire delle colpe che gli avevano attirato sul capo un così tremendo castigo.

Dal momento in che si seppe il Re essere tuttavia in Inghilterra, Sancroft che fino allora era stato capo del Governo Provvisorio, si assentò dalle sedute dei Pari. Sul seggio presidenziale fu posto Halifax, il quale era allora ritornato dal quartiere generale degli Olandesi. In poche ore l'animo suo era grandemente mutato. Adesso il senso del bene pubblico e privato lo spingeva a collegarsi coi Whig. Ove candidamente si ponderino le prove fino a noi pervenute, è forza credere ch'egli accettasse l'ufficio di Commissario Regio con la sincera speranza di effettuare tra il Re e il Principe un accomodamento a convenevoli patti. Le pratiche d'accordo erano incominciate prosperamente: il Principe aveva offerto patti che il Re stesso giudicò convenevoli: il facondo e ingegnoso barcamenante lusingavasi di rendersi mediatore fra le inferocite fazioni, dettare un trattato d'accordo fra le opinioni esagerate ed avverse, assicurare le libertà e la religione della patria senza esporla ai pericoli inseparabili da un mutamento di dinastia e da una successione contrastata. Mentre compiacevasi di un pensiero così consentaneo alla indole sua, seppe d'essere stato ingannato, e adoperato come strumento a ingannare la nazione. La sua commissione ad Hungerford era stata quella d'uno stolto. Il Re non aveva mai avuto intendimento di osservare le condizioni ch'egli aveva ai Commissari ordinato di proporre. Aveva loro ordinato di dichiarare ch'egli voleva sottoporre tutte le questioni controverse al Parlamento da lui convocato; e mentre essi eseguivano il suo messaggio, aveva bruciati i decreti di convocazione, fatto sparire il Sigillo, sbandato lo esercito, sospesa l'amministrazione della giustizia, disciolto il Governo, e se n'era fuggito dalla metropoli. Halifax s'accorse oramai non essere più possibile comporre amichevolmente le cose. È anche da sospettarsi ch'egli provasse quella molestia che è naturale ad un uomo che, godendo grande riputazione di saviezza, si trovi ingannato da una intelligenza immensurabilmente inferiore alla sua propria, e quella molestia che è naturale a chi, essendo espertissimo nell'arte del dileggio, si trovi posto in una situazione ridicola. Dalla riflessione e dal risentimento fu indotto ad abbandonare ogni pensiero di conciliazione alla quale egli aveva fino allora sempre mirato, e a farsi capo di coloro che volevano porre Guglielmo sul trono.

Esiste ancora un Diario dove Halifax scrisse di propria mano tutto ciò che seguì nel Consiglio da lui preseduto. Non fu trascurata precauzione alcuna creduta necessaria a prevenire gli oltraggi e i ladronecci. I Pari si assunsero la responsabilità di ordinare ai soldati, che, ove la plebaglia tumultuasse di nuovo, le facessero fuoco contro. Jeffreys fu condotto a Whitehall e interrogato affinchè rivelasse ciò che era divenuto del Gran Sigillo e dei decreti di convocazione. E pregando egli ardentemente, fu rimandato alla Torre come unico luogo dove potesse avere salva la vita. Si ritirò ringraziando e benedicendo coloro che gli avevano conceduta la protezione del carcere. Un Nobile Whig propose di

porre in libertà Oates; ma la proposta venne respinta.
Le faccende del giorno erano quasi sbrigate, e Halifax stava per alzarsi dal seggio, quando gli fu annunziato essere giunto un messaggiero da Sheerness. Non v'era cosa che potesse produrre più perplessità o molestia. Fare o non far nulla importava incorrere in grave responsabilità. Halifax, desiderando probabilmente acquistar tempo per comunicare col Principe, avrebbe voluto differire la sessione; ma Mulgrave pregò i Lord a rimanere, e fece entrare il messaggiero. Questi raccontò con molte lacrime il successo, consegnò una lettera scritta di mano propria dal Re, la quale non era diretta a nessuno, ma invocava lo aiuto di tutti i buoni Inglesi.
VIII. Non era possibile porre in non cale un simigliante appello. I Lord ordinarono a Feversham corresse con una compagnia di Guardie del Corpo al luogo dove il Re era arrestato e gli desse libertà. Già Middleton ed altri pochi aderenti di Giacomo s'erano partiti per soccorrere il loro sventurato signore. Lo trovarono tenuto in istretta prigionia, sì che non fu loro concesso di essere introdotti al cospetto di lui senza aver prima consegnate le spade. Il concorso del popolo era immenso. Taluni gentiluomini Whig di quelle vicinanze avevano condotto un numeroso corpo di milizie civiche per guardarlo. Avevano erroneamente pensato che ritenendolo prigioniero si acquisterebbero la grazia dei suoi nemici, e rimasero grandemente conturbati allorchè seppero che il Governo Provvisorio di Londra aveva disapprovato il modo onde il Re era stato trattato, e che era presso a giungere una squadra di cavalleria per liberarlo. Difatti Feversham non indugiò ad arrivare. Aveva lasciate le sue truppe in Sittingbourne; ma non vi fu mestieri adoperare la forza. Il Re fu lasciato partire senza ostacolo, e venne da' suoi amici condotto a Rochester, dove prese un poco di riposo di cui aveva sommo bisogno. Era in istato da fare pietà. Non solo aveva onninamente perturbato lo intendimento, che per altro non era stato mai lucidissimo, ma quel coraggio, ch'egli da giovane aveva mostrato in varie battaglie di mare e di terra, lo aveva abbandonato. E' pare che le ruvide fatiche corporali da lui adesso per la prima volta sostenute, lo prostrassero più che ogni altro evento della travagliata sua vita. La diserzione del suo esercito, dei suoi bene affetti, della sua famiglia, lo toccava meno delle indegnità patite quando ei venne arrestato in su la nave. La ricordanza di tali indegnità seguitò lungo tempo a invelenirgli il cuore, e una volta fece cose da muovere a scherno tutta la Europa. Nel quarto anno del suo esilio tentò di sedurre i propri sudditi offrendo loro un'amnistia. Vi si conteneva una lunga lista d'eccezioni, e in essa i poveri pescatori che gli avevano sgarbatamente frugate le tasche erano notati accanto ai nomi di Churchill e di Danby. Da ciò possiamo giudicare quanto amaramente ei sentisse l'oltraggio pur dianzi sofferto. Nulladimeno, ove egli avesse avuto un poco di buon senso, si sarebbe accorto che coloro i quali lo avevano arrestato, gli avevano, senza saperlo, reso un gran servigio. Gli eventi successi dopo la sua assenza dalla metropoli lo avrebbero dovuto convincere che, qualora gli fosse riuscito fuggire, non sarebbe più mai ritornato. A suo dispetto era stato salvato dal precipizio. Gli rimaneva un'altra sola speranza. Per quanto gravi fossero i suoi delitti, detronizzarlo mentre ei rimaneva nel Regno e mostravasi pronto ad assentire ai patti che gl'imporrebbe un libero Parlamento, sarebbe stato pressochè impossibile.
Per breve tempo egli parve propenso a rimanere. Spedì Feversham da Rochester con una lettera a Guglielmo. La sostanza della quale era che Sua Maestà già s'era messo in cammino per ritornare a Whitehall, che desiderava avere un colloquio col Principe, e che il palazzo di San Giacomo sarebbe apparecchiato per Sua Altezza.
IX. Guglielmo era in Windsor. Aveva con profondo rincrescimento saputi i fatti successi nella costa di Kent. Poco avanti che gliene giungesse la nuova, coloro che gli stavano da presso avevano notato ch'egli era d'insolito buon umore. Ed aveva ragione di star lieto. Vedevasi dinanzi lo sguardo un trono vacante; parea che tutti i partiti a una voce lo invitassero a salirvi. In un baleno la scena cangiossi: l'abdicazione non era consumata; molti dei suoi stessi fautori avrebbero scrupoleggiato a deporre un Re che rimanesse fra loro, gl'invitasse ad esporre le loro doglianze in modo parlamentare, e promettesse piena giustizia. Era uopo che il Principe esaminasse le nuove condizioni in cui si trovava, e si appigliasse a nuovo partito. Non vedeva alcuna via alla quale non si potesse nulla obbiettare, nessuna via che lo ponesse in una situazione vantaggiosa al pari di quella dove egli era poche ore innanzi. Nondimeno qualche cosa poteva farsi. Il primo tentativo fatto dal Re per fuggire non era riuscito: era sommamente da desiderarsi ch'egli si ponesse di nuovo alla prova con migliore successo. Bisognava impaurirlo e sedurlo. La liberalità usatagli nelle pratiche d'accordo fatte in Hungerford, liberalità alla quale egli aveva risposto rompendo la fede, adesso sarebbe intempestiva. Bisognava non proporgli patti nessuni d'accomodamento; e proponendone egli, rispondergli con freddezza; non usargli violenza, e neanche minacce; e nondimeno non era impossibile, anco senza siffatti mezzi,

rendere un uomo cotanto pusillanime, inquieto della propria salvezza. E allora, posto di nuovo l'animo nel solo pensiero della fuga, era d'uopo facilitargliela, e procurare che qualche zelante stoltamente non lo arrestasse una seconda volta.

X. Tale era il concetto di Guglielmo: e la destrezza e fermezza con che lo mandò ad esecuzione offre uno strano contrasto con la demenza e codardia dell'uomo con cui egli aveva da fare. Tosto gli si presentò il destro d'iniziare un sistema d'intimidazione. Feversham giunse a Windsor portatore della lettera di Giacomo. Il messaggiero non era stato giudiciosamente scelto. Egli era quel desso che aveva disciolto lo esercito regio. A lui principalmente imputavano la confusione e il terrore della Notte Irlandese. Il pubblico ad alta voce lo biasimava. Guglielmo, provocato, aveva profferito poche parole di minaccia; e poche parole di minaccia uscite dalle labbra di Guglielmo sempre significavano qualcosa. A Feversham fu detto mostrasse il salvocondotto. Non ne aveva. Venendo senza esso framezzo a un campo ostile, secondo le leggi della guerra, s'era reso meritevol d'essere trattato con estrema severità. Guglielmo non volle vederlo, e comandò che venisse arrestato. Zulestein fu tostamente spedito a riferire a Giacomo che Guglielmo non consentiva il proposto colloquio, e desiderava che la Maestà Sua rimanesse in Rochester.

Ma non era più tempo. Giacomo era già in Londra. Aveva esitato circa al viaggio, e una volta si era nuovamente provato a fuggire dall'isola. Ma infine cedè alle esortazioni degli amici ch'erano più savi di lui, e partì alla volta di Whitehall. Vi arrivò il pomeriggio di domenica, 16 dicembre. Temeva che la plebe, la quale nella sua assenza aveva dato tanti segni della avversione che sentiva contro il Papismo, gli facesse qualche affronto. Ma la stessa violenza dell'ira popolare erasi calmata; la tempesta abbonacciata. Gaiezza e compassione avevano succeduto al furore. Nessuno mostravasi inchinevole a insultare il Re; qualche acclamazione fu udita mentre il suo cocchio traversava la Città. Le campane di alcune chiese suonarono a festa; furono accesi pochi fuochi di gioia a onorare il suo ritorno. La sua debole mente pur dianzi oppressa dallo scoraggiamento dette in istravaganze a cotesti inattesi segni di bontà e compassione mostrati dal popolo. Giacomo entrò rinfrancato nel proprio palazzo, il quale subitamente riprese il suo antico aspetto. I preti cattolici romani, che nei decorsi giorni s'erano frettolosamente nascosti nei sotterranei e nelle soffitte per scansare il furore della plebe, uscirono dai loro luridi nascondigli chiedendo i loro antichi appartamenti in palazzo. Un Gesuita recitava il rendimento di grazie alla mensa del Re. Il vernacolo irlandese, allora il più odioso di tutti i suoni alle orecchie inglesi, udivasi per tutti i cortili e le sale. Il Re stesso aveva ripresa la sua vecchia alterigia. Tenne un Consiglio - l'ultimo dei suoi Consigli - ed anche negli estremi cui era ridotto convocò individui privi dei requisiti legali ad intervenirvi. Si mostrò gravemente indignato contro quei Lord, che nella sua assenza avevano osato assumere il governo dello Stato. Era loro dovere lasciare che la società si dissolvesse, le case degli Ambasciatori venissero distrutte, Londra arsa, più presto che assumere le funzioni ch'egli aveva creduto giusto abbandonare. Fra coloro che ei così gravemente riprendeva, erano alcuni Nobili e Prelati, i quali a dispetto di tutti i suoi errori gli erano rimasti costantemente fedeli, e anche dopo questa altra provocazione non seppero, per timore o speranza, indursi a prestare obbedienza ad altro sovrano. Ma tale coraggio presto gli venne meno. Era egli appena entrato in palazzo allorquando gli fu detto che Zulestein era pur giunto messaggiero del Principe. Zulestein espose la fredda e severa ambasciata di Guglielmo. Il Re insisteva per avere un colloquio col nepote. «Non mi sarei partito da Rochester» disse egli «se avessi saputo tale essere il suo volere: ma da che qui mi ritrovo, spero ch'ei voglia venire al palazzo di San Giacomo.» - «Debbo dire chiaramente alla Maestà Vostra» rispose Zulestein «che Sua Altezza non verrà a Londra finchè vi rimarranno soldati che non siano sotto gli ordini suoi.» Il Re confuso a siffatta risposta, ammutolì. Zulestein andonne via; e tosto entrò in camera un gentiluomo recando la nuova dello arresto di Feversham. Giacomo ne rimase grandemente conturbato. Pure la rimembranza dei plausi con che era pur dianzi stato accolto, gli confortava l'animo. Gli sorse in cuore una stolta speranza. Pensò che Londra, la quale da tanto tempo era stata il baluardo della religione protestante e delle opinioni Whig, fosse pronta a prendere le armi in difesa di lui. Mandò a chiedere al Municipio, se s'impegnerebbe a difenderlo contro il Principe, qualora Giacomo si recasse ad abitare nella Città. Ma il Municipio, che non aveva posto in oblio la confisca dei suoi privilegi e lo assassinio giuridico di Cornish, ricusò di dare la promessa richiesta. Allora il Re si sentì nuovamente scorato. In qual luogo, diceva egli, troverebbe protezione? Valeva lo stesso essere circondato dalle truppe olandesi che dalle sue Guardie del Corpo. Quanto ai cittadini, adesso egli comprese quanto valessero i plausi e le luminarie. Altro partito non gli rimaneva che fuggire; e nondimeno vedeva bene che nessuna cosa potevano tanto desiderare i suoi nemici, quanto la sua fuga.

XI. Mentre egli siffattamente trepidava, in Windsor deliberavasi intorno al suo fato. Adesso la corte di Guglielmo era strabocchevolmente affollata di uomini illustri di tutti i partiti. V'erano giunti la più parte dei capi della insurrezione delle contrade settentrionali. Vari Lord, i quali nell'anarchia dei giorni precedenti si erano costituiti da sè in Governo provvisorio, appena ritornato il Re, lasciata Londra, se n'erano andati al quartier generale. Fra loro era anco Halifax. Guglielmo lo aveva accolto con gran satisfazione, ma non aveva potuto frenare un ironico sorriso vedendo lo ingegnoso e compito uomo politico, il quale aveva ambito a farsi arbitro in quella grande contesa, essere costretto ad abbandonare ogni via di mezzo e prendere un partito deciso. Fra coloro che in questa congiuntura arrivarono a Windsor erano alcuni che avevano con ignominiosi servigi comperata la grazia di Giacomo, e adesso erano bramosi di scontare, tradendo il loro signore, il delitto d'avere tradita la patria. Tale era Titus, che aveva seduto in Consiglio in onta alle leggi, e s'era affaticato a stringere i puritani co' Gesuiti in una lega contro la costituzione. Tale era Williams, il quale, per cupidigia di guadagno, di demagogo s'era fatto campione della regia prerogativa, e adesso era prontissimo a commettere una seconda apostasia. Il Principe con giusto dispregio lasciò che cotesti uomini si stessero vanamente aspettando un'udienza alla porta del suo appartamento.
Il lunedì, 17 dicembre, tutti i Pari che erano in Windsor furono convocati a una solenne consulta da tenersi nel castello. Il subietto delle loro deliberazioni era ciò che fosse da farsi del Re: Guglielmo non reputò savio partito trovarsi presente alla discussione. Ei si ritirò; ed Halifax fu posto sul seggio presidenziale. I Lord concordavano in una cosa sola, cioè non doversi permettere che il Re rimanesse dove era. Unanimemente estimavano dannoso che l'un principe si fortificasse in Whitehall, e l'altro nel palazzo di San Giacomo, e che vi fossero due guarnigioni nemiche in uno spazio di cento acri. Un tale provvedimento non poteva mancare di far nascere sospetti, insulti, e battibecchi che finirebbero forse col sangue. Per le quali ragioni i Lord ingannati crederono necessario mandar via Giacomo di Londra. Proposero qual luogo convenevole Ham, che Lauderdale lungo la riva del Tamigi aveva edificato con le ricchezze rubate in Iscozia e con la pecunia datagli dalla Francia a corromperlo, e che era considerato come la più magnifica delle ville. I Lord, venuti a tale conclusione, invitarono il Principe a recarsi fra loro. Halifax gli comunicò la deliberazione. Guglielmo approvò. Fu scritto un breve messaggio da spedirsi al Re. «E per chi glielo manderemo?» domandò Guglielmo. «Non dovrebbe essergli recato» disse Halifax «da uno degli ufficiali di Vostra Altezza?» - «No, milord,» rispose il principe; «con vostra licenza, il messaggio è spedito per consiglio delle Signorie Vostre; dovrebbe quindi recarglielo alcuno di voi.» Allora senza far sosta, onde non si desse luogo a rimostranze, ei nominò messaggieri Halifax, Shrewsbury e Delamere.
Sembra che la deliberazione dei Lord fosse unanime. Ma nell'assemblea erano alcuni, che non approvavano affatto il provvedimento ch'essi affettavano di approvare, e che desideravano vedere usata verso il Re una severità che non rischiavansi a manifestare. È cosa notevole che capo di questo partito era un Pari, già stato Tory esagerato, che poscia non volle prestare giuramento a Guglielmo: questo Pari era Clarendon. La rapidità onde in cotesta crisi ei passò da uno all'altro estremo, parrebbe incredibile a coloro che vivono in tempi di pace, ma non ne maraviglieranno coloro i quali hanno avuto occasione di osservare il corso delle rivoluzioni. Si avvide che l'asprezza con cui egli al regio cospetto aveva censurato lo intero sistema del governo, aveva mortalmente offeso il suo antico signore. Dall'altra parte, come zio delle Principesse, poteva sperare d'ingrandirsi e arricchire nel nuovo ordine di cose che già s'iniziava. La colonia inglese in Irlanda lo teneva come amico e patrono; ed ei pensava che assai parte della propria importanza riposava sulla fiducia e lo affetto di quella. A tali considerazioni cederono i principii da lui con tanta ostentazione per tutta la sua vita professati. Si recò dunque alle secrete stanze del Principe e gli appresentò il pericolo di lasciare il Re in libertà. I protestanti d'Irlanda essere in estremo periglio. Uno solo il mezzo ad assicurare loro la roba e la vita, tenere, cioè, Sua Maestà in istretta prigionia. Non essere prudente rinchiuderlo in uno dei castelli della Inghilterra: ma potersi mandarlo di là dal mare e chiuderlo nella fortezza di Breda finchè fossero pienamente ricomposte le cose delle Isole Britanniche. Se tanto ostaggio rimanesse nelle mani del Principe, Tyrconnel probabilmente porrebbe giù la spada del comando, e senza strepito la preponderanza inglese verrebbe ristabilita in Irlanda. Se dall'altro canto Giacomo fuggisse in Francia, e si mostrasse a Dublino accompagnato da un esercito straniero, ne nascerebbero gli effetti più disastrosi. Guglielmo riconobbe la gravità di cotesti ragionamenti: ma ciò non poteva farsi. Ei conosceva l'indole di sua moglie, e sapeva bene ch'ella non avrebbe mai consentito. E veramente non sarebbe stata per lui onorevole cosa trattare con tanto rigore il vinto suocero. Nè poteva affermarsi come certo la generosità non essere la più sana politica. Chi avrebbe potuto prevedere lo effetto che

la severità suggerita da Clarendon produrrebbe nella opinione pubblica della Inghilterra? Era forse impossibile che quello entusiasmo di lealtà, che il Re aveva prostrato con la propria malvagia condotta, risorgesse appena si sapesse egli essere entro le mura di una fortezza straniera? Per queste ragioni Guglielmo si tenne fermissimo a non privare della libertà il proprio suocero; e non è dubbio che ciò fosse savio partito.

Giacomo, mentre si discuteva intorno alla sua sorte, rimase in Whitehall, affascinato, a quanto sembra, dalla grandezza e imminenza del pericolo, e inetto a lottare o a fuggire. La sera giunse la nuova che gli Olandesi avevano occupato Chelsea e Kensington. Il Re nondimeno si apparecchiò a riposarsi secondo il consueto. Le guardie dette Coldstream erano di servizio in palazzo. Le comandava Guglielmo Conte di Craven, uomo vecchio, che cinquanta e più anni prima si era reso famoso nelle armi e negli amori, aveva sostenuto a Creutznach con tanto coraggio la disperata battaglia, che vuolsi il gran Gustavo battendogli la spalla gli dicesse: Bravo! - e credevasi che sopra mille rivali avesse conquistato il cuore della sventurata Regina di Boemia. Craven adesso aveva ottant'anni, ma il suo spirito non era per anche domo dal tempo.

XII. Erano battute le ore dieci allorquando gli fu annunziato che tre battaglioni di fanteria del Principe con alcune legioni di cavalleria venivano giù pel lungo viale del Parco di San Giacomo con micce accese, e prontissimi ad agire. Il Conte Solmes che comandava gli stranieri disse avere ordine d'impossessarsi militarmente dei posti attorno a Whitehall, ed esortò Craven a ritirarsi in pace. Craven giurò di lasciarsi piuttosto tagliare a pezzi: ma come il Re, che stavasi spogliando, seppe ciò che seguiva, vietò al valoroso veterano di fare una resistenza che non poteva essere che vana. Verso le ore undici le guardie Coldstream s'erano ritirate, e a guardia di ogni angolo del palazzo vedevansi le sentinelle olandesi. Alcuni dei servitori del Re chiesero se sarebbesi rischiato a dormire circondato dagl'inimici. Rispose che essi non potevano trattarlo peggio di quel che avevano fatto i suoi propri sudditi, e con l'apatia di un uomo istupidito dalle sciagure andossene a letto e si pose a dormire.

XIII. Appena erasi fatto silenzio in palazzo quando esso fu nuovamente interrotto. Poco dopo mezzanotte i tre Lord giunsero da Windsor. Middleton fu chiamato a riceverli. Gli dissero ch'erano portatori d'un messaggio che non poteva differirsi. Il Re fu destato dal suo primo sonno; ed essi furono introdotti nella sua camera da letto. Gli posero nelle mani la lettera loro affidata, e gli dissero che il Principe tra poche ore arriverebbe a Westminster, e che Sua Maestà farebbe bene a partire per Ham avanti le ore dieci della mattina. Giacomo fece qualche obiezione. Disse non piacergli Ham, essere luogo gradevole in estate, ma freddo e privo di comodi a Natale; oltre di che era senza mobilia. Halifax rispose che sull'istante verrebbe ammobiliato. I tre messaggieri ritiraronsi, ma furono subitamente seguiti da Middleton, il quale disse loro che il Re preferirebbe Rochester ad Ham. Risposero non avere potestà di consentire al desiderio della Maestà Sua, ma manderebbero tosto un messo al Principe, il quale quella notte doveva alloggiare in Sion House. Il messo partì immediatamente, e tornò innanzi l'alba recando il consenso di Guglielmo; il quale lo diede di gran cuore: imperciocchè non era dubbio che il Re avesse scelto Rochester come luogo che offriva agevolezza a fuggire, e ch'egli fuggisse era ciò che desiderava il suo genero.

XIV. La mattina del dì 18 dicembre, giorno di pioggia e di procella, il bargio del Re a buon'ora aspettava dinanzi le scale di Whitehall, ed era circondato da otto o dieci barche ripiene di soldati olandesi. Vari Nobili e gentiluomini accompagnarono il Re fino alla riva. Dicesi, e può ben credersi, che piangessero: imperciocchè anche i più zelanti amici della libertà non potevano vedere senza commuoversi la trista e ignominiosa fine d'una dinastia che avrebbe potuto essere sì grande. Shrewsbury fece quanto più potè per consolare il caduto Sovrano. Perfino l'aspro ed esagerato Delamere era intenerito. Ma fu notato che Halifax, che aveva sempre mostrata tenerezza verso i vinti, in quel caso era meno compassionevole dei suoi due colleghi. Aveva tuttavia l'anima invelenita dalla rimembranza d'essere stato spedito ambasciatore da scherno a Hungerford.

Mentre il bargio reale lentamente procedeva su per le agitate onde del fiume, lo esercito del Principe dall'occidente veniva arrivando a Londra. Era stato saviamente ordinato che il servigio della metropoli fosse fatto dai soldati britannici al soldo degli Stati Generali. I tre reggimenti inglesi furono acquartierati dentro e attorno alla Torre, i tre scozzesi in Southwark.

XV. Malgrado il cattivo tempo una gran folla di popolo s'era raccolta fra Albemarle House e il palazzo di San Giacomo per plaudire al Principe. Tutti i cappelli e i bastoni erano ornati d'un nastro colore di melarancia. Le campane suonavano per tutta Londra. Le finestre erano tutte piene di candele per la luminara. Nelle strade vedevansi cataste di legna e fascine per accendere fuochi di gioia. Guglielmo nondimeno cui non garbava lo affollarsi e il rumoreggiare della gente, passò traverso al Parco. Avanti notte giunse al palazzo di San Giacomo in un cocchio leggiero, accompagnato da Schomberg. In breve tutte le stanze e le scale del palazzo furono popolate da coloro che erano accorsi a corteggiarlo. E la folla era tanta, che personaggi d'altissimo grado non poterono penetrare nella sala dove stavasi il Principe.

Mentre Westminster era in cotesto concitamento, il Municipio in Guildhall apparecchiava un indirizzo di ringraziamenti e congratulazioni. Il Lord Gonfaloniere non potè presedere. Non aveva mai più alzato il capo da letto sino dal giorno in cui il Cancelliere travestito da carbonaio era stato trascinato alla sala della giustizia. Ma gli Aldermanni e gli altri ufficiali del corpo municipale erano ai loro posti. Il dì seguente i magistrati della città recaronsi solennemente a complire il liberatore. La gratitudine loro fu con eloquenti parole espressa dal cancelliere Sir Giorgio Treby. Disse che alcuni Principi della Casa di Nassau erano stati principali ufficiali d'una grande repubblica. Altri avevano portata la corona imperiale. Ma il titolo peculiare di questa illustre famiglia alla pubblica venerazione era che Dio l'aveva eletta e consacrata all'alto ufficio di difendere il vero e la libertà contro i tiranni di generazione in generazione. Il dì stesso tutti i prelati che trovavansi in città, tranne Sancroft, andarono in corpo al cospetto del Principe; quindi il clero di Londra, cioè gli uomini più cospicui del ceto ecclesiastico per dottrina, facondia e influenza, aventi a capo il loro Vescovo. Erano fra loro alcuni illustri ministri dissenzienti, i quali Compton, a suo sommo onore, trattò con segnalata cortesia. Pochi mesi avanti o dopo, simigliante cortesia sarebbe stata da molti anglicani considerata come tradigione verso la Chiesa. Anche allora un occhio veggente poteva bene accorgersi che la tregua, alla quale le sètte protestanti erano state costrette, non sarebbe lungamente sopravvissuta al pericolo che l'aveva fatta nascere. Circa cento teologi non conformisti, residenti nella capitale, presentarono un indirizzo a parte. Furono introdotti da Devonshire ed accolti con ogni segno di gentilezza e rispetto. Il ceto legale andò anch'esso a fare omaggio; lo conduceva Maynard, il quale a novanta anni d'età era forte di mente e di corpo come quando in Westminster Hall sorse accusatore di Strafford. «Signore Avvocato» disse il Principe «voi dovete avere sopravvissuto a tutti i legali vostri coetanei.» - «Sì, Altezza,» rispose il vegliardo «e se non venivate voi sopravvivevo anco alle leggi.»

Ma comechè gl'indirizzi fossero molti e pieni di elogi, le acclamazioni alte, le illuminazioni splendide, il palazzo di San Giacomo troppo angusto per la folla dei corteggiatori, i teatri ogni notte dalla platea al soffitto adorni di nastri colore di melarancia, Guglielmo sentiva che le difficoltà della sua intrapresa cominciavano allora. Aveva rovesciato un Governo, ma adesso doveva compiere l'assai più difficile lavoro di ricostruirne un altro. Da quando sbarcò a Torbay finchè giunse a Londra, aveva esercitata l'autorità, che per le leggi della guerra, riconosciute da tutto il mondo incivilito, appartiene al comandante d'un esercito nel campo. Adesso era necessario mutare il suo carattere di generale in quello di magistrato; e questa non era agevole impresa. Un solo passo falso poteva esser fatale; ed era impossibile fare un solo passo senza offendere pregiudicii e svegliare acri passioni.

XVI. Alcuni dei consiglieri del Principe lo incitavano a prendere a un tratto la corona per diritto di conquista; e poi in qualità di Re spedire muniti del proprio Gran Sigillo i decreti a convocare il Parlamento. Molti insigni giureconsulti lo confortavano ad appigliarsi a tale partito, dicendo essere quella la via più breve di giungere dove, andandovi altrimenti, s'incontrerebbero innumerevoli ostacoli e contese. Ciò era strettamente conforme al felice esempio dato da Enrico VII dopo la battaglia di Bosworth. Farebbe ad un tempo cessare gli scrupoli che molti spettabili uomini sentivano quanto alla legalità di trasferire il giuramento di fedeltà da un sovrano ad un altro. Nè la legge civile nè quella della Chiesa Anglicana riconoscevano nei sudditi il diritto di detronizzare il Sovrano. Ma nessun giureconsulto, nessun teologo negò mai che una nazione vinta in guerra, potesse senza peccato sobbarcarsi al volere del Dio degli eserciti. Difatti dopo la conquista caldea, i più pii e patriottici degli Ebrei non crederono di mancare al proprio debito verso il Re loro, servendo lealmente il nuovo signore dato loro dalla Provvidenza. I tre confessori, che erano rimasti miracolosamente illesi nell'ardente fornace, tennero altri uffici nella provincia di Babilonia. Daniele fu ministro dello Assiro che soggiogò Giuda, e del Persiano che soggiogò l'Assiria. Che anzi lo stesso Gesù, il quale secondo la carne era Principe della Casa di David, comandando ai suoi concittadini di pagare il tributo a Cesare, aveva voluto significare che la conquista straniera annulla il diritto ereditario ed è titolo legittimo di dominio. Era quindi probabile che un gran numero di Tory, quantunque non potessero con sicura coscienza eleggersi un Re, accetterebbero senza esitazione quello che gli eventi della guerra avevano dato loro.

Dall'altra parte, nondimeno, v'erano ragioni di grave momento. Il Principe non poteva pretendere d'avere guadagnata la corona con la propria spada senza bruttamente rompere la fede data. Nel suo

Manifesto aveva protestato contro ogni pensiero di conquistare la Inghilterra; aveva asserito che coloro i quali gli attribuivano siffatto disegno, calunniavano iniquamente non solo lui, ma tutti quei Nobili e gentiluomini patriotti che lo avevano invitato; che le forze da lui condotte erano evidentemente inadeguate ad una impresa così ardua; e che era fermamente deliberato di portare innanzi a un libero Parlamento tutte le pubbliche doglianze e le sue proprie pretese. Non era equo nè saggio ch'ei per qualsiasi cosa terrena rompesse la sua parola solennemente impegnata al cospetto di tutta la Europa. Nè era certo che, chiamandosi conquistatore, chetasse quegli scrupoli onde i rigidi Anglicani ripugnavano a riconoscerlo Re. Imperocchè, in qualunque modo egli si chiamasse, tutto il mondo sapeva ch'egli non era vero conquistatore. Era manifestamente un'aperta finzione il dire che questo gran Regno, con una potente flotta in mare, con un esercito stanziale di quarantamila uomini, e con una milizia civica di centotrentamila uomini, fosse stato, senza un solo assedio o una sola battaglia, ridotto a condizione di provincia da quindicimila invasori. Non era verosimile che cosiffatta finzione rasserenasse le coscienze realmente scrupolose, mentre non mancherebbe di ferire l'orgoglio nazionale ormai cotanto sensitivo e irritabile. I soldati inglesi erano in tali umori che richiedevano d'essere con somma accortezza governati. Sentivano che nella recente campagna non avevano sostenuta una onorevolissima parte. I capitani e i soldati comuni erano al pari impazienti di provare che non avevano per difetto di coraggio ceduto a forze inferiori. Taluni officiali olandesi erano stati tanto indiscreti da vantarsi, col bicchiere in mano dentro una taverna, d'avere rinculata l'armata regia. Questo insulto aveva fra le truppe inglesi suscitato un fermento, che ove non vi si fosse prontamente immischiato Guglielmo, sarebbe forse finito in una terribile strage. Quale, in tali circostanze, poteva essere lo effetto di un proclama che avesse annunziato il comandante degli stranieri considerare l'isola intera come legittima preda di guerra?
Era anche da ricordarsi che, pubblicando un simigliante proclama, il Principe avrebbe a un tratto abrogati tutti quei diritti dei quali egli s'era dichiarato campione: perocchè l'autorità di un conquistatore straniero non è circoscritta dalle costumanze e dagli statuti della nazione conquistata, ma è in sè stessa dispotica. E quindi Guglielmo o non poteva dichiararsi Re, o poteva dichiarare nulle la Magna Charta e la Petizione dei Diritti, abolire il processo dinanzi ai Giurati, e imporre tasse senza il consenso del Parlamento. Poteva, a dir vero, ristabilire l'antica costituzione del reame. Ma, ciò facendo, era provvedimento arbitrario. Quinci innanzi la libertà dell'Inghilterra verrebbe fruita dai cittadini con umiliante possesso; nè sarebbe, quale era stata fino allora, un'antichissima eredità, ma un dono recente che il generoso signore, da cui era stato ai suoi sudditi impartito, poteva ripigliare a suo talento.
XVII. Guglielmo adunque dirittamente e con prudenza fece pensiero d'osservare le promesse contenute nel suo Manifesto, e lasciare alle Camere l'ufficio di riordinare il governo. Con tanto studio egli schivò tutto ciò che potesse sembrare usurpazione, che non volle, senza una qualche sembianza d'autorità parlamentare, avventurarsi a convocare gli Stati del Regno, o dirigere il potere esecutivo nel tempo in cui si facevano le elezioni. Nello Stato non v'era autorità strettamente parlamentare: ma potevasi in poche ore mettere insieme una assemblea alla quale la nazione portasse gran parte della riverenza dovuta a un Parlamento. Poteva formarsi una Camera dei numerosi Lord spirituali e secolari che allora si trovavano in Londra, e l'altra degli antichi membri della Camera dei Comuni e dei Magistrati della Città. Tale disegno era ingegnoso e venne prontamente mandato ad effetto. Fu intimato ai Pari di trovarsi pel dì 21 dicembre al Palazzo di San Giacomo. Vi accorsero circa settanta. Il Principe gli esortò considerassero le condizioni del paese, e presentassero a lui il resultato delle loro deliberazioni. Poco dopo comparve un annunzio, col quale invitavansi tutti i gentiluomini che erano stati membri della Camera dei Comuni sotto il regno di Carlo II, a presentarsi a Sua Altezza la mattina del dì 26. Furono anche chiamati gli Aldermanni di Londra, e al Municipio fu richiesto di mandare una deputazione.
Taluni hanno spesso richiesto, in tono di rimprovero, il perchè lo invito non fu mandato anche ai membri del Parlamento che l'anno precedente era stato disciolto. La risposta è chiara. Uno dei precipui aggravi dei quali la nazione querelavasi era il modo onde era stato eletto quel Parlamento. La maggior parte dei rappresentanti i borghi erano stati eletti da collegi elettorali ordinati in un modo che veniva universalmente considerato illegale, ed era stato biasimato dal Principe nel suo Manifesto. Lo stesso Giacomo, poco innanzi la sua caduta, aveva assentito a rendere a' Municipi le antiche franchigie. Guglielmo adunque sarebbe stato incoerentissimo a sè stesso, qualora, dopo d'avere prese le armi col fine di ricuperare i ritolti privilegi municipali, avesse riconosciuto come legittimi rappresentanti delle città d'Inghilterra individui eletti in onta a quei privilegi.

Sabato, il dì 22, i Lord ragunaronsi nella consueta sala. Spesero quel giorno a stabilire il modo di procedere. Elessero un segretario; e non potendosi avere fiducia di nessuno dei dodici giudici, invitarono alcuni dei più reputati avvocati per giovarsi del loro consiglio nelle questioni legali. Deliberarono che nel prossimo lunedì lo stato del Regno verrebbe preso in considerazione.
Lo intervallo fra la tornata del sabato e quella del lunedì fu tempo d'ansietà e pieno d'avvenimenti. Un forte partito fra' Pari vagheggiava tuttavia la speranza che la Costituzione e la religione del Regno si potessero assicurare senza deporre il Re dal trono. Costoro determinarono di mandargli un indirizzo supplicandolo consentisse termini tali da far cessare il malcontento e i timori suscitati dalla sua passata condotta. Sancroft, il quale, dopo il ritorno del Re da Kent a Whitehall, non s'era più immischiato nei pubblici affari, in questa occasione uscì fuori del suo ritiro onde porsi a capo dei realisti. Parecchi messaggieri furono spediti a Rochester con lettere pel Re. Lo assicuravano che i suoi interessi sarebbero strenuamente difesi, solo ch'egli in questo estremo momento si persuadesse a rinunziare ai disegni cotanto dal suo popolo aborriti. Alcuni spettabili Cattolici Romani gli tennero dietro onde scongiurarlo, per amore della comune religione, non si ostinasse in una vana contesa.
Il consiglio era salutare; ma Giacomo non era in condizione da seguirlo. Comunque avesse avuto sempre debole e tardo intendimento, le donnesche paure e le puerili fantasie che gli agitavano l'anima, glielo rendevano affatto inutile. Accorgevasi bene la sua fuga essere la cosa che sopra tutto temevano gli amici e desideravano gl'inimici suoi. E quando anco avesse corso pericolo di vita a rimanere, l'occasione era tale ch'egli avrebbe dovuto reputare infame il ritirarsi: imperocchè trattavasi di sapere se egli e i posteri suoi dovessero regnare assisi sul trono avito, o andare raminghi ed accattando in terra straniera. Ma nell'anima sua ogni altro sentimento aveva ceduto al vigliacco timore di perdere la vita. Alle calde preghiere e alle incontrastabili ragioni degli agenti mandati a Rochester dagli amici suoi, egli dava una sola risposta: la sua testa essere in pericolo. Invano gli assicuravano tale sospetto essere privo di fondamento; il buon senso, ove non fosse la virtù, dovere dissuadere il Principe d'Orange dalla colpa e vergogna del regicidio e del parricidio, e molti, i quali non consentirebbero a detronizzare il loro Sovrano mentre rimaneva nell'isola, reputarsi per la sua diserzione sciolti dal loro debito di fedeltà. Ma la paura vinse ogni altro sentimento. Giacomo risolvè di partirsi; e gli era agevole farlo. Era trascuratamente guardato: tutti avevano a lui libero accesso; navi pronte a far vela trovavansi poco da lui distanti, e le barche potevano spingersi fino al giardino della casa dove egli alloggiava. Se fosse stato savio, le cure che davansi i suoi custodi a facilitargli la fuga, sarebbero state sufficienti a convincerlo ch'egli avrebbe dovuto rimanere colà dove era. E veramente la rete era così apertamente tesa da non ingannare altri che uno stolto reso insano dal terrore.
XVIII. Il Re sollecitamente apparecchiò tutto per eseguire il proprio disegno. La sera del sabato 22 assicurò alcuni dei gentiluomini, i quali erano stati spediti da Londra portatori di nuove e di consigli, che li avrebbe veduti la dimane. Andonne a letto, levossi sul cadere della notte, e accompagnato da Berwick per un uscio secreto scese, e andò, traversando il giardino, alla spiaggia del Medway. Una piccola gondola stavasi ad aspettarlo. La domenica all'alba i fuggenti erano sopra una barca da pescare che scendeva giù pel Tamigi. Il pomeriggio la nuova della fuga giunse a Londra. I fautori del Re rimasero confusi. I Whig non poterono frenare la gioia loro. La fausta notizia incoraggiò il Principe a fare un ardito ed importante passo. Sapeva esservi comunicazioni tra la Legazione Francese e il partito ostile a lui. Era ben noto che quella Legazione s'intendeva maravigliosamente di tutte le arti della corruzione; e mal poteva dubitarsi che in tanta congiuntura non aborrirebbero di adoperare le pistole e ogni sorta d'intrighi. Barillon sommamente desiderava di rimanere per pochi altri giorni in Londra, e a tale scopo non aveva trascurata arte alcuna a blandire i vincitori. Nelle strade abboniva il popolaccio, che lo guardava in cagnesco, gettandogli dal cocchio pugni di monete. A mensa beveva pubblicamente alla salute del Principe d'Orange. Ma Guglielmo non era uomo da lasciarsi prendere all'amo da tali moine. A dir vero, non erasi arrogato lo esercizio della regia autorità; ma era Generale, e come tale non era tenuto a tollerare nel territorio da lui militarmente occupato la presenza di un uomo ch'egli credeva spione. Innanzi sera a Barillon fu intimato di partirsi dalla Inghilterra entro ventiquattro ore. Pregò caldamente gli si concedesse un breve indugio: ma i momenti erano preziosi; l'ordine fu ripetuto in modo più perentorio, ed ei di mala voglia partì per Dover. E perchè non vi mancasse nessuna dimostrazione di spregio e di sfida, venne scortato fino alla costa da uno dei suoi concittadini protestanti dalla persecuzione cacciati in esilio. Era tanto il risentimento che nel cuore di tutti avevano suscitato l'ambizione e l'arroganza francese, che perfino quegli Inglesi i quali generalmente non inchinavano a guardare di buon occhio la condotta di Guglielmo, altamente

plaudirono allorchè lo videro ritorcere con tanta energia la insolenza con che Luigi per tanti anni aveva trattato ogni corte d'Europa.
XIX. Il lunedì i Lord adunaronsi di nuovo. Halifax venne eletto a presiedere. Il Primate era assente, i realisti afflitti e scuorati, i Whig ardenti ed animosissimi. Sapevasi che Giacomo partendo aveva lasciata una lettera. Alcuni degli amici suoi proposero che fosse deposta sul banco, vanamente sperando che contenesse cose tali da apprestare la base ad un prospero accomodamento. A tale proposta fu fatta e vinta la questione pregiudiciale. Godolphin, che era tenuto per bene affetto al suo antico signore, profferì poche parole che furono decisive. «Ho veduto lo scritto,» disse egli «e mi duole il dirvi che non contiene nulla che possa minimamente satisfare le Signorie Vostre.» E veramente non conteneva una sola parola di pentimento dei passati errori, non speranza di non più ricadervi in futuro, e di ciò che era accaduto dava la colpa alla malizia di Guglielmo e alla cecità d'una nazione ingannata dagli speciosi nomi di proprietà e religione. Nessuno tentò di proporre di aprire pratiche d'accordo con un Principe che pareva reso più ostinato nel male dalla rigorosa scuola dell'avversità. Si disse qualcosa sul fare inchieste intorno alla nascita del Principe di Galles; ma i Pari Whig trattarono la cosa con isdegno. «Non mi aspettava, MiLord,» esclamò Filippo Lord Wharton, vecchia Testarotonda che aveva comandato un reggimento contro Carlo I in Edgehill, «non mi aspettava di udire alcuno in questo giorno rammentare il fanciullo cui fu dato il nome di Principe di Galles; e spero che ormai sia rammentato per l'ultima volta.» Dopo lungo discutere fu deliberato di presentare due indirizzi a Guglielmo. In uno lo pregavano di assumersi provvisoriamente l'amministrazione del governo; nell'altro lo esortavano a invitare con lettere circolari munite della sua propria firma tutti i collegi elettorali del Regno a inviare i loro rappresentanti a Westminster. Nel tempo stesso i Pari assumevano lo incarico di emanare un ordine perchè tutti i Papisti, salvo pochi individui privilegiati, fossero banditi da Londra e dalle vicinanze.
I Lord presentarono i loro indirizzi al Principe il dì susseguente, senza attendere l'esito delle deliberazioni dei Comuni da lui convocati. E' sembra che i Nobili ereditari in questo momento fossero ansiosissimi di far mostra della dignità loro, e non erano inchinevoli a riconoscere uguale autorità in una assemblea non riconosciuta dalla legge. Pensavano d'essere una vera Camera di Lord; l'altra disprezzavano come illusoria Camera di Comuni. Guglielmo, nondimeno, saviamente disse di non volere nulla decidere finchè non conoscesse l'opinione dei gentiluomini, i quali per l'innanzi erano stati onorati della fiducia delle Contee e delle città d'Inghilterra.
XX. I Comuni ch'erano stati chiamati adunaronsi nella Cappella di Santo Stefano e formarono un'assemblea numerosa. Posero sul seggio presidenziale Enrico Powle, già rappresentante di Cirencester in vari Parlamenti, e dei principali propugnatori della Legge d'Esclusione.
Furono proposti e approvati indirizzi simili a quelli dei Lord. Non vi fu differenza d'opinioni sopra alcuna questione di grave momento; ed alcuni deboli tentativi fatti a suscitare discussioni sopra materie di forma, incontrarono universale disprezzo. Sir Roberto Sawyer disse di non potere intendere in che modo il Principe potesse amministrare il governo senza alcun titolo speciale, come sarebbe Reggente o Protettore. Il vecchio Maynard il quale, come giureconsulto, non aveva chi gli stesse a fronte, e che anche aveva somma pratica della tattica delle rivoluzioni, non ebbe cura di frenare il proprio sdegno contro una obiezione così puerile, fatta in un momento in cui la concordia e la prontezza erano della più alta importanza. «Noi staremo qui un secolo» disse egli «se rimarremo finchè Sir Roberto intenda come la cosa sia possibile.» L'assemblea reputò la risposta degna del cavillo che l'avea provocata.
XXI. Le deliberazioni dell'adunanza furono comunicate al Principe; il quale annunziò che oramai cederebbe alla richiesta delle due Camere, e spedirebbe lettere di convocazione per ragunare una Convenzione degli Stati del Reame, e finchè non fosse ragunata, eserciterebbe egli il potere esecutivo. Ei s'era accinto a non lieve impresa. Il Governo era onninamente sossopra. I Giudici di Pace avevano abbandonate le loro funzioni. Gli ufficiali della pubblica rendita avevano cessato di riscuotere le tasse. L'armata disciolta da Feversham era ancora in confusione e pronta ad ammutinarsi. La flotta non era in meno tristi condizioni. Gli ufficiali militari e civili della Corona erano creditori di grosse somme per paghe arretrate; e nello Scacchiere altro non era che quarantamila lire sterline. Il Principe con somma energia si pose a rifare l'ordine. Pubblicò un proclama che esortava tutti i magistrati a continuare nei loro uffici, e un altro in cui ordinava la riscossione delle imposte.
Il nuovo riordinamento dello esercito con rapidità procedeva. Molti dei Nobili e gentiluomini cui Giacomo aveva tolto il comando dei reggimenti inglesi furono richiamati. Fu trovato modo a impiegare le migliaia di soldati irlandesi da Giacomo fatti venire in Inghilterra. Non potevano in sicurtà

rimanere in un paese dove essi erano segno alla animosità nazionale e religiosa. Non potevano con sicurtà mandarsi a casa loro per afforzare l'armata di Tyrconnel. Fu quindi provveduto di spedirli sul continente, dove, sotto il vessillo di Casa d'Austria, potevano riuscire d'indiretta ma efficace utilità alla causa della costituzione inglese e della religione protestante. Dartmouth fu destituito; e promettendo ad ogni marinaio prontamente la paga dovutagli, la flotta riconciliossi a Guglielmo. La città di Londra imprese ad appianargli le difficoltà di finanza. Il Consiglio Municipale, con voto unanime, s'impegnò a procurargli duecento mila lire sterline. E fu considerato come gran prova della opulenza e del patriottismo dei mercatanti della metropoli il trovare in quarantotto ore la intera somma senza altra guarentigia che la parola del Principe. Poche settimane innanzi Giacomo non aveva potuto procurarsi una somma assai minore, ancorchè avesse offerto di pagare frutti più alti, e dare in pegno beni di molto pregio.

XXII. In pochissimi giorni lo sconvolgimento prodotto dalla invasione, dalla insurrezione, dalla fuga di Giacomo e dalla sospensione d'ogni regolare governo, era finito, e il paese aveva ripreso il consueto aspetto. Regnava universale sentimento di sicurezza. Anche le classi maggiormente esposte all'odio pubblico, e che avevano maggiore ragione a temere una persecuzione, furono protette dalla accorta clemenza del vincitore. Individui profondamente implicati negli illegali atti dello antecedente regno, non solo passeggiavano sicuri per le vie, ma profferivansi candidati alla Convenzione. Mulgrave non fu accolto di mala grazia al palazzo di San Giacomo. A Feversham, sprigionato, fu permesso di riprendere l'unico ufficio pel quale aveva i debiti requisiti, cioè quello di tenere la banca al giuoco della bassetta in casa della Regina vedova. Ma non vi fu classe del popolo che avesse tanta cagione di sentire gratitudine per Guglielmo al pari dei Cattolici Romani. Non sarebbe stato savio partito abrogare formalmente i severi provvedimenti fatti da' Pari contro i credenti d'una religione generalmente aborrita dalla nazione: ma tali provvedimenti vennero praticamente annullati mercè la prudenza ed umanità del Principe. Marciando da Torbay alla volta di Londra aveva dato ordine di non recar danno alle persone e alle abitazioni dei papisti. Adesso rinnovò tali ordini, e ingiunse a Burnet gli facesse rigorosamente eseguire. Non poteva fare migliore scelta, imperciocchè Burnet era uomo di tanta generosità e buona indole, che il suo cuore era sempre aperto agl'infelici; e nel tempo medesimo il suo ben noto odio contro il papismo era pei più fervidi protestanti sufficiente sicurtà che gl'interessi della religione loro non correrebbero il minimo rischio nelle mani di lui. Ascoltava cortesemente le querele dei Cattolici Romani, procurava il passaporto a tutti coloro che amavano meglio andarsene di là dal mare, e si recò da sè a Newgate per visitare i prelati ivi rinchiusi. Ordinò che venissero trasferiti in più comode stanze, e serviti con ogni riguardo. Gli assicurò solennemente che non verrebbe loro torto un capello, ed appena il Principe fosse in condizione da agire secondo che desiderava, gli avrebbe posti in libertà. Il Ministro di Spagna riferì al proprio Governo, e per mezzo di questo al Papa, che nessun Cattolico poteva sentire scrupolo di coscienza a cagione della recente rivoluzione della Inghilterra; che dei pericoli, ai quali i credenti nella vera Chiesa trovavansi esposti, il solo Giacomo era responsabile, e che il solo Guglielmo li aveva salvati da una sanguinosa persecuzione.

XXIII. E però con quasi piena soddisfazione i Principi della Casa d'Austria e il Sommo Pontefice sentirono che il lungo vassallaggio della Inghilterra era finito. Come si seppe in Madrid che Guglielmo andava a vele gonfie nella sua intrapresa, un solo nel consiglio di Stato di Spagna osò esprimere il proprio rincrescimento al vedere come un fatto, che politicamente considerato era faustissimo, sarebbe stato dannoso agl'interessi della vera Chiesa.

Ma la tollerante politica del Principe prestamente quietò tutti gli scrupoli, e il suo inalzamento non fu veduto con minore satisfazione dai bacchettoni Grandi di Spagna, che dai Whig inglesi.

Con assai diverso sentimento la nuova di questa grande rivoluzione fu accolta in Francia. In un solo giorno la politica d'un regno lungo, pieno di vicissitudini e glorioso, restò sconcertata. Inghilterra era di nuovo la Inghilterra d'Elisabetta e di Cromwell; e le relazioni di tutti gli Stati della Cristianità furono pienamente cangiate dalla repentina intromissione di questo nuovo potentato nel sistema europeo. I Parigini non sapevano d'altro discorrere se non di ciò che seguiva in Londra. Il sentimento nazionale e religioso spingevali a parteggiare per Giacomo. Non sapevano un jota della costituzione inglese. Abbominavano la Chiesa Anglicana. La nostra rivoluzione pareva loro non il trionfo della libertà sopra la tirannide, ma una orrenda tragedia domestica, nella quale un venerabile e pio Servio veniva tratto giù dal trono da un Tarquinio, e schiacciato dalle ruote del cocchio d'una Tullia. Gridavano vergogna ai capitani traditori, esecravano le snaturate figliuole, e sentivano per Guglielmo profondo disgusto, comecchè temperato dal rispetto che il valore, la capacità, e i prosperi successi sogliono ispirare. La Regina, sotto la sferza del notturno vento e della pioggia, stringendo al petto il parvolo erede di tre corone, il Re arrestato, derubato, e oltraggiato da uomini ribaldi, erano cose che destavano commiserazione e romanzesco interesse nel cuore di tutti i Francesi. Ma Luigi fu quegli che provò particolari emozioni vedendo le calamità della Casa Stuarda. Si sentì ridestare nell'anima lo egoismo e la generosità tutta dell'indole sua. Dopo molti anni di prosperità egli aveva finalmente dato in un grave inciampo. Aveva calcolato sopra lo aiuto o la neutralità della Inghilterra; e adesso non poteva altro da quella aspettarsi che energica e pertinace ostilità. Parecchi giorni innanzi avrebbe non senza ragione potuto sperare di soggiogare le Fiandre e dettare la legge alla Germania; e adesso si reputerebbe fortunato ove potesse difendere i confini del Regno contro una lega da lunghissimi anni non più veduta in Europa. Da questa cotanto nuova, impacciosa e pericolosa posizione, null'altro che una controrivoluzione o una guerra civile nelle Isole britanniche poteva liberarlo. Per le quali cose ambizione e paura lo spingevano ad abbracciare la causa della caduta dinastia. Ed è giusto il dire che a ciò fare lo movevano anche sentimenti più nobili che l'ambizione e il timore non fossero. Il suo cuore era naturalmente compassionevole, e le sciagure di Giacomo erano tali da svegliare tutta la compassione di Luigi. Le circostanze in cui egli erasi trovato avevano impedito il libero corso ai suoi buoni sentimenti. La simpatia rade volte è vigorosa dove è grande ineguaglianza di condizioni; ed egli s'era tanto alto levato sopra gli altri uomini, che le loro miserie gli destavano in cuore una tepida pietà, quale sarebbe quella che noi proviamo ai patimenti degli animali inferiori, d'un pettirosso affamato o d'un spedato cavallo da posta. La devastazione del Palatinato e la persecuzione degli Ugonotti non gli avevano quindi turbato l'animo in guisa, che tosto non glielo mettessero in calma l'orgoglio e la bacchettoneria. Ma si sentì destare nell'anima tutta la tenerezza di cui egli era capace, vedendo la miseria di un gran Re, che pochi giorni innanzi era stato servito in ginocchio da grandi Signori, e che adesso era esule e mendico. A questo sentimento di tenerezza era commista una vanità non ignobile. Voleva dare al mondo un esempio di munificenza e cortesia. Voleva mostrare all'umanità quale dovrebbe essere il contegno di un perfetto gentiluomo in altissimo stato e in una solenne congiuntura; e, a vero dire, ei si condusse da uomo cavallerescamente urbano e generoso, sì che di altro esempio non si onoravano gli annali della Europa dal tempo in cui il Principe Nero si stette in piedi dietro la sedia del Re Giovanni a cena nel campo di Poitiers.

XXIV. Appena si seppe in Versailles che la Regina d'Inghilterra era approdata in Francia, le venne apparecchiato un palazzo. Furono spediti cocchi e compagnie di Guardie por istarsi agli ordini di lei. Perchè ella potesse comodamente viaggiare, si fe' racconciare la strada di Calais. A Lauzun non solo fu, a riguardo di lei, concesso perdono delle colpe passate, ma egli ebbe l'onore d'una lettera amichevole scritta di mano di Luigi. Maria faceva cammino alla volta della corte francese, allorquando giunse la nuova che il suo marito, dopo un procelloso viaggio, era sbarcato a salvamento presso il piccolo villaggio d'Ambleteuse. Personaggi d'alto grado furono tosto spediti da Versailles a compirlo e servirgli di scorta. Frattanto Luigi, accompagnato dalla sua famiglia e da' suoi Nobili, uscì in solenne corteo a ricevere l'esule Regina. Il suo cocchio sontuoso era preceduto dagli alabardieri svizzeri. Lo fiancheggiava di qua o di là il corpo delle Guardie a cavallo sonando i cimbali e le trombe. Dietro il Re in cento carrozze, ciascuna tirata da sei cavalli, veniva la più splendida aristocrazia che fosse in Europa, tutta piume, nastri, gioie e ricami. La processione non aveva fatto molto cammino quando fu annunziato che Maria appressavasi. Luigi scese dal cocchio, e a piedi le andò incontro. Ella diede in uno scoppio di passionate espressioni di gratitudine. «Madama,» disse il Re di Francia» egli è un tristo servigio quello che oggi vi rendo. Spero che in futuro io possa rendervene di maggiori e più piacevoli.» Così dicendo, baciò il pargoletto Principe di Galles, e fece sedere alla sua destra la Regina nel cocchio reale. Allora la cavalcata si volse verso Saint-Germain.

Quivi nella estremità d'una foresta popolata di belve da caccia, e in cima a un colle che sovrasta al tortuoso corso della Senna, Francesco I aveva edificato un castello, ed Enrico IV una magnifica terrazza. Di tutte le magioni dei Re di Francia, in nessuna si respirava aria più salubre e godevasi un più ameno spettacolo. La grandezza e vetustà veneranda degli alberi, la beltà dei giardini, l'abbondanza delle acque erano in gran fama. Ivi Luigi XIV era nato, e nei suoi giovani anni ivi avea tenuta la sua corte, aveva aggiunti vari padiglioni alla magione di Francesco, e finita la terrazza di Enrico. Nonostante, presto il Re provò inesplicabile disgusto pel luogo dove era nato. Ei lasciò Saint-Germain per trasferirsi a Versailles, e spese somme pressochè favolose nel vano sforzo di creare un paradiso in un luogo singolarmente sterile e insalubre, tutto sabbia e fango, senza boschi, senza acqua e senza caccia. Saint-Germain adunque fu scelto per abitazione della reale famiglia d'Inghilterra. Vi era stata in fretta trasportata sontuosa mobilia. Le stanze pel Principe di Galles erano state provvedute d'ogni cosa necessaria ai bisogni d'un pargolo. Uno dei servi presentò alla Regina la chiave di un ricco

scrigno che trovavasi nello appartamento di lei. Ella lo aprì, e vi trovò dentro seimila luigi d'oro.
XXV. Il dì susseguente Giacomo arrivò a Saint-Germain. Vi era Luigi a riceverlo. Lo sventurato esule gli fece un sì profondo inchino che pareva volesse abbracciare le ginocchia del suo protettore. Luigi sollevatolo, abbracciollo con fraterna tenerezza. I due Re entrarono in camera della Regina. «Ecco qui un gentiluomo» le disse Luigi «che voi gradirete di vedere.» Quindi dopo avere pregato il suo ospite a volere pel dì prossimo visitare Versailles, e concedergli il piacere di mostrargli gli edificii, le pitture, e le piantagioni, prese commiato, senza cerimonie, quasi fossero vecchi amici.
Dopo poche ore agli sposi reali venne annunziato che per tutto il tempo ch'essi farebbero al Re di Francia il favore di accettarne l'ospitalità, verrebbe loro pagata dal suo tesoro l'annua somma di quarantacinquemila lire sterline. Diecimila ne furono subito date loro per le spese d'installazione.
La liberalità di Luigi fu non per tanto molto meno rara e ammirevole della squisita delicatezza con che ei si affaticò ad addolcire le amarezze dei suoi ospiti ed alleggiare il quasi intollerabile peso degli obblighi che addossava loro. Egli, che fino allora nelle questioni di precedenza era stato fastidioso, litigioso, insolente, che s'era più volte mostrato pronto a gettare la Europa in guerra più presto che cedere nel più frivolo punto d'etichetta, adesso fu puntiglioso contro sè stesso, ma puntiglioso per i suoi sventurati amici. Ordinò che Maria fosse trattata con tutti i segni di rispetto onde era stata trattata la defunta sua moglie. Fu discusso se i Principi della Casa di Borbone avessero diritto di sedersi in presenza della Regina. Simiglianti inezie erano cose gravi nell'antica Corte di Francia. V'erano esempi pro e contra: ma Luigi decise la questione contro il proprio sangue. Alcune dame d'altissimo grado trascurarono la cerimonia di baciare il lembo della veste di Maria. Luigi notò la omissione, e con voce tale e con tale sguardo, che tutte le dame di corte da quel giorno mostraronsi sempre pronte a baciarle il piede. Allorquando l'Ester, pur allora scritta da Racine, venne rappresentata in Saint-Cyr, Maria occupò il seggio d'onore. Giacomo le sedeva a destra. Luigi modestamente le si assise a sinistra. Anzi ei consentì che nel suo proprio palazzo un esule, il quale viveva della sua generosità, assumesse il titolo di Re di Francia, e come Re di Francia inquartasse i gigli co' lioni inglesi, e come Re di Francia nei giorni in che la corte prendeva il lutto, vestisse abito di colore violetto.
Il contegno dei Nobili francesi in pubblico prendeva norma dal Sovrano, ma non era possibile impedire che essi liberamente pensassero ed esprimessero i loro pensieri nelle conversazioni private, con la pungente e delicata arguzia che forma il carattere della nazione e del ceto loro. Di Maria pensavano favorevolmente. La trovavano piacente di persona e dignitosa nel portamento. Ne veneravano il coraggio e lo affetto di madre, e ne commiseravano la sinistra fortuna. Ma per Giacomo sentivano estremo dispregio. Non potevano patire la sua insensibilità, il modo freddo onde egli discorreva con chi che si fosse della propria rovina, e il fanciullesco diletto che prendeva della pompa e del lusso di Versailles. Attribuivano questa strana apatia, non a filosofia o religione, ma a stupidità e abiettezza d'animo, e notarono come nessuno che aveva avuto l'onore d'ascoltare dalla bocca di Sua Maestà Britannica il racconto dello proprie vicissitudini si maravigliasse di vedere lui in Saint-Germain e il suo genero nel palazzo di San Giacomo.
XXVI. Nelle Province Unite la commozione prodotta dalle nuove giunte d'Inghilterra era anche maggiore che in Francia. Era quello il tempo in cui la Batava Federazione era pervenuta al più alto fastigio di gloria e potenza. Dal giorno in cui la spedizione fece vela tutta la nazione olandese era stata in preda a somma ansietà. Le chiese non erano mai state come allora popolate di gente. I predicatori non avevano mai arringato con maggiore veemenza. Gli abitanti dell'Aja non poterono frenarsi dallo insultare Albeville. La sua casa era giorno e notte sì strettamente circondata dalla plebaglia, che nessuno rischiavasi a visitarlo; ed egli temeva non appiccassero fuoco alla sua cappella. Ad ogni corriere che giungeva recando nuove dello avanzarsi del Principe, i suoi concittadini si sentivano rincuorati; e allorquando si seppe ch'egli, cedendo allo invito fattogli dai Lord e dall'Assemblea dei Comuni, aveva assunto il potere esecutivo, tutte le fazioni olandesi proruppero in un grido universale di gioia e d'orgoglio. Sollecitamente fu spedita un'ambasceria straordinaria a recargli le congratulazioni della madre patria. Uno degli ambasciatori era Dykvelt, uomo in quella occasione di non poca utilità per la destrezza, e per la profonda scienza ch'egli aveva della politica inglese; e gli fu dato per collega Niccola Witsen, Borgomastro d'Amsterdam, il quale sembra essere stato scelto a fine di provare a tutta Europa che la lunga contesa tra la Casa d'Orange e la città principale della Olanda era cessata. Il dì 8 gennaio Dykwelt e Witsen si presentarono a Westminster. Guglielmo favellò loro con franchezza e cordialità tali che rare volte ei mostrava conversando con gl'Inglesi. Le sue prime parole furono queste: «Bene! e che cosa dicono ora gli amici a casa nostra?» E veramente il solo

plauso che parve forte commuovere la stoica indole di lui, fu quello della terra natia. Della immensa popolarità ch'egli godeva in Inghilterra, parlò con freddo sdegno, e predisse con troppa verità la reazione che ne sarebbe seguita. «Qui» disse egli «oggi dappertutto si grida Osanna, e forse domani si griderà Crucifige»

XXVII. Il dì appresso furono eletti i primi membri della Convenzione. La città di Londra diede lo esempio, e senza contesa elesse quattro ricchi mercatanti caldissimi Whig. Il Re e i suoi fautori avevano sperato che molti ufficiali dei collegi elettorali considererebbero come nulla la lettera del Principe; ma fu vana speranza. Le elezioni procederono rapidamente e senza intoppo. Non vi fu quasi ombra di contesa: imperocchè la nazione per più d'un anno aveva sempre aspettato l'apertura delle Camere. I decreti di convocazione erano stati due volte emessi e due revocati. Alcuni collegi elettorali, per virtù di tali decreti, avevano già eletto i loro rappresentanti. Non v'era Contea nella quale i gentiluomini e i borghesi non avessero, molti mesi prima, posto l'occhio sopra candidati buoni protestanti, ad eleggere i quali dovevasi fare ogni sforzo in onta ai voleri del Re e ai raggiri del Lord Luogotenente; e questi candidati ora vennero generalmente eletti senza opposizione.

Il Principe diede rigorosi ordini che nessuno ufficiale pubblico in questa occasione adoperasse quelle arti che avevano recato tanto disonore al cessato Governo. Comandò in ispecie che nessun soldato osasse mostrarsi nelle città nelle quali facevansi le elezioni. I suoi ammiratori poterono vantare, e i suoi nemici sembra non potessero negare, che gli elettori esprimessero liberamente la propria opinione. Vero è ch'egli rischiava poco. Il partito a lui bene affetto era trionfante e pieno d'entusiasmo, di vita e d'energia. Quello da cui poteva aspettarsi seria opposizione era disunito e scorato, stizzito con sè stesso, e anco più stizzito col proprio capo. La maggior parte, quindi, delle Contee e dei borghi elessero rappresentanti Whig.

XXVIII. E' non fu sopra la sola Inghilterra che Guglielmo estese la sua tutela. La Scozia era insorta contro i suoi tiranni. Tutti i soldati regolari, i quali l'avevano lungamente tenuta in freno, erano stati richiamati da Giacomo per soccorrerlo contro gl'invasori olandesi, tranne un piccolo presidio, che sotto il comando del Duca di Gordon, gran signore cattolico, stavasi nel castello d'Edimburgo. Ogni corriere che era andato nelle contrade settentrionali nel mese di novembre, mese così pieno di vicende, aveva recato nuove che concitavano le passioni degli oppressi Scozzesi. Finchè era ancor dubbio l'esito delle operazioni militari, in Edimburgo accaddero subugli e clamori che si fecero più minacciosi dopo la ritirata di Giacomo da Salisbury. Gran torme di gente ragunavansi primamente di notte, poi di giorno. Bruciavano le immagini del papa; chiedevano clamorosamente un libero Parlamento: si videro attaccati ai muri dei cartelli dove le teste dei ministri della Corona erano messe a prezzo. Fra costoro il più detestato era Perth, come colui ch'era Cancelliere, godeva altamente il regio favore, era apostata della fede riformata, e il primo che aveva nelle leggi penali della patria introdotto il ferreo strumento per macerare le dita. Era uomo privo di vigore, e d'animo abietto; e il solo coraggio ch'egli avesse era la sfrontatezza che sfida la infamia, e assiste senza commuoversi agli altrui tormenti. In quel tempo era capo del Consiglio; ma, venutogli meno l'animo, abbandonò il proprio posto, e a fuggire ogni pericolo, - secondo che giudicava dagli sguardi e dalle grida del feroce popolaccio, - di Edimburgo, - ritirossi a una sua villa che sorgeva non lontana dalla città. Si fece accompagnare a Castle Drummond da una numerosa guardia; ma, appena partito lui, la città insorse. Pochi soldati provaronsi di reprimere la insurrezione, ma furono vinti. Il palazzo di Holyrood, che era stato trasformato in seminario e tipografia cattolica romana, fu preso d'assalto e saccheggiato. Libri papalini, rosari, crocifissi e pitture furono accatastati e arsi in High Street. Framezzo a tanta agitazione giunse la nuova della fuga del Re. I membri del Governo deposero ogni pensiero di contendere col furore popolare, e mutarono partito con quella prontezza allora comune fra i politici scozzesi. Il Consiglio Privato con un proclama ordinò il disarmo di tutti i papisti, e con un altro invitò i protestanti a collegarsi per la difesa della religione pura. La nazione non aveva aspettato lo invito. Città e campagna erano già in arme a favore del Principe d'Orange. Nithisdale e Clydesdale erano le sole regioni in cui fosse ombra di speranza che i cattolici romani farebbero testa; ed entrambe furono occupate da bande di presbiteriani armati. Fra gl'insorti erano alcuni cupi e feroci uomini, i quali, già stati infidi ad Argyle, ora erano egualmente pronti ad esserlo a Guglielmo. Dicevano Sua Altezza essere uomo maligno; non una parola della Convenzione nel suo Manifesto; gli Olandesi, gente con la quale nessun vero servo di Dio poteva concordare, essere in lega co' Luterani, e un Luterano, al pari d'un Gesuita, essere figlio del demonio. Ma la voce universale di tutto il Regno vinse lo sconcio gracidare di cotesta odiata fazione.

Il concitamento in breve giunse fino alle vicinanze di Castle Drummond. Perth conobbe di non essere

sicuro nè anche fra' suoi propri servi e fittajuoli. Si abbandonò a quel disperato dolore in cui la sua cruda tirannia aveva spesso gettato uomini migliori di lui. Si provò di cercare conforto nei riti della sua novella Chiesa. Importunava i preti a confortarlo, pregava, si confessava, si comunicava: ma la sua fede era sì debole ch'egli affermò che, malgrado tutte le sue divozioni, era straziato dal terrore della morte. Intanto seppe che potea fuggire sopra un vascello che stavasi di faccia a Brentisland. Travestitosi come meglio potè, dopo un lungo e difficile cammino per non frequentati sentieri su per i monti d'Ochill, che allora erano coperti di neve, gli venne fatto d'imbarcarsi: ma, non ostante tutte le sue cautele, era stato riconosciuto, e il grido della scoperta s'era in un baleno propalato. Come si seppe che il crudo rinnegato era in mare ed aveva seco dell'oro, taluni incitati dall'odio e dalla cupidigia si posero ad inseguirlo. Un legno comandato da un antico cacciatore di buoi raggiunse il fuggente vascello e lo prese all'abbordaggio. Perth travestito da donna dal fondo in cui s'era nascosto fu tratto sul ponte, dove fu spogliato, frugato e saccheggiato. Gli aggressori appuntarongli le baionette al petto. E mentre ei con abiette strida supplicava gli lasciassero la vita, fu condotto a terra e gettato nella prigione comune di Kirkaldy. Di là, per ordine del Consiglio da lui dianzi presieduto, e che era composto d'uomini partecipi delle sue colpe, fu trasferito al Castello di Stirling. Era giorno di domenica, e l'ora degli uffici divini, allorquando egli, cinto da guardie, fu menato alla sua prigione; ma perfino i rigidi Puritani dimenticarono la santità del giorno e del servizio. La gente erompeva fuori dalle chiese per vedere passare quel carnefice, e il frastuono delle minacce, maledizioni e urli d'ira lo accompagnò fino alla porta del carcere.
Vari egregi Scozzesi trovavansi in Londra quando vi arrivò il Principe; e molti altri vi accorsero a corteggiarlo. Il dì 7 gennaio li chiamò a Whitehall. La congrega fu grande e rispettabile: al Duca di Hamilton e al Conte di Arran suo primogenito, capi d'una casa quasi regale, tenevano dietro trenta Lord e circa ottanta gentiluomini di gran conto. Guglielmo gli esortò a consultare fra loro, e fargli sapere il miglior modo di promuovere il bene del loro paese. Quindi ritirossi perchè deliberassero liberamente senza lo impaccio della presenza di lui. Andati alla sala del Consiglio, posero Hamilton sul seggio. Ancorchè sembri che ci fosse poca differenza d'opinione, le discussioni loro durarono tre giorni, fatto che si spiega pensando che Sir Patrizio Hume era uno degli oratori. Arran rischiossi a proporre s'aprissero col Re pratiche d'accordo. Ma tale proposta, male accolta da suo padre e dalla intera assemblea, non trovò nessuno che la secondasse. Alla perfine vennero a deliberazioni strettamente somiglievoli a quelle che, pochi giorni innanzi, i Lord e i Comuni d'Inghilterra avevano presentate al Principe. Lo pregavano di convocare una Convenzione degli Stati di Scozia, stabilire il dì 14 marzo per giorno dell'Adunanza, e fino a quel giorno assumersi egli l'amministrazione civile e militare. Il Principe assentì alla richiesta; e quindi il governo di tutta l'isola si ridusse nelle sue mani.
XXIX. Avvicinavasi il momento decisivo, e si accrebbe l'agitazione nel pubblico. In ogni dove vedevansi gli uomini politici far capannelli e discutere. Le botteghe da caffè fervevano; le tipografie della metropoli lavoravano senza posa. Dei fogli stampati a quel tempo, anche oggi se ne possono raccogliere tanti da formare vari volumi; e non è difficile, leggendo tali scritture, farsi una idea delle condizioni in cui trovavansi i partiti.
Era una piccolissima fazione che voleva richiamare Giacomo senza alcuna stipulazione. Altra fazione anch'essa piccolissima voleva istituire una repubblica, e affidare il governo ad un Consiglio di Stato sotto la presidenza del Principe d'Orange. Ma entrambe queste estreme opinioni erano a tutti in aborrimento. Diciannove ventesimi della nazione erano gente in cui lo affetto alla monarchia ereditaria era congiunto, benchè ove più ove meno, con lo affetto alla libertà costituzionale, e che era egualmente avversa all'abolizione della dignità regia e alla restaurazione incondizionata del Re.
Ma nel vasto spazio che divideva i bacchettoni che seguitavano ad attenersi alle dottrine di Filmer, dagli entusiasti che tuttavia sognavano i sogni di Harrington, v'era luogo per molte varietà d'opinioni. Se poniamo da parte le minute suddivisioni, vedremo che la massima parte della nazione e della Convenzione era partita in quattro corpi: tre erano Tory, il quarto era Whig.
L'accordo tra i Whig e i Tory non era rimaso superstite al pericolo che l'aveva fatto nascere. In varie occasioni mentre che il Principe marciava alla volta di Londra, la dissensione era scoppiata fra' suoi fautori. Mentre era ancor dubbio l'esito della impresa, egli con isquisito accorgimento aveva di leggieri chetato ogni dissenso. Ma dal dì in cui egli entrò trionfante nel palazzo di San Giacomo, ogni suo accorgimento tornò inefficace. La vittoria, liberando la nazione dalla paura della tirannide papale, gli aveva rapita di mano mezza la sua influenza. Vecchie antipatie, che sedaronsi mentre i Vescovi erano nella Torre, i Gesuiti in consiglio, i leali ecclesiastici a torme privati del loro pane, i leali gentiluomini a centinaia scacciati dalle Commissioni di pace, si ridestarono forti ed operose. Il realista

raccapricciava pensando di trovarsi in lega con coloro ch'egli fino dalla sua giovinezza mortalmente odiava, coi vecchi capitani parlamentari che gli avevano devastate le ville, coi vecchi commissari parlamentari che gli avevano sequestrati i beni, con uomini che avevano in Rye House tramato il macello e capitanata la insurrezione delle contrade occidentali. Inoltre quella diletta Chiesa, per amore della quale egli, dopo una penosa lotta, aveva rotto il suo debito d'obbedienza verso il trono, era ella veramente salva? O l'aveva egli redenta da un nemico perchè rimanesse in preda ad un altro? I preti papisti, a dir vero, erano in esilio, nascosti, o imprigionati. Nessun Gesuita o Benedettino che avesse cara la vita osava mostrarsi vestito degli abiti dell'ordine suo. Ma i dottori presbiteriani e gl'Indipendenti andavano in processione a riverire il capo del governo, e venivano da lui accolti di buona grazia come i veri successori degli apostoli. Alcuni scismatici apertamente dicevano sperare che tosto sarebbe tolto via ogni ostacolo che gli escludeva da' beneficii ecclesiastici; che gli Articoli verrebbero mitigati, riformata la liturgia; non più festa il dì di Natale, non più digiuno il venerdì santo; canonici consacrati dal Vescovo, senza le bianche vestimenta, ministrerebbero nei cori delle cattedrali il pane e il vino eucaristico ai fedeli comodamente assisi nei loro banchi. Il Principe certamente non era presbiteriano fanatico; ma per lo meno era Latitudinario: non aveva scrupolo di comunicarsi secondo il rito anglicano; ma non si dava pensiero intorno alla forma secondo la quale altri si comunicava. Era anco da temersi che la moglie fosse troppo imbevuta dei principii di lui. La coscienza della Principessa era diretta da Burnet. Ella aveva ascoltato predicatori appartenenti a diverse sètte protestanti. Aveva dianzi detto di non discernere differenza veruna tra la Chiesa anglicana e le altre Chiese riformate. Era quindi necessario che i Cavalieri in cosiffatte circostanze seguissero lo esempio dato nel 1641 dai padri loro, si separassero dalle Testerotonde e dai settarii, e, nonostante tutti i falli del monarca ereditario, sostenessero la causa della ereditaria monarchia.
La parte animata da questi sentimenti era numerosa e rispettabile. Comprendeva circa mezza la Camera dei Lord, circa un terzo di quella dei Comuni, la maggior parte dei gentiluomini rurali, e almeno nove decimi del clero; ma era lacerata dalle dissensioni, e per ogni lato cinta di ostacoli.
XXX. Una frazione di questo gran partito, frazione che era specialmente forte fra gli ecclesiastici, e della quale Sherlock era l'organo principale, voleva si aprissero pratiche d'accordo con Giacomo, che fosse invitato a ritornare a Whitehall a condizioni tali che pienamente rimanesse assicurata la costituzione civile ed ecclesiastica del Regno. Egli è evidente che questo disegno, benchè fosse vigorosamente propugnato dal clero, era al tutto incompatibile con le dottrine per lunghi anni da esso insegnate. Veramente era un tentativo di aprire una via di mezzo dove non era spazio ad aprirla, di effettuare una concordia tra due cose che concordia non ammettevano, cioè tra la resistenza e la non resistenza. I Tory dapprima s'erano appoggiati al principio della non resistenza; ma la più parte di loro avevano abbandonato quel principio e non inchinavano a riabbracciarlo. I Cavalieri d'Inghilterra, come classe, erano stati così, direttamente o indirettamente, implicati nella ultima insurrezione contro il Re, che non potevano per vergogna parlare del sacro debito di obbedire a Nerone; nè volevano richiamare il Principe sotto il cui pessimo governo avevano cotanto sofferto, senza esigere da lui condizioni tali da rendergli impossibile ogni abuso di potere. Trovavansi quindi in falsa posizione. La loro antica teoria, vera o falsa che fosse, almeno era completa e coerente. Se era vera, dovevano immediatamente invitare il Re a tornare indietro e permettergli, ove così gli piacesse, di punire nel capo come rei di crimenlese Seymour e Danby, il Vescovo di Londra e quello di Bristol, ristabilire la Commissione ecclesiastica, riempiere la Chiesa di dignitari papisti, e porre lo esercito sotto il comando di ufficiali papisti. Ma se, come gli stessi Tory allora sembravano confessare, quella teoria era falsa, a che aprire pratiche d'accordo col Re? Se ammettevano ch'egli potesse legalmente essere privato del trono finchè non desse soddisfacenti guarentigie per la sicurtà della costituzione della Chiesa e dello Stato, non era agevole negare ch'egli potesse legalmente esserne privato per sempre. Imperocchè quale soddisfacente guarentigia poteva egli dare? Come era possibile formulare un Atto di Parlamento in termini più chiari di quelli in che erano espressi gli atti parlamentari, i quali ingiungevano che il Decano della Chiesa di Cristo fosse un protestante? Come era egli possibile esprimere una qualunque promessa con parole più energiche di quelle con le quali Giacomo aveva più volte dichiarato di rigorosamente rispettare i diritti del Clero Anglicano? Se legge od onore fossero stati bastevoli a vincolarlo, ei non sarebbe mai stato costretto a fuggire dal suo Regno. E non valendo onore o legge a vincolarlo, era savio provvedimento permettergli che ritornasse.
XXXI. È possibile, non pertanto, che, malgrado i predetti argomenti, una proposta di aprire pratiche con Giacomo sarebbe stata fatta nella Convenzione e sostenuta da' Tory, ove egli in questa, come in qualsivoglia altra occasione, non fosse stato il peggiore nemico di sè stesso. Ogni corriere postale che

giungeva a Londra da Saint-Germain, recava nuove tali da intiepidire lo ardore dei suoi partigiani. Ei non credeva valesse lo incomodo simulare rincrescimento dei passati errori o promessa di emendarsi. Pubblicò un Manifesto, nel quale diceva avere sempre posto ogni cura a governare con giustizia e moderazione i suoi popoli, e che essi ingannati da immaginari aggravi erano corsi da sè alla rovina. La sua demenza ed ostinazione fece sì che coloro i quali più ardentemente desideravano riporlo sul trono ad eque condizioni, comprendessero che, proponendo in quel momento d'aprire pratiche con lui, danneggerebbero la causa che volevano propugnare. Deliberarono quindi di collegarsi con un'altra fazione di Tory capitanata da Sancroft. Questi credè avere trovato modo di provvedere al governo del paese senza richiamare Giacomo, non privandolo ad un tempo della sua Corona. Questo modo altro non era che istituire una Reggenza. I più ostinati di que' teologi che avevano inculcata la dottrina della obbedienza passiva non avevano mai sostenuto che siffatta obbedienza si dovesse prestare ad un bambino o a un demente. Era universalmente riconosciuto che, quando il legittimo Sovrano fosse intellettualmente incapace di esercitare il proprio ufficio, poteva deputarsi alcuno ad agire in sua vece, e che chiunque resistesse a cotesto deputato, e per iscusa allegasse il comando di un principe in fasce o demente, incorrerebbe giustamente nelle pene della ribellione. La stupidità, l'ostinatezza, e la superstizione - in questa guisa ragionava il Primate - avevano reso Giacomo inetto a reggere i propri dominii come un fanciullo in fasce, o un pazzo che nel Manicomio di Bedlam si giaccia sulla paglia digrignando i denti e dicendo scempie parole. Era dunque mestieri appigliarsi al provvedimento preso allorchè Enrico VI era infante, e una seconda volta abbracciato allorchè fu colpito da letargia. Giacomo non poteva esercitare l'ufficio di Re; ma doveva seguitare ad avere sembianza di Re. I decreti dovevano portare il suo nome, le monete e il Gran Sigillo essere segnati della immagine ed epigrafe di lui; gli Atti del Parlamento portare gli anni del suo regno. Ma il potere esecutivo doveva essergli tolto, ed affidato a un Reggente eletto dagli Stati del Reame. In questa guisa, sosteneva con gravità Sancroft, il popolo non mancherebbe al proprio debito, strettamente manterrebbe il giuramento di fedeltà prestato al suo Re; e i più ortodossi anglicani, senza il minimo scrupolo di coscienza, potrebbero esercitare gli uffici sotto il Reggente.
La opinione di Sancroft era di gran peso nel partito Tory e segnatamente nel clero. Una settimana innanzi il giorno stabilito al ragunarsi della Convenzione, una congrega di gravissimi uomini nel palazzo Lambeth, assistè alle preci nella cappella, desinò col Primate, e finalmente si strinse a consulta intorno alle pubbliche faccende. V'erano presenti cinque suffraganei dello Arcivescovo, i quali nella decorsa estate avevano secolui diviso i perigli e la gloria. I Conti di Clarendon e di Ailesbury rappresentavano i Tory secolari. Parve che unanimemente l'assemblea opinasse che coloro i quali avevano prestato a Giacomo il giuramento di fedeltà, potevano lecitamente negargli obbedienza; ma non potevano con sicurtà di coscienza chiamare chiunque altri si fosse col nome di Re. XXXII. In tal modo due frazioni del partito Tory, l'una che desiderava un accomodamento con Giacomo, l'altra che avversava tale accomodamento, concordarono a propugnare il disegno d'instituire una Reggenza. Ma una terza frazione, la quale comechè non fosse numerosa aveva gran peso e influenza, proponeva un assai diverso provvedimento. I capi di questa piccola schiera erano Danby e il Vescovo di Londra nella Camera dei Lord, e Sir Roberto Sawyer in quella dei Comuni. Crederono d'avere trovato modo di fare una compiuta rivoluzione sotto forme rigorosamente legali. Dicevano essere contrario ad ogni principio che il Re venisse detronizzato da' suoi sudditi; nè v'era necessità di farlo. Fuggendo, egli aveva abdicato il suo potere e la sua dignità. Il trono doveva considerarsi come vacante; e tutti i giureconsulti costituzionali sostenevano che il trono d'Inghilterra non poteva esserlo nè anche un momento. E però il più prossimo erede era da reputarsi Sovrano. Ma chi era cotesto prossimo erede? Quanto al pargolo che era stato condotto in Francia, la sua venuta al mondo era accompagnata da molti sospetti. Era dovere verso gli altri membri della regale famiglia e verso la nazione che si rimovesse ogni dubbio. Guglielmo, a nome della Principessa d'Orange sua consorte, aveva solennemente dimandata una inchiesta, la quale sarebbe stata instituita se gli accusati di frode non si fossero appigliati ad un partito, che in qualunque caso ordinario sarebbe stato considerato come prova decisiva della colpa. Senza aspettare l'esito di un solenne processo parlamentare, se n'erano fuggiti in paese straniero, secoloro conducendo lo infante, e le cameriste francesi e italiane, le quali, ove ci fosse stato frode, avrebbero dovuto saperla, e quindi sarebbero state sottoposte a rigoroso controesame. Era impossibile ammettere il diritto del fanciullo senza avere compita la inchiesta; e coloro che si dicevano suoi genitori avevano resa ogni inchiesta impossibile. Era quindi mestieri reputarlo condannato in contumacia. Se ei pativa ingiustizia, ne avea colpa non la nazione, ma coloro la cui strana condotta al tempo della nascita di lui aveva giustificato la nazione a domandare una

inchiesta, alla quale si sottrassero con la fuga. Per le quali cose poteva a buon diritto considerarsi come pretendente; e in tal modo la Corona rimaneva devoluta alla Principessa d'Orange. Essa era adunque di fatto Regina regnante. Alle Camere altro non rimaneva a fare che proclamarla. Ella poteva, se così le piacesse, nominare primo ministro il marito, e anche, assenziente il Parlamento, conferirgli il titolo di Re.
Coloro, che preferivano questo disegno a qualunque altro, erano pochi; ed era sicuro che verrebbe avversato da tutti quei che tuttavia serbavano qualche affetto per Giacomo, e da tutti i partigiani di Guglielmo. Pure Danby, fidando nella pratica ch'egli aveva della tattica parlamentare, e sapendo quanto possa, ogniqualvolta i grandi partiti trovinsi a un dipresso bilanciati, una piccola schiera di dissenzienti, non disperava di tenere sospeso il resultato della contesa, finchè entrambi, Whig e Tory, non avendo più speranza di piena vittoria, e tementi gli effetti dello indugiare, lo lasciassero agire come arbitro. E non era impossibile che gli riuscisse, se i suoi sforzi fossero stati secondati, anzi non fossero stati frustrati da colei ch'egli desiderava inalzare al fastigio della umana grandezza. Per quanto egli avesse occhio veggente e pratica negli affari, ignorava affatto la indole di Maria e lo affetto ch'ella nutriva pel suo consorte; nè Compton antico precettore di lei era meglio informato. Guglielmo aveva modi secchi e freddi, inferma salute, indole punto blanda; non era uomo da fare supporre che potesse ispirare una violenta passione ad una giovane di ventisei anni. Sapevasi ch'egli non era stato sempre rigorosamente fedele alla propria moglie; e i ciarlieri andavano dicendo ch'ella non menava felice la vita in compagnia di lui. I più sottili politici, perciò, non sospettarono mai che con tutti i suoi falli egli regnasse sul cuore di lei con un impero che non ottennero mai sul cuore di nessuna donna principi rinomatissimi pei loro successi nelle faccende d'amore, come a modo d'esempio Francesco I ed Enrico IV, Luigi XIV e Carlo II, e che i tre regni aviti non fossero principalmente d'alcun valore agli occhi di lei, se non perchè, nel concederli allo sposo, poteva provargli quanto intenso e disinteressato era lo affetto ch'ella gli portava. Danby, affatto ignaro di coteste cose, le assicurò che egli avrebbe difesi i diritti di lei, e che, ove ella lo secondasse, sperava di porla sola sul trono.
XXXIII. La condotta dei Whig era semplice e ragionevole. Professavano il principio che il nostro Governo era essenzialmente un contratto formato per una parte dal giuramento di fedeltà, e per un'altra dal giuramento della incoronazione, e che i doveri imposti da tale contratto erano scambievoli. Credevano che un Sovrano il quale abusasse gravemente dei propri poteri, potesse essere legittimamente avversato dal suo popolo e privato del trono. Ciò posto, nessuno negava che Giacomo avesse fatto grave abuso del proprio potere; e tutto il partito Whig era pronto a dichiararlo decaduto. Se il Principe di Galles fosse o non fosse legittimo, non era subietto meritevole d'essere discusso. Per escluderlo dal trono ora esistevano ragioni più forti di quelle che si potessero dedurre dalla qualità di sua nascita. Un bambino introdotto di soppiatto nel regio talamo poteva forse riuscire buon Re d'Inghilterra. Ma non era possibile sperarlo trattandosi d'un bambino cresciuto e educato da un padre ch'era il più stupido ed ostinato dei tiranni, in un paese straniero, sede del dispotismo e della superstizione; in un paese dove gli ultimi vestigi della libertà erano scomparsi; dove gli Stati Generali avevano cessato di ragunarsi; dove i Parlamenti da lungo tempo registravano senza la più lieve rimostranza i più oppressivi editti del Sovrano; dove il valore, lo ingegno, la dottrina sembravano esistere solamente a fine d'ingrandire un solo uomo; dove l'adulazione era precipuo subietto alla stampa, al pulpito, alla scena; e dove uno dei precipui subietti della adulazione era la barbara persecuzione della Chiesa Riformata. Era egli verosimile che sotto cosiffatta tutela e in quella cotale situazione il fanciullo imparasse rispetto verso le istituzioni della sua terra natia? Poteva egli dubitarsi che crescerebbe per essere lo schiavo dei Gesuiti e dei Borboni, che avrebbe più sinistri pregiudicii - se pure ciò era possibile - che qualunque altro dei precedenti Stuardi contro le leggi della Inghilterra? I Whig inoltre non pensavano, che, avuto riguardo alle attuali condizioni della patria, fosse opera in sè stessa inconvenevole dipartirsi dalla ordinaria regola della successione. Opinavano che finchè tale regola rimaneva in vigore, le dottrine dell'indestruttibile diritto ereditario e della obbedienza passiva piacerebbero alla Corte, verrebbero inculcate dal clero, e rimarrebbero abbarbicate nelle menti del popolo. Seguiterebbe a prevalere la idea che la dignità regia è ordinamento di Dio con significato diverso da quello che s'intende dicendo ogni altra specie di Governo essere ordinamento di Dio. Era chiaro che finchè questa superstizione non fosse spenta, la Costituzione non avrebbe mai sicurtà: imperocchè una monarchia veramente limitata non può lungo tempo durare in una società che consideri la monarchia come cosa divina, e le limitazioni come trovati umani. Perchè il principato esista in perfetta armonia con le libertà nostre, è mestieri che esso non possa mostrare un titolo più alto e venerando di quello onde noi possediamo le nostre libertà. Il Re va quinci innanzi considerato

come magistrato, alto magistrato, a dir vero, e degno di somma onoranza, ma, al pari di tutti gli altri magistrati, soggetto alla legge, e derivante la potestà sua dal cielo in senso non diverso da quello che potrebbe intendersi dicendo che le Camere dei Lord e dei Comuni derivano la potestà loro dal cielo. Il modo migliore a conseguire un così salutare cangiamento sarebbe quello d'interrompere il corso della successione. Sotto sovrani i quali reputassero a un dipresso alto tradimento il predicare la non resistenza e la teoria del governo patriarcale, sotto sovrani la cui autorità derivando dalle deliberazioni delle due Camere non s'inalzasse di sopra alla sua sorgente, vi sarebbe poco pericolo di patire oppressione simile a quella che aveva per due generazioni costretti gl'Inglesi a correre alle armi contro gli Stuardi. Per cotali ragionamenti i Whig erano apparecchiati a dichiarare vacante il trono, a provvedervi per mezzo della elezione, e imporre al Principe da loro scelto condizioni tali che fermamente tutelassero il paese contro il pessimo Governo.
E oramai era arrivato il tempo di risolvere queste grandi questioni. All'alba del dì 22 gennaio la Camera dei Comuni era affollata di rappresentanti delle Contee e dei borghi. Sui banchi vedevansi molti visi ben noti in quel luogo sotto il regno di Carlo II, ma che non vi s'erano più veduti sotto il suo successore. Molti di quegli scudieri Tory, e di que' bisognosi dipendenti dalla Corte i quali erano stati eletti deputati al Parlamento del 1685, avevano dato luogo ad uomini dello antico partito patriottico, a coloro che avevano strappato di mano alla Cabala il potere, votato l'Atto dell'Habeas Corpus, e mandato alla Camera dei Lord la Legge d'Esclusione. Fra essi era Powle, uomo profondamente versato nella storia e nelle leggi del Parlamento, e dotato di quella specie di eloquenza che si richiede ogni qualvolta gravi questioni si agitano dinanzi a un Senato; e Sir Tommaso Littleton, versato nella politica europea e dotato di forte e sottile logica, con la quale sovente, dopo una lunga seduta, accesi i lumi, aveva ridesta la stanca camera, e deciso dell'esito della discussione. Eravi anco Guglielmo Sacheverell, oratore, la cui somma abilità parlamentare molti anni dipoi era tema prediletto ai discorsi di quei vecchi che vissero tanto da vedere i conflitti di Walpole e di Pulteney. Con questi illustri uomini vedevasi Sir Roberto Clayton, il più ricco mercatante di Londra, il cui palazzo nel Ghetto Vecchio vinceva per magnificenza le magioni aristocratiche di Lincoln's Inn Fields e di Covent Garden, la cui villa sorgente tra i colli di Surrey veniva descritta come un Eden, i cui banchetti gareggiavano con quelli dei Re, e la cui giudiciosa munificenza, della quale fanno tuttora testimonio molti pubblici monumenti, lo avevano reso degno di occupare negli annali della Città un posto secondo solamente a quello di Gresham. Nel Parlamento che nel 1681 si tenne in Oxford, Clayton, come rappresentante la metropoli e ad istanza dei suoi elettori, aveva chiesto licenza di presentare la Legge d'Esclusione, ed era stato secondato da Lord Russell.
Nel 1685, la Città privata delle sue franchigie e governata dalle creature della Corte, aveva eletto quattro rappresentanti Tory. Ma ora le erano stati resi i perduti privilegi, ed aveva nuovamente eletto Clayton per acclamazione. Nè deve tacersi di Giovanni Birch. Aveva incominciata la vita facendo il carrettiere, ma nelle guerre civili, lasciato il suo baroccio, si era fatto soldato, e inalzato al grado di Colonnello nello esercito della repubblica, aveva in alti uffici fiscali mostrato grande ingegno per gli affari, e comechè serbasse fino allo estremo suo dì i ruvidi modi del dialetto plebeo della sua giovinezza, mercè il suo vigoroso buon senso e il suo naturale acume, erasi acquistato tanta reputazione nella Camera dei Comuni da essere considerato qual formidabile avversario da' più compiti oratori del suo tempo. Questi erano i più cospicui fra' veterani, i quali dopo un lungo ritiro ritornavano alla vita pubblica. Ma tosto furono vinti da due giovani Whig, i quali in cotesto solenne giorno sedevano per la prima volta nella Camera; inalzaronsi poi ai più alti onori dello Stato, fecero fronte alle più feroci procelle delle fazioni, ed avendo per lungo tempo goduta somma rinomanza di statisti, d'oratori, e di magnifici protettori degl'ingegni e del sapere, morirono nello spazio di pochi mesi, tosto dopo che la Casa di Brunswick ascese al trono d'Inghilterra. Costoro chiamavansi Carlo Montague e Giovanni Somers.
È d'uopo fare menzione d'un altro nome, d'un nome allora noto a un piccolo drappello di filosofi, ma adesso pronunciato di là dal Gange e dal Mississipì con riverenza maggiore di quella che il mondo tributa alla memoria dei grandissimi guerrieri e regnatori. Fra la folla dei rappresentanti che stavansi in silenzio vedevasi la maestosa e pensosa fronte d'Isacco Newton. La famosa Università sulla quale il genio di lui aveva già incominciato ad imprimere un carattere peculiare, tuttora chiaramente visibile dopo lo spazio di centosessanta anni, lo aveva mandato suo rappresentante alla Convenzione; ed egli vi sedeva nella sua modesta grandezza, discreto ma incrollabile amico della libertà civile e religiosa.
XXXIV. Il primo atto della Convenzione fu quello di eleggere un Presidente; e la elezione da essa fatta indicò manifestissimamente la opinione che aveva rispetto alle grandi questioni che doveva risolvere.

Fino alla vigilia dell'apertura delle Camere era bene inteso che Seymour sarebbe chiamato al seggio presidenziale. Ei lo aveva già per vari anni occupato, aveva titoli insigni e diversi a quella onorificenza, nobiltà di sangue, opulenza, sapere, esperienza, facondia. Aveva da lunghi anni capitanato una potente schiera di rappresentanti delle Contee occidentali. Benchè fosse Tory, nell'ultimo Parlamento s'era messo con notevole abilità e coraggio, a capo della opposizione contro il papismo e la tirannide. Era uno dei gentiluomini che primi accorsero al quartiere generale degli Olandesi in Exeter, e aveva formata quella lega, per vigore della quale i fautori del Principe s'erano vicendevolmente vincolati a vincere o morire insieme. Ma poche ore innanzi l'apertura delle Camere, corse la voce che Seymour era avverso a dichiarare vacante il trono. Appena, quindi, i banchi furono ripieni, il Conte di Wiltshire, che rappresentava la Contea di Hamp, levossi e propose Powle a presidente. Sir Vere Fane, rappresentante di Kent, secondò la proposta. Poteva farsi una ragionevole obiezione, perocchè si sapeva che una petizione doveva essere presentata contro la elezione di Powle; ma il grido generale della Camera lo chiamò al seggio; e i Tory reputarono prudente assentire. Il bastone fu quindi posto sul banco; si lesse la lista dei rappresentanti, e i nomi di coloro che mancavano furono notati.
Intanto i Pari, in numero di circa cento, s'erano adunati, avevano eletto Halifax a presidente, e nominato vari reputati giureconsulti a fare l'ufficio che negli ordinari Parlamenti spetta ai Giudici. Per tutto quel giorno vi fu frequente comunicazione tra le due Camere. Furono d'accordo a pregare il Principe seguitasse ad amministrare il governo finchè gli farebbero sapere le deliberazioni loro, a significargli la loro gratitudine d'avere egli, con l'aiuto di Dio, liberata la nazione, e a stabilire che il 31 gennaio si osservasse come giorno di ringraziamento per la liberazione. Fin qui non era differenza alcuna di opinione: ma ambedue le parti apparecchiavansi alla lotta. I Tory erano forti nella Camera Alta, e deboli nella Bassa; e s'accorgevano che in quella congiuntura la Camera che fosse prima a prendere una risoluzione avrebbe gran vantaggio sopra l'altra. Non v'era la più lieve probabilità che i Comuni mandassero ai Lord un voto a favore del disegno d'istituire una Reggenza: ma ove tal voto dai Lord fosse mandato ai Comuni, non era onninamente impossibile che molti rappresentanti, anco Whig, inchinassero ad assentire più presto che incorrere nella grave responsabilità di far nascere discordia e indugio in una crisi che richiedeva unione e prestezza. I Comuni avevano deliberato che lunedì 28 di gennaio prenderebbero in considerazione le condizioni del paese. I Lord Tory, perciò, proposero di discutere, nel venerdì 25, intorno al grande affare pel quale erano stati convocati. Ma le cagioni che a ciò li movevano furono chiaramente conosciute, e la loro tattica frustrata da Halifax, il quale dopo il suo ritorno da Hungerford aveva sempre veduto che il governo poteva riordinarsi solo a seconda dei principii dei Whig, e però s'era temporaneamente con costoro collegato. Devonshire propose che il martedì 29 fosse il giorno stabilito. «Allora» disse egli con più verità che discernimento «potrebbe venirci dalla Camera Bassa qualche lume che ci servisse di guida.» La proposta fu approvata: ma le sue parole vennero severamente censurate da alcuni dei suoi confratelli come offensive alla dignità dell'ordine loro.
XXXV. Il dì 28 i Comuni si formarono in Comitato generale. Un rappresentante, il quale trenta e più anni innanzi era stato uno dei Lord di Cromwell, voglio dire Riccardo Hampden figlio dello illustre condottiero delle Testerotonde e padre dello sventurato gentiluomo, il quale con dispendiosi donativi ed abiette sommissioni aveva a mala pena campata la vita dalla vendetta di Giacomo, fu posto nel seggio; e il grande dibattimento ebbe principio.
In breve ora si vide che da una immensa maggioranza Giacomo non era più considerato come Re. Gilberto Dolben, figlio dello Arcivescovo di York, fu il primo a dichiarare la propria opinione. Fu sostenuto da molti, e in ispecie dallo audace e virulento Wharton; da Sawyer, il quale, facendo vigorosa opposizione alla potestà di dispensare, aveva in alcun modo scontato le antiche colpe; da Maynard, la cui voce, quantunque fosse cotanto fievole per la età da non giungere ai banchi distanti, imponeva tuttavia riverenza a tutti i partiti, e da Somers, che nella Sala del Parlamento mostrò per la prima volta in quel giorno luminosa eloquenza e svariata erudizione. Sir Guglielmo Williams con la sua fronte di bronzo e la sua lingua volubile sosteneva la predetta opinione. Era già stato profondamente implicato in tutti gli eccessi d'una pessima opposizione e d'un pessimo governo. Aveva perseguitati gl'innocenti papisti e i protestanti innocenti; era stato protettore d'Oates e strumento di Petre. Il suo nome era associato con una sediziosa violenza che tutti i rispettabili Whig con rincrescimento e vergogna ricordavano, e con gli eccessi del dispotismo aborriti dai Tory rispettabili. Non è facile intendere in che modo gli uomini possano vivere sotto il pondo di cotanta infamia: ma anche tanta infamia non bastava ad opprimere Williams. Non arrossì di vituperare il caduto padrone, al quale erasi venduto per far cose tali che nessun uomo onesto del ceto legale avrebbe mai fatte, e dal quale dopo

sei mesi aveva ricevuta la dignità di baronetto come ricompensa di servilità.
Tre soli si rischiarono di opporsi a quella che evidentemente era opinione universale di tutta l'assemblea. Sir Cristoforo Musgrave, gentiluomo Tory di gran conto ed abilità, espresse alcuni dubbi. Heneage Finch si lasciò uscire di bocca alcune parole, le quali erano intese a insinuare si aprissero pratiche col Re. Questo suggerimento fu così male accolto, ch'egli fu costretto a spiegarsi. Protestò d'essere stato frainteso, esser convinto che sotto un tale Principe non sarebbero sicure la religione, la libertà, le sostanze; richiamare Re Giacomo e secolui trattare, essere un fatale provvedimento; ma molti che non consentivano ch'egli esercitasse la potestà regia, scrupoleggiare nel volerlo privare del regio titolo. L'unico espediente che poteva far cessare ogni difficoltà era l'istituire una Reggenza. La proposta piacque sì poco che Finch non ebbe animo di chiedere si ponesse ai voti. Riccardo Fanshaw, Visconte Fanshaw del Regno d'Irlanda, disse poche parole a favore di Giacomo e propose la discussione si aggiornasse; ma la proposta provocò universale riprovazione. I rappresentanti, l'uno dopo l'altro, affaccendavansi a mostrare la importanza del far presto. Dicevano i momenti essere preziosi, intensa la pubblica ansietà, sospeso il commercio. La minoranza con tristo animo si sobbarcò, lasciando che il partito predominante procedesse per la intrapresa via.
XXXVI. Quale sarebbe stata questa via non si poteva chiaramente conoscere: avvegnachè la maggioranza si componesse di due classi d'uomini. Gli uni erano ardenti e virulenti Whig, i quali ove fossero lasciati liberi d'ogni intoppo avrebbero dato ai procedimenti della Convenzione un carattere affatto rivoluzionario. Gli altri ammettevano la necessità d'una rivoluzione, ma la consideravano come un necessario male, e desideravano mascherarla, per quanto fosse possibile, con la sembianza della legittimità. I primi richiedevano si riconoscesse distintamente nei sudditi il diritto di detronizzare i principi; i secondi desideravano di liberare la patria da un cattivo principe senza promulgare alcun principio di cui si potesse fare abuso a fine di indebolire la giusta e salutare autorità dei futuri monarchi. Gli uni discorrevano principalmente del mal governo del Re; gli altri della sua fuga. Quegli lo consideravano come decaduto; questi pensavano ch'egli avesse abdicato. Non era agevole formulare un pensiero in modo da essere approvato da coloro il cui assenso era importante; ma in fine dei molti suggerimenti che si facevano da tutte le parti, formarono una deliberazione che riuscì a tutti soddisfacente. Fu proposto si dichiarasse, che il Re Giacomo II, intento a distruggere la Costituzione del Regno, rompendo il primitivo contratto tra Re e popolo, e pei consigli dei Gesuiti e di altri malvagi uomini avendo violato le leggi fondamentali, ed essendo fuggito dal Regno, aveva abdicato il governo, per la quale cosa il trono era divenuto vacante.
Questa deliberazione è stata spesso sottoposta a critica sottile e severa quanto non lo fu mai sentenza alcuna scritta dalla mano dell'uomo: e forse non vi fu mai sentenza umana che sia meno meritevole di siffatta critica. Che un Re facendo grave abuso del proprio potere possa perderlo, è vero. Che un Re che fugga senza provvedere al Governo e lasci i suoi popoli in istato d'anarchia, possa senza molta stiracchiatura di parole considerarsi come colui che ha abdicato anche il suo ufficio, è pur vero. Ma nessuno scrittore accurato affermerebbe che il tristo governo lungamente continuato e la diserzione, congiunti insieme, costituiscano un atto d'abdicazione. È del pari evidente che il rammentare i Gesuiti e gli altri sinistri consiglieri di Giacomo indebolisce, invece di afforzare, il caso contro lui. Perciocchè certo e' si deve maggiore indulgenza ad un uomo traviato da perniciosi consigli, che ad un uomo il quale per semplice tendenza di sua indole commetta il male. Non importa ciò nonostante esaminare coteste memorande parole come esamineremmo un capitolo d'Aristotele o di Hobbes; esse vanno considerate non come parole, ma come fatti. Se producono ciò che devono, sono ragionevoli ancorchè possano sembrare contradittorie. Se falliscono al fine loro, sono assurde quando anche avessero la evidenza d'una dimostrazione. La logica non transige. La politica consiste essenzialmente nella transazione. Non è quindi cosa strana che alcuni dei più importanti e utili documenti del mondo si annoverino fra i componimenti più illogici che sieno stati mai scritti. Lo scopo di Somers, di Maynard e degli altri cospicui uomini che formularono quella celebre proposta, fu non di lasciare alla posterità un modello di definizione e di partizione, ma di rendere impossibile la ristaurazione d'un tiranno, e porre sul trono un Sovrano sotto il quale le leggi e la libertà non pericolassero. Questo scopo conseguirono adoperando un linguaggio che in un trattato filosofico verrebbe equamente tacciato di inesattezza e confusione. Poco badavano se la maggiore concordasse con la conclusione, mentre l'una procacciava loro duecento voti, e la conclusione altrettanti. Infatti la sola bellezza di quella deliberazione consiste nella sua incoerenza. Conteneva una frase atta a satisfare ogni frazione della maggioranza. Il rammentare il primitivo contratto piaceva ai discepoli di Sidney. La parola abdicazione appagava i politici d'una più timida scuola. Erano senza dubbio molti fervidi protestanti i quali

rimanevano soddisfatti della censura gettata su' Gesuiti. Pel vero uomo di Stato la sola clausula importante era quella che dichiarava vacante il trono; e ove ei potesse farla abbracciare, poco gl'importava il preambolo. La forza che in tal modo trovossi raccolta rese disperata ogni resistenza. La proposta venne adottata senza voto dalla Commissione. Fu ordinato di farne in sull'istante la relazione. Powle ritornò al seggio; il bastone fu posto sul banco: Hampden lesse, la Camera assentì alla relazione, e gli ordinò la portasse alla Camera dei Lord.

La dimane i Lord ragunaronsi a buon'ora. I banchi dei Pari sì spirituali che secolari erano affollati. Hampden comparve alla sbarra e pose la deliberazione dei Comuni nelle mani di Halifax. La Camera Alta si formò in Comitato, e Danby fu fatto presidente.

La discussione fu poco dopo interrotta da Hampden che ritornava con un altro messaggio. La Camera riprese la seduta: fu annunziato che i Comuni avevano reputato incompatibile con la sicurezza e col bene di questa nazione protestante l'essere governata da un Re papista. A questa deliberazione, evidentemente inconciliabile con la dottrina dello indestruttibile diritto ereditario, i Pari dettero immediato e unanime assenso. Questo principio in tal guisa affermato, da allora fino ad oggi è stato tenuto sacro da tutti gli statisti protestanti, e da tutti i cattolici ragionevoli non è stato creduto soggetto ad obiezioni. Se i nostri sovrani fossero al pari del presidente degli Stati Uniti, semplici ufficiali civili, non sarebbe facile difendere tale restrizione. Ma dacchè alla Corona inglese è annessa la qualità di capo della Chiesa Anglicana, non v'è intolleranza nel dire che una Chiesa non dovrebbe essere soggetta ad un capo che la consideri come scismatica ed eretica.

Dopo questa breve interruzione i Lord nuovamente formaronsi in Comitato. I Tory insistevano perchè il loro disegno si discutesse prima che venisse preso in considerazione il voto dei Comuni che dichiarava vacante il trono. Ciò fu loro concesso; e fu posta la questione se una Reggenza, esercitando il regio potere, vita durante di Giacomo, ed in suo nome, sarebbe il migliore espediente a salvare le leggi e la libertà della nazione.

La disputa fu lunga ed animata. I principali propugnatori della Reggenza erano Rochester e Nottingham. Halifax e Danby difendevano la contraria opinione. Il Primate - strano a dirsi! - non comparve, quantunque i Tory vivamente lo importunassero perchè si ponesse a capo loro. La sua assenza gli provocò contro molte aspre censure; e gli stessi suoi apologisti non hanno potuto addurre alcuna ragione che lo purghi del biasimo. Era egli l'autore del disegno d'istituire una Reggenza. Pochi giorni innanzi in un foglio scritto di sua mano aveva asserito quel disegno essere manifestamente il migliore che si potesse trovare. Le deliberazioni dei Lord i quali lo sostenevano avevano avuto luogo in casa di lui. Era suo debito dichiarare in pubblico i propri intendimenti. Nessuno potrebbe tenerlo in sospetto di codardia o di volgare cupidigia. E' fu probabilmente per paura di far male in cosa di tanto momento ch'egli non fece nulla; ma avrebbe dovuto sapere che un uomo nella sua posizione, non facendo nulla, faceva male. Un uomo che abbia scrupolo di assumere grave responsabilità in una solenne crisi, dovrebbe averlo parimenti ad accettare l'ufficio di primo ministro della Chiesa e primo Pari del Regno.

Non è strana cosa, nondimeno, che la mente di Sancroft non fosse tranquilla; imperocchè egli non poteva essere tanto cieco da non vedere che il disegno da lui agli amici suoi proposto era estremamente incompatibile con tutto ciò che egli e i suoi confratelli avevano per molti anni insegnato. Che il Re avesse diritto divino e indistruttibile al potere regio, e che al potere regio, anche quando ne venga fatto enorme abuso, non si potesse senza peccato opporre resistenza, era dottrina della quale la Chiesa Anglicana andava da lunghi anni orgogliosa. Questa dottrina significava ella in que' tempi che il Re aveva un divino e indistruttibile diritto ad avere la effigie e il nome suo intagliati sopra un sigillo, che doveva quotidianamente adoperarsi, suo malgrado, onde apprestare ai suoi nemici i mezzi di fargli la guerra, e mandare gli amici di lui alle forche come rei di avergli obbedito? Tutto il debito di un buon suddito consisteva egli nell'usare il vocabolo Re? Così essendo, Fairfax in Naseby e Bradshau nell'Alta Corte di Giustizia avevano adempito tutti i doveri di buoni sudditi: imperciocchè Carlo dai Generali che gli guerreggiavano contro, ed anche da' giudici che lo condannarono, veniva chiamato Re. Nulla nella condotta del Lungo Parlamento era stato più severamente biasimato dalla Chiesa che l'ingegnoso artificio di usare il nome di Carlo contro Carlo stesso. A ciascuno dei ministri della Chiesa era stato imposto di firmare una dichiarazione che condannava come proditoria la finzione onde l'autorità del Sovrano veniva separata dalla sua persona. Eppure cotesta proditoria finzione era adesso considerata dal Primate e da' suoi suffraganei come la sola base sopra la quale, in stretta uniformità ai principii del Cristianesimo, si potesse erigere un governo.

La distinzione che Sancroft aveva preso dalle Testerotonde della precedente generazione, sovvertiva dalle fondamenta il sistema politico che la Chiesa e le Università pretendevano avere imparato da' libri di San Paolo. Lo Spirito Santo - era stato le mille volte ridetto - aveva comandato ai Romani d'obbedire a Nerone. Ed ora parea che tale precetto significasse che i Romani dovessero chiamare Nerone Augusto. Erano perfettamente liberi di cacciarlo oltre l'Eufrate, mandarlo a mendicare fra' Parti, opporgli la forza ove avesse tentato di ritornare, punire tutti coloro che osassero aiutarlo e tenere con lui corrispondenza, e concedere la potestà tribunizia e la consolare, la presidenza del Senato e il comando delle Legioni a Galba o a Vespasiano.
L'analogia che lo Arcivescovo immaginò d'avere scoperta tra il caso di un Re perverso e quello di un Re maniaco non è degna del più lieve esame. Era chiaro non trovarsi Giacomo in quello stato di mente in cui, ove egli fosse stato un gentiluomo rurale o un mercatante, qualunque tribunale lo avrebbe dichiarato inetto a fare un contratto o un testamento. Egli era dissennato nel modo che lo sono tutti i Re malvagi; come era Carlo I quando andò ad arrestare i cinque rappresentanti dei Comuni; Carlo II quando concluse il trattato di Dover. Se questa sorte d'infermità mentale non giustifica i sudditi che negano d'obbedire ai principi, il disegno d'istituire una Reggenza era evidentemente inammissibile; se giustifica i sudditi che negano d'obbedire ai principi, la dottrina della non resistenza era pienamente rovesciata; e tutto ciò per cui ogni moderato Whig aveva lottato trovavasi pienamente ammesso.
Quanto al giuramento di fedeltà, pel quale Sancroft e i suoi discepoli provavano tanta ansietà, una cosa almeno è chiara, cioè che, chiunque avesse ragione, essi avevano torto. I Whig pensavano che nel giuramento d'obbedienza erano sottintese certe condizioni, che il Re le aveva violate, e quindi il giuramento era divenuto nullo. Ma se la dottrina dei Whig era falsa, se il giuramento seguitava ad essere obbligatorio, potevano veramente credere gli uomini assennati che votando la Reggenza scanserebbero la colpa di spergiuri? Potevano essi affermare che rimanevano veramente fidi a Giacomo mentre, in onta alle proteste ch'egli faceva al cospetto di tutta Europa, essi davano ad altri la potestà di riscuotere la pubblica pecunia, convocare e prorogare il Parlamento, creare Duchi e Conti, nominare Vescovi e Giudici, graziare i rei, comandare le forze dello Stato, e concludere trattati con le Potenze straniere? Aveva egli il Pascal potuto trovare, in tutte le frenesie dei casisti gesuiti, un sofisma più spregevole di quello che adesso, a quanto parea, bastava a calmare le coscienze dei Padri della Chiesa Anglicana?
Era evidentissimo che il disegno d'instituire una Reggenza non si poteva difendere che coi principii dei Whig. Tra i ragionatori che sostenevano quel disegno e la maggioranza della Camera dei Comuni non vi poteva essere disputa circa la questione del diritto. E' non rimaneva altro che la questione dell'utilità. E poteva un grave uomo di Stato pretendere essere utile costituire un governo con due capi, dando ad uno il regio potere senza la dignità regia, e all'altro la dignità regia senza il regio potere? Era chiaro che un simile ordinamento, anche reso necessario dalla infanzia o dalla demenza del Principe, recava seco gravissimi inconvenienti. Che i tempi di Reggenza fossero tempi di debolezza, di perturbamenti e di disastri, era verità provata dalla intera storia d'Inghilterra, di Francia, e di Scozia, ed era quasi divenuta proverbio. Pure, in un caso d'infanzia o di demenza, il Re per lo meno era passivo. Non poteva di fatto controbilanciare il Reggente. Ciò che ora proponevasi era che la Inghilterra avesse due primi magistrati d'età matura e di mente sana, che vicendevolmente si facessero implacabile guerra. Era assurdo discorrere di lasciare a Giacomo il nudo nome di Re e privarlo al tutto del potere regio; perocchè il nome era parte di quel potere; il vocabolo Re era parola di prestigio. Nella mente di molti Inglesi era congiunto con la idea di un carattere misterioso derivato dal cielo, e nella mente di quasi tutti gl'Inglesi con la idea di autorità legittima e veneranda. Certo se il titolo aveva tanto potere, coloro i quali sostenevano che Giacomo dovesse essere privato d'ogni potere, non potevano negare ch'egli dovesse essere privato del titolo.
E fino a quando doveva egli durare lo strano governo proposto da Sancroft? Tutti gli argomenti che potevano addursi per istituirlo, si potevano con uguale forza addurre per mantenerlo sino alla fine dei secoli. Se il pargoletto trasportato in Francia era veramente nato dalla Regina, doveva ereditare il divino e inalienabile diritto di essere chiamato Re. Il medesimo diritto probabilmente sarebbe stato trasmesso di papista in papista per gl'interi secoli decimottavo e decimonono. Ambo le Camere avevano ad unanimità deliberato non dovere la Inghilterra essere governata da un papista. Poteva quindi darsi che di generazione in generazione il governo seguitasse ad essere amministrato da Reggenti a nome di Re raminghi e mendicanti. Non era dubbio che i Reggenti dovessero essere eletti dal Parlamento. Lo effetto, dunque, di questo disegno, trovato a serbare intatto il sacro principio della monarchia ereditaria, sarebbe stato quello di rendere elettiva la monarchia.

Un'altra invincibile ragione fu addotta contro il disegno di Sancroft. Era nel libro degli Statuti una legge fatta tosto dopo la lunga e sanguinosa contesa tra la Casa di York e quella di Lancaster, a fine d'evitare che si rinnovassero le calamità che le vicendevoli vittorie delle predette Case avevano cagionato ai Nobili e gentiluomini del reame. Questa legge provvedeva che niuno, aderendo al Re in possesso del trono, incorrerebbe nelle pene di tradigione. Allorquando i regicidi furono processati dopo la Restaurazione, taluni di loro insisterono per essere giudicati secondo quella legge. Dicevano d'avere obbedito al governo esistente di fatto, e però non essere traditori. I giudici ammisero che tale difesa sarebbe stata buona ove gli accusati avessero agito sotto l'autorità di un usurpatore, il quale, come Enrico IV e Riccardo III, portasse il titolo di Re, ma dichiararono che non poteva giovare ad uomini i quali accusarono, condannarono e giustiziarono uno che nell'atto dell'accusa, della sentenza e della esecuzione, era designato col nome di Re. Ne seguiva quindi che chiunque sostenesse un Reggente in opposizione a Giacomo, correrebbe gran rischio di essere impiccato, trascinato e squartato, ove Giacomo ricuperasse il potere sovrano; ma nessuno, senza violare la legge in modo tale che forse nè anche Jeffreys si rischierebbe ad usare, potrebbe essere punito aderendo ad un Re che regnava, quantunque contro ogni diritto, in Whitehall contro un Re legittimo il quale era esule in Saint-Germain.
E' pare che i sopra esposti argomenti non ammettessero risposta; e furono energicamente addotti da Danby il quale aveva arte maravigliosa a rendere chiara alla più torpida mente ogni cosa ch'ei prendeva a dimostrare, e da Halifax il quale per abbondanza di concetti e splendore di locuzione non era pareggiato da nessuno fra gli oratori di quella età. Nondimeno erano così potenti e numerosi i Tory nella Camera Alta, che, nonostante la debolezza della causa loro, la diserzione del loro capo, e l'abilità dei loro oppositori, furono presso a trionfare in quel giorno. I votanti erano cento. Quarantanove votarono per la Reggenza, cinquantuno contro. Colla minoranza erano i figli naturali di Carlo, i cognati di Giacomo, i Duchi di Somerset e d'Ormond, lo Arcivescovo di York e undici vescovi. Nessuno dei prelati, salvo Compton e Trelawney, votò con la maggioranza.
Erano vicine le ore nove della sera quando fu levata la seduta nella Camera dei Lord. Il dì che seguiva era il 30 gennaio, anniversario della morte di Carlo I. Il clero anglicano per molti anni aveva reputato debito sacro inculcare in quel giorno le dottrine della non resistenza e della obbedienza passiva. Ora i suoi vecchi sermoni giovavano poco; e molti teologi perfino dubitavano se potessero rischiarsi a leggere per intero la liturgia. La Camera Bassa aveva dichiarato vacante il trono. L'Alta non aveva per anche espressa alcuna opinione. Non era quindi facile cosa decidere se si dovessero recitare le preci pel Sovrano. Ogni ministro nel compiere i divini uffici seguì il proprio talento. Nella più parte delle chiese della metropoli le preghiere per Giacomo furono omesse: ma in Santa Margherita, Sharp Decano di Norwich, richiesto di predicare dinanzi ai Comuni, non solo lesse in faccia a loro l'intero servizio come era scritto nel libro, ma prima di incominciare il sermone invocò con sue proprie parole il cielo perchè benedicesse il Re, e verso la fine del suo discorso declamò contro la dottrina gesuitica che insegnava potere i principi essere legalmente detronizzati dai loro sudditi. Quel dì stesso il Presidente alla Camera mosse querela di tal affronto dicendo: «Voi un giorno votate un provvedimento, e il dì dopo viene contraddetto dal pulpito al cospetto vostro.» Sharp fu energicamente difeso dai Tory, e trovò amici anche fra' Whig: imperocchè rammentavano tuttavia ch'egli aveva corso gravissimo pericolo allorquando nei tristi tempi ebbe il coraggio, malgrado il divieto del Re, di predicare contro il papismo. Sir Cristoforo Musgrave ingegnosissimamente notò non avere la Camera ordinato la pubblicazione della deliberazione che dichiarava vacante il trono. Sharp adunque non solo non era tenuto a saperla, ma non ne avrebbe potuto parlare senza violare i privilegi parlamentari, pel quale attentato avrebbe corso rischio di essere chiamato alla sbarra e prostrato sulle proprie ginocchia sostenere una riprensione. La maggioranza conobbe non essere savio partito in quel momento attaccar lite col clero; e troncò la questione.
Mentre i Comuni discutevano intorno al sermone di Sharp, i Lord si erano di nuovo costituiti in Comitato per considerare le condizioni del paese, ed avevano ordinato che venisse paragrafo per paragrafo letta la deliberazione che dichiarava vacante il trono.
La prima espressione che fece nascere una disputa era dove si ammetteva il contratto originale tra Re e popolo. Non era da aspettarsi che i Pari Tory lasciassero passare una frase che conteneva la quintessenza delle opinioni dei Whig. Si venne ai voti; e risultò con cinquantatre favorevoli sopra quarantasei contrari che le controverse parole rimarrebbero.
Presero poscia in considerazione il severo biasimo che i Comuni avevano dato al governo di Giacomo e fu unanimemente approvato. Sorse qualche obiezione verbale contro la proposizione in cui si

affermava che Giacomo aveva abdicato. Fu proposto si correggesse con dire ch'egli aveva abbandonato il Governo. Questa emenda fu abbracciata, a quanto sembra, quasi senza dibattimento nè votazione. Essendo già tardi, i Lord aggiornarono la tornata.

XXXVII. Fin qui la piccola schiera dei Pari, guidati da Danby, aveva agito d'accordo con Halifax e coi Whig. Tale unione aveva fatto sì che il disegno d'instituire una Reggenza era stato rigettato, ed abbracciata la dottrina del contratto originale. La proposizione che Giacomo aveva cessato d'essere Re era stata il punto di congiunzione dei due partiti che formavano la maggioranza. Ma da quel punto l'uno dall'altro divergeva. La questione che doveva poscia risolversi era, se il trono fosse da considerarsi vacante; questione non di semplici parole, ma di grave importanza pratica. Se il trono era vacante, gli Stati del reame potevano darlo a Guglielmo. Se non era vacante, ei poteva succedere soltanto dopo la sua consorte, la Principessa Anna e i discendenti di lei.

Secondo i seguaci di Danby era massima stabilita non potere la patria nostra nemmeno per un istante trovarsi senza legittimo Principe. L'uomo poteva morire; ma il magistrato era immortale. L'uomo poteva abdicare; ma il magistrato era irremovibile. Se noi - ragionavano essi - una volta ammettiamo il trono essere vacante, ammettiamo che la nostra monarchia è elettiva. Il monarca che vi poniamo diventa un Sovrano non secondo la forma d'Inghilterra, ma secondo quella di Polonia. Quando anche scegliessimo l'individuo stesso destinato a regnare per diritto di nascita, quell'individuo tuttavia regnerebbe non per diritto di nascita, ma per virtù della nostra elezione, e prenderebbe come dono ciò che dovrebbe considerarsi retaggio. La salutare riverenza tributata finora al sangue regio e all'ordine della primogenitura verrebbe grandemente scemata. Il male si farebbe anco maggiore se noi non solo dessimo il trono per elezione; ma lo dessimo a un principe il quale indubitatamente avesse i requisiti di un grande ed ottimo regnatore, e il quale ci avesse maravigliosamente liberati, ma non fosse primo e nè anco secondo nell'ordine della successione. Se una volta diciamo che il merito, ancorchè eminente, è un diritto per acquistare la Corona, distruggiamo i fondamenti del nostro ordinamento politico, e stabiliamo un esempio, del quale ogni guerriero o statista ambizioso che avesse reso grandi servigi al pubblico sarebbe tentato a giovarsi. Questo pericolo scansiamo seguendo logicamente i principii della Costituzione fino alle ultime conseguenze loro. Lo accesso alla Corona era aperto come alla morte del principe regnante: da quel momento medesimo il più prossimo erede diventò nostro legittimo Sovrano. Noi consideriamo la Principessa d'Orange come la più prossima erede, sosteniamo quindi che si debba senza il minimo indugio proclamare, quale è difatto, nostra Regina.

I Whig rispondevano essere scempiezza applicare le regole ordinarie ad un paese in istato di rivoluzione, la gran questione non doversi decidere coi dettati dei pedanti curiali, e dovendosi a quel modo decidere, quei dettati potersi da ambe le parti addurre. Se era massima di legge che il trono non poteva essere giammai vacante, era parimente massima di legge che un uomo non poteva avere un erede, che, lui vivente, succeda. Giacomo era vivente. In che modo adunque la Principessa d'Orange poteva ella succedergli? Vero era che le leggi dell'Inghilterra avevano pienamente provveduto alla successione nel caso in cui il potere d'un sovrano e la sua vita naturale finissero ad un tempo, ma non avevano provveduto pe' casi in cui il suo potere cessasse innanzi ch'egli finisse di vivere; e la Convenzione ora doveva risolvere uno di questi rarissimi casi. Che Giacomo non possedeva più il trono, ambedue le Camere avevano dichiarato. Nè il diritto comune nè gli statuti designavano individuo alcuno che avesse diritto ad ascendere sul trono nel tempo che intercedeva tra la decadenza del Re e la sua morte. Ne seguiva dunque che il trono era vacante, e che le Camere potevano invitare il Principe d'Orange ad ascendervi. Ch'egli non fosse il più prossimo erede nell'ordine della discendenza, era vero: ma ciò non nuoceva punto, anzi era un positivo vantaggio. La monarchia ereditaria era una buona istituzione politica, ma non era in nulla più sacra delle altre buone istituzioni politiche. Sventuratamente i bacchettoni e servili teologi l'avevano fatta diventare mistero religioso, imponente e incomprensibile quasi al pari della transustanzazione. Primissimo scopo degli statisti inglesi doveva essere quello di mantenere la istituzione e a un tempo distrigarla dalle abiette e malefiche superstizioni fra le quali dianzi era stata involta, sì che invece di essere un bene riusciva dannosa alla società; e a cotesto scopo si giungerebbe meglio, pria deviando alquanto e per un tempo dalla regola generale della discendenza, per poscia ritornarvi. XXXVIII. Molti sforzi furono fatti per impedire ogni aperta rottura tra i partigiani del Principe e quei della Principessa. Si tenne un'adunanza in casa del Conte di Devonshire, e vi fu caldo contendere. Halifax era il precipuo propugnatore di Guglielmo, Danby lo era di Maria. Danby non conosceva punto lo intendimento di Maria. Da qualche tempo era aspettata in Londra, ma l'avevano trattenuta in Olanda prima i massi di

ghiaccio che impedivano il corso dei fiumi, e, strutto il ghiaccio, i venti che spiravano forte da ponente. Se ella fosse giunta più presto, la contesa probabilmente si sarebbe a un tratto calmata. Halifax dall'altro canto non aveva potestà di dire alcuna cosa in nome di Guglielmo. Il Principe, fedele alla promessa di lasciare alla Convenzione l'incarico di riordinare il governo, s'era tenuto in impenetrabile riserbo e non s'era lasciato sfuggire parola, sguardo o gesto, che esprimesse satisfazione o dispiacere. Uno degli Olandesi fidatissimo del Principe, invitato all'adunanza, fu dai Pari istantemente sollecitato desse loro qualche informazione. Ei si scusò lungamente. Infine cedè alle loro istanze sino a dire: «Io altro non posso che indovinare lo intendimento di Sua Altezza. Se desiderate sapere ciò che io ne indovino, credo che egli non amerà mai d'essere il ciamberlano di sua moglie: del resto non so nulla.» - «E non per tanto adesso io ne so qualcosa» disse Danby, «ne so abbastanza, ne so molto.» Quindi si partì, e l'assemblea si disciolse.
Il dì 31 gennaio la disputa che privatamente era finita nella sopra narrata guisa, fu pubblicamente rinnovata nella Camera dei Pari. Quel giorno era stato stabilito come solennità di rendimento di grazie. Vari vescovi, fra' quali erano Ken e Sprat, avevano composta una forma di preghiera adatta alla circostanza. È al tutto libera dalla adulazione e dalla malignità onde spesso in quella età erano deturpati simili componimenti; e meglio di qualunque altra forma di preghiera fatta per occasione speciale nello spazio di due secoli, sostiene il paragone con quel gran modello di casta, alta e patetica eloquenza, cioè col Libro delle Preghiere Comuni. I Lord la mattina si condussero all'abadia di Westminster. I Comuni avevano desiderato che Burnet predicasse in Santa Margherita. Non era verosimile ch'egli cadesse nel medesimo errore che il dì precedente in quello stesso luogo altri aveva commesso. Non è dubbio che il suo vigoroso ed animato discorso ponesse in commovimento gli uditori. Non solo fu stampato per ordine della Camera, ma tradotto in francese per edificazione dei protestanti stranieri. Il giorno si chiuse con le feste consuete in simili solennità. Tutta la città risplendeva con fuochi di gioia e luminarie: il rimbombo dei cannoni e il suono delle campane durò fino a notte inoltrata: ma innanzi che i lumi fossero spenti e le strade in silenzio, era seguito un evento che raffreddò la pubblica esultanza.
XXXIX. I Pari dall'Abadia andati alla Camera avevano ripresa la discussione sopra le condizioni della nazione. Le ultime parole della deliberazione dei Comuni vennero prese in considerazione; e tosto chiaramente si vide che la maggioranza non era inchinevole ad approvarle. Ai circa cinquanta Lord i quali sostenevano che il titolo di Re apparteneva sempre a Giacomo si aggiunsero altri sette o otto i quali dianzi volevano che fosse già devoluto a Maria. I Whig vedendosi vinti di numero, si provarono di venire a patti. Proposero di levare le parole che dichiaravano vacante il trono, e di semplicemente proclamare Re e Regina il Principe e la Principessa. Era evidente che tale dichiarazione comprendeva, benchè non lo affermasse espressamente, tutto ciò che i Tory repugnavano a concedere: imperocchè nessuno poteva pretendere che Guglielmo fosse succeduto alla dignità regia per diritto di nascita. Approvare quindi una deliberazione che lo riconoscesse era un atto d'elezione; e in che guisa poteva esservi elezione senza vacanza? La proposta dei Lord Whig fu rigettata con cinquantadue voti contro quarantasette. Allora posero la questione se il trono fosse vacante. Gli approvanti furono quarantuno, i neganti cinquantacinque. Della minoranza trentasei protestarono.
XL. Nei due giorni susseguenti Londra era piena di ansietà e inquietudine. I Tory cominciarono a sperare di potere nuovamente con migliore esito mettere innanzi il loro prediletto disegno d'instituire una Reggenza. Forse lo stesso Principe, vedendo perduta ogni speranza di acquistare la Corona, preferirebbe il progetto di Sancroft a quello di Danby. Certo era meglio essere Re che Reggente; ma era anche meglio essere Reggente che Ciamberlano. Dall'altro canto la più bassa e feroce classe dei Whig, i vecchi emissari di Shaftesbury, e i vecchi complici di College, cominciarono ad affaccendarsi nella città. Si videro turbe affollarsi in Palace Yard, e prorompere in parole di minacce. Lord Lovelace il quale era in sospetto di avere suscitato il tafferuglio, annunziò ai Pari ch'egli aveva lo incarico di presentare una petizione nella quale si domandava che in sull'istante il Principe e la Principessa d'Orange venissero dichiarati Re e Regina. Gli fu domandato chi fossero coloro che avevano firmata la petizione. «Nessuno finora vi ha posto la mano» rispose egli, «ma quando ve la porterò, vi saranno mani tante che bastino.» Tale minaccia impaurì e disgustò il suo proprio partito. E veramente i più cospicui Whig avevano, anche più dei Tory, bramosia che le deliberazioni della Convenzione fossero perfettamente libere, e che nessuno dei fautori di Giacomo potesse allegare che alcuna delle Camere fosse stata costretta dalla forza. Una petizione simile a quella affidata a Lovelace fu presentata alla Camera dei Comuni, ma venne sprezzantemente respinta. Maynard fu primo a protestare contro la canaglia delle strade che tentava d'intimorire gli Stati del reame. Guglielmo chiamò a sè Lovelace, lo

rimproverò severamente, e ordinò che i magistrati agissero con vigore contro gl'illeciti assembramenti. Non è cosa nella storia della nostra rivoluzione che meriti d'essere ammirata e tolta ad esempio, quanto il modo onde i due partiti della Convenzione, nel momento in cui più fervevano le loro contese, si congiunsero come un solo uomo per resistere alla dittatura della plebaglia di Londra.
XLI. Ma quantunque i Whig fossero pienamente deliberati di mantenere l'ordine e rispettare la libertà dei dibattimenti, erano parimente determinati di non fare alcuna concessione. Il sabato, 2 febbraio, i Comuni senza votazione decisero di starsi fermi nella forma primitiva della loro deliberazione. Giacomo, come sempre, venne in aiuto dei suoi nemici. Era pur allora arrivata a Londra una lettera di lui diretta alla Convenzione. Era stata trasmessa a Preston dallo apostata Melfort, il quale era grandemente favorito in Saint-Germain. Il nome di Melfort era in abominio ad ogni Anglicano. L'essere egli ministro confidente di Giacomo bastava a dimostrare che la costui demenza ed ostinatezza erano infermità incurabili. Nessun membro dell'una o dell'altra Camera si rischiò a proporre la lettura di un foglio che veniva da quelle cotali mani. Non per tanto il contenuto era ben noto alla città tutta. La Maestà Sua esortava i Lord e i Comuni a non disperare della sua clemenza, e benevolmente prometteva di perdonare coloro che lo avevano tradito, tranne pochi ch'egli non nominava. Come era egli possibile fare alcuna cosa a pro d'un Principe, il quale, vinto, abbandonato, bandito, vivente di limosine, diceva a coloro che erano arbitri delle sue sorti, che ove lo ponessero nuovamente sul trono, non impiccherebbe che pochi di loro?
XLII. La contesa tra le due Camere durò alcuni altri giorni. Il lunedì 4 di febbraio i Pari deliberarono d'insistere sulle loro modificazioni: ma fu messa nel processo verbale una protesta firmata da trentanove membri. Il giorno dopo i Tory pensarono di far prova della forza loro nella Camera Bassa; vi concorsero assai numerosi, e fecero la proposta di assentire alle modificazioni dei Lord. Coloro che erano pel progetto di Sancroft e coloro che erano pel progetto di Danby votarono insieme: ma furono vinti da duecentottantadue voti contro centocinquantuno. La Camera allora deliberò di avere un libero colloquio coi Lord.
Nello stesso tempo potenti sforzi facevansi fuori le mura del Parlamento affine che la contesa fra le due Camere cessasse. Burnet si reputò dalla importanza della crisi giustificato a divulgare le mire secrete confidategli dalla Principessa. Disse sapere dalle labbra di lei, ch'era da lungo tempo pienamente deliberata, anche se il trono le venisse pel corso regolare della discendenza, a porre il potere, assenziente il Parlamento, nelle mani del suo consorte. Danby ricevè da lei una viva e quasi sdegnosa riprensione. Gli scrisse ch'ella era la moglie del Principe, che altro non desiderava, se non essere a lui sottoposta; la più crudele ingiuria che le si potesse fare era il controporla a lui come competitrice; e chiunque ciò facesse non verrebbe mai considerato da lei come vero amico.
XLIII. Ai Tory rimaneva ancora una speranza. Era possibile che Anna ponesse innanzi i propri diritti e quelli dei figli suoi. Provaronsi in tutte le guise a incitare l'ambizione e atterrire la coscienza di lei. Suo zio Clarendon si mostrò a ciò fare operosissimo. Solo poche settimane erano corse da che la speranza della opulenza e della grandezza lo aveva spinto a rinnegare i principii da lui ostentatamente professati per tutta la vita, abbandonare la causa del Re, collegarsi coi Wildman e coi Ferguson, anzi proporre che il Re fosse condotto prigione in terra straniera e rinchiuso in una fortezza cinta di pestilenti maremme. Era stato indotto a tale strana trasformazione dalla brama di essere fatto Vicerè d'Irlanda. Nonostante, presto si vide che il proselite aveva poca speranza di ottenere il magnifico premio al quale era intento il suo cuore: perocchè intorno agli affari di quell'isola ad altri chiedevasi consiglio; all'incontro, quando egli importunamente l'offriva, era accolto freddamente. Andò molte volte al palazzo di San Giacomo, ma appena potè ottenere il favore di una parola o d'uno sguardo. Ora il Principe scriveva; ora aveva mestieri d'aria e doveva cavalcare pel parco; ora stavasi rinchiuso con gli ufficiali ragionando di faccende militari e non poteva dare ascolto a nessuno. Clarendon si accôrse non essere verosimile di guadagnar nulla col sacrificio dei suoi principii e pensò di ripigliarli. In dicembre l'ambizione lo aveva reso ribelle. In gennaio il disinganno lo aveva fatto nuovamente diventare realista. Il rimorso che sentiva nella coscienza di non essere stato Tory costante, diede una speciale acrimonia al suo Torysmo. Nella Camera dei Lord aveva fatto il possibile a impedire ogni accomodamento. Adesso pel medesimo fine fece prova di tutta la sua influenza sullo spirito della Principessa Anna. Ma cotesta influenza era poca in paragone di quella dei Churchill, i quali accortamente chiamarono in aiuto due potenti collegati, cioè Tillotson, il quale come direttore spirituale aveva in que' tempi immensa autorità, e Lady Russell, le cui nobili e care virtù, esposte a crudelissime prove, le avevano acquistata reputazione di santa. Tosto si seppe che la Principessa di Danimarca desiderava che Guglielmo regnasse a vita; e quindi fu chiaro che difendere la causa delle

figlie di Giacomo contro loro stesse era disperata impresa.
XLIV. Guglielmo intanto giudicò arrivato il tempo di dichiarare l'animo suo. Chiamò a sè Halifax, Danby, Shrewsbury e alcuni altri notevolissimi capi politici, e con quell'aria di stoica apatia, sotto la quale fino da fanciullo s'era avvezzo a nascondere le più forti emozioni, favellò loro poche parole profondamente meditate e di gran peso. Disse che egli fino allora aveva taciuto; non adoperato sollecitazioni nè minacce, nè anche fatta la minima allusione alle opinioni e ai desiderii suoi: ma ormai il caso era sì critico ch'ei reputava necessario dichiarare il proprio intendimento. Non aveva nè diritto nè volontà di dettare alla Convenzione. Tutto ciò che egli pretendeva, altro non era che il privilegio di rifiutare ogni ufficio ch'egli non potesse occupare con onore per sè, ed a beneficio del pubblico.
Un forte partito voleva instituire una Reggenza. Spettava alle Camere giudicare se tale provvedimento sarebbe utile alla nazione. In quel subietto egli aveva le sue ferme opinioni; e credeva giusto dire chiaramente ch'egli non voleva essere Reggente.
Un altro partito voleva porre la Principessa sul trono, e a lui, vita durante, concedere il titolo di Re e tanta parte nel Governo quanta piacesse alla consorte dargliene. Ei non si abbasserebbe a tanto. Stimava la Principessa quanto era possibile che l'uomo stimi la donna; ma neanche da lei egli accetterebbe un posto subordinato e precario nel Governo. Era così fatto da non potere starsi legato al grembiule della migliore delle mogli. Non desiderava immischiarsi negli affari della Inghilterra; ma consentendo a prendervi parte, non v'era che una sola parte ch'egli potesse utilmente ed onorevolmente prendere. Se gli Stati gli offrissero la Corona a vita, ei l'accetterebbe. Se no, egli, senza dolersi, ritornerebbe alla terra natia. Concluse dicendo reputare ragionevole che la Principessa Anna e i suoi discendenti, nella successione al trono, venissero preferiti a qualunque figlio ei potesse avere da altra moglie che dalla Principessa Maria.
E sciolse la congrega. Le cose dette dal Principe in poche ore furono note a tutta Londra. Era chiaro che doveva essere Re. L'unica questione era sapere s'egli dovesse tenere la dignità regia solo, o insieme con la Principessa. Halifax e pochi altri politici uomini, i quali manifestamente discernevano il pericolo di partire la sovrana potestà esecutiva, desideravano che finchè vivesse Guglielmo, Maria fosse soltanto Regina Consorte e suddita. Ma questo ordinamento, comechè potesse con molte ragioni propugnarsi, urtava il sentimento universale, anche di quegli Inglesi che portavano maggiore affetto al Principe. La sua moglie aveva dato non mai vista prova di sommissione ed amore coniugale; ed il meno che potesse farsi per ricambiarla era conferirle la dignità di Regina Regnante. Guglielmo Herbert, uno dei più ardenti fautori del Principe, ne fu tanto esasperato che saltò fuori dal letto, dove egli si stava infermo di podagra, ed energicamente dichiarò che non avrebbe mai snudata la spada se avesse preveduto un sì vergognoso ordinamento. Nessuno quanto Burnet prese la faccenda sul serio. Sentì ribollirsi il sangue nelle vene pensando al torto che volevano fare alla sua diletta protettrice. Rimproverò acremente Bentinck, e chiese licenza di rinunciare all'ufficio di cappellano. «Finchè io sarò servo di Sua Altezza» disse il valoroso ed onesto teologo, «sarà per me inconvenevole avversare alcuna cosa che sia da lui secondata. Desidero quindi d'essere libero perchè io possa combattere per la Principessa con tutti i mezzi che Dio mi ha dato.» Bentinck persuase Burnet a differire la dichiarazione delle ostilità fino a quando fosse chiaramente nota la risoluzione di Guglielmo. In poche ore il disegno che aveva suscitato tanto risentimento fu abbandonato; e tutti coloro i quali non più consideravano Giacomo come Re, concordarono intorno al modo di provvedere al trono. Era d'uopo che Guglielmo e Maria fossero Re e Regina; le effigie di ambedue si vedessero congiunte sulle monete; i decreti corressero in nome di entrambi; entrambi godessero tutti gli onori e le immunità personali della sovranità: ma il potere esecutivo, che non poteva senza pericolo partirsi, doveva appartenere al solo Guglielmo. XLV. Giunto il tempo stabilito al libero colloquio fra le due Camere, i Commissari dei Lord, indossando l'abito del loro ufficio si assisero da un lato attorno la tavola nella Sala dipinta: ma dall'altro lato la folla dei membri della Camera dei Comuni era sì grande che i gentiluomini i quali dovevano discutere intorno al subietto controverso, invano provaronsi di ottenere posto. Non senza difficoltà e lungo indugio il Sergente d'Armi potè farsi passare.
Finalmente incominciò la discussione. È giunta sino a noi una copiosa relazione dei discorsi d'ambe le parti. Pochi sono gli studiosi della storia i quali non abbiano svolta con ardente curiosità tale relazione e non l'abbiano gettata via disillusi. La questione tra le due Camere fu discussa da ambo le parti come questione di legge. Le obiezioni fatte da' Lord alla deliberazione dei Comuni furono in materia di vocaboli e di punti tecnici, ed ebbero risposte della medesima sorta. Somers difese l'uso della parola abdicazione citando Grozio e Brissonio, Spigelio e Bartolo. Sfidato ad addurre qualche autorità per sostenere la proposizione che la Inghilterra poteva essere senza sovrano, ei produsse un documento

parlamentare del 1399 in cui stabilivasi espressamente che il trono era rimasto vacante dalla abdicazione di Riccardo II fino all'inalzamento di Enrico IV. I Lord risposero adducendo un documento parlamentare dell'anno primo d'Eduardo IV, dal quale appariva, che lo strumento del 1399 era stato solennemente annullato. Sostenevano quindi che lo esempio recato da Somers non poteva applicarsi al caso. Surse allora Treby in soccorso di Somers, e produsse il documento parlamentare dell'anno primo di Enrico VII, che revocava l'atto d'Eduardo IV, e per conseguenza ristabiliva la validità del documento del 1399. Dopo parecchie ore il colloquio fu sciolto. I Lord si congregarono nella sala loro. Ben vedevasi che essi stavano quasi per cedere, e che il colloquio era stato per semplice forma. I fautori di Maria s'erano accorti che ponendola sul trono come rivale del marito, le avevano recato grave dispiacere. Taluni dei Pari che dianzi avevano votato per instituire una Reggenza avevano fatto pensiero o di assentarsi o di secondare la deliberazione della Camera Bassa. Affermavano non avere cangiato opinione; ma qual si fosse governo esser meglio che nessun governo; il paese non poter più a lungo sopportare cotesta angosciosa sospensione. Lo stesso Nottingham, il quale nella Sala dipinta aveva diretta la discussione contro i Comuni, dichiarò che, quantunque la coscienza non gli consentisse di cedere, ei godeva vedendo le coscienze degli altri essere meno fastidiose. Vari Lord i quali non avevano fino allora votato nella Convenzione erano stati indotti a recarvisi: Lord Lexington il quale era pur allora giunto dal Continente; il Conte di Lincoln che era mezzo maniaco; il Conte di Carlisle che si trascinava sulle grucce; e il Vescovo di Durham, il quale s'era tenuto nascosto e intendeva fuggire oltre mare; ma gli era stato annunziato che ove egli votasse pel riordinamento del Governo, non si farebbe mai più parola della sua condotta nella Commissione Ecclesiastica. Danby, desideroso di spengere lo scisma da lui cagionato, esortò la Camera, con un discorso superiore anche alla sua ordinaria valentia, a non perseverare in una contesa che poteva riuscire fatale allo Stato. Fu caldamente secondato da Halifax. Il partito avverso si perdè d'animo. Posta la questione se Giacomo avesse abdicato il governo, solo tre Lord dettero il voto negativo. Nella questione se il trono fosse vacante, gli approvanti furono sessantadue, i neganti quarantasette. Fu immediatamente approvata senza votazione la proposta che il Principe e la Principessa d'Orange fossero dichiarati Re e Regina d'Inghilterra.

XLVI. Nottingham allora propose che la formula dei giuramenti di fedeltà e di supremazia si variasse in modo da potersi con sicura coscienza prestare da coloro i quali al pari di lui disapprovavano ciò che la Convenzione aveva fatto, e non per tanto volevano schiettamente essere leali e rispettosi sudditi dei nuovi sovrani. A tale proposizione nessuno obiettò. Non è dubbio che intorno a ciò vi fosse intelligenza tra i capi dei Whig e quei Lord Tory i cui voti avevano fatto traboccare la bilancia nell'ultima tornata. Le nuove formole di giuramento furono mandate ai Comuni insieme con la deliberazione che il Principe e la Principessa venissero dichiarati Re e Regina.

XLVII. Ormai era noto a chi doveva darsi la Corona. Rimaneva a decidersi a quali condizioni si dovesse darla. I Comuni avevano eletto un Comitato per discutere e riferire i provvedimenti da farsi onde assicurare la legge e la libertà contro le aggressioni dei futuri sovrani; e il Comitato aveva già fatta la relazione. La quale proponeva primamente che quei grandi principii della Costituzione che erano stati violati dal deposto Re, fossero solennemente rivendicati: e in secondo luogo che si facessero molte nuove leggi a fine d'infrenare la regia prerogativa e purificare l'amministrazione della giustizia. La maggior parte dei suggerimenti del Comitato erano eccellenti; ma era affatto impossibile che le Camere nello spazio di un mese, e anche di un anno, potessero debitamente trattare così numerose, varie e importanti materie. Fra le altre cose fu proposto di riformare la milizia civica; restringere la potestà che i sovrani avevano di prorogare e sciogliere il Parlamento; limitare la durata dei Parlamenti; impedire che si opponesse la grazia del Re ad un'accusa parlamentare; concedere tolleranza ai protestanti dissenzienti; definire con maggior precisione il delitto d'alto tradimento; condurre i processi di crimenlese in modo più favorevole all'innocenza; rendere duraturo a vita l'ufficio di giudice; variare il modo di nominare gli sceriffi; nominare i giurati in guisa da impedire la parzialità e la corruzione; abolire l'uso di fare i processi criminali nella Corte del Banco del Re; riformare la Corte della Cancelleria; stabilire l'onorario dei pubblici ufficiali; ed emendare la legge di Quo Warranto. Era chiaro che a far leggi savie e profondamente pensate sopra tali materie bisognava più d'una laboriosa sessione; ed era parimente chiaro che leggi fatte in fretta e mal digerite sopra materie sì gravi non potevano che produrre nuovi mali peggiori di quelli che avrebbero potuto spegnere. Se il Comitato intendeva dare una lista di tutte le riforme che il Parlamento avrebbe dovuto fare in tempo proprio, la lista era stranamente imperfetta. Letta appena la relazione, i rappresentanti, l'uno dopo l'altro, sorsero suggerendo aggiunzioni. Fu proposto e approvato che si proibisse la rendita degl'impieghi, che si rendesse più efficace l'Atto dell'Habeas Corpus, e che si rivedesse la legge di Mandamus. Un tale si scagliò contro gl'impiegati della imposta sui fuochi, un altro contro quei dell'Excise: e la Camera deliberò di reprimere gli abusi d'entrambi. È cosa notevolissima che, mentre lo intero sistema politico, militare, giudiciario e fiscale del Regno nella sopradetta guisa passavasi a rassegna, nè anche uno dei rappresentanti del popolo proponesse la revoca della legge che sottoponeva la stampa alla censura. Gli stessi uomini intelligenti non ancora intendevano che la libertà della discussione è il precipuo baluardo di tutte le altre libertà.

XLVIII. La camera era in grave imbarazzo. Alcuni oratori calorosamente dicevano essersi già perduto assai tempo; doversi stabilire il Governo senza nemmeno un giorno d'indugio; la società inquieta; languente il commercio; la colonia inglese d'Irlanda in imminente pericolo di perire; sovrastare una guerra straniera; essere possibile che in pochi giorni l'esule Re approdasse con un'armata francese a Dublino, e da Dublino in breve tempo trapassasse a Chester. Non era ella insania in un caso tanto critico lasciare il trono vacante, e, mentre la esistenza stessa del Parlamento era in pericolo, consumare il tempo a discutere se i Parlamenti dovessero prorogarsi dal Sovrano o da sè? Dall'altra parte chiedevasi se la Convenzione credesse d'avere adempito il proprio debito col solo rovesciare un Principe per inalzare un altro. Certo ora, o mai, era il momento di assicurare la libertà pubblica con difese tali da potere efficacemente impedire le usurpazioni della regia prerogativa. Senza alcun dubbio gravi erano le ragioni allegate da ambe le parti. Gli esperti capi dei Whig, fra i quali Somers andava sempre acquistando maggiore riputazione, proposero una via di mezzo. Dicevano la Camera avere in mira due cose ch'erano da considerarsi l'una dall'altra distinte; assicurare, cioè, l'antico ordinamento politico del reame contro le illegali aggressioni; e migliorare tale politico ordinamento con riforme legali. La prima poteva conseguirsi facendo nella deliberazione che chiamava i nuovi sovrani al trono, solenne ricordo del diritto che aveva la Nazione inglese alle sue vetuste franchigie, in guisa che il Re possedesse la sua Corona, e il popolo i suoi privilegi in forza di un solo e medesimo titolo. Ad ottenere la seconda era mestieri un intero volume di leggi elaborate. L'una poteva conseguirsi in un solo giorno; l'altra appena in cinque anni. Quanto alla prima tutti i partiti erano d'accordo; quanto alla seconda v'era innumerevole varietà d'opinioni. Nessun membro dell'una e dell'altra Camera esiterebbe un istante a votare che il Re non potesse imporre tasse senza consenso del Parlamento; ma non sarebbe possibile fare alcuna nuova legge di procedura nei casi d'alto tradimento, senza far nascere lunga discussione, ed essere da questi riprovata come ingiusta verso lo accusato, e da quelli come ingiusta verso la Corona. Lo scopo d'una straordinaria Convenzione degli Stati del reame non era di trattare le faccende che ordinariamente trattano i Parlamenti, stabilire l'onorario dei Maestri in Cancelleria, e fare provvisioni contro le esazioni degli ufficiali dell'Excise, ma di regolare la gran macchina del Governo. Fatto ciò, sarebbe tempo di ricercare quali miglioramenti le nostre istituzioni richiedessero; nè nello indugio sarebbe rischio; imperocchè un Sovrano che regnasse semplicemente mercè la elezione del popolo non potrebbe lungo tempo ricusare il suo assenso a quei provvedimenti che il popolo, parlando per mezzo dei suoi rappresentanti, chiedesse.

Per tali ragioni i Comuni saggiamente s'indussero a differire ogni riforma finchè fosse ristaurata in tutte le sue parti l'antica Costituzione del Regno, e per allora pensare di provvedere al trono senza imporre a Guglielmo ed a Maria altro obbligo che quello di governare secondo le leggi esistenti d'Inghilterra. Affinchè le questioni controverse tra gli Stuardi e la nazione più oltre non risorgessero, e' fu deliberato che l'Atto in forza del quale il Principe e la Principessa d'Orange erano chiamati al trono contenesse espressi in distintissima e solenne forma i principii fondamentali della Costituzione. Questo documento che chiamasi Dichiarazione dei Diritti fu compilato da un Comitato preseduto da Somers. Per un giovine giureconsulto che soltanto dieci giorni innanzi aveva per la prima volta favellato nella Camera dei Comuni, l'essere stato eletto ad un ufficio di tanto onore e tanta importanza nel Parlamento, è sufficiente prova della superiorità del suo ingegno. In poche ore la Dichiarazione fu finita e approvata dai Comuni. I Lord vi assentirono con qualche modificazione di poco momento.

XLIX. La Dichiarazione incominciava riepilogando gli errori e i delitti che avevano resa necessaria la rivoluzione. Giacomo aveva invaso il campo del Corpo Legislativo, trattato come delitto una modesta petizione, oppresso la Chiesa per mezzo di un tribunale illegale, senza consenso del Parlamento imposto tasse e mantenuto in tempo di pace un esercito stanziale, violato la libertà delle elezioni, e pervertito il corso della giustizia. Questioni che poteva legittimamente discutere il solo Parlamento erano state subietto di persecuzione nel Banco del Re. Erano stati eletti Giurati parziali e corrotti; estorti ai prigioni eccessivi riscatti; imposte multe eccessive; inflitte barbare e insolite pene; le

sostanze degli accusati tolte a questi, e innanzi che fossero dichiarati rei convinti, date ad altrui. Colui, per autorità del quale s'erano fatte tali cose, aveva abdicato il Governo. Il Principe d'Orange, fatto da Dio glorioso strumento a liberare il paese dalla superstizione e dalla tirannide, aveva invitato gli Stati del reame a ragunarsi e consultare intorno al modo di assicurare la religione, la legge e la libertà. I Lord e i Comuni dopo matura deliberazione aveano innanzi tutto, secondo lo esempio degli avi, rivendicato i vetusti diritti e le libertà della Inghilterra. Avevano quindi dichiarato che la potestà di dispensare dianzi usurpata ed esercitata da Giacomo non aveva esistenza legale; che senza l'autorizzazione del Parlamento il Sovrano non poteva esigere danaro dal suddito; che senza il consenso del Parlamento non poteva mantenersi esercito stanziale in tempo di pace. Il diritto dei sudditi a far petizioni, il diritto degli elettori a scegliere liberamente i loro rappresentanti, il diritto dei Parlamenti alla libertà della discussione, il diritto della Nazione ad una pura e mite amministrazione della giustizia secondo lo spirito mite delle sue leggi, tutte queste cose vennero solennemente espresse, e dalla Convenzione, a nome del popolo, reclamate come incontrastabile eredità degl'Inglesi. Rivendicati in cosiffatta guisa i principii della Costituzione, i Lord e i Comuni, pienamente confidando che il liberatore reputasse sacre le leggi e le libertà da lui già salvate, determinavano che Guglielmo e Maria, Principe e Principessa d'Orange, venissero dichiarati Re e Regina d'Inghilterra, loro vita durante, e che, viventi entrambi, il potere esecutivo fosse nelle mani del solo Principe. Dopo la morte loro, al trono succederebbero i discendenti di Maria, poi la Principessa Anna e suoi discendenti, poi i discendenti di Guglielmo.
L. Verso questo tempo il vento aveva cessato di spirare da ponente. La nave sulla quale la Principessa d'Orange s'era imbarcata, trovavasi il dì 11 febbraio di faccia a Margate, la dimane gettò l'áncora in Greenwich. Le furono fatte gioiose e affettuose accoglienze: ma il suo contegno spiacque gravemente ai Tory, e da' Whig non fu reputato scevro di biasimo. Una donna giovane, da un destino tristo e tremendo come quello che pesava sulle favolose famiglie di Labdaco e di Pelope, posta in condizioni da non potere, senza violare i propri doveri verso Dio, il marito e la patria, ricusare d'ascendere al trono dal quale il padre suo era stato dianzi rovesciato, avrebbe dovuto avere aspetto tristo o almeno grave. E non per tanto Maria non solo era di lieto ma di stravagante umore. Fu detto ch'ella entrasse in Whitehall col fanciullesco diletto di vedersi padrona di un sì bel palagio, corresse per le stanze, facesse capolino negli stanzini, e si stesse ad osservare gli arredi del letto di gala siffattamente, che sembrava non rammentasse da chi quei magnifici appartamenti erano stati dianzi occupati. Burnet, il quale fino allora l'aveva reputata un angiolo in forma umana, non potè in quella occasione astenersi dal biasimarla. E ne era maggiormente attonito, perocchè nel togliere da lei commiato all'Aja, l'aveva veduta, - quantunque fosse pienamente persuasa di procedere per la via del dovere, - profondamente accuorata. A lui, come a direttore spirituale, ella poscia disse le ragioni della propria condotta. Guglielmo le aveva scritto che taluni di coloro che s'erano provati a dividere i suoi interessi da quelli di lei, seguitavano a tramare: andavano spargendo ch'essa si reputava lesa nei suoi diritti; ed ove si mostrasse in melanconico aspetto, la ciarla toglierebbe sembianza di verità. La supplicava quindi ad assumere nella sua prima comparsa un'aria di allegria. Il suo cuore - diceva ella - era ben lungi dall'essere lieto; ma aveva fatto ogni sforzo a parerlo; e temendo di non rappresentare convenevolmente una parte ch'ella non sentiva, l'aveva esagerata. Il suo contegno fu subietto a volumi di scurrilità in prosa e in versi; le scemò reputazione presso taluni di coloro la cui stima ella teneva in pregio; nè il mondo mai seppe, finchè ella non fu in luogo dove nè lode nè biasimo poteva coglierla, che la condotta la quale le aveva meritato il rimprovero di insensibilità e leggerezza, era stupendo esempio di quella perfetta e disinteressata devozione di cui l'uomo sembra incapace, ma che talvolta si trova nella donna.
LI. Il mercoledì mattina, 13 febbraio, la Corte di Whitehall e tutte le vie circostanti erano accalcate di gente. La magnifica Sala del banchetto, capolavoro d'Inigo, e adorna dei capolavori di Rubens, era stata apparecchiata per una grande cerimonia. Lungo le pareti stavansi in fila gli ufficiali delle Guardie. Presso la porta di tramontana, a diritta, vedevasi un gran numero di Pari; v'erano a sinistra i Comuni col presidente loro accompagnato dal mazziere. Apertasi la porta di mezzogiorno, il Principe e la Principessa d'Orange l'uno a fianco dell'altra entrarono e presero posto sotto il baldacchino reale.
Ambedue le Camere si appressarono inchinandosi. Guglielmo e Maria si fecero innanzi di pochi passi. Halifax a diritta e Powle a sinistra avanzatisi, Halifax favellò. Disse la Convenzione avere fatta una deliberazione ch'egli pregava le Altezze Loro d'ascoltare. Quelle fecero cenno d'assentimento, e il Cancelliere lesse ad alta voce la Dichiarazione dei Diritti. E come egli ebbe finito, Halifax in nome di tutti gli Stati del Reame, pregò il Principe e la Principessa d'accettare la Corona.

LII. Guglielmo a nome suo e della moglie rispose che essi tenevano in maggior pregio la Corona perchè era loro offerta come pegno della fiducia della nazione. «Pieni di gratitudine noi accettiamo» disse egli «il dono che ci avete offerto.» Poi, quanto a sè, gli assicurò che le leggi della Inghilterra da lui ora rivendicate, sarebbero norma della sua condotta; che egli si studierebbe di promuovere il bene del Regno, e quanto ai mezzi di farlo, chiederebbe sempre consiglio alle Camere, volendosi più volentieri fidare del giudicio loro che del suo. Queste parole furono accolte con uno scoppio di gioiose grida alle quali in un baleno risposero dalle vie gli evviva di molte migliaia. I Lord e i Comuni quindi rispettosamente uscirono dalla Sala del banchetto e andarono in processione alla maggior porta di Whitehall, dove li attendevano gli Araldi coperti dei loro sontuosi mantelli. Tutto quello spazio fino a Charing Cross rendeva immagine di un mare di teste. I timpani suonarono, squillarono le trombe, e il Re d'Armi ad alta voce proclamò il Principe e la Principessa d'Orange Re e Regina d'Inghilterra, intimò a tutti gl'Inglesi d'essere, d'allora innanzi, sinceramente fedeli e ligi ai nuovi sovrani, e supplicò Dio, il quale aveva con sì segnalato modo liberata la nostra Chiesa e la nostra Nazione, benedicesse Guglielmo e Maria, concedendo loro lungo e felice regno.
LIII. In questa guisa fu consumata la Rivoluzione inglese. Ogni qual volta la paragoniamo con quelle, che, negli ultimi sessanta anni, hanno rovesciato tanti vetusti governi, non possiamo a meno di rimanere maravigliati dell'indole speciale di quella. Perchè la sua indole fosse così speciale è bastevolmente chiaro, e non per tanto e' sembra che non sia stata sempre intesa da coloro che l'hanno commendata nè da coloro che l'hanno biasimata.
Le rivoluzioni del Continente successe nei secoli decimottavo e decimonono ebbero luogo in paesi dove da lungo tempo più non rimaneva vestigio della monarchia temperata del medio evo. Il diritto che aveva il Principe di fare leggi, e imporre tasse, era rimasto per molte generazioni incontrastato. Il suo trono era difeso da un grande esercito stanziale. Il suo governo non poteva senza estremo pericolo essere biasimato nè anche con moderatissime parole. I suoi sudditi non godevano la libertà personale che a libito del Principe. Non restava neppure una istituzione, a memoria dei più vecchi, la quale prestasse al suddito sufficiente protezione contro le enormezze della tirannide. Quelle grandi congreghe che un tempo avevano domata la potestà regia erano cadute in oblio. La struttura e i privilegi loro erano noti ai soli antiquari. Non possiamo quindi maravigliarci che allorquando ad uomini siffattamente governati venne fatto di strappare il supremo potere dalle mani di un governo che in cuor loro da lungo tempo aborrivano, eglino fossero corrivi a demolire e inetti a riedificare; che rimanessero sedotti da ogni novità, proscrivessero ogni titolo, cerimonia, e frase che richiamava alla mente la idea del vecchio sistema, e dilungandosi con disgusto dalle nazionali tradizioni frugassero nei volumi dei politici filosofanti a trovarvi principii di governo, o con ridicola e stolta affettazione scimmiottassero i patriotti di Atene e di Roma. Non possiamo medesimamente maravigliarci che la violenta azione dello spirito rivoluzionario fosse seguita da una reazione al pari violenta, e che la confusione, poco dopo, generasse un dispotismo più severo di quello donde essa era nata.
Se noi ci fossimo trovati nella medesima situazione; se a Strafford fosse riuscito di mandare ad effetto la sua prediletta idea del Compiuto, di formare un esercito numeroso e bene disciplinato, come quello che, pochi anni dopo, Cromwell creò; se parecchie decisioni giudiciali simili a quella che fu profferita dalla Camera dello Scacchiere nel caso della imposta marittima, avessero trasferito nella Corona il diritto di gravare il popolo di balzelli; se la Camera Stellata e l'Alta Commissione Ecclesiastica avessero seguitato a multare, mutilare e porre in carcere chiunque osava alzare la voce contro il Governo; se la stampa fosse stata pienamente inceppata come in Vienna e in Napoli; se i nostri Re avessero gradatamente recato alle loro mani tutto il potere legislativo; se pel corso di sei generazioni non avessimo avuta nè anche una sessione di Parlamento; e se alla perfine in qualche istante di fiero concitamento fossimo insorti contro i nostri padroni; quale scoppio di furore popolare ne sarebbe seguíto! Con che fracasso, udito e sentito sino ai confini del mondo, il vasto edificio sociale sarebbe caduto a terra! Quante migliaia d'esuli, un tempo i più felici e culti membri di questa grande cittadinanza, sarebbero andati mendicando il pane loro per le terre del Continente, o avrebbero cercato ricovero nei rozzi tugurii fra mezzo alle foreste dell'America! Quante volte avremmo veduto sossopra i lastricati di Londra per asserragliare le strade, crivellate di palle le case, spumanti di sangue i rigagnoli! Quante volte saremmo furiosamente corsi da un estremo all'altro, dall'anarchia cercando rifugio nel dispotismo, e a liberarci dal dispotismo ricadendo nell'anarchia! Quanti anni di sangue e di confusione ci sarebbe costato lo imparare i rudimenti primi della sapienza politica! Da quante fanciullesche teorie saremmo stati ingannati! Quante informi e mal ponderate Costituzioni avremmo inalzate solo per vederle nuovamente cadere! Sarebbe stata insigne ventura per noi se mezzo secolo

di rigida disciplina fosse stato sufficiente a educarci a godere della vera libertà.
Tali sciagure la nostra Rivoluzione scansava. Era vigorosamente difensiva ed aveva seco prescrizione e legittimità. Tra noi, e solo tra noi, una monarchia temperata dal secolo decimoterzo s'era serbata intatta fino al decimosettimo. Le nostre istituzioni parlamentari erano in pieno vigore; eccellenti i più essenziali principii del Governo; non formalmente nè esattamente compresi in un solo documento scritto, ma sparsi nei nostri antichi e nobili statuti, e - cosa di somma importanza - impressi da quattrocento anni in cuore a tutti gl'Inglesi. Che senza il consenso dei rappresentanti della Nazione non si potesse fare atti legislativi, imporre tasse, mantenere esercito stanziale, imprigionare nessuno nè anche per un giorno ad arbitrio del Sovrano; che nessun satellite del Governo potesse allegare un ordine del Re come scusa per violare qual si fosse diritto dell'infimo suddito; tutte queste cose erano considerate tanto da' Whig che dai Tory quali leggi fondamentali del reame. Un Regno in cui erano siffatte leggi fondamentali non aveva mestieri d'una nuova Costituzione.
Ma comechè non vi fosse cotesto bisogno, era chiara la necessità di riforme. Il pessimo governo degli Stuardi, e le perturbazioni da quello suscitate, bastevolmente provavano che il nostro ordinamento politico in alcuna sua parte difettava; ed era debito della Convenzione indagare e supplire a tale difetto.
Varie questioni di grave momento lasciavano tuttavia aperto il campo alle dispute. La nostra Costituzione era nata in tempi nei quali gli uomini di Stato non erano cotanto assuefatti a fare definizioni esatte. Ne erano quindi impercettibilmente surte anomalie incompatibili con la Costituzione e pericolose alla sua stessa esistenza, e non avendo nel corso di anni molti cagionato gravi inconvenienti, avevano a poco a poco acquistato forza di prescrizione. Rimedio a questi mali era il riconfermare i diritti del popolo con parole tali che eliminassero ogni controversia, e dichiarare che nessuno esempio valesse a giustificare qual si fosse violazione di questi diritti. Ciò fatto, e' sarebbe stato impossibile ai nostri principi male intendere la legge; ma non facendosi alcun'altra cosa di più, non era al tutto improbabile che essi la potessero violare. Sventuratamente la Chiesa aveva da lungo tempo insegnato alla Nazione che la monarchia ereditaria, sola tra tutte le nostre istituzioni, era divina e inviolabile; che il diritto che ha la Camera dei Comuni di partecipare al potere legislativo, era semplicemente diritto umano, ma quello che ha il Re alla obbedienza passiva del popolo era derivato dal Cielo; che la Magna Charta era uno statuto il quale poteva revocarsi da coloro che lo avevano fatto, ma il principio, per virtù del quale i principi di sangue regio venivano chiamati al trono per ordine di successione, era d'origine divina, ed ogni atto parlamentare incompatibile con quello era nullo. Egli è evidente che in una società nella quale tali superstizioni prevalgono, la libertà costituzionale è d'uopo sia mal sicura. Una potestà che è considerata come ordinamento dell'uomo non vale ad infrenare una potestà che è creduta ordinamento di Dio. È vano sperare che le leggi, per quanto siano eccellenti, infrenino durevolmente un Re, il quale secondo ch'egli stesso e la maggior parte dei suoi popoli credono, ha una autorità infinitamente più alta di quella che spetta alle leggi. Privare la dignità regia di cotali misteriosi attributi, e stabilire il principio che i Re regnino in forza d'un diritto che in nulla differisca da quello onde i liberi possidenti eleggono i rappresentanti delle Contee, o dal diritto onde i Giudici concedono un ordine di Habeas Corpus, era assolutamente necessario alla sicurezza delle libertà nostre.
La Convenzione, dunque, aveva due grandi doveri da adempiere: distrigare, cioè, da ogni ambiguità le leggi fondamentali del reame; e sradicare dalle menti dei governanti e dei governati la falsa e perniciosa idea che la regia prerogativa era più sublime, e più sacra delle predette leggi fondamentali. Al primo scopo si giunse con la esposizione solenne e la rivendicazione con che incomincia la Dichiarazione dei Diritti; al secondo con la risoluzione onde il trono fu giudicato vacante, e Guglielmo e Maria furono invitati ad ascendervi. Il mutamento sembra lieve. La Corona non fu privata nè anche d'uno dei suoi fiori; nessun nuovo diritto concesso al popolo. Le leggi inglesi in tutto e per tutto, secondo il giudicio dei più grandi giureconsulti, di Holt e di Treby, di Maynard e di Somers, dopo la Rivoluzione rimasero le stesse di prima. Alcuni punti controversi furono risoluti secondo la opinione dei migliori giuristi; e solo si deviò alquanto dall'ordinaria linea di successione. Ciò fu tutto; e bastava.
Perchè la nostra Rivoluzione fu una rivendicazione degli antichi diritti, fu condotta rigorosamente osservando le antiche formalità. Quasi in ogni atto e in ogni parola manifesto si vede un profondo rispetto pel passato. Gli Stati del reame deliberarono nelle vecchie sale e giusta le vecchie regole. Powle fu condotto al seggio nella consueta forma fra colui che lo aveva proposto e colui che aveva secondata la proposta. L'usciere con la sua mazza guidò i messaggieri dei Lord al banco dei Comuni: e le tre riverenze furono debitamente fatte. La conferenza d'ambedue le Camere ebbe luogo con tutte

le antiche cerimonie. Da un lato della tavola, nella Sala Dipinta, i Commissari dei Lord sedevano col capo coperto e vestiti d'ermellino e d'oro. Dall'altro lato i Commissari dei Comuni stavansi in piedi e a capo scoperto. I discorsi fattivi paiono un contrapposto pressochè ridicolo della eloquenza rivoluzionaria d'ogni altro paese. Ambidue i partiti mostrarono la medesima riverenza verso le antiche tradizioni costituzionali dello Stato. Solo disputavano in che senso quelle tradizioni erano da intendersi. I propugnatori della libertà non fecero pur motto dell'uguaglianza naturale degli uomini e della inalienabile sovranità del popolo, di Armodio o di Timoleone, di Bruto primo o di Bruto secondo. Allorquando fu detto che in forza della legge della Inghilterra la Corona rimaneva essenzialmente devoluta al più prossimo erede, risposero che in forza della legge della Inghilterra, un uomo ancora in vita non poteva avere erede. Allorquando fu detto non esservi esempio a dichiarare vacante il trono, mostrarono una pergamena, scritta circa trecento anni innanzi in bizzarro carattere e in barbaro latino, e tratta dagli Archivi della Torre, nella quale facevasi ricordo come gli Stati del reame avessero dichiarato vacante il trono d'un Plantageneto perfido e tiranno. In fine, composta ogni disputa, i nuovi Sovrani vennero proclamati con l'antica pompa. Vi fu tutto il bizzarro apparato araldico: Clarencieux e Norroy, Portcullis, e Rouge Dragon, le trombe, le bandiere, e le grottesche sopravvesti ricamate a lioni e a gigli. Il titolo di Re di Francia preso dal vincitore di Cressy non fu omesso nella lista dei titoli regi. A noi che siamo vissuti nel 1848 parrà forse un abuso di vocabolo chiamare col terribile nome di Rivoluzione un fatto consumato con tanta riflessione, con tanta moderazione, e con tanto scrupolosa osservanza delle forme prescritte.

E nulladimeno questa Rivoluzione, fra tutte la meno violenta, di tutte la più benefica, sciolse diffinitivamente la grande questione di sapere se lo elemento popolare, il quale fino dalla età di Fitzwalter e di De Montfort era sempre esistito nell'ordinamento politico della Inghilterra, verrebbe distrutto dallo elemento monarchico, o si lascerebbe sviluppare liberamente e divenire predominante. La lotta tra' due principii era stata lunga, accanita, e dubbia. Era durata per quattro regni. Aveva prodotto sedizioni, accuse, ribellioni, battaglie, assedii, proscrizioni, stragi giudiciali. Tal volta la libertà, tal altra il principato parvero sul punto di spegnersi. Per molti anni la energia di metà della Inghilterra s'era sforzata di frustrare la energia dell'altra metà. Il potere esecutivo e il legislativo s'erano l'un l'altro tanto efficacemente contrastati da rimanerne entrambi impotenti, al segno che lo Stato era divenuto nulla nel sistema politico dell'Europa. Il Re d'Armi allorchè innanzi la porta di Whitehall proclamò Guglielmo e Maria, annunziava finita la gran lotta; perfetta l'unione fra il trono e il Parlamento; la Inghilterra da lungo tempo dipendente e caduta in abiezione, ridivenuta Potenza di primo ordine; le antiche leggi che vincolavano la regia prerogativa sarebbero per lo avvenire tenute sacre come la prerogativa stessa, e produrrebbero tutti gli effetti loro; il potere esecutivo verrebbe amministrato secondo il voto dei rappresentanti del popolo; qualunque riforma proposta dopo matura deliberazione dalle due Camere, non sarebbe ostinatamente avversata dal Sovrano. La Dichiarazione dei Diritti, comechè non rendesse legge ciò che per lo innanzi legge non era, conteneva i germi della legge che dette la libertà religiosa ai Dissenzienti, della legge che assicurò la indipendenza dei giudici; della legge che limitò la durata dei Parlamenti, della legge che pose la libertà della stampa sotto la protezione dei Giurati, della legge che vietò il traffico degli schiavi, della legge che abolì il giuramento religioso, della legge che liberò i Cattolici Romani dalle incapacità civili, della legge che riformò il sistema rappresentativo, d'ogni buona legge che è stata promulgata nello spazio di centosessanta anni, d'ogni buona legge in fine che quinci innanzi verrà reputata necessaria a promuovere il bene pubblico, e a soddisfare alle richieste della pubblica opinione.

Il più grande encomio che possa farsi della Rivoluzione del 1688 sta nel dire che essa fu l'ultima delle nostre rivoluzioni. Ormai sono trascorse varie generazioni senza che nessuno Inglese assennato e animato di spirito patrio abbia fatto pensiero di resistere al Governo stabilito. Ogni onesto e savio uomo è profondamente convinto - convinzione ogni giorno riconfermata dalla esperienza - che i mezzi di ottenere qual si voglia miglioramento richiesto dalla Costituzione, si possano trovare nella Costituzione stessa.

Ora, o giammai, dovremmo estimare di quale importanza sia la resistenza degli antichi nostri fatta alla Casa Stuarda. Dintorno a noi tutto il mondo è travagliato dal travaglio delle grandi nazioni. Governi che dianzi pareva dovessero durare dei secoli, sono stati, in un subito, scossi e rovesciati. Le più orgogliose metropoli della Europa occidentale sono state inondate di sangue cittadino. Tutte le sinistre passioni, cupidigia di guadagno, sete di vendetta, vicendevole aborrimento di classi, vicendevole aborrimento di razze, hanno rotto il freno delle leggi divine e delle umane. Timore e ansietà hanno annuvolato lo aspetto e contristato il cuore a milioni d'uomini. Sospeso il commercio;

paralizzata la industria; diventato povero il ricco, poverissimo il povero; predicate dalla tribuna e difese con la spada dottrine ostili alle scienze, alle arti, alla industria, alla carità di famiglia; dottrine tali che, se potessero mandarsi ad effetto, disfarebbero, in trenta anni, tutto ciò che trenta secoli hanno fatto a bene della umanità, e renderebbero le più belle province di Francia e di Germania selvagge come il Congo e la Patagonia; la Europa è stata minacciata di giogo da barbari, al paragone dei quali i barbari seguaci d'Attila e Alboino erano culti ed umani. I veri amici del popolo con profondo dolore hanno confessato trovarsi in grave pericolo interessi più preziosi di qualsiasi privilegio politico, ed essere necessario sacrificare fino la libertà onde salvare lo incivilimento. Frattanto nell'isola nostra il corso regolare del Governo non è stato mai interrotto nè anche per un giorno. I pochi facinorosi arsi da libidine di licenza e di saccheggio, non hanno avuto l'animo d'affrontare la forza d'una nazione leale, schierata in ferma attitudine intorno a un trono paterno. E ove si chieda la ragione onde le sorti nostre sono state tanto diverse dalle altrui, è da rispondersi che noi non abbiamo mai perduto ciò che gli altri, ciechi e forsennati, si studiano di riacquistare. Perchè noi avemmo una rivoluzione conservatrice nel secolo decimosettimo, non ne abbiamo avuta una distruggitrice nel decimonono. Perchè serbammo la libertà fra mezzo al servaggio, noi abbiamo l'ordine fra mezzo all'anarchia. Per l'autorità delle leggi, la sicurezza degli averi, la pace delle strade, la felicità delle famiglie, noi dobbiamo essere grati, dopo Colui che a suo arbitrio esalta ed umilia le nazioni, al Lungo Parlamento, alla Convenzione, ed a Guglielmo d'Orange.

FINE.

Joseph Nickolls – The Thames at the Tower of London _Joseph Nickolls (1713–1755)

LEMBO EDITORE
ΖΕΥΣ

Printed in Great Britain
by Amazon